गीता ज्ञान कोश मराठी

गीतेच्या मूलभूत अभ्यासाचा अद्वितीय संदर्भ ग्रंथ

गीतेद्वारे संस्कृत व संस्कृतद्वारे गीताज्ञान

डॉ॰ रत्नाकर नारळे

पुस्तक भारती
टोरांटा, कॅनडा

Author :
Dr. Ratnakar Narale, Ph.D (IIT), Ph.D. (Kalidas Sanskrit Univ.)
Prof. Hindi. Ryerson University, Toronto.

Title :
Gita Dnyan Kosh
This is a **critical research work**. This book is a **lifetime study** for those who have dedication and patience to learn and **contemplate** on every word of the divine Gita. May you be **a New learner, a Scholar, an Author, a Swami, a Professor or an Institution**, this is the right resource **for a critical study** <u>for those who wish to go beyond</u>. If one wants **to learn or teach** Gita through Sanskrit and Sanskrit through Gita, there is no substitute. From an elementary level to most scholarly level, to know the **Gita As She is in Krishna's Own Sanskrit Words**, this book is the **sole authority**. Regardless of how many books on Gita you may have read, studied or written, while going through this **treasure of information**, you will discover **many Surprises, Interesting facts and Important points**, which you would never have known without going through this book. This books **removes** all the **misconceptions and wrong notions** one has collected without properly knowing what the Sanskrit words of Krishna truly mean. **Seeing is believing.**

Published by :
Pustak Bharati (Books-India)
www.books-india.com

Published for :
Sanskrit Hindi Research Institute, Toronto

Available at :
Wholesale : Ingram. **Retail** : Amazon, Barnes and Noble, Books-India

Copyright 2019
ISBN : 978-1-897416-15-0

© All rights reserved. No part of this book may be copied, reproduced or utilised in any manner or by any means, computerised, e-mail, scanning, photocopying or by recording in any information storage and retrieval system, without the permission in writing from the author.

अनुक्रमणिका

संक्षेप सूचि — iv

अनुष्टुप् छंद — 2

गीताध्यानम् — 3

मनोगत — 4

1 गीतेची पार्श्वभूमि आणि पात्र परिचय

1.1 गीतेची पार्श्वभूमि — 10

1.2 गीतेचा पात्र परिचय — 14

2 गीतेचे सुलभ व्याकरण

2.2 गीतेची संधि-विग्रह मीमांसा — 37

2.3 सुबन्त (विभक्ति) विवेचन — 49

3 गीतेचा यथा रूप अर्थ

3.1 पहिला अध्याय — 71

3.2 दुसरा अध्याय — 100

3.3 तिसरा अध्याय — 145

3.4 चौथा अध्याय — 170

3.5 पाचवा अध्याय — 192

3.6 सहावा अध्याय — 208

3.7 सातवा अध्याय — 234

3.8 आठवा अध्याय — 250

3.9 नववा अध्याय — 266

दहावा अध्याय — 285

अकरावा अध्याय — 309

बारावा अध्याय — 344

तेरावा अध्याय — 355

चैदावा अध्याय — 374

पंधरावा अध्याय — 388

सोळावा अध्याय — 400

रातरावा अध्याय — 413

अठरावा अध्याय — 430

आधार सूचिला — 473

संक्षेप सूचि

अक०	अकर्मक, अकर्मक क्रिया (*Intransitive Verb*)
अव्यय०	अव्यय, अव्ययी शब्द (*Indeclinable*)
अदादि०	अदादि, √अद् इत्यादीचा दुसरा गण
अनेक०	अनेकवचन, बहुवचन
आत्मने०	आत्मनेपदी, *(action for oneself)*
आशी०	आशीर्लिङ्ग (*Precative or Bebedictive*- may...be)
इच्छार्थ०	इच्छार्थक, सन्नन्त *(desiderative)*
उभय०	उभयपदी, *(action for dual purpose)*
एक०	एकवचन (*Singular Number*)
क०स०	कर्मधारय समास (*Appositional Compound*)
कर्तरि०	कर्तरि, कर्तरि प्रयोग (*Active Voice*)
कर्मणि०	कर्मणि, कर्मणि प्रयोग (*Passive Voice*)
क्त०	कर्मणि भूतकाळवाचक धातुसाधित विशेषण (*PPP, Past Passive Participle or Past Passive Derivative Adj.*)
क्तवतु०	कर्तरि भूतकाळवाचक धातुसाधित (*Past Active Participle*)
क्र्यादि०	क्र्यादि, √क्री इत्यादीचा नववा गण
क्रि०वि०	क्रियाविशेषण (*Adverb*)
चतुर्थी०	चतुर्थी विभक्ति, सम्प्रदान (स, ला, ना, ते)
चुरादि०	चुरादि, √चुर् इत्यादीचा दहावा गण
जुवादि०	जुहोत्यादि, √हु इत्यादीचा तिसरा गण
तत्पु०स०	तत्पुरुष समास (*Determinative or Dependent Compound*)
तनादि०	तनादि √तन् इत्यादीचा आठवा गण
तुदादि०	तुदादि, √तुद् इत्यादीचा सहावा गण
तुमन्त०	हेत्वर्थक धातुसाधित तुम् प्रत्ययान्त अव्यय, तुमुन्
तृ०पु०	तृतीयपुरुष, अन्य पुरुष, संस्कृतात "प्रथम" पुरुष (*Third Person*)
तृतीया०	तृतीया विभक्ति (ने नी शी ई)
त्वान्त०	पूर्वकाळवाचक धातुसाधित त्वान्त अव्यय, क्त्वा० (*IPP, Indeclinable Past Participle--*

having done)

द्वंद्व॰स॰	द्वंद्व समास (*Dual, Copulative or Aggregative Compound*)
दिवादि॰	दिवादि, √दिव् इत्यादीचा चौथा गण
द्वि॰पु॰	द्वितीयपुरुष, मध्यम पुरुष (*Second Person*)
द्विगु॰स॰	द्विगु समास (*Numeral or Collective Compound*)
द्वितीया॰	द्वितीया विभक्ति (स, ला, ना, ते)
द्वि॰व॰	द्विवचन (*Dual Number*)
धातु॰सा॰	धातुसाधित (*Derivative*)
न॰	नपुंसकलिङ्ग, नपुंसकलिंगी नाम (*Neuter Gender*)
परस्मै॰	परस्मैपदी, *(action for someone else)*
पंचमी॰	पंचमी विभक्ति, अपादान (ऊन, हून)
पु॰	पुंलिंग, पुल्लिंग, पुल्लिंगी नाम (*Masculine Gender*)
प्रथम॰पु॰	प्रथमपुरुष, उत्तम पुरुष (*First Person*)
प्रथमा॰	प्रथमा विभक्ति, कर्ता (–, ने)
प्रयो॰	प्रयोजक (*Causative*)
प्रादि॰	प्रादि रूप अथवा प्रादि समास
बहुव्री॰	बहुव्रीहि समास (*Attributive or Relative Compound*)
भविष्य॰	भविष्यकाळ, भविष्यकाळवाचक (*Future Tense*)
भूत॰	भूतकाळ, भूतकाळवाचक (*Past Tense*)
भ्वादि॰	भ्वादि, √भू इत्यादीचा पहिला गण
रुधादि॰	रुधादि, √रुध् इत्यादीचा सातवा गण
लङ्	अनद्य भूतकाळ, आजच्या पूर्वीचा (*Imperfect-* was)
लट्	वर्तमानकाळ, प्रथमताख्यात *Present tense-* is, am, are
लिट्	परोक्ष भूतकाळ, न पाहिलेला, अनद्यतन (*Perfect-* have or has been)
लुट्	अनद्य भविष्य, आजच्या पुढचा (*First or Definitive Future-* shall or will be)
लुङ्	साधारण भूतकाळ (*Aorist-* was or had been)
लृङ्	हेतुहेतुमद् अर्थाचा क्रियातिपत्त भूत अथवा भविष्य (*Conditional-* if - should be)
लृट्	सामान्य भविष्यकाळ, ईलाख्यात (*Second or Continuous Future-* shall or will be)
लोट्	आज्ञार्थक, निमंत्रणार्थक अथवा निवेदनार्थक ऊआख्यात (*Imperative-* let)
ल्यप्॰	पूर्वकाळवाचक ल्यबन्त धातुसाधित अव्यय, ल्यब॰ (*Past Participle with a preposition or*

	indeclinable prefix other than अ)
वर्त॰	वर्तमानकाळ, वर्तमानकाळ वाचक (*Present Tense*)
वि॰	विशेषण (*adjective*)
विधि॰	विध्यर्थी, वाख्यात, विधिलिङ् (*Potential-* may be)
विना॰	विशेषनाम (*Given Name*)
शतृ॰	कृत् प्रत्यय अत् पासून तयार झालेले परस्मैपदी कर्तरि वर्तमानकाळवाचक धातुसाधित विशेषण (*Present Participle of Parasmaipada with affix* अत्)
शानच्॰	कृत् प्रत्यय आन अथवा मान पासून बनलेले आत्मनेपदी कर्तरि वर्तमानकाळवाचक धातुसाधित विशेषण (*Present Participle of Atmanepada formed with affixes* आन, मान)
षष्ठी॰	षष्ठी विभक्ति, सम्बन्ध (चा ची चे) (*Genitive Case*)
सकर्मक॰	सकर्मक, सकर्मक क्रिया (*Transitive Verb*)
सना॰	सर्वनाम, सार्वनामिक (*Pronoun*)
सप्तमी॰	सप्तमी विभक्ति, (त, ई, आ)
स-बहुव्री॰	सहबहुव्रीहि समास
संबो॰	संबोधन (*Vocative Case*)
स्त्री॰	स्त्रीलिंग, स्त्रीलिंगी नाम (*Feminine Gender*)
स्वादि॰	स्वादि, √सु इत्यादीचा पाचवा गण
←	डावीकडील पद उजव्या पदापासून तयार झाले
→	डावीकडील पदापासून उजवे पद तयार होते
↑	आधी आलेले आहे, वर बघा;
(↑)	याच श्लोकात अगोदर आलेले
↓	खाली अथवा पुढे आलेले.
√	मूळ, धातु, मूळधातु
॰	लाघव चिन्ह

गीता ज्ञान कोश

मराठी

अनुष्टुप् छंद

अनुष्टुप् छंद - श्री आप्टे यांच्या संस्कृत-हिन्दी (तथा अन्य) संस्कृत शब्द कोशानुसार अनुष्टुभ् (स्त्री०; अव्यय० अनु + भ्वादि० आत्मने० अक० √स्तुभ्+क्विप्-षत्व) ची व्याख्या "बत्तीस अक्षरोंका का एक छंद जिसमें आठ आठ अक्षरों के चार चार पाद होते हैं" । गीता प्रेस गोरखपुर चे स्वामी श्री रामसुखदास 'गीता दर्पण' मध्ये सांगतात, "अनुष्टुप् छंदाचे दोन प्रकार आहेत. अनुष्टुप् गणछंद व अनुष्टुप् अक्षरछंद । प्रस्तार भेदाने ०गणछंदा चे 256 भेद होतात. गीतेत ०गणछंद नाही. अनुष्टुप् अक्षरछंदाचे लक्षावधी भेद होतात. त्यांपैकी गीतेत अर्धसम छंद प्रयुक्त झाले आहेत." तरी, संस्कृत साहित्यात सुभाषिते तथा श्लोकांकरिता जो अनुष्टुभ् छंद प्रायः प्रयुक्त होतो त्या छंदाची व्याख्या खालील प्रमाणे-

श्लोके षष्ठं गुरु ज्ञेयं सर्वत्र लघु पंचमम् ।
द्विचतुष्पादयोर्ह्रस्वं सप्तमं दीर्घमन्ययोः ।।

श्लोकी गुरु असो षष्ठ, व पंचम सदा लघु ।
द्वि-चतुश्चरणीं ऱ्हस्व, सप्त दीर्घ दुजें बघु ।।
अशी ज्यात पदें चार, प्रत्येक आठ अक्षरी ।
श्लोकांचा छंद हा थोर, अनुष्टुप् तू मनी धरी ।।

गीता ध्यान

(छंद - श्लोकांचा अनुष्टुभ्)

1

सर्वशास्त्रमयी गीता सर्वदेवमयो हरिः ।
सर्वतीर्थमयी गङ्गा सर्ववेदमयो मनुः ।।
शास्त्रांचे सार गीतेत, देवांत हरि सर्वथा ।
मनु सकळ वेदांत, गंगा तीर्थमयी यथा ।।

2

गीता गङ्गा च गायत्री गोविन्देति हृदि स्थिते ।
चतुर्गकारसंयुक्ते पुनर्जन्म न विद्यते ।।
गीता गंगा व गायत्री, गोविन्द वसतां हृदी ।
चारी गकार पावोनी, पुनर्जन्म नसे कधी ।।

3

सर्वोपनिषदो गावो दोग्धा गोपालनन्दनः ।
पार्थो वत्सः सुधीर्भोक्ता दुग्धं गीतामृतं महत् ।।
दोहतो नन्द गोपाल, गौ उपनिषदें श्रुत ।
पार्थ वत्स सुधा भोक्ता, दुग्ध गीतार्थ-अमृत ।।

4

चिदानन्देनकृष्णेन प्रोक्ता स्वमुखतोऽर्जुनम् ।
वेदत्रयी परानन्दा तत्त्वार्यज्ञानसंयुता ।।
सच्चिदानन्द कृष्णाने, सांगितली निजीमुखे ।
परानन्दा त्रिवेदिनी, तत्त्वार्थज्ञान युक्त जी ।।

5

महापापादिपापानि गीताध्यानं करोति चेत् ।
क्वचित्स्पर्शं न कुर्वन्ति नलिनी जलमम्बुवत् ।।
महापापादि पापेही, स्पर्श न करिती जरा ।
गीताध्यान करूनी ती, पद्मपत्र जसे जळा ।।

मनोगत

जन्मदात्रीच्या दुधाला, मधुकरीच्या मधाला ।
कवीच्या गीतरसाला, प्रतिवस्त तो कसला ।।
सोडुनी मूळचे शुद्ध, गीत का अनुवांदावे ।
न देता मातेचे दुग्ध, अन्य कां बालका द्यावे ।।

गीता हे रहस्यमय शास्त्र आहे (15.20). ते योगशास्त्र आहे. तरी ते महाभारतकाव्यातील एक गीत असल्याकारणाने त्याला गीता म्हटले जाते. गीतेची किंवा इतर कोणत्याही गीताची मूळ विशेषता, निर्मलता, मूलता, मौलिकता, शैली, छंद तथा सुंदरतेचा रस केवळ स्वयं त्या गीताच्याच वाचनाद्वारे ग्रहण केला जाऊ शकतो, त्याच्या भाषांतरावरून कदापिही नाही! हे तत्त्व निर्विवाद आहे. या तथ्यामुळे गीतेचे संस्कृत जर साधारण जाणू शकत नसतील तर तिच्या भाषांतरापेक्षा अधिक उचित हेच, कि एक असे एक साधन उपलब्ध व्हावे कि जे जिज्ञासु वाचकांना संस्कृत भाषा अशा मर्यादेपर्यंत शिकवू शकेल की जेणेकरून वाचकगण स्वत:च्या बळावर गीतेच्या मूळ विशेषतेपर्यंत पोहचू शकतील.

गीतेवर टीका, तत्त्वदर्शन, अनुवाद, भाषांतर आणि समालोचन आजपर्यंत असंख्य लेखकांनी केले आहे व त्याद्वारे त्यांनी आम्हा सर्वसाधारण जनतेची परम सेवा केली आहे. त्यांनी स्वत:च्या जिज्ञासेखातर व जनहिताच्या हेतूने गीतेचे कठोर अध्ययन करून जनलाभाकरिता मागे सोडलेल्या महत्वपूर्ण देणगी बद्दल आपण त्यांचे जितके आभार मानावे तितके कमीच. श्री कालेवार्ट व हेमराज यांनी गीतेचे 75 भाषांत 1891 अनुवाद असल्याचा उल्लेख ई॰ 1983 मध्ये केला होता. आणखी किती तरी ज्ञात अज्ञात कृती निश्चितच असू शकतील, परंतु, मी इथे केवळ काही सुविख्यात पूर्वजांचा, त्यांनी केलेल्या कार्याबद्दल, गौरव करण्याच्या उद्देशाने सादर उल्लेख करतो–

सर्वश्री जगद्गुरु शंकराचार्य (788–820), भेदाभेदवादी भास्काराचार्य, प्रत्यभिज्ञ अभिनवगुप्ता, विशिष्टअद्वैताचार्य यमुना मुनि (918–1038), विशिष्टद्वैताचार्य रामानुज (1017–1137), जैनाचार्य हेमचंद्र सुरी (1088–1172), द्वैतवादी पूर्णप्रज्ञ आनंदतीर्थ माधव (1199–1278), द्वैताद्वैताचार्य निंबारक, अद्वैतवादी ब्रह्मानंद आनंद गिरि, संत ज्ञानेश्वर (1275–1296), भक्तिवादी रामानंद (1299–1410), विद्याधिराज तीर्थ (1388–1412), स्वामी शिवदयालु श्रीधर (1350–1450), वैष्णवगौरंग चैतन्य महाप्रभु (1486–1534), अद्वैताचार्य मधुसूदन सरस्वती (1482–1589), अद्वैताचार्य आप्पाया दिक्षितर (1554–1626), शुद्धाद्वैतवादी वल्लभाचार्य (1479–1531), द्वैतवादी राघवेंद्रतीर्थ यति (1623–1671), ओवीकार मुक्तेश्वर (1609–1690), समश्लोकी वामन नरहरि पंडित (1636–1695), गोविंदगीताकार श्री गुरु गोविंद सिंह (1666–1708), आर्याकार मोरोपंत रामचंद्र पराडकर (1729–1794), स्वामी जगन्नाथदास (1728–1809), सर चार्ल्स विल्किनस (1750–1836), प्राध्यापक डॉ. जॉन म्युर (1810–1862), स्वामी रामकृष्ण परमहंस (1836–1886), वेदाचार्य राल्फ थॉमस हॉचकिन ग्रिफिथ (1826–1910), काशिनाथ

त्रिंबक तेलंग (1850–1893), प्रकाशक जेम्स टालबॉएज व्हिलर (1824–1897), कोशकार सर मोनीर मोनीरविलियम (1819–1899), स्वामी विवेकानंद (1963–1902), प्राचार्य सर एडविन आर्नल्ड (1823–1904), आनंद चारलु पनंबकम (1843–1908), रोमेशचंद्र दत्त (1848–1920), लोकमान्य बाळगंगाधर टिळक (1856–1920), सुब्रमण्य भारती (1882–1921), टिकाकार बाळकृष्ण अनंत भिडे (1874–1929), डॉ. ॲनी बेझंट (1874–1933), कवि रामराया (1875–1935), आचार्य महावीर प्रसाद द्विवेदी (1862–1938), स्वामी अखंडानंद (1874–1942), महादेव हरिभाई देसाई (1892–1942), विद्वरत्न वासुदेवशास्त्री महादेव (1862–1948), महात्मा मोहनदास करमचंद गांधी (1869–1948), अरविंद घोष (1872–1950), रमण महर्षि (1879–1950), मैथिलीशरण गुप्त (1886–1964), साधु थनवरदास लिलाराम वासवाणी (1879–1966), विद्यामार्तण्ड श्रीपद दामोदर सातवळेकर (1867–1968), डॉ. गोकुल चंद नारंग (1878–1969), पंडित हरीभाऊ उपाध्याय (1892–1972), राष्ट्रपति डॉ. सर्वपल्ली राधाकृष्णन (1888–1975), स्वामी भक्तिवेदांत प्रभुपाद (1896–1977), सरराज्यपाल चक्रवर्ती राजगोपालाचारी (1878–1978), आचार्य विनोबा नरहरि भावे (1895–1982), चिंतामण द्वारकानाथ देशमुख (1896–1982), प्रकाशक बाबुराव पटेल (1904–1982), भगवान श्री चंद्रमोहन रजनीश (1931–1990), पंतप्रधान मोरारजी रणछोडजी देसाई (1896–1995), …इत्यादी.

तरी पण विशिष्ट ध्यानात घेण्याची गोष्ट ही, कि उपलब्ध असलेली पुस्तके बहुतांशी भाषांतरात्मक व एका रुळलेल्या चाकोरीचीच असल्याकारणाने सर्वसाधारण वाचकगण गीतेची श्रीव्यासकृत मूळ संस्कृत संहिता न वाचता भाषांतरे वाचूनच तिच्या विशेषतेचा काल्पनिक आनंद उपभोगण्याचे अभ्यस्त झाले आहेत. गोष्ट चमत्कारिकच म्हणावी, कि महामहर्षि परमकवि महाभारतकार श्रीवेदव्यासानी आपल्या विशालबुद्धीने श्रीभगवंताची पावन वाणी ज्या अनन्य रसात घोळली आहे त्याला न चाखता संस्कृत न जाणणारे पराधीन वाचक अनुवादकाच्या विचार-प्रणालीला वा तत्त्वगहनतेलाच श्रीव्यासांचे व श्रीगीतेचे वाक्सौंदर्य मानतात. याला कारण म्हणजे हे कि येवढ्या विशाल साहित्य-सागरात असा एकही ग्रंथ आढळत नाही, कि जो गीतेचे-संस्कृत शिकवून त्या ज्ञानशक्तीद्वारे वाचकांना मूळ संस्कृतापासून मूळ ओघातच गीतेचा रस चाखण्यास हात धरून मदत करील! पूर्ण संस्कृताध्ययनापूर्वी माझी ही एक समस्या होती.

आणखी दुसरे असे, कि पद्य काव्यात मात्रा, अक्षरे, छंद, यमक, वगैरे बंधनांमुळे अर्थाच्या सैलपणाला वा अंतराला कारण असते, पण गद्यात्मक अनुवाद निर्बंध नसूनही तत्त्वज्ञानी लेखकांना पुस्तकात व्याकरणाशी सुसंगती साधत बसण्यापेक्षा आपल्या दृष्टिकोनाला वा शैलीशक्तीला अधिक प्राधान्य देणे अपरिहार्य झालेले आढळून येते. त्यामुळे त्या अनुवादांद्वारे नववाचकाला आपण मूळ संहितेच्या शब्दार्थांपासून किती दूर आहो हे कळूच शकत नाही.

तरी, या गोष्टी लक्षात घेऊन आणि नेहमीची रुळलेली चाकोरी सोडून, मी या पुस्तकात गीतार्थ

स्पष्ट करण्याच्या एका नवीन रचना पद्धतीचा प्रयत्न करू जात आहे. इथे गीतेचे संस्कृत अशा रीतीने स्पष्ट केले गेले आहे, कि जेणेकरून हे लिखाण वाचकांसमोर एक नूतन, अद्वितीय, माहितीपूर्ण आणि मनोरंजक अनुभव म्हणून ठेवता आले आहे. या पद्धतीने हा ग्रंथ स्वयंस्पष्ट, स्वयंसिद्ध तसेच प्रमाणभूत करण्याचा प्रयत्न केला आहे, व त्याद्वारे गीतेचे अध्ययन करणाऱ्या वाचकांना कोणत्याही स्पष्टिकरणार्थ या पुस्तकाच्या बाहेर जाण्याची गरज साधारणत: भासणार नाही असा मला विश्वास आहे. या विश्वासाची सत्यता या पुस्तकाचा अक्षरशः अभ्यास करणारा निश्चित बघेल यात संदेह नाही. तसेच लक्षात घेण्याची आणखी एक गोष्ट ही, कि या ग्रंथाची रचना गीतेवरील इतर प्रस्तुत लेखनांना समांतर नसून हे पुस्तक त्यांना एक पूरक संदर्भ साधन व्हावे अशा उद्देशाने केले आहे.

वर सांगितल्याप्रमाणे गीतेचे सुरेख समालोचन अनेक महापुरुषांनी उपलब्ध केले असल्याकारणाने इथे मी पुन्हा माझे स्वतःचे आणसी एक निराळे तत्त्व किंवा दृष्टिकोन समोर न करता, या पद्धतीत उलट सुरुवातीखातर वाचकांना मी मूळ पायाकडे मागे नेऊन पायरी-पायरीने त्यांना स्वतःच्या मताप्रमाणेच गीतेचे रसग्रहण करण्यास मदत करीत आहे. त्यानंतर ते वाचक इतर मोठमोठ्या लेखकांच्या तत्त्वपूर्ण व गहन भाष्यांचे स्वतःच यथायोग्य ग्रहण करण्यास निःशंक सज्ज तथा उद्यत होतील. खरे पाहिले असता, अन्यान्य धर्मांचे ग्रंथ सहज वाचत असताना आपण विशेषकरून गीतेचा इतका गहन अभ्यास करावा अशी कल्पना माझ्या मनात तेव्हा नव्हती. पण गीतेकडे माझे मन इतके आकर्षित होत गेले कि गीतेची भाषांतरे एकामागे एक माझेकडून सहज वाचली गेली. संस्कृतचे गहन ज्ञान आपल्याला नाही या धारणेने मी त्यावेळी फक्त भाषांतरांचाच आधार घेतला होता. तरी पण प्रत्येक भाषांतर वाचताना त्यात इतर अनुवादांशी असलेला परस्पर भेद व त्या सर्वांचाच मूळ संस्कृत गीतेशी असलेला फरक आपोआप माझ्या दृष्टीला येऊ लागला. त्यामुळे आपण योग्य रीतीने मूळ गीतेचा अभ्यास करावा अशी उत्कंठा मला एकाएकी उत्पन्न झाली. संस्कृतचे व गीतेचे अध्ययन करीत असताना, तेव्हा पुस्तक लिहिण्याचा विचारही माझ्या मनात नव्हता. परंतु या अध्ययनांच्या ओघात मला जो अत्यानंद प्राप्त झाला कि त्या अध्ययनाचा इतरांनाही लाभ व्हावा अशी उत्कट इच्छा नंतर माझ्या मनात वाढत गेली. गीताअभ्यास करताना मी स्वतः ज्यारीतीने टीप घेतले होते ते त्याच रीतीने मांडून या पुस्तकाला कच्चा मसूदा तयार केला. त्यानंतर पायरी पायरीने तो प्रस्तुत रूपात आणून आज मी हे लिखाण वाचकांसमोर सहर्ष ठेवीत आहे.

श्रीव्यासांच्या गीतेच्या महान ग्रंथाकडे आकर्षित होण्याचे माझे मुख्य कारण म्हणजे... "व्यासवाणी आधीच गोड, तिला वरुनि हरिनामाची जोड!" गीताभ्यासांनंतर मला कळले कि जगात गीतेच्या शैलीतील उदात्तपणाची बरोबरी करणारा, तसेच साधारण मनुष्याच्या समोर थोर तथा प्रात्यक्षिक गुणांचा आदर्श ठेवणारा इतर ग्रंथ नाहीच. विशेष म्हणजे, गीता कुण्या महाऋषीचा साक्षात्कार किंवा मध्यस्थीचा शब्द नव्हे. ती स्वयं श्रीभगवंताचा पावन शब्द आहे. ती परम आहे, अद्वितीय आहे. एकमेव गीतेत अमृत, अहिंसा, आत्मज्ञान, आत्मा, ॐ, तप, तुष्टि, त्याग, दान, बुद्धि, ब्रह्म, भक्त,

भक्ति, मुक्ति, मोक्ष, यश, यज्ञ, योग, विद्या, विभूति, वेद, सत्य, सदाचार, समता, संयम, स्वाध्याय, ज्ञान इत्यादि महत्वपूर्ण व विशेष विषय आज्ञा म्हणून नव्हे तर प्रेमळपणे समजाविले गेले आहेत. ती निर्गुण, निर्द्वंद्व, नित्य आहे. ती प्रात्यक्षिक आहे. ती आदर्श आहे. ती गीत आहे. ती गोड आहे. ती सुलभ आहे पण ती अथांग आहे. ती दीर्घकाळ चालत आली आहे. ती मननीय आहे. ती माननीय आहे. ती पवित्र आहे. ती परमोच्च उपदेश आहे. ती मार्गदर्शक आहे. ती हात धरून चालण्यास योग्य आहे. ती आई आहे.

गीता सुगीता कर्तव्या किमन्यैः शास्त्रविस्तरैः ।
या स्वयं पद्मनाभस्य मुखपद्माद्विनिःसृता ।।

(वैशम्पायन– महाभारत, भीष्म॰ 43.1)

गीता मधु शास्त्र उच्च्य, काय अन्य प्राच्याप्राच्य ।
पद्मनाभ स्वये उच्च्य, जे मुखकमले शुच्य ।।

भगवान् श्रीकृष्णाची गीता हे एक मधुर, आनंददायी आणि हितकारक काव्य असूनही त्याचा सहजार्थ व गहन यथार्थ दृष्टीस येणे त्याच्या नित्य अध्ययनाशिवाय असाध्य आहे. मी हे अवघड कार्य हाती घेतले ते मला भगवद्भक्तीने उत्पन्न झालेल्या स्वयंस्फूर्तीला व आत्मविश्वासाला धरून याच विचाराने, कि जर निष्ठेच्या बळावर श्रीज्ञानेश्वर चक्क एका मुक्या रेड्याच्या तोंडून गीता म्हणवू शकतात किंवा मूक पंगु भक्त बोलू व पर्वत चढून जाऊ शकतात तर त्यांपासून धडा शिकून माझ्यासारख्या अर्धपंगूने हे काम करण्याचे धाष्टर्य कां बरे करू नये?

(दोहा) *मूक होइ बाचल पंगु चढ़इ गिरिबर गहन ।*
जासु कृपाँ सो दयाल द्रवउ सकल कलि मल दहन ।।

(गोस्वामी तुलसीदासकृत श्रीरामचरितमानस, बालकांड, सो॰ 1.2)

(दोहा) मूक होत वाचाळ, पंगु चढत गिरि वरि गहन ।
द्रवुनि कृपालु दयाळ, तो करि मम कलि–मळ दहन ।।

तरी या पुस्तकात असणारी मज अज्ञानीची चूकभूल समंजस वाचकांनी दुर्लक्ष करून सहन करावी ही माझी त्यांना नम्र प्रार्थना आहे. माझ्या अनुभवानुसार मी असे म्हणू शकतो, कि पहिली पायरी म्हणून गीतेच्या श्लोकांचा योग्य पदच्छेद करून मूळशब्दांचा व्याकरणीय अर्थ लक्षात घेतल्यास तेच एरवी भीति दायक वाटणारे अवघड व लांबलचक संस्कृत शब्द सहज व ओळखीचे वाटून त्यांचा अर्थ समजणे सोपे जाते.

तरी पण, हे ध्यानात ठेवणे अत्यावश्यक आहे कि गीताभ्यासाकरिता वाचनाबरोबरच भगवंतावरील अनन्य श्रद्धा ही एक अत्यंत महत्वाची व अपरिहार्य गोष्ट आहे. वास्तविक पाहता, प्रस्तुत लिखाणाचा प्रयास हा निष्ठाहीन वाचकांचा विचार न करता फक्त निष्ठावंतांना उद्देशात घेऊन केला आहे. कारण की श्रीभगवंतानी स्वतःच गीतेत भक्तांना तशी ताकीद देऊन ठेवली आहे –

तप नसे गावी ज्याच्या, भक्ति नसे भावी ज्याच्या ।
माझे ऐकण्याची इच्छा, नसे मनातही ज्याच्या ।
करितो जो माझी निंदा, आणि माझी ईर्ष्या ज्याला ।
रहस्य हे माझे कदा, सांगू नये गड्या त्याला ।।

(गीतरत्नाकर 18.67)

श्रीभगवंताच्या या आदेशाचा उद्देश बघू जाता विद्यापति पं० विष्णुशर्मा यांचे एक बोधक वक्तव्य स्मरणी येते–

"यस्य नास्ति स्वये प्रज्ञा शास्त्रं तस्य करोति किम् ।
नेत्राभ्यां तु विहीनस्य दर्पण: किं करिष्यति ।।"

(हितोपदेश 3:115)

नाही ज्याला निजी प्रज्ञा, काय कामी शास्त्र श्रुति ।
नसेल दृष्टि ज्या अज्ञा, आरशाचा लाभ किती ।।

तसेच, संत श्रीज्ञानेश्वरानी आपल्याला सांगितले आहेच की –

"जें सायासें स्तन्य सेवी । तें पक्वान्नें केवीं जेवी ।
म्हणोनी बाळका जैसीं नेदावीं । धनुर्धरा ।।
तैसी कर्मी जया योग्यता । तयाप्रति नैष्कर्म्यता ।
न प्रकटावी खेळतां । आदिकरुनी ।।"

(ज्ञानेश्वरी ओवी 3.172–173)

शक्ति स्तनपानाचीही नसावी । त्या मुलाने मिष्टान्ने काय खावी ।
बालका त्या ती न द्यावी । धनुर्धरा ।।
असेल तशी कर्ममात्र योग्यता । तयाप्रति नैष्कर्म्याची महता ।
न बोलावी संवादाकरिता । वा गमतीद्वारा ।।

(ज्ञानरत्नाकर, 3.172–173)

मी हे कार्य वर्षानुवर्षे दिवसरात्र करीत असताना त्या ओघात माझी सूज्ञ पत्नी सुनीता हिने पदोपदी दिलेल्या अखंड व अविश्रांत प्रोत्साहन व सहकार्याबद्दल इथे तिचे प्रामाणिक आभार मानणे मी आपले कर्तव्य समजतो. तसेच श्री नील नारळे, श्रीमती रजनी घुई, श्रीमती शकुन्तला कोठारी, श्री सुनील नारळे तथा अन्य सर्व सज्जनांचे त्यांनी वेळोवेळी दिलेल्या यथोचित धैर्य व मदतीबद्दल मी आभार प्रकट करू इच्छितो.

या पुस्तकात सर्वप्रथम गीतेची ऐतिहासिक पार्श्वभूमि देऊन गीतेतील सर्व पात्रांचा परिचय दिला आहे. बरोबरच एका नाविन्यपूर्ण विशाल वंशवृक्षाच्या रचनेद्वारा त्या सर्व व्यक्तींचा पारस्परिक संबंध दर्शविला केला आहे. त्यानंतर, संस्कृतचा वर्ण विचार स्पष्ट करून, गीतेचा प्रत्येक शब्द अति स्पष्ट

करण्याच्या उद्देशाने संपूर्ण गीतेला जे संस्कृत संधीचे के नियम लागू पडतात त्या नियमांना गीतेतील उदाहरणांसहित 25 वर्गांत क्रमबद्ध केले आहे. त्यानंतर गीतेचा प्रत्येक संधियुक्त शब्द घेऊन त्या नियमांद्वारे तो घटक शब्दांत कसा पृथक् होतो ही विग्रह–मीमांसा दाखविली आहे. त्यानंतर विभक्ति विवेचन, तिङ्न्त विवेचन, समास विवेचन व प्रत्यय विवेचन सुलभ रूपात देऊन सर्व संयुक्त तथा घटक शब्दांचे लिंग, वचन, पुरुष, विभक्ति, काल तथा मूल धातु समजण्याकरिता प्रत्येक शब्दाची व्यवस्थित व्याकरणीय मीमांसा दाखविलेली आहे. त्यापुढे सर्व संयुक्त पदांचा सरळ अर्थ (* चिन्हाने अंकित करून) सुचविला आहे.

नंतर त्या सर्व संयुक्त तथा घटक शब्दांचे प्रत्यक्ष स्वरूप तथा स्पष्ट रूपार्थ विस्तृत शब्दकोशाच्या रूपात दिला आहे. बरोबरच त्यात लेखक, कवि व अभ्यासकांच्या सुविधेच्या हेतूने त्या शब्दार्थांचे पर्यायार्थ दिले आहेत.

गीतेचे संस्कृत व्याकरणीय रीतीने अर्थ स्पष्ट दर्शविणाऱ्या या अभ्यासाला यथार्थ रूपाने **'गीता ज्ञान कोश'** म्हटले गेले आहे. या पुस्तकाच्या वाचनात पद्यरस मिळवून थोडी मधुरता ओतण्याकरिता मी खास तयार केलेली व भारताचे प्रिय प्रधान मंत्री श्री अटल विहारी वाजपेयीजी यानी स्तुति केलेली माझी 'गीतरत्नाकर' शीर्शकाची कविता खंड 2 मध्ये दिली आहे. ही कविता (गीत) मूल्यवान गुणांचा (रत्नांचा) भंडार (आकर) जो श्रीकृष्ण असल्याने तिला 'गीतरत्नाकर' म्हटले आहे.

ही संपूर्ण गीतेची ही समश्लोकी कविता अति सरळ भाषेत 'रत्नाकर' नावाच्या अक्षर–सम–वृत्तात (आठ अक्षरांचे चार चरण आणि चरण 1 व 3 तथा 2 व 4 मध्ये यमक) सजवून केली आहे. तरी पण हे पूर्वीच स्वीकार केले गेले आहे, कि गीतेच्या मूळ संहितेला कोणतेच भाषांतरित गद्य वा पद्य पूर्णरूपाने पर्याय होऊ शकत नाही.

गीतेचे अध्ययन करणाऱ्या वाचकांच्या तथा विद्यार्थ्यांच्या हिताकरिता गीतेचा संदर्भपूर्ण शब्दकोश, धातुकोश, अव्यय सूचि, सर्वनाम सूचि, अत्यंत उपयुक्त व नि:शेष शब्द सूची तथा श्लोक सूचि इत्यादि प्रकरणे शेवटी दिली आहेत. त्या व्यतिरिक्त वेळोवेळी प्रश्नांचे निरसन करण्याकरिता संक्षिप्त पाददटिपा व स्फुट काव्य देऊन या लेखनकार्याची पूर्ति केली गेली आहे.

संस्कृत न जाणणाऱ्या गीता प्रेमींना या पुस्तकाद्वारे संस्कृत–आणि–गीता शिकविण्याच्या माझ्या स्वत:च्या प्रात्यक्षिक उपक्रमात मला प्राप्त असलेल्या सुयशाच्या आधारावर मी असे निश्चित म्हणू शकतो, कि प्रस्तुत लिखाण वाचकांना गीतेचा उचित शब्दार्थ समजण्याकरिता व पर्यायाने संस्कृत शिकण्याकरिता सुद्धा महत्वाचे ठरेल.

तरु फुलवितो फुले, वायु सौरभ वाहक ।
काव्य व्यासांनी रचिले, मी रसाचा प्रसारक ।।

– रत्नाकर

1

गीतेची पार्श्वभूमि
आणि
पात्र-परिचय

पार्श्वभूमि सांगे इष्ट, कुणी काय कधी कोठे ।
पात्र-परिचय नीट, भ्रम दूर करी मोठे ।
संदर्भ न होता स्पष्ट, गूढ न पढावे पाठ ।
सोडुनि मागे सपाट, पुढे कां करावे पाठ ।।

1.1 गीतेची पार्श्वभूमि :

श्रीगीतेच्या महाभारतीय इतिहासानुसार हस्तिनापुरच्या सोमवंशी पुरु घराण्यात अनुक्रमे ययाति, पुरु, जनमेजय, दुश्यन्त, भरत, गळ, अजमीढ, संवर्ण, कुरु, जन्हु, सार्वभौम व शंतनु हे ठळक ठळक वंशज होऊन गेले (संदर्भाकरिता या प्रकरणाच्या शेवटी दिलेले 'महाभारतीय विशाल वंशवृक्ष' व सूचि पहा↓). ययाति राजाला शर्मिष्ठा व देवयानी या दोन बायका होत्या. शर्मिष्ठेचा पुत्र पुरु हा कौरव-पांडवांच्या कुरु वंशाचा संस्थापक झाला व देवयानीचा पुत्र यदु हा श्रीकृष्णाच्या वृष्णि कुळाचा आद्यकर्ता झाला.

विख्यात शंतनु राजाची देवव्रत आणि विचित्रवीर्य ही दोन मुले भारतीय इतिहासात फार प्रसिद्ध झाली. यापैकी देवव्रत हा आजन्म ब्रह्मचारी राहून पुढे भीष्माचार्य म्हणून नावाजला. विचित्रवीर्याला धृतराष्ट्र, पांडु व विदुर ही तीन मुले होती. सर्वात मोठा धृतराष्ट्र हा जन्मांध असल्यामुळे विचित्रवीर्यानंतर पांडु हस्तिनापुरच्या गादीवर बसला. परंतु काही काळाने तो धृतराष्ट्राच्या हाती राज्य सोपवून हिमालयाच्या शतश्रृंग वनात निवृत्त झाला.

अंध धृतराष्ट्राने हस्तिनापुरचे राज्य भीष्माचार्याच्या मदतीने सांभाळले. धृतराष्ट्राने गांधारचा राजा सुबल याची कन्या गांधारी हिचेशी विवाह केला. सुबल याच्या सहा पुत्रांत सर्वांत मोठा शकुनि हा धृतराष्ट्राचा आवडता सल्लागार होता. धृतराष्ट्राला शंभर मुले व दुःशीला नामक एक कन्या होती (आदि॰ 67.93-105). शिवाय, त्याला युयुत्सु नामक एक अवैध मुलगा होता (आदि॰ 67.106). ही एकशेएक मुले कौरव म्हणून इतिहासात अति कुप्रसिद्ध झाली. त्या कुपुत्रांत दुर्योधन सगळ्यांत मोठा असून त्यासह दुःशासनानेही आपले नाव बरेच बदनाम केले होते.

पांडूला कुंती व माद्री या दोन बायका होत्या. कुंती ही मथुरेच्या शूरसेन राजाची मुलगी व श्रीकृष्णाचे वडील वासुदेव यांची बहीण होती. तिला युधिष्ठिर, भीम व अर्जुन हे तीन सुपुत्र होते. माद्री ही मद्र देशाचा राजा शल्य याची बहीण होती. मद्रदेशाचे पौराणिक नाव उत्तरकुरु होते. हा देश रावी आणि झेलम नद्यांच्या मध्ये दक्षिण-पश्चिम दिशेला होता. माद्रीला नकुल व सहदेव ही दोन मुले होती. पांडूची पाच मुले पांडव म्हणून सुप्रसिद्ध झाली. पांडूच्या मृत्यूनंतर कुंती पांडवांना घेऊन हस्तिनापुरला परतली. या एकशेसहा कुरुपुत्रांत युधिष्ठिर सर्वात मोठा व धर्मनिष्ठ असल्याकारणाने धृतराष्ट्रानी त्याला युवराज व गादीचा वारस नियोजित केले होते (आदि॰ 138.1–2) व युधिष्ठिराने राजसूय यज्ञ करून राजपद स्वीकारले. सर्वच कुरुपुत्रांनी गुरू शुक्र, कृप व द्रोण यांच्या हाताखाली शिक्षण केले होते.

आदिपर्व

कुंतीची मुले कौरवांपेक्षा धर्मनिष्ठ व सर्वच बाबतीत वरचढ दिसू लागल्यामुळे दुर्योधनाने द्वेषयुक्त होऊन शकुनीच्या साह्याने त्यांचा काटा काढण्याचे बरेच प्रयत्न केले होते. शेवटी त्याने भीमावर विषप्रयोग करून त्याला मारण्याचाही प्रयत्न केला (आदि॰ 127.25–59) पण तो त्यातून वाचला. मग त्याने वारणावत येथे एक ज्वालाग्रही लाक्षागृह तयार करून त्यात पांडवांना जिवंत जाळून मारण्याचा प्रयत्न केला (आदि॰ 143.8–18). परंतु, विदुराकडून वेळीच मिळलेल्या इशाऱ्यामुळे (आदि॰ 144.5–33) पांडवबंधू जळत्या लाक्षागृहातून चुपचाप निघून पांचाल देशात पोचले (आदि॰ 147–148) व तिथे द्रुपद राजाकडे द्रौपदीस्वयंवरसभेत गेले. तिथे अर्जुनाने इतर सर्व प्रतिस्पर्धी राजकुमारांना हरवून द्रौपदीला जिंकले. या सभेत पांडवबांधवांची भेट गोकुळातील नंदाकडे वाढलेल्या श्रीकृष्णाशी झाली (आदि॰ 183.188).

इकडे हस्तिनापुरात भीष्माचार्य, द्रोणाचार्य, विदुर इत्यादि वडीलधारी मंडळींनी दुर्योधनाला व धृतराष्ट्राला पांडवांना हस्तिनापुरात बोलावून त्यांच्या हक्काचे अर्धे राज्य परत देण्याबद्दल उपदेश दिले. परंतु दुर्योधन व कर्ण तो सल्ला फेटाळून उलट पांडवांना युद्धाचे आव्हान करते झाले (आदि॰ 200–203). कौरवांच्या या वागणुकीवर वरिष्ठ जनांची मते खालीलप्रमाणे पडली–

द्रौपदी वस्त्रहरणाच्या प्रकरणात बदनाम झालेल्या दुर्योधनाला भीष्म म्हणाले, "हे दुर्योधना! तू लाक्षागृहाच्या कटात सुद्धा कलंकित झाला आहेस. पांडव बांधवाचा या राज्यावर तितकाच हक्क आहे जितका तुझा आहे. वास्तविक, पांडव धर्मनिष्ठ असल्याकारणाने त्यांचा हक्क तुझ्यापेक्षा जास्त वैध आहे. ते राज्यापासून अन्यायाने दूर केले गेले आहेत. त्यांचे अर्धे राज्य त्यांना स्वखुशीने दे, नाहीतर विपत्तीचा आपल्यावर कोप ओढवून घेशील व पदरी मानहानी पडेल. तू आपले नांव न गमावता शहाणपणाने स्वधर्माची रक्षा कर. कीर्ति कायम असेपर्यंतच मनुष्य अमर असतो" (आदि॰ 202).

द्रोणाचार्य भीष्माला दुजोरा देऊन म्हणाले, "दुर्योधना! आपल्या उच्च चालीरीतींना धरून तू कुंतीपुत्रांना त्यांचे अर्धे राज्य स्वहस्ताने दे" (आदि॰ 203.1–12).

विदुर धृतराष्ट्राला म्हणाले, "हे राजन्! कौरवांप्रमाणे पांडव देखील खरोखर तुझीच मुले आहेत. तू

भीष्माचा व द्रोणाचा उपदेश ऐक. दुर्योधन, कर्ण आणि शकुनि हे आडदांड व खट्याळ तरुण आहेत. त्यांचेकडे ध्यान देऊ नको."

विदुर दुर्योधनास म्हणाले, "दानधर्म, सोशिकता, सहनशीलता, प्रामाणिकपणा आणि शौर्य अंगी वसत असलेल्या युधिष्ठिराला तू युद्धात कसा बरे तोंड देऊ शकशील? आणि हे लक्षात ठेव की साक्षात भगवान श्रीकृष्ण त्याचा पाठीराखा आहे. तरी जेव्हा शांततेने काम भागू शकते तेव्हा, दैवाच्या अवकृपेला मुकलेल्या व्यक्तीशिवाय इतर, कोण बरे वाममार्गाचा उपयोग करील? म्हणून, कृपा करून पांडवांना हस्तिनापुरात आणून त्यांना त्यांची वडीलोपार्जित गादी दे" (आदि॰ 204–205).

यांवर शकुनि म्हणाला, "दुर्योधना! भीमाच्या मदतीने अर्जुन अजिंक्य आहे. भीमाशिवाय ते आपला अधिकार परत मिळविण्याचा प्रयत्न करणार नाहीत. तरी प्रथम तू पांडवप्रधान भीमाला गुप्तपणे ठार कर!"

शेवटी धृतराष्ट्राने नाइलाज जाणून पांडवांना हस्तिनापुरला परत आणण्याची संमति विदुराला दिली. भीष्माने पांडवांना कौरवांपासून दूर अशा इंद्रप्रस्थात राजधानी बांधण्यास लावले (आदि॰ 206). इथे द्रौपदीला पाच पांडवांपासून पाच मुले झाली.

सभापर्व थोड्याच अवधीत भीम, अर्जुन, नकुल व सहदेव यांनी अनुक्रमे पूर्व, उत्तर, दक्षिण व पश्चिम दिशांनी दिग्विजय मिळवून इंद्रप्रस्थात अपार संपत्ति जमा केली (सभा॰ 25–33). त्या समृद्धीने दिपून जाऊन ते अप्रतिम ऐश्वर्य बळकावण्याकरिता कौरवांत खल सुरू झाले. शकुनीने द्यूताचा कट मांडला व फासे लावून युधिष्ठिराचे सर्वस्व हरण केले (सभा॰ 48–65). मग द्रौपदीला पणास लावावयास भाग पाडून दुःशासनाने तिला भर सभेत निर्वस्त्र करण्यास सुरवात केली. श्रीकृष्ण तिची अब्रू राखून तिला अदृश्यतेने अखंड वस्त्र पुरवते झाले (सभा॰ 68). कौरवांनी मग धृतराष्ट्राच्या आज्ञेनुसार पांडवांना द्यूतास पुन्हा आव्हान करून पांडवांच्या माथी बारा वर्षे वनवास व एक वर्ष अज्ञातवास ठोकला (सभा॰ 76). पांडवांच्या बरोबर धौम्यऋषि निघाले. बाकी लोक युधिष्ठिराच्या विनंतीने मागे परतले (सभा॰ 80.8).

वनपर्व कामाख्य वनात बारा बर्षे वनवास करीत असताना पांडवांना कौरव व इतर दैत्यांनी नष्ट करण्याचे सर्वरीतीने प्रयत्न केले. तेराव्या वर्षी अज्ञातवासाकरिता पांडव मत्स्य देशात विराट राजाच्या नगरीत आले.

विराटपर्व युधिष्ठिराने कंक ब्राह्मणाचे सोंग घेतले, भीम बल्लव बनून पाकशाळेत स्वयंपाकी बनला, अर्जुन बृहन्नडा बनून नृत्यशाळेत शिक्षिका झाला, नकुलाने घोड्याच्या पागेत मोतद्दार झाला, सहदेवाने गुराख्याचे रूप घेऊन गौशाळा सांभाळली व द्रौपदीने सैरंध्री बनून सुदेष्णा राणीची सेवा स्वीकारली.

इकडे पांडवांना हुडकून काढण्याकरिता कौरवांनी देशोदेशी गुप्तचर धाडले पण त्यांना सुगाव लागेना.

तेरावे वर्ष संपतच आले होते तेवढ्यात सुदेष्णेचा बलाढ्य भाऊ कीचक याने द्रौपदीच्या सौंदर्याला भाळून तिला बळकावण्याच प्रयत्न केला. ही बातमी भीमास कळताच तो कीचकावर धावून गेला. त्या द्वंद्वात कीचक मारला गेला.

हेरांकडून कीचकवधाची बातमी कौरवांना मिळताच त्यांनी इंगित ताडले की अजस्त्र कीचकाला मारणारा भीमाशिवाय दुसरा कुणीच असू शकत नाही. त्यांनी लगेच विराट नगरीवर आक्रमण केले. ते फेटाळून लावणे पांडवांच्या मदतीशिवाय विराट राजाला शक्य नव्हते. बृहन्नडेने ते शक्य केले. शेवटी, हारलेल्या कौरवांना ती बृहन्नडा नसून तो अर्जुनच आहे हे कळून चुकले. पण, सुदैवाने तेरावे वर्ष नुकतेच संपले असल्यामुळे भीष्माच्या मध्यस्थिने पांडवांवरचा अतिप्रसंग टळला होता.

उद्योगपर्व

वनवासाची मुदत पूर्ण करून अटीप्रमाणे पांडवांनी कौरवांकडून आपले बळकावलेले राज्य परत मागण्याकरिता आपला तळ उपलव्य या जागी ठोकून कौरवांकडे दूत पाठवले. उलटपक्षी कौरवांकडून संजयाला दूत म्हणून पाठविण्यात आले (उद्यो० 22). युधिष्ठिराने श्रीकृष्णाचे म्हणणे जे असेल ते आपल्याला मान्य आहे असे म्हटल्यावर श्रीकृष्णानी संजयाला निरोप दिला की, "आम्हाला शांतता हवी पण ती सन्मानाने. इंद्रप्रस्थाचे राज्य पांडवांना देऊन हस्तिनापुरचे कौरवांनी ठेवावे व समझोता करावा (उद्यो० 29.1–49)." युधिष्ठिर पुढे म्हणाला, "जर दुर्योधनाला ते देखील मान्य नसेल तर पाच पांडवांना कमीतकमी पाच गावे तरी द्यावी व तह कारावा (उद्यो० 26, 31.18–20)."

विदुर, संजय, सनत्सुजात, कण्व मुनि, नारद, भीष्म, द्रोण, श्रीकृष्ण, परशुराम, सात्यकि, गान्धारी व इतर सर्वांनी धृतराष्ट्राला व दुर्योनाला युद्धापासून परावृत्त करावयाचे आटोकाट प्रयत्न केले (उद्यो० 32–42; 106, 125–26; 129–130; 139), पण ते ऐकीना. धर्मराजाला आपसात युद्ध नको होते म्हणून श्रीकृष्ण सात्यकीला बरोबर घेऊन कौरवांकडे शिष्टाईला निघाला (उद्यो० 72–95; 124–128). इकडे दुर्योधन, कर्ण व शकुनीने तो समझोता असफल करण्याकरिता श्रीकृष्णालाच कैद करण्याची योजना आखली (उद्यो० 130.2–10) पण सात्यकीच्या इशाऱ्यावरुन ती असफल झाली.
श्रीकृष्णाने कौरवांच्या सभेत धर्मराजाच्या मागणीचे प्रतिपादन केले. त्यावर दुर्योधन खवळून म्हणाला, "पाच गावे तर काय सुईच्या अग्रावर मावेल इतकी भूमि सुद्धा मी पांडवांना देणार नाही" (उद्यो० 127.25). त्यावर श्रीकृष्णाने दुर्योधनास बजावले, की यापुढे युद्धाचा प्रसंग आला तर तो दोष पांडवांचा नव्हे, तुझाच (उद्यो० 128).

साम, दाम व भेद नीतींचे सर्व प्रयत्न असफल झाले असल्यामुळे पांडवांना दंडनीति उपयोगण्याची श्रीकृष्णानी परवानगी दिली (उद्यो० 150.1–18). शिष्टाई व शांतीने समेटीचे सर्वच मार्ग फसले हे जाणून धर्मराजाने नाइलाजार्थ पांडवांना युद्धास तयार होण्याची अनुमति दिली.

कुरुक्षेत्राच्या रणांगणावर उभय सेनांचे दळ उभे झाले. कौरवांकडे गांधार, सौवीर, मद्र, कंबोज सिंधु

वगैरे देशांचे मिळून एकंदर 11 अक्षौहिणी सैन्य कृपाचार्य, द्रोणाचार्य, अश्वत्थामा, शल्य, जयद्रथ, सुदक्षिण, कृतवर्मा, कर्ण, भूरिश्रवा, शकुनि व वाल्हिक या सेनापतिंखाली सज्ज झाले (उद्यो० 155.31–33) व पांडवांच्या बाजूने चेदी, करूप, मगध, मथूरा, पांचाल, मत्स्य, सौराष्ट्र वगैरे देशांच्या 7 अक्षौहिणी सेना द्रुपद, विराट, धृष्टद्युम्न, शिखंडी, सात्यकि, चेकितान व भीम यांच्या आज्ञेत उभ्या झाल्या (उद्यो० 151.4–5). कौरवांनी भीष्माला व पांडवांनी धृष्टद्युन्माला आपले सरसेनापति नेमले. अंध धृतराष्ट्राला युद्धवार्ता देण्याकरिता व्यासांनी संजयाला दिव्यदृष्टि प्रदान केली होती.

भीष्मपर्व रणांगणावर सज्जता झाली व रणवाद्ये वाजू लागताच धर्मराज रथातून उतरून चारही भावांसह भीष्माजवळ गेला. भीष्माना प्रणाम करून त्यानी त्याना आशिर्वाद व युद्धाची अनुज्ञा मागितली. त्यावर भीष्म गदगद होऊन म्हणाले, "युधिष्ठिरा! तुझा विजय व्हावा हीच माझी सदिच्छा आहे (भीष्म० 43.38–40)."

आता शस्त्रसंपात होणार तेवढ्यात तेथील आत्मजांना सामोरे बघून अर्जुनाची गात्रे शिथील होऊ लागली व तो श्रीकृष्णाला म्हणाला, "अच्युता!, माझा रथ उभय सेनांच्या मध्ये उभा कर, तो पर्यंत मला कुणाकुणाशी युद्ध करावयाचे ते मी बघतो" (गीता 1.21–23). तेथील सुसज्ज आप्तांना पाहून तो गर्भगळीत झाला व "मी युद्ध करणार नाही" असे म्हणून गप्प बसला (1.47). तो अनुचित समयी घडलेला अर्जुनाचा पेचप्रसंग जाणून भगवान श्रीकृष्णानी त्या विषादयुक्त अर्जुनाद्वारे मानवतेला जो रहस्यमय उपदेश केला तोच महर्षि व्यासांच्या महाभारताच्या भीष्मपर्वातील (23–40) श्रीमद्भगवद्गीता होय.

गीतेत ज्या ठळक व्यक्तींचा उल्लेख आहे त्या आपल्या सर्व पूर्वजांचा परिचय मुख्यत्वेकरून महाभारताचा आधार घेऊन खाली संक्षिप्तपणे दिला आहे. आणि त्या सर्वांचा परस्पर संबंध विशाल वंशवृक्षाच्या चित्रणाद्वारे त्यापुढे दाखविला आहे↓.

1.2 गीतेचा पात्र–परिचय

1.2.1 अभिमन्यु

महाभारतातील सर्वात बाल योद्धा म्हणजे सुभद्रेचा↓ वीर पुत्र अभिमन्यु. हा सुभद्रेचा पुत्र असल्याने गीतेत याचा उल्लेख सौभद्र असा आढळतो (1.6,18). हा बालपणी अर्जुनाजवळ↓ हस्तिनापुरात व नंतर त्याचा मामेभाऊ प्रद्युम्न याच्याकडे द्वारकेत शिकला होता. पांडवांच्या तेरा वर्षांच्या वनवासानंतर याचा विवाह विराट↓ राजाची कन्या उत्तरा हिच्याशी झाला होता.

याचा अद्वितीय पराक्रम महाभारताच्या भीष्मपर्वात (55, 63, 64, 69, 94) आणि द्रोणपर्वात (38, 40) वर्णिला आहे. याचा पराक्रम इतका वाखाणण्याजोगा होता की दुर्योधन↓ व धृतराष्ट्रासारख्या↓

याच्या कट्टर शत्रूंना देखील याची प्रशंसा करणे भाग पडले होते (द्रोण० 10.47–52). शेवटी याला चक्रव्यूहात फसवून दु:शासनीने गदा प्रहार करून ठार केले होते (द्रोण० 49.12–14). पांडवांनंतर याचा पुत्र परीक्षित हस्तिनापुरच्या गादीवर बसला. महाभारताच्या संपूर्ण कथेचे सर्वप्रथम पारायण व्यासाचा↓ शिष्य वैशंपायन याने परीक्षिताचा पुत्र जनमेजय याच्या दरबारात केले होते (आदि० 1.20).

1.2.2 <u>अर्जुन</u>

महाभारतात व गीतेत मध्यवर्ती व्यक्ति म्हणजे शूरतम पांडववीर अर्जुन होय. तरी, गीतेत अर्जुनाकडे एका वीराची भूमिका नसून शिष्य (2.7), भक्त व सख्याची (4.3) आहे. गीतेतील नर–नारायणाच्या संवादात याची नराची भूमिका आहे. रणभूमीवर भांबावून (1.26–30) तो क्षात्रधर्म नाकारता झाला (1.31–47) व अद्वातद्वा बोलून पांडित्याच्या गोष्टी हाकू लागला (2.11). पण श्रीकृष्णाच्या↓ उपदेशरूपी कृपाप्रसादाने समाधान पावून तो अखेर ताळ्यावर आला होता (18.73).

अर्जुनाला नागकन्या उलूपी, मणलूरकन्या चित्रांगदा, द्वारकेची सुभद्रा↓ व पांचाळकन्या द्रौपदी↓ या चार बायका होत्या. त्याला त्यांच्यापासून अनुक्रमे इरावान, बभ्रुवाहन, अभिमन्यु↑ व श्रुतकीर्ति हे चार पुत्र होते. याला मयापासून देवदत्त नामक दिव्यशंख (सभा० 3.8–18) व अग्नीपासून गाण्डीव धनुष्य, अक्षय भाता, श्वेताश्व व कपिध्वजयुक्त रथ (आदि० 224.6–10) प्राप्त झाले होते. याच्या भव्य रथाचे नाव नंदिघोष असून त्यावर हनुमानाची↓ प्रतिमा विराजमान होती. हा वयाच्या 106 व्या वर्षी स्वर्गारोहणाचे समयी पतन पावला.

गीतेत याचा उल्लेख खालील संज्ञांनी केलेला आढळतो– अनघ (3.3), अनसूयवे (9.1), अर्जुन (1.4), कपिध्वज (1.20), किरीटी (11.35), कुरुनंदन (2.41), कुरुप्रवीर (11.48), कुरुश्रेष्ठ (10.19), कुरुसत्तम (4.31), कौन्तेय (1.27), गुडाकेश (1.24), देहभृतां वर (8.4), धनंजय (1.15), परंतप (2.3), पाण्डव (1.14), पार्थ (1.25), पुरुषर्षभ (2.15), पुरुषव्याघ्र (18.4), भरतर्षभ (3.41), भरतश्रेष्ठ (17.12), भरतसत्तम (18.4), भारत (2.14), महाबाहु (2.26), सव्यसाचि (11.33), वगैरे. इतरत्र याची फाल्गुन, इंद्रसुत, कृष्णसारथी, गाण्डिवधन्वा वगैरे नावे महाभारतात आढळतात.

1.2.3 <u>अर्यमा</u> (10.29)

प्रजापति कश्यप आणि त्याची पत्नी अदिति यांना बारा आदित्य, आठ वसु व अकरा रुद्र पुत्र होते. अर्यमा हा द्वादशादित्यांपैकी एक होता. वेदसंहितेत हा एक देवता असून ऋग्वेदात याचा शंभरपेक्षा जास्त ठिकाणी उल्लेख आढळतो. तसेच पौराणिक साहित्यात याचा पितृगणात निर्देश केलेला आढळतो.

1.2.4 <u>अश्वत्थामा</u> (1.8)

कृपाचार्याची↓ बहीण कृपी द्रोणाचार्याची↓ बायको होती. द्रोणाचार्याचा एकुलता पराक्रमी मुलगा अश्वत्थामा हा महायुद्धातील कौरवपक्षाचा अंतिम सेनापति होता. ब्राह्मण कुळात जन्मूनही हा जीवनात

क्षत्रिय बनला होता. कृपाचार्याच्या आदेशावरून (सौप्ति॰ 3–8) कृतवर्म्याबरोबर रात्री चुपचाप शिबिरात शिरून पांडवांची केलेली अधर्मी कत्तल हा याच्या जीवनातील नीचतम बिंदु होय.

1.2.5 <u>अश्विनिकुमार</u> (11.6)

विवस्वान आदित्याचे संज्ञापासून झालेले सत्य आणि दस्र हे दोन जुळे पुत्र अश्विनिकुमार किंवा अश्विन् म्हणून ओळखले जातात. यांना देवलोकाचे वैद्य आणि मदतनीस म्हटले जाते. यांनी अंध च्यवन ऋषीची गेलेली दृष्टि वापस आणली होती.

1.2.6 <u>असित</u> (10.13)

मरीचिपुत्र कश्यप याचा मुलगा असितमुनि हा व्यासांच्या↓ शिष्यांपैकी एक होता. असितमुनीनी जनक↓ राजाला पुनर्जन्माचे तत्त्व समजावून सांगितले होते व आपल्या अनुयायांत महाभारताची कथा प्रसारित केली होती. युधिष्ठिराचे राज्याभिषेक व राजसूययज्ञ असित, नारद↓ व व्यासमुनींच्या उपस्थितीत झाले होते.

1.2.7 <u>इंद्र</u>

प्रजापति दक्षाची मुलगी अदिति हिला प्रजापति कश्यपापासून झालेला पुत्र इंद्र हा ऋग्वेद संहितेत सुमारे अडीचशे सूक्तांची देवता असून अग्नीच्या मागोमाग याला मुख्यत्व आहे. ब्रह्मा–विष्णु–महेशाची त्रिमूर्ति जरी सर्वश्रेष्ठ मानली जात असली तरी स्वर्गाचे आधिपत्य इंद्राकडेच असलेले वेदांत आढळते. याचे स्वरूप सूर्याप्रमाणे दैदीप्यमान असून हा अति पराक्रमी, सामर्थ्यवान, संपन्न, उदार, चिरतरुण व सर्वगुणसंपन्न असल्याचे उल्लेख जागोजागी आढळतात. गीतेत या देवाला सुरेंद्र (9.20) आणि वासव (10.22) या संज्ञा दिल्या आहेत.

1.2.8 <u>इक्ष्वाकु</u> (4.1)

मनु↓ वैवस्वताचा पुत्र इक्ष्वाकु हा श्रीरामचंद्राच्या↓ सूर्यवंशाचा आद्य पूर्वज होता. अयोध्येचा इक्ष्वाकु वंश याने स्थापन करून भरभराटीला व योग्यतेला आणला होता. याची राजनीति फारच तंतोतंत असून धार्मिक व नमूनेदार होती. यानेच भारतीय नीति व राजनीतीचा पाया घातला असे जाणतात.

1.2.9 <u>उत्तमौजा</u> (1.6)

पांचालदेशचा हा वीर पांडवपक्षात हाजिर होता. महायुद्धात याने अर्जुनाच्या↑ रथाच्या उजव्या बाजूचे संरक्षण केले होते (भीष्म॰ 15.19). याच्या पराक्रमाचे वर्णन महाभारताच्या निरनिराळ्या पर्वांत आढळते (द्रोण॰ 28.38–39; 92.27–32; 130.30–43; कर्ण॰ 6.24; 75.13; सौप्तिक॰ 8.35–36).

1.2.10 <u>उशना</u> (10.37)

हा उशनस्, एकाक्ष, कवि, शुक्र अथवा शुक्राचार्य या नावांनीसुद्धा ओळखला जातो. प्रजापति भृगूला↓ दिव्यापासून झालेला शुक्र इतिहासात एक कवि म्हणून प्रसिद्धीला आला त्यामुळे त्याला काव्य असेही म्हणतात. उत्तानपादाचा भाऊ प्रियव्रत याची मुलगी उर्जस्वती उशनाची पत्नी होती. तिच्यापासून त्याला

देवयानी नावाची कन्या झाली. बृहस्पतीचा↓ पुत्र कच हा उशना कवीपासून मृतसंजीवनी विद्या शिकला होता. देवयानीला कचाशी विवाह करण्यावी इच्छा होती परंतु गुरूची कन्या ही बहीण जाणून त्याने तिला नकार दिला होता.

1.2.11 कंदर्प (10.28)

ब्रह्मापासून उत्पन्न झालेला हा पुत्र कामदेव, मदन, मन्मथ, अनंग, दर्पक, वगैरे नावांनी जाणला जातो. जन्मापासून हा अति सौंदर्यवान व अद्वितीय असल्यामुळे याने ब्रह्माला "कं दर्पयामि?" असा प्रश्न केल्यामुळे त्याला कंदर्प ही संज्ञा प्राप्त झाली. हा मदनाचा सखा असल्या कारणाने याच्या हाती असलेल्या फुलांनी सजलेल्या धनूने हा जीवितांचे हृदयी अनुरागाचा आघात करीत असतो. असाच आघात याने ध्यानस्थ असलेल्या शंकरावर केला असताना शिवाचा तिसरा डोळा उघडून याचा देह भस्मसात झाला होता. तरी हा अनंग स्थितीत अमर असतो. याच्या पत्नीचे नाव रति अथवा माया असल्याकारणाने याला मायी अथवा रतिनायक असेही म्हणतात.

1.2.12 कपिल (10.26)

प्रजापति कर्दमाला मनु स्वायंभुवाची कन्या देवहूतीपासून झालेला पुत्र कपिलमुनि होय. स्वायंभुवाचा पुत्र उत्तानपाद हा भक्त ध्रुवाचा पिता. मनूची दुसरी कन्या प्रसूति ही प्रजापति दक्षाची पत्नी. कपिलमुनि सांख्य शास्त्राचा आद्य प्रवर्तक आणि प्रगाध वेदवेत्ता होता. हा शिव भक्त होता. कपिलाचे शिष्य आसुरी व पंचशिख सांख्यशास्त्राचे महान ज्ञानी मानले जातात.

1.2.13 कर्ण

कुंतीला↓ लग्नाच्या पूर्वी दुर्वासाच्या मंत्राने झालेला पुत्र हा कर्ण होय. पण याचे संगोपन सूताकडे झाल्यामुळे हा सूतपुत्र म्हणून ओळखला जातो (11.26) आणि याला कुंडले प्राप्त असल्याकारणाने त्याला कर्ण (1.8) हे नाव आहे. लग्नापूर्वी कुन्तीचे नाव राधा तथा पृथा असल्यामुळे कर्णाला राधेय व पार्थ म्हटले जाते.

वास्तविक हा ज्येष्ठ पांडव असूनही याने दुर्मति दुर्योधनाशी↓ सख्य जोडून अंग देशचे आधिपत्य मिळविले होते. पांडवपक्षात येण्याकरिता याची समजूत घालण्याचा श्रीकृष्णादिकांनी↓ बराच प्रयत्न केला पण याने कुणालाही न जुमानता आपला हट्ट अखेर पर्यंत सोडला नाही (उद्योग० 140–143). महाभारतात धृतराष्ट्र↓, दुर्योधन↓, कर्ण व शकुनि या चौकडीकडे खलनायकीची भूमिका असली तरी याचे चरित्र अति वीर व उदात्त आढळते.

1.2.14 काश्य

हा काशीचा महाधनुर्धर राजा होता. अभिमन्यु↑ व उत्तरेच्या विवाहप्रसंगी याने व शैब्याने↓ एक एक अक्षौहिणी सेनांसह उपलव्य नगरीचे संरक्षण केले होते (विराट० 4.25). याची मुलगी बलंधरा हिचा विवाह भीमाशी↓ झाला होता (आदि० 95.77). हा पिढीजात पांडवांचा पक्षपाती होता. गीतेत याला

काशिराज (1.5) व काश्य (1.17) ही नावे प्राप्त आहेत.

1.2.15 कुन्तिभोज

मथुराधिपति यादववीर शूरसेन राजाच्या बहिणीचा पुत्र व पांडवमाता कुन्तीचा मानलेला वडील असा जो कुन्तिभोज राजा त्याचा हा त्याच नावाचा पुत्र होता. त्या मानाने हा पांडवबंधूंचा मामा होता (कर्ण० 6.22). हा कुन्तिभोज व त्याचा भाऊ पुरुजित्↓ हे दोघेही महायुद्धात पराक्रमी वीर म्हणून फार प्रसिद्ध झाले. महायुद्धात याने धृष्टद्युम्नाच्या क्रौंचव्यूहाचे अति दृढतेने रक्षण केले होते (भीष्म 50.72). तसेच याने द्रौपदेय↓ शतानीकासह मकरव्यूहाच्या पदस्थानाचे व शिखंडीने पुच्छभागाचे संरक्षण केले होते (भीष्म० 75.11–12). महायुद्धात याने आपल्या दहा मुलांसह पांडवपक्षाची सेवा केली होती.

1.2.16 कुन्ती (1.16)

मथुरापुरीच्या यादव कुळातील शूरसेन राजाची मुलगी पृथा ही कुन्ती या नावाने महाभारताची थोर नायिका म्हणून ओळखली जाते. पृथा वासुदेवाची↓ बहिण व श्रीकृष्णाची↓ आत्या असून तिचे बालपण कुन्तिभोज↑ राज्याच्या घरी गेल्यामुळे ती कुन्ती या नावानेच सर्वश्रुत झाली. कुन्ती पांडवबंधू युधिष्ठिर↓, अर्जुन↑ व भीम↓ यांची आई होती. यामुळे त्यांना महाभारतात जागोजागी पार्थ, कौन्तेय आणि कुन्तीपुत्र म्हटले आहे.

1.2.17 कुबेर

प्रजापति पुलस्त्यचा पुत्र विश्रवस याला कुबेर, रावण, कुंभकर्ण व विभीषण ही चार यक्षमुले होती. कुबेराने ब्रह्माची घोर तपस्या करून अगणीत संपत्ति व पुष्पक विमान मिळविले होते म्हणून गीतेत याला वित्तेश म्हटले गेले आहे (10.23). विश्रवसाने कुबेराकरिता लंकेत सोन्याची नगरी बनविली व त्याच्या करमणुकीकरिता उर्वशी, मेनका, रंभा वगैरे सौंदर्यवान दासी नियोजित केल्या होत्या. महाभारतात कुबेराच्या सभेचे वर्णन आढळते (सभा० 10).

रावणाने ब्रह्मदेवाच्या तपस्येने दहा तोंडे धारण करून महाबली बनण्याचा वर मिळविला. अमर्याद शक्ति प्राप्त होताच रावणाने कुबेराला लंकेतून हुसकावून लावले व त्याची सुवर्णनगरी, संपत्ति व पुष्पक विमान बळकावले. राम-रावणाच्या युद्धप्रसंगी कुबेर व विभीषणानी रामाला मदत केली होती. रावणवधानंतर कुबेराने रावणाची उरलेली संपत्ति घेऊन अलका नगरीत आपले वास्तव्य केले. कुबेराच्या पत्नीचे नाव भद्रा व मुलाचे नाव नलकुबेर असे होते.

1.2.18 कुरु (1.1)

कौरव तथा पांडवांच्या कुरुवंशाचा संस्थापक या अर्थाने या विख्यात भरतवंशी राजाचा उल्लेख गीते मध्ये 1.25 मध्ये स्पष्ट रीतीने आला आहे. अप्रत्यक्ष सामासिक रीतीने श्री व्यासानी धर्मक्षेत्राला कुरुक्षेत्र (1.1); भीष्माला कुरुवृद्ध (1.12); व अर्जुनाला कुरुनन्दन (2.41, 6.43, 14.13), कुरुप्रवीर (11.48), कुरुश्रेष्ठ (10.19), कुरुसत्तम (4.31) अशा संज्ञा देऊन कुरूच्या नावाचा प्रयोग गीतेत केला

आहे. ज्या पावन भूमीवर कुरु राजाने महायज्ञ केला होता व जिला पवित्र सरस्वति नदीच्या पाण्याने वलविले होते ते धर्मक्षेत्र कुरुक्षेत्र नांवानी लोकप्रिय आहे (शल्य० 38:26–27) ।

1.2.19 कृप (1.8)

द्रोणाचार्याच्या नियुक्तीपूर्वी कौरवपांडवांच्या शिक्षणाचा भार कृपाचार्याकडे होता. भर महायुद्धात याने दुर्योधन↓ व कर्णाला↑ पांडवांशी तह करण्यावा उपदेश केला पण गर्वाने फुगून त्यांनी तो सपशेल नाकारला होता (शल्य० 4–5). एक पांडवप्रेमी व प्रतिष्ठित आचार्य असूनही शेवटी याने कृतवर्मा व अश्वत्थाम्याला बरोबर घेऊन रात्रीच्या वेळी पांडवशिबीरात घुसून निद्रस्थ पांडवांची अवैध कत्तल करण्याचे घोर कृत्य केले होते (सौप्ति० 3–8).

1.2.20 कृष्ण

ययातीच्या कुळातील यदूच्या वंशात सहस्त्रजीत, कुणी, कार्तविर्यार्जुन, वृष्णि, चित्ररथ, विदुरथ, वासुदेव↓, श्रीकृष्ण, प्रद्युम्न, अनिरुद्ध हे प्रमुख वंशज होऊन गेले. वृष्णि राजाला विदुरथ व चेकितान ही दोन मुले होती. विदुरथाचा वंशज वासुदेव व चेकितानाचा वंशज कुकुर हे दोघे समकालीन होते. कुकुराला उग्रसेन आणि देवक नावाची दोन मुले होती. देवकाची मुलगी देवकी हिचा विवाह शूरसेनाचा पुत्र वासुदेव याच्याशी झाला होता.

उग्रसेनाचा दुष्ट पुत्र कंस याने वासुदेव–देवकीला कैद केले असताना त्यांचा आठवा पुत्र म्हणून भगवान विष्णूनी श्रीकृष्णावतार घेतला. कृष्णाने आपल्या दैवी सामर्थ्याने कंसाचा डोळा चुकवून गोकुळात नंद गवळ्याच्या घरी पोचून यशोदा मातेच्या वात्सल्यात बालपण काढले. कंसाने कृष्णाला मारण्याकरिता पूतना, शकटासुर, तृणाव्रत, वत्सासुर, बकासुर, अघासुर, धेनुकासुर, कालिया, प्रलंब, अरिष्टासुर, केशी, व्योमासुर, चाणूर, मुष्टिक, कुवलयापीड, वगैरे मायावी व राक्षसी अनुयायी एकामागेएक पाठविले परंतु देवापुढे त्यांची दाळ न गळता कंसासहित ते सर्वच यमसदनी पोचले. पुढील जीवनात सुद्धा जरासंध, शिशुपाल, कालयवन, मुरासुर, नरकासुर, बाणासुर, पुंडरक वगैरे दैत्यांनी श्रीकृष्णाच्या जिवावर प्रयत्न केले होते. संपूर्ण जीवन असंख्य मनोरंजक तसेच रोमांचकारी घटनांनी परिपूर्ण भरले असल्यामुळे श्रीकृष्णासारखे रंगभरित व लीलामय चरित्र जागतिक इतिहासात अन्य कुणाचेही आढळत नाही.

महायुद्धात श्रीकृष्णानी हाती शस्त्र धरणार नाही अशी प्रतीज्ञा घेऊन अर्जुनाचे सारथ्य पत्कले होते तरी, सुशर्माने याच्या उजव्या हातावर तीन बाण मारले होते (कर्ण० 53.7 'जनार्दनं त्रिभिर्वाणैरहनद्दक्षिणे भुजे' ।।). महाभारतात श्रीकृष्णाच्या वसु, देव, वासुदेव, विष्णु, कृष्ण, मधुसूदन, माधव, पुण्डरिकाक्ष, जनार्दन, ईष, हृषीकेश, महाबाहु, सात्वत, आर्षभ, वृषमेक्षण, अज, उदर, दामोदर, अधोक्षज, नारायण, पुरुष, सर्व, सत्य, पुरुषोत्तम, गोविंद, अनंत, पृशिनगर्भ, वगैरे नामांच्या व्युत्पत्ति दिलेल्या आहेत (उद्यो० 70, शांति० 341).

गीतेत श्रीकृष्णाचा खालील ठळक नामांनी उल्लेख केलेला आढळतो– अच्युत (1.21), अनंत

(11.11), अनंतवीर्य (11.19), अमितविक्रमी (11.40), अरिसूदन (2.4), कमलपत्राक्ष (11.2), कृष्ण (1.28), केशव (1.31), केशिनिषूदन (18.1), गोविंद (1.32), जगत्पति (10.15), जगन्निवास (11.25), जनार्दन (1.36), देवदेव (10.15), देववर (11.31), देवेश (11.25), परमेश्वर (11.3), पुरुषोत्तम (8.1), प्रभु (11.4), भगवन् (10.14), मधुसूदन (1.35), महात्मन् (11.12), महाबाहु (6.38), महायोगेश्वर (11.9), माधव (1.14), यादव (11.41), योगेश्वर (11.4), वार्ष्णेय (1.41), वासुदेव (11.50), विश्वमूर्ति (11.46), विश्वरूप (11.16), विश्वेश्वर (11.16), विष्णु (11.240, श्रीभगवान् (2.2) सहस्त्रबाहु (11.46), हरि (11.9), हृषीकेश (1.15), वगैरे (इतर विशेषणांकरिता 'श्रीभगवंताची 301 नाम-विशेषणे' पाठ पहा↓). गीतेद्वारे जगाच्या उद्धाराकरिता प्रेमाने अर्पण केलेल्या परम प्रसादाला ज्ञानीजन भक्तीने ग्रहण करून भगवान श्रीकृष्णाला जगत्-गुरु (जगद्गुरु) म्हणून वंदन करतात.

वसुदेवसुतं देवं कंसचाणूरमर्दनम् ।
देवकीपरमानन्दं कृष्णं वंदे जगद्गुरुम् ।।
(गीता महात्म्य 5)

1.2.21 चित्ररथ (10.26)

प्रजापति कश्यपाचा पुत्र चित्ररथ हा सोळा देवगंधर्वांत सर्वज्ञ व जितेंद्रिय म्हणून ओळखला जातो (आदि॰ 65.43). हा कुबेराच्या↑ सभेतील एक निष्ठावंत गंधर्व होता. याला अंगारपर्ण व दग्धरथ ही नावे प्राप्त होती.

1.2.22 चेकितान (1.5)

हा यदुवंशीय वृष्णिकुळातील एक महाधनुर्धर योद्धा होता. महायुद्धात हा एक अक्षौहिणी सेनेचा नायक होता. महायुद्धाच्या प्रसंगी याने केलेल्या पराक्रमाचे वर्णन महाभारतात तुरळक आढळते (भीष्म॰ 45.60; 84.31; 110.8; द्रोण॰ 14.48; 125.68).

1.2.23 जनक

इक्ष्वाकूला विकुक्षि, निमि व दंड हे तीन पुत्र होते. विकुक्षीपासून श्रीरामाचा↓ रघुवंश निर्माण झाला व निमीच्या वंशात विदेहाच्या शीरध्वज अथवा जनक राजाचा जन्म झाला. त्यामुळे त्याची कन्या म्हणून सीतेला वैदेही व जानकी असेही म्हणतात.

जनकाने आपला भाऊ कुशध्वज याला संकाश्य देशाचा राजा केले होते व त्याच्या उर्मिला, मांडवी व श्रुतकीर्ति या तीन मुलींचा विवाह लक्ष्मण, भरत व शत्रुघ्न यांचेशी केला होता.

पौराणिक साहित्यात जनक राजाला सद्गुणांचा अवतार मानले गेले आहे (वन॰ 207.28-38). तो स्वत: एक विद्वान असून याज्ञवल्क्य, अष्टावक्र, पराशर, माण्डव्य व असित मुनि↑ सारख्या महाज्ञानींशी त्याचे विचार विवाद होत असत. शौनक ऋषीने याला पौराणिक काळातील एक आदर्श व्यक्ति मानले होते (श्रुयतां चाभिधास्यामि जनकेन यथा पुरा । आत्मव्यवस्थानकरा गीता: श्लोका महात्मना ।। शौनकगीता, 5) त्यामुळे भगवद्गीतेत याचे आदर्श समोर ठेवले गेले गेले आहे (3.20).

1.2.24 जयद्रथ (11.34)

सिंधुदेशचा राजा जयद्रथ हा अजमीढ राजाचा वंशज होता. सुरुवातीपासूनच हा पांडवांचा अतिशय द्वेष्टा होता. त्या कारणाने दुर्योधनाने आपली एकुलती बहीण दुःशीला हिचा विवाह याच्याशी केला होता (आदि॰ 67.109–110). द्यूतात पांडवांना शकुनि फसवत असताना हा शकुनीच्या बरोबरच होता (सभा॰ 58.25). पांडव वनवासस्थ असताना याने द्रौपदीला↓ चोरून पळवून नेले होते पण पांडवांनी याला चोपून द्रौपदीला परत आणले होते. महायुद्धात अर्जुनाशी↑ गाठ पडताच हा रणभूमि सोडून पळाला होता (द्रोण॰ 74.4–5), पण अर्जुनाने याला गाठून समाप्त केले (द्रोण॰ 146). महाभारतात याला सिंधुराज म्हटले गेले आहे (द्रोण॰ 42.9).

1.2.25 जह्नु

पुरुवंशातील अजमीढ घराण्याचा हा विख्यात वंशज एकदा गंगेला पीऊन गेल्यामुळे इतिहासात प्रसिद्ध झाला. नंतर भगीरथ राजाने गंगेला मुक्त केले होते व त्या कारणामुळे पुढे गंगेला जाह्नवी व भागीरथी ही दोन उपनावे पडली. गीतेत तिचा जाह्नवी असा उल्लेख आढळतो (10.31). जह्नुच्या वंशजांना कुशिक असेही म्हणतात. या कुशिक घराण्यातील सार्वभौम नावाचा राजा कौरव व पांडवांच्या कुरु वंशाचा पूर्वज होता.

1.2.26 दिति (10.30)

दिति ही प्रजापति दक्षाची मुलगी, प्रजापति कश्यपाची पत्नी व अदितीची बहीण होती. दितीच्या वंशात अनेक कुप्रसिद्ध असुर निर्माण झाले होते. त्यांतील कुख्यात राक्षसांमध्ये हिरण्यकशपु, हिरण्याक्ष, तारकासुर, शंबर, राहु, केतु, महाबली, रावण इत्यादींचा समावेश होतो. दितीपासुन 49 मरुत देवता सुद्धा उत्पन्न झाल्या होत्या.

1.2.27 दुर्योधन

संतोषो वै श्रियं हन्ति ह्यभिमानं च भारत ।
अनुक्रोशभये चोभे यैर्वृतो नाश्नुते महत् ।।
(दुर्योधन उवाच– सभा॰ 49.14)

(दुर्योधन म्हणतो–)
थोडक्यात ज्याला गोडी, त्याला वृद्धि–सिद्धि सोडी ।
दया क्षमा भय जोडी, तया मान कीर्ति थोडी ।
तो सुख ऐश्वर्य भुक्त, जो अग्निसम अतृप्त ।
काम क्रोध मद युक्त, त्याचे दुःख खेद लुप्त ।
खल छल बल प्राप्त, तयाचे शत्रू समाप्त ।
तम क्रौर्य गर्व व्याप्त, तयाला नमती आप्त ।।

हा धृतराष्ट्र↓ व गांधारीचा ज्येष्ठतम पुत्र व भारतीय युद्धाचा कारणीभूत, सूत्रधार व खलनायक म्हणून कुप्रसिद्ध निघाला. कर्ण व शकुनि हे याचे मुख्य सल्लागार होते. वयाने हा भीमाच्या अगदी बरोबरीचा होता. गंधर्वांनी दुर्योधनादि कौरवांना कैद केले असताना याने पदच्युत होऊन हस्तिनापुरच्या राज्यपदाचा त्याग करून धाडलेल्या तातडीच्या विनंतीनुसार पांडवबंधूंनी याची व इतर सर्व कौरवांची गंधर्वांच्या कैदेतून मुक्ति केली होती (वन॰ 248–249) तो उपकार विसरून जाऊन पांडवांप्रति त्यांच्या दिवसेंदिवस वाढत्या सामर्थ्याबरोबरच याचा मत्सर सुद्धा वाढतच गेला. युधिष्ठिराच्या राजसूय यज्ञाच्या समयी पांडवांचे ऐश्वर्व पाहून ईर्ष्येने जळून गेलेला दुर्योधन पांडवांना ठार करून त्यांचे ऐश्वर्य बळकावण्याची खटपट जन्मभर करीत राहिला होता. इतकेच नव्हे तर याने श्रीकृष्णाला↓ देखील पकडून कैद करण्याचा प्रयत्न केला होता (उद्यो॰ 130.3–5). पण सर्वच कारस्थानांत याची फसगत झाली होती. युद्धारंभापूर्वी याने श्रीकृष्ण, पांडव, विराट↓, द्रुपद↓, धृष्टद्युम्न↓ इत्यादींना अनेक शिव्याश्राप ऐकविले होते.

हा फारच गर्विष्ठ, उद्धट व हेकेखोर असून स्वत:ला अत्यंत पराक्रमी व बलवान समजत होता. परंतु याचे सेनापती एकामागे एक पडू लागताच याने भर युद्धात रणातून पळ काढला होता. अश्वत्थामाने रात्री पांडवशिबीरात घुसून केलेल्या निद्रस्थ पांडवांच्या कत्तलीचे वर्णन ऐकताच याने अति हर्षित होऊन प्राण सोडला (सौप्ति॰ 9). याला गीतेत दुर्बुद्धि म्हटले गेले आहे (1.23) व महाभारतात मंद, मूर्ख, शठ, पापाचारी वगैरे नावे सर्वत्र सर्वतोमुखी मिळाली आहेत (उद्यो॰ 30.17; 106.1–2) त्यांवरून याच्या व्यक्तित्वाची कल्पना येते. गीतेत याचा उल्लेख राजा (1.2) व धार्तराष्ट्र (1.23) असाही आढळतो.

यावद्धि तीक्ष्णया सूच्या विध्येदग्रेण केशव ।
तावदप्यपरित्याज्यं भूमेर्नः पाण्डवान्प्रति ।।

(दुर्योधन उवाच– उद्यो॰ 127.25)

टोचेल जितुकी भूमि, अग्र सूचिकेचे तीक्ष्ण ।
देई न तितुकी भू मी, पांडवांना कधी, कृष्ण! ।।

1.2.28 <u>देवल</u> (10.13)

देवल हा असितऋषीचा↑ अत्यंत ज्ञानी पुत्र. याचा लहान भाऊ धौम्यऋषि पांडवांचा पुरोहित म्हणून पांडवांबरोबर वनवासात गेला होता (सभा॰ 80.8). हिमवानाची कन्या एकपर्णा याची पत्नी होती. याची कन्या सुवर्चला हिचा विवाह आरुणिपुत्र श्वेतकेतूशी झाला होता.

1.2.29 <u>द्रुपद</u> (1.4,18)

द्रुपद हा दक्षिण पांचाल देशच्या अजमीढवंशीय सोमक कुळातील एक प्रख्यात राजा होता. हा द्रोणाचार्यपिता भरद्वाजमुनीच्या आश्रमात द्रोणाबरोबरच शिकला होता परंतु पुढे चालून द्रोणाशी↓ त्याचे असख्य झाले होते. महायुद्धाच्या प्रसंगी हा क्रौंचव्यूहाच्या शीरस्थानी आरुढ होता (भीष्म॰ 50.47).

धृष्टद्युम्न↓, शिखंडी↓ व द्रौपदी↓ ही त्याची मुले इतिहासात अतिशय प्रसिद्ध निघाली.

1.2.30 <u>द्रोण</u>

द्रोण हा भारद्वाज मुनीचा मुलगा होता. याला परशुरामाकडून धनुर्वेद व आयुधे प्राप्त झाली होती. भीष्माने↓ याची कौरवपांडवांचा धनुर्विद्येचा आचार्य म्हणून हस्तिनापुरात नेमणूक केली होती (आदि० 130.77). बरोबरच त्याचा मुलगा अश्वत्थामा↑ तसेच कर्ण↑, शिखंडी↓ व एकलव्य हे देखील धनुर्विद्या शिकले होते.

हा पांडवांचा नि:सीम प्रेमी असूनही कौरवांचा आर्थिक दास असल्याकारणाने युद्धात त्याने कौरवपक्ष धरला होता (भीष्म० 43.56). भीष्माच्या पतनानंतर कौरवी सेनेचे आधिपत्य याचेकडे आले होते. गीतेत याचे आचार्य (1.2,3), द्विजोत्तम (1.7) व द्रोण (1.25; 2.4; 11.26,34) असे उल्लेख झाले आहेत.

1.2.31 <u>द्रौपदी</u> (1.6)

पांचाल देशच्या द्रुपद↑ राजाची मुलगी कृष्णा ही महाभारतीय इतिहासात द्रौपदी या नावाने सुप्रसिद्ध झाली. पांडवबंधू जळत्या लाक्षागृहातून जीव वाचवून एकचक्र नावाच्या गावी पोचले असताना त्यांना तिथे पांचाल देशचा द्रुपद राजा आपल्या कन्येचे स्वयंवर करीत असल्याचे कळले म्हणून ते तिथून स्वयंवर मंडपात पोचले व इतर सर्व राजकुमारांना हरवून द्रौपदीला जिंकते झाले. द्रौपदीचा वीर भाऊ धृष्टद्युम्न↓ हा महायुद्धात पांडवपक्षाचा प्रथम सरसेनापति झाला होता होता.

1.2.32 <u>द्रौपदेय</u>

द्रौपदीला युधिष्ठिरापासून↓ प्रतिविंध्य; भीमापासून↓ सुतसोम; अर्जुनापासून↑ श्रुतकीर्ति; नकुलापासून↓ शतानीक व सहदेवापासून↓ श्रुतसेन हे पाच पुत्र झाले होते (आदि० 95.75). द्रौपदीच्या पाच महारथी मुलांना गीतेत द्रौपदेय म्हटले गेले आहे (1.6,18).

1.2.33 <u>धृतराष्ट्र</u>

जन्माने अंध, पुत्रप्रेमात धुंद व न्यायबुद्धीत मंद असा हा प्राणी सदा सशंक व द्विधामतीचा आढळतो. याला महायुद्ध टाळण्याचा सल्ला, चेतावणी व संधि क्षणोक्षणी मिळूनही याने दुर्योधन, कर्ण व शकुनीच्या खलयोजनांनाच मान्यता व प्रोत्साहन दिले व आपल्या वंशाचा नायनाट करवून घेतला.

महायुद्धानंतर हा गांधारी व कुंतीसह↑ वनात निघून गेला व तिथे दावाग्नीत जळून भस्मसात झाला. याच्या मृत्यूनंतर कौरववंश नष्ट होऊन हस्तिनापुरात पांडववंशाचे राज्य सुरू झाले. गीतेत याचा धृतराष्ट्र (11.26), परंतप (2.9), पृथिवीपति (1.18), भारत (2.10), महीपति (1.21) व राजन् (11.9; 18.76,77) असा उल्लेख आढळतो.

1.2.34 <u>धृष्टकेतु</u> (1.5)

हा चेदीच्या शिशुपाल राजाचा अति पराक्रमी पुत्र होता. शिशुपाल श्रीकृष्णाचा↑ वैरी असून देखील हा

पांडवांचाच कैवारी बनला होता. महायुद्धात हा पांडवांच्या सात सेनापतींपैकी एक होता (उद्यो॰ 157.11). याच्या युद्धप्रसंगीच्या कामगिरीचे वर्णन महाभारतात ठिकठिकाणी आले आहे (उद्योग॰ 157.11; भीष्म॰ 45,84,116; द्रोण॰ 14,25,107,125)

1.2.35 <u>धृष्टद्युम्न</u>

हा पांचाळच्या द्रुपद↑ राजाचा पुत्र व द्रौपदीचा↑ भाऊ होता. कौरव पांडवाप्रमाणेच हा सुद्धा द्रोणाचार्याकडून↑ धनुर्विद्या शिकला होता व त्यांच्या सारखाच अत्यंत वीर योद्धा झाला होता. महाभारतात हा पांडवांचा सरसेनापति झाला होता. युद्धप्रसंगी याने क्रौंचव्यूह व मकरव्यूह रचले होते. गीतेत याचा उल्लेख द्रुपदपुत्र (1.3) व धृष्टद्युम्न (1.17) असा आहे.

1.2.36 <u>नकुल</u> (1.16)

महाभारतात माद्रीपुत्र नकुल व सहदेवाला↓ 'सर्वभूतमनोहरौ' अशा उल्लेखाने त्यांच्या अद्वितीय रूपसौंदर्याची ओळख दिलेली आढळते (आदि॰ 67.112). चेदिनरेशाची कन्या करेणुमति याची द्वितीय पत्नी होती. तिच्यापासून याला निरमित्र नामक पुत्र होता (आदि॰ 95.79).

1.2.37 <u>नारद</u> (10.13,26)

नारदमुनीचे अनेक जन्म झालेले पुराणात आढळतात. हा सर्वप्रथम ब्रम्हाचा पुत्र म्हणून जन्मला होता व नंतर यांनी अनेक पुनर्जन्म घेतले होते. मुनीची कायाच नव्हेतर कालांतराने गंधर्व, दक्ष, वानर, कृमी, नारी वगैरे जन्मसुद्धा यांनी घेतले होते. नारदमुनीला देवर्षि अशी संज्ञा प्राप्त आहे (10.26). नारदमुनीनी पांडवसभेत येऊन युधिष्ठिराला↓ उपदेश दिले होते (सभा॰ 5–11). तसेच यांनी दुर्योधनालाही↑ समजवण्याचा प्रयत्न केला होता (उद्योग॰ 106).

1.2.38 <u>पाण्डु</u> (1.1,3)

याचा जन्म विचित्रवीर्याच्या मृत्यूनंतर झाला असल्यामुळे याचे पालनपोषण भीष्माचार्यानीच↓ केले होते. ज्येष्ठ धृतराष्ट्र↑ जन्मांध असून पांडु सर्वच विद्यांत फार पारंगत (आदि॰ 102.15–19) व पराक्रमी असल्यामुळे पांडु कनिष्ठ असूनही हस्तिनापुरचा राजा नियुक्त झाला होता.

पांडूला दोन बायका होत्या. पहिली पृथा व दुसरी माद्री. पृथा मथुरेच्या वासुदेवाची बहीण होती. माद्री माद्रदेशच्या शल्याची बहीण होती. पृथा कुंतिभोजाच्या राजवड्यात मोठी झाल्यामुळे तिला कुंती↑ असे नाव पडले. युधिष्ठिर↓, भीम↓ व अर्जुन↑ ही कुंतीची मुले व नकुल↑ आणि सहदेव↓ ही मुले माद्रीची. पांडूने रोगपीडेमुळे गादी सोडली व हस्तिनापुरचे राज्य धृतराष्ट्राकडे आले. गीतेत याला पांडव म्हटले गेले आहे (1.1).

1.2.39 <u>पुरुजित्</u> (1.5)

हा कुंतिभोज राजाचा मुलगा आणि पांडवमाता कुंतीचा↑ मानलेला भाऊ होता. याच्या रथाला विविधरंगांचे सुंदर अश्व जुंपलेले असत. महायुद्धात हा क्रौंचव्यूहाच्या नेत्रस्थानी कुन्तिभोज↑ व

धृष्टकेतूच्या↑ बरोबर नियोजित होता (भीष्म० 50.47).

1.2.40 <u>प्रजापति</u> (3.10; 11.39)

सर्वभूतानि चादाय तपसश्चरणाय च ।
आदिकर्ता महाभूतं तमेवाहुः प्रजापतिम् ।।

प्रजापतीला सृष्टीचा आदिकर्ता असे जाणले जाते. अज्ञात स्वरूपाचा व गुणांचा हा कोण असे जाणून याला क अशी संज्ञा देखील प्राप्त आहे. गीतेत (3.10) याचा 'प्रजेचा सृष्टा' म्हणजेच ब्रह्मा असा निर्देश आढळतो.

1.2.41 <u>प्रह्लाद</u> (10.30)

प्रजापति कश्यपाला दितीपासून जे आठ नास्तिक दैत्यपुत्र निपजले त्यापैकी हिरण्यकश्यपु हा एक. पण, त्याचा आस्तिक पुत्र भक्त प्रह्लाद हा मात्र निष्ठावंतांत अग्रगण्य म्हणून प्रसिद्ध झाला. हिरण्यकश्यपूला ब्रह्माच्या उपासनेने कोणत्याही शस्त्राने, मनुष्याच्या वा पशूच्या हातून, घरात वा घराबाहेर, दिवसा वा रात्री सुद्धा मृत्यु न येण्याचे वरदान प्राप्त होते. म्हणून त्या गर्वाने फुगून तो नास्तिक बनून त्रिलोकावर अत्याचार करता झाला. प्रह्लादाला आस्तिकभावापासून परावृत्त करण्याकरिता त्याने याचे हाल हाल केले तरी हा भक्तीत दृढ राहिलेला पाहून त्याने याचा जीव घेण्याचे प्रयत्न केले.

शेवटी, सर्वत्र अधर्म पसरून सदाचार नष्ट झाल्यामुळे विष्णूने↓ नृसिंहावतार घेऊन हिरण्यकश्यपूचा नायनाट केला. प्रह्लादाचा पुत्र विरोचन याचा पुत्र महाबली याचा पुत्र बाण याची कन्या उषा हिचा विवाह श्रीकृष्णाचा नातु अनिरुद्ध याच्याशी झाला होता (आदि० 19.65).

1.2.42 <u>बृहस्पति</u> (10.24)

प्रजापति अंगिरस आणि त्याची पत्नी ख्याति यांचा पुत्र बृहस्पति याला देवगणाचा पुरोहित मानतात. हा अत्यंत विद्वान व नीतितज्ञ असून याने याज्ञवल्काला तत्त्वज्ञान शिकविले होते. याची पत्नी तारा हिला कच नावाचा इतिहासप्रसिद्ध पुत्र झाला होता.

1.2.43 <u>ब्रह्मा</u> (11.15)

गीतेत ब्रह्माचा उल्लेख 'ब्रह्माणमीशं कमलासनस्थ' असा झालेला आढळतो. गीतेत याला प्रजापति (3.10) व अधियज्ञ (8.1) असेही म्हटले गेले आहे. ब्रह्मापासून प्रथम 21 प्रजापति निर्माण झाले (पहा भृगु↓) व त्यांपासून सर्व प्रजा उत्पन्न झाल्या या अर्थाने मनुस्मृतीच्या प्रथम अध्यायात ब्रह्माला 'सर्वलोकेपितामह:' म्हटले गेले आहे. निर्माणकर्ता ब्रह्मा, तारणकर्ता विष्णु व लयकर्ता शिव अशी त्रिमूर्ति परमेश्वर मानली जाते. ब्रह्माचा स्वत:चा जन्म विष्णूच्या नाभीकमळातून झाला असून आपल्या रजोगुणाच्या बळाने याने प्रजोत्पादनाचे सामर्थ्य मिळविले व महाविष्णु त्या प्रजांचे पालन करतो. कल्पाच्या अंती शिवा त्या सर्व उत्पत्तीचा हिरण्यगर्भात लय करतो व नव्या कल्पाच्या आरंभी ब्रह्मा पुन्हा त्या निर्माण करीत असतो असे चक्र पुराणांत निर्देशिलेले आढळते. ब्रह्माच्या इतर पुत्रांत

सनतकुमार, कंदर्प, नारद, स्वायंभूव वगैरे महाव्यक्ति आढळतात. ब्रह्माला चार तोंडे असून त्यांद्वारे हा चारी वेद उच्चारत असतो. वेदपुराणांत याला धाता, विधाता, सृष्टा, सृजनकर्ता वगैरे संज्ञा आढळतात.

1.2.44 भीम

सर्व मानवजातीत बलवान असा (आदि॰ 122.14) हा कुंतीचा↑ मधला पुत्र होय. वयाने हा दुर्योधनाबरोबर होता. धनुर्धर अर्जुनाच्या↑ अद्वितीय पराक्रमामागे याचे बळ असल्याकारणाने कौरवांच्या डोळ्यात हा फारच सलत होता, पण दुर्योधनाचे↑ याला मारण्याचे सर्वच कट वाया गेले होते.

मयाकडून भीमाला त्याची प्रख्यात गदा प्राप्त झाली होती (सभा॰ 3.18). भीमाने बकासूर, घटोत्कच, कीचक वगैरे राक्षसांना, अश्वत्थामा नावाच्या हत्त्याला व दुर्योधनाला यमसदनी धाडले होते. हिडिंबा ही भीमाची दुसरी पत्नी असून तिच्यापासून याला घटोत्कच नावाचा राक्षसी पुत्र झाला होता. महाभारताच्या युद्धसमयी भीमाच्या आचट पराक्रमाची वाखाणणी धृतराष्ट्राने↑ सुद्धा केली होती (द्रोण॰ 10.13). गीतेत याचा उल्लेख वृकोदर (1.15) व भीम (1.4,10,15) या नावांनी आढळतो.

1.2.45 भीष्म

कौरवपक्षातील सर्वांत वयोवृद्ध, वीर व माननीय व्यक्ति म्हणजे भीष्माचार्य. या नात्याने महायुद्धात कौरवीसेनेचे आधिपत्य यांचेकडे सर्वप्रथम आले होते. शंतनु राजाला गंगेच्या कृपेने याची प्राप्ति झाली असल्यामुळे याला गांगेय असेही नाव प्राप्त होते. पांडवांविरुद्ध युद्ध रचण्याचे दुष्कृत्य तू करीत आहेस" असे म्हणून भीष्मानी कर्णाची↑ खूप कानउघाडणी केली होती (उद्योग॰ 21.6–7). तसेच, श्रीकृष्णाला↓ कैद करण्याचा कट रचत असल्याबद्दल दुर्योधन↑ व धृतराष्ट्राची↑ कडक निर्भर्त्सना यांनी केली होती (उद्योग॰ 88.13–23). गीतेत याचा भीष्म (1.8,10,11,25; 2.4; 11.26, 34) व पितामह (1.12) या नावांनी उल्लेख आढळतो.

1.2.46 भृगु (10.25)

ब्रह्मदेवाने सृष्टिनिर्मितीच्या समयी जे एकवीस प्रजापती भूतळावर उत्पन्न केले होते त्यांची पौराणिक साहित्यातील नावे पुढील प्रमाणे : अंगिरस, अत्री, कर्दम, कश्यप, क्रतु, अरिष्टनेमी, दक्ष, धर्म, पुलस्त्य, पुलह, प्रहेति, प्राचेतस, भृगु, मनु↓, मरीचि, वसिष्ठ, विकृत, शेष, संश्रय, स्थाणू आणि हेति. प्रजापति भृगूला दिव्या व पुलोमा या दोन बायका होत्या. त्याला दिव्या पासून शुक्र आणि पौलोमा पासून च्यवन हे दोन विख्यात पुत्र होते. शुक्राला उशना↑ असेही दुसरे नाव होते. च्यवनाचा वंश दधिचि, सारस्वत, जमदग्नि, शौनक, भार्गव व परशुराम इत्यादींनी उज्ज्वल केला.

1.2.47 मनु (4.1; 10.6)

विवस्वानपुत्र मनुवैवस्वताला सातवा मनु मानतात. मनूला सूर्यवंशाचा आद्य व अयोध्येचा पहिला राजा समजतात. यानी त्रेतायुगाच्या आरंभीला विवस्वानापासून सात्वधर्म व गौतमापासून शिवसहस्त्रनाम शिकले होते. ती 1008 नावे महाभारतात दिलेली आढळतात (अनु॰ 17.1–153). याच्या पत्नीचे नाव

श्रद्धा होते. तिच्या पासून याला इक्ष्वाकु↑ नावाचा महाविख्यात पुत्र व इडा नावाची कन्या झाली होती. इक्ष्वाकु पासून सूर्यवंशाची व इडे पासून चंद्रवंशाची सुरुवात मानतात.

1.2.48 <u>यम</u> (10.29; 11.39)

अदितिपुत्र विवस्वान↓ आदित्याला संज्ञापासून झालेला मुलगा यम हा मृत्यूची देवता असल्यामुळे त्याला काळ असेही म्हणतात. हा प्रकृतीचा शासक व धर्मरक्षक असल्याकारणाने याला राजा, शास्ता व धर्म या संज्ञा प्राप्त आहेत. याचे दोन सहायक उलूक व कपोत व त्यांचे दोन कुत्रे यमदूत म्हणून ओळखले जातात. अग्नि, वायु व सूर्याला देखील वैदिक साहित्यात यम म्हटले गेले आहे. हा ब्रह्माच्या मंत्रिमंडळाचा एक सभासद आहे (सभा० 11.51) व इंद्राने याला पितृगणाचा राजा नियोजिले आहे (उद्योग० 16.14). याने धर्माचे गुह्य स्पष्ट केले होते (अनु० 130) व गौतमाला धर्मावर सदुपदेश दिला होता (शांति० 129.9–11).

1.2.49 <u>युधामन्यु</u> (1.6)

पांचालदेशचा हा राजकुमार एक महाधनुर्धर, गदाधारी व महारथी म्हणून प्रसिद्ध होता. याच्या रथाला सारंगी रंगाचे अश्व जुंपलेले असत त्यामुळे तो फार उठावदार दिसत असे (द्रोण० 23.3). महायुद्धात याने अर्जुनाच्या डाव्या बाजूची रक्षा केली होती (भीष्म० 15.19). महाभारतातील द्रोण (92) आणि कर्ण (6, 61) या पर्वांत याच्या पराक्रमांचे वर्णन आढळते.

1.2.50 <u>युधिष्ठिर</u>

कौरवपांडवांतील ज्येष्ठतम आणि सद्धर्मी पुत्र म्हणजे पांडववीर युधिष्ठिर. धृतराष्ट्राची आज्ञा पाळण्याकरिता याने अनुचित जाणूनही (सभा० 59.5–18) पुन्हापुन्हा द्यूतात भाग घेऊन आपले सर्वस्व गमावून वनवास पत्करला होता. धृतराष्ट्राने↑ जरी याला गादीवर बसवून राज्याभिषेक केला होता तरी दुर्योधन↑, कर्ण↑ व शकुनि हे तिघेही याचे राज्य बळकावण्याकरिता जन्मभर येनकेनप्रकारेण खपत राहिले होते. शिबीच्या गोवासन राजाची मुलगी देविका ही याची दुसरी पत्नी होती. तिच्यापासून याला यौधेय नामक पुत्र झाला होता (आदि० 95.76).

श्रीकृष्ण↓ इंद्रप्रस्थाहून द्वारकेस जावयास निघाले असताना युधिष्ठिराने स्वत: त्यांच्या रथाचे सारथ्य केले होते (सभा० 2.16–17). हा अतिधर्मपरायण असल्याकारणाने इतिहासात हा धर्मराज, धर्मपुत्र वा धर्म म्हणून ओळखला जातो. महाभारतात याला धर्माचा अंश म्हटले आहे (आदि० 67.110). गीतेत याला राजा, कुंतीपुत्र व युधिष्ठिर असे म्हटले आहे (1.16).

सर्वांच्याच मनाला बोचणारा प्रश्न, कि या युद्धाच्या काळाला प्रस्तुत राजा दुर्योधन (धृतराष्ट्र)↑ कारणीभूत समजावा की काळ दुर्योधनासारखा कुलघातकी राजा निर्माण होण्याला कारण समजावा? या शंकेचे निराकरण करण्याकरिता युधिष्ठिराला भीष्माचार्य↑ सांगतात (शांति० 69.79), "काळ राजाला कारण असतो की राजा काळाला कारण असतो, याचा संशय तुला मुळीच असू नये. हे निश्चित आहे,

कि राजाच काळाला कारण असतो."

कालोवा कारणं राज्ञो राजा वा कालकारणम् ।
इति ते संशयो माभूत राजा कालस्य कारणम् ।।

(भीष्म उवाच- शांति॰ 69.79)

राजा घडवी काळाला, कि काळ करी राजाला ।
नसो ही शंका मनाला, –राजा कारण काळाला ।।

1.2.51 <u>युयुधान</u> (पहा सात्यकी ↓)

1.2.52 <u>राम</u> (10.31)

चरितं रघुनाथस्य शतकोटिप्रविस्तरम् ।
एकैकमक्षरं पुंसां महापातकनाशनम् ।।

(रामरक्षा 1)

अयोध्येच्या इक्ष्वाकूच्या↑ सूर्यवंशात विकुक्षि, मांधाता, अंबरीष, सत्यव्रत, हरिश्चंद्र, रोहित, दिलीप, भगीरथ, रघु, अज, दशरथ, राम, वगैरे नामांकित वंशज होऊन गेले. हा रघूचा वंशज असल्याकारणाने याचा वंश रघुवंश या नावाने प्रसिद्ध झाला. दशरथाला तीन बायका होत्या. त्यांपैकी कौसल्येचा पुत्र राम हा सर्वांत मोठा, सुमित्रेचे लक्ष्मण व शत्रुघ्न, आणि कैकेयीचा भरत.

रामाची संपूर्ण कथा वाल्मीकि ऋषीनी सात अध्यायांच्या 24000 श्लोकांमध्ये 'रामायण' या नावानी रचली आहे.

(1) रामाचे शिक्षण विश्वामित्र ऋषीच्या आश्रमात झाले. त्यानंतर त्याने विदेहाच्या जनक राजाची कन्या सीता हिला स्वयंवरात जिंकून तिच्याशी विवाह केला.

(2) दशरथाने राम सर्वांत मोठा व पुरुषोत्तम म्हणून त्याला अयोध्येच्या गादीचा वारस नेमून अभिषेक केला. पण कैकेयीच्या मनात भरताला गादीवर बसवावयाचे होते म्हणून तिने कट करून रामाला बारा वर्षांचा वनवास घडविला व भरताला अयोध्येचा राजा केले. रामाबरोबर सीता व लक्ष्मण वनवासास गेले.

(3) तिथे लंकाधिपति रावणाने सीतेला पुष्पक विमानात घालून पळवून नेले. सीतेला शोधण्याकरिता जटायु, सुग्रीव व हनुमान↓ यांनी साह्य दिले.

(4) अति खडतर तपास व रोमांचकारी घटनांनंतर हनुमानाने लंकेत जाऊन सीतेचा शोध लावला. तिथे त्याने रावणाला शांतीच्या मार्गाने सीतेला परत करण्याबद्दल आव्हान केले.

(5) परंतु रावणाने आपल्या अपूर्व शक्तीला भारावून सीतेला न सोडता रामाशी लढाई करणे पत्करले. हनुमानाच्या वानरसेनेनी समुद्रावर रामाचा सेतु बांधून लंकेत रावणावर चढाई केली.

(6) शेवटी विभीषणाच्या मदतीने रामाने दशमुखी रावण व कुंभकर्ण यांना नष्ट करून सीतेला मुक्त केले.

(7) अयोध्येला परतून राम पुन्हा अयोध्येचा राजा झाला. अयोध्येतील हर्षभरित जनतेने रामाच्या आगमनाचा आनंद प्रदर्शित करण्या करिता जो भारी उत्सव केला त्याची पुनरावृत्ति दिवाळीचा सण म्हणून साजरा केला जातो. रामानंतर त्याच्या लव व कुश या जुळ्या मुलांनी रघुवंश पुढे चालविला.

1.2.53 <u>लक्ष्मी</u> (18.78)

समुद्रवसने देवि । पर्वतस्तनमंडले ।
विष्णुपत्नि नमस्तुभ्यम् । पदस्पर्शं क्षमस्व मे ।।

समुद्रमंथनाचे वेळी सागरातून लक्ष्मी उत्पन्न झाली व ब्रह्मदेवाने ती श्रीविष्णूला↓ दिली. महाविष्णूचे अर्धांग म्हणजे लक्ष्मीदेवी अर्थात समृद्धीची देवता होय. विष्णु प्रमाणेच हीचे देखील सीता, रुक्मिणी वगैरे निरनिराळे अवतार वेळोवेळी झाले होते. लक्ष्मी ब्रह्मदेवाच्या सभेत सदैव हजर असते (सभा॰ 11.41). कुबेराला↑ ती प्रसन्न असून ती कुबेराची सभा सजविते (सभा॰ 10.19). लक्ष्मीच्या निवासास योग्य व अयोग्य व्यक्ती व स्थळांचे वर्णन महाभारतात आहे (अनु॰ 11).

1.2.54 <u>वरुण</u> (10.29)

अदितीपुत्र वरुण याला इंद्राने↑ जळांचा राजा नेमून श्रद्धावती ही त्याची राजधानी स्थापली. पुराणप्रसिद्ध होमधेनु गाय व श्रीरामाचा↑ वैष्णव धनु याला प्राप्त आहेत. हा ब्रह्माच्या दरबारी एक मंत्री असतो.

1.2.55 <u>वासुदेव</u> (10.37)

युदुकुळभूषण वासुदेव व देवकी हे प्रजापति कश्यप आणि त्याची पत्नी अदिति यांचे पुनर्जन्म असल्याचे मानले जाते. कश्यपाची पत्नी सुरसा ही वासुदेवाची दुसरी बायको रोहिणी म्हणून जन्मली. कृष्ण↑ देवकीचा कनिष्ठपुत्र व बलराम हा रोहिणीचा पुत्र होता. वासुदेवपिता शूरसेन हा कुंतीचा↑ भाऊ व मथुरेच्या उग्रसेन राजाचा मंत्री होता. देवकी उग्रसेन राजाची पुतणी व कंस त्याचा पुत्र होता. वासुदेव व देवकीची कन्या सुभद्रा↓ हिचा विवाह अर्जुनाशी↑ झाला होता.

1.2.56 <u>विकर्ण</u> (1.8)

धृतराष्ट्राच्या शंभर मुलांमध्ये हा पुत्र वीर म्हणून जाणला जातो. कौरवांत जे तुरळक अर्धन्यायी लोक होते त्यांतील हा एक होता. सभेत दुर्योधनाच्या↑ आज्ञेवरून दुःशासनाने द्रौपदीला↑ निर्वस्त्र करण्याचा प्रयत्न करीत असताना हा अन्याय होत आहे असा आरोप यानेसुद्धा आपल्या भावांविरुद्ध केला होता.

1.2.57 <u>विराट</u> (1.4)

या मत्स्यदेशच्या राजाची राजधानी अत्यंत प्रख्यात असल्यामुळे ती विराट नगरी या नावाने प्रसिद्ध होती. पांडवांनी विराट नगरीत एक वर्ष अज्ञातवास घेतला होता त्यानंतर याची कन्या उत्तरा हिचा विवाह अभिमन्यूशी↑ झाला होता.

1.2.58 <u>विवस्वान</u> (4.1,17)

विवस्वान हा प्रजापति कश्यपाला अदितीपासून झालेल्या बारा आदित्यापैकी एक होता. हा आदित्य असल्याकारणाने याला सूर्य अशीही संज्ञा प्राप्त आहे. विश्वकर्माची मुलगी संज्ञा ही मनु विवस्वानाची पत्नी होती व तिच्यापासून विवस्वानाला मनु↑ वैवस्वत, यम↑, यमी व अश्विनिकुमार↑ ही अपत्ये झाली होती. विवस्वानाला आद्य यज्ञकर्ता मानतात.

1.2.59 <u>विष्णु</u> (10.24,30)

शान्ताकारमं भुजगशयनं पद्मनाभं सुरेशम् ।
विश्वाधारं गगनसदृशं मेघवर्णं शुभाङ्गम् ।
लक्ष्मीकान्तं कमलनयनं योगीभिर्ध्यानिगम्यम् ।
वन्दे विष्णुं भवभयहरं सर्वलोकैकनाथम् ।।

ब्रह्मा, विष्णु व महेश हे या नश्वर जगाचे निर्माणकर्ता, पालनकर्ता व विध्वंसकर्ता ईश्वर तसेच एकाच प्रकृतीची रज, सत्त्व व तम अशी तीन तत्त्वे होत. प्रकृतीच्या निर्मितीत जेव्हाजेव्हा अत्याचार बळकट होऊन सदाचार खालावतो तेव्हातेव्हा आत्ममायेच्या साह्याने विष्णु अवतार घेऊन दुष्टांचा संहार व सज्जनांचे संरक्षण करतो. श्रीविष्णूचे सातवे अवतरण म्हणजे श्री रामचंद्रावतार↑ व आठवे अवतरण म्हणजे श्री कृष्णावतार↑ होत. नारदमुनीने↑ ज्या दोनशे नावांनी विष्णूची स्तुति केली होती ती महाभारतात आहेत (शांति॰ 338).

1.2.60 <u>व्यास</u> (10.13; 18.75)

नमोऽस्तु ते विशालबुद्धे फुल्लरविन्दायतपत्रनेत्र ।
येन त्वया भारततैलपूर्णः प्रज्वालितो ज्ञानमयः प्रदीपः ।।

(गीता महात्म्य 2)

व्यास हा पराशरमुनीचा सुविख्यात पुत्र होता. याच्या मातेचे नाव सत्यवती असून ती काली म्हणून ओळखली जात असल्यामुळे याचे मूळनाव कृष्ण असे होते. याचा जन्म एका द्वीपावर झाल्यामुळे मग ते कृष्णद्वैपायन असे झाले. पुढे यानी वेदसंहितांच्या वर्गीकरणाचे महत्कार्य केल्यामुळे याला वेदव्यास कृष्णद्वैपायन, वेदव्यास अथवा थोडक्यात व्यास अशी नावे पडली.

महायुद्धानंतर तीन वर्षात कौरवपांडवांचा संपूर्ण इतिहास आपल्या विशालबुद्धीच्या साह्याने काव्यात लिहून काढण्याचे अचाट कार्य पार पाडून जगात महत्तम व अद्वितीय पद्य यांनी निर्माण केले. सुरवातीला यांच्या या रचनेचे नाव जय असे असून पुढे ते भारत व नंतर एक लक्ष श्लोकांचे महाभारत म्हणून प्रसिद्ध झाले.

महाभारताताच्या भीष्मपर्वातील अध्याय 25–42 म्हणजेच श्रीमद्भगवद्गीता होय. ऋग्वेदसंहिता रचताना त्यातील मुख्य देवता अग्नि असल्यामुळे श्री वेदव्यासानी ऋग्वेदाची सुरवात अग्नि या शब्दाने सुरू होणाऱ्या ऋचेने केली होती, **व त्याच प्रमाणे श्रीमद्भगवद्गीतेचा मुख्य विषय धर्म असल्यामुळे तिची सुरवात सुद्धा यथोचित अशा 'धर्म' या शब्दानेच केलेली निश्चित आढळून येते.** व्यासाच्या

शिष्यवृंदात शुक, वैशंपायन, जैमिनि, असित, देवल हे मुख्य होते.

यदिहास्ति तदन्यत्र यत्रेहास्ति न तत् क्वचित् ।

(महाभारत, आदि॰ 62.53)

जैसे भारतात दिसे, तैसेचि सर्वत्र असे ।
व्यासे जे लिखित नसे, ऐसे न कुठेच वसे ।।

1.2.61 <u>शंकर</u> (10.23)

ॐ नमः शंभवाय च मयो भवाय च नमः शंकराय च ।
मयस्करायच नमः शिवाय च शिवतराय च नमः ।।

(यजुर्वेद : अ. 16, मंत्र. 41.)

ब्रह्मा-विष्णु-शंकर या देवतात्रयातील तमोगुणी शंकर प्रलयाची देवता होय. शंकराला त्याची शक्ति पार्वती हिच्यापासून गणपति व स्कंद हे दोन पुत्र होते.

शिवाच्या कपाळावर असलेल्या तिसऱ्या डोळ्यातून अग्नि उत्पन्न होतो म्हणून त्याला त्रिलोचन म्हणतात. या अग्नीच्या साह्याने उचितकाळी विश्वाच्या प्रलय होतो. शिवाच्या शिरी गंगा, कपाळी चंद्र, काळकूट पिऊन निळा झालेल्या गळ्यात नाग व रुद्राक्ष माळा, हाती त्रिशूळ व वाहनास नंदी असल्यामुळे त्याला गंगाधर, भालचंद्र, नीलकंठ, विषधर, रुद्र, शूलपाणि, नंदीश्वर ही नावे प्राप्त आहेत.

1.2.62 शिखंडी (1.17)

द्रुपद राजाची कन्या शिखंडिनी कालांतराने स्थूणाकर्ण नामक यक्षाच्या कृपेने लिंगबदल होऊन महाप्रतापी शिखण्डिन् बनून (उद्योग॰ 192) दशार्णदेशचा राजा हिरण्यवर्मा याच्या कन्येशी त्याने विवाह केला होता. महायुद्धात हा अक्षौहिणी सेनेचा नायक होता. महायुद्धात भीष्माचा अंत शिखंडीशिवाय इतर कुणालाही शक्य नव्हता.

1.2.63 शैब्य

गोवासन शैब्य हा शिबि देशचा राजा व पांडवपक्षातील एक महाधनुर्धर येद्धा होता. याची मुलगी देवकी ही युधिष्ठिराची↑ पत्नी होती (आदि॰ 95.76). महायुद्धात याने विराट↑ व काश्याबरोबर↑ क्रौंचव्यूहाचे संरक्षण केले होते (भीष्म॰ 50.56). गीतेत याला नरपुंगव अशी संज्ञा प्राप्त आहे (1.5)

1.2.64 <u>संजय</u> (1.1)

गवल्गण सूताचा पुत्र संजय हा धृतराष्ट्राचा↑ सारथी, दूत व सल्लागार होता, पण धृतराष्ट्र त्याचा सल्ला ऐकेलच असे नव्हते. तो प्रभाव शकुनीकडे होता.

दुर्योधन↑ पांडवांवर करीत असलेले अत्याचार त्याला न सहन होऊन त्याने धृतराष्ट्रास वेळोवेळी चेतावणी देऊन युद्ध टाळण्याचा अयशस्वी प्रयत्न केला होता. शेवटी त्याने बजावले होते, की युद्ध जर झाले तर त्यात पांडवांचा विजय हा अटळ आहे (गीता॰ 18.78). पण, या त्याच्या स्पष्ट मतावर

धृतराष्ट्राचा विश्वास न बसून त्याने दुर्योधन↑, कर्ण↑ व शकुनीच्या शड्यंत्रांनाच पाठिंबा देऊन पांडवांशी तह होऊ दिला नाही.

दहा दिवसांच्या युद्धानंतर भीष्माचे पतन झाल्याचा समाचार ऐकून आणि आपल्या पुत्रांच्या काळजीने वश होऊन धृतराष्ट्राने संजयाला युद्धाचा सर्व समाचार सांगण्याची आज्ञा केली । तेव्हा अंध धृतराष्ट्राला युद्धाची वार्ता देण्याचे कार्य व्यासानी↑ ने संजयाला दिव्यदृष्टि प्रदान करून सोपविले होते.

1.2.65 <u>सहदेव</u> (1.16)

कनिष्ठतम पांडव सहदेव आपल्या भावांच्या सेवेत सदा तत्पर असायचा. नकुलाबरोबर↑ त्याने अर्जुनाच्या↑ रथाच्या दोन्ही बाजूंचे संरक्षण केले होते. मद्रराज द्युतिमानाची कन्या विजया याची दुसरी बायको होती. तिच्यापासून याला सुहोत्र नामक पुत्र झाला होता (आदि० 95.80). युधिष्ठिराच्या↑ राजसूय यज्ञाच्या प्रसंगी हा त्याचा मंत्री होता (सभा० 33.39–40).

1.2.66 <u>सात्यकी</u>

याचे मूळनाव युयुधान असे होते परंतु यदुवंशी वृष्णि कुळातील सत्यकाचा हा मुलगा असल्याने हा सात्यकी या नावानेच प्रख्यात झाला. याने श्रीकृष्णाला↑ सर्वच प्रसंगी शक्य तेवढी मदत केली होती व महायुद्धानंतर हा श्रीकृष्णाबरोबर द्वारकेला वापस गेला होता (अश्व० 52.57). याने श्रीकृष्णापासून ब्रह्मविद्या अवगत केली होती. महाभारतीय युद्धातील याच्या पराक्रमाची प्रशंसा द्रोणाचार्यानी केली होती. गीतेत याचा युयुधान (1.4) व सात्यकी (1.17) या दोन्ही नावांनी उल्लेख आढळतो.

1.2.67 <u>सुभद्रा</u> (1.6)

अर्जुनाची↑ पत्नी सुभद्रा ही वासुदेव↑ आणि देवकी यांची मुलगी व श्रीकृष्णाची↑ बहिण होती. तिचा बालवीर पुत्र अभिमन्यु↑ महाभारतातील युद्धात अतिशय नामांकित झाला. अर्जुन तेरा वर्षांच्या वनवासात असताना सुभद्रा व अभिमन्यु द्वारकेला श्रीकृष्णाकडे राहिले होते (वन० 23.47–48). तेराव्या वर्षानंतर अभिमन्यु आणि उत्तरेच्या लग्नासमयी सुभद्रा द्वारकेहून उपलव्य नगरीला आली (विराट० 72.15–22) व त्यानंतर हस्तिनापुरला राहिली. परंतु अभिमन्यूच्या मृत्यूनंतर ती द्वारकेला परतली होती (अश्व० 52.85).

युधिष्ठिराच्या अश्वमेध यज्ञाच्या वेळी ती पुन्हा हस्तिनापुरात येऊन (अश्व० 66.4) महाप्रस्थानानंतर उलुपी आणि चित्रांगदेसह शिशु परीक्षित राजाची देखरेख करती झाली. परीक्षिताने हस्तिनापुरावर सहा वर्षे राज्य केले होते (आदि० 49).

1.2.68 <u>सौमदत्ति</u>

कुरुवंशीय सोमदत्ताचा पुत्र भुरीश्रवा हा गीतेत सौमदत्ति या नावाने उल्लेखित आहे (1.8). कौरवपक्षातील वीर योध्यांमध्ये याची गणना होती.

1.2.69 <u>सनतकुमार</u> (10.6)

ब्रह्मापासून सत्त्वाचा अवतार म्हणून उत्पन्न झालेल्या सनत्सुजात, सनक, सनंदन व सनातन या चार मानसपुत्रांना सामूहिकरीत्या सनतकुमार असे म्हणतात. हे चारही बालपणापासूनच फार वेदपारंगत होते.

1.2.70 <u>स्कंद</u> (10.24)

शिवपुत्र स्कंद हा अग्नि आणि गंगेच्या कृपेनी जन्मास आला. बालपणीच याने तारकासुरासारख्या अजिंक्य दैत्याला युद्धात हरविल्यामुळे याला सुरसेनापति म्हटले जाते. याला विष्णूपासून↑ गरुड व मयूर ही वाहने व सरस्वतीपासून विणा मिळाली. याचे संगोपन वृत्तिकांनी केले असल्यामुळे याला कार्तिकेय असेही म्हणतात.

1.2.71 <u>हनुमान</u>

मनोजवं मारुततुल्यवेगं जितेन्द्रियं बुद्धिमतां वरिष्ठम् ।
वातात्मजं वानरयूथमुख्यं श्रीरामदूतं शरणं प्रपद्ये ।।

अंजनीपुत्र हनुमानाला गीतेत कपि म्हटले गेले आहे (1.20) कारण की हा प्रजापतीच्या कपि प्रजेत सर्वश्रेष्ठ गणला जातो. रामायणात याचे चरित्र अतिशय मनोरंजक, रोमांचकारी, अद्वितीय, भक्तिपूर्ण व अध्यात्मिक आढळते. अर्जुनाच्या↑ भव्य रथावर धैर्य व निस्पृह भक्तीचे प्रतीक म्हणुन हनुमानाची प्रतिमा सदा विराजमान होती. असे समजले जाते कि रामायण युद्धाचा प्रत्यक्षिक वृत्तांत वाल्मीकीला व महाभारत युद्धाचा समक्ष वृत्तांत व्यास मुनीला हनुमानानेच सांगितला होता. हनुमानाची श्रीतुलसीदासकृत आणि श्रीरामदासकृत स्तोत्रे पठनीय आहेत.

पराक्रमोत्साहमतिप्रतापसौशील्यमाधुर्यनयानयैश्च ।
गाम्भिर्यचातुर्यसुवीर्यधैर्यैर्हनूमतः कोऽप्यधिकोऽस्ति लोके ।।

(श्रीवाल्मिकीरामायण, उत्तर॰ 36.43)

चतुर उत्साही बुद्धि, नीति-अनीतीचा बोधी ।
गांभीर्य चारित्र्य शुद्धि, वाणी सुमधुर सुधी ।
शौर्य धैर्य श्रद्धा ऋद्धि, वीर्य पराक्रम निधि ।
हनुमानासम सिद्धि, कुठे असेल का कधी ।।

प्राक्कथन

वरील मनोगतात यथायोग्य म्हटले गेले आहे आहे, कि गीतेचे सुयोग्य व तत्त्वपूर्ण अनुवाद अनेक लेखकांनी केले आहेत, तरी पण या खंडात गीतेच्या श्लोकांचा व्याकरणीय शब्दार्थ देण्याचे कारण म्हणजे, पाहू गेल्यास आपल्याला वारंवार अनुभवास येईल कि उपलब्ध अनुवाद जरी उत्तमोत्तम असले तरी त्यांत लेखनाच्या ओघाला, शैलीला, दृष्टिकोनाला व उद्देशाला अधिक प्राधान्य असल्यमुळे जागोजागी गीतेच्या पदांतील विभक्ति, लिंग, पुरुष, वचन, काल इत्यादि व्याकरणीय अंशांना महत्व मिळत नाही. त्यामुळे ते सर्व सुयोग्य व सुंदर अनुवाद एकाच संहितेचे असूनही भीन्न-भीन्न वाटतात, व संस्कृत न जाणणाऱ्या वाचकाला आपण गीतेच्या मूळ संस्कृत शब्दांच्या अर्थांपासून निश्चित किती दूर आहो हे कळू शकत नाही.

या गोष्टीची सत्यता अन्याय श्रेष्ठ अनुवादांतील गीतेच्या श्लोकांची पदवार व्याकरणीय तुलना केल्यास स्पष्ट होते. अति आदरपूर्वक, केवळ उदाहरणाच्याच सभ्य उद्देशाने, इथे एकच श्लोक घेऊन तसे परीक्षण केले तरी याची थोडी बहुत कल्पना देता येते-

एवमुक्त्वार्जुनः संख्ये रथोपस्थ उपाविशत् । विसृज्य सशरं चापं शोकसंविग्नमानसः ।।1.47 ।।

1. इतकें बोलून शोकानें ज्याचें अंत:करण व्याप्त झालें आहे असा अर्जुन बाणासह धनुष्य टाकून देऊन रणांगणातच रथांतील आपल्या विश्रांतिस्थानी मटकन् बसला. (श्रीमद् भगवद् गीता, सदाशिवशास्त्री भिडे)
2. वरीलप्रमाणें बोलून युद्धप्रारंभाच्या ऐनवेळीं अर्जुन धनुष्यबाण टाकून व शोकानें विषण्ण होऊन रथाच्या पुढील (सारथ्याजवळच्या) जागीं जाऊन बसला. (गीता-पद्य-विकास, ग. दा. खरे)
3. सांख्ये (रणभूमीवर) शोकसंचिग्न (शोकाकुल चित्तानें) अर्नुनः (अर्जुनानें) एवम् (असें) उक्त्वा (म्हणून) सशरम् (बाणासहित) चापम् (धनुष्य) विसृज्य (टाकून देऊन) (तो) रथोपस्थे (रथाच्या मागील भागांत जाऊन) उपाविशत् (बसला) (श्रीमद्भगवद्गीता, गीताप्रेस)
4. ह्याप्रमाणे भाषण करून अर्जुन शोकाने विव्हलमानस होऊन हातातील धनुष्यबाण टाकून देऊन रथात आपल्या जागी स्वस्थ बसला. (सार्थ श्रीमद्भगवद्गीता, ना. वा. गुणाजी)
5. असे बोलून शोकामुळे अतिशय उद्विग्नचित्त झालेला अर्जुन रणांगणात बाणासह धनुष्य (खाली) टाकून रथाच्या मागच्या भागी जाऊन बसला. (श्रीमद्भगवद्गीता, स्वामी व्योमरूपानंद)
6. एवम् (इस प्रकार) उक्त्वा (कहकर) अर्जुनः (अर्जुन) संख्ये (युद्धभूमि में) रथ (रथ के) उपस्थे (आसन पर) उपाविशत् (पुनः बैठ गया) विसृज्य (एक ओर रखकर) सशरं (बाणोंसहित) चापं (धनुष्य को) शोक (शोक से) संविग्न (संतप्त) मानसः (मन के भीतर) । (श्रीमद्भगवद्गीता यथा रूप,

स्वामी प्रभुपाद)

7. यह कहकर अर्जुन ने धनुष्यवांण छोड़ दिया और शोकाकुल होकर मूर्छा खाकर बठ गया । (श्री मद्भगवद् गीता, स्वामी किशोरदास)

8. (अर्जुन:) अर्जुन (एवं) इस प्रकार (उक्त्वा) कहकर (संख्ये) युद्ध में (सशरं) बाण के सहित (चापं) धनुष्य को (विसृज्य) छोड़कर (रथोपस्थे) रथ के ऊपर (उपाविशत्) बैठ गया, वह अर्जुन कैसा है कि (शोकसंविग्नमानस:) शोक से संविग्न नाम भग्न होगया है मन जिसका । (गीतायोगप्रदीपार्य्यभाष्य, स्वामी आर्य मुनि)... इत्यादि

आणि, वरील उदाहरणांतील निरनिराळ्या रीतींनी भाषांतरित असलेल्या उपस्थे (सप्तमी◦ ←पु◦ उपस्थ) या एका शब्दाचा व्याकरणीय अर्थ जगत्प्रसिद्ध संस्कृत शब्दकोशांत जर जिज्ञासेखातर बघितला तर तो असा अढळतो–

1. Upa-stha - middle or inner part of anything; (Sir Monier Monier-William, *A Sanskrrit English Dictionary*)
2. उपस्थ: the middle part in general; (V. S. Apte, *The Studentis Sanskrit English Dictionary*)
3. उपस्थ: (उप+स्था+क) मध्य भाग; (वा. शि. आप्टे, 'संस्कृत–हिन्दी कोश')
4. उपस्थ (पुं◦) (उप√स्था+क) मध्यभाग; (व्याकरणवेदान्ताचार्य पण्डित तारिणीश झा, 'संस्कृत–शब्दार्थ–कौस्तुभ')

रथोपस्थे हा शब्द महाभारतातील कर्ण पर्वात 51.1 या श्लोकात सुद्धा याच अर्थाने उपयोगिलेला आहे. दुसरे असे, कि गीतेवरील अन्यान्य **गद्य अनुवादात्मक** पुस्तकांत शैलीच्या सुंदरतेकरिता व तत्त्व प्राधान्यतेमुळे हे सुद्धा निश्चित रीतीने आढळून येते, कि काहीं वेळा श्लोकांचा अर्थ देताना जागोजागी कंसांमध्ये स्पष्टिकरणात्मक इतका मजकूर भरावा लागतो कि कंसातील मायना इतर प्रत्यक्ष अनुवादापेक्षा अधिक होऊन वाचन व्यत्ययमय होऊन जाते, काहीं वेळा शैलीच्या उच्चतेकरिता पदांचा अर्थ इतक्या पुष्पमय अलंकृत वाणीत मढवून आढळतो की खरे काय ते जाणणे कठिण होते, काहीं ठिकाणी मूळ संहितेतले शब्द अनुवादात वगळले जातात, तर काहीं ठिकाणी लेखकाला पदरचे शब्द घालावे लागतात, काही ठिकाणी तत्त्वावर जोर देण्याकरिता मूळ संहितेतील स्वयं व्यासांचे शब्द बदलून त्यांत पालट केलेला आढळतो. या सर्व तांत्रिक युक्त्यांमुळे वाचकाला पूर्ण वाक्यात खरे काय ते समजायला मार्ग नसतो!

काव्य लेखनाची गोष्ट वेगळी असते, त्यात कवीला अक्षरे, मात्रा, अलंकार, लय आदिकांचे बंधन असते, तसेच टीकांमध्ये टीकाकाराला आपले स्वतंत्र तत्त्व स्पष्ट कारावयाचे असते, परंतु तसे गद्यानुवादांत नसल्यामुळे मूळार्थापासून उगाच दूर जाणे अपरिहार्य नसते पण शैलीच्या सुंदरतेकरिता व तत्त्व प्राधान्यतेमुळे हे अपरिहार्य होऊ शकते.

म्हणून, गीतेचे सैल शब्दार्थ जरी इतरत्र निरनिराळया लेखकांकरवी प्रचुरतेने उपलब्ध असले तरी इथे

या ग्रंथात वरील गोष्टी ध्यानात ठेवून तो व्याकरणबद्ध करून दिला आहे. कारण कि या पदार्थाविना हा गीता ज्ञान कोश ग्रंथ अपूर्ण राहिला असता. पर्यायाने एक गोष्ट नम्रतेने मान्य करावी लागते, कि इथे श्लोकांचा प्रामाणिक व्याकरणीय अर्थ दिला असल्यामुळे, तो लयबद्ध, मोहक किंवा अलंकृत न वाटता वाचकांना जागोजागी शुष्क व अपूर्ण वाटू शकतो, आणि त्याबद्दल क्षमस्व! परंतु तो मूळ उद्देश पूर्ण करतो हे खरे. वास्तविक पाहता, गीताशास्त्रात 'पुष्पितां वाचम्' (मोहक वाणी 2.42) ला शास्त्रीय दृष्टीने विशेष महत्त्व दिले गेलेले नाहीच!

या खंडाला सोबत 'गीतेचा शब्दकोश' हा ग्रंथ पूरक असल्यामुळे-

(1) इथे फक्त गृहीत असलेल्या किंवा जोडणाऱ्या तुरळक शब्दांव्यतिरिक्त अन्य मजकूर जागोजागी कंसात द्यावा लागला नाही;

(2) पदार्थांची मर्यादा व्याकरणबद्ध ठेवल्यामुळे अर्थ उगाच अलंकृत करण्याची गरज उरली नाही;

(3) मूळ संहितेतले शब्द अनुवादातून वगळलेही गेले नाहीत;

(4) किंवा पदरचे शब्द घालण्यास जागा सुद्धा उरली नाही;

(5) अथवा मूळ संहिता सुद्धा बदलवावी लागली नाही. या व्यतिरिक्त, वाचकाला

(6) एखाद्या शब्दाचा अर्थ असाच कां असावा? किंवा अन्य कां असू नये? असे सकारण प्रश्न जरी उद्भवले तरी परीक्षणार्थ सोबतच मदतीकरिता व्याकरण दिले आहे; अथवा

(7) इथे दिलेला एखादा अर्थ समजला नाही, आवडला नाही किंवा सुयोग्य वाटला नाही तरी सुद्धा उचित पर्यायी अर्थ सुचविण्याकरिता 'गीतेचा शब्दकोश' निराळा दिला आहे; आणि

(8) संकीर्ण माहितीकरिता यथोचित उपयुक्त टिपा, स्फुट काव्य आणि परिचय प्रकरण दिले आहेत.

2 गीतेचे सुलभ संस्कृत व्याकरण

गीतेची संधि-विग्रह मीमांसा

गीतेतील उदाहरणांसहित संधि-विग्रहाचे 25 नियम

ज्या जिज्ञासू वाचकांना संस्कृतात हातखंडा नाही त्यांना देखील या अभ्यासावरून गीतेचे श्लोक स्वतःच पृथक् करून समजून घेण्यात मदत व्हावी या उद्देशाने गीतेच्या संयुक्त पदांचा विग्रह करताना जे संधिनियम उपयोगात आलेले आढळून येतात ते 25 क्रमात वर्गीकरण करून खाली मांडले आहेत. सोबतच, स्पष्टिकरणाच्या हेतूने प्रत्येक नियमाचे व उपनियमाचे जे उदाहरण गीतेत सर्वप्रथम जिथे आढळून येते ते देऊन संदर्भाकरिता त्या श्लोकाचा क्रमांक त्यापुढे कंसात दिला आहे.

या अभ्यासाकरिता भगवद्गीतेच्या श्लोकांत लागू पडले सर्व नियम विचारात घेतले आहेत. त्या प्रत्येंक नियमाचे स्पष्टिकरण करताना त्यांची फक्त गीतेत सापडणारीच उदाहरणे इथे दिली आहेत. उदाहरण देताना प्रत्येक ठिकाणी स्पष्टिकरण म्हणून गीतेत सर्वप्रथम आढळणाराच नमूना दिला आहे.

या प्रकरणात लक्षात ठेवण्याची गोष्ट म्हणजे ही, की- (/) अशा तिरप्या रेषेच्या चिन्हानी दाखविलेले आकडे संधीच्या नियमांचा क्रमांक दर्शवितात; उदा० 3/2 म्हणजे तिसऱ्या नियमाचा दुसरा उपनियम. परंतु, या व्यतिरिक्त या पुस्तकात इतरत्र (.) अशा पूर्णविराम चिन्हानी दाखविलेले आकडे मात्र श्लोकाचा क्रमांक दर्शवितात; उदा० 3.2 म्हणजे तिसऱ्या अध्यायाचा दुसरा श्लोक.

(1) सवर्ण संधि :

** दोन सजातीय स्वर एकमेकापुढे आले असता ते दोन स्वर मिळून एक दीर्घ स्वर तयार होतो. उदा०

1/1	अ+अ = आ	एव अभिरक्षन्तु →	एवाभिरक्षन्तु (श्लोक 1.11)
1/2	अ+आ = आ	एव आश्रयेत् →	एवाश्रयेत् (1.36)
1/3	आ+अ = आ	उक्त्वा अर्जुनः →	उक्त्वार्जुनः (1.47)
1/4	आ+आ = आ	परया आविष्टः →	परयाविष्टः (1.27)
1/5	इ + इ = ई	भ्रमति इव →	भ्रमतीव (1.30)
1/6	इ + ई = ई	उत्क्रामति ईश्वरः →	उत्क्रामतीश्वरः (15.8)
1/7	ई + इ = ई	त्यागी इति →	त्यागीति (18.11)
1/8	उ + उ = ऊ	तेषु उपजायते →	तेषूपजायते (2.62)

** दोन सजातीय व्यंजने एकमेकापुढे आली असता ते दोन वर्ण मिळून त्यांचे जोडाक्षर तयार होते. उदा०

1/9	क्+क = क्क	पृथक् केशिनिषूदन →	पृथक्केशिनिषूदन (18.1)
1/10	त्+त = त्त	हस्तात् त्वक् →	हस्तात्त्वक् (1.30)
	त्+त्र = त्त्र	एतत् त्रयम् →	एतत्त्रयम् (16.21)

1/11	न्+न = न्न	तान् निबोध →	तान्निबोध (1.7)

(2) गुणसंधि :

** अ अथवा आ या स्वरापुढे इ, ई, उ अथवा ऊ हा स्वर आला असता त्यांचा अनुक्रमे ए, ए, ओ, ओ होतो. उदा०

2/1	अ+इ ए	न इमे →	नेमे (2.12)
2/2	अ+उ = ओ	विनद्य उच्चैः →	विनद्योच्चैः (1.12)
	अ+ऊ = ओ	च + ऊर्ध्वम् →	चोर्ध्वम् (15.1)
2/3	आ+इ = ए	दृष्ट्वा इमम् →	दृष्ट्वेमम् (1.28)
2/4	आ+उ = ओ	त्यक्त्वा उत्तिष्ठ →	त्यक्त्वोत्तिष्ठ (2.3)

(3) वृद्धिसंधि :

** अ अथवा आ या स्वरापुढे ए, ऐ, ओ अथवा औ हा स्वर आला असता त्या दोन स्वरांचा मिळून एक संयुक्त स्वर होतो. उदा०

3/1	अ+ए = ऐ	च एव →	चैव (1.1)
3/2	अ+ओ = औ	च ओषधिः →	चौषधिः (15.13)
3/3	आ+ए = ऐ	तथा एव →	तथैव (1.8)

(4) यण् संधि :

** इ, ई, उ, ऊ, ऋ अथवा ॠ या स्वरापुढे कोणताही विजातीय स्वर आला असता त्या इ, ई, उ, ऊ, ऋ अथवा ॠ या स्वराचा अनुक्रमे य् य् व् व् र् र् होतो. उदा०

4/1	इ+अ = य्+अ = य	शक्नोमि अवस्थातुम् →	शक्नोम्यवस्थातुम् (1.30)
4/2	इ+आ = य्+आ = या	क्लेदयन्ति आपः →	क्लेदयन्त्यापः (2.23)
4/3	इ+उ = य्+उ = यु	अभिभवति उत →	अभिभवत्युत (1.40)
4/4	इ+ए = य्+ए = ये	यद्यपि एते →	यद्यप्येते (1.38)
4/5	ई+अ = य्+अ = य	इन्द्रियाणी अन्ये →	इन्द्रियाण्यन्ये (4.26)
4/6	उ+अ = व्+अ = व	तु अनयो →	त्वनयो (2.16)
4/7	उ+आ = व्+आ = वा	तु आत्मरतिः →	त्वात्मरतिः (3.17)
4/8	उ+इ = व्+इ = वि	तु इदम् →	त्विदम् (1.10)
4/9	उ+ए = व्+ए = वे	तु एव →	त्वेव (2.12)

(5) अयादि संधि :

** पदान्त ए अथवा ऐ या स्वरापुढे अ खेरीज अन्य स्वर आला असता त्या ए अथवा ऐ च्या जागी अनुक्रमे अय् अथवा आय् असे वर्ण येतात. यांतील य् चा विकल्पाने लोप होतो. उदा०

5/1 (आ) श्रीकृष्णार्जुनसंवादे आत्मसंयमयोगः → श्रीकृष्णार्जुनसंवाद आत्मसंयमयोगः (6.47)

5/2 (इ) ते इमे → त इमे (1.33)

5/3 (उ) रथोपस्थे उपाविशत् → रथोपस्थ उपाविशत् (1.47)

5/4 (ए) सर्वे एव → सर्व एव (1.6)

** पदान्त ओ अथवा औ या स्वरापुढे पुढील पदाचा कोणताही स्वर आला असता त्या दोन स्वरांचे जागी अनुक्रमे अव् अथवा आव् येतात. या व् चा विकल्पाने लोप होऊ शकतो. उदा०

5/5 (अ) पूजार्हौ अरिसूदन → पूजार्हावरिसूदन (2.4)

5/6 (इ) द्वौ इमौ → द्वाविमौ (15.16)

5/7 (उ) नि:श्रेयसकरौ उभौ → नि:श्रेयसकरावुभौ (5.2)

(6) पूर्वरूप संधि :

** पदान्त येणाऱ्या ए अथवा ओ या स्वरांसमोर अ हा स्वर आला असताना त्या आलेल्या अ च्या जागी अवग्रह (ऽ) येतो. उदा०

6/1 (ए) मे अच्युत → मेऽच्युत (1.21)

(7) द्विवचनी अपवाद :

** द्विवचनरूपी शब्दाच्या अंती असलेल्या ई, ऊ अथवा ए समोर कोणतही स्वर आला असला तरीही त्यांत संधि होत नाही. उदा०

7/1 (उ) अनादी उभौ → अनादी उभौ (13.20)

(8) तृतीय व्यंजन-स्वर संधि :

** अनुनासिकाखेरीज इतर कोणत्याही वर्गव्यंजनासमोर स्वर आला असता त्या वर्गव्यंजनाच्या जागी त्याच वर्गातील तिसरे व्यंजन येते व त्या अक्षराची समोर आलेल्या स्वराशी संधि होते. उदा०

क् व्यंजन –

8/1 (उ) क्+उ = ग्+उ = गु सम्यक् उभयो: → सम्यगुभयो: (5.4)

त् व्यंजन –

8/2	(अ) त्+अ = द्+अ = द	तत् अस्माकम् →	तदस्माकाम् (1.10)
8/3	(आ) त्+आ = द्+आ = दा	स्यात् आत्मतृप्त: →	स्यादात्मतृप्त: (3.17)
8/4	(इ)त्+इ = द्+इ = दि	बलात् इव →	बलादिव (3.36)
8/5	(ई) त्+ई = द्+ई = दी	यत् ईदृशम् →	यदीदृशम् (6.42)
8/6	(उ) त्+उ = द्+उ = दु	रणात् उपरतम् →	रणादुपरतम् (2.35)
8/7	(ऊ) त्+ऊ = द्+ऊ = दू	श्रीमत् ऊर्जितम् →	श्रीमदूर्जितम् (10.41)
8/8	(ऋ) त्+ऋ = द्+ऋ = दृ	एतत् ऋतम् →	एतदृतम् (10.14)
8/9	(ए) त्+ए = द्+ए = दे	यावत् एतान् →	यावदेतान् (1.22)
8/10	(ॐ) त्+ॐ=द्+ॐ (ओम्) = दोम्	तस्मात् ॐ (ओम्) →	तस्मादोम् (17.24)

** अनुनासिक व्यंजनासमोर स्वर आला असता संधि होऊन त्यांचे खालील प्रमाणे पूर्ण अक्षर तयार होते.

परंतु न् व्यंजनापूर्वी ऱ्हस्व स्वर असेल तर त्या न् ची संधि नियम 13/1 – 13/5 प्रमाणे होते. उदा०

न् व्यंजन –

8/11	(अ)	योद्धुकामान् अवस्थितान् →	योद्धुकामानवस्थितान् (1.22)
8/12	(आ)	एतान् आततायिन: →	एतानाततायिन: (1.36)
8/13	(इ)	कुरून् इति →	कुरूनिति (1.25)
8/14	(उ)	श्रीभगवान् उवाच →	श्रीभगवनुवाच (2.2)
8/15	(ए)	यान् एव →	यानेव (2.6)

म् व्यंजन –

8/16	(अ)	किम् अकुर्वत् →	किमकुर्वत् (1.1)
8/17	(आ)	पाण्डुपुत्राणाम् आचार्य →	पाण्डुपुत्राणामाचार्य (1.3)
8/18	(इ)	वाक्यम् इदम् →	वाक्यमिदम् (1.21)
8/19	(ई)	भूतानाम् ईश्वर: →	भूतानामीश्वर: (4.6)
8/20	(उ)	आचार्यम् उपसङ्गम्य →	आचायमुपसङ्गम्य (1.2)
8/21	(ऋ)	असपत्नम् ऋद्धम् →	असपत्नमृद्धम् (2.8)
8/22	(ए)	भीष्मम् एव →	भीष्ममेव (1.11)
8/23	(ऐ)	योगम् ऐश्वरम् →	योगमैश्वरम् (9.5)
8/24	(ओ)	पवित्रम् ओङ्कार:→	पवित्रमोङ्कार: (9.17)
8/25	(औ)	अहम् औषधम् →	अहमौषधम् (9.16)

(9) तृतीय व्यंजन-व्यंजन संधि :

** कठोर वर्गव्यंजनासमोर अनुनासिकाखेरीज इतर मृदू व्यंजन आले असता त्या कठोर व्यंजनाच्या जागी त्याच वर्गातील तिसरे व्यंजन येते अथवा शेवटचे (अनुनासिक) व्यंजन विकल्पाने येते. उदा०

क् व्यंजन –

9/1	(ब) पृथक् बाला: →	पृथग्बाला: (5.4)
9/2	(म) ईदृक् मम →	ईदृङ्मम (11.49)
9/3	(व) सम्यक् व्यवसित: →	सम्यग्व्यवसित: (9.30)

त् व्यंजन (त् व्यंजन नियम 9 आणि नियम 11 प्रमाणे चालते) –

9/4	त्+ग = द्+ग = द्ग	यत् गत्वा →	यद्गत्वा (15.6)
9/5	त्+द = द्+द = द्द	विद्यात् दु:खसंयोगवियोगम् →	विद्याद्दु:खसंयोगवियोगम् (6.23)
9/6	त्+ध = द्+ध = द्ध	बुद्धियोगात् धनञ्जय →	बुद्धियोगाद्धनञ्जय (2.49)
9/7	त्+ब = द्+ब = द्ब	स्मृतिभ्रंशात् बुद्धिनाश: →	स्मृतिभ्रंशाद्बुद्धिनाश: (2.63)
9/8	त्+भ = द्+भ = द्भ	क्रोधात् भवति →	क्रोधाद्भवति (2.63)

9/9 त्+य = द्+य = द्य अपनुद्यात् यत् → अपनुद्याद्यत् (2.8)

9/10 त्+र = द्+र = द्र यत् राज्यसुखलोभेन → यद्राज्यसुखलोभेन (1.45)

9/11 त्+व = द्+व = द्व एतत् विद्म: → एतद्विद्म: (2.6)

9/12 त्+ह = द्+ह = द्ध धर्म्यात् हि → धर्म्याद्धि (2.31)

(10) प्रथम व्यंजन संधि :

** अनुनासिकाखेरीज इतर कोणत्याही वर्गव्यंजनासमोर विजातीय कठोर व्यंजन (क् ख् च् छ् ट् ठ् त् थ् प् फ् श् ष् स्) आले असता त्या वर्गव्यंजनाच्या जागी त्याच वर्गातील पहिले (कठोर) व्यंजन येते. मात्र त् व्यंजनासमोर च् अथवा छ् व्यंजन आल्यास नियम 11 प्रमाणे क्रम संधि होते. उदा०

क् व्यंजन –

10/1 (च) त्वक् च → त्वक्च (1.30)

10/2 (प) पृथक् पृथक् → पृथक्पृथक् (1.18)

10/3 (श) प्राक् शरीर → प्राक्शरीर (5.23)

10/4 (स) ऋक् साम → ऋक्साम (9.17)

त् व्यंजन – (त् व्यंजन नियम 10 आणि नियम 11 प्रमाणे चालते)

10/5 (क) पुरुजित् कुन्तिभोज: → पुरुजित्कुन्तिभोज: (1.5)

(क्ष) अन्यत् क्षत्रियस्य → अन्यत्क्षत्रियस्य (2.31)

10/6 (प) आश्चर्यवत् पश्यति → आश्चर्यवत्पश्यति (2.29)

10/7 (स) अपश्यत् स्थितान् → अपश्यत्स्थितान् (1.26)

(11) क्रम व्यंजन-व्यंजन संधि :

** त वर्गातील (त् थ् द् ध् न्) कोणत्याही व्यंजनासमोर च् वर्गातील (च् छ् ज् झ् ञ्) कोणतेही व्यंजन आले असता त्या त वर्गातील व्यंजनाच्या जागी त्याच क्रमाचे च वर्गातील व्यंजन येते. मात्र न् व्यंजनासमोर च् व्यंजन आले असता न् व्यंजन नियम 13/6 प्रमाणे चालते.

त् व्यंजन (आणि न् व्यंजन) –

11/1 (च) त्+च = च्+च = च्च आश्चर्यवत् च → आश्चर्यवच्च (2.29)

11/2 (ज) त्+ज = ज्+ज = ज्ज स्यात् जनार्दन → स्याज्जनार्दन (1.36)

(ज्ञ) त्+ज्ञ = ज्+ज्ञ = ज्ज्ञ यत् ज्ञात्वा → यज्ज्ञात्वा (4.16)

11/3 (ज) न्+ज = ञ्+ज = ञ्ज सपृशन् जिघ्रन् → सपृशञ्जिघ्रन् (5.8)

** त वर्गातील कोणत्याही व्यंजनासमोर श् हे व्यंजन आले असता त्या त वर्गातील व्यंजनाच्या जागी त्याच क्रमाचे च वर्गातील व्यंजन येते. तसेच समोरील श् चा विकल्पाने छ् होतो. उदा०

11/4 (त) यत् शोकम् → यच्छोकम् (2.8)

युद्धात् श्रेय: → युद्धाच्छ्रेय: (2.31)

11/5 (न्) पश्यन् शृण्वन् → पश्यञ्छृण्वन्, पश्यन्शृण्वन्, पश्यञ्श्रुण्वन्, पश्यञ्शृण्वन् (5.8)
महानुभावान् श्रेयः → महानुभावान्श्रेयः (2.5)

** परंतु, त् अथवा द् व्यंजनासमोर ल् हे व्यंजन आले असता त्या त् अथवा द् च्या जागी क्रम सोडून ल् हेच व्यंजन येते. उदा०

11/6 (त्) आब्रह्मभुवनात् लोकाः → आब्रह्मभुवनाल्लोकाः (8.16)

(12) अनुनासिक संधि :

** अनुनासिकाखेरीज इतर कोणत्याही वर्गव्यंजनासमोर कोणतेही अनुनासिक व्यंजन आले असता त्या वर्गीय व्यंजनाच्या जागी त्याच वर्गातील अनुनासिक व्यंजन विकल्पाने येते. उदा०

त् व्यंजन

12/1 (न) त्+न = न्+न =न्न तस्मात् न → तस्मान्न (1.37)

12/2 (म) त्+म = न्+म = न्म तत् मे → तन्मे (1.46)

द् व्यंजन

12/3 (म) द्+म = न्+म = न्म सुहृद् मित्र → सुहृन्मित्र (6.9)

(13) पदान्त न् ची संधिः

** पदाच्या शेवटी असलेल्या न् व्यंजनाच्या आधी ऱ्हस्व स्वर आणि समोर कोणताही स्वर आला असता त्या न् चे द्वित्व (न्न) होते. उदा०

13/1 (अ) अनिच्छन् अपि → अनिच्छन्नपि (3.36)

13/2 (आ) पश्यन् आत्मनि → पश्यन्नात्मनि (6.20)

13/3 (इ) विषीदन् इदम् → विषीदन्निदम् (1.27)

13/4 (उ) गृह्णन् उन्मिषन् → गृह्णन्नुन्मिषन् (5.9)

13/5 (ए) युञ्जन् एवम् → युञ्जन्नेवम् (6.15)

** पदाच्या शेवटी असलेल्या न् व्यंजनाच्या समोर च्, छ्, ट्, ड्, त् अथवा थ् आले असता त्या न् च्या जागी अनुस्वार व विसर्ग येतात. पुढे नियम 17-18 प्रमाणे त्या विसर्गाचा श्, ष् अथवा स् होऊ शकतो.

13/6 (च) प्रज्ञावादान् च → प्रज्ञावादांश्च (2.11)

13/7 (त) सखीन् तथा → सखींस्तथा (1.26)

** पदाच्या शेवटच्या न् व्यंजनाच्या समोर ल् व्यंजन आले असता त्या न् च्या अगोदर असलेल्या स्वरावर अनुनासिक चिन्ह (ँ) लागते आणि त्या न् च्या जागी ल् व्यंजन येते. उदा०

13/8 श्रद्धावान् लभते → श्रद्धावाँल्लभते (4.39)

** पदाच्या शेवटी असलेल्या न् व्यंजनाच्या समोर च्, छ्, ट्, ड्, त्, थ, न्, ल् श् सोडून इतर व्यंजन आले असता त्यांची संधि होऊन त्यांचे अनुनासिक जोडाक्षर बनते. उदा०

13/9 (क) न्+क = न्क धार्तराष्ट्रान् कपिध्वजः → धार्तराष्ट्रान्कपिध्वजः (1.20)

13/10 (ग) न्+ग = न्ग अश्नन् गच्छन् → अश्नन्गच्छन् (5.8)

13/11 (द) न+द = न्द शङ्खान् दध्मुः → शङ्खान्दध्मुः (1.18)

13/12 (ध) न्+ध = न्ध धर्मकामार्थान् धृत्या → धर्मकामार्थान्धृत्या (18.34)

13/13 (प) न्+प = न्प स्थितान् पार्थः → स्थितान्पार्थः (1.26)

13/14 (ब) न्+ब = न्ब तान् ब्रवीमि → तान्ब्रवीमि (1.7)

13/15 (भ) न्+भ = न्भ भवान् भीष्मः → भवान्भीष्मः (1.8)

13/16 (म) न्+म = न्म आचार्यान् मातुलान् → आचार्यान्मातुलान् (1.26)

13/17 (य) न्+य = न्य अस्मिन् यथा → अस्मिन्यथा (2.13)

13/18 (र) न्+र = न्र अस्मिन् रणसमुद्यमे → अस्मिन्रणसमुद्यमे (1.22)

13/19 (व) न्+व = न्व बहून् वदिष्यन्ति → बहून्वदिष्यन्ति (2.36)

13/20 (स) न्+स = न्स एतान् समवेतान् → एतान्समवेतान् (1.25)

13/21 (ह) न्+ह = न्ह सञ्जनयन् हर्षम् → सञ्जनयन्हर्षम् (1.12)

(14) म् चा अनुस्वार

** पदान्त म् समोर कोणत्याही व्यंजनानी सुरु होणारे पद आले असता त्या म् चा अनुस्वार होतो. उदा॰

14/1 पाण्डवानीकम् व्यूढम् → पाण्डवानीकं व्यूढम् (1.2)

** परंतु चरणाच्या शेवटी आलेल्या म् चा अनुस्वार होत नाहीः उदा॰

14/2 चमूम् । (1.3)

भीमाभिरक्षितम् ।। (1.10)

(15) विसर्गाचा ओ

** विसर्गाच्या आधी अ तसेच समोर सुद्धा अ हा स्वर आला असता त्या विसर्गाचा उ होतो. विसर्गापूर्वीच्या अ बरोबर या उ ची संधि होऊन नियम 2/2 प्रमाणे त्यांचा ओ होतो. आणि विसर्गासमोर आलेल्या अ चा अवग्रह (ऽ) होतो. उदा॰

15/1 तुमुलः अभवत् → तुमुलोऽभवत् (1.13)

** विसर्गाच्या आधी अ आणि समोर कोणतेही मृदू व्यंजन आले असता त्या विसर्गाचा उ होतो. तसेच विसर्गापूर्वीच्या अ बरोबर या उ ची संधि होऊन नियम 2/2 प्रमाणे त्यांचा ओ होतो. उदा॰

15/2 (ग) हृषीकेशः गुडाकेशेन → हृषीकेशो गुडाकेशेन (1.24)

15/3 (ज) नः जयेयुः → नो जयेयुः (2.6)

(ज्ञ) बहवः ज्ञानतपसा → बहवो ज्ञानतपसा (4.10)

15/4 (द) सौभद्रः द्रौपदेयाः → सौभद्रो द्रौपदेयाः (1.6)

15/5 (ध) घोषः धार्तराष्ट्राणाम् → घोषो धार्तराष्ट्राणाम् (1.19)

15/6 (न) सङ्करः नरकाय → सङ्करो नरकाय (1.42)

15/7 (ब) बुद्धिनाशः बुद्धिनाशात् → बुद्धिनाशो बुद्धिनाशात् (2.63)

15/8 (भ) वासः भवति → वासो भवति (1.44)

15/9 (म) धृवः मुत्युः → धृवो मुत्युः (2.27)

15/10 (य) कुन्तीपुत्रः युधिष्ठिरः → कुन्तीपुत्रो युधिष्ठिरः (1.16)

15/11 (र) नः राज्येन → नो राज्येन (1.32)

15/12 (ल) प्रवृद्धः लोकान् → प्रवृद्धो लोकान् (11.32)

15/13 (व) युयुधानः विराटः → युयुधानो विराटः (1.4)

15/14 (ह) उक्तः हृषीकेशः → उक्तो हृषीकेशः (1.24)

(16) विसर्गाचा र्

** विसर्गाच्या आधी अ आणि आ सोडून इतर कोणताही स्वर (ए ई उ ऊ ए ऐ ओ औ वगैरे) आला असून त्या विसर्गासमोर कोणताही स्वर आला असता त्या विसर्गाचा र् होतो आणि विसर्गासमोर असलेला स्वर त्या र् मध्ये मिळून त्यांचे संयुक्त अक्षर बनते. उदा॰

16/1 (इ) मुनिः उच्यते → मुनिरुच्यते (2.56)

16/2 (ई) निराशीः अपरिग्रहः → निराशीरपरिग्रहः (6.10)

16/3 (उ) धनुः उद्यम्य → धनुरुद्यम्य (1.20)

16/4 (ऐ) दोषैः एतैः → दोषैरेतैः (1.43)

16/5 (ओ) सेनयोः उभयोः → सेनयोरुभयोः (1.21)

** विसर्गाच्या आधी अ आणि आ खेरीज कोणताही स्वर (ए ई उ ऊ ए ऐ ओ औ वगैरे) आला असून पुढे मृदू व्यंजन आले असता त्या विसर्गाचा र् होऊन तो समोरच्या मृदू व्यंजनावर रफार (र्) होतो. उदा॰

16/6 (इ) प्रपश्यद्भिः जनार्दन → प्रपश्यद्भिर्जनार्दन (1.39)

16/7 (ई) स्थितधीः मुनिः → स्थितधीर्मुनिः (2.56)

16/8 (उ) मृत्युः ध्रुवम् → मृत्युर्ध्रुवम् (2.27)

16/9 (ऊ) भूः मा → भूर्मा (2.47)

16/10 (ए) दुर्बुद्धेः युद्धे → दुर्बुद्धेर्युद्धे (1.23)

16/11 (ऐ) श्वेतैः हयैः → श्वेतैर्हयैः (1.14)

16/12 (ओ) उभयोः मध्ये → उभयोर्मध्ये (1.21)

(17) विसर्गाचा श्

** विसर्गासमोर च् अथवा छ् व्यंजन आले असता त्या विसर्गाचा श् होतो (परंतु ट् अथवा ठ् आल्यास त्या विसर्गाचा ष् होतो). उदा॰

17/1 (च) पाण्डवाः च → पाण्डवाश्च (1.1)

17/2 (छ) उभयविभ्रष्टः छिन्नाभ्रम् → उभयविभ्रष्टश्छिन्नाभ्रम् (6.38)

(18) **विसर्गाचा स्**

** विसर्गासमोर त् अथवा थ् व्यंजन आले असता त्या विसर्गाचा स् होतो. उदा०

18/1 (त्) दुर्योधन: तदा → दुर्योधस्तदा (1.2)
     लिङ्गै: त्रीन् → लिङ्गैस्त्रीन् (14.21)
     कर्मफलत्याग: त्यागात् → कर्मफलत्यागस्त्यागात् (12.12)
     कुत: त्वा → कुतस्त्वा (2.2)

(19) **अ समोर आलेल्या विसर्गाचा लोप :**

** विसर्गाच्या आधी अ हा स्वर आणि पुढे अ सोडून इतर कोणताही स्वर आला असता त्या विसर्गाचा लोप होतो. उदा०

19/1 (आ) निर्योगक्षेम: आत्मवान् → निर्योगक्षेम आत्मवान् (2.45)
19/2 (इ) अन्तवन्त: इमे → अन्तवन्त इमे (2.18)
19/3 (ई) अव्यय: ईश्वर: → अव्यय ईश्वर: (15.17)
19/4 (उ) धृतराष्ट्र: उवाच → धृतराष्ट्र उवाच (1.1)
19/5 (ऊ) अत: ऊर्ध्वम् → अत ऊर्ध्वम् (12.8)
19/6 (ऋ) ओङ्कार: ऋक् → ओङ्कार ऋक् (9.17)
19/7 (ए) य: एनम् → य एनम् (2.19)

(20) **आ समोर आलेल्या विसर्गाचा लोप :**

** विसर्गाच्या आधी आ हा स्वर आणि पुढे कोणताही स्वर आला असता त्या विसर्गाचा लोप होतो. उदा०

20/1 (अ) देवा: अपि → देवा अपि (11.52)
20/2 (आ) अपहृतज्ञाना: आसुरम् → अपहृतज्ञाना आसुरम् (7.15)
20/3 (इ) मणिगणा: इव → मणिगणा इव (7.7)
20/4 (उ) षण्मासा: उत्तरायणम् → षण्मासा उत्तरायणम् (8.24)
20/5 (ए) कामोपभोगपरमा: एतावत् → कामोपभोगपरमा एतावत् (16.11)

** विसर्गापूर्वी आ हा स्वर आणि पुढे कोणतेही मृदू व्यंजन आले असता त्या विसर्गाचा लोप होतो. उदा०

20/6 (ग) गुणा: गुणेषु → गुणा गुणेषु (3.28)
20/7 (ज) स्वर्गपरा: जन्मकर्मफलप्रदाम् → स्वर्गपरा जन्मकर्मफलप्रदाम् (2.43)
20/8 (द) देवा: दास्यन्ते → देवा दास्यन्ते (3.12)
20/9 (ध) पुरुषा: धर्मस्य → पुरुषा धर्मस्य (9.3)
20/10 (न) देहा: नित्यस्य → देहा नित्यस्य (2.18)
20/11 (ब) व्यवसायात्मिका: बुद्धि → व्यवसायात्मिका बुद्धि (2.41)
20/12 (भ) महेश्वासा: भीमार्जुनसमा: → महेश्वासा भीमार्जुनसमा: (1.4)
20/13 (म) शूरा: महेश्वासा: → शूरा महेश्वासा: (1.4)

20/14 (य) समवेताः युयुत्सवः → समवेता युयुत्सवः (1.1)

20/15 (र) धार्तराष्ट्राः रणे → धार्तराष्ट्रा रणे (1.46)

20/16 (ल) कामकामाः लभन्ते → कामकामा लभन्ते (9.21)

20/17 (व) अर्हाः वयम् → अर्हा वयम् (1.37)

20/18 (ह) बहुशाखाः हि → बहुशाखा हि (2.41)

** विसर्गापूर्वी आ आला असूनही समोर कठोर व्यंजन आले असता त्या विसर्गाचा लोप होणार नाही.

मामकाः पाण्डवाः → मामकाः पाण्डवाः (1.1)

(21) **एषः आणि सः यांच्या विसर्गाचा लोप :**

** एषः आणि सः या दोन सार्वनामिक रूपांच्या समोर अ सोडून इतर कोणताही वर्ण (स्वर, मृदू व्यंजन अथवा कठोर व्यंजन) आला असता त्यांच्या विसर्गाचा लोप होतो. उदा०

21/1 (एषः) एषः वः → एष वः (3.10)

21/2 (सः) सः शब्द → स शब्द (1.13)

(22) **विसर्ग यथावत् राहणे :**

** विसर्गाच्या आधी कोणताही स्वर आला असून समोर क्, ख्, प्, फ्, श, ष्, स् या पैकी कोणतेही कठोर व्यंजन आले असेल तर तो विसर्ग कायम राहतो. उदा०

22/1 (क्) चेकितानः काशिराजः → चेकितानः काशिराजः (1.5)

(क्ष्) सुखिनः क्षत्रियाः → सुखिनः क्षत्रियाः (2.32)

22/2 (ख्) वायुः खम् → वायुः खम् (7.4)

22/3 (प्) मामकाः पाण्डवाः → मामकाः पाण्डवाः (1.1)

22/4 (फ्) कृपणाः फलहेतवः → कृपणाः फलहेतवः (2.49)

22/5 (श्) बहवः शूराः → बहवः शूराः (1.9)

22/6 (ष्) शुक्लः षण्मासाः → शुक्लः षण्मासाः (8.24)

22/7 (स्) नानाशस्त्रप्रहरणाः सर्वे → नानाशस्त्रप्रहरणाः सर्वे (1.9)

** चरणाच्या शेवटी आलेला विसर्ग तसाच कायम राहतो. उदा० –

22/8 युयुत्सवः । (1.1); महारथः ।। (1.4)

(23) **चरणांतील संधि –**

** वाक्यात दोन पदांतील पहिल्या पदाचा अन्त्यवर्ण आणि पुढील पदाचा आद्यवर्ण यांत होत असेल तर संधि करणे आवश्यक असते पण दोन चरणांत संधि होत असेल तरी ती करणे आवश्यक नसते. उदा०

23/1 दृष्ट्वा तु पाण्डवानीकं व्यूढं दुर्योधनस्तदा आचार्यमुपसङ्गम्य राजा वचनमब्रवीत् ।। (1.2)

(24) **पदान्त न च्या प्रत्ययातील न् चा ण् –**

** पदान्त येणाऱ्या विभक्तींच्या न च्या प्रत्ययांच्या आधी ऋ, ॠ, र् अथवा ष् आला असताना, तसेच या

ऋ, ॠ, र् अथवा ष् आणि पुढील न चा प्रत्यय यांच्या मध्ये कोणताही स्वर अथवा अनुस्वार अथवा क वर्ग अथवा प वर्ग अथवा य्, र्, व् अथवा ह् हे व्यंजन आले असेल तरीही त्या न च्या प्रत्ययातील न चा ण होतो. उदा॰

24/1	(एन)	गुडाकेशेन (1.24)	द्रुपदपुत्रेण (1.3)
24/2	(नः)	सम्बन्धिनः (1.34)	शरीरिणः (2.18)
24/3	(नम्)	वचनम् (1.2)	अश्रुपूर्णाकुलेक्षणम् (2.1)
24/4	(ना)	आत्मना (2.55)	कर्मणा (3.20)
24/5	(नाः)	अनुद्विग्नमनाः (2.56)	नानाशस्त्रप्रहरणाः (1.9)
24/6	(नाम्)	कुलीनाम् (1.42)	पाण्डुपुत्राणाम् (1.3)
24/7	(नि)	हृदयानि (1.19)	गात्राणि (1.29)
24/8	(नी)	ज्ञानी (7.16)	इन्द्रियाणि (4.26)
24/9	(ने)	स्यन्दने (1.14)	रणे (1.46)

(25) पदान्त स च्या प्रत्ययातील स् चा ष्

** पदान्त सः, सा, साम्, सि, सु, स्यति, स्यते, स्यन्ति, स्यामि, स्ये, स्व वगैरे सकारान्त प्रत्ययांच्या आधी अ आणि आ सोडून इतर कोणताही स्वर अथवा क वर्गातील व्यंजन अथवा र् हे व्यंजन आले असता त्या स च्या प्रत्ययातील स् चा ष् होतो. उदा॰

25/1	(सः)	सः (1.13)	एषः (3.10)
25/2	(सा)	सा (2.69)	एषा (2.39)
25/3	(साम्)	अपहृतचेतसाम् (2.44)	एतेषाम् (1.10)
25/4	(सि)	वासांसि (2.22)	करोषि (9.27)
25/5	(सु)	दुष्टासु (1.41)	अयनेषु (1.11)
25/6	(स्यति)	स्थास्यति (2.53)	परिशुष्यति (1.29)
25/7	(स्यन्ति)	नमस्यन्ति (11.36)	कथयिष्यन्ति (2.34)
25/8	(स्यते)	मंस्यन्ते (2.35)	विशिष्यते (7.17)
25/9	(स्यामि)	प्रतियोत्स्यामि (2.4)	कथयिष्यामि (10.19)
25/10	(स्ये)	योत्स्ये (2.9)	हनिष्ये (16.14)
25/11	(स्व)	तितिक्षस्व (2.14)	कुरुष्व (9.27)

टीप– दोन पदांत एक वेळा संधि झाल्यावर त्याच पदांत पुन्हा संधि होत नाही. जसे॰ विक्रान्तः उत्तमौजाः → विक्रान्त उत्तमौजाः (1.6)

इथे विक्रान्तः आणि उत्तमौजाः या दोन पदांत नियम 19/1 च्या अनुसार विसर्ग संधि झाली आहे. आता पुनः नियम 2/1 लागून विक्रान्त आणि उत्तमौजाः या दोन पदांत गुण संधि होणार नाही.

स्वरसंधि प्रवाह तक्ता

	पहिला	+	दुसरा स्वर	=	परिणाम
1	अ,आ	+	अ, आ	=	आ
↓		+	इ, ई	=	ए
		+	उ, ऊ	=	ओ
		+	ऋ, ॠ	=	अर्
		+	ए, ऐ	=	ऐ
		+	ओ	=	औ
2	इ,ई	+	अ,आ,उ,ऊ,ए,ऐ,ओ,औ	=	य,या,यु,यू,ये,यै,यो.यौ
↓		+	इ,ई	=	ई,ई
3	उ,ऊ	+	अ,आ,इ,ई,ए,ऐ,ओ,औ	=	व,वा,वि,वी,वे,वै,वो,वौ
↓		+	उ,ऊ	=	ऊ,ऊ
4	ए	+	अ,आ,इ,ई,उ,ऊ,ए,ऐ,ओ,औ	=	अय् + अ,आ,इ,ई,उ,ऊ,ए,ऐ,ओ,औ
5	ऐ	+	अ,आ,इ,ई,उ,ऊ,ए,ऐ,ओ,औ	=	आय् + अ,आ,इ,ई,उ,ऊ,ए,ऐ,ओ,औ
↓	ऐ	+	अ,आ,इ,ई,उ,ऊ,ए,ऐ,ओ,औ	=	अय् + अ,आ,इ,ई,उ,ऊ,ए,ऐ,ओ,औ
	ओ	+	अ,आ,इ,ई,उ,ऊ,ए,ऐ,ओ,औ	=	अव् + अ,आ,इ,ई,उ,ऊ,ए,ऐ,ओ,औ
	औ	+	अ,आ,इ,ई,उ,ऊ,ए,ऐ,ओ,औ	=	आव् + अ,आ,इ,ई,उ,ऊ,ए,ऐ,ओ,औ

– विसर्ग संधि प्रवाह तक्ता –

प्रवाह क्रम	विसर्गाच्या पूर्वीचा वर्ण	विसर्ग :	विसर्गाच्या नंतरचा वर्ण	→	परिणाम
1	–	:	त	→	विसर्गाचा स्
2	एषः, सः	:	अ सोडून इतर	→	विसर्गाचा लोप
3	इतर वर्ण	:	च,छ; ट,ठ	→	श्च,श्छ; ष्ट,ष्ठ
4	इतर वर्ण	:	कठोर व्यंजन	→	विसर्ग पूर्ववत्
5	आ	:	इतर वर्ण	→	विसर्गाचा लोप
	↓				
6.1	अ	:	अ	→	ऽ (ओऽ)
	↓				
6.2	अ	:	इतर स्वर	→	विसर्गाचा लोप
	↓				
6.3	अ	:	मृदु व्यंजन	→	विसर्गाचा ओ
	↓				
7	इतर स्वर	:	कोणताही वर्ण	→	विसर्गाचा र् **

**

(1) या र् पुढे स्वर आल्यास, त्या स्वराची र् बारोबर संधि होते, उदा॰ र् + अ = र, र + आ = रा ...

(2) परंतु, या र् पुढे कोणतेही व्यंजन आल्यास, र् चा ॅ होऊन तो त्या व्यंजनावर रफार म्हणून दाखविला जातो, उदा॰ र् + प = र्प)

2.4 सुबन्त (विभक्ति) विवेचन

<u>विभक्ति</u> **<u>कारकार्य</u>** **<u>विभक्ति प्रत्यय</u>**

1 प्रथमा कर्ता प्रत्यय नाही, ने

2 द्वितीया कर्म स, ला, ना, ते, (उपपद प्रत्यय- वर, खाली, पुढे, नंतर, जवळ, समोर, आजूबाजूला, सभोवती, विना, कडे, प्रति; अधः, परितः, सर्वतः, उभयतः, धिक, समया, निकषा, विना, अन्तरेण, अन्तरा, परि)

3 तृतीयाकरण ने, नी, ही, शी, (उपपद प्रत्यय- कडून, पासून, योगे, द्वारा, मुळे, कारणे, प्रमाणे, पणे, पैकी, सह, बरोबर, सहित, वतीने; अलम, कृतम्)
4 चतुर्थीसम्प्रदान स, ला, ना, ते, (उपपद प्रत्यय- करिता, साठी, कडे, प्रत, लागी, प्रित्यर्थ, बद्दल, स्तव, ऐवजी, स्वस्ति, अभिवादन, अभिप्राय; नमः, स्वस्ति)
5 पंचमीअपादान ऊन, तून, हून, (उपपद प्रत्यय- पेक्षा = दोघांत तुलना, फक्त तरभाव, तमभाव नाही; पासून, मुळे, शिवाय, खेरीज, वाचून, पूर्वी, आधी, नंतर, तेव्हापासून, विना, दिशेला, कडे; ऐवजी, व्यतिरिक्त, सोडून; पूर्वम्, अनन्तरम्, ऋते, प्रभृति, बहिः)
6 षष्ठी अधिकरण चा, ची, चे, (उपपद प्रत्यय- पेक्षा = तीन अथवा अधिकांची तुलना; यांतील, यांमध्ये वगैरे, फक्त तमभाव, तरभाव नाही; पश्चात, पैकी, च्या, तील, अग्रे, समक्ष, समोर, च्याकरिता, कारणे; उपरि, अधः, पुरतः, परतः, कृते)
7 सप्तमी संबंध त, आ, ई, (उपपद प्रत्यय- आंत, तील, मध्ये, खाली, ठायी, वर, विषयी, अनुसरून, संबंधी, समोर, भोवती, स्तव, बद्दल, समय-स्थळ-भावना सूचक)
– संबोधन हे, रे, अरे, अहो, आ, ए, अग, अगा, अगो, गा, गे, पा, बा, भो (संबोधन = प्रथमा विभक्ति)

अजन्त = स्वरान्त (ending in vowel) शब्द
हलन्त = व्यंजनान्त (ending in consonant) शब्द
सुबन्त = प्रथमा ते सप्तमी (सुप्) पर्यंतच्या कोणत्या तरी एका विभक्तीने युक्त असलेला शब्द.
प्रथमा (Nominative); द्वितीया (Accusative); तृतीया (Instrumental);
चतुर्थी (Dative); पंचमी (Ablative); षष्ठी (Genetive, Possessive);
सप्तमी (Locative); संबोधन (Vocative);.विभक्ति (Declension, Case)

2.4 आत्मनेपदी-परस्मैपदी विचार

संस्कृतात विशिष्ट असलेले आत्मनेपद आणि परस्मपद क्रियेचे फळ कुणाला लागू होते (to whom the fruit of an action accrues to?) हे दर्शविते. जसे॰

(1) ज्या कार्याचे फळ कर्त्याला लागू पडते त्या क्रियेला आत्मनेपदी क्रिया म्हणतात. उदा॰ निरीक्षे (1.22), प्रथम पुरुष॰ एक॰ लट्॰-वर्तमान॰ भ्वादि॰ आत्मने॰ ←निर्√ईक्ष् "मी -स्वतःच्या माहितीकरिता- बघतो."

(2) ज्या कार्याचे फळ कर्त्याव्यतिरिक्त अन्य कुणाला लागू पडते त्या क्रियेला परस्मैपदी क्रिया म्हणतात. उदा॰ ब्रवीमि (1.7), प्रथम पुरुष॰ एक॰ लट्॰-वर्तमान॰ अदादि॰ परस्मै॰ ←√ब्रू "मी तुला -तुझ्या माहितीकरिता- सांगतो."

असा हा आत्मने-परस्मै-पद भेद प्रात्यक्षिक लिखाणात नेहमीच अति काटेकोरपणे पाळलेला

आढळत नाही. आणि म्हणून कित्तेकदा वाक्यरचनेत क्रियेचे फळ कत्याला लागू असले (आत्मनेपदी) तरी विकल्पाने परस्मैपदी तिङ्न्त प्रत्यय उपयोगिलेला आढळतो, जणू ती क्रिया स्वत: स्वत:करिता केली असावी. जसे॰

(1) नैव किञ्चित्करोति स: । **करोति** (तृ॰पु॰ एक॰ लट्॰-वर्तमान॰ तनादि॰ परस्मै॰ ←8√कृ (4.20), "तो -स्वत: स्वत:करिता- काहीच करीत नाही."

(2) स यत्प्रमाणं कुरुते । **कुरुते** तृ॰पु॰ एक॰ लट्॰-वर्तमान॰ तनादि॰ आत्मने॰ ←8√कृ (3.21), "तो जे प्रमाण -स्वत:करिता- स्थापित करतो."

दुसरे असे, कि संस्कृतात कर्त्याला तसेच कर्माला लागू पडणारी उभयपदी क्रियापदे सुद्धा विद्यमान असल्यामुळे हा आत्मने-परस्मै-पदी भेद सर्वच ठिकाणी तंतोतंतपणे पाळला जात नाही.

तरी पण, काळजी असावी कि क्रियापदाच्या कर्मणि आणि कर्तरि तसेच सकर्मक आणि अकर्मक या गुणांचा आत्मनेपद आणि परस्मैपद या गुणांशी गोंधळ होऊ नये.

(1) वाक्यातील ज्या क्रियापदाच्या (verb) कर्त्याला (subject) विधेय किंवा कर्म (predicate) आवश्यक असते त्या क्रियापदाला, अर्थात क्रियापदाच्या धातूला (root), सकर्मक (transitive) म्हणतात आणि

(2) ज्या क्रियापदाला कर्माची आवशकता नसते त्याला अकर्मक (intransitive) म्हणतात.

कर्मणि (passive) प्रयोगात कर्तृपद तृतीया विभक्तीत, कर्मपद प्रथमेत व क्रियापद आत्मनेपदी असते. कर्तरी प्रयोगात (active) कर्तृपद प्रथमेत, कर्मपद द्वितीयेत व क्रियापद परस्मैपदी अथवा आत्मनेपदी असते.

कोणती धातु आत्मनेपदी, परस्मैपदी वा उभयपदी असेल हे धातूच्या गुणावरून मुळात पूर्वनिश्चित असते, पण उपयोग बदलून निराळा करता येतो,

2.5 तिङ्न्त (काळ) विवेचन

(Moods and Tenses)

संस्कृतात क्रियापदांचे (verbs) काळ (tense) आणि अर्थ (moods) वेगळे फरक करून ओळखले जात नसून ते दोन्ही एकत्र निम्न लिखित दहा लकारांमध्ये सामान्यत: विभाजित केले जातात.

संस्कृतातील अकरा गणांमध्ये (conjugations) विभाजित केलेल्या सर्व आत्मनेपदी (having middle voice), परस्मैपदी (having active voice) तथा उभयपदी (having dual voice) धातू (क्रियापदांचे मूळ) कालार्थाने चालविण्याकरिता (to conjugate) त्यांवर तिप् पासून महिङ् पर्यंत चे प्रत्यय जोडावे लागतात. त्यामुळे, संस्कृत धातूंचे कालार्थ प्रत्यय (conjugational affixes) तिङ् (ति-पासून-ङ्) म्हणून ओळखले

जातात आणि प्रत्यययुक्त धातुरूपांना तिङन्त (ति–पासून–ङ्–पर्यन्त) अथवा पदे म्हणतात.

लकारांचे तिङ् प्रत्यय–

(लस्य तिबादय आदेशा भवन्ति ।

ल चे तिप् ... इत्यादि आदेश म्हणजे प्रत्यय होतात) तिप्, तस्, झि, सिप्, थस्, थ, मिप्, वस्, मस्, त, आताम्, झ, थास्, आथाम्, ध्वम्, इट्, वहि, महिङ् ।।

तिप्तस्झिप्थस्थमिब्वस्मस्ताताञ्झथासाथांध्वमिड्वहिमहिङ् ।।

(पाणिनि 3:4.78)

सामान्य तिङन्त प्रत्यय

(Regular Conjunctions)

विधानार्थ (Indicative mood)

1. **लट्** सामान्य वर्तमान काळ (सध्या होणारी क्रिया, उदा० मी करतो, मी करीत आहे) (Present tense, eg. I do, I am doing)

	परस्मैपदी			आत्मनेपदी		
	एक०	द्वि०व०	बहु०	एक०	द्वि०व०	बहु०
प्र०पु०	मि	वः	मः	इ, ए	वहे	महे
द्वि०पु०	सि	थः	थ	से	इथे, आथे	ध्वे
तृ०पु०	ति	तः	अन्ति, अति	ते	इते, आते	अन्ते,अते

√कृ परस्मै० करोमि, कुर्वः, कुर्मः; करोषि, कुरुथः, कुरुथ; करोति, कुरुतः, कुर्वन्ति । √कृ आत्मने० कुर्वे, कुर्वहे, कुर्महे; कुरुषे, कुर्वाथे, कुरुध्वे; कुरुते, कुर्वाते, कुर्वते ।

2. **लङ्** अनद्य भूतकाळ (आजच्या आधीची क्रिया, उदा० मी करीत होतो, मी केले) (First Preterite, Imperfect Past tense, eg. I was doing, I did)

	परस्मैपदी			आत्मनेपदी		
	एक०	द्वि०व०	बहु०	एक०	द्वि०व०	बहु०
प्र०पु०	अम्,म्	व	म	इ	वहि	महि
द्वि०पु०	:	तम्	त	थाः	इथाम्, आथाम्	ध्वम्
तृ०पु०	त्	ताम्	अन्, उः	त	इताम्, आताम्	अन्त,अत

√कृ परस्मै० अकरवम्, अकुर्वः, अकुर्मः; अकरोः, अकुरुतम्, अकुरुत; अकरोत, अकुरुताम्, अकुर्वन् । √कृ आत्मने० अकुर्वि, अकुर्वहि, अकुर्महि; अकुरुथाः, अकुर्वाथाम्, अकुरुध्वम्; अकुरुत, अकुर्वाताम्, अकुर्वत ।

3. **लिट्-भूत॰** परोक्ष भूतकाळ (आजच्या पूर्वीचा; कर्त्याने न पाहिलेला, उदा॰ तो होता) (Second Preterite, Perfect Past tense, eg. he was, he had been)

	परस्मैपदी			आत्मनेपदी		
	एक॰	द्वि॰व॰	बहु॰	एक॰	द्वि॰व॰	बहु॰
प्र॰पु॰	अ	व	म	ए	वहे	महे
द्वि॰पु॰	थ	अथु:	अ	से	आथे	ध्वे
तृ॰पु॰	अ	अतु:	उ:	ए	आते	इरे

√कृ परस्मै॰ चकार, चकृव, चकृम; चकर्थ, चक्रथु:, चक्र; चकार, चक्रतु:, चक्रु: । √कृ आत्मने॰ चक्रे, चकृवहे, चकृमहे; चकृषे, चक्राथे, चकृढ्वे; चक्रे, चक्राते, चक्रिरे ।

4. **लुङ्-भूत॰** सामान्य भूतकाळ (दूरवर्ती समयीचा, उदा॰ मी करीत असे, एक राजा होता) (Third Preterite, Aorist or Indefinite Past tense; of remote past eg. I had been, there was a king)

	परस्मैपदी			आत्मनेपदी		
	एक॰	द्वि॰व॰	बहु॰	एक॰	द्वि॰व॰	बहु॰
प्र॰पु॰	सम्	स्व	स्म	सि	स्वहि	स्महि
द्वि॰पु॰	सी:	स्तम्, तम्	स्त, त	स्था:, था:	साथाम्	ध्वम्
तृ॰पु॰	सीत्	स्ताम्, तां	सु:	स्त, त	साताम्	सत

√कृ परस्मै॰ अकार्षम्, अकार्ष्व, अकार्ष्म; अकार्षी:, अकार्ष्टम्, अकार्ष्ट; अकार्षीत्, अकार्ष्टाम्, अकार्षु: ।
√कृ आत्मने॰ अकृषि, अकृष्वहि, अकृष्महि; अकृथा:, अकृषाथाम्, अकृढ्वम्; अकृत, अकृषाताम्, अकृषत ।

5. **लुट्-भविष्य॰** सामान्य भविष्यकाळ (जी क्रिया आजच्या नंतर होईल ती, उदा॰ मी करीन) Definite Future or First Future tense, I will be, I shall)

	परस्मैपदी			आत्मनेपदी		
	एक॰	द्वि॰व॰	बहु॰	एक॰	द्वि॰व॰	बहु॰
प्र॰पु॰	तास्मि	तास्व:	तास्म:	ताहे	तास्वहे	तास्महे
द्वि॰पु॰	तासि	तास्थ:	तास्थ	तासे	तासाथे	ताध्वे
तृ॰पु॰	ता	तारौ	तार:	ता	तारौ	तार:

√कृ परस्मै॰ कर्तास्मि, कर्तास्व:, कर्तास्म:; कर्तासि, कर्तास्थ:, कर्तास्थ; कर्ता, कर्तारौ, कर्तार: । √कृ आत्मने॰ कर्ताहे, कर्तास्वहे, कर्तास्महे; कर्तासे, कर्तासाथे, कर्ताध्वे; कर्ता, कर्तारौ, कर्तार: ।

6. **लृट्** अपूर्ण भविष्यकाळ (भविष्यात सुरु असणारी क्रिया, उदा॰ मी करीत असेन) Indefinite Future or Second Future tense, I shall be)

	परस्मैपदी			आत्मनेपदी		
	एक॰	द्वि॰व॰	बहु॰	एक॰	द्वि॰व॰	बहु॰

प्र०पु०	स्यामि	स्याव:	स्याम:	स्ये	स्यावहे	स्यामहे
द्वि०पु०	स्यसि	स्यथ:	स्यथ	स्यसे	स्यथे	स्यध्वे
तृ०पु०	स्यति	स्यत:	स्यन्ति	स्यते	स्येते	स्यन्ते

√कृ परस्मै० करिष्यामि, करिष्याव:, करिष्याम:; करिष्यसि, करिष्यथ:, करिष्यथ; करिष्यति, करिष्यत:, करिष्यन्ति । √कृ आत्मने० करिष्ये, करिष्यावहे, करिष्यामहे; करिष्यसे, करिष्येथे, करिष्यध्वे; करिष्यते, करिष्येते, करिष्यन्ते ।

आज्ञार्थ (Imperative mood) :

7. **लोट्** आज्ञा, प्रार्थना अथवा उपदेश सूचक (उदा० तू कर, देवा मदत कर) (Order, request or advice. eg. you do, let me be, O God! Help us.

	परस्मैपदी			आत्मनेपदी		
	एक०	द्वि०व०	बहु०	एक०	द्वि०व०	बहु०
प्र०पु०	आनि	आव	आम	ऐ	आवहै	आमहै
द्वि०पु०	–	तम्	त	स्व	आथाम्	ध्वम्
तृ०पु०	तु	ताम्	अन्तु	ताम्	आताम्	न्ताम्

√कृ परस्मै० करवाणि, करवाव, करवाम; कुरु, कुरुतम्, कुरुत; करोतु, कुरुताम्, कुर्वन्तु । √कृ आत्मने० करवै, करवावहै, करवामहै; कुरुष्व, कुर्वाथाम्, कुरुध्वम्; कुरुताम्, कुर्वाताम्, कुर्वताम् ।

संकेतार्थ (Subjunctive mood)

8. **विधिलिङ्** प्रेरणा, शक्यता सूचक (उदा० तू असे करावे)

(Potential or possibility, eg. It may happen, I may do)

	परस्मैपदी			आत्मनेपदी		
	एक०	द्वि०व०	बहु०	एक०	द्वि०व०	बहु०
प्र०पु०	याम्	याव	याम	ईय	ईवहि	ईमहि
द्वि०पु०	या:	यातम्	यात	ईथा:	ईयाथाम्	ईध्वम्
तृ०पु०	यात्	याताम्	यु:	ईत	ईयाताम्	ईरन्

√कृ परस्मै० कुर्याम्, कुर्याव, कुर्याम; कुर्या:, कुर्यातम्, कुर्यात; कुर्यात्, कुर्याताम्, कुर्यु: । √कृ आत्मने० कुर्वीय, कुर्वीवहि, कुर्वीमहि; कुर्वीथा:, कुर्वीयाथाम्, कुर्वीध्वम्; कुर्वीत, कुर्वीयाताम्, कुर्वीरन् ।

इच्छार्थ (Precative or Benedictive mood)

9. **आशिर्लिङ्** (आशीर्वादात्मक अथवा इच्छा सूचक, उदा० तुझे भले होवो) (Optative or Benedictive mood, eg. may you succeed)

परस्मैपदी			आत्मनेपदी		
एक०	द्वि०व०	बहु०	एक०	द्वि०व०	बहु०

प्र०पु०	यासम्	यास्व	यास्म	सीय	सीवहि	सीमहि
द्वि०पु०	या:	यास्तम्	यास्त	सीष्ठा:	सीयाथाम्	सीध्वम्
तृ०पु०	यात्	यास्ताम्	यासु:	सीष्ठ	सीयास्ताम्	सीरन्

√कृ परस्मै० क्रियासम्, क्रियास्व, क्रियास्म; क्रिया:, क्रियास्तम्, क्रियास्त; क्रियात्, क्रियास्ताम्, क्रियासु: । √कृ आत्मने० कृषीय, कृषीवहि, कृषीमहि; कृषीष्ठा:, कृषीयास्थाम्, कृषीध्वम्; कृषीष्ठ, कृषीयास्ताम्, कृषीरन् ।

हेत्वर्थ (Conditional mood)

10. **लृङ्** हेतु सूचक, यद्यार्थ, सापेक्षार्थ अथवा अन्यावलंबार्थ (उदा० जर .. तर) (Conditional upon, eg. I should, I should .. if)

	परस्मैपदी			आत्मनेपदी		
	एक०	द्वि०व०	बहु०	एक०	द्वि०व०	बहु०
प्र०पु०	स्यम्	स्याव	स्याम	स्ये	स्यावहि	स्यामहि
द्वि०पु०	स्य:	स्यतम्	स्यत	स्यथा:	स्येथाम्	स्यध्वम्
तृ०पु०	स्यत्	स्यताम्	स्यन्	स्यत	स्येताम्	स्यन्त

√कृ परस्मै० अकरिष्यम्, अकरिष्याव, अकरिष्याम; अकरिष्य:, अकरिष्यतम्, अकरिष्यत; अकरिष्यत्, अकरिष्यताम्, अकरिष्यन् ।

√कृ आत्मने० अकरिष्ये, अकरिष्यावहि, अकरिष्यामहि; अकरिष्यथा:, अकरिष्येथाम्, अकरिष्यध्वम्; अकरिष्यत, अकरिष्येताम्, अकरिष्यन्त ।

2.4 समास समीक्षा

परस्पर संबंध असलेली दोन (अथवा अधिक) पदे एकत्र जोडून तयार झालेल्या संयुक्त रचनेला समास असे म्हणतात. समास (संयुक्त विधान) हा शब्द ←अव्यय० सम् (समान, तुल्य) + परस्मै० सकर्मक० दिवादि० √अस् (समाहार करणे, एकत्र आणणे, जोडणे) असा तयार होतो. पुढे आलेल्या (गीतेच्या श्लोकांच्या) व्याकरण मीमांसेत दर्शविलेले सहा समास इथे, माहितीकरिता, सोदाहरण त्यांच्या पुनरावृत्तीच्या क्रमानुसार स्पष्ट केले आहेत.

1. तत्पुरुष समास (तत्पु०स०)

या समासात पूर्व पद (पदे) गौण असून उत्तर पदाचे लिंग, विभक्ति व वचन संपूर्ण सामासिक पदाला मिळाले असते (परस्य वलिङ्गं तद्भवति द्वंद्वस्य तत्पुरुषस्य च – पाणिनि, अष्टाध्यायी 2:4.26).

उदा० – धर्मक्षेत्रे (1.1) न० सप्तमी० एक० धर्मस्य क्षेत्रे (धर्मभूमीवर)

धर्मस्य (धर्माच्या) षष्ठी॰ एक॰ ←पु॰ धर्म (नीति, सदाचार)

क्षेत्रे (भूमीवर) सप्तमी॰ एक॰ ←न॰ क्षेत्र (स्थान, भूमि)

टीप: अतीत, गत, स्थित, रत, आसक्त, प्राप्त, अतीत, मुक्त, स्थ, ज, तुल्य, सम, सदृश, पूर्व, इत्यादि पदे उत्तरस्थानी असलेले शब्द तत्पुरुष समासातच येतात.

खाली दिलेले कर्मधारय समास व द्विगु समास सुद्धा तत्पुरुष समासाच्या अंतर्गत येतात.

2. <u>बहुव्रीहि समास</u> (बहुव्री॰)

या समासात कोणत्याही घटक पदाला प्राधान्य नसते. हा संपूर्ण सामासिक शब्द त्या समासाबाहेरील कोणत्या तरी शब्दाचे विशेषण असतो, त्यामुळे या समासात घटक पदांव्यतिरिक्त अन्य पद प्रधान असते (अन्यपदप्रधान: बहुव्रीहि: ।)

उदा॰ – भीमार्जुनसमा: (1.4) प्रथमा॰ अनेक॰ ←वि॰ भीमार्जुनसम, भीमस्य वा अर्जुनस्य वा सम: य: स: (भीम अथवा अर्जुनासमान आहे असा जो तो – भीम व अर्जुनाव्यतिरिक्त इतर तिसरा कुणी मनुष्य असेल त्याचे हे विशेषण).

3. <u>द्वंद्व समास</u> (द्वंद्व॰स॰)

या समासात एकत्र आलेल्या सर्व पदांना सारखेच प्राधान्य असते. तसेच समासाची घटक पदे "च" (आणि) या अव्ययाने जोडली गेली असतात. अंत्य पदाचे लिंग संपूर्ण समासाला लागू पडते (परवत् लिङ्गं द्वंद्व-तत्पुरुषयो: । पाणिनि, अष्टाध्यायी – 2:4.26).

उदा॰ – पणवानकगोमुखा: (1.13) पणवा: च आनका: च गोमुखा: च – पणव, आनक आणि गोमुखे) प्रथमा॰ अनेक॰ ←पु॰ पणवानकगोमुख ←पु॰ पणव (ढोल) + पु॰ आनक (दुंदुभि) + पु॰ गोमुख (रणशिंग).

टीप: या समासात नेहमी दोन अथवा जास्त वस्तुंचा उल्लेख असल्या कारणाने हा समास द्विवचनी अथवा अनेकवचनी असतो. परंतु जेव्हा हा समास समूहवाचक अर्थाचा बनला असतो तेव्हा नपुंसकलिंगी एकवचनी असतो.

या समासात जेव्हा दोनपेक्षा अधिक एकवचनी घटक एकत्र येतात तेव्हा शेवटचा घटक अनेकवचनी लिहून आणि पूर्ण समसाला त्याचे लिंग दिले जाते. उदा॰ हर्षामर्षभयोद्वेगै: (12.15, तृतीया॰ हर्षेण च आमर्षेण च भयेन च उद्वेगेन च); परंतु, अनेकवचनी द्वंद्व सामासिक शब्दातील घटक शब्द अनेकचवनी सुद्धा असू शकतात.

उदा॰ कट्वम्ललवणात्युष्णतीक्ष्णरूक्षविदाहिन: (17.9, प्रथमा॰ कट्व: च अम्ला: च लवणा: च अत्युष्णा: च तीक्ष्णा: च रूक्षा: च विदाहिन: च).

4. <u>द्विगु समास</u> (द्विगु॰स॰)

या समासातील पहिले पद सङ्ख्याविशेषण असून संपूर्ण समास एकवचनी समूहवाचक असतो (द्विगुरेकवचनम् । पाणिनि, अष्टाध्यायी 2:4.1).

उदा० – त्रैलोक्य (1.35) पाताळ, पृथ्वी आणि स्वर्ग ←सङ्ख्या वि० त्रि 2.45 (तीन) + पु० लोक 2.5 (भुवन). टीप: हा समास नेहमी एकवचनी असतो.

5. कर्मधारय समास (क०स०)

या समासातील (सर्व) पदे प्रथमा विभक्तीत असून त्या पदांत विशेषण–विशेष्याचा अथवा उपमान–उपमेयाचा संबंध असतो. कधी कधी या समासात तीन पदे असून मधल्या पदाचा लोप होऊन ते गृहीत धरले गेले असते. या समासातील पहिले पद जर उपसर्ग असून ते (अति, अत्यंत, अधिक; विपरित, मुळीच इत्यादि अर्थ सुचविणाऱ्या) विशेषणाचे काम करीत असेल तर याला प्रादि समास म्हणतात.

(1) कर्मधारय समास – स्वभाव (2.7) स्वत:ला जन्मजात प्राप्त असलेली प्रकृति ←विशेषण स्व (निज) + विशेष्य भाव (प्रकृति).

(2) प्रादि समास – विषमे 2.2 (अनुचित परिस्थितीत) सप्तमी० एक० ←वि० विषम (विगतो विरुद्धो वा सम:) ←उपसर्ग वि (विपरित) + वि० सम (साधारण)

द्विगु आणि कर्मधारय समास तत्पुरुष समासाचेच पोट विभाग आहेत (द्विगुकर्मधारयौ तत्पुरुषभेदौ).

6. <u>अव्ययीभाव समास</u> (अ०स०)

या समसातील पूर्व पद एक अव्यय असून त्याला प्राधान्य असते व तो संपूर्ण समास क्रियाविशेषण अव्यय बनला असतो (अनव्ययम् अव्ययम् भवति).

उदा० – अव्यय० यथाभागम् (1.11) नेमल्याप्रमाणे ←अव्यय० यथा (जशी) + पु० भाग (नेमणूक).

टीप – नकारार्थी अव्ययी प्रत्यय नञ् (नसणे, रोकणे, विरोघ करणे, कमीपणा दर्शविणे, भेद दर्शविणे) जोडून तत्पुरुष आणि बहुव्रीहि समासांचे नञ्–तत्पुरुष (उदा० न–तत्पु०स० अपर्याप्त 1.10) आणि नञ्–बहुव्रीहि (न–बहुव्री० अच्युत 1.21) समास तयार होतात.

7. <u>केवळ समास</u>

सुबन्त–सुबन्त मिळून बनलेल्या या विशिष्ठ असलेल्या समासाला सुप्सुप् समास असेही म्हणतात.

उदा० दृष्टपूर्वाणि (11.6) पूर्वी पाहिलेले ←वि० पूर्वाणि 4.15 (अगोदर, पूर्वी) + वि० दृष्टानि 2.16 (पाहिलेला)

2.7 उपसर्ग व प्रत्यय विवेचन

2.7.1 उपसर्ग प्रकरण
(Prepositional Prefixes)

उपसर्ग त्या अव्ययी शब्दाला म्हणतात, ज्याला आपला एक स्वतंत्र अर्थ असून, जो कि क्रियापदाच्या अगोदर जोडला जातो. उपसर्ग मूळ धातूच्या अर्थाला बदलतो, तीव्र करतो, परिवर्तित करतो अथवा अपरिवर्तित पूर्ववत् सुद्धा असू देतो. जरी कित्येक व्याकरणकार म्हणतात कि उपसर्गांना स्वयं आपला काहीच अर्थ नसतो, तरी कोशकारांच्या रचनांवरून हे निश्चित दिसून येते कि पाणिनि तथा वरदाचार्यांने सांगितलेले बाविस उपसर्ग, विभिन्न धातूंना जोडले असताना विभिन्न भाव सूचित करतात । उदा॰

(1) उपसर्ग– अति 2.34 (अतिशय, अधिक, बहुत; उल्लंघन)→
अति√रिच् 2.34 (अधिक होणे, वाढणे); अति√वृ (पुढे जाणे, पार करणे, उल्लंघन करणे)

(2) उपसर्ग– अधि 2.64 (सत्ता, योग्यता, कार्यभार)→
अधि√कृ 2.47 (अधिकार, सत्ता); अधि√गम् 2.64 (प्राप्त करणे, पावणे)

(3) उपसर्ग– अनु 3.31 (पुढे, मागे, बरोबर, अनुकुल)→
अनु√कम्प् (करुणा, दया); अनु√चिन्त 8.8 (चिन्तन करणे, ध्यान लावणे); अनु√स्था 3.31 (आचरण करणे); अनु√दृश् 1.31 (दिसणे); अनु√रञ्ज 11.36 (रममाण होणे, संतुष्ट होणे); अनु√वृत् 3.21 (अनुकरण करणे); अनु√शास् 8.9 (शासन करणे, नियंत्रण करणे); अनु√श्रु 1.44 (जाणणे, ऐकणे); अनु√शुच् 2.11 (शोक करणे, दुःख करणे); अनु√सञ्ज् 6.4 (अनुरक्त, आसक्त होणे); अनु√स्मृ 8.7 (स्मरण करणे)

(4) उपसर्ग– अप 2.8 (दूर, अलग, पृथक्, वियोग)→
अप√नुद् (दूर करणे); अप√इण् 2.14 (नष्ट करणे, हानि करणे); अप√अन् 4.29 (उच्छ्वास)

(5) उपसर्ग– अपि 1.26 (सुद्धा; निकट, कडे)

(6) उपसर्ग– अभि 3.32 (कडे, सम्मुख)→
अभि√क्रम् (आरम्भ); अभि√जन् 2.62 (प्रकट होणे, उत्पन्न होणे, जन्म घेणे, होणे); अभि√नन्द् 2.57 (आनंदित, हर्षित होणे); अभि√ज्ञा 4.14 (जाणणे); अभि√भू 1.40 (प्रभाव जमणे); अभि√मन् 16.4 (अहंकार करणे); अभि√रम् 18.45 (तृप्त, प्रसन्न, संतुष्ट होणे); अभि√रक्ष् 1.11 (संरक्षण करणे); अभि√अस् 6.35 (अभ्यास, अध्ययन करणे)

(7) उपसर्ग– अव 1.1 (खाली, दूर)→

अव√गम् 10.41 (जाणणे); अव√ज्ञा 9.11 (जाणणे); अव√स्था 3.31 (उभे होणे, स्थिर रहणे); अव√शिष् 7.2 (राहणे, वाचणे, शेष राहणे); अव√स्तम्भ् 9.8 (अंगीकार करणे); अव√सद् 6.5 (नष्ट करणे); अव√आप् 2.8 (प्राप्त करणे)

(8) उपसर्ग- आ 2.14 (पासून, पर्यंत, कडे, इकडे, समन्तात्; किञ्चित्)→

आ√काश् 9.6 (गगन, शून्य); आ√ख्या 11.31 (सांगणे); आ√गम् 2.14 (येणे); आ√चर् 3.19 (आचरण करणे)

(9) उपसर्ग- उत्, उद् 1.43 (वर, ऊंच, सम्मुख; श्रेष्ठ)→

उत्√सृज् 9.19 (उद्भव, उद्गम, निर्माण होणे); उत्√सद् 1.43 (नष्ट होणे); उत्√दिश् 10.40 (उदाहरण देणे, दृष्टान्त प्रस्तुत करणे); उद्√धृ 6.5 (उद्धार करणे); उद्√भू 3.15 (जन्म घेणे, निर्माण होणे); उद्√विज् 2.56 (विचलित होणे); उद्√मिष् 5.9 (उघडझाप करणे, बंद करणे); उद्√यम् 1.45 (सिद्ध होणे)

(10) उपसर्ग- उप 2.62 (निकट, समीप; अधिक)→

उप√ह्व 4.25 (यजन करणे); उप√जन् 2.62 (निर्माण करणे); उप√दिश् 4.34 (उपदेश करणे); उप√दृश् 13.23 (नियंत्रण करणे); उप√धृ 7.65 (जाणणे); उप√पद् 2.3 (उचित, योग्य होणे);

(11) उपसर्ग- दुर् 1.2 (कठिणता, दुर्गति)→

दुर्√लभ् 6.42 (असाध्य होणे); दुर्√मन् 18.16 (दुर्बुद्धि); दुर्√बुध् 1.23 (कुबुद्धि); दुर्√मेध् 18.35 (कुबुद्धि)

(12) उपसर्ग- दुस् 2.60 (अनुचित, खराब)→

दुस्√कृ 2.50 (वाईट कर्म करणे)

(13) उपसर्ग- नि 1.7 (मध्ये, खाली; खराब, शिवाय, विना, बद्दल)→

नि√गम् 9.31 (प्राप्त करणे); नि√यम् 1.44 (नियमन, संयम करणे); नि√ग्रह् 3.33 (निग्रह करणे, नियंत्रण करणे); नि√बन्ध् 4.22 (बद्ध करणे); नि√बुध् 1.7 (जाणणे, समजणे); नि√मिद् 1.31 (कारण होणे); नि√युज् 3.1 (नियोजन, योजना करणे); नि√वृत् 1.39 (निवृत्त होणे); नि√वस् 9.18 (राहणे, आश्रय घेणे); नि√विश् 12.8 (स्थिर होणे); नि√स्पृह् 2.71 (निराश, निरिच्छ होणे); नि√स्था 3.3 (निष्ठा करणे); नि√हन् 11.33 (नष्ट करणे); नि√रुध् 6.20 (रोकणे, विरोध करणे)

(14) उपसर्ग- निर् 1.22 (निषेध; दूर, बाहेर)→

निर्√ईक्ष् 1.22 (निरीक्षण करणे); निर्√दिश् 17.23 (निर्देश करणे); निर्√मल् 14.6 (शुद्ध, साफ करणे); निर्√वा 2.72 (मुक्त करणे); निर्√चल् 2.53 (स्थिर होणे)

(15) उपसर्ग- निस् 2.7 (विना, शिवाय)→

निस्√चर् 6.26 (फिरणे); निस्√चि 2.7 (निश्चित होणे); निस्√चल् 2.53 (स्थिर होणे)

(16) उपसर्ग– परा 3.42 (उलटा, विरुद्ध, विपरीत)→

परा√अय् 4.29 (आसक्त, अनुरक्त होणे)

(17) उपसर्ग– परि 1.30 (सर्वत्र)→

परि√ग्रह् 4.21 (आसक्ती, लोभ होणे); परि√क्लिश् 3.33 (क्लेशदायक होणे); परि√चर् 18.44 (सेवा करणे); परि√चिन्त् 10.17 (ध्यान करणे); परि√चक्ष् 17.13 (जाणणे); परि√त्यज् 12.16 (अर्पण करणे); परि√त्रै 4.8 (संरक्षण करणे); परि√दह् 1.30 (जळणे); परि√दिव् 2.28 (रडणे, शोक करणे); परि√मार्ग् 15.4 (शोधणे); परि√शुष् 1.29 (सुकविणे); परि√ज्ञा 18.18 (सर्व जाणणे);

(18) उपसर्ग– प्र 1.9 (चांगले, अधिकता, उत्कर्ष; उलटे, विरुद्ध, विपरीत)→

प्र√कृ 3.5 (स्वभाव, प्रकृति); प्र√काश् 5.16 (प्रकाशित होणे); प्र√जन् 3.10 (जन्म, निर्मिती, उद्गम, उद्भव); प्र√हा 2.55 (त्यागणे; नष्ट करणे); प्र√नम् 11.14 (प्रणाम करणे); प्र√ध्मा 1.14 (फूंकणे); प्र√दीप् 11.29 (प्रकाशित करणे); प्र√दुश् 1.41 (दुशित, अपवित्र करणे); प्र√नी 11.41 (प्रीति); प्र√नु 3.5 (प्रणव); प्र√नश् 2.63 (नष्ट होणे; अदृश्य होणे); प्र√तप् 11.31 (तेज); प्र√ज्ञा 18.65 (बुद्धि); प्र√द्विश् 16.18 (द्वेष करणे); प्र√पद् 2.7 (शरण येणे); प्र√दृश् 1.39 (जाणणे, बघणे); प्र√भू 7.6 (प्रभाव; उद्गम); प्र√भा 7.8 (तेज); प्र√मा 3.21 (प्रमाण); प्र√मथ् 2.60 (व्याकुळ करणे); प्र√मद् 11.41 (असावधानी); प्र√मुच् 5.3 (मुक्त करणे); प्र√खन् 1.25 (प्रमुख); प्र√यम् 9.26 (अर्पण करणे); प्र√यत् 6.45 (प्रयत्न करणे); प्र√युज् 3.36 (प्रेरित करणे); प्र√लप् 5.9 (बोलणे); प्र√ली 7.6 (लय, प्रलय करणे); प्र√वद् 10.32 (बोलणे, सांगणे); प्र√वृत् 3.16 (आरम्भ करणे); प्र√वच् 4.16 (प्रवचन करणे, सांगणे); प्र√विश् 2.70 (प्रवेश करणे); प्र√वृध् 11.32 (वृद्धि करणे, वाढणे); प्र√व्यथ् 11.20 (व्यथित होणे); प्र√शंस् 17.26 (प्रशंसा करणे); प्र√शम् 6.7 (शांत, स्थिर होणे); प्र√सञ्ज् 2.44 (आसक्त होणे); प्र√सद् 2.64 (संतुष्ट होणे); प्र√सू 3.10 (वृद्धि करणे); प्र√सिध् 3.8 (प्रसिद्ध, सफल होणे); प्र√सृ 15.2 (प्रसार होणे); प्र√हस् 2.10 (हसणे); प्र√हा 2.39 (मुक्त होणे); प्र√हृष् 5.20 (हर्षित होणे)

(19) उपसर्ग– प्रति 1.4 (कडे; परतणे, विपरीत, उलट)→

प्रति√ज्ञा 18.65 (प्रतिज्ञा, जाणणे); प्र√पद् 14.14 (जाऊन मिळणे); प्र√युध् 2.4 (लढणे); प्र√स्था 2.57 (स्थिति)

(20) उपसर्ग– वि 1.4 (उलट, विरुद्ध, विपरीत; अलग, शिवाय)→

वि√कम्प् 2.31 (डगमगणे, विचलित होणे); प्र√कृ 13.4 (विकृति, विकार होणे); वि√क्रम् 1.6 (शौर्य दाखविणे); वि√गम् 2.56 (अतीत); वि√चक्ष् 18.2 (विचक्षण, विलक्षणता); वि√चल् 3.29 (विचलित होणे); वि√जि 1.32 (विजयी होणे); वि√ज्ञा 2.19 (जाणणे); वि√तन् 4.32 (व्याप्त करणे).

(21) उपसर्ग– सम् 1.1 (एक होणे, बरोबर; चांगल्या प्रकारे)→

सम्√ग्रह् 2.31 (डगमगणे, विचलित होणे); सम्√हन् 11.15 (संघ, संघटन करणे); सम्√इ 7.26 (अतीत होणे); सम्√अर्थ् 2.36 (समर्थ, योग्य होणे); सम्√अक्ष् 11.42 (समक्ष, सम्मुख होणे); सम्√आप् 11.40 (व्याप्त करणे; समाप्त करणे); सम्√अस् 10.33 (समास, संधि करणे); सम्√इन्ध् 11.29 (जळणे); सम्√ईक्ष् 1.27 (पाहणे, समीक्षण करणे); सम्√उन्द् 2.70 (समुद्र); सम्√ऋध् 11.29 (समृद्ध होणे); सम्√मुह् 2.7 (भ्रम, संदेह, मोह होणे); सम्√पद् 5.18 (संपदा, समृद्धि, वृद्धि होणे); सम्√प्लु 2.46 (भरणे); सम्√बन्ध् 1.34 (संबंध); सम्√भू 2.34 (होणे, उद्भव, उद्गम होणे); सम्√यम् 4.39 (निग्रह करणे); सम्√युज् 5.14 (संयोग, योग होणे)

(22) उपसर्ग– सु 1.6 (अच्छा, सहज, उत्तम)→

सु√कृ 2.5 (सुकृत); सु√हृ 1.25 (सुहृद)

2.7.2 प्रत्यय प्रकरण
(the Suffixes)

संस्कृतात शब्द आणि त्यांची रूपे दोन रीतींनी केली जातात. (1) धातूंना (roots) प्रत्यय जोडून; आणि (2) शब्दांना प्रत्यय जोडून. जे शब्दांश अथवा चिह्न शब्दांच्या शेवटी लागून शब्दांचा अर्थ प्रवर्तित अथवा परीवर्तित करतात त्यांना प्रत्यय म्हटले जाते. पूर्वी स्पष्ट केलेल्या विभक्ति↑ आणि तिङ्न्त↑ प्रत्ययांच्या व्यतिरिक्त खाली दिलेल्या तीन प्रकारच्या प्रत्ययांद्वारे विभिन्न शब्द तयार केले जातात. (1) धातूंना जोडून ज्या प्रत्ययांद्वारे संज्ञा, विशेषण तथा अव्यय बनविले जातात ते कृत् प्रत्यय (Primary uffixes); (ट) शब्दांना जोडून ज्या प्रत्ययांद्वारे संज्ञा, सर्वनाम, विशेषण, अव्यय आदि तयार होतात ते तद्धित प्रत्यय (Secondary suffixes); आणि (3) पुल्लिंग शब्दांपासून स्त्रीलिंग शब्द तयार करण्याकरिता लावले जाणारे स्त्री प्रत्यय (Feminine suffixes). म्हणून, जो शब्द कृत् प्रत्ययापासून बनतो त्याला कृदन्त (participle) म्हणतात; आणि तद्धित प्रत्ययापासून तयार होणाऱ्या शब्दाला तद्धित शब्द म्हटले जाते.

लक्षात असावे, कि तद्धित शब्द धातूंना कधीही जोडले जात नाहीत; आणि कृत् प्रत्यय शब्दांना लागत नाहीत. सुप् प्रत्ययांपासून संज्ञा, सर्वनाम तथा विशेषणांची रूपे बनतात, आणि तिङ्न्त प्रत्ययांपासून काळाची रूपे तयार होतात.

कृत् प्रत्यय प्रकरण
(Primary suffixes)

कृत् प्रत्यय केवळ धातूंना जोडले जातात (कृत्-प्रत्ययानां प्रयोगः धातुभिः सह भवति). कृत प्रत्ययाची

कर्तरी रूपे असतात. (कर्तरि कृत् 3.4.67 कृत्प्रत्ययः कर्तरि स्यात्) कृदन्त शब्द तयार करणारे कृत् प्रत्यय तीन विभागांत वाटले जाऊ शकतात, उदा॰ (अ) कृत्य प्रत्यय, (ब) कृत् प्रत्यय, तथा (क) उणादि प्रत्यय.

(अ) विध्यर्थी (Potential) <u>कृत्य प्रत्यय</u>–

सात कृत्य प्रत्यय या विभागात परिगणित आहेत, उदा॰ (1) तव्यत्, (2) तव्य, (3) अनीयर्, (4) केलिमर्, (5) यत्, (6) क्यप् आणि (7) ण्यत्. या प्रत्ययांद्वारे बनलेल्या क्रियांत आग्रह, पाहिजे, असावे इत्यादीचा बोध येऊन त्या क्रिया विध्यर्थी कृदन्त होतात. कृत्य प्रत्यय सकर्मक धातूंना कर्मवाचक रूप व अकर्मक धातूंना भाववाचक रूप देतात.

(1) कर्मवाचक भविष्य कृदन्त (Future (लुट्-भविष्य॰) Passive Participles) कारक तव्यत् व तव्य प्रत्यय–

√श्रु + तव्यत् (तव्य) = श्रोतव्य 2.52

अव√आप् + तव्य (तव्य) = अवाप्तव्य 3.22

(2) कर्मवाचक भविष्य कृदन्त (Future (लुट्-भविष्य॰) Passive Participles) कारक यत्, क्यप् आणि ण्यत् प्रत्यय–

√ज्ञा + यत् (य) = ज्ञेय 1.39

√कृ + क्यप् (य) = कृत्य 15.20

अ-वि√कृ + ण्यत् (य) = अविकार्य 2.25

(ब) कृदन्त (Participles) कारक कृत् प्रत्यय–

गीतेत कृत् प्रत्ययांद्वारे तयार झालेल्या 1. विकारी कृदन्त (indeclinable participles), 2. अव्ययी कृदन्त (declinable participles), तथा 3. क्रियावाची संज्ञा (verbal nouns) आढळून येतात. उदा॰

1. अव्ययी कृदन्त (indeclinable participles)

(1) पूर्वकाळवाचक कृदन्त (Indeclinable Past Participle) क्त्वा कृत् प्रत्यय–

भूतकाळात पूर्वी घडलेल्या ज्या क्रियेच्या नंतर दूसरी एक अन्य क्रिया केली जाते अशी ती पूर्वकाळवाचक क्रिया स्पष्ट करण्याकरिता क्त्वा प्रत्ययाचा प्रयोग केला जातो. उदा॰

√दृश् + क्त्वा (त्वा) = दृष्ट्वा (पाहून, पाहिल्या नंतर) 1.2

(2) पूर्वकालिक कृदन्त (Indeclinable Past Participle) का ल्यप् कृत् प्रत्यय–

उपसर्गयुक्त धातूपासून पूर्वकाळवाचक क्रिया तयार करण्याकरिता ल्यप् प्रत्ययाचा प्रयोग होतो, उदा॰

उप-सम्√गम् + ल्यप् (य) = उपसङ्गम्य 1.2

(3) हेत्वर्थक धातुसाधित कृदन्त (Infinitive) कारक तुमुन् कृत् प्रत्यय–

जेव्हा दोन क्रियांचा कर्ता एक असतो, आणि भविष्यात होणाऱ्या एका क्रियेकरिता दुसरी अन्य क्रिया

केली जाते, तेव्हा त्या भविष्यात होणाऱ्या क्रियेच्या धातूला तुमुन् प्रत्यय जोडला जातो. उदा०

अव√स्था + तुमुन् (तुम्) = अवस्थातुम् 1.30

2. विकारी कृदन्त (indeclinable participles)

(1) कर्तृवाचक वर्तमानकालिक कृदन्त (Present Active Participle) कारक शतृ कृत् प्रत्यय–

परस्मैपदी धातूला शतृ प्रत्यय जोडून अपूर्ण वर्तमानकाळवाचक विशेषण तयार होते. उदा०

सम्√जन् + शतृ (अत्) = सञ्जनयत् (हर्ष वाढवीत) 1.12

वि√सद् + शतृ (अत्) = विषिदत् (विषाद करीत) 1.27

(2) कर्मवाचक वर्तमानकालिक कृदन्त (Present Passive Participle) कारक शानच् कृत् प्रत्यय–

आत्मनेपदी धातूला शतनच् (आन, मान) प्रत्यय लावून अपूर्ण वर्तमानकालिक विशेषण बनते. उदा०

√भुज् + शानच् (आन) = भुञ्जान (खाणारा) 15.10

√युध् + शानच् (मान) = योत्स्यमान (लढणारा) 1.23

(3) कर्मवाचक भूतकालिक कृदन्त (Past Passive Participle) कारक क्त कृत् प्रत्यय–

भूतकालिक कर्मवाचक तथा भाववाचक क्रियांना क्त प्रत्यय जोडला जातो. जेव्हा धातूला क्त प्रत्यय लगतो तेव्हा क्त मधील क लुप्त होऊन केवळ त शेष रहतो. परंतु, √री, ली, ब्ली, प्ली, धू, पू, लू, ॠ, कॄ, गॄ, जॄ, नॄ, पॄ, भॄ, वॄ, शॄ, स्तॄ, हा इयादि धातु नंतर त च्या स्थानी न येतो. उदा०

सम्–अव√इ + क्त (त) = समवेत 1.1

सम्–आ√गम् + क्त (त) = समागत 1.23

√गम् + क्त (त) = गत 2.11

√जॄ + क्त (न) = जीर्ण 2.22

(4) कर्तृवाचक भूतकालिक कृदन्त (Past Active Participle) कारक क्तवत् कृत् प्रत्यय–

भूतकालिक कर्मवाची तथा भाववाची क्रियांना क्त प्रत्यय जोडला जातो. जेव्हा धातूला क्तवत् प्रत्यय लगतो तेव्हा क्तवत् मधील क्त लुप्त होऊन केवल वत् शेष रहतो. उदा०

√श्रु + क्तवत् (वत्) = श्रुतवत् 18.75

(5) कर्तृवाचक व कर्मवाचक भविष्य (लृट्) कृदन्त कारक शतृ व शानच् कृत् प्रत्यय : वर दिलेले शतृ (अत्↑) व शानच् (मान↑) प्रत्यय कर्तृवाचक व कर्मवाचक भविष्य (लृट्) कृदन्त सुद्धा असतात.

3. क्रियावाचक संज्ञा (Verbal Nouns)

गीतेत आढळणाऱ्या विभिन्न धातूंपासून क्रियावाचक संज्ञा तयार करणारे कृत् प्रत्यय :

(1) कृत् प्रत्यय अच्

इ–कारान्त तथा ॠ–कारान्त धातूंना अच् प्रत्यय जोडून त्या क्रियांचा भावार्थ प्रकट केला जातो. उदा०

√सुख् + अच् (अ) = सुख 1.32

√जि + अच् (अ) = जय 1.8

√कृ + अच् (अ) = कर 2.2

(2) कृत् प्रत्यय अण्

धातूला कर्म जोडले तर त्या धातूला अण् प्रत्यय लागतो.

भूतभावोद्भव√कृ + अण् (अ) = भूतभावोद्भवकार 8.3

(3) कृत् प्रत्यय अप्

उ, ऊ, ऋ ॠ, आणि ए-कारान्त धातूंना अण् प्रत्यय जोडून त्या क्रियांचा भावार्थ प्रकट केला जातो.

√द्रु + अप् (अ) = द्रव 11.28

√भू + अप् (अ) = भव 10.4

√शृ + अप् (अ) = श्रव 2.29

आ√ह्वे + अप् (अ) = आहव 1.31

(4) कृत् प्रत्यय कञ्, क्विन्, क्स

जेव्हा कोणताही त्यदादि (त्यद्, तद्, यद्, एतद्, इदम्, अदस्, अस्मद्, युष्मद्, किम्, भवत्, एक, द्वि..) उपसर्ग अथवा समान, दृश्, अन्य इत्यादि सारखा शब्द धातूला जोडलेला असतो तेव्हा कञ्, क्विन्, क्स प्रत्यय विकल्पाने जोडून विभिन्न अव्यय तयार होतात. उदा॰

इदम्√दृश् + कञ् (अ) = ईदृश 2.32

इदम्√दृश् + क्विन् (अ) = ईदृक् 11.49

इदम्√दृश् + क्स (अ) = ईदृक्ष 13.4

(5) कृत् प्रत्यय खच्

वर आलेल्या प्रत्ययांप्रमाणे खच् प्रत्ययाचा का ख लुप्त होऊन केवळ अ शेष रहतो; आणि त्या धातूच्या पूर्वी अजन्त शब्द आला असता त्यांमध्ये म जोडला जातो. उदा॰

पर + म् + √तप् + खच् (अ) = परन्तप 2.3

(6) कृत् प्रत्यय घञ्

क्रियेचा मूळ भावार्थ प्रकट करण्याकरिता धातूला घञ् प्रत्यय जोडला जातो. घञ् प्रत्ययान्त शब्द पुल्लिंग असतो. उदा॰

√भू + घञ् (अ) = पु॰ भाव 2.7

(7) कृत् प्रत्यय ट

अधिकरण उपपद युक्त √चर् धातूला ट-प्रत्यय जोडून कर्तृवाचक शब्द बनतो. उदा॰

गो + चर् + ट (अ) = गोचर 13.6

(8) कृत् प्रत्यय ड

अन्त, अत्यन्त, अनन्त, अध्व, द्रर, सर्व, सर्वत्र.. आदि उपपदयुक्त धातूला ड-प्रत्यय जोडून कर्तृवाचक शब्द बनतात. उदा०

सर्वत्र + √गम् + ड (अ) = सर्वत्रग 9.1

(9) कृत् प्रत्यय ण्वुल्

धातूला ण्वुल्-प्रत्यय कर्ता अशा अर्थाने जोडला जातो. उदा०

√नी + ण्वुल् (अक) = नायक 1.7

(10) कृत् प्रत्यय अथुच्

√वेप + अथुच् (अथु) = वेपथू 1.29

(11) कृत् प्रत्यय ल्युट्

धातूला ल्युट् प्रत्यय जोडल्याने न० भाववाचक शब्द प्रयुक्त होतात. उदा०

√वच् + ल्युट् (अन) = वचन 1.2

(12) कृत् प्रत्यय कि

√दा, √धा आदि धातूंना कि-प्रत्यय जोडले जातात. उदा०

आ√दा + कि (इ) = आदि 10.2

वि√धा + कि (इ) = विधि 9.23

(13) कृत् प्रत्यय इनि, णिनि आणि घिनुण्

धातूचा स्वभाव स्पष्ट करण्याकरिता इनि, णिनि आणि घिनुण् प्रत्यय जोडले जातात. उदा०

√दिव् + इनि (इन्) = दैविन् 7.14

अप√इण् + णिनि (इन्) = अपायिन् 2.14

√युज् + घिनुण् (इन्) = योगिन् 3.3

(14) कृत् प्रत्यय इष्णुच्

सत्ता, अधिकार, कौशल्य, गुण विशेषता आदि स्वभाव प्रकट करण्याकरिता धातूला इष्णुच् प्रत्यय जोडला जातो. उदा०

प्र√भू + इष्णुच् (इष्णु) = प्रभविष्णु 13.16

(15) कृत् प्रत्यय उण् आणि डु

इच्छार्थक धातूंना उण् एवं डु प्रत्यय जोडून इच्छुक, चाहता आदि संज्ञा केल्या जातात. उदा०

√कृ + सन् + उण् (उ) = चिकीर्षु 3.25

वि√भू + डु (उ) = विभु 5.15

(16) कृत् प्रत्यय क्विप्

धातूला उपसर्ग अथवा उपपद लागले असता अथवा लागले नसतानाही क्विप् प्रत्यय जोडून कर्तृवाचक

शब्द प्रयुक्त होतातं. उदा०

√ध्यै + क्विप् (त्) = धीमत् 1.3

सु√कृ + क्विप् (त्) = सुकृत् 2.50

वेद + √विद् + क्विप् (त्) = वेदवित् 8.11

(17) कृत् प्रत्यय क्तिन्

क्तिन् प्रत्यय स्त्रीलिंग भाववाचक धातूला जोडला जातो. उदा०

√गम् + क्तिन् (ति) = गति 2.43

(18) कृत् प्रत्यय तृच्

धातूंना तृच् प्रत्यय जोडून प्रयुक्त केलेल्या कर्तृवाचक शब्दांबरोबर षष्ठी विभक्ति चा प्रयोग होतो. उदा०

√कृ + तृच् (तृ) = कर्तृ, सङ्करस्य (षष्ठी) कर्ता 3.24

√भुज् + तृच् (तृ) = भोक्तृ, यज्ञतपसाम् (षष्ठी) भोक्ता 5.29

(19) कृत् प्रत्यय ष्ट्रन्

तृच् प्रत्यय क्रियेचे साधन, कर्ता अथवा प्रतिनिधि प्रकट करतो. उदा०

√राज् + ष्ट्रन् (त्र) = राष्ट्र 1.19

√दंश् + ष्ट्रन् (त्र) = दंष्ट्रा 11.23

√शस् + ष्ट्रन् (त्र) = शस्त्र 1.9

√शास् + ष्ट्रन् (त्र) = शास्त्र 15.20

(20) कृत् प्रत्यय नङ् आणि नन्

√यत् + नङ् (न) = यत्न 6.45

√स्वप् + नन् (न) = स्वप्न 6.16

(21) कृत् प्रत्यय क्यप्

धातूला तृच् प्रत्यय जोडून क्रियेपासून भाववाचक स्त्रीलिंग संज्ञा तयार केली जाते. उदा०

√विद् + क्यप् (य) = विद्या 5.18

(22) कृत् प्रत्यय र

√हस् + र (र) = सहस्त्र 7.3

(23) कृत् प्रत्यय वरच्

√ईश् + वरच् (वर) = ईश्वर 4.6

(क) उणादि प्रत्यय

(1) उणादि प्रत्यय उण्

करोति इति अशा अर्थाने क्रियेचा कर्ता दासविण्याकरिता धातूला उण् प्रत्यय जोडला जातो. उदा०

√साध् + उण् (उ) = साधु 4.8

2.7.3 तद्धित प्रत्यय प्रकरण
(Secondary suffixes)

कित्येक प्रत्ययांच्या प्रयोगाने मूळ प्रतिपादिकांपासून, विशेषणांपासून तथा अव्ययी शब्दांपासून अशा साधित-संज्ञा तयार होतात, कि ज्या संज्ञा त्या (तत्-धित्) मूळ शब्दांचा गुणसंबंध कोणत्यातरी अन्य वस्तूशी सूचित करतात. अशा प्रत्ययांना 'तद्धित् प्रत्यय' म्हणतात. अथात्, तद्धित (तस्मै वाक्यप्रयोगाय हितम्) प्रत्यय लागून ज्या संज्ञा तयार होतात त्यांना 'तद्धित शब्द' अथवा 'नामसाधित शब्द' म्हणतात कारण की यांत संपूर्ण नामालाच धातुसाधित शब्दातील धातूप्रमाणे प्रत्यय जोडला जातो.

लक्षात असावे, कि तद्धित प्रत्यय धातूंना जोडले जात नाहीत. ते केवळ शब्दांनाच जोडले जातात.

तद्धित् प्रत्यय तीन विभागांत वाटले जाऊ शकतात- (1) अधिकृतता अथवा संततीचा संबंध (relationship of possession) दर्शक, (2) क्रियाविशेषण कारक (adverb forming), आणि (3) प्रकीर्ण (miscellaneous) तद्धित प्रत्यय.

(अ) अधिकृतता दाखविणारे मत्वर्थीय तद्धित् प्रत्यय-

या प्रत्ययांना शब्दासह जोडून अशी विशेषणे प्रयुक्त केली जातात कि जी त्या मूळ शब्दांत विद्यमान असलेला गुण धारण करतात.

(1) तद्धित प्रत्यय इतच्

न० पुष्प + इतच् (इत) = पुष्पित 2.42

(2) तद्धित प्रत्यय इनि, ठञ् आणि ठक्

ज्ञान + इनि (इन्) = ज्ञानिन् 7.16

सत्त्व + ठञ् (इक) = सात्त्विक 1.14

आत्मन् + ठक (इक्) = आत्मिक, व्यवसायात्मिक 2.41

(3) तद्धित प्रत्यय यप्

त्रिगुण + यत (य) = त्रैगुण्य 2.45

दिव् + यत् (य) = दिव्य 1.14

(4) तद्धित प्रत्यय विन्

मेधा + विन् (विन्) = मेधाविन् 18.10

(ब) क्रियाविशेषण बनविणारे तद्धित् प्रत्यय–

(5) तद्धित प्रत्यय एन

अचिर + एन (एन) = अचिरेण 4.39

नचिर + एन (एन) = नचिरेण 5.6

(6) तद्धित प्रत्यय तसि

प्रमुख + तसि (तः) = प्रमुखतः 1.25

(7) तद्धित प्रत्यय ना

ना + ना (ना) = नाना 1.9

वि + ना (ना) = विना 10.39

(8) तद्धित प्रत्यय वतुप्

हा प्रत्यय एका संज्ञा अथवा विशेषणाची सदृशता अथवा समानता कोणत्या तरी अन्य वस्तु बरोबर दर्शविती. उदा॰

आश्चर्य + वतुप् (वत्) = आश्चर्यवत् 2.29

(9) तद्धित प्रत्यय शस्

सर्व + शस् (शः) = सर्वशः 1.18

(क) प्रकीर्ण (miscellaneous) तद्धित् प्रत्यय

(1) अपत्यार्थी तद्धित प्रत्यय अ, इ, एय आणि य

शब्दाला तद्धित प्रत्यय जोडताना सामान्यतः त्या शब्दाच्या पहिल्या अक्षराला अ वर्ण जोडला जातो.

पाण्डु + अ = पाण्डव, पाण्डोः अपत्यम् 1.1

सोमदत्त + इ = सौमदत्ति, सोमदत्तस्य अपत्यम् 1.8

कुन्ती + एय = कौन्तेय, कुन्त्याः अपत्यम् 1.8

दिति + य = दैत्य, दितेः अपत्यम् 10.30

(2) भाववाची तद्धित प्रत्यय अण्, त्व, ण्यञ्, यक्, तल्, आणि इमनिच्

या सर्व तद्धित प्रत्ययांपासून भाववाचक संज्ञा प्रयुक्त होतात. प्रत्यय अण्, त्व, ण्यञ् आणि यक् नपुसकलिंग संज्ञा बनवितात; प्रत्यय तल् स्त्रीलिंग संज्ञा तयार करतात; आणि प्रत्यय इमनिच् पुल्लिंग संज्ञा प्रयुक्त करतात. उदा॰

मुनि + अण् (अ) = न॰ मौन 10.38

शत्रु + त्व (त्व) = न॰ शत्रुत्व 6.6

दुर्बल + ण्यञ् (य) = न॰ दौर्बल्य 2.3

राजन् + यक् (य) = न॰ राज्य 1.32

देव + तल् (ता) = स्त्री० देवता 4.12

महत् + इमनिच् (इमन्) = पु० महिमन् 11.41

(3) तुलनात्मक तद्धित प्रत्यय तरप्, ईयसुन्, तमप् आणि इष्ठन्
प्रत्यय तरप् दोन वस्तूंची तुलना सूचित करतो; प्रत्यय ईयसुन् दोन गुणांची तुलना सूचित करतो; प्रत्यय तमप् दोनपेक्षा अधिक वस्तूंची तुलना सूचित करतो; आणि प्रत्यय इष्ठन् विकल्पाने तरप् प्रत्ययाच्या स्थानी लावला जातो. उदा०

क्षेम + तरप् (तर) = क्षेमतर 1.46

गुरु + ईयसुन् (ईयस्) = गरीयस् 1.32

द्विज + उद् + तमप् (तम) = द्विजोत्तम 1.7

श्री + इष्ठन् (इष्ठ) = श्रेष्ठ 3.21

(4) तुलनात्मक तद्धित प्रत्यय मतुप् आणि मय
एका वस्तु मध्ये दूसऱ्या वस्तूचे असणे या अर्थी मतुप् व मय प्रत्यय जोडले जातात. मतुप् प्रत्ययाचा प्रयोग "-वाला" अर्थाने सुद्धा होतो. उदा०

धी + मतुप् (मत्) = धीमत् 1.3

मत् + मयट् (मय) = मन्मय 4.10

(5) संबंध सूचक तद्धित प्रत्यय घ आणि छ

क्षत्र + घ (इय) 3.31 = क्षत्रिय

अस्मद् + छ (ईय) = अस्मदीय 11.26

(6) अन्य तद्धित प्रत्यय आमह, ट्युल्, तल्, त्यप् आणि शालच्

पितृ + आमह (आमह) = पितामह 1.12

सदा + ट्युल् (तन) = सनातन 1.40

सम + तल् (ता) = समता 10.5

नि + त्यप् (त्य) = नित्य 2.15

वि + शालच् (शाल) = विशाल 9.29

2.7.4 स्त्री प्रत्ययप्रकरण
(Feminine Suffixes)

संस्कृतात कित्येक शब्द मूळतःच स्त्रीलिंगी असतात.
उदा० युध् 1.1, संज्ञा 1.7, भेरि 1.13, पृथिवी 1.18, चमू 1.3.

पण साधारणपणे पुल्लिंगी शब्दांना आ, ई, ऊ, ति आदि स्त्री-प्रत्यय जोडून स्त्री-शब्द तयार केले जातात. उदा० पु० वि० धीमत् + टाप् (आ) = धीमता 1.3; पु० ब्रह्मन् + ङीप् (ई) = ब्राह्मी 2.7

3

गीतेचा यथा रूप अर्थ

गीतेच्या श्लोकांचा संधि-विग्रह करून तयार झलेल्या प्रत्येक पदाचा अर्थ स्पष्ट करण्या करिता त्याचे व्याकरणीय रूप त्याच्या मूळ धातूपासून कोणत्यारीतीने तयार होते हे या प्रकरणात दर्शविले आहे. जागा उगाच खर्च न करता स्पष्टिकरण सोपे ठेवण्याच्या उद्देशाने इथे खालील तीन विषिष्ट कल्पनांचा उपयोग करण्यात आला आहे-

1. प्रत्येक पदाच्या व्याकरणातील मुळापासून रूपापर्यंतचा प्रवाह नुसती (←) व (→) चिन्हे उपयोजून दाखविला आहे. ही पद्धत एकदा नीट समजली की या रीतीने काम किती सोपे झाले हे लक्षात येते.

2. सर्वसाधारण एकरूपता साधण्याकरिता, पुन:पुन्हा त्याच त्या गोष्टीची पुनरावृत्ती टाळण्याकरिता शक्यतोवर प्रत्येक पद सर्वप्रथम ज्या श्लोकाच्या स्पष्टिकरणात आढळते फक्त तिथेच त्याचा व्याकरण विचार दाखविला आहे.

ज्या पदाची पुढे पुनरावृत्ति होते ते पद मूळ ठिकाणी ओळखीकरिता **ठळक** व अधोरेखांकित दर्शविले आहे; व जिथे जिथे त्याची पुनरावृत्ति होते तिथे तिथे त्या पदाचा अध्याय व श्लोक क्रमांक संदर्भाकरिता कंसात त्यापुढे मांडला आहे.

3. व्याकरणमीमांसेतील कित्येक शब्द एक अथवा दोनच अक्षरांत संक्षिप्त करून व पुढे (०) हे लाघव चिन्ह मांडून दाखविले आहेत. त्या संक्षेपांच्या अर्थ व स्पष्टीकरणाकरिता आरंभी दिलेली संक्षेपांची सूचि बघावी.

वरील कल्पनांच्या उपयोगामुळे टळलेली अति पुनरावृत्ति आणि समजातीय पदांमध्ये साखळीप्रमाणे घडून आलेली शिस्त हा अभ्यास करणाऱ्याला सहज लक्षात येते.

'गीतेचा शब्दकोश' हे पुस्तक या 'गीता ज्ञान कोश' पुस्तकाचे पूरक असल्यामुळे प्रत्येक शब्दाच्या पूर्ण विश्लेषणाकरिता या दोन पुस्तकांचा उपयोग एकजुटीने मिळून करावा.

अथ श्रीमद्भगवद्गीता प्रारभते।

प्रथमोऽध्यायः।

अर्जुनविषादयोगः।

।।1.1 ।। धृतराष्ट्र उवाच

(1) गीता संहितेचा मूळ संस्कृत श्लोक –

धर्मक्षेत्रे कुरुक्षेत्रे समवेता युयुत्सवः ।
मामकाः पाण्डवाश्चैव किमकुर्वत सञ्जय ।।

(2) वर दिलेल्या 25 नियमांनुसार संधियुक्त पदांचा विग्रह –

अथ श्रीमत् (नियम 9/8) भगवत् (नि० 9/4) गीता । प्रथमः (नि० 15/1) अध्यायः (नि० 22/8) । अर्जुनविषादयोगः (नि० 22/8)

धृतराष्ट्रः (नियम 19/4) उवाच । धर्मक्षेत्रे कुरुक्षेत्रे समवेताः (नियम 20/14) युयुत्सवः (नि० 22/8) मामकाः (नि० 22/3) पाण्डवाः (नि० 17/1) च (नि० 3/1) एव किम् (नि० 8/16) अकुर्वत सञ्जय

(3) व्याकरण –

अथ (पहा श्लोक 1.20↓); * श्रीमद्भगवद्गीता (स्त्री० प्रथमा० एक० ←तत्पु०स० श्रीमद्भगवद्गीता ←वि० श्रीमत् 6.41 + वि० भगवत् 10.14 + स्त्री० गीता ←वि० गीत 13.5); * प्रारभते (तृ०पु० एक० लट्०–वर्तमान० भ्वादि० आत्मने० कर्मणि० ←प्र–आ√रभ्); * । प्रथमः (पु० प्रथमा० एक० ←क्रमवाचक संख्या० वि० प्रथम ←√प्रथ् 1.18); * अध्यायः (प्रथमा० एक० ←पु० अध्याय ←अधि√इ); * । अर्जुनविषादयोगः (पु० प्रथमा० एक० ←तत्पु०स० अर्जुनविषादयोग, अर्जुनस्य विषादस्य योगः ←पु० विना० अर्जुन 1.4 + पु० विषाद 1.27 + पु० योग 2.39)

धृतराष्ट्रः (पु० प्रथमा० एक० ←बहुव्री० वि० अथवा विना० धृतराष्ट्र, धृतम् राष्ट्रम् राजपालयति यः ←क्त० वि० धृत ←√धृ + न० राष्ट्र ←√राज्); * उवाच (1.25) । धर्मक्षेत्रे (न० सप्तमी० एक० ←तत्पु०स० धर्मक्षेत्र, धर्मयुक्तकर्माणाम् क्षेत्रम् ←पु० धर्म ←√धृ + न० **क्षेत्र** ←√क्षि); * कुरुक्षेत्रे (न० सप्तमी० एक० ←तत्पु०स० कुरुक्षेत्र, कुरुणाम् क्षेत्रम् ←पु० वि० **कुरु**, कुरोः गोत्रापत्यम् + न० क्षेत्र↑); * समवेताः (पु० प्रथमा० अनेक० ←क्त० वि० **समवेत** ←सम्–अव√इ ←साहचर्यदर्शक अव्यय० **सम्** ←√सो + व्याप्तिदर्शक अव्यय० अव ←√इ); * युयुत्सवः (पु० प्रथमा० अनेक० ←इच्छार्थ० वि० **युयुत्सु** ←स्त्री० **युध्** ←√युध्); * मामकाः (पु० प्रथमा० अनेक० ←वि० **मामक** ←सना० अस्मद् 1.7); * पाण्डवाः (प्रथमा० अनेक० ←पु० तद्धित शब्द **पाण्डव**, पाण्डोः पुत्रः ←विना० **पाण्डु** ←√पण्ड्); * **च** (समुच्चयबोधक अव्यय० ←√चि); * **एव** (संग्रहवाचक अव्यय० ←√इ); * **किम्** (अव्यय० अथवा न० प्रथमा० द्वितीया० एक० ←प्रश्नार्थक

सना० किम् –कोण, काय); * अकुर्वत (तृ०पु० अनेक० लङ्०–भूत० तनादि० आत्मने० ←8√कृ); * सञ्जय (पु० संबो० एक० ←विना० **सञ्जय** ←सम्√जि)

(4) पदच्छेद आणि यथा रूप पदार्थ –

धृतराष्ट्र: (धृतराष्ट्र) उवाच (म्हणाला–) धर्मक्षेत्रे–कुरुक्षेत्रे (धर्मभूमि कुरुक्षेत्रावर) समवेता: (एकत्रित झालेले) युयुत्सव: (युद्धाची इच्छा करणारे) मामका: (माझे) पाण्डवा: (पांडूचे पुत्र) च–एव (तसेच) किम् (काय) अकुर्वत (करते झाले) सञ्जय (हे संजया!)

(5) * पदार्थांचा समन्वय, श्लोकाचा यथा रूप अर्थ –

धृतराष्ट्र म्हणाला– हे संजया! धर्मभूमि कुरुक्षेत्रावर एकत्रित झालेले युद्धाची इच्छा करणारे माझे तसेच पांडूचे पुत्र काय करते झाले?

।।1.2 ।। सञ्जय उवाच

दृष्ट्वा तु पाण्डवानीकं व्यूढं दुर्योधनस्तदा ।
आचार्यमुपसङ्गम्य राजा वचनमब्रवीत् ।।

सञ्जय: (नि० 19/4) उवाच । दृष्ट्वा तु पाण्डवानीकम् (नि० 14/1) व्यूढम् (नि० 14/1) दुर्योधन: (नि० 18/1) तदा (नि० 23/1) आचार्यम् (नि० 8/20) उपसङ्गम्य राजा वचनम् (नि० 8/16) अब्रवीत्

सञ्जय: (पु० प्रथमा० एक० ←विना० सञ्जय 1.1); * उवाच (1.25) ।

दृष्ट्वा (त्वान्त० अव्यय० ←√दृश्); * **तु** (निश्चयार्थक अव्यय० ←√तुद्); * पाण्डवानीकम् (न० अथवा पु० द्वितीया० एक० ←तत्पु०स० पाण्डवानीक, पाण्डवानाम् अनीकम् अथवा अनीक: ←पाण्डव 1.1 + न० पु० **अनीक** ←√अन्); * व्यूढम् (न० पु० द्वितीया० एक० ←क्त० वि० **व्यूढ** ←√वह्); * दुर्योधन: (पु० प्रथमा० एक० ←विना० दुर्योधन ←वि० दुर्योध = अश्लाव्यबोधक अव्यय० **दुर्** ←√दु + स्त्री० युध् 1.1); * **तदा** (काळवाचक अव्यय० ←सना० **तद्** –तो, ती, ते ←√तन्); * आचार्यम् (पु० द्वितीया० एक० ←तद्धित शब्द **आचार्य,** आचारयति य: ←पु० **आचार** ←आ√चर्); * उपसङ्गम्य (ल्यप्० अव्यय० ←उप–सम्√गम्); * **राजा** (प्रथमा० एक० ←पु० **राजन्** ←√राज्); * **वचनम्** (द्वितीया० एक० ←न० वचन ←√वच्); * **अब्रवीत्** (तृ०पु० एक० लङ्०–भूत० अदादि० परस्मै० ←√ब्रू)

सञ्जय: (संजय) उवाच (म्हणाला–) दृष्ट्वा (पाहून) तु (व) पाण्डवानीकम् (पांडवांचे सैन्य) व्यूढम् (व्यूहस्थ) दुर्योधन: (दुर्योधन) तदा (तेव्हा) आचार्यम्–उपसङ्गम्य (आचर्य द्रोणाजवळ जाऊन) राजा (राजा) वचनम् (भाषण) अब्रवीत् (बोलला)

* संजय म्हणाला– तेव्हा पांडवांचे व्यूहस्थ सैन्य पाहून व आचार्य द्रोणाजवळ जाऊन राजा दुर्योधन (असे) भाषण बोलला–

।।1.3 ।। **पश्यैतां पाण्डुपुत्राणामाचार्य महतीं चमूम् ।**
व्यूढां द्रुपदपुत्रेण तव शिष्येण धीमता ।।

पश्य (नि० 3/1) एताम् (नि० 14/1) पाण्डुपुत्राणाम् (नि० 24/6, 8/17) आचार्य महतीम् (नि० 14/1) चमूम् (नि० 14/2) व्यूढाम् (नि० 14/1) द्रुपदपुत्रेण (नि० 24/1) तव शिष्येण (नि० 24/1) धीमता

पश्य (द्वि०पु० एक० निवेदनार्थ लोट् भ्वादि० परस्मै० ←√दृश्); * **एताम्** (स्त्री० द्वितीया० एक० ←सना० **एतद्** –हा, ही, हे ←√इ); * पाण्डुपुत्राणाम् (षष्ठी० अनेक० ←पु० तत्पु०स० पाण्डुपुत्र, पाण्डोः पुत्रः ←विना० पाण्डु 1.1 + पु० **पुत्र** ←पुत्√त्रै); * आचार्य (संबो० एक० ←पु० आचार्य 1.2); * महतीम् (स्त्री० द्वितीया० एक० ←वि० **महत्** ←√मह); * चमूम् (द्वितीया० एक० ←स्त्री० चमू ←√चम्); * व्यूढाम् (स्त्री० द्वितीया० एक० ←वि० व्यूढ 1.2); * द्रुपदपुत्रेण (पु० तृतीया० एक० ←तत्पु०स० द्रुपदपुत्र, द्रुपदस्य पुत्रः ←विना० **द्रुपद** ←√द्रु + पु० पुत्र↑); * **तव** (षष्ठी० एक० ←सना० **युष्मद्** –तू, तुम्ही ←√युष्); * शिष्येण (तृतीया० एक० ←पु० **शिष्य** ←√शास्); * धीमता (पु० तृतीया० एक० ←वि० **धीमत्** ←स्त्री० **धी** ←√ध्यै + तद्धित प्रत्यय मतुप्)

पश्य (बघा) एताम् (या–) पाण्डुपुत्राणाम् (पांडवांच्या–) आचार्य (अहो गुरुजी!) महतीम् (मोठ्या–) चमूम् (सेनेला) व्यूढाम् (व्यूहबद्ध रचलेल्या–) द्रुपदपुत्रेण (द्रुपदाचा पुत्र धृष्टद्युम्न याने) तव (तुमच्या) शिष्येण (शिष्याने) धीमता (चतुर)

* अहो गुरुजी! द्रुपदाचा पुत्र धृष्टद्युम्न याने, तुमच्या चतुर शिष्याने, व्यूहबद्ध रचलेल्या पांडवांच्या या मोठ्या सेनेला बघा.

।।1.4 ।। **अत्र शूरा महेष्वासा भीमार्जुनसमा युधि ।**
युयुधानो विराटश्च द्रुपदश्च महारथः ।।

अत्र शूराः (नि० 20/13) महेष्वासाः (नि० 20/12) भीमार्जुनसमाः (नि० 20/14) युधि युयुधानः (नि० 15/13) विराटः (नि० 17/1) च द्रुपदः (नि० 17/1) च महारथः (नि० 22/8)

अत्र (स्थळकालवाचक अव्यय० ←सना० इदम् 1.10 अथवा एतद् 1.3); * **शूराः** (पु० प्रथमा० अनेक० ←वि० **शूर** ←√शूर्); * महेष्वासाः (पु० प्रथमा० अनेक० ←वि० महेश्वास ←वि० महा 1.15 + बहुव्री० इष्वास, इषुम् अस्यति यः । महान्तौ इषुः च आसः च यस्य ←पु० **इषु** ←√ईष् + पु० **आस** ←√आस्); * भीमार्जुनसमाः (पु० प्रथमा० अनेक० ←वि० भीमार्जुनसम, तत्पु०स० भीमस्य च अर्जुनस्य च समः । बहुव्री० भीमस्य वा अर्जुनस्य वा समः यः ←पु० विना० **भीम** ←√भी + पु० विना० **अर्जुन** ←√अर्ज् + वि० अथवा अव्यय० **सम** ←√सम्); * युधि (सप्तमी० एक० ←स्त्री० युध् 1.1); * युयुधानः (पु० प्रथमा० एक० ←विना० युयुधान ←युध्√धा); * **विराटः** (पु० प्रथमा० एक० ←विना० विराट ←विपरितार्थ, व्यतिरेक, अभाव सूचक उपसर्ग **वि** ←√वा + पु० राट् ←√राज्); * च (1.1); * द्रुपदः (पु० प्रथमा० एक० ←विना० द्रुपद 1.3); * च (1.1); * **महारथः** (पु० प्रथमा० एक० ←बहुव्री० **महारथ**, महान् रथी यः ←वि० महा (महा हे वि० महत् चे सामासिक रूप आहे) 1.3 + पु० **रथ** अथवा वि० रथिन् ←√रम्)

अत्र (इथे) शूराः (शूर) महेष्वासाः (महाधनुर्धर) भीमार्जुनसमाः (भीम वा अर्जुनासमान) युधि (युद्धात)

युयुधानः (युयुधान) विराटः (विराट) च (आणि) द्रुपदः (द्रुपद) च (आणि) महारथः (महारथी)

* इथे भीम वा अर्जुनासमान युद्धात शूर आणि महाधनुर्धर (असे) युयुधान, विराट आणि महारथी[1] द्रुपद (आहेत);

।।1.5 ।। **धृष्टकेतुश्चेकितानः काशिराजश्च वीर्यवान् ।
पुरुजित्कुन्तिभोजश्च शैब्यश्च नरपुङ्गवः ।।**

धृष्टकेतुः (नि॰ 17/1) चेकितानः (नि॰ 22/1) काशिराजः (नि॰ 17/1) च वीर्यवान् (नि॰ 23/1) पुरुजित् (नि॰ 10/5) कुन्तिभोजः (नि॰ 17/1) च शैब्यः (नि॰ 17/1) च नरपुङ्गवः (नि॰ 22/8)

धृष्टकेतुः (पु॰ प्रथमा॰ एक॰ ←विना॰ धृष्टकेतु ←धृष√चाय् अथवा √चित्); * चेकितानः (पु॰ प्रथमा॰ एक॰ ←विना॰ चेकितान ←√कित्); * काशिराजः (पु॰ प्रथमा॰ एक॰ ←बहुव्री॰ काशिराज, काश्याः राजा यः ←स्त्री॰ विना॰ **काशि** + पु॰ राजन् 1.2); * च (1.1); * **वीर्यवान्** (पु॰ प्रथमा॰ एक॰ ←वि॰ वीर्यवत् ←न॰ **वीर्य** ←√वीर् + एका गोष्टीत दुसऱ्या गोष्टीची विद्यमानता सूचक तद्धित प्रत्यय वतुप्); * पुरुजित् (पु॰ प्रथमा॰ एक॰ ←विना॰ पुरुजित् ←√पृ); * कुन्तिभोजः (पु॰ प्रथमा॰ एक॰ ←विना॰ कुन्तिभोज ←√कम्); * च (1.1); * शैब्यः (पु॰ प्रथमा॰ एक॰ ←बहुव्री॰ शैब्य, शिब्याः राजा यः ←स्त्री॰ विना॰ शिबि + पु॰ राजन् 1.2); * च (1.1); * नरपुङ्गवः (पु॰ प्रथमा॰ एक॰ ←बहुव्री॰ नरपुङ्गव, नरेषु पुङ्गवः इव यः ←पु॰ **नर** ←√नृ + पु॰ पुङ्गव ←√पू)

धृष्टकेतुः (धृष्टकेतु) चेकितानः (चेकितान) काशिराजः (काशीचा राजा) च (आणि) वीर्यवान् (बलशाली) पुरुजित् (पुरुजित्) कुन्तिभोजः (कुन्तिभोज) च (आणि) शैब्यः (शिबीचा राजा) च (आणि) नरपुङ्गवः (नरकेसरी)

* आणि धृष्टकेतु, चेकितान, आणि बलशाली काशीचा राजा, पुरुजित्, कुन्तिभोज आणि शिबीचा नरकेसरी राजा (आहेत);

।।1.6 ।। **युधामन्युश्च विक्रान्त उत्तमौजाश्च वीर्यवान् ।
सौभद्रो द्रौपदेयाश्च सर्व एव महारथाः ।।**

युधामन्युः (नि॰ 17/1) च विक्रान्तः (नि॰ 19/4) उत्तमौजाः (नि॰ 17/1) च वीर्यवान् (नि॰ 23/1) सौभद्रः (नि॰ 15/4) द्रौपदेयाः (नि॰ 17/1) च सर्वे (नि॰ 5/4) एव महारथाः (नि॰ 22/8)

युधामन्युः (पु॰ प्रथमा॰ एक॰ ←विना॰ युधामन्यु ←युध्√मन्); * च (1.1); * विक्रान्तः (पु॰ प्रथमा॰ एक॰ ←क्त॰ वि॰ विक्रान्त ←वि√क्रम्); * उत्तमौजाः (पु॰ प्रथमा॰ एक॰ ←विना॰ उत्तमौजस् ←√उ); * च (1.1); * वीर्यवान् (1.5); * **सौभद्रः** (पु॰ प्रथमा॰ एक॰ ←तद्धित शब्द सौभद्र, सुभद्रायाः पुत्रः ←स्त्री॰

---

(1) अन्यत्र- "तसेच युयुधान, विराट आणि द्रुपद यांच्याप्रमाणे श्रेष्ठयोद्धे सुद्धा आहेत." या ठिकाणी महारथः हा एकवचनी शब्द फक्त (द्रुपदाचे) एकाच व्यक्तीचे वि॰ असायला हवे.

विना॰ सुभद्रा ←सु√भन्द्); * **द्रौपदेया:** (पु॰ प्रथमा॰ अनेक॰ ←तद्धित शब्द द्रौपदेय, द्रौपद्या: अपत्यम् पुमान् ←स्त्री॰ विना॰ द्रौपदी ←√द्रु); * च (1.1); * **सर्वे** (पु॰ प्रथमा॰ अनेक॰ ←सना॰ सर्व ←√सृ); * एव (1.1); * **महारथा:** (पु॰ प्रथमा॰ अनेक॰ ←वि॰ महारथ 1.4)

युधामन्यु: (युधामन्यु:) च (आणि) विक्रान्त: (विक्रमी) उत्तमौजा: (उत्तमौजा) च (आणि) वीर्यवान् (बलवान) सौभद्र: (सुभद्रेचा पुत्र अभिमन्यु) द्रौपदेया: (द्रौपदीची मुले) च (आणि) सर्वे (सर्व) एव (च) महारथा: (महारथी)

* आणि विक्रमी युधामन्यु, बलवान उत्तमौजा आणि सुभद्रेचा पुत्र अभिमन्यु आणि द्रौपदीची मुले सर्वच महारथी (आहेत).

।।1.7 ।। **अस्माकं तु विशिष्टा ये तान्निबोध द्विजोत्तम ।**
नायका मम सैन्यस्य संज्ञार्थं तान्ब्रवीमि ते ।।

अस्माकम् (नि॰ 14/1) तु विशिष्टा: (नि॰ 20/14) ये तान् (नि॰ 1/11) निबोध द्विजोत्तम नायका: (नि॰ 20/13) मम सैन्यस्य संज्ञार्थम् (नि॰ 14/1) तान् (नि॰ 13/14) ब्रवीमि ते

अस्माकम् (षष्ठी॰ अनेक॰ ←आत्मवाचक सना॰ **अस्मद्** –मी, आम्ही ←√अस्); * तु (1.2); * विशिष्टा: (पु॰ प्रथमा॰ अनेक॰ ←क्त॰ वि॰ विषिष्ट ←वि√शिष्); * **ये** (पु॰ प्रथमा॰ अनेक॰ ←सना॰ वि॰ **यद्** –जो, जी, जे ←√यज्); * **तान्** (पु॰ द्वितीया॰ अनेक॰ ←सना॰ तद् 1.2); * **निबोध** (द्वि॰पु॰ एक॰ निमंत्रणार्थ लोट् भ्वादि॰ परस्मै॰ ←नि√बुध्); * द्विजोत्तम (पु॰ संबो॰ एक॰ ←बहुव्री॰ वि॰ द्विजोत्तम, द्विजेषु उत्तम: य: ←बहुव्री॰ वि॰ **द्विज**,[1] द्वाभ्याम् जन्मसंस्काराभ्याम् जायते य: ←वि॰ **द्वि** ←√द्व + वि॰ **ज** ←√जन् + वि॰ **उत्तम**, तमभाव ←अव्यय॰ उद् + तद्धित प्रत्यय **तम** ←√तम् + तुलनात्मक तद्धित प्रत्यय **तम** ←√तम्); * नायका: (प्रथमा॰ अनेक॰ ←पु॰ नायक ←√नी); * **मम** (विभक्ति प्रतिरूपक अव्यय॰ अथवा षष्ठी॰ एक॰ ←सना॰ अस्मद्↑); * सैन्यस्य (षष्ठी॰ एक॰ ←न॰ अथवा पु॰ सैन्य ←√सि); * संज्ञार्थम् (पु॰ द्वितीया॰ एक॰ ←तत्पु॰स॰ संज्ञार्थ, संज्ञाया: अर्थ: ←स्त्री॰ **संज्ञा** ←सम्√ज्ञा + पु॰ **अर्थ** ←√अर्थ्); * तान् (↑); * ब्रवीमि (प्रथम॰पु॰ एक॰ लट्॰–वर्तमान॰ अदादि॰ परस्मै॰ ←√ब्रू); * **ते** (द्वितीया॰ एक॰ ←सना॰ युष्मद् 1.2)

अस्माकम् (आपले) तु (ही) विशिष्टा: (मुख्य) ये (जे) तान् (त्यांना) निबोध (आपण ध्यानी घ्या) द्विजोत्तम (हे द्विजोत्तमा!) नायका: (सेनानी) मम (माझ्या) सैन्यस्य (दळाचे) संज्ञार्थम् (बोध करून देण्याच्या उद्देशार्थ) तान् (त्यांना) ब्रवीमि (मी सांगतो) ते (आपणाला)

---

[1] *जन्मनि जायते शूद्र: संस्कारात् द्विज उच्यते ।*
वेदाभ्यासाद्भवेद्विप्रो ब्रह्मज्ञानात्तु ब्राह्मण: ।।
मानव जन्मतो शूद्र, संस्काराने होतो द्विज ।
वेद पठित तो विप्र, ब्रह्मज्ञानी तो ब्राह्मण ।।

* हे द्विजोत्तमा! आपलेही जे माझ्या दळाचे मुख्य सेनानी (आहेत) त्यांना बोध करून देण्याच्या उद्देशार्थ मी आपणाला सांगतो, त्यांना आपण ध्यानी घ्या–

।।1.8 ।। **भवान्भीष्मश्च कर्णश्च कृपश्च समितिञ्जयः ।**
अश्वत्थामा विकर्णश्च सौमदत्तिस्तथैव च ।।

भवान् (नि० 13/15) भीष्मः (नि० 17/1) च कर्णः (नि० 17/1) च कृपः (नि० 17/1) च समितिञ्जयः (नि० 22/8) अश्वत्थामा विकर्णः (नि० 17/1) च सौमदत्तिः (नि० 18/1) तथा (नि० 3/3) एव च

भवान् (पु० प्रथमा० एक० ←सना० सन्मानार्थक वि० **भवत्** ←√भा); * **भीष्मः** (पु० प्रथमा० एक० ←विना० **भीष्म** ←√भी); * च (1.1); * कर्णः (पु० प्रथमा० एक० ←विना० **कर्ण** ←√कर्ण्); * च (1.1); * कृपः (पु० प्रथमा० एक० ←विना० कृप ←8√कृप्); * च (1.1); * समितिञ्जयः (पु० प्रथमा० एक० ←बहुव्री० समितिञ्जय, समितिम् जयति यः ←पु० समिति ←सम्√इ + पु० **जय** ←√जि); * अश्वत्थामाः (पु० प्रथमा० एक० ←बहुव्री० विना० अश्वत्थामन्, अश्वस्य इव स्थाम धैर्यम् यस्य ←पु० **अश्व** ←√अश् + वि० स्थामन् ←√स्था); * विकर्णः (पु० प्रथमा० एक० ←विना० विकर्ण ←वि√कर्ण्); * च (1.1); * सौमदत्तिः (पु० प्रथमा० एक० ←तद्धित शब्द सौमदत्ति, सोमदत्तस्य अपत्यम् ←√सु); * **तथा** (रीतिदर्शक अव्यय० ←सना० तद् 1.2); * एव (1.1); * च (1.1)

भवान् (स्वतः तुम्ही) भीष्मः (भीष्म) च (आणि) कर्णः (कर्ण) च (आणि) कृपः (कृपाचार्य) च (आणि) समितिञ्जयः (संग्रामविजयी) अश्वत्थामा (अश्वत्थामा) विकर्णः (विकर्ण) च (आणि) सौमदत्तिः (सोमदत्ताचा पुत्र भूरिश्रवा) तथा (त्याप्रमाणे) एव (च) च (आणि)

* स्वतः तुम्ही आणि भीष्म आणि कर्ण आणि संग्रामविजयी कृपाचार्य आणि अश्वत्थामा आणि विकर्ण त्याचप्रमाणे सोमदत्ताचा पुत्र भूरिश्रवा (आहेत);

।।1.9 ।। **अन्ये च बहवः शूरा मदर्थे त्यक्तजीविताः ।**
नानाशस्त्रप्रहरणाः सर्वे युद्धविशारदाः ।।

अन्ये च बहवः (नि० 22/5) शूराः (नि० 20/13) मदर्थे त्यक्तजीविताः (नि० 22/8) नानाशस्त्रप्रहरणाः (नि० 24/5, 22/7) सर्वे युद्धविशारदाः (नि० 22/8)

अन्ये (पु० प्रथमा० अनेक० ←वि० **अन्य** ←√अन्)); * च (1.1); * **बहवः** (पु० प्रथमा० अनेक० ←संख्या० वि० **बहु** ←√बंह्); * शूराः (पु० प्रथमा० अनेक० ←वि० शूर 1.4); * मदर्थे (मम **अर्थे**, पु० सप्तमी० एक० ←तत्पु०स० **मदर्थ**, मम अर्थः ←अव्यय० अथवा पंचमी० एक० **मत्** ←सना० अस्मद् 1.7 + पु० अर्थ 1.7); * त्यक्तजीविताः (पु० प्रथमा० अनेक० ←बहुव्री० वि० त्यक्तजीवित, त्यक्तम् जीवितम् यस्य ←क्त० वि० **त्यक्त** ←√त्यज् + न० जीवित ←√जीव्); * **नाना** (संख्या० वि० अथवा अव्यय० ←अव्यय० न 1.30); * शस्त्रप्रहरणाः (पु० प्रथमा० अनेक० ←बहुव्री० शस्त्रप्रहरण, शस्त्राणि प्रहरणानि यस्य ←न० **शस्त्र** ←√शस् + न० प्रहरण ←प्र√हृ); * सर्वे (1.6); * युद्धविशारदाः (पु० प्रथमा० अनेक०

←तत्पु॰स॰ युद्धविशारद, युद्धे विशारदः ←न॰ **युद्ध** ←√युध् + वि॰ विषारद ←वि-शाल√दा)

अन्ये (यांशिवाय दुसरे) च (आणि) बहवः (अनेक) शूराः (वीर) मदर्थे (माझ्याकरिता) त्यक्तजीविताः (प्राण त्यागलेले) नानाशस्त्रप्रहरणाः (नाना शस्त्रास्त्र धारण केलेले) सर्वे (सर्वच) युद्धविशारदाः (युद्धात प्रवीण)

* आणि यांशिवाय दुसरे माझ्याकरिता प्राण त्यागलेले अनेक वीर, नाना शस्त्रास्त्र शस्त्रास्त्र धारण केलेले (व) सर्वच युद्धात प्रवीण (आहेत).

।।1.10 ।। **अपर्याप्तं तदस्माकं बलं भीष्माभिरक्षितम् ।**
पर्याप्तं त्विदमेतेषां बलं भीमाभिरक्षितम् ।।

अपर्याप्तम् (नि॰ 14/1) तत् (नि॰ 8/2) अस्माकम् (नि॰ 14/1) बलम् (नि॰ 14/1) भीष्माभिरक्षितम् (नि॰ 14/2) पर्याप्तम् (नि॰ 14/1) तु (नि॰ 4/8) इदम् (नि॰ 8/22) एतेषाम् (नि॰ 25/3, 14/1) बलम् (नि॰ 14/1) भीमाभिरक्षितम् (नि॰ 14/2)

अपर्याप्तम् (न॰ प्रथमा॰ एक॰ ←न-तत्पु॰स॰ अपर्याप्त, नास्ति पर्याप्तम् इति ←नञ् प्रत्यय अ ←√अव् + क्त॰ वि॰ **पर्याप्त** ←परि√आप्); * **तत्** (न॰ प्रथमा॰ एक॰ ←सना॰ तद् 1.2); * अस्माकम् (1.7); * **बलम्** (प्रथमा॰ एक॰ ←न॰ **बल** ←√बल्); * भीष्माभिरक्षितम् (न॰ प्रथमा॰ एक॰ ←वि॰ तत्पु॰स॰ भीष्माभिरक्षित, भीष्मेन अभिरक्षितम् ←पु॰ भीष्म 1.8 + क्त॰ वि॰ **अभिरक्षित** ←अभि√रक्ष्); * पर्याप्तम् (न॰ प्रथमा॰ एक॰ ←वि॰ पर्याप्त↑); * तु (1.2); * **इदम्** (न॰ प्रथमा॰ द्वितीया॰ एक॰ ←सना॰ **इदम्** - हा, ही, हे ←√इन्द्); * एतेषाम् (न॰ षष्ठी॰ अनेक॰ ←सना॰ एतद् 1.3); * बलम् (↑); * भीमाभिरक्षितम् (न॰ प्रथमा॰ एक॰ ←वि॰ तत्पु॰स॰ भीमाभिरक्षित, भीमेन अभिरक्षितम् ←पु॰ भीम 1.4 + वि॰ अभिरक्षित↑)

अपर्याप्तम् (अपरिमित) तत् (ते) अस्माकम् (आमचे) बलम् (सैन्य) भीष्माभिरक्षितम् (भीष्माने सुरक्षिलेले) पर्याप्तम् (परिमित) तु (परंतु) इदम् (हे) एतेषाम् (यांचे) बलम् (सैन्य) भीमाभिरक्षितम् (भीमाने सुरक्षिलेले)

* ते आमचे भीष्माने सुरक्षिलेले सैन्य अपरिमित (आहे), परंतु हे[1] यांचे भीमाने सुरक्षिलेले सैन्य परिमित (आहे).

---

[1] दुर्योधन द्रोणाचार्यांशी बोलत असताना पांडवांच्या सैन्याला इदम् (हे) सैन्य म्हणतो व आपल्या सैन्याला तत् (ते) सैन्य म्हणतो, तसेच 1.3 मध्ये सुद्धा पांडवांना उद्देशून एताम (यांची) सेना, 1.4 मध्ये अत्र (या सैन्यात) म्हणतो, यावरून असे सिद्ध होते की द्रोणाचार्य जरी कौरवी सैन्याचे एक पुढारी असले तरी त्यांनी स्वतःचा तळ त्यांच्या लाडक्या व विँासू पांडवांजवळ, कौरवांपासून दूर, स्थित केला होता.

।।1.11 ।। **अयनेषु च सर्वेषु यथाभागमवस्थिताः ।**
भीष्ममेवाभिरक्षन्तु भवन्तः सर्व एव हि ।।

अयनेषु (नि॰ 25/5) च सर्वेषु (नि॰ 25/5) यथाभागम् (नि॰ 8/16) अवस्थिताः (नि॰ 22/8) भीष्मम् (नि॰ 8/22) एव (नि॰ 1/1) अभिरक्षन्तु भवन्तः (नि॰ 22/7) सर्वे (नि॰ 5/4) एव हि

अयनेषु (सप्तमी॰ अनेक॰ ←न॰ **अयन** ←√अय्); * च (1.1); * **सर्वेषु** (न॰ पु॰ सप्तमी॰ अनेक॰ ←सना॰ सर्व 1.6); * **यथा** (रीतिदर्शक अव्यय॰ ←सना॰ यद् 1.7); * भागम् (द्वितीया॰ एक॰ ←पु॰ भाग ←√भज्; यथा+भागम् ←अव्यय॰ यथाभागम् – अव्ययीभाव समास); * **अवस्थिताः** (पु॰ प्रथमा॰ अनेक॰ ←क्त॰ वि॰ **अवस्थित** ←अव√स्था); * **भीष्मम्** (पु॰ द्वितीया॰ एक॰ ←विना॰ भीष्म 1.8); * एव (1.1); * अभिरक्षन्तु (तृ॰पु॰ अनेक॰ आज्ञार्थ लोट् भ्वादि॰ परस्मै॰ ←अभि√रक्ष्); * भवन्तः (सन्मानार्थक सना॰ पु॰ प्रथमा॰ अनेक॰ ←वि॰ भवत् 1.8); * सर्वे (1.6); * एव (1.1); * **हि** (निश्चयार्थक अव्यय॰ ←√हा)

अयनेषु (मोर्च्यांमध्ये) च (आणि) सर्वेषु (सर्व–) यथाभागम् (जसे नियोजिल तसे) अवस्थिताः (स्थित झालेले) भीष्मम् (भीष्माला) एव (च) अभिरक्षन्तु (चहूकडून संरक्षित करावे) भवन्तः (आपण) सर्वे (सर्व) एव (च) हि (मिळून)

* आणि सर्व मोर्च्यांमध्ये जसे नियोजिले तसे स्थित झालेले आपण सर्वच मिळून भीष्मालाच चहूकडून संरक्षित करावे.

।।1.12 ।। **तस्य सञ्जनयन्हर्षं कुरुवृद्धः पितामहः ।**
सिंहनादं विनद्योच्चैः शङ्खं दध्मौ प्रतापवान् ।।

तस्य सञ्जनयन् (नि॰ 13/21) हर्षम् (नि॰ 14/1) कुरुवृद्धः (नि॰ 22/3) पितामहः (नि॰ 22/8) सिंहनादम् (नि॰ 14/1) विनद्य (नि॰ 2/2) उच्चैः (नि॰ 22/5) शङ्खम् (नि॰ 14/1) दध्मौ प्रतापवान्

तस्य (पु॰ अथवा न॰ षष्ठी॰ एक॰ ←सना॰ तद् 1.2); * सञ्जनयन् (पु॰ प्रथमा॰ एक॰ ←शतृ॰ वि॰ प्रयो॰ सञ्जनयत् ←सम्√जन्); * हर्षम् (द्वितीया॰ एक॰ ←पु॰ **हर्ष** ←√हृष्); * कुरुवृद्धः (पु॰ प्रथमा॰ एक॰ ←बहुव्री॰ वि॰ कुरुवृद्ध, कुरुषु वृद्धः यः ←पु॰ कुरु 1.1 + क्त॰ वि॰ वृद्ध ←√वृध्); * **पितामहः** (पु॰ प्रथमा॰ एक॰ ←बहुव्री॰ **पितामह**, पितृषु महान् यः ←पु॰ **पितृ** ←√पा + वि॰ महत् 1.3); * सिंहनादम् (पु॰ द्वितीया॰ एक॰ ←तत्पु॰स॰ सिंहनाद, सिंहस्य इव नादः ←पु॰ सिंह ←√हिंस् + पु॰ नाद ←√नद्); * विनद्य (धातुसाधित ←पु॰ विनद ←वि√नद्); * उच्चैः (क्रि॰वि॰ तृतीया॰ अनेक॰ ←वि॰ उच्च ←उद्√चि); * **शङ्खम्** (द्वितीया॰ एक॰ ←न॰ अथवा पु॰ **शङ्ख** ←√शम्); * **दध्मौ** (तृ॰पु॰ एक॰ लिट्–भूत॰ भ्वादि॰ परस्मै॰ ←√ध्मा); * प्रतापवान् (पु॰ प्रथमा॰ एक॰ ←वि॰ प्रतापवत् ←पु॰ प्रताप ←प्र√तप् + तद्धित प्रत्यय वत् 1.5)

तस्य (त्याच्या) सञ्जनयन् (वाढवीत) हर्षम् (हर्षाला) कुरुवृद्धः (कुरूंतील वृद्ध) पितामहः (पितामह

भीष्म) सिंहनादम् (सिंहनादाप्रमाणे) विनद्य (गर्जना करून) उच्चैः (उच्चतेने) शङ्खम् (शंखाला) दध्मौ (फुंकते झाले) प्रतापवान् (प्रतापशाली)

* त्याच्या हर्षाला वाढविण्याकरिता कुरूंतील वृद्ध प्रतापशाली पितामह भीष्म सिंहनादाप्रमाणे उच्चतेने गर्जना करून शंखाला फुंकते झाले.

।।1.13 ।। **ततः शङ्खाश्च भेर्यश्च पणवानकगोमुखाः ।**
सहसैवाभ्यहन्यन्त स शब्दस्तुमुलोऽभवत् ।।

ततः (नि॰ 22/5) शङ्खाः (नि॰ 17/1) च भेर्यः (नि॰ 17/1) च पणवानकगोमुखाः (नि॰ 22/8) सहसा (नि॰ 3/3) एव (नि॰ 1/1) अभ्यहन्यन्त सः (नि॰ 21/2) शब्दः (नि॰ 18/1) तुमुलः (नि॰ 15/1) अभवत्

ततः (काळवाचक अव्यय॰ ततस् ←सना॰ तद् 1.2); * शङ्खाः (प्रथमा॰ अनेक॰ ←पु॰ शङ्ख 1.12); * च (1.1); * भेर्यः (प्रथमा॰ अनेक॰ ←स्त्री॰ भेरी ←√भी); * च (1.1); * पणवानकगोमुखाः (पु॰ प्रथमा॰ अनेक॰ ←द्वंद्व॰स॰ पणवाः च आनकाः च गोमुखाः च ←पु॰ पणव ←पण√वा + पु॰ आनक ←√अन् + पु॰ अथवा न॰ गोमुख ←√गम्+√खन्); * सहसा (रीतिदर्शक अव्यय॰ ←सह√सो); * एव (1.1); * अभ्यहन्यन्त (कर्मणि॰ अपूर्ण अनद्य भूत॰ लङ्॰-भूत॰ तृ॰पु॰ अनेक॰ ←अभि-आ√हन्); * **सः** (पु॰ प्रथमा॰ एक॰ ←सना॰ तद् 1.2); * **शब्दः** (प्रथमा॰ एक॰ ←पु॰ **शब्द** ←√शब्द्); * **तुमुलः** (पु॰ प्रथमा॰ एक॰ ←वि॰ तुमुल ←√तु); * अभवत् (तृ॰पु॰ एक॰ अनद्य लङ्॰-भूत॰ भ्वादि॰ परस्मै॰ ←√भू)

ततः (त्यानंतर) शङ्खाः (शंख) च (आणि) भेर्यः (नौबती) च (आणि) पणवानकगोमुखाः (पणव, आनक, गोमुख, इत्यादि) सहसा (एकदम) एव (च) अभ्यहन्यन्त (एकत्र वाजू लागली) सः (तो) शब्दः (घोष) तुमुलः (भयंकर) अभवत् (झाला)

* त्यानंतर शंख, नौबती आणि पणव, आनक, गोमुख, इत्यादि एकदमच एकत्र वाजू लागली; तो घोष भयंकर झाला.

।।1.14 ।। **ततः श्वेतैर्हयैर्युक्ते महति स्यन्दने स्थितौ ।**
माधवः पाण्डवश्चैव दिव्यौ शङ्खौ प्रदध्मतुः ।।

ततः (नि॰ 22/5) श्वेतैः (नि॰ 16/11) हयैः (नि॰ 16/11) युक्ते महति स्यन्दने स्थितौ माधवः (नि॰ 22/3) पाण्डवः (नि॰ 17/1) च (नि॰ 3/1) एव दिव्यौ शङ्खौ प्रदध्मतुः (नि॰ 22/8)

ततः (1.13); * श्वेतैः (पु॰ तृतीया॰ अनेक॰ ←वि॰ श्वेत ←√श्वित्); * हयैः (तृतीया॰ अनेक॰ ←पु॰ हय ←√हि); * युक्ते (पु॰ सप्तमी॰ एक॰ ←क्त॰ वि॰ **युक्त** ←√युज्); * महति (पु॰ सप्तमी॰ एक॰ ←वि॰ महत् 1.3); * स्यन्दने (सप्तमी॰ एक॰ ←पु॰ स्यन्दन ←√स्यन्द्); * स्थितौ (पु॰ प्रथमा॰ द्वि॰व॰ ←क्त॰ वि॰ **स्थित** ←√स्था); * माधवः (पु॰ प्रथमा॰ एक॰ ←तत्पु॰स॰ अथवा बहुव्री॰ **माधव**, मायाः धवः ←मा ←लक्ष्मी ←√मा + पु॰ धव ←पति ←√धु); * **पाण्डवः** (पु॰ प्रथमा॰ एक॰ ←तद्धित शब्द पाण्डव,

पाण्डोः अपत्यम् 1.3); * च (1.1); * एव (1.1); * दिव्यौ (पु० द्वितीया० द्वि०व० ←कर्मणि० विधि० धातु०सा० वि० **दिव्य** दिवः भावः । देवस्य भावः ←√दिव्); * शङ्खौ (द्वितीया० द्वि०व० ←पु० न० शङ्ख 1.12); * प्रदध्मतुः (तृ०पु० द्वि०व० लिट्–भूत० भ्वादि० परस्मै० ←प्र√ध्मा)

ततः (त्यानंतर) श्वेतैः–हयैः (शुभ्र अश्वांनी) युक्ते (युक्त–) महति–स्यन्दने (भव्य रथात) स्थितौ (बसलेले) माधवः (श्रीकृष्ण) पाण्डवः (अर्जुन) च–एव (तसेच) दिव्यौ (दिव्य) शङ्खौ (शंख) प्रदध्मतुः (फुंकते झाले)

* त्यानंतर शुभ्र अश्वांनी युक्त (अशा) भव्य रथात[1] बसलेले श्रीकृष्ण तसेच अर्जुन दिव्य शंख फुंकते झाले.

।।1.15 ।। **पाञ्चजन्यं हृषीकेशो देवदत्तं धनञ्जयः ।**
पौण्ड्रं दध्मौ महाशङ्खं भीमकर्मा वृकोदरः ।।

पाञ्चजन्यम् (नि० 14/1) हृषीकेशः (नि० 15/4) देवदत्तम् (नि० 14/1) धनञ्जयः (नि० 22/8) पौण्ड्रम् (नि० 14/1) दध्मौ महाशङ्खम् (नि० 14/1) भीमकर्मा वृकोदरः (नि० 22/8)

पाञ्चजन्यम् (पु० द्वितीया० एक० ←विना० पाञ्चजन्य); * **हृषीकेशः** (पु० प्रथमा० एक० ←बहुव्री० **हृषीकेश**, हृषीकाणाम् ईशः यः ←न० हृषीक ←√हृष् + वि० **ईश** ←√ईश्); * देवदत्तम् (पु० द्वितीया० एक० ←विना० देवदत्त); * **धनञ्जयः** (पु० प्रथमा० एक० ←बहुव्री० **धनञ्जय**, धनम् जयति यः ←न० **धन** ←√धन् + पु० जय 1.8); * पौण्ड्रम् (पु० द्वितीया० एक० ←विना० पौण्ड्र); * दध्मौ (1.12); * **महा** (सामासिक रूप ←वि० महत् 1.3); * शङ्खम् (1.12); * भीमकर्मा (पु० प्रथमा० एक० ←बहुव्री० भीमकर्मन्, भीमम् कर्म यस्य ←वि० भीम 1.4 + न० **कर्मन्** ←8√कृ); * वृकोदरः (पु० प्रथमा० एक० ←बहुव्री० वि० वृकोदर, वृकस्य इव उदरम् यस्य ←पु० वृक ←√वृ + न० **उदर** ←उद्√ऋ)

पाञ्चजन्यम् (पाञ्चजन्याला) हृषीकेशः (हृषीकेश) देवदत्तम् (देवदत्ताला) धनञ्जयः (धनंजय) पौण्ड्रम् (पौण्ड्र–) दध्मौ (फुंकता झाला) महाशङ्खम् (महाशंखाला) भीमकर्मा (भयदायक) वृकोदरः (वृकोदर भीम)

---

(1) रथः शरीरं भूतानां सत्त्वमाहुस्तु सारथिम् ।
इन्द्रियाणि हयानाहुः कर्मबुद्धिस्तु रश्मयः ।।
(महाभारत, स्त्री० 7.13)
रथ भूतांचे हे अंग, सारथी बुद्धि अनंग ।
इंद्रिये दश तुरंग, लगाम मन तरंग ।।

श्री व्यासांनी महाभारतात शरीराला दिलेली ही रथाची उपमा काही तत्त्वेत्त्यांनी गीतेत 1.14 मध्ये लागू केली आहे.

* पाञ्चजन्याला हृषीकेश, देवदत्ताला धनंजय (आणि) पौण्ड्र (नावाच्या) महाशंखाला भयदायक वृकोदर भीम फुंकता झाला;

।।1.16 ।। **अनन्तविजयं राजा कुन्तीपुत्रो युधिष्ठिरः ।**
नकुलः सहदेवश्च सुघोषमणिपुष्पकौ ।।

अनन्तविजयम् (नि॰ 14/1) राजा कुन्तीपुत्रः (नि॰ 15/10) युधिष्ठिरः (नि॰ 22/8) नकुलः (नि॰ 22/7) सहदेवः (नि॰ 17/1) च सुघोषमणिपुष्पकौ

अनन्तविजयम् (पु॰ द्वितीया॰ एक॰ ←विना॰ अनन्तविजय); * राजा (1.2); * कुन्तीपुत्रः (पु॰ प्रथमा॰ एक॰ ←तत्पु॰स॰ कुन्तीपुत्र, कुन्त्याः पुत्रः ←स्त्री॰ विना॰ **कुन्ती** ←√कम् + पु॰ पुत्र 1.3); * युधिष्ठिरः (पु॰ प्रथमा॰ एक॰ ←अलुकतत्पुरुष समास युधिष्ठिर, युधि स्थिरः ←स्त्री॰ युध् 1.1 + वि॰ **स्थिर** ←√स्था); * नकुलः (पु॰ प्रथमा॰ एक॰ ←विना॰ नकुल ←न√कुल्); * सहदेवः (पु॰ प्रथमा॰ एक॰ ←विना॰ सहदेव ←सह√दिव्); * च (1.1); * सुघोषमणिपुष्पकौ (पु॰ द्वितीया॰ द्वि॰व॰ ←द्वंद्व॰स॰ सुघोषम् च मणिपुष्पकम् च ←विना॰ सुघोष + विना॰ मणिपुष्पक)

अनन्तविजयम् (अनन्तविजयाला) राजा (राजा) कुन्तीपुत्रः (कुन्तीपुत्र) युधिष्ठिरः (युधिष्ठिर) नकुलः (नकुल) सहदेवः (सहदेव) च (आणि) सुघोषमणिपुष्पकौ (सुघोषाला आणि मणिपुष्पकाला)

* अनन्तविजयाला राजा कुन्तीपुत्र युधिष्ठिर, सुघोषाला नकुल आणि मणिपुष्पकाला सहदेव (फुंकता झाला).

।।1.17 ।। **काश्यश्च परमेष्वासः शिखण्डी च महारथः ।**
धृष्टद्युम्नो विराटश्च सात्यकिश्चापराजितः ।।

काश्यः (नि॰ 17/1) च परमेष्वासः (नि॰ 22/5) शिखण्डी च महारथः (नि॰ 22/8) धृष्टद्युम्नः (नि॰ 15/13) विराटः (नि॰ 17/1) च सात्यकिः (नि॰ 17/1) च (नि॰ 1/1) अपराजितः (नि॰ 22/8)

काश्यः (पु॰ प्रथमा॰ एक॰ ←तद्धित शब्द काश्य, काश्याः राजा ←स्त्री॰ विना॰ काशि 1.5); * च (1.1); * परमेष्वासः (पु॰ प्रथमा॰ एक॰ ←बहुव्री॰ परमेष्वास, परमः इष्वासः यः ←वि॰ **परम** ←√पृ + पु॰ इष्वास ←पु॰ इषु 1.4 + पु॰ आस 1.4); * शिखण्डी (पु॰ प्रथमा॰ एक॰ ←विना॰ शिखण्डी ←वि॰ शिखण्डिन् ←पु॰ शिखण्ड ←शिखा√अम्); * च (1.1); * महारथः (1.4); * धृष्टद्युम्नः (पु॰ प्रथमा॰ एक॰ ←बहुव्री॰ विना॰ धृष्टद्युम्न, धृष्टम् द्युम्नम् यस्य ←क्त॰ वि॰ धृष्ट ←√धृष् + न॰ द्युम्न ←द्यु√म्ना); * विराटः (1.4); * च (1.1); * सात्यकिः (पु॰ प्रथमा॰ एक॰ ←तद्धित शब्द सात्यकि, सत्यकस्य अपत्यम् पुमान् ←विना॰ सत्यक ←√अस् + पु॰ पुत्र 1.3); * च (1.1); * अपराजितः (पु॰ प्रथमा॰ एक॰ न-तत्पु॰स॰ अपराजित, न पराजितः ←क्त॰ वि॰ पराजित ←परा√जि)

काश्यः (काशीचा अधिपति) च (आणि) परमेष्वासः (महाधनुर्धर) शिखण्डी (शिखण्डी) च (आणि) महारथः (महारथी) धृष्टद्युम्नः (धृष्टद्युम्न) विराटः (विराट) च (आणि) सात्यकिः (सात्यकि) च (आणि)

अपराजित: (अजिंक्य)

* काशीचा अधिपति आणि महाधनुर्धर शिखंडी आणि महारथी धृष्टद्युम्न आणि विराट आणि अजिंक्य सात्यकि (यांनी);

।।1.18 ।। **द्रुपदो द्रौपदेयाश्च सर्वशः पृथिवीपते ।**

सौभद्रश्च महाबाहुः शङ्खान्दध्मुः पृथक्पृथक् ।।

द्रुपदः (नि० 15/4) द्रौपदेयाः (नि० 17/1) च सर्वशः (नि० 22/3) पृथिवीपते सौभद्रः (नि० 17/1) च महाबाहुः (नि० 22/5) शङ्खान् (नि० 13/11) दध्मुः (नि० 22/3) पृथक् (नि० 10/2) पृथक्

द्रुपदः (पु० प्रथमा० एक० ←विना० द्रुपद 1.3); * द्रौपदेयाः (1.6); * च (1.1); * **सर्वशः** (क्रि०वि० ←अव्यय० सर्वशस् ←सना० सर्व 1.6 + परिणामवचक क्रियाविशेषणकारक प्रत्यय शस्); * पृथिवीपते (पु० संबो० एक० ←बहुव्री० पृथिवीपति, पृथिव्याः पतिः इव यः ←स्त्री० **पृथिवी** ←√प्रथ् + पु० **पति** ←√पा); * सौभद्रः (1.6); * च (1.1); * महाबाहुः (पु० प्रथमा० एक० ←बहुव्री० **महाबाहु**, महान्तौ बाहू यस्य ←वि० महा 1.3 + पु० **बाहु** ←√बाध्); * शङ्खान् (द्वितीया० अनेक० ←पु० न० शङ्ख 1.12); * दध्मुः (तृ०पु० अनेक० लिट्०–भूत० भ्वादि० परस्मै० ←√ध्मा); * पृथक्पृथक् (रीतिदर्शक अव्यय० **पृथक्** ←√प्रथ्)

द्रुपदः (द्रुपद) द्रौपदेयाः (द्रौपदीची मुले) च (आणि) सर्वशः (सर्वांनी) पृथिवीपते (हे राजन्!) सौभद्रः (सुभद्रापुत्र) च (आणि) महाबाहुः (प्रबळ भुजांचा अभिमन्यु) शङ्खान् (शंखांना) दध्मुः (फुंकले) पृथक्–पृथक् (वेगवेगळ्या)

* आणि, हे राजन्! द्रुपद, द्रौपदीची मुले आणि प्रबळ भुजांचा सुभद्रापुत्र अभिमन्यु (या) सर्वांनी वेगवेगळ्या शंखांना फुंकले.

।।1.19 ।। **स घोषो धार्तराष्ट्राणां हृदयानि व्यदारयत् ।**

नभश्च पृथिवीं चैव तुमुलो व्यनुनादयन् ।।

सः (नि० 21/2) घोषः (नि० 15/5) धार्तराष्ट्राणाम् (नि० 24/6, 14/1) हृदयानि व्यदारयत् (नि० 23/1) नभः (नि० 17/1) च पृथिवीम् (नि० 14/1) च (नि० 3/1) एव तुमुलः (नि० 15/13) व्यनुनादयन्

सः (1.13); * घोषः (प्रथमा० एक० ←पु० घोष ←√घुष्); * धार्तराष्ट्राणाम् (पु० षष्ठी० अनेक० ←तद्धित शब्द **धार्तराष्ट्र**, धृतराष्ट्रस्य पुत्रः ←विना० धृतराष्ट्र 1.1 + पु० पुत्र 1.3); * हृदयानि (द्वितीया० अनेक० ←न० **हृदय** ←√हृ); * व्यदारयत् (तृ०पु० एक० लङ्०–भूत० दिवादि० परस्मै० प्रयो० ←वि√दृ); * नभः (द्वितीया० एक० ←न० **नभस्** ←√नह्; अथवा पु० नभस ←√नभ्); * च (1.1); * पृथिवीम् (द्वितीया० एक० ←स्त्री० पृथिवी 1.18); * च (1.1); * एव (1.1); * तुमुलः (1.13); * व्यनुनादयन् (प्रथमा० एक० प्रयो० ←शतृ० वि० व्यनुनादत् ←वि–अनु√नद्)

सः (तो) घोषः (घोष) धार्तराष्ट्राणाम् (कौरवांची) हृदयानि (हृदये) व्यदारयत् (विदीर्ण करता झाला) नभः

(अंतराळाला) च (आणि) पृथिवीम् (पृथ्वीला) च (आणि) एव (सुद्धा) तुमुलः (तुंबळ) व्यनुनादयन् (कंपवून सोडीत)

* आणि तो तुंबळ घोष[1] अंतराळाला आणि पृथ्वीलासुद्धा कंपवून सोडीत कौरवांची हृदये विदीर्ण करता झाला.

।।1.20 ।। **अथ व्यवस्थितान्दृष्ट्वा धार्तराष्ट्रान्कपिध्वजः ।**
प्रवृत्ते शस्त्रसम्पाते धनुरुद्यम्य पाण्डवः ।।

अथ व्यवस्थितान् (नि० 13/11) दृष्ट्वा धार्तराष्ट्रान् (नि० 13/9) कपिध्वजः (नि० 22/8) प्रवृत्ते शस्त्रसम्पाते धनुः (नि० 16/3) उद्यम्य पाण्डवः (नि० 22/8)

<u>अथ</u> (काळवाचक अव्यय० ←√अर्थ्); * व्यवस्थितान् (द्वितीया० अनेक० ←क्त० वि० **<u>व्यवस्थित</u>** ←वि-अव√स्था); * दृष्ट्वा (1.2); * **<u>धार्तराष्ट्रान्</u>** (द्वितीया० अनेक० ←पु० धार्तराष्ट्र 1.19); * कपिध्वजः (पु० प्रथमा० एक० ←बहुव्री० कपिध्वज, कपिः ध्वजे यस्य ←पु० कपि ←<u>√कम्प्</u> + पु० ध्वज ←<u>√ध्वज्</u>); * प्रवृत्ते (पु० सप्तमी० एक० ←क्त० वि० **<u>प्रवृत्त</u>** ←प्र<u>√वृत्</u> भ्वादि०); * शस्त्रसम्पाते (पु० सप्तमी० एक० ←तत्पु०स० शस्त्रसम्पात, शस्त्राणाम् सम्पातः ←न० शस्त्र 1.9 + पु० सम्पात ←सम्<u>√पत्</u>); * धनुः (द्वितीया० एक० ←न० **<u>धनुस्</u>** ←√धन्); * उद्यम्य (ल्यप्० अव्यय० ←पु० उद्यम ←उद्<u>√यम्</u>); * पाण्डवः (1.14)

अथ (त्यानंतर) व्यवस्थितान् (स्वस्थ झालेल्या-) दृष्ट्वा (बघून) धार्तराष्ट्रान् (कौरवांना) कपिध्वजः (रथावर कपिध्वज धारण करणारा) प्रवृत्ते शस्त्रसम्पाते (शस्त्रपात होणार इतक्यात) धनुः (धनुष्य) उद्यम्य (उचलून) पाण्डवः (अर्जुन)

* त्यानंतर स्वस्थ झालेल्या कौरवांना बघून शस्त्रपात होणार इतक्यात रथावर कपिध्वज धारण करणारा अर्जुन (आपले गांडीव) धनुष्य उचलून;

।।1.21 ।। **हृषीकेशं तदा वाक्यमिदमाह महीपते ।**
सेनयोरुभयोर्मध्ये रथं स्थापय मेऽच्युत ।।

हृषीकेशम् (नि० 14/1) तदा वाक्यम् (नि० 8/18) इदम् (नि० 8/17) आह महीपते सेनयोः (नि० 16/5) उभयोः (नि० 16/12) मध्ये रथम् (नि० 14/1) स्थापय मे (नि० 6/1) अच्युत

<u>हृषीकेशम्</u> (द्वितीया० एक० ←पु० हृषीकेश 1.15); * तदा (1.2); * **<u>वाक्यम्</u>** (द्वितीया० एक० ←समूहवाचक नाम न० **<u>वाक्य</u>** ←√वच्); * इदम् (1.10); * **<u>आह</u>** (तृ०पु० एक० लट्०-वर्तमान० पूर्ण वर्त० स्वादि० परस्मै० ←<u>√अह्</u> अथवा वैकल्पिक रूप ←√ब्रू); * महीपते (पु० संबो० एक० ←बहुव्री०

[1] अन्यत्र- सः घोषः (प्रथमा० एक०) → त्या घोषाने (तृतीया० एक० तेन घोषेण)

महीपति, मह्या: पति: इव य: ←स्त्री० **मही** ←√मह् + पु० पति 1.18); * **सेनयो:** (षष्ठी० द्वि०व० ←स्त्री० **सेना** ←√सि); * **उभयो:** (स्त्री० षष्ठी० द्वि०व० ←सार्वनामिक वि० उभय ←√उभ्); * **मध्ये** (सप्तमी० एक० ←वि० पु० अथवा न० **मध्य** ←√मह्); * रथम् (द्वितीया० एक० ←पु० रथ 1.4); * स्थापय (द्वि०पु० एक० प्रार्थनार्थक लोट् भ्वादि० परस्मै० प्रयो० ←√स्था); * **मे** (षष्ठी० एक० ←सना० अस्मद् 1.7); * **अच्युत** (पु० संबो० एक० ←न-बहुव्री० अच्युत, न च्युत: य: ←नञ् प्रत्यय अ 1.10 + क्त० वि० च्युत ←√च्यु)

हृषीकेशम् (कृष्णाला) तदा (त्या वेळी) वाक्यम् (वाक्य) इदम् (हे) आह (बोलला) महीपते (हे राजन्!) सेनयो: (सेनांच्या) उभयो: (दोन्ही) मध्ये (मध्यात) रथम् (रथाला) स्थापय (उभा कर) मे (माझ्या) अच्युत (हे अच्युता!)

* हे राजन्! त्या वेळी "हे माझ्या अच्युता! दोन्ही सेनांच्या मध्यात रथाला उभा कर" हे वाक्य (अर्जुन) कृष्णाला बोलला–

।।1.22 ।। अर्जुन उवाच

यावदेतान्निरीक्षेऽहं योद्धुकामानवस्थितान् ।
कैर्मया सह योद्धव्यमस्मिन्रणसमुद्यमे ।।

अर्जुन: (नि० 19/4) उवाच । यावत् (नि० 8/9) एतान् (नि० 1/11) निरीक्षे (नि० 6/1) अहम् (नि० 14/1) योद्धुकामान् (नि० 8/11) अवस्थितान् (नि० 23/1) कै: (नि० 16/11) मया सह योद्धव्यम् (नि० 8/16) अस्मिन् (नि० 13/18) रणसमुद्यमे

अर्जुन: (1.47↓) * उवाच (1.25) । **यावत्** (मर्यादादर्शक अव्यय० ←सना० यद् 1.7); * **एतान्** (पु० द्वितीया० अनेक० ←सना० एतद् 1.3); * निरीक्षे (प्रथम०पु० एक० लट्०–वर्तमान० भ्वादि० आत्मने० ←निर्√ईक्ष्); * **अहम्** (प्रथमा० एक० ←सना० अस्मद् 1.7); * योद्धुकामान् (पु० द्वितीया० अनेक० ←बहुव्री० योद्धुकाम, योद्धुम् अस्ति काम: यस्य ←स्त्री० युध् 1.1 + पु० **काम** ←√कम्); * **अवस्थितान्** (पु० द्वितीया० अनेक० ←वि० अवस्थित 1.11); * **कै:** (पु० तृतीया० अनेक० ←सना० किम् 1.1); * **मया** (पु० तृतीया० एक० ←सना० अस्मद् 1.7); * **सह** (समूहवाचक वि० अथवा अव्यय० ←√सह्); * योद्धव्यम् (विधि० धातु० वि० न० द्वितीया० एक० ←√युध्); * **अस्मिन्** (पु० सप्तमी० एक० ←सना० इदम् 1.10); * रणसमुद्यमे (पु० सप्तमी० एक० ←तत्पु०स० रणसमुद्यम, रणस्य समुद्यम: ←न० **रण** ←√रण् + धातुसाधित नाम पु० समुद्यम ←सम्–उद्√यम्)

अर्जुन: (अर्जुन) उवाच (म्हणाला–) यावत् (तेवढ्यात) एतान् (यांना) निरीक्षे (पाहतो) अहम् (मी) योद्धुकामान् (युद्धाची कामना करणाऱ्या–) अवस्थितान् (तत्पर उभे असलेल्या–) कै: (कुणां–) मया (मझ्याकडून) सह (बरोबर) योद्धव्यम् (झुंज देणे उचित आहे) अस्मिन् (या–) रणसमुद्यमे (रणसंग्रामात)

* अर्जुन म्हणाला– तत्पर उभे असलेल्या (व) युद्धाची कामना करणाऱ्यां यांना (व) माझ्याकडून या

रणसंग्रामात कुणां बरोबर झुंज देणे उचित आहे (हे) मी तेवढ्यात पाहतो.

।।1.23 ।। **योत्स्यमानानवेक्षेऽहं य एतेऽत्र समागताः ।**

धार्तराष्ट्रस्य दुर्बुद्धेर्युद्धे प्रियचिकीर्षवः ।।

योत्स्यमानान् (नि० 8/11) अवेक्षे (नि० 6/1) अहम् (नि० 14/1) ये (नि० 5/4) एते (नि० 6/1) अत्र समागताः (नि० 22/8) धार्तराष्ट्रस्य दुर्बुद्धेः (नि० 16/10) युद्धे प्रियचिकीर्षवः (नि० 22/8)

योत्स्यमानान् (पु० द्वितीया० अनेक० ←मान प्रत्ययान्त शानच्० वि० योत्स्यमान ←तृ०पु० एक० लट्०–वर्तमान० दिवादि० आत्मने० योत्स्यते ←√युध्); * अवेक्षे (प्रथम०पु० एक० लट्०–वर्तमान० भ्वादि० आत्मने० ←अव√ईक्ष्); * अहम् (1.22); * ये (1.7); * **एते** (पु० प्रथमा० अनेक० ←सना० एतद् 1.3); * अत्र (1.4); * समागताः (पु० प्रथमा० अनेक० ←क्त० वि० समागत ←सम्–आ√गम्); * धार्तराष्ट्रस्य (पु० षष्ठी० एक० ←बहुव्री० धार्तराष्ट्र 1.19); * दुर्बुद्धेः (पु० षष्ठी० एक० ←बहुव्री० दुर्बुद्धि ←अश्लाघ्यार्थक अव्यय० दुर् 1.2 + स्त्री० **बुद्धि** ←√बुध्); * **युद्धे** (सप्तमी० एक० ←न० युद्ध 1.9); * प्रियचिकीर्षवः (पु० प्रथमा० अनेक० ←तत्पु०स० प्रियचिकीर्षु ←वि० **प्रिय** ←√प्री + इच्छार्थ० वि० चिकीर्षु ←8√कृ)

योत्स्यमानान् (युद्ध करू जाणाऱ्यांना) अवेक्षे (बघतो) अहम् (मी) ये (जे) एते (हे लोक) अत्र (इथे) समागताः (जमलेले) धार्तराष्ट्रस्य-दुर्बुद्धेः (दुष्टमति दुर्योधनाचे) युद्धे (युद्धात) प्रियचिकीर्षवः (भले करू इच्छिणारे)

* युद्धात दुष्टमति दुर्योधनाचे भले करू इच्छिणारे जे इथे जमलेले हे लोक (आहेत त्या) युद्ध करू जाणाऱ्यांना मी बघतो.

।।1.24 ।। सञ्जय उवाच

एवमुक्तो हृषीकेशो गुडाकेशेन भारत ।

सेनयोरुभयोर्मध्ये स्थापयित्वा रथोत्तमम् ।।

सञ्जयः (नि० 19/4) उवाच । एवम् (नि० 8/20) उक्तः (नि० 15/14) हृषीकेशः (नि० 15/2) गुडाकेशेन भारत सेनयोः (नि० 16/5) उभयोः (नि० 16/12) मध्ये स्थापयित्वा रथोत्तमम् (नि० 14/2)

सञ्जयः (1.2); * उवाच (1.25) । **एवम्** (रीतिदर्शक अव्यय० ←√इ); * **उक्तः** (पु० प्रथमा० एक० ←क्त० वि० **उक्त** ←√वच्); * हृषीकेशः (पु० प्रथमा० एक० ←पु० हृषीकेश 1.15); * गुडाकेशेन (पु० तृतीया० एक० ←बहुव्री० **गुडाकेश**, गुडाकायाः ईशः यः ←स्त्री० गुडाका ←गुड–आ√कै + वि० ईश 1.15); * **भारत** (पु० संबो० एक० ←तद्धित शब्द भारत, भरतस्य गोत्रापत्यम्, धृतराष्ट्र); * सेनयोः (1.21); * उभयोः (1.21); * मध्ये (1.21); * स्थापयित्वा (त्वान्त० अव्यय० प्रयो० ←√स्था); * रथोत्तमम् (पु० द्वितीया० एक० तमभाव ←बहुव्री० रथोत्तम, रथेषु उत्तमः यः ←पु० रथ 1.4 + वि० उत्तम 1.7)

सञ्जयः (संजय) उवाच (म्हणाला-) एवम् (असे) उक्तः (बोलला गेलेला[1]) हृषीकेशः (श्रीकृष्ण) गुडाकेशेन (अर्जुनाद्वारे) भारत (हे धृतराष्ट्र!) सेनयोः (सेनांच्या) उभयोः (उभय) मध्ये (मध्यात) स्थापयित्वा (उभा करून) रथोत्तमम् (भव्य रथाला)

* संजय म्हणाला- हे धृतराष्ट्र! अर्जुनाद्वारे असे बोलला गेलेला श्रीकृष्ण उभय सेनांच्या मध्यात (अर्जुनाच्या) भव्य रथाला उभा करून;

।।1.25 ।। **भीष्मद्रोणप्रमुखतः सर्वेषां च महीक्षिताम् ।**
उवाच पार्थ पश्यैतान्समवेतान्कुरूनिति ।।

भीष्मद्रोणप्रमुखतः (नि॰ 22/7) सर्वेषाम् (नि॰ 25/3, 14/1) च महीक्षिताम् (नि॰ 14/2) उवाच पार्थ पश्य (नि॰ 3/1) एतान् (नि॰ 13/20) समवेतान् (नि॰ 13/9) कुरून् (नि॰ 8/13) इति

भीष्मद्रोणप्रमुखतः (क्रि॰वि॰ भीष्मस्य च द्रोणस्य च प्रमुखतः ←पु॰ विना॰ भीष्म 1.8 + पु॰ विना॰ **द्रोण** ←√द्रु + वि॰ **प्रमुख** ←प्र√खन्); * **सर्वेषाम्** (पु॰ षष्ठी॰ अनेक॰ ←सना॰ सर्व 1.6); * च (1.1); * महीक्षिताम् (षष्ठी॰ अनेक॰ ←पु॰ महीक्षित् ←स्त्री॰ मही 1.21 + प्रत्यय क्षित्); * **उवाच** (तृ॰पु॰ एक॰ लिट्-भूत॰ अदादि॰ परस्मै॰ ←√वच्); * **पार्थ** (पु॰ संबो॰ एक॰ ←तद्धित शब्द पार्थ, पृथायाः अपत्यम् ←स्त्री॰ विना॰ पृथा ←√प्रथ् + पु॰ पुत्र 1.3); * पश्य (1.3); * एतान् (1.22); * समवेतान् (पु॰ द्वितीया॰ अनेक॰ ←वि॰ समवेत 1.1); * कुरून् (पु॰ द्वितीया॰ अनेक॰ ←बहुव्री॰ कुरु 1.1); * **इति** (रीतिदर्शक अव्यय॰ ←√इ)

भीष्मद्रोणप्रमुखतः (भीष्म व द्रोण यांच्या समक्ष) सर्वेषाम् (सर्व) च (आणि) महीक्षिताम् (राजेलोकांच्या) उवाच (म्हणाला) पार्थ (हे पार्था!) पश्य (बघ) एतान् (या-) समवेतान् (जमलेल्या) कुरून् (कौरव-पांडवांना, कुरुवंशी लोकांना) इति (असे)

* हे पार्था! "या जमलेल्या कौरव-पांडवांना[2] बघ" असे सर्व राजेलोकांच्या आणि भीष्म व द्रोण

---

[1] 'उक्तः' या पु॰ एक॰ भूतकाळवाचक क्त॰ विशेषणाचा अर्थ बहुतेक अनुवादांत 'उक्त्वा' या पूर्वकाळवाचक क्त्वा॰ अव्ययाप्रमाणे 'म्हणताच, म्हटल्यावर, सांगितल्यवर ..' अशा अर्थी केलेला आढळतो. ध्यान द्यावे कि या श्लोकात उक्तः हे हृषीकेष या शब्दाचे पु॰ एक॰ विशेषण आहे, अव्यय नव्हे.

[2] अनेक अनुवादांत 'कुरून्' या शब्दाचा अर्थ 'कौरव किंवा कौरवांना' असा आढळतो. (1) वरील पात्र-परिचयानुसार कुरु राजा कौरव तथा पांडव दोधांचाही पूर्वज असल्यामुळे इथे कुरून् चा अर्थ 'कौरव-पांडवांना' अथवा 'कुरुवंशियांना' असा व्हायला हवा. दुसरे प्रमाण हे, कि (2) जेव्हा श्रीकृष्णाने "पार्थ! पश्य एतान् कुरून्" म्हटले तेव्हा अति आज्ञाकारी भक्त अर्जुनाने कौरव व पांडवांच्या दोन्ही सेनांमध्ये पाहिले (सेनयोः उभयोः अपि) । हे असंभवच कि श्रीकृष्ण म्हणतील कौरवांना पहा, आणि अर्जुन पांडवांना पाहील! (3) या स्थानाव्यतिरिक्त (1.25) श्री व्यासांनी कुरु शब्दाचा सामासिक प्रयोग कौरव-पांडवांकरिता धर्मक्षेत्राला कुरुक्षेत्र (1.1); भीष्माला कुरुवृद्ध (1.12); व अर्जुनाला कुरुनन्दन (2.41, 6.43, 14.13), कुरुप्रवीर (11.48), कुरुश्रेष्ठ (10.19),

यांच्या समक्ष (श्रीकृष्ण) म्हणाला.

।।1.26 ।। **तत्रापश्यत्स्थितान्पार्थः पितॄनथ पितामहान् ।**
आचार्यान्मातुलान्भ्रातॄन्पुत्रान्पौत्रान्सखींस्तथा ।
श्वशुरान्सुहृदश्चैव सेनयोरुभयोरपि ।।

तत्र (नि० 1/1) अपश्यत् (नि० 10/7) स्थितान् (नि० 13/13) पार्थः (नि० 22/3) पितॄन् (नि० 8/11) अथ पितामहान् (नि० 23/1) आचार्यान् (नि० 13/16) मातुलान् (नि० 13/15) भ्रातॄन् (नि० 13/13) पुत्रान् (नि० 13/13) पौत्रान् (नि० 13/20) सखीन् (नि० 13/7) तथा श्वशुरान् (नि० 13/20) सुहृदः (नि० 17/1) च (नि० 3/1) एव सेनयोः (नि० 16/5) उभयोः (नि० 16/5) अपि

तत्र (अव्यय० ←सना० तत् 1.10); * **अपश्यत्** (तृ०पु० एक० लङ्०-भूत० भ्वादि० परस्मै० ←√दृश्); * स्थितान् (पु० द्वितीया० अनेक० ←वि० स्थित 1.14); * **पार्थः** (प्रथमा० एक० ←पु० **पार्थ** 1.25); * **पितृन्** (द्वितीया० अनेक० ←पु० पितृ 1.12); * अथ (1.20); * पितामहान् (द्वितीया० अनेक० ←पु० पितामह 1.12); * आचार्यान् (द्वितीया० अनेक० ←पु० आचार्य 1.2); * मातुलान् (द्वितीया० अनेक० ←पु० तद्धित शब्द मातुः भ्राता, **मातुल** ←स्त्री० **मातृ** ←√मान्); * भ्रातॄन् (द्वितीया० अनेक० ←पु० भ्रातृ ←√भ्राज्); * पुत्रान् (द्वितीया० अनेक० ←पु० पुत्र 1.3); * पौत्रान् (द्वितीया० अनेक० ←पु० **पौत्र** ←पु० पुत्र 1.3); * सखीन् (द्वितीया० अनेक० ←पु० **सखि** ←√ख्या); * तथा (1.8); * श्वशुरान् (द्वितीया० अनेक० ←पु० **श्वशुर** ←शु√अश्); * सुहृदः (द्वितीया० अनेक० ←पु० **सुहृद्** ←सु√हृ); * च (1.1); * एव (1.1); * सेनयोः (1.21); * उभयोः (1.21); * **अपि** (संग्रहवाचक अव्यय० ←√पा)

तत्र (तिथे) अपश्यत् (पाहता झाला) स्थितान् (उपस्थित असलेल्या-) पार्थः (पृथासुत, अर्जुन) पितॄन् (काकांना) अथ (त्यानंतर) पितामहान् (आजे लोकांना) आचार्यान् (गुरुजनांना) मातुलान् (मामांना) भ्रातॄन् (बंधूंना) पुत्रान् (मुलांना) पौत्रान् (नातवंडांना) सखीन् (मित्रांना) तथा (तसेच) श्वशुरान् (सासऱ्यांना) सुहृदः (सगे सोयऱ्यांना) च (आणि) एव (सुद्धा) सेनयोः (सैन्यांतील) उभयोः (दोन्ही) अपि (ही)

* त्यानंतर, तिथे अर्जुन दोन्हीही सैन्यांतील उपस्थित असलेल्या- काकांना, आजे लोकांना, गुरुजनांना, मामांना आणि बंधूंना सुद्धा तसेच मित्रांना, मुलांना, नातवंडांना, सासऱ्यांना (आणि) सगे सोयऱ्यांना पाहता झाला.

।।1.27 ।। **तान्समीक्ष्य स कौन्तेयः सर्वान्बन्धूनवस्थितान् ।**

कुरुसत्तम (4.31) असे उल्लेखून गीतेत केला आहे । (5) गीतेत श्री व्यासांनी केवळ कौरवांकरिता 'धार्तराष्ट्र' (1.19-20, 1.36-37, 1.46, 2.6) अथवा 'धृतराष्ट्रस्य पुत्राः' (11.26) चा प्रयोग केला आहे.

कृपया परयाविष्टो विषीदन्निदमब्रवीत् ।।

तान् (नि॰ 13/20) समीक्ष्य स: (नि॰ 21/2) कौन्तेय: (नि॰ 22/7) सर्वान् (नि॰ 13/14) बन्धून् (नि॰ 8/11) अवस्थितान् (नि॰ 23/1) कृपया परया (नि॰ 1/4) आविष्ट: (नि॰ 15/13) विषीदन् (नि॰ 13/3) इदम् (नि॰ 8/16) अब्रवीत्

तान् (1.7); * समीक्ष्य (ल्यप्॰ अव्यय॰ ←स्त्री॰ समीक्षा ←सम्√ईक्ष्); * स: (1.13); * कौन्तेय: (पु॰ प्रथमा॰ एक॰ ←तद्धित शब्द **कौन्तेय**, कुन्त्या: पुत्र: ←स्त्री॰ विना॰ कुन्ती 1.16 + पु॰ पुत्र 1.3); * **सर्वान्** (पु॰ द्वितीया॰ अनेक॰ ←सना॰ सर्व 1.6); * बन्धून् (द्वितीया॰ अनेक॰ ←पु॰ **बन्धु** ←पु॰ **बन्ध** ←√बन्ध्); * अवस्थितान् (1.22); * **कृपया** (तृतीया॰ एक॰ ←स्त्री॰ कृपा ←8√कृप्); * **परया** (तृतीया॰ एक॰ ←स्त्री॰ **परा** ←√पृ); * आविष्ट: (प्रथमा॰ एक॰ ←क्त॰ वि॰ **आविष्ट** ←आ√विष्); * विषीदन् (क्रि॰वि॰ अथवा प्रथमा॰ एक॰ ←शतृ॰ वि॰ विषिदत् ←पु॰ **विषाद** ←वि√सद्); * इदम् (1.10); * अब्रवीत् (1.2)

तान् (त्या–) समीक्ष्य (बघून) स: (तो) कौन्तेय: (अर्जुन) सर्वान्–बन्धून् (सगळ्या बांधवांना) अवस्थितान् (उभे असलेल्या) कृपया (करुणेने) परया (अत्यंत) आविष्ट: (ग्रस्त झालेला) विषीदन् (दु:खाने दाटत) इदम् (असे) अब्रवीत् (बोलला)

* उभे असलेल्या त्या सगळ्या बांधवांना बघून तो अत्यंत करुणेने ग्रस्त झालेला अर्जुन दु:खाने दाटत असे बोलला–

।।1.28 ।। अर्जुन उवाच

दृष्ट्वेमं स्वजनं कृष्ण युयुत्सुं समुपस्थितम् ।।

अर्जुन: (नि॰ 19/4) उवाच । दृष्ट्वा (नि॰ 2/3) इमम् (नि॰ 14/1) स्वजनम् (नि॰ 14/1) कृष्ण युयुत्सुम् (नि॰ 14/1) समुपस्थितम् (नि॰ 14/2)

अर्जुन: (1.47↓) * उवाच (1.25) । दृष्ट्वा (1.2); * **इमम्** (पु॰ द्वितीया॰ एक॰ ←सना॰ इदम् 1.10); * **स्वजनम्** (पु॰ द्वितीया॰ एक॰ ←क॰ स्वजन, स्वेषाम् जना: अथवा समूहवाचक– स्वस्य जन: ←सना॰ **स्व** ←√स्वन् + पु॰ **जन** ←√जन्); * **कृष्ण** (पु॰ संबो॰ एक॰ ←विना॰ **कृष्ण** ←वि॰ **कृष्ण** ←8√कृष्); * युयुत्सुम् (पु॰ द्वितीया॰ एक॰ ←वि॰ युयुत्सु 1.1); * **समुपस्थितम्** (पु॰ द्वितीया॰ एक॰ ←क्त॰ वि॰ समुपस्थित ←सम्–उप्√स्था)

अर्जुन: (अर्जुन) उवाच– (म्हणाला–) दृष्ट्वा (बघून) इमम् (या) स्वजनम् (स्वजनसमूहाला) कृष्ण (अरे कृष्णा!) युयुत्सुम् (युद्धेच्छु–) समुपस्थितम् (आसमंतात उभ्या असलेल्या–)

* अर्जुन म्हणाला– अरे कृष्णा! आसमंतात उभ्या असलेल्या या युद्धेच्छु स्वजनसमूहाला बघून;

।।1.29 ।। **सीदन्ति मम गात्राणि मुखं च परिशुष्यति ।**

वेपथुश्च शरीरे मे रोमहर्षश्च जायते ।।

सीदन्ति मम गात्राणि (नि॰ 24/7) मुखम् (नि॰ 14/1) च परिशुष्यति (नि॰ 25/6) वेपथुः (नि॰ 17/1) च शरीरे मे रोमहर्षः (नि॰ 17/1) च जायते

सीदन्ति (तृ॰पु॰ अनेक॰ लट्॰–वर्तमान॰ तुदादि॰ परस्मै॰ ←√सद्); * मम (1.7); * गात्राणि (प्रथमा॰ अनेक॰ ←न॰ गात्र ←√गम्); * मुखम् (प्रथमा॰ एक॰ ←न॰ **मुख** ←√खन्); * च (1.1); * परिशुष्यति (तृ॰पु॰ एक॰ लट्॰–वर्तमान॰ दिवादि॰ परस्मै॰ ←परि√शुष्); * वेपथुः (प्रथमा॰ एक॰ ←पु॰ वेपथु ←√वेप्); * च (1.1); * **शरीरे** (सप्तमी॰ एक॰ ←न॰ **शरीर** ←√शॄ); * मे (1.21); * रोमहर्षः (पु॰ प्रथमा॰ एक॰ ←तत्पु॰स॰ **रोमहर्ष**, रोमनि हर्षः ←न॰ **रोमन्** ←√रु + पु॰ हर्ष 1.12); * च (1.1); * **जायते** (तृ॰पु॰ एक॰ लट्॰–वर्तमान॰ दिवादि॰ आत्मने॰ ←√जन्)

सीदन्ति (गळत आहेत) मम (माझी) गात्राणि (गात्रे) मुखम् (तोंड) च (ही) परिशुष्यति (कोरडे पडत आहे) वेपथुः (थरथरी) च (आणि) शरीरे (शरीरावर) मे (माझ्या) रोमहर्षः (रोमांच) च (आणि) जायते (उठत आहे)

* माझी गात्रे गळत आहेत, तोंडही कोरडे पडत आहे आणि माझ्या शरीरावर थरथरी आणि रोमांच उठत आहे;

।।1.30 ।। **गाण्डीवं स्त्रंसते हस्तात्त्वक्चैव परिदह्यते ।**
न च शक्नोम्यवस्थातुं भ्रमतीव च मे मनः ।।

गाण्डीवम् (नि॰ 14/1) स्त्रंसते हस्तात् (नि॰ 1/10) त्वक् (नि॰ 10/1) च (नि॰ 3/1) एव परिदह्यते न च शक्नोमि (नि॰ 4/1) अवस्थातुम् (नि॰ 14/1) भ्रमति (नि॰ 1/5) इव च मे मनः (नि॰ 22/8)

गाण्डीवम् (प्रथमा॰ एक॰ ←न॰ विना॰ गाण्डीव); * स्त्रंसते (तृ॰पु॰ एक॰ लट्॰–वर्तमान॰ भ्वादि॰ आत्मने॰ ←√स्त्रंस्); * हस्तात् (पंचमी॰ एक॰ ←पु॰ **हस्त** ←√हस्); * त्वक् (प्रथमा॰ एक॰ त्वक् अथवा त्वग् ←स्त्री॰ त्वच् ←√त्वच्); * च (1.1); * एव (1.1); * परिदह्यते (अव्यय॰ परि 1.29 + लट्॰–वर्तमान॰ भ्वादि॰ आत्मने॰ दह्यते ←√दह्); * **न** (नकारार्थी नञ् अव्यय॰ ←√नह्); * च (1.1); * शक्नोमि (प्रथम॰पु॰ एक॰ लट्॰–वर्तमान॰ दिवादि॰ परस्मै॰ ←√शक्); * अवस्थातुम् (तुमन्त॰ अव्यय॰ ←अव√स्था); * भ्रमति (भ्रमति अथवा भ्रम्यति ←तृ॰पु॰ एक॰ लट्॰–वर्तमान॰ दिवादि॰ परस्मै॰ ←√भ्रम्); * **इव** (रीतिदर्शक अव्यय॰ ←√इ); * च (1.1); * मे (1.21); * **मनः** (प्रथमा॰ एक॰ ←न॰ **मनस्** ←√मन्)

गाण्डीवम् (गाण्डीव धनुष्य) स्त्रंसते (गळत आहे) हस्तात् (हातातून) त्वक् (त्वचा) च (आणि) एव (सुद्धा) परिदह्यते (जळजळ करीत आहे) न (नाही) च (आणि) शक्नोमि (मी समर्थ–) अवस्थातुम् (उभा राहण्याकरिता) भ्रमति इव (भ्रमल्या सारखे होत आहे) च (आणि) मे (माझे) मनः (मन)

* (माझ्या) हातातून गाण्डीव धनुष्य गळत आहे आणि त्वचा जळजळ करीत आहे आणि मी उभा राहण्याकरिता सुद्धा समर्थ नाही आणि माझे मन भ्रमल्या सारखे होत आहे;

।।1.31 ।। **निमित्तानि च पश्यामि विपरीतानि केशव ।**
न च श्रेयोऽनुपश्यामि हत्वा स्वजनमाहवे ।।

निमित्तानि च पश्यामि विपरीतानि केशव न च श्रेय: (नि० 15/1) अनुपश्यामि हत्वा स्वजनम् (नि० 8/17) आहवे

निमित्तानि (द्वितीया० अनेक० ←न० **निमित्त** ←नि√मिद्); * च (1.1); * **पश्यामि** (प्रथम०पु० एक० लट्०-वर्तमान० भ्वादि० परस्मै० ←√दृश्); * विपरीतानि (न० द्वितीया० अनेक० ←वि० **विपरीत** ←वि-परि√इ); * **केशव** (पु० संबो० एक० ←बहुव्री० विना० **केशव**, क: ईश: वा ←पु० क: 8.2 + पु० ईश 1.15 + विकल्पबोधक अव्यय० वा 1.32); * न (1.30); * च (1.1); * **श्रेय:** (न० द्वितीया० एक० ←तरभावात्मक वि० **श्रेयस्** ←√ई); * अनुपश्यामि (प्रथम०पु० एक० लट्०-वर्तमान० भ्वादि० परस्मै० ←अनु√दृश्↑); * **हत्वा** (त्वान्त० अव्यय० ←√हन्); * स्वजनम् (1.28); * आहवे (सप्तमी० एक० ←पु० आहव ←आ√ह्वे)

निमित्तानि (चिन्हे) च (आणि) पश्यामि (मी पाहत आहे) विपरीतानि (विपरीत) केशव (हे केशवा!) न (नाही) च (आणि) श्रेय: (कल्याण) अनुपश्यामि (मी पाहत-) हत्वा (संहारून) स्वजनम् (आप्तजन समूहाला) आहवे (युद्धात)

* आणि, हे केशवा! मी विपरीत चिन्हे पाहत आहे आणि युद्धात आप्तजन समूहाला संहारून मी कल्याण पाहत नाही.

।।1.32 ।। **न काङ्क्षे विजयं कृष्ण न च राज्यं सुखानि च ।**
किं नो राज्येन गोविन्द किं भोगैर्जीवितेन वा ।।

न काङ्क्षे विजयम् (नि० 14/1) कृष्ण न च राज्यम् (नि० 14/1) सुखानि च किम् (नि० 14/1) न: (नि० 15/11) राज्येन गोविन्द किम् (नि० 14/1) भोगै: (नि० 16/11) जीवितेन वा

न (1.30); * काङ्क्षे (प्रथम०पु० एक० लट्०-वर्तमान० भ्वादि० आत्मने० ←√काङ्क्ष्); * विजयम् (द्वितीया० एक० ←पु० **विजय** ←वि√जि); * कृष्ण (1.28); * न (1.30); * च (1.1); * **राज्यम्** (द्वितीया० एक० ←न० **राज्य** ←√राज्); * **सुखानि** (द्वितीया० एक० ←न० अथवा वि० **सुख** ←√सुख्); * च (1.1); * किम् (1.1); * **न:** (चतुर्थी० अनेक० ←सना० अस्मद् 1.7); * राज्येन (तृतीया० एक० ←न० राज्य↑); * गोविन्द (पु० संबो० एक० ←बहुव्री० **गोविन्द**, गाम् विन्दति य: ←स्त्री० **गा** ←√गै + क्रिया० विन्दति 4.38); * किम् (अव्यय० ←सना० किम् 1.1); * भोगै: (तृतीया० अनेक० ←पु० भोग ←√भुज्); * जीवितेन (न० तृतीया० एक० ←वि० जीवित ←√जीव्); * **वा** (विकल्पबोधक अव्यय० ←√वा)

न-काङ्क्षे (मी इच्छित नाही) विजयम् (विजयाला) कृष्ण (हे कृष्णा!) न (नाही) च (आणि) राज्यम् (राज्याला) सुखानि (सुखांना) च (आणि) किम् (काय) न: (आपल्याला) राज्येन (राज्य लाभाने) गोविन्द

(हे गोविंद!) किम् (काय?) भोगैः (उपभोगांनी) जीवितेन (जगण्याने) वा (अथवा)

* हे कृष्णा! मी विजयाला, राज्याला आणि सुखांना इच्छित नाही. आणि, हे गोविंद! आपल्याला राज्य लाभाने काय अथवा उपभोगांनी जगण्याने काय?

।।1.33 ।। **येषामर्थे काङ्क्षितं नो राज्यं भोगाः सुखानि च ।**
त इमेऽवस्थिता युद्धे प्राणांस्त्यक्त्वा धनानि च ।।

येषाम् (नि० 25/3, 8/16) अर्थे काङ्क्षितम् (नि० 14/1) नः (नि० 15/11) राज्यम् (नि० 14/1) भोगाः (नि० 22/7) सुखानि च ते (नि० 5/2) इमे (नि० 6/1) अवस्थिताः (नि० 20/14) युद्धे प्राणान् (नि० 13/7) त्यक्त्वा धनानि च

येषाम् (पु० न० षष्ठी० अनेक० ←सना० यद् 1.7); * अर्थे (1.9); * काङ्क्षितम् (प्रथमा० एक० ←इच्छार्थ० क्त० वि० काङ्क्षित ←√काङ्क्ष्); * **नः** (षष्ठी० अनेक० ←सना० अस्मद् 1.7); * राज्यम् (प्रथमा० 1.32); * **भोगाः** (प्रथमा० अनेक० ←पु० भोग 1.32); * सुखानि (1.32); * च (1.1); * **ते** (पु० प्रथमा० अनेक० ←सना० तद् 1.2); * **इमे** (पु० प्रथमा० अनेक० ←सना० इदम् 1.10); * अवस्थिताः (1.11); * युद्धे (1.23); * **प्राणान्** (द्वितीया० अनेक० ←पु० **प्राण** ←प्र√अन्); * **त्यक्त्वा** (त्वान्त० अव्यय० ←√त्यज्); * धनानि (द्वितीया० अनेक० ←न० धन 1.15); * च (1.1)

येषाम् (ज्यांच्या-) अर्थे (कारणात) काङ्क्षितम् (इच्छित) नः (आमची) राज्यम् (राज्य) भोगाः (उपभोग) सुखानि (सुखे) च (आणि) ते (ते) इमे (हे, हे सगळे लोक) अवस्थिताः (उभे झाले आहेत) युद्धे (युद्धात) प्राणान् (प्राणांना) त्यक्त्वा (सोडून) धनानि (धनांना) च (आणि)

* ज्यांच्या कारणाने आमची राज्य, उपभोग आणि सुखे इच्छित (आहेत) ते हे सगळे लोक प्राणांना आणि धनांना सोडून युद्धात उभे झाले आहेत.

।।1.34 ।। **आचार्याः पितरः पुत्रास्तथैव च पितामहाः ।**
मातुलाः श्वशुराः पौत्राः श्यालाः सम्बन्धिनस्तथा ।।

आचार्याः (नि० 22/3) पितरः (नि० 22/3) पुत्राः (नि० 18/1) तथा (नि० 3/3) एव च पितामहाः (नि० 22/8) मातुलाः (नि० 22/5) श्वशुराः (नि० 22/3) पौत्राः (नि० 22/5) श्यालाः (नि० 22/7) सम्बन्धिनः (नि० 18/1) तथा

आचार्याः (प्रथमा० अनेक० ←पु० आचार्य 1.2); * **पितरः** (प्रथमा० अनेक० ←पु० पितृ 1.12); * **पुत्राः** (प्रथमा० अनेक० ←पु० पुत्र 1.3); * तथा (1.8); * एव (1.1); * च (1.1); * पितामहाः (प्रथमा० अनेक० ←पु० पितामह 1.12); * मातुलाः (प्रथमा० अनेक० ←पु० मातुल 1.26); * श्वशुराः (प्रथमा० अनेक० ←पु० श्वशुर 1.26); * पौत्राः (प्रथमा० अनेक० ←पु० पौत्र 1.26); * श्यालाः (प्रथमा० अनेक० ←पु० श्याल ←√श्यै); * सम्बन्धिनः (प्रथमा० अनेक० ←पु० सम्बन्धिन् ←सम्√बन्ध्); * तथा (1.8)

आचार्याः (आचार्य लोक) पितरः (पितृ) पुत्राः (पुत्र) तथा (तसेच) एव (सुद्धा) च (व) पितामहाः (आजे)

मातुला: (मामे) श्वशुरा: (सासरे) पौत्रा: (पौत्र) श्याला: (मेहुणे) सम्बन्धिन: (संबंधी) तथा (तथा)

* आचार्य लोक, पितृ, मामे तथा पुत्र, पौत्र, मेहुणे तसेच सासरे, आजे व संबंधीसुद्धा.

।।1.35 ।। **एतान्न हन्तुमिच्छामि घ्नतोऽपि मधुसूदन ।**
अपि त्रैलोक्यराज्यस्य हेतो: किं नु महीकृते ।।

एतान् (नि० 1/11) न हन्तुम् (नि० 8/18) इच्छामि घ्नत: (नि० 15/1) अपि मधुसूदन (नि० 23/1) अपि त्रैलोक्यराज्यस्य हेतो: (नि० 22/1) किम् (नि० 14/1) नु महीकृते

एतान् (1.25); * न (1.30); * **हन्तुम्** (तुमन्त० अव्यय० ←√हन्); * **इच्छामि** (प्रथम०पु० एक० लट्०-वर्तमान० तुदादि० परस्मै० ←√इष्); * घ्नत: (पु० द्वितीया० अनेक० ←शतृ० वि० घ्नत् ←वि० **घ्न** ←√हन्); * अपि (1.26); * **मधुसूदन** (पु० संबो० एक० ←बहुव्री० **मधुसूदन**, मधुनामानम् दैत्यम् सूदयती य: ←मधु√सूद्); * अपि (1.26); * त्रैलोक्यराज्यस्य (न० षष्ठी० एक० ←तत्पु०स० त्रैलोक्यराज्य, त्रैलोक्यस्य राज्यम् ←द्विगु०स० न० त्रैलोक्य ←तृ√लोक् + न० राज्य 1.32); * हेतो: (षष्ठी० एक० ←पु० **हेतु** ←√हि); * किम् (1.1); * **नु** (उद्गारवाचक अव्यय० ←√नुद्); * महीकृते (सप्तमी० एक० ←पु० महीकृत ←स्त्री० मही 1.21 + क्त० वि० **कृत** ←8√कृ)

एतान् (यांना) न (नाही) हन्तुम् (मारावयास) इच्छामि (मी इच्छा करीत-) घ्नत: (वध करूजाणाऱ्यांना) अपि (सुद्धा) मधुसूदन (हे मधुसूदना!) अपि (तरी) त्रैलोक्यराज्यस्य (त्रिभुवनाच्या साम्राज्याच्या) हेतो: (हेतूकरिता) किम् (कशी?) नु (मग) महीकृते (पृथ्वीसाठी)

* हे मधुसूदना! या वध करूजाणाऱ्यांना मी त्रिभुवनाच्या साम्राज्याच्या हेतूकरिता सुद्धा मारावयास इच्छा करीत नाही, तरी मग पृथ्वीसाठी कशी?

।।1.36 ।। **निहत्य धार्तराष्ट्रान्न: का प्रीति: स्याज्जनार्दन ।**
पापमेवाश्रयेदस्मान्हत्वैतानाततायिन: ।।

निहत्य धार्तराष्ट्रान् (नि० 1/11) न: (नि० 22/1) का प्रीति: (नि० 22/7) स्यात् (नि० 11/2) जनार्दन पापम् (नि० 8/22) एव (नि० 1/2) आश्रयेत् (नि० 8/2) अस्मान् (नि० 13/21) हत्वा (नि० 3/3) एतान् (नि० 8/12) आततायिन: (नि० 22/8)

निहत्य (ल्यप्० अव्यय० ←नि√हन्); * धार्तराष्ट्रान् (1.20); * न: (1.32 अथवा 1.33); * **का** (स्त्री० प्रथमा० एक० ←सना० किम् 1.1); * प्रीति: (प्रथमा० एक० ←स्त्री० **प्रीति** ←√प्री); * **स्यात्** (तृ०पु० एक० विधि० अदादि० परस्मै० ←√अस्); * **जनार्दन** (पु० संबो० एक० ←बहुव्री० जनार्दन, दुष्टजनान् अर्दन: य: ←पु० जन 1.28 + न० अर्दन ←√अर्द्); * **पापम्** (प्रथमा० एक० ←न० पाप ←√पा); * एव (1.1); * आश्रयेत् (तृ०पु० एक० विधि० भ्वादि० उभय० ←आ√श्रि); * अस्मान् (द्वितीया० अनेक० ←सना० अस्मद् 1.7); * हत्वा (1.31); * एतान् (1.22); * आततायिन: (द्वितीया० अनेक० ←पु० आततायिन् ←√अय्)

निहत्य (मारून) धार्तराष्ट्रान् (धृतराष्ट्रपुत्रांना) नः (आपल्याला) का (काय) प्रीतिः (प्रिय) स्यात् (होईल) जनार्दन (हे जनार्दना!) पापम् (पाप) एव (च) आश्रयेत् (पदरी पडेल) अस्मान् (आम्हाला) हत्वा (मारून) एतान् (या-) आततायिनः (जुलमी लोकांना)

* हे जनार्दना! धृतराष्ट्रपुत्रांना मारून आपल्याला काय प्रिय होईल? या जुलमी लोकांना मारून आम्हाला पापच पदरी पडेल!

।।1.37 ।। **तस्मान्नार्हा वयं हन्तुं धार्तराष्ट्रान्स्वबान्धवान् ।**
स्वजनं हि कथं हत्वा सुखिनः स्याम माधव ।।

तस्मात् (नि॰ 12/1) न (नि॰ 1/1) अर्हाः (नि॰ 20/17) वयम् (नि॰ 14/1) हन्तुम् (नि॰ 14/1) धार्तराष्ट्रान् (नि॰ 13/20) स्वबान्धवान् (नि॰ 23/1) स्वजनम् (नि॰ 14/1) हि कथम् (नि॰ 14/1) हत्वा सुखिनः (नि॰ 22/7) स्याम माधव

तस्मात् (अव्यय॰ अथवा पु॰ पंचमी॰ एक॰ ←सना॰ तद् 1.2); * न (1.30); * अर्हाः (पु॰ प्रथमा॰ अनेक॰ ←वि॰ अर्ह ←√अर्ह्); * **वयम्** (प्रथमा॰ अनेक॰ ←सना॰ अस्मद् 1.7); * हन्तुम् (1.35); * धार्तराष्ट्रान् (1.20); * स्वबान्धवान् (पु॰ द्वितीया॰ अनेक॰ ←क॰ स्वबान्धव, स्वस्य बान्धवः ←वि॰ स्व 1.28 + तद्धित बान्धव ←पु॰ बन्धु 1.27); * स्वजनम् (1.28); * हि (1.11); * **कथम्** (प्रश्नार्थक अव्यय॰ ←सना॰ किम् 1.1); * हत्वा (1.31); * **सुखिनः** (पु॰ प्रथमा॰ अनेक॰ ←वि॰ सुखिन् ←√सुख्); * **स्याम** (प्रथम॰पु॰ अनेक॰ विधि॰ अदादि॰ परस्मै॰ ←√अस्); * माधव (संबो॰ एक॰ ←पु॰ माधव 1.14)

तस्मात् (म्हणून) न (नाहीत) अर्हाः (उचित) वयम् (आम्ही) हन्तुम् (मारावयास) धार्तराष्ट्रान् स्वबान्धवान् (स्वबान्धव धृतराष्ट्रपुत्रांना) स्वजनम् (स्वजनाला) हि (कारण की) कथम् (कसे) हत्वा (मारून) सुखिनः (आनंदी) स्याम (आम्ही होणार) माधव (हे माधवा!)

* हे माधवा! म्हणून आम्ही स्वबान्धव धृतराष्ट्रपुत्रांना मारावयास उचित नाहीत; कारण की स्वजनाला मारून आम्ही कसे आनंदी होणार?

।।1.38 ।। **यद्यप्येते न पश्यन्ति लोभोपहतचेतसः ।**
कुलक्षयकृतं दोषं मित्रद्रोहे च पातकम् ।।

यद्यपि (नि॰ 4/4) एते न पश्यन्ति लोभोपहतचेतसः (नि॰ 22/8) कुलक्षयकृतम् (नि॰ 14/1) दोषम् (नि॰ 14/1) मित्रद्रोहे च पातकम् (नि॰ 14/2)

यदि (उभयन्वयी अव्यय॰ ←सना॰ यद् 1.7); * अपि (1.26); * एते (1.23); * न (1.30); * **पश्यन्ति** (तृ॰पु॰ अनेक॰ लट्॰-वर्तमान॰ भ्वादि॰ परस्मै॰ ←√दृश्); * लोभोपहतचेतसः (पु॰ प्रथमा॰ अनेक॰ ←बहुव्री॰ लोभोपहतचेतस्, लोभेन उपहतम् चेतः यस्य ←पु॰ **लोभ** ←√लुभ् + क्त॰ वि॰ **उपहत** ←उप√हन् + न॰ **चेतस्** ←√चित्); * **कुलक्षयकृतम्** (पु॰ द्वितीया॰ एक॰ ←क्त॰ वि॰ कुलक्षयकृत ←न॰

कुल ←√कुल् + पु॰ **क्षय** ←√क्षि + वि॰ कृत 1.35); * **दोषम्** (द्वितीया॰ एक॰ ←पु॰ **दोष** ←√दुष्); * मित्रद्रोहे (पु॰ सप्तमी॰ एक॰ ←तत्पु॰स॰ मित्रद्रोह, मित्रेण द्रोहः ←पु॰ **मित्र** ←√मिद् + पु॰ **द्रोह** ←√द्रुह); * च (1.1); * पातकम् (द्वितीया॰ एक॰ ←न॰ पातक ←√पत्)

यद्यपि (जरी) एते (हे, हे लोक) न–पश्यन्ति (जाणत नाहीत) लोभोपहतचेतसः (लोभाने मति भ्रष्ट झालेले) कुलक्षयकृतम् (वंशध्वंसाने होणाऱ्या–) दोषम् (अपराधाला) मित्रद्रोहे (मित्राच्या विश्वासघातातील) च (आणि) पातकम् (पापाला)

* जरी लोभाने मति भ्रष्ट झालेले हे लोक वंशध्वंसाने होणाऱ्या अपराधाला आणि मित्राच्या विश्वासघातातील पापाला जाणत नाहीत.

।।1.39 ।। **कथं न ज्ञेयमस्माभिः पापादस्मान्निवर्तितुम् ।**
कुलक्षयकृतं दोषं प्रपश्यद्भिर्जनार्दन ।।

कथम् (नि॰ 14/1) न ज्ञेयम् (नि॰ 8/16) अस्माभिः (नि॰ 22/3) पापात् (नि॰ 8/2) अस्मात् (नि॰ 12/1) निवर्तितुम् (नि॰ 14/2) कुलक्षयकृतम् (नि॰ 14/1) दोषम् (नि॰ 14/1) प्रपश्यद्भिः (नि॰ 16/6) जनार्दन

कथम् (1.37); * न (1.30); * **ज्ञेयम्** (पु॰ द्वितीया॰ एक॰ ←कर्मणि॰ विधि॰ धातु॰सा॰ वि॰ **ज्ञेय** ←√ज्ञा); * अस्माभिः (तृतीया॰ अनेक॰ ←सना॰ अस्मद् 1.7); * पापात् (पंचमी॰ एक॰ ←न॰ पाप 1.36); * अस्मात् (पंचमी॰ एक॰ ←सना॰ इदम् 1.10); * निवर्तितुम् (तुमन्त॰ अव्यय॰ ←नि√वृत्); * कुलक्षयकृतम् (1.38); * दोषम् (1.38); * प्रपश्यद्भिः (पु॰ तृतीया॰ अनेक॰ ←शतृ॰ वि॰ प्रपश्यत् ←प्र√दृश्); * जनार्दन (1.36)

कथम् (कां) न (न) ज्ञेयम् (विचार केला जावा) अस्माभिः (आपल्याकडून) पापात् (पापापासून) अस्मात् (या) निवर्तितुम् (प्रवृत्त होण्याकरिता) कुलक्षयकृतम् (वंशध्वंसाने होणाऱ्या–) **दोषम्** (दोषाला) प्रपश्यद्भिः (जाणणारांकडून) जनार्दन (हे जनार्दना!)

* हे जनार्दना! या पापापासून प्रवृत्त होण्याकरिता आपण वंशध्वंसाने होणाऱ्या दोषाला जाणणाऱ्या आपले कडून विचार कां न केला जावा?

।।1.40 ।। **कुलक्षये प्रणश्यन्ति कुलधर्माः सनातनाः ।**
धर्मे नष्टे कुलं कृत्स्नमधर्मोऽभिभवत्युत ।।

कुलक्षये प्रणश्यन्ति कुलधर्माः (नि॰ 22/7) सनातनाः (नि॰ 22/8) धर्मे नष्टे कुलम् (नि॰ 14/1) कृत्स्नम् (नि॰ 8/16) अधर्मः (नि॰ 15/1) अभिभवति (नि॰ 4/3) उत

कुलक्षये (पु॰ सप्तमी॰ एक॰ ←तत्पु॰स॰ कुलक्षय, कुलस्य क्षयः । कुलानां क्षयः ←न॰ कुल 1.38 + पु॰ क्षय 1.38); * प्रणश्यन्ति (तृ॰पु॰ अनेक॰ लट्॰–वर्तमान॰ दिवादि॰ परस्मै॰ ←प्र√नश्); * **कुलधर्माः** (पु॰ प्रथमा॰ अनेक॰ ←तत्पु॰स॰ कुलधर्म, कुलस्य धर्मः ←न॰ कुल 1.38 + पु॰ धर्म 1.1); * सनातनाः

(पु० प्रथमा० अनेक० ←वि० **सनातन** ←काळवाचक अव्यय० **सदा** ←√सद्); * धर्मे (सप्तमी० एक० ←पु० धर्म 1.1); * नष्टे (सप्तमी० एक० ←क्त० वि० **नष्ट** ←√नश्); * कुलम् (द्वितीया० एक० ←न० कुल 1.38); * **कृत्स्नम्** (न० द्वितीया० एक० ←वि० **कृत्स्न** ←8√कृत्); * अधर्मः (पु० प्रथमा० एक० ←न-तत्पु०स० **अधर्म** ←अ√धृ); * अभिभवति (तृ०पु० एक० लट्०-वर्तमान० भ्वादि० परस्मै० ←अभि√भू); * **उत** (कैवल्यवाचक अव्यय० ←√उ)

कुलक्षये (कुळच्या निर्दलनामध्ये) प्रणश्यन्ति (बुडतात) कुलधर्माः (कुळधर्म) सनातनाः (जुने) धर्मे-नष्टे (धर्मनाशात) कुलम् (वंशाला) कृत्स्नम् (सकळ-) अधर्मः (पाप) अभिभवति (गिळंकृत करते) उत (च)

* कुळाच्या निर्दलनामध्ये जुने कुळधर्म बुडतात, धर्मनाशात सकळ वंशाला पापाच गिळंकृत करते.

।।1.41 ।। **अधर्माभिभवात्कृष्ण प्रदुष्यन्ति कुलस्त्रियः ।**
स्त्रीषु दुष्टासु वार्ष्णेय जायते वर्णसङ्करः ।।

अधर्माभिभवात् (नि० 10/5) कृष्ण प्रदुष्यन्ति कुलस्त्रियः (नि० 22/8) स्त्रीषु (नि० 25/5) दुष्टासु वार्ष्णेय जायते वर्णसङ्करः (नि० 22/8)

अधर्माभिभवात् (पु० पंचमी० एक० ←तत्पु०स० अधर्माभिभव, अधर्मस्य अभिभवः ←पु० अधर्म 1.40 + पु० अभिभव ←अभि√भू); * कृष्ण (1.28); * प्रदुष्यन्ति (तृ०पु० अनेक० लट्०-वर्तमान० दिवादि० परस्मै० ←प्र√दुष्); * कुलस्त्रियः (स्त्री० प्रथमा० अनेक० ←तत्पु०स० कुलस्त्री, कुलस्य स्त्री अथवा कुलीना स्त्री ←न० कुल 1.38 + स्त्री० **स्त्री** ←√स्त्यै); * स्त्रीषु (सप्तमी० अनेक० ←स्त्री० स्त्री↑); * दुष्टासु (स्त्री० सप्तमी० अनेक० ←क्त० वि० दुष्ट ←√दुष्); * **वार्ष्णेय** (पु० संबो० एक० ←तद्धित शब्द वार्ष्णेय, वृष्णि गोत्रापत्यम् ←विना० **वृष्णि** ←√वृष्); * जायते (1.29); * वर्णसङ्करः (पु० प्रथमा० एक० ←तत्पु०स० **वर्णसङ्कर**, वर्णानाम् सङ्करः ←पु० **वर्ण** ←√वर्ण् + पु० **सङ्कर** ←सम्√कृ)

अधर्माभिभवात् (अधर्म पसरल्यामुळे, दुराचारामुळे) कृष्ण (हे कृष्णा!) प्रदुष्यन्ति (दुर्गुणी होतात) कुलस्त्रियः (कुलीन स्त्रिया) स्त्रीषु-दुष्टासु (दुराचारी स्त्रियांत) वार्ष्णेय (हे वृष्णिकुलोत्पन्न कृष्णा!) जायते (घडतो) वर्णसङ्करः (वर्णसंकर)

* हे कृष्णा! अधर्म पसरल्यामुळे कुलीन स्त्रिया दुर्गुणी होतात; हे वृष्णिकुलोत्पन्न[1] कृष्णा! दुराचारी स्त्रियांत वर्णसंकर घडतो.

।।1.42 ।। **सङ्करो नरकायैव कुलघ्नानां कुलस्य च ।**
पतन्ति पितरो ह्येषां लुप्तपिण्डोदकक्रियाः ।।

सङ्करः (नि० 15/6) नरकाय (नि० 3/1) एव कुलघ्नानाम् (नि० 14/1) कुलस्य च पतन्ति पितरः (नि०

(1) वृष्णि- पहा महाभारतीय वंशवृक्ष↑

15/14) हि (नि॰ 4/4) एषाम् (नि॰ 25/3, 14/1) लुप्तपिण्डोदकक्रिया: (नि॰ 22/8)

सङ्कर: (प्रथमा॰ एक॰ ←पु॰ सङ्कर 1.41); * नरकाय (चतुर्थी॰ एक॰ ←पु॰ अथवा न॰ **नरक** ←9√नॄ); * एव (1.1); * **कुलघ्नानाम्** (पु॰ षष्ठी॰ अनेक॰ ←तत्पु॰स॰ कुलघ्न, कुलस्य घ्न: ←न॰ कुल 1.38 + वि॰ घ्न 1.35); * कुलस्य (षष्ठी॰ एक॰ ←न॰ कुल 1.38); * च (1.1); * **पतन्ति** (तृ॰पु॰ अनेक॰ लट्॰-वर्तमान॰ भ्वादि॰ परस्मै॰ ←√पत्); * पितर: (1.34); * हि (1.11); * एषाम् (पु॰ षष्ठी॰ अनेक॰ ←सना॰ इदम् 1.10); * लुप्तपिण्डोदकक्रिया: (पु॰ प्रथमा॰ अनेक॰ ←बहुव्री॰ लुप्तपिण्डोदकक्रिया, लुप्ते पिण्डस्य च उदकस्य च क्रिये यस्य स: ←क्त॰ वि॰ लुप्त ←√लुप् + न॰ अथवा पु॰ पिण्ड ←√पिण्ड् + न॰ **उदक** ←√उन्द् + स्त्री॰ **क्रिया** ←8√कृ)

सङ्कर: (वर्णसंकर) नरकाय (नरकाकरिता) एव (च) कुलघ्नानाम् (कुलविद्रोहींच्या) कुलस्य (कुळाच्या) च (आणि) पतन्ति (पतन पावतात) पितर: (स्वर्गीय पितृ) ही (कारण) एषाम् (यांचे) लुप्तपिण्डोदकक्रिया:[1] (अर्घ्यदान पिंडदान वगैरे श्राद्धकर्म क्रियांना वंचित झालेले)

* वर्णसंकर कुलविद्रोहींच्या आणि कुळाच्या नरकाकरिताच कारण (होतो); अर्घ्यदान पिंडदान वगैरे श्राद्धकर्म क्रियांना वंचित झालेले यांचे स्वर्गीय पितृ सुद्धा पतन पावतात.

।।1.43 ।। **दोषैरेतै: कुलघ्नानां वर्णसङ्करकारकै: ।**
उत्साद्यन्ते जातिधर्मा: कुलधर्माश्च शाश्वता: ।।

दोषै: (नि॰ 16/4) एतै: (नि॰ 22/1) कुलघ्नानाम् (नि॰ 14/1) वर्णसङ्करकारकै: (नि॰ 22/8) उत्साद्यन्ते जातिधर्मा: (नि॰ 22/1) कुलधर्मा: (नि॰ 17/1) च शाश्वता: (नि॰ 22/8)

दोषै: (तृतीया॰ अनेक॰ ←पु॰ दोष 1.38); * एतै: (पु॰ तृतीया॰ अनेक॰ ←सना॰ एतद् 1.3); * कुलघ्नानाम् (1.42); * वर्णसङ्करकारकै: (पु॰ तृतीया॰ अनेक॰ ←बहुव्री॰ वर्णसङ्करकारक, वर्णसङ्करस्य कारक: य: ←पु॰ वर्णसङ्कर 1.41 + वि॰ कारक ←8√कृ); * उत्साद्यन्ते (तृ॰पु॰ अनेक॰ लट्॰-वर्तमान॰ तुदादि॰ आत्मने॰ प्रयो॰ ←उद्√सद्); * जातिधर्मा: (पु॰ प्रथमा॰ अनेक॰ ←तत्पु॰स॰ जातिधर्म, जातौ धर्म: ←स्त्री॰ जाति ←√जन् + पु॰ धर्म 1.1); * कुलधर्मा: (1.40); * च (1.1); * शाश्वता: (पु॰

---

[1] विविध अनुवादांत 'लुप्तपिण्डोदकक्रिया:' हा शब्द तत्पु॰स॰ समजून भाषांतरित आढळतो. परंतु तत्पु॰स॰ प्रमाणे त्याचा अर्थ 'लोप पावलेल्या पिंडांच्या क्रिया आणि उदकांच्या क्रिया' (स्त्री॰ प्रथमा॰ अनेक॰) असा होईल व त्याची जोड 'पतन्ति' या क्रियापदाशी होऊ शकणार नाही, कारण कि ज्या क्रिया आधीच लुप्त (भू॰ धातु॰सा॰ वि॰) झाल्या आहेत त्या मग पुन्हा पतन कशा पावणार? पतन्ति चा कर्ता पितर: आहे, क्रिया: नव्हे. तसेच 'लोप पावलेल्या क्रियांमुळे, ॰क्रियांना वंचित झाल्यामुळे, ॰क्रियांच्या द्वारे, इत्यादि स्त्री॰ तृतीया विभक्तीचा उपयोगही योग्य नव्हे कारण की मग '॰क्रिया:' च्या ऐवजी '॰क्रियाभि:' म्हटले गेले असते. म्हणून 'लुप्तपिण्डोदकक्रिया:' हा शब्द शब्दकोशात दाखविल्याप्रमणे बहुव्री॰ पु॰ असायला हवा.

प्रथमा॰ अनेक॰ ←वि॰ **शाश्वत** ←√शश्)

दोषै: (पापांनी) एतै: (या-) कुलघ्नानाम् (कुलघातकींच्या) वर्णसङ्करकारकै: (वर्णसंकरकारक-) उत्साद्यन्ते (उध्वस्त होतात) जातिधर्मा: (जातिधर्म) कुलधर्मा: (कुळधर्म) च (आणि) शाश्वता: (सनातन)

* या कुलघातकींच्या वर्णसंकरकारक पापांनी सनातन जातिधर्म आणि कुळधर्म उध्वस्त होतात.

।।1.44 ।। **उत्सन्नकुलधर्माणां मनुष्याणां जनार्दन ।**
नरकेऽनियतं वासो भवतीत्यनुशुश्रुम ।।

उत्सन्नकुलधर्माणाम् (नि॰ 24/6, 14/1) मनुष्याणाम् (नि॰ 24/6, 14/1) जनार्दन नरके (नि॰ 6/1) अनियतम् (नि॰ 14/1) वास: (नि॰ 15/8) भवति (नि॰ 1/5) इति (नि॰ 4/1) अनुशुश्रुम

उत्सन्नकुलधर्माणाम् (पु॰ षष्ठी॰ अनेक॰ ←बहुव्री॰ उत्सन्नकुलधर्म, उत्सन्न: कुलस्य धर्म: यस्य ←क्त॰ वि॰ उत्सन्न ←उद्√सद् + न॰ कुल 1.38 + पु॰ धर्म 1.1); * **मनुष्याणाम्** (पु॰ षष्ठी॰ अनेक॰ ←तद्धित शब्द **मनुष्य**, मनो: अपत्यम् ←पु॰ विना॰ **मनु** ←√मन्); * जनार्दन (1.36); * **नरके** (सप्तमी॰ एक॰ ←पु॰ नरक 1.42); * अनियतम् (क्रिवि॰ वि॰ एक॰ ←वि॰ **नियत** ←नि√यम्); * वास: (प्रथमा॰ एक॰ ←पु॰ वास ←√वस्); * **भवति** (तृ॰पु॰ एक॰ लट्॰-वर्तमान॰ भ्वादि॰ परस्मै॰ ←√भू); * इति (1.25); * अनुशुश्रुम (प्रथम॰पु॰ अनेक॰ लिट्-भूत॰ भ्वादि॰ परस्मै॰ ←अनु√श्रु)

उत्सन्नकुलधर्माणाम् (कुलधर्म नष्ट झालेल्या) मनुष्याणाम् (मनुष्यांचा) जनार्दन (हे जनार्दना!) नरके (नरकात) अनियतम् (अनिश्चित काळ) वास: (वास) भवति (असतो) इति (असे) अनुशुश्रुम (आम्ही ऐकले आहे)

* हे जनार्दना! कुलधर्म नष्ट झालेल्या मनुष्यांचा वास नरकात अनिश्चित काळ असतो असे आम्ही ऐकले आहे.

।।1.45 ।। **अहो बत महत्पापं कर्तुं व्यवसिता वयम् ।**
यद्राज्यसुखलोभेन हन्तुं स्वजनमुद्यता: ।।

अहो बत महत्पापम् (नि॰ 14/1) कर्तुम् (नि॰ 14/1) व्यवसिता: (नि॰ 20/17) वयम् (नि॰ 14/2) यत् (नि॰ 9/10) राज्यसुखलोभेन हन्तुम् (नि॰ 14/1) स्वजनम् (नि॰ 8/20) उद्यता: (नि॰ 22/8)

अहो (शोकदर्शक केवलप्रयोगी अव्यय॰ ←√हा); * बत (आश्चर्यदर्शक अव्यय॰); * महत्पापम् (न॰ द्वितीया॰ एक॰ ←तत्पु॰स॰ महत्पाप, महत् पापम् ←वि॰ महत् 1.3 + न॰ पापम् 1.36); * **कर्तुम्** (तुमन्त॰ अव्यय॰ ←8√कृ); * व्यवसिता: (पु॰ प्रथमा॰ अनेक॰ ←क्त॰ वि॰ **व्यवसित** ←वि-अव√सो); * वयम् (1.37); * **यत्** (न॰ द्वितीया॰ एक॰ ←सना॰ यद् 1.7); * राज्यसुखलोभेन (पु॰ तृतीया॰ एक॰ ←तत्पु॰स॰ राज्यसुखलोभ, राज्यस्य सुखस्य लोभ: ←न॰ राज्य 1.32 + न॰ सुख 1.32 + पु॰ लोभ (1.38); * हन्तुम् (1.35); * स्वजनम् (1.28); * उद्यता: (पु॰ प्रथमा॰ अनेक॰ ←क्त॰ वि॰ **उद्यत** ←उद्√यम्)

अहो (अरेरे) बत (खेद किती हा) महत्पापम् (महापातक) कर्तुम् (करावयाला) व्यवसिता: (तयार झालो आहोत) वयम् (आम्ही) यत् (कां की) राज्यसुखलोभेन (राज्यसुखाच्या लोभामुळे) हन्तुम् (मारावयाला) स्वजनम् (आप्ताला) उद्यता: (उद्यत झालो आहोत)

* अरेरे किती हा खेद! कां की आम्ही राज्यसुखाच्या लोभामुळे आप्ताला मारावयाला उद्यत झालो आहोत (आणि) महापातक करावयाला तयार झालो आहेत.

।।1.46 ।। **यदि मामप्रतीकारमशस्त्रं शस्त्रपाणय: ।**

धार्तराष्ट्रा रणे हन्युस्तन्मे क्षेमतरं भवेत् ।।

यदि माम् (नि० 8/16) अप्रतीकारम् (नि० 8/16) अशस्त्रम् (नि० 14/1) शस्त्रपाणय: (नि० 22/8) धार्तराष्ट्रा: (नि० 20/15) रणे (नि० 24/9) हन्यु: (नि० 18/1) तत् (नि० 12/2) मे क्षेमतरम् (नि० 14/1) भवेत्

यदि (1.38); * **माम्** (द्वितीया० एक० ←सना० अस्मद् 1.7); * अप्रतीकारम् (पु० द्वितीया० एक० न-तत्पु०स० ←पु० प्रतीकार ←प्रति√कृ); * अशस्त्रम् (क्रिवि० अथवा न० द्वितीया० एक० ←वि० न-बहुव्री० अशस्त्र ←अ√शस्); * शस्त्रपाणय: (पु० प्रथमा० अनेक० ←बहुव्री० वि० शस्त्रपाणि, शस्त्राणि पाण्यो: यस्य ←न० शस्त्र 1.9 + पु० **पाणि** ←√पण्); * **धार्तराष्ट्रा:** (प्रथमा० अनेक० ←पु० धार्तराष्ट्र 1.19); * **रणे** (सप्तमी० एक० ←न० रण 1.22); * हन्यु: (तृ०पु० अनेक० विधि० अदादि० परस्मै० ←√हन्); * तत् (अव्यय० ←सना० तद् 1.2); * मे (1.21); * क्षेमतरम् (न० प्रथमा० एक० ←वि० क्षेमतर, तरभाव ←वि० **क्षेम** ←√क्षि + तुलनात्मक तद्धित प्रत्यय **तर**, दोन मध्ये तुलना ←√तॄ); * **भवेत्** (तृ०पु० एक० विधि० भ्वादि० परस्मै० ←√भू)

यदि (जरी) माम् (मला) अप्रतीकारम् (अप्रतिकारी) अशस्त्रम् (अशस्त्र) शस्त्रपाणय: (शस्त्रधारी) धार्तराष्ट्रा: (कौरव) रणे (रणांगणावर) हन्यु: (मारतील) तत् (ते) मे (मला) क्षेमतरम् (अधिक चांगले) भवेत् (होईल)

* जरी अशस्त्र अप्रतिकारी (अशा) मला शस्त्रधारी कौरव रणांगणावर मारतील[1] (तरी) ते मला अधिक चांगले होईल.

।।1.47 ।। सञ्जय उवाच

एवमुक्त्वार्जुन: संख्ये रथोपस्थ उपाविशत् ।

विसृज्य सशरं चापं शोकसंविग्नमानस: ।।

---

[1] अर्जुन हे पूर्णपणे जाणून होताच की जरी त्याने रणातून माघार घेतली व युद्ध नाकारले तरी इतर मार्गांनी पांडवांना मारण्यात आजपर्यंत असफल झालेले आणि शांतीचे सर्वच मार्ग नाकारून युद्धार्थ उताविळ जमलेले कौरव मात्र सर्व पांडवासहित त्याला रणांगणावर ठार करतीलच.

सञ्जयः (नि॰ 19/4) उवाच । एवम् (नि॰ 8/20) उक्त्वा (नि॰ 1/3) अर्जुनः (नि॰ 22/7) सङ्ख्ये रथोपस्थे (नि॰ 5/3) उपाविशत् (नि॰ 23/1) विसृज्य सशरम् (नि॰ 14/1) चापम् (नि॰ 14/1) शोकसंविग्नमानसः (नि॰ 22/8)

सञ्जयः (1.2); * उवाच (1.25) । एवम् (1.24); * उक्त्वा (त्वान्त॰ अव्यय॰ ←√वच्); * अर्जुनः (पु॰ प्रथमा॰ एक॰ ←विना॰ अर्जुन 1.4); * **सङ्ख्ये** (सप्तमी॰ एक॰ ←न॰ सङ्ख्य ←सम्√ख्या); * रथोपस्थे (पु॰ सप्तमी॰ एक॰ ←तत्पु॰स॰ रथोपस्थ, रथस्य उपस्थः ←पु॰ रथ 1.4 + पु॰ उपस्थ ←उप√स्था); * उपाविशत् (तृ॰पु॰ एक॰ लङ्॰–भूत॰ तुदादि॰ परस्मै॰ ←उप–आ√विश्); * विसृज्य (क्रि॰वि॰ ल्यप्॰ अव्यय॰ ←वि√सृज्); * सशरम् (पु॰ द्वितीया॰ एक॰ ←स–बहुव्री॰ सशर, शरेण सह ←पु॰ शर ←√श्री + वि॰ सह 1.22); * चापम् (द्वितीया॰ एक॰ ←पु॰ चाप ←√चप्); * शोकसंविग्नमानसः (पु॰ प्रथमा॰ एक॰ ←बहुव्री॰ शोकसंविग्नमानस, शोकेन संविग्नम् मानसम् यस्य ←पु॰ **शोक** ←√शुच् + क्त॰ वि॰ संविग्न ←सम्√विज् + न॰ मानस ←√मन्)

सञ्जयः (संजय) उवाच– (म्हणाला–) एवम् (अशा तऱ्हेने) उक्त्वा (बोलून) अर्जुनः (अर्जुन) संख्ये (रणांगणात) रथोपस्थे (रथाच्या मध्यभागात) उपाविशत् (जाऊन बसला) विसृज्य (टाकून देऊन) सशरम् (बाणासहित) चापम् (धनुष्याला) शोकसंविग्नमानसः (शोकग्रस्त खिन्न मनाचा असा तो)

* संजय म्हणाला– रणांगणात अशा तऱ्हेने बोलून शोकग्रस्त खिन्न मनाचा असा तो अर्जुन बाणांसहित धनुष्याला टाकून देऊन रथाच्या मध्यभागात[1] जाऊन बसला.

इति श्रीमद्भगवद्गीतासूपनिषत्सु ब्रह्मविद्यायां योगशास्त्रे श्रीकृष्णार्जुनसंवादेऽर्जुनविषादयोगो नाम प्रथमोऽध्यायः ।।1 ।।

इति श्रीमद्भगवद्गीतासु (नि॰ 1/8) उपनिषत्सु ब्रह्मविद्यायाम् (नि॰ 14/1) योगशास्त्रे श्रीकृष्णार्जुनसंवादे (नि॰ 6/1) अर्जुनविषादयोगः (नि॰ 15/6) नाम प्रथमः (नि॰ 15/1) अध्यायः (नि॰ 22/8)

इति (1.25); * श्रीमद्भगवद्गीतासु (स्त्री॰ सप्तमी॰ अनेक॰ ←तत्पु॰स॰ श्रीमद्भगवद्गीता ←वि॰ श्रीमत् 6.41 + वि॰ भगवत् 10.14 + स्त्री॰ गीता ←√गै); * उपनिषत्सु (सप्तमी॰ अनेक॰ ←स्त्री॰ उपनिषद् ←उप–नि√सद्); * ब्रह्मविद्यायाम् (स्त्री॰ सप्तमी॰ एक॰ ←तत्पु॰स॰ ब्रह्मविद्या, ब्रह्मणः विद्या ←न॰ ब्रह्मन् 2.72 + स्त्री॰ विद्या 5.18); * योगशास्त्रे (न॰ सप्तमी॰ एक॰ ←तत्पु॰स॰ योगशास्त्र, योगस्य शास्त्रम् ←पु॰ योग 2.39 + न॰ शास्त्र 15.20); * श्रीकृष्णार्जुनसंवादे (पु॰ सप्तमी॰ एक॰ ←तत्पु॰स॰ श्रीकृष्णार्जुनसंवाद, श्रीकृष्णस्य च अर्जुनस्य च संवादः ←वि॰ श्री 10.34 + पु॰ विना॰ कृष्ण 1.28 + पु॰ विना॰ अर्जुन 1.4 + पु॰ संवाद 18.70); * अर्जुनविषादयोगः (पु॰ प्रथमा॰ एक॰ ←तत्पु॰स॰

---

[1] पहा 'दोन शब्द' मधे दिलेला उपस्थे शब्दाचा अर्थ.

अर्जुनविषादयोग, अर्जुनस्य विषादस्य योगः ←विना० अर्जुन 1.4 + पु० विषाद 1.27 + पु० योग 2.39); * नाम (प्रथमा० एक० ←न० नामन् ←√म्ना); * प्रथमः (पु० प्रथमा० एक० ←संख्या० वि० प्रथम); * अध्यायः (प्रथमा० एक० ←पु० अध्याय ←अधि√इ)

इति (याप्रमाणे) श्रीमद्भगवद्गीतासु उपनिषत्सु (श्रीमद्भगवद्गीतो–पनिषदांतील) ब्रह्मविद्यायाम् (ब्रह्मविद्यांतर्गत) योगशास्त्रे श्रीकृष्णार्जुनसंवादे (श्रीकृष्ण आणि अर्जुन यांच्या योगशास्त्राच्या संवादापैकी) अर्जुनविषादयोगः (अर्जुनविषादयोग) नाम (नामक) प्रथमः (पहिला) अध्यायः (अध्याय)

* श्रीमद्भगवद्गीतोपनिषदांतील श्रीकृष्ण आणि अर्जुन यांच्या योगशास्त्राच्या संवादापैकी ब्रह्मविद्यांतर्गत 'अर्जुनविषादयोग' नावाचा पहिला अध्याय याप्रमाणे (समाप्त).

*****

यो हि तेजो यथाशक्ति न दर्पयति विक्रमात् ।
क्षत्रियो जीविताकाङ्क्षी स्तेन इत्येव तं विदुः ।।
(महाभारत, उद्योग० 134.2)

धरुनि मृत्यूची भीति, न लढता यथाशक्ति ।
क्षात्र जो सोडतो नीति, 'चोर' हीच त्याला उक्ति ।।

एष राज्ञां परो धर्मः समरे चापलायनम् ।।
(महाभारत, शान्ति० 14.16)

असत्कृतांना मरण, सत्कृतांचे रक्षण ।
युद्धी न सोडणे रण, क्षात्रधर्माचे लक्षण ।।

द्वितीयोऽध्यायः ।
साङ्ख्ययोगः ।

।।2.1 ।। सञ्जय उवाच

तं तथा कृपयाविष्टमश्रुपूर्णाकुलेक्षणम् ।
विषीदन्तमिदं वाक्यमुवाच मधुसूदनः ।।

द्वितीयः (नि० 15/1) अध्यायः (नि० 22/8) । साङ्ख्ययोगः (नि० 22/8) । सञ्जयः (नि० 19/4) उवाच । तम् (नि० 14/1) तथा कृपया (नि० 1/4) आविष्टम् (नि० 8/16) अश्रुपूर्णाकुलेक्षणम् (नि० 14/2, 24/3) विषीदन्तम् (नि० 8/18) इदम् (नि० 14/1) वाक्यम् (नि० 8/20) उवाच मधुसूदनः (नि० 22/8)

द्वितीयः (पु० प्रथमा० एक० ←क्रमवाचक संख्या० वि० द्वितीय ←वि० द्वि ←√द्व); * अध्यायः (प्रथमा०

एक॰ ←पु॰ अध्याय ←अधि√इ); * साङ्ख्ययोग: (पु॰ प्रथमा॰ एक॰ ←तत्पु॰स॰ साङ्ख्ययोग, साङ्ख्यस्य योग: ←षष्ठी॰ एक॰ ←पु॰ साङ्ख्य 2.39 + प्रथमा॰ एक॰ ←पु॰ योग 2.39)

सञ्जय: (1.2); * उवाच (1.25) । **तम्** (पु॰ द्वितीया॰ एक॰ ←सना॰ तद् 1.2); * तथा (1.8); * कृपया (1.27); * आविष्टम् (पु॰ द्वितीया॰ एक॰ ←वि॰ आविष्ट 1.27); * अश्रुपूर्णाकुलेक्षणम् (पु॰ द्वितीया॰ एक॰ ←बहुव्री॰ अश्रुपूर्णाकुलेक्षण, अश्रुभि: पूर्णे च आकुले च ईक्षणे यस्य ←न॰ अश्रु ←√अश् + वि॰ पूर्ण ←√पूर् + वि॰ आकुल ←आ√कुल् + न॰ ईक्षण ←√ई); * **विषीदन्तम्** (पु॰ द्वितीया॰ एक॰ ←शतृ॰ वि॰ विषीदत् ←वि√सद्); * इदम् (1.10); * वाक्यम् (द्वितीया॰ 1.21); * उवाच (1.25); * मधुसूदन: (प्रथमा॰ एक॰ ←पु॰ बहुव्री॰ मधुसूदन 1.35)

सञ्जय: (संजय) उवाच (म्हणाला–) तम् (त्याला, त्या अर्जुनाला) तथा (तशा) कृपया (दयेने) आविष्टम् (ग्रासलेल्या) अश्रुपूर्णाकुलेक्षणम् (अश्रूंनी डोळे भरलेल्या आणि व्याकुळ झालेल्या–) विषीदन्तम् (शोकयुक्त) इदम् (हे) वाक्यम् (वचन) उवाच (बोलले) मधुसूदन: (मधुसूदन श्रीकृष्ण)

* संजय म्हणाला– दयेने ग्रासलेल्या, अश्रूंनी डोळे भरलेल्या आणि व्याकुळ झालेल्या शोकयुक्त तशा त्या अर्जुनाला मधुसूदन श्रीकृष्ण असे वचन बोलले–

।।2.2 ।। श्रीभगवानुवाच

कुतस्त्वा कश्मलमिदं विषमे समुपस्थितम् ।
अनार्यजुष्टमस्वर्ग्यमकीर्तिकरमर्जुन ।।

श्रीभगवान् (नि॰ 8/14) उवाच । कुत: (नि॰ 18/1) त्वा कश्मलम् (नि॰ 8/18) इदम् (नि॰ 14/1) विषमे समुपस्थितम् (नि॰ 14/2) अनार्यजुष्टम् (नि॰ 8/16) अस्वर्ग्यम् (नि॰ 8/16) अकीर्तिकरम् (नि॰ 8/16) अर्जुन

श्रीभगवान् (वि॰ श्री ←स्त्री॰ श्री (10.34) + पु॰ प्रथमा॰ एक॰ वि॰ भगवत् 10.14); * उवाच (1.25) । **कुत:** (स्थळकाळवाचक प्रश्नार्थक अव्यय॰ कुतस् ←सना॰ किम् 1.1); * **त्वा** (द्वितीया॰ एक॰ ←सना॰ युष्मद् 1.3); * कश्मलम् (प्रथमा॰ एक॰ ←न॰ कष्मल ←√कश्); * इदम् (1.10); * विषमे (न॰ पु॰ सप्तमी॰ एक॰ ←प्रादि॰ विषम ←वि√सम्); * समुपस्थितम् (न॰ 1.28); * अनार्यजुष्टम् (न॰ प्रथमा॰ एक॰ ←वि॰ तत्पु॰स॰ अनार्यजुष्ट, आर्यान् न जुष्टति इति ←वि॰ अनार्य ←√ऋ + क्त॰ वि॰ जुष्ट ←√जुष्); * अस्वर्ग्यम् (न॰ प्रथमा॰ एक॰ ←न-तत्पु॰स॰ कर्मणि॰ विधि॰ धातु॰सा॰ वि॰ अस्वर्ग्य ←वि॰ **स्वर्ग** ←सु√ऋज्); * अकीर्तिकरम् (न॰ प्रथमा॰ एक॰ ←न-तत्पु॰स॰ अकीर्तिकर ←न-तत्पु॰स॰ **अकीर्ति** ←स्त्री॰ **कीर्ति** ←√कृत् + प्रत्यय **कर** अथवा वि॰ **कार** अथवा वि॰ कारक ←8√कृ); * **अर्जुन** (पु॰ संबो॰ एक॰ ←विना॰ अर्जुन 1.4)

श्रीभगवान् (श्रीभगवान) उवाच (म्हणाले–) कुत: (कोठून) त्वा (तुला) कश्मलम् (मोहमाया) इदम् (ही) विषमे (अयोग्य काळी आणि अयोग्य स्थळी) समुपस्थितम् (आली) अनार्यजुष्टम् (थोरजनांना न

शोभणारी) अस्वर्ग्यम् (स्वर्गपथ न दाखविणारी) अकीर्तिकरम् (कीर्ति न देणारी) अर्जुन (हे अर्जुना!)

* श्रीभगवान म्हणाले- हे अर्जुना! अयोग्य काळी आणि अयोग्य स्थळी, थोरजनांना न शोभणारी, स्वर्गपथ न दाखविणारी (व) कीर्ति न देणारी ही मोहमाया तुला कोठून आली?

।।2.3 ।। **क्लैब्यं मा स्म गमः पार्थ नैतत्त्वय्युपपद्यते ।**
क्षुद्रं हृदयदौर्बल्यं त्यक्त्वोत्तिष्ठ परंतप ।।

क्लैब्यम् (नि० 14/1) मा स्म गमः (नि० 22/3) पार्थ न (नि० 3/1) एतत् (नि० 1/10) त्वयि (नि० 4/3) उपपद्यते क्षुद्रम् (नि० 14/1) हृदयदौर्बल्यम् (नि० 14/1) त्यक्त्वा (नि० 2/4) उत्तिष्ठ परन्तप

क्लैब्यम् (द्वितीया० एक० ←न० क्लैब्य ←√क्लिब्); * **मा** (विरोधदर्शक अव्यय० ←√मा); * स्म (निश्चयार्थक अव्यय० ←√स्मि); * गमः (द्वि०पु० एक० उपदेशार्थ अथवा संकेतार्थ लुङ्-भूत० भ्वादि० परस्मै० ←√गम्); * पार्थ (1.25); * न (1.30); * **एतत्** (न० प्रथमा० एक० ←सना० एतद् 1.3); * त्वयि (सप्तमी० एक० ←सना० युष्मद् 1.3); * **उपपद्यते** (तृ०पु० एक० लट्०-वर्तमान० दिवादि० आत्मने० ←उप√पद्); * क्षुद्रम् (न० द्वितीया० एक० ←वि० क्षुद्र ←√क्षुद्); * हृदयदौर्बल्यम् (न० द्वितीया० ←तत्पु०स० हृदयदौर्बल्य, हृदयस्य दौर्बल्यम् ←न० हृदय 1.19 + न० दौर्बल्य ←√दु); * त्यक्त्वा (1.33); * **उत्तिष्ठ** (द्वि०पु० एक० उपदेशार्थ अथवा आज्ञार्थ लोट् भ्वादि० परस्मै० ←√स्था); * **परन्तप** (पु० संबो० एक० ←बहुव्री० परन्तप, परान् तापयति यः, अर्जुन ←वि० **पर** ←√पृ + पु० तप ←√तप्)

क्लैब्यम् (षंढतेला) मा-स्म-गमः (तू बळी पडू नको) पार्थ (हे पार्था!) न (नाही) एतत् (ही) त्वयि (तुझ्या ठिकाणी) उपपद्यते (उचित दिसत-) क्षुद्रम् (तुच्छ) हृदयदौर्बल्यम् (हृदयाची दुर्बलता) त्यक्त्वा (सोडून) उत्तिष्ठ (तू ऊठ) परंतप (हे परंतपा!)

* हे पार्था! तू षंढतेला बळी पडू नको, ही तुझ्या ठिकाणी उचित दिसत नाही; हे परंतपा! हृदयाची तुच्छ दुर्बलता सोडून तू ऊठ.

।।2.4 ।। अर्जुन उवाच

कथं भीष्ममहं संख्ये द्रोणं च मधुसूदन ।
इषुभिः प्रतियोत्स्यामि पूजार्हावरिसूदन ।।

अर्जुनः (नि० 19/4) उवाच । कथम् (नि० 14/1) भीष्मम् (नि० 8/16) अहम् (नि० 14/1) सङ्ख्ये द्रोणम् (नि० 14/1, 24/3) च मधुसूदन (नि० 23/1) इषुभिः (नि० 22/3) प्रतियोत्स्यामि पूजार्हौ (नि० 5/5) अरिसूदन

अर्जुनः (1.28); * उवाच (1.25) । कथम् (1.37); * भीष्मम् (1.11); * अहम् (1.22); * सङ्ख्ये (1.47); * **द्रोणम्** (पु० द्वितीया० एक० ←विना० द्रोण 1.25); * च (1.1); * मधुसूदन (1.35); * इषुभिः (तृतीया० अनेक० ←पु० इषु 1.4); * प्रतियोत्स्यामि (प्रथम०पु० एक० लृट्०-भविष्य० दिवादि० परस्मै० ←प्रति√युध्); * पूजार्हौ (पु० द्वितीया० द्वि०व० ←तत्पु०स० पूजार्ह, पूजायाः अर्हः ←स्त्री० **पूजा**

←√पूज् + वि॰ अर्ह ←√अर्ह्); * अरिसूदन (पु॰ संबो॰ एक॰ ←बहुव्री॰ अरिसूदन, अरिणाम् सूदनः ←पु॰ **अरि** ←√ऋ + वि॰ सूदन ←√सूद्)

अर्जुनः (अर्जुन) उवाच (म्हणाला–) कथम् (कसा) भीष्मम् (भीष्म–) अहम् (मी) संख्ये (रणभूमीवर) द्रोणम् (द्रोण–) च (आणि) मधुसूदन (हे मधुसूदना!) इषुभिः (बाणांनी) प्रतियोत्स्यामि (घायाळ करीन) पूजार्हौ (जे दोघेही पूज्य आहेत त्यांना) अरिसूदन (हे अरिसूदना!)

* अर्जुन म्हणाला– हे मधुसूदना! मी रणभूमीवर भीष्म आणि द्रोण, जे दोघेही पूज्य आहेत त्यांना, बणांनी कसा घायाळ करीन? हे अरिसूदना!

।।2.5 ।। **गुरूनहत्वा हि महानुभावाञ्श्रेयो भोक्तुं भैक्ष्यमपीह लोके ।**
हत्वार्थकामांस्तु गुरूनिहैव भुञ्जीय भोगान्रुधिरप्रदिग्धान् ।।

गुरून् (नि॰ 8/11) अहत्वा हि महानुभावान् (नि॰ 11/5) श्रेयः (नि॰ 15/8) भोक्तुम् (नि॰ 14/1) भैक्ष्यम् (नि॰ 8/16) अपि (नि॰ 1/5) इह लोके हत्वा (नि॰ 1/3) अर्थकामान् (नि॰ 13/7) तु गुरून् (नि॰ 8/13) इह (नि॰ 3/1) एव भुञ्जीय भोगान् (नि॰ 13/18) रुधिरप्रदिग्धान्

गुरून् (द्वितीया॰ अनेक॰ ←पु॰ अथवा वि॰ **गुरु** ←√गृ); * अहत्वा (त्वान्त॰ अव्यय॰ हत्वा 1.31); * हि (अव्यय॰ ←√हि अथवा √हा); * महानुभावान् (पु॰ द्वितीया॰ अनेक॰ ←बहुव्री॰ महानुभाव, महान् अनुभवः यस्य ←वि॰ महा 1.3 + पु॰ अनुभव ←अनु√भू); * **श्रेयः** (प्रथमा॰ एक॰ ←न॰ श्रेय 1.31); * भोक्तुम् (तुमन्त॰ अव्यय॰ ←√भुज्); * भैक्ष्यम् (द्वितीया॰ एक॰ ←न॰ भैक्ष्य ←√भिक्ष्); * अपि (1.26); * **इह** (स्थळकाळवाचक अव्यय॰ ←सना॰ इदम् 1.10); * **लोके** (सप्तमी॰ एक॰ ←संग्रहवाचक पु॰ **लोक** ←√लोक्); * हत्वा (1.31); * अर्थकामान् (पु॰ द्वितीया॰ अनेक॰ ←बहुव्री॰ अर्थकाम, अर्थम् कामयति यः ←पु॰ अर्थ 1.7 + पु॰ अथवा न॰ काम 1.22); * तु (1.2); * गुरून् (↑); * इह (↑); * एव (1.1); * भुञ्जीय (तृतीय–पु॰ विधि॰ एक॰ ←√भुज्); * **भोगान्** (द्वितीया॰ अनेक॰ ←पु॰ भोग 1.32); * रुधिरप्रदिग्धान् (पु॰ द्वितीया॰ अनेक॰ ←तत्पु॰स॰ रुधिरप्रदिग्ध, रुधिरेण प्रदिग्धः ←न॰ रुधिर ←√रुध् + क्त॰ वि॰ प्रदिग्ध ←प्र√दिह्)

गुरून् (गुरूंना) अहत्वा (न मारून) हि (कारण की) महानुभावान् (पावन) श्रेयः (अधिक भले) भोक्तुम् (खाणे) भैक्ष्यम् (भिक्षा मागून मिळालेले) अपि (सुद्धा) इह (या) लोके (जगात) हत्वा (मारून) अर्थकामान् (धनाचे दास असलेल्या) तु (मग) गुरून् (गुरूंना) इह (इथे) एव (च) भुञ्जीय (भोगावे लागेल) भोगान् (भोगांना) रुधिरप्रदिग्धान् (रक्तदूषित)

* पावन गुरूंना न मारून या जगात भिक्षा मागून मिळालेले खाणे सुद्धा अधिक भले; कारण, धनाचे दास असलेल्या गुरूंना मारून मग इथे रक्तदूषित भोगांनाच भोगावे लागेल.

।।2.6 ।। **न चैतद्विद्मः कतरन्नो गरीयो यद्वा जयेम यदि वा नो जयेयुः ।**
यानेव हत्वा न जिजीविषामस्तेऽवस्थिताः प्रमुखे धार्तराष्ट्राः ।।

न च (नि॰ 3/1) एतत् (नि॰ 9/11) विद्मः (नि॰ 22/1) कतरत् (नि॰ 12/1) नः (नि॰ 15/2) गरीयः (नि॰ 15/10) यत् (नि॰ 9/11) वा जयेम यदि वा नः (नि॰ 15/3) जयेयुः (नि॰ 22/8) यान् (नि॰ 8/15) एव हत्वा न जिजीविषामः (नि॰ 18/1) ते (नि॰ 6/1) अवस्थिताः (नि॰ 22/3) प्रमुखे धार्तराष्ट्राः (नि॰ 22/8)

न (1.30); * च (1.1); * **<u>एतत्</u>** (न॰ द्वितीया॰ एक॰ सना॰ एतत् 2.3); * विद्मः (प्रथम॰पु॰ अनेक॰ लट्॰-वर्तमान॰ तुदादि॰ परस्मै॰ ←√<u>विद्</u>); * कतरत् (न॰ प्रथमा॰ एक॰ ←वि॰ कतरत्, कतरस् अथवा कतर ←सना॰ वि॰ कतर ←सना॰ किम् 1.1); * नः (चतुर्थी॰ 1.33); * गरीयः (न॰ प्रथमा॰ एक॰ ←वि॰ **<u>गरीयस्</u>** ←√<u>गॄ</u>); * यत् (1.45); * वा (1.32); * जयेम (प्रथम॰पु॰ अनेक॰ विधि॰ भ्वादि॰ परस्मै॰ ←√जि); * यदि (1.38); * वा (1.32); * नः (द्वितीया॰ अनेक॰ ←सना॰ अस्मद 1.7); * जयेयुः (तृ॰पु॰ अनेक॰ इच्छार्थक भ्वादि॰ परस्मै॰ ←√जि); * यान् (पु॰ द्वितीया॰ अनेक॰ ←√सना॰ यद् 1.7); * एव (1.1); * हत्वा (1.31); * न (1.30); * जिजीविषामः (पु॰ जि ←√जि + प्रथम॰पु॰ अनेक॰ इच्छार्थ सन्नन्त लट्॰-वर्तमान॰ जुवादि॰ परस्मै॰ ←√विष्); * ते (1.33); * अवस्थिताः (1.11); * प्रमुखे (न॰ सप्तमी॰ एक॰ ←वि॰ प्रमुख 1.25); * धार्तराष्ट्राः (1.46)

न (नाही) च (सुद्धा) एतत् (हे) विद्मः (आम्ही जाणत-) कतरत् (काय आहे?) नः (आमच्या करिता) गरीयः (अधिक श्रेष्ठ) यद्वा (अथवा) जयेम (आम्ही जिंकू) यदि-वा (कि) नः (आम्हाला) जयेयुः (ते जिंकणार) यान् (ज्यांना) एव (ही) हत्वा (मारून) न (नाही) जिजीविषामः (आम्हाला जगावेसे वाटत-) ते (ते) अवस्थिताः (उभे आहेत) प्रमुखे (सामोरे) धार्तराष्ट्राः (कौरव)

* हे सुद्धा आम्ही जाणत नाही की आमच्या करिता काय अधिक श्रेष्ठ आहे. अथवा आम्ही (त्यांना) जिंकू कि आम्हाला ते जिंकणार. ज्यांना मारून आम्हाला जगावेसेही वाटत नाही ते कौरव सामोरे उभे आहेत!

।।2.7 ।। **कार्पण्यदोषोपहतस्वभावः पृच्छामि त्वां धर्मसंमूढचेताः ।**
यच्छ्रेयः स्यान्निश्चितं ब्रूहि तन्मे शिष्यस्तेऽहं शाधि मां त्वां प्रपन्नम् ।

कार्पण्यदोषोपहतस्वभावः (नि॰ 22/3) पृच्छामि त्वाम् (नि॰ 14/1) धर्मसम्मूढचेताः (नि॰ 22/8) यत् (नि॰ 11/4) श्रेयः (नि॰ 22/7) स्यात् (नि॰ 12/1) निश्चितम् (नि॰ 14/1) ब्रूहि तत् (नि॰ 12/2) मे शिष्यः (नि॰ 18/1) ते (नि॰ 6/1) अहम् (नि॰ 14/1) शाधि माम् (नि॰ 14/1) त्वाम् (नि॰ 14/1) प्रपन्नम् (नि॰ 14/2)

कार्पण्यदोषोपहतस्वभावः (पु॰ प्रथमा॰ एक॰ ←बहुव्री॰ कार्पण्यदोषोपहतस्वभाव, कार्पण्यस्य दोषेन उपहतः स्वभावः यस्य ←न॰ कार्पण्य ←8√कृप् + पु॰ दोष 1.38 + वि॰ उपहत 1.38 + पु॰ क॰स॰ **<u>स्वभाव</u>** ←सना॰ वि॰ स्व 1.28 + पु॰ **<u>भाव</u>** ←√भू); * पृच्छामि (प्रथम॰पु॰ एक॰ लट्॰-वर्तमान॰ तुदादि॰ परस्मै॰ ←√<u>प्रच्छ्</u>); * **<u>त्वाम्</u>** (द्वितीया॰ एक॰ ←सना॰ युष्मद् 1.3); * धर्मसम्मूढचेताः (पु॰ प्रथमा॰ एक॰

←बहुव्री॰ धर्मसम्मूढचेतस्, धर्मे सम्मूढम् चेत: यस्य ←पु॰ धर्म 1.1 + वि॰ **सम्मूढ** ←सम्√मुह् + न॰ चेतस् 1.38); * यत् (1.45); * श्रेय: (2.5); * स्यात् (1.36); * **निश्चितम्** (प्रथमा॰ एक॰ ←वि॰ **निश्चित** ←निर्√चि); * **ब्रूहि** (द्वि॰पु॰ एक॰ निवेदनार्थ लोट् अदादि॰ परस्मै॰ ←√ब्रू); * **तत्** (न॰ द्वितीया॰ एक॰ ←सना॰ तद् 1.10); * **मे** (चतुर्थी॰ एक॰ ←सना॰ अस्मद् 1.7); * शिष्य: (पु॰ प्रथमा॰ एक॰ ←पु॰ शिष्य 1.3); * **ते** (पु॰ षष्ठी॰ एक॰ ←सना॰ युष्मद् 1.3); * अहम् (1.22); * शाधि (द्वि॰पु॰ एक॰ निवेदनार्थ लोट् अदादि॰ परस्मै॰ ←√शास्); * माम् (1.46); * त्वाम् (2.7); * प्रपन्नम् (पु॰ द्वितीया॰ एक॰ ←क्त॰ वि॰ **प्रपन्न** ←प्र√पद्)

कार्पण्यदोषोपहतस्वभाव: (दैन्यतेच्या दोषाने स्वभावास मुकलेला) पृच्छामि (मी विचारतो) त्वाम् (तुम्हाला) धर्मसंमूढचेता: (धर्मा–अधर्माविषयी विवेकहीन चित्त झालेला) यत् (जे) श्रेय: (श्रेष्ठ) स्यात् (असेल) निश्चितम् (निश्चित) ब्रूहि (सांगा) तत् (ते) मे (मला) शिष्य: (शिष्य) ते (आपला) अहम् (मी आहे) शाधि (उपदेश द्या) माम् (मला) त्वाम् (आपणाला) प्रपन्नम् (शरण आलेल्या)

* दैन्यतेच्या दोषाने स्वभावास मुकलेला (व) धर्मा–अधर्माविषयी विवेकहीन चित्त झालेला मी तुम्हाला विचारतो जे श्रेष्ठ असेल ते मला निश्चित सांगा; मी आपला शिष्य आहे, आपणाला शरण आलेल्या मला उपदेश द्या.

।।2.8 ।। **न हि प्रपश्यामि ममापनुद्याद्यच्छोकमुच्छोषणमिन्द्रियाणाम् ।**
अवाप्य भूमावसपत्नमृद्धं राज्यं सुराणामपि चाधिपत्यम् ।।

न हि प्रपश्यामि मम (नि॰ 1/1) अपनुद्यात् (नि॰ 9/9) यत् (नि॰ 11/4) शोकम् (नि॰ 8/20) उच्छोषणम् (नि॰ 8/18, 24/3) इन्द्रियाणाम् (नि॰ 24/6, 14/2) अवाप्य भूमौ (नि॰ 5/5) असपत्नम् (नि॰ 8/21) ऋद्धम् (नि॰ 14/1) राज्यम् (नि॰ 14/1) सुराणाम् (नि॰ 24/6, 8/16) अपि च (नि॰ 1/1) अधिपत्यम् (नि॰ 14/2)

न (1.30); * हि (1.11); * प्रपश्यामि (प्रथम॰पु॰ एक॰ लट्॰–वर्तमान॰ भ्वादि॰ परस्मै॰ ←प्र√दृश् 1.31); * मम (1.7); * अपनुद्यात् (तृ॰पु॰ एक॰ आशी॰ तुदादि॰ परस्मै॰ ←अप√नुद्); * यत् (1.45); * **शोकम्** (द्वितीया॰ एक॰ ←पु॰ शोक 1.47); * उच्छोषणम् (द्वितीया॰ एक॰ ←न॰ उच्छोषण ←उद्√शुष्); * **इन्द्रियाणाम्** (षष्ठी॰ अनेक॰ ←न॰ **इन्द्रिय** ←√इन्द्); * अवाप्य (ल्यप्॰ अव्यय॰ ←अव√आप्); * भूमौ (सप्तमी॰ एक॰ ←स्त्री॰ **भूमि** ←√भू); * असपत्नम् (द्वितीया॰ एक॰ न–तत्पु॰स॰ ←न॰ **सपत्न** ←√पत्); * ऋद्धम् (न॰ द्वितीया॰ एक॰ ←वि॰ ऋद्ध ←√ऋध्); * राज्यम् (द्वितीया॰ 1.32); * सुराणाम् (षष्ठी॰ अनेक॰ ←पु॰ **सुर** ←सु√रा); * अपि (1.26); * च (1.1); * अधिपत्यम् (न॰ द्वितीया॰ एक॰ ←भाववाचक तद्धित शब्द अधिपत्य ←पु॰ **अधिप** ←अधि√पा)

न (नाही) हि (कारण कि) प्रपश्यामि (मला दिसत–) मम (माझ्या) अपनुद्यात् (हटवू शकेल) यत् (जे) शोकम् (कष्टाला) उच्छोषणम् (सुकविणाऱ्या–) इन्द्रियाणाम् (इन्द्रियांना) अवाप्य (मिळाल्यावरही) भूमौ

(पृथ्वीवर) असपत्नम् (निष्कंटक) ऋद्धम् (समृद्ध) राज्यम् (राज्य) सुराणाम् (देवलोकांचे) अपि (सुद्धा) च (आणि) अधिपत्यम् (आधिपत्य)

* कारण कि पृथ्वीवर निष्कंटक (व) समृद्ध राज्य आणि देवलोकांचे आधिपत्य मिळाल्यावरसुद्धा माझ्या इन्द्रियांना सुकविणाऱ्या कष्टाला जे हटवू शकेल (असे काहीच) मला दिसत नाही.

।।2.9 ।। सञ्जय उवाच

एवमुक्त्वा हृषीकेशं गुडाकेशः परंतप ।
न योत्स्य इति गोविन्दमुक्त्वा तूष्णीं बभूव ह ।।

सञ्जयः (नि॰ 19/4) उवाच । एवम् (नि॰ 8/20) उक्त्वा हृषीकेशम् (नि॰ 14/1) गुडाकेशः (नि॰ 22/3) परन्तप न योत्स्ये (नि॰ 5/2) इति गोविन्दम् (नि॰ 8/20) उक्त्वा तूष्णीम् (नि॰ 14/1) बभूव ह

सञ्जयः (1.2); * उवाच (1.25) । एवम् (1.24); * उक्त्वा (1.47); * हृषीकेशम् (1.20); * गुडाकेशः (प्रथमा॰ एक॰ ←पु॰ गुडाकेश 1.24); * परन्तप (पु॰ संबो॰ एक॰ ←बहुव्री॰ परन्तप 2.3, = धृतराष्ट्र); * न (1.30); * **योत्स्ये** (प्रथम॰पु॰ एक॰ लृट्॰–भविष्य॰ दिवादि॰ आत्मने॰ ←√युध्); * इति (1.25); * गोविन्दम् (द्वितीया॰ एक॰ ←पु॰ गोविन्द 1.32); * उक्त्वा (1.47); * तूष्णीम् (क्रि॰वि॰ अव्यय॰ ←√तुष्); * बभूव (तृ॰पु॰ एक॰ लिट्–भूत॰ भ्वादि॰ परस्मै॰ ←√भू); * ह (निश्चयार्थक अव्यय॰ ←√हा)

सञ्जयः (संजय) उवाच (म्हणाला–) एवम् (अशा तऱ्हेने) उक्त्वा (बोलून) हृषीकेशम् (हृषीकेशाला) गुडाकेशः (अर्जुन) परंतप[1] (हे धृतराष्ट्र!) न (नाही) योत्स्ये (मी झुंजणार–) इति (असे) गोविन्दम्

---

[1] ज्याप्रमाणे महाभारत जिथे जिथे 'सञ्जय उवाच' हा शब्दसमूह राजा धृतराष्ट्रासंबंधी आला आहे तिथे तिथे संजयाने आपल्या स्वामीला अन्यान्य सम्माननीय संबोधनांनी "हे राजन्" म्हणून (1.24 प्रमाणे) आलाप केला आहे; तसेच, गीतेत 2.9 मध्ये सुद्धा त्याने आपल्या स्वामीला "हे परंतप!" म्हणून तो आलाप आरम्भ केला आहे, आणि त्यात आक्षेपार्ह अथवा असुखावह असे काहीच नाही. परतु, काहीं अनुवादक 'परंतप!' हे (संबो॰ एक॰) धृतराष्ट्राला योग्य नसून अर्जुनाला योग्य आहे असे तात्त्विक प्रतिपादन करतात. ते म्हणतात, "धृतराष्ट्र अंध असल्यामुळे शत्रूंना दाबू शकत नव्हता. धृतराष्ट्र मोठा असूनही राजा नेमला गेला नव्हता. तो पांडूच्या मृत्यूमुळे सिंहासनावर बसविला गेला होता. धृतराष्ट्र एक दुर्बळ राजा होता." असा तर्क मांडून या श्लोकात 'परंतप!' चा अर्थ पु॰ प्रथमा॰ एक॰ वि॰ (परतपः) असा गृहीत धरून 'गुडाकेश परंतप अर्जुन' असा करावा असे चतुरतेने सुचवितात पण त्यात व्याकरण सिद्ध होऊ शकत नाही, व जणू काही संजय अर्जुनाशी बोलत आहे असा अर्थ ओतला जातो. म्हणून काही लेखकांनी हे तत्त्व या दृष्टीने सुद्धा सिद्ध करण्याच्या हेतूने मूळ संस्कृत संहितेतील 'परंतप!' या शब्दाला 'परंतपः' असे बदलविलेले आढळते. वास्तविक तसे करू नये, पण केल्यासही, 'सञ्जय उवाच' म्हटल्यानंतर संजय कुणाशी बोलतो आहे याचा संदर्भच नष्ट होतो. ताथापि, श्रीव्यासांनी जसे लिहिले आहे त्यालाच सन्मान देऊन त्यांना चूक सिद्ध करण्यापेक्षा 'परंतप!' चा अर्थ संबोधनार्थक द्वितीयपुरुषी एकवचनी 'हे धृतराष्ट्र!' असू देणेच अधिक योग्य आहे, मग आपल्याला धृतराष्ट्र प्रीय असो किंवा नसो! श्रीव्यास संजयाच्या तोंडी त्याचा स्वामी धृतराष्ट्राकरिता गीतेत 1.21 मध्ये महीपति संज्ञा देऊ शकतात (व अन्यत्र महाभारतात भरतशार्दुल, भरतश्रेष्ठ, भरतर्षभ, भरतसत्तम, कुरुशार्दुल, कुरुश्रेष्ठ ...अशा किती तरी संज्ञा देऊ शकतात) तर ते संजयाच्या तोंडी परंतप संबोधन देऊ शकत नाहीत काय? आणि नसेल तर आपल्याला संपूर्ण महाभारतच आपल्या स्वेच्छेप्रमाने दुरुस्त करावा लागेल!

(गोविंदाला) उक्त्वा (म्हणून) तूष्णीम् (गप्प) बभूव-ह (तो झाला)

* संजय म्हणाला- हे धृतराष्ट्रा! अर्जुन अशा तऱ्हेने हृषीकेशाला बोलून, गोविंदाला "मी झुंजणार नाही" असे म्हणून तो गप्प झाला.

।।2.10 ।। **तमुवाच हृषीकेशः प्रहसन्निव भारत ।**
सेनयोरुभयोर्मध्ये विषीदन्तमिदं वचः ।।

तम् (नि० 8/20) उवाच हृषीकेशः (नि० 22/3) प्रहसन् (नि० 13/3) इव भारत सेनयोः (नि० 16/5) उभयोः (नि० 16/12) मध्ये विषीदन्तम् (नि० 8/18) इदम् (नि० 14/1) वचः (नि० 22/8)

तम् (2.1); * उवाच (1.25) । हृषीकेशः (1.15); * प्रहसन् (प्रथमा० एक० शतृ० वि० प्रहसत् ←प्र√हस्); * इव (1.30); * भारत (1.24); * सेनयोः (1.21); * उभयोः (1.21); * मध्ये (1.21); * विषीदन्तम् (2.1); * इदम् (1.10); * **वचः** (द्वितीया० एक० ←पु० वच ←√वच्)

तम् (त्याला, त्या अर्जुनाला) उवाच (बोलले) हृषीकेशः (हृषीकेश) प्रहसन्-इव (हसल्यासारखे करीत) भारत (हे धृतराष्ट्र!) सेनयोः (सैन्यांच्या) उभयोः (दोन्ही) मध्ये (मध्यात) विषीदन्तम् (शोकयुक्त) इदम् (असे) वचः (वचन)

* हे धृतराष्ट्रा! दोन्ही सैन्यांच्या मध्यात शोकयुक्त (अशा) त्या अर्जुनाला हृषीकेश हसल्यासारखे करीत असे वचन बोलले-

।।2.11 ।। श्रीभगवानुवाच
अशोच्यानन्वशोचस्त्वं प्रज्ञावादांश्च भाषसे ।
गतासूनगतासूंश्च नानुशोचन्ति पण्डिताः ।।

श्रीभगवान् (नि० 8/14) उवाच । अशोच्यान् (नि० 8/11) अन्वशोचः (नि० 18/1) त्वम् (नि० 14/1) प्रज्ञावादान् (नि० 13/6) च भाषसे गतासून् (नि० 8/11) अगतासून् (नि० 13/6) च न (नि० 1/1) अनुशोचन्ति पण्डिताः (नि० 22/8)

श्रीभगवान् (2.2); * उवाच (1.25) । अशोच्यान् (पु० द्वितीया० अनेक० ←कर्मणि० विधि० धातु०सा० वि० अशोच्य ←अ√शुच्); * अन्वशोचः (द्वि०पु० एक० लङ्०-भूत० भ्वादि० परस्मै० ←अनु√शुच्); * **त्वम्** (प्रथमा० एक० ←सना० युष्मद् 1.3); * प्रज्ञावादान् (पु० द्वितीया० अनेक० ←तत्पु०स० प्रज्ञावाद, प्रज्ञायाः वादः ←स्त्री० **प्रज्ञा** ←प्र√ज्ञा + पु० **वाद** ←√वच्); * च (1.1); * भाषसे (द्वि०पु० एक० लट्०-वर्तमान० भ्वादि० आत्मने० ←√भाष्); * गतासून् (पु० द्वितीया० अनेक० ←बहुव्री० **गतासु**, गतः असुः यस्य ←क्त० वि० **गत** ←√गम् + पु० असु ←√अस्); * अगतासून् (पु० द्वितीया० अनेक० न-तत्पु०स० ←वि० गतासु ↑); * च (1.1); * न (1.30); * अनुशोचन्ति (तृ०पु० अनेक० लट्०-वर्तमान० भ्वादि० परस्मै० ←अनु√शुच्); * **पण्डिताः** (पु० प्रथमा० अनेक० ←तद्धित शब्द **पण्डित**, पण्डा सञ्जाता यस्य ←स्त्री० पण्डा ←√पण्ड्)

श्रीभगवान् (श्रीभगवान) उवाच (म्हणाले-) अशोच्यान् (शोकाला जे अपात्र आहेत त्यांच्या बद्दल) अन्वशोचः (शोक करीत होतास) त्वम् (तू) प्रज्ञावादान् (पांडित्याच्या भाषणांना) च (आणि) भाषसे (तू बोलत आहेस) गतासून् (गेलेल्यांबद्दल) अगतासून् (न गेलेल्यांबद्दल) च (आणि) न-अनुशोचन्ति (शोक करीत नाहीत) पण्डिताः (ज्ञानी लोक)

* श्रीभगवान म्हणाले- शोकास जे अपात्र आहेत त्यांच्या बद्दल तू शोक करीत होतास आणि (आता) तू पांडित्याच्या भाषणांना बोलत आहेस? प्राण गेलेल्यांबद्दल आणि न गेलेल्यांबद्दल ज्ञानी लोक शोक करीत नाहीत[1]

।।2.12 ।। **न त्वेवाहं जातु नासं न त्वं नेमे जनाधिपाः ।**
न चैव न भविष्यामः सर्वे वयमतः परम् ।।

न तु (नि० 4/9) एव (नि० 1/1) अहम् (नि० 14/1) जातु न (नि० 1/2) आसम् (नि० 14/1) न त्वम् (नि० 14/1) न (नि० 2/1) इमे जनाधिपाः (नि० 22/8) न च (नि० 3/1) एव न भविष्यामः (नि० 22/7) सर्वे वयम् (नि० 8/16) अतः (नि० 22/3) परम् (नि० 14/2)

न (1.30); * तु (1.2); * एव (1.1); * अहम् (1.22); * **जातु** (काळवाचक अव्यय० ←√जन्); * न (1.30); * आसम् (प्रथम०पु० एक० लङ्०-भूत० अदादि० परस्मै० ←√अस्); * न (1.30); * त्वम् (2.11); * न (1.30); * इमे (1.33); * जनाधिपाः (पु० प्रथमा० अनेक० ←तत्पु०स० जनाधिप, जनानाम् अधिपः ←पु० जन 1.28 + पु० अधिप 2.8); * न (1.30); * च (1.1); * एव (1.1); * न (1.30); * भविष्यामः (प्रथम०पु० अनेक० लृट्०-भविष्य० भ्वादि० परस्मै० ←√भू); * सर्वे (1.6); * वयम् (1.37); * **अतः** (= भाववाचक अव्यय० अतस् ←सना० इदम् 1.10); * **परम्** (विशेषणसाधित अव्यय० ←√पॄ)

न (असे नाही कि) तु (वस्तुतः) एव (सुद्धा) अहम् (मी) जातु (कधीही) न-आसम् (पूर्वी नव्हतो) न (नव्हतास) त्वम् (तू) न (नव्हते) इमे (हे) जनाधिपाः (राजेलोक) न (असे हि नाही कि) च (आणि) एव (व) न-भविष्यामः (असणार नाही) सर्वे (सर्व) वयम् (आम्ही) अतः (या) परम् (पुढे)

* वस्तुतः असे नाही कि मी पूर्वी कधीही नव्हतो, तू नव्हतास आणि हे राजेलोक सुद्धा नव्हते; व असे हि नाही कि यापुढे आम्ही सर्व असणार नाही.

---

(1) *शोको नाशयते धैर्यं शोको नाशयते श्रुतम् ।*
शोको नाशयते सर्वं नास्तिति शोकसमो रिपुः ।।
(वाल्मिकीरामायण, किष्किंधा० 62.15)
शोक नाशवितो धृति, तोचि बुद्धि नष्ट करी ।
शोक नाशे सर्व कृति, शोकासम नसे अरि ।।

।।2.13 ।। **देहिनोऽस्मिन्यथा देहे कौमारं यौवनं जरा ।**

तथा देहान्तरप्राप्तिर्धीरस्तत्र न मुह्यति ।।

देहिन: (नि॰ 15/1) अस्मिन् (नि॰ 13/17) यथा देहे कौमारम् (नि॰ 14/1) यौवनम् (नि॰ 14/1) जरा तथा देहान्तरप्राप्ति: (नि॰ 16/6) धीर: (नि॰ 18/1) तत्र न मुह्यति

देहिन: (षष्ठी॰ एक॰ ←पु॰ **देहिन्** ←√दिह); * अस्मिन् (1.22); * यथा (1.11); * **देहे** (सप्तमी॰ एक॰ ←पु॰ देह ←√दिह); * कौमारम् (प्रथमा॰ एक॰ ←वि॰ न॰ कौमार ←√कुमार); * यौवनम् (प्रथमा॰ एक॰ ←न॰ यौवन ←√यु); * जरा (प्रथमा॰ एक॰ ←स्त्री॰ **जरा** ←√जॄ); * तथा (1.11); * देहान्तरप्राप्ति: (स्त्री॰ प्रथमा॰ एक॰ ←तत्पु॰स॰ देहान्तरप्राप्ति, देहान्तरस्य प्राप्ति: ←पु॰ देह ↑ + न॰ **अन्तर** ←√अन् + स्त्री॰ प्राप्ति ←प्र√आप्); * **धीर:** (प्रथमा॰ एक॰ ←पु॰ **धीर** ←धी√रा); * तत्र (1.26); * न (1.30); * **मुह्यति** (तृ॰पु॰ एक॰ लट्॰–वर्तमान॰ दिवादि॰ परस्मै॰ ←√मुह्)

देहिन: (जीवात्म्याची) अस्मिन् (या) यथा (ज्याप्रमाणे) देहे (शरीरात) कौमारम् (बाल्यावस्था) यौवनम् (तारुण्य) जरा (वृद्धत्व) तथा (त्याप्रमाणे) देहान्तरप्राप्ति: (अन्य नवदेहाची प्राप्ति) धीर: (धैर्यवान मनुष्य) तत्र (त्यात) न–मुह्यति (भ्रमत नाही)

* जीवात्म्याची ज्याप्रमाणे या शरीरात बाल्यावस्था, तारुण्य (व) वृद्धावस्था (सुद्धा असते) त्याप्रमाणे (त्याला) अन्य नवदेहाची प्राप्ति होते, धैर्यवान मनुष्य त्यात भ्रमत नाही.

।।2.14 ।। **मात्रास्पर्शास्तु कौन्तेय शीतोष्णसुखदु:खदा: ।**

आगमापायिनोऽनित्यास्तांस्तितिक्षस्व भारत ।।

मात्रास्पर्शा: (नि॰ 18/1) तु कौन्तेय शीतोष्णसुखदु:खदा: (नि॰ 22/8) आगमापायिन: (नि॰ 15/1) अनित्या: (नि॰ 18/1) तान् (नि॰ 13/7) तितिक्षस्व भारत

मात्रास्पर्शा: (पु॰ प्रथमा॰ अनेक॰ ←तत्पु॰स॰ मात्रास्पर्श, मात्राया: स्पर्श: ←स्त्री॰ मात्रा ←√मा + पु॰ **स्पर्श** ←√स्पर्श्); * तु (1.2); * **कौन्तेय** (संबो॰ एक॰ ←पु॰ कौन्तेय 1.27); * शीतोष्णसुखदु:खदा: (पु॰ प्रथमा॰ अनेक॰ ←बहुव्री॰ शीतोष्णसुखदु:खद, शीतम् च उष्णम् च सुखम् च दु:खम् च ददाति य: ←वि॰ शीत ←√श्यै + वि॰ उष्ण ←√उष् + न॰ सुख 1.32 + न॰ **दु:ख** ←√दु:ख् + वि॰ दद ←√दा); * आगमापायिन: (पु॰ प्रथमा॰ अनेक॰ ←वैकल्पिक द्वंद्व॰स॰ आगमा: च अपायीन: च ←पु॰ **आगम** ←आ√गम् + पु॰ अपायिन् ←अप्√इण्); * अनित्या: (पु॰ प्रथमा॰ अनेक॰ ←वि॰ न–तत्पु॰स॰ अनित्य ←वि॰ नित्य 2.18↓); * तान् (1.7); * तितिक्षस्व (द्वि॰पु॰ एक॰ इच्छार्थ॰ लोट् चुरादि॰ आत्मने॰ ←√तिज्); * भारत (पु॰ संबो॰ एक॰ ←तद्धित शब्द भारत, भरतस्य गोत्रापत्यम् 1.24, = अर्जुन)

मात्रास्पर्शा: (विषयवस्तूंशी होणारे संयोग) तु (तर) कौन्तेय (हे कुन्तीपुत्रा!) शीतोष्णसुखदु:खदा: (शीतोष्ण सुखदु:ख देणारे) आगमापायिन: (क्षणभंगुर) अनित्या: (अनित्य) तान् (त्यांना) तितिक्षस्व (तू

सहन कर) भारत (हे भरतपुत्रा!)

* हे कुन्तीपुत्रा! विषयवस्तूंशी होणारे (इन्द्रियांचे) संयोग तर शीतोष्ण (व) सुखदु:ख देणारे, क्षणभंगुर (व) अनित्य (आहेत); हे भरतपुत्रा! तू त्यांना सहन कर.

।।2.15 ।। **यं हि न व्यथयन्त्येते पुरुषं पुरुषर्षभ ।**
समदु:खसुखं धीरं सोऽमृतत्वाय कल्पते ।।

यम् (नि० 14/1) हि न व्यथयन्ति (नि० 4/4) एते पुरुषम् (नि० 14/1) पुरुषर्षभ समदु:खसुखम् (नि० 14/1) धीरम् (नि० 14/1) स: (नि० 15/1) अमृतत्वाय कल्पते

यम् (पु० द्वितीया० एक० ←सना० यद् 1.7); * हि (1.11); * न (1.30); * व्यथयन्ति (तृ०पु० अनेक० लट्०-वर्तमान० भ्वादि० परस्मै० प्रयो० ←√व्यथ्); * एते (1.23); * **पुरुषम्** (द्वितीया० एक० ←पु० **पुरुष** ←√पुर्); * पुरुषर्षभ (पु० संबो० एक० ←बहुव्री० पुरुषर्षभ, पुरुषाणाम् ऋषभ: य: ←पु० पुरुष ↑ + पु० ऋषभ ←√वृष्); * समदु:खसुखम् (पु० द्वितीया० एक० ←बहुव्री० **समदु:खसुख**, समम् दु:खम् च सुखम् च यस्य ←वि० अथवा अव्यय० सम 1.4 + न० दु:ख 2.14 + न० सुख 1.32); * धीरम् (द्वितीया० एक० ←पु० धीर 2.13); * स: (1.13); * अमृतत्वाय (चतुर्थी० एक० ←न० अमृतत्व ←न-तत्पु०स० वि० अथवा न० **अमृत** ←√मृ); * **कल्पते** (तृ०पु० एक० लट्०-वर्तमान० भ्वादि० आत्मने० ←√क्लृप्)

यम् (ज्या) हि (खरोखर) न-व्यथयन्ति (बाधत नाहीत) एते (हे, हे संयोग) पुरुषम् (पुरुषाला) पुरुषर्षभ (हे पुरुषश्रेष्ठ अर्जुना!) समदु:खसुखम् (सुख-दु:ख सम जाणणाऱ्या) धीरम् (धीर) स: (तो) अमृतत्वाय (मोक्षलाभाला) कल्पते (योग्य होतो)

* हे पुरुषश्रेष्ठ अर्जुना! सुख-दु:ख सम जाणणाऱ्या ज्या धीर पुरुषाला हे संयोग खरोखर बाधत नाहीत तो मोक्षलाभाला योग्य होतो.

।।2.16 ।। **नासतो विद्यते भावो नाभावो विद्यते सत: ।**
उभयोरपि दृष्टोऽन्तस्त्वनयोस्तत्त्वदर्शिभि: ।।

न (नि० 1/1) असत: (नि० 15/13) विद्यते भाव: (नि० 15/6) न (नि० 1/1) अभाव: (नि० 15/13) विद्यते सत: (नि० 22/8) उभयो: (नि० 16/5) अपि दृष्ट: (नि० 15/1) अन्त: (नि० 18/1) तु (नि० 4/6) अनयो: (नि० 18/1) तत्त्वदर्शिभि: (नि० 22/8)

न (1.30); * असत: (न० षष्ठी० एक० ←अत् प्रत्ययान्त वर्त० धातु०सा० वि० **असत्** ←अ√अस्); * विद्यते (तृ०पु० एक० लट्०-वर्तमान० दिवादि० आत्मने० ←√विद्); * **भाव:** (पु० प्रथमा० एक० ←पु० भाव 2.7); * न (1.30); * **अभाव:** (पु० प्रथमा० एक० ←न-तत्पु०स० अभाव ←अ√भू); * विद्यते (↑); * सत: (न० षष्ठी० एक० ←शतृ० वि० **सत्** ←√अस्); * उभयो: (1.21); * अपि (1.26); * दृष्ट: (पु० प्रथमा० एक० ←क्त० वि० **दृष्ट** ←√दृश्); * **अन्त:** (प्रथमा० एक० ←पु० अथवा वि० **अन्त** ←√अम्); * तु (1.2); * अनयो: (षष्ठी० द्वि०पु० ←पु० सना० इदम् 1.10); * तत्त्वदर्शिभि: (पु० तृतीया० अनेक०

←वि० **तत्त्वदर्शिन्** ←न० **तत्त्व** ←√तन् + वि० दर्शिन् ←√दृश्)

असत: (असत्चे) न-विद्यते (नसते) भाव: (अस्तित्व) अभाव: (अनस्तित्व) न-विद्यते (नसतो) सत: (सत्चे) उभयो: (दोहोंचा) अपि (ही) दृष्ट: (जाणला आहे) अन्त: (निर्णय) तु (व) अनयो: (या) तत्त्वदर्शिभि: (तत्त्वज्ञानी लोकांनी)

* असत्चे अस्तित्व नसते व सत्चेही अनस्तित्व नसते. या दोहोंचा निर्णय तत्त्वज्ञानी लोकांनी जाणला आहे

।।2.17 ।। **अविनाशि तु तद्विद्धि येन सर्वमिदं ततम् ।**
विनाशमव्ययस्यास्य न कश्चित्कर्तुमर्हति ।।

अविनाशि तु तत् (नि० 9/11) विद्धि येन सर्वम् (नि० 8/18) इदम् (नि० 14/1) ततम् (नि० 14/2) विनाशम् (नि० 8/16) अव्ययस्य (नि० 1/1) अस्य न कश्चित् (नि० 10/5) कर्तुम् (नि० 8/16) अर्हति

अविनाशि (न० द्वितीया० एक० ←न-बहुव्री० अविनाशिन्, विनाश: नास्ति यस्य ←अ-वि√नश्); * तु (1.2); * तत् (2.7); * **विद्धि** (द्वि०पु० एक० उपदेशार्थक लोट् अदादि० परस्मै० ←√विद्); * **येन** (न० तृतीया० एक० ←सना० यद् 1.7); * **सर्वम्** (प्रथमा० एक० ←सना० सर्व 1.6); * इदम् (प्रथमा० 1.10); * **ततम्** (प्रथमा० एक० ←क्त० वि० तत ←√तन्); * विनाशम् (द्वितीया० एक० ←पु० **विनाश** ←वि√नश्); * **अव्ययस्य** (न० षष्ठी० एक० ←वि० न-बहुव्री० **अव्यय**, नास्ति व्यय: यस्य ←अ-वि√इ); * **अस्य** (न० षष्ठी० एक० ←सना० इदम् 1.10); * न (1.30); * **कश्चित्** (अव्यय० अथवा सना० ←सना० किम् + अव्ययी प्रत्यय चित् = कोणी एक जण); * कर्तुम् (1.45); * अर्हति (तृ०पु० एक० लट्०-वर्तमान० भ्वादि० परस्मै० ←√अर्ह्)

अविनाशि (अविनाशी) तु (तर) तत् (त्याला) विद्धि (तू जाण) येन (ज्याने, ज्यापासून) सर्वम् (सर्व) इदम् (हे) ततम् (विकसित) विनाशम् (नाश) अव्ययस्य (अव्ययी तत्त्वाचा) अस्य (या) न (नाही) कश्चित् (कुणीही) कर्तुम् (घडवू-) अर्हति (शकत-)

* अविनाशी तर तू त्याला जाण ज्यापासून हे सर्व विकसित (आहे)(1); या अव्ययी तत्त्वाचा नाश कुणीही घडवू शकत नाही.

।।2.18 ।। **अन्तवन्त इमे देहा नित्यस्योक्ता: शरीरिण: ।**

---

(1) यत्र यत्र मनो याति तत्र तत्र परं पदम् ।
तत्र तत्र परं ब्रह्म सर्वत्र समवस्थितम् ।।
(उत्तरगीता 3.9)
जिथे जिथे जाते चित्त, तिथे तिथे ते परम ।
तिथे तिथे ब्रह्म नित, सर्वत्र स्थित ते सम ।।

अनाशिनोऽप्रमेयस्य तस्माद्युद्ध्यस्व भारत ।।

अन्तवन्त: (नि० 19/2) इमे देहा: (नि० 20/10) नित्यस्य (नि० 2/2) उक्ता: (नि० 22/5) शरीरिण: (नि० 24/2, 22/8) अनाशिन: (नि० 15/1) अप्रमेयस्य तस्मात् (नि० 9/9) युद्ध्यस्व भारत

अन्तवन्त: (पु० प्रथमा० अनेक० ←शतृ० वि० **अन्तवत्** ←पु० अन्त 2.16 + प्रत्यय वत् 1.5); * इमे (1.33); * देहा: (प्रथमा० अनेक० ←पु० देह 2.13); * नित्यस्य (पु० षष्ठी० एक० ←वि० **नित्य** ←√नी); * उक्ता: (पु० प्रथमा० अनेक० ←क्त० वि० उक्त ←√वच् अथवा √ब्रू); * शरीरिण: (पु० षष्ठी० एक० ←वि० अथवा पु० शरीरिन् ←√शॄ); * अनाशिन: (पु० षष्ठी० एक० ←वि० अथवा पु० न-बहुव्री० अनाशिन्, नास्ति नाश: यस्य ←अ√नश्); * अप्रमेयस्य (पु० षष्ठी० एक० न-बहुव्री० ←वि० अथवा न० **प्रमेय** ←प्र√मा); * तस्मात् (1.37); * **युद्ध्यस्व** (द्वि०पु० एक० निमंत्रणार्थ लोट् दिवादि० आत्मने० ←√युध्); * भारत (2.14)

अन्तवन्त: (नश्वर) इमे (हे) देहा: (देह) नित्यस्य (नित्य तत्त्वाच्या) उक्ता: (म्हटले गेले आहेत) शरीरिण: (आत्म्याचे) अनाशिन: (शाश्वत गुणा-) अप्रमेयस्य (अगम्य स्वरूपाच्या-) तस्मात् (म्हणून) युद्ध्यस्व (तू झुंज दे) भारत (हे भारता!)

* नित्य तत्त्वाच्या, शाश्वत गुणाच्या (व) अगम्य स्वरूपाच्या आत्म्याचे हे देह नश्वर म्हटले गेले आहेत म्हणून, हे भारता! तू झुंज दे.

।।2.19 ।। **य एनं वेत्ति हन्तारं यश्चैनं मन्यते हतम् ।**
उभौ तौ न विजानीतो नायं हन्ति न हन्यते ।।

य: (नि० 19/7) एनम् (नि० 14/1) वेत्ति हन्तारम् (नि० 14/1) य: (नि० 17/1) च (नि० 3/1) एनम् (नि० 14/1) मन्यते हतम् (नि० 14/2) उभौ तौ न विजानीत: (नि० 15/6) न (नि० 1/1) अयम् (नि० 14/1) हन्ति न हन्यते

य: (पु० प्रथमा० एक० ←सना० यद् 1.7); * **एनम्** (पु० द्वितीया० एक० ←सन० एतद् 1.3); * **वेत्ति** (तृ०पु० एक० लट्०-वर्तमान० अदादि० परस्मै० ←√विद्); * हन्तारम् (द्वितीया० एक० ←वि० अथवा पु० हन्तृ ←√हन्); * य: (↑); * च (1.1); * एनम् (↑); * **मन्यते** (तृ०पु० एक० लट्०-वर्तमान० दिवादि० आत्मने० ←√मन्); * हतम् (पु० द्वितीया० एक० ←क्त० वि० **हत** ←√हन्); * **उभौ** (पु० द्वितीया० द्वि०व० ←सना० **उभ** ←√उभ्); * **तौ** (पु० द्वितीया० द्वि०व० ←सना० तद् 1.2); * न (1.30); * विजानीत: (तृ०पु० द्वि०व० लट्०-वर्तमान० क्र्यादि० परस्मै० ←वि√ज्ञा); * न (1.30); * **अयम्** (पु० प्रथमा० एक० ←सना० इदम् 1.10); * **हन्ति** (तृ०पु० एक० लट्०-वर्तमान० अदादि० परस्मै० ←√हन्); * न (1.30); * **हन्यते** (तृ०पु० एक० लट्०-वर्तमान० अदादि० आत्मने० ←√हन्)

य: (जो) एनम् (या आत्म्याला) वेत्ति (समजतो) हन्तारम् (हत्या करणारा) य: (जो) च (आणि) एनम् (याला) मन्यते (मानतो) हतम् (मृत) उभौ (दोघेही) तौ (ते) न-विजानीत: (जाणत नाहीत) न (न) अयम्

(हा) हन्ति (मारतो) न (न) हन्यते (मारला जातो)

* जो या आत्म्याला हत्या करणारा समजतो आणि जो याला मृत मानतो ते दोघेही (हे) जाणत नाहीत (की) हा न मारतो न मारला जातो.

।।2.20 ।।

न जायते म्रियते वा कदाचिन्नायं भूत्वा भविता वा न भूयः ।
अजो नित्यः शाश्वतोऽयं पुराणो न हन्यते हन्यमाने शरीरे ।।

न जायते म्रियते वा कदाचित् (नि० 12/1) न (नि० 1/1) अयम् (नि० 14/1) भूत्वा भविता वा न भूयः (नि० 22/8) अजः (नि० 15/6) नित्यः (नि० 22/5) शाश्वतः (नि० 15/1) अयम् (नि० 14/1) पुराणः (नि० 15/6) न हन्यते हन्यमाने शरीरे

न (1.30); * जायते (1.29); * म्रियते (तृ०पु० एक० लट्०-वर्तमान० तुदादि० आत्मने० ←√मृ); * वा (1.32); * कदाचित् (काळवाचक अव्यय० ←सना० किम् 1.1 + प्रत्यय दा + प्रत्यय चित् = कोणता एक, कोणत्या एका); * न (1.30); * अयम् (2.19); * <u>**भूत्वा**</u> (त्वान्त० अव्यय० ←√भू); * <u>**भविता**</u> (तृ०पु० एक० पार्यायोक्तियुक्त लुट्-भविष्य० भ्वादि० परस्मै० ←√भू); * वा (1.32); * न (1.30); * <u>**भूयः**</u> (= अव्यय० भूयस् ←√भू); * <u>**अजः**</u> (पु० प्रथमा० एक० ←न-तत्पु०स० वि० <u>**अज**</u>, न जायते इति ←पु० ज 1.7); * <u>**नित्यः**</u> (पु० प्रथमा० एक० ←वि० अथवा अव्यय० नित्य 2.18); * शाश्वतः (पु० प्रथमा० एक० ←वि० शाश्वत 1.43); * अयम् (2.19); * <u>**पुराणः**</u> (पु० प्रथमा० एक० ←वि० <u>**पुराण**</u> ←पुरा√नी); * न (1.30); * हन्यते (2.19); * हन्यमाने (सप्तमी० एक० ←मान प्रत्ययान्त शानच्० वि० हन्यमान ←√हन्); * शरीरे (1.29)

न (नाही) जायते (जन्मत-) म्रियते (मरत-) वा (वा) कदाचित् (केव्हाही) न (न) अयम् (हा) भूत्वा (एकदा होऊन) भविता (भविष्यात होणारा) वा (किंवा) न (नाही) भूयः (पुन्हा) अजः (अजन्मा) नित्यः (नित्य) शाश्वतः (अनंत) अयम् (हा) पुराणः (सनातन) न-हन्यते (नाश पावत नाही) हन्यमाने-शरीरे (देहाच्या नाशात)

* हा (आत्मा) केव्हाही जन्मत नाही वा मरत नाही किंवा न एकदा होऊन पुन्हा भविष्यात होणारा (आहे). अजन्मा, नित्य, अनंत (व) सनातन (असा) हा देहाच्या नाशात नाश पावत नाही.

।।2.21 ।। **वेदाविनाशिनं नित्यं य एनमजमव्ययम् ।**
कथं स पुरुषः पार्थ कं घातयति हन्ति कम् ।।

वेद (नि० 1/1) अविनाशिनम् (नि० 14/1) नित्यम् (नि० 14/1) यः (नि० 19/7) एनम् (नि० 8/16) अजम् (नि० 8/16) अव्ययम् (नि० 14/2) कथम् (नि० 14/1) सः (नि० 21/2) पुरुषः (नि० 22/3) पार्थ कम् (नि० 14/1) घातयति हन्ति कम् (नि० 14/2)

<u>**वेद**</u> (तृ०पु० एक० पूर्णकाळवाचक लट्०-वर्तमान० अदादि० परस्मै० ←√विद्); * अविनाशिनम् (द्वितीया०

एक० ←वि० अविनाशिन् ←अ–वि–√नश्); * **नित्यम्** (द्वितीया० एक० ←क्रि०वि० अथवा पु० नित्य 2.18); * यः (2.19); * एनम् (2.19); * **अजम्** (द्वितीया० एक० ←वि० अज 2.20); * **अव्ययम्** (द्वितीया० एक० ←वि० अव्यय 2.17); * कथम् (1.37); * सः (1.13); * **पुरुषः** (प्रथमा० एक० ←पु० पुरुष 2.15); * पार्थ (1.25); * **कम्** (पु० द्वितीया० एक० ←सना० किम् 1.1); * घातयति (तृ०पु० एक० लट्०–वर्तमान० अदादि० परस्मै० प्रयो० ←√हन्); * हन्ति (2.19); * कम् (↑)

वेद (जाणतो) अविनाशिनम् (अविनाशीला, अविनाशी आत्म्याला) नित्यम् (सतत टिकणाऱ्याला, ०टिकणाऱ्या आत्म्याला) यः (जो) एनम् (याला, या आत्म्याला) अजम् (जन्मरहित असणाऱ्याला, ०असणाऱ्या आत्म्याला) अव्ययम् (न मरणाऱ्याला, न मरणाऱ्या आत्म्याला) कथम् (कसा) सः (तो) पुरुषः (मनुष्य) पार्थ (हे पृथासुता अर्जुना!) कम् (कुणाला?) घातयति (मारवितो) हन्ति (मारतो) कम् (कुणाला?)

* हे पृथासुता अर्जुना! जो (मनुष्य) या अविनाशी, सतत टिकणाऱ्या आत्म्याला, जन्मरहित असणाऱ्या व न मरणाऱ्या आत्म्याला जाणतो, तो मनुष्य कुणाला मारवितो (किंवा) कुणाला मारतो कसा?

।।2.22 ।। **वासांसि जीर्णानि यथा विहाय नवानि गृह्णाति नरोऽपराणि ।**
तथा शरीराणि विहाय जीर्णान्यन्यानि संयाति नवानि देही ।।

वासांसि जीर्णानि यथा विहाय नवानि गृह्णाति नरः (नि० 15/1) अपराणि (नि० 24/7) तथा शरीराणि (नि० 24/7) विहाय जीर्णानि (नि० 4/1) अन्यानि संयाति नवानि देही

वासांसि (द्वितीया० अनेक० ←न० वासस् ←√वस्); * **जीर्णानि** (न० द्वितीया० अनेक० ←क्त० वि० जीर्ण ←√जृ); * यथा (1.11); * **विहाय** (ल्यप्० अव्यय० ←वि√हा); * **नवानि** (न० द्वितीया० अनेक० ←वि० नव ←√नु); * गृह्णाति (तृ०पु० एक० लट्०–वर्तमान० क्र्यादि० परस्मै० ←√ग्रह); * **नरः** (प्रथमा० एक० ←पु० नर 1.5); * अपराणि (न० द्वितीया० अनेक० ←सना० वि० **अपर** न–तत्पु०स० न परः अथवा न–बहुव्री० न परः यस्मात् ←वि० अथवा न० पर 2.3); * तथा (1.8); * शरीराणि (द्वितीया० अनेक० ←न० शरीर 1.29); * विहाय (↑); * जीर्णानि (↑); * अन्यानि (न० द्वितीया० अनेक० ←वि० अन्य 1.9); * **संयाति** (तृ०पु० एक० लट्०–वर्तमान० अदादि० परस्मै० ←सम्√या); * नवानि (↑); * **देही** (प्रथमा० एक० ←पु० देहिन् 2.13)

वासांसि (वस्त्रे) जीर्णानि (जीर्ण) यथा (ज्याप्रमाणे) विहाय (टाकून) नवानि (नवी) गृह्णाति (नेसतो) नरः (मानव) अपराणि (दुसरी) तथा (त्याप्रमाणे) शरीराणि (शरीरे) विहाय (त्यागून) जीर्णानि (जुनी) अन्यानि (अन्य) संयाति (धारण करतो) नवानि (नवीन) देही (जीवात्मा)

* ज्याप्रमाणे मानव जीर्ण वस्त्रे टाकून दुसरी नवी नेसतो त्याप्रमाणे (हा) जीवात्मा जुनी शरीरे त्यागून

अन्य नवीन धारण करतो.[1]

।।2.23 ।। **नैनं छिन्दन्ति शस्त्राणि नैनं दहति पावकः ।**
न चैनं क्लेदयन्त्यापो न शोषयति मारुतः ।।

न (नि॰ 3/1) एनम् (नि॰ 14/1) छिन्दन्ति शस्त्राणि (नि॰ 24/7) न (नि॰ 3/1) एनम् (नि॰ 14/1) दहति पावकः (नि॰ 22/8) न च (नि॰ 3/1) एनम् (नि॰ 14/1) क्लेदयन्ति (नि॰ 4/2) आपः (नि॰ 15/6) न शोषयति मारुतः (नि॰ 22/8)

न (1.30); * एनम् (द्वितीया॰ 2.19); * छिन्दन्ति (तृ॰पु॰ अनेक॰ लट्॰-वर्तमान॰ रुधादि॰ परस्मै॰ ←√छिद्); * शस्त्राणि (प्रथमा॰ अनेक॰ ←न॰ शस्त्र 1.9); * न (1.30); * एनम् (2.19); * दहति (तृ॰पु॰ एक॰ लट्॰-वर्तमान॰ भ्वादि॰ परस्मै॰ ←√दह); * **पावकः** (प्रथमा॰ एक॰ ←पु॰ पावक ←√पू); * न (1.30); * च (1.1); * एनम् (2.19); * क्लेदयन्ति (तृ॰पु॰ अनेक॰ लट्॰-वर्तमान॰ दिवादि॰ परस्मै॰ प्रयो॰ ←√क्लिद्); * **आपः** (प्रथमा॰ समुच्चयवाचक एक॰ ←न॰ आप ←√आप्); * न (1.30); * शोषयति (तृ॰पु॰ एक॰ लट्॰-वर्तमान॰ दिवादि॰ परस्मै॰ प्रयो॰ ←√शुष्); * मारुतः (प्रथमा॰ एक॰ ←पु॰ मारुत ←√मृ)

न (नाहीत) एनम् (या आत्म्याला) छिन्दन्ति (छेदत-) शस्त्राणि (शस्त्रे) न (नाही) एनम् (याला) दहति (जाळत-) पावकः (अग्नि) न (नाही) च (आणि) एनम् (याला) क्लेदयन्ति (भिजवीत-) आपः (पाणी) न (नाहीत) शोषयति (सुकवीत-) मारुतः (वायु)

* या आत्म्याला शस्त्रे छेदत नाहीत, याला अग्नि जाळत नाही, याला पाणी भिजवीत नाहीत आणि वायु सुकवीत नाही.[2]

---

(1) *यथा हि पुरुषः शालां पुनः सम्प्रविशेन्नवाम् ।*
एवं जीवः शरीराणि तानि तानि प्रपद्यते ।।
(महाभारत, शान्ति॰ 15.57)
गृह हे सोडुनि जन, जसा प्रवेशे नूतन ।
जीव करी विसर्जन, शिराया अन्यान्य तन ।।

(2) *यथा रजोभिर्गगनं यथा कमलमम्बुभिः ।*
न लिप्यते हि संश्लिष्टैर्देहैरात्मा तथैव च ।।
(योगवासिष्ठ, 5:5.31)
धूळ न मळे आकाश, न जळ पद्मपत्रास ।
देहात असूनी वास, देही न लिपटे त्यास ।।

।।2.24 ।। **अच्छेद्योऽयमदाह्योऽयमक्लेद्योऽशोष्य एव च ।**
नित्यः सर्वगतः स्थाणुरचलोऽयं सनातनः ।।

अच्छेद्यः (नि॰ 15/1) अयम् (नि॰ 8/16) अदाह्यः (नि॰ 15/1) अयम् (नि॰ 8/16) अक्लेद्यः (नि॰ 15/1) अशोष्यः (नि॰ 19/7) एव च नित्यः (नि॰ 22/7) सर्वगतः (नि॰ 22/7) स्थाणुः (नि॰ 16/3) अचलः (नि॰ 15/1) अयम् (नि॰ 14/1) सनातनः (नि॰ 22/8)

अच्छेद्यः (पु॰ प्रथमा॰ एक॰ ←वि॰ न-तत्पु॰स॰ अच्छेद्य ←अ√छिद्); * अयम् (2.19); * अदाह्यः (पु॰ प्रथमा॰ एक॰ ←न-तत्पु॰स॰ कर्मणि॰ विधि॰ धातु॰सा॰ वि॰ अदाह्य ←अ√दह्); * अयम् (2.19); * अक्लेद्यः (पु॰ प्रथमा॰ एक॰ ←न-तत्पु॰स॰ कर्मणि॰ विधि॰ धातु॰सा॰ वि॰ अक्लेद्य ←अ√क्लिद्); * अशोष्यः (पु॰ प्रथमा॰ एक॰ ←न-तत्पु॰स॰ कर्मणि॰ विधि॰ धातु॰सा॰ वि॰ अशोष्य ←अ√शुष्); * एव (1.1); * च (1.1); * नित्यः (2.20); * सर्वगतः (पु॰ प्रथमा॰ एक॰ ←तत्पु॰स॰ **सर्वगत**, सर्वत्र गतम् ←सना॰ सर्व 1.6 + वि॰ गत 2.11); * स्थाणुः (पु॰ प्रथमा॰ एक॰ ←वि॰ स्थाणु ←√स्था); * अचलः (पु॰ प्रथमा॰ एक॰ ←न-बहुव्री॰ वि॰ **अचल** ←अ√चल्); * अयम् (2.19); * **सनातनः** (पु॰ प्रथमा॰ एक॰ ←वि॰ सनातन 1.40)

अच्छेद्यः (छेदला न जाणारा) अयम् (हा, हा आत्मा) अदाह्यः (जाळला न जाणारा) अयम् (हा) अक्लेद्यः (भिजविला न जाणारा) अशोष्यः (सुकविला न जाणारा) एव (सुद्धा) च (आणि) नित्यः (सतत टिकणारा) सर्वगतः (सर्वव्यापी) स्थाणुः (अढळ) अचलः (अचल) अयम् (हा) सनातनः (सनातन)

* छेदला न जाणारा हा, जाळला न जाणारा हा, भिजविला न जाणारा (व) सुकविला सुद्धा न जाणारा हा आत्मा सतत टिकणारा, सर्वव्यापी, अढळ, अचल आणि सनातन (आहे).

।।2.25 ।। **अव्यक्तोऽयमचिन्त्योऽयमविकार्योऽयमुच्यते ।**
तस्मादेवं विदित्वैनं नानुशोचितुमर्हसि ।।

अव्यक्तः (नि॰ 15/1) अयम् (नि॰ 8/16) अचिन्त्यः (नि॰ 15/1) अयम् (नि॰ 8/16) अविकार्यः (नि॰ 15/1) अयम् (नि॰ 8/20) उच्यते तस्मात् (नि॰ 8/9) एवम् (नि॰ 14/1) विदित्वा (नि॰ 3/3) एनम् (नि॰ 14/1) न (नि॰ 1/1) अनुशोचितुम् (नि॰ 8/16) अर्हसि

अव्यक्तः (पु॰ प्रथमा॰ एक॰ ←क्त॰ वि॰ न-तत्पु॰स॰ **अव्यक्त** ←अ-वि√अञ्ज्); * अयम् (2.19); * अचिन्त्यः (पु॰ प्रथमा॰ एक॰ ←न-तत्पु॰स॰ कर्मणि॰ विधि॰ धातु॰सा॰ वि॰ **अचिन्त्य** ←अ√चिन्त्); * अयम् (2.19); * अविकार्यः (पु॰ प्रथमा॰ एक॰ ←न-तत्पु॰स॰ कर्मणि॰ विधि॰ धातु॰सा॰ वि॰ अविकार्य ←अ-वि√कृ); * अयम् (2.19); * **उच्यते** (कर्मणि प्रयोग तृ॰पु॰ एक॰ ←√वच्); * तस्मात् (1.37); * एवम् (1.24); * **विदित्वा** (त्वान्त॰ अव्यय॰ ←√विद्); * एनम् (2.19); * न (1.30); * अनुशोचितुम् (तुमन्त॰ अव्यय॰ ←अनु√शुच्); * **अर्हसि** (द्वि॰पु॰ एक॰ लट्॰-वर्तमान॰ भ्वादि॰ परस्मै॰ ←√अर्ह्)

अव्यक्तः (अगोचर) अयम् (हा आत्मा) अचिन्त्यः (अगम्य) अयम् (हा) अविकार्यः (अक्षर) अयम् (हा)

उच्यते (म्हटला जातो) तस्मात् (म्हणून) एवम् (अशाप्रकारे) विदित्वा (जाणून) एनम् (याला) न (नाही) अनुशोचितुम् (शोक करावयास) अर्हसि (तू योग्य–)

* आत्मा हा अगोचर, अगम्य (व) अक्षर म्हटला जातो म्हणून याला अशा प्रकारे जाणून शोक करावयास तू योग्य नाही.

।।2.26 ।। **अथ चैनं नित्यजातं नित्यं वा मन्यसे मृतम् ।**
तथापि त्वं महाबाहो नैवं शोचितुमर्हसि ।।

अथ च (नि॰ 3/1) एनम् (नि॰ 14/1) नित्यजातम् (नि॰ 14/1) नित्यम् (नि॰ 14/1) वा मन्यसे मृतम् (नि॰ 14/2) तथापि त्वम् (नि॰ 14/1) महाबाहो न (नि॰ 3/1) एवम् (नि॰ 14/1) शोचितुम् (नि॰ 8/16) अर्हसि

अथ (1.20); * च (1.1); * एनम् (2.19); * नित्य (2.18); * जातम् (पु॰ द्वितीया॰ एक॰ ←क्त॰ वि॰ **जात** ←√जन्); * नित्यम् (2.21); * वा (1.32); * **मन्यसे** (द्वि॰पु॰ एक॰ लट्॰–वर्तमान॰ दिवादि॰ आत्मने॰ ←√मन् 2.19); * मृतम् (पु॰ द्वितीया॰ एक॰ ←क्त॰ वि॰ **मृत** ←√मृ); * तथा (1.8); * अपि (1.26); * त्वम् (2.11); * **महाबाहो** (पु॰ संबो॰ एक॰ ←बहुव्री॰ महाबाहु 1.18); * न (1.30); * एवम् (1.24); * शोचितुम् (तुमन्त॰ अव्यय॰ ←√शुच् 2.25); * अर्हसि (2.25)

अथ (जर) च (तसेच) एनम् (याला, या आत्म्याला) नित्यजातम् (पुन:पुन्हा जन्मणारा) नित्यम् (सतत) वा (किंवा) मन्यसे (तू मानतोस) मृतम् (मेलेला) तथापि (तरीही) त्वम् (तू) महाबाहो (हे प्रबळबाहु अर्जुना!) न (नाही) एवम् (असा) शोचितुम् (शोक करण्याकरिता) अर्हसि (योग्य–)

* हे प्रबळबाहु अर्जुना! तसेच तू जर या आत्म्याला पुन:पुन्हा जन्मणारा किंवा सतत मेलेला मानतोस तरीही तू असा शोक करण्याकरिता योग्य नाही.

।।2.27 ।। **जातस्य हि ध्रुवो मृत्युर्ध्रुवं जन्म मृतस्य च ।**
तस्मादपरिहार्येऽर्थे न त्वं शोचितुमर्हसि ।।

जातस्य हि ध्रुव: (नि॰ 15/9) मृत्यु: (नि॰ 16/8) ध्रुवम् (नि॰ 14/1) जन्म मृतस्य च तस्मात् (नि॰ 8/2) अपरिहार्ये (नि॰ 6/1) अर्थे न त्वम् (नि॰ 14/1) शोचितुम् (नि॰ 8/16) अर्हसि

जातस्य (पु॰ षष्ठी॰ एक॰ ←वि॰ जात 2.26); * हि (1.11); * ध्रुव: (पु॰ प्रथमा॰ एक॰ ←वि॰ **ध्रुव** ←√धृ); * **मृत्यु:** (प्रथमा॰ एक॰ ←पु॰ **मृत्यु** ←√मृ); * **ध्रुवम्** (न॰ प्रथमा॰ एक॰ ←वि॰ ध्रुव ↑); * **जन्म** (प्रथमा॰ एक॰ ←न॰ **जन्मन्** ←√जन्); * मृतस्य (पु॰ षष्ठी॰ एक॰ ←वि॰ मृत 2.26); * च (1.1); * तस्मात् (1.37); * अपरिहार्ये (पु॰ सप्तमी॰ एक॰ न–तत्पु॰स॰ ←कर्मणि॰ विधि॰ धातु॰सा॰ वि॰ परिहार्य ←परि√हृ); * अर्थे (1.9); * न (1.30); * त्वम् (2.11); * शोचितुम् (2.26); * अर्हसि (2.25)

जातस्य (जीविताचा) हि (तसेच) ध्रुव: (अटळ) मृत्यु: (मृत्यु) ध्रुवम् (निश्चित) जन्म (जन्म) मृतस्य

(मृताचा) च (आणि) तस्मात् (म्हणून) अपरिहार्ये अर्थे (निरुपायाच्या गोष्टीत) न (नाही) त्वम् (तू) शोचितुम् (शोक करावयास) अर्हसि (योग्य-)

* तसेच, जीविताचा मृत्यु अटळ (असतो) आणि मृताचा जन्म निश्चित (असतो)[1] म्हणून (अशा) निरुपायाच्या गोष्टीत तू शोक करावयास योग्य नाही.

।।2.28 ।। **अव्यक्तादीनि भूतानि व्यक्तमध्यानि भारत ।**
अव्यक्तनिधनान्येव तत्र का परिदेवना ।।

अव्यक्त (नि॰ 1/1) अदीनि भूतानि व्यक्तमध्यानि भारत (नि॰ 23/1) अव्यक्तनिधनानि (नि॰ 4/4) एव तत्र का परिदेवना

अव्यक्तादीनि (न॰ प्रथमा॰ अनेक॰ ←बहुव्री॰ वि॰ अव्यक्तादि, अव्यक्तम् आदिम् यस्य ←वि॰ अव्यक्त 2.25 + वि॰ **आदि** ←आ√दा); * **भूतानि** (प्रथमा॰ अनेक॰ ←न॰ **भूत** ←√भू); * व्यक्तमध्यानि (न॰ प्रथमा॰ अनेक॰ ←बहुव्री॰ वि॰ व्यक्तमध्य, व्यक्तम् मध्यम् यस्य ←क्त॰ वि॰ व्यक्त ←वि√अञ्ज् + पु॰ मध्य 1.21); * भारत (2.14); * अव्यक्तनिधनानि (न॰ प्रथमा॰ अनेक॰ ←बहुव्री॰ अव्यक्तनिधन, अव्यक्तम् निधनम् यस्य ←वि॰ अव्यक्त 2.25 + न॰ **निधन** ←नि√धा); * एव (1.1); * तत्र (1.26); * का (1.36); * परिदेवना (प्रथमा॰ एक॰ ←स्त्री॰ परिदेवना ←परि√दिव्)

अव्यक्तादीनि (जन्मापूर्वी अव्यक्त असलेले) भूतानि (प्राणी) व्यक्तमध्यानि (मध्यावस्थेत व्यक्त असलेले) भारत (हे भारता!) अव्यक्तनिधनानि (मृत्यूनंतर अव्यक्त असलेले) एव (सुद्धा) तत्र (त्या गोष्टीत) का (कसला?) परिदेवना (शोक)

* हे भारता! प्राणी जन्मापूर्वी अव्यक्त असलेले, मध्यावस्थेत व्यक्त असलेले (आणि) मृत्यूनंतर सुद्धा अव्यक्त असलेले (असतात); त्या (अपरिहार्य) गोष्टीत शोक कसला?[2]

---

[1] अवश्यभाव्यस्तमयो जातस्याहर्पतेरिव ।
(योगवासिष्ठ 4:48.27)

अस्त पावतो निश्चित, उदयानंतर नित्य ।
प्राचीला येतो खचित, मावळलेला आदित्य ।
रात्र-दिनाचे रचित, त्रिकालाबाधित सत्य ।
हे स्पष्टविते उचित, जन्म-मृत्यूचे सातत्य ।।

[2] जायन्ते च म्रियते च शरीराणि शरीरिणाम् ।
पादपानां च पर्णानि का तत्र परिदेवना ।।
(योगवासिष्ठ, 6:32.50)

देहे जन्मती जगती, सोडती अंती देहीला ।
ती तरुपर्णे ज्या गती, -त्यांत शोक तो कसला ।।

||2.29 || **आश्चर्यवत्पश्यति कश्चिदेनमाश्चर्यवद्वदति तथैव चान्यः ।**
आश्चर्यवच्चैनमन्यः शृणोति श्रुत्वाप्येनं वेद न चैव कश्चित् ।।

आश्चर्यवत् (नि॰ 10/6) पश्यति कश्चित् (नि॰ 8/9) एनम् (नि॰ 8/17) आश्चर्यवत् (नि॰ 9/11) वदति तथा (नि॰ 3/3) एव च (नि॰ 1/1) अन्यः (नि॰ 22/8) आश्चर्यवत् (नि॰ 11/1) च (नि॰ 3/1) एनम् (नि॰ 8/16) अन्यः (नि॰ 22/5) शृणोति श्रुत्वा (नि॰ 1/3) अपि (नि॰ 4/4) एनम् (नि॰ 14/1) वेद न च (नि॰ 3/1) एव कश्चित्

आश्चर्यवत् (क्रि॰वि॰ ←वि॰ अथवा न॰ **आश्चर्य** ←आ√चर् + सादृश्यता सूचक प्रत्यय **वत्** ←√वा); * **पश्यति** (तृ॰पु॰ एक॰ लट्॰–वर्तमान॰ भ्वादि॰ परस्मै॰ ←√दृश् 1.31); * कश्चित् (2.17); * एनम् (2.19); * आश्चर्यवत् (↑); * वदति (तृ॰पु॰ एक॰ लट्॰–वर्तमान॰ भ्वादि॰ परस्मै॰ ←√वच्); * तथा (1.8); * एव (1.1); * च (1.1); * **अन्यः** (पु॰ प्रथमा॰ एक॰ ←वि॰ अन्य 1.9); * आश्चर्यवत् (↑); * च (1.1); * एनम् (2.19); * अन्यः (↑); * शृणोति (तृ॰पु॰ एक॰ लट्॰–वर्तमान॰ भ्वादि॰ परस्मै॰ ←√श्रु); * **श्रुत्वा** (त्वान्त॰ अव्यय॰ ←√श्रु); * अपि (1.26); * एनम् (2.19); * वेद (2.21); * न (1.30); * च (1.1); * एव (1.1); * कश्चित् (2.17)

आश्चर्यवत् (आश्चर्यमुग्ध झाल्याप्रमाणे) पश्यति (बघतो) कश्चित् (कोणी) एनम् (याला, या आत्म्याला) आश्चर्यवत् (आश्चर्यमुग्ध झाल्याप्रमाणे) वदति (बोलतो) तथा (तसे) एव (च) च (आणि) अन्यः (दुसरा कोणी) आश्चर्यवत् (आश्चर्यमुग्ध झाल्याप्रमाणे) च (आणि) एनम् (याला) अन्यः (अन्य कोणी) शृणोति (ऐकतो) श्रुत्वा (श्रवण करून) अपि (सुद्धा) एनम् (याला) वेद (जाणत–) न (नाही) च (आणि) एव (मुळीच) कश्चित् (कोणी)

* कोणी या आत्म्याला आश्चर्यमुग्ध झाल्याप्रमाणे बघतो आणि तसेच दुसरा कोणी आश्चर्यमुग्ध झाल्याप्रमाणे बोलतो आणि अन्य कोणी याला आश्चर्यमुग्ध झाल्याप्रमाणे ऐकतो आणि कोणी याला श्रवण करून सुद्धा मुळीच जाणत नाही.

||2.30 || **देही नित्यमवध्योऽयं देहे सर्वस्य भारत ।**
तस्मात्सर्वाणि भूतानि न त्वं शोचितुमर्हसि ।।

देही नित्यम् (नि॰ 8/16) अवध्यः (नि॰ 15/1) अयम् (नि॰ 14/1) देहे सर्वस्य भारत तस्मात् (नि॰ 10/7) सर्वाणि (नि॰ 24/7) भूतानि न त्वम् (नि॰ 14/1) शोचितुम् (नि॰ 8/16) अर्हसि

देही (2.22); * नित्यम् (2.21); * अवध्यः (पु॰ प्रथमा॰ एक॰ ←कर्मणि॰ विधि॰ धातु॰सा॰ वि॰ न–तत्पु॰स॰ अवध्य ←अ√वध्); * अयम् (2.19); * देहे (2.13); * **सर्वस्य** (पु॰ षष्ठी॰ एक॰ ←सना॰ सर्व 1.6); * भारत (2.14); * तस्मात् (1.37); * **सर्वाणि** (न॰ द्वितीया॰ अनेक॰ ←सना॰ सर्व 1.6); * **भूतानि** (द्वितीया॰ एक॰ ←न॰ भूत 2.28); * न (1.30); * त्वम् (2.11); * शोचितुम् (2.26); * अर्हसि (2.25)

देही (आत्मा) नित्यम् (नित्य) अवध्य: (वध न केला जाणारा) अयम् (हा) देहे (शरीरात) सर्वस्य (प्रत्येकाच्या) भारत (हे भारता!) तस्मात् (म्हणून) सर्वाणि (सर्व) भूतानि (प्राण्यांप्रति) न (नाही) त्वम् (तू) शोचितुम् (शोक करण्याकरिता, शो करणे) अर्हसि (योग्य-)

* हे भारता! प्रत्येकाच्या शरीरात (असणारा) हा नित्य आत्मा वध न केला जाणारा (आहे) म्हणून सर्व प्राण्यांप्रति तू शोक करणे योग्य नाही.

।।2.31।। **स्वधर्ममपि चावेक्ष्य न विकम्पितुमर्हसि ।**
धर्म्याद्धि युद्धाच्छ्रेयोऽन्यत्क्षत्रियस्य न विद्यते ।।

स्वधर्मम् (नि० 8/16) अपि च (नि० 1/1) अवेक्ष्य न विकम्पितुम् (नि० 8/16) अर्हसि धर्म्यात् (नि० 9/12) हि युद्धात् (नि० 11/4) श्रेय: (नि० 15/1) अन्यत् (नि० 10/5) क्षत्रियस्य न विद्यते

स्वधर्मम् (पु० द्वितीया० एक० ←क० **स्वधर्म**, स्वस्य धर्म: ←सना० वि० स्व 1.28 + पु० धर्म 1.1); * अपि (1.26); * च (1.1); * अवेक्ष्य (ल्यप्० अव्यय० ←अव√ईक्ष्); * न (1.30); * विकम्पितुम् (तुमन्त० अव्यय० ←वि√कम्प्); * अर्हसि (2.25); * धर्म्यात् (न० पंचमी० एक० ←कर्मणि० विधि० धातु०सा० वि० **धर्म्य** ←पु० धर्म 1.1); * हि (1.11); * युद्धात् (पंचमी० एक० ←न० युद्ध 1.9); * श्रेय: (2.5); * **अन्यत्** (प्रथमा० एक० ←न० अन्यत् ←वि० अन्य 1.9); * क्षत्रियस्य (पु० षष्ठी० एक० ←तद्धित शब्द **क्षत्रिय**, क्षत्रम् त्रायते य: ←पु० क्षत्र ←√क्षण् + त्रायते 2.40); * न (1.30); * विद्यते (2.16)

स्वधर्मम् (निजी कर्तव्याला) अपि (सुद्धा) च (आणि) अवेक्ष्य (विचारात घेऊन) न (नाही) विकम्पितुम् (डगमगणे, विचलित होणे) अर्हसि (तू योग्य-) धर्म्यात् (धर्मपरायण) हि (कारण कि) युद्धात् (युद्धाहून) श्रेय: (अधिक श्रेष्ठ) अन्यत् (अन्य काही) क्षत्रियस्य (क्षत्रियाकरिता) न-विद्यते (उरत नाही)

* आणि निजी कर्तव्याला विचारात घेऊन सुद्धा तुला विचलित होणे योग्य नाही, कारण कि क्षत्रियाकरिता धर्मपरायण युद्धाहून अधिक श्रेष्ठ अन्य काही उरत नाही[1]

।।2.32।। **यदृच्छया चोपपन्नं स्वर्गद्वारमपावृतम् ।**
सुखिन: क्षत्रिया: पार्थ लभन्ते युद्धमीदृशम् ।।

यदृच्छया च (नि० 2/2) उपपन्नम् (नि० 14/1) स्वर्गद्वारम् (नि० 8/16) अपावृतम् (नि० 14/2) सुखिन: (नि० 22/1) क्षत्रिया: (नि० 22/3) पार्थ लभन्ते युद्धम् (नि० 8/18) ईदृशम् (नि० 14/2)

---

[1] *अधर्म: क्षत्रियस्यैष यच्छय्यामरणं भवेत् ।।*
(महाभारत, शान्ति० 97.23)
निजुनि शय्येत प्राण गेला विना क्षात्रकर्म ।
क्षात्रास असे प्रयाण जाणिले गेले अधर्म ।।

यदृच्छया (तृतीया॰ एक॰ ←स्त्री॰ **<u>यदृच्छा</u>** ←यद्<u>√ऋच्छ्</u>); * च (1.1); * उपपन्नम् (न॰ द्वितीया॰ एक॰ ←क्त॰ वि॰ उपपन्न ←उप√पद्); * स्वर्गद्वारम् (न॰ द्वितीया॰ एक॰ ←तत्पु॰स॰ स्वर्गद्वार, स्वर्गस्य द्वारम् ←पु॰ स्वर्ग 2.2 + न॰ **<u>द्वार</u>** ←√द्वृ); * अपावृतम् (द्वितीया॰ एक॰ ←क्त॰ वि॰ अपावृत ←अप-आ√वृत्); * सुखिन: (1.37); * क्षत्रिया: (प्रथमा॰ अनेक॰ ←पु॰ क्षत्रिय 2.31); * पार्थ (1.25); * **<u>लभन्ते</u>** (तृ॰पु॰ अनेक॰ लट्॰-वर्तमान॰ भ्वादि॰ आत्मने॰ ←√<u>लभ्</u>); * युद्धम् (द्वितीया॰ एक॰ ←न॰ युद्ध 1.9); * ईदृशम् (न॰ द्वितीया॰ एक॰ ←वि॰ **<u>ईदृश</u>** ←इदम्√दृश्)

यदृच्छया (स्वयेच) च (आणि) उपपन्नम् (प्राप्त झालेले) स्वर्गद्वारम् (स्वर्गाचे द्वार) अपावृतम् (उघडे झालेले) सुखिन: (भाग्यशाली) क्षत्रिया: (क्षत्रिय) पार्थ (हे पार्था!) लभन्ते (प्राप्त करतात) युद्धम् (युद्ध) ईदृशम् (अशा तऱ्हेचे)

* आणि, हे पार्था! स्वयेच उघडे झालेले स्वर्गाचे द्वार प्राप्त झालेले (असावे) अशा तऱ्हेचे युद्ध भाग्यशाली क्षत्रिय(च) प्राप्त करतात.

।।2.33 ।। **अथ चेत्त्वमिमं धर्म्यं सङ्ग्रामं न करिष्यसि ।**
ततः स्वधर्मं कीर्तिं च हित्वा पापमवाप्स्यसि ।।

अथ चेत् (नि॰ 1/10) त्वम् (नि॰ 8/18) इमम् (नि॰ 14/1) धर्म्यम् (नि॰ 14/1) सङ्ग्रामम् (नि॰ 14/1) न करिष्यसि तत: (नि॰ 22/7) स्वधर्मम् (नि॰ 14/1) कीर्तिम् (नि॰ 14/1) च हित्वा पापम् (नि॰ 8/16) अवाप्स्यसि

अथ (1.20); * **<u>चेत्</u>** (उभयान्वयी अव्यय॰ ←√चित्); * त्वम् (2.11); * इमम् (1.28); * **<u>धर्म्यम्</u>** (पु॰ द्वितीया॰ एक॰ ←वि॰ धर्म्य 2.31); * सङ्ग्रामम् (द्वितीया॰ एक॰ ←पु॰ सङ्ग्राम ←<u>√सङ्ग्राम्</u>); * न (1.30); * **<u>करिष्यसि</u>** (द्वि॰पु॰ एक॰ लृट्॰-भविष्य॰ तनादि॰ परस्मै॰ ←8√कृ); * तत: (1.13); * स्वधर्मम् (2.31); * कीर्तिम् (द्वितीया॰ एक॰ ←स्त्री॰ कीर्ति 2.2); * च (1.1); * हित्वा (त्वान्त॰ अव्यय॰ ←√हा); * **<u>पापम्</u>** (द्वितीया॰ एक॰ ←न॰ पाप 1.36); * **<u>अवाप्स्यसि</u>** (द्वि॰पु॰ एक॰ लृट्॰-भविष्य॰ स्वादि॰ परस्मै॰ ←अव√आप्)

अथ (आता) चेत् (जर) त्वम् (तू) इमम् (हे) धर्म्यम् (धर्मबद्ध) सङ्ग्रामम् (युद्ध) न- करिष्यसि (करणार नाहीस) तत: (तर) स्वधर्मम् (स्वकर्तव्याला) कीर्तिम् (कीर्तीला) च (आणि) हित्वा (मुकून) पापम् (पाप) अवाप्स्यसि (तू प्राप्त करशील)

* आता हे धर्मबद्ध युद्ध जर तू करणार नाहीस तर स्वकर्तव्याला आणि कीर्तीला मुकून तू पाप प्राप्त करशील[1];

---

[1] *यथाऽवध्ये वध्यमाने भवेद्दोषो जनार्दन ।*
स वध्यस्यावधे दृष्ट इति धर्मविदो विदुः ।।
(योगवासिष्ठ 3:90.3; महाभारत, उद्यो॰ 82.18)

।।2.34 ।। **अकीर्तिं चापि भूतानि कथयिष्यन्ति तेऽव्ययाम् ।**
सम्भावितस्य चाकीर्तिर्मरणादतिरिच्यते ।।

अकीर्तिम् (नि० 14/1) च (नि० 1/1) अपि भूतानि कथयिष्यन्ति (नि० 25/7) ते (नि० 6/1) अव्ययाम् (नि० 14/2) सम्भावितस्य च (नि० 1/1) अकीर्तिः (नि० 16/6) मरणात् (नि० 8/2) अतिरिच्यते

अकीर्तिम् (द्वितीया० एक० ←स्त्री० अकीर्ति 2.2); * च (1.1); * अपि (1.26); * भूतानि (2.28); * कथयिष्यन्ति (तृ०पु० अनेक० लृट्०-भविष्य० चुरादि० परस्मै० ←√कथ्); * **ते** (पु० षष्ठी० एक० ←सना० युष्मद् 1.3); * अव्ययाम् (द्वितीया० एक० ←न-तत्पु०स० स्त्री० वि० अव्यया ←वि√इ); * सम्भावितस्य (षष्ठी० एक० ←क्त० प्रयो० वि० सम्भावित ←सम्√भू); * च (1.1); * अकीर्तिः (प्रथमा० एक० ←स्त्री० अकीर्ति 2.2); * मरणात् (पंचमी० एक० ←न० **मरण** ←√मृ); * अतिरिच्यते (तृ०पु० एक० लट्०-वर्तमान० रुधादि० आत्मने० ←अति√रिच्)

अकीर्तिम् (अपकीर्ति) च (आणि) अपि (सुद्धा) भूतानि (सर्व जन) कथयिष्यन्ति (गातील) ते (तुझी) अव्ययाम् (चिरकाल) सम्भावितस्य (सन्मानी मानवाकरिता) च (आणि) अकीर्तिः (दुष्कीर्ति) मरणात् (मरणाहून) अतिरिच्यते (अति दुःखद होते)

* आणि, सर्व जन तुझी अपकीर्तीसुद्धा चिरकाल गातील आणि सन्मानी मानवकरिता दुष्कीर्ति मरणाहून अति दुःखद होते[1];

।।2.35 ।। **भयाद्रणादुपरतं मंस्यन्ते त्वां महारथाः ।**
येषां च त्वं बहुमतो भूत्वा यास्यसि लाघवम् ।।

भयात् (नि० 9/10) रणात् (नि० 8/6) उपरतम् (नि० 14/1) मंस्यन्ते त्वाम् (नि० 14/1) महारथाः (नि० 22/8) येषाम् (नि० 25/3, 14/1) च त्वम् (नि० 14/1) बहुमतः (नि० 15/8) भूत्वा यास्यसि लाघवम् (नि० 14/2)

भयात् (पंचमी० एक० ←न० **भय** ←√भी); * रणात् (पंचमी० एक० ←न० अथवा पु० रण 1.22); * उपरतम् (द्वितीया० एक० ←क्त० वि० उपरत ←उप√रम्); * मंस्यन्ते (तृ०पु० अनेक० लृट्०-भविष्य०

पाप जे असे लिखित, वधिले जर अवध्य ।
तेचि मिळते खचित, न जर वधिले वध्य ।।

(1) *कीर्तिर्हि पुरुषं लोके सञ्जीवयति मातृवत् ।*
अकीर्तिर्जीवितं हन्ति जीवताऽपि शरीरिणः ।।
(महाभारत, वन० 300.32)
कीर्ति ही जाणावी माता, जीवन देणारी सत्ता ।
अपकीर्ति, कीर्ति जाता, जिवंत देहाची हंता ।।

दिवादि॰ आत्मने॰ ←√मन्); * त्वाम् (2.7); * महारथा: (1.6); * येषाम् (1.33); * च (1.1); * त्वम् (2.11); * बहुमत: (प्रथमा॰ एक॰ ←क॰ ←बहुमत ←वि॰ बहु 1.9 + न॰ **मत** ←√मन्); * भूत्वा (2.20); * **यास्यसि** (द्वि॰पु॰ एक॰ लृट्॰-भविष्य॰ अदादि॰ परस्मै॰ ←√या); * लाघवम् (द्वितीया॰ एक॰ ←न॰ लाघव ←√लाघ्)

भयात् (भीतीमुळे) रणात् (रणातून) उपरतम् (पळालेला) मंस्यन्ते (मानतील) त्वाम् (तुला) महारथा: (महारथी लोक) येषाम् (ज्यांच्या समक्ष) च (आणि) त्वम् (तू) बहुमत: (सन्मान्य) भूत्वा (असून) यास्यसि (तू प्राप्त करशील) लाघवम् (तुच्छता)

* आणि, महारथी लोक तुला रणातून भीतीमुळे पळालेला मानतील[1] ज्यांच्या समक्ष तू सन्मान्य असून तुच्छता प्राप्त करशील.

।।2.36 ।। **अवाच्यवादांश्च बहून्वदिष्यन्ति तवाहिता: ।**
निन्दन्तस्तव सामर्थ्यं ततो दु:खतरं नु किम् ।।

अवाच्यवादान् (नि॰ 13/6) च बहून् (नि॰ 13/19) वदिष्यन्ति (नि॰ 25/7) तव (नि॰ 1/1) अहिता: (नि॰ 22/8) निन्दन्त: (नि॰ 18/1) तव सामर्थ्यम् (नि॰ 14/1) तत: (नि॰ 15/4) दु:खतरम् (नि॰ 14/1) नु किम् (नि॰ 14/2)

अवाच्यवादान् (पु॰ द्वितीया॰ अनेक॰ ←न-तत्पु॰स॰ अवाच्यवाद, अवाच्य: वाद: ←वि॰ अवाच्य ←अ√वच् + पु॰ वाद 2.11); * च (1.1); * बहून् (पु॰ द्वितीया॰ अनेक॰ ←वि॰ बहु 1.9); * वदिष्यन्ति (तृ॰पु॰ अनेक॰ लृट्॰-भविष्य॰ भ्वादि॰ परस्मै॰ ←√वद्); * तव (1.3); * **अहिता:** (पु॰ प्रथमा॰ अनेक॰ ←न-तत्पु॰स॰ अहित ←अ√हि); * निन्दन्त: (पु॰ प्रथमा॰ अनेक॰ ←शतृ॰ अपूर्णकाळवाचक वि॰ निन्दत् ←√निन्द्); * तव (1.3); * सामर्थ्यम् (द्वितीया॰ एक॰ ←न॰ सामर्थ्य ←वि॰ **समर्थ** ←सम्√अर्थ्); * तत: (1.13); * दु:खतरम् (द्वितीया॰ एक॰ तरभाव ←न॰ दु:ख 2.14 + प्रत्यय तर 1.46); * नु (1.35); * **किम्** (न॰ द्वितीया॰ एक॰ ←सना॰ किम् 1.1)

अवाच्यवादान् (अवाच्य शब्दांना) च (आणि) बहून् (अनेक) वदिष्यन्ति (उच्चारतील) तव (तुझे) अहिता: (शत्रू) निन्दन्त: (वाईट म्हणत) तव (तुझ्या) सामर्थ्यम् (सामर्थ्याला) तत: (त्याहून मग) दु:खतरम् (अधिक दु:खकर) नु-किम् (काय असू शकेल)

---

[1] *असतां प्रतिषेधश्च सतां च परिपालनम् ।*
एष राज्ञां परो धर्म: समरे चापलायनम् ।।
(महाभारत, शान्ति॰ 14.16)
दुष्टजन निवारण, साधुसंतांचे रक्षण ।
युद्धी न सोडणे रण, क्षात्रधर्मी हे लक्षण ।।

* आणि तुझ्या सामर्थ्याला वाईट म्हणत तुझे शत्रू अनेक अवाच्य शब्दांना उच्चारतील; त्याहून मग अधिक दु:खकर काय असू शकेल?

।।2.37 ।। **हतो वा प्राप्स्यसि स्वर्गं जित्वा वा भोक्ष्यसे महीम् ।**
तस्मादुत्तिष्ठ कौन्तेय युद्धाय कृतनिश्चय: ।।

हत: (नि० 15/13) वा प्राप्स्यसि स्वर्गम् (नि० 14/1) जित्वा वा भोक्ष्यसे महीम् (नि० 14/2) तस्मात् (नि० 8/6) उत्तिष्ठ कौन्तेय युद्धाय कृतनिश्चय: (नि० 22/8)

हत: (पु० प्रथमा० एक० ←वि० हत 2.19); * वा (1.32); * **प्राप्स्यसि** (द्वि०पु० एक० लृट्०-भविष्य० स्वादि० परस्मै० ←प्र√आप्); * स्वर्गम् (द्वितीया० एक० ←पु० स्वर्ग 2.2); * **जित्वा** (त्वान्त० अव्यय० ←√जि); * वा (1.32); * भोक्ष्यसे (द्वि०पु० एक० लृट्०-भविष्य० रुधादि० आत्मने० ←√भुज्); * महीम् (द्वितीया० एक० ←स्त्री० मही 1.21); * तस्मात् (1.37); * उत्तिष्ठ (2.3); * कौन्तेय (2.14); * **युद्धाय** (चतुर्थी० एक० ←न० युद्ध 1.9); * कृतनिश्चय: (पु० प्रथमा० एक० ←बहुव्री० कृतनिश्चय, कृत: निश्चय: यस्य ←वि० कृत 1.35 + पु० **निश्चय** ←निर्√चि)

हत: (मारला गेलेला) वा (एकतर) प्राप्स्यसि (तू लाभशील) स्वर्गम् (स्वर्गाला) जित्वा (जिंकून) वा (अथवा) भोक्ष्यसे (भोगशील) महीम् (पृथ्वीला) तस्मात् (म्हणून) उत्तिष्ठ (ऊठ) कौन्तेय (हे पार्था!) युद्धाय (युद्धाकरिता) कृतनिश्चय: (दृढ निश्चय केलेला)

* एकतर मारला गेलोला तू स्वर्गाला लाभशील अथवा जिंकून पृथ्वीला भोगशील, म्हणून हे पार्था! युद्धाकरिता दृढ निश्चय केलेला (होऊन) ऊठ.[1]

।।2.38 ।। **सुखदु:खे समे कृत्वा लाभालाभौ जयाजयौ ।**
ततो युद्धाय युज्यस्व नैवं पापमवाप्स्यसि ।।

सुखदु:खे समे कृत्वा लाभालाभौ जयाजयौ तत: (नि० 15/10) युद्धाय युज्यस्व न (नि० 3/1) एवम् (नि० 14/1) पापम् (नि० 8/16) अवाप्स्यसि

सुखदु:खे (न० द्वितीया० द्वि०व० ←द्वंद्व०स० एक० सुखम् च दुखम् च ←न० सुख 1.32 + न० दु:ख 2.14); * समे (न० द्वितीया० द्वि०व० ←वि० सम 1.4); * **कृत्वा** (त्वान्त० अव्यय० ←8√कृ); * लाभालाभौ (पु० द्वितीया० द्वि०व० ←द्वंद्व०स० लाभ: च अलाभ: च ←पु० **लाभ** ←√लभ् + न-तत्पु०स० अलाभ ←पु० लाभ↑); * जयाजयौ (पु० द्वितीया० द्वि०व० ←द्वंद्व०स० जय: च अजय: च ←पु० जय 1.8

---

(1) *सुखं साङ्ग्रामिको मृत्यु: क्षात्रधर्मेण युध्यताम् ।।*
(महाभारत, कर्ण० 93.55)
क्षात्रधर्मात जो स्थिर, पतन पावतो वीर ।
सुख मिळवितो चिर, समरांगणी तो धीर ।।

+ न–तत्पु०स० अजय ←पु० जय 1.8); * ततः (1.13); * युद्धाय (2.37); * **युज्यस्व** (द्वि०पु० एक० उपदेशार्थ लोट् रुधादि० आत्मने० ←√युज्); * न (1.30); * एवम् (1.24); * पापम् (2.33); * अवाप्स्यसि (2.33)

सुखदुःखे (सुख आणि दुःखाला) समे (दोन्ही समान) कृत्वा (करून) लाभालाभौ (लाभ आणि हानीला) जयाजयौ (यश आणि अपयशाला) ततः (मग) युद्धाय (युद्धाला) युज्यस्व (तयार हो) न (नाही) एवम् (अशाने) पापम् (पाप) अवाप्स्यसि (तू प्राप्त करणार–)

* सुख आणि दुःखाला, लाभ आणि हानीला (व) यश आणि अपयशाला दोन्ही समान करून मग युद्धाला तयार हो, अशाने तू पाप प्राप्त करणार नाही.[1]

।।2.39 ।। **एषा तेऽभिहिता सांख्ये बुद्धिर्योगे त्विमां शृणु ।**
बुद्ध्या युक्तो यया पार्थ कर्मबन्धं प्रहास्यसि ।।

एषा (नि० 25/2) ते (नि० 6/1) अभिहिता साङ्ख्ये बुद्धिः (नि० 16/6) योगे तु (नि० 4/8) इमाम् (नि० 14/1) शृणु बुद्ध्या युक्तः (नि० 15/10) यया पार्थ कर्मबन्धम् (नि० 14/1) प्रहास्यसि

एषा (स्त्री० प्रथमा० एक० ←सना० एतद् 1.3); * ते (1.7); * अभिहिता (स्त्री० प्रथमा० एक० ←क्त० वि० अभिहित ←अभि√धा); * **साङ्ख्ये** (पु० सप्तमी० एक० ←वि० **साङ्ख्य** ←सम्√ख्या); * **बुद्धिः** (प्रथमा० एक० ←स्त्री० बुद्धि 1.23); * योगे (सप्तमी० एक० ←पु० योग ←√युज्); * तु (1.2); * **इमाम्** (स्त्री० द्वितीया० एक० ←√सना० इदम् 1.10); * **शृणु** (द्वि०पु० एक० उपदेशार्थ लोट् भ्वादि० परस्मै० ←√श्रु); * **बुद्ध्या** (तृतीया० एक० ←स्त्री० बुद्धि 1.23); * **युक्तः** (प्रथमा० एक० ←वि० युक्त 1.14); * **यया** (स्त्री० तृतीया० एक० ←सना० यद् 1.7); * पार्थ (1.25); * कर्मबन्धम् (पु० द्वितीया० एक० ←तत्पु०स० कर्मबन्ध, कर्मणः बन्धम् ←न० कर्मन् 1.15 + पु० बन्ध 1.27); * **प्रहास्यसि** (द्वि०पु० एक० लृट्०–भविष्य० जुवादि० परस्मै० ←प्र√हा)

एषा (ही) ते (तुला) अभिहिता (सांगितलेली) सांख्ये (सांख्यनिष्ठेविषयी) बुद्धिः (बुद्धि) योगे (कर्मयोगाविषयी) तु (आता) इमाम् (ही) शृणु (ऐक) बुद्ध्या (बुद्धीशी) युक्तः (युक्त झालेला) यया (या) पार्थ (हे पार्था!) कर्मबन्धम् (कर्मपाश) प्रहास्यसि (तू सोडवशील)

* हे पार्था! ही तुला सांख्यनिष्ठेविषयी बुद्धि सांगितलेली, आता ही कर्मयोगाविषयी ऐक; या बुद्धीशी

---

[1] जीवितं मरणं चोभे सुखदुःखे तथैव च ।
लाभालाभे प्रियद्वेष्ये यः समः स च मुच्यते ।।
(अनुगीता 4.4)
जीवन मृत्यु उभय, सुखदुःखात निर्भय ।
लाभालाभ प्रियाप्रिय, समज्ञ तो मृत्युंजय ।।

युक्त झालेला तू कर्मपाश सोडवशील.

।।2.40 ।। **नेहाभिक्रमनाशोऽस्ति प्रत्यवायो न विद्यते ।**

स्वल्पमप्यस्य धर्मस्य त्रायते महतो भयात् ।।

न (नि॰ 2/1) इह (नि॰ 1/1) अभिक्रमनाशः (नि॰ 15/1) अस्ति प्रत्यवायः (नि॰ 15/6) न विद्यते स्वल्पम् (नि॰ 8/16) अपि (नि॰ 4/1) अस्य धर्मस्य त्रायते महतः (नि॰ 15/8) भयात्

न (1.30); * इह (2.5); * अभिक्रमनाशः (पु॰ प्रथमा॰ एक॰ ←तत्पु॰स॰ अभिक्रमनाश, अभिक्रमस्य नाशः ←पु॰ अभिक्रम ←अभि√क्रम् + पु॰ **नाश** ←√नश्); * **अस्ति** (तृ॰पु॰ एक॰ लट्॰–वर्तमान॰ अदादि॰ परस्मै॰ ←√अस्); * प्रत्यवायः (प्रथमा॰ एक॰ ←पु॰ प्रत्यवाय ←प्रति–अव√अय्); * न (1.30); * विद्यते (2.16); * स्वल्पम् (प्रथमा॰ एक॰ ←वि॰ स्वल्प ←√अल्); * अपि (1.26); * अस्य (2.17); * **धर्मस्य** (षष्ठी॰ एक॰ ←पु॰ धर्म 1.1); * **त्रायते** (तृ॰पु॰ एक॰ लट्॰–वर्तमान॰ भ्वादि॰ आत्मने॰ ←√त्रै); * **महतः** (न॰ पंचमी॰ एक॰ ←वि॰ महत् 1.3); * भयात् (2.35)

न (नाही) इह (इथे, या योगात) अभिक्रमनाशः (आरंभिलेल्या कर्माचा नाश) अस्ति (होत–) प्रत्यवायः (विपरीत परिणाम) न–विद्यते (घडत नाही) स्वल्पम् (अल्प प्रमाण) अपि (सुद्धा) अस्य (या) धर्मस्य (योगाचे) त्रायते (संरक्षण करते) महतः (मोठ्या) भयात् (भयापासून)

* इथे, या योगात, आरंभिलेल्या कर्माचा नाश होत नाही (व) विपरीत परिणाम घडत नाही; या योगाचे अल्प प्रमाण सुद्धा (आचरण जरामरणादि) मोठ्या भयापासून संरक्षण करते.

।।2.41 ।। **व्यवसायात्मिका बुद्धिरेकेह कुरुनन्दन ।**

बहुशाखा ह्यनन्ताश्च बुद्धयोऽव्यवसायिनाम् ।।

व्यवसायात्मिका (नि॰ 20/11) बुद्धिः (नि॰ 16/1) एका (नि॰ 2/3) इह कुरुनन्दन बहुशाखाः (नि॰ 20/18) हि (नि॰ 4/1) अनन्ताः (नि॰ 17/1) च बुद्धयः (नि॰ 15/1) अव्यवसायिनाम् (नि॰ 14/2)

यवसायात्मिका (प्रथमा॰ एक॰ ←वि॰ तद्धित शब्द स्त्री॰ व्यवसायात्मिका, व्यवसायः आत्मा यया ←पु॰ **व्यवसाय** ←वि–अव√सो + पु॰ **आत्मन्** ←√अत्); * बुद्धिः (2.39); * एका (स्त्री॰ प्रथमा॰ एक॰ ←वि॰ **एक** ←√इ); * इह (2.5); * **कुरुनन्दन** (पु॰ संबो॰ एक॰ ←बहुव्री॰ कुरुनन्दन, कुरुणाम् नन्दनः ←पु॰ कुरु 1.1 + वि॰ नन्दन ←√नन्द्); * बहुशाखाः (प्रथमा॰ अनेक॰ ←स्त्री॰ बहुव्री॰ वि॰ बहुशाखा, बहवः शाखाः यस्याः सा ←वि॰ बहु 1.9 + स्त्री॰ **शाखा** ←√शाख्); * हि (1.11); * अनन्ताः (स्त्री॰ प्रथमा॰ अनेक॰ ←वि॰ **अनन्त** ←√अम्); * च (1.1); * बुद्धयः (प्रथमा॰ अनेक॰ ←स्त्री॰ बुद्धि 1.23); * अव्यवसायिनाम् (पु॰ षष्ठी॰ अनेक॰ ←वि॰ न–तत्पु॰स॰ अव्यवसायिन् ←पु॰ व्यवसाय↑)

व्यवसायात्मिका (निश्चयात्मक) बुद्धिः (बुद्धि) एका (एकाग्र) इह (इथे, या योगात) कुरुनन्दन (हे कुरुनन्दन अर्जुना!) बहुशाखाः (नाना फाटे) हि (नाहीतर) अनन्ताः (नाना प्रकार असलेल्या) च (आणि) बुद्धयः (बुद्ध्या) अव्यवसायिनाम् (अनिश्चयी लोकांच्या)

* हे कुरुनन्दन अर्जुना! या योगात, निश्चयात्मक बुद्धि एकाग्र (असते); नाहीतर अनिश्चयी लोकांच्या बुद्धया नाना फाटे आणि नाना प्रकार असलेल्या (असतात).

।।2.42 ।। **यामिमां पुष्पितां वाचं प्रवदन्त्यविपश्चितः ।**
वेदवादरताः पार्थ नान्यदस्तीति वादिनः ।।

याम् (नि० 8/18) इमाम् (नि० 14/1) पुष्पिताम् (नि० 14/1) वाचम् (नि० 14/1) प्रवदन्ति (नि० 4/1) अविपश्चितः (नि० 22/8) वेदवादरताः (नि० 22/3) पार्थ न (नि० 1/1) अन्यत् (नि० 8/2) अस्ति (नि० 1/5) इति वादिनः (नि० 22/8)

याम् (स्त्री० द्वितीया० एक० ←सना० यद् 1.7); * इमाम् (2.39); * पुष्पिताम् (स्त्री० द्वितीया० एक० ←क्त० वि० पुष्पित ←√पुष्प्); * वाचम् (प्रथमा० एक० ←स्त्री० **वाच्** ←√वच्); * **प्रवदन्ति** (तृ०पु० अनेक० लट्०-वर्तमान० भ्वादि० परस्मै० ←प्र√वद्); * अविपश्चितः (पु० प्रथमा० अनेक० ←वि० **विपश्चित्** ←वि-प्र√चित्); * वेदवादरताः (पु० प्रथमा० अनेक० ←तत्पु०स० वेदवादरत, वेदस्य वादे रतः ←पु० **वेद** ←√विद् + पु० वाद 2.11 + क्त० वि० **रत** ←√रम्); * पार्थ (1.25); * न (1.30); * अन्यत् (2.31); * अस्ति (2.40); * इति (1.25); * वादिनः (प्रथमा० अनेक० ←पु० **वादिन्** ←√वद्)

याम्-इमाम् (अशा) पुष्पिताम् (मोहक) वाचम् (वाणीला) प्रवदन्ति (सांगतात) अविपश्चितः (विवेकहीन अज्ञानी लोक) वेदवादरताः (वेदाक्षरावरील वादात रत असलेले) पार्थ (हे पार्था!) न (नाही) अन्यत् (याहून आणखी दुसरे काहीही) अस्ति (असत-) इति (असे) वादिनः (बोलणारे)

* हे पार्था! या अशा मोहक वाणीला बोलणारे वेदाक्षरावरील वादात रत असलेले विवेकहीन अज्ञानी लोक "आणखी दुसरे काहीही असत नाही" असे सांगतात.

।।2.43 ।। **कामात्मनः स्वर्गपरा जन्मकर्मफलप्रदाम् ।**
क्रियाविशेषबहुलां भोगैश्वर्यगतिं प्रति ।।

कामात्मनः (नि० 22/7) स्वर्गपराः (नि० 20/7) जन्मकर्मफलप्रदाम् (नि० 14/2) क्रियाविशेषबहुलाम् (नि० 14/1) भोगैश्वर्यगतिम् (नि० 14/1) प्रति

कामात्मनः (पु० प्रथमा० अनेक० ←बहुव्री० कामात्मन्, कामः आत्मा यस्य ←पु० काम 1.22 + पु० आत्मन् 2.41); * स्वर्गपराः (पु० प्रथमा० अनेक० ←बहुव्री० स्वर्गपर, स्वर्गः परः यस्य ←पु० स्वर्ग 2.2 + वि० पर 2.3); * जन्मकर्मफलप्रदाम् (स्त्री० द्वितीया० अनेक० ←बहुव्री० जन्मकर्मफलप्रदा, जन्मनः च कर्मणः च फलम् प्रददाति या ←न० जन्मन् 2.27 + न० कर्मन् 1.15 + न० **फल** ←√फल् + तृ०पु० एक० क्रिया० प्रददाति ←प्र√दा); * क्रियाविशेषबहुलाम् (स्त्री० द्वितीया० एक० ←बहुव्री० क्रियाविशेषबहुला, क्रियाणाम् विशेषाः बहुलाः यस्याः सा ←स्त्री० क्रिया 1.42 + वि० **विशेष** ←वि√शिष् + वि० **बहुल** ←√बंह); * भोगैश्वर्यगतिम् (स्त्री० द्वितीया० एक० ←तत्पु०स० भोगैश्वर्यगति, भोगस्य च ऐश्वर्यस्य च गती ←पु० भोग 1.32 + न० **ऐश्वर्य** ←√ईश् + स्त्री० **गति** ←√गम्); * **प्रति** (दिक्वाचक

अव्यय० ←√प्रथ्)

कामात्मन: (सकामी लोक) स्वर्गपरा: (स्वर्गाला सर्वश्रेष्ठ समजणारे) जन्मकर्मफलप्रदाम् (जन्माचे आणि कर्माचे फळ देणारी) क्रियाविशेषबहुलाम् (विविध रीतीची विशेष क्रिया) भोगैश्वर्यगतिम् (भोग आणि ऐश्वर्य प्राप्ति) प्रति (साठी)

* स्वर्गाला सर्वश्रेष्ठ समजणारे सकामी लोक भोग आणि ऐश्वर्य प्राप्तीसाठी जन्माचे आणि कर्माचे फळ देणारी विविध रीतीची विशेष क्रिया (सांगतात).

।।2.44 ।। **भोगैश्वर्यप्रसक्तानां तयाऽपहृतचेतसाम् ।**
व्यवसायात्मिका बुद्धिः समाधौ न विधीयते ।।

भोगैश्वर्यप्रसक्तानाम् (नि० 14/1) तया (नि० 1/3) अपहृतचेतसाम् (नि० 14/2) व्यवसायात्मिका **बुद्धिः** (नि० 22/7) समाधौ न विधीयते

भोगैश्वर्यप्रसक्तानाम् (पु० षष्ठी० अनेक० ←तत्पु०स० भोगैश्वर्यप्रसक्त, भोगे च ऐश्वर्ये च प्रसक्तः ←पु० भोग 1.32 + न० ऐश्वर्य 2.43 + क्त० वि० **प्रसक्त** ←प्र√सञ्ज्); * **तया** (स्त्री० प्रथमा० एक० ←सना० तद् 1.2); * अपहृतचेतसाम् (पु० षष्ठी० अनेक० ←तत्पु०स० अपहृतचेतस्, अपहृतम् चेतः यस्य ←क्त० वि० **अपहृत** ←अप√हृ + न० चेतस् 1.38); * व्यवसायात्मिका (2.41); * बुद्धिः (2.39); * **समाधौ** (सप्तमी० एक० ←स्त्री० **समाधि** ←सम्√धा); * न (1.30); * विधीयते (तृ०पु० एक० लट्०-वर्तमान० जुवादि० आत्मने० कर्मणि० ←वि√धा)

भोगश्वर्यप्रसक्तानाम् (भोग आणि ऐश्वर्यात ज्यांची मति आसक्त आहे) तया (त्या कथनाने) अपहृतचेतसाम् (जे भारावलेले आहेत) व्यवसायात्मिका (निश्चयात्मक) बुद्धिः (बुद्धि) समाधौ (ध्यानात) न-विधीयते (होत नाही)

* त्या कथनाने जे भारावलेले आहेत (व) भोग आणि ऐश्वर्यात ज्यांची मति आसक्त आहे (त्यांची) बुद्धि ध्यानात निश्चयात्मक होत नाही.

।।2.45 ।। **त्रैगुण्यविषया वेदा निस्त्रैगुण्यो भवार्जुन ।**
निर्द्वन्द्वो नित्यसत्त्वस्थो निर्योगक्षेम आत्मवान् ।।

त्रैगुण्यविषया: (नि० 20/17) वेदा: (नि० 20/10) निस्त्रैगुण्य: (नि० 15/8) भव (नि० 1/1) अर्जुन निर्द्वन्द्व: (नि० 15/6) नित्यसत्त्वस्थ: (नि० 15/6) निर्योगक्षेम: (नि० 19/1) आत्मवान्

त्रैगुण्यविषया: (पु० प्रथमा० अनेक० ←बहुव्री० त्रैगुण्यविषय, त्रैगुण्यम् विषय: यस्य ←संख्या० वि० **त्रि** ←√तॄ + पु० **गुण** ←√गुण् + पु० **विषय** ←वि√सि); * **वेदा:** (प्रथमा० अनेक० ←पु० वेद 2.42); * निस्त्रैगुण्य: (=त्रिगुणातीत: पु० प्रथमा० एक० ←विरोधवाचक नञ् प्रत्ययी अव्यय० निस् अथवा **निर्** ←√नॄ + न० त्रैगुण्य↑); * **भव** (द्वि०पु० एक० उपदेशार्थ लोट् भ्वादि० परस्मै० ←√भू); * अर्जुन (2.2); * **निर्द्वन्द्व:** (पु० प्रथमा० एक० ←न-तत्पु०स० निर्द्वन्द्व ←अव्यय० निर्↑ + न० **द्वंद्व** ←√द्व); * नित्यसत्त्वस्थ:

(पु० प्रथमा० एक० ←तत्पु०स० नित्यसत्त्वस्थ, नित्यम् सत्त्वे स्थित: ←अव्यय० नित्यम् 2.21 + न० **सत्त्व**, सत: भाव: ←वि० अथवा न० सत् 2.16 + वि० **स्थ** ←√स्था); * निर्योगक्षेम: (प्रथमा० एक० ←पु० निर्योगक्षेम, निर् योग: च क्षेम: च ←अव्यय० निर्↑ + पु० योग 2.39 + वि० पु० अथवा न० क्षेम 1.46); * आत्मवान् (प्रथमा० एक० ←वि० **आत्मवत्** ←पु० आत्मन् 2.41 + तद्धित प्रत्यय वत्1.5)

त्रैगुण्यविषया: (सत्त्व, रज आणि तम हे तीनही गुण ज्यांचे विषय आहेत असे) वेदा: (वेद) निस्त्रैगुण्य: (त्रिगुणातीत) भव (तू व्हावे) अर्जुन (हे अर्जुना!) निर्द्वन्द्व: (द्वंद्वांपासून तटस्थ) नित्यसत्त्वस्थ: (सर्वदा सत्त्वगुणात स्थित असलेला) निर्योगक्षेम: (अप्राप्ताच्या प्राप्तीत आणि तिच्या रक्षणात हाव न धरणारा) आत्मवान् (आत्मनिष्ठ)

* हे अर्जुना! वेद (हे) सत्त्व, रज, आणि तम हे तीनही गुण ज्यांचे विषय आहेत असे (आहेत), तू (त्रिगुणी) द्वंद्वांपासून(1) तटस्थ, सर्वदा सत्त्वगुणात स्थित असलेला (आणि) अप्राप्तीच्या प्राप्तीत आणि प्राप्तीच्या रक्षणात हाव न धरणारा त्रिगुणातीत आत्मनिष्ठ व्हावे.

।।2.46 ।। **यावानर्थ उदपाने सर्वत: सम्प्लुतोदके ।**
तावान्सर्वेषु वेदेषु ब्राह्मणस्य विजानत: ।।

यावान् (नि० 8/11) अर्थ: (नि० 19/4) उदपाने सर्वत: (नि० 22/7) सम्प्लुतोदके तावान् (नि० 13/20) सर्वेषु (नि० 25/5) वेदेषु (नि० 25/5) ब्राह्मणस्य विजानत: (नि० 22/8)

यावान् (प्रथमा० एक० ←वि० यावत् 1.22); * अर्थ: (प्रथमा० एक० ←पु० अर्थ 1.7); * उदपाने (सप्तमी० एक० ←पु० उदपान ←उद्√पा); * **सर्वत:** (= विशेषणसाधित अव्यय० सर्वतस् ←सना० सर्व 1.6); * सम्प्लुतोदके (न० सप्तमी० एक० ←तत्पु०स० सम्प्लुतोदक, सम्प्लुतम् उदकम् ←क्त० वि० सम्प्लुत ←सम्√प्लु + न० उदक 1.42); * तावान् (प्रथमा० एक० ←वि० तावत् ←सना० तद् 1.2); * सर्वेषु (1.11); * **वेदेषु** (सप्तमी० अनेक० ←पु० वेद 2.42); * ब्राह्मणस्य (षष्ठी० एक० ←वि० **ब्राह्मण** ←√बृंह); * विजानत: (पु० षष्ठी० एक० ←शतृ० वि० विजानत् ←वि√ज्ञा)

यावान् (जितका) अर्थ: (अर्थ) उदपाने (हौदातील पाण्याविषयी) सर्वत: (सर्वत्र) सम्प्लुतोदके (जलथल भूमीवर) तावान् (तितका, तितका अर्थ) सर्वेषु (सर्व-) वेदेषु (वेदांत) ब्राह्मणस्य-विजानत: (ब्रह्मज्ञानीकरिता)(2)

---

(1) द्वंद्वे : शीत-उष्ण, सुख-दु:ख, मान-अपमान, निंदा-स्तुति, हर्ष-क्षति, राग-द्वेष, शोक-कांक्षा, लाभ-हानी, जय-पराजय, शत्रु-मित्र, तारुण्य-वृद्धत्व, पाप-पुण्य, सत्-असत् वगैरे परस्पर विरोधी गुणांचे भाव गीतेत सर्वत्र चर्चिलेले आढळतात.

(2) *यथाऽमृतेन तृप्तस्य पयसा किं प्रयोजनम् ।*
एवं तत्परं ज्ञात्वा वेदे नास्ति प्रयोजनम् ।।

* सर्वत्र जलथल भूमीवर जितका अर्थ हौदातील पाण्याविषयी (उरतो) तितका अर्थ ब्रह्मज्ञानीकरिता सर्व वेदांत (असतो).

।।2.47 ।। **कर्मण्येवाधिकारस्ते मा फलेषु कदाचन ।**
मा कर्मफलहेतुर्भूर्मा ते सङ्गोऽस्त्वकर्मणि ।।

कर्मणि (नि॰ 24/7, 4/4) एव (नि॰ 1/1) अधिकार: (नि॰ 18/1) ते मा फलेषु (नि॰ 25/5) कदाचन मा कर्मफलहेतु: (नि॰ 16/8) भू: (नि॰ 16/9) मा ते सङ्ग: (नि॰ 15/1) अस्तु (नि॰ 4/6) अकर्मणि (नि॰ 24/7)

कर्मणि (सप्तमी॰ एक॰ ←न॰ कर्मन् 1.15); * एव (1.1); * अधिकार: (प्रथमा॰ एक॰ ←पु॰ अधिकार ←अधि√कृ); * ते (2.7); * मा (2.3); * फलेषु (सप्तमी॰ अनेक॰ ←न॰ फल 2.43); * **कदाचन** (काळदर्शक अव्यय॰ ←सना॰ किम् 1.1 + प्रमाणसूचक अव्य **चन** ←√चन्); * मा (2.3); * कर्मफलहेतु: (पु॰ प्रथमा॰ एक॰ ←बहुव्री॰ कर्मफलहेतु, कर्मण: फलस्य हेतु: यस्य ←न॰ कर्मन् 1.15 + न॰ फल 2.43 + पु॰ हेतु 1.35); * भू: (द्वि॰पु॰ एक॰ भ्वादि॰ संकेतार्थ ←√भू); * मा (2.3); * ते (2.7); * **सङ्ग:** (प्रथमा॰ एक॰ ←पु॰ **सङ्ग** ←√सञ्ज्); * **अस्तु** (तृ॰पु॰ एक॰ संकेतार्थ लोट् अदादि॰ परस्मै॰ ←√अस्); * **अकर्मणि** (सप्तमी॰ एक॰ ←न॰ न-तत्पु॰स॰ **अकर्मन्** ←अ√कृ)

कर्मणि (नित्य कर्मात) एव (च) अधिकार: (अधिकार) ते (तुझा) मा (नाही) फलेषु (फळांत, कर्मांच्या फळांत) कदाचन (कधीही) मा (तू नको) कर्मफलहेतु: (कर्माच्या फळाकरिता इच्छुक असलेला) भू: (होऊ) मा (न) ते (तुझी) सङ्ग: (आसक्ति) अस्तु (असो) अकर्मणि (अकर्मात)

* तुझा नियत कर्मातच अधिकार (आहे), कर्मांच्या फळांत कधीही नाही; तू कर्माच्या फळाकरिता इच्छुक असलेला होऊ नको; तुझी आसक्ति अकर्मात न असो.

।।2.48 ।। **योगस्थ: कुरु कर्माणि सङ्गं त्यक्त्वा धनञ्जय ।**
सिद्ध्यसिद्ध्यो: समो भूत्वा समत्वं योग उच्यते ।।

योगस्थ: (नि॰ 22/1) कुरु कर्माणि (नि॰ 24/7) सङ्गम् (नि॰ 14/1) त्यक्त्वा धनञ्जय सिद्ध्यसिद्ध्यो: (नि॰ 22/7) सम: (नि॰ 15/8) भूत्वा समत्वम् (नि॰ 14/1) योग: (नि॰ 19/4) उच्यते

योगस्थ: (प्रथमा॰ एक॰ ←क्त॰ वि॰ योगस्थ, कर्मयोगे स्थित: ←पु॰ योग 2.39 + वि॰ स्थ 2.45); * कुरु (द्वि॰पु॰ एक॰ उपदेशार्थ लोट् तनादि॰ परस्मै॰ ←8√कृ); * **कर्माणि** (द्वितीया॰ अनेक॰ ←न॰ कर्मन् 1.15); * **सङ्गम्** (द्वितीया॰ एक॰ ←पु॰ सङ्ग 2.47); * त्यक्त्वा (1.33); * **धनञ्जय** (संबो॰ एक॰

(उत्तरगीता 1.19)

जसा अमृताचा तृप्त, नसे दुधाचा तृषित ।
तसा ब्रह्मज्ञानी युक्त, नसे वेदांचा क्षुधित ।।

←पु० धनञ्जय 1.15); * **<u>सिद्ध्यसिद्ध्योः</u>** (स्त्री० सप्तमी० द्वि०व० ←द्वंद्व०स० सिद्धौ च असिद्धौ च ←स्त्री० **<u>सिद्धि</u>** ←<u>√सिध्</u> + स्त्री० न-तत्पु०स० **<u>असिद्धि</u>** ←अ√सिध्); * **<u>समः</u>** (प्रथमा० एक० ←वि० सम 1.4); * भूत्वा (2.20); * समत्वम् (प्रथमा० एक० ←न० समत्व ←वि० सम 1.4); * **<u>योगः</u>** (प्रथमा० एक० ←पु० योग 2.39); * उच्यते (2.25)

योगस्थः (कर्मयोगात स्थित झालेला) कुरु (तू कर) कर्माणि (कर्मकृति) सङ्गम् (आसक्ति) त्यक्त्वा (त्यागून) धनञ्जय (हे धनंजया!) सिद्ध्यसिद्ध्योः (यश आणि अपयशातील) समः (समबुद्धि) भूत्वा (राखून) समत्वम् (समत्वभावना) योगः (योग, बुद्धियोग) उच्यते (म्हटली जाते)

* हे धनंजया! तू यश आणि अपयशातील आसक्ति त्यागून, समबुद्धि राखून, योगात स्थित झालेला कर्मकृति कर; (ही) समत्वभावना(च) 'योग' म्हटली जाते.

।।2.49 ।। **दूरेण ह्यवरं कर्म बुद्धियोगाद्धनञ्जय ।**
बुद्धौ शरणमन्विच्छ कृपणाः फलहेतवः ।।

दूरेण (नि० 24/1) हि (नि० 4/1) अवरम् (नि० 14/1) कर्म बुद्धियोगात् (नि० 9/6) धनञ्जय बुद्धौ शरणम् (नि० 8/16, 24/3) अन्विच्छ कृपणाः (नि० 24/5, 22/4) फलहेतवः (नि० 22/8)

दूरेण (क्रिवि० ←वि० **<u>दूर</u>** ←5√दु); * हि (1.11); * अवरम् (न० प्रथमा० एक० ←वि० अवर ←अव√रा); * **<u>कर्म</u>** (प्रथमा० एक० ←न० कर्मन् 1.15); * बुद्धियोगात् (पु० पंचमी० एक० ←तत्पु०स० **<u>बुद्धियोग</u>**, बुद्ध्याः योगः ←स्त्री. बुद्धि 1.23 + पु० योग 2.39); * धनञ्जय (2.48); * बुद्धौ (सप्तमी० एक० ←स्त्री० बुद्धि 1.23); * **<u>शरणम्</u>** (द्वितीया० एक० ←न० शरण ←√शॄ); * अन्विच्छ (द्वि०पु० एक० उपदेशार्थ लोट् तुदादि० परस्मै० ←अनु√<u>इष्</u>); * कृपणाः (पु० प्रथमा० अनेक० ←वि० कृपण ←8√कृप्); * फलहेतवः (पु० प्रथमा० अनेक० ←बहुव्री० फलहेतु, फलम् हेतुः यस्य ←न० फल 2.43 + पु० हेतु 1.35)

दूरेण (अतिशय) हि (कारण की) अवरम् (कनिष्ठ) कर्म (सकाम कर्म) बुद्धियोगात् (बुद्धियोगापेक्षा) धनञ्जय (हे अर्जुना!) बुद्धौ (समबुद्धियोगात) शरणम् (आश्रय) अन्विच्छ (तू ग्रहण कर) कृपणाः (हलकट) फलहेतवः (कर्मफळाची वासना बाळगणारे लोक)

* हे अर्जुना! सकाम कर्म बुद्धियोगापेक्षा कनिष्ठ (आहे म्हणून) तू समबुद्धियोगात आश्रय ग्रहण कर, कारण की कर्मफळाची वासना बाळगणारे लोक अतिशय हलकट (असतात).

।।2.50 ।। **बुद्धियुक्तो जहातीह उभे सुकृतदुष्कृते ।**
तस्माद्योगाय युज्यस्व योगः कर्मसु कौशलम् ।।

बुद्धियुक्तः (नि० 15/3) जहाति (नि० 1/5) इह (नि० 2/2) उभे सुकृतदुष्कृते तस्मात् (नि० 9/9) योगाय युज्यस्व योगः (नि० 22/1) कर्मसु कौशलम् (नि० 14/2)

बुद्धियुक्तः (पु० प्रथमा० एक० ←बहुव्री० **<u>बुद्धियुक्त</u>**, बुद्ध्या युक्तः यः ←स्त्री० बुद्धि 1.23 + वि० युक्त

1.14); * जहाति (तृ॰पु॰ एक॰ लट्॰-वर्तमान॰ जुवादि॰ परस्मै॰ ←√हा); * इह (2.5); * उभे (न॰ द्वितीया॰ द्वि॰व॰ ←सना॰ उभ 2.19); * सुकृतदुष्कृते (न॰ द्वितीया॰ द्वि॰व॰ ←द्वंद्व॰स॰ एक॰ सुकृतम् च दुष्कृतम् च ←न॰ **सुकृत** ←वि॰ सुकृत् ←सु√कृ + न॰ दुष्कृत ←वि॰ **दुष्कृत** ←दुष् अथवा दुस् + प्रत्यय **कृत्** ←8√कृ); * तस्मात् (1.37); * योगाय (चतुर्थी॰ एक॰ ←पु॰ योग 2.39); * युज्यस्व (2.38); * योग: (2.48); * **कर्मसु** (सप्तमी॰ अनेक॰ ←न॰ कर्मन् 1.15); * कौशलम् (प्रथमा॰ एक॰ ←न॰ कौशल अथवा कौशल्य ←√कुश्)

बुद्धियुक्त: (समबुद्धियुक्त) जहाति (त्यागतो) इह (या लोकी) उभे (या दोन्ही मधील भावनांना) सुकृतदुष्कृते (पाप आणि पुण्य) तस्मात् (म्हणून) योगाय (समबुद्धीच्या योगाला) युज्यस्व (तू लाग) योग: (योग) कर्मसु (कर्मांतील) कौशलम् (कौशल्य)

* समबुद्धियुक्त (पुरुष) या लोकी पाप आणि पुण्य या दोन्ही मधील भावनांना त्यागतो. म्हणून तू समबुद्धीच्या योगाला लाग. निष्कामकर्मांतील (हे समत्वाचे) कौशल्य(च) (बुद्धि)योग (होय).

।।2.51 ।। **कर्मजं बुद्धियुक्ता हि फलं त्यक्त्वा मनीषिण: ।**
जन्मबन्धविनिर्मुक्ता: पदं गच्छन्त्यनामयम् ।।

कर्मजम् (नि॰ 14/1) बुद्धियुक्ता: (नि॰ 20/18) हि फलम् (नि॰ 14/1) त्यक्त्वा मनीषिण: (नि॰ 22/8) जन्मबन्धविनिर्मुक्ता: (नि॰ 22/3) पदम् (नि॰ 14/1) गच्छन्ति (नि॰ 4/1) अनामयम् (नि॰ 14/2)

कर्मजम् (न॰ द्वितीया॰ एक॰ ←बहुव्री॰ वि॰ **कर्मज**, कर्मात् जायते यत् ←न॰ कर्मन् 1.15 + पु॰ ज 1.7); * बुद्धियुक्ता: (पु॰ प्रथमा॰ अनेक॰ ←पु॰ बुद्धियुक्त 2.50); * हि (1.11); * **फलम्** (द्वितीया॰ एक॰ ←न॰ फल 2.43); * त्यक्त्वा (1.33); * मनीषिण: (पु॰ प्रथमा॰ अनेक॰ ←वि॰ **मनीषिन्** ←√मन्); * जन्मबन्धविनिर्मुक्ता: (पु॰ प्रथमा॰ अनेक॰ ←तत्पु॰स॰ वि॰ जन्मबन्धविनिर्मुक्त, जन्मन: बन्धात् विमुक्त: ←न॰ जन्मन् 2.27 + पु॰ बन्ध 1.27 + क्त॰ वि॰ विनिर्मुक्त ←वि-निर्√मुच्); * **पदम्** (द्वितीया॰ एक॰ ←न॰ पद ←√पद्); * **गच्छन्ति** (तृ॰पु॰ अनेक॰ लट्॰-वर्तमान॰ भ्वादि॰ परस्मै॰ ←√गम्); * **अनामयम्** (न॰ द्वितीया॰ एक॰ ←वि॰ न-बहुव्री॰ नास्ति आमयम् यस्मिन् तत् ←पु॰ **आमय** ←आम√या)

कर्मजम् (कर्मातून उत्पन्न होणारे) बुद्धियुक्ता: (समबुद्धियुक्त) हि (कारण) फलम् (फळ) त्यक्त्वा (त्यागून) मनीषिण: (ज्ञानी लोक) जन्मबन्धविनिर्मुक्ता: (जन्मबंधनातून मुक्त झालेले असे) पदम् (पदला) गच्छन्ति (प्राप्त करतात) अनामयम् (स्वर्ग)

* कारण, समबुद्धियुक्त ज्ञानी लोक कर्मातून उत्पन्न होणारे फळ त्यागून जन्मबंधनातून मुक्त झालेले असे स्वर्गपदाला प्राप्त करतात.

।।2.52 ।। **यदा ते मोहकलिलं बुद्धिर्व्यतितरिष्यति ।**
तदा गन्तासि निर्वेदं श्रोतव्यस्य श्रुतस्य च ।।

यदा ते मोहकलिलम् (नि० 14/1) बुद्धिः (नि० 16/6) व्यतितरिष्यति (नि० 25/6) तदा गन्तासि निर्वेदम् (नि० 14/1) श्रोतव्यस्य श्रुतस्य च

यदा (काळवाचक अव्यय० ←सना० यद् 1.7); * ते (2.34); * मोहकलिलम् (न० द्वितीया० एक० ←तत्पु०स० मोहकलिल, मोहस्य कलिलम् ←पु० **मोह** ←√मुह् + न० कलिल ←√कल्); * बुद्धिः (2.39); * व्यतितरिष्यति (तृ०पु० एक० लृट्०-भविष्य० भ्वादि० परस्मै० ←व्यति√तृ); * तदा (1.2); * गन्तासि (द्वि०पु० एक० पर्यायोक्तार्थ लुट्-भविष्य० भ्वादि० परस्मै० ←√गम्); * निर्वेदम् (द्वितीया० एक० ←पु० निर्वेद ←निर√विद्); * श्रोतव्यस्य (षष्ठी० एक० ←कर्मणि० विधि० धातु०सा० वि० स्वादि० परस्मै० श्रोतव्य ←√श्रु); * श्रुतस्य (षष्ठी० एक० ←क्त० वि० **श्रुत** ←√श्रु); * च (1.1)

यदा (जेव्हा) ते (तुझी) मोहकलिलम् (मोहाची दलदल) बुद्धिः (बुद्धि) व्यतितरिष्यति (ओलांडून पार जाईल) तदा (तेव्हा) गन्तासि (तू प्राप्त करशील) निर्वेदम् (विरक्ति) श्रोतव्यस्य (श्रवणीय गोष्टीची) श्रुतस्य (श्रुत गोष्टीची) च (आणि)

* जेव्हा तुझी बुद्धि मोहाची दलदल ओलांडून पार जाईल तेव्हा श्रुत गोष्टीची आणि श्रवणीय गोष्टीची विरक्ति तू प्राप्त करशील.

।।2.53 ।। **श्रुतिविप्रतिपन्ना ते यदा स्थास्यति निश्चला ।**
समाधावचला बुद्धिस्तदा योगमवाप्स्यसि ।।

श्रुतिविप्रतिपन्ना ते यदा स्थास्यति निश्चला समाधौ (नि० 5/5) अचला बुद्धिः (नि० 18/1) तदा योगम् (नि० 8/16) अवाप्स्यसि

श्रुतिविप्रतिपन्ना (स्त्री० प्रथमा० एक० ←तत्पु०स० श्रुतिविप्रतिपन्ना, श्रुतिभिः विप्रतिपन्ना ←स्त्री० **श्रुति** ←√श्रु + क्त० वि० विप्रतिपन्न ←वि-प्रति√पद्); * ते (2.34); * यदा (2.52); * स्थास्यति (तृ०पु० एक० लृट्०-भविष्य० भ्वादि० परस्मै० अक० ←√स्था); * निश्चला (स्त्री० प्रथमा० एक० ←वि० निश्चल ←निर्√चल्); * समाधौ (2.44); * अचला (स्त्री० प्रथमा० एक० ←वि० अचल 2.24); * बुद्धिः (2.39); * तदा (1.2); * **योगम्** (द्वितीया० एक० ←पु० योग 2.39); * अवाप्स्यसि (2.33)

श्रुतिविप्रतिपन्ना (श्रुतिशब्द श्रवणानी भ्रमलेली) ते (तुझी) यदा (जेव्हा) स्थास्यति निश्चला (स्थिरावेल) समाधौ (समाधिस्थ) अचला (अचल) बुद्धिः (बुद्धि) तदा (तेव्हा) योगम् (योग) अवाप्स्यसि (तू योग प्राप्त करशील)

* तुझी श्रुतिशब्द श्रवणानी भ्रमलेली बुद्धि जेव्हा समाधिस्थ अचल स्थिरावेल तेव्हा तू योग प्राप्त करशील.

।।2.54 ।। अर्जुन उवाच

स्थितप्रज्ञस्य का भाषा समाधिस्थस्य केशव ।
स्थितधीः किं प्रभाषेत किमासीत व्रजेत किम् ।।

अर्जुन: (नि॰ 19/4) उवाच । स्थितप्रज्ञस्य का भाषा समाधिस्थस्य केशव स्थितधी: (नि॰ 22/1) किम् (नि॰ 14/1) प्रभाषेत किम् (नि॰ 8/17) आसीत व्रजेत किम् (नि॰ 14/2)

अर्जुन: (1.47) * उवाच (1.25) । स्थितप्रज्ञस्य (पु॰ षष्ठी॰ एक॰ ←बहुव्री॰ **स्थितप्रज्ञ**, स्थिता प्रज्ञा यस्य ←वि॰ स्थित 1.14 + स्त्री॰ प्रज्ञा 2.11); * का (1.36); * भाषा (प्रथमा॰ एक॰ ←स्त्री॰ भाषा ←√भाष्); * समाधिस्थस्य (पु॰ षष्ठी॰ एक॰ ←तत्पु॰स॰ समाधिस्थ, समाध्याम् स्थित: ←स्त्री॰ समाधि 2.44 + वि॰ स्थित 1.14); * केशव (1.31); * **स्थितधी:** (पु॰ प्रथमा॰ एक॰ ←बहुव्री॰ स्थितधी, स्थिता धी यस्य ←वि॰ स्थित 1.14 + स्त्री॰ धी ←√ध्यै); * किम् (1.1); * प्रभाषेत (तृ॰पु॰ एक॰ विधि॰ भ्वादि॰ आत्मने॰ ←प्र√भाष्); * किम् (1.1); * **आसीत** (तृ॰पु॰ एक॰ विधि॰ अदादि॰ आत्मने॰ ←√आस्); * व्रजेत (तृ॰पु॰ एक॰ विधि॰ भ्वादि॰ आत्मने॰ ←√व्रज्); * किम् (1.1)

अर्जुन: (अर्जुन) उवाच– (म्हणाला–) स्थितप्रज्ञस्य (स्थितप्रज्ञाचे) का (काय) भाषा (वर्णन) समाधिस्थस्य (स्थिरावलेल्या) केशव (हे केशवा!) स्थितधी: (स्थितप्रज्ञ, स्थितप्रज्ञाने) किम् (कसे) प्रभाषेत (बोलावे) किम् (कसे) आसीत (चालावे) व्रजेत (बसावे) किम् (कसे)

* अर्जुन म्हणाला– हे केशवा! स्थिरावलेल्या स्थितप्रज्ञाचे वर्णन काय. स्थितप्रज्ञाने कसे बोलावे, कसे चालावे (व) बसावे कसे

।।2.55।। श्रीभगवानुवाच

प्रजहाति यदा कामान्सर्वान्पार्थ मनोगतान् ।
आत्मन्येवात्मना तुष्ट: स्थितप्रज्ञस्तदोच्यते ।।

श्रीभगवान् (नि॰ 8/14) उवाच । प्रजहाति यदा कामान् (नि॰ 13/20) सर्वान् (नि॰ 13/13) पार्थ मनोगतान् (नि॰ 23/1) आत्मनि (नि॰ 4/4) एव (नि॰ 1/2) आत्मना तुष्ट: (नि॰ 22/7) स्थितप्रज्ञ: (नि॰ 18/1) तदा (नि॰ 2/4) उच्यते

श्रीभगवान् (2.2); * उवाच (1.25) । प्रजहाति (तृ॰पु॰ एक॰ लट्॰-वर्तमान॰ जुवादि॰ परस्मै॰ ←प्र√हा 2.50); * यदा (2.52); * **कामान्** (द्वितीया॰ अनेक॰ ←पु॰ काम 1.22); * सर्वान् (1.27); * पार्थ (1.25); * मनोगतान् (पु॰ द्वितीया॰ अनेक॰ ←तत्पु॰स॰ मनोगत, मनसि आगत ←न॰ मनस् 1.30 + वि॰ आगत 4.10); * **आत्मनि** (सप्तमी॰ एक॰ ←पु॰ आत्मन् 2.41); * एव (1.1); * **आत्मना** (तृतीया॰ एक॰ ←पु॰ आत्मन् 2.41); * तुष्ट: (पु॰ प्रथमा॰ एक॰ ←क्त॰ वि॰ **तुष्ट** ←√तुष्); * स्थितप्रज्ञ: (प्रथमा॰ एक॰ ←पु॰ स्थितप्रज्ञ 2.54); * तदा (1.2); * उच्यते (2.25)

श्रीभगवान् (श्रीभगवान) उवाच (म्हणाले–) प्रजहाति (त्यागतो) यदा (जेव्हा) कामान् (कामांना) सर्वान् (सगळ्या) पार्थ (हे पार्था!) मनोगतान् (मनातील–) आत्मनि (आत्म्यात) एव (च) आत्मना (आत्म्याने) तुष्ट: (संतुष्ट झालेला) स्थितप्रज्ञ: ('स्थितप्रज्ञ') तदा (तेव्हा) उच्यते (म्हटला जातो)

* श्रीभगवान म्हणाले– हे पार्था! जेव्हा (तो) मनातील सगळ्या कामांना त्यागतो तेव्हा आत्म्याने

आत्म्यातच संतुष्ट झालेला (तो) 'स्थितप्रज्ञ' म्हटला जातो.[1]

।।2.56 ।। **दुःखेष्वनुद्विग्नमनाः सुखेषु विगतस्पृहः ।**
वीतरागभयक्रोधः स्थितधीर्मुनिरुच्यते ।।

दुःखेषु (नि० 25/5, 4/6) अनुद्विग्नमनाः (नि० 22/7) सुखेषु (नि० 25/5) विगतस्पृहः (नि० 22/8) वीतरागभयक्रोधः (नि० 22/7) स्थितधीः (नि० 16/7) मुनिः (नि० 16/1) उच्यते

दुःखेषु (सप्तमी० अनेक० ←न० दुःख 2.14); * अनुद्विग्नमनाः (पु० प्रथमा० एक० ←बहुव्री० अनुद्विग्नमनस्, नास्ति उद्विग्न मनः यस्य ←क्त० वि० उद्विग्न ←पु० **उद्वेग** ←उद्√विज् + न० मनस् 1.30); * सुखेषु (सप्तमी० अनेक० ←न० सुख 1.32); * **विगतस्पृहः** (पु० प्रथमा० एक० ←बहुव्री० विगतस्पृह, विगता स्पृहा यस्य ←वि० **विगत** ←वि√गम् + स्त्री० **स्पृहा** ←√स्पृह्); * वीतरागभयक्रोधः (पु० प्रथमा० एक० ←बहुव्री० **वीतरागभयक्रोध**, वीताः रागः च भयः च क्रोधः च यस्य ←क्त० वि० वीत ←वि√इ + पु० **राग** ←√रञ्ज् + न० भय 2.35 + पु० **क्रोध** ←√क्रुध्); * स्थितधीः (2.54); * **मुनिः** (प्रथमा० एक० ←पु० **मुनि** ←√मन्); * उच्यते (2.25)

दुःखेषु (दुःखांत) अनुद्विग्नमनाः (खिन्न नसलेला) सुखेषु (सुखांत) विगतस्पृहः (लालसा नसलेला) वीतरागभयक्रोधः (तृष्णा क्रोध व भीति विरहित झालेला) स्थितधीः (स्थिरबुद्धि मनुष्य) मुनिः ('मुनि') उच्यते (म्हटला जातो)[2]

* दुःखांत खिन्न नसलेला, सुखांत लालसा नसलेला (व) तृष्णा क्रोध व भीति विरहित झालेला स्थिरबुद्धि मनुष्य 'मुनि' म्हटला जातो.

।।2.57 ।। **यः सर्वत्रानभिस्नेहस्तत्तत्प्राप्य शुभाशुभम् ।**
नाभिनन्दति न द्वेष्टि तस्य प्रज्ञा प्रतिष्ठिता ।।

---

(1) अक्षोभ्यश्चातिगम्भीरो निस्तरङ्गसमुद्रवत् ।
निश्चेष्टो निर्विकारश्च स्थितप्रज्ञः स उच्यते ।।
(श्रीरामगीता 5.28)
आत्म्यात जो स्थिर शांत, अक्षोभ्य गम्भीर प्राज्ञ ।
सागरापरी प्रशांत, –जाणावा तो 'स्थितप्रज्ञ' ।।

(2) सर्वमित्रः सर्वसहः शमे रक्तो जितेन्द्रियः ।
व्यपेतभयमन्युश्च कामहा मुच्यते नरः ।।
(अनुगीता 4.2)
नित शांत जितेन्द्रिय, सर्वभूती स्नेहयुक्त ।
गत सर्व क्रोध भय, सहनशील, –तो मुक्त ।।

य: (नि० 22/7) सर्वत्र (नि० 1/1) अनभिस्नेह: (नि० 18/1) तत् (नि० 1/10) तत् (नि० 10/6) प्राप्य शुभाशुभम् (नि० 14/2) न (नि० 1/1) अभिनन्दति न द्वेष्टि तस्य प्रज्ञा प्रतिष्ठिता

य: (2.19); * **<u>सर्वत्र</u>** (स्थळकाळवाचक अव्यय० ←सना० सर्व 1.6); * अनभिस्नेह: (प्रथमा० एक० ←वि० अनभिस्नेह ←अन्-अभि√<u>स्निह</u>); * तत् (2.7); * तत् (2.7); * **<u>प्राप्य</u>** (ल्यप्० अव्यय० ←प्र√आप्); * शुभाशुभम् (न० द्वितीया० एक० ←द्वंद्व०स० शुभम् वा अशुभम् वा ←वि० **<u>शुभ</u>** ←√<u>शुभ्</u> + न-तत्पु०स० वि० **<u>अशुभ</u>** ←अ√शुभ्); * न (1.30); * अभिनन्दति (तृ०पु० एक० लट्०-वर्तमान० भ्वादि० परस्मै० ←अभि√नन्द्); * न (1.30); * **<u>द्वेष्टि</u>** (तृ०पु० एक० लट्०-वर्तमान० अदादि० परस्मै० ←√<u>द्विष्</u>); * तस्य (1.12); * प्रज्ञा (2.11); * **<u>प्रतिष्ठिता</u>** (स्त्री० प्रथमा० एक० ←क्त० वि० **<u>प्रतिष्ठित</u>** ←प्रति√स्था)

य: (जो) सर्वत्र (पूर्णत:) अनभिस्नेह: (आसक्ति नसलेला) तत् (ते) तत् (ते) प्राप्य (प्राप्त झाले असूनही) शुभाशुभम् (शुभ अशुभ झाले) न-अभिनन्दति (हर्षभरित होत नाही) न- द्वेष्टि (क्षति धरत नाही) तस्य (त्याची) प्रज्ञा (बुद्धि) प्रतिष्ठिता (स्थिरावली)

* जो पूर्णत: आसक्ति नसलेला ते ते प्राप्त झाले असूनही हर्षभरित होत नाही (वा) शुभ अशुभ झाले (तरी) क्षति धरत नाही -त्याची बुद्धि स्थिरावली (म्हणावी).

।।2.58 ।। **यदा संहरते चायं कूर्मोऽङ्गानीव सर्वशः ।**

इन्द्रियाणीन्द्रियार्थेभ्यस्तस्य प्रज्ञा प्रतिष्ठिता ।।

यदा संहरते च (नि० 1/1) अयम् (नि० 14/1) कूर्म: (नि० 15/1) अङ्गानि (नि० 1/5) इव सर्वश: (नि० 22/8) इन्द्रियाणि (नि० 24/7, 1/5) इन्द्रियार्थेभ्य: (नि० 18/1) तस्य प्रज्ञा प्रतिष्ठिता

यदा (2.52); * संहरते (तृ०पु० एक० लट्०-वर्तमान० भ्वादि० आत्मने० ←सम्√हृ); * च (1.1); * अयम् (2.19); * कूर्म: (प्रथमा० एक० ←पु० कुर्म ←√<u>कु</u>); * अङ्गानि (द्वितीया० अनेक० ←न० **<u>अङ्ग</u>** ←√<u>अङ्ग्</u>); * इव (1.30); * सर्वश: (1.18); * **<u>इन्द्रियाणि</u>** (द्वितीया० अनेक० ←न० इन्द्रिय 2.8); * **<u>इन्द्रियार्थेभ्य:</u>** (पु० पंचमी० अनेक० ←तत्पु०स० **<u>इन्द्रियार्थ</u>**, इन्द्रियस्य इन्द्रियाणाम् वा अर्थ: ←न० इन्द्रिय 2.8 + पु० अर्थ 1.7); * तस्य (1.12); * प्रज्ञा (2.11); * प्रतिष्ठिता (2.57)

यदा (जेव्हा) संहरते (आवरतो) च (आणि) अयम् (हा) कूर्म: (कासव) अङ्गानि (अंगांना) इव (तसा) सर्वश: (सर्व बाजूंनी) इन्द्रियाणि (इन्द्रिये) इन्द्रियार्थेभ्य: (विषयांतून) तस्य (त्याची) प्रज्ञा (बुद्धि) प्रतिष्ठिता (स्थिरावली)

* आणि कासव (जसा) अंगांना आवरतो तसा हा जेव्हा सर्व बाजूंनी इन्द्रिये विषयांतून (सावरतो तेव्हा) -त्याची बुद्धि स्थिरावली (म्हणावी).

।।2.59 ।। **विषया विनिवर्तन्ते निराहारस्य देहिनः ।**

रसवर्जं रसोऽप्यस्य परं दृष्ट्वा निवर्तते ।।

विषया: (नि० 20/17) विनिवर्तन्ते निराहारस्य देहिन: (नि० 22/8) रसवर्जम् (नि० 14/1) रस: (नि०

15/1) अपि (नि॰ 4/1) अस्य परम् (नि॰ 14/1) दृष्ट्वा निवर्तते

विषया: (प्रथमा॰ अनेक॰ ←पु॰ विषय 2.45); * विनिवर्तन्ते (तृ॰पु॰ अनेक॰ लट्॰-वर्तमान॰ भ्वादि॰ आत्मने॰ ←वि-नि√वृत्); * निराहारस्य (षष्ठी॰ एक॰ ←तत्पु॰स॰ निराहार ←अव्यय॰ निर् 2.45 + पु॰ **आहार** ←आ√हृ); * देहिन: (2.13); * रसवर्जम् (द्वितीया॰ एक॰ ←बहुव्री॰ रसवर्ज, रसम् वर्जितम् कृतम् यस्मात् तत् ←पु॰ **रस** ←√रस् + पु॰ वर्ज ←√वृज्); * **रस:** (प्रथमा॰ एक॰ ←पु॰ रस↑); * अपि (1.26); * अस्य (2.17); * परम् (द्वितीे॰ एक॰ ←वि॰ पर ←√पृ 2.12); * दृष्ट्वा (1.2); * निवर्तते (तृ॰पु॰ एक॰ लट्॰-वर्तमान॰ भ्वादि॰ आत्मने॰ ←नि√वृत् 1.39)

विषया: (विषय) विनिवर्तन्ते (जातात) निराहारस्य (विषयांचा आस्वाद न घेणाऱ्या-) देहिन: (पुरुषाचे) रसवर्जम् (त्यांतील गोडीच्या व्यतिरिक्त) रस: (विषयांच्या गोडीचा ओढा) अपि (सुद्धा) अस्य (त्याचा, त्या मनुष्याचा) परम्-दृष्ट्वा (परम साक्षात्काराच्या प्रचीतीने) निवर्तते (दूर होतो)

* विषयांचे आस्वाद न घेणाऱ्या पुरुषाचे त्यांतील गोडीच्या व्यतिरिक्त[1] विषय जातात; त्या मनुष्याचा विषयांच्या गोडीचा ओढा परम साक्षात्काराच्या प्रचीतीने दूर होतो.

॥2.60 ॥ **यततो ह्यपि कौन्तेय पुरुषस्य विपश्चित: ।**
इन्द्रियाणि प्रमाथीनि हरन्ति प्रसभं मन: ॥

यतत: (नि॰ 15/14) हि (नि॰ 4/1) अपि कौन्तेय पुरुषस्य विपश्चित: (नि॰ 22/8) इन्द्रियाणि (नि॰ 24/7) प्रमाथीनि हरन्ति प्रसभम् (नि॰ 14/1) मन: (नि॰ 22/8)

यतत: (पु॰ षष्ठी॰ एक॰ ←शतृ॰ वि॰ **यतत्** ←√यत्); * हि (1.11); * अपि (1.26); * कौन्तेय (2.14); * पुरुषस्य (षष्ठी॰ एक॰ ←पु॰ पुरुष 2.15); * विपश्चित: (पु॰ षष्ठी॰ एक॰ ←वि॰ विपश्चित् 2.42); * **इन्द्रियाणि** (प्रथमा॰ एक॰ ←न॰ इन्द्रिय 2.8); * प्रमाथीनि (न॰ प्रथमा॰ अनेक॰ ←वि॰ **प्रमाथिन्** ←प्र√मथ्); * हरन्ति (तृ॰पु॰ अनेक॰ लट्॰-वर्तमान॰ भ्वादि॰ परस्मै॰ ←√हृ); * **प्रसभम्** (क्रि॰वि॰ अव्यय॰ ←प्रादि॰ बहुव्री॰ प्रसभ ←प्र-सह√भा); * मन: (1.30)

यतत: (यत्न करीत असताना) हि (वस्तुत:) अपि (सुद्धा) कौन्तेय (हे कुन्तीसुता अर्जुना!) पुरुषस्य (मनुष्याच्या-) विपश्चित: (बुद्धिवान) इन्द्रियाणि (इन्द्रिये) प्रमाथीनि (व्याकुळ करणारी) हरन्ति (हरवितात, जिंकतात) प्रसभम् (बळजबरीने) मन: (मनाला)

* हे कुन्तीसुता अर्जुना! व्याकुळ करणारी इन्द्रिये बुद्धिवान मनुष्याच्या मनाला, वस्तुत: यत्न करीत असताना सुद्धा, बळजबरीने जिंकतात.

---

[1] गोडीच्या व्यतिरिक्त (शिवाय, खेरीज, सोडून) विषय जातात; अथवा मनातून विषय दूर होतात पण त्यातील गोडी मनापासून दूर होत नाही.

।।2.61 ।। **तानि सर्वाणि संयम्य युक्त आसीत मत्परः ।**
वशे हि यस्येन्द्रियाणि तस्य प्रज्ञा प्रतिष्ठिता ।।

तानि सर्वाणि (नि० 24/7) संयम्य युक्तः (नि० 19/1) आसीत मत्परः (नि० 22/8) वशे हि यस्य (नि० 2/1) इन्द्रियाणि (नि० 24/7) तस्य प्रज्ञा प्रतिष्ठिता

तानि (न० द्वितीया० अनेक० ←सना० तद् 1.2); * सर्वाणि (2.30); * **संयम्य** (ल्यप्० अव्यय० ←सम्√यम्); * युक्तः (2.39); * आसीत (2.54); * **मत्परः** (पु० प्रथमा० एक० ←बहुव्री० **मत्पर**, मयि परायणः यः ←सना० मत् 1.9 + वि० पर 2.3); * वशे (सप्तमी० एक० ←पु० अथवा न० **वश** ←√वश्); * हि (1.11); * **यस्य** (पु० अथवा न० षष्ठी एक० ←सना० यद् 1.7); * इन्द्रियाणि (2.58); * तस्य (1.12); * प्रज्ञा (2.11); * प्रतिष्ठिता (2.57)

तानि (त्यांना, त्या इन्द्रियांना) सर्वाणि (सर्व) संयम्य (संयमून) युक्तः (युक्त झालेला) आसीत (त्याने व्हावे) मत्परः (मत्परायण) वशे (निग्रहात) हि (कारण कि) यस्य (ज्याची) इन्द्रियाणि (इन्द्रिये) तस्य (त्याची) प्रज्ञा (बुद्धि) प्रतिष्ठिता (स्थिरावलेली)

* त्या सर्व इन्द्रियांना संयमून युक्त झालेला (असा) त्याने मत्परायण व्हावे; कारण कि ज्याची इन्द्रिये निग्रहात (असतात) त्याची बुद्धि स्थिरावलेली (असते).

।।2.62 ।। **ध्यायतो विषयान्पुंसः सङ्गस्तेषूपजायते ।**
सङ्गात्सञ्जायते कामः कामात्क्रोधोऽभिजायते ।।

ध्यायतः (नि० 15/13) विषयान् (नि० 13/13) पुंसः (नि० 22/7) सङ्गः (नि० 18/1) तेषु (नि० 25/5, 1/8) उपजायते सङ्गात् (नि० 10/7) सञ्जायते कामः (नि० 22/1) कामात् (नि० 10/5) क्रोधः (नि० 15/1) अभिजायते

ध्यायतः (षष्ठी० एक० ←शतृ० वि० **ध्यायत्** ←√ध्यै); * **विषयान्** (द्वितीया० अनेक० ←पु० विषय 2.45); * पुंसः (षष्ठी० एक० ←पु० **पुंस्** ←√पू); * सङ्गः (2.47); * **तेषु** (पु० न० सप्तमी० अनेक० ←सना० तद् 1.2); * **उपजायते** (तृ०पु० एक० लट्०-वर्तमान० दिवादि० आत्मने० ←उप√जन्); * सङ्गात् (पंचमी० एक० ←पु० सङ्ग 2.47); * **सञ्जायते** (तृ०पु० एक० लट्०-वर्तमान० दिवादि० आत्मने० ←सम्√जन्); * **कामः** (प्रथमा० एक० ←पु० काम 1.22); * कामात् (पंचमी० एक० ←पु० काम 1.22); * **क्रोधः** (प्रथमा० एक० ←पु० क्रोध 2.56); * **अभिजायते** (तृ०पु० एक० लट्०-वर्तमान० दिवादि० आत्मने० ←अभि√जन्)

ध्यायतः (मनात घोकत असणाऱ्या) विषयान् (विषयांना) पुंसः (पुरुषाची) सङ्गः (आसक्ति) तेषु (त्यांत) उपजायते (निर्माण होते) सङ्गात् (आसक्तीपासून) सञ्जायते (निर्माण होते) कामः (कामना) कामात् (कामनेपासून) क्रोधः (क्रोध) अभिजायते (निर्माण होतो)

* विषयांना मनात घोकत असणाऱ्या पुरुषाची त्यांत आसक्ति निर्माण होते; आसक्तीपासून कामना

निर्माण होते; (आणि) कामनेपासून क्रोध निर्माण होतो[1];

।।2.63 ।। **क्रोधाद्भवति संमोहः संमोहात्स्मृतिविभ्रमः ।**
स्मृतिभ्रंशाद्बुद्धिनाशो बुद्धिनाशात्प्रणश्यति ।।

क्रोधात् (नि॰ 9/8) भवति सम्मोहः (नि॰ 22/7) सम्मोहात् (नि॰ 10/7) स्मृतिविभ्रमः (नि॰ 22/8) स्मृतिभ्रंशात् (नि॰ 9/7) बुद्धिनाशः (नि॰ 15/7) बुद्धिनाशात् (नि॰ 10/6) प्रणश्यति

क्रोधात् (पंचमी॰ एक॰ ←पु॰ क्रोध 2.56); * भवति (1.44); * सम्मोहः (प्रथमा॰ एक॰ ←पु॰ **सम्मोह** ←सम्√मुह्); * सम्मोहात् (पंचमी॰ एक॰ ←पु॰ सम्मोह↑); * स्मृतिविभ्रमः (पु॰ प्रथमा॰ एक॰ ←तत्पु॰स॰ स्मृतिविभ्रम, स्मृतेः विभ्रमः ←स्त्री॰ **स्मृति** ←√स्मृ + पु॰ विभ्रम ←वि√भ्रम्); * स्मृतिभ्रंशात् (पु॰ पंचमी॰ एक॰ ←तत्पु॰स॰ स्मृतिभ्रंश, स्मृतेः भ्रंशः ←स्त्री॰ स्मृति↑ + पु॰ भ्रंश ←√भ्रंश् अथवा √भ्रंस्); * बुद्धिनाशः (पु॰ प्रथमा॰ एक॰ ←तत्पु॰स॰ **बुद्धिनाश**, बुद्धेः नाशः ←स्त्री॰ बुद्धि 1.23 + पु॰ नाश 2.40); * बुद्धिनाशात् (पंचमी॰ एक॰ ←पु॰ बुद्धिनाश↑); * **प्रणश्यति** (तृ॰पु॰ एक॰ लट्॰–वर्तमान॰ दिवादि॰ परस्मै॰ ←प्र√नश् 1.40)

क्रोधात् (क्रोधापासून) भवति (जन्मतो) संमोहः (अविवेक) संमोहात् (अविचारापासून) स्मृतिविभ्रमः (विस्मृति) स्मृतिभ्रंशात् (स्मृतिभ्रंशापासून) बुद्धिनाशः (बुद्धिनाश) बुद्धिनाशात् (बुद्धिनाशापासून) प्रणश्यति (सर्वनाश होतो)

* क्रोधात अविवेक जन्मतो, अविचारापासून विस्मृति, स्मृतिभ्रंशापासून बुद्धिनाश, बुद्धिनाशापासून सर्वनाश होतो.

।।2.64 ।। **रागद्वेषवियुक्तैस्तु विषयानिन्द्रियैश्चरन् ।**
आत्मवश्यैर्विधेयात्मा प्रसादमधिगच्छति ।।

रागद्वेषवियुक्तैः (नि॰ 18/1) तु विषयान् (नि॰ 8/13) इन्द्रियैः (नि॰ 17/1) चरन् (नि॰ 23/1) आत्मवश्यैः (नि॰ 16/11) विधेयात्मा प्रसादम् (नि॰ 8/16) अधिगच्छति

रागद्वेषवियुक्तैः (तृतीया॰ अनेक॰ ←तत्पु॰स॰ रागद्वेषवियुक्त, रागेण च द्वेषेण च वियुक्तः ←पु॰ राग 2.56 + पु॰ **द्वेष** ←√द्विष् 2.57 + वि॰ **वियुक्त** ←वि√युज्); * तु (1.2); * विषयान् (2.62); * **इन्द्रियैः** (तृ॰पु॰ अनेक॰ ←न॰ इन्द्रिय 2.8); * चरन् (प्रथमा॰ एक॰ ←शतृ॰ वि॰ **चरत्** ←√चर्); * आत्मवश्यैः

---

[1] *तपते यजते चैव यच्च दानं प्रयच्छति ।*
क्रोधेन सर्वं हरति तस्मात्क्रोधं विसर्जयेत् ।।
(वाल्मिकीरामायण, उत्तर॰ 59–2.22)
यज्ञ दान तपोबल, क्रोधामुळे असफल ।
म्हणून तो सर्वकाळ, ठेवावा दूरे सकळ ।।

(पु॰ तृतीया॰ अनेक॰ ←वि॰ आत्मवश, आत्मन: वश: इव ←पु॰ आत्मन् 2.41 + पु॰ वश 2.61); * विधेयात्मा (पु॰ प्रथमा॰ एक॰ ←बहुव्री॰ विधेयात्मन्, विधेय: आत्मा यस्य ←वि॰ विधेय ←वि√धा + पु॰ आत्मन् 2.41); * प्रसादम् (द्वितीया॰ एक॰ ←पु॰ **प्रसाद** ←प्र√सद्); * **अधिगच्छति** (तृ॰पु॰ एक॰ लट्॰–वर्तमान॰ भ्वादि॰ परस्मै॰ ←अधि√गम्)

रागद्वेषवियुक्तै: (प्रीति तथा द्वेषापासून विरक्त झालेल्या–) तु (परंतु) विषयान् (विषयांना) इन्द्रियै: (इन्द्रियांनी) चरन् (उपभोग करीत) आत्मवश्यै: (आत्मनिग्रहांनी) विधेयात्मा (आत्मयुक्त मनुष्य) प्रसादम् (मनाची शांति) अधिगच्छति (प्राप्त करतो)

* परंतु प्रीति तथा द्वेषापासून विरक्त झालेल्या इन्द्रियांनी विषयांना उपभोग करीत आत्मयुक्त मनुष्य आत्मनिग्रहांनी मनाची शांति प्राप्त करतो.

।।2.65 ।। **प्रसादे सर्वदु:खानां हानिरस्योपजायते ।**
प्रसन्नचेतसो ह्याशु बुद्धि: पर्यवतिष्ठते ।।

प्रसादे सर्वदु:खानाम् (नि॰ 14/1) हानि: (नि॰ 16/1) अस्य (नि॰ 2/2) उपजायते प्रसन्नचेतस: (नि॰ 15/14) हि (नि॰ 4/2) आशु बुद्धि: (नि॰ 22/3) पर्यवतिष्ठते

प्रसादे (सप्तमी॰ एक॰ ←पु॰ प्रसाद 2.64); * सर्व (1.6); * दु:खानाम् (षष्ठी॰ अनेक॰ ←न॰ दु:ख: 2.14); * हानि: (प्रथमा॰ एक॰ ←स्त्री॰ हानि ←√हा); * अस्य (2.17); * उपजायते (2.62); * प्रसन्नचेतस: (षष्ठी॰ एक॰ ←बहुव्री॰ प्रसन्नचेतस्, पसन्नम् चेत: यस्य ←वि॰ **प्रसन्न** ←प्र√सद् + न॰ चेतस् 1.38); * हि (1.11); * आशु (क्रि॰वि॰ स्त्री॰ ←√अश्); * बुद्धि: (2.39); * पर्यवतिष्ठते (तृ॰पु॰ एक॰ लट्॰–वर्तमान॰ भ्वादि॰ आत्मने॰ ←परि–अव√स्था)

प्रसादे (मनाला मिळालेल्या शांतीत) सर्वदु:खानाम् (सर्व दु:खांची) हानि: (क्षति) अस्य (या आत्मयुक्त पुरुषाच्या) उपजायते (घडते) प्रसन्नचेतस: (प्रसन्नचित्त पुरुषाची) हि (कारण कि) आशु (शीघ्र) बुद्धि: (मति) पर्यवतिष्ठते (स्थिर होते)

* मनाला मिळालेल्या शांतीत या आत्मयुक्त पुरुषाच्या सर्व दु:खांची क्षति घडते; कारण कि प्रसन्नचित्त पुरुषाची मति शीघ्र स्थिर होते.

।।2.66 ।। **नास्ति बुद्धिरयुक्तस्य न चायुक्तस्य भावना ।**
न चाभावयत: शान्तिरशान्तस्य कुत: सुखम् ।।

न (नि॰ 1/1) अस्ति बुद्धि: (नि॰ 16/1) अयुक्तस्य न च (नि॰ 1/1) अयुक्तस्य भावना न च (नि॰ 1/1) अभावयत: (नि॰ 22/5) शान्ति: (नि॰ 16/1) अशान्तस्य कुत: (नि॰ 22/7) सुखम् (नि॰ 14/2)

न (1.30); * अस्ति (2.40); * बुद्धि: (2.39); * **अयुक्तस्य** (षष्ठी॰ एक॰ ←वि॰ न–तत्पु॰स॰ **अयुक्त** ←अ√युज्); * न (1.30); * च (1.1); * अयुक्तस्य (↑); * भावना (प्रथमा॰ एक॰ ←स्त्री॰ भावना ←√भू); * न (1.30); * च (1.1); * अभावयत: (पु॰ षष्ठी॰ एक॰ न–तत्पु॰स॰ ←शतृ॰ वि॰ **भावयत्**

←√भू); * **शान्तिः** (प्रथमा॰ एक॰ ←स्त्री॰ **शान्ति** ←√शम्); * अशान्तस्य (पु॰ षष्ठी॰ एक॰ ←वि॰ न-तत्पु॰स॰ अशान्त ←अ√शम्); * कुतः (2.2); * **सुखम्** (प्रथमा॰ एक॰ ←न॰ सुख 1.32)

न-अस्ति (नसते) बुद्धिः (बुद्धि) अयुक्तस्य (अस्थिर मति ज्याची) न (नसते) च (सुद्धा) अयुक्तस्य (अस्थिर मति ज्याची) भावना (भावना) न (नसते) च (आणि) अभावयतः (भावनाहीन पुरुषाच्या-) शान्तिः (शांति) अशान्तस्य (अशांताच्या-) कुतः (कसे) सुखम् (सुख)

* ज्याची मति अस्थिर (असते त्याला) बुद्धि नसते, ज्याची मति अस्थिर (असते त्याला) भावना सुद्धा नसते, आणि भावनाहीन पुरुषाच्या (मनाला) शांति नसते (तर) अशांताच्या (मनाला) सुख कसे (मिळेल)?

।।2.67 ।। **इन्द्रियाणां हि चरतां यन्मनोऽनुविधीयते ।**
तदस्य हरति प्रज्ञां वायुर्नावमिवाम्भसि ।।

इन्द्रियाणाम् (नि॰ 24/6, 14/1) हि चरताम् (नि॰ 14/1) यत् (नि॰ 12/2) मनः (नि॰ 15/1) अनुविधीयते तत् (नि॰ 8/2) अस्य हरति प्रज्ञाम् (नि॰ 14/1) वायुः (नि॰ 16/8) नावम् (नि॰ 8/18) इव (नि॰ 1/1) अम्भसि

इन्द्रियाणाम् (2.8); * हि (1.11); * चरताम् (पु॰ षष्ठी॰ अनेक॰ ←शतृ॰ वि॰ चरत् 2.64); * **यत्** (न॰ प्रथ॰ एक॰ ←सना॰ यद् 1.45); * मनः (1.30); * अनुविधीयते (तृ॰पु॰ एक॰ लट्॰-वर्तमान॰ जुवादि॰ आत्मने॰ ←अनु-वि√धा 2.44); * तत् (1.10); * अस्य (2.17); * **हरति** (तृ॰पु॰ एक॰ लट्॰-वर्तमान॰ भ्वादि॰ परस्मै॰ ←√हृ 2.60); * प्रज्ञाम् (द्वितीया॰ एक॰ ←स्त्री॰ प्रज्ञा 2.11); * **वायुः** (प्रथमा॰ एक॰ ←पु॰ **वायु** ←√वा); * नावम् (द्वितीया॰ एक॰ ←स्त्री॰ नौ ←√नुद्); * इव (1.30); * अम्भसि (सप्तमी॰ एक॰ ←न॰ **अम्भस्** ←√अम्भ्)

इन्द्रियाणाम् (इन्द्रियांचा) हि (कारण) चरताम् (उपभोग घेत असणाऱ्यांचे) यत् (जे) मनः (मन) अनुविधीयते (लाचार होते) तत् (ते) अस्य (याच्या-, या अस्थिरबुद्धीच्या पुरुषाच्या-) हरति (भटकविते) प्रज्ञाम् (बुद्धीला) वायुः (वारा) नावम् (नौकेला) इव (जसा) अम्भसि (पाण्यात)

* कारण इन्द्रियांचा उपभोग घेत असणाऱ्यांचे जे मन लाचार होते ते या अस्थिरबुद्धीच्या पुरुषाच्या बुद्धीला भटकविते, जसा पाण्यात नौकेला वारा (भटकवितो).

।।2.68 ।। **तस्माद्यस्य महाबाहो निगृहीतानि सर्वशः ।**
इन्द्रियाणीन्द्रियार्थेभ्यस्तस्य प्रज्ञा प्रतिष्ठिता ।।

तस्मात् (नि॰ 9/9) यस्य महाबाहो निगृहीतानि सर्वशः (नि॰ 22/8) इन्द्रियाणि (नि॰ 24/7, 1/5) इन्द्रियार्थेभ्यः (नि॰ 18/1) तस्य प्रज्ञा प्रतिष्ठिता

तस्मात् (1.37); * यस्य (2.61); * महाबाहो (2.26); * निगृहीतानि (न॰ प्रथमा॰ अनेक॰ ←क्त॰ वि॰ निगृहीत ←नि√ग्रह्); * सर्वशः (1.18); * इन्द्रियाणि (2.60); * इन्द्रियार्थेभ्यः (2.58); * तस्य

(1.12); * प्रज्ञा (2.511) * प्रतिष्ठिता (2.57)

तस्मात् (म्हणून) यस्य (ज्या पुरुषाची) महाबाहो (हे बाहुबली अर्जुना!) निगृहीतानि (निग्रह केलेली) सर्वशः (सर्वप्रकारे) इन्द्रियाणि (इन्द्रिये) इन्द्रियार्थेभ्यः (त्यांच्या विषयांपासून) तस्य (त्याची) प्रज्ञा (बुद्धि) प्रतिष्ठिता (स्थिरावली)

* हे बाहुबली अर्जुना! म्हणून ज्या पुरुषाची इन्द्रिये त्यांच्या विषयांपासून सर्वप्रकारे निग्रह केलेली (असतात) –त्याची बुद्धि स्थिरावली (असते).

।।2.69 ।। **या निशा सर्वभूतानां तस्यां जागर्ति संयमी ।**
यस्यां जाग्रति भूतानि सा निशा पश्यतो मुनेः ।।

या निशा सर्वभूतानाम् (नि० 14/1) तस्याम् (नि० 14/1) जागर्ति संयमी यस्याम् (नि० 14/1) जाग्रति भूतानि सा निशा पश्यतः (नि० 15/9) मुनेः (नि० 22/8)

या (स्त्री० प्रथमा० एक० ←सना० यद् 1.7); * **निशा** (प्रथमा० एक० ←स्त्री० निशा ←√निश्); * सर्व (1.6); * **भूतानाम्** (षष्ठी० अनेक० ←न० भूत 2.28); * तस्याम् (स्त्री० सप्तमी० एक० ←सना० तद् 1.2); * जागर्ति (तृ०पु० एक० लट्०–वर्तमान० अदादि० परस्मै० ←√जागृ); * संयमी (पु० प्रथमा० एक० ←पु० संयमिन् ←सम्√यम्); * यस्याम् (स्त्री० सप्तमी० एक० ←सना० यद् 1.7); * जाग्रति (अन्य० अनेक० लट्०–वर्तमान० अदादि० परस्मै० अक० ←√जागृ); * भूतानि (2.28); * **सा** (स्त्री० एक० ←सना० तद् 1.2); * निशा (↑); * पश्यतः (पु० षष्ठी० एक० ←शतृ० वि० **पश्यत्** ←√दृश्); * मुनेः (षष्ठी० एक० ←पु० मुनि 2.56)

या (जी) निशा (रात्र) सर्वभूतानाम् (सर्व जीवजंतूंची) तस्याम् (तीत) जागर्ति (जागृत असतो) संयमी (संयमी मनुष्य) यस्याम् (ज्या समयी) जाग्रति (जागतात) भूतानि (जीवजंतू) सा (ती) निशा (रात्र) पश्यतः (ज्ञानी) मुनेः (मुनीची)

* जी सर्व जीवजंतूंची रात्र (असते) तीत संयमी मनुष्य जागृत असतो, ज्या समयी जीवजंतू जागतात ती ज्ञानी मुनीची रात्र (असते).

।।2.70 ।। **आपूर्यमाणमचलप्रतिष्ठं समुद्रमापः प्रविशन्ति यद्वत् ।**
तद्वत्कामा यं प्रविशन्ति सर्वे स शान्तिमाप्नोति न कामकामी ।।

आपूर्यमाणम् (नि० 8/16, 24/3) अचलप्रतिष्ठम् (नि० 14/1) समुद्रम् (नि० 8/17) आपः (नि० 22/3) प्रविशन्ति यद्वत् (नि० 1/10) तद्वत् (नि० 10/5) कामाः (नि० 20/14) यम् (नि० 14/1) प्रविशन्ति सर्वे सः (नि० 21/2) शान्तिम् (नि० 8/17) आप्नोति न कामकामी

आपूर्यमाणम् (द्वितीया० एक० ←शतृ० वि० आपूर्यमाण ←आ√पृ); * अचलप्रतिष्ठम् (न० द्वितीया० एक० ←बहुव्री० अचलप्रतिष्ठ, अचला प्रतिष्ठा यस्य ←वि० अचल 2.24 + स्त्री० **प्रतिष्ठा** ←प्रति√स्था); * **समुद्रम्** (द्वितीया० एक० ←पु० समुद्र ←सम्√उन्द्); * आपः (2.23); * **प्रविशन्ति** (तृ०पु० अनेक०

लट्०-वर्तमान० तुदादि० परस्मै० ←प्र√विश्); * यद्वत् (काळवाचक उभयान्वयी अव्यय० ←सना० यद् 1.7 + प्रत्यय वत् 2.29); * तद्वत् (काळवाचक उभयान्वयी अव्यय० ←सना० तद् 1.2); * कामा: (प्रथमा० अनेक० ←पु० काम 1.22); * यम् (2.15); * प्रविशन्ति (↑); * सर्वे (1.6); * स: (1.13); * **शान्तिम्** (द्वितीया० एक० ←स्त्री० शान्ति 2.66); * **आप्नोति** (तृ०पु० एक० लट्०-वर्तमान० स्वादि० परस्मै० ←√आप्); * न (1.30); * कामकामी (पु० प्रथमा० एक० ←**बहुव्री**० कामकामिन्, कामानाम् कामी ←पु० काम 1.22 + वि० कामिन् ←√कम्)

आपूर्यमाणम् (परिपूर्ण भरला जात असलेल्या) अचलप्रतिष्ठम् (प्रशांत) समुद्रम् (समुद्राला) आप: (पाणी) प्रविशन्ति (येऊन मिळतात) यद्वत् (ज्याप्रमाणे) तद्वत् (त्याचप्रमाणे) कामा: (कामना) यम् (ज्याच्या ठिकाणी) प्रविशन्ति (प्रवेश करतात) सर्वे (सर्व) स: (तो) शान्तिम् (शांति) आप्नोति (पावतो) न (नव्हे) कामकामी (कामुक मनुष्य)

* ज्याप्रमाणे परिपूर्ण भरला जात असलेल्या समुद्राला (नद्यांचे) पाणी येऊन मिळतात (तरी) तो प्रशांत (असतो) त्याचप्रमाणे ज्याच्या ठिकाणी सर्व कामना प्रवेश करतात तो शांति पावतो, कामुक मनुष्य नव्हे[1].

।।2.71 ।। **विहाय कामान्य: सर्वान्पुमांश्चरति नि:स्पृह: ।**
निर्ममो निरहङ्कार: स शान्तिमधिगच्छति ।।

विहाय कामान् (नि० 13/17) य: (नि० 22/7) सर्वान् (नि० 13/13) पुमान् (नि० 13/6) चरति नि:स्पृह: (नि० 22/8) निर्मम: (नि० 15/6) निरहङ्कार: (नि० 22/7) स: (नि० 21/2) शान्तिम् (नि० 8/16) अधिगच्छति

विहाय (2.22); * कामान् (2.55); * य: (2.19); * सर्वान् (1.27); * पुमान् (प्रथमा० एक० ←पु० पुंस् 2.62); * चरति (तृ०पु० एक० लट्०-वर्तमान० भ्वादि० परस्मै० ←√चर्); * **नि:स्पृह:** (पु० प्रथमा० एक० ←वि० नि:स्पृह ←नि√स्पृह); * **निर्मम:** (पु० प्रथमा० एक० ←वि० न-तत्पु०स० निर्मम ←अव्यय० निर् 2.45 + सना० मम 1.7); * **निरहङ्कार:** (पु० प्रथमा० एक० ←वि० न-तत्पु०स० निरहङ्कार ←पु० **अहङ्कार** ←अहंकारात्मक अव्यय० अहम् ←√अह् + वि० कार 2.2); * स: (1.13); * शान्तिम् (2.70); * अधिगच्छति (2.64)

---

[1] *इन्द्रियाणां प्रसङ्गेन दोषमर्च्छत्यसंशयम् ।*
संनियम्य तु तान्येव सिद्धिमाप्नोति मानव: ।।
(महाभारत, शान्ति० 323.8)
विषयांच्या जातो नादी, फिरते तयाची बुद्धि ।
संयमी ज्याचे मनादि, मिळते तयासी सिद्धि ।।

विहाय (त्यागून) कामान् (कामनांना) यः (जो) सर्वान् (सर्व) पुमान् (पुरुष) चरति (वागतो) निःस्पृहः (लालसारहित) निर्ममः (आसक्तिरहित) निरहङ्कारः (अहंकाररहित) सः (तो) शान्तिम् (शांतिला) अधिगच्छति (प्राप्त करतो)

* जो पुरुष सर्व कामनांना त्यागून लालसारहित, आसक्तिरहित (आणि) अहंकाररहित वागतो तो शांतिला प्राप्त करतो.

।।2.72 ।। **एषा ब्राह्मी स्थितिः पार्थ नैनां प्राप्य विमुह्यति ।**
स्थित्वास्यामन्तकालेऽपि ब्रह्मनिर्वाणमृच्छति ।।

एषा (नि॰ 25/2) ब्राह्मी स्थितिः (नि॰ 22/3) पार्थ न (नि॰ 3/1) एनाम् (नि॰ 14/1) प्राप्य विमुह्यति स्थित्वा (नि॰ 1/3) अस्याम् (नि॰ 8/16) अन्तकाले (नि॰ 6/1) अपि ब्रह्मनिर्वाणम् (नि॰ 8/21, 24/3) ऋच्छति

एषा (2.39); * ब्राह्मी (प्रथमा॰ एक॰ ←तद्धित प्रत्यय स्त्री॰ ब्राह्मी, ब्रह्मणः या सा ←न॰ **ब्रह्मन्** ←√बृंह); * **स्थितिः** (प्रथमा॰ एक॰ ←स्त्री॰ **स्थिति** ←√स्था); * पार्थ (1.15); * न (1.30); * एनाम् (स्त्री॰ द्वितीया॰ एक॰ ←सना॰ एतद् 1.3); * प्राप्य (2.57); * विमुह्यति (तृ॰पु॰ एक॰ लट्॰-वर्तमान॰ दिवादि॰ परस्मै॰ ←वि√मुह् 2.13); * स्थित्वा (त्वान्त॰ अव्यय॰ ←√स्था); * अस्याम् (स्त्री॰ सप्तमी॰ एक॰ ←सना॰ इदम् 1.10); * **अन्तकाले** (पु॰ सप्तमी॰ एक॰ ←तत्पु॰स॰ अन्तकाल, अन्तस्य कालः ←पु॰ अन्त 2.16 + पु॰ **काल** ←√कल्); * अपि (1.26); * **ब्रह्मनिर्वाणम्** (द्वितीया॰ एक॰ ←पु॰ ब्रह्मनिर्वाण ←तत्पु॰स॰ ब्रह्मणः निर्वाणम् ←न॰ ब्रह्मन्↑ + पु॰ **निर्वाण** ←निर्√वा); * **ऋच्छति** (तृ॰पु॰ एक॰ लट्॰-वर्तमान॰ तुदादि॰ परस्मै॰ ←√ऋच्छ्)

एषा (ही) ब्राह्मी (ब्रह्मप्राप्तीची) स्थितिः (स्थिति) पार्थ (हे पार्था!) न (नाही) एनाम् (हिला) प्राप्य (प्राप्त करून) विमुह्यति (मोहाची हाव जडत-) स्थित्वा (स्थिर होऊन) अस्याम् (हीत, या स्थितीत) अन्तकाले (अंतीम समयी) अपि (सुद्धा) ब्रह्मनिर्वाणम् (ब्रह्मनिर्वाणाची गति) ऋच्छति (तो साधतो)

* हे पार्था! ही ब्रह्मप्राप्तीची स्थिति (आहे). हिला प्राप्त करून मोहाची हाव जडत नाही, (मनुष्य) या स्थितीत अंतीम समयी सुद्धा स्थिर होऊन तो ब्रह्मनिर्वाणाची गति साधतो.

इति श्रीमद्भगवद्गीतासूपनिषत्सु ब्रह्मविद्यायां योगशास्त्रे श्रीकृष्णार्जुनसंवादे सांख्ययोगो नाम द्वितीयोऽध्यायः ।।2 ।।

इति श्रीमद्भगवद्गीतासु (नि॰ 1/8) उपनिषत्सु ब्रह्मविद्यायाम् (नि॰ 14/1) योगशास्त्रे श्रीकृष्णार्जुनसंवादे साङ्ख्ययोगः (नि॰ 15/6) नाम द्वितीयः (नि॰ 15/1) अध्यायः (नि॰ 22/8)

इति (याप्रमाणे) श्रीमद्भगवद्गीतासु उपनिषत्सु (श्रीमद्भगवद्गीतो-पनिषदांतील) ब्रह्मविद्यायाम् (ब्रह्मविद्यांतर्गत) योगशास्त्रे श्रीकृष्णार्जुनसंवादे (श्रीकृष्ण आणि अर्जुन यांच्या योगशास्त्राच्या संवादापैकी) सांख्ययोगः (सांख्ययोग) नाम (नामक) द्वितीयः (दुसरा) अध्यायः (अध्याय)

* श्रीमद्भगवद्गीतोपनिषदांतील श्रीकृष्ण आणि अर्जुन यांच्या योगशास्त्राच्या संवादापैकी ब्रह्मविद्यांतर्गत 'सांख्ययोग' नावाचा दुसरा अध्याय याप्रमाणे (समाप्त).

तृतीयोऽध्याय: ।
कर्मयोग: ।

।।3.1 ।। अर्जुन उवाच

ज्यायसी चेत्कर्मणस्ते मता बुद्धिर्जनार्दन ।
तत्किं कर्मणि घोरे मां नियोजयसि केशव ।।

तृतीय: (नि० 15/1) अध्याय: (नि० 22/8) । कर्मयोग: (नि० 22/8) । अर्जुन: (नि० 19/4) उवाच । ज्यायसी चेत् (नि० 10/5) कर्मण: (नि० 18/1) ते मता बुद्धि: (नि० 16/6) जनार्दन तत् (नि० 10/5) किम् (नि० 14/1) कर्मणि (नि० 24/7) घोरे माम् (नि० 14/1) नियोजयसि केशव

तृतीय: (पु० प्रथमा० एक० ←क्रमवाचक संख्या० वि० तृतीय ←वि० त्रि 2.45); * अध्याय: (प्रथमा० एक० ←पु० अध्याय ←अधि√इ); * कर्मयोग: (पु० प्रथमा० एक० ←पु० कर्मयोग 3.3)

अर्जुन: (1.47) * उवाच (1.25) । ज्यायसी (स्त्री० प्रथमा० एक० ←ईयस् प्रत्ययान्त तुलनात्मक वि० <u>**ज्यायस्**</u> ←<u>√ज्या</u>); * चेत् (2.33); * <u>**कर्मण:**</u> (पंचमी० एक० ←न० कर्मन् 1.15); * ते (2.34); * <u>**मता**</u> (स्त्री० प्रथमा० एक० ←क्तत० वि० मत ←√मन्); * बुद्धि: (2.39); * जनार्दन (1.36); * <u>**तत्**</u> (क्रि०वि० अव्यय० ←सना० तद् 1.2); * किम् (1.1); * कर्मणि (2.47); * घोरे (न० सप्तमी० एक० ←वि० <u>**घोर**</u> ←<u>√घुर्</u>); * माम् (1.46); * नियोजयसि (द्वि०पु० एक० लट्०-वर्तमान० रुधादि० परस्मै० प्रयो० ←नि√युज्); * केशव (1.31)

अर्जुन: (अर्जुन) उवाच- (म्हणाला-) ज्यायसी (अधिक श्रेष्ठ) चेत् (जर) कर्मण: (कर्माहून) ते (तुझेकडून) मता (मानली गेली आहे) बुद्धि: (बुद्धि) जनार्दन (हे जनार्दना!) तत् (तर) किम् (कां) कर्मणि-घोरे (घोर कर्मात) माम् (मला) नियोजयसि (लावतोस) केशव (हे केशवा!)

* अर्जुन म्हणाला- हे जनार्दना! जर तुझेकडून कर्माहून बुद्धि अधिक श्रेष्ठ मानली गेली आहे, तर हे केशवा! मला घोर कर्मात कां लावतोस?

।।3.2 ।। **व्यामिश्रेणेव वाक्येन बुद्धिं मोहयसीव मे ।**
तदेकं वद निश्चित्य येन श्रेयोऽहमाप्नुयाम् ।।

व्यामिश्रेण (नि० 24/1, 2/1) इव वाक्येन बुद्धिम् (नि० 14/1) मोहयसि (नि० 1/5) इव मे तत् (नि० 8/9) एकम् (नि० 14/1) वद निश्चित्य येन श्रेय: (नि० 15/1) अहम् (नि० 8/17) आप्नुयाम् (नि० 14/2)

व्यामिश्रेण (तृतीया॰ एक॰ ←वि॰ व्यामिश्र ←वि–आ√मिश्र्); * इव (1.30); * वाक्येन (तृतीया॰ एक॰ ←न॰ वाक्य 1.21); * **बुद्धिम्** (द्वितीया॰ एक॰ ←स्त्री॰ बुद्धि 1.23); * मोहयसि (द्वि॰पु॰ एक॰ लट्॰–वर्तमान॰ दिवादि॰ परस्मै॰ प्रयो॰ ←√मुह्); * इव (1.30); * मे (1.21); * तत् (2.7); * **एकम्** (क्रिवि॰ अथवा न॰ द्वितीया॰ एक॰ ←वि॰ एक 2.41); * वद (द्वि॰पु॰ एक॰ निवेदनार्थ लोट् भ्वादि॰ परस्मै॰ ←√वद्); * निश्चित्य (ल्यप्॰ अव्यय॰ ←निर्√चि); * येन (2.17); * श्रेय: (1.31); * अहम् (1.22); * आप्नुयाम् (प्रथम॰पु॰ एक॰ विधि॰ स्वादि॰ परस्मै॰ ←√आप्)

व्यामिश्रेण (मिश्र) इव (अशा) वाक्येन (वक्तव्याने) बुद्धिम् (मन) मोहयसि (तू भ्रमवीत आहेस) इव (जणु) मे (माझे) तत् (ते) एकम् (एक) वद (सांग) निश्चित्य (ठीक) येन (ज्यात) श्रेय: (भले) अहम् (मी) आप्नुयाम् (पावेन)

* मिश्र अशा वक्तव्याने जणु तू माझे मन भ्रमवीत आहेस, (तरी) ठीक ते एक सांग ज्यात मी भले पावेन.

।।3.3 ।। श्रीभगवानुवाच

लोकेऽस्मिन्द्विविधा निष्ठा पुरा प्रोक्ता मयानघ ।
ज्ञानयोगेन सांख्यानां कर्मयोगेन योगिनाम् ।।

श्रीभगवान् (नि॰ 8/14) उवाच । लोके (नि॰ 6/1) अस्मिन् (नि॰ 13/11) द्विविधा निष्ठा पुरा प्रोक्ता मया (नि॰ 1/3) अनघ ज्ञानयोगेन साङ्ख्यानाम् (नि॰ 14/1) कर्मयोगेन योगिनाम् (नि॰ 14/2)

श्रीभगवान् (2.2); * उवाच (1.25) । लोके (2.5); * अस्मिन् (1.22); * द्विविधा (स्त्री॰ प्रथमा॰ एक॰ ←प्रकारवाचक संख्या॰ वि॰ द्विविध ←वि॰ द्वि 1.7 + पु॰ **विध** ←√विध्); * **निष्ठा** (प्रथमा॰ एक॰ ←स्त्री॰ **निष्ठा** ←नि√स्था); * **पुरा** (क्रि॰वि॰ अव्यय॰ ←√पुर्); * प्रोक्ता (स्त्री॰ प्रथमा॰ एक॰ ←क्त॰ वि॰ **प्रोक्त** ←प्र√वच्); * मया (1.22); * **अनघ** (पु॰ संबो॰ एक॰ ←न–बहुव्री॰ अनघ, नास्ति अघम् यस्य ←न॰ **अघ** ←√अघ्); * ज्ञानयोगेन (पु॰ तृतीया॰ एक॰ ←तत्पु॰स॰ विना॰ ज्ञानयोग, ज्ञानस्य योग: ←न॰ **ज्ञान** ←√ज्ञा + पु॰ योग 2.39); * साङ्ख्यानाम् (पु॰ षष्ठी॰ अनेक॰ ←वि॰ साङ्ख्य 2.39); * **कर्मयोगेन** (पु॰ तृतीया॰ एक॰ ←तत्पु॰स॰ **कर्मयोग**, कर्मण: योग: ←न॰ कर्मन् 1.15 + पु॰ योग 2.39); * **योगिनाम्** (षष्ठी॰ अनेक॰ ←पु॰ अथवा वि॰ **योगिन्** ←√युज्)

श्रीभगवान् (श्रीभगवान) उवाच (म्हणाले–) लोके (लोकी) अस्मिन् (या) द्विविधा (दुहेरी) निष्ठा (निष्ठा) पुरा (पूर्वी) प्रोक्ता (कथन केली गेली आहे) मया (मजकडून) अनघ (अरे निष्पाप अर्जुना!) ज्ञानयोगेन (ज्ञानयोगाने) सांख्यानाम् (सांख्याची) कर्मयोगेन (निष्कामकर्मयोगाने) योगिनाम् (योग्यांची)

* श्रीभगवान म्हणाले– अरे निष्पाप अर्जुना! मजकडून यालोकी (इहलोकी) पूर्वी ज्ञानयोगाने सांख्यांची आणि निष्कामकार्मयोगाने योग्यांची (अशी) दुहेरी निष्ठा कथन केली गेली आहे–

।।3.4 ।। **न कर्मणामनारम्भान्नैष्कर्म्यं पुरुषोऽश्नुते ।**

न च संन्यसनादेव सिद्धिं समधिगच्छति ।।

न कर्मणाम् (नि॰ 24/6, 8/16) अनारम्भात् (नि॰ 12/1) नैष्कर्म्यम् (नि॰ 14/1) पुरुषः (नि॰ 15/1) अश्नुते न च संन्यसनात् (नि॰ 8/9) एव (नि॰ 1/1) सिद्धिम् (नि॰ 14/1) समधिगच्छति

न (1.30); * **कर्मणाम्** (षष्ठी॰ अनेक॰ ←न॰ कर्मन् 1.15); * अनारम्भात् (पंचमी॰ एक॰ ←न-तत्पु॰स॰ अनारम्भ ←नञ् प्रत्यय न 1.30 + पु॰ **आरम्भ** ←आ√रभ्); * **नैष्कर्म्यम्** (द्वितीया॰ एक॰ ←न॰ न-तत्पु॰स॰ नैष्कर्म्य ←8√कृ); * पुरुषः (2.21); * **अश्नुते** (तृ॰पु॰ एक॰ लट्॰-वर्तमान॰ क्र्यादि॰ आत्मने॰ ←√अश्); * न (1.30); * च (1.1); * संन्यसनात् (पंचमी॰ एक॰ ←न॰ संन्यसन ←सम्-नि√अस्); * एव (1.1); * **सिद्धिम्** (द्वितीया॰ एक॰ ←स्त्री॰ सिद्धि 2.48); * समधिगच्छति (तृ॰पु॰ एक॰ लट्॰-वर्तमान॰ भ्वादि॰ परस्मै॰ ←सम्-अधि√गम् 2.51)

न (नाही) कर्मणाम् (कर्मांचा) अनारम्भात् (आरम्भ टाळल्यामुळे) नैष्कर्म्यम् (निष्कर्मतेला) पुरुषः (मनुष्य) अश्नुते (उपभोगत-) न (नाही) च (आणि) संन्यसनात् (कर्मांना कंटाळून) एव (ही) सिद्धिम् (सिद्धि) समधिगच्छति (प्राप्त करीत-)

* कर्मांचा आरंभ टाळल्यामुळे मनुष्य निष्कर्मतेला उपभोगत नाही आणि कर्मांना कंटाळूनही सिद्धि प्राप्त करीत नाही[1].

।।3.5 ।। **न हि कश्चित्क्षणमपि जातु तिष्ठत्यकर्मकृत् ।**
कार्यते ह्यवशः कर्म सर्वः प्रकृतिजैर्गुणैः ।।

न हि कश्चित् (नि॰ 10/5) क्षणम् (नि॰ 8/16, 24/3) अपि जातु तिष्ठति (नि॰ 4/1) अकर्मकृत् (नि॰ 23/1) कार्यते हि (नि॰ 4/1) अवशः (नि॰ 22/1) कर्म सर्वः (नि॰ 22/3) प्रकृतिजैः (नि॰ 16/11) गुणैः (नि॰ 22/8)

न (1.30); * हि (1.11); * कश्चित् (2.17); * क्षणम् (द्वितीया॰ एक॰ ←पु॰ अथवा न॰ क्षण ←√क्षण्); * अपि (1.26); * जातु (2.12); * **तिष्ठति** (तृ॰पु॰ एक॰ लट्॰-वर्तमान॰ भ्वादि॰ परस्मै॰ ←√स्था); * अकर्मकृत् (वि॰ न-तत्पु॰स॰ अकर्मकृत् ←न॰ कर्म 2.49 + तनादि॰ उभयपदि कृत् प्रत्यय ←8√कृ); * कार्यते (तृ॰पु॰ एक॰ लट्॰-वर्तमान॰ तनादि॰ आत्मने॰ प्रयो॰ ←8√कृ); * हि (1.11); * **अवशः** (प्रथमा॰ एक॰ ←न-तत्पु॰स॰ वि॰ **अवश** ←पु॰ वश 2.61); * कर्म (2.49); * **सर्वः** (पु॰ प्रथमा॰ एक॰ ←सना॰ सर्व 1.6); * **प्रकृतिजैः** (पु॰ तृतीया॰ अनेक॰ ←वि॰ **प्रकृतिज** ←बहुव्री॰ प्रकृत्या

---

[1] *अनारम्भात्तु कार्याणां नार्थः सम्पद्यते क्वचित् ।।*
(महाभारत, सौप्तिक॰ 2.34)
विना अरंभ नाही रे, सिद्धि कार्यास, जाणिजे ।
"केल्याने होत आहे रे, आधी केलेचि पाहिजे" ।।

जन्म यस्य ←स्त्री० **<u>प्रकृति</u>** ←प्र√कृ + न० जन्मन् 2.27 अथवा पु० ज 1.7); * **<u>गुणै:</u>** (तृतीया० अनेक० ←पु० गुण 2.45)

न (नाही) हि (कारण) कश्चित् (कोणी) क्षणम् (क्षणमात्रही) अपि (सुद्धा) जातु (केव्हाही) तिष्ठति (उरत–) अकर्मकृत् (कर्माशिवाय) कार्यते (करावयास लावला जातो) हि (वस्तुत:) अवश: (पराधीन होऊन) कर्म (कर्म) सर्व: (प्रत्येक जण) प्रकृतिजै:–गुणै: (अंगजात गुणांनी)

* कारण, कोणी सुद्धा केव्हाही कर्माशिवाय क्षणात्रही उरत नाही, वस्तुत: अंगजात गुणांनी पराधीन होऊन प्रत्येक जण कर्म करावयास लावला जातो.

।।3.6 ।। **कर्मेन्द्रियाणि संयम्य य आस्ते मनसा स्मरन् ।**
इन्द्रियार्थान्विमूढात्मा मिथ्याचार: स उच्यते ।।

कर्मेन्द्रियाणि (नि० 24/7) संयम्य य: (नि० 19/1) आस्ते मनसा स्मरन् (नि० 23/1) इन्द्रियार्थान् (नि० 13/19) विमूढात्मा मिथ्याचार: (नि० 22/7) स: (नि० 21/2) उच्यते

कर्मेन्द्रियाणि (न० द्वितीया० अनेक० ←तत्पु०स० **<u>कर्मेन्द्रिय</u>**, कर्मणाम् इन्द्रियम् ←न० कर्मन् 1.15 + न० इन्द्रिय 2.8); * संयम्य (2.61); * य: (2.19); * **<u>आस्ते</u>** (तृ०पु० एक० लट्०–वर्तमान० अदादि० आत्मने० ←√आस्); * **<u>मनसा</u>** (तृतीया० एक० ←न० मनस् 1.30); * **<u>स्मरन्</u>** (पु० प्रथमा० एक० ←शतृ० वि० स्मरत् ←√स्मृ); * इन्द्रियार्थान् (पु० द्वितीया० अनेक० ←तत्पु०स० इन्द्रियार्थ 2.58); * विमूढात्मा (पु० प्रथमा० एक० ←बहुव्री० विमूढात्मन्, विमूढ: आत्मा यस्य ←क्त० वि० **<u>विमूढ</u>** ←वि√मुह् + पु० आत्मन् 2.41); * मिथ्याचार: (पु० प्रथमा० एक० ←बहुव्री० मिथ्याचार, मिथ्या आचर: यस्य ←वि० **<u>मिथ्या</u>** ←<u>√मिथ्</u> + पु० आचार ←आ√चर्); * स: (1.13); * उच्यते (2.25)

कर्मेन्द्रियाणि (कर्मेन्द्रियांना) संयम्य (संयमित करून) य: (जो) आस्ते (असतो) मनसा (मनाने) स्मरन् (घोकत) इन्द्रियार्थान् (विषयांना) विमूढात्मा (मूढबुद्धि मनुष्य) मिथ्याचार: (दम्भी) स: (तो) उच्यते (म्हटला जातो)

* कर्मेन्द्रियांना संयमित करून जो विषयांना मनाने घोकत असतो तो मूढबुद्धि मनुष्य दम्भी म्हटला जातो.

।।3.7 ।। **यस्त्विन्द्रियाणि मनसा नियम्यारभतेऽर्जुन ।**
कर्मेन्द्रियै: कर्मयोगमसक्त: स विशिष्यते ।।

य: (नि० 18/1) तु (नि० 4/8) इन्द्रियाणि (नि० 24/7) मनसा नियम्य (नि० 1/2) आरभते (नि० 6/1) अर्जुन कर्मेन्द्रियै: (नि० 22/1) कर्मयोगम् (नि० 8/16) असक्त: (नि० 22/7) स: (नि० 21/2) विशिष्यते

य: (2.19); * तु (1.2); * इन्द्रियाणि (2.58); * मनसा (3.6); * **<u>नियम्य</u>** (ल्यप्० अव्यय० ←नि√यम्); * आरभते (तृ०पु० एक० लट्०–वर्तमान० भ्वादि० आत्मने० ←आ<u>√रभ्</u>); * अर्जुन (2.2); * कर्मेन्द्रियै: (तृतीया० अनेक० ←न० कर्मेन्द्रिय 3.6); * कर्मयोगम् (द्वितीया० एक० ←पु० कर्मयोग 3.3);

* **असक्तः** (पु॰ प्रथमा॰ एक॰ ←क्त॰ वि॰ न-तत्पु॰स॰ **असक्त** ←अ√सञ्ज्); * स: (1.13); * **विशिष्यते** (तृ॰पु॰ एक॰ लट्॰-वर्तमान॰ रुधादि॰ आत्मने॰ ←वि√शिष्)

य: (जो) तु (परंतु) इन्द्रियाणि (इन्द्रियांना) मनसा (मनाने) नियम्य (रोखून) आरभते (आचरतो) अर्जुन (हे अर्जुना!) कर्मेन्द्रियैः (कर्मेन्द्रियांनी) कर्मयोगम् (योग) असक्तः (अनासक्त झालेला मनुष्य) स: (तो) विशिष्यते (श्रेष्ठ असतो)

* हे अर्जुना! परंतु जो अनासक्त झालेला मनुष्य इन्द्रियांना मनाने रोखून कर्मेन्द्रियांनी योग आचरतो तो श्रेष्ठ असतो.(1)

।।3.8 ।। **नियतं कुरु कर्म त्वं कर्म ज्यायो ह्यकर्मणः ।**
शरीरयात्रापि च ते न प्रसिद्ध्येदकर्मणः ।।

नियतम् (नि॰ 14/1) कुरु कर्म त्वम् (नि॰ 14/1) कर्म ज्याय: (नि॰ 15/14) हि (नि॰ 4/1) अकर्मण: (नि॰ 22/8) शरीरयात्रा (नि॰ 1/3) अपि च ते न प्रसिद्ध्येत् (नि॰ 8/2) अकर्मण: (नि॰ 22/8)

नियतम् (न॰ द्वितीया॰ एक॰ ←वि॰ नियत 1.44); * कुरु (2.48); * **कर्म** (द्वितीया कर्मकारक एक॰ ←कर्मन् 2.49); * त्वम् (2.11); * कर्म (2.49); * ज्याय: (न॰ प्रथमा॰ एक॰ ←तुलनात्मक वि॰ ज्यायस् 3.1); * हि (1.11); * **अकर्मणः** (न-तत्पु॰स॰ पंचमी॰ एक॰ ←न॰ अकर्मन् 2.47); * शरीरयात्रा (स्त्री॰ प्रथमा॰ एक॰ ←तत्पु॰स॰ शरीरयात्रा, शरीरस्य यात्रा ←न॰ शरीर 1.29 + स्त्री॰ यात्रा ←√या); * अपि (1.26); * च (1.1); * ते (2.34); * न (1.30); * प्रसिद्ध्येत् (तृ॰पु॰ एक॰ विधि॰ दिवादि॰ परस्मै॰ ←प्र√सिध्); * अकर्मण: (↑)

नियतम् (नित्य, अगत्य) कुरु (कर) कर्म (कर्म) त्वम् (तू) कर्म (कर्म) ज्याय: (अधिक भले आहे) हि (कारण कि) अकर्मण: (अकर्मापेक्षा) शरीरयात्रा (शरीराची यात्रा) अपि (सुद्धा) च (आणि) ते (तुझी) न प्रसिद्ध्येत् (साध्य होणार नाही) अकर्मण: (कर्माच्या अभावामुळे)

* तू नित्यकर्म कर कारण कि अकर्मापेक्षा(2) (नित्य)कर्म अधिक भले आहे आणि तुझी शरीराची यात्रा सुद्धा (नित्य)कर्माच्या अभावामुळे साध्य होणार नाही.(3)

---

(1) *अप्रयत्नागताः सेव्या गृहस्थैर्विषयाः सदा ।*
प्रयत्नेनोपगम्यश्च स्वधर्म इति मे मतिः ।।
(महाभारत, शान्ति॰ 295.35)
गृहस्थधर्म पर्याप्त, पाळावा यत्नाने व्याप्त ।
विषय करावे तृप्त, नित्य जे सहजे प्राप्त ।।

(2) अकर्म = (3.7 मध्ये) कर्म न करणे; परंतु 4.18 आणि 4.21 मध्ये निराळा अर्थ, पहा↓

(3) *कर्म खल्विह कर्तव्यं जानतामित्रकर्शन ।*

||3.9 || **यज्ञार्थात्कर्मणोऽन्यत्र लोकोऽयं कर्मबन्धनः ।**
तदर्थं कर्म कौन्तेय मुक्तसङ्गः समाचर ।।

यज्ञार्थात् (नि० 10/5) कर्मणः (नि० 15/1) अन्यत्र लोकः (नि० 15/1) अयम् (नि० 14/1) कर्मबन्धनः (नि० 22/8) तदर्थम् (नि० 14/1) कर्म कौन्तेय मुक्तसङ्गः (नि० 22/7) समाचर

यज्ञार्थात् (पु० पंचमी० एक० ←तत्पु०स० यज्ञार्थ, यज्ञस्य अर्थः ←पु० **यज्ञ** ←√यज् + पु० अर्थ 1.7); * कर्मणः (3.1); * अन्यत्र (स्थळकाळवाचक अव्यय० ←√अन्); * **लोकः** (प्रथमा० एक० ←पु० लोक 2.5); * अयम् (2.19); * कर्मबन्धनः (पु० प्रथमा० एक० ←बहुव्री० **कर्मबन्धन**, कर्म बन्धनम् यस्य ←न० कर्मन् 1.15 + न० बन्धन ←√बन्ध्); * तदर्थम् (पु० द्वितीया० एक० ←तत्पु०स० तदर्थ, तस्य अर्थः ←तत् 1.10 + पु० अर्थ 1.7); * कर्म (3.8); * कौन्तेय (2.14); * मुक्तसङ्गः (पु० प्रथमा० एक० ←बहुव्री० **मुक्तसङ्ग**, मुक्तः सङ्गात यः ←वि० **मुक्त** ←√मुच् + पु० सङ्ग 2.47); * **समाचर** (द्वि०पु० एक० उपदेशार्थ लोट् भ्वादि० परस्मै० ←सम्-आ√चर्)

यज्ञार्थात् (यज्ञाचा हेतु ठेवून) कर्मणः (कर्माशिवाय) अन्यत्र (अन्य) लोकः (मनुष्य) अयम् (हा) कर्मबन्धनः (कर्मबद्ध) तदर्थम् (म्हणून) कर्म (कर्म) कौन्तेय (हे कौन्तेया!) मुक्तसङ्गः (बंधमुक्त) समाचर (तू आचरणकर्ता हो)

* यज्ञाचा हेतु कर्माशिवाय अन्य ठेवून मनुष्य हा कर्मबद्ध (होतो) म्हणून, हे कौन्तेया! तू बंधमुक्त कर्म आचरणकर्ता हो.

||3.10 || **सहयज्ञाः प्रजाः सृष्ट्वा पुरोवाच प्रजापतिः ।**
अनेन प्रसविष्यध्वमेष वोऽस्त्विष्टकामधुक् ।।

सहयज्ञाः (नि० 22/3) प्रजाः (नि० 22/7) सृष्ट्वा पुरा (नि० 2/4) उवाच प्रजापतिः (नि० 22/8) अनेन प्रसविष्यध्वम् (नि० 8/22) एषः (नि० 25/1, 21/1) वः (नि० 15/1) अस्तु (नि० 4/8) इष्टकामधुक्

सहयज्ञाः (पु० प्रथमा० अनेक० ←स-बहुव्री० सहयज्ञ, यज्ञेन सह ←पु० यज्ञ 3.9 + वि० सह 1.22); *

अकर्मणो हि जीवन्ति स्थावरा नेतरे जनाः ।।
(महाभारत, द्रौपद्युवाच 32.3)

ज्ञानी जनांनी जगती, सतत करावे कर्म ।
अकर्मे स्थावर जगती, न तो इतरांचा धर्म ।।

जङ्गमेषु विशेषेण मनुष्या भरतर्षभ ।
इच्छन्ति कर्मणा वृत्तिमवाप्तुं प्रेत्य चेह च ।।
(महाभारत, द्रौपद्युवाच 32.5)

चलितांतही विशेष, नृ इथे तिथे सकल ।
करिती कर्मांनी शेष, जीवन यात्रा सफल ।।

प्रजाः (द्वितीया॰ अनेक॰ ←स्त्री॰ प्रजा ←प्र√जन्); * सृष्ट्वा (त्वान्त॰ अव्यय॰ ←√सृ); * पुरा (3.3); * उवाच (1.25); * **प्रजापतिः** (पु॰ प्रथमा॰ एक॰ ←बहुव्री॰ प्रजापति, प्रजाया पतिः यः ←स्त्री॰ प्रजा↑ + पु॰ पति 1.18); * **अनेन** (पु॰ अथवा न॰ तृतीया॰ एक॰ ←सना॰ इदम् 1.10); * प्रसविष्यध्वम् (द्वि॰पु॰ अनेक॰ लृङ्-भविष्य॰ स्वादि॰ आत्मने॰ ←प्र√सू); * **एषः** (पु॰ प्रथमा॰ एक॰ ←सना॰ एतद् 1.3); * वः (षष्ठी॰ अनेक॰ ←सना॰ युष्मद् 1.3); * अस्तु (2.47); * इष्टकामधुक् (स्त्री॰ प्रथमा॰ एक॰ ←बहुव्री॰ इष्टकामधुक्, इष्टान् कामान् दोग्धि या ←क्त॰ वि॰ **इष्ट** ←√इष् + पु॰ काम 1.22 + तृ॰पु॰ एक॰ लट्॰-वर्तमान॰ अदादि॰ परस्मै॰ दोग्धि ←√दुह्)

सहयज्ञाः (यज्ञांबरोबर) प्रजाः (प्रजांना) सृष्ट्वा (उत्पन्न करून) पुरा (पूर्वीच्या काळी) उवाच (म्हणाला) प्रजापतिः (प्रजापति ब्रह्मा) अनेन (याद्वारे, या यज्ञाद्वारे) प्रसविष्यध्वम् (तुम्ही वृद्धि करा) एषः (हा, हा यज्ञ) वः (तुमची) अस्तु (होवो) इष्टकामधुक् (कामधेनुका)

* पूर्वीच्या काळी यज्ञाबरोबर प्रजांना[1] उत्पन्न करून प्रजापति ब्रह्मा म्हणाला- या यज्ञाद्वारे तुम्ही वृद्धि करा; (आणि) हा यज्ञ तुमची कामधेनुका होवो.

॥3.11 ॥ **देवान्भावयतानेन ते देवा भावयन्तु वः ।**
परस्परं भावयन्तः श्रेयः परमवाप्स्यथ ॥

देवान् (नि॰ 13/15) भावयत (नि॰ 1/1) अनेन ते देवाः (नि॰ 20/12) भावयन्तु वः (नि॰ 22/8)

---

[1] ब्रह्माने जे 21 प्रजापती निर्माण केले होते (पहा खंड 1, पात्र परिचय, भृगु) त्यांपैकी प्रजापति कश्यपानी ज्या विविध प्रजा उत्पन्न केल्या त्यांच्या विस्ताराची मांडणी अगदी संक्षिप्तपणे अशी करता येईल :

अदितीपासून - बारा आदित्य : अर्यमा, अंश, इंद्र, त्वष्ट्र, धातृ, पर्जन्य, पूष, भग, मित्र, वरुण, विवस्वान आणि विष्णु यांचा अनुक्रमे आषाढ, वैशाख, आश्विन, फाल्गुन, कार्तिक, श्रावण, पौष, माघ, मार्गशीर्ष, भाद्रपद, ज्येष्ठ आणि चैत्र महिन्यांत उद्भव होतो).

अकरा रुद्र : अपराजित, अहिर्बुध्न्य, एकपाद, त्र्यंबक, परंतप, बहुरूप, भीम, भग, शंभु, शिव आणि हर.

आठ वसु : अनल (अग्नि), अनिल, आप, धर, ध्रुव, प्रत्युष, सोम आणि प्रभास.

अरिष्टापासून- हाहा, हुहु, तुंबर, किन्नर वगैरे गंधर्व प्रजा ज्यांत चित्ररथ, चित्रसेन वगैरे नामंकित नृप.

क्रोधवशापासून - मृग, सांबरांच्या प्रजा, सिंह आणि वाघांच्या प्रजा, वानरांच्या प्रजा, हत्तींच्या प्रजा, दुभती जनावरे व आँांच्या प्रजा, अनंत, वासुकि, तक्षक, कर्कोटक, पद्मनाभ, महापद्म, शंखपाल, कुलिक तसेच इतर नाग, साप; आणि सरपटणाऱ्या प्राण्यांच्या प्रजा, आणि इतर जनावरांच्या प्रजा;

विनाता (किंवा ताम्रापासून) - घुबड व इतर तत्सम पक्ष्यांच्या प्रजा, गरुड, घारी, गिधाडांच्या प्रजा; जटायु, इतर खगप्रजा, वाली, सुग्रीव. इतर तत्सम प्रजा.

दितीपासून - तारकासुर, महासुर, हिरण्यकश्यपु, शंबर, राहु, केतु, रावण, कुबेर व इतर दैत्य, यक्ष, राक्षसांच्या प्रजा; आणि एकोणपन्नास मरुद्गण.

परस्परम् (नि० 14/1) भावयन्त: (नि० 22/5) श्रेय: (नि० 22/3) परम् (नि० 8/16) अवाप्स्यथ

देवान् (द्वितीया० अनेक० ←वि० अथवा पु० **देव** ←√दिव्); * भावयत (द्वि०पु० अनेक० उपदेशार्थ लोट् भ्वादि० परस्मै० प्रयो० ←√भू); * अनेन (3.10); * ते (1.33); * **देवा:** (प्रथमा० अनेक० ←पु० देव↑); * भावयन्तु (तृ०पु० अनेक० सद्भावार्थ लोट् भ्वादि० परस्मै० प्रयो० ←√भू); * **व:** (चतुर्थी० अनेक० ←सना० युष्मद् 1.3); * **परस्परम्** (द्वितीया० एक० ←वि० **परस्पर** ←पर: पर: ←पु० प्रथमा० एक० ←वि० पर 2.3); * भावयन्त: (प्रथमा० अनेक० ←शतृ० वि० भावयत् 2.66); * श्रेय: (द्वितीया० 1.31); * परम् (द्वितीया० 2.59); * अवाप्स्यथ (द्वि०पु० अनेक० लृट्०-भविष्य० स्वादि० परस्मै० ←अव√आप्)

देवान् (देवतांना) भावयत (तुम्ही संतुष्ट करा) अनेन (या यज्ञाद्वारे) ते (ते) देवा: (देव) भावयन्तु (संतुष्ट कारोत) व: (तुम्हाला) परस्परम् (परस्परांना) भावयन्त: (संतुष्ट करीत) श्रेय: (कल्याण) परम् (उत्कृष्ट) अवाप्स्यथ (तुम्ही प्राप्त कराल)

* या यज्ञाद्वारे तुम्ही देवतांना तुष्ट करा, ते देव तुम्हाला संतुष्ट करोत, परस्परांना संतुष्ट करीत तुम्ही उत्कृष्ट कल्याण प्राप्त कराल.

।।3.12 ।। **इष्टान्भोगान्हि वो देवा दास्यन्ते यज्ञभाविता: ।**
तैर्दत्तानप्रदायैभ्यो यो भुङ्क्ते स्तेन एव स: ।।

इष्टान् (नि० 13/15) भोगान् (नि० 13/21) हि व: (नि० 15/4) देवा: (नि० 20/8) दास्यन्ते यज्ञभाविता: (नि० 22/8) तै: (नि० 16/11) दत्तान् (नि० 8/11) अप्रदाय (नि० 3/1) एभ्य: (नि० 15/10) य: (नि० 15/8) भुङ्क्ते स्तेन: (नि० 19/7) एव स: (नि० 22/8)

इष्टान् (पु० द्वितीया० अनेक० ←वि० इष्ट 3.10); * भोगान् (2.5); * हि (1.11); * व: (3.11); * देवा: (3.11); * दास्यन्ते (तृ०पु० अनेक० लृट्०-भविष्य० जुवादि० आत्मने० ←√दा); * यज्ञभाविता: (प्रथमा० अनेक० ←तत्पु०स० यज्ञभावित, यज्ञेन भावित: ←पु० यज्ञ 3.9 + क्त० प्रयो० वि० **भावित** ←√भू); * **तै:** (पु० अथवा न० तृतीया० अनेक० ←सना० तद् 1.2); * दत्तान् (पु० द्वितीया० अनेक० ←क्त० वि० **दत्त** ←√दा); * अप्रदाय (ल्यप्० अव्यय० ←अ-प्र√दा); * **एभ्य:** (पु० अथवा न० चतुर्थी० अनेक० ←सना० इदम् 1.10); * य: (2.19); * **भुङ्क्ते** (तृ०पु० एक० लट्०-वर्तमान० रुधादि० आत्मने० ←√भुज्); * स्तेन: (प्रथमा० एक० ←पु० स्तेन ←√स्तेन्); * एव (1.1); * स: (1.13)

इष्टान् (इष्ट) भोगान् (भोग) हि (च) व: (तुम्हाला) देवा: (देवतागण) दास्यन्ते (देतील) यज्ञभाविता: (यज्ञाने तृप्त झालेले) तै: (त्यांनी) दत्तान् (दिलेले) अप्रदाय (न अर्पण करता) एभ्य: (त्यांना) य: (जो) भुङ्क्ते (भक्षण करतो) स्तेन: (चोर) एव (च) स: (तो)

* यज्ञाने तृप्त झालेले देवतागण तुम्हाला इष्ट भोगच देतील, त्यांनी दिलेले त्यांना न अर्पण करता जो भक्षण करतो तो चोरच (होय).

।।3.13 ।। **यज्ञशिष्टाशिन: सन्तो मुच्यन्ते सर्वकिल्बिषै: ।**

भुञ्जते ते त्वघं पापा ये पचन्त्यात्मकारणात् ।।

यज्ञशिष्टाशिन: (नि० 22/7) सन्त: (नि० 15/9) मुच्यन्ते सर्वकिल्बिषै: (नि० 22/8) भुञ्जते ते तु (नि० 4/6) अघम् (नि० 14/1) पापा: (नि० 20/14) ये पचन्ति (नि० 4/2) आत्मकारणात्

यज्ञशिष्टाशिन: (पु० प्रथमा० अनेक० ←बहुव्री० यज्ञशिष्टाशिन्, यज्ञस्य शिष्टम् अश्नाति य: ←पु० यज्ञ 3.9 + क्त० वि० **शिष्ट** ←√शिष् + वि० **आशिन्** ←पु० आश ←√अश्); * सन्त: (प्रथमा० एक० अथवा समूहवाचक अनेक० ←पु० सन्त ←√सन्); * **मुच्यन्ते** (तृ०पु० अनेक० लट्०–वर्तमान० तुदादि० आत्मने० ←√मुच्); * सर्वै: (15.15); * किल्बिषै: (तृतीया० अनेक० ←न० **किल्बिष** ←√किल्); * भुञ्जते (तृ०पु० अनेक० लट्०–वर्तमान० रुधादि० आत्मने० ←√भुज्); * ते (1.33); * तु (1.2); * अघम् (द्वितीया० एक० ←न० अघ 3.3); * पापा: (प्रथमा० अनेक० ←पु० पाप 1.36); * ये (1.7); * पचन्ति (तृ०पु० अनेक० लट्०–वर्तमान० भ्वादि० परस्मै० ←√पच्); * आत्मकारणात् (न० पंचमी० एक० ←तत्पु०स० आत्मकारण, आत्मन: कारणम् ←पु० आत्मन् 2.41 + न० **कारण** ←8√कृ)

यज्ञशिष्टाशिन: (यज्ञातील अवशिष्ट खाणारे) सन्त: (संतजन) मुच्यन्ते (मुक्त होतात) सर्वकिल्बिषै: (सर्व पापांच्या दोषांपासून) भुञ्जते (खातात) ते (ते) तु (तर) अघम् (पाप) पापा: (पापी लोक) ये (जे) पचन्ति (शिजवितात) ांधतात) आत्मकारणात् (स्वत: करिताच)

* यज्ञातील अवशिष्ट खाणारे संतजन सर्व पापांच्या दोषांपासून मुक्त होतात (परंतु) जे पापी लोक स्वत: करिताच शिजवितात ते तर पाप खातात.

।।3.14 ।। **अन्नाद्भवन्ति भूतानि पर्जन्यादन्नसम्भव: ।**

यज्ञाद्भवति पर्जन्यो यज्ञ: कर्मसमुद्भव: ।।

अन्नात् (नि० 9/8) भवन्ति भूतानि पर्जन्यात् (नि० 8/2) अन्नसम्भव: (नि० 22/8) यज्ञात् (नि० 9/8) भवति पर्जन्य: (नि० 15/10) यज्ञ: (नि० 22/1) कर्मसमुद्भव: (नि० 22/8)

अन्नात् (पंचमी० एक० ←न० **अन्न** ←√अद्); * **भवन्ति** (तृ०पु० अनेक० लट्०–वर्तमान० भ्वादि० परस्मै० ←√भू); * भूतानि (2.28); * पर्जन्यात् (पंचमी० एक० ←पु० **पर्जन्य** ←√पृष्); * अन्नसम्भव: (पु० प्रथमा० एक० ←तत्पु०स० अन्नसम्भव, अन्नस्य सम्भव: ←न० अन्न 3.14 + पु० **सम्भव** ←सम्√भू); * **यज्ञात्** (पंचमी० एक० ←पु० यज्ञ 3.9); * भवति (1.44); * पर्जन्य: (प्रथमा० एक० ←पु० पर्ज्यन्य↑); * **यज्ञ:** (प्रथमा० एक० ←पु० यज्ञ 3.9); * कर्मसमुद्भव: (पु० प्रथमा० एक० ←बहुव्री० कर्मसमुद्भव, कर्मण: समुद्भव: यस्य ←न० कर्मन् 1.15 + पु० **समुद्भव** ←सम्–उद्√भू)

अन्नात् (अन्नापासून) भवन्ति (जन्मतात) भूतानि (प्राणी) पर्जन्यात् (वृष्टीतून) अन्नसम्भव: (अन्नाची उत्पत्ति) यज्ञात् (यज्ञातून) भवति (उद्भवते) पर्जन्य: (वर्षा) यज्ञ: (यज्ञ) कर्मसमुद्भव: (कर्मातून उद्भवणारा)

* प्राणी अन्नापासून जन्मतात, वृष्टीतून अन्नाची उत्पत्ति (होते), वर्षा यज्ञातून उद्भवते (व) यज्ञ कर्मापासून उद्भवणारा (आहे).

।।3.15 ।। **कर्म ब्रह्मोद्भवं विद्धि ब्रह्माक्षरसमुद्भवम् ।**

तस्मात्सर्वगतं ब्रह्म नित्यं यज्ञे प्रतिष्ठितम् ।।

कर्म ब्रह्मोद्भवम् (नि॰ 14/1) विद्धि ब्रह्म (नि॰ 1/1) अक्षरसमुद्भवम् (नि॰ 14/2) तस्मात् (नि॰ 10/7) सर्वगतम् (नि॰ 14/1) ब्रह्म नित्यम् (नि॰ 14/1) यज्ञे प्रतिष्ठितम् (नि॰ 14/2)

कर्म (3.8); * ब्रह्मोद्भवम् (न॰ द्वितीया॰ एक॰ ←बहुव्री॰ ब्रह्मोद्भव, ब्रह्मण: उद्भव: यस्य ←न॰ ब्रह्मन् 2.72 + पु॰ **उद्भव** ←उद्√भू); * विद्धि (2.17); * **ब्रह्म** (प्रथमा॰ एक॰ ←न॰ ब्रह्मन् 2.72); * अक्षरसमुद्भवम् (न॰ द्वितीया॰ एक॰ ←बहुव्री॰ अक्षरसमुद्भव, अक्षरात् समुद्भव: यस्य ←न-तत्पु॰स॰ वि॰ अथवा न॰ **अक्षर**, यत् न क्षरति न क्षयते वा ←√क्षर् + पु॰ समुद्भव 3.14); * तस्मात् (1.37); * **सर्वगतम्** (न॰ प्रथमा॰ एक॰ ←क्त॰ वि॰ सर्वगत 2.24); * ब्रह्म (↑); * नित्यम् (2.21); * **यज्ञे** (सप्तमी॰ एक॰ ←पु॰ यज्ञ 3.9); * प्रतिष्ठितम् (न॰ प्रथमा॰ एक॰ ←वि॰ प्रतिष्ठित 2.57)

कर्म (कर्माला) ब्रह्मोद्भवम् (ब्रह्मपासून उत्पन्न होणारे) विद्धि (जाण) ब्रह्म (ब्रह्म) अक्षरसमुद्भवम् (अक्षरापासून उत्पन्न होते) तस्मात् (म्हणून) सर्वगतम् (सर्वव्यापी) ब्रह्म (ब्रह्म) नित्यम् (सर्वदा) यज्ञे (यज्ञात) प्रतिष्ठितम् (स्थिर असते)

* कर्माला ब्रह्मपासून उत्पन्न होणारे जाण. ब्रह्म अक्षरापासून उत्पन्न होते. म्हणून सर्वव्यापी ब्रह्म सर्वदा यज्ञात स्थिर असते.

।।3.16 ।। **एवं प्रवर्तितं चक्रं नानुवर्तयतीह य: ।**

अघायुरिन्द्रियारामो मोघं पार्थ स जीवति ।।

एवम् (नि॰ 14/1) प्रवर्तितम् (नि॰ 14/1) चक्रम् (नि॰ 14/1) न (नि॰ 1/1) अनुवर्तयति (नि॰ 1/5) इह य: (नि॰ 22/8) अघायु: (नि॰ 16/3) इन्द्रियाराम: (नि॰ 15/9) मोघम् (नि॰ 14/1) पार्थ स: (नि॰ 21/2) जीवति

एवम् (1.24); * प्रवर्तितम् (न॰ द्वितीया॰ एक॰ ←क्त॰ वि॰ प्रयो॰ प्रवर्तित ←प्र√वृत्); * चक्रम् (द्वितीया॰ एक॰ ←न॰ **चक्र** ←8√कृ); * न (1.30); * अनुवर्तयति (तृ॰पु॰ एक॰ लट्॰-वर्तमान॰ भ्वादि॰ परस्मै॰ प्रयो॰ ←अनु√वृत्); * इह (2.5); * य: (2.19); * अघायु: (पु॰ प्रथमा॰ एक॰ ←बहुव्री॰ अघायु, अघम् आयु: यस्य ←न॰ अघ 3.3 + न॰ **आयु** अथवा **आयुस्** ←आ√इण्); * इन्द्रियाराम: (पु॰ प्रथमा॰ एक॰ ←बहुव्री॰ इन्द्रियाराम, इन्द्रियेषु आराम: यस्य ←न॰ इन्द्रिय 2.8 + पु॰ **आराम** ←आ√रम्); * मोघम् (विशेषणसाधित क्रि॰वि॰ अव्यय॰ अथवा द्वितीया॰ एक॰ ←वि॰ **मोघ** ←√मुह्); * पार्थ (1.25); * स: (1.13); * जीवति (तृ॰पु॰ एक॰ लट्॰-वर्तमान॰ भ्वादि॰ परस्मै॰ ←√जीव्)

एवम् (असे) प्रवर्तितम् (सुरू झालेले) चक्रम् (सृष्टिचक्र) न-अनुवर्तयति (पुढे चालवीत नाही) इह (या लोकी) य: (जो) अघायु: (पातकी) इन्द्रियाराम: (विषयासक्त) मोघम् (निरर्थक) पार्थ (हे पार्था!) स: (तो) जीवति (जगतो)

* हे पार्था! या लोकी जो असे सुरू झालेले सृष्टिचक्र पुढे चालवीत नाही तो विषयासक्त पातकी (मनुष्य) निरर्थक जगतो.

।।3.17 ।। **यस्त्वात्मरतिरेव स्यादात्मतृप्तश्च मानवः ।**
आत्मन्येव च संतुष्टस्तस्य कार्यं न विद्यते ।।

यः (नि० 18/1) तु (नि० 4/6) आत्मरतिः (नि० 16/1) एव स्यात् (नि० 8/3) आत्मतृप्तः (नि० 17/1) च मानवः (नि० 22/8) आत्मनि (नि० 4/4) एव च सन्तुष्टः (नि० 18/1) तस्य कार्यम् (नि० 14/1) न विद्यते

यः (2.19); * तु (1.2); * आत्मरतिः (पु० प्रथमा० एक० ←बहुव्री० आत्मरति, आत्मनि रतिः यस्य ←पु० आत्मन् 2.41 + स्त्री० **रति** ←वि० रत 2.42); * एव (1.1); * स्यात् (1.36); * आत्मतृप्तः (पु० प्रथमा० एक० ←बहुव्री० आत्मतृप्त, आत्मनि तृप्तः यः ←पु० आत्मन् 2.41 + क्त० वि० **तृप्त** ←√तृष्); * च (1.1); * **मानवः** (पु० प्रथमा० एक० ←तद्धित शब्द **मानव**, मनोः अपत्यम् ←√मन्); * आत्मनि (2.55); * एव (1.1); * च (1.1); * **सन्तुष्टः** (पु० प्रथमा० एक० ←क्त० वि० **सन्तुष्ट** ←सम्√तुष् 2.55); * तस्य (1.12); * **कार्यम्** (न० प्रथमा० एक० ←न० अथवा कर्मणि० विधि० धातु०सा० वि० **कार्य** ←8√कृ); * न (1.30); * विद्यते (2.16)

यः (जो) तु (परंतु) आत्मरतिः (आत्म्यात रममाण) एव (च) स्यात् (असेल) आत्मतृप्तः (आत्म्यातच तृप्त) च (आणि) मानवः (मानव) आत्मनि (आत्म्यात) एव (च) च (आणि) संतुष्टः (संतुष्ट) तस्य (त्याला) कार्यम् (कार्य) न-विद्यते (उरत नाही)

* परंतु जो मानव आत्म्यातच रममाण आणि आत्म्यातच तृप्त आणि संतुष्ट(सुद्धा) आत्म्यातच असेल त्याला (काहीच) कार्य उरत नाही.

।।3.18 ।। **नैव तस्य कृतेनार्थो नाकृतेनेह कश्चन ।**
न चास्य सर्वभूतेषु कश्चिदर्थव्यपाश्रयः ।।

न (नि० 3/1) एव तस्य कृतेन (नि० 1/1) अर्थः (नि० 15/6) न (नि० 1/1) अकृतेन (नि० 2/1) इह कश्चन न च (नि० 1/1) अस्य सर्वभूतेषु (नि० 25/5) कश्चित् (नि० 8/2) अर्थव्यपाश्रयः (नि० 22/8)

न (1.30); * एव (1.1); * तस्य (1.12); * कृतेन (न० तृतीया० एक० ←वि० कृत 1.35); * अर्थः (2.46); * न (1.30); * अकृतेन (न० तृतीया० एक० ←न-तत्पु०स० क्त० वि० **अकृत** ←वि० कृत 1.35); * इह (2.5); * **कश्चन** (सना० किम् 1.1 + अव्ययी प्रत्यय चन 2.47); * न (1.30); * च (1.1); * अस्य (2.17); * **सर्वभूतेषु** (सर्वेषु भूतेषु सप्तमी० अनेक० ←सना० सर्व 1.6 + न० भूत 2.28); * कश्चित् (2.17); * अर्थव्यपाश्रयः (पु० प्रथमा० एक० ←बहुव्री० अर्थव्यपाश्रय, अर्थः व्यपाश्रयः यस्य ←पु० अर्थ 1.7 + पु० **व्यपाश्रय** ←वि-अप्-आ√श्रि)

न (नसतो) एव (सुद्धा) तस्य (त्याचा) कृतेन (करण्यासह) अर्थः (स्वार्थ) न (नसतो) अकृतेन (न

करण्यासह) इह (या जगात) कश्चन (काहीही) न (नसतो) च (तसेच) अस्य (याचा) सर्वभूतेषु (सर्वभूतप्राण्यांप्रति) कश्चित् (काहीही) अर्थव्यपाश्रय: (स्वार्थ)

* या जगात त्याचा काहीही करण्यासह स्वार्थ नसतो (व) न करण्यासह सुद्धा नसतो; तसेच याचा सर्व भूतप्राण्यांप्रति काहीही स्वार्थ नसतो.

|| 3.19 || **तस्मादसक्त: सततं कार्यं कर्म समाचर ।**
असक्तो ह्याचरन्कर्म परमाप्नोति पूरुष: ।।

तस्मात् (नि० 8/2) असक्त: (नि० 22/7) सततम् (नि० 14/1) कार्यम् (नि० 14/1) कर्म समाचर (नि० 23/1) असक्त: (नि० 15/14) हि (नि० 4/2) आचरन् (नि० 13/9) कर्म परम् (नि० 8/17) आप्नोति पूरुष: (नि० 22/8)

तस्मात् (1.37); * असक्त: (3.7); * **सततम्** (क्रि०वि० अव्यय० ←वि० **सतत** ←सम्√तन्); * कार्यम् (न० द्वितीया० एक० ←वि० कार्य 3.17); * कर्म (3.8); * समाचर (3.9); * असक्त: (3.7); * हि (1.11); * आचरन् (पु० प्रथमा० एक० ←शतृ० वि० **आचरत्** ←आ√चर्); * कर्म (2.49); * परम् (2.59); * आप्नोति (2.70); * **पूरुष:** (प्रथमा० एक० ←पु० पूरुष = पुरुष 2.15)

तस्मात् (याकरिता) असक्त: (नि:संग) सततम् (नित्यपणे) कार्यम् (जे विहित आहे ते, कृत्य) कर्म (कर्म) समाचर (तू कर) असक्त: (अनासक्त) हि (कारण) आचरन् (करीत) कर्म (कर्म) परम् (श्रेष्ठ पद) आप्नोति (प्राप्त करतो) पूरुष: (मनुष्य)

* याकरिता तू जे विहित आहे ते कर्म नि:संग नित्यपणे कर, कारण अनासक्त कर्म करीत मनुष्य श्रेष्ठ पद प्राप्त करतो.

|| 3.20 || **कर्मणैव हि संसिद्धिमास्थिता जनकादय: ।**
लोकसङ्ग्रहमेवापि सम्पश्यन्कर्तुमर्हसि ।।

कर्मणा (नि० 24/4, 3/3) एव हि संसिद्धिम् (नि० 8/17) आस्थिता: (नि० 20/7) जनकादय: (नि० 22/8) लोकसङ्ग्रहम् (नि० 8/22) एव (नि० 1/1) अपि सम्पश्यन् (नि० 13/9) कर्तुम् (नि० 8/16) अर्हसि

कर्मणा (तृतीया० एक० ←न० कर्मन् 1.15); * एव (1.1); * हि (1.11); * **संसिद्धिम्** (द्वितीया० एक० ←स्त्री० **संसिद्धि** ←अव्यय० सम् 1.1 + स्त्री० सिद्धि 2.48); * आस्थिता: (पु० प्रथमा० अनेक० ←क्त० वि० **आस्थित** ←अव्यय० आ 2.14 ←√आप् + वि० स्थित 1.14); * जनकादय: (पु० प्रथमा० अनेक० ←बहुव्री० जनकादय, जनक: आदि: येषाम् ←पु० विना० जनक ←वि० जनक ←√जन् + वि० आदि 2.28); * **लोकसङ्ग्रहम्** (पु० द्वितीया० एक० ←तत्पु०स० लोकसङ्ग्रह, लोकस्य सङ्ग्रह: ←पु० लोक 2.5 + पु० **सङ्ग्रह** ←सम्√ग्रह); * एव (1.1); * अपि (1.26); * सम्पश्यन् (पु० प्रथमा० एक० ←अव्यय० सम् 1.1 + वि० पश्यत् 2.69); * कर्तुम् (1.45); * अर्हसि (2.25)

कर्मणा (निष्काम कर्म केल्याने) एव (च) हि (तरी) संसिद्धिम् (दीर्घ सिद्धीला) आस्थिता: (प्राप्त झाले) जनकादय: (जनकादि लोक) लोकसङ्ग्रहम् (जनहिताकडे) एव (च) अपि (सुद्धा) सम्पश्यन् (लक्ष देत) कर्तुम् (कर्म करण्याकरिता) अर्हसि (तुला उचित आहे)

* जनकादि (ज्ञानी) लोक निष्काम कर्म केल्यानेच दीर्घ सिद्धीला प्राप्त झाले. तरी जनहिताकडे लक्ष देत सुद्धा तुला कर्मच करणे उचित आहे.

।।3.21 ।। **यद्यदाचरति श्रेष्ठस्तत्तदेवेतरो जन: ।**

स यत्प्रमाणं कुरुते लोकस्तदनुवर्तते ।।

यत् (नि॰ 9/9) यत् (नि॰ 8/3) आचरति श्रेष्ठ: (नि॰ 18/1) तत् (नि॰ 1/10) तत् (नि॰ 8/9) एव (नि॰ 2/1) इतर: (नि॰ 15/3) जन: (नि॰ 22/8) स: (नि॰ 21/2) यत् (नि॰ 10/6) प्रमाणम् (नि॰ 14/1, 24/3) कुरुते लोक: (नि॰ 18/1) तत् (नि॰ 8/2) अनुवर्तते

यत् (न॰ द्वितीया॰ एक॰ ←सना॰ यद् 1.45); * यत् (1.45); * **आचरति** (तृ॰पु॰ एक॰ लट्॰–वर्तमान॰ भ्वादि॰ परस्मै॰ ←आ√चर्); * श्रेष्ठ: (पु॰ प्रथमा॰ एक॰ ←तमभाववाचक वि॰ **श्रेष्ठ** ←√शंस्); * तत् (2.7); * तत् (1.10); * एव (1.1); * इतर: (पु॰ प्रथमा॰ एक॰ ←सना॰ वि॰ इतर ←√तॄ); * जन: (प्रथमा॰ एक॰ ←पु॰ जन 1.28); * स: (1.13); * यत् (1.45); * **प्रमाणम्** (द्वितीया॰ एक॰ ←न॰ प्रमाण ←प्र√मा); * **कुरुते** (तृ॰पु॰ एक॰ लट्॰–वर्तमान॰ तनादि॰ आत्मने॰ ←8√कृ); * लोक: (3.9); * तत् (1.10); * अनुवर्तते (तृ॰पु॰ एक॰ लट्॰–वर्तमान॰ भ्वादि॰ आत्मने॰ ←अनु√वृत्)

यत् (जे) यत् (जे) आचरति (आचरतो) श्रेष्ठ: (थोर मनुष्य) तत् (ते) तत् (ते) एव (च) इतर: (अन्य) जन: (जन) स: (तो) यत् (जे) प्रमाणम् (प्रमाण) कुरुते (करतो) लोक: (जग) तत् (ते) अनुवर्तते (अनुकरण करते)

* थोर मनुष्य जे जे आचरतो ते तेच अन्य जन (करतात), तो जे प्रमाण करतो ते जग अनुकरण करते.

।।3.22 ।। **न मे पार्थास्ति कर्तव्यं त्रिषु लोकेषु किञ्चन ।**

नानवाप्तमवाप्तव्यं वर्त एव च कर्मणि ।।

न मे पार्थ (नि॰ 1/1) अस्ति कर्तव्यम् (नि॰ 14/1) त्रिषु (नि॰ 25/5) लोकेषु (नि॰ 25/5) किञ्चन न (नि॰ 1/1) अनवाप्तम् (नि॰ 8/16) अवाप्तव्यम् (नि॰ 14/1) वर्ते (नि॰ 5/4) एव च कर्मणि

न (1.30); * मे (1.21); * पार्थ (1.25); * अस्ति (2.40); * कर्तव्यम् (प्रथमा॰ एक॰ ←कर्तरि॰ विधि॰ धातु॰सा॰ वि॰ **कर्तव्य** ←8√कृ); * त्रिषु (पु॰ सप्तमी॰ अनेक॰ ←वि॰ त्रि 2.45); * लोकेषु (सप्तमी॰ अनेक॰ ←पु॰ लोक 2.5); * किञ्चन (सना॰ किम् 1.1 + अव्यय॰ चन 2.47); * अनवाप्तम् (प्रथमा॰ एक॰ ←क्त॰ वि॰ अनवाप्त ←अन्–अव√आप्); * अवाप्तव्यम् (प्रथमा॰ एक॰ ←कर्तरि॰ विधि॰ धातु॰सा॰ वि॰ अवाप्तव्य ←अव्√आप्); * वर्ते (प्रथम॰पु॰ एक॰ लट्॰–वर्तमान॰ भ्वादि॰ आत्मने॰ ←√वृत्); * एव (1.1); * च (1.1); * कर्मणि (2.47)

न (नाही) मे (मला) पार्थ (हे पार्था!) अस्ति (आहे) कर्तव्यम् (कर्तव्य कर्म) त्रिषु (तिन्ही) लोकेषु (लोकांत) किञ्चन (काही) न (नाही) अनवाप्तम् (न मिळालेले) अवाप्तव्यम् (मिळावयाचे असे) वर्ते (मी रत असतो) एव (च) च (तसेच) कर्मणि (कर्मात)

* मला तिन्ही लोकांत काही कर्तव्य कर्म नाही आहे, तसेच न मिळालेले (किंवा) मिळावयाचे असे(ही) नाही, (तरी) हे पार्था! मी कर्मातच रत असतो.

।।3.23 ।। **यदि ह्यहं न वर्तेयं जातु कर्मण्यतन्द्रितः ।**
मम वर्त्मानुवर्तन्ते मनुष्याः पार्थ सर्वशः ।।

यदि हि (नि० 4/1) अहम् (नि० 14/1) न वर्तेयम् (नि० 14/1) जातु कर्मणि (नि० 24/7, 4/1) अतन्द्रितः (नि० 22/8) मम वर्त्म (नि० 1/1) अनुवर्तन्ते मनुष्याः (नि० 22/3) पार्थ सर्वशः (नि० 22/8)

यदि (1.38); * हि (1.11); * अहम् (1.22); * न (1.30); * वर्तेयम् (प्रथमा० एक० विधि० दिवादि० परस्मै० ←√वृत्); * जातु (2.12); * कर्मणि (2.47); * अतन्द्रितः (प्रथमा० एक० ←न-तत्पु०स० क्त० वि० अतन्द्रित ←स्त्री० तन्द्रि ←√तन्द्र्); * मम (1.7); * **वर्त्म** (द्वितीया० एक० ←न० **वर्त्मन्** ←√वृत्); * **अनुवर्तन्ते** (तृ०पु० अनेक० लट्०-वर्तमान० भ्वादि० आत्मने० ←अनु√वृत् 3.21); * **मनुष्याः** (प्रथमा० अनेक० ←पु० मनुष्य 1.44); * पार्थ (1.25); * सर्वशः (1.18)

यदि (जर) हि (कारण कि) अहम् (मी) न-वर्तेयम् (आचरण करणार नाही) जातु (कधी) कर्मणि (कर्मात) अतन्द्रितः (अविश्रांतपणे) मम (माझ्या) वर्त्म (कृतीला) अनुवर्तन्ते (अनुकरण करतात) मनुष्याः (लोक) पार्थ (हे पार्था!) सर्वशः (सर्वरीतीने)

* कारण कि, जर मी अविश्रांतपणे कधी कर्मात आचरण करणार नाही (तर), हे पार्था! लोक माझ्या कृतीला सर्वरीतीने अनुकरण करतात.

।।3.24 ।। **उत्सीदेयुरिमे लोका न कुर्यां कर्म चेदहम् ।**
सङ्करस्य च कर्ता स्यामुपहन्यामिमाः प्रजाः ।।

उत्सीदेयुः (नि० 16/3) इमे लोकाः (नि० 20/10) न कुर्याम् (नि० 14/1) कर्म चेत् (नि० 8/2) अहम् (नि० 14/2) सङ्करस्य च कर्ता स्याम् (नि० 8/20) उपहन्याम् (नि० 8/18) इमाः (नि० 22/3) प्रजाः (नि० 22/8)

उत्सीदेयुः (तृ०पु० अनेक० विधि० तुदादि० परस्मै० ←उद्√सद्); * इमे (1.33); * **लोकाः** (प्रथमा० अनेक० ←पु० लोक 2.5); * न (1.30); * कुर्याम् (प्रथम०पु० एक० विधि० तनादि० परस्मै० ←8√कृ); * कर्म (3.8); * चेत् (2.33); * अहम् (1.22); * सङ्करस्य (षष्ठी० एक० ←पु० सङ्कर 1.42); * च (1.1); * **कर्ता** (पु० प्रथमा० एक० ←वि० **कर्तृ** ←8√कृ); * **स्याम्** (प्रथम०पु० एक० विधि० अदादि० परस्मै० ←√अस्); * उपहन्याम् (प्रथमा० एक० विधि० अदादि० परस्मै० ←उप√हन्); * **इमाः** (स्त्री० द्वितीया० अनेक० ←सना० इदम् 1.10); * प्रजाः (द्वितीया० 3.10)

उत्सीदेयुः (भ्रष्ट होतील) इमे (हे) लोकाः (लोक) न कुर्याम् (करणार नाही) कर्म (कर्म) चेत् (जर) अहम् (मी) सङ्करस्य (संकराचा) च (आणि) कर्ता (कर्ता) स्याम् (मी ठरीन) उपहन्याम् (मी घात करणारा ठरीन) इमाः (या) प्रजाः (प्रजांना)

* जर मी कर्म करणार नाही (तर) हे लोक भ्रष्ट होतील आणि मी संकराचा कर्ता ठरीन (व) मी या प्रजांना घात करणारा ठरीन.

।।3.25 ।। **सक्ताः कर्मण्यविद्वांसो यथा कुर्वन्ति भारत ।**
कुर्याद्विद्वांस्तथाऽसक्तश्चिकीर्षुर्लोकसङ्ग्रहम् ।।

सक्ताः (नि॰ 22/1) कर्मणि (नि॰ 24/7, 4/1) अविद्वांसः (नि॰ 15/10) यथा कुर्वन्ति भारत कुर्यात् (नि॰ 9/11) विद्वान् (नि॰ 13/7) तथा (नि॰ 1/3) असक्तः (नि॰ 17/1) चिकीर्षुः (नि॰ 16/8, 25/4) लोकसङ्ग्रहम् (नि॰ 14/2)

सक्ताः (प्रथमा॰ अनेक॰ ←क्त॰ वि॰ **सक्त** ←√सञ्ज्); * कर्मणि (2.47); * अविद्वांसः (प्रथमा॰ अनेक॰ न–तत्पु॰स॰ ←वि॰ **विद्वस्** ←√विद्); * यथा (1.11); * **कुर्वन्ति** (तृ॰पु॰ अनेक॰ लट्॰–वर्तमान॰ तनादि॰ परस्मै॰ ←8√कृ); * भारत (2.14); * कुर्यात् (तृ॰पु॰ एक॰ विधि॰ तनादि॰ परस्मै॰ ←8√कृ); * **विद्वान्** (पु॰ प्रथमा॰ एक॰ ←वि॰ विद्वस्↑); * तथा (1.8); * असक्तः (3.7); * चिकीर्षुः (प्रथमा॰ एक॰ ←इच्छार्थ॰ वि॰ चिकिर्षु ←8√कृ); * लोकसङ्ग्रहम् (3.20)

सक्ताः (आसक्ति धरून असलेले) कर्मणि (कर्मात) अविद्वांसः (अज्ञानी लोक) यथा (जशी) कुर्वन्ति (कर्मे करतात) भारत (हे भरतपुत्रा!) कुर्यात् (कर्म करीत असावा) विद्वान् (ज्ञानी मनुष्य) तथा (त्याप्रमाणे) असक्तः (आसक्ति सोडलेला) चिकीर्षुः (इच्छुक) लोकसङ्ग्रहम् (लोकहिताला)

* हे भरतपुत्रा! कर्मात आसक्ति धरून असलेले अज्ञानी लोक जशी कर्मे करतात त्याप्रमाणे ज्ञानी मनुष्य कर्मात आसक्ति सोडलेला (व) लोकहिताला इच्छुक (होत्साता) कर्म करीत असावा.

।।3.26 ।। **न बुद्धिभेदं जनयेदज्ञानां कर्मसङ्गिनाम् ।**
जोषयेत्सर्वकर्माणि विद्वान्युक्तः समाचरन् ।।

न बुद्धिभेदम् (नि॰ 14/1) जनयेत् (नि॰ 8/2) अज्ञानाम् (नि॰ 14/1) कर्मसङ्गिनाम् (नि॰ 14/2) जोषयेत् (नि॰ 10/7) सर्वकर्माणि (नि॰ 24/7) विद्वान् (नि॰ 13/17) युक्तः (नि॰ 22/7) समाचरन्

न (1.30); * बुद्धिभेदम् (पु॰ द्वितीया॰ एक॰ ←तत्पु॰स॰ बुद्धिभेद, बुद्धेः भेदम् ←स्त्री॰ बुद्धि 1.23 + पु॰ **भेद** ←√भिद्); * जनयेत् (तृ॰पु॰ एक॰ विधि॰ दिवादि॰ परस्मै॰ प्रयो॰ ←√जन्); * अज्ञानाम् (पु॰ षष्ठी॰ अनेक॰ ←न–बहुव्री॰ वि॰ **अज्ञ** ←वि॰ **ज्ञ** = ज्ञानिन् ←√ज्ञा); * कर्मसङ्गिनाम् (पु॰ षष्ठी॰ अनेक॰ ←बहुव्री॰ **कर्मसङ्गिन्**, कर्मणि सङ्गः यस्य ←न॰ कर्मन् 1.15 + वि॰ सङ्गिन् ←√सञ्ज्); * जोषयेत् (तृ॰पु॰ एक॰ विधि॰ तुदादि॰ परस्मै॰ प्रयो॰ ←√जुष्); * **सर्वकर्माणि** (न॰ द्वितीया॰ अनेक॰ सर्वाणि 2.30 कर्माणि 2.48); * विद्वान् (3.25); * युक्तः (2.39); * समाचरन् (प्रथमा॰ एक॰ ←शतृ॰ वि॰

समाचरत् ←सम्-आ√चर् 3.9)

न (करू नये) बुद्धिभेदम् (मतभेद) जनयेत् (निर्माण-) अज्ञानाम् (अज्ञानी) कर्मसङ्गिनाम् (कर्मनिष्ठ लोकांचा) जोषयेत् (आनंदाने करवून घेत असावा) सर्वकर्माणि (सर्व कर्मे) विद्वान् (ज्ञानी मनुष्य) युक्तः (युक्त झालेला) समाचरन् (चांगले आचरण करीत)

* अज्ञानी कर्मनिष्ठ लोकांचा मतभेद निर्माण करू नये; युक्त झालेला ज्ञानी मनुष्य चांगले आचरण करीत (त्यांचेकडून) सर्व कर्मे आनंदाने करवून घेत असावा.

।।3.27 ।। **प्रकृतेः क्रियमाणानि गुणैः कर्माणि सर्वशः ।**
अहङ्कारविमूढात्मा कर्ताऽहमिति मन्यते ।।

प्रकृतेः (नि० 22/1) क्रियमाणानि गुणैः (नि० 22/1) कर्माणि (नि० 24/7) सर्वशः (नि० 22/8) अहङ्कारविमूढात्मा कर्ता (नि० 1/3) अहम् (नि० 8/18) इति मन्यते

प्रकृतेः (षष्ठी० एक० ←स्त्री० प्रकृति 3.5); * **क्रियमाणानि** (न० प्रथमा० अनेक० ←कर्मणि० वर्त० धातु०सा० वि० क्रियमाण ←8√कृ); * गुणैः (3.5); * कर्माणि (न० प्रथमा० अनेक० ←न० कर्मन् 1.15); * सर्वशः (1.18); * अहङ्कारविमूढात्मा (पु० प्रथमा० एक० ←बहुव्री० अहङ्कारविमूढात्मन्, अहङ्कारेण विमूढः आत्मा यस्य ←पु० अहङ्कार 2.71 + वि० विमूढ 3.6 + पु० आत्मन् 2.41); * कर्ता (3.24); * अहम् (1.22); * इति (1.25); * मन्यते (2.19)

प्रकृतेः (निसर्गाच्या) क्रियमाणानि (केली जात असली) गुणैः (गुणांनी) कर्माणि (कर्मे) सर्वशः (सर्वच) अहङ्कारविमूढात्मा (अहंकारी मूढमति मनुष्य) कर्ता (कर्ता) अहम् ('मी आहे') इति (असे) मन्यते (मानतो)

* सर्वच कर्मे निसर्गाच्या गुणांनी केली जात असली (तरी) अहंकारी मूढमति मनुष्य कर्ता 'मी आहे' असे मानतो.

।।3.28 ।। **तत्त्ववित्तु महाबाहो गुणकर्मविभागयोः ।**
गुणा गुणेषु वर्तन्त इति मत्वा न सज्जते ।।

तत्त्ववित् (नि० 1/10) तु महाबाहो गुणकर्मविभागयोः (नि० 22/8) गुणाः (नि० 24/5, 20/6) गुणेषु (नि० 25/5) वर्तन्ते (नि० 5/2) इति मत्वा न सज्जते

तत्त्ववित् (पु० प्रथमा० एक० ←वि० तत्त्ववित् ←न० तत्त्व 2.16 + वि० विद् 3.29); * तु (1.2); * महाबाहो (2.26); * गुणकर्मविभागयोः (पु० सप्तमी० द्वि०व० ←तत्पु०स० गुणकर्मविभाग, गुणानाम् च कर्मणाम् च विभागः ←पु० गुण 2.45 + न० कर्मन् 1.15 + पु० **विभाग** ←वि√भज्); * **गुणाः** (प्रथमा० अनेक० ←पु० गुण 2.45); * गुणेषु (सप्तमी० अनेक० ←पु० गुण 2.45); * **वर्तन्ते** (तृ०पु० अनेक० लट्०-वर्तमान० भ्वादि० आत्मने० ←√वृत्); * इति (1.25); * **मत्वा** (त्वान्त० अव्यय० ←√मन्); * न (1.30); * सज्जते (तृ०पु० एक० लट्०-वर्तमान० भ्वादि० आत्मने० ←√सञ्ज्)

तत्त्ववित् (तत्त्ववेत्ता) तु (तथापि) महाबाहो (हे महाबाहु अर्जुना!) गुणकर्मविभागयोः (गुण व कर्म यांना वेगळ्या विभागांचे) गुणाः (गुण) गुणेषु (गुणांत) वर्तन्ते (भ्रमण करतात) इति (असे) मत्वा (तथ्य मानून) न-सज्जते (आसक्त होत नाही)

* तथापि, हे महाबाहु अर्जुना! गुण व कर्म यांना वेगळ्या विभागांचे (जाणणारा) तत्त्ववेत्ता (इन्द्रिय)गुण (विषय)गुणांत भ्रमण करतात असे तथ्य मानून आसक्त होत नाही.

।।3.29 ।। **प्रकृतेर्गुणसंमूढाः सज्जन्ते गुणकर्मसु ।**
तानकृत्स्नविदो मन्दान्कृत्स्नविन्न विचालयेत् ।।

प्रकृतेः (नि० 16/10) गुणसम्मूढाः (नि० 22/7) सज्जन्ते गुणकर्मसु तान् (नि० 8/11) अकृत्स्नविदः (नि० 15/9) मन्दान् (नि० 13/9) कृत्स्नविद् (नि० 12/1) न विचालयेत्

प्रकृतेः (3.27); * गुणसम्मूढाः (पु० प्रथमा० अनेक० ←तत्पु०स० गुणसम्मूढ, गुणेन सम्मूढः ←पु० गुण 2.45 + क्त० वि० सम्मूढ 2.7); * सज्जन्ते (तृ०पु० अनेक० लट्०-वर्तमान० भ्वादि० आत्मने० ←√सञ्ज् 3.28); * गुणकर्मसु (न० सप्तमी० अनेक० ←तत्पु०स० गुणकर्म, गुणानाम् कर्म ←पु० गुण 2.45 + न० कर्मन् 1.15); * तान् (1.7); * अकृत्स्नविदः (पु० द्वितीया० अनेक० न-तत्पु०स० ←वि० **कृत्स्नविद्** ←वि० कृत्स्न 1.40 + वि० **विद्** ←√विद्); * मन्दान् (पु० द्वितीया० अनेक० ←वि० मन्द ←√मन्द्); * कृत्स्नविद् (प्रथमा० एक० ←पु० कृत्स्नविद्↑); * न (1.30); * विचालयेत् (तृ०पु० एक० विधि० भ्वादि० परस्मै० प्रयो० ←√चल्)

प्रकृतेः (प्रकृतीच्या) गुणसंमूढाः (गुणांनी मोहित झालेले लोक) सज्जन्ते (अनुरक्त होतात) गुणकर्मसु (गुणांत व कर्मांत) तान् (त्या) अकृत्स्नविदः (अतिमंदबुद्धि असलेल्या-) मन्दान् (मूर्खांना) कृत्स्नविद् (ज्ञानी मनुष्याने) न-विचालयेत् (चाळवू नये)

* प्रकृतीच्या गुणांनी मोहित झालेले लोक गुणांत व कर्मांत अनुरक्त होतात त्या अतिमंदबुद्धि असलेल्या मूर्खांना ज्ञानी मनुष्याने चाळवू नये.

।।3.30 ।। **मयि सर्वाणि कर्माणि संन्यस्याध्यात्मचेतसा ।**
निराशीर्निर्ममो भूत्वा युद्ध्यस्व विगतज्वरः ।।

मयि सर्वाणि (नि० 24/7) कर्माणि (नि० 24/7) संन्यस्य (नि० 1/1) अध्यात्मचेतसा निराशीः (नि० 16/7) निर्ममः (नि० 15/8) भूत्वा युद्ध्यस्व विगतज्वरः (नि० 22/8)

मयि (सप्तमी० एक० ←सना० अस्मद् 1.7); * सर्वाणि (2.30); * कर्माणि (2.48); * **संन्यस्य** (ल्यप्० अव्यय० ←सम्-नि√अस्); * अध्यात्मचेतसा (न० तृतीया० एक० ←तत्पु०स० अध्यात्मचेतस्, अध्यात्मनि चेतः ←वि० अथवा न० **अध्यात्म** ←अव्यय० अधि + ←√धा + पु० आत्मन् 2.41 + न० चेतस् 1.38); * **निराशीः** (पु० प्रथमा० एक० ←न-बहुव्री० वि० निराशिस् ←अव्यय० निर् 2.45 + वि० आशिन् 3.13); * निर्ममः (2.71); * भूत्वा (2.20); * युद्ध्यस्व (2.18); * विगतज्वरः (पु० प्रथमा० एक० ←बहुव्री० वि०

विगतज्वर, विगत: ज्वर: यस्य ←वि॰ विगत 2.56 + पु॰ ज्वर ←√ज्वर्)

मयि (माझ्या ठिकाणी) सर्वाणि (सगळी) कर्माणि (कर्मे) संन्यस्य (अर्पण करून) अध्यात्मचेतसा (ध्याननिष्ठ हृदयानी) निराशी: (आशारहित) निर्मम: (ममत्वरहित) भूत्वा (होऊन) युद्धयस्व (तू युद्ध कर) विगतज्वर: (विना व्यथा)

* सगळी कर्मे माझ्या ठिकाणी अर्पण करून, आशारहित (व) ममत्वरहित होऊन तू ध्याननिष्ठ हृदयानी विना व्यथा युद्ध कर.

।।3.31 ।। **ये मे मतमिदं नित्यमनुतिष्ठन्ति मानवा: ।**
श्रद्धावन्तोऽनसूयन्तो मुच्यन्ते तेऽपि कर्मभि: ।।

ये मे मतम् (नि॰ 8/18) इदम् (नि॰ 14/1) नित्यम् (नि॰ 8/16) अनुतिष्ठन्ति मानवा: (नि॰ 22/8) श्रद्धावन्त: (नि॰ 15/1) अनसूयन्त: (नि॰ 15/9) मुच्यन्ते ते (नि॰ 6/1) अपि कर्मभि: (नि॰ 22/8)

ये (1.7); * मे (1.21); * **मतम्** (द्वितीया॰ एक॰ ←न॰ मत 2.35); * इदम् (1.10); * नित्यम् (2.21); * **अनुतिष्ठन्ति** (तृ॰पु॰ अनेक॰ लट्॰–वर्तमान॰ भ्वादि॰ परस्मै॰ ←**अनु**√स्था); * मानवा: (प्रथमा॰ अनेक॰ ←पु॰ मानव 3.7); * श्रद्धावन्त: (पु॰ प्रथमा॰ अनेक॰ ←वि॰ **श्रद्धावत्** ←स्त्री॰ **श्रद्धा** ←श्रत्√धा + तद्धित प्रत्यय वत् 1.5); * अनसूयन्त: (पु॰ प्रथमा॰ अनेक॰ ←न–तत्पु॰स॰ अनसूयत् ←नञ् उपसर्ग अन् + शतृ॰ वि॰ **असूयत्** ←√असू); * मुच्यन्ते (3.13); * ते (1.33); * अपि (1.26); * **कर्मभि:** (तृतीया॰ अनेक॰ ←न॰ कर्मन् 1.15)

ये (जे) मे (माझे) मतम् (मत) इदम् (हे) नित्यम् (सतत) अनुतिष्ठन्ति (आचरतात) मानवा: (लोक) श्रद्धावन्त: (श्रद्धायुक्त झालेले) अनसूयन्त: (ईर्ष्या आणि मत्सर सोडलेले) मुच्यन्ते (मोकळे होतात) ते (ते) अपि (सुद्धा) कर्मभि: (कर्मांपासून)

* ईर्ष्या आणि मत्सर सोडलेले (व) श्रद्धायुक्त झालेले जे लोक माझे हे मत सतत आचरतात ते सुद्धा कर्मांपासून मोकळे होतात.

।।3.32 ।। **ये त्वेतदभ्यसूयन्तो नानुतिष्ठन्ति मे मतम् ।**
सर्वज्ञानविमूढांस्तान्विद्धि नष्टानचेतस: ।।

ये तु (नि॰ 4/9) एतत् (नि॰ 8/2) अभ्यसूयन्त: (नि॰ 15/6) न (नि॰ 1/1) अनुतिष्ठन्ति मे मतम् (नि॰ 14/2) सर्वज्ञानविमूढान् (नि॰ 13/7) तान् (नि॰ 13/19) विद्धि नष्टान् (नि॰ 8/11) अचेतस: (नि॰ 22/8)

ये (1.7); * तु (1.2); * एतत् (2.3); * अभ्यसूयन्त: (प्रथमा॰ अनेक॰ ←पु॰ अभ्यसूयत् ←संज्ञावाचक उपसर्ग अव्यय॰ अभि ←√भा + वि॰ असूयत् 3.31); * न (1.30); * अनुतिष्ठन्ति (3.31); * मे (1.21); * मतम् (3.31); * सर्वज्ञानविमूढान् (पु॰ द्वितीया॰ अनेक॰ ←तत्पु॰स॰ सर्वज्ञानविमूढ, सर्वस्मिन् ज्ञाने विमूढ: ←सना॰ सर्व 1.6 + न॰ ज्ञान 3.3 + वि॰ विमूढ 3.6); * तान् (1.7); * विद्धि (2.17); *

नष्टान् (पु॰ द्वितीया॰ अनेक॰ ←वि॰ नष्ट 1.40); * **अचेतस:** (पु॰ द्वितीया॰ अनेक॰ न–बहुव्री॰ नास्ति चेत: यस्य ←न॰ चेतस् 1.38)

ये (जे) तु (परंतु) एतत् (या) अभ्यसूयन्त: (निंदा करीत असणारे लोक) न–अनुतिष्ठन्ति (अनुसरीत नाहीत) मे (माझ्या) मतम् (मताला) सर्वज्ञानविमूढान् (ज्ञान पूर्णपणे भ्रष्ट झालेल्या) तान् (त्या) विद्धि (तू जाण) नष्टान् (नष्ट लोकांना) अचेतस: (मतिहीन)

* परंतु, निंदा करीत असणारे जे लोक या माझ्या मताला अनुसरीत नाहीत त्या पूर्णपणे ज्ञान भ्रष्ट झालेल्या नष्ट लोकांना तू मतिहीन जाण.

।।3.33 ।। **सदृशं चेष्टते स्वस्या: प्रकृतेर्ज्ञानवानपि ।**
प्रकृतिं यान्ति भूतानि निग्रह: किं करिष्यति ।।

सदृशम् (नि॰ 14/1) चेष्टते स्वस्या: (नि॰ 22/3) प्रकृते: (नि॰ 16/10) ज्ञानवान् (नि॰ 8/11) अपि प्रकृतिम् (नि॰ 14/1) यान्ति भूतानि निग्रह: (नि॰ 22/1) किम् (नि॰ 14/1) करिष्यति (नि॰ 25/6)

सदृशम् (क्रिवि॰ ←वि॰ **सदृश** ←√दृश्); * चेष्टते (तृ॰पु॰ एक॰ लट्॰–वर्तमान॰ भ्वादि॰ आत्मने॰ ←√चेष्ट्); * स्वस्या: (स्त्री॰ षष्ठी॰ एक॰ ←सना॰ स्व 1.28); * प्रकृते: (3.27); * **ज्ञानवान्** (पु॰ प्रथमा॰ एक॰ ←वि॰ **ज्ञानवत्** ←न॰ ज्ञान 3.3 + प्रत्यय वत् 1.5); * अपि (1.26); * **प्रकृतिम्** (द्वितीया॰ एक॰ ←स्त्री॰ प्रकृति 3.5); * **यान्ति** (तृ॰पु॰ अनेक॰ लट्॰–वर्तमान॰ अदादि॰ परस्मै॰ ←√या); * भूतानि (2.28); * **निग्रह:** (कर्ताकारक प्रथमा॰ एक॰ ←पु॰ **निग्रह** ←नि√ग्रह्); * किम् (1.1); * करिष्यति (तृ॰पु॰ एक॰ लृट्॰–भविष्य॰ तनादि॰ परस्मै॰ सकर्मक॰ ←8√कृ)

सदृशम् (अनुसार) चेष्टते (वागतो) स्वस्या: (आपल्या) प्रकृते: (प्रकृतीच्या) ज्ञानवान् (ज्ञानी मनुष्य) अपि (सुद्धा) प्रकृतिम् (प्रकृतीच्या वळणाला) यान्ति (जातात) भूतानि (सर्व प्राणी) निग्रह: (विरोध) किम् (काय?) करिष्यति (करील)

* सर्व प्राणी प्रकृतीच्या वळणाला जातात; ज्ञानी मनुष्य सुद्धा आपल्या प्रकृतीच्या अनुसार वागतो (मग तिथे) विरोध काय करील?

।।3.34 ।। **इन्द्रियस्येन्द्रियस्यार्थे रागद्वेषौ व्यवस्थितौ ।**
तयोर्न वशमागच्छेत्तौ ह्यस्य परिपन्थिनौ ।।

इन्द्रियस्य (नि॰ 2/1) इन्द्रियस्य (नि॰ 1/1) अर्थे रागद्वेषौ व्यवस्थितौ तयो: (नि॰ 16/12) न वशम् (नि॰ 8/17) आगच्छेत् (नि॰ 1/10) तौ हि (नि॰ 4/1) अस्य परिपन्थिनौ

इन्द्रियस्य (षष्ठी॰ एक॰ ←न॰ इन्द्रिय 2.8); * इन्द्रियस्य (↑); * अर्थे (1.9); * **रागद्वेषौ** (पु॰ प्रथमा॰ द्वि॰व॰ ←द्वंद्व॰स॰ राग: च द्वेष: च ←राग–द्वेष 2.64); * **व्यवस्थितौ** (पु॰ प्रथमा॰ द्वि॰व॰ ←वि॰ व्यवस्थित 1.20); * **तयो:** (पु॰ अथवा न॰ षष्ठी॰ द्वि॰व॰ ←सना॰ तद् 1.2); * न (1.30); * **वशम्** (द्वितीया॰ एक॰ ←पु॰ वश 2.61); * आगच्छेत् (तृ॰पु॰ एक॰ विधि॰ भ्वादि॰ परस्मै॰ ←आ√गम्); * तौ

(2.19); * हि (1.11); * अस्य (2.17); * परिपन्थिनौ (पु० प्रथमा० द्वि०व० ←पु० परिपन्थिन् ←अव्यय० परि 1.29 + वि० पन्थिन् ←√पथ्)

इन्द्रियस्य (इन्द्रियाच्या) इन्द्रियस्य–अर्थे (विषयात) रागद्वेषौ (दोष व प्रीति) व्यवस्थितौ (दोन्ही जन्मजात असतात) तयो: (त्या दोघांच्या) न (नये) वशम् (वश) आगच्छेत् (होऊ) तौ (ते दोघेही) हि (कारण) अस्य (याचे, या मनुष्याचे) परिपन्थिनौ (वाटेतील शत्रू आहेत)

* इन्द्रियाच्या विषयात दोष व प्रीति दोन्ही जन्मजात असतात, (कोणीही) त्या दोघांच्या वश होऊ नये, कारण ते दोघेही याचे वाटेतील शत्रू आहेत.

।।3.35 ।। **श्रेयान्स्वधर्मो विगुण: परधर्मात्स्वनुष्ठितात् ।**

स्वधर्मे निधनं श्रेय: परधर्मो भयावह: ।।

श्रेयान् (नि० 13/20) स्वधर्म: (नि० 15/13) विगुण: (नि० 22/3) परधर्मात् (नि० 10/7) स्वनुष्ठितात् (नि० 23/1) स्वधर्मे निधनम् (नि० 14/1) श्रेय: (नि० 22/3) परधर्म: (नि० 15/8) भयावह: (नि० 22/8)

श्रेयान् (पु० प्रथमा० एक० ←तरभावात्मक वि० श्रेयस् 1.31); * **स्वधर्म:** (प्रथमा० एक० ←पु० स्वधर्म 2.31); * **विगुण:** (प्रथमा० एक० न–तत्पु०स० ←पु० गुण 2.45); * **परधर्मात्** (पु० पंचमी० एक० ←तत्पु०स० **परधर्म** ←वि० पर 2.3 + पु० धर्म 1.1); * **स्वनुष्ठितात्** (पंचमी० एक० ←वि० स्वनुष्ठित ←सु–अनु√स्था); * स्वधर्मे (सप्तमी० एक० ←पु० स्वधर्म 2.31); * निधनम् (प्रथमा० एक० ←न० निधन 2.28); * श्रेय: (2.5); * परधर्म: (प्रथमा० एक० ←पु० परधर्म↑); * भयावह: (पु० प्रथमा० एक० ←वि० भयावह ←पु० भय 2.35 + वि० आवह ←आ√वह्)

श्रेयान् (भले) स्वधर्म: (निजकर्म) विगुण: (गुणहीन) परधर्मात् (परधर्माहून) स्वनुष्ठितात् (चांगल्या पाळलेल्या) स्वधर्मे (स्वकर्मी) निधनम् (मरण) श्रेय: (भले) परधर्म: (परकर्म) भयावह: (घोर)

* चांगल्या पाळलेल्या परधर्माहून गुणहीन निजकर्म भले;[1] स्वकर्मी मरण भले, परकर्म घोर (असते).

।।3.36 ।। अर्जुन उवाच

अथ केन प्रयुक्तोऽयं पापं चरति पूरुष: ।

अनिच्छन्नपि वार्ष्णेय बलादिव नियोजित: ।।

अर्जुन: (नि० 19/4) उवाच । अथ केन प्रयुक्त: (नि० 15/1) अयम् (नि० 14/1) पापम् (नि० 14/1)

---

(1) स्वधर्मे स्थिरता स्थैर्यं धैर्यमिन्द्रियनिग्रह: ।
(युधिष्ठिरगीता 3.96)
स्थैर्य स्वधर्मात स्थित, स्वधर्मी वसुनी स्थिर ।
धैर्य निरोधात नित, –मनोनिग्रही तो धीर ।।

चरति पूरुषः (नि० 22/8) अनिच्छन् (नि० 13/1) अपि वार्ष्णेय बलात् (नि० 8/4) इव नियोजितः (नि० 22/8)

अर्जुनः (1.47) * उवाच (1.25) । अथ (1.20); * केन (तृतीया० एक० ←सना० किम् 1.1); * प्रयुक्तः (प्रथमा० एक० ←क्त० वि० प्रयुक्त ←प्र√युज्); * अयम् (2.19); * पापम् (2.33); * चरति (2.71); * पूरुषः (3.19); * अनिच्छन् (पु० प्रथमा० एक० ←शतृ० वि० अनिच्छत् ←अन्√इष्); * अपि (1.26); * वार्ष्णेय (1.41); * बलात् (पंचमी० एक० ←न० बल 1.10); * इव (1.30); * नियोजितः (प्रथमा० एक० ←क्त० वि० नियोजित ←नि√युज्)

अर्जुनः (अर्जुन) उवाच- (म्हणाला-) अथ (तर) केन (कुणाद्वारे) प्रयुक्तः (प्रेरणा घेतलेला) अयम् (हा) पापम् (पापकर्म) चरति (करतो) पूरुषः (मनुष्य) अनिच्छन् (इच्छा नसताना) अपि (सुद्धा) वार्ष्णेय (हे कृष्णा!) बलात् (बळपूर्वक) इव (जणू) नियोजितः (करावयास लावलेला)

* अर्जुन म्हणाला- तर, हे कृष्णा!, कुणाद्वारे प्रेरणा घेतलेला हा मनुष्य इच्छा नसताना सुद्धा पापकर्म करतो, जणू बळपूर्वक करावयास लावलेला (असावा)?

।।3.37 ।। श्रीभगवानुवाच

काम एष क्रोध एष रजोगुणसमुद्भवः ।
महाशनो महापाप्मा विद्ध्येनमिह वैरिणम् ।।

श्रीभगवान् (नि० 8/14) उवाच । कामः (नि० 19/7) एषः (नि० 25/1, 21/1) क्रोधः (नि० 19/7) एषः (नि० 25/1, 21/1) रजोगुणसमुद्भवः (नि० 22/8) महाशनः (नि० 15/9) महापाप्मा विद्धि (नि० 4/4) एनम् (नि० 8/18) इह वैरिणम् (नि० 14/2, 24/3)

श्रीभगवान् (2.2); * उवाच (1.25) । कामः (2.62); * एषः (3.10); * क्रोधः (2.62); * एषः (3.10); * रजोगुणसमुद्भवः (पु० प्रथमा० एक० ←बहुव्री० रजोगुणसमुद्भव, रजसः गुणात् समुद्भवः यस्य ←न० **रजस्** ←√रञ्ज् + पु० गुण 2.45 + पु० समुद्भव 3.14); * महाशनः (पु० प्रथमा० एक० ←बहुव्री० महाशन, महान् अशनम् यस्य ←वि० महा 1.3 + न० अशन ←√अश्); * महापाप्मा (पु० प्रथमा० एक० ←क० महापाप्मन्, महान् पाप्मा ←वि० महा 1.3 + पु० **पाप्मन्** ←√पा); * विद्धि (2.17); * एनम् (2.19); * इह (2.5); * वैरिणम् (द्वितीया० एक० ←पु० **वैरिन्** ←√वीर्)

श्रीभगवान् (श्रीभगवान) उवाच (म्हणाले-) कामः (काम) एषः (हा) क्रोधः (क्रोध) एषः (हा) रजोगुणसमुद्भवः (रजोगुणात जन्मणारा) महाशनः (अतृप्त) महापाप्मा (महापापी) विद्धि (तू जाण) एनम् (याला, या क्रोधाला) इह (या लोकी) वैरिणम् (शत्रु)

* श्रीभगवान म्हणाले- काम हा(च) रजोगुणात जन्मणारा हा अतृप्त (व) महापापी क्रोध (आहे); या

क्रोधाला तू या लोकी शत्रु जाण[1].

।।3.38 ।। **धूमेनाव्रियते वह्निर्यथादर्शो मलेन च ।**
यथोल्बेनावृतो गर्भस्तथा तेनेदमावृतम् ।।

धूमेन (नि० 1/2) आव्रियते वह्निः (नि० 16/6) यथा (नि० 1/4) आदर्शः (नि० 15/9) मलेन च यथा (नि० 2/4) उल्बेन (नि० 1/2) आवृतः (नि० 15/2) गर्भः (नि० 18/1) तथा तेन (नि० 2/1) इदम् (नि० 8/17) आवृतम् (नि० 14/2)

धूमेन (तृतीया० एक० ←पु० **धूम** ←√धू); * आव्रियते (तृ०पु० एक० लट्०–वर्तमान० चुरादि० आत्मने० ←आ√वृ); * वह्निः (प्रथमा० एक० ←पु० वन्हि ←√वह); * यथा (1.11); * आदर्शः (प्रथमा० एक० ←पु० आदर्श ←आ√दृश्); * मलेन (तृतीया० एक० ←न० अथवा पु० **मल** ←√मल); * च (1.1); * यथा (1.11); * उल्बेन (तृतीया० एक० ←न० उल्ब ←√उच्); * आवृतः (पु० प्रथमा० एक० ←क्त० वि० **आवृत** ←आ√वृ); * गर्भः (प्रथमा० एक० ←पु० **गर्भ** ←√गृ); * तथा (1.8); * **तेन** (पु० अथवा न० तृतीया० एक० ←सना० तद् 1.2); * इदम् (1.10); * **आवृतम्** (न० प्रथमा० एक० ←वि० आवृत↑)

धूमेन (धुराने) आव्रियते (वेढला जातो) वह्निः (अग्नि) यथा (जसा) आदर्शः (आरसा) मलेन (धुळीने) च (आणि) यथा (जसा) उल्बेन (जाराने) आवृतः (वेष्टिला जातो) गर्भः (गर्भ) तथा (तसे) तेन (त्याने, त्या कामाने) इदम् (हे ज्ञान) आवृतम् (झाकलेले)

* धुराने जसा अग्नि वेढला जातो, धुळीने आरसा आणि जसा जाराने गर्भ वेष्टिला जातो तसे त्या कामाने हे ज्ञान झाकलेले (असते).

।।3.39 ।। **आवृतं ज्ञानमेतेन ज्ञानिनो नित्यवैरिणा ।**
कामरूपेण कौन्तेय दुष्पूरेणानलेन च ।।

आवृतम् (नि० 14/1) ज्ञानम् (नि० 8/22) एतेन ज्ञानिनः (नि० 15/6) नित्यवैरिणा (नि० 24/4) कामरूपेण (नि० 24/1) कौन्तेय दुष्पूरेण (नि० 24/1) अनलेन च

आवृतम् (3.38); * **ज्ञानम्** (प्रथमा० एक० ←न० ज्ञान 3.3); * **एतेन** (पु० अथवा न० तृतीया० एक० ←सना० एतद् 1.3); * **ज्ञानिनः** (षष्ठी० एक० ←पु० **ज्ञानिन्** ←√ज्ञा); * नित्यवैरिणा (पु० तृतीया० एक० ←क० नित्यवैरिन् ←अव्यय० नित्य 2.18 + पु० वैरिन् 3.37); * कामरूपेण (तृतीया० एक० ←पु०

---

[1] *क्रोधः प्राणहरः शत्रुः क्रोधो मित्रमुखो रिपुः ।*
क्रोधो ह्यसिर्महातीक्ष्णः सर्वं क्रोधोऽपकर्षति ।।
(वाल्मिकीरामायण, उत्तर० 59.21)
क्रोध प्राणांतिक अरि, स्नेही भासे वरवरी ।
असि धारदार खरी, नाश सर्वस्वाचा करी ।।

बहुव्री० **कामरूप**, कामम् रूपम् यस्य ←न० काम 1.22 + न० **रूप** ←√रूप्); * कौन्तेय (2.14); * दुष्पूरेण (पु० तृतीया० एक० ←वि० **दुष्पूर** ←अव्यय० **दुस्** ←√दु + पु० पूर ←√पूर्); * अनलेन (पु० तृतीया० एक० ←न-तत्पु०स० **अनल** ←√अल्); * च (1.1)

आवृतम् (घेरलेले) ज्ञानम् (ज्ञान) एतेन (या-) ज्ञानिनः (ज्ञानी मनुष्याचे) नित्यवैरिणा (हाडवैऱ्याने) कामरूपेण (कामरूपी) कौन्तेय (हे कोन्तेया!) दुष्पूरेण (सदा अतृप्त असणाऱ्या-) अनलेन (अग्नीप्रमाणे) च (आणि)

* आणि, हे कोन्तेया! ज्ञानी मनुष्याचे ज्ञान या अग्नीप्रमाणे सदा अतृप्त असणाऱ्या कामरूपी हाडवैऱ्याने घेरलेले (असते).

।।3.40 ।। **इन्द्रियाणि मनो बुद्धिरस्याधिष्ठानमुच्यते ।**
एतैर्विमोहयत्येष ज्ञानमावृत्य देहिनम् ।।

इन्द्रियाणि (नि० 24/7) मनः (नि० 15/7) बुद्धिः (नि० 16/1) अस्य (नि० 1/1) अधिष्ठानम् (नि० 8/20) उच्यते (नि० 23/1) एतैः (नि० 16/11) विमोहयति (नि० 4/4) एषः (नि० 25/1, 21/1) ज्ञानम् (नि० 8/17) आवृत्य देहिनम् (नि० 14/2)

इन्द्रियाणि (प्रथमा० 2.60); * मनः (1.30); * बुद्धिः (2.39); * अस्य (2.17); * **अधिष्ठानम्** (प्रथमा० एक० ←न० अधिष्ठान ←अधि√स्था); * उच्यते (2.25); * एतैः (1.43); * विमोहयति (तृ०पु० एक० लट्०-वर्तमान० दिवादि० परस्मै० प्रयो० ←वि√मुह् 3.2); * एषः (3.10); * **ज्ञानम्** (द्वितीया० एक० ←न० ज्ञान 3.39); * **आवृत्य** (ल्यप्० अव्यय० ←आ√वृ); * **देहिनम्** (द्वितीया० एक० ←पु० देहिन् 2.13)

इन्द्रियाणि (इन्द्रिये) मनः (मन) बुद्धिः (बुद्धि) अस्य (याचे, या कामाचे) अधिष्ठानम् (वसतिस्थान) उच्यते (म्हटले जाते) एतैः (यांच्याद्वारे) विमोहयति (लुब्ध करतो) एषः (हा, हा काम, ही तृष्णा, वासना, पिपासा) ज्ञानम् (ज्ञानाला) आवृत्य (आच्छादून) देहिनम् (देहस्थ आत्म्याला)

* इन्द्रिये मन (व) बुद्धि या कामाचे वसतिस्थान म्हटले जाते, यांच्या द्वारे ज्ञानाला आच्छादून हा काम देहस्थ आत्म्याला लुब्ध करतो.(1)

।।3.41 ।। **तस्मात्त्वमिन्द्रियाण्यादौ नियम्य भरतर्षभ ।**
पाप्मानं प्रजहि ह्येनं ज्ञानविज्ञाननाशनम् ।।

---

(1) तृष्णा हि सर्वपापिष्ठा नित्योद्वेगकरी स्मृता ।
अधर्मबहुला चैव घोरा पापानुबन्धिनी ।।
(शौनकगीता : 20)
तृष्णा दुरितांची मोरी, चिर घोर क्षोभकारी ।
पापांची योनि अघोरी, पाश अधर्मांची भारी ।।

तस्मात् (नि॰ 1/10) त्वम् (नि॰ 8/18) इन्द्रियाणि (नि॰ 24/7, 4/2) आदौ नियम्य भरतर्षभ पाप्मानम् (नि॰ 14/1) प्रजहि हि (नि॰ 4/4) एनम् (नि॰ 14/1) ज्ञानविज्ञाननाशनम् (नि॰ 14/2)

तस्मात् (1.37); * त्वम् (2.11); * इन्द्रियाणि (2.58); *** आदौ** (पु॰ सप्तमी॰ एक॰ ←वि॰ आदि 2.28); * नियम्य (3.7); * **भरतर्षभ** (पु॰ संबो॰ एक॰ ←बहुव्री॰ भरतर्षभ, भरतानाम् ऋषभः यः ←पु॰ तद्धित शब्द भरत, दुश्यन्तस्य च शकुन्तलायाः च गोत्रापत्यम् + पु॰ ऋषभ ←√ऋष्); * पाप्मानम् (द्वितीया॰ एक॰ ←पु॰ पाप्मन् 3.37); * प्रजहि (द्वि॰पु॰ एक॰ आज्ञार्थ लोट् अदादि॰ परस्मै॰ ←प्र√हन्); * हि (1.11); * एनम् (2.19); * ज्ञानविज्ञाननाशनम् (पु॰ द्वितीया॰ एक॰ ←बहुव्री॰ ज्ञानविज्ञाननाशन, ज्ञानस्य च विज्ञानस्य च नाशनः यः ←न॰ ज्ञान 3.3 + न॰ **विज्ञान** ←वि√ज्ञा + वि॰ **नाशन** ←√नश्)

तस्मात् (म्हणून) त्वम् (तू) इन्द्रियाणि (इन्द्रियांना) आदौ (प्रथम) नियम्य (संनियमाला लावून) भरतर्षभ (हे भरतश्रेष्ठ अर्जुना!) पाप्मानम् (पाप्याला, पापी कामाला, तृष्णेला, वासनेला, पिपासेला) प्रजहि (नष्ट कर) हि (च) एनम् (अशा या) ज्ञानविज्ञाननाशनम् (ज्ञानाचा आणि विज्ञानुभावाचा विध्वंस करणाऱ्या)

* म्हणून, हे भरतश्रेष्ठ अर्जुना!, तू इन्द्रियांना प्रथम संनियमाला लावून ज्ञानाचा आणि विज्ञानुभावाचा विध्वंस करणाऱ्या अशा या पापी कामाला नष्टच कर.[1]

।।3.42 ।। **इन्द्रियाणि पराण्याहुरिन्द्रियेभ्यः परं मनः ।**
मनसस्तु परा बुद्धिर्यो बुद्धेः परतस्तु सः ।।

इन्द्रियाणि (नि॰ 24/7) पराणि (नि॰ 24/7, 4/2) आहुः (नि॰ 16/3) इन्द्रियेभ्यः (नि॰ 22/3) परम् (नि॰ 14/1) मनः (नि॰ 22/8) मनसः (नि॰ 18/1) तु परा बुद्धिः (नि॰ 16/6) यः (नि॰ 15/7) बुद्धेः (नि॰ 22/3) परतः (नि॰ 18/1) तु सः (नि॰ 22/8)

इन्द्रियाणि (2.58); * पराणि (न॰ द्वितीया॰ अनेक॰ ←वि॰ पर 2.3); * **आहुः** (तृ॰पु॰ अनेक॰ लट्॰-वर्तमान॰ अदादि॰ परस्मै॰ ←√ब्रू); * इन्द्रियेभ्यः (पंचमी॰ अनेक॰ ←न॰ इन्द्रिय 2.8); * परम् (2.12); * मनः (द्वितीया॰ 1.30); * मनसः (पंचमी॰ एक॰ ←न॰ मनस् 1.30); * तु (1.2); * **परा** (स्त्री॰ प्रथमा॰ एक॰ ←वि॰ पर 2.3); * बुद्धिः (2.39); * यः (2.19); * **बुद्धेः** (पंचमी॰ एक॰ ←स्त्री॰ बुद्धि 1.23); * परतः (= तरभावात्मक अव्यय॰ परतस् ←न॰ पर ←√पृ); * तु (1.2); * सः (1.13)

इन्द्रियाणि (इन्द्रिये) पराणि (श्रेष्ठ) आहुः (बोलली आहेत) इन्द्रियेभ्यः (इन्द्रियांपेक्षा) परम् (श्रेष्ठ) मनः

---

(1) अन्तो नास्ति पिपासायाः सन्तोषः परमं सुखम् ।
तस्मात्संतोषमेवेह परं पश्यन्ति पण्डिताः ।।
(शौनकगीता : 31)
नाही पिपासेला अंत, सुख तृप्तीत अनंत ।
तृप्तीला श्रेष्ठ अत्यंत, जाणतात ज्ञानवंत ।।

(मन) मनसः (मनापेक्षा) तु (ही) परा (उच्च) बुद्धिः (बुद्धि) यः (जो) बुद्धेः (बुद्धीपेक्षा) परतः (उच्च) तु (ही) सः (हा आत्मा)

* इन्द्रिये (देहापेक्षा) श्रेष्ठ बोलली आहेत, इन्द्रियांपेक्षा श्रेष्ठ मन, मनापेक्षाही उच्च बुद्धि (आणि) बुद्धीपेक्षाही उच्च जो हा आत्मा.

।।3.43 ।। **एवं बुद्धेः परं बुद्ध्वा संस्तभ्यात्मानमात्मना ।**

जहि शत्रुं महाबाहो कामरूपं दुरासदम् ।।

एवम् (नि॰ 14/1) बुद्धेः (नि॰ 22/3) परम् (नि॰ 14/1) बुद्ध्वा संस्तभ्य (नि॰ 1/2) आत्मानम् (नि॰ 8/17) आत्मना जहि शत्रुम् (नि॰ 14/1) महाबाहो कामरूपम् (नि॰ 14/1) दुरासदम् (नि॰ 14/2)

एवम् (1.24); * बुद्धेः (3.42); * परम् (द्वितीया॰ 2.59); * **बुद्ध्वा** (त्वान्त॰ अव्यय॰ ←√बुध्); * संस्तभ्य (ल्यप्॰ अव्यय॰ ←सम्√स्तम्भ्); * **आत्मानम्** (द्वितीया॰ एक॰ ←पु॰ आत्मन् 2.41); * आत्मना (2.55); * **जहि** (द्वि॰पु॰ एक॰ आज्ञार्थ लोट् अदादि॰ परस्मै॰ ←√हन् 3.41); * शत्रुम् (द्वितीया॰ एक॰ ←पु॰ **शत्रु** ←√शद्); * महाबाहो (2.26); * कामरूपम् (पु॰ द्वितीया॰ एक॰ ←बहुव्री॰ कामरूप 3.39); * दुरासदम् (पु॰ द्वितीया॰ एक॰ ←वि॰ दुरासद ←अव्यय॰ दुर् 1.2)

एवम् (अशा प्रकारे) बुद्धेः (बुद्धीपेक्षा) परम् (थोर) बुद्ध्वा (जाणून) संस्तभ्य (जिंकून) आत्मानम् (आत्म्याला) आत्मना (आत्म्याने) जहि (तू नष्ट कर) शत्रुम् (शत्रूला) महाबाहो (हे प्रबळबाहु अर्जुना!) कामरूपम् (कामरूपी) दुरासदम् (घोर)

* हे प्रबळबाहु अर्जुना!, अशा प्रकारे बुद्धीपेक्षा श्रेष्ठ अशा आत्म्याला जाणून आत्म्याने आत्म्याला जिंकून कामरूपी घोर शत्रूला तू नष्ट कर.

इति श्रीमद्भगवद्गीतासूपनिषत्सु ब्रह्मविद्यायां योगशास्त्रे श्रीकृष्णार्जुनसंवादे कर्मयोगो नाम तृतीयोऽध्यायः ।।3 ।।

इति श्रीमद्भगवद्गीतासु (नि॰ 1/8) उपनिषत्सु ब्रह्मविद्यायाम् (नि॰ 14/1) योगशास्त्रे श्रीकृष्णार्जुनसंवादे कर्मयोगः (नि॰ 15/6) नाम तृतीयः (नि॰ 15/1) अध्यायः (नि॰ 22/8)

इति (याप्रमाणे) श्रीमद्भगवद्गीतासु उपनिषत्सु (श्रीमद्भगवद्गीतो-पनिषदांतील) ब्रह्मविद्यायाम् (ब्रह्मविद्यांतर्गत) योगशास्त्रे श्रीकृष्णार्जुनसंवादे (श्रीकृष्ण आणि अर्जुन यांच्या योगशास्त्राच्या संवादापैकी) कर्मयोगः (कर्मयोग) नाम (नामक) तृतियः (तिसरा) अध्यायः (अध्याय)

* श्रीमद्भगवद्गीतोपनिषदांतील श्रीकृष्ण आणि अर्जुन यांच्या योगशास्त्राच्या संवादापैकी ब्रह्मविद्यांतर्गत 'कर्मयोग' नावाचा तिसरा अध्याय याप्रमाणे (समाप्त).

*****

अनागतविधाता च प्रत्युत्पन्नमतिश्च यः ।

द्वावेव सुखमेधेते दीर्घसूत्री विनश्यति ।।

(महाभारत, शान्ति॰ 137.1)

भविष्य विघ्नास दक्ष, आल्यास काढतो युक्ति ।
सुखी नर चतुर्दक्ष; बुडतो आळशी व्यक्ति ।।

अन्यो धर्मः समर्थानामापत्स्वन्यश्च भारत ।

(महाभारत, शान्ति॰ 130.14)

तो नर जो युक्त बळे, नित्य धर्म एक पाळे ।
विघ्न ज्या काळी कोसळे, धोरण त्याचे वेगळे ।।

चतुर्थोऽध्यायः ।
ज्ञानकर्मसंन्यासयोगः ।

।।4.1 ।। श्रीभगवानुवाच

इमं विवस्वते योगं प्रोक्तवानहमव्ययम् ।
विवस्वान्मनवे प्राह मनुरिक्ष्वाकवेऽब्रवीत् ।।

चतुर्थः (नि॰ 15/1) अध्यायः (नि॰ 22/8) । ज्ञानकर्मसंन्यासयोगः (नि॰ 22/8) । श्रीभगवान् (नि॰ 8/14) उवाच । इमम् (नि॰ 14/1) विवस्वते योगम् (नि॰ 14/1) प्रोक्तवान् (नि॰ 8/11) अहम् (नि॰ 8/16) अव्ययम् (नि॰ 14/2) विवस्वान् (नि॰ 13/16) मनवे प्राह मनुः (नि॰ 16/3) इक्ष्वाकवे (नि॰ 6/1) अब्रवीत्

चतुर्थः (पु॰ प्रथमा॰ एक॰ ←क्रमवाचक संख्या॰ वि॰ चतुर्थ ←वि॰ चतुर् 7.16↓); * अध्यायः (प्रथमा॰ एक॰ ←पु॰ अध्याय ←अधि√इ); * ज्ञानकर्मसंन्यासयोगः (पु॰ प्रथमा॰ एक॰ ←तत्पु॰स॰ ज्ञानकर्मसंन्यासयोग, ज्ञानस्य च कर्मणः संन्यासस्य योगः ←न॰ ज्ञान 3.3 + न॰ कर्मन् 1.15 + पु॰ संन्यास 5.1 + पु॰ योग 2.39) ।

श्रीभगवान् (2.2); * उवाच (1.25) । इमम् (1.28); * विवस्वते (चतुर्थी॰ एक॰ ←पु॰ विना॰ **विवस्वत्**); * योगम् (2.53); * **प्रोक्तवान्** (पु॰ प्रथमा॰ एक॰ ←क्तवतु॰ कर्तरि॰ भूत॰ धातु॰सा॰ वि॰ प्रोक्तवत् ←प्र√वच् 3.3); * अहम् (1.22); * अव्ययम् (2.21); * विवस्वान् (प्रथमा॰ एक॰ ←पु॰ विवस्वत्↑); * मनवे (चतुर्थी॰ एक॰ ←पु॰ विना॰ मनु 1.44); * प्राह (तृ॰पु॰ एक॰ पूर्णकाळवाचक लट्॰–वर्तमान॰ अदादि॰ परस्मै॰ ←प्र√अह् अथवा ब्रू 1.21); * मनुः (प्रथमा॰ एक॰ ←पु॰ मनु 1.44); * इक्ष्वाकवे (चतुर्थी॰ एक॰ ←पु॰ विना॰ इक्ष्वाकु); * अब्रवीत् (1.2)

श्रीभगवान् (श्रीभगवान) उवाच (म्हणाले–) इमम् (हा) विवस्वते (विवस्वताला) योगम् (योग–) प्रोक्तवान्

(सांगितला) अहम् (मी) अव्ययम् (अविनाशी) विवस्वान् (विवस्वताने) मनवे (मनू वैवस्वानाला) प्राह (सांगितला) मनुः (मनूने) इक्ष्वाकवे (इक्ष्वाकूला) अब्रवीत् (सांगितला होता)

* श्रीभगवान म्हणाले– हा अविनाशी योग मी विवस्वताला सांगितला, विवस्वताने (तो) मनु वैवस्वानाला सांगितला, मनूने (तो) इक्ष्वाकूला सांगितला होता.

।।4.2 ।। **एवं परम्पराप्राप्तमिमं राजर्षयो विदुः ।**
स कालेनेह महता योगो नष्टः परंतप ।।

एवम् (नि० 14/1) परम्पराप्राप्तम् (नि० 8/18) इमम् (नि० 14/1) राजर्षयः (नि० 15/13) विदुः (नि० 22/8) सः (नि० 21/2) कालेन (नि० 2/1) इह महता योगः (नि० 15/6) नष्टः (नि० 22/3) परन्तप

एवम् (1.24); * परम्पराप्राप्तम् (पु० द्वितीया० एक० ←तत्पु०स० परम्पराप्राप्त, परम्परया प्राप्तम् ←स्त्री० परम्परा ←√पॄ + क्त० वि० **प्राप्त** ←प्र√आप्); * इमम् (1.28); * **राजर्षयः** (पु० प्रथमा० अनेक० ←तत्पु०स० राजर्षि, ऋषिषु राट् ←पु० **ऋषि** ←√ऋष् + पु० राज् ←√राज्); * **विदुः** (तृ०पु० अनेक० लट्०–वर्तमान० अदादि० परस्मै० ←√विद्); * सः (1.13); * **कालेन** (तृतीया० एक० ←पु० काल 2.72); * इह (2.5); * महता (पु० तृतीया० एक० ←वि० महत् 1.3); * योगः (2.48); * **नष्टः** (पु० प्रथमा० एक० ←वि० नष्ट 1.40); * परन्तप (2.3)

एवम् (अशा प्रमाणे) परम्पराप्राप्तम् (परंपरागत) इमम् (हा योग) राजर्षयः (महाऋषी) विदुः (जाणते झाले) सः (तो) कालेन (कालाने) इह (या लोकी) महता (महत्) योगः (योग) नष्टः (नष्ट झालेला) परंतप (अर्जुना)

* हा परंपरागत योग अशा प्रमाणे महाऋषी जाणते झाले. (परंतु) अर्जुना, तो योग महत्–कालाने या लोकी नष्ट झालेला (आहे).

।।4.3 ।। **स एवायं मया तेऽद्य योगः प्रोक्तः पुरातनः ।**
भक्तोऽसि मे सखा चेति रहस्यं ह्येतदुत्तमम् ।।

सः (नि० 21/2) एव (नि० 1/1) अयम् (नि० 14/1) मया ते (नि० 6/1) अद्य योगः (नि० 22/3) प्रोक्तः (नि० 22/3) पुरातनः (नि० 22/8) भक्तः (नि० 15/1) असि मे सखा च (नि० 2/1) इति रहस्यम् (नि० 14/1) हि (नि० 4/4) एतत् (नि० 8/6) उत्तमम् (नि० 14/2)

सः (1.13); * एव (1.1); * अयम् (2.19); * मया (1.22); * ते (1.7); * **अद्य** (काळवाचक अव्यय० ←√अद्); * योगः (2.48); * **प्रोक्तः** (पु० प्रथमा० एक० ←वि० प्रोक्त 3.3); * पुरातनः (पु० प्रथमा० एक० ←वि० पुरातन ←√पुर्); * **भक्तः** (प्रथमा० एक० ←पु० **भक्त** ←क्त० वि० **भक्त** ←√भज्); * **असि** (द्वि०पु० एक० लट्०–वर्तमान० अदादि० परस्मै० ←√अस्); * मे (1.21); * **सखा** (प्रथमा० एक० ←पु० सखि 1.26); * च (1.1); * इति (1.25); * रहस्यम् (प्रथमा० एक० ←न० रहस्य ←√रम्); * हि (1.11); * एतत् (2.3); * **उत्तमम्** (न० प्रथमा० एक० ←वि० उत्तम 1.7)

स: (तो) एव (च) अयम् (हा) मया (माझ्याकडून) ते (तुला) अद्य (आज) योग: (योग) प्रोक्त: (सांगितला गेला) पुरातन: (जुना) भक्त: (भक्त) असि (तू आहेस) मे (माझा) सखा (सखा) च (आणि) इति (म्हणून) रहस्यम् (रहस्य) हि (कारण) एतत् (हा योग) उत्तमम् (अति उत्तम)

* कारण तू माझा भक्त आणि सखा आहेस म्हणून तोच हा जुना योग आज माझ्याकडून तुला सांगितला गेला (आहे); हा योग (एक) अति उत्तम रहस्य (आहे).

।।4.4 ।। अर्जुन उवाच

अपरं भवतो जन्म परं जन्म विवस्वत: ।
कथमेतद्विजानीयां त्वमादौ प्रोक्तवानिति ।।

अर्जुन: (नि॰ 19/4) उवाच । अपरम् (नि॰ 14/1) भवत: (नि॰ 15/3) जन्म परम् (नि॰ 14/1) जन्म विवस्वत: (नि॰ 22/8) कथम् (नि॰ 8/22) एतत् (नि॰ 9/11) विजानीयाम् (नि॰ 14/1) त्वम् (नि॰ 8/17) आदौ प्रोक्तवान् (नि॰ 8/13) इति

अर्जुन: (1.47); * उवाच (1.25) । अपरम् (न॰ प्रथमा॰ एक॰ ←वि॰ अपर 2.22); * **भवत:** (पु॰ षष्ठी॰ एक॰ ←सना॰ भवत् 1.8); * जन्म (प्रथमा॰ एक॰ ←न॰ जन्मन् 2.27); * परम् (प्रथमा॰ एक॰ ←वि॰ पर 2.59); * जन्म (2.27); * विवस्वत: (पु॰ षष्ठी॰ एक॰ ←विना॰ विवस्वत् 4.1); * कथम् (1.37); * एतत् (2.6); * विजानीयाम् (प्रथम॰पु॰ एक॰ विधि॰ क्र्यादि॰ परस्मै॰ ←वि√ज्ञा); * त्वम् (2.11); * आदौ (3.41); * प्रोक्तवान् (4.1); * इति (1.25)

अर्जुन: (अर्जुन) उवाच– (म्हणाला–) अपरम् (नव्या काळचा) भवत: (तुमचा) जन्म (जन्म) परम् (प्राचीन) जन्म (जन्म) विवस्वत: (विवस्वताचा) कथम् (तर मग कसे?) एतत् (हा योग) विजानीयाम् (मी नीट समजावे) त्वम् (तुम्ही) आदौ (आदिकाळी) प्रोक्तवान् (सांगितला) इति (असे)

* अर्जुन म्हणाला– तुमचा जन्म नव्या काळचा (व) विवस्वताचा जन्म प्राचीन (आहे), तर मग हा योग तुम्ही आदिकाळी सांगितला असे मी कसे नीट समजावे?

।।4.5 ।। श्रीभगवानुवाच

बहूनि मे व्यतीतानि जन्मानि तव चार्जुन ।
तान्यहं वेद सर्वाणि न त्वं वेत्थ परंतप ।।

श्रीभगवान् (नि॰ 8/14) उवाच । बहूनि मे व्यतीतानि जन्मानि तव च (नि॰ 1/1) अर्जुन तानि (नि॰ 4/1) अहम् (नि॰ 14/1) वेद सर्वाणि (नि॰ 24/7) न त्वम् (नि॰ 14/1) वेत्थ परन्तप

श्रीभगवान् (2.2); * उवाच (1.25) । **बहूनि** (न॰ प्रथमा॰ अनेक॰ ←वि॰ बहु 1.9); * मे (1.21); * व्यतीतानि (न॰ प्रथमा॰ अनेक॰ ←क्त॰ वि॰ व्यतीत ←वि–अति√इ); * जन्मानि (प्रथमा॰ अनेक॰ ←न॰ जन्मन् 2.27); * तव (1.3); * च (1.1); * अर्जुन (2.2); * तानि (2.61); * अहम् (1.22); * **वेद** (प्रथम॰पु॰ एक॰ पूर्णकाळवाचक लट्॰–वर्तमान॰ अदादि॰ परस्मै॰ ←√विद्); * सर्वाणि (2.30); * न

(1.30); * त्वम् (2.11); * **वेत्थ** (द्वि॰पु॰ एक॰ लट्॰–वर्तमान॰ अदादि॰ परस्मै॰ ←√विद्); * परन्तप (2.3)

श्रीभगवान् (श्रीभगवान) उवाच (म्हणाले–) बहूनि (कित्येक) मे (माझे) व्यतीतानि (होऊन गेलेत) जन्मानि (जन्म) तव (तुझे) च (आणि) अर्जुन (हे अर्जुना!) तानि (त्या–) अहम् (मी) वेद (जाणतो) सर्वाणि (सर्वांना) न (नाहीस) त्वम् (तू) वेत्थ (जाणत–) परंतप (हे परंतपा!)

* श्रीभगवान म्हणाले– हे परंतपा! तुझे आणि माझे कित्येक जन्म होऊन गेलेत; हे अर्जुना! मी त्या सर्वांना जाणतो (पण) तू (ते) जाणत नाहीस.

।।4.6 ।। **अजोऽपि सन्नव्ययात्मा भूतानामीश्वरोऽपि सन् ।**
प्रकृतिं स्वामधिष्ठाय सम्भवाम्यात्ममायया ।।

अजः (नि॰ 15/1) अपि सन् (नि॰ 13/1) अव्ययात्मा भूतानाम् (नि॰ 8/19) ईश्वरः (नि॰ 15/1) अपि सन् (नि॰ 23/1) प्रकृतिम् (नि॰ 14/1) स्वाम् (नि॰ 8/16) अधिष्ठाय सम्भवामि (नि॰ 4/2) आत्ममायया

अजः (2.20); * अपि (1.26); * **सन्** (प्रथमा॰ एक॰ ←वि॰ सत् 2.16); * अव्ययात्मा (प्रथमा॰ एक॰ ←बहुव्री॰ अव्ययात्मन्, अव्ययः आत्मा यस्य ←वि॰ अव्यय 2.17 + पु॰ आत्मन् 2.41); * भूतानाम् (2.69); * **ईश्वरः** (प्रथमा॰ एक॰ ←पु॰ **ईश्वर** ←√ईश्); * अपि (1.26); * सन् (↑); * प्रकृतिम् (3.33); * **स्वाम्** (स्त्री॰ द्वितीया॰ एक॰ ←सना॰ स्व 1.28); * **अधिष्ठाय** (ल्यप्॰ अव्यय॰ ←अधि√स्था); * **सम्भवामि** (प्रथम॰पु॰ एक॰ लट्॰–वर्तमान॰ भ्वादि॰ परस्मै॰ ←सम्√भू); * आत्ममायया (स्त्री॰ तृतीया॰ एक॰ ←तत्पु॰स॰ आत्ममाया, आत्मनः माया ←पु॰ आत्मन् 2.41 + स्त्री॰ **माया** ←√मा)

अजः (जन्म नसलेला) अपि (सुद्धा) सन् (असून) अव्ययात्मा (अव्ययी प्रकृतीचा) भूतानाम् (प्राणिमात्रांचा) ईश्वरः (ईश्वर) अपि (सुद्धा) सन् (असून) प्रकृतिम् (प्रकृतीला) स्वाम् (आपल्या) अधिष्ठाय (नियंत्रित करून) सम्भवामि (मी अवतरतो) आत्ममायया (आत्ममायेने)

* (मी) जन्म नसलेला, अव्ययी प्रकृतीचा असून सुद्धा (आणि) प्राणिमात्रांचा ईश्वर असून सुद्धा आपल्या प्रकृतीला नियंत्रित करून मी आत्ममायेने (व्यक्तिरूप) अवतरतो.

।।4.7 ।। **यदा यदा हि धर्मस्य ग्लानिर्भवति भारत ।**
अभ्युत्थानमधर्मस्य तदात्मानं सृजाम्यहम् ।।

यदा यदा हि धर्मस्य ग्लानिः (नि॰ 16/6) भवति भारत (नि॰ 23/1) अभ्युत्थानम् (नि॰ 8/16) अधर्मस्य तदा (नि॰ 1/4) आत्मानम् (नि॰ 14/1) सृजामि (नि॰ 4/1) अहम् (नि॰ 14/2)

यदा (2.52); * यदा (2.52); * हि (1.11); * धर्मस्य (2.40); * ग्लानिः (प्रथमा॰ एक॰ ←स्त्री॰ ग्लानि ←√ग्लै); * भवति (1.44); * भारत (2.14); * अभ्युत्थानम् (प्रथमा॰ एक॰ ←न॰ अभ्युत्थान ←अभि–उद्√स्था); * अधर्मस्य (षष्ठी॰ एक॰ ←पु॰ अधर्म 1.40); * तदा (1.2); * आत्मानम् (3.43);

* **सृजामि** (प्रथम॰पु॰ एक॰ लट्॰–वर्तमान॰ तुदादि॰ परस्मै॰ ←√सृज्); * अहम् (1.22)

यदा (जेव्हा) यदा (जेव्हा) हि (खरोखर) धर्मस्य (सदाचाराचा) ग्लानिः (ऱ्हास) भवति (होतो) भारत (हे भारता!) अभ्युत्थानम् (वृद्धि) अधर्मस्य (दुराचाराची) तदा (तेव्हा) आत्मानम् (स्वतःला) सृजामि (व्यक्त करतो, प्रकट करतो) अहम् (मी)

* हे भारता! जेव्हा जेव्हा सदाचाराचा खरोखर ऱ्हास होतो (आणि) दुराचाराची वृद्धि (होते) तेव्हा मी स्वतःला व्यक्त करतो.

।।4.8 ।। **परित्राणाय साधूनां विनाशाय च दुष्कृताम् ।**
धर्मसंस्थापनार्थाय सम्भवामि युगे युगे ।।

परित्राणाय साधूनाम् (नि॰ 14/1) विनाशाय च दुष्कृताम् (नि॰ 14/2) धर्मसंस्थापनार्थाय सम्भवामि युगे युगे

परित्राणाय (चतुर्थी॰ एक॰ ←न॰ परित्राण ←परि√त्रै); * साधूनाम् (षष्ठी॰ अनेक॰ ←पु॰ **साधु** ←√साध्); * विनाशाय (चतुर्थी॰ एक॰ ←पु॰ विनाश 2.17); * च (1.1); * दुष्कृताम् (षष्ठी॰ अनेक॰ ←पु॰ **दुष्कृत्** ←अव्यय॰ दुस् 3.39 + वि॰ कृत 1.35); * धर्मसंस्थापनार्थाय (पु॰ चतुर्थी॰ एक॰ ←तत्पु॰स॰ धर्मसंस्थापनार्थ, धर्मस्य संस्थापनस्य अर्थः ←पु॰ धर्म 1.1 + स्त्री॰ संस्थापना ←सम्√स्था + पु॰ अर्थ 1.9); * सम्भवामि (4.6); * **युगे** (सप्तमी॰ एक॰ ←न॰ **युग** ←√युज्); * युगे (↑)

परित्राणाय (रक्षणार्थ) साधूनाम् (सज्जनांच्या) विनाशाय (निर्मूलनार्थ) च (आणि) दुष्कृताम् (दुष्टांच्या) धर्मसंस्थापनार्थाय (सत्धर्माच्या पुनरुत्थापनार्थ) सम्भवामि (मी उद्भवतो) युगे–युगे (युगायुगात)

* सज्जनांच्या रक्षणार्थ आणि दुष्टांच्या निर्मूलनार्थ (तसेच) सत्धर्माच्या पुनरुत्थापनार्थ मी युगायुगात उद्भवतो.

।।4.9 ।। **जन्म कर्म च मे दिव्यमेवं यो वेत्ति तत्त्वतः ।**
त्यक्त्वा देहं पुनर्जन्म नैति मामेति सोऽर्जुन ।।

जन्म कर्म च मे दिव्यम् (नि॰ 8/22) एवम् (नि॰ 14/1) यः (नि॰ 15/13) वेत्ति तत्त्वतः (नि॰ 22/8) त्यक्त्वा देहम् (नि॰ 14/1) पुनर्जन्म न (नि॰ 3/1) एति माम् (नि॰ 8/22) एति सः (नि॰ 15/1) अर्जुन

जन्म (द्वितीया॰ एक॰ ←न॰ जन्मन् 2.27); * कर्म (द्वितीया॰ एक॰ ←कर्मन् 3.8); * च (1.1); * मे (1.21); * दिव्यम् (न॰ द्वितीया॰ एक॰ ←वि॰ दिव्य 1.14); * एवम् (1.24); * यः (2.19); * वेत्ति (2.19); * **तत्त्वतः** (क्रि॰वि॰ अव्यय॰ ←न॰ तत्त्व 2.16); * त्यक्त्वा (1.33); * **देहम्** (द्वितीया॰ एक॰ ←पु॰ अथवा न॰ देह 2.13); * **पुनर्जन्म** (न॰ द्वितीया॰ एक॰ ←तत्पु॰स॰ पुनर्जन्म = आवृत्तिदर्शक अव्यय॰ **पुनर्** अथवा लेखी रचनेत "**पुनः**" + न॰ जन्मन् 2.27); * न (1.30); * **एति** (तृ॰पु॰ एक॰ लट्॰–वर्तमान॰ अदादि॰ परस्मै॰ ←√इ); * माम् (1.46); * एति (↑); * सः (1.13); * अर्जुन (2.2)

जन्म (जन्म) कर्म (कर्म) च (आणि) मे (माझे) दिव्यम् (दिव्य) एवम् (या रीतीने) यः (जो) वेत्ति (समजतो) तत्त्वतः (खऱ्या अर्थाने) त्यक्त्वा (टाकून) देहम् (आपली काया) पुनर्जन्म (पुनर्जन्म) न-एति (घेत नाही) माम् (मला) एति (येऊन मिळतो) सः (तो) अर्जुन (हे पार्था!)

* हे पार्था! या रीतीने जो माझे दिव्य जन्म आणि कर्म खऱ्या अर्थाने समजतो तो आपली काया टाकून पुनर्जन्म घेत नाही, (तो) मला येऊन मिळतो.

।।4.10 ।। **वीतरागभयक्रोधा मन्मया मामुपाश्रिताः ।**
बहवो ज्ञानतपसा पूता मद्भावमागताः ।।

वीतरागभयक्रोधाः (नि० 20/13) मन्मयाः (नि० 20/13) माम् (नि० 8/20) उपाश्रिताः (नि० 22/8) बहवः (नि० 15/3) ज्ञानतपसा पूताः (नि० 20/13) मद्भावम् (नि० 8/17) आगताः (नि० 22/8)

वीतरागभयक्रोधाः (प्रथमा० अनेक० ←पु० वीतरागभयक्रोध 2.56); * मन्मयाः (पु० प्रथमा० अनेक० ←वि० मन्मय ←सना० मम अथवा मत् ←सना० अस्मद् 1.7 + तद्धित प्रत्यय वि० **मय** ←√मय्); * माम् (1.46); * **उपाश्रिताः** (पु० प्रथमा० अनेक० ←क्त० वि० उपाश्रित ←उप-आ√श्रि); * बहवः (1.9); * ज्ञानतपसा (न० तृतीया० एक० ←तत्पु०स० ज्ञानतपस्, ज्ञानस्य तपसः ←न० ज्ञान 3.3 + न० **तपस्** ←√तप्); * पूताः (पु० प्रथमा० अनेक० ←क्त० वि० **पूत** ←√पू); * **मद्भावम्** (पु० द्वितीया० एक० ←बहुव्री० **मद्भाव**, मयि भावः यस्य ←सना० मत् 1.9 + पु० भाव 2.7); * **आगताः** (पु० प्रथमा० अनेक० ←क्त० वि० **आगत** ←आ√गम्)

वीतरागभयक्रोधाः (क्रोध, भीति आणि आसक्तिरहित झालेले) मन्मयाः (अनन्य भावाने माझ्या सेवेत रत झालेले) माम् (माझा) उपाश्रिताः (आश्रय घेतलेले) बहवः (अगणित) ज्ञानतपसा (ज्ञानतपाने) पूताः (उत्क्रांत झालेले) मद्भावम् (माझ्याप्रत) आगताः (पोचले आहेत)

* क्रोध, भीति आणि आसक्तिरहित झालेले, अनन्य भावाने माझ्या सेवेत रत झालेले, माझा आश्रय घेतलेले (आणि) ज्ञानतपाने उत्क्रांत झालेले (असे) अगणित (भक्त) माझ्याप्रत पोचले आहेत.

।।4.11 ।। **ये यथा मां प्रपद्यन्ते तांस्तथैव भजाम्यहम् ।**
मम वर्त्मानुवर्तन्ते मनुष्याः पार्थ सर्वशः ।।

ये यथा माम् (नि० 14/1) प्रपद्यन्ते तान् (नि० 13/7) तथा (नि० 3/3) एव भजामि (नि० 4/1) अहम् (नि० 14/2) मम वर्त्म (नि० 1/1) अनुवर्तन्ते मनुष्याः (नि० 22/3) पार्थ सर्वशः (नि० 22/8)

ये (1.7); * यथा (1.11); * माम् (1.46); * **प्रपद्यन्ते** (तृ०पु० अनेक० लट्०-वर्तमान० दिवादि० आत्मने० ←प्र√पद्); * तान् (1.7); * तथा (1.8); * एव (1.1); * भजामि (प्रथम०पु० एक० लट्०-वर्तमान० भ्वादि० परस्मै० ←√भज्); * अहम् (1.22); * मम (1.7); * वर्त्म (3.23); * मनुष्याः (3.23); * अनुवर्तन्ते (3.23); * पार्थ (1.25); * सर्वशः (1.18)

ये (जे) यथा (जसे) माम् (मला) प्रपद्यन्ते (शरण घेतात) तान् (त्यांना) तथा (तसा) एव (च) भजामि

(आश्रय देतो) अहम् (मी) मम (माझा) वर्त्म (मार्ग) अनुवर्तन्ते (अनुसरतात) मनुष्या: (लोक) पार्थ (हे पार्था!) सर्वश: (सर्व प्रकारे)

* जे मला जसे आश्रयी घेतात त्यांना मी तसाच आश्रय देतो. हे पार्था! लोक माझा मार्ग सर्व प्रकारे अनुसरतात.

।।4.12 ।। **काङ्क्षन्त: कर्मणां सिद्धिं यजन्त इह देवता: ।**
क्षिप्रं हि मानुषे लोके सिद्धिर्भवति कर्मजा ।।

काङ्क्षन्त: (नि० 22/1) कर्मणाम् (नि० 24/6, 14/1) सिद्धिम् (नि० 14/1) यजन्ते (नि० 5/2) इह देवता: (नि० 22/8) क्षिप्रम् (नि० 14/1) हि मानुषे लोके सिद्धि: (नि० 16/6) भवति कर्मजा

काङ्क्षन्त: (पु० प्रथमा० अनेक० ←शतृ० वि० कांक्षत् ←√कांक्ष्); * कर्मणाम् (3.4); * सिद्धिम् (3.4); * **यजन्ते** (तृ०पु० अनेक० लट्०-वर्तमान० भ्वादि० आत्मने० ←√यज्); * इह (2.5); * देवता: (द्वितीया० अनेक० ←स्त्री० **देवता** ←√दिव्); * **क्षिप्रम्** (क्रि०वि० अव्यय० ←√क्षिप्); * हि (1.11); * मानुषे (पु० सप्तमी० एक० ←वि० **मानुष** ←पु० मनुष्य 1.44); * लोके (2.5); * सिद्धि: (प्रथमा० एक० ←स्त्री० सिद्धि 2.48); * भवति (1.44); * कर्मजा (स्त्री० प्रथमा० एक० ←बहुव्री० वि० कर्मजा, कर्मे जायते या ←वि० कर्मज 2.51)

काङ्क्षन्त: (आकांक्षा करणारे लोक) कर्मणाम् (कर्मांच्या) सिद्धिम् (फळाला) यजन्ते (पूजतात) इह (इथे) देवता: (देवतांना) क्षिप्रम् (त्वरेने) हि (च) मानुषे-लोके (मानव लोकात) सिद्धि: (फलप्राप्ति) भवति (घडते) कर्मजा (कर्मजन्य)

* कर्मांच्या फळाची आकांक्षा धरणारे लोक देवतांना पूजतात; इथे मानव लोकात कर्मजन्य फलप्राप्ति त्वरेनेच घडते.

।।4.13 ।। **चातुर्वर्ण्यं मया सृष्टं गुणकर्मविभागश: ।**
तस्य कर्तारमपि मां विद्ध्यकर्तारमव्ययम् ।।

चातुर्वर्ण्यम् (नि० 14/1) मया सृष्टम् (नि० 14/1) गुणकर्मविभागश: (नि० 22/8) तस्य कर्तारम् (नि० 8/16) अपि माम् (नि० 14/1) विद्धि (नि० 4/1) अकर्तारम् (नि० 8/16) अव्ययम् (नि० 14/2)

चातुर्वर्ण्यम् (प्रथमा० एक० ←द्विगु०स० न० चातुर्वर्ण्य, चातुर्णाम् वर्ण्यानाम् समाहार: ←वि० चातुर् ←√चत् + कर्मणि० विधि० धातु०सा० वि० वर्ण्य ←√वर्ण्); * मया (1.22); * सृष्टम् (न० प्रथमा० एक० ←क्त० वि० **सृष्ट** ←√सृज्); * गुणकर्मविभागश: (क्रि०वि० अव्यय० गुणकर्मविभागश:, गुणानाम् च कर्मणाम् च विभागश: ←पु० गुण 2.45 + न० कर्मन् 1.15 + पु० विभाग 3.28); * तस्य (1.12); * **कर्तारम्** (द्वितीया० एक० ←पु० कर्तृ 3.24); * अपि (1.26); * माम् (1.46); * विद्धि (2.17); * **अकर्तारम्** (द्वितीया० एक० न-तत्पु०स० ←पु० कर्तृ↑); * अव्ययम् (2.21)

चातुर्वर्ण्यम् (चतुर्वणाचा प्रबंध) मया (मजकडून) सृष्टम् (निर्मित आहे) गुणकर्मविभागश:

(गुणकर्मानुसार) तस्य (त्याच्या) कर्तारम् (करणाऱ्या-) अपि (ही) माम् (मला) विद्धि (तू जाण) अकर्तारम् (अकर्ता) अव्ययम् (अव्ययी)

* चतुर्वणाचा प्रबंध मजकडून गुणकर्मानुसार निर्मित आहे; त्याच्या करणाऱ्या मलाही तू अव्ययी अकर्ता जाण.

।।4.14 ।। **न मां कर्माणि लिम्पन्ति न मे कर्मफले स्पृहा ।**
इति मां योऽभिजानाति कर्मभिर्न स बध्यते ।।

न माम् (नि॰ 14/1) कर्माणि (नि॰ 24/7) लिम्पन्ति न मे कर्मफले स्पृहा (नि॰ 23/1) इति माम् (नि॰ 14/1) य: (नि॰ 15/1) अभिजानाति कर्मभि: (नि॰ 16/6) न स: (नि॰ 21/2) बध्यते

न (1.30); * माम् (1.46); * कर्माणि (2.48); * लिम्पन्ति (तृ॰पु॰ अनेक॰ लट्॰-वर्तमान॰ तुदादि॰ परस्मै॰ ←√लिप्); * न (1.30); * मे (1.21); * कर्मफले (न॰ सप्तमी॰ एक॰ ←तत्पु॰स॰ **कर्मफल,** कर्मण: फलम् ←न॰ कर्मन् 1.15 + न॰ फल 2.43); * **स्पृहा** (स्त्री॰ प्रथमा॰ एक॰ ←स्त्री॰ स्पृहा 2.56); * इति (1.25); * माम् (1.46); * य: (2.19); * **अभिजानाति** (तृ॰पु॰ एक॰ लट्॰-वर्तमान॰ क्र्यादि॰ परस्मै॰ ←अभि√ज्ञा); * कर्मभि: (3.31); * न (1.30); * स: (1.13); * बध्यते (तृ॰पु॰ एक॰ लट्॰-वर्तमान॰ क्र्यादि॰ आत्मने॰ ←√बन्ध्)

न (नसतो) माम् (मला) कर्माणि (कर्मे) लिम्पन्ति-न (व्याप्त करीत नाहीत) मे (माझा) कर्मफले (कर्मफलात) स्पृहा (लोभ) इति (असे) माम् (मला) य: (जो) अभिजानाति (जाणतो) कर्मभि: (कर्मांनी) न (नाही) स: (तो) बध्यते (बांधला जात-)

* मला कर्मे व्याप्त करीत नाहीत (आणि) माझा कर्मफलात लोभ नसतो असे मला जो जाणतो तो कर्मांनी बांधला जात नाही.

।।4.15 ।। **एवं ज्ञात्वा कृतं कर्म पूर्वैरपि मुमुक्षुभि: ।**
कुरु कर्मैव तस्मात्त्वं पूर्वै: पूर्वतरं कृतम् ।।

एवम् (नि॰ 14/1) ज्ञात्वा कृतम् (नि॰ 14/1) कर्म पूर्वै: (नि॰ 16/4) अपि मुमुक्षुभि: (नि॰ 22/8) कुरु कर्म (नि॰ 3/1) एव तस्मात् (नि॰ 1/10) त्वम् (नि॰ 14/1) पूर्वै: (नि॰ 22/3) पूर्वतरम् (नि॰ 14/1) कृतम् (नि॰ 14/2)

एवम् (1.24); * **ज्ञात्वा** (त्वान्त॰ अव्यय॰ ←√ज्ञा); * **कृतम्** (न॰ प्रथमा॰ एक॰ ←वि॰ कृत 1.35); * कर्म (2.49); * **पूर्वै:** (पु॰ तृतीया॰ अनेक॰ ←वि॰ **पूर्व** ←√पूर्व्); * अपि (1.26); * मुमुक्षुभि: (तृतीया॰ अनेक॰ ←इच्छार्थ॰ वि॰ मुमुक्षु ←√मुच्); * कुरु (2.48); * कर्म (3.8); * एव (1.1); * तस्मात् (1.37); * त्वम् (2.11); * पूर्वै: (↑); * पूर्वतरम् (द्वितीया॰ एक॰ पूर्वतर ←वि॰ पूर्व↑ + तरभावात्मक प्रत्यय तर 1.46); * कृतम् (4.15)

एवम् (असे) ज्ञात्वा (जाणून) कृतम् (केलेले आहे) कर्म (कर्म) पूर्वै: (पूर्वीच्या लोकांनी) अपि (च)

मुमुक्षुभिः (मोक्षाची इच्छा करणाऱ्या-) कुरु (कर) कर्म (कर्म) एव (सुद्धा) तस्मात् (म्हणून) त्वम् (तू) पूर्वैः (पूर्वजांनी) पूर्वतरम् (पूर्वी) कृतम् (केले)

* मोक्षाची इच्छा करणाऱ्या पूर्वीच्या लोकांनी असेच जाणून कर्म केलेले आहे, म्हणून तू सुद्धा पूर्वजांनी पूर्वी केले (तसेच) कर्म कर.

।।4.16 ।। **किं कर्म किमकर्मेति कवयोऽप्यत्र मोहिताः ।**

तत्ते कर्म प्रवक्ष्यामि यज्ज्ञात्वा मोक्ष्यसेऽशुभात् ।।

किम् (नि० 14/1) कर्म किम् (नि० 8/16) अकर्म (नि० 2/1) इति कवयः (नि० 15/1) अपि (नि० 4/1) अत्र मोहिताः (नि० 22/8) तत् (नि० 1/10) ते कर्म प्रवक्ष्यामि यत् (नि० 11/2) ज्ञात्वा मोक्ष्यसे (नि० 6/1) अशुभात्

किम् (2.36); * कर्म (प्रथमा० 2.49); * किम् (1.1); * **अकर्म** (प्रथमा० एक० ←न० अकर्मन् 2.47); * इति (1.25); * **कवयः** (प्रथमा० अनेक० पु० **कवि** ←√कव्); * अपि (1.26); * अत्र (1.4); * मोहिताः (पु० प्रथमा० अनेक० ←क्त० वि० प्रयो० **मोहित** ←√मुह्); * तत् (2.7); * ते (1.7); * कर्म (द्वितीया० 3.8); * **प्रवक्ष्यामि** (प्रथमा० एक० लृट्०-भविष्य० अदादि० परस्मै० ←प्र√वच्); * यत् (3.21); * ज्ञात्वा (4.15); * **मोक्ष्यसे** (द्वि०पु० एक० लृट्०-भविष्य० अदादि० आत्मने० ←√मुच्); * **अशुभात्** (पंचमी० एक० ←वि० अशुभ 2.57)

किम् (काय) कर्म (कर्म) किम् (काय) अकर्म (अकर्म) इति (असे) कवयः (जाणते लोक) अपि (सुद्धा) अत्र (या बाबतीत) मोहिताः (भ्रमलेले) तत् (ते) ते (तुला) कर्म (कर्मतत्त्व) प्रवक्ष्यामि (मी स्पष्ट सांगीन) यत् (जे) ज्ञात्वा (जाणून) मोक्ष्यसे (तू मुक्त होशील) अशुभात् (अशुभापासून)

* कर्म काय (आणि) अकर्म काय असे या बाबतीत जाणते लोक सुद्धा भ्रमलेले (आहेत, म्हणून) मी तुला ते कर्मतत्त्व स्पष्ट सांगीन, जे जाणून तू अशुभापासून मुक्त होशील.

।।4.17 ।। **कर्मणो ह्यपि बोद्धव्यं बोद्धव्यं च विकर्मणः ।**

अकर्मणश्च बोद्धव्यं गहना कर्मणो गतिः ।।

कर्मणः (नि० 15/14, 24/2) हि (नि० 4/1) अपि बोद्धव्यम् (नि० 14/1) बोद्धव्यम् (नि० 14/1) च विकर्मणः (नि० 22/8, 24/2) अकर्मणः (नि० 17/1) च बोद्धव्यम् (नि० 14/1) गहना कर्मणः (नि० 15/2, 24/2) गतिः (नि० 22/8)

कर्मणः (3.1); * हि (1.11); * अपि (1.26); * **बोद्धव्यम्** (प्रथमा० एक० ←कर्तरि० विधि० धातु०सा० वि० बोधव्य ←√बुध्); * बोद्धव्यम् (↑); * च (1.1); * विकर्मणः (षष्ठी० एक० ←न० विकर्मन् ←वि√कृ); * **अकर्मणः** (षष्ठी० एक० ←न० अकर्मन् 2.47); * च (1.1); * बोद्धव्यम् (↑); * गहना (स्त्री० प्रथमा० एक० ←वि० गहन ←√गह्); * **कर्मणः** (षष्ठी० एक० ←न० कर्मन् 1.15); * **गतिः** (प्रथमा० एक० ←स्त्री० गति 2.43)

कर्मण: (कर्माचे) हि (कारण) अपि (सुद्धा) **बोद्धव्यम्** (जाणणे आवश्यक आहे) **बोद्धव्यम्** (जाणणे अवश्यक आहे) च (आणि) विकर्मण: (विपरीत कर्माचे) अकर्मण: (अकर्माचे) च (आणि) **बोद्धव्यम्** (जाणणे अवश्यक आहे) गहना (गहन) कर्मण: (कर्माचे) गति: (तत्त्व)

* कर्माचे (स्वरूप) जाणणे अवश्यक आहे आणि विपरीत कर्माचे जाणणे आवश्यक आहे आणि अकर्माचे सुद्धा जाणणे अवश्यक आहे, कारण कर्माचे तत्त्व गहन (आहे).

।।4.18 ।। **कर्मण्यकर्म य: पश्येदकर्मणि च कर्म य: ।**
स बुद्धिमान्मनुष्येषु स युक्त: कृत्स्नकर्मकृत् ।।

कर्मणि (नि॰ 24/7, 4/1) अकर्म य: (नि॰ 22/3) पश्येत् (नि॰ 8/2) अकर्मणि (नि॰ 24/7) च कर्म य: (नि॰ 22/8) स: (नि॰ 21/2) बुद्धिमान् (नि॰ 13/16) मनुष्येषु (नि॰ 25/5) स: (नि॰ 21/2) युक्त: (नि॰ 22/1) कृत्स्नकर्मकृत्

कर्मणि (2.47); * अकर्म (द्वितीया॰ एक॰ ←न॰ अकर्मन् 4.16); * य: (2.19); * पश्येत् (तृ॰पु॰ एक॰ विधि॰ भ्वादि॰ परस्मै॰ ←√दृश्); * अकर्मणि (2.47); * च (1.1); * कर्म (3.8); * य: (2.19); * स: (1.13); * **बुद्धिमान्** (पु॰ प्रथमा॰ एक॰ ←शतृ॰ वि॰ **बुद्धिमत्** ←√बुध्); * **मनुष्येषु** (सप्तमी॰ अनेक॰ ←पु॰ मनुष्य 1.44); * स: (1.13); * युक्त: (2.39); * कृत्स्नकर्मकृत् (पु॰ प्रथमा॰ एक॰ ←क्त॰ बहुव्री॰ वि॰ कृत्स्नकर्मकृत्, कृत्स्नम् कर्मम् करोति य: ←वि॰ कृत्स्न 1.40 + न॰ कर्मन् 1.15 + वि॰ प्रत्यय कृत्)

कर्मणि (कर्मात) अकर्म (अकर्म) य: (जो) पश्येत् (पहावे किंवा पहील) अकर्मणि (अकर्मात) च (आणि) कर्म (कर्म) य: (जो) स: (तो) बुद्धिमान् (ज्ञानी) मनुष्येषु (सर्व जनांत) स: (तो) युक्त: (योगी) कृत्स्नकर्मकृत् (सर्व कर्मकर्ता)

* कर्मात अकर्म[(1)] जो पाहील आणि अकर्मात कर्म जो, तो सर्व जनांत ज्ञानी (व) तो सर्व कर्मकर्ता योगी (होय).

।।4.19 ।। **यस्य सर्वे समारम्भा: कामसङ्कल्पवर्जिता: ।**
ज्ञानाग्निदग्धकर्माणं तमाहु: पण्डितं बुधा: ।।

यस्य सर्वे समारम्भा: (नि॰ 22/1) कामसङ्कल्पवर्जिता: (नि॰ 22/8) ज्ञानाग्निदग्धकर्माणम् (नि॰ 14/1, 24/3) तम् (नि॰ 8/17) आहु: (नि॰ 22/3) पण्डितम् (नि॰ 14/1) बुधा: (नि॰ 22/8)

---

(1) साधारणत: अकर्म = कार्याभाव; परंतु इथे अकर्म म्हणजे अ(फल)कर्म, अथवा अ(फल)कर्म करणारा, अथवा केवळ शरीरानेच कर्म करणारा, अथवा फक्त विहित कर्म करणारा. असा मनुष्य कर्मफलापासून अलिप्त असल्यामुळे कर्म करूनही ते न केल्यासमान असतो, म्हणून प्रात्यक्षिक रीतीने अकर्मण्यच असतो अथवा अकर्म (करणारा) असतो. हाच अर्थ 4.19-21 मध्ये.

यस्य (2.61); * सर्वे (1.6); * समारम्भाः (प्रथमा० अनेक० ←पु० समारम्भ ←सम्–आ√रम्भ्); * कामसङ्कल्पवर्जिताः (पु० प्रथमा० अनेक० ←तत्पु०स० कामसङ्कल्पवर्जित, कामैः च सकल्पैः च वर्जितः ←न० काम 1.22 + पु० **सङ्कल्प** ←सम्√कृप् + क्त० वि० **वर्जित** ←√वृज्); * ज्ञानाग्निदग्धकर्माणम् (पु० द्वितीया० एक० ←बहुव्री० ज्ञानाग्निदग्धकर्मन्, ज्ञानस्य अग्निना दग्धानि कर्माणि यस्य ←न० ज्ञान 3.3 + पु० **अग्नि** ←√अङ्ग् + क्त० वि० दग्ध ←√दह् + न० कर्मन् 1.15); * तम् (2.1); * आहुः (3.42); * पण्डितम् (द्वितीया० एक० ←पु० पण्डित 2.11); * **बुधाः** (पु० प्रथमा० अनेक० ←वि० अथवा पु० **बुध** ←√बुध्)

यस्य (ज्याचे) सर्वे (सर्व) समारम्भाः (उद्योग) कामसङ्कल्पवर्जिताः (कर्मफलेच्छाविहीन झालेले असतात) ज्ञानाग्निदग्धकर्माणम् (ज्ञानाग्नीने ज्याची कर्मे दग्ध झाली आहेत) तम् (त्याला) आहुः (म्हणतात) पण्डितम् ('पंडित') बुधाः (ज्ञाते)

* ज्याचे सर्व उद्योग कर्मफलेच्छाविहीन झालेले असतात (आणि) ज्ञानाग्नीने ज्याची कर्मे दग्ध झाली आहेत त्याला ज्ञाते 'पंडित' म्हणतात.

।।4.20 ।। **त्यक्त्वा कर्मफलासङ्गं नित्यतृप्तो निराश्रयः ।**
कर्मण्यभिप्रवृत्तोऽपि नैव किञ्चित्करोति सः ।।

त्यक्त्वा कर्मफलासङ्गम् (नि० 14/1) नित्यतृप्तः (नि० 15/6) निराश्रयः (नि० 22/8) कर्मणि (नि० 24/7, 4/1) अभिप्रवृत्तः (नि० 15/1) अपि न (नि० 3/1) एव किञ्चित् (नि० 10/5) करोति सः (नि० 22/8)

त्यक्त्वा (1.33); * कर्मफलासङ्गम् (पु० द्वितीया० एक० ←तत्पु०स० कर्मफलासङ्ग, कर्मणः फलस्य आसङ्गः ←न० कर्मन् 1.15 + न० फल 2.43 + पु० आसङ्ग ←आ√सञ्ज्); * नित्यतृप्तः (पु० प्रथमा० एक० ←बहुव्री० वि० नित्यतृप्त ←अव्यय० नित्य 2.18 + वि० तृप्त 3.17); * निराश्रयः (पु० प्रथमा० एक० ←न–बहुव्री० निराश्रय, नास्ति आश्रयः यस्य ←अव्यय० निर् 2.45 + पु० **आश्रय** ←आ√श्रि); * कर्मणि (2.47); * अभिप्रवृत्तः (प्रथमा० एक० ←वि० अभिप्रवृत्त ←अभि–प्र√वृत्); * अपि (1.26); * न (1.30); * एव (1.1); * **किञ्चित्** (सना० किम् 1.1 + अव्यय० चित् ←√चित्); * **करोति** (तृ०पु० एक० लट्०–वर्तमान० तनादि० परस्मै० ←8√कृ); * सः (1.13)

त्यक्त्वा (त्यागून) कर्मफलासङ्गम् (कर्मफलाची वासना) नित्यतृप्तः (सदा तृप्त असलेला) निराश्रयः (निराश्रयी असलेला) कर्मणि (कर्मात) अभिप्रवृत्तः (तत्पर असलेला) अपि (सुद्धा) न (नाही) एव (च) किञ्चित् (काही) करोति (करीत–) सः (तो)

* कर्मफलाची वासना त्यागून सदा तृप्त असलेला (व) निराश्रयी असलेला तो कर्मात तत्पर असलेला सुद्धा (वास्तविक) काहीच करीत नाही.

।।4.21 ।। **निराशीर्यतचित्तात्मा त्यक्तसर्वपरिग्रहः ।**

शारीरं केवलं कर्म कुर्वन्नाप्नोति किल्बिषम् ।।

निराशीः (नि० 16/7) यतचित्तात्मा त्यक्तसर्वपरिग्रहः (नि० 22/8) शारीरम् (नि० 14/1) केवलम् (नि० 14/1) कर्म कुर्वन् (नि० 1/11) न (नि० 1/2) आप्नोति किल्बिषम् (नि० 14/2)

निराशीः (3.30); * **यतचित्तात्मा** (पु० प्रथमा० एक० ←बहुव्री० यतचित्तात्मन्, यतम् चित्तम् च आत्मा च यस्य ←क्त० वि० **यत** ←√यत् + न० **चित्त** ←√चित् + पु० आत्मन् 2.41); * त्यक्तसर्वपरिग्रहः (पु० प्रथमा० एक० ←बहुव्री० त्यक्तसर्वपरिग्रह, त्यक्ताः सर्वे परिग्रहाः येन ←वि० त्यक्त 1.9 + सना० सर्व 1.6 + पु० **परिग्रह** ←परि√ग्रह); * **शारीरम्** (क्रि०वि० अव्यय० ←वि० शरीर 1.29); * **केवलम्** (क्रि०वि० न० द्वितीया० एक० ←वि० **केवल** ←के√वल्); * कर्म (3.8); * **कुर्वन्** (प्रथमा० एक० ←कर्मणि० वर्त० धातु०सा० वि० कुर्वत् ←8√कृ); * न (1.30); * आप्नोति (2.70); * **किल्बिषम्** (द्वितीया० एक० ←न० किल्बिष 3.13)

निराशीः (जो आशारहित आहे) यतचित्तात्मा (जो निरिच्छ चित्ताचा आहे) त्यक्तसर्वपरिग्रहः (ज्याने आपल्या सर्वस्वाचा त्याग केला आहे) शारीरम्-केवलम् (शारीरिक मात्र) कर्म (कर्म) कुर्वन् (करीत असताना) न-आप्नोति (प्राप्त करीत नाही) किल्बिषम् (पाप)

* जो आशारहित आहे, जो निरिच्छ चित्ताचा आहे (व) ज्याने आपल्या सर्वस्वाचा त्याग केला आहे (त्याला) शारीरिक मात्र कर्म करीत असताना (सुद्धा) पाप प्राप्त करीत नाही.

।।4.22 ।। **यदृच्छालाभसंतुष्टो द्वन्द्वातीतो विमत्सरः ।**

समः सिद्धावसिद्धौ च कृत्वापि न निबद्ध्यते ।।

यदृच्छालाभसन्तुष्टः (नि० 15/4) द्वन्द्वातीतः (नि० 15/13) विमत्सरः (नि० 22/8) समः (नि० 22/7) सिद्धौ (नि० 5/5) असिद्धौ च कृत्वा (नि० 1/3) अपि न निबद्ध्यते

यदृच्छालाभसन्तुष्टः (पु० प्रथमा० एक० ←तत्पु०स० यदृच्छालाभसन्तुष्ट, यदृच्छया लाभेन सन्तुष्टः ←स्त्री० यदृच्छा 2.32 + पु० लाभ 2.38 + वि० सन्तुष्ट 3.17); * द्वन्द्वातीतः (प्रथमा० एक० ←तत्पु०स० द्वन्द्वातीत, द्वंद्वेभ्यः अतीतः ←न० द्वंद्व 2.45 + क्त० वि० **अतीत** ←अति√इ); * विमत्सरः (पु० प्रथमा० एक० ←बहुव्री० विमत्सर, विगतः मत्सरः यस्य ←वि० विगत 2.56 + पु० मत्सर ←√मद्); * समः (2.48); * सिद्धौ (सप्तमी० एक० ←स्त्री० सिद्धि 2.48); * असिद्धौ (सप्तमी० एक० ←न-तत्पु०स० असिद्धि 2.48); * च (1.1); * कृत्वा (2.38); * अपि (1.26); * न (1.30); * **निबद्ध्यते** (तृ०पु० एक० लट्०-वर्तमान० भ्वादि० आत्मने० ←नि√बध्)

यदृच्छालाभसंतुष्टः (मिळेल त्यात समाधानी असणारा) द्वन्द्वातीतः (द्वंद्वभाव न जाणणारा मनुष्य) विमत्सरः (मत्सरापासून दूर राहणारा) समः (समान भाव ठेवणारा) सिद्धौ (यशात) असिद्धौ (अपयशात) च (आणि) कृत्वा (कर्म करून) अपि (सुद्धा) न-निबद्ध्यते (बद्ध होत नाही)

* मिळेल त्यात समाधानी असणारा, मत्सरापासून दूर राहणारा, यशात आणि अपयशात समान भाव

ठेवणारा (आणि) द्वंद्वभाव न जाणणारा मनुष्य कर्म करून सुद्धा (त्यात) बद्ध होत नाही.

।।4.23 ।। **गतसङ्गस्य मुक्तस्य ज्ञानावस्थितचेतसः ।**
यज्ञायाचरतः कर्म समग्रं प्रविलीयते ।।

गतसङ्गस्य मुक्तस्य ज्ञानावस्थितचेतसः (नि॰ 22/8) यज्ञाय (नि॰ 1/2) आचरतः (नि॰ 22/1) कर्म समग्रम् (नि॰ 14/1) प्रविलीयते

गतसङ्गस्य (पु॰ षष्ठी॰ एक॰ ←बहुव्री॰ गतसङ्गः, गतः सङ्गः यस्य ←वि॰ गत 2.11 + पु॰ सङ्ग 2.47); * मुक्तस्य (पु॰ षष्ठी॰ एक॰ ←वि॰ मुक्त 3.9); * ज्ञानावस्थितचेतसः (पु॰ प्रथमा॰ एक॰ ←बहुव्री॰ ज्ञानावस्थितचेतस्, ज्ञाने अवस्थितम् चेतः यस्य ←न॰ ज्ञान 3.3 + वि॰ अवस्थित 1.11 + न॰ चेतस् 1.38); * यज्ञाय (चतुर्थी॰ एक॰ ←पु॰ यज्ञ 3.9); * आचरतः (पु॰ प्रथमा॰ एक॰ ←शतृ॰ वि॰ आचरत् 3.19); * कर्म (2.49); * **समग्रम्** (क्रि॰वि॰ अव्यय॰ ←वि॰ **समग्र** ←सम√ग्रह); * प्रविलीयते (तृ॰पु॰ एक॰ लट्॰–वर्तमान॰ दिवादि॰ आत्मने॰ ←प्र–वि√ली)

गतसङ्गस्य (आसक्तीपासून अलिप्त असणाऱ्या–) मुक्तस्य (मुक्त मनुष्याचे) ज्ञानावस्थितचेतसः (ज्ञानात चित्त स्थिर असणाऱ्या–) यज्ञाय (यज्ञासाठी) आचरतः (कर्म करणाऱ्या–) कर्म (कर्म) समग्रम् (पूर्णतः) प्रविलीयते (विलीन होते)

* आसक्तीपासून अलिप्त असणाऱ्या, ज्ञानात चित्त स्थिर असणाऱ्या (आणि) यज्ञासाठी कर्म करणाऱ्या (अशा) मुक्त मनुष्याचे कर्म पूर्णतः विलीन होते.

।।4.24 ।। **ब्रह्मार्पणं ब्रह्म हविर्ब्रह्माग्नौ ब्रह्मणा हुतम् ।**
ब्रह्मैव तेन गन्तव्यं ब्रह्मकर्मसमाधिना ।।

ब्रह्म (नि॰ 1/1) अर्पणम् (नि॰ 14/1, 24/3) ब्रह्म हविः (नि॰ 16/6) ब्रह्माग्नौ ब्रह्मणा (नि॰ 24/4) हुतम् (नि॰ 14/2) ब्रह्म (नि॰ 3/1) एव तेन गन्तव्यम् (नि॰ 14/1) ब्रह्मकर्मसमाधिना

ब्रह्म (प्रथमा॰ एक॰ ←न॰ ब्रह्मन् 3.15); * अर्पणम् (प्रथमा॰ एक॰ ←न॰ **अर्पण** ←√ऋ); * ब्रह्म (3.15); * हविः (प्रथमा॰ एक॰ ←न॰ हविस् ←√हु); * ब्रह्माग्नौ (पु॰ सप्तमी॰ एक॰ ←तत्पु॰स॰ ब्रह्माग्नि, ब्रह्मणः अग्निः ←न॰ ब्रह्मन् 2.72 + पु॰ अग्नि 4.19); * ब्रह्मणा (तृतीया॰ एक॰ ←न॰ ब्रह्मन् 2.72); * **हुतम्** (न॰ प्रथमा॰ एक॰ ←क्त॰ वि॰ हुत ←√हु); * ब्रह्म (3.15); * एव (1.1); * तेन (3.38); * गन्तव्यम् (न॰ प्रथमा॰ एक॰ ←कर्तरि॰ विधि॰ धातु॰सा॰ वि॰ गन्तव्य ←√गम्); * ब्रह्मकर्मसमाधिना (पु॰ तृतीया॰ एक॰ ←बहुव्री॰ ब्रह्मकर्मसमाधिन्, ब्रह्मणः कर्मणि समाधिः यस्य ←न॰ ब्रह्मन् 2.72 + न॰ कर्मन् 1.15 + स्त्री॰ समाधि 2.44)

ब्रह्म (ब्रह्म) अर्पणम् (समर्पण) ब्रह्म (ब्रह्म) हविः (होमहवि) ब्रह्माग्नौ (ब्रह्माग्नीत) ब्रह्मणा (ब्रह्मरूप यागकर्त्याकडून) हुतम् (आहुति) ब्रह्म (ब्रह्म) एव (च) तेन (त्याच्याकडून) गन्तव्यम् (ब्रह्म प्राप्त होण्याजोगे असते) ब्रह्मकर्मसमाधिना (ब्रह्मकर्मात समाधिस्थ असलेल्याकडून)

* ब्रह्म (हेच) समर्पण, ब्रह्म (हीच) होमहवि, ब्रह्मरूप यागकर्त्याकडून ब्रह्माग्नीत ब्रह्मच आहुति, ब्रह्मकर्मात समाधिस्थ असलेल्याकडून ब्रह्म प्राप्त होण्याजोगे असते.

।।4.25 ।। **दैवमेवापरे यज्ञं योगिनः पर्युपासते ।**
ब्रह्माग्नावपरे यज्ञं यज्ञेनैवोपजुह्वति ।।

दैवम् (नि० 8/22) एव (नि० 1/1) अपरे यज्ञम् (नि० 14/1) योगिनः (नि० 22/3) पर्युपासते ब्रह्माग्नौ (नि० 5/5) अपरे यज्ञम् (नि० 14/1) यज्ञेन (नि० 3/1) एव (नि० 2/2) उपजुह्वति

दैवम् (द्वितीया० एक० ←न० तद्धित शब्द **दैव** ←पु० देव 3.11); * एव (1.1); * **अपरे** (पु० प्रथमा० अनेक० ←सना० वि० अपर 2.22); * **यज्ञम्** (द्वितीया० एक० ←पु० यज्ञ 3.9); * **योगिनः** (प्रथमा० अनेक० ←पु० योगिन् 3.3); * **पर्युपासते** (तृ०पु० अनेक० लट्०-वर्तमान० अदादि० आत्मने० ←परि-उप√अस्); * ब्रह्माग्नौ (4.24); * अपरे (↑); * यज्ञम् (↑); * **यज्ञेन** (तृतीया० एक० ←पु० यज्ञ 3.9); * एव (1.1); * उपजुह्वति (तृ०पु० अनेक० लट्०-वर्तमान० जुवादि० परस्मै० ←उप√हु 4.25)

दैवम् (देवतापूजारूप) एव (च) अपरे (दुसरे) यज्ञम् (यज्ञ) योगिनः (योगी) पर्युपासते (साधतात) ब्रह्माग्नौ (बह्माग्नीत) अपरे (अन्य योगी) यज्ञम् (यज्ञ) यज्ञेन (यज्ञाने) एव (च) उपजुह्वति (यजन करतात)

* दुसरे योगी देवतापूजारूप यज्ञ साधतात (व) अन्य योगी ब्रह्माग्नीत यज्ञानेच यज्ञ यजन करतात.

।।4.26 ।। **श्रोत्रादीनीन्द्रियाण्यन्ये संयमाग्निषु जुह्वति ।**
शब्दादीन्विषयानन्य इन्द्रियाग्निषु जुह्वति ।।

श्रोत्रादीनि (नि० 1/5) इन्द्रियाणि (नि० 4/1, 24/8) अन्ये संयमाग्निषु (नि० 25/5) जुह्वति शब्दादीन् (नि० 13/19) विषयान् (नि० 8/11) अन्ये (नि० 5/2) इन्द्रियाग्निषु (नि० 25/5) जुह्वति

श्रोत्रादीनि (न० द्वितीया० अनेक० ←बहुव्री० श्रोत्रादिन्, श्रोत्रम् आदिः यस्य ←न० **श्रोत्र** ←√श्रु + पु० अथवा वि० आदि 2.28); * इन्द्रियाणि (2.58); * अन्ये (1.9); * संयमाग्निषु (पु० सप्तमी० अनेक० ←तत्पु०स० संयमाग्नि, संयमस्य अग्निः ←पु० **संयम** ←सम्√यम् + पु० अग्नि 4.19); * **जुह्वति** (तृ०पु० अनेक० लट्०-वर्तमान० जुवादि० परस्मै० ←√हु 4.25); * **शब्दादीन्** (पु० द्वितीया० अनेक० ←बहुव्री० शब्दादि, शब्दः आदि यस्य ←पु० शब्द 1.13 + वि० आदि 2.28); * विषयान् (2.62); * अन्ये (1.9); * इन्द्रियाग्निषु (पु० सप्तमी० अनेक० ←तत्पु०स० इन्द्रियाग्नि, इन्द्रियाणाम् अग्निः ←न० इन्द्रिय 2.8 + पु० अग्नि 4.19); * जुह्वति (↑)

श्रोत्रादीनि (श्रोत्रादि) इन्द्रियाणि (इन्द्रिये) अन्ये (अन्य) संयमाग्निषु (संयमाग्नींत) जुह्वति (आहुति देतात) शब्दादीन् (शब्दादि) विषयान् (विषये) अन्ये (अन्य कुणी) इन्द्रियाग्निषु (इन्द्रियाग्नींत) जुह्वति (अर्पण करतात)

* अन्य (योगी) श्रोत्रादि इन्द्रिये संयमाग्नींत आहुति देतात, अन्य कुणी शब्दादि विषये इन्द्रियाग्नींत अर्पण करतात.

।।4.27।। **सर्वाणीन्द्रियकर्माणि प्राणकर्माणि चापरे ।**
आत्मसंयमयोगाग्नौ जुह्वति ज्ञानदीपिते ।।

सर्वाणि (नि० 24/7, 1/5) इन्द्रियकर्माणि (नि० 24/7) प्राणकर्माणि (नि० 24/7) च (नि० 1/1) अपरे (नि० 23/1) आत्मसंयमयोगाग्नौ जुह्वति ज्ञानदीपिते

सर्वाणि (2.30); * इन्द्रियकर्माणि (न० द्वितीया० अनेक० ←तत्पु०स० इन्द्रियकर्म, इन्द्रियस्य कर्म ←न० इन्द्रिय 2.8 + न० कर्मन् 1.15); * प्राणकर्माणि (न० द्वितीया० अनेक० ←तत्पु०स० प्राणकर्म, प्राणस्य कर्म ←पु० प्राण 1.33 + न० कर्मन् 1.15); * च (1.1); * अपरे (4.25); * आत्मसंयमयोगाग्नौ (पु० सप्तमी० एक० ←तत्पु०स० आत्मसंयमयोगाग्नि, आत्मन: संयमस्य योगाग्नि: ←पु० आत्मन् 2.41 + पु० संयम 4.26 + पु० योगाग्नि, योगस्य अग्नि: ←पु० योग 2.39 + पु० अग्नि 4.19); * जुह्वति (4.26); * ज्ञानदीपिते (सप्तमी० एक० ←तत्पु०स० ज्ञानदीपित, ज्ञानेन दीपित: ←पु० ज्ञान 3.3 + क्त० वि० दीपित ←√दीप्)

सर्वाणि (सर्व) इन्द्रियकर्माणि (इन्द्रियांची कर्मे) प्राणकर्माणि (प्राणांची कर्मे) च (आणि) अपरे (दुसरे) आत्मसंयमयोगाग्नौ (आत्मनिग्रहाच्या योगाग्नीत) जुह्वति (हवि देतात) ज्ञानदीपिते (ज्ञानाने दीप्त झालेल्या)

* दुसरे (योगी) सर्व इन्द्रियांची कर्मे आणि प्राणांची कर्मे आत्मनिग्रहाच्या ज्ञानाने दीप्त झालेल्या योगाग्नीत हवि देतात.

।।4.28।। **द्रव्ययज्ञास्तपोयज्ञा योगयज्ञास्तथापरे ।**
स्वाध्यायज्ञानयज्ञाश्च यतय: संशितव्रता: ।।

द्रव्ययज्ञा: (नि० 18/1) तपोयज्ञा: (नि० 20/14) योगयज्ञा: (नि० 18/1) तथा (नि० 1/3) अपरे स्वाध्यायज्ञानयज्ञा: (नि० 17/1) च यतय: (नि० 22/7) संशितव्रता: (नि० 22/8)

द्रव्ययज्ञा: (पु० प्रथमा० अनेक० ←बहुव्री० द्रव्ययज्ञ, द्रव्येण यज्ञ: यस्य ←न० **द्रव्य** ←√द्रु + पु० यज्ञ 3.9); * तपोयज्ञा: (पु० प्रथमा० अनेक० ←बहुव्री० तपोयज्ञ, तपसा यज्ञ: यस्य ←न० तपस् 4.10 + पु० यज्ञ 3.9); * योगयज्ञा: (पु० प्रथमा० अनेक० ←बहुव्री० योगयज्ञ, योगेन यज्ञ: यस्य ←पु० योग 2.39 + पु० यज्ञ 3.9); * तथा (1.8); * अपरे (4.25); * स्वाध्यायज्ञानयज्ञा: (पु० प्रथमा० अनेक० ←बहुव्री० स्वाध्यायज्ञानयज्ञ, स्वाध्यायेन च ज्ञानेन च यज्ञ: यस्य ←पु० **स्वाध्याय** ←सु-अधि√इ + न० ज्ञान 3.3 + पु० यज्ञ 3.9); * च (1.1); * **यतय:** (प्रथमा० अनेक० ←पु० **यति** ←√यत्); * संशितव्रता: (पु० प्रथमा० अनेक० ←बहुव्री० संशितव्रत, संशितम् व्रतम् यस्य ←क्त० वि० संशित ←सम्√शो + न० अथवा पु० **व्रत** ←√वृ)

द्रव्ययज्ञा: (द्रव्यदानाचा यज्ञ करणारे) तपोयज्ञा: (तपश्चर्येने यज्ञ करणारे) योगयज्ञा: (योगाद्वारे यज्ञ करणारे) तथा (तसेच) अपरे (अन्य कुणी) स्वाध्यायज्ञानयज्ञा: (अध्ययन तथा ध्यानाचा यज्ञ करणारे) च (आणि) यतय: (यत्नशील) संशितव्रता: (कठोर व्रतांनी यज्ञ करणारे)

* अन्य कुणी द्रव्यदानाचा यज्ञ करणारे, तपश्चर्येने यज्ञ करणारे, योगाद्वारे यज्ञ करणारे तसेच अध्ययन तथा ध्यानाचा यज्ञ करणारे आणि कठोर व्रतांनी यज्ञ करणारे यत्नशील (असतात).

।।4.29 ।। **अपाने जुह्वति प्राणं प्राणेऽपानं तथापरे ।**
प्राणापानगती रुद्ध्वा प्राणायामपरायणाः ।।

अपाने जुह्वति प्राणम् (नि॰ 14/1, 24/3) प्राणे (नि॰ 24/9, 6/1) अपानम् (नि॰ 14/1) तथा (नि॰ 1/3) अपरे प्राणापानगती रुद्ध्वा प्राणायामपरायणाः (नि॰ 24/5, 22/8)

अपाने (पु॰ सप्तमी॰ एक॰ ←न–तत्पु॰स॰ **अपान**, अधेगच्छति इति ←अप√अन्); * जुह्वति (4.26); * **प्राणम्** (द्वितीया॰ एक॰ ←पु॰ प्राण 1.33); * प्राणे (सप्तमी॰ एक॰ ←पु॰ प्राण 1.33); * अपानम् (द्वितीया॰ एक॰ ←पु॰ अपान↑); * तथा (1.8); * अपरे (4.25); * प्राणापानगती (स्त्री॰ द्वितीया॰ द्वि॰व॰ ←तत्पु॰स॰ प्राणापानगति, प्राणस्य च अपानस्य च गती ←पु॰ प्राण 1.33 + पु॰ अपान↑ + स्त्री॰ गति 2.43); * रुद्ध्वा (त्वान्त॰ अव्यय॰ ←√रुध्); * प्राणायामपरायणाः (पु॰ प्रथमा॰ अनेक॰ ←बहुव्री॰ प्राणायामपरायण, प्राणस्य आयामम् परायणम् यस्य ←पु॰ प्राण 1.33 + पु॰ आयाम ←आ√यम् + न॰ **परायण**, ←वि॰ पर 2.3 + न॰ अयन 1.11)

अपाने (उच्छ्वासात) जुह्वति (अर्पण करतात) प्राणम् (श्वासाला) प्राणे (श्वासात) अपानम् (उच्छ्वासाला) तथा (तसेच) अपरे (दुसरे, दुसरे योगी) प्राणापानगती (पान व अपानाच्या गती) रुद्ध्वा (रोधून) प्राणायामपरायणाः (प्राणायामात दंग झालेले)

* तसेच, दुसरे योगी पान व अपानाच्या गती रोधून प्राणायामात दंग झालेले उच्छ्वासात श्वासाला (व) श्वासात उच्छ्वासाला अर्पण करतात.

।।4.30 ।। **अपरे नियताहाराः प्राणान्प्राणेषु जुह्वति ।**
सर्वेऽप्येते यज्ञविदो यज्ञक्षपितकल्मषाः ।।

अपरे नियताहाराः (नि॰ 22/3) प्राणान् (नि॰ 13/13) प्राणेषु (नि॰ 25/5) जुह्वति सर्वे (नि॰ 6/1) अपि (नि॰ 4/4) एते यज्ञविदः (नि॰ 15/10) यज्ञक्षपितकल्मषाः (नि॰ 22/8)

अपरे (4.25); * नियताहाराः (पु॰ प्रथमा॰ अनेक॰ ←बहुव्री॰ नियताहार, नियतः आहारः यस्य ←वि॰ नियत 1.44 + पु॰ आहार 2.59); * प्राणान् (1.33); * प्राणेषु (सप्तमी॰ अनेक॰ ←पु॰ प्राण 1.33); * जुह्वति (4.26); * सर्वे (1.6); * अपि (1.26); * एते (1.23); * यज्ञविदः (पु॰ प्रथमा॰ अनेक॰ ←वि॰ यज्ञविद् ←पु॰ यज्ञ 3.9 + वि॰ विद् 3.29); * यज्ञक्षपितकल्मषाः (पु॰ प्रथमा॰ अनेक॰ ←बहुव्री॰ यज्ञक्षपितकल्मष, यज्ञेन क्षपितम् कल्मषम् यस्य ←पु॰ यज्ञ 3.9 + क्त॰ वि॰ क्षपित ←√क्षि + न॰ **कल्मष** ←कर्म√सो)

अपरे (दुसरे, दुसरे योगी) नियताहाराः (सम आहार घेणारे) प्राणान् (प्राणायमांना) प्राणेषु (प्राणायमांत) जुह्वति (हवन करतात) सर्वे (सगळे) अपि (च) एते (हे) यज्ञविदः (यज्ञ जाणणारे तज्ञ आहेत)

यज्ञक्षपितकल्मषा: (यज्ञाद्वारे पाप नष्ट झालेले)

* दुसरे योगी सम आहार घेणारे प्राणायमांना प्राणायमांत हवन करतात; हे सगळेच यज्ञ जाणणारे तज्ञ (आणि) यज्ञाद्वारे पाप नष्ट झालेले आहेत.

।।4.31 ।। **यज्ञशिष्टामृतभुजो यान्ति ब्रह्म सनातनम् ।**
नायं लोकोऽस्त्ययज्ञस्य कुतोऽन्य: कुरुसत्तम ।।

यज्ञशिष्टामृतभुज: (नि॰ 15/10) यान्ति ब्रह्म सनातनम् (नि॰ 14/2) न (नि॰ 1/1) अयम् (नि॰ 14/1) लोक: (नि॰ 15/1) अस्ति (नि॰ 4/1) अयज्ञस्य कुत: (नि॰ 15/1) अन्य: (नि॰ 22/1) कुरुसत्तम

यज्ञशिष्टामृतभुज: (पु॰ प्रथमा॰ अनेक॰ ←बहुव्री॰ यज्ञशिष्टामृतभुज्, यज्ञस्य शिष्टम् अमृतम् भुनक्ति य: ←पु॰ यज्ञ 3.9 + वि॰ शिष्ट 3.13 + न॰ अमृत 2.15 + वि॰ भुज् अथवा प्रथम॰पु॰ एक॰ लट्॰–वर्तमान॰ रुधादि॰ परस्मै॰ भुनक्ति ←√भुज्); * यान्ति (3.33); * ब्रह्म (3.15); * <u>**सनातनम्**</u> (न॰ द्वितीया॰ एक॰ ←वि॰ सनातन 1.40); * न (1.30); * अयम् (2.19); * लोक: (3.9); * अस्ति (2.40); * अयज्ञस्य (पु॰ षष्ठी॰ एक॰ ←न–बहुव्री॰ अयज्ञ ←अ√यज्); * कुत: (2.2); * अन्य: (2.29); * कुरुसत्तम (पु॰ संबो॰ एक॰ ←बहुव्री॰ कुरुसत्तम, कुरूषु सत्तम: य: ←विना॰ कुरु 1.1 + तमभावात्मक वि॰ <u>**सत्तम**</u> ←वि॰ सत् 2.16)

यज्ञशिष्टामृतभुज: (यज्ञाच्या शेवटी उरलेल्या प्रसादाला खाणारे लोक) यान्ति (पावतात) ब्रह्म (ब्रह्माला) सनातनम् (सनातन) न (नाही) अयम्–लोक: (इहलोक) अस्ति (होत) अयज्ञस्य (अयज्ञाची) कुत: (कसा) अन्य: (पर, परलोक) कुरुसत्तम (हे कुरुश्रेष्ठा!)

* यज्ञाच्या शेवटी उरलेल्या प्रसादाला खाणारे लोक सनातन ब्रह्माला पावतात, हे कुरुश्रेष्ठा! अयज्ञाला हा इहलोक (सिद्ध) होत नाही (तर) परलोक कसा (होणार)?

।।4.32 ।। **एवं बहुविधा यज्ञा वितता ब्रह्मणो मुखे ।**
कर्मजान्विद्धि तान्सर्वानेवं ज्ञात्वा विमोक्ष्यसे ।।

एवम् (नि॰ 14/1) बहुविधा: (नि॰ 20/14) यज्ञा: (नि॰ 20/17) वितता: (नि॰ 20/11) ब्रह्मण: (नि॰ 15/9) मुखे कर्मजान् (नि॰ 13/19) विद्धि तान् (नि॰ 13/20) सर्वान् (नि॰ 8/15) एवम् (नि॰ 14/1) ज्ञात्वा विमोक्ष्यसे

एवम् (1.24); * बहुविधा: (पु॰ प्रथमा॰ अनेक॰ ←वि॰ बहुविध ←वि॰ बहु 1.9 + पु॰ विध 3.3); * <u>**यज्ञा:**</u> (प्रथमा॰ अनेक॰ ←पु॰ यज्ञ 3.9); * वितता: (पु॰ प्रथमा॰ अनेक॰ ←क्त॰ वि॰ वितत ←वि√तन्); * <u>**ब्रह्मण:**</u> (षष्ठी॰ एक॰ ←न॰ ब्रह्मन् 2.72); * मुखे (सप्तमी॰ एक॰ ←न॰ मुख 1.29); * कर्मजान् (पु॰ द्वितीया॰ अनेक॰ ←वि॰ कर्मज 2.51); * विद्धि (2.17); * तान् (1.7); * सर्वान् (1.27); * एवम् (1.24); * ज्ञात्वा (4.15); * विमोक्ष्यसे (द्वि॰पु॰ एक॰ लृट्॰–भविष्य॰ तुदादि॰ आत्मने॰ ←वि√मुच्)

एवम् (असे) बहुविधा: (नाना) यज्ञा: (यज्ञ) वितता: (विस्तारले आहेत) ब्रह्मण: (श्रुतीच्या) मुखे (मुखे) कर्मजान् (कर्मोत्पन्न) विद्धि (जाण) तान् (त्यांना) सर्वान् (सर्वांना) एवम् (असे) ज्ञात्वा (जाणून) विमोक्ष्यसे (तू मुक्त होशील)

* असे नाना यज्ञ श्रुतीच्या मुखे (वेदांमध्ये) विस्तारले आहेत, त्यांना सर्वांना कर्मोत्पन्न जाण, असे जाणून तू मुक्त होशील.

।।4.33 ।। **श्रेयान्द्रव्यमयाद्यज्ञाज्ज्ञानयज्ञ: परंतप ।**

सर्वं कर्माखिलं पार्थ ज्ञाने परिसमाप्यते ।।

श्रेयान् (नि० 13/11) द्रव्यमयात् (नि० 9/9) यज्ञात् (नि० 11/2) ज्ञानयज्ञ: (नि० 22/3) परन्तप सर्वम् (नि० 14/1) कर्म (नि० 1/1) अखिलम् (नि० 14/1) पार्थ ज्ञाने परिसमाप्यते

श्रेयान् (3.35); * द्रव्यमयात् (न० पंचमी० एक० ←वि० द्रव्यमय ←न० द्रव्य 4.28 + वि० मय 4.10); * यज्ञात् (3.14); * ज्ञानयज्ञ: (पु० प्रथमा० एक० ←तत्पु०स० **ज्ञानयज्ञ**, ज्ञानस्य यज्ञ: ←न० ज्ञान 3.3 + पु० यज्ञ 3.9); * परन्तप (2.3); * सर्वम् (न० प्रथमा० एक० ←सना० सर्व 1.6); * कर्म (प्रथमा० 2.49); * **अखिलम्** (क्रि०वि० अथवा न० प्रथमा० एक० ←वि० न-तत्पु०स० अखिल ←√खिल्); * पार्थ (1.25); * ज्ञाने (सप्तमी० एक० ←न० ज्ञान 3.3); * परिसमाप्यते (अव्यय० उपसर्ग परि 1.29 + तृ०पु० एक० लट्०-वर्तमान० स्वादि० आत्मने० ←सम्√आप्)

श्रेयान् (श्रेष्ठ) द्रव्यमयात् यज्ञात् (द्रव्ययज्ञापेक्षा) ज्ञानयज्ञ: (ज्ञानयज्ञ) परंतप (हे परंतपा!) सर्वम्-कर्म (सर्व प्रकारचे काम) अखिलम् (नि:शेष) पार्थ (हे पार्था!) ज्ञाने (ज्ञानात) परिसमाप्यते (पराकाष्ठा पावते)

* हे परंतपा!, द्रव्ययज्ञापेक्षा ज्ञानयज्ञ श्रेष्ठ (आहे), हे पार्था! सर्व प्रकारचे काम ज्ञानात नि:शेष पराकाष्ठा पावते.

।।4.34 ।। **तद्विद्धि प्रणिपातेन परिप्रश्नेन सेवया ।**

उपदेक्ष्यन्ति ते ज्ञानं ज्ञानिनस्तत्त्वदर्शिन: ।।

तत् (नि० 9/11) विद्धि प्रणिपातेन परिप्रश्नेन सेवया (नि० 23/1) उपदेक्ष्यन्ति ते ज्ञानम् (नि० 14/1) ज्ञानिन: (नि० 18/1) तत्त्वदर्शिन: (नि० 22/8)

तत् (2.7); * विद्धि (2.17); * प्रणिपातेन (तृतीया० एक० ←पु० प्रणिपात ←प्र-नि√पत्); * परिप्रश्नेन (अव्यय० परि 1.29 + तृतीया० एक० ←पु० प्रश्न ←√प्रच्छ्); * सेवया (तृतीया० एक० ←स्त्री० **सेवा** ←√सेव्); * उपदेक्ष्यन्ति (तृ०पु० अनेक० लृट्०-भविष्य० तुदादि० परस्मै० ←उप√दिश्); * ते (1.7); * ज्ञानम् (3.39); * ज्ञानिन: (3.40); * तत्त्वदर्शिन: (पु० प्रथमा० अनेक० ←वि० तत्त्वदर्शिन् 2.16)

तत् (ते ज्ञान) विद्धि (तू जाणून घे) प्रणिपातेन (साष्टांग नमस्कारासह) परिप्रश्नेन (त्यांना पुन:पुन्हा विचारलेल्या प्रश्नांद्वारे) सेवया (सेवेसह) उपदेक्ष्यन्ति (उपदेश देतील) ते (तुला) ज्ञानम् (ज्ञानाचा) ज्ञानिन: (ज्ञानी लोक) तत्त्वदर्शिन: (मर्मज्ञ)

* ज्ञानी मर्मज्ञ लोक तुला ज्ञानाचा उपदेश देतील ते ज्ञान तू (त्यांना) साष्टांग नमस्कारासह (व) सेवेसह पुनःपुन्हा विचारलेल्या प्रश्नांद्वारे जाणून घे[1]

।।4.35 ।। **यज्ज्ञात्वा न पुनर्मोहमेवं यास्यसि पाण्डव ।**
येन भूतान्यशेषेण द्रक्ष्यस्यात्मन्यथो मयि ।।

यत् (नि॰ 11/2) ज्ञात्वा न पुनर्मोहम् (नि॰ 8/22) एवम् (नि॰ 14/1) यास्यसि पाण्डव येन भूतानि (नि॰ 4/1) अशेषेण (नि॰ 24/1) द्रक्ष्यसि (नि॰ 4/2) आत्मनि (नि॰ 4/1) अथ: (नि॰ 15/9) मयि

यत् (3.21); * ज्ञात्वा (4.15); * न (1.30); * पुनर् (4.9); * **मोहम्** (द्वितीया॰ एक॰ ←पु॰ मोह 2.52); * एवम् (1.24); * यास्यसि (2.35); * **पाण्डव** (संबो॰ एक॰ ←पु॰ पाण्डव 1.1); * येन (2.17); * भूतानि (2.30); * **अशेषेण** (तृतीया॰ एक॰ ←वि॰ न-तत्पु॰स॰ **अशेष** ←अ√शिष्); * द्रक्ष्यसि (द्वि॰पु॰ एक॰ लृट्॰-भविष्य॰ भ्वादि॰ परस्मै॰ ←√दृश्); * आत्मनि (2.55); * अथ: (काळवाचक अव्यय॰ ←अथ 1.20); * मयि (3.30)

यत् (जे) ज्ञात्वा (जाणून) न (नाही) पुनर्मोहम् (पुन: भ्रम) एवम् (असा) यास्यसि (तुला घडणार) पाण्डव (हे पाण्डवा!) येन (ज्याने, ज्या अथवा या ज्ञानाने) भूतानि (प्राणिमात्र) अशेषेण (सर्वच) द्रक्ष्यसि (तू पाहशील) आत्मनि (आपल्यात) अथ: (तसेच) मयि (माझ्या ठायी)

* हे पाण्डवा! जे जाणून तुला पुन: असा भ्रम घडणार नाही (अशा) या ज्ञानाने तू आपल्यात तसेच माझ्या ठायी सर्वच प्राणिमात्र पाहशील.

।।4.36 ।। **अपि चेदसि पापेभ्य: सर्वेभ्य: पापकृत्तम: ।**
सर्वं ज्ञानप्लवेनैव वृजिनं सन्तरिष्यसि ।।

अपि चेत् (नि॰ 8/2) असि पापेभ्य: (नि॰ 22/7) सर्वेभ्य: (नि॰ 22/3) पापकृत्तम: (नि॰ 22/8) सर्वम् (नि॰ 14/1) ज्ञानप्लवेन (नि॰ 3/1) एव वृजिनम् (नि॰ 14/1) सन्तरिष्यसि

अपि (1.26); * चेत् (2.33); * असि (4.3); * पापेभ्य: (पु॰ पंचमी॰ अनेक॰ ←न॰ पाप अथवा वि॰ पाप ←वि॰ **पापिन्** ←√पा); * सर्वेभ्य: (पंचमी॰ अनेक॰ ←पु॰ सना॰ सर्व 1.6); * पापकृत्तम: (पु॰ प्रथमा॰ एक॰ तमभाव ←क्त॰ वि॰ पापकृत् ←न॰ पाप 1.36 + वि॰ कृत् 2.5 + प्रत्यय तम 1.7); * सर्वम् (2.17); * ज्ञानप्लवेन (तृतीया॰ एक॰ ←तत्पु॰स॰ ज्ञानप्लव, ज्ञानस्य प्लव: ←न॰ ज्ञान 3.3 + पु॰

---

[1] श्रुतेन श्रोत्रियो भवति तपसा विन्दते महत् ।
धृत्याऽद्वितीयवान्भवति बुद्धिमान्वृद्धसेवया ।।
(युधिष्ठिरगीता 3.48)
श्रोता श्रवतो श्रोतज्ञ, तपस्या तपे तपस्वी ।
धैर्य धारते धर्मज्ञ, बुद्धिवृद्धि वृद्धसेवी ।।

प्लव ←√प्लु); * एव (1.1); * वृजिनम् (द्वितीया॰ एक॰ ←न॰ वृजिन ←√वृज्); * सन्तरिष्यसि (द्वि॰पु॰ एक॰ लृट्॰-भविष्य॰ भ्वादि॰ परस्मै॰ ←सम्√तृ)

अपि (सुद्धा) चेत् (जरी) असि (तू आहेस) पापेभ्य: (पाप्यांहून) सर्वेभ्य: (सर्व-) पापकृत्तम: (महत्पापी) सर्वम् (सारी) ज्ञानप्लवेन (ज्ञानाच्या नौकेने) एव (केवळ) वृजिनम् (पाप) सन्तरिष्यसि (तू तरशील)

* जरी तू सर्व पाप्यांहून सुद्धा महत्पापी आहेस (तरी) तू केवळ ज्ञानाच्या नौकेने सर्व पाप तरशील.

।।4.37 ।। **यथैधांसि समिद्धोऽग्निर्भस्मसात्कुरुतेऽर्जुन ।**

ज्ञानाग्नि: सर्वकर्माणि भस्मसात्कुरुते तथा ।।

यथा (नि॰ 3/3) एधांसि समिद्ध: (नि॰ 15/1) अग्नि: (नि॰ 16/6) भस्मसात् (नि॰ 10/5) कुरुते (नि॰ 6/1) अर्जुन ज्ञानाग्नि: (नि॰ 22/7) सर्वकर्माणि (नि॰ 24/7) भस्मसात् (नि॰ 10/5) कुरुते तथा

यथा (1.11); * एधांसि (द्वितीया॰ अनेक॰ ←न॰ एधस् ←√इन्ध्); * समिद्ध: (पु॰ प्रथमा॰ एक॰ ←क्त॰ वि॰ समिद्ध ←सम्√इन्ध्); * **अग्नि:** (प्रथमा॰ एक॰ ←पु॰ अग्नि 4.19); * **भस्मसात्** (क्रि॰वि॰ अव्यय॰ ←वि॰ भस्मन् ←√भस्); * कुरुते (3.21); * अर्जुन (2.2); * ज्ञानाग्नि: (स्त्री॰ प्रथमा॰ पु॰ ←क॰ अथवा तत्पु॰स॰ ज्ञानाग्नि, ज्ञानस्य अग्नि: 4.19); * सर्वकर्माणि (3.26); * भस्मसात् (↑); * कुरुते (3.21); * तथा (1.8)

यथा (जसा) एधांसि (लाकडांना) समिद्ध: (भडकता) अग्नि: (अग्नि) भस्मसात् (राख) कुरुते (करतो) अर्जुन (हे अर्जुना!) ज्ञानाग्नि: (ज्ञानाचा अग्नि) सर्वकर्माणि (सर्व कर्मे) भस्मसात् (राख) कुरुते (करतो) तथा (तसा)

* हे अर्जुना! भडकता अग्नि लाकडांना जसा राख करतो तसा ज्ञानाचा अग्नि सर्व कर्मे राख करतो.

।।4.38 ।। **न हि ज्ञानेन सदृशं पवित्रमिह विद्यते ।**

तत्स्वयं योगसंसिद्ध: कालेनात्मनि विन्दति ।।

न हि ज्ञानेन सदृशम् (नि॰ 14/1) पवित्रम् (नि॰ 8/18) इह विद्यते तत् (नि॰ 10/7) स्वयम् (नि॰ 14/1) योगसंसिद्ध: (नि॰ 22/1) कालेन (नि॰ 1/2) आत्मनि विन्दति

न (1.30); * हि (1.11); * **ज्ञानेन** (तृतीया॰ एक॰ ←न॰ ज्ञान 3.3); * सदृशम् (3.33); * **पवित्रम्** (न॰ प्रथमा॰ एक॰ ←वि॰ पवित्र ←√पू); * इह (2.5); * विद्यते (2.16); * तत् (2.7); * **स्वयम्** (क्रि॰वि॰ अव्यय॰ ←सु√अय्); * योगसंसिद्ध: (पु॰ प्रथमा॰ एक॰ ←तत्पु॰स॰ योगसंसिद्ध, योगे संसिद्ध: ←पु॰ योग 2.39 + क्त॰ वि॰ **संसिद्ध** ←सम्√सिध्); * कालेन (4.2); * आत्मनि (2.55); * **विन्दति** (तृ॰पु॰ एक॰ लट्॰-वर्तमान॰ तुदादि॰ परस्मै॰ ←√विद्)

न (नाही) हि (काहीही) ज्ञानेन-सदृशम् (ज्ञानासमान) पवित्रम् (पवित्र) इह (या लोकी) विद्यते (असत-) तत् (ते, ते ज्ञान) स्वयम् (स्वत:) योगसंसिद्ध: (संपन्न योगी) कालेन (काळाने) आत्मनि (आपल्यात)

विन्दति (प्राप्त करतो)

* या लोकी ज्ञानासमान पवित्र काहीही असत नाही, संपन्न योगी स्वत: ते ज्ञान काळाने आत्म्यात आपल्यात करतो.

।।4.39 ।। **श्रद्धावाँल्लभते ज्ञानं तत्पर: संयतेन्द्रिय: ।**

ज्ञानं लब्ध्वा परां शान्तिमचिरेणाधिगच्छति ।।

श्रद्धावान् (नि० 13/8) लभते ज्ञानम् (नि० 14/1) तत्पर: (नि० 22/7) संयतेन्द्रिय: (नि० 22/8) ज्ञानम् (नि० 14/1) लब्ध्वा पराम् (नि० 14/1) शान्तिम् (नि० 8/16) अचिरेण (नि० 24/1, 1/1) अधिगच्छति

श्रद्धावान् (प्रथमा० एक० ←वि० श्रद्धावत् 3.31); * **लभते** (तृ०पु० एक० लट्०–वर्तमान० भ्वादि० आत्मने० ←√लभ् 2.32); * ज्ञानम् (द्वितीया० 3.40); * तत्पर: (प्रथमा० एक० ←वि० **तत्पर** ←सना० तद् 1.2 + वि० पर 2.3); * संयतेन्द्रिय: (पु० प्रथमा० एक० ←बहुव्री० संयतेन्द्रिय, संयतानि इन्द्रियाणि यस्य ←क्त० वि० **संयत** ←सम्√यम् + न० इन्द्रिय 2.8); * ज्ञानम् (द्वितीया० 3.39); * **लब्ध्वा** (त्वान्त० अव्यय० ←√लभ्); * **पराम्** (द्वितीया० एक० ←स्त्री० वि० परा 1.27); * शान्तिम् (2.70); * अचिरेण (क्रि०वि० अव्यय० ←वि० **चिर** ←√चि); * अधिगच्छति (2.64)

श्रद्धावान् (श्रद्धावान मनुष्य) लभते (प्राप्त करतो) ज्ञानम् (ज्ञान) तत्पर: (एकनिष्ठ) संयतेन्द्रिय: (इन्द्रिये काबूत असलेला) ज्ञानम् (ज्ञान) लब्ध्वा (प्राप्त करून) पराम् (परम) शान्तिम् (शांतीला) अचिरेण (सत्वरतेने) अधिगच्छति (प्राप्त करतो)

* इन्द्रिये काबूत असलेला श्रद्धावान एकनिष्ठ मनुष्य ज्ञान (असा) प्राप्त करतो, (हे) ज्ञान प्राप्त करून (तो) सत्वरतेने परम शांतीला प्राप्त करतो.

।।4.40 ।। **अज्ञश्चाश्रद्दधानश्च संशयात्मा विनश्यति ।**

नायं लोकोऽस्ति न परो न सुखं संशयात्मन: ।।

अज्ञ: (नि० 17/1) च (नि० 1/1) अश्रद्दधान: (नि० 17/1) च संशयात्मा विनश्यति न (नि० 1/1) अयम् (नि० 14/1) लोक: (नि० 15/1) अस्ति न पर: (नि० 15/6) न सुखम् (नि० 14/1) संशयात्मन: (नि० 22/8)

अज्ञ: (पु० प्रथमा० एक० ←वि० अज्ञ 3.26); * च (1.1); * अश्रद्दधान: (पु० प्रथमा० एक० ←न–बहुव्री० **अश्रद्दधान** ←नञ् प्रत्यय अ 1.10 + उपसर्ग अव्यय० श्रत् ←√श्री + शतृ० वि० ददान ←√दा); * च (1.1); * संशयात्मा (पु० प्रथमा० एक० ←बहुव्री० **संशयात्मन्**, संशय: आत्मा यस्य ←पु० **संशय** ←सम्√शी + पु० आत्मन् 2.41); * **विनश्यति** (तृ०पु० लट्०–वर्तमान० दिवादि० परस्मै० ←वि√नश्); * न (1.30); * अयम् (2.19); * लोक: (3.9); * अस्ति (2.40); * न (1.30); * पर: (3.11); * न (1.30); * सुखम् (2.66); * संशयात्मन: (पु० षष्ठी० एक० ←बहुव्री० संशयात्मन्↑)

अज्ञ: (अज्ञानी) च (आणि) अश्रद्दधान: (नास्तिक) च (आणि) संशयात्मा (संशयी मनुष्य) विनश्यति

(नष्ट होतो) न (न) अयम् (हा) लोकः (लोक) अस्ति (असतो) न (न) परः (परलोक) न (न) सुखम् (सुखदायक) संशयात्मनः (संशयी मनुष्याकरिता)

* अज्ञानी आणि नास्तिक आणि संशयी मनुष्य नष्ट होतो; संशयी मनुष्याकरिता न हा लोक न परलोक सुखदायक असतो.

।।4.41 ।। **योगसंन्यस्तकर्माणं ज्ञानसंच्छिन्नसंशयम् ।**

आत्मवन्तं न कर्माणि निबध्नन्ति धनञ्जय ।।

योगसंन्यस्तकर्माणम् (नि॰ 14/1, 24/3) ज्ञानसंच्छिन्नसंशयम् (नि॰ 14/2) आत्मवन्तम् (नि॰ 14/1) न कर्माणि (नि॰ 24/7) निबध्नन्ति धनञ्जय

योगसंन्यस्तकर्माणम् (पु॰ द्वितीया॰ एक॰ ←बहुव्री॰ योगसंन्यस्तकर्मन्, योगेन संन्यस्तम् कर्म येन ←पु॰ योग 2.39 + क्त॰ वि॰ **संन्यस्त** ←सम्-नि√अस् + न॰ कर्मन् 1.15); * ज्ञानसंच्छिन्नसंशयम् (पु॰ द्वितीया॰ एक॰ ←बहुव्री॰ ज्ञानसंच्छिन्नसंशय, ज्ञानेन संच्छिन्नः संशयः यस्य ←न॰ ज्ञान 3.3 + क्त॰ वि॰ संछिन्न ←सम्√छिद् + पु॰ संशय 4.40); * आत्मवन्तम् (पु॰ द्वितीया॰ एक॰ ←वि॰ आत्मवत् 2.45); * न (1.30); * कर्माणि (3.27); * निबध्नन्ति (तृ॰पु॰ अनेक॰ लट्॰-वर्तमान॰ क्र्यादि॰ परस्मै॰ ←नि√बध्); * धनञ्जय (2.48)

योगसंन्यस्तकर्माणम् (योगाद्वारे ज्याने आपल्या कर्मांना त्यागले आहे-) ज्ञानसंच्छिन्नसंशयम् (ज्ञानाद्वारे ज्याने आपले संशय भेदले आहेत-) आत्मवन्तम् (जो अंतरी सदा जागृत असतो त्याला) न (नाहीत) कर्माणि (कर्मे) निबध्नन्ति (बद्ध करीत-) धनञ्जय (हे धनंजया!)

* हे धनंजया! योगाद्वारे ज्याने आपल्या कर्मांना त्यागले आहे, ज्ञानाद्वारे ज्याने आपले संशय भेदले आहेत (आणि) जो अंतरी सदा जागृत असतो (त्याला) कर्मे बद्ध करीत नाहीत.

।।4.42 ।। **तस्मादज्ञानसम्भूतं हृत्स्थं ज्ञानासिनात्मनः ।**

छित्त्वैनं संशयं योगमातिष्ठोत्तिष्ठ भारत ।।

तस्मात् (नि॰ 8/2) अज्ञानसम्भूतम् (नि॰ 14/1) हृत्स्थम् (नि॰ 14/1) ज्ञानासिना (नि॰ 1/4) आत्मनः (नि॰ 22/8) छित्त्वा (नि॰ 3/3) एनम् (नि॰ 14/1) संशयम् (नि॰ 14/1) योगम् (नि॰ 8/17) आतिष्ठ (नि॰ 2/2) उत्तिष्ठ भारत

तस्मात् (1.37); * अज्ञानसम्भूतम् (पु॰ द्वितीया॰ एक॰ ←बहुव्री॰ अज्ञानसम्भूत, अज्ञानात् सम्भूतम् यः ←न॰ **अज्ञान** ←अ√ज्ञा + धातु॰सा॰ वि॰ सम्भूत ←सम्√भू); * हृत्स्थम् (पु॰ द्वितीया॰ एक॰ ←बहुव्री॰ वि॰ हृत्स्थ, हृदि स्थितः यः ←न॰ **हृद्** ←√हृ + क्त॰ वि॰ स्थित 1.14); * ज्ञानासिना (पु॰ तृतीया॰ एक॰ ←तत्पु॰स॰ ज्ञानासि, ज्ञानस्य असिः ←न॰ ज्ञान 3.3 + पु॰ असि ←√अस्); * **आत्मनः** (पंचमी॰ अथवा षष्ठी॰ एक॰ पण द्वितीया॰ अनेक॰ नाही ←पु॰ आत्मन् 2.41); * **छित्त्वा** (त्वान्त॰ अव्यय॰ ←√छिद्); * एनम् (2.19); * **संशयम्** (द्वितीया॰ एक॰ ←पु॰ संशय 4.40); * योगम् (2.53); * आतिष्ठ

(द्वि॰पु॰ एक॰ निमंत्रणार्थ लोट् भ्वादि॰ परस्मै॰ ←आ√स्था); * उत्तिष्ठ (2.3); * भारत (2.14)

तस्मात् (म्हणून) अज्ञानसम्भूतम् (अज्ञानातून उत्पन्न झालेल्या–) हृत्स्थम् (अंतस्थ) ज्ञानासिना (ज्ञानास्त्राने) आत्मनः (आत्म्याच्या) छित्त्वा (भेदून) एनम् (या) संशयम् (शंकेला) योगम् (योगाला) आतिष्ठ (तू आसऱ्याला घे) उत्तिष्ठ (ऊठ) भारत (हे भारता!)

* म्हणून, हे भारता! तू योगाला आसऱ्याला घे (व) अज्ञानातून उत्पन्न झालेल्या आत्म्याच्या या अंतस्थ शंकेला ज्ञानास्त्राने भेदून ऊठ.

इति श्रीमद्भगवद्गीतासूपनिषत्सु ब्रह्मविद्यायां योगशास्त्रे श्रीकृष्णार्जुनसंवादे ज्ञानकर्मसंन्यासयोगो नाम चतुर्थोऽध्यायः ।।4 ।।

इति श्रीमद्भगवद्गीतासु (नि॰ 1/8) उपनिषत्सु ब्रह्मविद्यायाम् (नि॰ 14/1) योगशास्त्रे श्रीकृष्णार्जुनसंवादे ज्ञानकर्मसंन्यासयोगः (नि॰ 15/6) नाम चतुर्थः (नि॰ 15/1) अध्यायः (नि॰ 22/8)

इति (याप्रमाणे) श्रीमद्भगवद्गीतासु उपनिषत्सु (श्रीमद्भगवद्गीतो–पनिषदांतील) ब्रह्मविद्यायाम् (ब्रह्मविद्यांतर्गत) योगशास्त्रे श्रीकृष्णार्जुनसंवादे (श्रीकृष्ण आणि अर्जुन यांच्या योगशास्त्राच्या संवादापैकी) ज्ञानकर्मसंन्यासयोगः (ज्ञानकर्मसंन्यासयोग) नाम (नामक) चतुर्थः (चौथा) अध्यायः (अध्याय)

* श्रीमद्भगवद्गीतोपनिषदांतील श्रीकृष्ण आणि अर्जुन यांच्या योगशास्त्राच्या संवादापैकी ब्रह्मविद्यांतर्गत 'ज्ञानकर्मसंन्यासयोग' नावाचा चौथा अध्याय याप्रमाणे (समाप्त).

पञ्चमोऽध्यायः ।
कर्मसंन्यासयोगः ।।

।।5.1 ।। अर्जुन उवाच

संन्यासं कर्मणां कृष्ण पुनर्योगं च शंससि ।
यच्छ्रेय एतयोरेकं तन्मे ब्रूहि सुनिश्चितम् ।।

पञ्चमः (नि॰ 15/1) अध्यायः (नि॰ 22/8) कर्मसंन्यासयोगः (नि॰ 22/8) । अर्जुनः (नि॰ 19/4) उवाच । संन्यासम् (नि॰ 14/1) कर्मणाम् (नि॰ 24/6, 14/1) कृष्ण पुनर्योगम् (नि॰ 14/1) च शंससि यत् (नि॰ 11/4) श्रेयः (नि॰ 19/7) एतयोः (नि॰ 16/5) एकम् (नि॰ 14/1) तत् (नि॰ 12/2) मे ब्रूहि सुनिश्चितम् (नि॰ 14/2)

पञ्चमः (पु॰ प्रथमा॰ एक॰ ←क्रमवाचक संख्या॰ वि॰ पञ्चम 18.14↓); * अध्यायः (प्रथमा॰ एक॰ ←पु॰ अध्याय ←अधि√इ); * कर्मसंन्यासयोगः (पु॰ प्रथमा॰ एक॰ ←तत्पु॰स॰ कर्मसंन्यासयोग, कर्मणः संन्यासस्य योगः ←न॰ कर्मन् 1.15 + पु॰ संन्यास 5.1 + पु॰ योग 2.39) ।

अर्जुन: (1.28); * उवाच (1.25) । **संन्यासम्** (द्वितीया॰ एक॰ ←पु॰ **संन्यास** ←सम्-नि√अस्); * कर्मणाम् (3.4); * कृष्ण (1.28); * पुनर् (4.9); * योगम् (2.53); * च (1.1); * शंससि (द्वि॰पु॰ एक॰ लट्॰-वर्तमान॰ भ्वादि॰ परस्मै॰ ←√शंस्); * यत् (2.67); * श्रेय: (2.5); * एतयो: (पु॰ अथवा न॰ षष्ठी॰ द्वि॰व॰ ←सना॰ एतद् 1.3); * एकम् (3.2); * तत् (2.7); * मे (1.21); * ब्रूहि (2.7); * सुनिश्चितम् (क्रि॰वि॰ अथवा न॰ द्वितीया॰ एक॰ ←वि॰ सुनिश्चित ←स्तुतिवाचक अव्यय॰ **सु** ←√सु + वि॰ निश्चित 2.7)

अर्जुन: (अर्जुन) उवाच- (म्हणाला-) संन्यासम् (संन्यासाला) कर्मणाम् (कर्मांच्या) कृष्ण (हे कृष्णा!) पुनर्योगम् (पुन्हा कर्मयोगाला) च (आणि) शंससि (तू वाखाणतोस) यत् (जे) श्रेय: (श्रेयकर) एतयो: (या दोहोत) एकम् (एक) तत् (ते) मे (मला) ब्रूहि (सांग) सुनिश्चितम् (निश्चितपणे)

* अर्जुन म्हणाला- हे कृष्णा! तू कर्माच्या संन्यासाला (या क्षणी) आणि (मग) पुन्हा (निष्काम) कर्मयोगाला वाखाणतोस, (तरी) या दोहोत जे श्रेयकर (असेल) ते एक मला निश्चितपणे सांग.

।।5.2 ।। श्रीभगवानुवाच

संन्यास: कर्मयोगश्च नि:श्रेयसकरावुभौ ।
तयोस्तु कर्मसंन्यासात्कर्मयोगो विशिष्यते ।।

श्रीभगवान् (नि॰ 8/14) उवाच । संन्यास: (नि॰ 22/1) कर्मयोग: (नि॰ 17/1) च नि:श्रेयसकरौ (नि॰ 5/7) उभौ तयो: (नि॰ 18/1) तु कर्मसंन्यासात् (नि॰ 10/5) कर्मयोग: (नि॰ 15/13) विशिष्यते

श्रीभगवान् (2.2); * उवाच (1.25) । **संन्यास:** (प्रथमा॰ एक॰ ←पु॰ संन्यास 5.1); * **कर्मयोग:** (प्रथमा॰ एक॰ ←पु॰ कर्मयोग 3.3); * च (1.1); * नि:श्रेयसकरौ (पु॰ प्रथमा॰ द्वि॰व॰ ←अव्यय॰ निर्, निस् 2.45 + वि॰ श्रेयसकर ←वि॰ श्रेयस् 1.31 + परिणामसूचक प्रत्यय कर 2.2); * उभौ (2.19); * तयो: (3.34); * तु (1.2); * कर्मसंन्यासात् (पु॰ पंचमी॰ एक॰ ←तत्पु॰स॰ कर्मसंन्यास, कर्मण: संन्यास: ←न॰ कर्मन् 1.15 + पु॰ संन्यास 5.1); * कर्मयोग: (↑); * विशिष्यते (3.7)

श्रीभगवान् (श्रीभगवान) उवाच- (म्हणाले-) संन्यास: (सांख्ययोगातील कर्मसंन्यास, कर्माच्या कर्तेपणाचा त्याग) कर्मयोग: (कर्मयोग, निष्काम कर्मयोग) च (आणि) नि:श्रेयसकरौ (निश्चित कल्याणकारी आहेत) उभौ (हे दोन्ही) तयो: (त्या दोहोंत) तु (परंतु) कर्मसंन्यासात् (कर्मसंन्यासापेक्षा) कर्मयोग: (कर्मयोग) विशिष्यते (श्रेष्ठ ठरतो)

* श्रीभगवान म्हणाले- कर्माच्या कर्तेपणाचा त्याग आणि निष्काम कर्मयोग हे दोन्ही (मार्ग) निश्चित कल्याणकारी आहेत, परंतु त्या दोहोंत कर्मसंन्यासापेक्षा कर्मयोग श्रेष्ठ ठरतो.

।।5.3 ।। **ज्ञेय: स नित्यसंन्यासी यो न द्वेष्टि न काङ्क्षति ।**
निर्द्वन्द्वो हि महाबाहो सुखं बन्धात्प्रमुच्यते ।।

ज्ञेय: (नि॰ 22/7) स: (नि॰ 21/2) नित्यसंन्यासी य: (नि॰ 15/6) न द्वेष्टि न काङ्क्षति निर्द्वन्द्व: (नि॰

15/14) हि महाबाहो सुखम् (नि॰ 14/1) बन्धात् (नि॰ 10/6) प्रमुच्यते

ज्ञेयः (पु॰ प्रथमा॰ एक॰ ←वि॰ ज्ञेय 1.39); * सः (1.13); * नित्यसंन्यासी (पु॰ प्रथमा॰ एक॰ ←अव्यय॰ नित्य 2.18 + पु॰ **संन्यासिन्** ←सम्–नि√अस्); * यः (2.19); * न (1.30); * द्वेष्टि (2.57); * न (1.30); * **काङ्क्षति** (तृ॰पु॰ एक॰ लट्॰–वर्तमान॰ भ्वादि॰ परस्मै॰ ←√कांक्ष्); * निर्द्वन्द्वः (2.45); * हि (1.11); * महाबाहो (2.26); * **सुखम्** (क्रि॰वि॰ ←न॰ सुख 1.32); * बन्धात् (पंचमी॰ एक॰ ←पु॰ बन्ध 1.27); * **प्रमुच्यते** (तृ॰पु॰ एक॰ लट्॰–वर्तमान॰ तुदादि॰ आत्मने॰ ←प्र√मुच्)

ज्ञेयः (समजण्यास पात्र) सः (तो) नित्यसंन्यासी ('नित्यसंन्यासी') यः (जो) न–द्वेष्टि (द्वेष करीत नाही) न–काङ्क्षति (आकांक्षा धरीत नाही) निर्द्वन्द्वः (द्विभावातीत मनुष्य) हि (कारण) महाबाहो (हे अर्जुना!) सुखम् (सहज) बन्धात् (बंधनातून) प्रमुच्यते (मुक्त होतो)

* जो द्वेष करीत नाही (आणि) आकांक्षा धरीत नाही तो 'नित्यसंन्यासी' समजण्यास पात्र (आहे); कारण, हे अर्जुना! द्विभावविरहित मनुष्य बंधनातून सहज मुक्त होतो.

।।5.4 ।। **सांख्ययोगौ पृथग्बालाः प्रवदन्ति न पण्डिताः ।**
एकमप्यास्थितः सम्यगुभयोर्विन्दते फलम् ।।

साङ्ख्ययोगौ पृथक् (नि॰ 9/1) बालाः (नि॰ 22/3) प्रवदन्ति न पण्डिताः (नि॰ 22/8) एकम् (नि॰ 8/16) अपि (नि॰ 4/2) आस्थितः (नि॰ 22/7) सम्यक् (नि॰ 8/1) उभयोः (नि॰ 16/12) विन्दते फलम् (नि॰ 14/2)

साङ्ख्ययोगौ (पु॰ द्वितीया॰ द्वि॰व॰ ←द्वंद्व॰स॰ साङ्ख्यः च योगः च ←पु॰ साङ्ख्य 2.39 + पु॰ योग 2.39); * पृथक् (1.18); * बालाः (पु॰ प्रथमा॰ अनेक॰ ←वि॰ बाल ←√बल्); * प्रवदन्ति (2.42); * न (1.30); * पण्डिताः (2.11); * एकम् (3.2); * अपि (1.26); * **आस्थितः** (पु॰ प्रथमा॰ अनेक॰ ←वि॰ आस्थित 3.20); * **सम्यक्** (क्रि॰वि॰ अव्यय॰ ←वि॰ सम्यच् अथवा सम्यञ्च् ←सम्√अञ्च्); * उभयोः (1.21); * विन्दते (तृ॰पु॰ एक॰ लट्॰–वर्तमान॰ तुदादि॰ आत्मने॰ ←√विद् 4.38); * फलम् (2.51)

सांख्ययोगौ (सांख्ययोग तथा कर्मयोग दोन्ही) पृथक् (वेगवेगळे) बालाः (अज्ञ लोक) प्रवदन्ति (म्हणतात) न–पण्डिताः (ज्ञानी नाहीत) एकम् (एकाला) अपि (सुद्धा) आस्थितः (आसऱ्याला घेतलेला मनुष्य) सम्यक् (यथायोग्य) उभयोः (उभयताचे) विन्दते (मिळवितो) फलम् (फळ)

* अज्ञ लोक सांख्ययोग तथा कर्मयोग दोन्ही वेगवेगळे (मार्ग) म्हणतात, ज्ञानी (तसे समजत) नाहीत; एकाला सुद्धा यथायोग्य आसऱ्याला घेतलेला मनुष्य उभयताचे फळ मिळवितो.

।।5.5 ।। **यत्सांख्यैः प्राप्यते स्थानं तद्योगैरपि गम्यते ।**
एकं सांख्यं च योगं च यः पश्यति स पश्यति ।।

यत् (नि॰ 10/7) साङ्ख्यैः (नि॰ 22/3) प्राप्यते स्थानम् (नि॰ 14/1) तत् (नि॰ 9/9) योगैः (नि॰

16/4) अपि गम्यते (नि॰ 23/1) एकम् (नि॰ 14/1) साङ्ख्यम् (नि॰ 14/1) च योगम् (नि॰ 14/1) च यः (नि॰ 22/3) पश्यति सः (नि॰ 21/2) पश्यति

यत् (प्रथमा॰ 2.67); * साङ्ख्यैः (पु॰ तृतीया॰ अनेक॰ ←वि॰ साङ्ख्य 2.39); * प्राप्यते (तृ॰पु॰ एक॰ लट्॰–वर्तमान॰ स्वादि॰ आत्मने॰ ←प्र√आप्); * **स्थानम्** (प्रथमा॰ एक॰ ←न॰ **स्थान** ←√स्था); * तत् (प्रथमा॰ 1.10); * योगैः (तृतीया॰ अनेक॰ ←पु॰ योग 2.39); * अपि (1.26); * गम्यते (तृ॰पु॰ एक॰ लट्॰–वर्तमान॰ भ्वादि॰ आत्मने॰ ←√गम्); * एकम् (क्रि॰वि॰ 3.2); * साङ्ख्यम् (पु॰ द्वितीया॰ एक॰ ←वि॰ साङ्ख्य 2.39); * च (1.1); * योगम् (2.53); * च (1.1); * यः (2.19); * पश्यति (2.29); * सः (1.13); * पश्यति (2.29)

यत् (जे) सांख्यैः (सांख्यांद्वारे) प्राप्यते (प्राप्त केले जाते) स्थानम् (स्थान) तत् (ते) योगैः (योग्यांना) अपि (सुद्धा) गम्यते (साधते) एकम् (समान) सांख्यम् (सांख्याला) च (आणि) योगम् (योगाला) च (आणि) यः (जो) पश्यति (पाहतो) सः (तो) पश्यति (पाहतो)

* जे स्थान सांख्यांद्वारे प्राप्त केले जाते ते योग्यांना सुद्धा साधते, आणि सांख्याला आणि योगाला जो समान (दृष्टीने) पाहतो तो (यथार्थ) पाहतो.

।।5.6 ।। **संन्यासस्तु महाबाहो दुःखमाप्तुमयोगतः ।**
योगयुक्तो मुनिर्ब्रह्म नचिरेणाधिगच्छति ।।

संन्यासः (नि॰ 18/1) तु महाबाहो दुःखम् (नि॰ 8/17) आप्तुम् (नि॰ 8/16) अयोगतः (नि॰ 22/8) योगयुक्तः (नि॰ 15/9) मुनिः (नि॰ 16/6) ब्रह्म नचिरेण (नि॰ 24/1, 1/1) अधिगच्छति

संन्यासः (5.2); * तु (1.2); * महाबाहो (2.26); * **दुःखम्** (क्रि॰वि॰ अथवा प्रथमा॰ द्वितीया॰ एक॰ ←न॰ दुःख 2.14); * **आप्तुम्** (तुमन्त॰ अव्यय॰ ←√आप्); * अयोगतः (पु॰ पंचमी॰ एक॰ ←न–तत्पु॰स॰ शतृ॰ वि॰ अयोगत् ←अ√युज्); * योगयुक्तः (पु॰ प्रथमा॰ एक॰ ←तत्पु॰स॰ योगयुक्त, योगेन युक्तः ←पु॰ योग 2.39 + वि॰ युक्त 1.14); * मुनिः (2.56); * ब्रह्म (द्वितीया॰ 3.15); * नचिरेण (क्रि॰वि॰ अव्यय॰ ←न–तत्पु॰स॰ **नचिर** ←वि॰ चिर 4.39); * अधिगच्छति (2.64)

संन्यासः (संन्यास) तु (परंतु) महाबाहो (हे पार्था!) दुःखम् (दुर्धर) आप्तुम् (प्राप्त करण्याकरिता) अयोगतः (योगाविना) योगयुक्तः (योगयुक्त मनुष्य) मुनिः (मनन करणारा) ब्रह्म (ब्रह्मसिद्धि–) नचिरेण (शीघ्र गतीने) अधिगच्छति (गाठतो)

* परंतु, हे पार्था! संन्यास योगाविना प्राप्त करण्याकरिता दुर्धर (असतो); मनन करणारा योगयुक्त मनुष्य शीघ्र गतीने ब्रह्मसिद्धि गाठतो.

।।5.7 ।। **योगयुक्तो विशुद्धात्मा विजितात्मा जितेन्द्रियः ।**
सर्वभूतात्मभूतात्मा कुर्वन्नपि न लिप्यते ।।

योगयुक्तः (नि॰ 15/13) विशुद्धात्मा विजितात्मा जितेन्द्रियः (नि॰ 22/8) सर्वभूतात्मभूतात्मा कुर्वन् (नि॰

13/1) अपि न लिप्यते

योगयुक्तः (5.6); * विशुद्धात्मा (पु० प्रथमा० एक० ←बहुव्री० विशुद्धात्मन्, विशुद्धः आत्मा यस्य ←क्त० वि० **विशुद्ध** ←वि√शुध् + पु० आत्मन् 2.41); * विजितात्मा (पु० प्रथमा० एक० ←बहुव्री० विजितात्मन्, विजितः आत्मा यस्य ←क्त० वि० **विजित** ←वि√जि + पु० आत्मन् 2.41); * जितेन्द्रियः (पु० प्रथमा० एक० ←बहुव्री० जितेन्द्रिय, जितानि इन्द्रियाणि येन ←क्त० वि० **जित** ←√जि + न० इन्द्रिय 2.8); * सर्वभूतात्मभूतात्मा (पु० प्रथमा० एक० ←बहुव्री० सर्वभूतात्मभूतात्मन्, सर्वेषाम् भूतानाम् आत्मभूतः आत्मा यस्य ←सना० सर्व 1.6 + न० भूत 2.28 + क्त० वि० आत्मभूत ←आत्म√भू + पु० आत्मन् 2.41); * कुर्वन् (4.21); * अपि (1.26); * न (1.30); * लिप्यते (तृ०पु० एक० लट्०-वर्तमान० तुदादि० आत्मने० ←√लिप्)

योगयुक्तः (योगयुक्त मनुष्य) विशुद्धात्मा (ज्याचे चित्त शुद्ध आहे) विजितात्मा (ज्याने आपले शरीर शिस्तबद्ध केले आहे) जितेन्द्रियः (ज्याने आपली इन्द्रिये जिंकली आहेत) सर्वभूतात्मभूतात्मा (ज्याने सर्व भूतात्म्यांशी ऐक्य साधले आहे) कुर्वन् (कर्म करीत) अपि (सुद्धा) न-लिप्यते (अबद्ध असतो)

* ज्याचे चित्त शुद्ध आहे, ज्याने आपले शरीर शिस्तबद्ध केले आहे, ज्याने आपली इन्द्रिये जिंकली आहेत (आणि) ज्याने सर्व भूतात्म्यांशी ऐक्य साधले आहे (असा) योगयुक्त मनुष्य कर्म करीत सुद्धा (त्यांत) अबद्ध असतो.

।।5.8 ।। **नैव किञ्चित्करोमीति युक्तो मन्येत तत्त्ववित् ।**
पश्यञ्शृण्वन्स्पृशञ्जिघ्रन्नश्नन्गच्छन्स्वपञ्श्वसन् ।।

न (नि० 3/1) एव किञ्चित् (नि० 10/5) करोमि (नि० 1/5) इति युक्तः (नि० 15/9) मन्येत तत्त्ववित् (नि० 23/1) पश्यन् (नि० 11/5) शृण्वन् (नि० 13/20) स्पृशन् (नि० 11/3) जिघ्रन् (नि० 13/1) अश्नन् (नि० 13/10) गच्छन् (नि० 13/20) स्वपन् (नि० 11/5) श्वसन्

न (1.30); * एव (1.1); * किञ्चित् (4.20); * करोमि (प्रथम०पु० एक० लट्०-वर्तमान० तनादि० परस्मै० ←8√कृ); * इति (1.25); * युक्तः (2.39); * मन्येत (तृ०पु० एक० विधि० दिवादि० परस्मै० ←√मन्); * तत्त्ववित् (3.28); * **पश्यन्** (प्रथमा० एक० ←वि० पश्यत् 2.69); * शृण्वन् (प्रथमा० एक० ←शतृ० वि० **शृण्वत्** ←√शृ); * स्पृशन् (प्रथमा० एक० ←शतृ० वि० स्पृशत् ←√स्पृश्); * जिघ्रन् (प्रथमा० एक० ←शतृ० वि० जिघ्रत् ←√घ्रा); * अश्नन् (प्रथमा० एक० ←शतृ० वि० **अश्नत्** ←√अश्); * गच्छन् (प्रथमा० एक० ←शतृ० वि० गच्छत् ←√गम्); * स्वपन् (प्रथमा० एक० ←शतृ० वि० स्वपत् ←√स्वप्); * श्वसन् (प्रथमा० एक० ←शतृ० वि० श्वसत् ←√श्वस्)

न (नाही) एव (ही) किञ्चित् (काही) करोमि (मी करीत-) इति (असे) युक्तः (योगसंपन्न असलेला) मन्येत (मानावे किंवा मानतो) तत्त्ववित् (तत्त्ववेत्ता) पश्यन् (अवलोकताना) शृण्वन् (ऐकताना) स्पृशन् (स्पर्श करताना) जिघ्रन् (वास घेताना) अश्नन् (खातापिताना) गच्छन् (येताजाताना) स्वपन्

(निद्राभासताना) श्वसन् (श्वासोच्छवास करताना)

* योगसंपन्न असलेला तत्त्ववेत्ता अवलोकताना, ऐकताना, स्पर्श करताना, वास घेताना, खातापिताना, येताजाताना, निद्राभासताना (व) श्वासोच्छवास करताना 'मी काहीही करीत नाही' असे मानतो.

|| 5.9 || **प्रलपन्विसृजन्गृह्णन्नुन्मिषन्निमिषन्नपि ।**
इन्द्रियाणीन्द्रियार्थेषु वर्तन्त इति धारयन् ।।

प्रलपन् (नि॰ 13/19) विसृजन् (नि॰ 13/10) गृह्णन् (नि॰ 13/4) उन्मिषन् (नि॰ 13/3) निमिषन् (नि॰ 13/1) अपि (नि॰ 23/1) इन्द्रियाणि (नि॰ 24/7, 1/5) इन्द्रियार्थेषु (नि॰ 25/5) वर्तन्ते (नि॰ 5/2) इति धारयन्

प्रलपन् (प्रथमा॰ एक॰ ←शतृ॰ वि॰ प्रपलत् ←प्र√लप्); * विसृजन् (प्रथमा॰ एक॰ ←शतृ॰ वि॰ विसृजत् ←√सृज्); * गृह्णन् (प्रथमा॰ एक॰ ←शतृ॰ वि॰ गृह्णत् ←√ग्रह्); * उन्मिषन् (प्रथमा॰ एक॰ ←शतृ॰ वि॰ उन्मिषत् ←उद्√मिष्); * निमिषन् (प्रथमा॰ एक॰ ←शतृ॰ वि॰ निमिषत् ←नि√मिष्); * अपि (1.26); * इन्द्रियाणि (प्रथमा 2.60); * **इन्द्रियार्थेषु** (न॰ सप्तमी॰ अनेक॰ ←तत्पु॰स॰ इन्द्रियार्थ 2.58); * वर्तन्ते (3.28); * इति (1.25); * **धारयन्** (प्रथमा॰ एक॰ ←शतृ॰ वि॰ धारयत् ←√धृ)

प्रलपन् (बोलताना) विसृजन् (देताना) गृह्णन् (घेताना) उन्मिषन्-निमिषन् (डोळे उघडझाप करताना) अपि (सुद्धा) इन्द्रियाणि-इन्द्रियार्थेषु (इन्द्रिये त्यांच्या विषयांत) वर्तन्ते (वागतात) इति (अशी) धारयन् (धारणा करीत)

* बोलताना, देताना, घेताना, डोळे उघडझाप करताना सुद्धा इन्द्रिये त्यांच्या विषयांत वागतात अशी धारणा करीत (असतो).

|| 5.10 || **ब्रह्मण्याधाय कर्माणि सङ्गं त्यक्त्वा करोति यः ।**
लिप्यते न स पापेन पद्मपत्रमिवाम्भसा ।।

ब्रह्मणि (नि॰ 24/7, 4/2) आधाय कर्माणि (नि॰ 24/7) सङ्गम् (नि॰ 14/1) त्यक्त्वा करोति यः (नि॰ 22/8) लिप्यते न सः (नि॰ 21/2) पापेन पद्मपत्रम् (नि॰ 8/18) इव (नि॰ 1/1) अम्भसा

ब्रह्मणि (सप्तमी॰ एक॰ ←न॰ ब्रह्मन् 2.72); * **आधाय** (ल्यप्॰ अव्यय॰ ←आ√धा); * कर्माणि (द्वितीया॰ 2.48); * सङ्गम् (द्वितीया॰ 2.48); * त्यक्त्वा (1.33); * करोति (4.20); * यः (2.19); * लिप्यते (5.7); * न (1.30); * सः (1.13); * पापेन (तृतीया॰ एक॰ ←न॰ पाप 1.36); * पद्मपत्रम् (न॰ प्रथमा॰ एक॰ ←तत्पु॰स॰ पद्मपत्र, पद्मस्य पत्रम् ←न॰ पद्म ←√पद् + न॰ **पत्र** ←√पत्); * इव (1.30); * अम्भसा (तृतीया॰ एक॰ ←न॰ अम्भस् 2.67)

ब्रह्मणि (ब्रह्मात) आधाय (अर्पण करून) कर्माणि (कर्मे) सङ्गम् (फलासक्ति) त्यक्त्वा (सोडून) करोति (कर्म करतो) यः (जो) लिप्यते-न (शिवला जात नाही) सः (तो) पापेन (पापाने) पद्मपत्रम् (कमलपत्र) इव (जसे) अम्भसा (पाण्याने)

* ब्रह्मात कर्मे अर्पण करून जो फलासक्ति सोडून कर्म करतो तो पापाने शिवला जात नाही, जसे पाण्याने कमलपत्र.

।।5.11 ।। **कायेन मनसा बुद्ध्या केवलैरिन्द्रियैरपि ।**
योगिनः कर्म कुर्वन्ति सङ्गं त्यक्त्वात्मशुद्धये ।।

कायेन मनसा बुद्ध्या केवलैः (नि० 16/4) इन्द्रियैः (नि० 16/4) अपि योगिनः (नि० 22/1) कर्म कुर्वन्ति सङ्गम् (नि० 14/1) त्यक्त्वा (नि० 1/4) आत्मशुद्धये

कायेन (तृतीया० एक० ←पु० **काय** ←√चि); * मनसा (3.6); * बुद्ध्या (2.39); * केवलैः (पु० तृतीया० अनेक० ←वि० केवल 4.21); * इन्द्रियैः (2.64); * अपि (1.26); * योगिनः (4.25); * कर्म (3.8); * कुर्वन्ति (3.25); * सङ्गम् (2.48); * त्यक्त्वा (1.33); * आत्मशुद्धये (स्त्री० चतुर्थी० एक० ←तत्पु०स० आत्मशुद्धि, आत्मनः शुद्धिः ←न० आत्मन् 2.41 + स्त्री० **शुद्धि** ←√शुध्)

कायेन (देहाने) मनसा (मनाने) बुद्ध्या (बुद्धीने) केवलैः (केवळ) इन्द्रियैः (इन्द्रियांनी) अपि (सुद्धा) योगिनः (योगी लोक, कर्मयोगी लोक) कर्म (कर्म) कुर्वन्ति (करतात) सङ्गम् (आसक्ति) त्यक्त्वा (सोडून) आत्मशुद्धये (आत्मशुद्धीकरिता)

* योगी लोक आत्मशुद्धीकरिता आसक्ति सोडून केवळ देहाने, मनाने, बुद्धीने (व) इन्द्रियांनी सुद्धा कर्म करतात.

।।5.12 ।। **युक्तः कर्मफलं त्यक्त्वा शान्तिमाप्नोति नैष्ठिकीम् ।**
अयुक्तः कामकारेण फले सक्तो निबद्ध्यते ।।

युक्तः (नि० 22/1) कर्मफलम् (नि० 14/1) त्यक्त्वा शान्तिम् (नि० 8/17) आप्नोति नैष्ठिकीम् (नि० 14/2) अयुक्तः (नि० 22/1) कामकारेण (नि० 24/1) फले सक्तः (नि० 15/6) निबद्ध्यते

युक्तः (2.39); * **कर्मफलम्** (न० द्वितीया० एक० ←तत्पु०स० कर्मफल 4.14); * त्यक्त्वा (1.33); * शान्तिम् (2.70); * आप्नोति (2.70); * नैष्ठिकीम् (स्त्री० द्वितीया० एक० ←वि० नैष्ठिक ←स्त्री० निष्ठा 3.3); * **अयुक्तः** (पु० प्रथमा० एक० ←वि० अयुक्त 2.66); * कामकारेण (तृतीया० एक० ←तत्पु०स० कामकार, कामस्य कारः ←पु० काम 1.22 + वि० कार 2.2); * फले (सप्तमी० एक० ←न० फल 2.43); * सक्तः (प्रथमा० एक० ←वि० सक्त 3.25); * निबद्ध्यते (4.22)

युक्तः (कर्मयोगी) कर्मफलम् (कर्मफल) त्यक्त्वा (त्यागून) शान्तिम् (शांति) आप्नोति (मिळवितो) नैष्ठिकीम् (अक्षय) अयुक्तः (सकामी मनुष्य) कामकारेण (मनातील कामनेने) फले (फळात) सक्तः (आसक्त होऊन) निबद्ध्यते (बद्ध होतो)

* कर्मयोगी कर्मफल त्यागून अक्षय शांति मिळवितो, सकामी मनुष्य मनातील कामनेने फळात आसक्त होऊन बद्ध होतो.

।।5.13 ।। **सर्वकर्माणि मनसा संन्यस्यास्ते सुखं वशी ।**
नवद्वारे पुरे देही नैव कुर्वन्न कारयन् ।।

सर्वकर्माणि (नि० 24/7) मनसा संन्यस्य (नि० 1/2) आस्ते सुखम् (नि० 14/1) वशी नवद्वारे पुरे देही न (नि० 3/1) एव कुर्वन् (नि० 1/11) न कारयन्

सर्वकर्माणि (3.26); * मनसा (3.6); * संन्यस्य (3.36); * आस्ते (3.6); * सुखम् (5.3); * वशी (पु० प्रथमा० एक० ←वि० वशिन् ←√वश्); * नवद्वारे (न० सप्तमी० एक० ←बहुव्री० नवद्वार, नव द्वाराणि यस्य ←वि० नवन् ←√नु + न० द्वार 2.32); * पुरे (सप्तमी० एक० ←न० पुर ←√पॄ); * देही (2.22); * न (1.30); * एव (1.1); * कुर्वन् (4.21); * न (1.30); * कारयन् (प्रथमा० एक० ←शतृ० वि० प्रयो० कारयत् ←8√कृ)

सर्वकर्माणि (सर्व कर्मांना) मनसा (मनाने) संन्यस्य (त्यागून) आस्ते (वास्तव्य करतो) सुखम् (शांततेने) वशी (जितेंद्रिय) नवद्वारे-पुरे (नऊ द्वारांच्या नगरीत) देही (जीवात्मा) न (न) एव (काही) कुर्वन् (करता) न (न) कारयन् (करविता)

* जितेंद्रिय जीवात्मा (हा) सर्व कर्मांना मनाने त्यागून काही न करता न करविता नऊ द्वारांच्या नगरीत[1] शांततेने वास्तव्य करतो.

।।5.14 ।। **न कर्तृत्वं न कर्माणि लोकस्य सृजति प्रभुः ।**
न कर्मफलसंयोगं स्वभावस्तु प्रवर्तते ।।

न कर्तृत्वम् (नि० 14/1) न कर्माणि (नि० 24/7) लोकस्य सृजति प्रभुः (नि० 22/8) न कर्मफलसंयोगम् (नि० 14/1) स्वभावः (नि० 18/1) तु प्रवर्तते

न (1.30); * कर्तृत्वम् (द्वितीया० एक० ←न० कर्तृत्व ←8√कृ); * न (1.30); * कर्माणि (द्वितीया० 2.48); * **लोकस्य** (षष्ठी० एक० ←पु० लोक 2.5); * सृजति (तृ०पु० एक० लट्०-वर्तमान० तुदादि० परस्मै० ←√सृज्); * **प्रभुः** (प्रथमा० एक० ←पु० **प्रभु** ←प्र√भू); * न (1.30); * कर्मफलसंयोगम् (पु० द्वितीया० एक० ←तत्पु०स० कर्मफलसंयोग, कर्मणः च फलस्य च संयोगः ←न० कर्मन् 1.15 + न० फल 2.43 + पु० **संयोग** ←सम्√युज्); * **स्वभावः** (प्रथमा० एक० ←पु० स्वभाव 2.7); * तु (1.2); * **प्रवर्तते** (तृ०पु० एक० लट्०-वर्तमान० भ्वादि० आत्मने० ←प्र√वृत् 3.28)

न (नाही) कर्तृत्वम् (कर्तृभाव) न (नाही) कर्माणि (कर्मे) लोकस्य (जगाचा) सृजति (निर्माण करीत-) प्रभुः (ईश्वर) न (नाही) कर्मफलसंयोगम् (कर्मफळाचा संग) स्वभावः (प्रकृति) तु (परंतु) प्रवर्तते (प्रवृत्त करते)

---

[1] दोन डोळे, दोन नाकपुड्या, दोन कान, तोंड व दोन मलद्वरे ही शरीरनगरीची नऊ द्वारे गणली गेली आहेत.

* ईश्वर जगाचा कर्तृभाव निर्माण करीत नाही, कर्मे (निर्माण करीत) नाही, कर्मफळाचा संग (निर्मित करीत) नाही, परंतु (हे सर्व करावयास) प्रकृति प्रवृत्त करते.

।।5.15 ।। **नादत्ते कस्यचित्पापं न चैव सुकृतं विभुः ।**
अज्ञानेनावृतं ज्ञानं तेन मुह्यन्ति जन्तवः ।।

न (नि० 1/2) आदत्ते कस्यचित् (नि० 10/6) पापम् (नि० 14/1) न च (नि० 3/1) एव सुकृतम् (नि० 14/1) विभुः (नि० 22/8) अज्ञानेन (नि० 1/2) आवृतम् (नि० 14/1) ज्ञानम् (नि० 14/1) तेन मुह्यन्ति जन्तवः (नि० 22/8)

न (1.30); * आदत्ते (तृ०पु० एक० लट्०-वर्तमान० जुवादि० आत्मने० ←आ√दा); * कस्यचित् (षष्ठी० एक० ←पु० अथवा न० सना० कश्चित् 2.17); * पापम् (2.33); * न (1.30); * च (1.1); * एव (1.1); * सुकृतम् (द्वितीया० एक० ←न० सुकृत 2.50); * विभुः (प्रथमा० एक० ←पु० **विभु** ←वि√भू); * अज्ञानेन (न० तृतीया० एक० ←न-तत्पु०स० अज्ञान 4.42); * आवृतम् (3.38); * ज्ञानम् (3.39); * तेन (3.38); * मुह्यन्ति (तृ०पु० अनेक० लट्०-वर्तमान० दिवादि० परस्मै० ←√मुह् 2.13); * जन्तवः (प्रथमा० अनेक० ←पु० जन्तु ←√जन्)

न-आदत्ते (ग्रहण करीत नाही) कस्यचित् (कुणाचे) पापम् (पाप) न (नाही) च (आणि) एव (ही) सुकृतम् (पुण्य) विभुः (ईश्वर) अज्ञानेन (अज्ञानाने) आवृतम् (व्यापलेले) ज्ञानम् (ज्ञान) तेन (त्या मुळे) मुह्यन्ति (मोहित होतात) जन्तवः (सर्व जीव)

* ईश्वर कुणाचे पाप नाही आणि पुण्यही ग्रहण करीत नाही, अज्ञानाने ज्ञान व्यापलेले (असते) त्यामुळे सर्व जीव मोहित होतात.

।।5.16 ।। **ज्ञानेन तु तदज्ञानं येषां नाशितमात्मनः ।**
तेषामादित्यवज्ज्ञानं प्रकाशयति तत्परम् ।।

ज्ञानेन तु तत् (नि० 8/2) अज्ञानम् (नि० 14/1) येषाम् (नि० 25/3, 14/1) नाशितम् (नि० 8/17) आत्मनः (नि० 22/8) तेषाम् (नि० 25/3, 8/17) आदित्यवत् (नि० 11/2) ज्ञानम् (नि० 14/1) प्रकाशयति तत्परम् (नि० 14/2)

ज्ञानेन (4.38); * तु (1.2); * तत् (1.10); * **अज्ञानम्** (प्रथमा० एक० ←न० अज्ञान 4.42); * येषाम् (1.33); * नाशितम् (प्रथमा० एक० ←क्त० वि० प्रयो० नाशित ←√नश्); * आत्मनः (4.42); * **तेषाम्** (पु० षष्ठी० अनेक० ←सना० तद् 1.2); * आदित्यवत् (न० वि० प्रथमा० उपमा अलंकार ←उपमान- पु० **आदित्य** ←न√दा; साम्य- वत् 2.29; उपमेय- ज्ञान; साधर्म्य- प्रकाश); * ज्ञानम् (प्रथमा० 3.39); * **प्रकाशयति** (तृ०पु० एक० लट्०-वर्तमान० भ्वादि० परस्मै० प्रयो० ←प्र√काश्); * **तत्परम्** (न० द्वितीया० एक० ←सना० तत् 1.10 + वि० परम् 2.12)

ज्ञानेन (ज्ञानाने) तु (परंतु) तत् (ते) अज्ञानम् (अज्ञान) येषाम् (ज्यांचे) नाशितम् (नष्ट झाले आहे)

आत्मनः (अंत:करणाचे) तेषाम् (त्यांचे) आदित्यवत् (सूर्याप्रमाणे उज्ज्वल) ज्ञानम् (ज्ञान) प्रकाशयति (प्रदर्शित करते) तत्परम् (त्या परब्रह्माला)

* परंतु, ज्ञानाने ज्यांचे अज्ञान नष्ट झाले आहे त्यांचे अंत:करणाचे ते सूर्याप्रमाणे उज्ज्वल ज्ञान त्या परब्रह्माला प्रदर्शित करते.

।।5.17 ।। **तद्बुद्धयस्तदात्मानस्तन्निष्ठास्तत्परायणाः ।**
गच्छन्त्यपुनरावृत्तिं ज्ञाननिर्धूतकल्मषाः ।।

तद्बुद्धयः (नि० 18/1) तदात्मानः (नि० 18/1) तन्निष्ठाः (नि० 18/1) तत्परायणाः (नि० 24/5, 22/8) गच्छन्ति (नि० 4/1) अपुनरावृत्तिम् (नि० 14/1) ज्ञाननिर्धूतकल्मषाः (नि० 22/8)

तद्बुद्धयः (पु० प्रथमा० अनेक० ←बहुव्री० तद्बुद्धि, तस्मिन् बुद्धिः यस्य सः ←सना० तद् 1.2 + प्रथमा० एक० ←स्त्री० बुद्धि 1.23); * तदात्मानः (पु० प्रथमा० अनेक० ←बहुव्री० तदात्मन्, तत् आत्मा यस्य ←सना० तत् 1.10 + पु० आत्मन् 2.41); * तन्निष्ठाः (पु० प्रथमा० अनेक० ←बहुव्री० तन्निष्ठ, तस्मिन् निष्ठा यस्य ←सना० तद् 1.2 + स्त्री० निष्ठा 3.3); * तत्परायणाः (पु० प्रथमा० अनेक० ←बहुव्री० तत्परायण, तत् परम् अयनम् यस्य ←वि० तत्पर 4.39 + न० अयन 1.11); * गच्छन्ति (2.51); * अपुनरावृत्तिम् (द्वितीया० एक० न-तत्पु०स० ←स्त्री० पुनरावृत्ति ←अव्यय० पुनर् 4.9 + स्त्री० **आवृत्ति** ←आ√वृत्); * ज्ञाननिर्धूतकल्मषाः (पु० प्रथमा० अनेक० ←बहुव्री० ज्ञाननिर्धूतकल्मष, ज्ञानेन निर्धूतानि कल्मषाणि यस्य ←न० ज्ञान 3.3 + वि० निर्धुत ←निर्√धू + न० कल्मष 4.30)

तद्बुद्धयः (ज्यांची बुद्धि तशी झाली असते) तदात्मानः (ज्यांचे आत्म तसे झाले असते) तन्निष्ठाः (ज्यांची निष्ठा तशी झाली असते) तत्परायणाः (जे तसे परायण झाले आहेत) गच्छन्ति-अपुनरावृत्तिम् (जन्ममरण फेरे करीत नाहीत) ज्ञाननिर्धूतकल्मषाः (ज्यांचे पाप ज्ञानाने नष्ट झाले आहे)[1]

* ज्यांची बुद्धि तशी (ब्रह्मरूप) झाली असते, ज्यांचे आत्म तसे ब्रह्मपूर्ण झाले असते, ज्यांची निष्ठा तशी (ब्रह्मनिष्ठ) झाली असते, जे तसे (ब्रह्म)परायण झाले आहेत, ज्यांचे पाप ज्ञानाने नष्ट झाले आहे (ते लोक) जन्ममरण फेरे करीत नाहीत.

।।5.18 ।। **विद्याविनयसम्पन्ने ब्राह्मणे गवि हस्तिनि ।**
शुनि चैव श्वपाके च पण्डिताः समदर्शिनः ।।

---

(1) *ज्ञानेन दीपिते देहे बुद्धिर्ब्रह्मसमन्विता ।*
ब्रह्मज्ञानाग्निना विद्वान्निर्दहेत्कर्मबन्धनम् ।।
(उत्तरगीता 2.5)
योगी जो ज्ञानाने दीप्त, बुद्धि त्याची ब्रह्मव्याप्त ।
ब्रह्माग्नीत त्याची तप्त, कर्मबंधने समाप्त ।।

विद्याविनयसम्पन्ने ब्राह्मणे (नि॰ 24/9) गवि हस्तिनि शुनि च (नि॰ 3/1) एव श्वपाके च पण्डिता: (नि॰ 22/7) समदर्शिन: (नि॰ 22/8)

विद्याविनयसम्पन्ने (पु॰ सप्तमी॰ एक॰ ←क्त॰ वि॰ विद्याविनयसम्पन्न, विद्यया च विनयेन च सम्पन्न: ←स्त्री॰ **विद्या** ←√विद् + पु॰ विनय ←वि√नी + वि॰ सम्पन्न ←सम्√पद्); * ब्राह्मणे (सप्तमी॰ एक॰ ←पु॰ ब्राह्मण 2.46); * गवि (सप्तमी॰ एक॰ ←स्त्री॰ गो ←√गम्); * हस्तिनि (सप्तमी॰ एक॰ ←पु॰ हस्तिन् ←√हस्); * शुनि (सप्तमी॰ एक॰ ←पु॰ श्वन् ←√श्वि); * च (1.1); * एव (1.1); * श्वपाके (सप्तमी॰ एक॰ ←पु॰ श्वपाक ←√श्वि); * च (1.1); * पण्डिता: (2.11); * समदर्शिन: (पु॰ प्रथमा॰ अनेक॰ ←वि॰ समदर्शिन् ←सम्-दर्शिन् ←√दृश्)

विद्याविनयसम्पन्ने (विद्या आणि विनयाने संपन्न झालेल्या) ब्राह्मणे (ब्राम्हणावर) गवि (गाईवर) हस्तिनि (हत्तीवर) शुनि (श्वानावर) च (आणि) एव (तसेच) श्वपाके (शूद्रावर) च (आणि) पण्डिता: (ज्ञानीजन) समदर्शिन: (समदृष्टीने बघणारे)

* विद्या आणि विनयाने संपन्न झालेल्या ब्राम्हणावर आणि शूद्रावर तसेच गाईवर, हत्तीवर आणि श्वानावर ज्ञानीजन समदृष्टीने बघणारे (असतात).

|| 5.19 || इहैव तैर्जित: सर्गो येषां साम्ये स्थितं मन: ।
निर्दोषं हि समं ब्रह्म तस्माद्ब्रह्मणि ते स्थिता: ।।

इह (नि॰ 3/1) एव तै: (नि॰ 16/11) जित: (नि॰ 22/7) सर्ग: (नि॰ 15/10) येषाम् (नि॰ 25/3, 14/1) साम्ये स्थितम् (नि॰ 14/1) मन: (नि॰ 22/8) निर्दोषम् (नि॰ 14/1) हि समम् (नि॰ 14/1) ब्रह्म तस्मात् (नि॰ 9/7) ब्रह्मणि (नि॰ 24/7) ते स्थिता: (नि॰ 22/8)

इह (2.5); * एव (1.1); * तै: (3.12); * **जित:** (पु॰ प्रथमा॰ एक॰ ←वि॰ जित 5.7); * सर्ग: (प्रथमा॰ एक॰ ←पु॰ **सर्ग** ←√सृज्); * येषाम् (1.33); * साम्ये (सप्तमी॰ एक॰ ←न॰ **साम्य** ←√सम्); * **स्थितम्** (न॰ प्रथमा॰ एक॰ ←वि॰ स्थित 1.14); * मन: (प्रथमा 1.30); * निर्दोषम् (न॰ प्रथमा॰ एक॰ ←वि॰ निर्दोष ←अव्यय॰ निर् 2.45 + पु॰ दोष 1.38); * हि (1.11); * **समम्** (न॰ प्रथमा॰ एक॰ ←वि॰ सम 1.4); * ब्रह्म (4.24); * तस्मात् (1.37); * ब्रह्मणि (5.10); * ते (1.33); * स्थिता: (पु॰ प्रथमा॰ अनेक॰ ←वि॰ स्थित 1.14)

इह (या लोकी) एव (च) तै: (त्यांनी) जित: (जिंकला गेला) सर्ग: (पुनर्जन्माचा क्रम) येषाम् (ज्यांचे) साम्ये (समभावात) स्थितम् (वसले असते) मन: (मन) निर्दोषम् (निर्दोष) हि (कारण कि) समम् (सम) ब्रह्म (ब्रह्म) तस्मात् (म्हणून) ब्रह्मणि (ब्रह्माचे ठायी) ते (ते, ते लोक) स्थिता: (स्थित असतात)

* ज्यांचे मन समभावात वसले असते त्यांनी या लोकीच पुनर्जन्माचा क्रम जिंकला गेला (असतो), कारण कि ब्रह्म सम (आणि) निर्दोष (असते) म्हणून ते लोक ब्रह्माचे ठायी स्थित असतात.

|| 5.20 || **न प्रहृष्येत्प्रियं प्राप्य नोद्विजेत्प्राप्य चाप्रियम्** ।

स्थिरबुद्धिरसंमूढो ब्रह्मविद्ब्रह्मणि स्थितः ।।

न प्रहृष्येत् (नि॰ 10/6) प्रियम् (नि॰ 14/1) प्राप्य न (नि॰ 2/2) उद्विजेत् (नि॰ 10/6) प्राप्य च (नि॰ 1/1) अप्रियम् (नि॰ 14/2) स्थिरबुद्धिः (नि॰ 16/1) असम्मूढः (नि॰ 15/7) ब्रह्मवित् (नि॰ 9/7) ब्रह्मणि (नि॰ 24/7) स्थितः (नि॰ 22/8)

न (1.30); * प्रहृष्येत् (तृ॰पु॰ एक॰ विधि॰ दिवादि॰ परस्मै॰ ←प्र√हृष्); * प्रियम् (न॰ द्वितीया॰ एक॰ ←वि॰ प्रिय 1.23); * प्राप्य (2.57); * न (1.30); * उद्विजेत् (तृ॰पु॰ एक॰ विधि॰ तुदादि॰ आत्मने॰ ←<u>उद्√विज्</u>); * प्राप्य (2.57); * च (1.1); * अप्रियम् (द्वितीया॰ एक॰ ←न॰ नब॰ **<u>अप्रिय</u>** ←वि॰ प्रिय 1.23); * स्थिरबुद्धिः (पु॰ प्रथमा॰ एक॰ ←बहुव्री॰ स्थिरबुद्धि, स्थिरा बुद्धिः यस्य ←वि॰ स्थिर 1.16 + स्त्री॰ बुद्धि 1.23); * **<u>असम्मूढः</u>** (पु॰ प्रथमा॰ एक॰ न-तत्पु॰स॰ ←वि॰ सम्मूढ 2.7); * ब्रह्मवित् (पु॰ प्रथमा॰ एक॰ ←बहुव्री॰ वि॰ ब्रह्मविद्, ब्रह्म वेत्ति यः ←न॰ ब्रह्मन् 2.72 + वि॰ विद् 3.29); * ब्रह्मणि (5.10); * **<u>स्थितः</u>** (पु॰ प्रथमा॰ एक॰ ←वि॰ स्थित 1.14)

न-प्रहृष्येत् (हर्ष पावणार नाही) प्रियम् (प्रिय) प्राप्य (प्राप्त करून) न-उद्विजेत् (अस्वस्थ होणार नाही) प्राप्य (प्राप्त करून) च (आणि) अप्रियम् (अप्रिय) स्थिरबुद्धिः (ज्याचे चित्त स्थिर झाले आहे) असंमूढः (ज्याचा मोह विरला आहे) ब्रह्मविद् (ब्रह्मवेत्ता) ब्रह्मणि (ब्रह्मात) स्थितः (जो स्थित आहे)

* ज्याचे चित्त स्थिर झाले आहे, ज्याचा मोह विरला आहे (आणि) जो ब्रह्मात स्थित आहे (असा) ब्रह्मवेत्ता प्रियप्राप्त करून हर्ष पावणार नाही आणि अप्रिय प्राप्त करून अस्वस्थ होणार नाही.

।।5.21 ।। **बाह्यस्पर्शेष्वसक्तात्मा विन्दत्यात्मनि यत्सुखम् ।**
स ब्रह्मयोगयुक्तात्मा सुखमक्षयमश्नुते ।।

बाह्यस्पर्शेषु (नि॰ 25/5, 4/6) असक्तात्मा विन्दति (नि॰ 4/2) आत्मनि यत् (नि॰ 10/7) सुखम् (नि॰ 14/2) सः (नि॰ 21/2) ब्रह्मयोगयुक्तात्मा सुखम् (नि॰ 8/16) अक्षयम् (नि॰ 8/16) अश्नुते

बाह्यस्पर्शेषु (पु॰ सप्तमी॰ अनेक॰ ←तत्पु॰स॰ बाह्यस्पर्श, बाह्यः स्पर्शः ←वि॰ **<u>बाह्य</u>** ←√वह् + पु॰ स्पर्श 2.14 ←√स्पर्श्); * असक्तात्मा (पु॰ प्रथमा॰ एक॰ ←बहुव्री॰ असक्तात्मन्, असक्तः आत्मा यस्य ←वि॰ असक्त 3.7 + पु॰ आत्मन् 2.41); * विन्दति (4.38); * आत्मनि (2.55); * यत् (1.45); * सुखम् (2.66); * सः (1.13); * ब्रह्मयोगयुक्तात्मा (पु॰ प्रथमा॰ एक॰ ←बहुव्री॰ ब्रह्मयोगयुक्तात्मन्, ब्रह्मणि योगेन युक्तः आत्मा यस्य ←न॰ ब्रह्मन् 2.72 + वि॰ युक्त + पु॰ योग 2.39 + पु॰ आत्मन् 2.41); * सुखम् (2.66); * अक्षयम् (द्वितीया॰ एक॰ ←वि॰ **<u>अक्षय</u>** ←अ√क्षि); * अश्नुते (3.4)

बाह्यस्पर्शेषु (बाह्यसुखांविषयी) असक्तात्मा (मुक्त झालेला) विन्दति (प्राप्त करतो) आत्मनि (अंतःकरणात) यत् (जो) सुखम् (सुख) सः (तो) ब्रह्मयोगयुक्तात्मा (ब्रह्मरूपाशी एकरूप झालेला) सुखम् (शांति) अक्षयम् (अक्षय) अश्नुते (उपभोगतो)

* बाह्यसुखांविषयी मुक्त झालेला जो अंतःकरणात सुख प्राप्त करतो तो ब्रह्मरूपाशी एकरूप झालेला

अक्षय शांति उपभोगतो.

।।5.22 ।। **ये हि संस्पर्शजा भोगा दुःखयोनय एव ते ।**
आद्यन्तवन्तः कौन्तेय न तेषु रमते बुधः ।।

ये हि संस्पर्शजाः (नि० 20/12) भोगाः (नि० 20/8) दुःखयोनयः (नि० 19/7) एव ते (नि० 23/1) आद्यन्तवन्तः (नि० 22/1) कौन्तेय न तेषु (नि० 25/5) रमते बुधः (नि० 22/8)

ये (1.7); * हि (1.11); * संस्पर्शजाः (पु० प्रथमा० अनेक० ←बहुव्री० संस्पर्शज, संस्पर्शात् जायते यः ←पु० **संस्पर्श** ←सम्√स्पृश् + पु० ज 1.7); * भोगाः (1.33); * दुःखयोनयः (पु० प्रथमा० अनेक० ←बहुव्री० दुःखयोनि, दुःखस्य योनिः यः ←न० दुःख 2.14 + पु० अथवा स्त्री० **योनि** ←√यु); * एव (1.1); * ते (1.33); * आद्यन्तवन्तः (पु० प्रथमा० अनेक० ←बहुव्री० आद्यन्तवत्, आद्यः च अन्तवत् च यः ←वि० अथवा पु० **आद्य** ←आ√दा + वि० अन्तवत् 2.18); * कौन्तेय (2.14); * न (1.30); * तेषु (2.62); * **रमते** (तृ०पु० एक० लट्०-वर्तमान० भ्वादि० आत्मने० ←√रम्); * **बुधः** (पु० प्रथमा० एक० ←वि० बुध 4.19)

ये (जे) हि (कारण) संस्पर्शजाः (स्पर्शोत्पन्न) भोगाः (भोग) दुःखयोनयः (दुःखांचे मूळ) एव (च) ते (ते) आद्यन्तवन्तः (आदि अंत असलेले) कौन्तेय (हे पार्था!) न (नाही) तेषु (त्यांत) रमते (रमत–) बुधः (ज्ञानी मनुष्य)

* कारण, हे पार्था! जे स्पर्शोत्पन्न भोग (आहेत) ते आदि अंत असलेले दुःखांचे मूळच (असतात), ज्ञानी मनुष्य त्यांत रमत नाही.

।।5.23 ।। **शक्नोतीहैव यः सोढुं प्राक्शरीरविमोक्षणात् ।**
कामक्रोधोद्भवं वेगं स युक्तः स सुखी नरः ।।

शक्नोति (नि० 1/5) इह (नि० 3/1) एव यः (नि० 22/7) सोढुम् (नि० 14/1) प्राक् (नि० 10/3) शरीरविमोक्षणात् (नि० 23/1) कामक्रोधोद्भवम् (नि० 14/1) वेगम् (नि० 14/1) सः (नि० 21/2) युक्तः (नि० 22/7) सः (नि० 21/2) सुखी नरः (नि० 22/8)

शक्नोति (तृ०पु० एक० लट्०-वर्तमान० स्वादि० परस्मै० ←√शक् 1.30); * इह (2.5); * एव (1.1); * यः (2.19); * **सोढुम्** (तुमन्त० अव्यय० ←√सह); * प्राक् (काळवाचक अव्यय० ←वि० प्राञ्च् ←प्र√अञ्च्); * शरीरविमोक्षणात् (पंचमी० एक० ←तत्पु०स० शरीरविमोक्षण, शरीरस्य विमोक्षणम् ←न० शरीर 1.29 + न० विमोक्षण ←वि√मोक्ष्); * कामक्रोधोद्भवम् (पु० द्वितीया० एक० ←बहुव्री० कामक्रोधोद्भव, कामात् च क्रोधात् च उद्भवः यस्य ←न० काम 1.22 + पु० क्रोध 2.56 + पु० उद्भव 3.15); * वेगम् (द्वितीया० एक० ←पु० वेग ←√विज्); * सः (1.13); * युक्तः (2.39); * सः (1.13); * **सुखी** (पु० प्रथमा० एक० ←वि० सुखिन् ←√सुख्); * नरः (2.22)

शक्नोति (करू शकतो) इह (या जगात) एव (च) यः (जो) सोढुम् (सहन) प्राक् शरीरविमोक्षणात्

(शरीराचा नाश होण्यापूर्वी) कामक्रोधोद्भवम् (कामक्रोधोत्पन्न) वेगम् (गति) सः (तो) युक्तः ('युक्तयोगी') सः (तो) सुखी (सुखी) नरः (मनुष्य)

* जो या जगात शरीराचा नाश होण्यापूर्वीच कामक्रोधोत्पन्न गति सहन करू शकतो तो 'युक्तयोगी' (व) तो सुखी मनुष्य (होय).

।।5.24 ।। **योऽन्तःसुखोऽन्तरारामस्तथान्तर्ज्योतिरेव यः ।**
स योगी ब्रह्मनिर्वाणं ब्रह्मभूतोऽधिगच्छति ।।

यः (नि० 15/1) अन्तःसुखः (नि० 15/1) अन्तरारामः (नि० 18/1) तथा (नि० 1/3) अन्तर्ज्योतिः (नि० 16/1) एव यः (नि० 22/8, 22/7) सः (नि० 21/2) योगी ब्रह्मनिर्वाणम् (नि० 14/1, 24/3) ब्रह्मभूतः (नि० 15/1) अधिगच्छति

यः (2.19); * अन्तःसुखः (पु० प्रथमा० एक० ←बहुव्री० अन्तःसुख, अन्तःसुखम् यस्य सः ←वि० अन्तः 2.16 + न० सुख 3.32); * अन्तरारामः (पु० प्रथमा० एक० ←बहुव्री० अन्तराराम, अन्तः आरामः यस्य ←अव्यय० **अन्तर्** ←√अन् + पु० आराम 3.16); * तथा (1.8); * अन्तर्ज्योतिः (पु० प्रथमा० एक० ←बहुव्री० अन्तर्ज्योति, अन्ते ज्योतिः यस्य ←अव्यय० अन्तर् 6.46↓ अथवा अव्यय० **अन्ते** ←वि० अन्त 2.16 + न० **ज्योतिस्** ←√द्युत्); * एव (1.1); * यः (2.19); * सः (1.13); * **योगी** (प्रथमा० एक० ←पु० अथवा वि० योगिन् 3.3); * ब्रह्मनिर्वाणम् (2.72); * **ब्रह्मभूतः** (पु० प्रथमा० एक० ←वि० **ब्रह्मभूत** ←न० ब्रह्म 3.15 + क्त० वि० भूत ←√भू); * अधिगच्छति (2.64)

यः (जो) अन्तःसुखः (अंतरंगात सुखी असणारा) अन्तरारामः (अंतरी आरामाने असणारा) तथा (तसे) अन्तर्ज्योतिः (अंतर्ज्ञानाने दीप्त झाला आहे) एव (च) यः (जो) सः (तो) योगी (योगी) ब्रह्मनिर्वाणम् (ब्रह्मनिर्वाणाला) ब्रह्मभूतः (ब्रह्मस्वरूप) अधिगच्छति (जातो)

* जो अंतरंगात सुखी असणारा, अंतरी आरामाने असणारा तसेच जो अंतर्ज्ञानाने दीप्त झाला आहे तो ब्रह्मस्वरूप योगी ब्रह्मनिर्वाणाला जातो.

।।5.25 ।। **लभन्ते ब्रह्मनिर्वाणमृषयः क्षीणकल्मषाः ।**
छिन्नद्वैधा यतात्मानः सर्वभूतहिते रताः ।।

लभन्ते ब्रह्मनिर्वाणम् (नि० 8/21, 24/3) ऋषयः (नि० 22/1) क्षीणकल्मषाः (नि० 22/8) छिन्नद्वैधाः (नि० 20/14) यतात्मानः (नि० 22/7) सर्वभूतहिते रताः (नि० 22/8)

लभन्ते (2.32); * ब्रह्मनिर्वाणम् (2.72); * **ऋषयः** (प्रथमा० अनेक० ←पु० ऋषि 4.2); * क्षीणकल्मषाः (पु० प्रथमा० अनेक० ←बहुव्री० क्षीणकल्मष, क्षीणानि कल्मषाणि यस्य ←क्त० वि० **क्षीण** ←√क्षि + न० कल्मष 4.30); * छिन्नद्वैधाः (पु० प्रथमा० अनेक० ←बहुव्री० छिन्नद्वैध, छिन्नम् द्वैधम् यस्य ←क्त० वि० **छिन्न** ←√छिद् 4.41 + न० द्वैध ←√द्वृ); * यतात्मानः (पु० प्रथमा० अनेक० ←बहुव्री० **यतात्मन्,** यतः आत्मा यस्य ←वि० यत 4.21 + पु० आत्मन् 2.41); * **सर्वभूतहिते** (सप्तमी० एक० सर्वेषाम् भूतानाम्

हिते ←सना॰ सर्व 1.6 + न॰ भूत 2.28 + न॰ हित ←क्त॰ वि॰ **हित** ←√हि अथवा √धा); * **रता:** (पु॰ प्रथमा॰ अनेक॰ ←वि॰ रत 2.42)

लभन्ते (प्राप्त करतात) ब्रह्मनिर्वाणम् (ब्रह्ममोक्षाला) ऋषय: (ऋषी) क्षीणकल्मषा: (पातकातून जे रिक्त झाले आहेत) छिन्नद्वैधा: (जे भेदबुद्धिरहित झाले आहेत) यतात्मान: (यतचित्त सिद्ध लोक) सर्वभूतहिते (सर्वांच्या हितात) रता: (जे मग्न आहेत)

* जे पातकातून रिक्त झाले आहेत, जे भेदबुद्धिरहित झाले आहेत (व) जे सर्वांच्या हितात मग्न आहेत (ते) यतचित्त ऋषी (व) सिद्ध लोक ब्रह्ममोक्षाला प्राप्त करतात.

।।5.26 ।। **कामक्रोधवियुक्तानां यतीनां यतचेतसाम् ।**
अभितो ब्रह्मनिर्वाणं वर्तते विदितात्मनाम् ।।

कामक्रोधवियुक्तानाम् (नि॰ 14/1) यतीनाम् (नि॰ 14/1) यतचेतसाम् (नि॰ 14/2) अभित: (नि॰ 15/7) ब्रह्मनिर्वाणम् (नि॰ 14/1, 24/3) वर्तते विदितात्मनाम् (नि॰ 14/2)

कामक्रोधवियुक्तानाम् (पु॰ षष्ठी॰ अनेक॰ ←बहुव्री॰ कामक्रोधवियुक्त, कामात् च क्रोधात् च वियुक्त: य: ←न॰ काम 1.22 + पु॰ क्रोध 2.56 + वि॰ वियुक्त 2.64); * यतीनाम् (षष्ठी॰ अनेक॰ ←पु॰ यति 4.28); * यतचेतसाम् (पु॰ षष्ठी॰ अनेक॰ ←बहुव्री॰ यतचेतस्, यत: चेत: यस्य ←वि॰ यत 4.21 + न॰ चेतस् 1.38); * अभित: (= अव्यय॰ अभितस् ←√भा); * ब्रह्मनिर्वाणम् (2.72); * **वर्तते** (तृ॰पु॰ एक॰ लट्॰-वर्तमान॰ भ्वादि॰ आत्मने॰ ←√वृत् 3.28); * विदितात्मनाम् (पु॰ षष्ठी॰ अनेक॰ ←बहुव्री॰ विदितात्मन्, विदित: आत्मा यस्य ←क्त॰ वि॰ विदित ←√विद् + पु॰ आत्मन् 2.41)

कामक्रोधवियुक्तानाम् (कामक्रोधातून मुक्त झालेल्यांची) यतीनाम् (योग्यांची) यतचेतसाम् (आत्मसंयमींची) अभित: (सर्वथा) ब्रह्मनिर्वाणम् (ब्रह्मप्राप्ति) वर्तते (होते) विदितात्मनाम् (आत्मज्ञान संपन्न झालेल्यांची)

* कामक्रोधातून मुक्त झालेल्यांची, आत्मसंयमींची, योग्यांची आत्मज्ञान संपन्न झालेल्यांची सर्वथा ब्रह्मप्राप्ति होते.

।।5.27 ।। **स्पर्शान्कृत्वा बहिर्बाह्यांश्चक्षुश्चैवान्तरे भ्रुवो: ।**
प्राणापानौ समौ कृत्वा नासाभ्यन्तरचारिणौ ।।

स्पर्शान् (नि॰ 13/9) कृत्वा बहि: (नि॰ 16/6) बाह्यान् (नि॰ 13/6) चक्षु: (नि॰ 17/1) च (नि॰ 3/1) एव (नि॰ 1/1) अन्तरे भ्रुवो: (नि॰ 22/8) प्राणापानौ समौ कृत्वा नासाभ्यन्तरचारिणौ

स्पर्शान् (द्वितीया॰ अनेक॰ ←पु॰ स्पर्श 2.14); * कृत्वा (2.38); * **बहि:** (= अव्यय॰ बहिस् ←√वह); * बाह्यान् (पु॰ द्वितीया॰ अनेक॰ ←वि॰ बाह्य 5.21); * **चक्षु:** (द्वितीया॰ एक॰ ←न॰ **चक्षुस्** ←√चक्ष्); * च (1.1); * एव (1.1); * अन्तरे (सप्तमी॰ एक॰ ←न॰ अन्तर 2.13); * **भ्रुवो:** (षष्ठी॰ द्वि॰व॰ ←स्त्री॰ भ्रू ←√भ्रम्); * प्राणापानौ (पु॰ द्वितीया॰ द्वि॰व॰ ←द्वंद्व॰स॰ प्राणं च अपानं च ←पु॰ प्राण 1.33 + पु॰ अपान 4.29); * समौ (पु॰ द्वितीया॰ द्वि॰व॰ ←वि॰ सम 1.4); * कृत्वा (2.38); *

नासाभ्यन्तरचारिणौ (पु॰ द्वितीया॰ द्वि॰व॰ ←तत्पु॰स॰ नासाभ्यन्तरचारिण, नासयो: अभ्यन्तरे चारी ←स्त्री॰ नास ←√नास् + वि॰ अभ्यन्तर ←अभि√अन् + वि॰ **चारिन्** ←√चर)

स्पर्शान् (विषयांना) कृत्वा (करून) बहि: (बाहेर) बाह्यान् (बाहेरच्या) चक्षु: (दृष्टीला) च (आणि) एव (च) अन्तरे (मध्ये) भ्रुवो: (दोन्ही भुवयां–) प्राणापानौ (प्राण आणि अपान वायूंना) समौ (सम) कृत्वा (करून) नासाभ्यन्तरचारिणौ (दोन्ही नाकपुड्यातून वाहणाऱ्या)

* बाहेरच्या विषयांना बाहेरच करून, दृष्टीला दोन्ही भुवयांमध्ये (स्थिर करून) आणि दोन्ही नाकपुड्यातून वाहणाऱ्या प्राण आणि अपान वायूंना सम करून;

।।5.28 ।। **यतेन्द्रियमनोबुद्धिर्मुनिर्मोक्षपरायण: ।**
विगतेच्छाभयक्रोधो य: सदा मुक्त एव स: ।।

यतेन्द्रियमनोबुद्धि: (नि॰ 16/6) मुनि: (नि॰ 16/6) मोक्षपरायण: (नि॰ 22/8, 24/2) विगतेच्छाभयक्रोध: (नि॰ 15/10) य: (नि॰ 22/7) सदा मुक्त: (नि॰ 19/7) एव स: (नि॰ 22/8)

यतेन्द्रियमनोबुद्धि: (पु॰ प्रथमा॰ एक॰ ←बहुव्री॰ यतेन्द्रियमनोबुद्धि, यतानि इन्द्रियाणि च मन: च बुद्धि: च यस्य ←वि॰ यत 4.21 + न॰ इन्द्रिय 2.8 + न॰ मनस् 1.30 + स्त्री॰ बुद्धि 1.23); * मुनि: (2.56); * मोक्षपरायण: (पु॰ प्रथमा॰ एक॰ ←बहुव्री॰ मोक्षपरायण, मोक्ष: परायणम् यस्य ←पु॰ **मोक्ष** ←√मोक्ष् + न॰ परायण 4.29); * विगतेच्छाभयक्रोध: (पु॰ प्रथमा॰ एक॰ ←बहुव्री॰ विगतेच्छाभयक्रोध, इच्छा च भयम् च क्रोध: च विगता: यस्य ←वि॰ विगत 2.56 + स्त्री॰ **इच्छा** ←√इष् + न॰ भय 2.35 + पु॰ क्रोध 2.56); * य: (2.19); * सदा (1.40); * **मुक्त:** (पु॰ प्रथमा॰ एक॰ ←वि॰ मुक्त 3.9); * एव (1.1); * स: (1.13)

यतेन्द्रियमनोबुद्धि: (ज्याचे इन्द्रिय, मन व बुद्धि संयमित आहेत) मुनि: (मुनि) मोक्षपरायण: (मोक्षेच्छु) विगतेच्छाभयक्रोध: य: (ज्याचे भय, इच्छा, क्रोध इत्यादि संयमानी विरले आहेत) सदा (सदा) मुक्त: (मुक्त) एव (असा) स: (तो)

* ज्याचे इन्द्रिय, मन व बुद्धि संयमित आहेत (व) ज्याचे भय, इच्छा, क्रोध, इत्यादि संयमानी विरले आहेत तो मोक्षेच्छु मुनि सदा मुक्त असा (असतो).

।।5.29 ।। **भोक्तारं यज्ञतपसां सर्वलोकमहेश्वरम् ।**
सुहृदं सर्वभूतानां ज्ञात्वा मां शान्तिमृच्छति ।।

भोक्तारम् (नि॰ 14/1) यज्ञतपसाम् (नि॰ 14/1) सर्वलोकमहेश्वरम् (नि॰ 14/2) सुहृदम् (नि॰ 14/1) सर्वभूतानाम् (नि॰ 14/1) ज्ञात्वा माम् (नि॰ 14/1) शान्तिम् (नि॰ 8/21) ऋच्छति

भोक्तारम् (पु॰ द्वितीया॰ एक॰ ←वि॰ **भोक्तृ** ←√भुज्); * यज्ञतपसाम् (न॰ षष्ठी॰ अनेक॰ ←द्वंद्व॰स॰ यज्ञानाम् च तपसाम् च ←पु॰ यज्ञ 3.9 + न॰ तपस् 4.10); * सर्वलोकमहेश्वरम् (पु॰ द्वितीया॰ एक॰ ←तत्पु॰स॰ सर्वलोकमहेश्वर, सर्वेषाम् लोकानाम् महेश्वर: ←सना॰ सर्व 1.6 + पु॰ लोक 2.5 + वि॰

महा 1.3 + पु० ईश्वर 4.6); * सुहृदम् (द्वितीया० एक० ←पु० सुहृद् 1.26); * सर्व (1.6); * भूतानाम् (2.69); * ज्ञात्वा (4.15); * माम् (1.46); * शान्तिम् (2.70); * ऋच्छति (2.72)

भोक्तारम् (भोक्त्याला) यज्ञतपसाम् (यज्ञ तपांच्या) सर्वलोकमहेश्वरम् (सर्व लोकांच्या महेश्वराला) सुहृदम् (सख्याला) सर्वभूतानाम् (सर्व प्राणिमात्रांच्या) ज्ञात्वा (जाणून) माम् (मला) शान्तिम् (शांति) ऋच्छति (मिळते)

* मला, यज्ञ तपांच्या भोक्त्याला, सर्व लोकांच्या महेश्वराला सर्व प्राणिमात्रांच्या सख्याला जाणून शांति मिळते.

इति श्रीमद्भगवद्गीतासूपनिषत्सु ब्रह्मविद्यायां योगशास्त्रे श्रीकृष्णार्जुनसंवादे कर्मसंन्यासयोगो नाम पञ्चमोऽध्यायः ।।5 ।।

इति श्रीमद्भगवद्गीतासु (नि० 1/8) उपनिषत्सु ब्रह्मविद्यायाम् (नि० 14/1) योगशास्त्रे श्रीकृष्णार्जुनसंवादे कर्मसंन्यासयोगः (नी० 15/6) नाम पञ्चमः (नी० 15/1) अध्यायः (नी० 22/8)

इति (याप्रमाणे) श्रीमद्भगवद्गीतासु उपनिषत्सु (श्रीमद्भगवद्गीतोपनिषदां-तील) ब्रह्मविद्यायाम् (ब्रह्मविद्यांतर्गत) योगशास्त्रे श्रीकृष्णार्जुनसंवादे (श्रीकृष्ण आणि अर्जुन यांच्या योगशास्त्राच्या संवादापैकी) कर्मसंन्यासयोगः (कर्मसंन्यासयोग) नाम (नामक) पञ्चमः (पाचवा) अध्यायः (अध्याय)

* श्रीमद्भगवद्गीतोपनिषदांतील श्रीकृष्ण आणि अर्जुन यांच्या योगशास्त्राच्या संवादापैकी ब्रह्मविद्यांतर्गत 'कर्मसंन्यासयोग' नावाचा पाचवा अध्याय याप्रमाणे (समाप्त).

*****

के न हिंसन्ति जीवान्वै लोकेऽस्मिन् द्विजसत्तम ।
बहु संचिन्त्य इति वै नास्ति कश्चिदहिंसकः ।।
(महाभारत, शान्तिवन० 208.33)

हिंसा कधी केली नाही, असा कोण झाला लोकी ।
न मिळे, तू किती पाही, पूर्ण हिंसाहीन जो की ।।

षष्ठोऽध्यायः ।
आत्मसंयमयोगः ।

।।6.1 ।। श्रीभगवानुवाच

अनाश्रितः कर्मफलं कार्यं कर्म करोति यः ।
स संन्यासी च योगी च न निरग्निर्न चाक्रियः ।।

षष्ठ: (नि० 15/1) अध्याय: । आत्मसंयमयोग: (नि० 22/8) । श्रीभगवान् (नि० 8/14) उवाच । अनाश्रित: (नि० 22/1) कर्मफलम् (नि० 14/1) कार्यम् (नि० 14/1) कर्म करोति य: (नि० 22/8, 22/7) स: (नि० 21/2) संन्यासी च योगी च न निरग्नि: (नि० 16/6) न च (नि० 1/1) अक्रिय: (नि० 22/8)

षष्ठ: (पु० प्रथमा० एक० ←क्रमवाचक संख्या० वि० षष्ठ 15.7↓); * अध्याय: (प्रथमा० एक० ←पु० अध्याय ←अधि√इ); * आत्मसंयमयोग: (पु० प्रथमा० एक० ←तत्पु०स० आत्मसंयमयोग, आत्मन: संयमस्य योग: ←पु० आत्मन् 2.41 + पु० संयम 4.26 + पु० योग 2.39) ।

श्रीभगवान् (2.2); * उवाच (1.25) । अनाश्रित: (पु० प्रथमा० एक० ←क्त० वि० अनाश्रित ←अन्-आ√श्रि); * कर्मफलम् (द्वितीया० 5.12); * कार्यम् (3.19); * कर्म (3.8); * करोति (4.20); * य: (2.19); * स: (1.13); * संन्यासी (प्रथमा० एक० ←पु० संन्यासिन् 5.3); * च (1.1); * योगी (5.24); * च (1.1); * न (1.30); * निरग्नि: (पु० प्रथमा० एक० ←न-बहुव्री० निरग्नि, अग्नये न यजति य: ←नञ् प्रत्यय निर् 2.45 + पु० अग्नि 4.19); * न (1.30); * च (1.1); * अक्रिय: (पु० प्रथमा० एक० ←वि० न-बहुव्री० अक्रिय, नास्ति क्रिया यस्मिन् ←स्त्री० क्रिया 1.42)

श्रीभगवान् (श्रीभगवान) उवाच (म्हणाले-) अनाश्रित: (आश्रयास न घेतलेला मनुष्य) कर्मफलम् (कर्मफळाच्या वासनेला) कार्यम् (करावयाचे) कर्म (कर्म) करोति (करतो) य: (जो) स: (तो) संन्यासी (संन्यासी) च (आणि) योगी (योगी) च (आणि) न (नव्हे) निरग्नि: (जो यज्ञादि अग्नीपासून अलिप्त आहे) न (नव्हे) च (आणि) अक्रिय: (जो कर्म करीत नाही)

* श्रीभगवान म्हणाले- जो कर्मफळाच्या वासनेला आश्रयास न घेतलेला मनुष्य (केवळ) करावयाचे कर्म करतो तो संन्यासी आणि योगी (होय); आणि जो यज्ञादि अग्नीपासून अलिप्त आहे (तो) नव्हे, आणि जो कर्म करीत नाही (तोही) नव्हे.

।।6.2 ।। **यं संन्यासमिति प्राहुर्योगं तं विद्धि पाण्डव ।**
न ह्यसंन्यस्तसङ्कल्पो योगी भवति कश्चन ।।

यम् (नि० 14/1) संन्यासम् (नि० 8/18) इति प्राहु: (नि० 16/8) योगम् (नि० 14/1) तम् (नि० 14/1) विद्धि पाण्डव न हि (नि० 4/1) असंन्यस्तसङ्कल्प: (नि० 15/10) योगी भवति कश्चन

यम् (2.15); * संन्यासम् (कर्मकारक 5.1); * इति (1.25); * **प्राहु:** (तृ०पु० एक० लिट्-भूत० स्वादि० परस्मै० ←प्र√अह्); * योगम् (2.53); * तम् (2.1); * विद्धि (2.17); * पाण्डव (4.35); * न (1.30); * हि (1.11); * असंन्यस्तसङ्कल्प: (पु० प्रथमा० एक० ←बहुव्री० असंन्यस्तसङ्कल्प, न संन्यस्त: सङ्कल्प: येन ←वि० संन्यस्त 4.41 + पु० सङ्कल्प 4.19); * योगी (5.24); * भवति (1.44); * कश्चन (3.18)

यम् (ज्याला) संन्यासम् (कर्मसंन्यास) इति (असे) प्राहु: (म्हणतात) योगम् (कर्मयोग) तम् (त्यालाच)

विद्धि (तू जाण) पाण्डव (हे पाण्डवा!) न (नाही) हि (कारण कि) असंन्यस्तसङ्कल्प: (वासना न त्यागणारा) योगी (योगी) भवति (होत–) कश्चन (कुणीही)

* कारण, हे पाण्डवा! ज्याला कर्मसंन्यास असे म्हणतात त्यालाच तू कर्मयोग जाण; कारण कि वासना न त्यागणारा कुणीही योगी होत नाही.

।।6.3 ।। **आरुरुक्षोर्मुनेर्योगं कर्म कारणमुच्यते ।**
योगारुढस्य तस्यैव शम: कारणमुच्यते ।।

आरुरुक्षो: (नि◦ 16/12) मुने: (नि◦ 16/10) योगम् (नि◦ 14/1) कर्म कारणम् (नि◦ 8/20, 24/3) उच्यते योगारुढस्य तस्य (नि◦ 3/1) एव शम: (नि◦ 22/1) कारणम् (नि◦ 8/20, 24/3) उच्यते

आरुरुक्षो: (पु◦ षष्ठी◦ एक◦ ←भ्वादि◦ परस्मै◦ इच्छार्थक अक◦ वि◦ आरुरुक्षु ←आ√रुह्); * मुने: (2.69); * योगम् (2.53); * कर्म (2.49); * **कारणम्** (प्रथमा◦ एक◦ ←न◦ कारण 3.13); * उच्यते (2.25); * योगारुढस्य (पु◦ षष्ठी◦ एक◦ ←बहुव्री◦ **योगारुढ**, योगे आरुढ: य: ←पु◦ योग 2.39 + क्त◦ वि◦ **आरुढ** ←आ√रुह्); * तस्य (1.12); * एव (1.1); * **शम:** (प्रथमा◦ एक◦ ←पु◦ **शम** ←√शम्); * कारणम् (↑); * उच्यते (2.25)

आरुरुक्षो: (प्राप्तीची इच्छा करणाऱ्या–) मुने: (योग्याचे) योगम् (योग) कर्म (कर्म) कारणम् (साधन) उच्यते (म्हटले जाते) योगारुढस्य (योगसिद्धि प्राप्त केलेल्या योग्याची) तस्य (त्या–) एव (च) शम: (मन:शांति) कारणम् (साधन) उच्यते (म्हटली जाते)

* योगप्राप्तीची इच्छा करणाऱ्या योग्याचे कर्म (हे) साधन म्हटले जाते. योगसिद्धि प्राप्त केलेल्या त्या योग्याची मन:शांति साधन म्हटली जाते.

।।6.4 ।। **यदा हि नेन्द्रियार्थेषु न कर्मस्वनुषज्जते ।**
सर्वसङ्कल्पसंन्यासी योगारुढस्तदोच्यते ।।

यदा हि न (नि◦ 2/1) इन्द्रियार्थेषु (नि◦ 25/5) न कर्मसु (नि◦ 4/6) अनुषज्जते सर्वसङ्कल्पसंन्यासी योगारुढ: (नि◦ 18/1) तदा (नि◦ 2/4) उच्यते

यदा (2.52); * हि (1.11); * न (1.30); * इन्द्रियार्थेषु (5.9); * न (1.30); * कर्मसु (2.50); * **अनुषज्जते** (तृ◦पु◦ एक◦ लट्◦–वर्तमान◦ भ्वादि◦ आत्मने◦ ←अनु√सञ्ज्); * सर्वसङ्कल्पसंन्यासी (पु◦ प्रथमा◦ एक◦ ←तत्पु◦स◦ सर्वसङ्कल्पसंन्यासिन्, सर्वेषाम् सङ्कल्पानाम् संन्यासी ←सना◦ सर्व 1.6 + पु◦ सङ्कल्प 4.19 + पु◦ संन्यासिन् 5.3); * योगारुढ: (पु◦ प्रथमा◦ एक◦ ←वि◦ योगारुढ 6.3); * तदा (1.2); * उच्यते (2.25)

यदा (जेव्हा) हि (ही) न (नाहीत) इन्द्रियार्थेषु (इन्द्रिय विषयांत) न (नाहीत) कर्मसु (कर्मांत) अनुषज्जते (आसक्त होत–) सर्वसङ्कल्पसंन्यासी (वासनांचा परित्याग करणारा) योगारुढ: ('योगारूढ') तदा (तेव्हा) उच्यते (म्हटला जातो)

* जेव्हा इन्द्रिय विषयांत नाहीत (व) कर्मांतही आसक्त होत नाहीत तेव्हा (तो) वासनांचा परित्याग करणारा 'योगारूढ' म्हटला जातो.

।।6.5 ।। **उद्धरेदात्मनात्मानं नात्मानमवसादयेत् ।**
आत्मैव ह्यात्मनो बन्धुरात्मैव रिपुरात्मनः ।।

उद्धरेत् (नि० 8/3) आत्मना (नि० 1/4) आत्मानम् (नि० 14/1) न (नि० 1/2) आत्मानम् (नि० 8/16) अवसादयेत् (नि० 23/1) आत्मा (नि० 3/3) एव हि (नि० 4/2) आत्मनः (नि० 15/7) **बन्धुः** (नि० 16/3) आत्मा (नि० 3/3) एव रिपुः (नि० 16/3) आत्मनः (नि० 22/8)

उद्धरेत् (तृ०पु० एक० विधि० भ्वादि० परस्मै० ←उद्√धृ); * आत्मना (2.55); * आत्मानम् (कर्मकारक 3.43); * न (1.30); * आत्मानम् (↑); * अवसादयेत् (तृ०पु० एक० विधि० तुदादि० परस्मै० प्रयो० ←अव√सद्); * **आत्मा** (प्रथमा० एक० ←पु० आत्मन् 2.41); * एव (1.1); * हि (1.11); * आत्मनः (4.42); * **बन्धुः** (प्रथमा० एक० ←पु० बन्धु 1.27); * आत्मा (↑); * एव (1.1); * रिपुः (प्रथमा० एक० ←पु० रिपु ←√रप्); * आत्मनः (4.42)

उद्धरेत् (उद्धार करावा) आत्मना (आपण) आत्मानम् (स्वतः) न (नये) आत्मानम् (स्वतः) अवसादयेत् (विनाश होऊ देऊ–) आत्मा (आत्मा, आपण) एव (च) हि (कारण) आत्मनः (आपला) **बन्धुः** (बंधु) आत्मा (आत्मा, आपण) एव (च) रिपुः (शत्रु) आत्मनः (आपला)

* आपण स्वतः उद्धार करावा, स्वतः विनाश होऊ देऊ नये, कारण आत्माच आपला बंधू आत्माच आपला शत्रु (असतो).

।।6.6 ।। **बन्धुरात्मात्मनस्तस्य येनात्मैवात्मना जितः ।**
अनात्मनस्तु शत्रुत्वे वर्ततात्मैव शत्रुवत् ।।

बन्धुः (नि० 16/3) आत्मा (नि० 1/4) आत्मनः (नि० 18/1) तस्य येन (नि० 1/2) आत्मा (नि० 3/3) एव (नि० 1/2) आत्मना जितः (नि० 22/8) अनात्मनः (नि० 18/1) तु शत्रुत्वे वर्तेत (नि० 1/2) आत्मा (नि० 3/3) एव शत्रुवत्

बन्धुः (6.5); * आत्मा (6.5); * आत्मनः (4.42); * तस्य (1.12); * येन (2.17); * आत्मा (6.5); * एव (1.1); * आत्मना (2.55); * जितः (5.19); * अनात्मनः (पु० षष्ठी० एक० ←न–बहुव्री० अनात्मन्, नास्ति आत्मा यस्य ←न० आत्मन् 2.41); * तु (1.2); * शत्रुत्वे (सप्तमी० एक० ←न० शत्रुत्व ←पु० शत्रु 3.43); * वर्तेत (तृ०पु० एक० विधि० भ्वादि० विकल्पपक्षी अथवा आत्मने० ←√वृत्); * आत्मा (6.5); * एव (1.1); * शत्रुवत् (पु० शत्रु 3.43 + अव्यय० वत् 2.29)

बन्धुः (बंधु) आत्मा (आत्मा) आत्मनः (आपला) तस्य (त्याचा) येन (ज्याने) आत्मा (आत्मा) एव (च) आत्मना (आत्म्याने) जितः (वश केला आहे) अनात्मनः (ज्याचा आत्मा वश नाही त्याचा) तु (परंतु) शत्रुत्वे–वर्तेत (वैरभावात वागतो) आत्मा (आत्मा) एव (च) शत्रुवत् (शत्रूप्रमाणे)

* ज्याने आत्म्याने आपला आत्मा वश केला आहे त्याचा आत्माच बंधु (असतो), परंतु ज्याचा आत्मा वश नाही त्याचा आत्माच शत्रूप्रमाणे वैरभावात वागतो.

।।6.7 ।। **जितात्मनः प्रशान्तस्य परमात्मा समाहितः ।**
शीतोष्णसुखदुःखेषु तथा मानापमानयोः ।।

जितात्मनः (नि॰ 22/3) प्रशान्तस्य परमात्मा समाहितः (नि॰ 22/8) शीतोष्णसुखदुःखेषु (नि॰ 25/5) तथा मानापमानयोः (नि॰ 22/8)

जितात्मनः (पु॰ षष्ठी॰ एक॰ ←बहुव्री॰ **जितात्मन्,** जितः आत्मा यस्य ←वि॰ जित 5.7 + पु॰ आत्मन् 241); * प्रशान्तस्य (पु॰ षष्ठी॰ एक॰ ←प्रादि॰ बहुव्री॰ क्त॰ वि॰ **प्रशान्त** ←प्र√शम्); * **परमात्मा** (पु॰ प्रथमा॰ एक॰ ←बहुव्री॰ परमात्मन्, परमः आत्मा यस्य ←वि॰ परम 1.17 + पु॰ आत्मन् 2.41); * समाहितः (पु॰ प्रथमा॰ एक॰ ←क्त॰ वि॰ समाहित ←सम–आ√धा); * **शीतोष्णसुखदुःखेषु** (सप्तमी॰ अनेक॰ ←द्वंद्व॰स॰ शीतेषु च उष्णेषु च सुखेषु च दुःखेषु च 2.14); * तथा (1.8); * **मानापमानयोः** (सप्तमी॰ द्वि॰व॰ ←द्वंद्व॰स॰ माने च अपमाने च ←पु॰ **मान** ←√मन् + पु॰ न–तत्पु॰स॰ अपमान ←अप√मन्)

जितात्मनः (जो आत्मनिग्रही आहे) प्रशान्तस्य (अतिशय शांत पुरुषाचा) परमात्मा (अति महान आत्मा) समाहितः (समतोल असतो) शीतोष्णसुखदुःखेषु (शीत, ऊष्णता, सुख आणि दुःखांत) तथा (तसेच) मानापमानयोः (मानात आणि मानहानीत)

* जो आत्मनिग्रही आहे (अशा) अतिशय शांत पुरुषाचा अति महान आत्मा शीत, ऊष्णता, सुख आणि दुःखांत तसेच मानात आणि मानहानीत समतोल असतो.

।।6.8 ।। **ज्ञानविज्ञानतृप्तात्मा कूटस्थो विजितेन्द्रियः ।**
युक्त इत्युच्यते योगी समलोष्टाश्मकाञ्चनः ।।

ज्ञानविज्ञानतृप्तात्मा कूटस्थः (नि॰ 15/13) विजितेन्द्रियः (नि॰ 22/8) युक्तः (नि॰ 19/2) इति (नि॰ 4/3) उच्यते योगी समलोष्टाश्मकाञ्चनः (नि॰ 22/8)

ज्ञानविज्ञानतृप्तात्मा (पु॰ प्रथमा॰ एक॰ ←बहुव्री॰ ज्ञानविज्ञानतृप्तात्मन्, ज्ञानेन च विज्ञानेन च तृप्तः आत्मा यस्य ←पु॰ ज्ञान 3.3 + न॰ विज्ञान 3.41 + वि॰ तृप्त 3.17 + पु॰ आत्मन् 2.41); * **कूटस्थः** (पु॰ प्रथमा॰ एक॰ ←वि॰ **कूटस्थ** ←√कूट्); * विजितेन्द्रियः (पु॰ प्रथमा॰ एक॰ ←बहुव्री॰ विजितेन्द्रिय, विजितानि इन्द्रियाणि यस्य ←वि॰ विजित 5.7 + न॰ इन्द्रिय 2.8); * युक्तः (2.39); * इति (1.25); * उच्यते (2.25); * योगी (5.24); * **समलोष्टाश्मकाञ्चनः** (पु॰ प्रथमा॰ एक॰ ←बहुव्री॰ समलोष्टाश्मकाञ्चन, समानि लोष्टम् च अश्मा च काञ्चनमम् च यस्मै ←वि॰ सम 1.4 + पु॰ अथवा न॰ लोष्ट ←√लोष्ट् + पु॰ अश्मन् ←√अश् + न॰ काञ्चन ←√काञ्च्)

ज्ञानविज्ञानतृप्तात्मा (ज्याची ज्ञान आणि विज्ञानाने तृप्ति झाली आहे) कूटस्थः (जो शिखराप्रमाणे अढळ

आहे) विजितेन्द्रियः (इन्द्रियांवर ज्याची सत्ता आहे) युक्तः ('युक्त') इति (असा) उच्यते (म्हटला जातो) योगी (योगी) समलोष्टाश्मकाञ्चनः (सोने गोटे माती ज्याला समान आहेत)

* ज्ञान आणि विज्ञानाने ज्याची तृप्ति झाली आहे, जो शिखराप्रमाणे अढळ आहे, ज्याची इन्द्रियांवर सत्ता आहे (आणि) ज्याला सोने गोटे माती (सर्व) समान आहेत असा योगी 'युक्त' म्हटला जातो.

।।6.9 ।। **सुहृन्मित्रार्युदासीनमध्यस्थद्वेष्यबन्धुषु ।**
साधुष्वपि च पापेषु समबुद्धिर्विशिष्यते ।।

सुहृद् (नि॰ 12/3) मित्र (नि॰ 1/1) अरि (नि॰ 4/3) उदासीन मध्यस्थ द्वेष्य बन्धुषु (नि॰ 25/5) साधुषु (नि॰ 25/5, 4/6) अपि च पापेषु (नि॰ 25/5) समबुद्धिः (नि॰ 16/6) विशिष्यते

सुहृन्मित्रार्युदासीनमध्यस्थद्वेष्यबन्धुषु (पु॰ सप्तमी॰ अनेक॰ द्वंद्व॰स॰ सुहृत्सु च मित्रेषु च अरिषु च उदासिनेषु (उदासिषु) च मध्यस्थेषु च द्वेष्येषु च बन्धुषु च ←पु॰ सुहृद् 1.26 + पु॰ मित्र 1.38 + पु॰ अरि 2.4 + धातु॰सा॰ <u>**उदासीन**</u> = वि॰ <u>**उदासिन्**</u> ←उद्√आस् + पु॰ मध्यस्थ ←पु॰ मध्य 1.21 + वि॰ स्थ (2.48) + पु॰ <u>**द्वेष्य**</u> ←√द्विष् + पु॰ बन्धु 1.27); * साधुषु (सप्तमी॰ अनेक॰ ←पु॰ साधु 4.8); * अपि (1.26); * च (1.1); * पापेषु (सप्तमी॰ अनेक॰ ←पु॰ पाप 1.36); * समबुद्धिः (पु॰ प्रथमा॰ एक॰ ←बहुव्री॰ <u>**समबुद्धि**</u>, समा बुद्धिः यस्य ←वि॰ सम 1.4 + स्त्री॰ बुद्धि 1.23); * विशिष्यते (3.7)

सुहृत्सु (स्नेही लोकांत) मित्रेषु (मित्रांत) अरिषु (शत्रु लोकांत) उदासीनेषु (निष्पक्षपाती लोकांत) मध्यस्थेषु (मध्यस्थी लोकांत) द्वेष्येषु (द्वेष्य लोकांत) बन्धुषु (बंधूंत) साधुषु (साधूंत) अपि (सुद्धा) च (आणि) पापेषु (पाप्यांत) समबुद्धिः (जो समानभाव राखतो तो) विशिष्यते (अति श्रेष्ठ असतो)

* स्नेही लोकांत, मित्रांत, शत्रु लोकांत, मध्यस्थी लोकांत, निष्पक्षपाती लोकांत, द्वेष्य लोकांत, बंधूंत, साधूंत आणि पाप्यांत सुद्धा जो समानभाव राखतो तो अति श्रेष्ठ असतो.

।।6.10 ।। **योगी युञ्जीत सततमात्मानं रहसि स्थितः ।**
एकाकी यतचित्तात्मा निराशीरपरिग्रहः ।।

योगी युञ्जीत सततम् (नि॰ 8/17) आत्मानम् (नि॰ 14/1) रहसि स्थितः (नि॰ 22/8) एकाकी यतचित्तात्मा निराशीः (नि॰ 16/2) अपरिग्रहः (नि॰ 22/8)

योगी (5.24); * युञ्जीत (तृ॰पु॰ एक॰ विधि॰ रुधादि॰ आत्मने॰ ←√<u>युज्</u>); * सततम् (3.19); * आत्मानम् (3.43); * रहसि (सप्तमी॰ एक॰ ←न॰ रहस् ←√रम्); * स्थितः (5.20); * एकाकी (पु॰ प्रथमा॰ एक॰ ←वि॰ एकाकिन् ←√इ); * यतचित्तात्मा (4.21); * निराशीः (3.30); * अपरिग्रहः (पु॰ प्रथमा॰ एक॰ न-तत्पु॰स॰ ←पु॰ परिग्रह 4.21)

योगी (योगी) युञ्जीत (ध्यानात मग्न असावा) सततम् (सदा) आत्मानम् (स्वतःला) रहसि (एकांतात) स्थितः (स्थिर करून) एकाकी (एकटा) यतचित्तात्मा (तन मन निग्रह केलेला) निराशीः (वासनारहित झालेला) अपरिग्रहः (लोभ सोडलेला)

* योगी स्वत:ला एकांतात एकटा स्थिर करून, तन मन निग्रह केलेला, वासनारहित झालेला (व) लोभ सोडलेला सदा ध्यानात मग्न असावा.

।।6.11 ।। **शुचौ देशे प्रतिष्ठाप्य स्थिरमासनमात्मान: ।**
नात्युच्छ्रितं नातिनीचं चैलाजिनकुशोत्तरम् ।।

शुचौ देशे प्रतिष्ठाप्य स्थिरम् (नि० 8/17) आसनम् (नि० 8/17) आत्मन: (नि० 22/8) न (नि० 1/1) अत्युच्छ्रितम् (नि० 14/1) न (नि० 1/1) अतिनीचम् (नि० 14/1) चैलाजिनकुशोत्तरम् (नि० 14/2)

शुचौ (पु० सप्तमी० एक० ←वि० **शुचि** ←√शुच्); * **देशे** (सप्तमी० एक० ←पु० **देश** ←√दिश्); * प्रतिष्ठाप्य (प्रयो० ल्यप्० अव्यय० ←प्रति√स्था); * **स्थिरम्** (पु० द्वितीया० एक० ←वि० स्थिर 1.16); * आसनम् (द्वितीया० एक० ←न० **आसन** ←√आस्); * आत्मन: (4.42); * न (1.30); * अत्युच्छ्रितम् (न० द्वितीया० एक० ←प्रमाणदर्शक अव्यय० **अति** ←√अत् + क्त० वि० उच्छ्रित ←उद्√श्रि); * न (1.30); * अतिनीचम् (न० द्वितीया० एक० ←अव्यय० अति↑ + वि० नीच ←नि-ई√चि); * चैलाजिनकुशोत्तरम् (न० द्वितीया० एक० ←बहुव्री० चैलाजिनकुशोत्तर, चैलम् च अजिनम् च कुशा: च उत्तरम् यस्मिन् ←न० चैल ←√चेल् + न० अजिन ←√अज् + पु० कुश ←कु√शी + वि० अथवा न० **उत्तर** ←उद्√तृ)

शुचौ (निर्मळ) देशे (स्थानी) प्रतिष्ठाप्य (मांडून) स्थिरम् (स्थिर) आसनम् (आसन) आत्मन: (आपले) न (नसलेल्या) अत्युच्छ्रितम् (अतिशय उंच) न (नसलेल्या) अतिनीचम् (अतिशय सखल) चैलाजिनकुशोत्तरम् (वस्त्र, कुशदर्भ व मृगचर्म आंथरलेले)

* अतिशय उंच नसलेल्या (व) अतिशय सखल नसलेल्या निर्मळ स्थानी वस्त्र, कुशदर्भ व मृगचर्म आंथरलेले आपले आसन स्थिर मांडून;

।।6.12 ।। **तत्रैकाग्रं मन: कृत्वा यतचित्तेन्द्रियक्रिय: ।**
उपविश्यासने युञ्ज्याद्योगमात्मविशुद्धये ।।

तत्र (नि० 3/1) एकाग्रम् (नि० 14/1) मन: (नि० 22/1) कृत्वा यतचित्तेन्द्रियक्रिय: (नि० 22/8) उपविश्य (नि० 1/2) आसने युञ्ज्यात् (नि० 9/9) योगम् (नि० 8/17) आत्मविशुद्धये

तत्र (1.26); * एकाग्रम् (न० द्वितीया० एक० ←बहुव्री० **एकाग्र**, एकम् अग्रम् यस्य तत् ←वि० एक 2.41 + न० **अग्र** ←√अंग्); * **मन:** (द्वितीया० एक० ←न० मनस् 1.30); * कृत्वा (2.38); * यतचित्तेन्द्रियक्रिय: (पु० प्रथमा० एक० ←बहुव्री० यतचित्तेन्द्रियक्रिय, यता: चित्तस्य च इन्द्रियाणाम् च क्रिया: यस्य ←वि० यत 4.21 + न० चित्त 4.21 + न० इन्द्रिय 2.8 + स्त्री० क्रिया 1.42); * उपविश्य (ल्यप्० अव्यय० ←उप√विश्); * आसने (सप्तमी० एक० ←न० आसन 6.11); * युञ्ज्यात् (तृ०पु० एक० विधि० रुधादि० परस्मै० ←√युज् 6.10); * योगम् (2.53); * आत्मविशुद्धये (स्त्री० चतुर्थी० एक० ←तत्पु०स० आत्मविशुद्धि, आत्मन: विशुद्धि: ←पु० आत्मन् 2.41 + स्त्री० **विशुद्धि** ←वि√शुध् 5.11)

तत्र (त्या-) एकाग्रम् (एकाग्र) मनः (मन) कृत्वा (करून) यतचित्तेन्द्रियक्रियः (तन-मनाच्या क्रिया आवरलेला) उपविश्य (बसून) आसने (आसनावर) युञ्ज्यात् (ध्यान लावावे) योगम् (योगाकडे) आत्मविशुद्धये (आत्मशुद्धीकरिता)

* त्या आसनावर एकाग्र चित्त करून, तन-मनाच्या क्रिया आवरलेला (होत्साता), आत्मशुद्धीकरिता बसून योगाकडे ध्यान लावावे;

।।6.13 ।। **समं कायशिरोग्रीवं धारयन्नचलं स्थिरः ।**

सम्प्रेक्ष्य नासिकाग्रं स्वं दिशश्चानवलोकयन् ।।

समम् (नि० 14/1) कायशिरोग्रीवम् (नि० 14/1) धारयन् (नि० 13/1) अचलम् (नि० 14/1) स्थिरः (नि० 22/8) सम्प्रेक्ष्य नासिकाग्रम् (नि० 14/1) स्वम् (नि० 14/1) दिशः (नि० 17/1) च (नि० 1/1) अनवलोकयन्

समम् (द्वितीया० एक० ←वि० सम 5.19); * कायशिरोग्रीवम् (द्वितीया० अनेक० ←द्वंद्व०स० कायः च शिरः च ग्रीवा च ←पु० अथवा न० काय 5.11 + न० शीर ←√शॄ + न० ग्रीव = ग्रैव = स्त्री० ग्रीवा ←√गॄ); * धारयन् (5.9); * **अचलम्** (द्वितीया० एक० ←न-तत्पु०स० वि० अचल 2.24); * स्थिरः (पु० प्रथमा० एक० ←वि० स्थिर 1.16); * सम्प्रेक्ष्य (ल्यप्० अव्यय० ←सम्-प्र←√ईक्ष्); * नासिकाग्रम् (न० द्वितीया० एक० ←तत्पु०स० नासिकाग्र, नासिकायाः अग्रम् ←स्त्री० नासिका ←√नास् + न० अग्र 6.12); * स्वम् (न० द्वितीया० एक० ←वि० स्व 1.28); * **दिशः** (द्वितीया० अनेक० ←स्त्री० दिश् ←√दिश्); * च (1.1); * अनवलोकयन् (प्रथमा० एक० न-तत्पु०स० ←शतृ० वि० प्रयो० अनवलोकयत् ←अन्-अव√लोक्)

समम् (सरळ) कायशिरोग्रीवम् (देह मान व डोके) धारयन् (धरीत) अचलम् (निश्चल) स्थिरः (स्थिर) सम्प्रेक्ष्य (दृष्टि करून) नासिकाग्रम् (नासिकाग्रावर) स्वम् (आपल्या) दिशः (इकडे तिकडे) च (आणि) अनवलोकयन् (न बघता)

* देह, मान व डोके सरळ (व) निश्चल धरीत, आपल्या नासिकाग्रावर दृष्टि स्थिर करून (आणि) इकडे तिकडे न बघता;

।।6.14 ।। **प्रशान्तात्मा विगतभीर्ब्रह्मचारिव्रते स्थितः ।**

मनः संयम्य मच्चित्तो युक्त आसीत मत्परः ।।

प्रशान्तात्मा विगतभीः (नि० 16/7) ब्रह्मचारिव्रते स्थितः (नि० 22/8) मनः (नि० 22/7) संयम्य मच्चित्तः (नि० 15/10) युक्तः (नि० 19/1) आसीत मत्परः (नि० 22/8)

प्रशान्तात्मा (पु० प्रथमा० एक० ←बहुव्री० प्रशान्तात्मन्, प्रशान्तः आत्मा यस्य ←वि० प्रशान्त 6.7 + पु० आत्मन् 2.41); * विगतभीः (पु० प्रथमा० एक० ←बहुव्री० विगतभी, विगता भी यस्य ←वि० विगत 2.56 + स्त्री० **भी** ←√भी); * ब्रह्मचारिव्रते (सप्तमी० एक० ←न० तत्पु०स० ब्रह्मचारिव्रत, ब्रह्मचारिणः

व्रतम् ←वि० अथवा पु० ब्रह्मचारिन् ←√बृंह् + वि० चारिन् 5.27 + न० व्रत 4.28); * स्थित: (5.20); * मन: (6.12); * संयम्य (2.61); * **मच्चित्त:** (पु० प्रथमा० एक० ←बहुव्री० **मच्चित्त**, मयि चित्तम् यस्य ←सना० मत् 1.9 + न० चित्त 4.21); * युक्त: (2.39); * आसीत (2.54); * मत्पर: (2.61)

प्रशान्तात्मा (मनातून शांत असलेला) विगतभी: (भीति गेलेला) ब्रह्मचारिव्रते (ब्रह्मचर्यव्रतात) स्थित: (राहणारा) मन: (चित्त) संयम्य (संयमित करून) मच्चित्त:-युक्त: (माझ्यात लक्ष रोवून युक्त होत्साता) आसीत (व्हावे) मत्पर: (मत्परायण)

* मनातून शांत असलेला, भीति गेलेला, ब्रह्मचर्यव्रतात राहणारा, चित्त संयमित करून माझ्यात लक्ष रोवून युक्त होत्साता मत्परायण व्हावे.

।।6.15 ।। **युञ्जन्नेवं सदात्मानं योगी नियतमानस: ।**
शान्तिं निर्वाणपरमां मत्संस्थामधिगच्छति ।।

युञ्जन् (नि० 13/5) एवम् (नि० 14/1) सदा (नि० 1/4) आत्मानम् (नि० 14/1) योगी नियतमानस: (नि० 22/8) शान्तिम् (नि० 14/1) निर्वाणपरमाम् (नि० 14/1) मत्संस्थाम् (नि० 8/16) अधिगच्छति

युञ्जन् (प्रथमा० एक० ←शतृ० वि० परस्मै० **युञ्जत्** ←√युज्); * एवम् (1.24); * सदा (1.40); * आत्मानम् (3.43); * योगी (5.24); * नियतमानस: (पु० प्रथमा० एक० ←बहुव्री० नियतमानस, नियतम् मानसम् यस्य ←वि० नियत 1.44 + न० मानस 1.47); * शान्तिम् (2.70); * निर्वाणपरमाम् (स्त्री० द्वितीया० एक० ←बहुव्री० निर्वाणपरमा, निर्वाणम् परमम् यस्या: ←वि० निर्वाण 2.72 + वि० परम 1.17); * मत्संस्थाम् (स्त्री० द्वितीया० एक० ←बहुव्री० वि० मत्संस्था, मयि संस्था यस्या: ←सना० मत् 1.9 + स्त्री० संस्था ←सम्√स्था); * अधिगच्छति (2.64)

युञ्जन् (मनन करीत) एवम् (अशा प्रकारे) सदा (सतत) आत्मानम् (स्वत:ला) योगी (योगी) नियतमानस: (नियंत्रित मनाचा केलेला) शान्तिम् (शांति) निर्वाणपरमाम् (मोक्षात परिणत होणारी) मत्संस्थाम् (माझ्यात अंगभूत असणारी) अधिगच्छति (प्राप्त करून घेतो)

* अशा प्रकारे सतत मनन करीत स्वत:ला नियंत्रित मनाचा केलेला योगी माझ्यात अंगभूत असणारी (अशी) मोक्षात परिणत होणारी शांति प्राप्त करून घेतो.

।।6.16 ।। **नात्यश्नतस्तु योगोऽस्ति न चैकान्तमनश्नत: ।**
न चाति स्वप्नशीलस्य जाग्रतो नैव चार्जुन ।।

न (नि० 1/1) अति (नि० 4/1) अश्नत: (नि० 18/1) तु योग: (नि० 15/1) अस्ति न च (नि० 3/1) एकान्तम् (नि० 8/16) अनश्नत: (नि० 22/8) न च (नि० 1/1) अति स्वप्नशीलस्य जाग्रत: (नि० 15/6) न (नि० 3/1) एव च (नि० 1/1) अर्जुन

न (1.30); * अत्यश्नत: (पु० षष्ठी० एक० ←तत्पु०स० अत्यश्नत् ←अव्यय० अति 6.11 + वि० अश्नत् 5.8); * तु (1.2); * योग: (2.48); * अस्ति (2.40); * न (1.30); * च (1.1); * एकान्तम् (क्रि

०वि० ←वि० एक 2.41); * अनश्नत: (पु० षष्ठी० एक० न-तत्पु०स० ←वि० अश्नत् 5.8); * न (1.30); * च (1.1); * अति (6.11); * स्वप्नशीलस्य (पु० षष्ठी० एक० ←बहुव्री० स्वप्नशील, स्वप्तुम् शील: यस्य: स: ←पु० **स्वप्न** ←√स्वप् + न० शील ←√शील्); * जाग्रत: (पु० षष्ठी० एक० ←शतृ० वि० जाग्रत् ←√जागृ अदादि०); * न (1.30); * एव (1.1); * च (1.1); * अर्जुन (2.2)

न (नाही) अति (अति) अश्नत: (खादाडाचा) तु (परंतु) योग: (योग) अस्ति-न (नसतो) च (आणि) एकान्तम् (मुळीच) अनश्नत: (भुकेल्याचा) न (नसतो) च (आणि) अति (अति) स्वप्नशीलस्य (निजणाऱ्याचा) जाग्रत: (अहोरात्र जागणाऱ्याची) न (नसतो) एव (ही) च (आणि) अर्जुन (हे अर्जुना!)

* परंतु, हे अर्जुना! योग अति खादाडाचा नसतो आणि भुकेल्याचा मुळीच नसतो आणि अति निजणाऱ्याचा आणि अहोरात्र जागणाऱ्याचाही (साध्य) नसतो.

।।6.17 ।। **युक्ताहारविहारस्य युक्तचेष्टस्य कर्मसु ।**
युक्तस्वप्नावबोधस्य योगो भवति दु:खहा ।।

युक्ताहारविहारस्य युक्तचेष्टस्य कर्मसु युक्तस्वप्नावबोधस्य योग: (नि० 15/8) भवति दु:खहा

युक्ताहारविहारस्य (पु० षष्ठी० एक० ←बहुव्री० युक्ताहारविहार, युक्त: आहार: च विहार: च यस्य ←वि० युक्त 1.14 + पु० आहार 2.59 + पु० **विहार** ←वि√हृ); * युक्तचेष्टस्य (पु० षष्ठी० एक० ←बहुव्री० युक्तचेष्ट, युक्ता चेष्टा यस्य ←वि० युक्त 1.14 + स्त्री० **चेष्टा** ←√चेष्ट्); * कर्मसु (2.50); * युक्तस्वप्नावबोधस्य (पु० षष्ठी० एक० ←बहुव्री० युक्तस्वप्नावबोध, युक्तम् स्वप्नम् च अवबोध: च यस्य ←वि० युक्त 1.14 + न० स्वप्न 6.16 + पु० अवबोध ←अव√बुध्); * योग: (2.48); * भवति (1.44); * दु:खहा (पु० प्रथमा० एक० ←बहुव्री० दु:खहन्, दु:खम् 5.6 हन्ति 2.19 य: 2.19)

युक्ताहारविहारस्य (ज्याचे खाणेपिणे व येणेजाणे मोजके असते) युक्तचेष्टस्य (ज्याचे आचरण बेताचे असते) कर्मसु (कर्मांतील) युक्तस्वप्नावबोधस्य (ज्याचे निजणे उठणे नेमस्त असते) योग: (योग) भवति (घडतो) दु:खहा (दु:खनाशक)

* ज्याचे खाणेपिणे व येणेजाणे मोजके असते, ज्याचे निजणे उठणे नेमस्त असते (व) ज्याचे कर्मांतील आचरण बेताचे असते (त्याच्याकरिता) योग दु:खनाशक घडतो.

।।6.18 ।। **यदा विनियतं चित्तमात्मन्येवावतिष्ठते ।**
नि:स्पृह: सर्वकामेभ्यो युक्त इत्युच्यते तदा ।।

यदा विनियतम् (नि० 14/1) चित्तम् (नि० 8/17) आत्मनि (नि० 4/4) एव (नि० 1/1) अवतिष्ठते नि:स्पृह: (नि० 22/7) सर्वकामेभ्य: (नि० 15/10) युक्त: (नि० 19/2) इति (नि० 4/3) उच्यते तदा

यदा (2.52); * विनियतम् (न० प्रथमा० एक० ←क्त० वि० विनियत ←क्रि०वि० नियत 1.44); * **चित्तम्** (प्रथमा० एक० ←न० चित्त 4.21); * आत्मनि (2.55); * एव (1.1); * अवतिष्ठते (तृ०पु० एक० लट्०-वर्तमान० भ्वादि० आत्मने० ←अव√स्था); * नि:स्पृह: (2.71); * सर्वकामेभ्य: (सर्वेभ्य: कामेभ्य:

पु॰ पंचमी॰ एक॰ ←सना॰ सर्व 1.6 + पु॰ काम 1.22); * युक्त: (2.39); * इति (1.25); * उच्यते (2.25); * तदा (1.2)

यदा (जेव्हा) विनियतम् (संयमित केलेले) चित्तम् (चित्त) आत्मनि (आत्म्यात) एव (च) अवतिष्ठते (स्थिर होते) नि:स्पृह: (विरक्त झालेला मनुष्य) सर्वकामेभ्य: (सर्व विषय वासनांतून) युक्त: ('युक्त' झालेला योगी) इति (असा) उच्यते (म्हटला जातो) तदा (तेव्हा)

* जेव्हा संयमित केलेले चित्त आत्म्यातच स्थिर होते तेव्हा (तसा) सर्व विषयवासनांतून विरक्त झालेला असा मनुष्य 'युक्त' झालेला योगी म्हटला जातो.

।।6.19 ।। **यथा दीपो निवातस्थो नेङ्गते सोपमा स्मृता ।**
योगिनो यतचित्तस्य युञ्जतो योगमात्मन: ।।

यथा दीप: (नि॰ 15/6) निवातस्थ: (नि॰ 15/6) न (नि॰ 2/1) इङ्गते सा (नि॰ 2/4) उपमा स्मृता योगिन: (नि॰ 15/10) यतचित्तस्य युञ्जत: (नि॰ 15/10) योगम् (नि॰ 8/17) आत्मन: (नि॰ 22/8)

यथा (1.11); * दीप: (प्रथमा॰ एक॰ ←पु॰ **दीप** ←√दीप्); * निवातस्थ: (पु॰ प्रथमा॰ एक॰ ←क्त॰ वि॰ निवातस्थ, वि॰ अथवा न॰ निवात ←नि√वा + वि॰ स्थ 2.45); * न (1.30); * **इङ्गते** (तृ॰पु॰ एक॰ लट्॰–वर्तमान॰ भ्वादि॰ आत्मने॰ ←√इङ्ग्); * सा (2.69); * उपमा (प्रथमा॰ एक॰ ←स्त्री॰ **उपमा** ←उप√मा); * स्मृता (स्त्री॰ प्रथमा॰ एक॰ ←क्त॰ वि॰ **स्मृत** ←√स्मृ); * योगिन: (4.25); * यतचित्तस्य (पु॰ षष्ठी॰ एक॰ ←बहुव्री॰ यतचित्त, यतम् चित्तम् यस्य ←वि॰ यत 4.21 + न॰ चित्त 4.21); * युञ्जत: (पु॰ षष्ठी॰ एक॰ ←वि॰ युञ्जत् 6.15); * योगम् (2.53); * आत्मन: (4.42)

यथा (ज्याप्रमाणे) दीप: (दिव्याची ज्योत) निवातस्थ: (निवांत वातावरणातील) न (नाही) इङ्गते (फडफडत–) सा (ती) उपमा (उपमा) स्मृता (जाणली गेली) योगिन: (योग्याकरिता) यतचित्तस्य (आत्मनिग्रही स्वभावाच्या) युञ्जत: (चिंतनात धरणाऱ्या) योगम् (योगाला) आत्मन: (आत्मज्योतीच्या)

* ज्याप्रमाणे निवांत वातावरणातील दिव्याची ज्योत फडफडत नाही ती उपमा आत्मज्योतीच्या योगाला चिंतनात धरणाऱ्या आत्मनिग्रही स्वभावाच्या योग्याकरिता जाणली गेली.

।।6.20 ।। **यत्रोपरमते चित्तं निरुद्धं योगसेवया ।**
यत्र चैवात्मनात्मानं पश्यन्नात्मनि तुष्यति ।।

यत्र (नि॰ 2/2) उपरमते चित्तम् (नि॰ 14/1) निरुद्धम् (नि॰ 14/1) योगसेवया यत्र च (नि॰ 3/1) एव (नि॰ 1/2) आत्मना (नि॰ 1/4) आत्मानम् (नि॰ 14/1) पश्यन् (नि॰ 13/2) आत्मनि तुष्यति

यत्र (स्थळ अथवा काळवाचक अव्यय॰ ←सना॰ यद् 1.7); * उपरमते (तृ॰पु॰ एक॰ लट्॰–वर्तमान॰ भ्वादि॰ आत्मने॰ ←उप√रम्); * चित्तम् (6.18); * निरुद्धम् (न॰ प्रथमा॰ एक॰ ←क्त॰ वि॰ निरुद्ध ←नि√रुध्); * योगसेवया (स्त्री॰ तृतीया॰ एक॰ ←तत्पु॰स॰ योगसेवा, योगस्य सेवा ←पु॰ योग 2.39 + स्त्री॰ सेवा 4.34); * यत्र (↑); * च (1.1); * एव (1.1); * आत्मना (2.55); * आत्मानम् (3.43);

* पश्यन् (5.8); * आत्मनि (2.55); * तुष्यति (तृ॰पु॰ एक॰ लट्॰-वर्तमान॰ भ्वादि॰ परस्मै॰ ←√तुष्)

यत्र (ज्यात) उपरमते (रमते) चित्तम् (चित्त) निरुद्धम् (बांधले गेलेले) योगसेवया (योगाभ्यासाने) यत्र (ज्यात) च (आणि) एव (च) आत्मना (आत्म्याने) आत्मानम् (स्वत:ला) पश्यन् (पाहून) आत्मनि (स्वत:त) तुष्यति (संतुष्ट होतो)

* योगाभ्यासाने बांधले गेलेले चित्त ज्यात रमते आणि ज्यात (तो) आत्म्याने स्वत:ला पाहून स्वत:तच संतुष्ट होतो;

।।6.21 ।। **सुखमात्यन्तिकं यत्तद्बुद्धिग्राह्यमतीन्द्रियम् ।**
वेत्ति यत्र न चैवायं स्थितश्चलति तत्त्वत: ।।

सुखम् (नि॰ 8/17) आत्यन्तिकम् (नि॰ 14/1) यत् (नि॰ 1/10) तत् (नि॰ 9/7) बुद्धिग्राह्यम् (नि॰ 8/16) अतीन्द्रियम् (नि॰ 14/2) वेत्ति यत्र न च (नि॰ 3/1) एव (नि॰ 1/1) अयम् (नि॰ 14/1) स्थित: (नि॰ 17/1) चलति तत्त्वत: (नि॰ 22/8)

सुखम् (कर्मकारक 5.13); * आत्यन्तिकम् (न॰ द्वितीया॰ एक॰ ←वि॰ आत्यन्तिक ←वि॰ अत्यन्त ←√अम् + प्रत्यय इक); * यत् (2.67); * तत् (1.10); * बुद्धिग्राह्यम् (न॰ प्रथमा॰ एक॰ ←वि॰ बुद्धिग्राह्य, बुद्ध्या ग्राह्यम् ←स्त्री॰ बुद्धि 1.23 + कर्मणि॰ विधि॰ धातु॰सा॰ वि॰ ग्राह्य ←√ग्रह्); * अतीन्द्रियम् (न॰ प्रथमा॰ एक॰ ←बहुव्री॰ वि॰ अतिन्द्रिय, इन्द्रियेभ्य: अतीतम् यत् ←न॰ इन्द्रिय 2.8 + अव्यय॰ अति 6.11); * वेत्ति (2.19); * यत्र (6.20); * न (1.30); * च (1.1); * एव (1.1); * अयम् (2.19); * स्थित: (5.20); * चलति (तृ॰पु॰ एक॰ लट्॰-वर्तमान॰ भ्वादि॰ परस्मै॰ ←√चल्); * तत्त्वत: (4.9)

सुखम् (सुख) आत्यन्तिकम् (अनंत) यत् (जे) तत् (ते) बुद्धिग्राह्यम् (बुद्धीला गम्य असणारे) अतीन्द्रियम् (इन्द्रियातीत) वेत्ति (अनुभव घेतो) यत्र (ज्या स्थितीत) न (नाही) च-एव (तसेच) अयम् (हा) स्थित: (स्थिरावलेला) चलति (चळत-) तत्त्वत: (यथार्थाने)

* इन्द्रियातीत (व) बुद्धीला गम्य असणारे (असे) जे अनंत सुख (आहे) ते हा स्थिरावलेला योगी ज्या स्थितीत अनुभव घेतो तसेच यथार्थाने चळत नाही;

।।6.22 ।। **यं लब्ध्वा चापरं लाभं मन्यते नाधिकं तत: ।**
यस्मिन्स्थितो न दुःखेन गुरुणापि विचाल्यते ।।

यम् (नि॰ 14/1) लब्ध्वा च (नि॰ 1/1) अपरम् (नि॰ 14/1) लाभम् (नि॰ 14/1) मन्यते न (नि॰ 1/1) अधिकम् (नि॰ 14/1) तत: (नि॰ 22/8) यस्मिन् (नि॰ 13/20) स्थित: (नि॰ 15/6) न दुःखेन गुरुणा (नि॰ 24/4, 1/3) अपि विचाल्यते

यम् (2.15); * लब्ध्वा (4.39); * च (1.1); * अपरम् (4.4); * लाभम् (द्वितीया॰ एक॰ ←पु॰ लाभ 2.38); * मन्यते (2.19); * न (1.30); * अधिकम् (पु॰ द्वितीया॰ एक॰ ←तुलनात्मक वि॰ **अधिक**

←न√धा); * तत: (1.13); * **<u>यस्मिन्</u>** (पु० न० सप्तमी० एक० ←सना० यद् 1.7); * स्थित: (5.20); * न (1.30); * दु:खेन (तृतीया० एक० ←न० दु:ख 2.14); * गुरुणा (न० तृतीया० एक० ←वि० गुरु 2.5); * अपि (1.26); * **<u>विचाल्यते</u>** (तृ०पु० एक० लट्०–वर्तमान० भ्वादि० आत्मने० प्रयो० ←√चल्)

यम् (ज्याला) लब्ध्वा (प्राप्त करून) च (आणि) अपरम् (इतर) लाभम् (लाभ) मन्यते–न (वाटत नाही) अधिकम् (अधिक मोठा) तत: (त्यापेक्षा) यस्मिन् (ज्या मार्गात) स्थित: (स्थित झालेला) न (नाही) दु:खेन (दु:खाने) गुरुणा (भारी–) अपि (सुद्धा) विचाल्यते (विचलित होत–)

* ज्याला प्राप्त करून इतर लाभ त्यापेक्षा अधिक मोठा वाटत नाही आणि ज्या मार्गात स्थित झालेला (मनुष्य) भारी दु:खाने सुद्धा विचलित होत नाही;

।।6.23 ।। **तं विद्याद्दु:खसंयोगवियोगं योगसंज्ञितम् ।**
स निश्चयेन योक्तव्यो योगोऽनिर्विण्णचेतसा ।।

तम् (नि० 14/1) विद्यात् (नि० 9/5) दु:खसंयोगवियोगम् (नि० 14/1) योगसंज्ञितम् (नि० 14/2) स: (नि० 21/2) निश्चयेन योक्तव्य: (नि० 15/10) योग: (नि० 15/1) अनिर्विण्णचेतसा

तम् (2.1); * **<u>विद्यात्</u>** (तृ०पु० एक० विधि० अदादि० परस्मै० ←√विद्); * दु:खसंयोगवियोगम् (द्वितीया० एक० ←तत्पु०स० दु:खसंयोगवियोग, दु:खस्य संयोगात् वियोग: ←न० दु:ख 2.14 + पु० संयोग 5.14 + पु० वियोग ←वि√युज्); * योगसंज्ञितम् (द्वितीया० एक० ←बहुव्री० योगसंज्ञित, योग: इति संज्ञितम् य: ←पु० योग 2.39 + क्त० वि० **<u>संज्ञित</u>** ←स्त्री० संज्ञा 1.7); * स: (1.13); * निश्चयेन (तृतीया० एक० ←पु० निश्चय 2.37); * योक्तव्य: (प्रथमा० एक० ←कर्मणि० विधि० धातु०सा० वि० योक्तव्य ←√युज्); * योग: (2.48); * अनिर्विण्णचेतसा (न० तृतीया० एक० ←तत्पु०स० निर्विण्णचेतस्, न निर्विण्णम् चेत: ←वि० निर्विण्ण ←निर्√विद् + न० चेतस् 1.38)

तम् (त्याला) विद्यात् (जाणावे) दु:खसंयोगवियोगम् (जे दु:खरहित नाते आहे) योगसंज्ञितम् ('योग' ही संज्ञा असलेले) स: (तो) निश्चयेन (दृढ निश्चयाने) योक्तव्य: (पाळण्यास उचित असलेला) योग: (योग) अनिर्विण्णचेतसा (संतुष्ट चित्ताने)

* (हे) जे दु:खरहित नाते आहे त्याला 'योग' ही संज्ञा असलेले जाणावे, तो योग दृढ निश्चयाने संतुष्ट चित्ताने पाळण्यास उचित असलेला (आहे).

।।6.24 ।। **सङ्कल्पप्रभवान्कामांस्त्यक्त्वा सर्वानशेषत: ।**
मनसैवेन्द्रियग्रामं विनियम्य समन्तत: ।।

सङ्कल्पप्रभवान् (नि० 13/9) कामान् (नि० 13/7) त्यक्त्वा सर्वान् (नि० 8/11) अशेषत: (नि० 22/8) मनसा (नि० 3/3) एव (नि० 2/1) इन्द्रियग्रामम् (नि० 14/1) विनियम्य समन्तत: (नि० 22/8)

सङ्कल्पप्रभवान् (पु० द्वितीया० अनेक० ←बहुव्री० सङ्कल्पप्रभव, सङ्कल्पात् प्रभव: यस्य ←पु० सङ्कल्प 4.19 + पु० **<u>प्रभव</u>** ←प्र√भू); * कामान् (2.55); * त्यक्त्वा (1.33); * सर्वान् (1.27); * **<u>अशेषत:</u>**

(क्रि॰वि॰ अव्यय॰ ←वि॰ अशेष 4.35); * मनसा (3.6); * एव (1.1); * **इन्द्रियग्रामम्** (पु॰ द्वितीया॰ एक॰ ←तत्पु॰स॰ इन्द्रियग्राम, इन्द्रियाणाम् ग्रामः ←न॰ इन्द्रिय 2.8 + पु॰ **ग्राम** ←√ग्रस्); * विनियम्य (ल्यप्॰ अव्यय॰ ←वि-नि√यम्); * समन्ततः (क्रि॰वि॰ ←बहुव्री॰ समन्त, सम्यक् अन्तः यत्र ←सम्√अम्)

सङ्कल्पप्रभवान् (संकल्पजन्य) कामान् (कामांना) त्यक्त्वा (टाकून) सर्वान् (सर्व) अशेषतः (निःशेषपणे) मनसा (मनाने) एव (च) इन्द्रियग्रामम् (इन्द्रियांना) विनियम्य (वश करून) समन्ततः (पूर्णपणे)

* सर्व संकल्पजन्य कामांना मनानेच निःशेषपणे टाकून (आणि) इन्द्रियांना पूर्णपणे वश करून;

।।6.25 ।। **शनैः शनैरुपरमेद्बुद्ध्या धृतिगृहीतया ।**
आत्मसंस्थं मनः कृत्वा न किञ्चिदपि चिन्तयेत् ।।

शनैः (नि॰ 22/5) शनैः (नि॰ 16/4) उपरमेत् (नि॰ 9/7) बुद्ध्या धृतिगृहीतया (नि॰ 23/1) आत्मसंस्थम् (नि॰ 14/1) मनः (नि॰ 22/1) कृत्वा न किञ्चित् (नि॰ 8/2) अपि चिन्तयेत्

शनैः (= क्रि॰वि॰ अव्यय॰ शनैस् ←√शद्); * शनैः (↑); * उपरमेत् (तृ॰पु॰ एक॰ विधि॰ भ्वादि॰ परस्मै॰ ←उप√रम् 6.20); * बुद्ध्या (2.39); * धृतिगृहीतया (स्त्री॰ तृतीया॰ एक॰ ←तत्पु॰स॰ धृतिगृहीता, धृत्या गृहीता ←स्त्री॰ **धृति** ←√धृ + स्त्री॰ वि॰ गृहीता ←√ग्रह); * आत्मसंस्थम् (न॰ द्वितीया॰ एक॰ ←तत्पु॰स॰ वि॰ आत्मसंस्थ, आत्मनि संस्थम् ←पु॰ आत्मन् 2.41 + वि॰ संस्थ सम्√स्था); * मनः (1.30); * कृत्वा (2.38); * न (1.30); * किञ्चित् (4.20); * अपि (1.26); * चिन्तयेत् (तृ॰पु॰ एक॰ विधि॰ चुरादि॰ परस्मै॰ प्रयो॰ ←√चिन्त्)

शनैः (हळू) शनैः (हळू) उपरमेत् (शांत व्हावे) बुद्ध्या-धृतिगृहीतया (धैर्ययुक्त बुद्धिद्वारे) आत्मसंस्थम् (आत्म्यातच स्थित) मनः (मन) कृत्वा (करून) न (नये) किञ्चित् (कशाचा) अपि (ही) चिन्तयेत् (विचार करू-)

* धैर्ययुक्त बुद्धीद्वारे हळूहळू शांत व्हावे (व) आत्म्यातच मन स्थित करून कशाचाही विचार करू नये.

।।6.26 ।। **यतो यतो निश्चरति मनश्चञ्चलमस्थिरम् ।**
ततस्ततो नियम्यैतदात्मन्येव वशं नयेत् ।।

यतः (नि॰ 15/10) यतः (नि॰ 15/6) निश्चरति मनः (नि॰ 17/1) चञ्चलम् (नि॰ 8/16) अस्थिरम् (नि॰ 14/2) ततः (नि॰ 18/1) ततः (नि॰ 15/6) नियम्य (नि॰ 3/1) एतत् (नि॰ 8/3) आत्मनि (नि॰ 4/4) एव वशम् (नि॰ 14/1) नयेत्

यतः (उभयान्वयी अव्यय॰ ←सना॰ यद् 1.7); * यतः (↑); * निश्चरति (तृ॰पु॰ एक॰ लट्॰-वर्तमान॰ भ्वादि॰ परस्मै॰ ←निर्√चर् 2.71); * मनः (प्रथमा॰ 1.30); * **चञ्चलम्** (न॰ प्रथमा॰ एक॰ ←वि॰ **चञ्चल** ←चञ्च√ला); * अस्थिरम् (न॰ प्रथमा॰ एक॰ न-तत्पु॰स॰ ←वि॰ स्थिर 1.16); * ततः (1.13); * ततः (1.13); * नियम्य (3.7); * एतत् (2.6); * आत्मनि (2.55); * एव (1.1); * वशम् (3.34); * नयेत् (तृ॰पु॰ एक॰ विधि॰ भ्वादि॰ परस्मै॰ ←√नी)

यत: (जिथे) यत: (जिथे) निश्चरति (भटकते) मन: (मन) चञ्चलम् (स्वैर) अस्थिरम् (अस्थिर) तत: (तिथे) तत: (तिथे) नियम्य (आवरून) एतत् (हे) आत्मनि (आत्म्यात) एव (च) वशम् (वश) नयेत् (लावावे)

* जिथे जिथे अस्थिर मन स्वैर भटकते तिथे तिथे हे आवरून आत्म्यातच वशीभूत करावे.

।।6.27 ।। **प्रशान्तमनसं ह्येनं योगिनं सुखमुत्तमम् ।**
उपैति शान्तरजसं ब्रह्मभूतमकल्मषम् ।।

प्रशान्तमनसम् (नि० 14/1) हि (नि० 4/4) एनम् (नि० 14/1) योगिनम् (नि० 14/1) सुखम् (नि० 8/20) उत्तमम् (नि० 14/2) उपैति शान्तरजसम् (नि० 14/1) ब्रह्मभूतम् (नि० 8/16) अकल्मषम् (नि० 14/2)

प्रशान्तमनसम् (पु० द्वितीया० एक० ←बहुव्री० प्रशान्तमनस्, प्रशान्तम् मन: यस्य ←वि० प्रशान्त 6.7 + न० मनस् 1.30); * हि (1.11); * एनम् (2.19); * योगिनम् (कर्मकारक द्वितीया० एक० ←पु० योगिन् 3.3); * सुखम् (कर्ताकारक 2.66); * उत्तमम् (कर्ताकारक 4.3); * **उपैति** (तृ०पु० एक० लट्०–वर्तमान० भ्वादि० परस्मै० ←उप√इ 4.9); * शान्तरजसम् (पु० द्वितीया० एक० ←बहुव्री० शान्तरजस्, शान्तम् रज: यस्य ←वि० शान्त ←√शम् + न० रजस् 3.37); * ब्रह्मभूतम् (पु० द्वितीया० एक० ←वि० ब्रह्मभूत 5.24); * अकल्मषम् (पु० द्वितीया० एक० न–तत्पु०स० ←न० कल्मष 4.30)

प्रशान्तमनसम् (ज्याचे मन पूर्णपणे शांत झाले आहे) हि (कारण) एनम् (या) योगिनम् (योग्याला) सुखम् (सुख) उत्तमम् (उत्तम) उपैति (प्राप्त होते) शान्तरजसम् (ज्याचा रजोगुण मंद झाला आहे) ब्रह्मभूतम् (जो ब्रह्माठायी युक्त झाला आहे) अकल्मषम् (जो पापातून मुक्त झाला आहे)

* कारण, ज्याचे मन पूर्णपणे शांत झाले आहे, ज्याचा रजोगुण मंद झाला आहे, जो ब्रह्माठायी युक्त झाला आहे (व) जो पापातून मुक्त झाला आहे (अशा) या योग्याला सुख उत्तम प्राप्त होते.

।।6.28 ।। **युञ्जन्नेवं सदात्मानं योगी विगतकल्मष: ।**
सुखेन ब्रह्मसंस्पर्शमत्यन्तं सुखमश्नुते ।।

युञ्जन् (नि० 13/5) एवम् (नि० 14/1) सदा (नि० 1/4) आत्मानम् (नि० 14/1) योगी विगतकल्मष: (नि० 22/8) सुखेन ब्रह्मसंस्पर्शम् (नि० 8/16) अत्यन्तम् (नि० 14/1) सुखम् (नि० 8/16) अश्नुते

युञ्जन् (6.15); * एवम् (1.24); * सदा (1.40); * आत्मानम् (3.43); * योगी (5.24); * विगतकल्मष: (पु० प्रथमा० एक० ←बहुव्री० विगतकल्मष, विगत: कल्मष: यस्य ←वि० विगत 2.56 + न० कल्मष 4.30); * सुखेन (तृतीया० एक० ←न० सुख 1.32); * ब्रह्मसंस्पर्शम् (पु० द्वितीया० एक० ←तत्पु०स० ब्रह्मसंस्पर्श, ब्रह्मण: संस्पर्शम् ←न० ब्रह्मन् 2.72 + पु० संस्पर्श 5.22); * अत्यन्तम् (न० द्वितीया० एक० ←तत्पु०स० वि० अत्यन्त, अतिक्रान्त: अन्तम् ←अति√अम्); * सुखम् (कर्मकारक 5.13); * अश्नुते (3.4)

युञ्जन् (मन ध्यानस्थ करीत) एवम् (असा) सदा (नेहमी) आत्मानम् (स्वत:ला) योगी (योगी) विगतकल्मषः (दोषमुक्त झालेला) सुखेन (सहजतेने) ब्रह्मसंस्पर्शम् (ब्रह्मप्राप्तीत असलेले) अत्यन्तम् (अनंत) सुखम् (सुख) अश्नुते (उपभोगतो)

* असा मन नेहमी ध्यानस्थ करीत दोषमुक्त झालेला योगी स्वत:ला ब्रह्मप्राप्तीत असलेले अनंत सुख सहजतेने उपभोगतो.

।।6.29 ।। **सर्वभूतस्थमात्मानं सर्वभूतानि चात्मनि ।**
ईक्षते योगयुक्तात्मा सर्वत्र समदर्शनः ।

सर्वभूतस्थम् आत्मानम् (नि० 14/1) सर्वभूतानि च (नि० 1/2) आत्मनि (नि० 23/1) ईक्षते योगयुक्तात्मा सर्वत्र समदर्शनः (नि० 22/8)

सर्वभूतस्थम् (न० प्रथमा० एक० ←तत्पु०स० सर्वभूतस्थ, सर्वेषु भूतेषु स्थीयते इति ←सना० सर्व 1.6 + पु० भूत 2.28 + क्रिया० स्थीयते ←तृ०पु० एक० लट्०–वर्तमान० भ्वादि० आत्मने० ←√स्था); * आत्मानम् (3.43); * सर्वभूतानि (सर्वाणि भूतानि न० द्वितीया० अनेक० ←सना० सर्व 1.6 + न० भूत 2.28); * च (1.1); * आत्मनि (2.55); * **ईक्षते** (तृ०पु० एक० लट्०–वर्तमान० भ्वादि० आत्मने० ←√ईक्ष्); * योगयुक्तात्मा (पु० प्रथमा० एक० ←बहुव्री० योगयुक्तात्मन्, योगेन युक्तः आत्मा यस्य ←पु० योग 2.39 + वि० युक्त 1.14 + पु० आत्मन् 2.41); * सर्वत्र (2.57); * समदर्शनः (प्रथमा० एक० ←पु० समदर्शन ←सम्√दृश्)

सर्वभूतस्थम् (सर्व भूतांत स्थित) आत्मानम् (स्वत:ला) सर्वभूतानि (सर्व भूतांना) च (आणि) आत्मनि (स्वत:त) ईक्षते (पाहतो) योगयुक्तात्मा (योगाने आत्मा युक्त झालेला योगी) सर्वत्र (सर्वत्र) समदर्शनः (सम दृष्टिकोन असलेला)

* योगाने आत्मा युक्त झालेला (व) सर्वत्र सम दृष्टिकोन असलेला योगी स्वत:ला सर्व भूतांत स्थित आणि स्वत:त सर्व भूतांना पाहतो.[1]

।।6.30 ।। **यो मां पश्यति सर्वत्र सर्वं च मयि पश्यति ।**
तस्याहं न प्रणश्यामि स च मे न प्रणश्यति ।।

यः (नि० 15/9) माम् (नि० 14/1) पश्यति सर्वत्र सर्वम् (नि० 14/1) च मयि पश्यति तस्य (नि० 1/1)

---

[1] *सर्वभूतेषु सस्नेहो यथात्मनि तथाऽपरे ।*
ईदृशः पुरुषत्कर्षो देवि देवत्वमश्नुते ।।
(महाभारत, अनु०144.58)
सर्व प्राण्यांसाठी कीव, सर्व भूते स्वत: इव ।
जाणी जो, देव तो जीव, सांगे पर्वतीला शिव ।।

अहम् (नि॰ 14/1) न प्रणश्यामि स: (नि॰ 17/1) च मे न प्रणश्यति

य: (2.19); * माम् (1.46); * पश्यति (2.29); * सर्वत्र (2.57); * सर्वम् (2.17); * च (1.1); * मयि (3.30); * पश्यति (2.29); * तस्य (1.12); * अहम् (1.22); * न (1.30); * प्रणश्यामि (प्रथम॰पु॰ एक॰ लट्॰-वर्तमान॰ दिवादि॰ परस्मै॰ ←प्र√नश् 1.40); * स: (1.13); * च (1.1); * मे (1.21); * न (1.30); * प्रणश्यति (2.63)

य: (जो) माम् (मला) पश्यति (पाहतो) सर्वत्र (सर्वत्र) सर्वम् (सर्व) च (आणि) मयि (माझ्यात) पश्यति (पाहतो) तस्य (त्याला) अहम् (मी) न (नाही) प्रणश्यामि (अदृश्य होत-) स: (तो) च (आणि) मे (मला) न (नाही) प्रणश्यति (अदृश्य होत-)

* जो मला सर्वत्र पाहतो आणि माझ्यात सर्व पाहतो त्याला मी अदृश्य होत नाही आणि तो मला अदृश्य होत नाही.

।।6.31 ।। **सर्वभूतस्थितं यो मां भजत्येकत्वमास्थित: ।**
सर्वथा वर्तमानोऽपि स योगी मयि वर्तते ।।

सर्वभूतस्थितम् (नि॰ 14/1) य: (नि॰ 15/9) माम् (नि॰ 14/1) भजति (नि॰ 4/4) एकत्वम् (नि॰ 8/17) आस्थित: (नि॰ 22/8) सर्वथा वर्तमान: (नि॰ 15/1) अपि स: (नि॰ 21/2) योगी मयि वर्तते

सर्वभूतस्थितम् (पु॰ द्वितीया॰ एक॰ ←तत्पु॰स॰ सर्वभूतस्थित, सर्वेषु भूतेषु स्थित: ←सना॰ सर्व 1.6 + पु॰ भूत 2.28 + वि॰ स्थित 1.14); * य: (2.19); * माम् (1.46); * **भजति** (तृ॰पु॰ एक॰ लट्॰-वर्तमान॰ भ्वादि॰ परस्मै॰ ←√भज्); * एकत्वम् (द्वितीया॰ एक॰ ←न॰ भाववाचक नाम **एकत्व** ←वि॰ एक 2.41); * आस्थित: (5.4); * **सर्वथा** (रीतिदर्शक अव्यय॰ ←सना॰ सर्व 1.6); * **वर्तमान:** (प्रथमा॰ एक॰ ←शानच्॰ वि॰ **वर्तमान** ←√वृत्); * अपि (1.26); * स: (1.13); * योगी (5.24); * मयि (3.30); * वर्तते (5.26)

सर्वभूतस्थितम् (सर्व भूतांत स्थित असलेल्या-) य: (जो) माम् (मला) भजति (भजतो) एकत्वम् (एकत्वाला) आस्थित: (प्राप्त झालेला) सर्वथा (सर्व प्रकारे) वर्तमान: (वागणारा) अपि (सुद्धा) स: (तो) योगी (योगी) मयि (माझ्या ठायी) वर्तते (राहतो)

* सर्व भूतांत स्थित असलेल्या मला जो भजतो तो एकत्वाला प्राप्त झालेला योगी सर्व प्रकारे वागणारा सुद्धा माझ्या ठायी राहतो.

।।6.32 ।। **आत्मौपम्येन सर्वत्र समं पश्यति योऽर्जुन ।**
सुखं वा यदि वा दुःखं स योगी परमो मत: ।।

आत्मौपम्येन सर्वत्र समम् (नि॰ 14/1) पश्यति य: (नि॰ 15/1) अर्जुन सुखम् (नि॰ 14/1) वा यदि वा दु:खम् (नि॰ 14/1) स: (नि॰ 21/2) योगी परम: (नि॰ 15/9) मत: (नि॰ 22/8)

आत्मौपम्येन (न॰ तृतीया॰ एक॰ ←बहुव्री॰ आत्मौपम्य, आत्मन: औपम्यम् ←पु॰ आत्मन् 2.41 + वि॰ औपम्य ←स्त्री॰ उपमा 6.19); * सर्वत्र (2.57); * समम् (कर्मकारक 6.13); * पश्यति (2.29); * य: (2.19); * अर्जुन (2.2); * सुखम् (5.13); * वा (1.32); * यदि (1.38); * वा (1.32); * दु:खम् (द्वितीया॰ एक॰ ←न॰ दु:ख 2.14); * स: (1.13); * योगी (5.24); * परम: (पु॰ प्रथमा॰ एक॰ ←वि॰ परम 1.17); * **मत:** (पु॰ प्रथमा॰ एक॰ ←क्त॰ वि॰ **मत** ←तनादि॰ √मन्)

आत्मौपम्येन (आपल्या तुलनेने) सर्वत्र (सर्वत्र) समम् (समान) पश्यति (पाहतो) य: (जो) अर्जुन (हे अर्जुना!) सुखम् (सुखाला) वा-यदि-वा (अथवा) दु:खम् (दु:खाला) स: (तो) योगी (योगी) परम: (श्रेष्ठ) मत: (मानला जातो)

* हे अर्जुना! जो आपल्या तुलनेने सर्वत्र सुखाला अथवा दु:खाला समान पाहतो तो योगी श्रेष्ठ मानला जातो.[1]

।।6.33 ।। अर्जुन उवाच

योऽयं योगस्त्वया प्रोक्त: साम्येन मधुसूदन ।
एतस्याहं न पश्यामि चञ्चलत्वात्स्थितिं स्थिराम् ।।

अर्जुन: (नि॰ 19/4) उवाच । य: (नि॰ 15/1) अयम् (नि॰ 14/1) योग: (नि॰ 18/1) त्वया प्रोक्त: (नि॰ 22/7) साम्येन मधुसूदन (नि॰ 23/1) एतस्य (नि॰ 1/1) अहम् (नि॰ 14/1) न पश्यामि चञ्चलत्वात् (नि॰ 10/7) स्थितिम् (नि॰ 14/1) स्थिराम् (नि॰ 14/2)

अर्जुन: (1.28); * उवाच (1.25) । य: (2.19); * अयम् (2.19); * योग: (2.48); * **त्वया** (तृतीया॰ एक॰ ←सना॰ युष्मद् 1.3); * प्रोक्त: (4.3); * साम्येन (तृतीया॰ एक॰ ←न॰ साम्य 5.19); * मधुसूदन (1.35); * एतस्य (पु॰ षष्ठी॰ एक॰ ←सना॰ एतद् 1.3); * अहम् (1.22); * न (1.30); * पश्यामि (1.31); * चञ्चलत्वात् (पु॰ पंचमी॰ एक॰ ←भाववाचक नाम चञ्चलत्व ←वि॰ चञ्चल 6.26); * स्थितिम् (द्वितीया॰ एक॰ ←स्त्री॰ स्थिति 2.72); * स्थिराम् (स्त्री॰ द्वितीया॰ एक॰ ←वि॰ स्थिर 1.16)

अर्जुन: (अर्जुन) उवाच- (म्हणाला-) य: (जो) अयम् (हा) योग: (योग) त्वया (तुम्ही) प्रोक्त: (सांगितला) साम्येन (समत्वबुद्धीने) मधुसूदन (हे मधुसूदना!) एतस्य (याची) अहम् न-पश्यामि (मला दिसत नाही)

---

(1) आत्मवत्सर्वभूतेषु यँरेन्नियत: शुचि: ।
अमानी निरभीमान: सर्वतो मुक्त एव स: ।।
(अनुगीता 4.3)
सर्व भूते स्वत: सम, जाणतो जो शुचि युक्त ।
निराभिमानी निर्मम, जाणावा नर तो मुक्त ।।

चञ्चलत्वात् (चंचलतेमुळे) स्थितिम् (स्थिति) स्थिराम् (स्थिर)

* अर्जुन म्हणाला- हे मधुसूदना! तुम्ही जो हा समत्वबुद्धीने (युक्त असा) योग सांगितला याची (मनाच्या) चंचलतेमुळे मला स्थिर स्थिति दिसत नाही.

।।6.34 ।। **चञ्चलं हि मनः कृष्ण प्रमाथि बलवद्दृढम् ।**

तस्याहं निग्रहं मन्ये वायोरिव सुदुष्करम् ।।

चञ्चलम् (नि० 14/1) हि मनः (नि० 22/1) कृष्ण प्रमाथि बलवत् (नि० 9/5) दृढम् (नि० 14/2) तस्य (नि० 1/1) अहम् (नि० 14/1) निग्रहम् (नि० 14/1) मन्ये वायोः (नि० 16/5) इव सुदुष्करम् (नि० 14/2)

चञ्चलम् (6.26); * हि (1.11); * मनः (1.30); * कृष्ण (1.28); * प्रमाथि (न० प्रथमा० एक० ←वि० प्रमाथिन् 2.60); * बलवत् (न० प्रथमा० एक० ←वि० **बलवत्** ←न० बल 1.10 + तद्धित प्रत्यय वतुप् 2.45); * **दृढम्** (न० प्रथमा० एक० ←क्त० वि० **दृढ** ←√दृह्); * तस्य (1.12); * अहम् (1.22); * निग्रहम् (पु० द्वितीया० एक० ←पु० निग्रह 3.33); * **मन्ये** (प्रथम०पु० एक० लट्०-वर्तमान० दिवादि० आत्मने० ←√मन्); * वायोः (षष्ठी० एक० ←पु० वायु 2.67); * इव (1.30); * सुदुष्करम् (पु० द्वितीया० एक० ←वि० सुदुष्कर ←अव्यय० सु 5.1 + वि० दुष्कर ←दुस्√कृ)

चञ्चलम् (चंचल) हि (कारण) मनः (मन) कृष्ण (हे कृष्णा!) प्रमाथि (क्षोभविणारे) बलवत् (बलिष्ठ) दृढम् (हट्टी) तस्य (त्याचा) अहम् (मी) निग्रहम् (निग्रह करणे) मन्ये (मी समजतो) वायोः-इव (वाऱ्याप्रमाणे) सुदुष्करम् (अति दुष्कर)

* कारण, हे कृष्णा!, मन (हे) चंचल, क्षोभविणारे, बलिष्ठ (आणि) हट्टी (असते) त्याचा निग्रह करणे मी वाऱ्याप्रमाणे अति दुष्कर समजतो.

।।6.35 ।। श्रीभगवानुवाच

असंशयं महाबाहो मनो दुर्निग्रहं चलम् ।

अभ्यासेन तु कौन्तेय वैराग्येण च गृह्यते ।।

श्रीभगवान् (नि० 8/14) उवाच । असंशयम् (नि० 14/1) महाबाहो मनः (नि० 15/4) दुर्निग्रहम् (नि० 14/1) चलम् (नि० 14/2) अभ्यासेन तु कौन्तेय वैराग्येण (नि० 24/1) च गृह्यते

श्रीभगवान् (2.2); * उवाच (1.25) । **असंशयम्** (अव्यय० ←क्रि०वि० न-तत्पु०स० **असंशय** ←अव्यय० अ 1.10 + पु० संशय 4.40); * महाबाहो (2.26); * मनः (1.30); * दुर्निग्रहम् (न० प्रथमा० एक० ←कर्मधारय०स० दुर्निग्रह ←अव्यय० दुर् 1.2 + पु० निग्रह 3.33); * **चलम्** (न० प्रथमा० एक० ←वि० चल ←√चल्); * अभ्यासेन (तृतीया० एक० ←पु० **अभ्यास** ←अभि√अस्); * तु (1.2); * कौन्तेय (2.14); * वैराग्येण (तृतीया० एक० ←तद्धित शब्द न० **वैराग्य** ←पु० विराग ←वि√रञ्ज्); * च (1.1); * गृह्यते (तृ०पु० एक० लट्०-वर्तमान० आत्मने० क्र्यादि० ←√ग्रह)

श्रीभगवान् (श्रीभगवान) उवाच (म्हणाले-) असंशयम् (यात मुळीच शंका नाही) महाबाहो (हे अर्जुना!) मनः (मन) दुर्निग्रहम् (आवरण्यास कठीण) चलम् (चंचल) अभ्यासेन (अभ्यासाने) तु (परंतु) कौन्तेय (हे कौन्तेया!) वैराग्येण (वैराग्याने) च (आणि) गृह्यते (ताब्यात येते)

* श्रीभगवान म्हणाले- हे अर्जुना!, मन (हे) चंचल (व) आवरण्यास कठीण (आहे) यात मुळीच शंका नाही, परंतु, हे कौन्तेया! (ते) अभ्यासाने आणि वैराग्याने ताब्यात येते.

।।6.36 ।। **असंयतात्मना योगो दुष्प्राप इति मे मतिः ।**

वश्यात्मना तु यतता शक्योऽवाप्तुमुपायतः ।।

असंयतात्मना योगः (नि॰ 15/4) दुष्प्रापः (नि॰ 19/2) इति मे मतिः (नि॰ 22/8) वश्यात्मना तु यतता शक्यः (नि॰ 15/1) अवाप्तुम् (नि॰ 8/20) उपायतः (नि॰ 22/8)

असंयतात्मना (पु॰ तृतीया॰ एक॰ ←न-बहुव्री॰ असंयात्मन्, असंयतः आत्मा यस्य ←नञ् प्रत्यय अ 1.10 + वि॰ संयत 4.39 + पु॰ आत्मन् 2.41); * योगः (2.48); * दुष्प्रापः (पु॰ प्रथमा॰ एक॰ ←वि॰ दुष्प्राप ←अव्यय॰ दुस् 3.39 + न॰ प्राप अथवा प्रापण ←प्र√आप्); * इति (1.25); * मे (1.21); * **मतिः** (प्रथमा॰ एक॰ ←स्त्री॰ **मति** ←√मन्); * वश्यात्मना (पु॰ तृतीया॰ एक॰ ←बहुव्री॰ वश्यात्मन्, वश्यः आत्मा यस्य ←वि॰ वश्य ←√वश् + पु॰ आत्मन् 2.41); * तु (1.2); * यतता (पु॰ तृतीया॰ एक॰ ←शतृ॰ वि॰ यतत् 2.60); * **शक्यः** (पु॰ प्रथमा॰ एक॰ ←कर्मणि॰ विधि॰ धातु॰सा॰ वि॰ **शक्य** ←स्वादि॰ √शक्); * अवाप्तुम् (तुमन्त॰ अव्यय॰ ←अव√आप्); * उपायतः (अव्यय॰ ←पु॰ उपाय ←उप√अय् + प्रत्यय- तस्)

असंयतात्मना (ज्याला मन वश नाही अशा मनुष्याकडून) योगः (योग) दुष्प्रापः (प्राप्त होणे कठिण आहे) इति (असे) मे (माझे) मतिः (मत) वश्यात्मना (ज्याला मन वश आहे त्याच्याकडून) तु (परंतु) यतता (प्रयत्नाने) शक्यः (शक्य आहे) अवाप्तुम् (प्राप्त करणे) उपायतः (उपायाने)

* ज्याला मन वश नाही अशा मनुष्याकडून योग प्राप्त होणे कठिण आहे, परंतु ज्याला मन वश आहे त्याच्याकडून प्रयत्नाने (आणि) उपायाने (तो) प्राप्त करणे शक्य आहे असे माझे मत (आहे).

।।6.37 ।। अर्जुन उवाच

अयतिः श्रद्धयोपेतो योगाच्चलितमानसः ।

अप्राप्य योगसंसिद्धिं कां गतिं कृष्ण गच्छति ।।

अर्जुनः (नि॰ 19/4) उवाच । अयतिः (नि॰ 22/5) श्रद्धया (नि॰ 2/4) उपेतः (नि॰ 15/10) योगात् (नि॰ 11/1) चलितमानसः (नि॰ 22/8) अप्राप्य योगसंसिद्धिम् (नि॰ 14/1) काम् (नि॰ 14/1) गतिम् (नि॰ 14/1) कृष्ण गच्छति

अर्जुनः (1.28); * उवाच (1.25) । अयतिः (प्रथमा॰ एक॰ न-बहुव्री॰ ←पु॰ यति 4.28); * **श्रद्धया** (तृतीया॰ एक॰ ←स्त्री॰ श्रद्धा 3.31); * उपेतः (पु॰ प्रथमा॰ एक॰ ←क्त॰ वि॰ **उपेत** ←उप√इ); * योगात्

(पंचमी॰ एक॰ ←पु॰ योग 2.39); * चलितमानस: (पु॰ प्रथमा॰ एक॰ ←बहुव्री॰ चलितमानस, चलितम् मानसम् यस्य ←वि॰ चलित ←√चल् + न॰ मानस 1.47); * **अप्राप्य** (नञ् प्रत्यय अ + ल्यप्॰ अव्यय॰ प्राप्य 2.57); * योगसंसिद्धिम् (स्त्री॰ द्वितीया॰ एक॰ ←तत्पु॰स॰ योगसंसिद्धि, योगस्य संसिद्धि: ←पु॰ योग 2.39 + स्त्री॰ संसिद्धि 3.20); * काम् (स्त्री॰ द्वितीया॰ एक॰ ←सना॰ किम् 1.1); * **गतिम्** (द्वितीया॰ एक॰ ←स्त्री॰ गति 2.43); * कृष्ण (1.28); * **गच्छति** (तृ॰पु॰ एक॰ लट्॰–वर्तमान॰ भ्वादि॰ परस्मै॰ ←√गम् 2.51)

अर्जुन: (अर्जुन) उवाच– (म्हणाला–) अयति: (जो मनाचा संयम करू शकत नाही) श्रद्धया (श्रद्धेने) उपेत: (युक्त) योगात् (योगापासून) चलितमानस: (जो मन विचलित झालेला आहे) अप्राप्य (प्राप्त न करता) योगसंसिद्धिम् (योगाच्या पूर्ण सिद्धीला) काम् (कोणती) गतिम् (गति) कृष्ण (हे कृष्णा!) गच्छति (प्राप्त करतो)

* अर्जुन म्हणाला– हे कृष्णा! जो श्रद्धेने युक्त (असूनही) मनाचा संयम करू शकत नाही (व) जो योगापासून मन विचलित झालेला आहे (तो) योगाच्या पूर्ण सिद्धीला प्राप्त न करता कोणती गति प्राप्त करतो?

।।6.38 ।। **कच्चिन्नोभयविभ्रष्टश्छिन्नाभ्रमिव नश्यति ।**
अप्रतिष्ठो महाबाहो विमूढो ब्रह्मण: पथि ।।

कच्चित् (नि॰ 12/1) न (नि॰ 2/2) उभयविभ्रष्ट: (नि॰ 17/2) छिन्नाभ्रम् (नि॰ 8/18) इव नश्यति (नि॰ 23/1) अप्रतिष्ठ: (नि॰ 15/9) महाबाहो विमूढ: (नि॰ 15/7) ब्रह्मण: (नि॰ 22/3) पथि

कच्चित् (प्रश्नार्थक अव्यय॰ ←√कम् + प्रत्यय चित् 2.17); * न (1.30); * उभयविभ्रष्ट: (पु॰ प्रथमा॰ एक॰ ←तत्पु॰स॰ उभयविभ्रष्ट, उभयत: विभ्रष्ट: ←अव्यय॰ उभयतस् ←√उभ् + क्त॰ वि॰ विभ्रष्ट ←वि√भ्रंश्); * छिन्नाभ्रम् (न॰ प्रथमा॰ एक॰ ←तत्पु॰स॰ छिन्नाभ्र, छिन्नम् अभ्रम् ←वि॰ छिन्न 5.25 + न॰ अभ्र ←√अभ्र्); * इव (1.30); * नश्यति (तृ॰पु॰ एक॰ लट्॰–वर्तमान॰ दिवादि॰ परस्मै॰ ←√नश् 2.63); * अप्रतिष्ठ: (पु॰ प्रथमा॰ एक॰ न–तत्पु॰ ←क्त॰ वि॰ **प्रतिष्ठ** ←प्रति√स्था); * महाबाहो (2.26); * विमूढ: (पु॰ प्रथमा॰ एक॰ ←वि॰ विमूढ 3.6); * ब्रह्मण: (4.32); * पथि (सप्तमी॰ एक॰ ←अनियमित शब्द पु॰ पथिन् ←√पथ्)

कच्चित् (काय) न (नाही) उभयविभ्रष्ट: (दोहोतर्फे सुटलेला) छिन्नाभ्रम्–इव (फुटलेल्या मेघाप्रमाणे) नश्यति (नष्ट होत–) अप्रतिष्ठ: (आधारहीन) महाबाहो (हे श्रीकृष्णा!) विमूढ: (मोहाने पछाडला गेलेला) ब्रह्मण: (ब्रह्मप्राप्तीच्या) पथि (मार्गावर)

* हे श्रीकृष्णा! ब्रह्मप्राप्तीच्या मार्गावर मोहाने पछाडला गेलेला (प्रपंच आणि परमार्थ या) दोहोतर्फे सुटलेला (तो) फुटलेल्या मेघाप्रमाणे आधारहीन (होऊन) नष्ट होत नाही काय?

।।6.39 ।। **एतन्मे संशयं कृष्ण छेत्तुमर्हस्यशेषत: ।**

त्वदन्यः संशयस्यास्य छेत्ता न ह्युपपद्यते ।।

एतम् मे संशयम् (नि॰ 14/1) कृष्ण छेत्तुम् (नि॰ 8/16) अर्हसि (नि॰ 4/1) अशेषतः (नि॰ 22/8) त्वदन्यः (नि॰ 22/7) संशयस्य (नि॰ 1/1) अस्य छेत्ता न हि (नि॰ 4/3) उपपद्यते

एतम् (पु॰ द्वितीया॰ एक॰ ←सना॰ एतत् 2.3); * मे (1.21); * संशयम् (4.42); * कृष्ण (1.28); * छेत्तुम् (तुमन्त॰ अव्यय॰ ←√छिद्); * अर्हसि (2.25); * अशेषतः (6.24); * त्वदन्यः (पु॰ प्रथमा॰ एक॰ ←वि॰ त्वदन्य ←पंचमी॰ एक॰ त्वत् ←सना॰ युष्मद् 3.1 + वि॰ अन्य 1.9); * संशयस्य (षष्ठी॰ एक॰ ←पु॰ संशय 4.40); * अस्य (2.17); * छेत्ता (प्रथमा॰ एक॰ ←पु॰ छेत्तृ ←√छिद्); * न (1.30); * हि (1.11); * उपपद्यते (2.3)

एतत् (या–) मे (माझ्या) संशयम् (संशयाला) कृष्ण (हे कृष्णा!) छेत्तुम् (नष्ट करण्यासाठी) अर्हसि (तुम्ही इष्ट आहात) अशेषतः (निःशेष) त्वदन्यः (तुमच्याशिवाय दुसरा) संशयस्य (संशयाचे) अस्य (या) छेत्ता (निराकरण करणारा) न (नाही) हि (कारण) उपपद्यते (उचित उपलब्ध–)

* हे कृष्णा! या माझ्या संशयाला निःशेष नष्ट करण्यासाठी तुम्ही इष्ट आहात, कारण या संशयाचे निराकरण करणारा तुमच्याशिवाय दुसरा कुणीही उचित उपलब्ध नाही.

।।6.40 ।। श्रीभगवानुवाच

पार्थ नैवेह नामुत्र विनाशस्तस्य विद्यते ।

न हि कल्याणकृत्कश्चिद्दुर्गतिं तात गच्छति ।।

श्रीभगवान् (नि॰ 8/14) उवाच । पार्थ न (नि॰ 3/1) एव (नि॰ 2/1) इह न (नि॰ 1/1) अमुत्र विनाशः (नि॰ 18/1) तस्य विद्यते न हि कल्याणकृत् (नि॰ 10/5) कश्चित् (नि॰ 9/5) दुर्गतिम् (नि॰ 14/1) तात गच्छति

श्रीभगवान् (2.2); * उवाच (1.25) । पार्थ (1.25); * न (1.30); * एव (1.1); * इह (2.5); * न (1.30); * अमुत्र (अव्यय॰ ←वि॰ अदस् ←न√दस्); * विनाशः (प्रथमा॰ एक॰ ←पु॰ विनाश 2.17); * तस्य (1.12); * विद्यते (2.16); * न (1.30); * हि (1.11); * कल्याणकृत् (न॰ प्रथमा॰ एक॰ ←वि॰ कल्याणकृत् ←पु॰ कल्याण ←कल्य√अण् + वि॰ प्रत्यय कृत्); * कश्चित् (2.17); * दुर्गतिम् (स्त्री॰ द्वितीया॰ एक॰ ←न–तत्पु॰स॰ दुर्गति ←अव्यय॰ दुर् 1.2 + स्त्री॰ गति 2.43); * तात (संबो॰ एक॰ ←पु॰ तात ←√तन्); * गच्छति (6.37)

श्रीभगवान् (श्रीभगवान) उवाच– (म्हणाले–) पार्थ (हे अर्जुना!) न (नाही) एव (ही) इह (या जगात) न (नाही) अमुत्र (परलोकी) विनाशः (विनाश) तस्य (त्याचा) विद्यते (होत–) न (नाही) हि (कारण) कल्याणकृत् (शुभकर्म करीत) कश्चित् (कुणीही) दुर्गतिम् (अधोगतीला) तात (हे वत्सा!) गच्छति (जात–)

* श्रीभगवान म्हणाले– हे अर्जुना! या जगात त्याचा विनाश (होत) नाही परलोकीही होत नाही, कारण,

हे वत्सा! शुभकर्म करीत कुणीही अधोगतीला जात नाही.

।।6.41 ।। **प्राप्य पुण्यकृतां लोकानुषित्वा शाश्वती: समा: ।**
शुचीनां श्रीमतां गेहे योगभ्रष्टोऽभिजायते ।।

प्राप्य पुण्यकृताम् (नि० 14/1) लोकान् (नि० 8/14) उषित्वा शाश्वती: (नि० 22/7) समा: (नि० 22/8) शुचीनाम् (नि० 14/1) श्रीमताम् (नि० 14/1) गेहे योगभ्रष्ट: (नि० 15/1) अभिजायते

प्राप्य (2.57); * पुण्यकृताम् (पु० षष्ठी० अनेक० ←शतृ० वि० पुण्यकृत्, न० अथवा वि० **पुण्य** ←√पू + वि० कृत 1.35); * **लोकान्** (द्वितीया० अनेक० ←पु० लोक 2.5); * उषित्वा (त्वान्त० अव्यय० ←√वस्); * शाश्वती: (स्त्री० द्वितीया० अनेक० ←वि० शाश्वती ←√शश्); * समा: (द्वितीया० अनेक० ←स्त्री० समा ←√सम्); * शुचीनाम् (पु० षष्ठी० अनेक० ←वि० शुचि 6.11); * श्रीमताम् (पु० षष्ठी० अनेक० ←वि० **श्रीमत्** ←स्त्री० अथवा वि० श्री 10.34); * गेहे (सप्तमी० एक० ←न० गेह ←√ग्रह्); * योगभ्रष्ट: (पु० प्रथमा० एक० ←तत्पु०स० योगभ्रष्ट, योगात् भ्रष्ट: ←पु० योग 2.39 + वि० भ्रष्ट ←√भ्रंश्); * अभिजायते (2.62)

प्राप्य (प्राप्त होऊन) पुण्यकृताम् लोकान् (पुण्यवान लोकांना) उषित्वा (राहून) शाश्वती: (दीर्घ) समा: (वर्षे) शुचीनाम् (शुद्ध असणाऱ्या) श्रीमताम् (श्रीमानांच्या) गेहे (घरी) योगभ्रष्ट: (योगापासून भ्रष्ट झालेला मनुष्य) अभिजायते (जन्म घेतो)

* (असा) योगापासून भ्रष्ट झालेला मनुष्य (सुद्धा) पुण्यवान लोकांना प्राप्त होऊन (तिथे) दीर्घ वर्षे राहून शुद्ध असणाऱ्या श्रीमानांच्या घरी जन्म घेतो.

।।6.42 ।। **अथवा योगिनामेव कुले भवति धीमताम् ।**
एतद्धि दुर्लभतरं लोके जन्म यदीदृशम् ।।

अथवा योगिनाम् (नि० 8/22) एव कुले भवति धीमताम् (नि० 14/2) एतत् (नि० 9/12) हि दुर्लभतरम् (नि० 14/1) लोके जन्म यत् (नि० 8/5) ईदृशम् (नि० 14/2)

अथवा (विकल्पबोधक अव्यय० ←अर्थ्√वा); * योगिनाम् (3.3); * एव (1.1); * कुले (सप्तमी० एक० ←न० कुल 1.38); * भवति (1.44); * धीमताम् (पु० षष्ठी० अनेक० ←वि० धीमत् 1.3); * एतत् (प्रथमा० 2.3); * हि (1.11); * दुर्लभतरम् (न० प्रथमा० एक० तरभाव ←वि० **दुर्लभ** ←दुर्√लभ् + प्रत्यय तर 1.46); * लोके (2.5); * जन्म (2.27); * यत् (1.45); * ईदृशम् (2.32)

अथवा (किंवा) योगिनाम् (योग्यांच्या) एव (ही) कुले (कुळात) भवति (जन्म घेतो) धीमताम् (ज्ञानी) एतत् (हा) हि (खरोखर) दुर्लभतरम् (अति दुर्लभ) लोके (या जगात) जन्म (जन्म) यत् (जो) ईदृशम् (असा)

* किंवा (तो) ज्ञानी योग्यांच्याही कुळात जन्म घेतो (पण) जो असा हा जन्म (आहे) या जगात खरोखर अति दुर्लभ (असतो).

।।6.43 ।। **तत्र तं बुद्धिसंयोगं लभते पौर्वदेहिकम् ।**
यतते च ततो भूयः संसिद्धौ कुरुनन्दन ।।

तत्र तम् (नि॰ 14/1) बुद्धिसंयोगम् (नि॰ 14/1) लभते पौर्वदेहिकम् (नि॰ 14/2) यतते च ततः (नि॰ 15/8) भूयः (नि॰ 22/7) संसिद्धौ कुरुनन्दन

तत्र (1.26); * तम् (2.1); * बुद्धिसंयोगम् (पु॰ द्वितीया॰ एक॰ ←तत्पु॰स॰ बुद्धिसंयोग, बुद्ध्याः अथवा बुद्धेः संयोगः ←स्त्री॰ बुद्धि 1.23 + पु॰ संयोग 5.14); * लभते (4.39); * पौर्वदेहिकम् (पु॰ द्वितीया॰ एक॰ ←तद्धित शब्द वि॰ पौर्वदेहिक ←वि॰ पौर्व ←√पूर्व् + वि॰ देहिक ←√दिह्); * यतते (तृ॰पु॰ एक॰ लट्॰-वर्तमान॰ भ्वादि॰ आत्मने॰ ←√यत्); * च (1.1); * ततः (1.13); * भूयः (2.20); * संसिद्धौ (सप्तमी॰ एक॰ ←स्त्री॰ संसिद्धि 3.20); * कुरुनन्दन (2.41)

तत्र (तिथे, त्या नवीन कुळात) तम् (तो) बुद्धिसंयोगम् (बुद्धीचा संस्कार) लभते (अनुभवतो) पौर्वदेहिकम् (पूर्वजन्मी साध्य केलेल्या) यतते (तो यत्न करतो) च (आणि) ततः (मग) भूयः (पुन्हा) संसिद्धौ (योगसिद्धीस्तव) कुरुनन्दन (हे अर्जुना!)

* हे अर्जुना! त्या नवीन कुळात तो पूर्वजन्मी साध्य केलेल्या बुद्धीचा संस्कार अनुभवतो आणि मग तो योगसिद्धीस्तव पुन्हा यत्न करतो.

।।6.44 ।। **पूर्वाभ्यासेन तेनैव ह्रियते ह्यवशोऽपि सः ।**
जिज्ञासुरपि योगस्य शब्दब्रह्मातिवर्तते ।।

पूर्वाभ्यासेन तेन (नि॰ 3/1) एव ह्रियते हि (नि॰ 4/1) अवशः (नि॰ 15/1) अपि सः (नि॰ 22/8) जिज्ञासुः (नि॰ 16/3) अपि योगस्य शब्दब्रह्म (नि॰ 1/1) अतिवर्तते

पूर्वाभ्यासेन (पु॰ तृतीया॰ एक॰ ←तत्पु॰स॰ पूर्वाभ्यास, पूर्वेण अभ्यासः ←वि॰ पूर्व 4.15 + पु॰ अभ्यास 6.35); * तेन (3.38); * एव (1.1); * ह्रियते (तृ॰पु॰ एक॰ लट्॰-वर्तमान॰ भ्वादि॰ आत्मने॰ प्रयो॰ ←√हृ); * हि (1.11); * अवशः (3.5); * अपि (1.26); * सः (1.13); * **जिज्ञासुः** (पु॰ प्रथमा॰ एक॰ ←इच्छार्थ॰ वि॰ जिज्ञासा ←√ज्ञा); * अपि (1.26); * योगस्य (षष्ठी॰ एक॰ ←पु॰ योग 2.39); * शब्दब्रह्म (प्रथमा॰ एक॰ ←पु॰ शब्दब्रह्मन्, ब्रह्मणः शब्दः ←न॰ ब्रह्मन् 2.72 + पु॰ शब्द 1.13); * **अतिवर्तते** (तृ॰पु॰ एक॰ लट्॰-वर्तमान॰ भ्वादि॰ आत्मने॰ ←अति√वृत्)

पूर्वाभ्यासेन (पूर्वजन्मीच्या अभ्यासाने) तेन (त्या) एव (च) ह्रियते (तो ओढला जातो) हि (कारण कि) अवशः (पराधीन) अपि (ही) सः (तो) जिज्ञासुः (जिज्ञासा असलेला) अपि (सुद्धा) योगस्य (योगाची) शब्दब्रह्म (वेदशब्दाच्या) अतिवर्तते (पलीकडे नेला जातो)

* कारण कि, त्या पूर्वजन्मीच्या अभ्यासाने सुद्धा तो ओढला जातो (व) योगाची जिज्ञासा असलेला तो पराधीनही सुद्धा वेदशब्दाच्या पलीकडे नेला जातो.

।।6.45 ।। **प्रयत्नाद्यतमानस्तु योगी संशुद्धकिल्बिषः ।**
अनेकजन्मसंसिद्धस्ततो याति परां गतिम् ।।

प्रयत्नात् (नि॰ 9/9) यतमानः (नि॰ 18/1) तु योगी संशुद्धकिल्बिषः (नि॰ 22/8) अनेकजन्मसंसिद्धः (नि॰ 18/1) ततः (नि॰ 15/10) याति पराम् (नि॰ 14/1) गतिम् (नि॰ 14/2)

प्रयत्नात् (पंचमी॰ एक॰ ←पु॰ प्रयत्न ←प्र√यत्); * यतमानः (पु॰ प्रथमा॰ एक॰ ←शानच्॰ वि॰ भ्वादि॰ आत्मने॰ अक॰ यतमान ←√यत्); * तु (1.2); * योगी (5.24); * संशुद्धकिल्बिषः (पु॰ प्रथमा॰ एक॰ ←बहुव्री॰ संशुद्धकिल्बिष, संशुद्धम् किल्बिषम् यस्य ←क्त॰ वि॰ संशुद्ध ←सम्√शुध् + किल्बिष 3.13); * अनेकजन्मसंसिद्धः (पु॰ प्रथमा॰ एक॰ ←तत्पु॰स॰ बहुव्री॰ अनेकजन्मसंसिद्ध, अनेकैः जन्मभिः संसिद्धः ←न-तत्पु॰स॰ **अनेक** ←वि॰ एक 2.41 + न॰ जन्मन् 2.27 + वि॰ संसिद्ध 4.38); * ततः (1.13); * **याति** (तृ॰पु॰ एक॰ लट्॰-वर्तमान॰ अदादि॰ परस्मै॰ ←√या 3.33); * पराम् (4.39); * गतिम् (6.37)

प्रयत्नात् (प्रयत्नापासून) यतमानः (प्रयास करणारा) तु (तसेच) योगी (योगी) संशुद्धकिल्बिषः (पापमुक्त झालेला) अनेकजन्मसंसिद्धः (जन्मोजन्मीच्या फेऱ्यातून सिद्धि प्राप्त केलेला) ततः (त्यानंतर) याति (जातो) पराम् (परम) गतिम् (गतीला)

* तसेच, जन्मोजन्मीच्या फेऱ्यातून सिद्धि प्राप्त केलेला, प्रयत्नापासून (आणि) त्यानंतर पापमुक्त झालेला प्रयास करणारा योगी परम गतीला जातो[1]

।।6.46 ।। **तपस्विभ्योऽधिको योगी ज्ञानिभ्योऽपि मतोऽधिकः ।**
कर्मिभ्यश्चाधिको योगी तस्माद्योगी भवार्जुन ।।

तपस्विभ्यः (नि॰ 15/1) अधिकः (नि॰ 15/10) योगी ज्ञानिभ्यः (नि॰ 15/1) अपि मतः (नि॰ 15/1) अधिकः (नि॰ 22/8) कर्मिभ्यः (नि॰ 17/1) च (नि॰ 1/1) अधिकः (नि॰ 15/10) योगी तस्मात् (नि॰ 9/9) योगी भव (नि॰ 1/1) अर्जुन

तपस्विभ्यः (पंचमी॰ अनेक॰ ←पु॰ **तपस्विन्** ←√तप्); * **अधिकः** (पु॰ प्रथमा॰ एक॰ ←वि॰ अधिक 6.22); * योगी (5.24); * ज्ञानिभ्यः (पंचमी॰ अनेक॰ ←पु॰ ज्ञानिन् 3.39); * अपि (1.26); * मतः (6.32); * अधिकः (↑); * कर्मिभ्यः (पंचमी॰ अनेक॰ ←पु॰ कर्मिन् ←8√कृ); * च (1.1); *

---

(1) जन्मान्तर सहस्रेण तपोध्यान समाधिभिः ।
नराणां क्षीणपापानां कृष्णे भक्तिः प्रजायते ।।
(पाण्डवगीता : 40)
सहस्र जन्मांच्या अंती, तप ध्यान समाधि इति ।
करुनी पापांची क्षति, पावे नर हरि भक्ति ।।

अधिक: (↑); * योगी (5.24); * तस्मात् (1.37); * योगी (5.24); * भव (2.45); * अर्जुन (2.2)

तपस्विभ्य: (तपस्वींपेक्षा) अधिक: (श्रेष्ठ) योगी (योगी) ज्ञानिभ्य: (ज्ञानींपेक्षा) अपि (सुद्धा) मत: (मानला गेला आहे) अधिक: (श्रेष्ठ) कर्मिभ्य: (सकाम कर्म करणाऱ्यांपेक्षा) च (आणि) अधिक: (श्रेष्ठ) योगी (योगी) तस्मात् (म्हणून) योगी (योगी) भव (तू हो) अर्जुन (हे अर्जुना!)

* योगी तपस्वींपेक्षा श्रेष्ठ (व) ज्ञानींपेक्षा श्रेष्ठ मानला गेला आहे आणि सकाम कर्म करणाऱ्यांपेक्षा सुद्धा योगी श्रेष्ठ (मानला जातो) म्हणून, हे अर्जुना! तू योगी हो.

।।6.47 ।। **योगिनामपि सर्वेषां मद्गतेनान्तरात्मना ।**

श्रद्धावान्भजते यो मां स मे युक्ततमो मत: ।।

योगिनाम् (नि० 8/16) अपि सर्वेषाम् (नि० 25/3, 14/1) मद्गतेन (नि० 1/1) अन्तरात्मना श्रद्धावान् (नि० 13/15) भजते य: (नि० 15/9) माम् (नि० 14/1) स: (नि० 21/2) मे युक्ततम: (नि० 15/9) मत: (नि० 22/8)

योगिनाम् (3.3); * अपि (1.26); * सर्वेषाम् (1.25); * मद्गतेन (पु० तृतीया० एक० ←तत्पु०स० मद्गत, मयि गतम् ←सना० मत् 1.9 + वि० गत 2.11); * अन्तरात्मना (तृतीया० एक० ←पु० **अन्तरात्मन्** ←अव्यय० अन्तरा ←अन्त√रा अथवा अव्यय० अन्तर् (5.24); * + न० आत्मन् 2.41); * श्रद्धावान् (4.39); * **भजते** (तृ०पु० एक० लट्०-वर्तमान० भ्वादि० आत्मने० ←√भज् 6.31); * य: (2.19); * माम् (1.46); * स: (1.13); * मे (1.21); * युक्ततम: (पु० प्रथमा० एक० ←तमभावात्मक वि० **युक्ततम** ←वि० युक्त 1.14 + तद्धित प्रत्यय तम 1.7); * मत: (6.32)

योगिनाम् (योग्यांपैकी) अपि (सुद्धा) सर्वेषाम् (सर्व) मद्गतेन (मत्परायणतेने) अन्तरात्मना (स्थिर अंत:करणाने) श्रद्धावान् (श्रद्धायुक्त) भजते (भजतो) य: (जो योगी) माम् (मला) स: (तो) मे (मला) युक्ततम: (सर्वश्रेष्ठ निष्ठावंत) मत: (वाटतो)

* सर्व योग्यांपैकी सुद्धा जो योगी मला श्रद्धायुक्त अंत:करणाने मत्परायणतेने स्थिर (होऊन) भजतो तो मला सर्वश्रेष्ठ निष्ठावंत वाटतो.

इति श्रीमद्भगवद्गीतासूपनिषत्सु ब्रह्मविद्यायां योगशास्त्रे श्रीकृष्णार्जुनसंवाद आत्मसंयमयोगो नाम षष्ठोऽध्याय: ।।6 ।।

इति श्रीमद्भगवद्गीतासु (नि० 1/8) उपनिषत्सु ब्रह्मविद्यायाम् (नि० 14/1) योगशास्त्रे श्रीकृष्णार्जुनसंवादे (नि० 5/1) आत्मसंयमयोग: (नि० 15/6) नाम षष्ठ: (नि० 15/1) अध्याय: (नि० 22/8)

इति (याप्रमाणे) श्रीमद्भगवद्गीतासु उपनिषत्सु (श्रीमद्भगवद्गीतो-पनिषदांतील) ब्रह्मविद्यायाम् (ब्रह्मविद्यांतर्गत) योगशास्त्रे श्रीकृष्णार्जुनसंवादे (श्रीकृष्ण आणि अर्जुन यांच्या योगशास्त्राच्या संवादापैकी) आत्मसंयमयोग: (आत्मसंयमयोग) नाम (नामक) षष्ठ: (सहावा) अध्याय: (अध्याय)

* श्रीमद्भगवद्गीतोपनिषदांतील श्रीकृष्ण आणि अर्जुन यांच्या योगशास्त्राच्या संवादापैकी ब्रह्मविद्यांतर्गत 'आत्मसंयमयोग' नावाचा सहावा अध्याय याप्रमाणे (समाप्त).

*****

असम्भवे हेममयस्य जन्तोः तथापि रामो लुलुभे मृगाय ।
प्रायः समासन्नपराभवाणां धियो विपर्यस्ततरा भवति ।।
(महाभारत, शान्ति॰ 138.95)

स्वर्णमृग मृगजळ, तरी राम झाला लुब्ध ।
ज्याचा जेव्हा येतो काळ, त्याची बुद्धि होते स्तब्ध ।।

अनृतं जीवितस्यार्थे वदन्न स्पृश्यतेऽनृतैः ।।
(महाभारत, द्रोण॰ 190.47)

जीव कराया रक्षण, केले अनृत वचन ।
जाणुनि विकट क्षण, मिथ्या नव्हे ते कथन ।।

सुखं वा यदि वा दुखं प्रियं वा यदिवाऽप्रियम् ।
प्राप्तं प्राप्तमुपासीत हृदयेनापराजितः ।।
(महाभारत, शोन्त॰ 25.26)

सुख मिळो किंवा दुःख, प्रिय अथवा अप्रिय ।
स्वीकारावे हसमुख, ते हृदयाने सक्रिय ।।

सप्तमोऽध्यायः ।
ज्ञानविज्ञानयोगः ।

।।7.1 ।। श्रीभगवानुवाच

मय्यासक्तमनाः पार्थ योगं युञ्जन्मदाश्रयः ।
असंशयं समग्रं मां यथा ज्ञास्यसि तच्छृणु ।।

सप्तमः (नि॰ 15/1) अध्यायः (नि॰ 22/8) । ज्ञानविज्ञानयोगः (नि॰ 22/8) । श्रीभगवान् (नि॰ 8/14) उवाच । मयि (नि॰ 4/2) आसक्तमनाः (नि॰ 22/3) पार्थ योगम् (नि॰ 14/1) युञ्जन् (नि॰ 13/16) मदाश्रयः (नि॰ 22/8) असंशयम् (नि॰ 14/1) समग्रम् (नि॰ 14/1) माम् (नि॰ 14/1) यथा ज्ञास्यसि तत् (नि॰ 11/4) शृणु

सप्तमः (पु॰ प्रथमा॰ एक॰ ←क्रम. संख्या॰ वि॰ सप्तम ←वि॰ सप्तन् 10.6↓); * अध्यायः (प्रथमा॰ एक॰ ←पु॰ अध्याय ←अधि√इ); * ज्ञानविज्ञानयोगः (पु॰ प्रथमा॰ एक॰ ←तत्पु॰स॰ ज्ञानविज्ञानयोग, ज्ञानस्य च विज्ञानस्य च योगः ←न॰ ज्ञान 3.3 + न॰ विज्ञान 3.41 + पु॰ योग 2.39) ।

श्रीभगवान् (2.2); * उवाच (1.25) । मयि (3.30); * आसक्तमना: (पु॰ प्रथमा॰ एक॰ ←बहुव्री॰ आसक्तमनस्, आसक्तम् मन: यस्य ←वि॰ **आसक्त** ←आ√सञ्ज् + न॰ मनस् 1.30); * पार्थ (1.25); * योगम् (2.53); * युञ्जन् (6.15); * मदाश्रय: (पु॰ प्रथमा॰ एक॰ ←बहुव्री॰ मदाश्रय, अहम् आश्रय: यस्य ←सना॰ मत् 1.9 + पु॰ आश्रय 4.20); * असंशयम् (क्रिवि॰ 6.35); * समग्रम् (क्रिवि॰ 4.23); * माम् (1.46); * यथा (1.11); * ज्ञास्यसि (द्वि॰पु॰ एक॰ लृट्॰-भविष्य॰ क्र्यादि॰ परस्मै॰ ←√ज्ञा); * तत् (2.7); * शृणु (2.39)

श्रीभगवान् (श्रीभगवान) उवाच (म्हणाले-) मयि (माझ्यात) आसक्तमना: (मन तल्लीन केलेला) पार्थ (हे पार्था!) योगम्-युञ्जन् (योगाचे मनन करीत) मदाश्रय: (माझा आश्रय घेतलेला) असंशयम् (विना संशय) समग्रम् (समस्त) माम् (मला) यथा (ज्या रीतीने) ज्ञास्यसि (जाणशील) तत् (ते) शृणु (तू ऐक)

* श्रीभगवान म्हणाले- हे पार्था! माझ्यात मन तल्लीन केलेला, माझा आश्रय घेतलेला, योगाचे मनन करीत मला ज्या रीतीने विना संशय समस्त जाणशील ते तू ऐक.

।।7.2 ।। **ज्ञानं तेऽहं सविज्ञानमिदं वक्ष्याम्यशेषत: ।**
यज्ज्ञात्वा नेह भूयोऽन्यज्ज्ञातव्यमवशिष्यते ।।

ज्ञानम् (नि॰ 14/1) ते (नि॰ 6/1) अहम् (नि॰ 14/1) सविज्ञानम् (नि॰ 8/18) इदम् (नि॰ 14/1) वक्ष्यामि (नि॰ 4/1) अशेषत: (नि॰ 22/8) यत् (नि॰ 11/2) ज्ञात्वा न (नि॰ 2/1) इह भूय: (नि॰ 15/1) अन्यत् (नि॰ 11/2) ज्ञातव्यम् (नि॰ 8/16) अवशिष्यते

ज्ञानम् (3.40); * ते (1.7); * अहम् (1.22); * सविज्ञानम् (न॰ द्वितीया॰ एक॰ ←स-बहुव्री॰ सविज्ञान, विज्ञानेन सह ←न॰ विज्ञान 3.41 + वि॰ सह 1.22); * इदम् (1.10); * **वक्ष्यामि** (प्रथम॰पु॰ एक॰ लृट्॰-भविष्य॰ अदादि॰ परस्मै॰ ←√वच्); * अशेषत: (6.24); * यत् (3.21); * ज्ञात्वा (4.15); * न (1.30); * इह (2.5); * भूय: (2.20); * अन्यत् (2.31); * ज्ञातव्यम् (न॰ प्रथमा॰ एक॰ ←कर्मणि॰ विधि॰ धातु॰सा॰ वि॰ ज्ञातव्य ←√ज्ञा क्र्यादि॰); * अवशिष्यते (तृ॰पु॰ एक॰ लट्॰-वर्तमान॰ रुधादि॰ आत्मने॰ ←अव√शिष्)

ज्ञानम् (ज्ञान) ते (तुला) अहम् (मी) सविज्ञानम् (अनुभवज्ञानासह) इदम् (हे) वक्ष्यामि (सांगेन) अशेषत: (नि:शेष) यत् (जे) ज्ञात्वा (जाणून) न (नाही) इह (या जगात) भूय: (मग) अन्यत् (अन्य काही) ज्ञातव्यम् (जाणण्याजोगे) अवशिष्यते (उरत-)

* मी तुला हे ज्ञान अनुभवज्ञानासह नि:शेष सांगेन जे जाणून या जगात मग जाणण्याजोगे अन्य काही उरत नाही.

।।7.3 ।। **मनुष्याणां सहस्रेषु कश्चिद्यतति सिद्धये ।**
यततामपि सिद्धानां कश्चिन्मां वेत्ति तत्त्वत: ।।

मनुष्याणाम् (नि॰ 24/6, 14/1) सहस्रेषु (नि॰ 25/5) कश्चित् (नि॰ 9/9) यतति सिद्धये यतताम् (नि॰

8/16) अपि सिद्धानाम् (नि॰ 14/1) कश्चित् (नि॰ 12/2) माम् (नि॰ 14/1) वेत्ति तत्त्वत: (नि॰ 22/8)

मनुष्याणाम् (1.44); * सहस्रेषु (सप्तमी॰ अनेक॰ ←वि॰ **सहस्र** ←√हस्); * कश्चित् (2.17); * यतति (तृ॰पु॰ एक॰ लट्॰–वर्तमान॰ भ्वादि॰ परस्मै॰ ←√यत् 6.43); * **सिद्धये** (चतुर्थी॰ एक॰ ←स्त्री॰ सिद्धि 2.48); * यतताम् (पु॰ षष्ठी॰ एक॰ ←वि॰ यतत् 2.60); * अपि (1.26); * **सिद्धानाम्** (षष्ठी॰ अनेक॰ ←पु॰ **सिद्ध** ←√सिध्); * कश्चित् (2.17); * माम् (1.46); * वेत्ति (2.19); * तत्त्वत: (4.9)

मनुष्याणाम् (माणसांपैकी) सहस्रेषु (हजारांत) कश्चित् (कुणी) यतति (यत्न करतो) सिद्धये (सिद्धि गाठण्याकरिता) यतताम् (यत्न करणाऱ्या) अपि (सुद्धा) सिद्धानाम् (सिद्धांपैकी) कश्चित् (कुणी) माम् (मला) वेत्ति (जाणतो) तत्त्वत: (यथार्थाने)

* माणसांपैकी हजारांत कुणी (एखादा) सिद्धि गाठण्याकरिता यत्न करतो, यत्न करणाऱ्या सिद्धांपैकी सुद्धा कुणी (एखादा) मला यथार्थाने जाणतो.

।।7.4 ।। **भूमिरापोऽनलो वायु: खं मनो बुद्धिरेव च ।**
अहङ्कार इतीयं मे भिन्ना प्रकृतिरष्टधा ।।

भूमि: (नि॰ 16/1) आप: (नि॰ 15/1) अनल: (नि॰ 15/13) वायु: (नि॰ 22/2) खम् (नि॰ 14/1) मन: (नि॰ 15/7) बुद्धि: (नि॰ 16/1) एव च अहङ्कार: (नि॰ 19/2) इति (नि॰ 1/5) इयम् (नि॰ 14/1) मे भिन्ना प्रकृति: (नि॰ 16/1) अष्टधा

भूमि: (प्रथमा॰ एक॰ ←स्त्री॰ भूमि 2.8); * आप: (2.23); * अनल: (प्रथमा॰ एक॰ ←पु॰ अनल 3.39); * वायु: (2.67); * खम् (प्रथमा॰ एक॰ ←न॰ **ख** ←√खर्व्); * मन: (1.30); * बुद्धि: (2.39); * एव (1.1); * च (1.1); * **अहङ्कार:** (प्रथमा॰ एक॰ ←पु॰ अहङ्कार 2.71); * इति (1.25); * **इयम्** (स्त्री॰ प्रथमा॰ एक॰ ←सना॰ इदम् 1.10); * मे (1.21); * भिन्ना (स्त्री॰ प्रथमा॰ एक॰ ←क्त॰ वि॰ भिन्न ←√भिद्); * **प्रकृति:** (प्रथमा॰ एक॰ ←स्त्री॰ प्रकृति 3.5); * अष्टधा (क्रि॰वि॰ अव्यय॰ ←वि॰ **अष्ट** अथवा **अष्टन्** ←√अश्)

भूमि: (पृथ्वी) आप: (पाणी) अनल: (अग्नि) वायु: (वायु) खम् (आकाश) मन: (मन) बुद्धि: (मति) एव (देखील) च (आणि) अहङ्कार: (अहंकार) इति (अशी) इयम् (ही) मे (माझी) भिन्ना (विभक्त) प्रकृति: (प्रकृति) अष्टधा (आठ प्रकारे)

* पृथ्वी, आकाश, वायु, अग्नि, पाणी, मन, मति आणि अहंकार देखील अशी ही माझी आठ प्रकारे विभक्त प्रकृति (आहे).

।।7.5 ।। **अपरेयमितस्त्वन्यां प्रकृतिं विद्धि मे पराम् ।**
जीवभूतां महाबाहो ययेदं धार्यते जगत् ।।

अपरा (नि॰ 2/3) इयम् (नि॰ 8/18) इत: (नि॰ 18/1) तु (नि॰ 4/6) अन्याम् (नि॰ 14/1) प्रकृतिम् (नि॰ 14/1) विद्धि मे पराम् (नि॰ 14/2) जीवभूताम् (नि॰ 14/1) महाबाहो यया (नि॰ 2/3) इदम् (नि॰

14/1) धार्यते जगत्

अपरा (स्त्री० प्रथमा० एक० ←वि० अपर 2.22); * इयम् (7.4); * **<u>इतः</u>** (अव्यय० इतस् ←सना० इदम् 1.10); * तु (1.2); * अन्याम् (स्त्री० द्वितीया० एक० ←वि० अन्य 1.9); * प्रकृतिम् (3.33); * विद्धि (2.17); * मे (1.21); * पराम् (4.39); * जीवभूताम् (स्त्री० द्वितीया० एक० ←क० **<u>जीवभूत</u>** ←पु० **<u>जीव</u>** ←√जीव् + पु० भूत 2.28); * महाबाहो (2.26); * यया (2.39); * इदम् (1.10); * धार्यते (कर्मणि तृ०पु० एक० लट्०–वर्तमान० भ्वादि० आत्मने० प्रयो० ←√धृ); * **<u>जगत्</u>** (प्रथमा० एक० ←न० **<u>जगत्</u>** ←√गम्)

अपरा (कनिष्ठ, जड) इयम् (ही) इतः (याहून) तु (परंतु) अन्याम् (वेगळी) प्रकृतिम् (प्रकृति) विद्धि (तू जाणून घे) मे (माझी) पराम् (चेतन) जीवभूताम् (जीवनतत्त्वाच्या) महाबाहो (हे पार्था!) यया (जिच्याद्वारे) इदम् (हे) धार्यते (धारण केले जाते) जगत् (जग)

* ही माझी जड (प्रकृति झाली) परंतु, हे पार्था! याहून वेगळी जीवनतत्त्वाच्या चेतन (प्रकृतीला) तू जाणून घे, जिच्याद्वारे हे जग धारण केले जाते.

।।7.6 ।। **एतद्योनीनि भूतानि सर्वाणीत्युपधारय ।**
अहं कृत्स्नस्य जगतः प्रभवः प्रलयस्तथा ।।

एतद्योनीनि भूतानि सर्वाणि (नि० 24/7, 1/5) इति (नि० 4/3) उपधारय (नि० 23/1) अहम् (नि० 14/1) कृत्स्नस्य जगतः (नि० 22/3) प्रभवः (नि० 22/3) प्रलयः (नि० 18/1) तथा

एतद्योनीनि (न० प्रथमा० अनेक० ←बहुव्री० वि० एतद्योनिन्, एषा योनिः यस्य तत् ←सना० एतत् 2.3 + स्त्री० योनी 5.22); * भूतानि (प्रथमा० 2.28); * **<u>सर्वाणि</u>** (प्रथमा० एक० ←न० भूत 2.30); * इति (1.25); * **<u>उपधारय</u>** (द्वि०पु० एक० उपदेशार्थ लोट् भ्वादि० परस्मै० प्रयो० ←√धृ); * अहम् (1.22); * कृत्स्नस्य (षष्ठी० एक० ←वि० कृत्स्न 1.40); * **<u>जगतः</u>** (षष्ठी० एक० ←न० जगत् 7.5); * **<u>प्रभवः</u>** (प्रथमा० एक० ←पु० प्रभव 6.24); * **<u>प्रलयः</u>** (प्रथमा० एक० ←पु० **<u>प्रलय</u>** ←प्र√ली); * तथा (1.8)

एतद्योनीनि (या योनीत जन्म घेतलेले) भूतानि (जीव) सर्वाणि (सर्व) इति (असे) उपधारय (जाण) अहम् (मी) कृत्स्नस्य-जगतः (सर्व जगताचा) प्रभवः (जन्म) प्रलयः (लोप) तथा (तसेच)

* सर्व जीव या योनीत जन्म घेतलेले (आहेत) असे जाण, मी सर्व जगताचा जन्म तसेच लोप (स्थान आहे).

।।7.7 ।। **मत्तः परतरं नान्यत्किञ्चिदस्ति धनञ्जय ।**
मयि सर्वमिदं प्रोतं सूत्रे मणिगणा इव ।।

मत्तः (नि० 22/3) परतरम् (नि० 14/1) न (नि० 1/1) अन्यत् (नि० 10/5) किञ्चित् (नि० 8/2) अस्ति धनञ्जय मयि सर्वम् (नि० 8/18) इदम् (नि० 14/1) प्रोतम् (नि० 14/1) सूत्रे मणिगणाः (नि० 24/5, 20/3) इव

मत्तः (सार्वनामिक अव्यय॰ ←पंचमी॰ एक॰ सना॰ मत् 1.9); * परतरम् (न॰ प्रथमा॰ एक॰ तरभाव ←वि॰ पर 2.3 + प्रत्यय तर 1.46); * न (1.30); * अन्यत् (2.31); * किञ्चित् (4.20); * अस्ति (2.40); * धनञ्जय (2.48); * मयि (3.30); * सर्वम् (2.17); * इदम् (1.10); * प्रोतम् (न॰ प्रथमा॰ एक॰ ←क्त॰ वि॰ प्रोत ←प्र√वे); * सूत्रे (सप्तमी॰ एक॰ ←न॰ **सूत्र** ←√सूत्र्); * मणिगणाः (पु॰ प्रथमा॰ अनेक॰ ←तत्पु॰स॰ मणिगण, मणीनाम् गणः ←पु॰ अथवा स्त्री॰ मणि ←√मण् + पु॰ **गण** ←√गण्); * इव (1.30)

मत्तः (माझ्यापेक्षा) परतरम् (पलीकडे) न (नाही) अन्यत् (अन्य) किञ्चित् (काहीही) अस्ति (असत–) धनञ्जय (हे धनंजया!) मयि (माझ्यात) सर्वम् (सर्व) इदम् (हे) प्रोतम् (ओवलेले) सूत्रे (दोऱ्यात) मणिगणाः (मणी) इव (जणू)

* हे धनंजया! माझ्यापेक्षा पलीकडे अन्य काहीही असत नाही, हे सर्व माझ्यात ओवलेले (आहे), जणू दोऱ्यात मणी.

।।7.8 ।। **रसोऽहमप्सु कौन्तेय प्रभाऽस्मि शशिसूर्ययोः ।**
प्रणवः सर्ववेदेषु शब्दः खे पौरुषं नृषु ।।

रसः (नि॰ 15/1) अहम् (नि॰ 8/16) अप्सु कौन्तेय प्रभा (नि॰ 1/3) अस्मि शशिसूर्ययोः (नि॰ 22/8) प्रणवः (नि॰ 22/7) सर्ववेदेषु (नि॰ 25/5) शब्दः (नि॰ 22/2) खे पौरुषम् (नि॰ 14/1) नृषु (नि॰ 25/5)

रसः (2.59); * अहम् (1.22); * अप्सु (सप्तमी॰ अनेक॰ ←स्त्री॰ अप् ←√आप्); * कौन्तेय (2.14); * प्रभा (प्रथमा॰ एक॰ ←स्त्री॰ प्रभा ←प्र√भा); * **अस्मि** (प्रथम॰पु॰ एक॰ लट्॰–वर्तमान॰ अदादि॰ परस्मै॰ ←√अस्); * शशिसूर्ययोः (पु॰ षष्ठी॰ द्वि॰व॰ ←द्वंद्व॰स॰ शशिनः च सूर्यस्य च ←पु॰ **शशिन्** ←√शश् + पु॰ **सूर्य** ←√सृ); * प्रणवः (प्रथमा॰ एक॰ ←पु॰ प्रणव ←प्र√नू); * सर्ववेदेषु (सर्वेषु वेदेषु, पु॰ सप्तमी॰ अनेक॰ ←सना॰ सर्व 1.6 + पु॰ वेद 2.42); * शब्दः (1.13); * खे (सप्तमी॰ एक॰ ←न॰ ख 7.4); * पौरुषम् (प्रथमा॰ एक॰ ←वि॰ पौरुष ←पु॰ पुरुष 2.15); * नृषु (सप्तमी॰ अनेक॰ ←पु॰ **नृ** ←√नी)

रसः (द्रवता) अहम् (मी) अप्सु (जळातील) कौन्तेय (हे कुन्तीपुत्रा!) प्रभा (प्रकाश) अस्मि (मी आहे) शशिसूर्ययोः (चंद्रसूर्यातील) प्रणवः (ॐकार) सर्ववेदेषु (सर्व वेदांतील) शब्दः (ध्वनी) खे (आकाशातील) पौरुषम् (नरत्व) नृषु (मनुष्यांतील)

* हे कुन्तीपुत्रा! मी जळातील द्रवता, चंद्रसूर्यातील प्रकाश, सर्व वेदांतील ॐकार, आकाशातील ध्वनी, (तसेच) मनुष्यांतील नरत्व मी आहे.

।।7.9 ।। **पुण्यो गन्धः पृथिव्यां च तेजश्चास्मि विभावसौ ।**
जीवनं सर्वभूतेषु तपश्चास्मि तपस्विषु ।।

पुण्य: (नि॰ 15/2) **गन्ध:** (नि॰ 22/3) पृथिव्याम् (नि॰ 14/1) च **तेज:** (नि॰ 17/1) च (नि॰ 1/1) अस्मि विभावसौ जीवनम् (नि॰ 14/1) सर्वभूतेषु (नि॰ 25/5) तप: (नि॰ 17/1) च (नि॰ 1/1) अस्मि तपस्विषु (नि॰ 25/5)

पुण्य: (पु॰ प्रथमा॰ एक॰ ←वि॰ पुण्य 6.41); * **गन्ध:** (प्रथमा॰ एक॰ ←पु॰ **गन्ध** ←√गन्ध्); * **पृथिव्याम्** (सप्तमी॰ एक॰ ←स्त्री॰ पृथिवी 1.18); * च (1.1); * **तेज:** (प्रथमा॰ एक॰ ←न॰ **तेजस्** ←√तिज्); * च (1.1); * अस्मि (7.8); * विभावसौ (सप्तमी॰ एक॰ ←पु॰ विभावसु ←वि√भास्); * जीवनम् (प्रथमा॰ एक॰ ←न॰ जीवन ←√जीव्); * सर्वभूतेषु (3.18); * **तप:** (प्रथमा॰ एक॰ ←न॰ तपस् 4.10); * च (1.1); * अस्मि (7.8); * तपस्विषु (सप्तमी॰ अनेक॰ ←पु॰ तपस्विन् 6.46)

पुण्य: (पवित्र) गन्ध: (सुगंध) पृथिव्याम् (पृथ्वीतील) च (आणि) तेज: (उष्णता) च (आणि) अस्मि (आहे मी) विभावसौ (अग्नीतील) जीवनम् (जीवन) सर्वभूतेषु (सर्व जीवजंतूंतील) तप: (तप) च (आणि) अस्मि (आहे मी) तपस्विषु (सिद्धांतील)

* मी पृथ्वीतील पवित्र सुगंध आणि अग्नीतील उष्णता आहे आणि सर्व जीवजंतूंतील जीवन आणि सिद्धांतील तप मी आहे.

।।7.10 ।। **बीजं मां सर्वभूतानां विद्धि पार्थ सनातनम् ।**
बुद्धिर्बुद्धिमतामस्मि तेजस्तेजस्विनामहम् ।।

बीजम् (नि॰ 14/1) माम् (नि॰ 14/1) सर्वभूतानाम् (नि॰ 14/1) विद्धि पार्थ सनातनम् (नि॰ 14/2) बुद्धि: (नि॰ 16/6) बुद्धिमताम् (नि॰ 8/16) अस्मि तेज: (नि॰ 18/1) तेजस्विनाम् (नि॰ 8/16) अहम् (नि॰ 14/2)

बीजम् (द्वितीया॰ एक॰ ←न॰ **बीज** ←वि√जन्); * माम् (1.46); * सर्व (1.6); * भूतानाम् (2.69); * विद्धि (2.17); * पार्थ (1.25); * सनातनम् (द्वितीया॰ 4.31); * बुद्धि: (2.39); * बुद्धिमताम् (पु॰ षष्ठी॰ अनेक॰ ←वि॰ बुद्धिमत् 4.18); * अस्मि (7.8); * तेज: (प्रथमा॰ 7.9); * **तेजस्विनाम्** (षष्ठी॰ अनेक॰ ←पु॰ तेजस्विन् ←√तिज्); * अहम् (1.22)

बीजम् (बीज) माम् (मला) सर्वभूतानाम् (सर्व प्राणिमात्रांचे) विद्धि (समज) पार्थ (हे पार्था!) सनातनम् (आद्य) बुद्धि: (बुद्धि) बुद्धिमताम् (बुद्धिमंतांची) अस्मि (आहे मी) तेज: (तेज) तेजस्विनाम् (तेजस्वींचे) अहम् (मी)

* हे पार्था! मला सर्व प्राणिमात्रांचे आद्य बीज समज, मी बुद्धिमंतांची बुद्धि (आणि) तेजस्वींचे तेज मी आहे.

।।7.11 ।। **बलं बलवतामस्मि कामरागविवर्जितम् ।**
धर्माविरुद्धो भूतेषु कामोऽस्मि भरतर्षभ ।।

बलम् (नि॰ 14/1) बलवताम् (नि॰ 8/16) अस्मि कामरागविवर्जितम् (नि॰ 14/2) धर्माविरुद्ध: (नि॰

15/8) भूतेषु (नि० 25/5) कामः (नि० 15/1) अस्मि भरतर्षभ

बलम् (प्रथमा० 1.10); * बलवताम् (पु० षष्ठी० अनेक० ←वि० बलवत् 6.34); * अस्मि (7.8); * कामरागविवर्जितम् (न० प्रथमा० एक० **←बहुव्री०** वि० कामरागविवर्जित, कामेन च रागेण च विवर्जितम् यत् तत् ←पु० काम 1.22 + पु० राग 2.56 + क्त० वि० **<u>विवर्जित</u>** ←वि√वृज् 4.19); * **धर्माविरुद्धः** (पु० प्रथमा० एक० **←बहुव्री०** धर्माविरुद्ध, धर्मेण अविरुद्धः यः ←पु० धर्म 1.1 + नञ् प्रत्यय अ 1.10 + वि० विरुद्ध ←वि√रुध्); * **<u>भूतेषु</u>** (सप्तमी० अनेक० ←न० भूत 2.28); * कामः (2.62); * अस्मि (7.8); * भरतर्षभ (3.41)

बलम् (शक्ति) बलवताम् (सशक्त लोकांची) अस्मि (आहे मी) कामरागविवर्जितम् (वासना व आसक्तिरहित) धर्माविरुद्धः (धार्मिक) भूतेषु (लोकांत) कामः (कामना) अस्मि (आहे मी) भरतर्षभ (हे भरतश्रेष्ठा!)

* हे भरतश्रेष्ठा! मी सशक्त लोकांची वासना व आसक्तिरहित शक्ति आहे (तसेच) लोकांत धार्मिक कामना मी आहे.

।।7.12 ।। **ये चैव सात्त्विका भावा राजसास्तामसाश्च ये ।**
मत्त एवेति तान्विद्धि न त्वहं तेषु ते मयि ।।

ये च (नि० 3/1) एव सात्त्विकाः (नि० 20/12) भावाः (नि० 20/15) राजसाः (नि० 18/1) तामसाः (नि० 17/1) च ये मत्तः (नि० 19/7) एव (नि० 2/1) इति तान् (नि० 13/19) विद्धि न तु (नि० 4/6) अहम् (नि० 14/1) तेषु (नि० 25/5) ते मयि

ये (1.7); * च (1.1); * एव (1.1); * **<u>सात्त्विकाः</u>** (पु० प्रथमा० अनेक० ←वि० **<u>सात्त्विक</u>** ←न० सत् 2.16); * **<u>भावाः</u>** (प्रथमा० अनेक० ←पु० भाव 2.16); * **<u>राजसाः</u>** (पु० प्रथमा० अनेक० ←वि० **<u>राजस</u>** ←न० रजस् 3.37); * **<u>तामसाः</u>** (पु० प्रथमा० अनेक० ←वि० **<u>तामस</u>** ←न० **<u>तमस्</u>** ←√तम्); * च (1.1); * ये (1.7); * मत्तः (7.7); * एव (1.1); * इति (1.25); * तान् (1.7); * विद्धि (2.17); * न (1.30); * तु (1.2); * अहम् (1.22); * तेषु (2.62); * ते (1.33); * मयि (3.30)

ये (जे) च (आणि) एव (सुद्धा) सात्त्विकाः (सात्त्विक) भावाः (भाव) राजसाः (राजसी) तामसाः (तामसी) च (व) ये (जे) मत्तः (माझ्यातून) एव (च) इति (असे) तान् (त्यांना) विद्धि (जाण) न (नसतो) तु (परंतु) अहम् (मी) तेषु (त्यांत) ते (ते) मयि (माझ्यात)

* आणि जे सात्त्विक, राजसी व जे तामसी सुद्धा भाव (आहेत) त्यांना माझ्यातूनच (उद्भवणारे) असे जाण; ते माझ्यात (आहेत) परंतु मी त्यांत नसतो.

।।7.13 ।। **त्रिभिर्गुणमयैर्भावैरेभिः सर्वमिदं जगत् ।**
मोहितं नाभिजानाति मामेभ्यः परमव्ययम् ।।

त्रिभिः (नि० 16/6) गुणमयैः (नि० 16/11) भावैः (नि० 16/4) एभिः (नि० 22/7) सर्वम् (नि० 8/18)

इदम् (नि० 14/1) जगत् (नि० 23/1) मोहितम् (नि० 14/1) न (नि० 1/1) अभिजानाति माम् (नि० 8/22) एभ्य: (नि० 22/3) परम् (नि० 8/16) अव्ययम् (नि० 14/2)

त्रिभि: (पु० तृतीया० ←वि० त्रि 2.45); * गुणमयै: (पु० तृतीया० अनेक० ←वि० **गुणमय** ←पु० गुण 2.45 + वि० मय 4.10); * भावै: (तृतीया० अनेक० ←पु० भाव 2.7); * **एभि:** (पु० तृतीया० अनेक० ←सना० इदम् 1.10); * सर्वम् (2.17); * इदम् (1.10); * जगत् (7.5); * मोहितम् (प्रथमा० एक० ←वि० मोहित 4.16); * न (1.30); * अभिजानाति (4.14); * माम् (1.46); * एभ्य: (3.12); * परम् (2.12); * अव्ययम् (2.21)

त्रिभि: (तीन प्रकारच्या–) गुणमयै: (गुणयुक्त–) भावै: (भावांनी) एभि: (या) सर्वम् (सर्व) इदम् (हे) जगत् (विश्व) मोहितम् (भ्रांत झालेले) न–अभिजानाति (जाणत नाही) माम् (मला) एभ्य: (यांच्यांपेक्षा) परम् (पलीकडच्या) अव्ययम् (अव्ययी)

* या तीन प्रकारच्या गुणयुक्त भावांनी भ्रांत झालेले हे सर्व विश्व यांच्यापेक्षा पलीकडच्या अव्ययी (अशा) मला (ते) जाणत नाही.

।।7.14 ।। **दैवी ह्येषा गुणमयी मम माया दुरत्यया ।**
मामेव ये प्रपद्यन्ते मायामेतां तरन्ति ते ।।

दैवी हि (नि० 4/4) एषा (नि० 25/2) गुणमयी मम माया दुरत्यया माम् (नि० 8/22) एव ये प्रपद्यन्ते मायाम् (नि० 8/22) एताम् (नि० 14/1) तरन्ति ते

दैवी (स्त्री० प्रथमा० एक० ←वि० **दैविन्** ←न० दैव 4.25); * हि (1.11); * एषा (2.39); * गुणमयी (स्त्री० प्रथमा० एक० ←वि० गुणमय 7.13); * मम (1.7); * माया (4.6); * दुरत्यया (स्त्री० प्रथमा० एक० ←वि० दुरत्यया ←दुर्–अति√इ); * माम् (1.46); * एव (1.1); * ये (1.7); * प्रपद्यन्ते (4.11); * मायाम् (द्वितीया० एक० ←स्त्री० माया 4.6); * एताम् (1.3); * **तरन्ति** (तृ०पु० अनेक० लट्०– वर्तमान० भ्वादि० परस्मै० ←√तॄ); * ते (1.33)

दैवी (दैवी) हि (कारण) एषा (ही) गुणमयी (गुणमय) मम (माझी) माया (माया) दुरत्यया (अति दुर्गम अशी) माम् (मला) एव (च) ये (जे) प्रपद्यन्ते (शरण येतात) मायाम् (मायेला) एताम् (या) तरन्ति (पार करतात) ते (ते)

* कारण, माझी ही गुणमय दैवी माया अति दुर्गम अशी (आहे), जे मला शरण येतात तेच या मायेला पार करतात.

।।7.15 ।। **न मां दुष्कृतिनो मूढा: प्रपद्यन्ते नराधमा: ।**
माययाऽपहृतज्ञाना आसुरं भावमाश्रिता: ।।

न माम् (नि० 14/1) दुष्कृतिन: (नि० 15/9) मूढा: (नि० 22/3) प्रपद्यन्ते नराधमा: (नि० 22/8) मायया (नि० 1/3) अपहृतज्ञाना: (नि० 20/2) आसुरम् (नि० 14/1) भावम् (नि० 8/17) आश्रिता: (नि० 22/8)

न (1.30); * माम् (1.46); * दुष्कृतिन: (प्रथमा० अनेक० ←पु० दुष्कृतिन् ←अव्यय० दुस् 3.39 + वि० कृतिन् ←8√कृ); * **मूढा:** (प्रथमा० अनेक० ←पु० अथवा क्त० वि० **मूढ** ←√मुह्); * प्रपद्यन्ते (4.11); * नराधमा: (पु० प्रथमा० अनेक० ←बहुव्री० **नराधम**, नरेषु अधम: य: ←पु० नर 1.5 + वि० **अधम** ←√अव्); * **मायया** (तृतीया० एक० ←स्त्री० माया 4.6); * अपहृतज्ञाना: (पु० प्रथमा० अनेक० ←बहुव्री० अपहृतज्ञान, अपहृतम् ज्ञानम् यस्य ←वि० अपहृत 2.44 + न० ज्ञान 3.3); * **आसुरम्** (पु० द्वितीया० एक० ←वि० **आसुर** ←आ√अस्); * **भावम्** (द्वितीया० एक० ←पु० भाव 2.7); * **आश्रिता:** (पु० प्रथमा० अनेक० ←क्त० वि० **आश्रित** ←आ√श्रि)

न (नाहीत) माम् (मझ्या) दुष्कृतिन: (दुराचारी) मूढा: (भ्रांत झालेले) प्रपद्यन्ते (आश्रयी येत-) नराधमा: (नराधम) मायया (मायेने) अपहृतज्ञाना: (अविचारी झालेले लोक) आसुरम् (राक्षसी) भावम् (भावाला) आश्रिता: (आश्रयास घेतलेले लोक)

* ते दुराचारी, नराधम, भ्रांत झालेले, मायेने अविचारी झालेले लोक राक्षसी भावाला आश्रयास घेतलेले लोक माझ्या आश्रयी येत नाहीत.

।।7.16 ।। **चतुर्विधा भजन्ते मां जना: सुकृतिनोऽर्जुन ।**
आर्त्तो जिज्ञासुरर्थार्थी ज्ञानी च भरतर्षभ ।।

चतुर्विधा: (नि० 20/12) भजन्ते माम् (नि० 14/1) जना: (नि० 22/7) सुकृतिन: (नि० 15/1) अर्जुन (नि० 23/1) आर्त्त: (नि० 15/3) जिज्ञासु: (नि० 16/3) अर्थार्थी ज्ञानी च भरतर्षभ

चतुर्विधा: (पु० प्रथमा० अनेक० ←वि० **चतुर्विध** ←संख्या० वि० **चतुर्** ←√चत् + पु० विध 3.3); * **भजन्ते** (तृ०पु० अनेक० लट्०-वर्तमान० भ्वादि० आत्मने० ←√भज् 6.31); * माम् (1.46); * **जना:** (प्रथमा० अनेक० ←पु० जन 1.28); * सुकृतिन: (प्रथमा० अनेक० ←पु० सुकृतिन् ←सु√कृ); * अर्जुन (2.2); * आर्त्त: (पु० प्रथमा० एक० ←क्त० वि० आर्त्त ←आ√ऋ); * जिज्ञासु: (6.44); * अर्थार्थी (पु० प्रथमा० एक० ←वि० अर्थार्थिन् ←√अर्थ्); * **ज्ञानी** (पु० प्रथमा० एक० ←वि० ज्ञानिन् 3.39); * च (1.1); * भरतर्षभ (3.41)

चतुर्विधा: (चार प्रकारचे) भजन्ते (पूजतात) माम् (मला) जना: (लोक) सुकृतिन: (सत्कर्मी) अर्जुन (हे अर्जुना!) आर्त्त: (दु:खी) जिज्ञासु: (जिज्ञासु) अर्थार्थी (धनेच्छु) ज्ञानी (ज्ञानी) च (आणि) भरतर्षभ (हे भरतर्षभा!)

* हे अर्जुना! दु:खी, जिज्ञासु, धनेच्छु आणि ज्ञानी (असे) चार प्रकारचे सत्कर्मी लोक मला पूजतात, हे भरतर्षभा!

।।7.17 ।। **तेषां ज्ञानी नित्ययुक्त एकभक्तिर्विशिष्यते ।**
प्रियो हि ज्ञानिनोऽत्यर्थमहं स च मम प्रिय: ।।

तेषाम् (नि० 25/3, 14/1) ज्ञानी नित्ययुक्त: (नि० 19/7) एकभक्ति: (नि० 16/6) विशिष्यते (नि०

25/8) प्रिय: (नि॰ 15/14) हि ज्ञानिन: (नि॰ 15/1) अत्यर्थम् (नि॰ 8/16) अहम् (नि॰ 14/1) स: (नि॰ 21/2) च मम प्रिय: (नि॰ 22/8)

तेषाम् (5.16); * ज्ञानी (7.16); * नित्ययुक्त: (पु॰ प्रथमा॰ एक॰ ←क॰ **नित्ययुक्त**, नित्यम् युक्त: ←वि॰ नित्य 2.18 + वि॰ युक्त 1.14); * एकभक्ति: (पु॰ प्रथमा॰ एक॰ ←बहुव्री॰ एकभक्ति, एकस्मिन् भक्ति: यस्य ←वि॰ एक 2.41 + स्त्री॰ **भक्ति** ←√भज्); * विशिष्यते (3.7); * **प्रिय:** (पु॰ प्रथमा॰ एक॰ ←वि॰ प्रिय 1.23); * हि (1.11); * ज्ञानिन: (षष्ठी॰ एक॰ ←पु॰ ज्ञानिन् 3.39); * अत्यर्थम् (क्रि॰वि॰ अव्यय॰ ←पु॰ तत्पु॰स॰ अत्यर्थ ←अति√अर्थ्); * अहम् (1.22); * स: (1.13); * च (1.1); * मम (1.7); * प्रिय: (↑)

तेषाम् (त्यांपैकी) ज्ञानी (ज्ञानी) नित्ययुक्त: (नित्ययुक्त) एकभक्ति: (एकनिष्ठ) विशिष्यते (श्रेष्ठ असतो) प्रिय: (प्रिय) हि (कारण) ज्ञानिन: (ज्ञानी मनुष्याला) अत्यर्थम् (फार) अहम् (मी) स: (तो) च (आणि) मम (मला) प्रिय: (प्रिय)

* त्यांपैकी एकनिष्ठ असा नित्ययुक्त ज्ञानी (भक्त) श्रेष्ठ असतो, कारण मी ज्ञानी मनुष्याला फार प्रिय (असतो) आणि तो मला प्रिय (असतो).

।।7.18 ।। **उदारा: सर्व एवैते ज्ञानी त्वात्मैव मे मतम् ।**
आस्थित: स हि युक्तात्मा मामेवानुत्तमां गतिम् ।।

उदारा: (नि॰ 22/7) सर्वे (नि॰ 5/4) एव (नि॰ 3/1) एते ज्ञानी तु (नि॰ 4/7) आत्मा (नि॰ 3/3) एव मे मतम् (नि॰ 14/2) आस्थित: (नि॰ 22/7) स: (नि॰ 21/2) हि युक्तात्मा माम् (नि॰ 8/22) एव (नि॰ 1/1) अनुत्तमाम् (नि॰ 14/1) गतिम् (नि॰ 14/2)

उदारा: (पु॰ प्रथमा॰ अनेक॰ ←वि॰ उदार ←उद्-आ√रा); * सर्वे (1.6); * एव (1.1); * एते (1.23); * ज्ञानी (7.16); * तु (1.2); * आत्मा (6.5); * एव (1.1); * मे (1.21); * मतम् (3.31); * आस्थित: (5.4); * स: (1.13); * हि (1.11); * युक्तात्मा (पु॰ प्रथमा॰ एक॰ ←बहुव्री॰ युक्तात्मन्, युक्त: आत्मा यस्य ←वि॰ युक्त 1.14 + न॰ आत्मन् 2.41); * माम् (1.46); * एव (1.1); * अनुत्तमाम् (द्वितीया॰ एक॰ ←स्त्री॰ अनुत्तमा ←वि॰ उत्तम 1.7); * गतिम् (6.37)

उदारा: (थोर) सर्वे (सर्व) एव (च) एते (हे) ज्ञानी (ज्ञानी) तु (परंतु) आत्मा (आत्मा) एव (च) मे (मला) मतम् (वाटतो) आस्थित: (स्थित) स: (तो) हि (कारण) युक्तात्मा (युक्तात्मा) माम् (मला) एव (च) अनुत्तमाम् (उच्च-) गतिम् (गति-)

* हे सर्वच थोर (आहेत) परंतु ज्ञानी मला आत्माच वाटतो, कारण तो युक्तात्मा मलाच उच्च गति (जाणून तीत) स्थित (असतो).

।।7.19 ।। **बहूनां जन्मनामन्ते ज्ञानवान्मां प्रपद्यते ।**
वासुदेव: सर्वमिति स महात्मा सुदुर्लभ: ।।

बहूनाम् (नि॰ 14/1) जन्मनाम् (नि॰ 8/16) अन्ते ज्ञानवान् (नि॰ 13/16) माम् (नि॰ 14/1) प्रपद्यते वासुदेव: (नि॰ 22/7) सर्वम् (नि॰ 8/18) इति स: (नि॰ 21/2) महात्मा सुदुर्लभ: (नि॰ 22/8)

बहूनाम् (न॰ षष्ठी॰ अनेक॰ ←वि॰ बहु 1.9); * जन्मनाम् (षष्ठी॰ अनेक॰ ←न॰ जन्मन् 2.27); * **अन्ते** (सप्तमी॰ एक॰ ←वि॰ अथवा पु॰ अन्त 2.16); * ज्ञानवान् (3.33); * माम् (1.46); * प्रपद्यते (तृ॰पु॰ एक॰ लट्॰-वर्तमान॰ दिवादि॰ आत्मने॰ ←प्र√पद्); * **वासुदेव:** (पु॰ प्रथमा॰ एक॰ ←विना॰ तद्धित शब्द **वासुदेव**, वासूनाम् अथवा वसूनाम् देवस्य गोत्रापत्यम् ←पु॰ वासु अथवा **वसु** ←√वस् + पु॰ देव 3.11); * सर्वम् (4.33) इति (1.25); * स: (1.13); * **महात्मा** (पु॰ प्रथमा॰ एक॰ ←पु॰ **महात्मन्**, महान् आत्मा यस्य ←वि॰ महा 1.3 + पु॰ आत्मन् 2.41); * सुदुर्लभ: (पु॰ प्रथमा॰ एक॰ ←अव्यय॰ सु 5.1 + वि॰ दुर्लभ 6.42)

बहूनाम् (अनेक–) जन्मनाम् (जन्मांच्या) अन्ते (अंती) ज्ञानवान् (ज्ञानी) माम् (मला) प्रपद्यते (शरण येतो) वासुदेव: (हरि) सर्वम् (सर्वस्व) इति (असे) स: (तो) महात्मा (महात्मा) सुदुर्लभ: (अति दुर्मिळ असतो)

* अनेक जन्मांच्या अंती तो ज्ञानी हरि सर्वस्व (आहे) असे (जाणून) मला शरण येतो, (असा) महात्मा अति दुर्मिळ असतो.

।।7.20 ।। **कामैस्तैस्तैर्हृतज्ञाना: प्रपद्यन्तेऽन्यदेवता: ।**
तं तं नियममास्थाय प्रकृत्या नियता: स्वया ।।

कामै: (नि॰ 18/1) तै: (नि॰ 18/1) तै: (नि॰ 16/11) हृतज्ञाना: (नि॰ 22/3) प्रपद्यन्ते (नि॰ 6/1) अन्यदेवता: (नि॰ 22/8) तम् (नि॰ 14/1) तम् (नि॰ 14/1) नियमम् (नि॰ 8/17) आस्थाय प्रकृत्या नियता: (नि॰ 22/7) स्वया

कामै: (तृतीया॰ अनेक॰ ←पु॰ काम 1.22); * तै: (3.12); * तै: (3.12); * हृतज्ञाना: (पु॰ प्रथमा॰ अनेक॰ ←बहुव्री॰ हृतज्ञान, हृतम् ज्ञानम् यस्य ←क्त॰ वि॰ हृत ←√हृ + न॰ ज्ञान 3.3); * प्रपद्यन्ते (4.11); * अन्यदेवता: (स्त्री॰ प्रथमा॰ अनेक॰ ←क॰ अन्यदेवता, अन्या देवता ←वि॰ अन्य 1.9 + स्त्री॰ देवता 4.12); * तम् (2.1); * तम् (2.1); * नियमम् (द्वितीया॰ एक॰ ←पु॰ नियम ←नि√यम्); * आस्थाय (ल्यप्॰ अव्यय॰ ←आ√स्था); * **प्रकृत्या** (तृतीया॰ एक॰ ←स्त्री॰ प्रकृति 3.5); * नियता: (स्त्री॰ प्रथमा॰ अनेक॰ ←वि॰ नियत 1.44); * स्वया (स्त्री॰ तृतीया॰ एक॰ ←सना॰ स्व 1.28)

कामै: (कामनांनी) तै:–तै: (त्या– त्या–) हृतज्ञाना: (ज्ञान गमावलेले लोक) प्रपद्यन्ते (पूजतात) अन्यदेवता: (भिन्न भिन्न देवता) तम्–तम् (त्या– त्या–) नियमम् (विधीला) आस्थाय (आचरून) प्रकृत्या (प्रकृतीद्वारे) नियता: (नियंत्रित झालेले) स्वया (आपल्या)

* आपल्या प्रकृतीद्वारे नियंत्रित झालेले त्या त्या कामनांनी ज्ञान गमावलेले लोक त्या त्या विधीला आचरून भिन्न भिन्न देवता पूजतात.

।।7.21 ।। **यो यो यां यां तनुं भक्त: श्रद्धयार्चितुमिच्छति ।**

तस्य तस्याचलां श्रद्धां तामेव विदधाम्यहम् ।।

यो यो याम् (नि॰ 14/1) याम् (नि॰ 14/1) तनुम् (नि॰ 14/1) भक्त: (नि॰ 22/5) श्रद्धया (नि॰ 1/3) अर्चितुम् (नि॰ 8/18) इच्छति तस्य तस्य (नि॰ 1/1) अचलाम् (नि॰ 14/1) श्रद्धाम् (नि॰ 14/1) ताम् (नि॰ 8/22) एव विदधामि (नि॰ 4/1) अहम् (नि॰ 14/2)

य: (2.19); * य: (2.19); * याम् (2.42); * याम् (2.42); * **तनुम्** (द्वितीया॰ एक॰ ←स्त्री॰ तनु ←√तन्); * भक्त: (4.3); * श्रद्धया (6.37); * अर्चितुम् (तुमन्त॰ अव्यय॰ ←√अर्च्); * इच्छति (तृ॰पु॰ एक॰ लट्॰-वर्तमान॰ तुदादि॰ परस्मै॰ ←√इष् 1.35); * तस्य (1.12); * तस्य (1.12); * अचलाम् (स्त्री॰ द्वितीया॰ एक॰ ←वि॰ अचल 2.24); * श्रद्धाम् (द्वितीया॰ एक॰ ←स्त्री॰ श्रद्धा 3.31); * **ताम्** (स्त्री॰ द्वितीया॰ एक॰ ←सना॰ तद् 1.2); * एव (1.1); * विदधामि (प्रथम॰पु॰ एक॰ लट्॰-वर्तमान॰ जुवादि॰ परस्मै॰ ←वि√धा); * अहम् (1.22)

यो (जो) यो (जो) याम् (ज्या) याम् (ज्या) तनुम् (प्रतिमेला) भक्त: (भक्त) श्रद्धया (श्रद्धेने) अर्चितुम् (पूजण्याकरिता) इच्छति (इच्छा करतो) तस्य (त्याची) तस्य (त्याची) अचलाम् (दृढ) श्रद्धाम् (श्रद्धा) ताम् (ती) एव (च) विदधामि (करतो) अहम् (मी)

* जो जो भक्त ज्या ज्या (देवाच्या) प्रतिमेला श्रद्धेने पूजण्याकरिता इच्छा करतो त्याची त्याची तीच श्रद्धा मी दृढ करतो.

।।7.22।। **स तया श्रद्धया युक्तस्तस्याराधनमीहते ।**
लभते च तत: कामान्मयैव विहितान्हि तान् ।।

स: (नि॰ 21/2) तया श्रद्धया युक्त: (नि॰ 18/1) तस्य (नि॰ 1/2) आराधनम् (नि॰ 8/19) ईहते लभते च तत: (नि॰ 22/1) कामान् (नि॰ 13/16) मया (नि॰ 3/3) एव विहितान् (नि॰ 13/21) हि तान्

स: (1.13); * तया (2.44); * श्रद्धया (6.37); * युक्त: (2.39); * तस्य (1.12); * आराधनम् (द्वितीया॰ एक॰ ←न॰ आराधन ←आ√राध्); * ईहते (तृ॰पु॰ एक॰ लट्॰-वर्तमान॰ भ्वादि॰ आत्मने॰ ←√ईह्); * लभते (4.39); * च (1.1); * तत: (1.13); * कामान् (2.55); * मया (1.22); * एव (1.1); * विहितान् (पु॰ द्वितीया॰ अनेक॰ ←क्त॰ वि॰ **विहित** ←वि√धा); * हि (1.11); * यद् (1.7)

स: (तो) तया (त्या) श्रद्धया (श्रद्धेने) युक्त: (युक्त झालेला) तस्य (त्याची) आराधनम् (आराधना) ईहते (इच्छितो) लभते (प्राप्त करतो) च (आणि) तत: (त्यामुळे) कामान् (कामनांना) मया (माझ्याकडून) एव (च) विहितान् (नियोजिलेल्या) हि (नि:संशय) तान् (त्या)

* त्या श्रद्धेने युक्त झालेला तो त्या(देवा)ची आराधना इच्छितो आणि त्यामुळे माझ्याकडूनच नियोजिलेल्या त्या कामनांना नि:संशय प्राप्त करतो.

।।7.23।। **अन्तवत्तु फलं तेषां तद्भवत्यल्पमेधसाम् ।**
देवान्देवयजो यान्ति मद्भक्ता यान्ति मामपि ।।

अन्तवत् (नि॰ 1/10) तु फलम् (नि॰ 14/1) तेषाम् (नि॰ 25/3, 14/1) तत् (नि॰ 9/8) भवति (नि॰ 4/1) अल्पमेधसाम् (नि॰ 14/2) **देवान्** (नि॰ 13/11) **देवयजः** (नि॰ 15/10) यान्ति मद्भक्ताः (नि॰ 20/14) यान्ति माम् (नि॰ 8/16) अपि

अन्तवत् (न॰ प्रथमा॰ एक॰ ←वि॰ अन्तवत् 2.18); * तु (1.2); * **फलम्** (प्रथमा॰ एक॰ ←न॰ फल 2.51); * तेषाम् (5.16); * तत् (1.10); * भवति (1.44); * अल्पमेधसाम् (पु॰ षष्ठी॰ अनेक॰ ←बहुव्री॰ अल्पमेधस्, अल्पा मेधा यस्य ←वि॰ **अल्प** ←√अल् + पु॰ मेधस् ←स्त्री॰ **मेधा** ←√मेध्); * देवान् (3.11); * देवयजः (पु॰ प्रथमा॰ अनेक॰ ←तत्पु॰स॰ देवयज, देवानाम् यजी ←पु॰ देव 3.11 + पु॰ यजी ←वि॰ **यजिन्** ←√यज्); * यान्ति (3.33); * मद्भक्ताः (पु॰ प्रथमा॰ अनेक॰ ←तत्पु॰स॰ **मद्भक्त**, मम भक्तः ←सना॰ मत् 1.9 + पु॰ भक्त 4.3); * यान्ति (3.33); * माम् (1.46); * अपि (1.26)

अन्तवत् (नाशवान) तु (परंतु) फलम् (फळ) तेषाम् (त्या-) तत् (ते) भवति (असते) अल्पमेधसाम् (अल्प बुद्धि असणाऱ्या लोकांचे) देवान् (देवतांना) देवयजः (देवतांना पूजणारे लोक) यान्ति (प्राप्त होतात) मद्भक्ताः (माझे भक्त) यान्ति (प्राप्त होतात) माम् (मला) अपि (च)

* परंतु, त्या अल्प बुद्धि असणाऱ्या लोकांचे ते फळ नाशवान असते. देवतांना पूजणारे लोक देवतांना प्राप्त होतात (आणि) माझे भक्त मलाच प्राप्त होतात.

।।7.24 ।। **अव्यक्तं व्यक्तिमापन्नं मन्यन्ते मामबुद्धयः ।**
परं भावमजानन्तो ममाव्ययमनुत्तमम् ।।

अव्यक्तम् (नि॰ 14/1) व्यक्तिम् (नि॰ 8/17) आपन्नम् (नि॰ 14/1) मन्यन्ते माम् (नि॰ 8/16) अबुद्धयः (नि॰ 22/8) परम् (नि॰ 14/1) भावम् (नि॰ 8/16) अजानन्तः (नि॰ 15/9) मम (नि॰ 1/1) अव्ययम् (नि॰ 8/16) अनुत्तमम् (नि॰ 14/2)

अव्यक्तम् (पु॰ द्वितीया॰ एक॰ ←वि॰ अव्यक्त 2.25); * **व्यक्तिम्** (द्वितीया॰ एक॰ ←स्त्री॰ **व्यक्ति** ←वि√अञ्ज्); * आपन्नम् (द्वितीया॰ एक॰ ←क्त॰ वि॰ **आपन्न** ←आ√पद्); * मन्यन्ते (तृ॰पु॰ अनेक॰ लट्॰-वर्तमान॰ दिवादि॰ आत्मने॰ ←√मन् 2.19); * माम् (1.46); * अबुद्धयः (पु॰ प्रथमा॰ अनेक॰ ←न-बहुव्री॰ अबुद्धि, नास्ति बुद्धिः यस्य सः ←स्त्री॰ बुद्धि 2.39); * परम् (2.59); * भावम् (कर्मकारक 7.15); * **अजानन्तः** (पु॰ प्रथमा॰ अनेक॰ ←शतृ॰ वि॰ **अजानत्** ←अ√ज्ञा); * मम (1.7); * अव्ययम् (2.21); * अनुत्तमम् (पु॰ द्वितीया॰ एक॰ ←वि॰ अनुत्तम, न उत्तमो यस्मात् ←अव्यय॰ उपसर्ग अनु↑ + वि॰ उत्तम 1.7)

अव्यक्तम् (अव्यक्ताला) व्यक्तिम्-आपन्नम् (व्यक्तित्व प्राप्त असलेला) मन्यन्ते (मानतात) माम् (मज-) अबुद्धयः (अविवेकी लोक) परम् (परमोच्च) भावम् (भावाला) अजानन्तः (न जाणणारे) मम (माझ्या) अव्ययम् (अक्षय) अनुत्तमम् (उत्तम)

* माझ्या अक्षय (व) परमोच्च उत्तम भावाला न जाणणारे अविवेकी लोक, मज अव्यक्ताला, व्यक्तित्व

प्राप्त असलेला मानतात.

।।7.25 ।। **नाहं प्रकाशः सर्वस्य योगमायासमावृतः ।**

मूढोऽयं नाभिजानाति लोको मामजमव्ययम् ।।

न (नि० 1/1) अहम् (नि० 14/1) प्रकाशः (नि० 22/7) सर्वस्य योगमायासमावृतः (नि० 22/8) मूढः (नि० 15/1) अयम् (नि० 14/1) न (नि० 1/1) अभिजानाति लोकः (नि० 15/9) माम् (नि० 8/16) अजम् (नि० 8/16) अव्ययम् (नि० 14/2)

न (1.30); * अहम् (1.22); * **प्रकाशः** (प्रथमा० एक० ←पु० **प्रकाश** ←प्र√काश्); * सर्वस्य (2.30); * योगमायासमावृतः (पु० प्रथमा० एक० ←तत्पु०स० योगमायासमावृत, योगस्य मायया समावृतः ←पु० योग 2.39 + स्त्री० माया 4.6 + क्त० वि० **समावृत** ←सम्–आ√वृ); * मूढः (प्रथमा० एक० ←पु० मूढ 7.15); * अयम् (2.19); * न (1.30); * अभिजानाति (4.14); * लोकः (3.9); * माम् (1.46); * अजम् (2.21); * अव्ययम् (2.21)

न (नसतो) अहम् (मी) प्रकाशः (गोचर) सर्वस्य (सर्वांकरिता) योगमायासमावृतः (योगमायेने व्याप्त) मूढः (नेणते) अयम् (हे) न–अभिजानाति (स्पष्ट जाणत नाही) लोकः (जग) माम् (मज–) अजम् (अजन्म्याला) अव्ययम् (अविनाशी)

* मी योगमायेने व्याप्त (असल्यामुळे) सर्वांकरिता गोचर नसतो (म्हणून) हे नेणते जग मज अविनाशी अजन्म्याला स्पष्ट जाणत नाही.

।।7.26 ।। **वेदाहं समतीतानि वर्तमानानि चार्जुन ।**

भविष्याणि च भूतानि मां तु वेद न कश्चन ।।

वेद (नि० 1/1) अहम् (नि० 14/1) समतीतानि वर्तमानानि च (नि० 1/1) अर्जुन भविष्याणि (नि० 24/7) च भूतानि माम् (नि० 14/1) तु वेद न कश्चन

वेद (4.5); * अहम् (1.22); * समतीतानि (न० द्वितीया० अनेक० ←क्त० वि० समतीत ←सम्√इ); * वर्तमानानि (न० द्वितीया० अनेक० ←वि० वर्तमान 6.31); * च (1.1); * अर्जुन (2.2); * भविष्याणि (न० द्वितीया० अनेक० ←वि० भविष्य ←√भू); * च (1.1); * भूतानि (2.30); * माम् (1.46); * तु (1.2); * वेद (2.21); * न (1.30); * कश्चन (3.18)

वेद (जाणतो) अहम् (मी) समतीतानि (भूतकालीन) वर्तमानानि (वर्तमान) च (आणि) अर्जुन (हे अर्जुना!) भविष्याणि (भविष्यकाळात होणाऱ्या–) च (आणि) भूतानि (सर्व भूतांना) माम् (मला) तु (परंतु) वेद न (जाणत नाही) कश्चन (कुणीही)

* हे अर्जुना! मी भूतकालीन आणि वर्तमान आणि भविष्यकाळात होणाऱ्या सर्व भूतांना जाणतो परंतु मला कुणीही जाणत नाही.

।।7.27 ।। **इच्छाद्वेषसमुत्थेन द्वन्द्वमोहेन भारत ।**
सर्वभूतानि संमोहं सर्गे यान्ति परंतप ।।

इच्छाद्वेषसमुत्थेन द्वन्द्वमोहेन भारत सर्वभूतानि सम्मोहम् (नि॰ 14/1) सर्गे यान्ति परन्तप

इच्छाद्वेषसमुत्थेन (पु॰ तृतीया॰ एक॰ ←तत्पु॰स॰ इच्छाद्वेषसमुत्थ, इच्छाया: च द्वेषात् समुत्थ: ←स्त्री॰ इच्छा 5.28 + पु॰ द्वेष 2.64 + क्त॰ वि॰ समुत्थ ←सम्–उद्√स्था); * द्वन्द्वमोहेन (पु॰ तृतीया॰ एक॰ ←तत्पु॰स॰ द्वन्द्वमोह, द्वंद्वस्य मोह: ←न॰ द्वंद्व 2.45 + पु॰ मोह 2.52); * भारत (2.14); * <u>सर्वभूतानि</u> (सर्वाणि भूतानि प्रथमा॰ अनेक॰ ←न॰ भूत 6.29); * सम्मोहम् (द्वितीया॰ एक॰ ←पु॰ सम्मोह 2.63); * <u>सर्गे</u> (सप्तमी॰ एक॰ ←पु॰ सर्ग 5.19); * यान्ति (3.33); * परन्तप (2.3)

इच्छाद्वेषसमुत्थेन (राग आणि द्वेष यांपासून निर्मित झालेल्या) द्वन्द्वमोहेन (द्विभावांच्या भ्रमाने) भारत (हे भारता!) सर्वभूतानि (सर्व भूतप्राणी) संमोहम् (भ्रमाला) सर्गे (उत्पत्तीच्या क्षणी) यान्ति (प्राप्त होतात) परंतप (परंतपा!)

* परंतपा! हे भारता! राग आणि द्वेष यांपासून निर्मित झालेल्या द्विभावांच्या भ्रमाने सर्व भूतप्राणी उत्पत्तीच्या क्षणी भ्रमाला प्राप्त होतात.

।।7.28 ।। **येषां त्वन्तगतं पापं जनानां पुण्यकर्मणाम् ।**
ते द्वन्द्वमोहनिर्मुक्ता भजन्ते मां दृढव्रता: ।।

येषाम् (नि॰ 25/3, 14/1) तु (नि॰ 4/6) अन्तगतम् (नि॰ 14/1) पापम् (नि॰ 14/1) जनानाम् (नि॰ 14/1) पुण्यकर्मणाम् (नि॰ 24/6, 14/2) ते द्वन्द्वमोहनिर्मुक्ता: (नि॰ 20/12) भजन्ते माम् (नि॰ 14/1) दृढव्रता: (नि॰ 22/8)

येषाम् (1.33); * तु (1.2); * अन्तगतम् (न॰ प्रथमा॰ एक॰ ←तत्पु॰स॰ वि॰ अन्तगत, अन्तम् गतम् ←पु॰ अन्त 2.16 + वि॰ गत 2.11); * पापम् (1.36); * जनानाम् (षष्ठी॰ अनेक॰ ←पु॰ जन 1.28); * <u>पुण्यकर्मणाम्</u> (पु॰ षष्ठी॰ अनेक॰ ←बहुव्री॰ पुण्यकर्मन्, पुण्यम् कर्म यस्य ←वि॰ पुण्य 6.41 + न॰ कर्मन् 1.15); * ते (1.33); * द्वन्द्वमोहनिर्मुक्ता: (पु॰ प्रथमा॰ अनेक॰ ←तत्पु॰स॰ द्वंद्वमोहनिर्मुक्त, द्वंद्वानाम् मोहात् निर्मुक्त: ←न॰ द्वंद्व 2.45 + पु॰ मोह 2.52 + क्त॰ वि॰ निर्मुक्त ←निर्√मुच्); * भजन्ते (7.16); * माम् (1.46); * <u>दृढव्रता:</u> (पु॰ प्रथमा॰ अनेक॰ ←बहुव्री॰ दृढव्रत, दृढम् व्रतम् यस्य ←वि॰ दृढ 6.34 + न॰ अथवा पु॰ व्रत 4.28)

येषाम् (ज्या–) तु (परंतु) अन्तगतम् (नाहीसे झाले आहे) पापम् (पातक) जनानाम् (लोकांचे) पुण्यकर्मणाम् (पुण्यकर्मी–) ते (ते) द्वन्द्वमोहनिर्मुक्ता: (द्विभावाच्या मोहपाशातून सुटलेले) भजन्ते (भजतात) माम् (मला) दृढव्रता: (निर्धारी लोक)

* परंतु, ज्या पुण्यकर्मी लोकांचे पातक नाहीसे झाले आहे ते, द्विभावाच्या मोहपाशातून सुटलेले निर्धारी लोक, मला भजतात.

।।7.29 ।। **जरामरणमोक्षाय मामाश्रित्य यतन्ति ये ।**

ते ब्रह्म तद्विदुः कृत्स्नमध्यात्मं कर्म चाखिलम् ।।

जरामरणमोक्षाय माम् (नि० 8/17) आश्रित्य यतन्ति ये ते ब्रह्म तत् (नि० 9/11) विदुः (नि० 22/1) कृत्स्नम् (नि० 8/16) अध्यात्मम् (नि० 14/1) कर्म च (नि० 1/1) अखिलम् (नि० 14/2)

जरामरणमोक्षाय (पु० चतुर्थी० एक० ←तत्पु०स० जरामरणमोक्ष, जरायाः च मरणात् च मोक्षः ←स्त्री० जरा 2.13 + न० मरण 2.34 + पु० मोक्ष 5.28); * माम् (1.46); * **आश्रित्य** (ल्यप्० अव्यय० ←आ√श्रि); * यतन्ति (तृ०पु० अनेक० लट्०-वर्तमान० भ्वादि० परस्मै० ←√यत् 6.43); * ये (1.7); * ते (1.33); * ब्रह्म (3.15); * तत् (2.7); * विदुः (4.2); * कृत्स्नम् (1.40); * **अध्यात्मम्** (न० द्वितीया० एक० ←वि० अथवा न० अध्यात्म 3.30); * कर्म (3.8); * च (1.1); * अखिलम् (अव्यय 4.33)

जरामरणमोक्षाय (जरामरण टाळण्याकरिता) माम् (मला) आश्रित्य (आश्रयाला घेऊन) यतन्ति (यत्न करतात) ये (जे) ते (ते) ब्रह्म (ब्रह्माला) तत् (त्या) विदुः (जाणतात) कृत्स्नम् (संपूर्ण) अध्यात्मम् (अध्यात्मतत्त्वाला) कर्म (कर्माला) च (आणि) अखिलम् (पूर्णपणे)

* जे मला आश्रयाला घेऊन जरामरण टाळण्याकरिता यत्न करतात ते त्या ब्रह्माला, संपूर्ण अध्यात्मतत्त्वाला आणि कर्माला पूर्णपणे जाणतात.

।।7.30 ।। **साधिभूताधिदैवं मां साधियज्ञं च ये विदुः ।**

प्रयाणकालेऽपि च मां ते विदुर्युक्तचेतसः ।।

साधिभूताधिदैवम् (नि० 14/1) माम् (नि० 14/1) साधियज्ञम् (नि० 14/1) च ये विदुः (नि० 22/8) प्रयाणकाले (नि० 6/1) अपि च माम् (नि० 14/1) ते विदुः (नि० 16/8) युक्तचेतसः (नि० 22/8)

साधिभूताधिदैवम् (पु० द्वितीया० एक० ←स-बहुव्री० साधिभूताधिदैव, अधिभूतेन च अधिदैवेन च सह ←स अथवा सह 1.22 + न० तद्धित शब्द **अधिभूत** ←अधि√भू + न० तद्धित शब्द **अधिदैव** ←अधि√दिव्); * माम् (1.46); * साधियज्ञम् (पु० द्वितीया० एक० ←स-बहुव्री० साधियज्ञ, अधियज्ञेन सह ←अव्यय० सह 1.22 + पु० तद्धित शब्द **अधियज्ञ** ←अधि√यज्); * च (1.1); * ये (1.7); * विदुः (4.2); * **प्रयाणकाले** (पु० सप्तमी० एक० ←तत्पु०स० प्रयाणकाल, प्रयाणस्य कालः ←पु० प्रयाण ←प्र√या + पु० काल 2.72); * अपि (1.26); * च (1.1); * माम् (1.46); * ते (1.33); * विदुः (4.2); * युक्तचेतसः (पु० प्रथमा० अनेक० ←बहुव्री० युक्तचेतस्, युक्तम् चेतः यस्य ←वि० युक्त 1.14 + न० चेतस् 1.38)

साधिभूताधिदैवम् (अधिभूत आणि अधिदैव यांच्यासह) माम् (मला) साधियज्ञम् (अधियज्ञासह) च (तसेच) ये (जे) विदुः (जाणतात) प्रयाणकाले (मृत्यूच्या समयी) अपि (सुद्धा) च (आणि) माम् (मला) ते (ते) विदुः (जाणतात) युक्तचेतसः (युक्तचित्त लोक)

* आणि, अधिभूत आणि अधिदैव यांच्यासह तसेच अधियज्ञासह जे मला जाणतात ते युक्तचित्त लोक

मृत्यूच्या समयी सुद्धा मला जाणतात

इति श्रीमद्भगवद्गीतासूपनिषत्सु ब्रह्मविद्यायां योगशास्त्रे श्रीकृष्णार्जुनसंवादे ज्ञानविज्ञानयोगो नाम सप्तमोऽध्यायः ।।7 ।।

इति श्रीमद्भगवद्गीतासु (नि॰ 1/8) उपनिषत्सु ब्रह्मविद्यायाम् (नि॰ 14/1) योगशास्त्रे श्रीकृष्णार्जुनसंवादे ज्ञानविज्ञानयोगः (नी॰ 15/6) नाम सप्तमः (15/1) अध्यायः (22/8)

इति (याप्रमाणे) श्रीमद्भगवद्गीतासु उपनिषत्सु (श्रीमद्भगवद्गीतो-पनिषदांतील) ब्रह्मविद्यायाम् (ब्रह्मविद्यांतर्गत) योगशास्त्रे श्रीकृष्णार्जुनसंवादे (श्रीकृष्ण आणि अर्जुन यांच्या योगशास्त्राच्या संवादापैकी) ज्ञानविज्ञानयोगः (ज्ञानविज्ञानयोग) नाम (नामक) सप्तमः (सातवा) अध्यायः (अध्याय)

* श्रीमद्भगवद्गीतोपनिषदांतील श्रीकृष्ण आणि अर्जुन यांच्या योगशास्त्राच्या संवादापैकी ब्रह्मविद्यांतर्गत 'ज्ञानविज्ञानयोग' नावाचा सातवा अध्याय याप्रमाणे (समाप्त).

अष्टमोऽध्यायः ।

अक्षरब्रह्मयोगः ।

।।8.1 ।। अर्जुन उवाच

किं तद्ब्रह्म किमध्यात्मं किं कर्म पुरुषोत्तम ।
अधिभूतं च किं प्रोक्तमधिदैवं किमुच्यते ।।

अष्टमः (नि॰ 15/1) अध्यायः (नि॰ 22/8) । अक्षरब्रह्मयोगः (नि॰ 22/8) । अर्जुनः (नि॰ 19/4) उवाच । किम् (नि॰ 14/1) तत् (नि॰ 9/7) ब्रह्म किम् (नि॰ 8/16) अध्यात्मम् (नि॰ 14/1) किम् (नि॰ 14/1) कर्म पुरुषोत्तम (नि॰ 23/1) अधिभूतम् (नि॰ 14/1) च किम् (नि॰ 14/1) प्रोक्तम् (नि॰ 8/16) अधिदैवम् (नि॰ 14/1) किम् (नि॰ 8/20) उच्यते

अष्टमः (पु॰ प्रथमा॰ एक॰ ←क्रमवाचक संख्या॰ वि॰ अष्टम ←वि॰ अष्टन् (7.4) * अध्यायः (प्रथमा॰ एक॰ ←पु॰ अध्याय ←अधि√इ); * अक्षरब्रह्मयोगः (पु॰ प्रथमा॰ एक॰ ←तत्पु॰स॰ अक्षरब्रह्मयोग, अक्षरस्य ब्रह्मणः योगः ←वि॰ अक्षर 3.15 + न॰ ब्रह्मन् 2.72 + पु॰ योग 2.39) ।

अर्जुनः (1.28); * उवाच (1.25) । किम् (1.1); * तत् (प्रथमा॰ 1.10); * ब्रह्म (4.24); * किम् (2.36); * अध्यात्मम् (7.29); * किम् (1.1); * कर्म (2.49); * **पुरुषोत्तम** (पु॰ संबो॰ एक॰ ←बहुव्री॰ **पुरुषोत्तम**, पुरुषेषु उत्तमः यः ←पु॰ पुरुष 2.15 + वि॰ उत्तम 1.7); * **अधिभूतम्** (प्रथमा॰ एक॰ ←न॰ अधिभूत 7.30); * च (1.1); * किम् (1.1); * **प्रोक्तम्** (प्रथमा॰ एक॰ ←वि॰ प्रोक्त 3.3); * अधिदैवम् (प्रथमा॰ एक॰ ←न॰ अधिदैव 7.30); * किम् (1.1); * उच्यते (2.25)

अर्जुनः (अर्जुन) उवाच– (म्हणाला–) किम् (काय?) तत् (ते) ब्रह्म (ब्रह्म) किम् (काय?) अध्यात्मम् (अध्यात्म) किम् (काय?) कर्म (कर्म) पुरुषोत्तम (हे कृष्णा!) अधिभूतम् (अधिभूत) च (आणि) किम्

(कशाला?) प्रोक्तम् (म्हणतात) अधिदैवम् (अधिदैव) किम् (कशाला?) उच्यते (म्हटले जाते)

* अर्जुन म्हणाला– हे कृष्णा! ब्रह्म ते काय? अध्यात्म (ते) काय? कर्म (ते) काय? अधिभूत कशाला म्हणतात? आणि अधिदैव कशाला म्हटले जाते?

।।8.2।। **अधियज्ञ: कथं कोऽत्र देहेऽस्मिन्मधुसूदन ।**
प्रयाणकाले च कथं ज्ञेयोऽसि नियतात्मभि: ।।

अधियज्ञ: (नि० 22/1) कथम् (नि० 14/1) क: (नि० 15/1) अत्र देहे (नि० 6/1) अस्मिन् (नि० 13/16) मधुसूदन प्रयाणकाले च कथम् (नि० 14/1) ज्ञेय: (नि० 15/1) असि नियतात्मभि: (नि० 22/8)

<u>अधियज्ञ:</u> (प्रथमा० एक० ←पु० अधियज्ञ 7.30); * कथम् (1.37); * <u>क:</u> (पु० प्रथमा० एक० ←सना० किम् 1.1); * अत्र (1.4); * देहे (2.13); * अस्मिन् (1.22); * मधुसूदन (1.35); * प्रयाणकाले (7.30); * च (1.1); * कथम् (1.37); * ज्ञेय: (5.3); * असि (4.3); * नियतात्मभि: (तृतीया० अनेक० ←बहुव्री० नियतात्मन्, नियत: आत्मा यस्य ←वि० नियत 1.44 + पु० आत्मन् 2.41)

अधियज्ञ: (अधियज्ञ) कथम् (कसा असतो?) क: (कोण?) अत्र (येथे) देहे (देहात) अस्मिन् (या) मधुसूदन (हे कृष्णा!) प्रयाणकाले (अंतक्षणी) च (आणि) कथम् (कशा प्रकारे?) ज्ञेय: (जाणावयास उचित) असि (आपण आहात) नियतात्मभि: (युक्त योग्यांनी)

* हे कृष्णा! येथे या देहात अधियज्ञ कोण? आणि कसा असतो? युक्त योग्यांनी अंतक्षणी जाणावयास आपण कशा प्रकारे उचित आहात?

।।8.3।। श्रीभगवानुवाच
अक्षरं ब्रह्म परमं स्वभावोऽध्यात्ममुच्यते ।
भूतभावोद्भवकरो विसर्ग: कर्मसंज्ञित: ।।

श्रीभगवान् (नि० 8/14) उवाच । अक्षरम् (नि० 14/1) ब्रह्म परमम् (नि० 14/1) स्वभाव: (नि० 15/1) अध्यात्मम् (नि० 8/20) उच्यते भूतभावोद्भवकर: (नि० 15/13) विसर्ग: (नि० 22/1) कर्मसंज्ञित: (नि० 22/8)

श्रीभगवान् (2.2); * उवाच (1.25) । <u>अक्षरम्</u> (न० प्रथमा० एक० ←वि० अथवा न० अक्षर 3.15); * ब्रह्म (4.24); * <u>परमम्</u> (न० प्रथमा० एक० ←वि० परम 1.17); * स्वभाव: (5.14); * अध्यात्मम् (7.29); * उच्यते (2.25); * भूतभावोद्भवकार: (पु० प्रथमा० एक० ←तत्पु०स० वि० भूतभावोद्भवकार, भूतानाम् भावस्य उद्भवकार: ←पु० भूत 2.28 + पु० भाव 2.7 + पु० उद्भव 3.15 + वि० कार 2.2); * विसर्ग: (प्रथमा० एक० ←पु० विसर्ग ←वि/√सृज्); * कर्मसंज्ञित: (पु० प्रथमा० एक० ←बहुव्री० कर्मसंज्ञित, कर्म संज्ञा यस्य ←न० कर्मन् 1.15 + स्त्री० संज्ञा 1.7)

श्रीभगवान् (श्रीभगवान) उवाच (म्हणाले–) अक्षरम् (अविनाशी) ब्रह्म ('ब्रह्म') परमम् (परम) स्वभाव: (स्वत:च्या शरीरात विद्यमान असलेल्या ब्रह्मच्या अस्तित्वाची जाणीव) अध्यात्मम् (अध्यात्म) उच्यते

(म्हटली जाते) भूतभावोद्भवकर: (भूतांचा भाव उद्भव करणारी) विसर्ग: (उत्पादन शक्ति) कर्मसंज्ञित: ('कर्म' या संज्ञेने जाणली गेली आहे)

* श्रीभगवान म्हणाले– परम 'ब्रह्म' अविनाशी (आहे); स्वत:च्या शरीरात विद्यमान असलेल्या ब्रह्मच्या अस्तित्वाची जाणीव 'अध्यात्म' म्हटली जाते; भूतांचा भाव उद्भव करणारी उत्पादन शक्ति 'कर्म' या संज्ञेने जाणली गेली आहे.

।।8.4 ।। **अधिभूतं क्षरो भाव: पुरुषश्चाधिदैवतम् ।**
अधियज्ञोऽहमेवात्र देहे देहभृतां वर ।।

अधिभूतम् (नि० 14/1) क्षर: (नि० 15/8) भाव: (नि० 22/3) पुरुष: (नि० 17/1) च (नि० 1/1) अधिदैवतम् (नि० 14/2) अधियज्ञ: (नि० 15/1) अहम् (नि० 8/22) एव (नि० 1/1) अत्र देहे देहभृताम् (नि० 14/1) वर

अधिभूतम् (प्रथमा० 8.1); * **क्षर:** (पु० प्रथमा० एक० ←वि० **क्षर** ←√क्षर्); * भाव: (2.7); * पुरुष: (2.21); * च (1.1); * अधिदैवतम् (प्रथमा० एक० ←न० अधिदैवत ←अधि√दिव्); * अधियज्ञ: (8.2); * अहम् (1.22); * एव (1.1); * अत्र (1.4); * देहे (2.13); * देहभृताम् वर (पु० संबो० एक० ←बहुव्री० देहभृताम्-वर, देहेषु विभृतेषु वर: य: ←न० देह 2.13 + क्त० वि० **विभृत** ←वि√भृ + वि० **वर** ←√वृ)

अधिभूतम् (अधिभूत) क्षर: (क्षर) भाव: (तत्त्व) पुरुष: (पुरुष) च (आणि) अधिदैवतम् (अधिदैवत) अधियज्ञ: (अधियज्ञ) अहम् (मी) एव (च) अत्र (या) देहे (देहात) देहभृताम् वर (हे नरश्रेष्ठ अर्जुना!)

* हे नरश्रेष्ठ अर्जुना! (या सृष्टीतील जे) क्षर तत्त्व (ते) 'अधिभूत' (होय) आणि (त्यात अधिवास करणारा) पुरुष (तो) 'अधिदैवत' (होय); (आणि) या देहात (जो स्थित असतो त्याला) 'अधियज्ञ' (म्हणतात, तो) मीच (आहे).

।।8.5 ।। **अन्तकाले च मामेव स्मरन्मुक्त्वा कलेवरम् ।**
य: प्रयाति स मद्भावं याति नास्त्यत्र संशय: ।।

अन्तकाले च माम् (नि० 8/22) एव स्मरन् (नि० 13/16) मुक्त्वा कलेवरम् (नि० 14/2) य: (नि० 22/3) प्रयाति स: (नि० 21/2) मद्भावम् (नि० 14/1) याति न (नि० 1/1) अस्ति (नि० 4/1) अत्र संशय: (नि० 22/8)

अन्तकाले (2.72); * च (1.1); * माम् (1.46); * एव (1.1); * स्मरन् (3.6); * मुक्त्वा (त्वान्त० अव्यय० ←√मुच्); * **कलेवरम्** (द्वितीया० एक० ←पु० अथवा न० कलेवर ←√कल्); * य: (2.19); * **प्रयाति** (तृ०पु० एक० लट्०-वर्तमान० अदादि० परस्मै० ←प्र√या 2.22); * स: (1.13); * मद्भावम् (4.10); * याति (6.45); * न (1.30); * अस्ति (2.40); * अत्र (1.4); * **संशय:** (प्रथमा० एक० ←पु० संशय 4.40)

अन्तकाले (अंतसमयी) च (आणि) माम् (मला) एव (च) स्मरन् (स्मरण करीत) मुक्त्वा (सोडून) कलेवरम् (देह) य: (जो) प्रयाति (जातो) स: (तो) मद्भावम् (माझ्या प्रकृतीला) याति (पोचतो) न–अस्ति (नाही) अत्र (यात) संशय: (शंका)

* आणि जो अंतसमयी मलाच स्मरण करीत देह सोडून जातो तो माझ्या प्रकृतीला पोचतो यात शंका नाही.

।।8.6 ।। **यं यं वाऽपि स्मरन्भावं त्यजत्यन्ते कलेवरम् ।**
तं तमेवैति कौन्तेय सदा तद्भावभावित: ।।

यम् (नि॰ 14/1) यम् (नि॰ 14/1) वा (नि॰ 1/3) अपि स्मरन् (नि॰ 13/15) भावम् (नि॰ 14/1) त्यजति (नि॰ 4/1) अन्ते कलेवरम् (नि॰ 14/2) तम् (नि॰ 14/1) तम् (नि॰ 8/22) एव (नि॰ 3/1) एति कौन्तेय सदा तद्भावभावित: (नि॰ 22/8)

यम् (2.15); * यम् (2.15); * वा (1.32); * अपि (1.26); * स्मरन् (3.6); * भावम् (7.15); * त्यजति (तृ॰पु॰ एक॰ लट्॰–वर्तमान॰ भ्वादि॰ परस्मै॰ ←√त्यज्); * अन्ते (7.20); * कलेवरम् (8.5); * तम् (2.1); * तम् (2.1); * एव (1.1); * एति (4.9); * कौन्तेय (2.14); * सदा (1.40); * तद्भावभावित: (पु॰ प्रथमा॰ एक॰ प्रयो॰ ←तत्पु॰स॰ तद्भावभावित, तेन भावेन भावित: ←न॰ सना॰ तत् 1.10 + पु॰ भाव 2.7 + वि॰ भावित 3.12)

यम् (ज्या) यम् (ज्या) वा (अथवा) अपि (सुद्धा) स्मरन् (स्मरण करीत) भावम् (भावाला) त्यजति (टाकतो) अन्ते (अंत समयी) कलेवरम् (देह) तम् (त्या) तम् (त्या भावाला) एव (च) एति (पावतो) कौन्तेय (हे कौन्तेया!) सदा (सदा) तद्भावभावित: (त्या भावात रंगलेला मनुष्य)

* हे कौन्तेया! अथवा, अंत समयी सुद्धा ज्या ज्या भावाला स्मरण करीत (तो) देह टाकतो त्या त्या भावात सदा रंगलेला (तो) मनुष्य त्याच भावाला पावतो.

।।8.7 ।। **तस्मात्सर्वेषु कालेषु मामनुस्मर युध्य च ।**
मय्यर्पितमनोबुद्धिर्मामेवैष्यस्यसंशयम् ।।

तस्मात् (नि॰ 10/7) सर्वेषु (नि॰ 25/5) कालेषु (नि॰ 25/5) माम् (नि॰ 8/16) अनुस्मर युध्य च मयि (नि॰ 4/1) अर्पितमनोबुद्धि: (नि॰ 16/6) माम् (नि॰ 8/22) एव (नि॰ 3/1) एष्यसि (नि॰ 4/1) असंशयम् (नि॰ 14/2)

तस्मात् (1.37); * सर्वेषु (1.11); * **कालेषु** (सप्तमी॰ अनेक॰ ←पु॰ काल 2.72); * माम् (1.46); * अनुस्मर (द्वि॰पु॰ एक॰ उपदेशार्थ लोट् भ्वादि॰ परस्मै॰ ←अनु√स्मृ); * युद्ध्य (द्वि॰पु॰ एक॰ उपदेशार्थ लोट् दिवादि॰ परस्मै॰ ←√युध्); * च (1.1); * मयि (3.30); * **अर्पितमनोबुद्धि:** (पु॰ प्रथमा॰ एक॰ ←बहुव्री॰ अर्पितमनोबुद्धि, अर्पिते मन: च बुद्धि: च यस्य ←वि॰ अर्पित ←√ऋ + न॰ मनस् 1.30 + स्त्री॰ बुद्धि 1.23); * माम् (1.46); * एव (1.1); * **एष्यसि** (द्वि॰पु॰ एक॰ लृट्॰–भविष्य॰ अदादि॰

परस्मै० ←√इ); * असंशयम् (6.35)

तस्मात् (म्हणून) सर्वेषु-कालेषु (सर्व समयी) माम् (मला) अनुस्मर (तू स्मरण कर) युध्य (झुंज) च (आणि) मयि (माझ्या ठायी) अर्पितमनोबुद्धिः (मन व बुद्धि अर्पण केलेला) माम् (मला) एव (च) एष्यसि (प्राप्त होशील) असंशयम् (निःसंदेह)

* म्हणून तू सर्व समयी मला स्मरण कर आणि झुंज; माझ्या ठायी मन व बुद्धि अर्पण केलेला निःसंदेह मलाच प्राप्त होशील.

।।8.8 ।। **अभ्यासयोगयुक्तेन चेतसा नान्यगामिना ।**
परमं पुरुषं दिव्यं याति पार्थानुचिन्तयन् ।।

अभ्यासयोगयुक्तेन चेतसा नान्यगामिना परमम् (नि० 14/1) पुरुषम् (नि० 14/1) दिव्यम् (नि० 14/1) याति पार्थ (नि० 1/1) अनुचिन्तयन्

अभ्यासयोगयुक्तेन (पु० तृतीया० एक० ←तत्पु०स० अभ्यासयोगयुक्त, अभ्यासेन च योगेन च युक्तः ←पु० अभ्यास 6.35 + पु० योग 2.39 + वि० युक्त 1.14); * **चेतसा** (तृतीया० एक० ←न० चेतस् 1.38); * नान्यगामिना (न० तृतीया० एक० ←वि० तत्पु०स० नान्यगामिन्, न न्यगामिन् ←अव्यय० न 1.30 + वि० अन्य 1.9 + वि० गामिन् ←√गम्); * परमम् (8.3); * पुरुषम् (2.15); * दिव्यम् (4.9); * याति (6.45); * पार्थ (1.25); * अनुचिन्तयन् (प्रथमा० एक० ←तत्पु०स० शतृ० वि० प्रयो० अनुचिन्तयत् ←अनु√चिन्त्)

अभ्यासयोगयुक्तेन (योगाभ्यासाच्या संपन्नतेने) चेतसा (मनाने) नान्यगामिना (एकाग्र) परमम्-पुरुषम् (पुरुषोत्तमाला) दिव्यम् (दिव्य) याति (प्राप्त करतो) पार्थ (हे पार्था!) अनुचिन्तयन् (चिंतन करीत)

* हे पार्था! योगाभ्यासाच्या संपन्नतेने एकाग्र मनाने चिंतन करीत (मनुष्य) दिव्य पुरुषोत्तमाला प्राप्त करतो.

।।8.9 ।। **कविं पुराणमनुशासितारमणोरणीयांसमनुस्मरेद्यः ।**
सर्वस्य धातारमचिन्त्यरूपमादित्यवर्णं तमसः परस्तात् ।।

कविम् (नि० 14/1) पुराणम् (नि० 8/16, 24/3) अनुशासितारम् (नि० 8/16) अणोः (नि० 16/5) अणीयांसम् (नि० 8/16) अनुस्मरेत् (नि० 9/9) यः (नि० 22/8) सर्वस्य धातारम् (नि० 8/16) अचिन्त्यरूपम् (नि० 8/17) आदित्यवर्णम् (नि० 14/1) तमसः (नि० 22/3) परस्तात्

कविम् (द्वितीया० एक० ←पु० कवि 4.16); * पुराणम् (पु० द्वितीया० एक० ←वि० पुराण 2.20); * अनुशासितारम् (पु० द्वितीया० एक० ←वि० अनुशासितृ ←अनु√शास्); * अणोः (पंचमी० एक० ←पु० अथवा वि० **अणु** ←√अण्); * अणीयांसम् (पु० द्वितीया० एक० तरभाव ←वि० अणीयस् ←वि० अणु↑); * अनुस्मरेत् (तृ०पु० एक० विधि० भ्वादि० परस्मै० ←अनु√स्मृ 8.7); * यः (2.19); * सर्वस्य (2.30); * धातारम् (द्वितीया० एक० ←पु० **धातृ** ←√धा); * अचिन्त्यरूपम् (पु० द्वितीया० एक० ←बहुव्री०

अचिन्त्यरूप, अचिन्त्यम् रूपम् यस्य ←वि॰ अचिन्त्य 2.25 + न॰ रूप 3.39); * आदित्यवर्णम् (पु॰ द्वितीया॰ एक॰ ←बहुव्री॰ आदित्यवर्ण, आदित्यवत् वर्ण: यस्य ←पु॰ आदित्य 5.16 + पु॰ वर्ण 1.41); * **तमस:** (पंचमी॰ एक॰ ←न॰ तमस् 7.12); * परस्तात् (अव्यय॰ ←वि॰ पर 2.3 + पंचमी॰ एक॰ स्तात् ←वि॰ अस्त ←√अस्)

कविम् (सर्वज्ञानी) पुराणम् (सनातन) अनुशासितारम् (सर्वशास्ता) अणो: (अणूपेक्षा) अणीयांसम् (अधिक सूक्ष्म) अनुस्मरेत् (सदैव स्मरण करीत असतो) य: (जो) सर्वस्य (सर्वांचा) धातारम् (आधार) अचिन्त्यरूपम् (अचिंत्य) आदित्यवर्णम् (सूर्यासारखा कांतियुक्त) तमस: (अंधाराच्या) परस्तात् (पलीकडे)

* सर्वशास्ता, अणूपेक्षा अधिक सूक्ष्म, सर्वज्ञानी, सनातन, सर्वांचा आधार, अचिंत्य (व) अंधाराच्या पलीकडे, सूर्यासारखा कांतियुक्त (अशा त्याला) जो सदैव स्मरण करीत असतो;

।।8.10।। **प्रयाणकाले मनसाऽचलेन भक्त्या युक्तो योगबलेन चैव ।**
भ्रुवोर्मध्ये प्राणमावेश्य सम्यक् स तं परं पुरुषमुपैति दिव्यम् ।।

प्रयाणकाले मनसा (नि॰ 1/3) अचलेन भक्त्या युक्त: (नि॰ 15/10) योगबलेन च (नि॰ 3/1) एव भ्रुवो: (नि॰ 16/12) मध्ये प्राणम् (नि॰ 8/17, 24/3) आवेश्य सम्यक् (नि॰ 10/4) स: (नि॰ 21/2) तम् (नि॰ 14/1) परम् (नि॰ 14/1) पुरुषम् (नि॰ 8/20) उपैति दिव्यम् (नि॰ 14/2)

प्रयाणकाले (7.30); * मनसा (3.6); * अचलेन (न॰ तृतीया॰ एक॰ ←वि॰ अचल 2.24); * **भक्त्या** (तृतीया॰ एक॰ ←स्त्री॰ भक्ति 7.17); * युक्त: (2.39); * योगबलेन (न॰ तृतीया॰ एक॰ ←तत्पु॰स॰ योगबल, योगस्य बलम् ←पु॰ योग 2.39 + न॰ बल 1.10); * च (1.1); * एव (1.1); * भ्रुवो: (5.27); * मध्ये (1.21); * प्राणम् (4.29); * **आवेश्य** (ल्यप्॰ अव्यय॰ प्रयो॰ ←आ√विश्); * सम्यक् (5.4); * स: (1.13); * तम् (2.1); * परम् (कर्मकारक 2.59); * पुरुषम् (2.15); * उपैति (6.27); * दिव्यम् (4.9)

प्रयाणकाले (अंत समयी) मनसा (चित्ताने) अचलेन (स्थिर) भक्त्या (भक्तीने) युक्त: (युक्त अशा) योगबलेन (योगाच्या बळाने) च (आणि) एव (च) भ्रुवो: (दोन्ही भुवयांच्या) मध्ये (मध्ये) प्राणम् (श्वास) आवेश्य (धरून) सम्यक् (योग्यपणे) स: (तो) तम् (त्या) परम् पुरुषम् (पुरुषोत्तमाला) उपैति (प्राप्त करतो) दिव्यम् (दिव्य)

* आणि, योगाच्या बळानेच दोन्ही भुवयांच्या मध्ये श्वास योग्यपणे धरून अंत समयी भक्तीने युक्त अशा स्थिर चित्ताने तो त्या दिव्य पुरुषोत्तमाला प्राप्त करतो.

।।8.11।। **यदक्षरं वेदविदो वदन्ति विशन्ति यद्यतयो वीतरागा: ।**
यदिच्छन्तो ब्रह्मचर्यं चरन्ति तत्ते पदं सङ्ग्रहेण प्रवक्ष्ये ।।

यत् (नि॰ 8/2) अक्षरम् (नि॰ 14/1) वेदविद: (नि॰ 15/13) वदन्ति विशन्ति यत् (नि॰ 9/9) यतय: (नि॰ 15/13) वीतरागा: (नि॰ 22/8) यत् (नि॰ 8/4) इच्छन्त: (नि॰ 15/7) ब्रह्मचर्यम् (नि॰ 14/1)

चरन्ति तत् (नि॰ 1/10) ते पदम् (नि॰ 14/1) सङ्ग्रहेण (नि॰ 24/1) प्रवक्ष्ये

यत् (3.21); * अक्षरम् (8.3); * वेदविद: (पु॰ प्रथमा॰ अनेक॰ ←तत्पु॰स॰ वेदविद् ←पु॰ वेद 2.42 + वि॰ विद् 3.29); * वदन्ति (तृ॰पु॰ अनेक॰ लट्॰–वर्तमान॰ भ्वादि॰ परस्मै॰ ←√वद् 2.29); * विशन्ति (तृ॰पु॰ अनेक॰ लट्॰–वर्तमान॰ तुदादि॰ परस्मै॰ ←√विश् 2.70); * यत् (1.45); * यतय: (4.28); * वीतरागा: (पु॰ प्रथमा॰ अनेक॰ ←बहुव्री॰ वीतराग, वीत: राग: यस्य 2.56); * यत् (1.45); * इच्छन्त: (पु॰ प्रथमा॰ अनेक॰ ←शतृ॰ वि॰ इच्छत् ←√इष्); * **ब्रह्मचर्यम्** (द्वितीया॰ एक॰ ←न॰ ब्रह्मचर्य ←√बृंह्); * चरन्ति (तृ॰पु॰ अनेक॰ लट्॰–वर्तमान॰ भ्वादि॰ परस्मै॰ ←√चर् 2.71); * तत् (2.7); * ते (1.7); * पदम् (2.51); * सङ्ग्रहेण (अव्यय॰ अथवा क्रि॰वि॰ तृतीया॰ एक॰ ←पु॰ सङ्ग्रह 3.20); * प्रवक्ष्ये (प्रथम॰पु॰ एक॰ लृट्॰–भविष्य॰ अदादि॰ आत्मने॰ ←प्र√वच् 4.16)

यत् (ज्याला) अक्षरम् (अक्षर ब्रह्म) वेदविद: (वेद जाणणारे ज्ञानी) वदन्ति (म्हणतात) विशन्ति (प्रवेश करतात) यत् (ज्यात) यतय: (यति) वीतरागा: (विरक्त झालेले संन्यासी लोक) यत् (ज्याला) इच्छन्त: (अपेक्षत) ब्रह्मचर्यम् (ब्रह्मचर्य व्रत) चरन्ति (आचरतात) तत् (ते) ते (तुला) पदम् (पद) सङ्ग्रहेण (संक्षेपाने) प्रवक्ष्ये (मी सांगेन)

* वेद जाणणारे ज्ञानी ज्याला अक्षर ब्रह्म म्हणतात, ज्यात विरक्त झालेले यति (व) संन्यासी लोक प्रवेश करतात, ज्याला अपेक्षत (ते) ब्रह्मचर्य व्रत आचरतात, ते पद मी तुला संक्षेपाने सांगेन–

।।8.12 ।। **सर्वद्वाराणि संयम्य मनो हृदि निरुध्य च ।**
मूर्ध्न्याधायात्मन: प्राणमास्थितो योगधारणाम् ।।

सर्वद्वाराणि (नि॰ 24/7) संयम्य मन: (नि॰ 15/14) हृदि निरुध्य च मूर्ध्नि (नि॰ 4/2) आधाय (नि॰ 1/2) आत्मन: (नि॰ 22/3) प्राणम् (नि॰ 8/17, 24/3) आस्थित: (नि॰ 15/10) योगधारणाम् (नि॰ 24/6, 14/2)

सर्वद्वाराणि (सर्वाणि द्वाराणि, न॰ द्वितीया॰ अनेक॰ ←तत्पु॰स॰ ←सना॰ सर्व 1.6 + न॰ द्वार 2.32); * संयम्य (2.61); * मन: (6.12); * **हृदि** (सप्तमी॰ एक॰ ←न॰ हृद् 4.42); * निरुध्य (ल्यप्॰ अव्यय॰ ←नि√रुध् 6.20); * च (1.1); * मूर्ध्नि (सप्तमी॰ एक॰ ←पु॰ मूर्धन् ←√मुर्व्); * आधाय (5.10); * आत्मन: (4.42); * प्राणम् (4.29); * आस्थित: (5.4); * योगधारणाम् (स्त्री॰ द्वितीया॰ एक॰ ←तत्पु॰स॰ योगधारणा, योगस्य धारणा ←पु॰ योग 2.39 + स्त्री॰ धारणा ←√धृ)

सर्वद्वाराणि (सर्व द्वारे) संयम्य (संयमित करून) मन: (मनाला) हृदि (हृदयात) निरुध्य (रोवून) च (आणि) मूर्ध्नि (मस्तकात) आधाय (रोखून) आत्मन: (आपल्या–) प्राणम् (प्राणाला) आस्थित: (स्थित झालेला) योगधारणाम् (योगाभ्यासाला)

* (देहाची) सर्व द्वारे संयमित करून, मनाला हृदयात रोवून आणि मस्तकात आपल्या प्राणाला रोखून योगाभ्यासाला स्थित झालेला;

।।8.13 ।। **ओमित्येकाक्षरं ब्रह्म व्याहरन्मामनुस्मरन् ।**
यः प्रयाति त्यजन्देहं स याति परमां गतिम् ।।

ॐ (नि० 8/18) इति (नि० 4/4) एकाक्षरम् (नि० 14/1) ब्रह्म व्याहरन् (नि० 13/16) माम् (नि० 8/16) अनुस्मरन् (नि० 23/1) यः (नि० 22/3) प्रयाति त्यजन् (नि० 13/11) देहम् (नि० 14/1) सः (नि० 21/2) याति परमाम् (नि० 14/1) गतिम् (नि० 14/2)

ॐ (अव्यय० ←√अव्); * इति (1.25); * एकाक्षरम् (न० द्वितीया० एक० ←तत्पु०स० एकाक्षर, एकम् यस्य अक्षरम्, वि० एक 2.41 + न० अक्षर 3.15); * ब्रह्म (3.15); * व्याहरन् (प्रथमा० एक० ←शतृ० वि० व्याहरत् ←वि-आ√हृ); * माम् (1.46); * अनुस्मरन् (प्रथमा० एक० ←शतृ० वि० अनुस्मरत् ←अनु√स्मृ); * यः (2.19); * प्रयाति (8.5); * त्यजन् (प्रथमा० एक० ←शतृ० वि० त्यजत् ←त्यज्); * देहम् (4.9); * सः (1.13); * याति (6.45); * परमाम् (स्त्री० द्वितीया० एक० ←वि० परम 1.17); * गतिम् (6.37)

ॐ (ॐ) इति (असे) एकाक्षरम् (एकाक्षर) ब्रह्म (ब्रह्म) व्याहरन् (उच्चारीत) माम् (मला) अनुस्मरन् (स्मरण करीत) यः (जो) प्रयाति (यमसदनी जातो) त्यजन् (सोडणारा) देहम् (देह) सः (तो) याति (प्राप्त होतो) परमाम् (परम) गतिम् (पदाला)

* जो ॐ असे ब्रह्म एकाक्षर उच्चारीत (आणि) मला स्मरण करीत देह सोडणारा यमसदनी जातो तो परम गतीला प्राप्त होतो[1]

।।8.14 ।। **अनन्यचेताः सततं यो मां स्मरति नित्यशः ।**
तस्याहं सुलभः पार्थ नित्ययुक्तस्य योगिनः ।।

अनन्यचेताः (नि० 22/7) सततम् (नि० 14/1) यः (नि० 15/9) माम् (नि० 14/1) स्मरति नित्यशः (नि० 22/8) तस्य (नि० 1/1) अहम् (नि० 14/1) सुलभः (नि० 22/3) पार्थ नित्ययुक्तस्य योगिनः (नि० 22/8)

---

(1) ओमित्येकाक्षरं प्राहुः प्रतीकं ब्रह्मणः परम् ।
तदेव व्याहृतिः शक्तेस्त्रयीसारश्च विश्रुतः ।।
निर्भयामरतातीरप्रापणे तरणिश्च तत् ।
ध्यायतो भक्तिभावेन प्रणवं वत्स सर्वदा ।।
(मोक्षगीता : 18)
परम् ब्रह्माचे प्रतीक, ॐ एकाक्षरी तंत्र ।
सर्व वेदांचे मौक्तिक, गायत्री-व्याहृति मंत्र ।
भक्तिभावाने अपार, लावशी ध्यान अगर ।
नौका ही नेईल पार, मुत्युसंसारसागर ।।

अनन्यचेता: (पु॰ प्रथमा॰ एक॰ ←बहुव्री॰ अनन्यचेतस्, अन्यस्मिन नास्ति चेत: यस्य ←वि॰ **अनन्य** ←अन्√अन् + न॰ चेतस् 1.38); * सततम् (3.19); * य: (2.19); * माम् (1.46); * स्मरति (तृ॰पु॰ एक॰ लट्॰-वर्तमान भ्वादि॰ परस्मै॰ ←√स्मृ); * नित्यश: (रीतिदर्शक क्रि॰वि॰ अव्यय॰ ←वि॰ नित्य 2.18); * तस्य (1.12); * अहम् (1.22); * सुलभ: (पु॰ प्रथमा॰ एक॰ ←वि॰ सुलभ ←सु√लभ्); * पार्थ (1.25); * नित्ययुक्तस्य (पु॰ षष्ठी॰ एक॰ ←वि॰ नित्ययुक्त 7.17); * योगिन: (षष्ठी॰ एक॰ ←पु॰ योगिन् 3.3)

अनन्यचेता: (अनन्य चित्त असलेला मनुष्य) सततम् (नेहमी) य: (जो) माम् (मला) स्मरति (स्मरण करतो) नित्यश: (नित्य) तस्य (त्या) अहम् (मी) सुलभ: (सुलभ) पार्थ (हे पार्था!) नित्ययुक्तस्य (नित्ययुक्त अशा) योगिन: (योग्याचा)

* हे पार्था! जो नेहमी अनन्य चित्त असलेला मनुष्य मला नित्य स्मरण करतो त्या नित्ययुक्त अशा योग्याचा मी सुलभ (असतो).

।।8.15 ।। **मामुपेत्य पुनर्जन्म दु:खालयमशाश्वतम् ।**
नाप्नुवन्ति महात्मान: संसिद्धिं परमां गता: ।।

माम् (नि॰ 8/20) उपेत्य पुनर्जन्म दु:खालयम् (नि॰ 8/16) अशाश्वतम् (नि॰ 14/2) न (नि॰ 1/2) आप्नुवन्ति महात्मान: (नि॰ 22/7) संसिद्धिम् (नि॰ 14/1) परमाम् (नि॰ 14/1) गता: (नि॰ 22/8)

माम् (1.46); * **उपेत्य** (पूर्वकालवाचक ल्यप्॰ अव्यय॰ ←उप√इ); * पुनर्जन्म (4.9); * दु:खालयम् (न॰ द्वितीया॰ एक॰ ←तत्पु॰स॰ दु:खालय, दु:खानाम् आलयम् ←न॰ दु:ख 2.14 + न॰ **आलय** ←आ√ली); * अशाश्वतम् (न॰ द्वितीया॰ एक॰ ←वि॰ न-तत्पु॰स॰ अशाश्वत ←अ√शस्); * न (1.30); * आप्नुवन्ति (तृ॰पु॰ अनेक॰ लट्॰-वर्तमान॰ चुरादि॰ परस्मै॰ ←√आप्); * **महात्मान:** (पु॰ प्रथमा॰ अनेक॰ ←पु॰ महात्मन् 7.19); * संसिद्धिम् (3.20); * परमाम् (8.13); * गता: (पु॰ प्रथमा॰ अनेक॰ ←वि॰ गत 2.11)

माम् (मला) उपेत्य (प्राप्त केल्यावर) पुनर्जन्म (पुनर्जन्म) दु:खालयम् (दु:खांनी भरलेला) अशाश्वतम् (नश्वर असा) न आप्नुवन्ति (प्राप्त करीत नाहीत) महात्मान: (महात्मे) संसिद्धिम् (सिद्धीला) परमाम् (परम्-) गता: (प्राप्त झालेले)

* मला प्राप्त केल्यावर परम् सिद्धीला प्राप्त झालेले महात्मे दु:खांनी भरलेला नश्वर असा पुनर्जन्म प्राप्त करीत नाहीत.

।।8.16 ।। **आब्रह्मभुवनाल्लोका: पुनरावर्तिनोऽर्जुन ।**
मामुपेत्य तु कौन्तेय पुनर्जन्म न विद्यते ।।

आब्रह्मभुवनात् (नि॰ 11/6) लोका: (नि॰ 22/3) पुनरावर्तिन: (नि॰ 15/1) अर्जुन माम् (नि॰ 8/20) उपेत्य तु कौन्तेय पुनर्जन्म न विद्यते

आब्रह्मभुवनात् (न० पंचमी० एक० ←तत्पु०स० आब्रह्मभुवन, आब्रह्मण: भुवनम् ←अव्यय० आ 3.20 + पु० ब्रह्मन् 2.72 + न० भुवन ←√भू); * लोका: (3.24); * पुनरावर्तिन: (पु० प्रथमा० अनेक० ←वि० पुनरावर्तिन् ←अव्यय० पुनर् 4.9 + वि० आवर्तिन् ←आ√वृत्); * अर्जुन (2.2); * माम् (1.46); * उपेत्य (8.15); * तु (1.2); * कौन्तेय (2.14); * पुनर्जन्म (4.9); * न (1.30); * विद्यते (2.16)

आब्रह्मभुवनात् (ब्रह्मलोकापासून) लोका: (या जगापर्यंतचे लोक) पुनरावर्तिन: (पुनर्जन्म घेणारे) अर्जुन (हे पार्था!) माम् (मला) उपेत्य (पावून) तु (परंतु) कौन्तेय (हे कौन्तेया!) पुनर्जन्म (पुनर्जन्म) न-विद्यते (होत नाही)

* हे पार्था! ब्रह्मलोकापासून या जगापर्यंतचे लोक पुनर्जन्म घेणारे (असतात) परंतु, हे कौन्तेया! मला पावून पुनर्जन्म होत नाही.

।।8.17 ।। **सहस्त्रयुगपर्यन्तमहर्यद्ब्रह्मणो विदु: ।**
रात्रिं युगसहस्त्रान्तां तेऽहोरात्रविदो जना: ।।

सहस्त्रयुगपर्यन्तम् (नि० 8/16) अह: (नि० 15.10) यत् (नि० 9/7) ब्रह्मण: (नि० 15/13) विदु: (नि० 22/8) रात्रिम् (नि० 14/1) युगसहस्त्रान्ताम् (नि० 14/1) ते (नि० 6/1) अहोरात्रविद: (नि० 15/3) जना: (नि० 22/8)

सहस्त्रयुगपर्यन्तम् (पु० द्वितीया० एक० ←बहुव्री० सहस्त्रयुगपर्यन्त, सहस्त्राणि युगानि पर्यन्त: यस्य ←वि० सहस्त्र 7.3 + न० युग 4.8 + पु० पर्यन्त ←परि√अय्); * **अह:** (द्वितीया० एक० ←न० **अह** अथवा **अहन्** ←√हा); * यत् (1.45); * ब्रह्मण: (4.32); * विदु: (4.2); * रात्रिम् (द्वितीया० एक० ←स्त्री० **रात्रि** ←√रा); * युगसहस्त्रान्ताम् (स्त्री० द्वितीया० एक० ←बहुव्री० युगसहस्त्रान्त, युगानाम् सहस्त्रेण अन्त: यस्य ←न० युग 4.8 + वि० सहस्त्र 7.3 + पु० अन्त 2.16); * ते (1.33); * अहोरात्रविद: (पु० प्रथमा० अनेक० ←बहुव्री० अहोरात्रविद्, अह: च रात्रिम् च वेत्ति य: ←न० अह↑ + स्त्री० रात्रि↑ + वि० विद् 3.29); * जना: (7.16)

सहस्त्रयुगपर्यन्तम् (सहस्त्र युगापर्यंतचा काळ) अह: (एक दिवस) यत् (जो) ब्रह्मण: (ब्रह्मदेवाचा) विदु: (जाणतात) रात्रिम् (एक रात्र) युगसहस्त्रान्ताम् (सहस्त्र युगापर्यंतचा काळ) ते (ते) अहोरात्रविद: (अहोरात्र जाणणारे) जना: (लोक)

* ते अहोरात्र जाणणारे लोक जो सहस्त्र युगापर्यंतचा काळ (तो) ब्रह्मदेवाचा एक दिवस (आणि) सहस्त्र युगापर्यंतचा काळ (ब्रह्मदेवाची) एक रात्र जाणतात.

।।8.18 ।। **अव्यक्ताद्व्यक्तय: सर्वा: प्रभवन्त्यहरागमे ।**
रात्र्यागमे प्रलीयन्ते तत्रैवाव्यक्तसंज्ञके ।।

अव्यक्तात् (नि० 9/11) व्यक्तय: (नि० 22/7) सर्वा: (नि० 22/3) प्रभवन्ति (नि० 4/1) अहरागमे रात्र्यागमे प्रलीयन्ते तत्र (नि० 3/1) एव (नि० 1/1) अव्यक्तसंज्ञके

अव्यक्तात् (पंचमी॰ एक॰ ←वि॰ अव्यक्त 2.25); * व्यक्तय: (प्रथमा॰ अनेक॰ ←स्त्री॰ व्यक्ति 7.24); * **सर्वा:** (स्त्री॰ प्रथमा॰ अनेक॰ ←सना॰ सर्व 1.6); * **प्रभवन्ति** (तृ॰पु॰ अनेक॰ लट्॰–वर्तमान॰ भ्वादि॰ परस्मै॰ ←प्र√भू); * **अहरागमे** (सप्तमी॰ एक॰ ←तत्पु॰स॰ अहरागम, अह: आगम: ←न॰ अहन् 8.17 + पु॰ आगम 2.14); * **रात्र्यागमे** (पु॰ सप्तमी॰ एक॰ ←तत्पु॰स॰ रात्र्यागम, रात्र्या आगम: ←स्त्री॰ रात्रि 8.17 + पु॰ आगम 2.14); * प्रलीयन्ते (तृ॰पु॰ अनेक॰ लट्॰–वर्तमान॰ दिवादि॰ आत्मने॰ ←प्र√ली); * तत्र (1.26); * एव (1.1); * अव्यक्तसंज्ञके (सप्तमी॰ एक॰ ←बहुव्री॰ अव्यक्तसंज्ञक, 'अव्यक्त' इति संज्ञा यस्य ←वि॰ अव्यक्त 2.25 + वि॰ संज्ञक ←सम्√ज्ञा–क)

अव्यक्तात् (अव्यक्तातून) व्यक्तय: (व्यक्ती) सर्वा: (सर्व) प्रभवन्ति (जन्मतात) अहरागमे (दिवस उजाडताच) रात्र्यागमे (रात्र आरंभ होताच) प्रलीयन्ते (लय पावतात) तत्र (तिथे) एव (च) अव्यक्तसंज्ञके (अव्यक्त नामक तत्त्वात)

* (ब्रह्माचा) दिवस उजाडताच अव्यक्तातून सर्व व्यक्ती जन्मतात (आणि ब्रह्माची) रात्र आरंभ होताच (ते) तिथे अव्यक्त नामक (ब्रह्म) तत्त्वातच लय पावतात.

।।8.19 ।। **भूतग्राम: स एवायं भूत्वा भूत्वा प्रलीयते ।**
रात्र्यागमेऽवश: पार्थ प्रभवत्यहरागमे ।।

भूतग्राम: (नि॰ 22/7) स: (नि॰ 21/2) एव (नि॰ 1/1) अयम् (नि॰ 14/1) भूत्वा भूत्वा प्रलीयते रात्र्यागमे (नि॰ 6/1) अवश: (नि॰ 22/3) पार्थ प्रभवति (नि॰ 4/1) अहरागमे

भूतग्राम: (पु॰ प्रथमा॰ एक॰ ←तत्पु॰स॰ **भूतग्राम**, भूतानाम् ग्राम: ←पु॰ भूत 2.28 + पु॰ ग्राम 6.24); * स: (1.13); * एव (1.1); * अयम् (2.19); * भूत्वा (2.20); * भूत्वा (2.20); * प्रलीयते (तृ॰पु॰ एक॰ लट्॰–वर्तमान॰ दिवादि॰ आत्मने॰ ←प्र√ली 8.18); * रात्र्यागमे (8.18); * अवश: (3.5); * पार्थ (1.25); * प्रभवति (तृ॰पु॰ एक॰ लट्॰–वर्तमान॰ भ्वादि॰ परस्मै॰ ←प्र√भू 8.18); * अहरागमे (8.18)

भूतग्राम: (प्राणिमात्रांचा समुदाय) स: (तो) एव (च) अयम् (हा) भूत्वा–भूत्वा (पुन:पुन्हा होऊन) प्रलीयते (लय पावतो) रात्र्यागमे (रात्रीच्या आरंभात) अवश: (पराधीन होऊन) पार्थ (हे पार्था!) प्रभवति (जन्मतो) अहरागमे (दिवस उजाडताच)

* हे पार्था! तोच हा प्राणिमात्रांचा समुदाय पुन:पुन्हा होऊन (ब्रह्माच्या) रात्रीच्या आरंभात लय पावतो (व) दिवस उजाडताच पराधीन होऊन जन्मतो[1]

---

(1) सर्वं कृतं विनाशान्तं जातस्य मरणं ध्रुवम् ।
अशाँतं हि लोकेऽस्मिन्सदा स्थावरजङ्गमम् ।।
(अनुगीता 28.20)
कृती अंती विनाशती, मरती ते, जे जगती ।
चल वा अचल भूति, नर सारे जगती ।।

।।8.20 ।। **परस्तस्मात्तु भावोऽन्योऽव्यक्तोऽव्यक्तात्सनातनः ।**
यः स सर्वेषु भूतेषु नश्यत्सु न विनश्यति ।।

परः (नि॰ 18/1) तस्मात् (नि॰ 1/10) तु भावः (नि॰ 15/1) अन्यः (नि॰ 15/1) अव्यक्तः (नि॰ 15/1) अव्यक्तात् (नि॰ 10/7) सनातनः (नि॰ 22/8) यः (नि॰ 22/7) सः (नि॰ 21/2) सर्वेषु (नि॰ 25/5) भूतेषु (नि॰ 25/5) नश्यत्सु न विनश्यति

परः (4.40); * तस्मात् (पु॰ पंचमी॰ एक॰ ←सना॰ तद् 1.2); * तु (1.2); * भावः (2.16); * अन्यः (2.29); * अव्यक्तः (2.25); * अव्यक्तात् (8.18); * सनातनः (2.24); * यः (2.19); * सः (1.13); * सर्वेषु (1.11); * भूतेषु (7.11); * नश्यत्सु (पु॰ सप्तमी॰ अनेक॰ ←शतृ॰ वि॰ नश्यत् ←√नश्); * न (1.30); * विनश्यति (4.40)

परः (पलीकडचा) तस्मात् (यापेक्षा) तु (परंतु) भावः (भाव, अस्तिभाव) अन्यः (वेगळा) अव्यक्तः (अव्यक्त) अव्यक्तात् (अव्यक्ताहून) सनातनः (सनातन) यः (जो) सः (तो) सर्वेषु (सर्व) भूतेषु-नश्यत्सु (भूतांच्या नाशात) न-विनश्यति (नाश पावत नाही)

* परंतु, यापेक्षा पलीकडचा अव्यक्ताहून वेगळा तो सनातन अव्यक्त अस्तिभाव जो सर्व भूतांच्या नाशात नाश पावत नाही;

।।8.21 ।। **अव्यक्तोऽक्षर इत्युक्तस्तमाहुः परमां गतिम् ।**
यं प्राप्य न निवर्तन्ते तद्धाम परमं मम ।।

अव्यक्तः (नि॰ 15/1) अक्षरः (नि॰ 19/2) इति (नि॰ 4/3) उक्तः (नि॰ 18/1) तम् (नि॰ 8/17) आहुः (नि॰ 22/3) परमाम् (नि॰ 14/1) गतिम् (नि॰ 14/2) यम् (नि॰ 14/1) प्राप्य न निवर्तन्ते तत् (नि॰ 9/6) धाम परमम् (नि॰ 14/1) मम

अव्यक्तः (2.25); * **अक्षरः** (प्रथमा॰ एक॰ न-तत्पु॰स॰ ←वि॰ क्षर 8.4); * इति (1.25); * उक्तः (1.24); * तम् (2.1); * आहुः (3.42); * परमाम् (8.13); * गतिम् (6.37); * यम् (2.15); * प्राप्य (2.57); * न (1.30); * **निवर्तन्ते** (तृ॰पु॰ अनेक॰ लट्॰-वर्तमान॰ भ्वादि॰ आत्मने॰ ←नि√वृत् 2.59); * तत् (1.10); * **धाम** (प्रथमा॰ एक॰ ←न॰ धामन् ←√धा); * परमम् (8.3); * मम (1.7)

अव्यक्तः (अव्यक्त भाव) अक्षरः (अक्षर) इति (असे) उक्तः (म्हटला गेला आहे) तम् (त्यालाच) आहुः (म्हणतात) परमाम् (परम्) गतिम् (गति) यम् (जिला) प्राप्य (प्राप्त होऊन) न-निवर्तन्ते (माघारे फिरत नाहीत) तत् (ते) धाम (धाम) परमम् (परम्) मम (माझे)

* तो अव्यक्त भाव 'अक्षर' म्हटला गेला आहे त्यालाच 'परम् गति' (असेही) म्हणतात जिला प्राप्त होऊन (कुणी) माघारे फिरत नाहीत, ते(च) माझे 'परम् धाम' (आहे).

।।8.22 ।। **पुरुषः स परः पार्थ भक्त्या लभ्यस्त्वनन्यया ।**

यस्यान्त:स्थानि भूतानि येन सर्वमिदं ततम् ।।

पुरुष: (नि॰ 22/7) स: (नि॰ 21/2) पर: (नि॰ 22/3) पार्थ भक्त्या लभ्य: (नि॰ 18/1) तु (नि॰ 4/6) अनन्यया यस्य (नि॰ 1/1) अन्त:स्थानि भूतानि येन सर्वम् (नि॰ 8/18) इदम् (नि॰ 14/1) ततम् (नि॰ 14/2)

पुरुष: (2.21); * स: (1.13); * पर: (3.11); * पार्थ (1.25); * भक्त्या (8.10); * लभ्य: (पु॰ प्रथमा॰ एक॰ ←कर्मणि॰ विधि॰ धातु॰सा॰ वि॰ लभ्य ←√लभ्); * तु (1.2); * **अनन्यया** (स्त्री॰ तृतीया॰ एक॰ ←वि॰ अनन्य 8.14); * यस्य (2.61); * अन्त:स्थानि (न॰ प्रथमा॰ अनेक॰ ←वि॰ अन्तस्थ ←अव्यय॰ अन्ते (5.24) + वि॰ स्थ (2.45); * भूतानि (प्रथमा॰ 2.28); * येन (2.17); * सर्वम् (2.17); * इदम् (1.10); * ततम् (2.17)

पुरुष: (पुरुष) स: (तो) पर: (परम) पार्थ (हे पार्था!) भक्त्या (भक्तीने) लभ्य: (प्राप्त होणारा आहे) तु (व) अनन्यया (अनन्य) यस्य (ज्याच्या) अन्त:स्थानि (अंतर्गत वास करणारे) भूतानि (सर्व प्राणिमात्र) येन (ज्यामुळे) सर्वम् (सर्व विश्व) इदम् (हे) ततम् (विकसित आहे)

* हे पार्था! ज्यामुळे हे सर्व विश्व विकसित आहे व ज्याच्या अंतर्गत सर्व प्राणिमात्र वास करणारे (असतात) तो 'परमपुरुष' अनन्य भक्तीने प्राप्त होणारा आहे.

।।8.23।। **यत्र काले त्वनावृत्तिमावृत्तिं चैव योगिन: ।**
प्रयाता यान्ति तं कालं वक्ष्यामि भरतर्षभ ।।

यत्र काले तु (नि॰ 4/6) अनावृत्तिम् (नि॰ 8/17) आवृत्तिम् (नि॰ 14/1) च (नि॰ 3/1) एव योगिन: (नि॰ 22/8) प्रयाता: (नि॰ 20/14) यान्ति तम् (नि॰ 14/1) कालम् (नि॰ 14/1) वक्ष्यामि भरतर्षभ

यत्र (6.20); * **काले** (सप्तमी॰ एक॰ ←पु॰ काल 2.72); * तु (1.2); * **अनावृत्तिम्** (द्वितीया॰ एक॰ न-तत्पु॰स॰ ←स्त्री॰ आवृत्ति 5.17); * आवृत्तिम् (द्वितीया॰ एक॰ ←स्त्री॰ आवृत्ति 5.17); * च (1.1); * एव (1.1); * योगिन: (4.25); * प्रयाता: (पु॰ प्रथमा॰ अनेक॰ ←क्त॰ वि॰ प्रयात ←प्र√या); * यान्ति (3.33); * तम् (2.1); * कालम् (द्वितीया॰ एक॰ ←पु॰ काल 2.72); * वक्ष्यामि (7.2); * भरतर्षभ (3.41)

यत्र (ज्या) काले (समयी) तु (तसेच) अनावृत्तिम् (पुनर्जन्म न येण्याच्या गतीला) आवृत्तिम् (पुनर्जन्म येण्याच्या गतीला) च (आणि) एव (ही) योगिन: (योगीजन) प्रयाता: (मरण पावलेले) यान्ति (जातात) तम् (त्या, तो) कालम् (काळाला, काळ) वक्ष्यामि (मी सांगेन) भरतर्षभ (हे भरतश्रेष्ठा!)

* तसेच, हे भरतश्रेष्ठा! ज्या समयी मरण पावलेले योगीजन पुनर्जन्म न येण्याच्या गतीला आणि पुनर्जन्म येण्याच्या गतीला जातात तो काळ मी सांगेन-

।।8.24।। **अग्निर्ज्योतिरह: शुक्ल: षण्मासा उत्तरायणम् ।**
तत्र प्रयाता गच्छन्ति ब्रह्म ब्रह्मविदो जना: ।।

अग्नि: (नि॰ 16/6) ज्योति: (नि॰ 16/1) अह: (नि॰ 22/5) शुक्ल: (नि॰ 22/6) षण्मासा: (नि॰ 20/4) उत्तरायणम् (नि॰ 14/2, 24/3) तत्र प्रयाता: (नि॰ 20/6) गच्छन्ति **ब्रह्म ब्रह्मविद:** (नि॰ 15/3) जना: (नि॰ 22/8)

अग्नि: (4.37); * **ज्योति:** (प्रथमा॰ एक॰ ←न॰ ज्योतिस् 5.21); * अह: (प्रथमा॰ एक॰ ←न॰ अहन् 8.17); * शुक्ल: (न॰ प्रथमा॰ एक॰ ←वि॰ **शुक्ल** ←√शुच्); * **षण्मासा:** (प्रथमा॰ अनेक॰ ←न॰ षण्मास ←वि॰ षष्; प्रथमेत षट् अथवा षड् ←√सो + पु॰ **मास** ←√मस्); * उत्तरायणम् (न॰ प्रथमा॰ एक॰ ←तत्पु॰स॰ उत्तरायण, उत्तराय: अयनम् ←स्त्री॰ उत्तरा ←वि॰ उत्तर 6.11 + न॰ अयन 1.11); * तत्र (1.26); * प्रयाता: (8.23); * गच्छन्ति (2.51); * **ब्रह्म** (कर्मकारक 3.15); * **ब्रह्मविद:** (प्रथमा॰ अनेक॰ ←बहुव्री॰ ब्रह्मविद, **ब्रह्म** वेत्ति य: ←न॰ **ब्रह्मन्** 2.72 + वि॰ विद् 3.29); * जना: (7.16)

अग्नि: (अग्निदेवतेची विद्यमानता) ज्योति: (प्रकाश) अह: (दिवसाची वेळ) शुक्ल: (शुक्लपक्षाचे पंधरा दिवस) षण्मासा: (सहा महिने) उत्तरायणम् (उत्तरायण) तत्र (त्या काळांत) प्रयाता: (मरण पावलेले) गच्छन्ति (जातात) **ब्रह्म** (**ब्रह्म**लोकाला) **ब्रह्मविद:** (**ब्रह्म**ज्ञानी) जना: (लोक)

* अग्निदेवतेची विद्यमानता, प्रकाश, दिवसाची वेळ, शुक्लपक्षाचे पंधरा दिवस (आणि) सहा महिने उत्तरायण (इत्यादि वेळी) मरण पावलेले **ब्रह्म**ज्ञानी लोक त्या काळांत **ब्रह्म**लोकाला जातात.

।।8.25 ।। **धूमो रात्रिस्तथा कृष्ण: षण्मासा दक्षिणायनम् ।**
तत्र चान्द्रमसं ज्योतिर्योगी प्राप्य निवर्तते ।।

धूम: (नि॰ 15/11) रात्रि: (नि॰ 18/1) तथा कृष्ण: (नि॰ 22/6) षण्मासा: (नि॰ 20/8) दक्षिणायनम् (नि॰ 14/2) तत्र चान्द्रमसम् (नि॰ 14/1) ज्योति: (नि॰ 16/6) योगी प्राप्य निवर्तते

धूम: (प्रथमा॰ एक॰ ←पु॰ धूम 3.38); * रात्रि: (प्रथमा॰ एक॰ ←स्त्री॰ रात्रि 8.17); * तथा (1.8); * **कृष्ण:** (पु॰ प्रथमा॰ एक॰ ←वि॰ कृष्ण 1.28); * षण्मासा: (8.24); * दक्षिणायनम् (न॰ प्रथमा॰ एक॰ ←तत्पु॰स॰ दक्षिणायन, दक्षिणाया: अयमन् ←स्त्री॰ दक्षिणा ←वि॰ दक्षिण ←√दक्ष् + न॰ अयन 1.11); * तत्र (1.26); * चान्द्रमसम् (न॰ द्वितीया॰ एक॰ ←वि॰ चान्द्रमस ←√चन्द्); * ज्योति: (8.24); * योगी (5.24); * प्राप्य (2.57); * निवर्तते (2.59)

धूम: (सायंकाळ) रात्रि: (रात्रीच्या क्षण) तथा (आणि) कृष्ण: (कृष्णार्धाचे पंधरा दिवस) षण्मासा: (सहा महिने) दक्षिणायनम् (दक्षिणायन) तत्र (त्या काळांत) चान्द्रमसम् ज्योति: (चंद्रज्योतीला) योगी (योगी) प्राप्य (प्राप्त होऊन) निवर्तते (परत येतो)

* सायंकाळ, रात्रीच्या क्षण, कृष्णार्धाचे पंधरा दिवस आणि सहा महिने दक्षिणायन (इत्यादि वेळी मरण पावलेला) योगी त्या काळांत चंद्रज्योतीला प्राप्त होऊन (पुनर्जन्मानी) परत येतो.

।।8.26 ।। **शुक्लकृष्णे गती ह्येते जगत: शाश्वते मते ।**
एकया यात्यनावृत्तिमन्ययावर्तते पुन: ।।

शुक्लकृष्णे (नि० 24/9) गती हि (नि० 4/4) एते जगतः (नि० 22/5) शाश्वते मते (नि० 23/1) एकया याति (नि० 4/1) अनावृत्तिम् (नि० 8/16) अन्यया (नि० 1/4) आवर्तते पुनः (नि० 22/8)

शुक्लकृष्णे (स्त्री० प्रथमा० द्वि०व० ←द्वंद्व०स० शुक्ला च कृष्णा च ←वि० शुक्ल 8.24 + वि० कृष्ण 1.28); * गती (प्रथमा० द्वि०व० ←स्त्री० गति 2.43); * हि (1.11); * एते (स्त्री० द्वितीया० द्वि०व० ←सना० एतद् 1.3); * जगतः (7.6); * शाश्वते (स्त्री० प्रथमा० द्वि०व० ←वि० शाश्वत 1.43); * मते (प्रथमा० द्वि०व० ←स्त्री० मता ←न० मत 2.35); * एकया (स्त्री० तृतीया० एक० ←संख्या वि० एक 2.41); * याति (6.45); * अनावृत्तिम् (8.23); * अन्यया (स्त्री० तृतीया० एक० ←वि० अन्य 1.9); * आवर्तते (तृ०पु० एक० लट्०-वर्तमान० भ्वादि० आत्मने० ←आ√वृत्); * पुनः (= अव्यय० पुनर् 4.9)

शुक्लकृष्णे (शुक्ल आणि कृष्ण) गती (गती) हि (कारण) एते (या दोन) जगतः (जगाकरिता) शाश्वते (शाश्वत) मते (जाणल्या गेल्या आहेत) एकया (एकीने) याति (प्राप्त करतो) अनावृत्तिम् (विमुक्तता) अन्यया (दुसरीने) आवर्तते (जन्मफेरी करतो) पुनः (पुन्हा)

* कारण जगाकरिता शुक्ल आणि कृष्ण या दोन गती शाश्वत जाणल्या गेल्या आहेत, एकीने (तो) विमुक्तता प्राप्त करतो (तर) दुसरीने पुन्हा जन्मफेरी करतो.

।।8.27 ।। **नैते सृती पार्थ जानन्योगी मुह्यति कश्चन ।**
तस्मात्सर्वेषु कालेषु योगयुक्तो भवार्जुन ।।

न (नि० 3/1) एते सृती पार्थ जानन् (नि० 13/17) योगी मुह्यति कश्चन तस्मात् (नि० 10/7) सर्वेषु (नि० 25/5) कालेषु (नि० 25/5) योगयुक्तः (नि० 15/8) भव (नि० 1/1) अर्जुन

न (1.30); * एते (8.26); * सृती (प्रथमा० द्वि०व० ←स्त्री० सृति ←√सृ); * पार्थ (1.25); * जानन् (पु० प्रथमा० एक० ←शतृ० वि० जानत् ←√ज्ञा); * योगी (5.24); * मुह्यति (2.13); * कश्चन (3.18); * तस्मात् (1.37); * सर्वेषु (1.11); * कालेषु (8.7); * योगयुक्तः (5.6); * भव (2.45); * अर्जुन (2.2)

न (नाही) एते (या दोन्ही) सृती (गती) पार्थ (हे पार्था!) जानन् (जाणल्या असताना) योगी (योगी) मुह्यति (भ्रमात पडत-) कश्चन (कुणी) तस्मात् (म्हणून) सर्वेषु (सर्व) कालेषु (समयी) योगयुक्तः (योगयुक्त) भव (तू हो) अर्जुन (हे अर्जुना!)

* हे पार्था! या दोन्ही गती जाणल्या असताना कुणी योगी भ्रमात पडत नाही म्हणून, हे अर्जुना! सर्व समयी तू योगयुक्त हो.

।।8.28 ।। **वेदेषु यज्ञेषु तपःसु चैव दानेषु यत्पुण्यफलं प्रदिष्टम् ।**
अत्येति तत्सर्वमिदं विदित्वा योगी परं स्थानमुपैति चाद्यम् ।।

वेदेषु (नि० 25/5) यज्ञेषु (नि० 25/5) तपःसु च (नि० 3/1) एव दानेषु (नि० 25/5) यत् (नि० 10/6) पुण्यफलम् (नि० 14/1) प्रदिष्टम् (नि० 14/2) अत्येति तत् (नि० 10/7) सर्वम् (नि० 8/18) इदम् (नि०

14/1) विदित्वा योगी परम् (नि० 14/1) स्थानम् (नि० 8/20) उपैति च (नि० 1/2) आद्यम् (नि० 14/2)

वेदेषु (2.46); * यज्ञेषु (सप्तमी० अनेक० ←पु० यज्ञ 3.9); * तप:सु (सप्तमी० अनेक० ←पु० तपस् 4.10); * च (1.1); * एव (1.1); * दानेषु (सप्तमी० अनेक० ←न० **दान** ←√दा); * यत् (3.21); * पुण्यफलम् (न० प्रथमा० एक० ←तत्पु०स० पुण्यफल, पुण्यस्य फलम् ←न० पुण्य 6.41 + न० फल 2.43); * प्रदिष्टम् (न० प्रथमा० एक० ←क्त० वि० प्रदिष्ट ←प्र√दिश्); * अत्येति (तृ०पु० एक० लट्०-वर्तमान० अदादि० परस्मै० ←अति√इ); * तत् (2.7); * सर्वम् (2.17); * इदम् (1.10); * विदित्वा (2.25); * योगी (5.24); * परम् (2.12); * **स्थानम्** (द्वितीया० एक० ←न० स्थान 5.5); * उपैति (6.27); * च (1.1); * **आद्यम्** (द्वितीया० एक० ←वि० आद्य 5.22)

वेदेषु (वेदांत, वेदाभ्यासात) यज्ञेषु (यज्ञांत, यज्ञकर्मात) तप:सु (तपांत, तपाचरणात) च (आणि) एव (च) दानेषु (दानांत, दानकर्मात) यत् (जे) पुण्यफलम् (पुण्यफळ) प्रदिष्टम् (सांगितले गेले आहे) अत्येति (उल्लंघून जातो) तत् (त्या) सर्वम् (सर्वाला) इदम् (हे) विदित्वा (जाणल्यावर) योगी (योगी) परम् (परम) स्थानम् (पद) उपैति (प्राप्त करतो) च (आणि) आद्यम् (आद्य)

* हे जाणल्यावर वेदाभ्यासात, यज्ञाकर्मात, तपाचत्णात, आणि दानाकर्मात जे पुण्यफळ (म्हणून) सांगितले गेले आहे त्या सर्वालाच योगी उल्लंघून जातो आणि आद्य परम पद प्राप्त करतो.

इति श्रीमद्भगवद्गीतासूपनिषत्सु ब्रह्मविद्यायां योगशास्त्रे श्रीकृष्णार्जुनसंवादेऽक्षरब्रह्मयोगो नामाष्टमोऽध्याय: ।।8 ।।

इति श्रीमद्भगवद्गीतासु (नि० 1/8) उपनिषत्सु ब्रह्मविद्यायाम् (नि० 14/1) योगशास्त्रे श्रीकृष्णार्जुनसंवादे (नि० 6/1) अक्षरब्रह्मयोग: (नि० 15/6) नाम (नि० 1/1) अष्ट: (नि० 15/1) अध्याय: (नि० 22/8)

इति (याप्रमाणे) श्रीमद्भगवद्गीतासु उपनिषत्सु (श्रीमद्भगवद्गीतो-पनिषदांतील) ब्रह्मविद्यायाम् (ब्रह्मविद्यांतर्गत) योगशास्त्रे श्रीकृष्णार्जुनसंवादे (श्रीकृष्ण आणि अर्जुन यांच्या योगशास्त्राच्या संवादापैकी) अक्षरब्रह्मयोग: (अक्षरब्रह्मयोग) नाम (नामक) अष्टम: (आठवा) अध्याय: (अध्याय)

* श्रीमद्भगवद्गीतोपनिषदांतील श्रीकृष्ण आणि अर्जुन यांच्या योगशास्त्राच्या संवादापैकी ब्रह्मविद्यांतर्गत 'अक्षरब्रह्मयोग' नावाचा आठवा अध्याय याप्रमाणे (समाप्त).

*****

एकस्मिन्नेव पुरुषे सा सा बुद्धिस्तदा तदा ।
भवत्यकृतधर्मत्वात्सा तस्यैव न रोचते ।।
(महाभारत, सौप्तिक० 3.13)
मनी ज्या धर्म संस्कार, यथायोग्य त्याचा भाव ।
तनी अधर्म संचार, बदलता त्याचा ठाव ।।
धर्मं यो बाधते धर्मो न स धर्म: कुवर्त्म तत् ।

अविरोधतु यो धर्मः स धर्मः सत्यविक्रम ।।

(महाभारत, वन० 131.11)

कृति जी न बाधे धर्म, जाणावे तिलाच धर्म ।

जी विरोधते सद्धर्म, म्हणावे तिला अधर्म ।।

नवमोऽध्यायः ।

राजविद्याराजगुह्ययोगः ।

।।9.1 ।। श्रीभगवानुवाच

इदं तु ते गुह्यतमं प्रवक्ष्याम्यनसूयवे ।

ज्ञानं विज्ञानसहितं यज्ज्ञात्वा मोक्ष्यसेऽशुभात् ।।

नवमः (नि० 15/1) अध्यायः (नि० 22/8) । राजविद्याराजगुह्ययोगः (नि० 22/8) । श्रीभगवान् (नि० 8/14) उवाच । इदम् (नि० 14/1) तु ते गुह्यतमम् (नि० 14/1) प्रवक्ष्यामि (नि० 4/1) अनसूयवे ज्ञानम् (नि० 14/1) विज्ञानसहितम् (नि० 14/1) यत् (नि० 11/2) ज्ञात्वा मोक्ष्यसे (नि० 6/1) अशुभात्

नवमः (पु० प्रथमा० एक० ←क्रमवाचक संख्या० वि० नवम ←वि० नवन् 5.13); * अध्यायः (प्रथमा० एक० ←पु० अध्याय ←अधि√इ); * राजविद्याराजगुह्ययोगः (पु० प्रथमा० एक० ←तत्पु०स० राजविद्याराजगुह्ययोग, राजविद्यायाः च राजगुह्यस्य च योगः ←स्त्री० राजविद्या 9.2 + न० राजगुह्य 9.2 + पु० योग 2.39) ।

श्रीभगवान् (2.2); * उवाच (1.25) । इदम् (1.10); * तु (1.2); * ते (1.7); * **गुह्यतमम्** (द्वितीया० एक० तमभाव ←न० **गुह्य** ←√गुह् + तद्धित प्रत्यय तम 1.7); * प्रवक्ष्यामि (4.16); * अनसूयवे (पु० चतुर्थी० एक० ←न-बहुव्री० **अनसूय** ←पु० अनसूयु ←स्त्री० असूया ←11कण्ड्वादि०√असू); * ज्ञानम् (3.39); * विज्ञानसहितम् (द्वितीया० एक० ←सह०-बहुव्री० विज्ञानसहित, विज्ञानेन सहितम् ←न० विज्ञान 3.41 + वि० **सहित** ←√सह्); * विज्ञान 3.41); * यत् (3.21); * ज्ञात्वा (4.15); * मोक्ष्यसे (4.16); * अशुभात् (4.16)

श्रीभगवान् (श्रीभगवान) उवाच (म्हणाले-) इदम् (हे) तु (खरोखर) ते (तुला) गुह्यतमम् (सर्वश्रेष्ठ गुह्य) प्रवक्ष्यामि (मी सांगेन) अनसूयवे (हे अद्वेष्ट्या, ईर्षा न करणाऱ्या अर्जुना!) ज्ञानम् (ज्ञान) विज्ञानसहितम् (विज्ञानासहित) यत् (जे) ज्ञात्वा (जाणून) मोक्ष्यसे (तू मुक्त होशील) अशुभात् (अनिष्टातून)

* श्रीभगवान म्हणाले- (हे) ईर्ष्या न करणाऱ्या (अर्जुना!) हे खरोखर सर्वश्रेष्ठ गुह्य ज्ञान मी तुला विज्ञानासहित सांगेन, जे जाणून तू अनिष्टातून मुक्त होशील.

।।9.2 ।। **राजविद्या राजगुह्यं पवित्रमिदमुत्तमम् ।**

प्रत्यक्षावगमं धर्म्यं सुसुखं कर्तुमव्ययम् ।।

राजविद्या राजगुह्यम् (नि० 14/1) पवित्रम् (नि० 8/18) इदम् (नि० 8/20) उत्तमम् (नि० 14/2) प्रत्यक्षावगमम् (नि० 14/1) धर्म्यम् (नि० 14/1) सुसुखम् (नि० 14/1) कर्तुम् (नि० 8/16) अव्ययम् (नि० 14/2)

राजविद्या (स्त्री० प्रथमा० एक० ←तत्पु०स० **राजविद्या**, राजा राज्ञी वा विद्यायाम् ←पु० राजा 1.2 + स्त्री० विद्या 5.18); * राजगुह्यम् (न० प्रथमा० एक० ←तत्पु०स० **राजगुह्य**, राजा गुह्यानाम् ←न० गुह्य 9.1 + पु० राजा 1.2); * पवित्रम् (प्रथमा० 4.38); * इदम् (1.10); * उत्तमम् (4.3); * प्रत्यक्षावगमम् (न० प्रथमा० एक० ←बहुव्री० प्रत्यक्षावगम, प्रत्यक्षेण अवगमः यस्य ←वि० प्रत्यक्ष ←प्रति√अक्ष् + पु० अवगम ←अव√गम्); * धर्म्यम् (2.33); * सुसुखम् (न० प्रथमा० एक० ←अव्यय० सु 5.1 + न० सुख 1.32); * कर्तुम् (1.45); * **अव्ययम्** (न० प्रथमा० एक० ←वि० अव्यय 2.21)

राजविद्या (राजसवाणी विद्या) राजगुह्यम् (सर्वांत श्रेष्ठ रहस्य) पवित्रम् (पुण्यकारक) इदम् (ही) उत्तमम् (सर्वश्रेष्ठ) प्रत्यक्षावगमम् (प्रत्यक्ष अनुभवाने येणारे) धर्म्यम् (धर्मयुक्त सदाचार) सुसुखम् (सुखदायक) कर्तुम् (करावयास) अव्ययम् (अविनाशी)

* ही राजसवाणी विद्या, पुण्यकारक, प्रत्यक्ष अनुभवाने येणारे सर्वांत श्रेष्ठ रहस्य, सर्वश्रेष्ठ धर्मयुक्त सदाचार, अविनाशी (आणि) करावयास सुखदायक (अशी आहे).

।।9.3 ।। **अश्रद्दधानाः पुरुषा धर्मस्यास्य परंतप ।**
अप्राप्य मां निवर्तन्ते मृत्युसंसारवर्त्मनि ।।

अश्रद्दधानाः (नि० 22/3) पुरुषाः (नि० 20/9) धर्मस्य (नि० 1/1) अस्य परन्तप (नि० 23/1) अप्राप्य माम् (नि० 14/1) निवर्तन्ते मृत्युसंसारवर्त्मनि

अश्रद्दधानाः (पु० प्रथमा० अनेक० ←न-बहुव्री० वि० अश्रद्दधान 4.40); * पुरुषाः (प्रथमा० अनेक० ←पु० पुरुष 2.15); * धर्मस्य (2.40); * अस्य (2.17); * परन्तप (2.3); * अप्राप्य (6.37); * माम् (1.46); * निवर्तन्ते (8.21); * मृत्युसंसारवर्त्मनि (न० सप्तमी० एक० ←तत्पु०स० मृत्युसंसारवर्त्मन्, मृत्युमयस्य संसारस्य वर्त्म ←पु० मृत्यु 2.27 + पु० **संसार** ←सम्√सृ + न० वर्त्मन् 3.23)

अश्रद्दधानाः (श्रद्धा न बाळगणारे) पुरुषाः (लोक) धर्मस्य (सत् धर्माची) अस्य (या) परंतप (हे परंतपा!) अप्राप्य (न प्राप्त होऊन) माम् (मला) निवर्तन्ते (परततात) मृत्युसंसारवर्त्मनि (मृत्युमय भवसागरात)

* हे परंतपा! या सत् धर्माची श्रद्धा न बाळगणारे लोक मला प्राप्त न होऊन मृत्युमय भवसागरात परततात.

।।9.4 ।। **मया ततमिदं सर्वं जगदव्यक्तमूर्तिना ।**
मत्स्थानि सर्वभूतानि न चाहं तेष्ववस्थितः ।।

मया ततम् (नि० 8/18) इदम् (नि० 14/1) सर्वम् (नि० 14/1) जगत् (नि० 8/2) अव्यक्तमूर्तिना

मत्स्थानि सर्वभूतानि न च (नि० 1/1) अहम् (नि० 14/1) तेषु (नि० 25/5, 4/6) अवस्थितः (नि० 22/8)

मया (1.22); * ततम् (प्रथमा० 2.17); * इदम् (प्रथमा० 1.10); * सर्वम् (प्रथमा० 2.17); * जगत् (7.5); * अव्यक्तमूर्तिना (तृतीया० एक० ←बहुव्री० अव्यक्तमूर्ति, अव्यक्ता मूर्तिः यस्य ←वि० अव्यक्त 2.25 + स्त्री० **मूर्ति** ←√मुर्च्छ्); * **मत्स्थानि** (प्रथमा० अनेक० ←बहुव्री० मत्स्थ, मयि स्थीयते तत् ←सना० मयि 3.30 + वि० स्थ 2.45); * सर्वभूतानि (6.29); * न (1.30); * च (1.1); * अहम् (1.22); * तेषु (2.62); * **अवस्थितः** (पु० प्रथमा० एक० ←वि० अवस्थित 1.11)

मया (माझ्याकडून) ततम् (विकसित) इदम् (ही) सर्वम् (सर्व) जगत् (सृष्टि) अव्यक्तमूर्तिना (अव्यक्त रूपात असलेल्या–) मत्स्थानि (माझ्या ठिकाणी स्थित) सर्वभूतानि (सर्व भूते) न (नसतो) च (आणि) अहम् (मी) तेषु (त्यांत) अवस्थितः (स्थित)

* अव्यक्त रूपात असलेल्या माझ्याकडून ही सर्व सृष्टि विकसित (आहे) आणि सर्व भूते माझ्या ठिकाणी स्थित (असतात) मी त्यांत स्थित नसतो.

।।9.5 ।। **न च मत्स्थानि भूतानि पश्य मे योगमैश्वरम् ।**
भूतभृन्न च भूतस्थो ममात्मा भूतभावनः ।।

न च मत्स्थानि भूतानि पश्य मे योगम् (नि० 8/23) ऐश्वरम् (नि० 14/2) भूतभृत् (नि० 12/1) न च भूतस्थः (नि० 15/9) मम (नि० 1/2) आत्मा भूतभावनः (नि० 22/8)

न (1.30); * च (1.1); * मत्स्थानि (द्वितीया० अनेक० ←वि० मत्स्थ 9.4); * भूतानि (2.30); * पश्य (1.3); * मे (1.21); * योगम् (2.53); * **ऐश्वरम्** (पु० द्वितीया० एक० ←वि० ऐश्वर ←√ईश्); * भूतभृत् (प्रथमा० एक० ←तत्पु०स० वि० भूतभृत्, भूतानि विभ्रति इति ←न० भूत 2.28 + शतृ० वि० भृत् अथवा विभ्रत् ←√भृ 2.54); * न (1.30); * च (1.1); * भूतस्थः (प्रथमा० एक० ←वि० तत्पु०स० भूतस्थ, भूतेषु स्थीयते इति ←न० भूत 2.28 + वि० स्थ 2.45); * मम (1.7); * आत्मा (6.5); * भूतभावनः (पु० प्रथमा० एक० ←बहुव्री० वि० **भूतभावन**, भूतानि भावयति यः ←न० भूत 2.28 + वि० अथवा पु० भावन ←√भू)

न (नव्हे) च (आणि) मत्स्थानि (माझ्या ठिकाणी स्थित असलेल्या–)[1] भूतानि (भूतांना) पश्य (पहा) मे (माझ्या) योगम् (योगाला) ऐश्वरम् (ईश्वरी) भूतभृत् (भूतांचा आधारी) न (नसतो) च (आणि) भूतस्थः (भूतांत स्थित) मम आत्मा (मी स्वतः) भूतभावनः (भूतांची उत्पत्ति करणारा)

---

[1] इतरत्र– श्लोक 9.4, 9.5 आणि 9.6 मध्ये आलेल्या 'मत्स्थानि' या शब्दाचा अर्थ अन्यान्य अनुवादांत–
(1) 9.4 मध्ये 'माझ्याठिकाणी स्थित आहेत,'
(2) 9.5 मध्ये 'माझ्याठिकाणी स्थित नाहीत,' व
(3) पुन्हा 9.5 मध्ये 'माझ्याठिकाणी स्थित आहेत' अशा प्रकारे विसंगत वा विरुद्धार्थी आढळतो.

* आणि, माझ्या ठिकाणी स्थित असलेल्या भूतांना नव्हे माझ्या ईश्वरी योगाला पहा. मी स्वतः भूतांची उत्पत्ति करणारा आणि भूतांचा आधारी (आहे पण) भूतांत स्थित नसतो.

।।9.6 ।। **यथाकाशस्थितो नित्यं वायुः सर्वत्रगो महान् ।**
तथा सर्वाणि भूतानि मत्स्थानीत्युपधारय ।।

यथा (नि॰ 1/4) आकाशस्थितः (नि॰ 15/6) नित्यम् (नि॰ 14/1) वायुः (नि॰ 22/7) सर्वत्रगः (नि॰ 15/9) महान् (नि॰ 23/1) तथा सर्वाणि (नि॰ 24/7) भूतानि मत्स्थानि (नि॰ 1/5) इति (नि॰ 4/3) उपधारय

यथा (1.11); * आकाशस्थितः (पु॰ प्रथमा॰ एक॰ ←वि॰ तत्पु॰स॰ आकाशस्थित, आकाशे स्थितः ←न॰ **आकाश** ←आ√काश् + वि॰ स्थित 1.14); * नित्यम् (2.21); * वायुः (2.67); * सर्वत्रगः (पु॰ प्रथमा॰ एक॰ ←बहुव्री॰ **सर्वत्रग**, सर्वत्र गच्छति यः ←अव्यय॰ सर्वत्र 2.57 + क्रिया॰ गच्छति 6.37 अथवा समासान्त वि॰ ग ←√गै); * **महान्** (प्रथमा॰ एक॰ ←वि॰ महत् 1.3); * तथा (1.8); * सर्वाणि (2.30); * भूतानि (2.28); * मत्स्थानि (9.4); * इति (1.25); * उपधारय (7.6)

यथा (जसा) आकाशस्थितः (आकाशात स्थिरावलेला) नित्यम् (नेहमी) वायुः (वायु) सर्वत्रगः (सर्वगामी) महान् (महान) तथा (तसे) सर्वाणि (सर्व) भूतानि (भूतमात्र) मत्स्थानि (माझ्या ठिकाणी स्थित) इति (असे) उपधारय (जाण)

* जसा सर्वगामी महान वायु नेहमी आकाशात स्थिरावलेला (असतो) तसे सर्व भूतमात्र माझ्या ठिकाणी स्थित (असतात) असे जाण.

।।9.7 ।। **सर्वभूतानि कौन्तेय प्रकृतिं यान्ति मामिकाम् ।**
कल्पक्षये पुनस्तानि कल्पादौ विसृजाम्यहम् ।।

सर्वभूतानि कौन्तेय प्रकृतिम् (नि॰ 14/1) यान्ति मामिकाम् (नि॰ 14/2) कल्पक्षये पुनः (नि॰ 18/1) तानि कल्पादौ विसृजामि (नि॰ 4/1) अहम् (नि॰ 14/2)

सर्वभूतानि (6.29); * कौन्तेय (2.14); * प्रकृतिम् (3.33); * यान्ति (3.33); * मामिकाम् (द्वितीया॰ एक॰ ←स्त्री॰ वि॰ मामिका ←पु॰ वि॰ मामक 1.1); * कल्पक्षये (पु॰ सप्तमी॰ एक॰ ←तत्पु॰स॰ कल्पक्षय, कल्पस्य क्षयः ←पु॰ **कल्प** ←√क्लृप् + पु॰ क्षय 1.38); * पुनः (4.35); * तानि (2.61); * कल्पादौ (पु॰ सप्तमी॰ एक॰ ←तत्पु॰स॰ कल्पादि, कल्पस्य आदिः ←पु॰ कल्प↑ + पु॰ आदि 2.28); * **विसृजामि** (प्रथम॰पु॰ एक॰ लट्॰-वर्तमान॰ दिवादि॰ परस्मै॰ ←वि√सृज् 4.7); * अहम् (1.22)

सर्वभूतानि (सर्व प्राणी) कौन्तेय (हे कौन्तेया!) प्रकृतिम् (प्रकृतीला) यान्ति (येऊन मिळतात) मामिकाम् (माझ्या) कल्पक्षये (कल्पाच्या अंति) पुनः (पुन्हा) तानि (त्यांना) कल्पादौ (कल्पाच्या आरंभी) विसृजामि (अस्तित्वात आणतो) अहम् (मी)

* हे कौन्तेया! कल्पाच्या अंती सर्व प्राणी माझ्या प्रकृतीला येऊन मिळतात (आणि) कल्पाच्या आरंभी मी त्यांना पुन्हा अस्तित्वात आणतो.

।।9.8 ।। **प्रकृतिं स्वामवष्टभ्य विसृजामि पुनः पुनः ।**
भूतग्राममिमं कृत्स्नमवशं प्रकृतेर्वशात् ।।

प्रकृतिम् (नि॰ 14/1) स्वाम् (नि॰ 8/16) अवष्टभ्य विसृजामि पुनः (नि॰ 22/3) पुनः (नि॰ 22/8) भूतग्रामम् (नि॰ 8/18) इमम् (नि॰ 14/1) कृत्स्नम् (नि॰ 8/16) अवशम् (नि॰ 14/1) प्रकृतेः (नि॰ 16/10) वशात्

प्रकृतिम् (3.33); * स्वाम् (4.6); * **अवष्टभ्य** (ल्यप्॰ अव्यय॰ ←अव√स्तम्भ्); * विसृजामि (9.7); * पुनः (4.35); * पुनः (4.35); * **भूतग्रामम्** (द्वितीया॰ एक॰ ←पु॰ भूतग्राम 8.19); * इमम् (1.28); * कृत्स्नम् (1.40); * अवशम् (द्वितीया॰ एक॰ ←वि॰ अवश 3.5); * प्रकृतेः (3.27); * वशात् (पंचमी॰ एक॰ ←पु॰ वश 2.61)

प्रकृतिम् (प्रकृतीला) स्वाम् (आपल्या) अवष्टभ्य (अंगीकारून) विसृजामि (मी अस्तित्वात आणतो) पुनः (पुन्हा) पुनः (पुन्हा) भूतग्रामम् (भूतसंचाला) इमम् (या) कृत्स्नम् (सर्व) अवशम् (पराधीन) प्रकृतेः (स्वभावाच्या) वशात् (अनुसार)

* मी आपल्या प्रकृतीला अंगीकारून या सर्व पराधीन भूतसंचाला स्वभावाच्या अनुसार पुनःपुन्हा अस्तित्वात आणतो.

।।9.9 ।। **न च मां तानि कर्माणि निबध्नन्ति धनञ्जय ।**
उदासीनवदासीनमसक्तं तेषु कर्मसु ।।

न च माम् (नि॰ 14/1) तानि कर्माणि (नि॰ 24/7) निबध्नन्ति धनञ्जय (नि॰ 23/1) उदासीनवत् (नि॰ 8/3) आसीनम् (नि॰ 8/16) असक्तम् (नि॰ 14/1) तेषु (नि॰ 25/5) कर्मसु

न (1.30); * च (1.1); * माम् (1.46); * **तानि** (प्रथमा॰ अनेक॰ ←सना॰ तद् 1.2); * कर्माणि (3.27); * **निबध्नन्ति** (तृ॰पु॰ अनेक॰ लट्॰–वर्तमान॰ क्रयादि॰ परस्मै॰ ←नि√बध् 4.41); * धनञ्जय (2.48); * **उदासीनवत्** (क्रि॰वि॰ ←वि॰ उदासिन् 6.9 + अव्यय॰ प्रत्यय वत् 2.29); * आसीनम् (पु॰ द्वितीया॰ एक॰ ←शतृ॰ वि॰ **आसीन** ←√आस्); * **असक्तम्** (द्वितीया॰ एक॰ ←वि॰ असक्त 3.7); * तेषु (2.62); * कर्मसु (2.50)

न (नाहीत) च (आणि) माम् (मला) तानि (ती) कर्माणि (कर्मे) निबध्नन्ति (बद्ध करीत–) धनञ्जय (हे धनंजया!) उदासीनवत् (तटस्थ अशा) आसीनम् (राहणाऱ्या) असक्तम् (अनासक्त) तेषु (त्या) कर्मसु (कर्मांत)

* हे धनंजया! त्या कर्मांत अनासक्त आणि तटस्थ राहणाऱ्या अशा मला ती कर्मे बद्ध करीत नाहीत.

।।9.10 ।। **मयाध्यक्षेण प्रकृतिः सूयते सचराचरम् ।**
हेतुनानेन कौन्तेय जगद्विपरिवर्तते ।।

मया (नि० 1/3) अध्यक्षेण (नि० 24/1) प्रकृतिः (नि० 22/7) सूयते सचराचरम् (नि० 14/2) हेतुना (नि० 1/3) अनेन कौन्तेय जगत् (नि० 9/11) विपरिवर्तते

मया (1.22); * अध्यक्षेण (तृतीया० एक० ←पु० अध्यक्ष ←अधि√अक्ष्); * प्रकृतिः (7.4); * सूयते (तृ०पु० एक० लट्०-वर्तमान० दिवादि० आत्मने० ←√सू); * सचराचरम् (अव्यय० चरेण च अचरेण च सह ←अव्यय० स 7.30 + वि० **चर** ←√चर् + न-बहुव्री० **अचर** ←अ√चर्); * हेतुना (तृतीया० एक० ←पु० हेतु 1.35); * अनेन (3.10); * कौन्तेय (2.14); * जगत् (7.5); * विपरिवर्तते (तृ०पु० एक० लट्०-वर्तमान० भ्वादि० आत्मने० ←वि-परि√वृत् 3.28)

मया (माझ्या) अध्यक्षेण (आज्ञेने) प्रकृतिः (प्रकृति) सूयते (प्रकट होते) सचराचरम् (चर व अचर भूतांसहित) हेतुना (कारणाने) अनेन (या) कौन्तेय (हे कौन्तेया!) जगत् (जग) विपरिवर्तते (येण्याजाण्याचे परिवर्तन करते)

* हे कौन्तेया! माझ्या आज्ञेने प्रकृति चर आणि अचर भूतांसहित प्रकट होते (आणि) या कारणाने जग येण्याजाण्याचे परिवर्तन करते.

।।9.11 ।। **अवजानन्ति मां मूढा मानुषीं तनुमाश्रितम् ।**
परं भावमजानन्तो मम भूतमहेश्वरम् ।।

अवजानन्ति माम् (नि० 14/1) मूढाः (नि० 20/13) मानुषीम् (नि० 14/1) तनुम् (नि० 8/17) आश्रितम् (नि० 14/2) परम् (नि० 14/1) भावम् (नि० 8/16) अजानन्तः (नि० 15/9) मम भूतमहेश्वरम् (नि० 14/2)

अवजानन्ति (तृ०पु० अनेक० लट्०-वर्तमान० क्र्यादि० परस्मै० ←अव√ज्ञा); * माम् (1.46); * मूढाः (7.15); * मानुषीम् (स्त्री० द्वितीया० एक० ←वि० मानुष 4.12); * तनुम् (7.21); * आश्रितम् (द्वितीया० एक० ←वि० आश्रित 7.15); * परम् (2.12); * भावम् (7.15); * अजानन्तः (7.24); * मम (1.7); * भूतमहेश्वरम् (पु० द्वितीया० एक० ←तत्पु०स० भूतमहेश्वर, भूतानाम् महान् ईश्वरः ←पु० भूत 2.28 + वि० महा 1.3 + पु० ईश्वर 4.6)

अवजानन्ति (अपमानित करतात) माम् (मला) मूढाः (अज्ञ लोक) मानुषीम् (मानवाची) तनुम् (काया) आश्रितम् (धारण केलेल्या) परम् (परम) भावम् (प्रभावाला) अजानन्तः (न जाणणारे) मम (माझ्या–) भूतमहेश्वरम् (प्राणिमात्रांच्या महेश्वर अशा–)

* माझ्या परम प्रभावाला न जाणणारे अज्ञ लोक मानवाची काया धारण केलेल्या प्राणिमात्रांच्या महेश्वर अशा मला अपमानित करतात.

।।9.12 ।। **मोघाशा मोघकर्माणो मोघज्ञाना विचेतसः ।**

राक्षसीमासुरीं चैव प्रकृतिं मोहिनीं श्रिता: ।।

मोघाशा: (नि॰ 20/13) मोघकर्माण: (नि॰ 15/9, 24/2) मोघज्ञाना: (नि॰ 20/17) विचेतस: (नि॰ 22/8) राक्षसीम् (नि॰ 8/17) आसुरीम् (नि॰ 14/1) च (नि॰ 3/1) एव प्रकृतिम् (नि॰ 14/1) मोहिनीम् (नि॰ 14/1) श्रिता: (नि॰ 22/8)

मोघाशा: (पु॰ प्रथमा॰ अनेक॰ ←बहुव्री॰ मोघाशा, मोघा: आशा: यस्य ←वि॰ मोघ 3.16 + स्त्री॰ **आशा** ←आ√अश्); * मोघकर्माण: (पु॰ प्रथमा॰ अनेक॰ ←बहुव्री॰ मोघकर्मन्, मोघानि कर्माणि यस्य ←वि॰ मोघ 3.16 + न॰ कर्मन् 1.15); * मोघज्ञाना: (पु॰ प्रथमा॰ अनेक॰ ←बहुव्री॰ मोघज्ञान, मोघम् ज्ञानम् यस्य ←वि॰ मोघ 3.16 + न॰ ज्ञान 3.3); * विचेतस: (पु॰ प्रथमा॰ अनेक॰ ←बहुव्री॰ विचेतस्, विपरितम् चेत: यस्य ←विपरीतार्थदर्शक अव्यय॰ वि 1.4 + न॰ चेतस् 1.38); * राक्षसीम् (द्वितीया॰ एक॰ ←स्त्री॰ वि॰ राक्षसी ←√रक्ष्); * **आसुरीम्** (द्वितीया॰ एक॰ ←स्त्री॰ वि॰ **आसुरी** ←आ√अस्); * च (1.1); * एव (1.1); * प्रकृतिम् (3.33); * मोहिनीम् (द्वितीया॰ एक॰ ←स्त्री॰ वि॰ मोहिनी ←√मुह्); * श्रिता: (पु॰ प्रथमा॰ अनेक॰ ←क्त॰ वि॰ श्रित ←√श्रि)

मोघाशा: (वृथा इच्छा बळगणारे) मोघकर्माण: (व्यर्थ कर्म करणारे) मोघज्ञाना: (निष्फळ ज्ञान असलेले) विचेतस: (बुद्धिहीन लोक) राक्षसीम् (राक्षसी) आसुरीम् (दैत्य) च (आणि) एव (च) प्रकृतिम् (स्वभावाला) मोहिनीम् (मोहात टाकणाऱ्या) श्रिता: (आश्रयाला घेतलेले)

* वृथा इच्छा बळगणारे, व्यर्थ कर्म करणारे, निष्फळ ज्ञान असलेले (व) बुद्धिहीन लोक मोहात टाकणाऱ्या राक्षसी आणि दैत्य स्वभावालाच आश्रयाला घेतलेले (असतात).

।।9.13 ।। **महात्मानस्तु मां पार्थ दैवीं प्रकृतिमाश्रिता: ।**
भजन्त्यनन्यमनसो ज्ञात्वा भूतादिमव्ययम् ।।

महात्मान: (नि॰ 18/1) तु माम् (नि॰ 14/1) पार्थ दैवीम् (नि॰ 14/1) प्रकृतिम् (नि॰ 8/17) आश्रिता: (नि॰ 22/8) भजन्ति (नि॰ 4/1) अनन्यमनस: (नि॰ 15/3) ज्ञात्वा भूतादिम् (नि॰ 8/16) अव्ययम् (नि॰ 14/2)

महात्मान: (8.15); * तु (1.2); * माम् (1.46); * पार्थ (1.25); * **दैवीम्** (स्त्री॰ द्वितीया॰ एक॰ ←वि॰ दैवी 7.14); * प्रकृतिम् (3.33); * आश्रिता: (7.15); * **भजन्ति** (तृ॰पु॰ अनेक॰ लट्॰–वर्तमान॰ भ्वादि॰ परस्मै॰ ←√भज् 6.46); * अनन्यमनस: (पु॰ प्रथमा॰ एक॰ ←बहुव्री॰ अनन्यमनस्, अनन्यम् मन: यस्य ←वि॰ अनन्य 8.14 + न॰ मनस् 1.30); * ज्ञात्वा (4.15); * भूतादिम् (पु॰ द्वितीया॰ एक॰ ←तत्पु॰स॰ भूतादि, भूतानाम् आदि: ←पु॰ भूत 2.28 + पु॰ आदि 2.28); * अव्ययम् (2.21)

महात्मान: (महात्मे लोक) तु (परंतु) माम् (मला) पार्थ (हे पार्था!) दैवीम् (दैवी–) प्रकृतिम् (भावाला) आश्रिता: (आश्रयाला घेतलेले) भजन्ति (पूजतात) अनन्यमनस: (एकचित्ताने) ज्ञात्वा (जाणून) भूतादिम् (भूतांचा उगम) अव्ययम् (अव्ययी)

* परंतु, हे पार्था! दैवी भावाला आश्रयाला घेतलेले महात्मे लोक मला भूतांचा अव्ययी उगम जाणून एकचित्ताने पूजतात.

।।9.14 ।। **सततं कीर्तयन्तो मां यतन्तश्च दृढव्रताः ।**

नमस्यन्तश्च मां भक्त्या नित्ययुक्ता उपासते ।।

सततम् (नि॰ 14/1) कीर्तयन्तः (नि॰ 15/9) माम् (नि॰ 14/1) यतन्तः (नि॰ 17/1) च दृढव्रताः (नि॰ 22/8) नमस्यन्तः (नि॰ 17/1) च माम् (नि॰ 14/1) भक्त्या नित्ययुक्ताः (नि॰ 20/4) उपासते

सततम् (3.19); * कीर्तयन्तः (पु॰ प्रथमा॰ अनेक॰ ←प्रयो॰ शतृ॰ वि॰ कीर्तयत् ←√कॄत्); * माम् (1.46); * **यतन्तः** (पु॰ प्रथमा॰ अनेक॰ ←शतृ॰ वि॰ यतत् 2.60); * च (1.1); * दृढव्रताः (7.28); * नमस्यन्तः (पु॰ प्रथमा॰ अनेक॰ ←शतृ॰ वि॰ नमस्यत् ←√नम्); * च (1.1); * माम् (1.46); * भक्त्या (8.10); * **नित्ययुक्ताः** (प्रथमा॰ अनेक॰ ←पु॰ नित्ययुक्त 7.17); * **उपासते** (तृ॰पु॰ अनेक॰ लट्॰-वर्तमान॰ अदादि॰ आत्मने॰ ←उप√अस् 4.25)

सततम् (सदैव) कीर्तयन्तः (गुणगान करीत असणारे) माम् (मला) यतन्तः (यत्नशील) च (आणि) दृढव्रताः (दृढव्रत घेतलेले लोक) नमस्यन्तः (नमस्कार करीत) च (आणि) माम् (मला) भक्त्या (भक्तीने) नित्ययुक्ताः (नित्ययुक्त झालेले) उपासते (पूजतात)

* (माझे) सदैव गुणगान करीत असणारे, यत्नशील आणि दृढव्रत घेतलेले लोक मला नमस्कार करीत आणि भक्तीने नित्ययुक्त झालेले मला पूजतात.

।।9.15 ।। **ज्ञानयज्ञेन चाप्यन्ये यजन्तो मामुपासते ।**

एकत्वेन पृथक्त्वेन बहुधा विश्वतोमुखम् ।।

ज्ञानयज्ञेन च (नि॰ 1/1) अपि (नि॰ 4/1) अन्ये यजन्तः (नि॰ 15/9) माम् (नि॰ 8/20) उपासते (नि॰ 23/1) एकत्वेन पृथक्त्वेन बहुधा विश्वतोमुखम् (नि॰ 14/2)

ज्ञानयज्ञेन (पु॰ तृतीया॰ एक॰ ←तत्पु॰स॰ ज्ञानयज्ञ 4.33); * च (1.1); * अपि (1.26); * अन्ये (1.9); * यजन्तः (पु॰ प्रथमा॰ अनेक॰ ←शतृ॰ वि॰ यजत् ←√यज्); * माम् (1.46); * उपासते (9.14); * एकत्वेन (तृतीया॰ एक॰ ←न॰ एकत्व 6.31); * **पृथक्त्वेन** (तृतीया॰ एक॰ ←न॰ पृथक्त्व ←√प्रथ्); * **बहुधा** (संख्यावाचक अव्यय॰ ←√बंह्); * **विश्वतोमुखम्** (पु॰ द्वितीया॰ एक॰ ←बहुव्री॰ **विश्वतोमुख**, विश्वतः मुखम् यस्य ←अव्यय॰ विश्वतस् ←√विश् + न॰ मुख 1.29)

ज्ञानयज्ञेन (ज्ञानयज्ञाने) च (आणि) अपि (सुद्धा) अन्ये (दुसरे) यजन्तः (उपासना करणारे) माम् (मज-) उपासते (पूजतात) एकत्वेन (एकेश्वर भावाने) पृथक्त्वेन (अनेकेश्वर भावाने) बहुधा (बहुविध) विश्वतोमुखम् (विराट स्वरूपाला)

* आणि दुसरे ज्ञानयज्ञाने उपासना करणारे सुद्धा मला एकेश्वर भावाने (वा) अनेकेश्वर भावाने मज विराट स्वरूपाला बहुविध पूजतात.

।।9.16 ।। **अहं क्रतुरहं यज्ञः स्वधाहमहमौषधम् ।**

मन्त्रोऽहमहमेवाज्यमहमग्निरहं हुतम् ।।

अहम् (नि० 14/1) क्रतु: (नि० 16/3) अहम् (नि० 14/1) यज्ञ: (नि० 22/7) स्वधा (नि० 1/3) अहम् (नि० 8/16) अहम् (नि० 8/25) औषधम् (नि० 14/2) मन्त्र: (नि० 15/1) अहम् (नि० 8/16) अहम् (नि० 8/22) एव (नि० 1/2) आज्यम् (नि० 8/16) अहम् (नि० 8/16) अग्नि: (नि० 16/1) अहम् (नि० 14/1) हुतम् (नि० 14/2)

अहम् (1.22); * क्रतु: (प्रथमा० एक० ←पु० क्रतु ←8√कृ); * अहम् (1.22); * यज्ञ: (3.14); * स्वधा (प्रथमा० एक० ←स्त्री० स्वधा ←√स्वद्); * अहम् (1.22); * अहम् (1.22); * औषधम् (प्रथमा० एक० ←न० औषध ←ओष√धा); * मन्त्र: (प्रथमा० एक० ←पु० **मन्त्र** ←√मन्त्र्); * अहम् (1.22); * अहम् (1.22); * एव (1.1); * आज्यम् (प्रथमा० एक० ←न० आज्य ←आ√अञ्ज्); * अहम् (1.22); * अग्नि: (4.37); * अहम् (1.22); * हुतम् (4.24)

अहम् (मी) क्रतु: (श्रौतयज्ञ) अहम् (मी) यज्ञ: (स्मृतियज्ञ) स्वधा (पितरांना अर्पण केलेले नैवेद्य) अहम् (मी) अहम् (मी) औषधम् (वनस्पति) मन्त्र: (मंत्र) अहम् (मी) अहम् (मी) एव (च) आज्यम् (यज्ञ हवीचे घृत) अहम् (मी) अग्नि: (यज्ञाचा अग्नि) अहम् (मी) हुतम् (यज्ञाची आहुति)

* मी श्रौतकर्म, मी स्मार्तकर्म, मी पितरांना अर्पण केलेले नैवेद्य, मी वनस्पति, मी मंत्र, मी यज्ञ हवीचे घृत, मी यज्ञाचा अग्नि (आणि) मीच यज्ञाची आहुति (आहे).

।।9.17 ।। **पिताहमस्य जगतो माता धाता पितामहः ।**

वेद्यं पवित्रमोङ्कार ऋक्साम यजुरेव च ।।

पिता (नि० 1/3) अहम् (नि० 8/16) अस्य जगत: (नि० 15/9) माता धाता पितामह: (नि० 22/8) वेद्यम् (नि० 14/1) पवित्रम् (नि० 8/24) ओङ्कार: (नि० 19/6) ऋक् (नि० 10/4) साम यजु: (नि० 16/3) एव च

पिता (प्रथमा० एक० ←पु० पितृ 1.12); * अहम् (1.22); * अस्य (2.17); * जगत: (7.6); * माता (प्रथमा० एक० ←स्त्री० मातृ 1.26); * **धाता** (प्रथमा० एक० ←पु० धातृ 8.9); * पितामह: (1.12); * **वेद्यम्** (द्वितीया० एक० ←कर्मणि० विधि० धातु०सा० वि० **वेद्य** ←√विद्); * पवित्रम् (4.38); * ओङ्कार: (प्रथमा० एक० ←पु० ॐकार ←√अव्); * ऋक् (पु० प्रथमा० एक० ←विना० ऋक् ←√ऋच्); * साम (पु० प्रथमा० एक० ←विना० **सामन्** ←√सो); * यजु: (न० प्रथमा० एक० ←विना० यजुस् ←√यज्); * एव (1.1); * च (1.1)

पिता (पिता) अहम् (मी) अस्य (या) जगत: (जगताचा) माता (माता) धाता (धारण पोषण कर्ता) पितामह: (महापिता) वेद्यम् (ग्राह्य) पवित्रम् (पावन) ओङ्कार: (ॐकार) ऋक् (ऋग्वेद) साम (सामवेद) यजु: (यजुर्वेद) एव (च) च (आणि)

* या जगताचा पिता, माता, धारण पोषण कर्ता, महापिता, ग्राह्य, पावन ॐकार, ऋग्वेद, सामवेद आणि यजुर्वेद मीच (आहे);

।।9.18 ।। **गतिर्भर्ता प्रभुः साक्षी निवासः शरणं सुहृत् ।**
प्रभवः प्रलयः स्थानं निधानं बीजमव्ययम् ।।

गतिः (नि० 16/6) भर्ता प्रभुः (नि० 22/7) साक्षी निवासः (नि० 22/5) शरणम् (नि० 14/1, 24/3) सुहृत् (नि० 23/1) प्रभवः (नि० 22/3) प्रलयः (नि० 22/7) स्थानम् (नि० 14/1) निधानम् (नि० 14/1) बीजम् (नि० 8/16) अव्ययम् (नि० 14/2)

गतिः (4.17); * **भर्ता** (प्रथमा० एक० ←पु० **भर्तृ** ←√भृ); * प्रभुः (5.14); * साक्षी (प्रथमा० एक० ←पु० साक्षिन् ←सह√अक्ष्); * निवासः (प्रथमा० एक० ←पु० **निवास** ←नि√वस्); * शरणम् (प्रथमा० एक० ←न० शरण 2.49); * सुहृत् (प्रथमा० एक० ←पु० सुहृत् ←√हृ); * प्रभवः (7.6); * प्रलयः (7.6); * स्थानम् (5.5); * **निधानम्** (प्रथमा० एक० ←न० निधान ←नि√धा); * बीजम् (7.10); * अव्ययम् (9.2)

गतिः (ध्येय) भर्ता (पोषण कर्ता) प्रभुः (स्वामी) साक्षी (साक्षी) निवासः (छाया) शरणम् (त्राता) सुहृत् (सखा) प्रभवः (उत्पत्ति) प्रलयः (प्रलय) स्थानम् (आधार) निधानम् (निधि) बीजम् (बीज) अव्ययम् (अक्षय)

* (मी) ध्येय, पोषण कर्ता, स्वामी, साक्षी, छाया, त्राता, सखा, उत्पत्ति, प्रलय, आधार, निधि, अक्षय बीज (आहे);

।।9.19 ।। **तपाम्यहमहं वर्षं निगृह्णाम्युत्सृजामि च ।**
अमृतं चैव मृत्युश्च सदसच्चाहमर्जुन ।।

तपामि (नि० 4/1) अहम् (नि० 8/16) अहम् (नि० 14/1) वर्षम् (नि० 14/1) निगृह्णामि (नि० 4/3) उत्सृजामि च (नि० 23/1) अमृतम् (नि० 14/1) च (नि० 3/1) एव मृत्युः (नि० 17/1) च सत् (नि० 8/2) असत् (नि० 11/1) च (नि० 1/1) अहम् (नि० 8/16) अर्जुन

तपामि (प्रथमा० एक० लट्०–वर्तमान० भ्वादि० परस्मै० ←√तप्); * अहम् (1.22); * अहम् (↑); * वर्षम् (प्रथमा० एक० ←न० वर्ष ←√वृष्); * निगृह्णामि (प्रथम०पु० एक० लट्०–वर्तमान० क्र्यादि० परस्मै० ←नि√ग्रह् अथवा √ग्रभ्); * उत्सृजामि (प्रथमा० एक० लट्०–वर्तमान० तुदादि० परस्मै० ←उद्√सृज् 4.7); * च (1.1); * **अमृतम्** (प्रथमा० एक० ←न० अमृत 2.15); * च (1.1); * एव (1.1); * मृत्युः (2.27); * च (1.1); * सत् (2.16); * **असत्** (प्रथमा० एक० ←वि० असत् 2.16); * च (1.1); * अहम् (1.22); * अर्जुन (2.2)

तपामि (सूर्यरूपाने तापतो) अहम् (मी) अहम् (मी) वर्षम् (वर्षा) निगृह्णामि (आवरतो) उत्सृजामि (वृष्टि करतो) च (आणि) अमृतम् (जीवन) च (आणि) एव (सुद्धा) मृत्युः (मृत्यु) च (आणि) सत् (सत्) असत्

(असत्) च (आणि) अहम् (मी आहे) अर्जुन (हे अर्जुना!)

* हे अर्जुना! मी सूर्यरूपाने तापतो, मी वृष्टि करतो आणि वर्षा आवरतो, सत् आणि असत् (मी आहे) आणि जीवन आणि मृत्यु सुद्धा मी आहे.

।।9.20 ।। **त्रैविद्या मां सोमपाः पूतपापा यज्ञैरिष्ट्वा स्वर्गतिं प्रार्थयन्ते ।**
ते पुण्यमासाद्य सुरेन्द्रलोकमश्नन्ति दिव्यान्दिवि देवभोगान् ।।

त्रैविद्याः (नि॰ 20/13) माम् (नि॰ 14/1) सोमपाः (नि॰ 22/3) पूतपापाः (नि॰ 20/14) यज्ञैः (नि॰ 16/4) इष्ट्वा स्वर्गतिम् (नि॰ 14/1) प्रार्थयन्ते ते पुण्यम् (नि॰ 8/17) आसाद्य सुरेन्द्रलोकम् (नि॰ 8/16) अश्नन्ति दिव्यान् (नि॰ 13/11) दिवि देवभोगान्

त्रैविद्याः (पु॰ प्रथमा॰ अनेक॰ ←बहुव्री॰ त्रैविद्य, तिस्रः विद्याः यस्य ←नित्य बहुवचनी संख्या वि॰ त्रि 2.45 + स्त्री॰ विद्या 5.18); * माम् (1.46); * सोमपाः (पु॰ प्रथमा॰ एक॰ ←बहुव्री॰ वि॰ सोमपा, सोमम् पिबति इति ←पु॰ **सोम** ←√सु + तृ॰पु॰ एक॰ लट्॰–वर्तमान॰ भ्वादि॰ परस्मै॰ क्रिया॰ पिबति ←√पा); * पूतपापाः (पु॰ प्रथमा॰ अनेक॰ ←बहुव्री॰ पूतपाप, पूतम् पापम् यस्य ←वि॰ पूत 4.10 + न॰ पाप 1.36); * यज्ञैः (तृतीया॰ अनेक॰ ←पु॰ यज्ञ 3.9); * इष्ट्वा (त्वान्त॰ अव्यय॰ ←√यज्); * स्वर्गतिम् (द्वितीया॰ एक॰ ←तत्पु॰स॰ स्वर्गति, स्वर्गस्य गतिः ←अव्यय॰ स्वर् ←√स्वृ + स्त्री॰ गति 2.43); * प्रार्थयन्ते (तृ॰पु॰ अनेक॰ लट्॰–वर्तमान॰ चुरादि॰ आत्मने॰ ←प्र√अर्थ्); * ते (1.33); * **पुण्यम्** (द्वितीया॰ एक॰ ←न॰ पुण्य 6.41); * आसाद्य (ल्यप्॰ अव्यय॰ ←आ√सद्); * सुरेन्द्रलोकम् (पु॰ द्वितीया॰ एक॰ ←तत्पु॰स॰ सुरेन्द्रलोक, सुरेन्द्रस्य लोकः ←पु॰ सुर 2.8 + वि॰ **इन्द्र** ←√इन्द् + पु॰ लोक 2.5); * अश्नन्ति (तृ॰पु॰ अनेक॰ लट्॰–वर्तमान॰ क्र्यादि॰ परस्मै॰ ←√अश् 3.4); * **दिव्यान्** (पु॰ द्वितीया॰ अनेक॰ ←वि॰ दिव्य 1.14); * **दिवि** (सप्तमी॰ एक॰ ←स्त्री॰ दिव ←√दिव्); * देवभोगान् (पु॰ द्वितीया॰ अनेक॰ ←तत्पु॰स॰ देवभोग, देवस्य भोगः ←पु॰ देव 3.11 + पु॰ भोग 1.32)

त्रैविद्याः (तिन्ही वेदांचे ज्ञाते) माम् (माझे) सोमपाः (सोमपान करणारे) पूतपापाः (पापातून मुक्त झालेले) यज्ञैः (यज्ञांद्वारे) इष्ट्वा (चिंतन करून) स्वर्गतिम् (स्वर्गाचा मार्ग) प्रार्थयन्ते (याचतात) ते (ते) पुण्यम् (पवित्र) आसाद्य (प्राप्त करून) सुरेन्द्रलोकम् (इंद्रलोकाला) अश्नन्ति (उपभोगतात) दिव्यान् (दिव्य) दिवि (स्वर्गात) देवभोगान् (दैवीभोग)

* तिन्ही वेदांचे ज्ञाते, सोमपान करणारे (व) पापातून मुक्त झालेले यज्ञांद्वारे माझे चिंतन करून स्वर्गाचा मार्ग याचतात; ते पवित्र इंद्रलोकाला प्राप्त करून स्वर्गातील दिव्य दैवीभोग उपभोगतात.

।।9.21 ।। **ते तं भुक्त्वा स्वर्गलोकं विशालं क्षीणे पुण्ये मर्त्यलोकं विशन्ति ।**
एवं त्रयीधर्ममनुप्रपन्नाः गतागतं कामकामा लभन्ते ।।

ते तम् (नि॰ 14/1) भुक्त्वा स्वर्गलोकम् (नि॰ 14/1) विशालम् (नि॰ 14/1) क्षीणे (नि॰ 24/9) पुण्ये मर्त्यलोकम् (नि॰ 14/1) विशन्ति (नि॰ 23/1) एवम् (नि॰ 14/1) त्रयीधर्मम् (नि॰ 8/16) अनुप्रपन्नाः

(नि० 20/6) गतागतम् (नि० 14/1) कामकामा: (नि० 20/16) लभन्ते

ते (1.33); * तम् (2.1); * भुक्त्वा (त्वान्त० अव्यय० ←√भुज्); * स्वर्गलोकम् (पु० द्वितीया० एक० ←तत्पु०स० स्वर्गलोक, स्वर्गस्य लोक: ←पु० स्वर्ग 2.2 + पु० लोक 2.5); * विशालम् (पु० द्वितीया० एक० ←वि० **विशाल** ←वि√शाल्); * क्षीणे (पु० सप्तमी० एक० ←वि० क्षीण 5.25); * पुण्ये (न० सप्तमी० एक० ←न० पुण्य 6.41); * मर्त्यलोकम् (पु० द्वितीया० एक० ←तत्पु०स० मर्त्यलोक, मर्त्यानाम् लोक: ←वि० **मर्त्य** ←√मृ + पु० लोक 2.5); * विशन्ति (8.11); * एवम् (1.24); * त्रयीधर्मम् (पु० द्वितीया० एक० ←तत्पु०स० त्रयीधर्म, त्रय्या: धर्म: ←स्त्री० त्रयी ←√तॄ + पु० धर्म 1.1); * अनुप्रपन्ना: (पु० प्रथमा० अनेक० ←क्त० वि० अनुप्रपन्न ←अनु-प्र√पद् 2.7); * गतागतम् (द्वंद्व०स० न० द्वितीया० द्वि०व० गतम् च आगतम् च ←वि० गत 2.11 + वि० आगत 4.10); * कामकामा: (पु० प्रथमा० अनेक० ←बहुव्री० कामकाम, कामानाम् काम: यस्य ←पु० काम 1.22); * लभन्ते (2.32)

ते (ते) तम् (त्या) भुक्त्वा (उपभोगून) स्वर्गलोकम् (स्वर्गाला) विशालम् (विशाल-) क्षीणे पुण्ये (पुण्याई क्षीण झाल्यावर) मर्त्यलोकम् (मृत्युसंसाराला) विशन्ति (परततात) एवम् (असे) त्रयीधर्मम् (तिन्ही वेदांच्या धर्माला) अनुप्रपन्ना: (पाळणारे) गतागतम् (फेरी) कामकामा: (कामुक लोक) लभन्ते (प्राप्त करतात)

* ते त्या विशाल स्वर्गाला उपभोगून पुण्याई क्षीण झाल्यावर मृत्युसंसाराला परततात, असे तिन्ही वेदांच्या धर्माला पाळणारे कामुक लोक (पुनर्जन्माची) फेरी प्राप्त करतात.

।।9.22 ।। **अनन्याश्चिन्तयन्तो मां ये जना: पर्युपासते ।**

तेषां नित्याभियुक्तानां योगक्षेमं वहाम्यहम् ।।

अनन्या: (नि० 17/1) चिन्तयन्त: (नि० 15/9) माम् (नि० 14/1) ये जना: (नि० 22/3) पर्युपासते तेषाम् (नि० 25/3, 14/1) नित्याभियुक्तानाम् (नि० 14/1) योगक्षेमम् (नि० 14/1) वहामि (नि० 4/1) अहम् (नि० 14/2)

अनन्या: (पु० प्रथमा० अनेक० ←वि० अनन्य 8.14); * चिन्तयन्त: (पु० प्रथमा० अनेक० ←शतृ० वि० चिन्तयत् ←√चिन्त्); * माम् (1.46); * ये (1.7); * जना: (7.16); * पर्युपासते (4.25); * तेषाम् (5.16); * नित्याभियुक्तानाम् (षष्ठी० अनेक० ←पु० नित्याभियुक्त, ←अव्यय० नित्य 2.18 + वि० अभियुक्त ←अभि√युज्); * योगक्षेमम् (द्वितीया० एक० ←द्वंद्व०स० योगम् च क्षेमम् च ←पु० योग 2.39 + पु० अथवा न० क्षेम 1.46); * वहामि (प्रथम०पु० एक० लट्०-वर्तमान० भ्वादि० परस्मै० ←√वह्); * अहम् (1.22)

अनन्या: (अनन्य भावयुक्त) चिन्तयन्त: (चिंतन करणारे) माम् (मला) ये (जे) जना: (लोक) पर्युपासते (पूजतात) तेषाम् (त्या) नित्याभियुक्तानाम् (नित्ययुक्तांची) योगक्षेमम् (फलप्राप्ति आणि तिचे रक्षण) वहामि (करतो) अहम् (मी)

* जे अनन्य भावयुक्त चिंतन करणारे लोक मला पूजतात त्या नित्ययुक्तांची मी फलप्राप्ति आणि तिचे रक्षण करतो.

।।9.23 ।। **येऽप्यन्यदेवताभक्ता यजन्ते श्रद्धयान्विताः ।**
तेऽपि मामेव कौन्तेय यजन्त्यविधिपूर्वकम् ।।

ये (नि॰ 6/1) अपि (नि॰ 4/1) अन्यदेवता भक्ताः (नि॰ 20/14) यजन्ते श्रद्धया (नि॰ 1/3) अन्विताः (नि॰ 22/8) ते (नि॰ 6/1) अपि माम् (नि॰ 8/22) एव कौन्तेय यजन्ति (नि॰ 4/1) अविधिपूर्वकम् (नि॰ 14/2)

ये (1.7); * अपि (1.26); * अन्यदेवताभक्ताः (पु॰ प्रथमा॰ अनेक॰ ←तत्पु॰स॰ अन्यदेवताभक्त, अन्यानाम् देवतानाम् भक्तः ←वि॰ अन्य 1.9 + स्त्री॰ देवता 4.12 + पु॰ भक्त 4.3); * यजन्ते (4.12); * श्रद्धया (6.37); * **अन्विताः** (पु॰ प्रथमा॰ अनेक॰ ←क्त॰ वि॰ **अन्वित** ←अनु√इण्); * ते (1.33); * अपि (1.26); * माम् (1.46); * एव (1.1); * कौन्तेय (2.14); * यजन्ति (तृ॰पु॰ अनेक॰ लट्॰-वर्तमान॰ भ्वादि॰ परस्मै॰ ←√भज् 4.12); * **अविधिपूर्वकम्** (क्रि॰वि॰ अव्यय॰ ←अव्यय॰ अ 1.10 + पु॰ **विधि** ←वि√धा + वि॰ **पूर्वक** ←√पूर्व्)

ये (जे) अपि (सुद्धा) अन्यदेवता (अन्य देवतांना)[1] भक्ताः (भक्त) यजन्ते (पूजतात) श्रद्धया (श्रद्धेने) अन्विताः (युक्त झालेले) ते (ते) अपि (सुद्धा) माम् (मला) एव (च) कौन्तेय (हे कौन्तेया!) यजन्ति (पूजतात) अविधिपूर्वकम् (अवैध मार्गाने)

* हे कौन्तेया! जे युक्त झालेले अन्य देवतांचे भक्त सुद्धा श्रद्धेने पूजतात ते (लोक) सुद्धा मलाच अवैध मार्गाने पूजतात.

।।9.24 ।। **अहं हि सर्वयज्ञानां भोक्ता च प्रभुरेव च ।**
न तु मामभिजानन्ति तत्त्वेनातश्च्यवन्ति ते ।।

---

[1] अन्यान्य अनुवादांत 'देवताभक्ताः' हा शब्द देवताः भक्ताः आणि देवता भक्ताः अशा दोन प्रकारे विभक्त दिलेला असून मग त्यांचा अर्थ

(1) भक्ताः (भक्त) देवताः (देवतांचे) यजन्ते (पूजन करतात) असा; अथवा

(2) देवता (देवतांचे) भक्ताः (भक्त) यजन्ते (पूजन करतात) असा अनुचित केलेला आढळतो. देवताभक्ताः, देवता (नि॰ 20/12) भक्ताः, आणि देवता भक्ताः ही तीनही रूपे संधि नियमानुसार आहेत,
पण (1) देवताभक्ताः या सामासिक शब्दाप्रमाणे देवताः भक्ताः व देवता भक्ताः ही रूपे संयुक्त सामासिक शब्द नसून ते दोन अलग शब्द आहेत. देवताः या शब्दाचा अर्थ प्रथमा॰ (अनेक देवता) किंवा द्वितीया॰ (अनेक देवतांना) असा तसेच 'देवता' या शब्दाचा अर्थ- प्रथमा॰ (एक देवता) असा होतो, पण षष्ठी॰ (देवतांचे) असा होणार नाही.

(3) 'देवतांचे भक्त' अशा योग्य अर्थाकरिता हा शब्द देवताभक्ताः (देवतानाम् भक्ताः) असा पु॰ तत्पुरुष सामासिक धरावा लागतो.

अहम् (नि० 14/1) हि सर्वयज्ञानाम् (नि० 14/1) भोक्ता च प्रभुः (नि० 16/3) एव च न तु माम् (नि० 8/16) अभिजानन्ति तत्त्वेन (नि० 1/1) अतः (नि० 17/1) च्यवन्ति ते

अहम् (1.22); * हि (1.11); * सर्वयज्ञानाम् (षष्ठी० अनेक० सर्वानाम् यज्ञानाम्, पु० प्रथमा० अनेक० ←सना० सर्व 1.6 + पु० यज्ञ 3.9); * **भोक्ता** (पु० प्रथमा० एक० ←वि० भोक्तृ 5.29); * च (1.1); * प्रभुः (5.14); * एव (1.1); * च (1.1); * न (1.30); * तु (1.2); * माम् (1.46); * अभिजानन्ति (तृ०पु० अनेक० लट्०-वर्तमान० क्र्यादि० परस्मै० ←अभि√ज्ञा 4.14); * **तत्त्वेन** (तृतीया० एक० ←न० तत्त्व 2.16); * अतः (2.12); * च्यवन्ति (तृ०पु० अनेक० लट्०-वर्तमान० भ्वादि० परस्मै० ←√च्यु); * ते (1.33)

अहम् (मी आहे) हि (कारण कि) सर्वयज्ञानाम् (सर्व यज्ञांचा) भोक्ता (भोक्ता) च (आणि) प्रभुः (प्रभु) एव (च) च (आणि) न (नाहीत) तु (परंतु) माम् (मला) अभिजानन्ति (ते जाणत-) तत्त्वेन (यथार्थाने) अतः (म्हणून) च्यवन्ति (ऱ्हास पावतात) ते (ते)

* आणि कारण कि मीच सर्व यज्ञांचा भोक्ता आणि प्रभु आहे परंतु ते मला यथार्थाने जाणत नाहीत म्हणून ते ऱ्हास पावतात.

।।9.25 ।। **यान्ति देवव्रता देवान्पितॄन्यान्ति पितृव्रताः ।**
भूतानि यन्ति भूतेज्या यान्ति मद्याजिनोऽपि माम् ।।

यान्ति देवव्रताः (नि० 20/8) देवान् (नि० 13/13) पितॄन् (नि० 13/17) यान्ति पितृव्रताः (नि० 22/8) भूतानि यान्ति भूतेज्याः (नि० 20/14) यान्ति मद्याजिनः (नि० 15/1) अपि माम् (नि० 14/2)

यान्ति (3.33); * देवव्रताः (पु० प्रथमा० अनेक० ←बहुव्री० देवव्रत, देवेभ्यः व्रतम् यस्य ←पु० देव 3.11 + न० व्रत 4.28); * देवान् (3.11); * पितॄन् (1.26); * यान्ति (3.33); * पितृव्रताः (पु० प्रथमा० अनेक० ←बहुव्री० पितृव्रत, पितृभ्यः व्रतम् यस्य ←पु० पितृ 1.12 + न० व्रत 4.28); * भूतानि (2.30); * यान्ति (3.33); * भूतेज्याः (पु० प्रथमा० अनेक० ←बहुव्री० भूतेज्य, भूतेभ्यः इज्या यस्य ←पु० भूत 2.28 + स्त्री० **इज्या** ←√यज्); * यान्ति (3.33); * मद्याजिनः (पु० प्रथमा० अनेक० ←बहुव्री० **मद्याजिन्,** माम् यजति यः ←सना० मत् 1.9 + पु० यजिन् 7.23); * अपि (1.26); * माम् (1.46)

यान्ति (प्राप्त करतात) देवव्रताः (देवनिष्ठ लोक) देवान् (देवांना) पितॄन् (पितरांना) यान्ति (प्राप्त करतात) पितृव्रताः (पितृव्रती लोक) भूतानि (भूतांना) यान्ति (प्राप्त होतात) भूतेज्याः (भूत श्रद्धक लोक) यान्ति (प्राप्त करतात) मद्याजिनः (माझे भक्त) अपि (सुद्धा) माम् (मला)

* देवनिष्ठ लोक देवांना प्राप्त करतात, पितृव्रती लोक पितरांना प्राप्त होतात, भूत श्रद्धक लोक भूतांना प्राप्त करतात (आणि) माझे भक्त सुद्धा मला प्राप्त करतात.

।।9.26 ।। **पत्रं पुष्पं फलं तोयं यो मे भक्त्या प्रयच्छति ।**
तदहं भक्त्युपहृतमश्नामि प्रयतात्मनः ।।

पत्रम् (नि॰ 14/1) पुष्पम् (नि॰ 14/1) फलम् (नि॰ 14/1) तोयम् (नि॰ 14/1) य: (नि॰ 15/9) मे भक्त्या प्रयच्छति तत् (नि॰ 8/2) अहम् (नि॰ 14/1) भक्त्युपहृतम् (नि॰ 8/16) अश्नामि प्रयतात्मन: (नि॰ 22/8)

पत्रम् (द्वितीया॰ एक॰ ←न॰ पत्र 5.10); * पुष्पम् (द्वितीया॰ एक॰ ←न॰ पुष्प ←√पुष्प्); * फलम् (2.51); * तोयम् (द्वितीया॰ एक॰ ←न॰ तोय ←√तु); * य: (2.19); * मे (1.21); * भक्त्या (8.10); * प्रयच्छति (तृ॰पु॰ एक॰ लट्॰-वर्तमान॰ भ्वादि॰ परस्मै॰ ←प्र√यम्); * तत् (कर्मकारक 2.7); * अहम् (1.22); * भक्त्युपहृतम् (द्वितीया॰ एक॰ ←तत्पु॰स॰ वि॰ भक्त्युपहृत, भक्त्या उपहृतम् यत् ←वि॰ भक्ति 7.17 + क्त॰ वि॰ उपहृत ←उप√हृ); * अश्नामि (प्रथम॰पु॰ एक॰ लट्॰-वर्तमान॰ क्र्यादि॰ परस्मै॰ ←√अश् 3.4); * प्रयतात्मन: (पु॰ षष्ठी॰ एक॰ ←बहुव्री॰ प्रयतात्मन्, प्रयत: आत्मा यस्य ←क्त॰ वि॰ प्रयत ←प्र√यम्)

पत्रम् (पान) पुष्पम् (फूल) फलम् (फळ) तोयम् (पाणी) य: (जो) मे (मला) भक्त्या (भक्तीने) प्रयच्छति (अर्पण करतो) तत् (ते) अहम् (मी) भक्त्युपहृतम् (भक्तीने अर्पण केलेले) अश्नामि (ग्रहण करतो) प्रयतात्मन: (शुद्ध चित्ताच्या व्यक्तीचे)

* जो मला पान, फूल, फळ, पाणी भक्तीने अर्पण करतो ते, शुद्ध चित्ताच्या व्यक्तीचे, भक्तीने अर्पण केलेले मी (प्रेमाने) ग्रहण करतो.

।।9.27 ।। **यत्करोषि यदश्नासि यज्जुहोषि ददासि यत् ।**
यत्तपस्यसि कौन्तेय तत्कुरुष्व मदर्पणम् ।।

यत् (नि॰ 10/5) करोषि (नि॰ 25/4) यत् (नि॰ 8/2) अश्नासि यत् (नि॰ 11/2) जुहोषि (नि॰ 25/4) ददासि यत् (नि॰ 23/1) यत् (नि॰ 1/10) तपस्यसि कौन्तेय तत् (नि॰ 10/5) कुरुष्व (नि॰ 25/11) मदर्पणम् (नि॰ 14/2, 24/3)

यत् (3.21); * करोषि (द्वि॰पु॰ एक॰ लट्॰-वर्तमान॰ तनादि॰ परस्मै॰ ←8√कृ 4.20); * यत् (3.21); * अश्नासि (द्वि॰पु॰ एक॰ लट्॰-वर्तमान॰ क्र्यादि॰ परस्मै॰ ←√दा); * यत् (3.21); * जुहोषि (द्वि॰पु॰ एक॰ लट्॰-वर्तमान॰ जुवादि॰ परस्मै॰ ←√हु 4.26); * ददासि (द्वि॰पु॰ एक॰ लट्॰-वर्तमान॰ जुवादि॰ परस्मै॰ ←√दा 2.43); * यत् (1.45); * यत् (3.21); * तपस्यसि (नाम धातु तृ॰पु॰ ←न॰ तपस् 4.10); * कौन्तेय (2.14); * तत् (2.7); * कुरुष्व (द्वि॰पु॰ एक॰ निवेदनार्थ लोट् तनादि॰ आत्मने॰ ←8√कृ); * मदर्पणम् (न॰ द्वितीया॰ एक॰ ←सना॰ मत् 1.9 + न॰ अर्पण 4.24)

यत् (जे) करोषि (तू करतोस) यत् (जे) अश्नासि (तू खातोस) यत् (जे) जुहोषि (तू अर्पण करतोस) ददासि (तू देतोस) यत् (जे) यत् (जे) तपस्यसि (तू तप करतोस) कौन्तेय (हे कौन्तेया!) तत् (ते) कुरुष्व (तू कर) मदर्पणम् (मला अर्पण)

* हे कौन्तेया! जे तू करतोस, जे तू खातोस, जे तू अर्पण करतोस, जे तू देतोस, जे तू तप करतोस ते

तू मला अर्पण कर.

।।9.28।। **शुभाशुभफलैरेवं मोक्ष्यसे कर्मबन्धनै: ।**
संन्यासयोगयुक्तात्मा विमुक्तो मामुपैष्यसि ।।

शुभाशुभफलै: (नि० 16/4) एवम् (नि० 14/1) मोक्ष्यसे कर्मबन्धनै: (नि० 22/8) संन्यासयोगयुक्तात्मा विमुक्त: (नि० 15/9) माम् (नि० 8/20) उपैष्यसि

शुभाशुभफलै: (न० तृतीया० अनेक० ←बहुव्री० शुभाशुभफल, शुभम् च अशुभम् च फलानि यस्य ←वि० शुभ 2.57 + वि० अशुभ 2.57 + न० फल 2.43); * एवम् (1.24); * मोक्ष्यसे (4.16); * कर्मबन्धनै: (न० तृतीया० ←अनेक० तत्पु०स० कर्मबन्धन 3.9); * संन्यासयोगयुक्तात्मा (पु० प्रथमा० एक० ←बहुव्री० संन्यासयोगयुक्तात्मन्, संन्यासेन च योगेन च युक्त: आत्मा यस्य ←पु० संन्यास 5.1 + पु० योग 2.39 + वि० युक्त 1.14 + पु० आत्मन् 2.41); * **विमुक्त:** (पु० प्रथमा० एक० ←क्त० वि० **विमुक्त** ←वि√मुच्); * माम् (1.46); * उपैष्यसि (द्वि०पु० एक० लृट्०-भविष्य० अदादि० परस्मै० ←उप√इण्)

शुभाशुभफलै: (शुभ अशुभ फळ देणाऱ्या-) एवम् (याप्रमाणे) मोक्ष्यसे (मुक्त होशील) कर्मबन्धनै: (कर्मबंधनांपासून) संन्यासयोगयुक्तात्मा (संन्यासयोगाने युक्त झालेला) विमुक्त: (मुक्त झालेला) माम् (मला) उपैष्यसि (तू प्राप्त करशील)

* याप्रमाणे संन्यासयोगाने युक्त झालेला, शुभ अशुभ फळ देणाऱ्या कर्मबंधनांपासून मुक्त होशील (आणि असा) मुक्त झालेला तू मला प्राप्त करशील.

।।9.29।। **समोऽहं सर्वभूतेषु न मे द्वेष्योऽस्ति न प्रिय: ।**
ये भजन्ति तु मां भक्त्या मयि ते तेषु चाप्यहम् ।।

सम: (नि० 15/1) अहम् (नि० 14/1) सर्वभूतेषु (नि० 25/5) न मे द्वेष्य: (नि० 15/1) अस्ति न प्रिय: (नि० 22/8) ये भजन्ति तु माम् (नि० 14/1) भक्त्या मयि ते तेषु (नि० 25/5) च (नि० 1/1) अपि (नि० 4/1) अहम् (नि० 14/2)

सम: (2.48); * अहम् (1.22); * सर्वभूतेषु (3.18); * न (1.30); * मे (1.21); * द्वेष्य: (पु० प्रथमा० एक० ←वि० द्वेष्य 6.9); * अस्ति (2.40); * न (1.30); * प्रिय: (7.17); * ये (1.7); * भजन्ति (9.13); * तु (1.2); * माम् (1.46); * भक्त्या (8.10); * मयि (3.30); * ते (1.33); * तेषु (2.62); * च (1.1); * अपि (1.26); * अहम् (1.22)

सम: (सारखा) अहम् (मी) सर्वभूतेषु (सर्व प्राणिमात्रांचे ठिकाणी) न (नाही) मे (मला) द्वेष्य: (अप्रिय) अस्ति न (नाही) प्रिय: (प्रिय) ये (जे) भजन्ति (पूजतात) तु (परंतु) माम् (मला) भक्त्या (भक्तीने) मयि (माझ्यात) ते (ते) तेषु (त्यांत) च (आणि) अपि (सुद्धा) अहम् (मी)

* मी सर्व प्राणिमात्रांचे ठिकाणी सारखा (असतो) मला (कुणीही) अप्रिय नाही प्रिय नाही, परंतु, जे मला भक्तीने पूजतात ते माझ्यात आणि मी सुद्धा त्यांत (असतो).

।।9.30 ।। **अपि चेत्सुदुराचारो भजते मामनन्यभाक् ।**

साधुरेव स मन्तव्यः सम्यग्व्यवसितो हि सः ।।

अपि चेत् (नि० 10/7) सुदुराचारः (नि० 15/8) भजते माम् (नि० 8/16) अनन्यभाक् (नि० 23/1) साधुः (नि० 16/3) एव सः (नि० 21/2) मन्तव्यः (नि० 22/7) सम्यक् (नि० 9/3) व्यवसितः (नि० 15/14) हि सः (नि० 22/8)

अपि (1.26); * चेत् (2.33); * सुदुराचारः (पु० प्रथमा० एक० ←बहुव्री० सुदुराचार, दुराचारेण सह यः ←वि० सह 1.22 + अव्यय० दुर् 1.2 + पु० आचार 3.6); * भजते (6.47); * माम् (1.46); * अनन्यभाक् (प्रथमा० एक० ←वि० अनन्यभाज् ←वि० अनन्य 8.14 + पु० भाजक ←√भाज्); * साधुः (प्रथमा० एक० ←पु० साधु 4.8); * एव (1.1); * सः (1.13); * मन्तव्यः (पु० प्रथमा० एक० ←कर्मणि० विधि० धातु०सा० वि० मननीय अथवा मन्तव्य ←√मन्); * सम्यक् (5.4); * व्यवसितः (पु० प्रथमा० एक० ←वि० व्यवसित 1.45); * हि (1.11); * सः (1.13)

अपि (सुद्धा) चेत् (जर) सुदुराचारः (अति दुराचारी) भजते (पूजतो) माम् (मला) अनन्यभाक् (अनन्य भावाने) साधुः (साधु) एव (च) सः (तो) मन्तव्यः (समजण्यास योग्य आहे) सम्यक् (इष्ट) व्यवसितः (मार्गावर असलेला) हि (कारण) सः (तो)

* जर (कुणी) अति दुराचारी सुद्धा मला अनन्य भावाने पूजतो (तर) तो साधूच समजण्यास योग्य आहे, कारण तो इष्ट मार्गावर असलेला (आहे)[1]

।।9.31 ।। **क्षिप्रं भवति धर्मात्मा शश्वच्छान्तिं निगच्छति ।**

कौन्तेय प्रतिजानीहि न मे भक्तः प्रणश्यति ।।

क्षिप्रम् (नि० 14/1) भवति धर्मात्मा शश्वत् (नि० 11/4) शान्तिम् (नि० 14/1) निगच्छति कौन्तेय प्रतिजानीहि न मे भक्तः (नि० 22/3) प्रणश्यति

क्षिप्रम् (4.12); * भवति (1.44); * धर्मात्मा (पु० प्रथमा० एक० ←बहुव्री० धर्मात्मन्, धर्मे आत्मा यस्य ←पु० धर्म 1.1 + पु० आत्मन् 2.41); * शश्वत् (अव्यय० ←√शश्); * शान्तिम् (2.70); * **निगच्छति** (तृ०पु० एक० लट्०-वर्तमान० भ्वादि० परस्मै० ←नि√गम् 2.51); * कौन्तेय (2.14); * प्रतिजानीहि (द्वि०पु० एक० निवेदनार्थ लोट् क्र्यादि० परस्मै० ←प्रति√ज्ञा); * न (1.30); * मे (1.21); * भक्तः

---

(1) हरिर्हरति पापानि दुष्टचित्तैरपि स्मृतः ।
अनिच्छयापि संस्पृष्टो दहत्येवहि पावकः ।।
(पाण्डवगीता : 65)
करी स्पर्श तू नाहक, तरी दाहक पावक ।
जरी स्मरेल नास्तिक, 'हरि' हारक पातक ।।

(4.3); * प्रणश्यति (2.63)

क्षिप्रम् (शीघ्र) भवति (तो होतो) धर्मात्मा (सदाचारी) शश्वत् (चिर) शान्तिम् (शांति) निगच्छति (पावतो) कौन्तेय (हे कौन्तेया!) प्रतिजानीहि (लक्षात असू दे) न (नाही) मे (माझा) भक्तः (भक्त) प्रणश्यति (नष्ट होत–)

* तो शीघ्र सदाचारी होतो (आणि) चिर शांति पावतो; हे कौन्तेया! माझा भक्त नष्ट होत नाही (हे) लक्षात असू दे.

।।9.32 ।। **मां हि पार्थ व्यपाश्रित्य येऽपि स्युः पापयोनयः ।**
स्त्रियो वैश्यास्तथा शूद्रास्तेऽपि यान्ति परां गतिम् ।।

माम् (नि॰ 14/1) हि पार्थ व्यपाश्रित्य ये (नि॰ 6/1) अपि स्युः (नि॰ 22/3) पापयोनयः (नि॰ 22/8) स्त्रियः (नि॰ 15/13) वैश्याः (नि॰ 18/1) तथा शूद्राः (नि॰ 18/1) ते (नि॰ 6/1) अपि यान्ति पराम् (नि॰ 14/1) गतिम् (नि॰ 14/2)

माम् (1.46); * हि (1.11); * पार्थ (1.25); * व्यपाश्रित्य (ल्यप्॰ अव्यय॰ ←वि–अप–आ√श्रि); * ये (1.7); * अपि (1.26); * स्युः (तृ॰पु॰ अनेक॰ विधि॰ अदादि॰ परस्मै॰ ←√अस्); * पापयोनयः (पु॰ प्रथमा॰ अनेक॰ ←बहुव्री॰ पापयोनि, पापिनी योनिः यस्य ←वि॰ पापिन् 4.36 + स्त्री॰ योनि 5.22); * स्त्रियः (प्रथमा॰ अनेक॰ ←स्त्री॰ स्त्री 1.41); * वैश्याः (प्रथमा॰ अनेक॰ ←पु॰ **<u>वैश्य</u>** ←√विश्); * तथा (1.8); * शूद्राः (प्रथमा॰ अनेक॰ ←पु॰ **<u>शूद्र</u>** ←√शुच्); * ते (1.33); * अपि (1.26); * यान्ति (3.33); * पराम् (4.39); * गतिम् (6.37)

माम् (मला) हि (कारण) पार्थ (हे पार्था!) व्यपाश्रित्य (आश्रयी करून) ये (जे) अपि (सुद्धा) स्युः (असोत) पापयोनयः (पापी) स्त्रियः (स्त्रीया) वैश्याः (वैश्य) तथा (तसेच) शूद्राः (शूद्र) ते (ते) अपि (सुद्धा) यान्ति (प्राप्त करतात) पराम् (परम) गतिम् (गतीला)

* कारण, हे पार्था! जे वैश्य, शूद्र, स्त्रीया तसेच पापी सुद्धा असोत, ते मला आश्रयी करून परम गति प्राप्त करतात.

।।9.33 ।। **किं पुनर्ब्राह्मणाः पुण्या भक्ता राजर्षयस्तथा ।**
अनित्यमसुखं लोकमिमं प्राप्य भजस्व माम् ।।

किम् (नि॰ 14/1) पुनर्ब्राह्मणाः (नि॰ 24/5, 22/3) पुण्याः (नि॰ 20/12) भक्ताः (नि॰ 20/15) राजर्षयः (नि॰ 18/1) तथा (नि॰ 23/1) अनित्यम् (नि॰ 8/16) असुखम् (नि॰ 14/1) लोकम् (नि॰ 8/18) इमम् (नि॰ 14/1) प्राप्य भजस्व माम् (नि॰ 14/2)

किम् (1.1); * पुनर् (4.9); * **<u>ब्राह्मणाः</u>** (पु॰ प्रथमा॰ अनेक॰ ←वि॰ ब्राह्मण 2.46); * पुण्याः (पु॰ प्रथमा॰ अनेक॰ ←वि॰ पुण्य 6.41); * **<u>भक्ताः</u>** (प्रथमा॰ अनेक॰ ←पु॰ भक्त 4.3); * राजर्षयः (4.2); * तथा (1.8); * अनित्यम् (पु॰ द्वितीया॰ एक॰ ←न–तत्पु॰स॰ अनित्य ←वि॰ नित्य 2.18); * असुखम्

(पु० द्वितीया० एक० ←न-तत्पु०स० असुख ←वि० सुख 1.32); * **लोकम्** (द्वितीया० एक० ←पु० लोक 2.5); * इमम् (1.28); * प्राप्य (2.57); * भजस्व (द्वि०पु० एक० उपदेशार्थ लोट् भ्वादि० परस्मै० ←√भज् 4.11); * यदि (1.46)

किम् (काय) पुनर1 (तर मग) ब्राह्मणा: (द्विज लोक) पुण्या: (पूज्य) भक्ता: (भक्त) राजर्षय: (महाऋषी) तथा (तसेच) अनित्यम् (नश्वर) असुखम् (दु:खी) लोकम् (जगाला) इमम् (या) प्राप्य (प्राप्त झाल्यामुळे) भजस्व (तू भक्ति कर) माम् (माझी)

* तर मग द्विज लोक, पूज्य, भक्त, तसेच महाऋषीं(चे) काय? तू या नश्वर (व) दु:खी जगाला प्राप्त झाल्यामुळे माझी भक्ति कर.

।।9.34 ।। **मन्मना भव मद्भक्तो मद्याजी मां नमस्कुरु ।**
मामेवैष्यसि युक्त्वैवमात्मानं मत्परायण: ।।

मन्मना: (नि० 20/12) भव मद्भक्त: (नि० 15/9) मद्याजी माम् (नि० 14/1) नमस्कुरु माम् (नि० 8/22) एव (नि० 3/1) एष्यसि युक्त्वा (नि० 3/3) एवम् (नि० 8/17) आत्मानम् (नि० 14/1) मत्परायण: (नि० 22/8)

मन्मना: (पु० प्रथमा० एक० ←बहुव्री० मन्मनस्, मयि मन: यस्य ←सना० मत् 1.9 + पु० मनस् 1.30); * भव (2.45); * **मद्भक्त:** (पु० प्रथमा० एक० ←तत्पु०स० मद्भक्त 7.23); * **मद्याजी** (पु० प्रथमा० एक० ←वि० मद्याजिन् 9.25); * माम् (1.46); * **नमस्कुरु** (द्वि०पु० एक० उपदेशार्थ लोट् तनादि० परस्मै० ←8√कृ); * माम् (1.46); * एव (1.1); * एष्यसि (8.7); * युक्त्वा (पूर्वकाळवाचक त्वान्त० अव्यय० ←√युज्); * एवम् (1.24); * आत्मानम् (3.43); * मत्परायण: (पु० प्रथमा० एक० ←बहुव्री० मत्परायण, मयि परायण: य: ←सना० मत् 1.9 + वि० परायण 4.29)

मन्मना: (माझे ठिकाणी मन लावलेला) भव (तू हो) मद्भक्त: (माझा भक्त) मद्याजी (माझ्या प्रीत्यर्थ यज्ञ करणारा) माम् (मला) नमस्कुरु (तू दंडवत प्रणाम कर) माम् (मला) एव (च) एष्यसि (तू प्राप्त करशील) युक्त्वा (युक्त करून) एवम् (असा) आत्मानम् (आत्म्याला) मत्परायण: (मला शरणागत होऊन)

* तू माझे ठिकाणी मन लावलेला (व) माझ्या प्रीत्यर्थ यज्ञ करणारा माझा भक्त हो, तू मला दंडवत प्रणाम कर; असा आत्म्याला युक्त करून, मला शरणागत होऊन, तू मलाच प्राप्त करशील.

इति श्रीमद्भगवद्गीतासूपनिषत्सु ब्रह्मविद्यायां योगशास्त्रे श्रीकृष्णार्जुनसंवादे राजविद्याराजगुह्ययोगो नाम नवमोऽध्याय: ।।9 ।।

इति श्रीमद्भगवद्गीतासु (नि० 1/8) उपनिषत्सु ब्रह्मविद्यायाम् (नि० 14/1) योगशास्त्रे श्रीकृष्णार्जुनसंवादे राजविद्याराजगुह्ययोग: (नि० 15/6) नाम (नि० 1/1) नवम: (नि० 15/1) अध्याय: (नि० 22/8)

इति (याप्रमाणे) श्रीमद्भगवद्गीतासु उपनिषत्सु (श्रीमद्भगवद्गीतो-पनिषदांतील) ब्रह्मविद्यायाम् (ब्रह्मविद्यांतर्गत) योगशास्त्रे श्रीकृष्णार्जुनसंवादे (श्रीकृष्ण आणि अर्जुन यांच्या योगशास्त्राच्या संवादापैकी) राजविद्याराजगुह्ययोग: (राजविद्याराजगुह्ययोग) नाम (नामक) नवम: (नववा) अध्याय: (अध्याय)

* श्रीमद्भगवद्गीतोपनिषदांतील श्रीकृष्ण आणि अर्जुन यांच्या योगशास्त्राच्या संवादापैकी ब्रह्मविद्यांतर्गत 'राजविद्या-राजगुह्ययोग' नांवाचा नववा अध्याय (समाप्त).

*****

द्रव्यागमो नृणां सूक्ष्म: पात्रे दानं तत: परम् ।
काल: परतरो दानम् श्रद्धा चैव तत: परा ।।

(महाभारत, अश्व॰ 90.94)

द्रव्यार्जन जरी श्रेष्ठ, दान त्याहुनि वरिष्ठ ।
योग्य समयी ते ज्येष्ठ; सर्वोच्च जाणिला निष्ठ ।।

अयुध्यमानो म्रियते युध्यमानश्च जीवति ।
कालं प्राप्य महाराज म कश्चिदतिवर्तते ।।

(महाभारत, स्त्री॰ 2.5)

न लढती तेही जाती, झुंजती तेही जगती ।
काळासवे कोण मिती, ज्याच्या हाती असे गति ।।

अग्नौ प्रास्तं तु पुरुषं कर्मान्वेति स्वयं कृतम् ।
तस्मात्तु पुरुषो यत्नाद्धर्म संचिनुयाच्छनै: ।।

(महाभारत, उद्योग॰ 40.18)

धर्म करावा संग्रह, यत्ने नित्य नि:संदेह ।
कर्मे जाती आत्म्यासह, जेव्हा अग्नी जातो देह ।।

दशमोऽध्याय: ।
विभूतियोग: ।

।।10.1।। श्रीभगवानुवाच -

(1) गीता संहितेचा मूळ संस्कृत श्लोक -

भूय एव महाबाहो शृणु मे परमं वच:।
यत्तेऽहं प्रीयमाणाय वक्ष्यामि हितकाम्यया।।

(2) खंड 1 मध्ये दिलेल्या 25 नियमांनुसार पदांचा विग्रह -

दशमः (संधि नियम 15/1) अध्यायः (नियम 22/8) । विभूतियोगः (नि॰ 22/8)। श्रीभगवान् (नि॰ 8/14) उवाच । भूयः (नि॰ 19/7) एव महाबाहो शृणु मे परमम् (नि॰ 14/1) वचः (नि॰ 22/8) यत् (नि॰ 1/10) ते (नि॰ 6/1) अहम् (नि॰ 14/1) प्रीयमाणाय वक्ष्यामि हितकाम्यया

(3) व्याकरण –

दशमः (पु॰ प्रथमा॰ एक॰ ←क्रमवाचक संख्या॰ वि॰ दशम ←वि॰ दशन् 11.27↓); * अध्यायः (प्रथमा॰ एक॰ ←पु॰ अध्याय ←अधि√इ); * विभूतियोगः (पु॰ प्रथमा॰ एक॰ ←तत्पु॰स॰ विभूतियोग, विभूतीनाम् योगः ←स्त्री॰ विभूति 10.7 + पु॰ योग 2.39)

श्रीभगवान् (2.2); * उवाच (1.25) । भूयः (2.20); * एव (1.1); * महाबाहो (2.26); * शृणु (2.39); * मे (1.21); * परमम् (8.8); * वचः (2.10); * यत् (3.21); * ते (1.7); * अहम् (1.22); * प्रीयमाणाय (पु॰ चतुर्थी॰ एक॰ ←शानच्॰ मान प्रत्ययान्त वि॰ प्रीयमाण ←√प्रि); * वक्ष्यामि (7.2); * हितकाम्यया (तृतीया॰ एक॰ ←स्त्री॰ तत्पु॰स॰ हितकाम्या, हितस्य काम्या ←वि॰ हित 5.25 + कर्मणि॰ विधि॰ धातु॰सा॰ वि॰ **काम्य** ←√कम्)

(4) पदच्छेद आणि यथा रूप पदार्थ –

श्रीभगवान् (श्रीभगवान) उवाच (म्हणाले–) भूयः (पुन्हा) एव (च) महाबाहो (हे बाहुबली अर्जुना!) शृणु (ऐक) मे (माझे) परमम् (परम) वचः (वचन) यत् (जे) ते (तुला) अहम् (मी) प्रीयमाणाय (प्रिय अशा) वक्ष्यामि (सांगेन) हितकाम्यया (हितार्थ)

(5) पदार्थांचा समन्वय, श्लोकाचा यथारूप अर्थ –

* श्रीभगवान म्हणाले– हे बाहुबली अर्जुना! माझे परम वचन ऐक, जे प्रिय अशा तुला मी (तुझ्या)च हितार्थ पुन्हा सांगेन.

।।10.2।। **न मे विदुः सुरगणाः प्रभवं न महर्षयः।**
अहमादिर्हि देवानां महर्षीणां च सर्वशः।।

न मे विदुः (नि॰ 22/7) सुरगणाः (नि॰ 24/5, 22/3) प्रभवम् (नि॰ 14/1) न महर्षयः (नि॰ 22/8) अहम् (नि॰ 8/17) आदिः (नि॰ 16/6) हि देवानाम् (नि॰ 14/1) महर्षीणाम् (नि॰ 24/6, 14/1) च सर्वशः (नि॰ 22/8)

न (1.30); * मे (2.7); * विदुः (4.2); * सुरगणाः (पु॰ प्रथमा॰ अनेक॰ ←तत्पु॰स॰ सुरगण, सुराणाम् गणः ←पु॰ सुर 2.8 + पु॰ गण 7.7); * प्रभवम् (द्वितीया॰ एक॰ ←पु॰ प्रभव 6.24); * न (1.30); * **महर्षयः** (पु॰ प्रथमा॰ अनेक॰ ←क॰ **महर्षि**, महान् ऋषिः ←वि॰ महा 1.3 + पु॰ ऋषि 4.2); * अहम् (1.22); * **आदिः** (पु॰ प्रथमा॰ एक॰ ←वि॰ आदि 2.28); * हि (1.11); * **देवानाम्** (षष्ठी॰ अनेक॰ ←पु॰ देव 3.11); * **महर्षीणाम्** (षष्ठी॰ अनेक॰ ←पु॰ महर्षि↑); * च (1.1); * सर्वशः (1.18)

न (नाहीत) मे (माझ्या) विदुः (जाणत-) सुरगणाः (देवता लोक) प्रभवम् (प्रभुत्वाला) न (नाहीत) महर्षयः (महर्षि लोक) अहम् (मी) आदिः (मूळ आहे) हि (यद्यपि) देवानाम् (देवांचा) महर्षीणाम् (महर्षींचा) च (आणि) सर्वशः (सर्व रीतीने)

* माझ्या प्रभुत्वाला देवता लोक नाहीत (व) महर्षि लोक जाणत नाहीत, यद्यपि मी देवांचा आणि महर्षींचा सर्व रीतीने मूळ आहे.

।।10.3।। **यो मामजमनादिं च वेत्ति लोकमहेश्वरम्।**
असंमूढः स मर्त्येषु सर्वपापैः प्रमुच्यते।।

यः (नि० 15/9) माम् (नि० 8/16) अजम् (नि० 8/16) अनादिम् (नि० 14/1) च वेत्ति लोकमहेश्वरम् (नि० 14/2) असम्मूढः (नि० 22/7) सः (नि० 21/2) मर्त्येषुः (नि० 22/7, 25/5) सर्वपापैः (नि० 22/3) प्रमुच्यते

यः (2.19); * माम् (1.46); * अजम् (2.21); * अनादिम् (पु० द्वितीया० एक० ←न-बहुव्री० वि० **<u>अनादि</u>** ←अन्-आ√दा); * च (1.1); * वेत्ति (2.19); * लोकमहेश्वरम् (पु० द्वितीया० एक० ←तत्पु०स० लोकमहेश्वर, लोकस्य महान् ईश्वरः ←पु० लोक 2.5 + वि० महा 1.3 + पु० ईश्वर 4.6); * असम्मूढः (5.20); * सः (1.13); * मर्त्येषु (सप्तमी० अनेक० ←वि० मर्त्य 9.21); * सर्वपापैः (सर्वैः पापैः पु० तृतीया० अनेक० ←सना० सर्व 1.6 + पु० पाप 1.36); * प्रमुच्यते (5.3)

यः (जो) माम् (मला) अजम् (जन्मरहित) अनादिम् (अनादि) च (आणि) वेत्ति (जाणतो) लोकमहेश्वरम् (जगदीश्वर) असंमूढः (निर्मोह झालेला) सः (तो) मर्त्येषुः (मर्त्य लोकांत) सर्वपापैः (सर्व पापांपासून) प्रमुच्यते (मुक्त होतो)

* मर्त्य लोकांत जन्मरहित, अनादि आणि जगदीश्वर (अशा) मला जो जाणतो तो निर्मोह झालेला सर्व पापांपासून मुक्त होतो.

।।10.4।। **बुद्धिर्ज्ञानमसंमोहः क्षमा सत्यं दमः शमः।**
सुखं दुःखं भवोऽभावो भयं चाभयमेव च।।

बुद्धिः (नि० 16/6) ज्ञानम् (नि० 8/16) असम्मोहः (नि० 22/1) क्षमा सत्यम् (नि० 14/1) दमः (नि० 22/5) शमः (नि० 22/8) सुखम् (नि० 14/1) दुःखम् (नि० 14/1) भवः (नि० 15/1) अभावः (नि० 15/8) भयम् (नि० 14/1) च (नि० 1/1) अभयम् (नि० 8/22) एव च

बुद्धिः (2.39); * ज्ञानम् (3.39); * असम्मोहः (प्रथमा० एक० न-तत्पु०स० ←पु० सम्मोह 2.63); * **<u>क्षमा</u>** (प्रथमा० एक० ←स्त्री० **<u>क्षमा</u>** ←<u>√क्षम्</u>); * **<u>सत्यम्</u>** (प्रथमा० एक० ←न० अथवा वि० **<u>सत्य</u>** ←वि० सत् 2.16); * **<u>दमः</u>** (प्रथमा० एक० ←पु० दम ←<u>√दम्</u>); * शमः (6.3); * सुखम् (2.66); * **<u>दुःखम्</u>** (प्रथमा० एक० ←न० दुःख 2.14); * भवः (प्रथमा० एक० ←पु० **<u>भव</u>** ←√भू); * अभावः (2.16); *

<u>भयम्</u> (प्रथमा॰ एक॰ ←न॰ भय 2.35); * च (1.1); * **<u>अभयम्</u>** (प्रथमा॰ एक॰ न-तत्पु॰स॰ ←न॰ भय 2.35); * एव (1.1); * च (1.1)

बुद्धिः (बुद्धि) ज्ञानम् (ज्ञान) असंमोहः (निर्मोह) क्षमा (क्षमा) सत्यम् (सत्य) दमः (संयम) शमः (शांति) सुखम् (सुख) दुःखम् (दुःख) भवः (उत्पत्ति) अभावः (लय) भयम् (भीति) च (आणि) अभयम् (अभयता) एव (सुद्धा) च (आणि)

* बुद्धि, ज्ञान, निर्मोह, क्षमा, सत्य, संयम, शांति, सुख, दुःख, उत्पत्ति आणि लय, भीति व अभयता सुद्धा;

।।10.5।। **अहिंसा समता तुष्टिस्तपो दानं यशोऽयशः।**
भवन्ति भावा भूतानां मत्त एव पृथग्विधाः।।

अहिंसा समता तुष्टिः (नि॰ 18/1) तपः (नि॰ 15/4) दानम् (नि॰ 14/1) यशः (नि॰ 15/1) अयशः (नि॰ 22/8) भवन्ति भावाः (नि॰ 20/12) भूतानाम् (नि॰ 14/1) मत्तः (नि॰ 19/7) एव पृथग्विधाः (नि॰ 22/8)

<u>अहिंसा</u> (प्रथमा॰ एक॰ न-तत्पु॰स॰ ←स्त्री॰ **<u>हिंसा</u>** ←√हिंस्); * समता (प्रथमा॰ एक॰ ←स्त्री॰ समता ←वि॰ सम 1.4); * तुष्टिः (प्रथमा॰ एक॰ ←स्त्री॰ तुष्टि ←वि॰ तुष्ट 2.55); * तपः (7.9); * **<u>दानम्</u>** (प्रथमा॰ एक॰ ←न॰ दान 8.28); * **<u>यशः</u>** (प्रथमा॰ एक॰ ←न॰ **<u>यशस्</u>** ←√अस्); * अयशः (प्रथमा॰ एक॰ न-तत्पु॰स॰ ←न॰ यशस्↑); * भवन्ति (3.14); * भावाः (7.12) * भूतानाम् (2.69); * मत्तः (7.7); * एव (1.1); * पृथग्विधाः (पु॰ प्रथमा॰ अनेक॰ ←बहुव्री॰ वि॰ **<u>पृथग्विध,</u>** पृथक् विधाः यस्य ←अव्य॰ पृथक् 1.18 + पु॰ विध 3.3)

अहिंसा (अहिंसा) समता (समता) तुष्टिः (संतोष) तपः (तप) दानम् (दान) यशः (लाभ) अयशः (अपयश) भवन्ति (उत्पन्न होतात) भावाः (हे भाव) भूतानाम् (भूतांचे) मत्तः (माझ्यातून) एव (च) पृथग्विधाः (नाना तऱ्हेचे असलेले)

* अहिंसा, समता, संतोष, तप, दान, लाभ (आणि) अपयश हे भूतांचे नाना तऱ्हेचे असलेले भाव माझ्यातूनच उत्पन्न होतात.

।।10.6।। **महर्षयः सप्त पूर्वे चत्वारो मनवस्तथा।**
मद्भावा मानसा जाता येषां लोक इमाः प्रजाः।।

महर्षयः (नि॰ 22/7) सप्त पूर्वे चत्वारः (नि॰ 15/9) मनवः (नि॰ 18/1) तथा मद्भावाः (नि॰ 20/13) मानसाः (नि॰ 20/7) जाताः (नि॰ 20/14) येषाम् (नि॰ 25/3, 14/1) लोके (नि॰ 5/2) इमाः (नि॰ 22/3) प्रजाः (नि॰ 22/8)

महर्षयः (10.2); * सप्त (प्रथमा॰ एक॰ ←संख्या॰ वि॰ सप्तन् ←<u>√सप्</u>); * पूर्वे (सप्तमी॰ एक॰ ←वि॰ पूर्व 4.15); * चत्वारः (प्रथमा॰ ←वि॰ चतुर् 7.16); * मनवः (प्रथमा॰ अनेक॰ ←विना॰ मनु 1.44); *

तथा (1.8); * मद्भावा: (पु॰ प्रथमा॰ अनेक॰ ←तत्पु॰स॰ मद्भाव 4.10); * मानसा: (पु॰ प्रथमा॰ अनेक॰ ←वि॰ मानस 1.47); * जाता: (पु॰ प्रथमा॰ अनेक॰ ←वि॰ जात 2.26); * येषाम् (1.33); * लोके (2.5); * इमा: (3.24); * प्रजा: (3.10)

महर्षय: (महाऋषी) सप्त (सात) पूर्वे (आदि काळात) चत्वार: (चार) मनव: (मनू) तथा (तसेच) मद्भावा: (माझे भक्त) मानसा: जाता: (माझ्या मनापासून उत्पन्न झालेले) येषाम् (ज्यांच्या) लोके (या जगात) इमा: (या) प्रजा: (प्रजा)

* (माझ्या) मनापासून आदि काळात उत्पन्न झालेले चार (सनतकुमार[1]), सात महाऋषी[2] तसेच (चौदा) मनू[3] माझे भक्त (आहेत), ज्यांच्या या जगात या प्रजा (आहेत).

।।10.7।। **एतां विभूतिं योगं च मम यो वेत्ति तत्त्वत:।**
सोऽविकम्पेन योगेन युज्यते नात्र संशय:।।

एताम् (नि॰ 14/1) विभूतिम् (नि॰ 14/1) योगम् (नि॰ 14/1) च मम य: (नि॰ 15/13) वेत्ति तत्त्वत: (नि॰ 22/8) स: (नि॰ 15/1) अविकम्पेन योगेन युज्यते न (नि॰ 1/1) अत्र संशय: (नि॰ 22/8)

एताम् (1.3); * **विभूतिम्** (द्वितीया॰ एक॰ ←स्त्री॰ **विभूति** ←वि√भू); * योगम् (2.53); * च (1.1); * मम (1.7); * य: (2.19); * वेत्ति (2.19); * तत्त्वत: (4.9); * स: (1.13); * अविकम्पेन (तृतीया॰ एक॰ न-बहुव्री॰ बहुव्री॰ विकम्प, विशेषेण कम्प: यस्य ←वि√कम्प् 2.31); * **योगेन** (तृतीया॰ एक॰ ←पु॰ योग 2.39); * **युज्यते** (तृ॰पु॰ एक॰ लट्॰-वर्तमान॰ रुधादि॰ आत्मने॰ ←√युज्); * न (1.30); * अत्र (1.4); * संशय: (8.5)

एताम् (या) विभूतिम् (बहुविध संपन्नतेला) योगम् (योगाला) च (आणि) मम (माझ्या) य: (जो) वेत्ति (जाणतो) तत्त्वत: (यथार्थाने) स: (तो) अविकम्पेन (दृढतेने) योगेन (योगाने) युज्यते (युक्त होतो) न (नाही) अत्र (यात) संशय: (शंका)

* या माझ्या बहुविध संपन्नतेला आणि योगाला जो यथार्थाने जाणतो तो दृढतेने (भक्ति)योगाने युक्त होतो यात शंका नाही.

।।10.8।। **अहं सर्वस्य प्रभवो मत्त: सर्वं प्रवर्तते।**
इति मत्वा भजन्ते मां बुधा भावसमन्विता:।।

---

[1] सनक, सनंदन, सनातन आणि सनतसुजात हे चार ब्रह्मपुत्र सत्त्व गुणाचे अवतार मानले जातात व सनतकुमार याच नावाने ओळखले जातात.

[2] अंगीरस, अत्रि, क्रतु, पुलस्त्य, पुलह, मरीचि, आणि वसिष्ठ आदि सात महाऋषी सप्तऋषि नावानी सामूहिक रितीने पौराणिक साहित्यांत उलल्लेखले गेले आहेत.

[3] मनु स्वायंभुव, स्वारोचिश, उत्तम, तामस, रैवत, चाक्षुश, वैवस्वत, सावर्णी, दक्षसावर्णी, ब्रह्मसावर्णी, धर्मसावर्णी, रुद्रसावर्णी, रुचि आणि भौमि हे चौदा मन्वन्तराचे चौदा मनू म्हणून ओळखले जातात.

अहम् (नि॰ 14/1) सर्वस्य प्रभव: (नि॰ 15/9) मत्त: (नि॰ 22/7) सर्वम् (नि॰ 14/1) प्रवर्तते (नि॰ 23/1) इति मत्वा भजन्ते माम् (नि॰ 14/1) बुधा: (नि॰ 20/12) भावसमन्विता: (नि॰ 22/8)

अहम् (1.22); * सर्वस्य (2.30); * प्रभव: (7.6); * मत्त: (7.7); * सर्वम् (2.17); * प्रवर्तते (5.14); * इति (1.25); * मत्वा (3.28); * भजन्ते (7.16); * माम् (1.46); * बुधा: (4.19); * भावसमन्विता: (पु॰ प्रथमा॰ अनेक॰ ←वि॰ तत्पु॰स॰ भावसमन्वित, भावेन समन्वित: ←पु॰ भाव 2.7 + क्त॰ वि॰ समन्वित ←सम्-अनु√इ)

अहम् (मी) सर्वस्य (सर्वांचा) प्रभव: (उगमस्थान) मत्त: (माझ्यापासून) सर्वम् (सर्व) प्रवर्तते (उत्क्रांत होते) इति (असे) मत्वा (जाणून) भजन्ते (पूजतात) माम् (मला) बुधा: (ज्ञानी) भावसमन्विता: (भक्तीने युक्त झालेले)

* मी सर्वांचा उगमस्थान (आहे व) माझ्यापासून सर्व उत्क्रांत होते असे जाणून भक्तीने युक्त झालेले ज्ञानी मला पूजतात.

।।10.9।। **मच्चित्ता मद्गतप्राणा बोधयन्त: परस्परम्।**
कथयन्तश्च मां नित्यं तुष्यन्ति च रमन्ति च।।

मच्चित्ता: (नि॰ 20/13) मद्गतप्राणा: (नि॰ 24/5, 20/11) बोधयन्त: (नि॰ 22/3) परस्परम् (नि॰ 14/2) कथयन्त: (नि॰ 17/1) च माम् (नि॰ 14/1) नित्यम् (नि॰ 14/1) तुष्यन्ति (नि॰ 25/7) च रमन्ति च

मच्चित्ता: (प्रथमा॰ अनेक॰ ←पु॰ मच्चित्त 6.14); * मद्गतप्राणा: (पु॰ प्रथमा॰ अनेक॰ ←बहुव्री॰ मद्गतप्राण, माम् गत: प्राण: यस्य ←सना॰ मत् 1.9 + वि॰ गत 2.11 + पु॰ प्राण 1.33); * बोधयन्त: (पु॰ प्रथमा॰ अनेक॰ ←शतृ॰ वि॰ प्रयो॰ बोधयत् ←√बुध्); * परस्परम् (3.11); * कथयन्त: (पु॰ प्रथमा॰ अनेक॰ ←शतृ॰ वि॰ कथयत् ←√कथ्); * च माम् (1.46); * नित्यम् (2.21); * तुष्यन्ति (तृ॰पु॰ अनेक॰ लट्॰-वर्तमान॰ भ्वादि॰ परस्मै॰ ←√तुष् 6.20); * च (1.1); * रमन्ति (तृ॰पु॰ अनेक॰ लट्॰-वर्तमान॰ भ्वादि॰ परस्मै॰ ←√रम् 5.22); * च (1.1)

मच्चित्ता: (ज्यांचे चित्त माझ्यात लागले आहे) मद्गतप्राणा: (ज्यांनी आपले प्राण माझ्यात अर्पण केले आहेत) बोधयन्त: (बोध करवीत) परस्परम् (परस्पर) कथयन्त: (चर्चा करीत) च (आणि) माम् (माझी) नित्यम् (सदा) तुष्यन्ति (आनंद घेतात) च (आणि) रमन्ति (प्रसन्न करतात) च (आणि)

* ज्यांचे चित्त माझ्यात लागले आहे आणि ज्यांनी आपले प्राण माझ्यात अर्पण केले आहेत (ते) परस्पर सदा बोध करवीत आणि माझी चर्चा करीत आनंद घेतात आणि प्रसन्न करतात.

।।10.10।। **तेषां सततयुक्तानां भजतां प्रीतिपूर्वकम्।**
ददामि बुद्धियोगं तं येन मामुपयान्ति ते।।

तेषाम् (नि॰ 25/3, 14/1) सततयुक्तानाम् (नि॰ 14/1) भजताम् (नि॰ 14/1) प्रीतिपूर्वकम् (नि॰ 14/2) ददामि बुद्धियोगम् (नि॰ 14/1) तम् (नि॰ 14/1) येन माम् (नि॰ 8/20) उपयान्ति ते

तेषाम् (5.16); * सततयुक्तानाम् (पु० षष्ठी० अनेक० ←बहुव्री० **सततयुक्त**, सततः युक्तः यः ←वि० सतत 3.14 + वि० युक्त 1.14); * भजताम् (पु० षष्ठी० अनेक० ←शतृ० वि० भजत् ←√भज्); * प्रीतिपूर्वकम् (द्वितीया० एक० ←क्रि०वि० प्रीतिपूर्वक ←स्त्री० प्रीति 1.36 + वि० पूर्वक 9.23); * **ददामि** (प्रथम०पु० एक० लट्०–वर्तमान० जुवादि० परस्मै० ←√दा 2.43); * **बुद्धियोगम्** (द्वितीया० एक० ←पु० बुद्धियोग 2.49); * तम् (2.1); * येन (2.17); * माम् (1.46); * उपयान्ति (तृ०पु० अनेक० लट्०–वर्तमान० अदा० परस्मै० ←उप√या 3.33); * ते (1.33)

तेषाम् (त्या) सततयुक्तानाम् (निरंतर युक्त झालेल्यांकरिता) भजताम्[1] (पूजन करणाऱ्यांकरिता) प्रीतिपूर्वकम् (प्रेमपूर्वक) ददामि (मी देतो) बुद्धियोगम् (बुद्धियोग) तम् (तो) येन (ज्याच्या योगाने) माम् (मला) उपयान्ति (प्राप्त करतात) ते (ते)

* त्या निरंतर युक्त झालेल्यांकरिता (व) प्रेमपूर्वक पूजन करणाऱ्यांकरिता मी तो बुद्धियोग देतो, ज्याच्या योगाने ते मला प्राप्त करतात.

।।10.11।। **तेषामेवानुकम्पार्थमहमज्ञानजं तमः।**
नाशयाम्यात्मभावस्थो ज्ञानदीपेन भास्वता।।

तेषाम् (नि० 25/3, 8/22) एव (नि० 1/1) अनुकम्पार्थम् (नि० 8/16) अहम् (नि० 8/16) अज्ञानजम् (नि० 14/1) तमः (नि० 22/8) नाशयामि (नि० 4/2) आत्मभावस्थः (नि० 15/3) ज्ञानदीपेन भास्वता

तेषाम् (5.16); * एव (1.1); * अनुकम्पार्थम् (अव्ययीभाव समास अथवा पु० द्वितीया० एक० ←तत्पु०स० अनुकम्पार्थ, अनुकम्पाया अर्थः ←स्त्री० अनुकम्पा ←अनु√कम्प् + पु० अर्थ 1.7); * अहम् (1.22); * **अज्ञानजम्** (न० द्वितीया० एक० ←तत्पु०स० अज्ञानज, अज्ञानात् जातम् ←न० अज्ञान 4.42 + पु० ज 1.7); * **तमः** (द्वितीया० एक० ←न० तमस् 7.12); * नाशयामि (प्रथम०पु० एक० लट्०–वर्तमान० दिवादि० परस्मै० प्रयो० ←√नश्); * आत्मभावस्थः (पु० प्रथमा० एक० ←क्त० वि० आत्मभावस्थ, आत्मनः भावे स्थितः ←पु० आत्मन् 2.41 + पु० भाव 2.7 + वि० स्थित 1.14); * ज्ञानदीपेन (पु० तृतीया० एक० ←तत्पु०स० ज्ञानदीप, ज्ञानस्य दीपः ←न० ज्ञान 3.3 + पु० दीप 6.19); * भास्वता (पु० तृतीया० एक० ←वि० अथवा पु० भास्वत् ←√भास्)

तेषाम् (त्यांची) एव (च) अनुकम्पार्थम् (दया आल्यामुळे) अहम् (मी) अज्ञानजम् (अज्ञानातून उत्पन्न झालेला) तमः (अंधःकार) नाशयामि (नष्ट करतो) आत्मभावस्थः (अंतःकरणात स्थित असलेला) ज्ञानदीपेन (ज्ञानदीपाने) भास्वता (तेजस्वी)

---

[1] सततयुक्तानाम् आणि भजताम् हे दोन्ही षष्ठी० अनेक० शब्द दोनपेक्षा अधिक च्या समूहाला लागू पडतात म्हणून इथे त्यांचा अर्थ ०च्याकरिता असा होतो, पहा 'विभक्ति विवेचन'↑.

* त्यांची दया आल्यामुळेच (त्यांच्या) अंत:करणात स्थित असलेला (असा) मी (त्यांचा) अज्ञानातून उत्पन्न झालेला अंध:कार तेजस्वी ज्ञानदीपाने नष्ट करतो.

।।10.12।। अर्जुन उवाच

परं ब्रह्म परं धाम पवित्रं परमं भवान्।
पुरुषं शाश्वतं दिव्यमादिदेवमजं विभुम्।।

अर्जुन: (नि॰ 19/4) उवाच । परम् (नि॰ 14/1) ब्रह्म परम् (नि॰ 14/1) धाम पवित्रम् (नि॰ 14/1) परमम् (नि॰ 14/1) भवान् (नि॰ 23/1) पुरुषम् (नि॰ 14/1) शाश्वतम् (नि॰ 14/1) दिव्यम् (नि॰ 8/17) आदिदेवम् (नि॰ 8/16) अजम् (नि॰ 14/1) विभुम् (नि॰ 14/2)

अर्जुन: (1.28); * उवाच (1.25) । परम् (4.4); * ब्रह्म (4.24); * परम् (↑); * धाम (8.21); * पवित्रम् (4.38); * परमम् (8.3); * भवान् (1.8); * पुरुषम् (2.15); * **शाश्वतम्** (द्वितीया॰ एक॰ ←वि॰ शाश्वत 1.43); * दिव्यम् (4.9); * आदिदेवम् (पु॰ द्वितीया॰ एक॰ ←तत्पु॰स॰ **आदिदेव** ←वि॰ आदि 2.28 + पु॰ देव 3.11); * अजम् (2.21); * विभुम् (द्वितीया॰ एक॰ ←पु॰ विभु 5.15)

अर्जुन: (अर्जुन) उवाच– (म्हणाला–) परम् (परम) ब्रह्म (ब्रह्म) परम् (परम) धाम (निकेत) पवित्रम् (पूज्य) परमम् (परम) भवान् (आपण) पुरुषम् (पुरुष) शाश्वतम् (अनश्वर) दिव्यम् (दिव्य) आदिदेवम् (आदिदेव) अजम् (अजन्मा) विभुम् (सर्वव्यापी)

* अर्जुन म्हणाला– आपण परम ब्रह्म, पूज्य निकेत, परमपुरुष, अनश्वर, दिव्य, आदिदेव, अजन्मा, सर्वव्यापी (आहा);

।।10.13।। **आहुस्त्वामृषय: सर्वे देवर्षिर्नारदस्तथा।**
असितो देवलो व्यास: स्वयं चैव ब्रवीषि मे।।

आहु: (नि॰ 18/1) त्वाम् (नि॰ 8/21) ऋषय: (नि॰ 22/7) सर्वे देवर्षि: (नि॰ 16/6) नारद: (नि॰ 18/1) तथा (नि॰ 23/1) असित: (नि॰ 15/4) देवल: (नि॰ 15/13) व्यास: (नि॰ 22/7) स्वयम् (नि॰ 14/1) च (नि॰ 3/1) एव ब्रवीषि (नि॰ 25/4) मे

आहु: (3.42); * त्वाम् (2.7); * ऋषय: (5.25); * सर्वे (1.6); * देवर्षि: (पु॰ प्रथमा॰ एक॰ ←क॰ **देवर्षि**, देव: इव ऋषि: ←पु॰ देव 3.11 + पु॰ ऋषि 4.2); * **नारद:** (प्रथमा॰ एक॰ ←पु॰ विना॰ **नारद** बहुव्री॰ नरेभ्य: धर्मम् ददाति य: ←समूहवाचक न॰ नार (नरसमूह); * ←पु॰ नर 1.5 + √दा); * तथा (1.8); * असित: (प्रथमा॰ एक॰ ←पु॰ विना॰ न–तत्पु॰स॰ असित ←वि॰ सित ←√सो अथवा √सि); * देवल: (प्रथमा॰ एक॰ ←पु॰ विना॰ देवल ←पु॰ देव 3.11 + √ला); * **व्यास:** (प्रथमा॰ एक॰ ←पु॰ विना॰ **व्यास** ←वि√अस्); * स्वयम् (4.38); * च (1.1); * एव (1.1); * ब्रवीषि (द्वि॰पु॰ एक॰ लट्॰–वर्तमान॰ अदा॰ परस्मै॰ ←√ब्रू); * मे (2.7)

आहु: (म्हणतात) त्वाम् (आपणाला) ऋषय: (ऋषिगण) सर्वे (सर्व) देवर्षि: (महर्षि) नारद: (नारद) तथा (तसे) असित: (असित) देवल: (देवल) व्यास: (व्यास) स्वयम् (तुम्ही) च (आणि) एव (च) ब्रवीषि (सांगत आहात) मे (मला)

* आपणाला सर्व ऋषिगण, महर्षि नारद, असित, देवल आणि व्यास तसेच म्हणतात (जसे) तुम्ही मला सांगत आहात.

।।10.14।। **सर्वमेतदृतं मन्ये यन्मां वदसि केशव।**

न हि ते भगवन्व्यक्तिं विदुर्देवा न दानवा:।।

सर्वम् (नि॰ 8/22) एतत् (नि॰ 8/8) ऋतम् (नि॰ 14/1) मन्ये यत् (नि॰ 12/2) माम् (नि॰ 14/1) वदसि केशव न हि ते भगवन् (नि॰ 13/19) व्यक्तिम् (नि॰ 14/1) विदु: (नि॰ 16/8) देवा: (नि॰ 20/10) न दानवा: (नि॰ 22/8)

सर्वम् (2.17); * एतत् (2.6); * ऋतम् (द्वितीया॰ एक॰ ←न॰ अथवा वि॰ ऋत ←√ऋ); * मन्ये (6.34); * यत् (3.21); * माम् (1.46); * वदसि (द्वि॰पु॰ एक॰ लट्॰-वर्तमान॰ भ्वादि॰ परस्मै॰ ←√वद्); * केशव (1.31); * न (1.30); * हि (1.11); * ते (2.7); * **भगवन्** (संबो॰ एक॰ ←पु॰ **भगवत्** ←√भज्); * व्यक्तिम् (7.24); * विदु: (4.2); * देवा: (3.11); * न (1.30); * दानवा: (प्रथमा॰ अनेक॰ ←पु॰ तद्धित शब्द दानव, दनो: अपत्यम् ←स्त्री॰ विना॰ दनु, प्रजापति दक्षाची मुलगी, कश्यपाची पत्नी आणि अदितीची बहीण)

सर्वम् (सर्व) एतत् (ते) ऋतम् (खरे) मन्ये (मी मानतो) यत् (जे) माम् (मला) वदसि (तू सांगतोस) केशव (हे केशवा!) न (नाहीत) हि (ही) ते (तुझी) भगवन् (हे भगवन्!) व्यक्तिम् (माया) विदु: (जाणत-) देवा: (देव) न (नाहीत) दानवा: (दानव)

* हे केशवा! जे तू मला सांगतोस ते सर्व मी खरे मानतो, हे भगवन्! तुझी माया देव नाहीत दानवही जाणत नाहीत.

।।10.15।। **स्वयमेवात्मनात्मानं वेत्थ त्वं पुरुषोत्तम।**

भूतभावन भूतेश देवदेव जगत्पते।।

स्वयम् (नि॰ 8/22) एव (नि॰ 1/2) आत्मना (नि॰ 1/4) आत्मानम् (नि॰ 14/1) वेत्थ त्वम् (नि॰ 14/1) पुरुषोत्तम भूतभावन भूतेश देवदेव जगत्पते

स्वयम् (4.38); * एव (1.1); * आत्मना (2.55); * आत्मानम् (3.43); * वेत्थ (4.5); * त्वम् (2.11); * पुरुषोत्तम (8.1); * भूतभावन (पु॰ संबो॰ एक॰ ←बहुव्री॰ भूतभावन 9.5); * भूतेश (पु॰ संबो॰ एक॰ ←तत्पु॰स॰ भूतेश, भूतानाम् ईश: ←पु॰ भूत 2.28 + वि॰ ईश 1.15); * देवदेव (पु॰ संबो॰ एक॰ ←तत्पु॰स॰ **देवदेव**, देवानाम् देव: ←पु॰ देव 3.11); * जगत्पते (पु॰ संबो॰ एक॰ ←बहुव्री॰ जगत्पति, जगत: पति: इव य: ←न॰ जगत् 7.5 + पु॰ पति 1.18)

स्वयम् (स्वतः) एव (च) आत्मना (स्वतःने) आत्मानम् (स्वतःला) वेत्थ (जाणता) त्वम् (तुम्ही) पुरुषोत्तम (हे पुरुषोत्तमा!) भूतभावन (हे सर्व भूतांना जीवन देणाऱ्या!) भूतेश (हे ईश्वरा!) देवदेव (हे देवाधिदेवा!) जगत्पते (हे जगत्पति!)

* हे पुरुषोत्तमा! हे सर्व भूतांना जीवन देणाऱ्या! हे ईश्वरा! हे देवाधिदेवा! हे जगत्पति! स्वतः तुम्ही स्वतःनेच स्वतःला जाणता.

।।10.16।। **वक्तुमर्हस्यशेषेण दिव्या ह्यात्मविभूतयः।**
याभिर्विभूतिभिर्लोकानिमांस्त्वं व्याप्य तिष्ठसि।।

वक्तुम् (नि॰ 8/16) अर्हसि (नि॰ 4/1) अशेषेण (नि॰ 24/1) दिव्याः (नि॰ 20/18) हि (नि॰ 4/2) आत्मविभूतयः (नि॰ 22/8) याभिः (नि॰ 16/6) विभूतिभिः (नि॰ 16/6) लोकान् (नि॰ 8/13) इमान् (नि॰ 13/7) त्वम् (नि॰ 14/1) व्याप्य तिष्ठसि

वक्तुम् (तुमन्त॰ अव्य॰ ←√वच्); * अर्हसि (2.25); * अशेषेण (4.35); * **दिव्याः** (स्त्री॰ प्रथमा॰ अनेक॰ ←वि॰ दिव्य 1.14); * हि (क्रि॰वि॰ 1.11); * **आत्मविभूतयः** (स्त्री॰ प्रथमा॰ अनेक॰ ←तत्पु॰स॰ आत्मविभूति, आत्मनः विभूति ←पु॰ आत्मन् 2.41 + स्त्री॰ विभूति 10.7); * याभिः (स्त्री॰ तृतीया॰ अनेक॰ ←सना॰ यद् 1.7); * विभूतिभिः (तृतीया॰ अनेक॰ ←स्त्री॰ विभूति 10.7); * लोकान् (6.41); * **इमान्** (पु॰ द्वितीया॰ अनेक॰ ←सना॰ इदम् 1.10); * त्वम् (2.11); * व्याप्य (ल्यप्॰ अव्य॰ ←वि√आप्); * तिष्ठसि (द्वि॰पु॰ एक॰ लट्॰-वर्तमान॰ भ्वादि॰ परस्मै॰ ←√स्था 3.5)

वक्तुम् (वर्णन करण्याकरिता) अर्हसि (तू योग्य आहेस) अशेषेण (निःशेषतेने) दिव्याः (दिव्य) हि (च) आत्मविभूतयः (स्वतःच्या विभूत्या) याभिः (ज्या) विभूतिभिः (विभूतींनी) लोकान् (जगाला) इमान् (या) त्वम् (तू) व्याप्य (व्यापून) तिष्ठसि (राहतोस)

* ज्या विभूतींनी तू या जगाला व्यापून राहतोस (त्या) स्वतःच्या दिव्य विभूत्या निःशेषतेने वर्णन करण्याकरिता तूच योग्य आहेस.

।।10.17।। **कथं विद्यामहं योगिंस्त्वां सदा परिचिन्तयन्।**
केषु केषु च भावेषु चिन्त्योऽसि भगवन्मया।।

कथम् (नि॰ 14/1) विद्याम् (नि॰ 8/16) अहम् (नि॰ 14/1) योगिन् (नि॰ 13/7) त्वाम् (नि॰ 14/1) सदा परिचिन्तयन् (नि॰ 23.1) केषु (नि॰ 25/5) केषु (नि॰ 25/5) च भावेषु (नि॰ 25/5) चिन्त्यः (नि॰ 15/1) असि भगवन् (नि॰ 13/16) मया

कथम् (1.37); * विद्याम् (प्रथम॰पु॰ एक॰ विधि॰ अदा॰ परस्मै॰ ←√विद्); * अहम् (1.22); * योगिन् (संबो॰ एक॰ ←पु॰ योगिन् 3.3); * त्वाम् (2.7); * सदा (1.40); * परिचिन्तयन् (प्रथमा॰ एक॰ ←शतृ॰ वि॰ प्रयो॰ परिचिन्तयत् ←परि√चिन्त्); * **केषु** (पु॰ अथवा न॰ सप्तमी॰ अनेक॰ ←सना॰ किम् 1.1); * केषु (↑); * च (1.1); * भावेषु (सप्तमी॰ अनेक॰ ←पु॰ भाव 2.7); * चिन्त्यः (पु॰ प्रथमा॰

एक० ←कर्मणि० विधि० धातु०सा० वि० चिन्त्य ←√चिन्त्); * असि (4.3); * भगवन् (10.14); * मया (1.22)

कथम् (कसे) विद्याम् (ओळखावे) अहम् (मी) योगिन् (हे योगेश्वरा!) त्वाम् (तुला) सदा (सदा) परिचिन्तयन् (मनन करीत असताना) केषु (कोणत्या) केषु (कोणत्या) च (आणि) भावेषु (स्वरूपांवर) चिन्त्य: (ध्यान लावण्यास उचित) असि (तू आहेस) भगवन् (हे ईश्वरा!) मया (मजकडून)

* हे योगेश्वरा! सदा मनन करीत असताना मी तुला कसे ओळखावे? आणि, हे ईश्वरा! तू मजकडून (तुझ्या) कोणत्या कोणत्या स्वरूपांवर ध्यान लावण्यास उचित आहेस?

।।10.18।। **विस्तरेणात्मनो योगं विभूतिं च जनार्दन।**

भूय: कथय तृप्तिर्हि शृण्वतो नास्ति मेऽमृतम्।।

विस्तरेण (नि० 24/1, 1/2) आत्मन: (नि० 15/10) योगम् (नि० 14/1) विभूतिम् (नि० 14/1) च जनार्दन भूय: (नि० 22/1) कथय तृप्ति: (नि० 16/6) हि शृण्वत: (नि० 15/6) न (नि० 1/1) अस्ति मे (नि० 6/1) अमृतम् (नि० 14/2)

विस्तरेण (तृतीया० एक० ←पु० **विस्तर** ←वि√स्तृ); * आत्मन: (4.42); * योगम् (2.53); * विभूतिम् (10.7); * च (1.1); * जनार्दन (1.36); * भूय: (2.20); * कथय (द्वि०पु० एक० निवेदनार्थ लोट् चुरादि० परस्मै० ←√कथ्); * तृप्ति: (प्रथमा० एक० ←स्त्री० तृप्ति ←√तृप्); * हि (1.11); * शृण्वत: (पु० षष्ठी० एक० ←कर्तरि० वर्त० वि० शृण्वत् 5.8); * न (1.30); * अस्ति (2.40); * मे (1.21); * अमृतम् (9.19)

विस्तरेण (विस्ताराने) आत्मन: (आपल्या) योगम् (योग) विभूतिम् (विभूतीला) च (आणि) जनार्दन (हे जनार्दना!) भूय: (पुन्हा एकदा) कथय (सांगा) तृप्ति: (तृप्ति) हि (कारण कि) शृण्वत: (ऐकत असताना) न (नाही) अस्ति (होत) मे (माझी) अमृतम् (अमृतमय वाणी)

* हे जनार्दना! विस्ताराने आपल्या योग आणि विभूतीला पुन्हा एकदा सांगा, कारण कि (तुमची) अमृतमय वाणी ऐकत असताना माझी तृप्ति होत नाही.

।।10.19।। श्रीभगवानुवाच

हन्त ते कथयिष्यामि दिव्या ह्यात्मविभूतय:।

प्राधान्यत: कुरुश्रेष्ठ नास्त्यन्तो विस्तरस्य मे।।

श्रीभगवान् (नि० 8/14) उवाच । हन्त ते कथयिष्यामि (नि० 25/9) दिव्या: (नि० 20/18) हि (नि० 4/2) आत्मविभूतय: (नि० 22/8) प्राधान्यत: (नि० 22/1) कुरुश्रेष्ठ न (नि० 1/1) अस्ति (नि० 4/1) अन्त: (नि० 15/13) विस्तरस्य मे

श्रीभगवान् (2.2); * उवाच (1.25) । हन्त (संमतिदर्शक अव्य० ←√हन्); * ते (1.7); * कथयिष्यामि (प्रथम०पु० एक० लृट्०-भविष्य० चुरादि० परस्मै० ←√कथ् 2.34); * दिव्या: (10.16); * हि (1.11); *

आत्मविभूतय: (10.16); * प्राधान्यत: (क्रि॰वि॰ अव्य॰ ←न॰ प्राधान्य ←वि॰ प्रधान ←प्र√धा); * कुरुश्रेष्ठ (पु॰ संबो॰ एक॰ ←बहुव्री॰ कुरुश्रेष्ठ, कुरुषु श्रेष्ठ: य: ←पु॰ कुरु 1.1 + वि॰ श्रेष्ठ 3.21); * न (1.30); * अस्ति (2.40); * अन्त: (2.16); * विस्तरस्य (षष्ठी॰ एक॰ ←पु॰ विस्तर 10.18); * मे (1.21)

श्रीभगवान् (श्रीभगवान) उवाच (म्हणाले–) हन्त (ठीक तर!) ते (तुला) कथयिष्यामि (मी सांगेन) दिव्या: (दिव्य अशा) हि (कारण कि) आत्मविभूतय: (आपल्या विभूत्या) प्राधान्यत: (प्रधान प्रधान) कुरुश्रेष्ठ (हे कुरुश्रेष्ठा!) न–अस्ति (नाही) अन्त: (अंत) विस्तरस्य (विस्ताराचा) मे (माझ्या)

* श्रीभगवान म्हणाले– ठीक तर! हे करुश्रेष्ठा! मी तुला आपल्या दिव्य अशा प्रधान प्रधान विभूत्या सांगेन, कारण कि माझ्या विस्ताराचा अंत नाही.

।।10.20।। **अहमात्मा गुडाकेश सर्वभूताशयस्थित:।**
अहमादिश्च मध्यं च भूतानामन्त एव च।।

अहम् (नि॰ 8/17) आत्मा गुडाकेश सर्वभूताशयस्थित: (नि॰ 22/8) अहम् (नि॰ 8/17) आदि: (नि॰ 17/1) च मध्यम् (नि॰ 14/1) च भूतानाम् (नि॰ 8/16) अन्त: (नि॰ 19/7) एव च

अहम् (1.22); * आत्मा (6.5); * **गुडाकेश** (पु॰ संबो॰ एक॰ ←बहुव्री॰ गुडाकेश 1.24); * सर्वभूताशयस्थित: (पु॰ प्रथमा॰ एक॰ ←तत्पु॰स॰ सर्वभूताशयस्थित, सर्वेषाम् भूतानाम् आशये स्थित: ←सना॰ सर्व 1.6 + पु॰ भूत 2.28 + पु॰ आशय ←आ√शी + वि॰ स्थित 1.14); * अहम् (1.22); * आदि: (10.2); * च (1.1); * **मध्यम्** (प्रथमा॰ एक॰ ←वि॰ अथवा न॰ मध्य 1.21); * च (1.1); * भूतानाम् (2.69); * अन्त: (2.16); * एव (1.1); * च (1.1)

अहम् (मी) आत्मा (आत्मा) गुडाकेश (हे गुडाकेशा!) सर्वभूताशयस्थित: (सर्व भूतांच्या शरीरात स्थित असलेला) अहम् (मी) आदि: (उगम) च (आणि) मध्यम् (मध्य) च (आणि) भूतानाम् (भूतांचा) अन्त: (अंत) एव (ही) च (आणि)

* हे गुडाकेशा! मी सर्व भूतांच्या शरीरात स्थित असलेला आत्मा (आहे) आणि मी भूतांचा उगम आणि मध्य आणि अंतही (आहे);

।।10.21।। **आदित्यानामहं विष्णुर्ज्योतिषां रविरंशुमान्।**
मरीचिर्मरुतामस्मि नक्षत्राणामहं शशी।।

आदित्यानाम् (नि॰ 8/16) अहम् (नि॰ 14/1) विष्णु: (नि॰ 16/8) ज्योतिषाम् (नि॰ 25/3, 14/1) रवि: (नि॰ 16/1) अंशुमान् (नि॰ 23/1) मरीचि: (नि॰ 16/6) मरुताम् (नि॰ 8/16) अस्मि नक्षत्राणाम् (नि॰ 24/6, 8/16) अहम् (नि॰ 14/1) शशी

आदित्यानाम् (षष्ठी॰ अनेक॰ ←पु॰ आदित्य 5.16); * अहम् (1.22); * विष्णु: (पु॰ प्रथमा॰ एक॰ ←विना॰ **विष्णु** ←√विष्); * **ज्योतिषाम्** (षष्ठी॰ अनेक॰ ←न॰ ज्योतिस् 5.24); * **रवि:** (प्रथमा॰ एक॰

←पु० रवि ←√रु); * अंशुमान् (प्रथमा० एक० ←वि० अंशुमत् ←√अंश्); * मरीचि: (पु० प्रथमा० एक० ←विना० मरीचि ←न० वि० मरिचिन् ←√मृ); * मरुताम् (षष्ठी० अनेक० ←पु० **मरुत्** ←√मृ); * अस्मि (7.8); * नक्षत्राणाम् (षष्ठी० अनेक० ←न० नक्षत्र ←√नक्ष्); * अहम् (1.22); * शशी (प्रथमा० एक० ←पु० शशिन् 7.8)

आदित्यानाम् (आदित्यांमध्ये) अहम् (मी) विष्णु: (विष्णु) ज्योतिषाम् (ज्योतिपुंजातील) रवि: (सूर्य) अंशुमान् (किरणयुक्त) मरीचि: (मरीचि) मरुताम् (मरुतांतील) अस्मि (आहे) नक्षत्राणाम् (नक्षत्रांतील) अहम् (मी) शशी (चंद्र)

* मी आदित्यांमध्ये विष्णु (आहे), ज्योतिपुंजांतील किरणयुक्त सूर्य (आहे) मरुतांतील मरीचि, मी नक्षत्रांतील चंद्र आहे;

।।10.22।। **वेदानां सामवेदोऽस्मि देवानामस्मि वासवः।**
इन्द्रियाणां मनश्चास्मि भूतानामस्मि चेतना।।

वेदानाम् (नि० 14/1) सामवेद: (नि० 15/1) अस्मि देवानाम् (नि० 8/16) अस्मि वासव: (नि० 22/8) इन्द्रियाणाम् (नि० 24/6, 14/1) मन: (नि० 17/1) च (नि० 1/1) अस्मि भूतानाम् (नि० 8/16) अस्मि चेतना

वेदानाम् (षष्ठी० अनेक० ←पु० वेद 2.42); * सामवेद: (पु० प्रथमा० एक० ←विना० तत्पु०स० सामवेद, साम्नाम् वेद: ←पु० सामन् 9.17 + पु० वेद 2.42); * अस्मि (7.8); * देवानाम् (10.2); * अस्मि (7.8); * वासव: (प्रथमा० एक० ←पु० वासव ←√वस्); * इन्द्रियाणाम् (2.8); * मन: (1.30); * च (1.1); * अस्मि (7.8); * भूतानाम् (2.69); * अस्मि (7.8); * **चेतना** (प्रथमा० एक० ←स्त्री० चेतना ←√चित्)

वेदानाम् (वेदांतील) सामवेद: (सामवेद) अस्मि (मी आहे) देवानाम् (देवांतील) अस्मि (मी आहे) वासव: (इन्द्र) इन्द्रियाणाम् (इन्द्रियांतील) मन: (मन) च (आणि) अस्मि (मी आहे) भूतानाम् (भूतांतील) अस्मि (मी आहे) चेतना (चेतना)

* मी वेदांतील सामवेद आहे, मी देवांतील वासुदेव आहे, मी इन्द्रियांतील मन आहे आणि मी भूतांतील चेतना आहे.

।।10.23।। **रुद्राणां शङ्करश्चास्मि वित्तेशो यक्षरक्षसाम्।**
वसूनां पावकश्चास्मि मेरुः शिखरिणामहम्।।

रुद्राणाम् (नि० 24/6, 14/1) शङ्कर: (नि० 17/1) च (नि० 1/1) अस्मि वित्तेश: (नि० 15/10) यक्षरक्षसाम् (नि० 14/2) वसूनाम् (नि० 14/1) पावक: (नि० 17/1) च (नि० 1/1) अस्मि मेरु: (नि० 22/5) शिखरिणाम् (नि० 24/6, 8/16) अहम् (नि० 14/2)

रुद्राणाम् (षष्ठी॰ अनेक॰ ←पु॰ **रुद्र** ←√रुद्); * शङ्कर: (पु॰ प्रथमा॰ एक॰ ←विना॰ शङ्कर ←शम्√कृ); * च (1.1); * अस्मि (7.8); * वित्तेश: (पु॰ प्रथमा॰ एक॰ ←बहुव्री॰ वित्तेश, वित्तस्य ईश: य: ←न॰ वित्त ←√विद् + वि॰ ईश 1.15); * यक्षरक्षसाम् (षष्ठी॰ अनेक॰ ←द्वंद्व॰स॰ यक्षाणाम् च रक्षसाम् च ←**यक्ष-रक्षस्**, यक्ष: च रक्षस: च ←पु॰ **यक्ष** ←√यक्ष् + न॰ **रक्षस्** ←√रक्ष्); * वसूनाम् (षष्ठी॰ अनेक॰ ←पु॰ वसु 7.19); * पावक: (2.23); * च (1.1); * अस्मि (7.8); * मेरु: (पु॰ प्रथमा॰ एक॰ ←विना॰ अथवा पु॰ मेरु ←√मि); * शिखरिणाम् (पु॰ षष्ठी॰ अनेक॰ ←बहुव्री॰ शिखरिन्, शिखराणि सन्ति यस्मिन् ←न॰ अथवा पु॰ शिखर ←स्त्री॰ शिखा ←√शी); * अहम् (1.22)

रुद्राणाम् (रुद्रांतील) शङ्कर: (शिव) च (आणि) अस्मि (मी आहे) वित्तेश: (कुबेर) यक्षरक्षसाम् (दैत्य यक्षांतील) वसूनाम् (वसूंतील) पावक: (अग्नि) च (आणि) अस्मि (मी आहे) मेरु: (मेरू) शिखरिणाम् (पर्वतांतील) अहम् (मी)

* मी (अकरा) रुद्रांतील शिव आहे आणि दैत्य यक्षांतील कुबेर आणि मी (अष्ट)वसूंतील अग्नि आहे, मी पर्वतांतील मेरू[1] (आहे);

।।10.24।। **पुरोधसां च मुख्यं मां विद्धि पार्थ बृहस्पतिम्।**
सेनानीनामहं स्कन्द: सरसामस्मि सागर:।।

पुरोधसाम् (नि॰ 14/1) च मुख्यम् (नि॰ 14/1) माम् (नि॰ 14/1) विद्धि पार्थ बृहस्पतिम् (नि॰ 14/2) सेनानीनाम् (नि॰ 8/16) अहम् (नि॰ 14/1) स्कन्द: (नि॰ 22/7) सरसाम् (नि॰ 8/16) अस्मि सागर: (नि॰ 22/8)

पुरोधसाम् (पु॰ षष्ठी॰ अनेक॰ ←पु॰ पुरोधस् ←अव्य॰ पुरस् ←√पूर्व् + √धा); * च (1.1); * मुख्यम् (पु॰ द्वितीया॰ एक॰ ←वि॰ **मुख्य** ←√खन्); * माम् (1.46); * विद्धि (2.17); * पार्थ (1.25); * बृहस्पतिम् (पु॰ द्वितीया॰ एक॰ ←तत्पु॰स॰ विना॰ बृहस्पति, बृहताम् वाचाम् पति: ←वि॰ **बृहत्** ←√बृह + पु॰ पति 1.18); * सेनानीनाम् (षष्ठी॰ अनेक॰ ←पु॰ सेनानी ←स्त्री॰ सेना 1.21); * अहम् (1.22); * स्कन्द: (पु॰ प्रथमा॰ एक॰ ←विना॰ स्कंद ←√स्कन्द्); * सरसाम् (षष्ठी॰ अनेक॰ ←पु॰ सरस् ←√सृ); * अस्मि (7.8); * सागर: (प्रथमा॰ एक॰ ←पु॰ **सागर** ←√गृ)

पुरोधसाम् (पुरोहितांतील) च (आणि) मुख्यम् (मुख्य) माम् (मला) विद्धि (जाण) पार्थ (हे पार्था!) बृहस्पतिम् (बृहस्पति) सेनानीनाम् (सेनापतींतील) अहम् (मी) स्कन्द: (स्कंद) सरसाम् (जलाशयांतील) अस्मि (मी आहे) सागर: (सिंधु)

* आणि, हे पार्था! मला पुरोहितांतील मुख्य बृहस्पति जाण, मी (सुर)सेनापतींतील स्कंद (आहे), मी जलाशयांतील सिंधु आहे;

---

[1] मेरूगिरि हा विश्वाचा मध्यबिंदु व इंद्राचे वसतिस्थान मानला जातो.

।।10.25।। **महर्षीणां भृगुरहं गिरामस्म्येकमक्षरम्।**
यज्ञानां जपयज्ञोऽस्मि स्थावराणां हिमालयः।।

महर्षीणाम् (नि॰ 24/6, 14/1) भृगुः (नि॰ 16/3) अहम् (नि॰ 14/1) गिराम् (नि॰ 8/16) अस्मि (नि॰ 4/4) एकम् (नि॰ 8/16) अक्षरम् (नि॰ 14/2) यज्ञानाम् (नि॰ 14/1) जपयज्ञः (नि॰ 15/1) अस्मि स्थावराणाम् (नि॰ 24/6, 14/1) हिमालयः (नि॰ 22/8)

महर्षीणाम् (10.2); * भृगुः (पु॰ प्रथमा॰ एक॰ ←विना॰ भृगु ←√भ्रस्ज्); * अहम् (1.22); * गिराम् (षष्ठी॰ अनेक॰ ←स्त्री॰ गिर् ←√गॄ); * अस्मि (7.8); * एकम् (प्रथमा॰ एक॰ न॰ ←वि॰ एक 3.2); * अक्षरम् (प्रथमा॰ एक॰ न॰ ←वि॰ अक्षर 8.3); * यज्ञानाम् (षष्ठी॰ अनेक॰ ←पु॰ यज्ञ 3.9); * जपयज्ञः (पु॰ प्रथमा॰ एक॰ ←तत्पु॰स॰ जपयज्ञ, जपस्य यज्ञः ←पु॰ जप ←√जप् + पु॰ यज्ञ 3.9); * अस्मि (7.8); * स्थावराणाम् (पु॰ षष्ठी॰ अनेक॰ ←वि॰ **स्थावर** ←√स्था); * हिमालयः (पु॰ प्रथमा॰ एक॰ ←विना॰ हिमालय ←वि॰ हिम ←√हि + न॰ आलय 8.15)

महर्षीणाम् (महर्षींतील) भृगुः (भृगु) अहम् (मी) गिराम् (वचनांतील) अस्मि (मी आहे) एकम् (ॐ) अक्षरम् (शब्द) यज्ञानाम् (यज्ञांतील) जपयज्ञः (जपयज्ञ) अस्मि (मी आहे) स्थावराणाम् (स्थावर वस्तूंतील) हिमालयः (हिमालय)

* मी महर्षींतील भृगु (आहे), मी वचनांतील ॐ शब्द आहे, मी यज्ञांतील जपयज्ञ आहे, (मी) स्थावर वस्तूंतील हिमालय (आहे);

।।10.26।। **अश्वत्थः सर्ववृक्षाणां देवर्षीणां च नारदः।**
गन्धर्वाणां चित्ररथः सिद्धानां कपिलो मुनिः।।

अश्वत्थः (नि॰ 22/7) सर्ववृक्षाणाम् (नि॰ 24/6, 14/1) देवर्षीणाम् (नि॰ 24/6, 14/1) च नारदः (नि॰ 22/8) गन्धर्वाणाम् (नि॰ 24/6, 14/1) चित्ररथः (नि॰ 22/7) सिद्धानाम् (नि॰ 14/1) कपिलः (नि॰ 15/9) मुनिः (नि॰ 22/8)

अश्वत्थः (प्रथमा॰ एक॰ ←पु॰ न-तत्पु॰स॰ **अश्वत्थ**, न श्वः चिरम् तिष्ठति इति ←√स्था); * सर्ववृक्षाणाम् (सर्वेषाम् वृक्षाणाम् षष्ठी॰ अनेक॰ ←सना॰ सर्व 1.6 + पु॰ वृक्ष ←√व्रश्च्); * देवर्षीणाम् (षष्ठी॰ अनेक॰ ←पु॰ देवर्षि 10.13); * च (1.1); * नारदः (10.13); * गन्धर्वाणाम् (षष्ठी॰ अनेक॰ ←पु॰ **गन्धर्व** ←गन्ध√अर्व); * चित्ररथः (पु॰ प्रथमा॰ एक॰ ←विना॰ चित्ररथ ←√चि); * सिद्धानाम् (7.3); * कपिलः (पु॰ प्रथमा॰ एक॰ ←विना॰ कपिल ←√कम्प्); * मुनिः (2.56)

अश्वत्थः (पिंपळ द्रुम) सर्ववृक्षाणाम् (सर्व वृक्षांतील) देवर्षीणाम् (देवर्षींतील) च (आणि) नारदः (नारद) गन्धर्वाणाम् (गंधर्वांतील) चित्ररथः (चित्ररथ) सिद्धानाम् (सिद्धांतील) कपिलः (कपिल) मुनिः (मुनि)

* (मी) सर्व वृक्षांतील पिंपळ द्रुम, देवर्षींतील नारद, गंधर्वांत चित्ररथ आणि सिद्धांतील कपिल मुनि (आहे);

।।10.27।। **उच्चैःश्रवसमश्वानां विद्धि माममृतोद्भवम्।**
ऐरावतं गजेन्द्राणां नराणां च नराधिपम्।।

उच्चैःश्रवसम् (नि० 8/16) अश्वानाम् (नि० 14/1) विद्धि माम् (नि० 8/16) अमृतोद्भवम् (नि० 14/2) ऐरावतम् (नि० 14/1) गजेन्द्राणाम् (नि० 24/6, 14/1) नराणाम् (नि० 24/6, 14/1) च नराधिपम् (नि० 14/2)

उच्चैःश्रवसम् (पु० द्वितीया० एक० ←विना० उच्चैःश्रवस् ←उद्√चि); * अश्वानाम् (षष्ठी० अनेक० ←पु० अश्व 1.8); * विद्धि (2.17); * माम् (1.46); * अमृतोद्भवम् (पु० द्वितीया० एक० ←बहुव्री० अमृतोद्भव, अमृतात् उद्भवः यस्य ←न० अमृत 2.15 + पु० उद्भव 3.15); * ऐरावतम् (पु० द्वितीया० एक० ←विना० ऐरावत ←√इ); * गजेन्द्राणाम् (पु० षष्ठी० अनेक० ←तत्पु०स० गजेन्द्र, गजानाम् इन्द्रः ←पु० गज ←<u>√गज्</u> + वि० इन्द्र 9.20); * नराणाम् (षष्ठी० अनेक० ←पु० नर 1.5); * च (1.1); * नराधिपम् (पु० द्वितीया० एक० ←तत्पु०स० नराधिप, नराणाम् अधिपः ←पु० नर 1.5 + पु० अधिप 2.8)

उच्चैःश्रवसम् (उच्चैःश्रवा) अश्वानाम् (अश्वांतील) विद्धि (जाण) माम् (मला) अमृतोद्भवम् (अमृतापासून उत्पन्न झालेला) ऐरावतम् (ऐरावत) गजेन्द्राणाम् (हत्तींतील) नराणाम् (मनुष्यांतील) च (आणि) नराधिपम् (राजा)

* मला अश्वांतील अमृतापासून उत्पन्न झालेला उच्चैःश्रवा, हत्तींतील ऐरावत[1] आणि मनुष्यांतील राजा जाण.

।।10.28।। **आयुधानामहं वज्रं धेनूनामस्मि कामधुक्।**
प्रजनश्चास्मि कन्दर्पः सर्पाणामस्मि वासुकिः।।

आयुधानाम् (नि० 8/16) अहम् (नि० 14/1) वज्रम् (नि० 14/1) धेनूनाम् (नि० 8/16) अस्मि कामधुक् (नि० 23/1) प्रजनः (नि० 17/1) च (नि० 1/1) अस्मि कन्दर्पः (नि० 22/7) सर्पाणाम् (नि० 24/6, 8/16) अस्मि वासुकिः (नि० 22/8)

आयुधानाम् (षष्ठी० अनेक० ←पु० अथवा न० <u>**आयुध**</u> ←आ√युध्); * अहम् (1.22); * वज्रम् (प्रथमा० एक० ←न० वज्र ←<u>√वज्</u>); * धेनूनाम् (षष्ठी० अनेक० ←स्त्री० धेनु ←<u>√धे</u>); * अस्मि (7.8); * कामधुक् (स्त्री० प्रथमा० एक० ←बहुव्री० कामधुक्, कामान् दोग्धि या 3.10); * प्रजनः (प्रथमा० एक० ←पु० प्रजन ←प्र√जन्); * च (1.1); * अस्मि (7.8); * कन्दर्पः (पु० प्रथमा० एक० ←बहुव्री० कन्दर्प ←सना० कम् 2.21 + पु० <u>**दर्प**</u> ←<u>√दृप्</u>); * सर्पाणाम् (षष्ठी० अनेक० ←पु० सर्प ←<u>√सृप्</u>); * अस्मि (7.8); * वासुकिः (पु० प्रथमा० एक० ←तद्धित शब्द विना० वासुकि ←पु० वसुक ←वसु√कै)

---

[1] अमृतोत्पन्न सुरभी धेनूच्या दुधाने अमृतमय झालेल्या क्षीरसागराच्या मंथनाचे समयी उत्पन्न झालेले श्वेतवर्णी उच्चैःश्रवा घोडा व ऐरावत हत्ती इंद्राला आकर्षित करून त्याची लाडकी वाहने बनले होते.

आयुधानाम् (शस्त्रांतील) अहम् (मी) वज्रम् (वज्र) धेनूनाम् (गायींतील) अस्मि (मी आहे) कामधुक् (कामधेनु) प्रजन: (प्रजोत्पन्नार्थ) च (आणि) अस्मि (मी आहे) कन्दर्प: (कामदेव) सर्पाणाम् (सापांतील) अस्मि (मी आहे) वासुकि: (वासुकि)

* मी शस्त्रांतील वज्र (आहे), मी गायींतील कामधेनु आहे, मी प्रजोत्पन्नार्थ कामदेव आहे आणि मी सापांतील वासुकि आहे;

।।10.29।। **अनन्तश्चास्मि नागानां वरुणो यादसामहम्।**
पितॄणामर्यमा चास्मि यम: संयमतामहम्।।

अनन्त: (नि॰ 17/1) च (नि॰ 1/1) अस्मि नागानाम् (नि॰ 14/1) वरुण: (नि॰ 15/10) यादसाम् (नि॰ 14/2) अहम् (नि॰ 14/1) पितॄणाम् (नि॰ 24/6, 8/16) अर्यमा च (नि॰ 1/1) अस्मि यम: (नि॰ 22/7) संयमताम् (नि॰ 8/16) अहम् (नि॰ 14/2)

अनन्त: (पु॰ प्रथमा॰ एक॰ ←विना॰ अथवा वि॰ अनन्त 2.41); * च (1.1); * अस्मि (7.8); * नागानाम् (षष्ठी॰ अनेक॰ ←पु॰ नाग ←न√अग्); * **वरुण:** (प्रथमा॰ एक॰ ←पु॰ वरुण ←√वृ); * यादसाम् (षष्ठी॰ अनेक॰ ←न॰ यादस् ←√या); * अहम् (1.22); * पितॄणाम् (षष्ठी॰ अनेक॰ ←पु॰ पितृ 1.26); * अर्यमा (प्रथमा॰ एक॰ ←पु॰ विना॰ अर्यमन् ←√मा); * च (1.1); * अस्मि (7.8); * **यम:** (पु॰ प्रथमा॰ एक॰ ←विना॰ यम ←√यम्); * संयमताम् (पु॰ षष्ठी॰ अनेक॰ ←शतृ॰ वि॰ संयमत् ←सम्√यम्); * अहम् (1.22)

अनन्त: (शेषनाग) च (आणि) अस्मि (मी आहे) नागानाम् (नागांतील) वरुण: (वरुण) यादसाम् (जलचरांतील) अहम् (मी) पितॄणाम् (पितरांतील) अर्यमा (अर्यमा) च (आणि) अस्मि (मी आहे) यम: (यम) संयमताम् (नियंत्रकांतील) अहम् (मी)

* मी नागांतील शेषनाग आहे आणि मी जलचरांतील वरुण (आहे), मी पितरांतील अर्यमा आणि मी नियंत्रकांतील यम आहे.

।।10.30।। **प्रह्लादश्चास्मि दैत्यानां काल: कलयतामहम्।**
मृगाणां च मृगेन्द्रोऽहं वैनतेयश्च पक्षिणाम्।।

प्रह्लाद: (नि॰ 17/1) च (नि॰ 1/1) अस्मि दैत्यानाम् (नि॰ 14/1) काल: (नि॰ 22/1) कलयताम् (नि॰ 8/16) अहम् (नि॰ 14/2) मृगाणाम् (नि॰ 24/6, 14/1) च मृगेन्द्र: (नि॰ 15/1) अहम् (नि॰ 14/1) वैनतेय: (नि॰ 17/1) च पक्षिणाम् (नि॰ 24/6, 14/2)

प्रह्लाद: (पु॰ प्रथमा॰ एक॰ ←विना॰ प्रह्लाद ←पु॰ ह्लाद ←√ह्लाद्); * च (1.1); * अस्मि (7.8); * दैत्यानाम् (पु॰ षष्ठी॰ अनेक॰ ←तद्धित शब्द दैत्य, दिते: अपत्यम् ←स्त्री॰ दिति ←√दो); * काल: (प्रथमा॰ एक॰ ←पु॰ **काल** 2.72); * कलयताम् (षष्ठी॰ अनेक॰ ←शतृ॰ वि॰ कलयत् ←√कल्); * अहम् (1.22); * मृगाणाम् (षष्ठी॰ अनेक॰ ←पु॰ **मृग** ←√मृग्); * च (1.1); * मृगेन्द्र: (पु॰ प्रथमा॰

एक० ←बहुव्री० मृगेन्द्र, मृगाणाम् इन्द्रः यः ←पु० मृग↑ + इन्द्र 9.20); * अहम् (1.22); * वैनतेयः (पु० प्रथमा० एक० ←तद्धित शब्द वैनतेय, विनतायाः अपत्यम् ←स्त्री० विनता ←वि√नम्); * च (1.1); * पक्षिणाम् (षष्ठी० अनेक० ←पु० पक्षिन् ←√पक्ष्)

प्रह्लादः (प्रह्लाद) च (आणि) अस्मि (मी आहे) दैत्यानाम् (दितीच्या वंशातील) कालः (काळ) कलयताम् (गणकारांतील) अहम् (मी) मृगाणाम् (पशूंतील) च (आणि) मृगेन्द्रः (सिंह) अहम् (मी) वैनतेयः (गरुड) च (आणि) पक्षिणाम् (पक्षांतील)

* मी दितीच्या वंशातील प्रह्लाद आहे आणि मी गणकारांतील काळ (आहे) आणि मी पशूंतील सिंह (आहे) आणि (मी) पक्षांतील वैनतेय गरुड[1] (आहे);

।।10.31।। **पवनः पवतामस्मि रामः शस्त्रभृतामहम्।**
झषाणां मकरश्चास्मि स्त्रोतसामस्मि जाह्नवी।।

पवनः (नि० 22/3) पवताम् (नि० 8/16) अस्मि रामः (नि० 22/5) शस्त्रभृताम् (नि० 8/16) अहम् (नि० 14/2) झषाणाम् (नि० 24/6, 14/1) मकरः (नि० 17/1) च (नि० 1/1) अस्मि स्त्रोतसाम् (नि० 8/16) अस्मि जाह्नवी

पवनः (प्रथमा० एक० ←पु० पवन ←√पू); * पवताम् (षष्ठी० अनेक० ←शतृ० वि० पवत् ←√पू); * अस्मि (7.8); * रामः (पु० प्रथमा० एक० ←विना० राम ←√रम्); * शस्त्रभृताम् (पु० षष्ठी० अनेक० ←तत्पु०स० शस्त्रभृत्, शस्त्राणि बिभ्रति इति ←न० शस्त्र 1.9 + शतृ० वि० **बिभ्रत्** ←√भृ); * अहम् (1.22); * झषाणाम् (षष्ठी० अनेक० ←पु० झष ←√झष्); * मकरः (प्रथमा० एक० ←पु० मकर ←म√कृ); * च (1.1); * अस्मि (7.8); * स्त्रोतसाम् (षष्ठी० अनेक० ←न० स्त्रोतस् ←√स्त्रु); * अस्मि (7.8); * जाह्नवी (स्त्री० प्रथमा० एक० ←तद्धित शब्द जाह्नवी, जन्हो पुत्री ←पु० जन्हु, अजमीढ सुहोत्र राजाचा पुत्र ←√हा)

पवनः (वायु) पवताम् (पवित्र करणाऱ्यांतील) अस्मि (मी आहे) रामः (श्रीराम) शस्त्रभृताम् (शस्त्रधाऱ्यांतील) अहम् (मी आहे) झषाणाम् (जलचरांतील) मकरः (मगर) च (आणि) अस्मि (मी आहे) स्त्रोतसाम् (नद्यांतील) अस्मि (मी आहे) जाह्नवी (गंगा)

* मी पवित्र करणाऱ्यांतील वायु आहे, मी शस्त्रधाऱ्यांतील श्रीराम आहे, मी जलचरांतील मगर आहे आणि मी नद्यांतील गंगा आहे;

।।10.32।। **सर्गाणामादिरन्तश्च मध्यं चैवाहमर्जुन।**
अध्यात्मविद्या विद्यानां वादः प्रवदतामहम्।।

---

[1] प्रजापति कश्यप आणि वनीतापासून झालेला गरूडपुत्र वैनतेय या नावाने विष्णूचे वाहन बनला होता.

सर्गाणाम् (नि॰ 24/6, 8/17) आदि: (नि॰ 16/1) अन्त: (नि॰ 17/1) च मध्यम् (नि॰ 14/1) च (नि॰ 3/1) एव (नि॰ 1/1) अहम् (नि॰ 8/16) अर्जुन (नि॰ 23/1) अध्यात्मविद्या विद्यानाम् (नि॰ 14/1) वाद: (नि॰ 22/3) प्रवदताम् (नि॰ 8/16) अहम् (नि॰ 14/2)

सर्गाणाम् (षष्ठी॰ अनेक॰ ←पु॰ सर्ग 5.19); * आदि: (10.2); * अन्त: (2.16); * च (1.1); * मध्यम् (10.20); * च (1.1); * एव (1.1); * अहम् (1.22); * अर्जुन (2.2); * अध्यात्मविद्या (स्त्री॰ प्रथमा॰ एक॰ ←तत्पु॰स॰ अध्यात्मविद्या, अध्यात्मन: विद्या ←वि॰ अध्यात्म 3.30 + स्त्री॰ विद्या 5.18); * विद्यानाम् (षष्ठी॰ अनेक॰ ←स्त्री॰ विद्या 5.18); * वाद: (प्रथमा॰ एक॰ ←पु॰ वाद 2.11); * प्रवदताम् (पु॰ षष्ठी॰ अनेक॰ ←शतृ॰ वि॰ प्रवदत् ←प्र√वद्); * अहम् (1.22)

सर्गाणाम् (सर्व निर्मितींतील) आदि: (आदि) अन्त: (अंत) च (आणि) मध्यम् (मध्य) च (आणि) एव (ही) अहम् (मी) अर्जुन (हे अर्जुना!) अध्यात्मविद्या (ब्रह्मविद्या) विद्यानाम् (विद्यांतील) वाद: (तर्क) प्रवदताम् (वादांतील) अहम् (मी)

* हे अर्जुना! मी सर्व निर्मितींतील आदि, अंत आणि मध्यही (आहे) आणि (मी) विद्यांतील ब्रह्मविद्या (आहे), मी वादांतील तर्क (आहे);

।।10.33।। **अक्षराणामकारोऽस्मि द्वन्द्व: सामासिकस्य च।**
अहमेवाक्षय: कालो धाताहं विश्वतोमुख:।।

अक्षराणाम् (नि॰ 24/6, 8/16) अकार: (नि॰ 15/1) अस्मि द्वन्द्व: (नि॰ 22/7) सामासिकस्य च (नि॰ 23/1) अहम् (नि॰ 8/22) एव (नि॰ 1/1) अक्षय: (नि॰ 22/1) काल: (नि॰ 15/5) धाता (नि॰ 1/3) अहम् (नि॰ 14/1) विश्वतोमुख: (नि॰ 22/8)

अक्षराणाम् (षष्ठी॰ अनेक॰ ←न॰ अक्षर 3.15); * अकार: (प्रथमा॰ एक॰ ←पु॰ अकार ←वर्ण "अ" + वि॰ कार 2.2); * अस्मि (7.8); * द्वन्द्व: (पु॰ प्रथमा॰ एक॰ ←विना॰ द्वंद्व, द्वंद्व: समास: ←√द्वृ); * सामासिकस्य (षष्ठी॰ एक॰ ←वि॰ सामासिक ←पु॰ <u>समास</u> ←सम्√अस्); * च (1.1); * अहम् (1.22); * एव (1.1); * अक्षय: (पु॰ प्रथमा॰ एक॰ ←वि॰ अक्षय 5.21); * काल: (10.30); * धाता (9.17); * अहम् (1.22); * विश्वतोमुख: (पु॰ प्रथमा॰ एक॰ ←बहुव्री॰ विश्वतोमुख 9.15)

अक्षराणाम् (अक्षरांतील) अकार: (अकार) अस्मि (मी आहे) द्वन्द्व: (द्वन्द्व) सामासिकस्य (समासांच्या वर्गीकरणातील) च (आणि) अहम् (मी) एव (च) अक्षय: (अक्षय) काल: (काळ) धाता (विधाता) अहम् (मी) विश्वतोमुख: (ब्रह्मदेव)

* मी अक्षरांतील अकार आहे आणि समासांच्या वर्गीकरणातील मी द्वन्द्व (समास आहे) (मी)च अक्षय काळ (आहे) मी विधाता ब्रह्मदेव (आहे);

।।10.34।। **मृत्युः सर्वहरश्चाहमुद्भवश्च भविष्यताम्।**
कीर्तिः श्रीर्वाक्च नारीणां स्मृतिर्मेधा धृतिः क्षमा।।

मृत्युः (नि० 22/7) सर्वहरः (नि० 17/1) च (नि० 1/1) अहम् (नि० 8/20) उद्भवः (नि० 17/1) च भविष्यताम् (नि० 14/2) कीर्तिः (नि० 22/5) श्रीः (नि० 16/7) वाक् (नि० 10/1) च नारीणाम् (नि० 24/6, 14/1) स्मृतिः (नि० 16/6) मेधा धृतिः (नि० 22/1) क्षमा

मृत्युः (2.27); * सर्वहरः (प्रथमा० एक० ←पु० सर्वहर, सर्वम् हरति इति ←सना० सर्व 1.6 + वि० हर ←√हृ); * च (1.1); * अहम् (1.22); * उद्भवः (प्रथमा० एक० ←पु० उद्भव 3.15); * च (1.1); * भविष्यताम् (षष्ठी० एक० ←शतृ० वि० भविष्यत् ←√भू); * कीर्तिः (प्रथमा० एक० ←स्त्री० कीर्ति 2.2); * **श्रीः** (प्रथमा० एक० ←वि० स्त्री० **श्री** ←√श्री); * वाक् (प्रथमा० एक० वाक् अथवा वाग् ←स्त्री० वाक् ←√वच्); * च (1.1); * नारीणाम् (षष्ठी० अनेक० ←स्त्री० नारी ←√नृ); * **स्मृतिः** (प्रथमा० एक० ←स्त्री० स्मृति 2.63); * मेधा (प्रथमा० एक० ←स्त्री० मेधा 7.23); * **धृतिः** (प्रथमा० एक० ←स्त्री० धृति 6.25); * क्षमा (10.4)

मृत्युः (मृत्यु) सर्वहरः (सर्वांचा अंत करणारा) च (आणि) अहम् (मी) उद्भवः (जन्म) च (आणि) भविष्यताम् (पुढे होणाऱ्यांतील) कीर्तिः (कीर्ति) श्रीः (लक्ष्मी) वाक् (वाणी) च (आणि) नारीणाम् (नारींतील) स्मृतिः (स्मृति) मेधा (बुद्धि) धृतिः (धैर्य) क्षमा (क्षमा)

* मी सर्वांचा अंत करणारा मृत्यु आणि पुढे होणाऱ्यांतील जन्म (आहे) आणि नारींतील कीर्ति, लक्ष्मी, वाणी, स्मृति, बुद्धि, धैर्य आणि क्षमा (हे सात गुण आहे);

।।10.35।। **बृहत्साम तथा साम्नां गायत्री छन्दसामहम्।**
मासानां मार्गशीर्षोऽहमृतूनां कुसुमाकरः।।

बृहत्साम तथा साम्नाम् (नि० 14/1) गायत्री छन्दसाम् (नि० 8/16) अहम् (नि० 14/2) मासानाम् (नि० 14/1) मार्गशीर्षः (नि० 15/1) अहम् (नि० 8/21) ऋतूनाम् (नि० 14/1) कुसुमाकरः (नि० 22/8)

बृहत्साम (न० प्रथमा० एक० ←विना० तत्पु०स० बृहत्सामन् ←वि० बृहत् 10.24 + न० सामन् 9.17); * तथा (1.8); * साम्नाम् (षष्ठी० अनेक० ←न० सामन् 9.17); * गायत्री (स्त्री० प्रथमा० एक० ←बहुव्री० गायत्री, गायन्तम् त्रायते या ←पु० न० गायत्र (24 अक्षरी वैदिक छंद) ←पु० गाय (गाणे, गीत) ←√गै + क्रिया० त्रायते 2.40; गायत्री मंत्र – पहा या प्रकरणाच्या शेवटी↓); * छन्दसाम् (षष्ठी० अनेक० ←न० **छन्दस्** ←√छन्द्); * अहम् (1.22); * मासानाम् (षष्ठी० अनेक० ←न० मास 8.24); * मार्गशीर्षः (प्रथमा० एक० ←विना० मार्गशीर्ष ←√मृग्); * अहम् (1.22); * ऋतूनाम् (षष्ठी० अनेक० ←पु० ऋतु ←√ऋ); * कुसुमाकरः (प्रथमा० एक० ←बहुव्री० कुसुमाकर, कुसुमानाम् आकरः ←न० कुसुम ←√कुस् + पु० आकर ←आ√कृ)

बृहत्साम (बृहत् साम) तथा (तसेच) साम्नाम् (साम ऋचांमध्ये) गायत्री (गायत्री मंत्र - पहा या प्रकरणाच्या शेवटी↓) छन्दसाम् (छंदांतील) अहम् (मी) मासानाम् (महिन्यांतील) मार्गशीर्ष: (मार्गशीर्ष) अहम् (मी) ऋतूनाम् (ऋतूंतील) कुसुमाकर: (वसंत)

* तसेच (मी) साम ऋचांमध्ये बृहत् साम (आहे), मी छंदांतील गायत्री (मंत्र आहे), मी महिन्यांतील मार्गशीर्ष (आणि) ऋतूंतील वसंत आहे;

।।10.36।। **द्यूतं छलयतामस्मि तेजस्तेजस्विनामहम्।**
जयोऽस्मि व्यवसायोऽस्मि सत्त्वं सत्त्ववतामहम्।।

द्यूतम् (नि॰ 14/1) छलयताम् (नि॰ 8/16) अस्मि तेज: (नि॰ 18/1) तेजस्विनाम् (नि॰ 8/16) अहम् (नि॰ 14/2) जय: (नि॰ 15/1) अस्मि व्यवसाय: (नि॰ 15/1) अस्मि सत्त्वम् (नि॰ 14/1) सत्त्ववताम् (नि॰ 8/16) अहम् (नि॰ 14/2)

द्यूतम् (प्रथमा॰ एक॰ ←न॰ द्यूत ←√दिव्); * छलयताम् (पु॰ षष्ठी॰ अनेक॰ ←शतृ॰ वि॰ छलयत् ←√छल्); * अस्मि (7.8); * तेज: (7.9); * तेजस्विनाम् (7.10); * अहम् (1.22); * जय: (प्रथमा॰ एक॰ ←पु॰ जय 1.8); * अस्मि (7.8); * **व्यवसाय:** (प्रथमा॰ एक॰ ←पु॰ व्यवसाय 2.41); * अस्मि (7.8); * **सत्त्वम्** (प्रथमा॰ एक॰ ←न॰ सत्त्व 2.15); * सत्त्ववताम् (षष्ठी॰ अनेक॰ ←वि॰ सत्त्ववत् ←√अस्); * अहम् (1.22)

द्यूतम् (द्यूत) छलयताम् (छलकपटी वृत्तींतील) अस्मि (मी आहे) तेज: (तेज) तेजस्विनाम् (तेजस्वींचे) अहम् (मी) जय: (जय) अस्मि (मी आहे) व्यवसाय: (निश्चयींचा निश्चय) अस्मि (मी आहे) सत्त्वम् (सत्त्व) सत्त्ववताम् (सत्त्वशीलांतील) अहम् (मी)

* मी छलकपटी वृत्तींतील द्यूत आहे, मी तेजस्वींचे तेज (आहे), मी (विजयींचा) जय आहे, मी निश्चयींचा निश्चय आहे, मी सत्त्वशीलांतील सत्त्व (आहे);

।।10.37।। **वृष्णीनां वासुदेवोऽस्मि पाण्डवानां धनञ्जय:।**
मुनीनामप्यहं व्यास: कवीनामुशना कवि:।।

वृष्णीनाम् (नि॰ 14/1) वासुदेव: (नि॰ 15/1) अस्मि पाण्डवानाम् (नि॰ 14/1) धनञ्जय: (नि॰ 22/8) मुनीनाम् (नि॰ 8/16) अपि (नि॰ 4/1) अहम् (नि॰ 14/1) व्यास: (नि॰ 22/1) कवीनाम् (नि॰ 8/20) उशना कवि: (नि॰ 22/8)

वृष्णीनाम् (षष्ठी॰ अनेक॰ ←विना॰ वृष्णि 1.41); * वासुदेव: (7.19); * अस्मि (7.8); * पाण्डवानाम् (षष्ठी॰ अनेक॰ ←पु॰ पाण्डव 1.1); * धनञ्जय: (1.15); * मुनीनाम् (षष्ठी॰ अनेक॰ ←पु॰ मुनि 2.56); * अपि (1.26); * अहम् (1.22); * व्यास: (10.13); * कवीनाम् (षष्ठी॰ अनेक॰ ←पु॰

कवि 4.16); * उशना (पु॰ प्रथमा॰ एक॰ ←विना॰ उशनस् ←√वश्); * कवि: (प्रथमा॰ एक॰ ←पु॰ कवि 4.16)

वृष्णीनाम् (वृष्णिकुलोत्पन्नांतील) वासुदेव: (वासुदेव) अस्मि (मी आहे) पाण्डवानाम् (पांडवांतील) धनञ्जय: (अर्जुन) मुनीनाम् (मुनींतील) अपि (सुद्धा) अहम् (मी) व्यास: (व्यास) कवीनाम् (कवींतील) उशना (उशना) कवि: (कवि)

* मी वृष्णिकुलोत्पन्नांतील वासुदेव आहे, (मी) पांडवांतील अर्जुन आहे, मी मुनींतील सुद्धा व्यास (आहे), (मी) कवींतील उशना कवि (आहे);

।।10.38।। **दण्डो दमयतामस्मि नीतिरस्मि जिगीषताम्।**
मौनं चैवास्मि गुह्यानां ज्ञानं ज्ञानवतामहम्।।

दण्ड: (नि॰ 15/4) दमयताम् (नि॰ 8/16) अस्मि नीति: (नि॰ 16/1) अस्मि जिगीषताम् (नि॰ 14/2) मौनम् (नि॰ 14/1) च (नि॰ 3/1) एव (नि॰ 1/1) अस्मि गुह्यानाम् (नि॰ 14/1) ज्ञानम् (नि॰ 14/1) ज्ञानवताम् (नि॰ 8/16) अहम् (नि॰ 14/2)

दण्ड: (प्रथमा॰ एक॰ ←पु॰ दण्ड ←√दण्ड्); * दमयताम् (पु॰ षष्ठी॰ अनेक॰ ←शतृ॰ वि॰ दमयत् ←√दम्); * अस्मि (7.8); * **नीति:** (प्रथमा॰ एक॰ ←स्त्री॰ नीति ←√नी); * अस्मि (7.8); * जिगीषताम् (पु॰ षष्ठी॰ अनेक॰ ←शतृ॰ इच्छार्थ॰ वि॰ जिगीषत् ←√जि); * **मौनम्** (न॰ प्रथमा॰ एक॰ ←तत्पु॰स॰ मौन, मुने: भाव: ←पु॰ मुनि 2.56 + पु॰ भाव 2.7); * च (1.1); * एव (1.1); * अस्मि (7.8); * गुह्यानाम् (षष्ठी॰ अनेक॰ ←न॰ गुह्य 9.1); * ज्ञानम् (3.39); * ज्ञानवताम् (षष्ठी॰ अनेक॰ ←वि॰ ज्ञानवत् 3.33); * अहम् (1.22)

दण्ड: (दंड) दमयताम् (शासकांचा) अस्मि (मी आहे) नीति: (नीति) अस्मि (मी आहे) जिगीषताम् (विजय इच्छुकांची) मौनम् (मौन) च (आणि) एव (च) अस्मि (मी आहे) गुह्यानाम् (गुह्यांतील) ज्ञानम् (ज्ञान) ज्ञानवताम् (ज्ञानींचे) अहम् (मी)

* मी शासकांचा दंड आहे, मी विजय इच्छुकांची नीति आहे आणि मीच गुह्यांतील मौन आहे, मी ज्ञानींचे ज्ञान (आहे);

।।10.39।। **यच्चापि सर्वभूतानां बीजं तदहमर्जुन।**
न तदस्ति विना यत्स्यान्मया भूतं चराचरम्।।

यत् (नि॰ 11/1) च (नि॰ 1/1) अपि सर्वभूतानाम् (नि॰ 14/1) बीजम् (नि॰ 14/1) तत् (नि॰ 8/2) अहम् (नि॰ 8/16) अर्जुन न तत् (नि॰ 8/2) अस्ति विना यत् (नि॰ 10/7) स्यात् (नि॰ 12/2) मया भूतम् (नि॰ 14/1) चराचरम् (नि॰ 14/2)

यत् (2.67); * च (1.1); * अपि (1.26); * सर्व (1.6); * भूतानाम् (2.69); * बीजम् (7.10); * तत् (1.10); * अहम् (1.22); * अर्जुन (2.2); * न (1.30); * तत् (1.10); * अस्ति (2.40); *

विना (अभावदर्शक, व्यतिरेकवाचक अथवा विपरितार्थदर्शक अव्य॰ वि 1.4 + नकारार्थक अव्य॰ ना ←√नह्); * यत् (1.45); * स्यात् (1.36); * मया (1.22); * भूतम् (प्रथमा॰ एक॰ ←न॰ भूत 2.28); * **चराचरम्** (न॰ प्रथमा॰ एक॰ ←द्वंद्व॰स॰ चरम् च अचरम् च ←वि॰ चर 9.10 + अचर 9.10)

यत् (जे) च (आणि) अपि (सुद्धा) सर्वभूतानाम् (सर्व प्राणिमात्रांचे) बीजम् (बीज) तत् (ते) अहम् (मी) अर्जुन (हे अर्जुना!) न (नाही) तत् (ते) अस्ति (असत-) विना (विना) यत् (जे) स्यात् (असेल) मया (माझ्या) भूतम् (प्राणीमात्र) चराचरम् (चर आणि अचर)

* आणि, हे अर्जुना! जेसुद्धा सर्व प्राणिमात्रांचे बीज ते मी (आहे), जे चर आणि अचर प्राणीमात्र असेल ते माझ्या विना असत नाही.

।।10.40।। **नान्तोऽस्ति मम दिव्यानां विभूतीनां परन्तप।**
एष तूद्देशतः प्रोक्तो विभूतेर्विस्तरो मया।।

न (नि॰ 1/1) अन्तः (नि॰ 15/1) अस्ति मम दिव्यानाम् (नि॰ 14/1) विभूतिनाम् (नि॰ 14/1) परन्तप (नि॰ 23/1) एषः (नि॰ 25/1, 21/1) तु (नि॰ 1/8) उद्देशतः (नि॰ 22/3) प्रोक्तः (नि॰ 15/13) विभूतेः (नि॰ 16/10) विस्तरः (नि॰ 15/9) मया

न (1.30); * अन्तः (2.16); * अस्ति (2.40); * मम (1.7); * दिव्यानाम् (षष्ठी॰ अनेक॰ ←वि॰ दिव्य 1.14); * विभूतीनाम् (षष्ठी॰ अनेक॰ ←स्त्री॰ विभूति 10.7); * परन्तप (2.3); * एषः (3.10); * तु (1.2); * उद्देशतः (क्रि॰वि॰ अव्य॰ ←न॰ उद्देश ←उद्√दिश्); * प्रोक्तः (4.3); * विभूतेः (षष्ठी॰ एक॰ ←स्त्री॰ विभूति 10.7); * विस्तरः (प्रथमा॰ एक॰ ←पु॰ विस्तर 10.18); * मया (1.22)

न (नाही) अन्तः (अंत) अस्ति (आहे) मम (माझ्या) दिव्यानाम् विभूतीनाम् (दिव्य विभूतींचा) परन्तप (हे परंतपा!) एषः (हा) तु (परंतु) उद्देशतः (संक्षेपाने उदाहरणार्थ) प्रोक्तः (सांगितला गेला आहे) विभूतेः (विभूतींचा) विस्तरः (विस्तार) मया (मजकडून)

* हे परंतपा!, माझ्या दिव्य विभूतींचा अंत नाही आहे परंतु हा विभूतींचा विस्तार मजकडून (फक्त) उदाहरणार्थ संक्षेपाने सांगितला गेला आहे.

।।10.41।। **यद्यद्विभूतिमत्सत्त्वं श्रीमदूर्जितमेव वा।**
तत्तदेवावगच्छ त्वं मम तेजोंऽशसम्भवम्।।

यत् (नि॰ 9/9) यत् (नि॰ 9/11) विभूतिमत् (नि॰ 10/7) सत्त्वम् (नि॰ 14/1) श्रीमत् (नि॰ 8/7) ऊर्जितम् (नि॰ 8/22) एव वा तत् (नि॰ 1/10) तत् (नि॰ 8/9) एव (नि॰ 1/1) अवगच्छ त्वम् (नि॰ 14/1) मम तेजः (नि॰ 15/1) अंशसम्भवम् (नि॰ 14/2)

यत् (1.45); * यत् (1.45); * विभूतिमत् (न॰ प्रथमा॰ एक॰ ←वि॰ विभूतिमत् ←स्त्री॰ विभूति 10.7 + प्रत्यय मत् (1.3); * सत्त्वम् (10.36); * श्रीमत् (न॰ प्रथमा॰ एक॰ ←वि॰ श्रीमत् 6.41); * ऊर्जितम् (न॰ प्रथमा॰ एक॰ ←वि॰ ऊर्जित ←√ऊर्ज्); * एव (1.1); * वा (1.32); * तत् (2.7); * तत्

(1.10); * एव (1.1); * अवगच्छ (द्वि॰पु॰ एक॰ उपदेशार्थ लोट् भ्वादि॰ परस्मै॰ ←अव√गम् 9.2); * त्वम् (2.11); * मम (1.7); * तेजोंऽशसम्भवम् (पु॰ द्वितीया॰ एक॰ ←बहुव्री॰ तेजोंऽशसम्भव, तेजस: अंशात् सम्भव: यस्य ←पु॰ तेजस् 7.9 + पु॰ **अंश** ←√अंश् + पु॰ सम्भव 3.14)

यत् (जे) यत् (जे) विभूतिमत् (ऐश्वर्ययुक्त) सत्त्वम् (सत्त्व) श्रीमत् (कांतियुक्त) ऊर्जितम् (प्रभावयुक्त) एव (सुद्धा) वा (किंवा) तत् (ते) तत् (ते) एव (च) अवगच्छ (जाण) त्वम् (तू) मम (माझ्या) तेज: अंशसम्भवम् (तेजाच्या अंशाचे आविष्कार)

* जे जे सुद्धा ऐश्वर्ययुक्त, कांतियुक्त किंवा प्रभावयुक्त सत्त्व (आहे) ते ते तू माझ्याच तेजाच्या अंशाचे आविष्कार जाण.

।।10.42।। अथवा बहुनैतेन किं ज्ञातेन तवार्जुन।
विष्टभ्याहमिदं कृत्स्नमेकांशेन स्थितो जगत्।।

अथवा बहुना (नि॰ 3/3) एतेन किम् (नि॰ 14/1) ज्ञातेन तव (नि॰ 1/1) अर्जुन विष्टभ्य (नि॰ 1/1) अहम् (नि॰ 8/18) इदम् (नि॰ 14/1) कृत्स्नम् (नि॰ 8/22) एकांशेन स्थित: (नि॰ 15/3) जगत्

अथवा (6.42); * बहुना (पु॰ तृतीया॰ एक॰ ←वि॰ बहु 1.9); * एतेन (3.39); * किम् (1.1); * ज्ञातेन (पु॰ तृतीया॰ एक॰ ←क्त॰ वि॰ ज्ञात ←√ज्ञा); * तव (1.3); * अर्जुन (2.2); * विष्टभ्य (ल्यप्॰ अव्य॰ ←वि√स्तम्भ्); * अहम् (1.22); * इदम् (1.10); * कृत्स्नम् (1.40); * एकांशेन (पु॰ तृतीया॰ एक॰ ←तत्पु॰स॰ एकांश, एकस्य अंश: ←वि॰ एक 2.41 + पु॰ अंश 10.41); * स्थित: (5.20); * जगत् (7.5)

अथवा (किंवा) बहुना एतेन (हे सखोलपणाने) किम् (काय) ज्ञातेन (जाणल्याने) तव (तुला) अर्जुन (हे अर्जुना!) विष्टभ्य (धारण करून) अहम् (मी) इदम् (हे) कृत्स्नम् (सर्व) एकांशेन (एकाच अंशाने) स्थित: (स्थापन) जगत् (विश्व)

* किंवा, हे अर्जुना! हे सखोलपणाने जाणल्याने तुला काय? (फक्त हेच जाण की) मी हे सर्व (माझ्या) एकाच अंशाने धारण करून विश्व स्थापन (केले आहे)!

इति श्रीमद्भगवद्गीतासूपनिषत्सु ब्रह्मविद्यायां योगशास्त्रे श्रीकृष्णार्जुनसंवादे विभूतियोगो नाम दशमोऽध्याय:।।10।।

इति श्रीमद्भगवद्गीतासु (नि॰ 1/8) उपनिषत्सु ब्रह्मविद्यायाम् (नि॰ 14/1) योगशास्त्रे श्रीकृष्णार्जुनसंवादे विभूतियोग: (नि॰ 15/6) नाम दशम: (नि॰ 15/1) अध्याय: (नि॰ 22/8)

इति (याप्रमाणे) श्रीमद्भगवद्गीतासु उपनिषत्सु (श्रीमद्भगवद्गीतो-पनिषदांतील) ब्रह्मविद्यायाम् (ब्रह्मविद्यांतर्गत) योगशास्त्रे श्रीकृष्णार्जुनसंवादे (श्रीकृष्ण आणि अर्जुन यांच्या योगशास्त्राच्या संवादापैकी) विभूतियोग: (विभूतियोग) नाम (नामक) दशम: (दहावा) अध्याय: (अध्याय)

* श्रीमद्भगवद्गीतोपनिषदांतील श्रीकृष्ण आणि अर्जुन यांच्या योगशास्त्राच्या संवादापैकी ब्रह्मविद्यांतर्गत 'विभूतियोग' नावाचा दहावा अध्याय याप्रमाणे (समाप्त).

*****
भवे भवे यथा भक्ति: पादयोस्तव जायते।
तथा कुरुष्व देवेश, नाथस्त्वं नो यत: प्रभो।।
(श्रीमद्भागवतम्, 5.13.22)
जन्मोजन्मी भक्तिवान, करुनी आम्हा सदैव।
चरणकमळी स्थान, द्यावे तव, देवदेव।।

एकादशोऽध्याय: ।
विश्वरूपदर्शनयोग: ।

।।11.1।। अर्जुन उवाच

मदनुग्रहाय परमं गुह्यमध्यात्मसंज्ञितम्।
यत्त्वयोक्तं वचस्तेन मोहोऽयं विगतो मम।।

एकादश: (नि॰ 15/1) अध्याय: (नि॰ 22/8) । विश्वरूपदर्शनयोग: (नि॰ 22/8) । अर्जुन: (नि॰ 19/4) उवाच । मदनुग्रहाय परमम् (नि॰ 14/1) गुह्यम् (नि॰ 8/16) अध्यात्मसंज्ञितम् (नि॰ 14/2) यत् (नि॰ 1/10) त्वया (नि॰ 2/4) उक्तम् (नि॰ 14/1) वच: (नि॰ 18/1) तेन मोह: (नि॰ 15/1) अयम् (नि॰ 14/1) विगत: (नि॰ 15/9) मम

एकादश: (पु॰ प्रथमा॰ एक॰ ←क्रमवाचक संख्या॰ वि॰ एकादश ←वि॰ एक 2.41 + वि॰ दश 13.6); * अध्याय: (प्रथमा॰ एक॰ ←पु॰ अध्याय ←अधि√इ); * विश्वरूपदर्शनयोग: (पु॰ प्रथमा॰ एक॰ ←तत्पु॰स॰ विश्वरूपदर्शनयोग, विश्वरूपस्य दर्शनस्य योग: ←न॰ विश्वरूप 11.16 + न॰ दर्शन 11.10 + पु॰ योग 2.39)

अर्जुन: (1.28); * उवाच (1.25) । मदनुग्रहाय (पु॰ चतुर्थी॰ एक॰ ←तत्पु॰स॰ मदनुग्रह, मम अनुग्रह: ←सना॰ मत् 1.9 + पु॰ अनुग्रह ←अनु√ग्रह); * परमम् (8.8); **गुह्यम्** (प्रथमा॰ एक॰ ←न॰ गुह्य 9.1); * अध्यात्मसंज्ञितम् (न॰ प्रथमा॰ एक॰ ←क्त॰ वि॰ अध्यात्मसंज्ञित, अध्यात्मात् संज्ञितम् ←न॰ अध्यात्म 3.30 + वि॰ संज्ञित 6.23); * यत् (1.45); * त्वया (6.33); * **उक्तम्** (न॰ प्रथमा॰ एक॰ ←वि॰ उक्त 1.24); * वच: (2.10); * तेन (3.38); * **मोह:** (प्रथमा॰ एक॰ ←पु॰ मोह 2.52); * अयम् (2.19); * विगत: (प्रथमा॰ एक॰ ←वि॰ विगत 2.56); * मम (1.7)

अर्जुन: (अर्जुन) उवाच– (म्हणाला–) मदनुग्रहाय (माझ्यावर कृपा करण्याकरिता) परमम् (परम) गुह्यम् (गुह्य) अध्यात्मसंज्ञितम् (अध्यात्मविषयक) यत् (जो) त्वया (तुज कडून) उक्तम् (सांगितला गेला) वच: (उपदेश) तेन (त्याच्या योगे) मोह: (भ्रम) अयम् (हा) विगत: (निघून गेला) मम (माझा)

* अर्जुन म्हणाला– माझ्यावर कृपा करण्याकरिता जो तुज कडून परम गुह्य अध्यात्मविषयक उपदेश सांगितला गेला त्याच्या योगे हा माझा भ्रम निघून गेला (आहे).

।।11.2।। **भवाप्ययौ हि भूतानां श्रुतौ विस्तरशो मया।**
त्वत्त: कमलपत्राक्ष माहात्म्यमपि चाव्ययम्।।

भवाप्ययौ हि भूतानाम् (नि॰ 14/1) श्रुतौ विस्तरश: (नि॰ 15/9) मया त्वत्त: (नि॰ 22/1) कमलपत्राक्ष माहात्म्यम् (नि॰ 8/16) अपि च (नि॰ 1/1) अव्ययम् (नि॰ 14/2)

भवाप्ययौ (पु॰ प्रथमा॰ द्वि॰व॰ ←द्वंद्व॰स॰ भव: च अप्यय: च ←पु॰ भव 10.4 + पु॰ अप्यय ←अपि√इण्); * हि (1.11); * भूतानाम् (2.69); * श्रुतौ (पु॰ प्रथमा॰ द्वि॰व॰ ←वि॰ श्रुत 2.52); * विस्तरश: (रीतिदर्शक क्रि॰वि॰ अव्य॰ ←पु॰ विस्तर 10.18); * मया (1.22); * त्वत्त: (क्रि॰वि॰ अव्य॰ ←सना॰ त्वत् 6.39); * कमलपत्राक्ष (पु॰ संबो॰ एक॰ ←बहुव्री॰ कमलपत्राक्ष, कमलपत्रस्य इव अक्षिणी यस्य ←न॰ **<u>कमल</u>** ←कम्√अल् + न॰ पत्र 5.10 + न॰ **<u>अक्षि</u>** ←√अक्ष्); * माहात्म्यम् (न॰ प्रथमा॰ एक॰ ←वि॰ महात्म्य ←महा√अत्); * अपि (1.26); * च (1.1); * अव्ययम् (9.2)

भवाप्ययौ (उगम आणि अंत दोन्ही) हि (कारण) भूतानाम् (प्राणिमात्रांचे) श्रुतौ (ऐकले) विस्तरश: (विस्ताराने) मया–त्वत्त: (मी आपल्याकडून) कमलपत्राक्ष (हे कमललोचना!) माहात्म्यम् (महिमा) अपि च (तसेच) अव्ययम् (अक्षय)

* कारण, हे कमललोचना! मी आपल्याकडून (तुमचा) अक्षय महिमा तसेच प्राणिमात्रांचे उगम आणि अंत दोन्ही विस्ताराने ऐकले.

।।11.3।। **एवमेतद्यथात्थ त्वमात्मानं परमेश्वर।**
द्रष्टुमिच्छामि ते रूपमैश्वरं पुरुषोत्तम।।

एवम् (नि॰ 8/22) एतत् (नि॰ 9/9) यथा (नि॰ 1/4) आत्थ त्वम् (नि॰ 8/17) आत्मानम् (नि॰ 14/1) परमेश्वर द्रष्टुम् (नि॰ 8/18) इच्छामि ते रूपम् (नि॰ 8/23) ऐश्वरम् (नि॰ 14/1) पुरुषोत्तम

एवम् (1.24); * एतत् (2.3); * यथा (1.11); * आत्थ (= ब्रवीषि; द्वि॰पु॰ एक॰ लट्॰–वर्तमान॰ अदा॰ परस्मै॰ ←√ब्रू अथवा भ्वादि॰√अह्); * त्वम् (2.11); * आत्मानम् (3.43); * परमेश्वर (पु॰ संबो॰ एक॰ ←बहुव्री॰ **<u>परमेश्वर</u>**, परम: ईश्वर: य: ←वि॰ परम 1.17 + पु॰ ईश्वर 4.6); * **<u>द्रष्टुम्</u>** (तुमन्त॰ अव्य॰ ←√दृश्); * इच्छामि (1.35); * ते (2.7); * **<u>रूपम्</u>** (द्वितीया॰ एक॰ ←न॰ रूप 3.39); * ऐश्वरम् (9.5); * पुरुषोत्तम (8.1)

एवम् (तसेच) एतत् (हे) यथा (जसे) आत्थ (सांगतोस) त्वम् (तू) आत्मानम् (स्वत:) परमेश्वर (हे देवा!) द्रष्टुम् (पाहू) इच्छामि (मी इच्छितो) ते (तुझे) रूपम् (रूप) ऐश्वरम् (ईश्वरी) पुरुषोत्तम (हे पुरुषोतमा!)

* हे देवा! तू स्वत: जसे सांगतोस हे तसेच (आहे); हे पुरुषोतमा! मी तुझे ईश्वरी रूप पाहू इच्छितो.

।।11.4।। **मन्यसे यदि तच्छक्यं मया द्रष्टुमिति प्रभो।**
योगेश्वर ततो मे त्वं दर्शयात्मानमव्ययम्।।

मन्यसे यदि तत् (नि० 11/4) शक्यम् (नि० 14/1) मया द्रष्टुम् (नि० 8/18) इति प्रभो योगेश्वर ततः (नि० 15/9) मे त्वम् (नि० 14/1) दर्शय (नि० 1/2) आत्मानम् (नि० 8/16) अव्ययम् (नि० 14/2)

मन्यसे (2.26); * यदि (1.38); * तत् (1.10); * **शक्यम्** (न० द्वितीया० एक० ←वि० शक्य 6.36); * मया (1.22); * द्रष्टुम् (11.13); * इति (1.25); * **प्रभो** (संबो० एक० ←पु० प्रभु 5.14); * योगेश्वर (पु० संबो० एक० ←बहुव्री० **योगेश्वर**, योगस्य ईश्वर: य: ←पु० योग 2.39 + पु० ईश्वर 4.6); * ततः (1.13); * मे (1.21); * त्वम् (2.11); * **दर्शय** (द्वि०पु० एक० निवेदनार्थ लोट् भ्वादि० परस्मै० प्रयो० ←√दृश्); * आत्मानम् (3.43); * अव्ययम् (2.21)

मन्यसे (समजतोस) यदि (जर) तत् (ते, ते रूप) शक्यम् (शक्य) मया (मजकडून) द्रष्टुम् (पाहावयास) इति (असे) प्रभो (हे देवा!) योगेश्वर (हे योगेश्वरा!) ततः (तर) मे (मला) त्वम् (तू) दर्शय (दाखव) आत्मानम् (स्वत:चे) अव्ययम् (शाश्वत)

* हे देवा! जर ते रूप मजकडून पाहावयास शक्य (आहे) असे समजतोस तर हे योगेश्वरा! ते स्वत:चे शाश्वत रूप तू मला दाखव.

।।11.5।। श्रीभगवानुवाच

पश्य मे पार्थ रूपाणि शतशोऽथ सहस्रश:।
नानाविधानि दिव्यानि नानावर्णाकृतीनि च।।

श्रीभगवान् (नि० 8/14) उवाच । पश्य मे पार्थ रूपाणि (नि० 24/7) शतशः (नि० 15/1) अथ सहस्रशः (नि० 22/8) नानाविधानि दिव्यानि नानावर्णाकृतीनि च

श्रीभगवान् (2.2); * उवाच (1.25) । पश्य (1.3); * मे (1.21); * पार्थ (1.25); * रूपाणि (द्वितीया० अनेक० ←न० रूप 3.39); * शतशः (क्रि०वि० अव्य० शतशस् ←संख्या० वि० **शत** = दश दशतः); * अथ (1.20); * सहस्रशः (क्रि०वि० अव्य० सहस्रशस् ←वि० सहस्र 7.3); * नानाविधानि (न० द्वितीया० अनेक० ←वि० नानाविध ←वि० नाना 1.9 + पु० विध 3.3); * दिव्यानि (न० प्रथमा० अनेक० ←वि० दिव्य 1.14); * नानावर्णाकृतीनि (न० द्वितीया० अनेक० ←बहुव्री० वि० नानावर्णाकृति, नाना वर्णानि च आकृतीनि च यस्य ←अव्य० नाना 1.9 + पु० वर्ण 1.41 + स्त्री० आकृति ←आ√कृ); * च (1.1)

श्रीभगवान् (श्रीभगवान) उवाच (म्हणाले-) पश्य (बघ) मे (माझी) पार्थ (हे पार्था!) रूपाणि (रूपे) शतशः (शेकडो) अथ (अशी) सहस्रशः (हजारो) नानाविधानि (नाना तऱ्हेची) दिव्यानि (दिव्य) नानावर्णाकृतीनि (नाना वर्णांची व आकारांची) च (आणि)

* श्रीभगवान म्हणाले- हे पार्था! माझी नाना तऱ्हेची आणि नाना वर्णांची व आकारांची अशी शेकडो हजारो दिव्य रूपे बघ;

।।11.6।। **पश्यादित्यान्वसून्रुद्रानश्विनौ मरुतस्तथा।**
बहून्यदृष्टपूर्वाणि पश्याश्चर्याणि भारत।।

पश्य (नि० 1/2) आदित्यान् (नि० 13/19) वसून् (नि० 13/18) रुद्रान् (नि० 8/11) अश्विनौ मरुतः (नि० 18/1) तथा बहूनि (नि० 4/1) अदृष्टपूर्वाणि (नि० 24/7) पश्य (नि० 1/2) आश्चर्याणि (नि० 24/7) भारत

पश्य (1.3); * आदित्यान् (द्वितीया० अनेक० ←पु० आदित्य 5.16); * वसून् (द्वितीया० अनेक० ←पु० वसु 7.19); * रुद्रान् (द्वितीया० अनेक० ←पु० रुद्र 10.23); * **अश्विनौ** (पु० द्वितीया० द्वि०व० ←विना० अश्विन्); * **मरुतः** (द्वितीया० अनेक० ←पु० मरुत् 10.21); * तथा (1.8); * बहूनि (न० द्वितीया० एक० ←वि० बहु 4.5); * अदृष्टपूर्वाणि (न० द्वितीया० अनेक० न-बहुव्री० ←वि० **दृष्टपूर्व**, दृष्टानि पूर्वम् ←वि० दृष्ट 2.16 + वि० पूर्व 4.15); * पश्य (1.3); * आश्चर्याणि (द्वितीया० अनेक० ←न० आश्चर्य 2.29); * भारत (2.14)

पश्य (बघ) आदित्यान् (आदित्यांना) वसून् (वसूंना) रुद्रान् (रुद्रांना) अश्विनौ (दोन्ही अश्विनिकुमारांना) मरुतः (मरुतांना) तथा (तसेच) बहूनि (नाना) अदृष्टपूर्वाणि (अभूतपूर्व) पश्य (बघ) आश्चर्याणि (आश्चर्ये) भारत (हे भारता!)

* हे भारता! आदित्यांना, वसूंना, रुद्रांना, दोन्ही अश्विनिकुमाराना, मरुतांना(1) बघ तसेच नाना अभूतपूर्व आश्चर्ये बघ;

।।11.7।। **इहैकस्थं जगत्कृत्स्नं पश्याद्य सचराचरम्।**
मम देहे गुडाकेश यच्चान्यद्द्रष्टुमिच्छसि।।

---

(1) ऋग्वेदात मरुतांचा 'सप्त मे सप्त' असा उल्लेख करून (5:52.5) त्यांचे सात गण असल्याचे दर्शविले आहे. महाभारतात हे प्रजापति कश्यप आणि दितीचे 49 पुत्र असल्याचे निदर्शनास येते आणि पुराणांत मरुतांचा पहिला गण पृथ्वीपासून आकाशापर्यंत, दुसरा गण आकाशापासून सूर्यापर्यंत, तिसरा गण सूर्यापासून चंद्रापर्यंत, चौथा गण चंद्रापासून ज्योतिर्ग्रहांपर्यंत, पाचवा गण ग्रहांपासून नक्षत्रांपर्यंत, सहावा गण नक्षत्रांपासून सप्तर्षी मंडळापर्यंत आणि सातवा गण सप्तर्षीपासून ध्रुवापर्यंत निवास आणि भ्रमण करीत असतो अशी माहिती आढळते.

इह (नि॰ 3/1) एकस्थम् (नि॰ 14/1) जगत् (नि॰ 10/5) कृत्स्नम् (नि॰ 14/1) पश्य (नि॰ 1/1) अद्य सचराचरम् (नि॰ 14/2) मम देहे गुडाकेश यत् (नि॰ 11/1) च (नि॰ 1/1) अन्यत् (नि॰ 9/5) द्रष्टुम् (नि॰ 8/18) इच्छसि

इह (2.5); * **एकस्थम्** (न॰ द्वितीया॰ एक॰ ←वि॰ एकस्थ, एके स्थितम् ←वि॰ एक 2.41 + वि॰ स्थित 1.14); * **जगत्** (द्वितीया॰ एक॰ ←न॰ जगत् 7.5); * कृत्स्नम् (1.40); * पश्य (1.3); * अद्य (4.3); * सचराचरम् (9.10); * मम (1.7); * देहे (2.13); * गुडाकेश (10.20); * यत् (2.31); * च (1.1); * अन्यत् (2.31); * द्रष्टुम् (11.3); * **इच्छसि** (द्वि॰पु॰ एक॰ लट्॰-वर्तमान॰ तुदादि॰ परस्मै॰ ←√इष्)

इह (या) एकस्थम् (एकत्रित) जगत् (संसार) कृत्स्नम् (सर्व) पश्य (बघ) अद्य (आज) सचराचरम् (चर आणि अचरासहित) मम (माझ्या) देहे (शरीरात) गुडाकेश (हे गुडाकेशा!) यत् (ज्या) च (आणि) अन्यत् (अन्य कशाला) द्रष्टुम् (पाहणे) इच्छसि (तू इच्छितोस)

* हे गुडाकेशा! आज या माझ्या शरीरात एकत्रित चर आणि अचरासहित सर्व संसार आणि अन्य ज्या कशाला पाहणे तू इच्छितोस बघ.

।।11.8।। **न तु मां शक्यसे द्रष्टुमनेनैव स्वचक्षुषा।**
दिव्यं ददामि ते चक्षुः पश्य मे योगमैश्वरम्।।

न तु माम् (नि॰ 14/1) शक्यसे द्रष्टुम् (नि॰ 8/16) अनेन (नि॰ 3/1) एव स्वचक्षुषा (नि॰ 25/2) दिव्यम् (नि॰ 14/1) ददामि ते चक्षुः (नि॰ 22/3) पश्य मे योगम् (नि॰ 8/23) ऐश्वरम् (नि॰ 14/2)

न (1.30); * तु (1.2); * माम् (1.46); * शक्यसे (द्वि॰पु॰ एक॰ लट्॰-वर्तमान॰ स्वादि॰ आत्मने॰ ←√शक्); * द्रष्टुम् (11.3); * अनेन (3.10); * एव (1.1); * स्वचक्षुषा (तृतीया॰ एक॰ ←तत्पु॰स॰ स्वचक्षुः ←वि॰ स्व 1.28 + न॰ चक्षुस् 5.27); * दिव्यम् (4.9); * ददामि (10.10); * ते (2.7); * चक्षुः (5.27); * पश्य (1.3); * मे (1.21); * योगम् (2.53); * ऐश्वरम् (9.5)

न (नाहीस) तु (परंतु) माम् (मला) शक्यसे (तू समर्थ–) द्रष्टुम् (पहावयास) अनेन (या) एव (च) स्वचक्षुषा (स्वतःच्या नजरेने) दिव्यम् (दिव्य) ददामि (मी देतो) ते (तुला) चक्षुः (दृष्टि) पश्य (पहा) मे (माझ्या–) योगम् (योगाला) ऐश्वरम् (ईश्वरी–)

* परंतु या स्वतःच्या नजरेने तू मला पहावयास समर्थ नाहीस, (तरी) तुला मी दिव्य दृष्टि देतो, माझ्या ईश्वरी योगाला पहा.

।।11.9।। सञ्जय उवाच

एवमुक्त्वा ततो राजन्महायोगेश्वरो हरिः।
दर्शयामास पार्थाय परमं रूपमैश्वरम्।।

सञ्जयः (नि॰ 19/4) उवाच । एवम् (नि॰ 8/20) उक्त्वा ततः (नि॰ 15/11) राजन् (नि॰ 13/16) महायोगेश्वरः (नि॰ 15/14) हरिः (नि॰ 22/8) दर्शयामास पार्थाय परमम् (नि॰ 14/1) रूपम् (नि॰ 8/23) ऐश्वरम् (नि॰ 14/2)

सञ्जयः (1.2); * उवाच (1.25) । एवम् (1.24); * उक्त्वा (1.47); * ततः (1.13); * **राजन्** (संबो॰ एक॰ ←पु॰ राजन् 1.2); * **महायोगेश्वरः** (पु॰ प्रथमा॰ एक॰ ←**बहुव्री॰** महायोगेश्वर, योगस्य महान् ईश्वरः यः ←वि॰ महा 1.3 + पु॰ योग 2.39 + पु॰ ईश्वर 4.6); * हरिः (पु॰ प्रथमा॰ एक॰ ←बहुव्री॰ **हरि**, हरति यः ←परस्मै॰ क्रिया॰ हरति 2.67); * **दर्शयामास** (तृ॰पु॰ एक॰ परोक्ष लिट्-भूत॰ पर्यायोक्त प्रयो॰ भ्वादि॰ परस्मै॰ ←√दृश्); * पार्थाय (चतुर्थी॰ एक॰ ←पु॰ पार्थ 1.26); * परमम् (8.8); * रूपम् (11.3); * ऐश्वरम् (9.5)

सञ्जयः (संजय) उवाच (म्हणाला-) एवम् (याप्रमाणे) उक्त्वा (बोलून) ततः (मग) राजन् (हे राजन्!) महायोगेश्वरः (महायोगेश्वर) हरिः (हरि) दर्शयामास (दाखविता झाला) पार्थाय (पार्थाला) परमम् (परम) रूपम् (रूप) ऐश्वरम् (ईश्वरी)

* संजय म्हणाला- हे राजन्! मग महायोगेश्वर हरि याप्रमाणे बोलून पार्थाला (आपले) परम ईश्वरी रूप दाखविता झाला.

।।11.10।। **अनेकवक्त्रनयनमनेकाद्भुतदर्शनम्।**
अनेकदिव्याभरणं दिव्यानेकोद्यतायुधम्।।

अनेकवक्त्रनयनम् (नि॰ 8/16) अनेकाद्भुतदर्शनम् (नि॰ 14/2) अनेकदिव्याभरणम् (नि॰ 14/1, 24/3) दिव्यानेकोद्यतायुधम् (नि॰ 14/2)

अनेकवक्त्रनयनम् (न॰ द्वितीया॰ एक॰ ←**बहुव्री॰** अनेकवक्त्रनयन, अनेकानि वक्त्राणि च नयनानि च यस्य तत् ←वि॰ अनेक 6.45 + न॰ **वक्त्र** ←√वच् + न॰ नयन ←√नी); * अनेकाद्भुतदर्शनम् (न॰ द्वितीया॰ एक॰ ←**बहुव्री॰** अनेकाद्भुतदर्शन, अनेकानि अद्भुतानि दर्शनानि यस्य तत् ←वि॰ अनेक 6.45 + वि॰ **अद्भुत** ←√भा + न॰ **दर्शन** ←√दृश्); * अनेकदिव्याभरणम् (न॰ द्वितीया॰ एक॰ ←**बहुव्री॰** अनेकदिव्याभरण, अनेकानि दिव्यानि आभरणानि यस्मै तत् ←वि॰ अनेक 6.45 + वि॰ दिव्य 1.14 + न॰ आभरण ←आ√भृ); * दिव्यानेकोद्यतायुधम् (न॰ द्वितीया॰ एक॰ ←**बहुव्री॰** दिव्यानेकोद्यतायुध, दिव्यानि अनेकानि उद्यतानि आयुधानि यस्मिन् तत् ←वि॰ दिव्य 1.14 + वि॰ अनेक 6.45 + वि॰ उद्यत 1.45 + न॰ आयुध 10.28)

अनेकवक्त्रनयनम् (अनेक मुखे व नेत्र असलेले-) अनेकाद्भुतदर्शनम् (अनेक विस्मयकारक रूपे असलेले-) अनेकदिव्याभरणम् (अनेक दिव्य आभूषणे धारण केलेले-) दिव्यानेकोद्यतायुधम् (अनेक दिव्य शस्त्रास्त्रे हातात धरलेले-)

* अनेक मुखे व नेत्र असलेले, अनेक विस्मयकारक रूपे असलेले, अनेक दिव्य आभूषणे धारण केलेले, अनेक दिव्य शस्त्रास्त्रे हातात धरलेले;

।।11.11।। **दिव्यमाल्याम्बरधरं दिव्यगन्धानुलेपनम्।**
सर्वाश्चर्यमयं देवमनन्तं विश्वतोमुखम्।।

दिव्यमाल्याम्बरधरम् (नि॰ 14/1) दिव्यगन्धानुलेपनम् (नि॰ 14/2) सर्वाश्चर्यमयम् (नि॰ 14/1) देवम् (नि॰ 8/16) अनन्तम् (नि॰ 14/1) विश्वतोमुखम् (नि॰ 14/2)

दिव्यमाल्याम्बरधरम् (न॰ द्वितीया॰ एक॰ ←बहुव्री॰ दिव्यमाल्याम्बरधर, दिव्यानि माल्यानि च अम्बराणि धृतम् यत् ←वि॰ दिव्य 1.14 + वि॰ माल्य ←√मा + न॰ अम्बर ←√अम्ब् + वि॰ **धर** ←√धृ); * दिव्यगन्धानुलेपनम् (न॰ द्वितीया॰ एक॰ ←बहुव्री॰ दिव्यगन्धानुलेपन, दिव्यानि गन्धानि अनुलेपनानि यस्मै तत् ←वि॰ दिव्य 1.14 + पु॰ गन्ध 7.9 + न॰ अनुलेपन ←अनु√लिप्); * सर्वाश्चर्यमयम् (न॰ द्वितीया॰ एक॰ ←बहुव्री॰ सर्वाश्चर्यमय, सर्वम् आश्चर्यमयम् यत् ←सना॰ सर्व 1.6 + वि॰ पु॰ आश्चर्य 2.29 + वि॰ मय 4.10); * **देवम्** (द्वितीया॰ एक॰ ←पु॰ देव 3.11); * **अनन्तम्** (न॰ द्वितीया॰ एक॰ ←वि॰ अनन्त 2.41); * विश्वतोमुखम् (9.15)

दिव्यमाल्याम्बरधरम् (दिव्य माळा व वस्त्रे धारण केलेले-) दिव्यगन्धानुलेपनम् (दिव्य सुगंधित लेप असलेले-) सर्वाश्चर्यमयम् (सर्वतोपरी आश्चर्ययुक्त असलेले-) देवम् (ईश्वरी-) अनन्तम् (अनंत) विश्वतोमुखम् (विराट रूप)

* (आणि) दिव्य माळा व वस्त्रे धारण केलेल्या, दिव्य सुगंधित लेप असलेल्या-, सर्वतोपरी आश्चर्ययुक्त, ईश्वर, अनंत, विराट रूपाला (त्याने दाखविले);

।।11.12।। **दिवि सूर्यसहस्रस्य भवेद्युगपदुत्थिता।**
यदि भाः सदृशी सा स्याद्भासस्तस्य महात्मनः।।

दिवि सूर्यसहस्रस्य भवेत् (नि॰ 9/9) युगपत् (नि॰ 8/6) उत्थिता यदि भाः (नि॰ 22/7) सदृशी सा स्यात् (नि॰ 9/8) भासः (नि॰ 18/1) तस्य महात्मनः (नि॰ 22/8)

दिवि (9.20); * सूर्यसहस्रस्य (पु॰ षष्ठी॰ एक॰ ←तत्पु॰स॰ सूर्यसहस्र, सूर्याणाम् सहस्रः ←पु॰ सूर्य 7.8 + वि॰ सहस्र 7.3); * भवेत् (1.46); * युगपद् (रीतिदर्शक अव्य॰ ←युग√पत्); * उत्थिता (स्त्री॰ प्रथमा॰ एक॰ ←क्त॰ वि॰ **उत्थित** ←उद्√स्था); * यदि (1.38); * भाः (प्रथमा॰ अनेक॰ ←स्त्री॰ भास् ←√भास्); * सदृशी (स्त्री॰ प्रथमा॰ एक॰ ←वि॰ सदृश 3.33); * सा (2.69); * स्यात् (1.36); * **भासः** (षष्ठी॰ एक॰ ←स्त्री॰ भास्↑); * तस्य (1.12); * **महात्मनः** (पु॰ षष्ठी॰ एक॰ ←पु॰ महात्मन् 7.19)

दिवि (गगनात) सूर्यसहस्रस्य (हजारो-सूर्य समूहाची) भवेत् (झाली) युगपत् (एकत्र) उत्थिता (उगवती) यदि (जरी) भा: (प्रभा) सदृशी (बरोबरी) सा (ती) स्यात् (कदाचितच करील) भास: (कांतीची) तस्य (त्या) महात्मन: (प्रभूच्या)

* जरी गगनात हजारो-सूर्य समूहाची प्रभा एकत्र उगवती झाली (तरी) ती त्या प्रभूच्या कांतीची बरोबरी कदाचितच करील.

।।11.13।। **तत्रैकस्थं जगत्कृत्स्नं प्रविभक्तमनेकधा।**
अपश्यद्देवदेवस्य शरीरे पाण्डवस्तदा।।

तत्र (नि॰ 3/1) एकस्थम् (नि॰ 14/1) जगत् (नि॰ 10/5) कृत्स्नम् (नि॰ 14/1) प्रविभक्तम् (नि॰ 8/16) अनेकधा (नि॰ 23/1) अपश्यत् (नि॰ 9/5) देवदेवस्य शरीरे पाण्डव: (नि॰ 18/1) तदा

तत्र (1.26); * एकस्थम् (11.7); * जगत् (11.7); * कृत्स्नम् (1.40); * प्रविभक्तम् (न॰ द्वितीया॰ एक॰ ←क्त॰ वि॰ **प्रविभक्त** ←प्र-वि√भज्); * अनेकधा (रीतिदर्शक अव्य॰ ←वि॰ अनेक 6.45); * अपश्यत् (1.26); * देवदेवस्य (षष्ठी॰ एक॰ ←पु॰ देवदेव 10.15); * शरीरे (1.29); * पाण्डव: (1.14); * तदा (1.2)

तत्र (तिथे) एकस्थम् (एकाच ठिकाणी स्थित असलेले) जगत् (विश्व) कृत्स्नम् (सर्व) प्रविभक्तम् (विभक्त झालेले) अनेकधा (बहूप्रकारे) अपश्यत् (बघता झाला) देवदेवस्य (देवाधिदेवाच्या) शरीरे (शरीरात) पाण्डव: (पार्थ) तदा (तेव्हा)

* तेव्हा पार्थ तिथे देवाधिदेवाच्या शरीरात एकाच ठिकाणी स्थित असलेले (आणि) बहूप्रकारे विभक्त झालेले सर्व विश्व बघता झाला.

।।11.14।। **तत: स विस्मयाविष्टो हृष्टरोमा धनञ्जय:।**
प्रणम्य शिरसा देवं कृताञ्जलिरभाषत।।

तत: (नि॰ 22/7) स: (नि॰ 21/2) विस्मयाविष्ट: (नि॰ 15/14) हृष्टरोमा धनञ्जय: (नि॰ 22/8) प्रणम्य शिरसा देवम् (नि॰ 14/1) कृताञ्जलि: (नि॰ 16/1) अभाषत

तत: (1.13); * स: (1.13); * विस्मयाविष्ट: (पु॰ प्रथमा॰ एक॰ ←बहुव्री॰ क्त॰ वि॰ विस्मयाविष्ट, विस्मयेन आविष्ट: य: ←पु॰ **विस्मय** ←वि√स्मि + वि॰ आविष्ट 1.27); * हृष्टरोमा (पु॰ प्रथमा॰ एक॰ ←बहुव्री॰ हृष्टरोमन्, हृष्टानि रोमाणि यस्य ←क्त॰ वि॰ हृष्ट ←√हृष् + न॰ रोमन् 1.39); * धनञ्जय: (1.15); * **प्रणम्य** (ल्यप्॰ अव्य॰ ←प्र√नम्); * शिरसा (तृतीया॰ एक॰ ←न॰ **शिरस्** ←√श्रि); * देवम् (11.11); * **कृताञ्जलि:** (पु॰ प्रथमा॰ एक॰ ←बहुव्री॰ कृताञ्जलि, कृता अञ्जलि: येन ←वि॰ कृत 1.35 + स्त्री॰ अञ्जलि ←√अञ्ज्); * अभाषत (तृ॰पु॰ एक॰ भ्वादि॰ लङ्॰-भूत॰ आत्मने॰ ←√भाष्)

ततः (मग) सः (तो) विस्मयाविष्टः (विस्मयाने मुग्ध झालेला) हृष्टरोमा (रोमांच उभे झालेला) धनञ्जयः (पार्थ) प्रणम्य (प्रणाम करून) शिरसा (नतमस्तकाने) देवम् (देवाला) कृताञ्जलिः (हात जोडलेला) अभाषत (बोलला)

* मग तो विस्मयाने मुग्ध झालेला, रोमांच उभे झालेला (व) देवाला हात जोडलेला पार्थ नतमस्तकाने प्रणाम करून हात जोडून बोलला–

।।11.15।। अर्जुन उवाच

पश्यामि देवांस्तव देव देहे सर्वांस्तथा भूतविशेषसङ्घान्।
ब्रह्माणमीशं कमलासनस्थमृषींश्च सर्वानुरगांश्च दिव्यान्।।

अर्जुनः (नि॰ 19/4) उवाच । पश्यामि देवान् (नि॰ 13/7) तव देव देहे सर्वान् (नि॰ 13/7) तथा भूतविशेषसङ्घान् (नि॰ 23/1) ब्रह्माणम् (नि॰ 8/19, 24/3) ईशम् (नि॰ 14/1) कमलासनस्थम् (नि॰ 8/21) ऋषीन् (नि॰ 13/6) च सर्वान् (नि॰ 8/14) उरगान् (नि॰ 13/6) च दिव्यान्

अर्जुनः (1.28); * उवाच (1.25) । पश्यामि (1.31); * देवान् (3.11); * तव (1.3); * **<u>देव</u>** (संबो॰ एक॰ ←पु॰ देव 3.11); * देहे (2.13); * सर्वान् (1.27); * तथा (1.8); * भूतविशेषसङ्घान् (पु॰ द्वितीया॰ अनेक॰ ←तत्पु॰स॰ भूतविशेषसङ्घ, भूतानाम् विशेषाणाम् सङ्घः ←न॰ भूत 2.28 + वि॰ विशेष 2.43 + पु॰ **<u>सङ्घ</u>** ←सम्√हन्); * ब्रह्माणम् (द्वितीया॰ एक॰ ←पु॰ ब्रह्मन् 2.72); * **<u>ईशम्</u>** (द्वितीया॰ एक॰ ←पु॰ ईश 1.15); * कमलासनस्थम् (द्वितीया॰ एक॰ ←तत्पु॰स॰ कमलासनस्थ, कमलस्य आसने स्थितः ←न॰ कमल 11.2 + न॰ आसन 6.11 + वि॰ स्थित 1.14); * ऋषीन् (द्वितीया॰ अनेक॰ ←पु॰ ऋषि 4.2); * च (1.1); * सर्वान् (1.27); * उरगान् (द्वितीया॰ अनेक॰ ←पु॰ उरग ←पु॰ **<u>उरस्</u>** ←√ऋ + √गम्); * च (1.1); * दिव्यान् (9.20)

अर्जुनः (अर्जुन) उवाच– (म्हणाला–) पश्यामि (मी बघतो) देवान् (देवांना) तव (तुझ्या) देव (हे देवा!) देहे (देहात) सर्वान् (सर्व–) तथा (तसेच) भूतविशेषसङ्घान् (भूतप्राण्यांना) ब्रह्माणम् (ब्रह्माला) ईशम् (महेशाला) कमलासनस्थम् (पद्मासनावर आरुढ असलेल्या) ऋषीन् (ऋषींना) च (आणि) सर्वान् (सर्व–) उरगान् (सर्पांना) च (व) दिव्यान् (दिव्य)

* अर्जुन म्हणाला– हे देवा! मी तुझ्या देहात सर्व देवांना तसेच पद्मासनावर आरुढ असलेल्या ब्रह्माला आणि महेशाला व सर्व ऋषींना, भूतप्राण्यांना (व) दिव्य सर्पांना बघतो.

।।11.16।। **अनेकबाहूदरवक्त्रनेत्रं पश्यामि त्वां सर्वतोऽनन्तरूपम्।**
नान्तं न मध्यं न पुनस्तवादिं पश्यामि विश्वेश्वर विश्वरूप।।

अनेकबाहूदरवक्त्रनेत्रम् (नि॰ 14/1) पश्यामि त्वाम् (नि॰ 14/1) सर्वतः (नि॰ 15/1) अनन्तरूपम् (नि॰ 14/2) न (नि॰ 1/1) अन्तम् (नि॰ 14/1) न मध्यम् (नि॰ 14/1) न पुनः (नि॰ 18/1) तव (नि॰ 1/2) आदिम् (नि॰ 14/1) पश्यामि विश्वेश्वर विश्वरूप

अनेकबाहूदरवक्त्रनेत्रम् (पु० द्वितीया० एक० ←बहुव्री० अनेकबाहूदरवक्त्रनेत्र, अनेकानि बाहवः च उदराणि च वक्त्राणि च नेत्राणि च यस्य ←वि० अनेक 6.45 + पु० बाहु 1.18 + न० उदर 1.15 + न० वक्त्र 11.10 न० **नेत्र** ←√नी); * पश्यामि (1.31); * त्वाम् (2.7); * सर्वतः (2.46); * अनन्तरूपम् (पु० द्वितीया० एक० ←बहुव्री० **अनन्तरूप**, अनन्तानि रूपाणि यस्य ←वि० अनन्त 2.41 + न० रूप 3.39); * न (1.30); * अन्तम् (द्वितीया० एक० ←पु० अन्त 2.16); * न (1.30); * मध्यम् (द्वितीया० एक० ←पु० मध्य 10.20); * न (1.30); * पुनः (4.35); * तव (1.3); * आदिम् (द्वितीया० एक० ←पु० आदि 2.28); * पश्यामि (1.31); * विश्वेश्वर (पु० संबो० एक० ←बहुव्री० विश्वेश्वर, विश्वस्य ईश्वरः यः ←न० **विश्व** ←√विश् + पु० ईश्वर 4.6); * विश्वरूप (पु० संबो० एक० ←बहुव्री० **विश्वरूप**, विश्वम् एव रूपम् यस्य ←न० विश्व↑ + पु० रूप 3.39)

अनेकबाहूदरवक्त्रनेत्रम् (अनेक हस्त, मुखे व नेत्र असलेला) पश्यामि (मी पाहतो) त्वाम् (तुला) सर्वतः (सर्वत्र) अनन्तरूपम् (नाना रूपे असलेला) न (न) अन्तम् (अंत) न (न) मध्यम् (मध्य) न (न) पुनः (तसेच) तव (तुझा) आदिम् (आदि) पश्यामि (मला आढळतो) विश्वेश्वर (हे विश्वेश्वरा!) विश्वरूप (हे विश्वरूपा!)

* हे विश्वेश्वरा! तुला मी अनेक हस्त, मुखे व नेत्र असलेला (व) सर्वत्र नाना रूपे असलेला पाहतो; हे विश्वरूपा! मला तुझा न आदि, न मध्य तसेच न अंत आढळतो.

।।11.17।। **किरीटिनं गदिनं चक्रिणं च तेजोराशिं सर्वतो दीप्तिमन्तम्।**
पश्यामि त्वां दुर्निरीक्ष्यं समन्ताद्दीप्तानलार्कद्युतिमप्रमेयम्।।

किरीटिनम् (नि० 14/1) गदिनम् (नि० 14/1) चक्रिणम् (नि० 14/1, 24/3) च तेजोराशिम् (नि० 14/1) सर्वतः (नि० 15/4) दीप्तिमन्तम् (नि० 14/2) पश्यामि त्वाम् (नि० 14/1) दुर्निरीक्ष्यम् (नि० 14/1) समन्तात् (नि० 9/5) दीप्तानलार्कद्युतिम् (नि० 8/16) अप्रमेयम् (नि० 14/2)

किरीटिनम् (पु० द्वितीया० एक० ←बहुव्री० किरीटिन, किरीटः अस्ति यस्य ←पु० **किरीट** ←8√कृ); * **गदिनम्** (पु० द्वितीया० एक० ←बहुव्री० गदिन्, गदा अस्ति यस्य ←स्त्री० गदा ←√गद्); * चक्रिणम् (पु० द्वितीया० एक० ←बहुव्री० चक्रिन्, चक्रम् अस्ति हस्ते यस्य ←न० चक्र 3.16); * च (1.1); * तेजोराशिम् (पु० द्वितीया० एक० ←तत्पु०स० तेजोराशि, तेजसः राशिः ←पु० तेजस् 7.9 + पु० राशि ←√अश्); * सर्वतः (2.46); * दीप्तिमन्तम् (पु० द्वितीया० एक० ←शतृ० वि० दीप्तिमत् ←वि० **दीप्त** ←√दीप्); * पश्यामि (1.31); * त्वाम् (2.7); * दुर्निरीक्ष्यम् (पु० द्वितीया० एक० ←वि० दुर्निरीक्ष्य ←अव्य० दुर् 1.2 + कर्मणि० विधि० धातु०सा० वि० निरीक्ष्य ←निर्√ईक्ष्); * **समन्तात्** (क्रि०वि० ←वि० समन्त 6.24); * दीप्तानलार्कद्युतिम् (पु० द्वितीया० एक० ←बहुव्री० दीप्तानलार्कद्युति, अनलस्य च अर्कस्य च इव दीप्तम् द्युतीः यस्य ←पु० अथवा क्त० वि० **दीप्त** ←√दीप् + पु० अनल 3.39 + पु० अर्क ←√अर्च + स्त्री० द्युति ←√द्युत्); * **अप्रमेयम्** (पु० द्वितीया० एक० न-तत्पु०स० ←वि० प्रमेय 2.18)

किरीटिनम् (मुकुटधारी) गदिनम् (गदाधारी) चक्रिणम् (चक्रधारी) च (आणि) तेजोराशिम् (प्रभा फाकलेला) सर्वत: (सर्वत्र) दीप्तिमन्तम् (दीप्त प्रकाशमय) पश्यामि (मी बघतो) त्वाम् (तुला) दुर्निरीक्ष्यम् (निरीक्षण करण्यास कठिण) समन्तात् (सगळीकडे) दिशांतून) दीप्तानलार्कद्युतिम् (अग्नि आणि सूर्याप्रमाणे प्रखर प्रभा असलेला) अप्रमेयम् (कल्पनेच्या बाहेरचा असलेला)

* मी तुला मुकुटधारी, गदाधारी, चक्रधारी आणि प्रभा सर्वत्र फाकलेला, दीप्त प्रकाशमय, अग्नि आणि सूर्याप्रमाणे सगळीकडे प्रखर प्रभा असलेला, निरीक्षण करण्यास कठिण (आणि) कल्पनेच्या बाहेरचा असलेला बघतो.

।।11.18।। **त्वमक्षरं परमं वेदितव्यं त्वमस्य विश्वस्य परं निधानम्।**
त्वमव्यय: शाश्वतधर्मगोप्ता सनातनस्त्वं पुरुषो मतो मे।।

त्वम् (नि॰ 8/16) अक्षरम् (नि॰ 14/1) परमम् (नि॰ 14/1) वेदितव्यम् (नि॰ 14/1) त्वम् (नि॰ 8/16) अस्य विश्वस्य परम् (नि॰ 14/1) निधानम् (नि॰ 14/2) त्वम् (नि॰ 8/16) अव्यय: (नि॰ 22/5) शाश्वतधर्मगोप्ता सनातन: (नि॰ 18/1) त्वम् (नि॰ 14/1) पुरुष: (नि॰ 15/9) मत: (नि॰ 15/9) मे

त्वम् (2.11); * अक्षरम् (न॰ प्रथमा॰ 8.3); * परमम् (न॰ प्रथमा॰ 8.3); * वेदितव्यम् (न॰ प्रथमा॰ एक॰ ←कर्मणि॰ विधि॰ धातु॰सा॰ वि॰ वेदितव्य ←√विद्); * त्वम् (2.11); * अस्य (2.17); * **विश्वस्य** (षष्ठी॰ एक॰ ←न॰ विश्व 11.16); * परम् (न॰ प्रथमा॰ 2.59); * निधानम् (न॰ प्रथमा॰ 9.18); * त्वम् (2.11); * **अव्यय:** (पु॰ प्रथमा॰ एक॰ ←वि॰ अव्यय 2.17); * शाश्वतधर्मगोप्ता (पु॰ प्रथमा॰ एक॰ ←तत्पु॰स॰ शाश्वतधर्मगोप्तृ, शाश्वतस्य धर्मस्य गोप्ता ←वि॰ शाश्वत 1.43 + पु॰ धर्म 1.1 + वि॰ गोप्तृ ←√गुप्); * सनातन: (2.24); * त्वम् (2.11); * पुरुष: (2.21); * मत: (क्त॰ वि॰ प्रथमा॰ 6.32); * मे (1.21)

त्वम् (तू) अक्षरम् (अक्षर) परमम् (परम तत्त्व) वेदितव्यम् (वेद्य) त्वम् (तू) अस्य (या) विश्वस्य (विश्वाचे) परम् (परम) निधानम् (धाम) त्वम् (तू) अव्यय: (अव्ययी) शाश्वतधर्मगोप्ता (सनातन धर्माचा रक्षक) सनातन: (अनादि) त्वम् (तू) पुरुष: (पुरुष) मत: (मान्य झालेले) मे (मला)

* तू वेद्य अक्षर अनादि परम तत्त्व (आहेस), तू या विश्वाचे परम धाम (आहेस), तू अव्ययी सनातन धर्माचा रक्षक (व) तू परमपुरुष (आहेस असे) मला मान्य झालेले आहे.

।।11.19।। **अनादिमध्यान्तमनन्तवीर्यमनन्तबाहुं शशिसूर्यनेत्रम्।**
पश्यामि त्वां दीप्तहुताशवक्त्रं स्वतेजसा विश्वमिदं तपन्तम्।।

अनादिमध्यान्तम् (नि॰ 8/16) अनन्तवीर्यम् (नि॰ 8/16) अनन्तबाहुम् (नि॰ 14/1) शशिसूर्यनेत्रम् (नि॰ 14/2) पश्यामि त्वाम् (नि॰ 14/1) दीप्तहुताशवक्त्रम् (नि॰ 14/1) स्वतेजसा विश्वम् (नि॰ 8/18) इदम् (नि॰ 14/1) तपन्तम् (नि॰ 14/2)

अनादिमध्यान्तम् (पु॰ द्वितीया॰ एक॰ ←बहुव्री॰ अनादिमध्यान्त, नास्ति आदि: च मध्यम् च अन्त: च यस्य ←वि॰ आदि 2.28 + न॰ मध्य 1.21 + पु॰ अन्त 2.16); * अनन्तवीर्यम् (पु॰ द्वितीया॰ एक॰ ←बहुव्री॰ **अनन्तवीर्य**, अनन्तम् वीर्यम् यस्य ←वि॰ अनन्त 2.41 + न॰ वीर्य 1.5); * अनन्तबाहुम् (पु॰ द्वितीया॰ एक॰ ←बहुव्री॰ अनन्तबाहु, अनन्ता: बाहव: यस्य ←वि॰ अनन्त 2.41 + पु॰ बाहु 1.18); * शशिसूर्यनेत्रम् (द्वितीया॰ एक॰ ←बहुव्री॰ शशिसूर्यनेत्र, शशी च सूर्य: च नेत्रे यस्य ←पु॰ शशिन् 7.8 + पु॰ सूर्य 7.8 + न॰ नेत्र 11.16); * पश्यामि (1.31); * त्वाम् (2.7); * दीप्तहुताशवक्त्रम् (पु॰ द्वितीया॰ एक॰ ←बहुव्री॰ दीप्तहुताशवक्त्र, दीप्त: हुताशन: इव वक्त्रम् यस्य ←वि॰ दीप्त 11.17 + पु॰ हुताशन ←√हु + न॰ वक्त्र 11.10); * स्वतेजसा (न॰ तृतीया॰ एक॰ ←तत्पु॰स॰ स्वतेजस् ←वि॰ स्व 1.28 + न॰ तेजस् 7.9); * **विश्वम्** (द्वितीया॰ एक॰ ←न॰ विश्व 11.16); * इदम् (1.10); * तपन्तम् (पु॰ द्वितीया॰ एक॰ ←शतृ॰ वि॰ तपत् ←√तप्)

अनादिमध्यान्तम् (विना आदि, मध्य आणि अंत असणारा) अनन्तवीर्यम् (अति बलवान) अनन्तबाहुम् (अनंत बाहू असलेला) शशिसूर्यनेत्रम् (चंद्रसूर्य नेत्री असलेला) पश्यामि (मी बघतो) त्वाम् (तुला) दीप्तहुताशवक्त्रम् (दीप्त अग्नीचे मुख असलेला) स्वतेजसा (स्वतेजाने) विश्वम् (विश्वाला) इदम् (हे) तपन्तम् (तापवीत असलेला)

* मी तुला विना आदि, मध्य आणि अंत असणारा, अति बलवान, अनंत बाहू असलेला, चंद्रसूर्य नेत्री असलेला, दीप्त अग्नीचे मुख असलेला, स्वतेजाने हे विश्वाला तापवीत असलेला (असा) बघतो.

।।11.20।। **द्यावापृथिव्योरिदमन्तरं हि व्याप्तं त्वयैकेन दिशश्च सर्वा:।**
दृष्ट्वाऽद्भुतं रूपमुग्रं तवेदं लोकत्रयं प्रव्यथितं महात्मन्।।

द्यावापृथिव्यो: (नि॰ 16/5) इदम् (नि॰ 8/16) अन्तरम् (नि॰ 14/1) हि व्याप्तम् (नि॰ 14/1) त्वया (नि॰ 3/3) एकेन दिश: (नि॰ 17/1) च सर्वा: (नि॰ 22/8) दृष्ट्वा (नि॰ 1/3) अद्भुतम् (नि॰ 14/1) रूपम् (नि॰ 8/20) उग्रम् (नि॰ 14/1) तव (नि॰ 2/1) इदम् (नि॰ 14/1) लोकत्रयम् (नि॰ 14/1) प्रव्यथितम् (नि॰ 14/1) महात्मन्

द्यावापृथिव्यो: (स्त्री॰ षष्ठी॰ द्वि॰व॰ ←द्वंद्व॰स॰ द्यावया: च पृथिव्या: च ←स्त्री॰ द्यावा ←न॰ द्यु ←√दिव् + स्त्री॰ पृथिवी 1.18); * इदम् (1.10); * **अन्तरम्** (प्रथमा॰ एक॰ ←न॰ अन्तर 2.13); * हि (1.11); * व्याप्तम् (न॰ प्रथमा॰ एक॰ ←क्त॰ वि॰ व्याप्त ←वि√आप्); * त्वया (6.33); * एकेन (पु॰ तृतीया॰ एक॰ ←वि॰ एक 2.41); * दिश: (6.13); * च (1.1); * सर्वा: (8.18); * दृष्ट्वा (1.2); * **अद्भुतम्** (न॰ द्वितीया॰ एक॰ ←वि॰ अद्भुत 11.10); * रूपम् (11.3); * उग्रम् (न॰ द्वितीया॰ एक॰ ←वि॰ **उग्र** ←√उच्); * तव (1.3); * इदम् (1.10); * **लोकत्रयम्** (न॰ प्रथमा॰ एक॰ ←तत्पु॰स॰ **लोकत्रय**, लोकानाम् त्रयम् ←पु॰ लोक 2.5 + न॰ **त्रय** ←√तॄ); * प्रव्यथितम् (न॰ प्रथमा॰ एक॰ ←क्त॰ वि॰ **प्रव्यथित** ←प्र√व्यथ्); * **महात्मन्** (संबो॰ एक॰ ←पु॰ महात्मन् 7.19)

द्यावापृथिव्योः (पृथ्वीपासून आकाशापर्यंतचे) इदम् (हे) अन्तरम् (अंतर) हि (च) व्याप्तम् (व्याप्त) त्वया (तुझ्या) एकेन (एकट्याने) दिशः (दिशा) च (आणि) सर्वाः (सर्व) दृष्ट्वा (बघून) अद्भुतम् (अद्भुत) रूपम् (रूप) उग्रम् (उग्र) तव (तुझे) इदम् (हे) लोकत्रयम् (त्रिभुवन) प्रव्यथितम् (अति भयभीत झालेले) महात्मन् (हे महात्म्या!)

* हे महात्म्या! तुझ्या एकट्यानेच सर्व दिशा आणि पृथ्वीपासून आकाशापर्यंतचे हे अंतर व्याप्त (आहे); हे तुझे अद्भुत उग्र रूप बघून त्रिभुवन अति भयभीत झालेले (आहे).

।।11.21।। **अमी हि त्वां सुरसङ्घा विशन्ति केचिद्भीताः प्राञ्जलयो गृणन्ति।**
स्वस्तीत्युक्त्वा महर्षिसिद्धसङ्घा स्तुवन्ति त्वां स्तुतिभिः पुष्कलाभिः।।

अमी हि त्वाम् (नि॰ 14/1) सुरसङ्घाः (नि॰ 20/17) विशन्ति केचित् (नि॰ 9/8) भीताः (नि॰ 22/3) प्राञ्जलयः (नि॰ 15/2) गृणन्ति स्वस्ति (नि॰ 1/5) इति (नि॰ 4/3) उक्त्वा महर्षिसिद्धसङ्घाः (नि॰ 22/7) स्तुवन्ति त्वाम् (नि॰ 14/1) स्तुतिभिः (नि॰ 22/3) पुष्कलाभिः (नि॰ 22/8)

<u>अमी</u> (पु॰ प्रथमा॰ अनेक॰ ←सना॰ **<u>अदस्</u>** –तो, ती, ते); * हि (1.11); * त्वाम् (2.7); * सुरसङ्घाः (पु॰ प्रथमा॰ अनेक॰ ←तत्पु॰स॰ सुरसङ्घ, सुराणाम् सङ्घः ←पु॰ सुर 2.8 + पु॰ सङ्घ 11.15); * विशन्ति (8.11); * **<u>केचित्</u>** (प्रथमा॰ अनेक॰ ←सना॰ कश्चित् 2.17); * भीताः (पु॰ प्रथमा॰ अनेक॰ ←क्त॰ वि॰ **<u>भीत</u>** ←√भी); * प्राञ्जलयः (पु॰ प्रथमा॰ अनेक॰ ←बहुव्री॰ प्राञ्जलि, प्रबद्धा अञ्जलिः यस्य ←प्र√अञ्ज्); * गृणन्ति (तृ॰पु॰ अनेक॰ लट्॰–वर्तमान॰ क्र्यादि॰ परस्मै॰ ←√गॄ); * स्वस्ति (उद्गारवाचक अव्य॰ ←सु√अस्); * इति (1.25); * उक्त्वा (1.47); * महर्षिसिद्धसङ्घाः (पु॰ प्रथमा॰ अनेक॰ ←तत्पु॰स॰ महर्षिसिद्धसङ्घ, महर्षीणाम् च सिद्धानाम् च सङ्घः ←पु॰ महर्षि 10.2 + पु॰ सिद्ध 7.3 + पु॰ सङ्घ 11.15); * स्तुवन्ति (तृ॰पु॰ अनेक॰ लट्॰–वर्तमान॰ अदा॰ परस्मै॰ ←<u>√स्तु</u>); * त्वाम् (2.7); * स्तुतिभिः (तृतीया॰ अनेक॰ ←स्त्री॰ **<u>स्तुति</u>** ←√स्तु); * पुष्कलाभिः (स्त्री॰ तृतीया॰ अनेक॰ ←वि॰ पुष्कल ←<u>√पष्</u>)

अमी (हे) हि (च) त्वाम् (तुझ्याकडे) सुरसङ्घाः (देवता लोक) विशन्ति (प्रवेश करीत आहेत) केचित् (काही) भीताः (भयभीत झालेले) प्राञ्जलयः (हात जोडलेले) गृणन्ति (गात आहेत) स्वस्ति ('कल्याण असो') इति (असे) उक्त्वा (म्हणून) महर्षिसिद्धसङ्घाः (महर्षि लोक आणि सिद्धगण) स्तुवन्ति (स्तुति करीत आहेत) त्वाम् (तुझी) स्तुतिभिः (स्तोत्रांनी) पुष्कलाभिः (उत्कृष्ट)

* हे देवता लोक तुझ्याकडेच प्रवेश करीत आहेत, काही भयभीत झालेले हात जोडलेले 'कल्याण असो' असे म्हणून गात आहेत, महर्षि लोक आणि सिद्धगण तुझी उत्कृष्ट स्तोत्रांनी स्तुति करीत आहेत.

।।11.22।। **रुद्रादित्या वसवो ये च साध्या विश्वेऽश्विनौ मरुतश्चोष्मपाश्च।**
गन्धर्वयक्षासुरसिद्धसङ्घा वीक्षन्ते त्वां विस्मिताश्चैव सर्वे।।

रुद्रादित्या: (नि० 20/17) वसव: (नि० 15/10) ये च साध्या: (नि० 20/17) विश्वे (नि० 6/1) अश्विनौ मरुत: (नि० 17/1) च (नि० 2/2) उष्मपा: (नि० 17/1) च गन्धर्वयक्षासुरसिद्धसङ्घा: (नि० 20/17) वीक्षन्ते त्वाम् (नि० 14/1) विस्मिता: (नि० 17/1) च (नि० 3/1) एव सर्वे

रुद्रादित्या: (पु० प्रथमा० अनेक० ←द्वंद्व०स० रुद्रा: च आदित्या: च ←पु० रुद्र 10.23 + पु० आदित्य 5.16); * वसव: (प्रथमा० अनेक० ←पु० वसु 10.23); * ये (1.7); * च (1.1); * साध्या: (प्रथमा० अनेक० ←पु० साध्य ←√सिध्); * विश्वे अथवा विश्वेदेवा: (प्रथमा० अनेक० ←बहुव्री० विश्वेदेव, विश्वस्य देव: ←न० विश्व 11.16 + पु० देव 3.11); * अश्विनौ (प्रथमा० एक० ←पु० अश्विन I (1.1); * उष्मपा: (प्रथमा० अनेक० ←पु० अथवा स्त्री० बहुव्री० उष्मपा, उष्णम् पिबति य: ←वि० उष्म ←√उष् + वि० पा ←√पा); * च (1.1); * गन्धर्वयक्षासुरसिद्धसङ्घा: (पु० प्रथमा० अनेक० ←तत्पु०स० गन्धर्वयक्षासुरसिद्धसङ्घ, गन्धर्वाणाम् च यक्षानाम् च असुराणाम् च सिद्धानाम् च सङ्घ: ←पु० गन्धर्व 10.26 + पु० यक्ष 10.23 + पु० न-तत्पु०स० असुर ←अ-सु√रा + पु० सिद्ध 7.3 + पु० सङ्घ 11.15); * वीक्षन्ते (तृ०पु० अनेक० लट्०-वर्तमान० भ्वादि० आत्मने० ←वि√ईक्ष्); * त्वाम् (2.7); * विस्मिता: (पु० प्रथमा० अनेक० ←क्त० वि० विस्मित ←वि√स्मि); * च (1.1); * एव (1.1); * सर्वे (पु० प्रथमा० अनेक० ←सना० सर्व 1.6)

रुद्रादित्या: (रुद्र आणि आदित्य) वसव: (वसू) ये (जे) च (आणि) साध्या: (साध्यगण) विश्वे (विश्वदेव) अश्विनौ (अश्विनिकुमार) मरुत: (मरुद्गण) च (आणि) उष्मपा: (पितृगण) च (आणि) गन्धर्वयक्षासुरसिद्धसङ्घा: (गंधर्व, यक्ष, असुर, सिद्धगण) वीक्षन्ते (बघत आहेत) त्वाम् (तुला) विस्मिता: (थक्क झालेले) च (आणि) एव (च) सर्वे (सर्व)

* रुद्र, आदित्य, वसु आणि जे साध्यगण (आहेत) आणि विश्वदेव, अश्विनिकुमार, मरुद्गण आणि पितृगण आणि गंधर्व, यक्ष, असुर आणि सिद्धगण सर्वच थक्क होऊन तुला बघत आहेत.

।।11.23।। **रूपं महत्ते बहुवक्त्रनेत्रं महाबहो बहुबाहूरुपादम्।**
बहूदरं बहुदंष्ट्राकरालं दृष्ट्वा लोका: प्रव्यथितास्तथाऽहम्।।

रूपम् (नि० 14/1) महत् (नि० 1/10) ते बहुवक्त्रनेत्रम् (नि० 14/1) महाबहो बहुबाहूरुपादम् (नि० 14/2) बहूदरम् (नि० 14/1) बहुदंष्ट्राकरालम् (नि० 14/1) दृष्ट्वा लोका: (नि० 22/3) प्रव्यथिता: (नि० 18/1) तथा (नि० 1/3) अहम् (नि० 14/2)

रूपम् (11.3); * महत् (1.3); * ते (2.7); * बहुवक्त्रनेत्रम् (न० द्वितीया० एक० ←बहुव्री० बहुवक्त्रनेत्र, बहुनि वक्त्राणि च नेत्राणि च यस्मिन् ←वि० बहु 1.9 + न० वक्त्र 11.10 + न० नेत्र 11.16); * महाबहो (2.26); * बहुबाहूरुपादम् (न० द्वितीया० एक० ←बहुव्री० बहुबाहूरुपाद, बहव: बाहव: च उरव: च पादा: च यस्मिन् ←वि० बहु 1.9 + पु० बाहु 1.18 + पु० उरु ←√ऋ + पु० पाद ←√पद्); * बहूदरम् (न० द्वितीया० एक० ←बहुव्री० बहूदर, बहुनि उदराणि यस्मिन् ←वि० बहु 1.9 +

न॰ उदर 1.15); * **बहुदंष्ट्राकरालम्** (न॰ द्वितीया॰ एक॰ ←बहुव्री॰ बहुदंष्ट्राकराल, बहुभि:-बह्वीभि: दंष्ट्राभि: करालम् यत् ←वि॰ बहु 1.9 + स्त्री॰ **दंष्ट्रा** ←√दंश् + वि॰ **कराल** ←कर-आ√ला); * दृष्ट्वा (1.2); * लोका: (3.24); * प्रव्यथिता: (पु॰ प्रथमा॰ अनेक॰ ←वि॰ प्रव्यथित 11.20); * तथा (1.8); * अहम् (1.22)

रूपम् (रूप) महत् (विराट) ते (तुझे) बहुवक्त्रनेत्रम् (अनेक मुखे व नेत्र असलेले) महाबहो (हे श्रीकृष्णा!) बहुबाहूरुपादम् (अनेक बाहू, मांड्या व पाय असलेले) बहूदरम् (अनेक पोट असलेले) बहुदंष्ट्राकरालम् (अनेक विक्राळ सुळे दात असलेले) दृष्ट्वा (बघून) लोका: (लोक) प्रव्यथिता: (भ्याले आहेत) तथा (तसेच) अहम् (मी)

* हे श्रीकृष्णा! तुझे अनेक मुखे व नेत्र असलेले, अनेक बाहू, मांड्या व पाय असलेले, अनेक पोट असलेले, अनेक विक्राळ सुळे दात असलेले (असे हे) विराट रूप बघून लोक भ्याले आहेत तसेच मी(सुद्धा).

।।11.24।। **नभ:स्पृशं दीप्तमनेकवर्णं व्यात्ताननं दीप्तविशालनेत्रम्।**
दृष्ट्वा हि त्वां प्रव्यथितान्तरात्मा धृतिं न विन्दामि शमं च विष्णो।।

नभ:स्पृशम् (नि॰ 14/1) दीप्तम् (नि॰ 8/16) अनेकवर्णम् (नि॰ 14/1) व्यात्ताननम् (नि॰ 14/1) दीप्तविशालनेत्रम् (नि॰ 14/2) दृष्ट्वा हि त्वाम् (नि॰ 14/1) प्रव्यथितान्तरात्मा धृतिम् (नि॰ 14/1) न विन्दामि शमम् (नि॰ 14/1) च विष्णो

नभ:स्पृशम् (पु॰ द्वितीया॰ एक॰ ←बहुव्री॰ नभ:स्पृश, नभ: स्पृशति य: ←न॰ नभस् 1.19 + पु॰ स्पर्श 2.14); * दीप्तम् (पु॰ द्वितीया॰ एक॰ ←वि॰ दीप्त 11.17); * अनेकवर्णम् (पु॰ द्वितीया॰ एक॰ ←बहुव्री॰ अनेकवर्ण, अनेके वर्णा: यस्य ←वि॰ अनेक 6.45 + पु॰ वर्ण 1.41); * व्यात्ताननम् (पु॰ द्वितीया॰ एक॰ ←बहुव्री॰ व्यात्तानन, व्यात्तानि आननानि यस्य ←वि॰ व्यात्त ←वि-आ√दा + न॰ आनन ←आ√अन्); * दीप्तविशालनेत्रम् (पु॰ द्वितीया॰ एक॰ ←बहुव्री॰ दीप्तविशालनेत्र, दीप्तानि च विशालानि च नेत्राणि यस्य ←वि॰ दीप्त 11.17 + वि॰ विशाल 9.21 + न॰ नेत्र 11.16); * दृष्ट्वा (1.2); * हि (1.11); * त्वाम् (2.7); * प्रव्यथितान्तरात्मा (पु॰ प्रथमा॰ एक॰ ←बहुव्री॰ प्रव्यथितान्तरात्मन्, प्रव्यथित: अन्तरात्मा यस्य ←वि॰ प्रव्यथित 11.20 + पु॰ अन्तरात्मन् 6.47); * धृतिम् (द्वितीया॰ एक॰ ←स्त्री॰ धृति 6.25); * न (1.30); * विन्दामि (प्रथम॰पु॰ एक॰ लट्॰-वर्तमान॰ तुदादि॰ परस्मै॰ ←√विद् 4.38); * शमम् (द्वितीया॰ एक॰ ←पु॰ शम 6.3); * च (1.1); * **विष्णो** (पु॰ संबो॰ एक॰ ←विना॰ विष्णु 10.21)

नभ:स्पृशम् (गगनचुंबी) दीप्तम् (जळत्या) अनेकवर्णम् (बहुरंगी) व्यात्ताननम् (आ-फाडलेल्या मुखांचा) दीप्तविशालनेत्रम् (फाकलेले दीप्त नेत्र असलेला) दृष्ट्वा (बघून) हि (खरोखर) त्वाम् (तुला)

प्रव्यथितान्तरात्मा (अंतःकरण अति व्यथित झालेला) धृतिम् (धैर्य) न-विन्दामि (मी प्राप्त करीत नाही) शमम् (शांति) च (आणि) विष्णो (हे विष्णो!)

* हे विष्णो! तुला गगनचुंबी, जळत्या, बहुरंगी (व) आ-फाडलेल्या मुखांचा (आणि) फाकलेले दीप्त नेत्र असलेला बघून खरोखर अंतःकरण अति व्यथित झालेला मी धैर्य आणि शांति प्राप्त करीत नाही.

।।11.25।। **दंष्ट्राकरालानि च ते मुखानि दृष्ट्वैव कालानलसन्निभानि।**
दिशो न जाने न लभे च शर्म प्रसीद देवेश जगन्निवास।।

दंष्ट्राकरालानि च ते मुखानि दृष्ट्वा (नि० 3/3) एव कालानलसन्निभानि दिशः (नि० 20/10) न जाने न लभे च शर्म प्रसीद देवेश जगन्निवास

<u>दंष्ट्राकरालानि</u> (न० द्वितीया० अनेक० ←बहुव्री० दंष्ट्राकराल, दंष्ट्राभिः करालानि यस्य तत् ←स्त्री० दंष्ट्रा 11.23 + वि० कराल 11.23); * च (1.1); * ते (2.7); * मुखानि (द्वितीया० अनेक० ←न० मुख 1.29); * दृष्ट्वा (1.2); * एव (1.1); * कालानलसंनिभानि (न० द्वितीया० अनेक० ←तत्पु०स० कालानलसंनिभ, कालस्य अनलस्य संनिभम् ←पु० काल 2.72 + पु० अनल 3.39 + अव्य० सम् 1.1 + वि० निभ ←नि√भा); * दिशः (6.13); * न (1.30); * जाने (प्रथम०पु० एक० लट्०-वर्तमान० क्र्यादि० आत्मने० ←√ज्ञा); * न (1.30); * **<u>लभे</u>** (प्रथम०पु० एक० लट्०-वर्तमान० भ्वादि० आत्मने० ←√लभ्); * च (1.1); * शर्म (द्वितीया० एक० ←न० शर्मन् ←√शॄ); * **<u>प्रसीद</u>** (द्वि०पु० एक० निवेदनार्थ लोट् तुदादि० परस्मै० ←प्र√सद्); * **<u>देवेश</u>** (पु० संबो० एक० ←बहुव्री० देवेश, देवानाम् ईशः यः ←पु० देव 3.11 + वि० ईश 1.15); * **<u>जगन्निवास</u>** (पु० संबो० एक० ←बहुव्री० जगन्निवास, जगतः निवासः यः ←न० जगत् 7.5 + पु० निवास 9.18)

दंष्ट्राकरालानि (सुळ्या दातांनी विक्राळ दिसणारी) च (आणि) ते (तुझी) मुखानि (मुखे) दृष्ट्वा (बघून) एव (सुद्धा) कालानलसन्निभानि (काळाग्नीसमान प्रज्वलित) दिशः (दिशा) न जाने (मी जाणत नाही) न लभे (मला गवसत नाही) च (आणि) शर्म (शांति) प्रसीद (प्रसन्न व्हा) देवेश (हे देवाधिदेवा!) जगन्निवास (हे जगन्निवास!)

* हे देवाधिदेवा! दाढांनी विक्राळ आणि काळाग्नीसमान दिसणारी प्रज्वलित तुझी मुखे बघून मी दिशासुद्धा जाणत नाही आणि मला शांति गवसत नाही, हे जगन्निवास! प्रसन्न व्हा.

।।11.26।। **अमी च त्वां धृतराष्ट्रस्य पुत्राः सर्वे सहैवावनिपालसङ्घैः।**
भीष्मो द्रोणः सूतपुत्रस्तथासौ सहास्मदीयैरपि योधमुख्यैः।।

अमी च त्वाम् (नि० 14/1) धृतराष्ट्रस्य पुत्राः (नि० 22/7) सर्वे सह (नि० 3/1) एव (नि० 1/1) अवनिपालसङ्घैः (नि० 22/8) भीष्मः (नि० 15/4) द्रोणः (नि० 22/7) सूतपुत्रः (नि० 18/1) तथा (नि० 1/3) असौ सह (नि० 1/1) अस्मदीयैः (नि० 16/4) अपि योधमुख्यैः (नि० 22/8)

अमी (11.21); * च (1.1); * त्वाम् (2.7); * धृतराष्ट्रस्य (षष्ठी० एक० ←पु० धृतराष्ट्र 1.1); * पुत्रा: (1.34); * सर्वे (1.6); * सह (1.22); * एव (1.1); * अवनिपालसङ्घै: (पु० तृतीया० अनेक० ←तत्पु०स० अवनिपालसङ्घ, अवने: पालानाम् सङ्घ: ←स्त्री० अवनि ←√अव् + पु० पाल ←√पाल् + पु० सङ्घ 11.15); * भीष्म: (1.8); * द्रोण: (पु० प्रथमा० एक० ←विना० द्रोण 1.25); * सूतपुत्र: (पु० प्रथमा० एक० ←बहुव्री० सूतपुत्र, सूतस्य पुत्र: ←पु० सूत ←√सू + पु० पुत्र 1.3); * तथा (1.8); * **असौ** (पु० प्रथमा० एक० ←सना० अदस् 11.21); * सह (1.22); * अस्मदीयै: (पु० तृतीया० अनेक० ←वि० अस्मदीय ←सना० अस्मद् 1.7); * अपि (1.26); * योधमुख्यै: (पु० तृतीया० अनेक० ←तत्पु०स० योधमुख्य, योधानाम् मुख्य: ←पु० **योध** ←√युध + वि० मुख्य 10.24)

अमी (हे) च (आणि) त्वाम् (तुला, तुझ्यात) धृतराष्ट्रस्य (धृतराष्ट्राची) पुत्रा: (मुले) सर्वे (सर्व) सह (सहित) एव (च) अवनिपालसङ्घै: (राजेलोकां–) भीष्म: (भीष्म) द्रोण: (द्रोण) सूतपुत्र: (कर्ण) तथा (तसेच) असौ (तो) सह (सहित) अस्मदीयै: (आपल्या लोकांपैकी) अपि (सुद्धा) योधमुख्यै: (मुख्य योद्ध्यांच्या–)

* राजेलोकांच्या सहित धृतराष्ट्राची मुले, भीष्म, द्रोण तसेच तो कर्ण आणि आपल्या लोकांपैकी सुद्धा मुख्य योद्ध्यांसहित हे सर्वच तुझ्यात (शिरत आहेत);

।।11.27।। **वक्त्राणि ते त्वरमाणा विशन्ति दंष्ट्राकरालानि भयानकानि।**
केचिद्विलग्ना दशनान्तरेषु संदृश्यन्ते चूर्णितैरुत्तमाङ्गै:।।

वक्त्राणि (नि० 24/7) ते त्वरमाणा: (नि० 24/5, 20/17) विशन्ति दंष्ट्राकरालानि भयानकानि केचित् (नि० 9/11) विलग्ना: (नि० 20/8) दशनान्तरेषु (नि० 25/5) संदृश्यन्ते चूर्णितै: (नि० 16/4) उत्तमाङ्गै: (नि० 22/8)

वक्त्राणि (द्वितीया० अनेक० ←न० वक्त्र 11.10); * ते (2.7); * त्वरमाणा: (क्रि०वि० अथवा पु० प्रथमा० अनेक० ←शानच्० वि० त्वरमाण ←√त्वर्); * विशन्ति (8.11); * दंष्ट्राकरालानि (द्वितीया० 11.23); * भयानकानि (न० द्वितीया० अनेक० ←वि० भयानक ←√भी); * केचित् (11.21); * विलग्ना: (पु० प्रथमा० अनेक० ←क्त० वि० विलग्न ←वि√लग् अथवा √लस्); * दशनान्तरेषु (न० सप्तमी० अनेक० ←तत्पु०स० दशनान्तर, दशनयो: अन्तरम् ←तत्पु०स० **दशन** ←√दंश् + न० अन्तर 2.13); * संदृश्यन्ते (तृ०पु० अनेक० लट्०–वर्तमान० भ्वादि० आत्मने० ←सम्√दृश्); * चूर्णितै: (पु० तृतीया० अनेक० ←क्त० वि० चूर्णित ←√चूर्ण्); * उत्तमाङ्गै: (न० तृतीया० अनेक० ←क० उत्तमाङ्ग, उत्तमम् अङ्गम् ←वि० उत्तम 1.7 + न० अङ्ग 2.58)

वक्त्राणि (मुखांना) ते (तुझ्या) त्वरमाणा: (जलद गति असलेले) विशन्ति (ते शिरत आहेत) दंष्ट्राकरालानि (दाढांनी विक्राळ दिसणाऱ्या) भयानकानि (भयानक–) केचित् (काही) विलग्ना: (तुटून

अडकलेले) दशनान्तरेषु (दातांच्या भेगांत) संदृश्यन्ते (दिसत आहेत) चूर्णितै: (छिन्नविछिन्न झालेल्या–) उत्तमाङ्गै: (मस्तकांनी)

* दाढांनी विक्राळ दिसणाऱ्या तुझ्या भयानक मुखांना ते जलद गति असलेले शिरत आहेत, काही दातांच्या भेगांत छिन्नविछिन्न झालेल्या मस्तकांनी अडकलेले दिसत आहेत;

।।11.28।। **यथा नदीनां बहवोऽम्बुवेगा: समुद्रमेवाभिमुखा द्रवन्ति।**
तथा तवामी नरलोकवीरा विशन्ति वक्त्राण्यभिविज्वलन्ति।।

यथा नदीनाम् (नि० 14/1) बहव: (नि० 15/1) अम्बुवेगा: (नि० 22/7) समुद्रम् (नि० 8/22) एव (नि० 1/1) अभिमुखा: (नि० 20/8) द्रवन्ति तथा तव (नि० 1/1) अमी नरलोकवीरा: (नि० 20/17) विशन्ति वक्त्राणि (नि० 24/7, 4/1) अभिविज्वलन्ति

यथा (1.11); * नदीनाम् (षष्ठी० अनेक० ←स्त्री० नदी ←√नद्); * बहव: (1.9); * अम्बुवेगा: (पु० प्रथमा० अनेक० ←तत्पु०स० अम्बुवेग, अम्बुन: वेग: ←न० अम्बु ←√अम्ब् + पु० वेग 5.23); * समुद्रम् (2.70); * एव (1.1); * अभिमुखा: (पु० प्रथमा० अनेक० ←वि० अभिमुख ←अभि√खन्); * **द्रवन्ति** (तृ०पु० अनेक० लट्०–वर्तमान० भ्वादि० परस्मै० ←√द्रु); * तथा (1.8); * तव (1.3); * अमी (11.21); * नरलोकवीरा: (पु० प्रथमा० एक० ←तत्पु०स० नरलोकवीर, नराणाम् लोके वीर: ←पु० नर 1.5 + पु० लोक 2.5 + वि० **वीर** ←√वीर्); * विशन्ति (8.11); * वक्त्राणि (11.27); * अभिविज्वलन्ति (तृ०पु० अनेक० लट्०–वर्तमान० भ्वादि० परस्मै० ←अभि–वि√ज्वल्)

यथा (जसे) नदीनाम् (नद्यांचे) बहव: (असंख्य) अम्बुवेगा: (जल प्रवाह) समुद्रम् (समुद्राकडे) एव (च) अभिमुखा: (समोर) द्रवन्ति (वाहतात) तथा (तसेच) तव (तुझ्या) अमी (हे) नरलोकवीरा: (नरवीर लोक) विशन्ति (प्रवेश करीत आहेत) वक्त्राणि (मुखांत) अभिविज्वलन्ति (प्रखरतेने जळत आहेत)[1]

* जसे नद्यांचे असंख्य जल प्रवाह समुद्राकडे समोर वाहतात तसेच हे नरवीर लोक तुझ्या मुखांत प्रवेश करीत आहेत (आणि) ते प्रखरतेने जळत आहेत.

।।11.29।। **यथा प्रदीप्तं ज्वलनं पतङ्गा विशन्ति नाशाय समृद्धवेगा:।**
तथैव नाशाय विशन्ति लोकास्तवापि वक्त्राणि समृद्धवेगा:।।

---

[1] अन्यान्य अनुवादांत 'वक्त्राण्यभिविज्वलन्ति' शब्दाचा अर्थ– वक्त्राणि (मुखांत) अभिविज्वलन्ति (प्रज्वलित) 'प्रज्वलित मुखांत' असा आढळतो. 'वक्त्राणि' द्वितीया विभक्ति आहे, आणि 'मुखांत' सप्तमी विभक्ति आहे. 'अभिविज्वलन्ति' हे वर्तमनकाळवाचक बहुवचनी क्रियापद आहे, आणि 'प्रज्वलित' भूतकाळवाचक विशेषण आहे. म्हणून, 'वक्त्राण्यभिविज्वलन्ति' शब्दाचा अर्थ– 'वक्त्राणि' न० द्वितीया० अनेक० (मुखांकडे, मुखांना) 'अभिविज्वलन्ति' तृ०पु० वर्त० अनेक० (ते प्रखरतेने जळत आहेत) होईल. 'अभिविज्वलन्ति' हे क्रियापद आहे, ते 'वक्त्राणि' चे विशेषण नव्हे. या दोन शब्दांची यण् संधि झाली असली तरी या दोन्ही शब्दांचा मेळ अलग अलग शब्दांशी होतो. 'प्रज्वलित' (प्रदिप्तम्) विशेषणाचा उपयोग पुढील (11.29) श्लोकात पहा।

यथा प्रदीप्तम् (नि० 14/1) ज्वलनम् (नि० 14/1) पतङ्गा: (नि० 20/17) विशन्ति नाशाय समृद्धवेगा: (नि० 22/8) तथा (नि० 3/3) एव नाशाय विशन्ति लोका: (नि० 18/1) तव (नि० 1/1) अपि वक्त्राणि (नि० 24/7) समृद्धवेगा: (नि० 22/8)

यथा (1.11); * प्रदीप्तम् (न० द्वितीया० एक० ←क्त० वि० प्रदीप्त ←प्र√दीप् 11.24); * ज्वलनम् (द्वितीया० एक० ←न० ज्वलन ←√ज्वल्); * पतङ्गा: (प्रथमा० अनेक० ←पु० पतङ्ग ←√पत्); * विशन्ति (8.11); * <u>**नाशाय**</u> (चतुर्थी० एक० ←पु० नाश 2.40); * <u>**समृद्धवेगा:**</u> (पु० प्रथमा० अनेक० ←बहुव्री० समृद्धवेग, समृद्ध: वेग: यस्य ←वि० <u>**समृद्ध**</u> ←सम्√ऋध् + पु० वेग 5.23); * तथा (1.8); * एव (1.1); * नाशाय (↑); * विशन्ति (8.11); * लोका: (3.24); * तव (1.3); * अपि (1.26); * वक्त्राणि (11.27); * समृद्धवेगा: (↑)

यथा (जसे) प्रदीप्तम् (प्रज्वलित) ज्वलनम् (अग्नीला) पतङ्गा: (पतंग) विशन्ति (प्रवेश करतात) नाशाय (नष्ट होण्याकरिता) समृद्धवेगा: (तीव्र गतीने उडणारे) तथा (तसे) एव (च) नाशाय (नष्ट होण्याकरिता) विशन्ति (प्रवेश करीत आहेत) लोका: (लोक) तव (तुझ्या) अपि (सुद्धा) वक्त्राणि (मुखांना) समृद्धवेगा: (तीव्र गति असलेले)

* तीव्र गतीने उडणारे पतंग जसे नष्ट होण्याकरिता प्रज्वलित अग्नीला प्रवेश करतात तसेच (हे) तीव्र गति असलेले लोक सुद्धा नष्ट होण्याकरिता तुझ्या मुखांना प्रवेश करीत आहेत.

।।11.30।। **लेलिह्यसे ग्रसमान: समन्ताल्लोकान्समग्रान्वदनैर्ज्वलद्भि:।**
तेजोभिरापूर्य जगत्समग्रं भासस्तवोग्रा: प्रतपन्ति विष्णो।।

लेलिह्यसे ग्रसमान: (नि० 22/7) समन्तात् (नि० 11/6) लोकान् (नि० 13/20) समग्रान् (नि० 13/19) वदनै: (नि० 16/11) ज्वलद्भि: (नि० 22/8) तेजोभि: (नि० 16/1) आपूर्य जगत् (नि० 10/7) समग्रम् (नि० 14/1) भास: (नि० 18/1) तव (नि० 2/2) उग्रा: (नि० 22/3) प्रतपन्ति विष्णो

लेलिह्यसे (लिह्यसे वर जोर दिल्याचे रूप म्हणजे लेलिह्यसे, लेलिह्य नामधातु ←द्वि०पु० एक० लट्०–वर्तमान० अदा० आत्मने० लिह्यसे ←<u>√लिह्</u>); * ग्रसमान: (पु० प्रथमा० एक० ←कर्तरि० वर्त० मान प्रत्ययान्त धातु०सा० वि० ग्रसमान ←भ्वादि० आत्मने० सकर्मक० √ग्रस्); * समन्तात् (11.17); * लोकान् (6.41); * समग्रान् (पु० द्वितीया० अनेक० ←वि० समग्र 4.23); * वदनै: (तृतीया० अनेक० ←न० वदन ←√वद्); * ज्वलद्भि: (न० तृतीया० अनेक० ←शतृ० वि० ज्वलत् ←√ज्वल्); * तेजोभि: (तृतीया० अनेक० ←न० तेजस् 7.9); * आपूर्य (ल्यप्० अव्य० ←आ√पृ 2.70); * जगत् (11.7); * समग्रम् (4.23); * भास: (11.12); * तव (1.3); * उग्रा: (स्त्री० प्रथमा० अनेक० ←वि० उग्र 11.20); * प्रतपन्ति (तृ०पु० अनेक० लट्०–वर्तमान० भ्वादि० परस्मै० ←प्र√तप् 9.19); * विष्णो (11.24)

लेलिह्यसे (तू जिभल्या चाटत आहेस) ग्रसमान: (ग्रहण करीत) समन्तात् (सर्व बाजूंनी) लोकान् (लोकांना) समग्रान् (समग्र) वदनै: (मुखांनी) ज्वलद्भि: (ज्वालाग्रही) तेजोभि: (तेजाने) आपूर्य (भरून)

जगत् (जगाला) समग्रम् (संपूर्ण) भासः (प्रकाश किरण) तव (तुझे) उग्राः (प्रखर) प्रतपन्ति (पोळत आहेत) विष्णो (हे विष्णो!)

* हे विष्णो! सर्व बाजूंनी ज्वालाग्रही मुखांनी समग्र लोकांना ग्रहण करीत तू जिभल्या चाटत आहेस (आणि) तुझे प्रखर प्रकाश किरण संपूर्ण जगाला तेजाने भरून पोळत आहेत.

।।11.31।। **आख्याहि मे को भवानुग्ररूपो नमोऽस्तु ते देववर प्रसीद।**
विज्ञातुमिच्छामि भवन्तमाद्यं न हि प्रजानामि तव प्रवृत्तिम्।।

आख्याहि मे कः (नि० 15/8) भवान् (नि० 8/14) उग्ररूपः (नि० 15/6) नमः (नि० 15/1) अस्तु ते देववर प्रसीद विज्ञातुम् (नि० 8/18) इच्छामि भवन्तम् (नि० 8/17) आद्यम् (नि० 14/1) न हि प्रजानामि तव प्रवृत्तिम् (नि० 14/2)

आख्याहि (द्वि०पु० एक० निवेदनार्थ लोट् अदा० परस्मै० ←आ√<u>ख्या</u>); * मे (1.21); * कः (8.2); * भवान् (1.8); * उग्ररूपः (पु० प्रथमा० एक० ←बहुव्री० उग्ररूप, उग्रम् रूपम् यस्य ←वि० उग्र 11.20 + न० रूप 3.39); * **<u>नमः</u>** (अव्य० ←पु० नमस् ←√नम्); * अस्तु (2.47); * ते (2.7); * देववर (पु० संबो० एक० ←तत्पु०स० देववर, देवेषु वरः ←पु० देव 3.11 + वि० वर 8.4); * प्रसीद (11.25); * विज्ञातुम् (तुमन्त० अव्य० ←वि√ज्ञा); * इच्छामि (1.35); * भवन्तम् (पु० द्वितीया० एक० ←वि० भवत् 1.8); * आद्यम् (8.28); * न (1.30); * हि (1.11); * प्रजानामि (प्रथम०पु० एक० लट्०–वर्तमान० क्र्यादि० परस्मै० ←<u>प्र√ज्ञा</u>); * तव (1.3); * प्रवृत्तिम् (द्वितीया० एक० ←स्त्री० **<u>प्रवृत्ति</u>** ←प्र√वृत्)

आख्याहि (तुम्ही सांगा) मे (मला) कः (कोण) भवान् (आपण) उग्ररूपः (उग्र रूप धारण केलेला) नमः (नमस्कार) अस्तु (असो) ते (तुला) देववर (हे देवाधिदेवा!) प्रसीद (प्रसन्न हो) विज्ञातुम् (जाणण्याकरिता) इच्छामि (मी इच्छा करतो) भवन्तम् (आपणाला) आद्यम् (आद्य) न (नाही) हि (कारण कि) प्रजानामि (मी जाणत–) तव (तुझा) प्रवृत्तिम् (हेतु)

* आपण उग्र रूप धारण केलेला कोण (ते) मला तुम्ही सांगा. हे देवाधिदेवा! तुला नमस्कार असो, प्रसन्न हो; आद्य (अशा) आपणाला जाणण्याकरिता मी इच्छा करतो, कारण कि तुझा हेतु मी जाणत नाही.

।।11.32।। श्रीभगवानुवाच

कालोऽस्मि लोकक्षयकृत्प्रवृद्धो लोकान्समाहर्तुमिह प्रवृत्तः।
ऋतेऽपि त्वां न भविष्यन्ति सर्वे येऽवस्थिताः प्रत्यनीकेषु योधाः।।

श्रीभगवान् (नि० 8/14) उवाच । कालः (नि० 15/1) अस्मि लोकक्षयकृत् (नि० 10/6) प्रवृद्धः (नि० 15/12) लोकान् (नि० 13/20) समाहर्तुम् (नि० 8/18) इह प्रवृत्तः (नि० 22/8) ऋते (नि० 6/1) अपि त्वाम् (नि० 14/1) न भविष्यन्ति (नि० 25/7) सर्वे ये (नि० 6/1) अवस्थिताः (नि० 22/3) प्रत्यनीकेषु (नि० 25/5) योधाः (नि० 22/8)

श्रीभगवान् (2.2); * उवाच (1.25) । काल: (10.30); * अस्मि (7.8); * लोकक्षयकृत् (पु० प्रथमा० एक० ←बहुव्री० लोकक्षयकृत्, लोकानाम् क्षय: करोति य: ←पु० लोक 2.5 + पु० क्षय 1.38 + क्रिया० करोति 4.20); * प्रवृद्ध: (पु० प्रथमा० एक० ←क्त० वि० **प्रवृद्ध** ←प्र√वृध्); * लोकान् (6.41); * समाहर्तुम् (तुमन्त० अव्य० ←सम्–आ√हृ); * इह (2.5); * प्रवृत्त: (पु० प्रथमा० एक० ←वि० प्रवृत्त 1.20); * ऋते (व्यतिरेकवाचक अव्य० ←√ऋ); * अपि (1.26); * त्वाम् (2.7); * न (1.30); * भविष्यन्ति (तृ०पु० अनेक० लृट्०–भविष्य० भ्वादि० परस्मै० ←√भू); * सर्वे (1.6); * ये (1.7); * अवस्थिता: (1.11); * प्रत्यनीकेषु (पु० सप्तमी० अनेक० ←तत्पु०स० प्रत्यनीक ←अव्य० प्रति 2.43 + पु० अनीक 1.2); * योधा: (प्रथमा० अनेक० ←पु० योध 11.26)

श्रीभगवान् (श्रीभगवान) उवाच (म्हणाले–) काल: (काळ) अस्मि (मी आहे) लोकक्षयकृत् (लोकांचा क्षयकर्ता) प्रवृद्ध: (वृद्धिंगत) लोकान् (लोकांना) समाहर्तुम् (नष्ट करण्यासाठी) इह (इथे) प्रवृत्त: (प्रवृत्त झालेला) ऋते (शिवाय) अपि (सुद्धा) त्वाम् (तुझ्या–) न (नाही) भविष्यन्ति (राहणार–) सर्वे (सर्व) ये (जे) अवस्थिता: (उपस्थित झालेले आहेत) प्रत्यनीकेषु (प्रतिपक्षात) योधा: (योद्धे)

* श्रीभगवान म्हणाले– मी (या) लोकांना नष्ट करण्यासाठी इथे प्रवृत्त झालेला लोकांचा क्षयकर्ता (व) वृद्धिंगत काळ आहे, प्रतिपक्षात जे सर्व योद्धे उपस्थित झालेले आहेत (ते) तुझ्याशिवाय सुद्धा (जिवंत) राहणार नाहीत.

।।11.33।। **तस्मात्त्वमुत्तिष्ठ यशो लभस्व जित्वा शत्रून्भुङ्क्ष्व राज्यं समृद्धम्।**
मयैवैते निहता: पूर्वमेव निमित्तमात्रं भव सव्यसाचिन्।।

तस्मात् (नि० 1/10) त्वम् (नि० 8/20) उत्तिष्ठ यश: (नि० 15/12) लभस्व जित्वा शत्रून् (नि० 13.15) भुङ्क्ष्व राज्यम् (नि० 14/1) समृद्धम् (नि० 14/2) मया (नि० 3/3) एव (नि० 3/1) एते निहता: (नि० 22/3) पूर्वम् (नि० 8/22) एव निमित्तमात्रम् (नि० 14/1) भव सव्यसाचिन्

तस्मात् (1.37); * त्वम् (2.11); * उत्तिष्ठ (2.3); * यश: (द्वितीया० एक० ←न० यशस् 10.5); * लभस्व (द्वि०पु० एक० उपदेशार्थ लोट् भ्वादि० आत्मने० ←√लभ्); * जित्वा (2.37); * शत्रून् (द्वितीया० अनेक० ←पु० शत्रु 3.43); * भुङ्क्ष्व (द्वि०पु० एक० उपदेशार्थ लोट् रुधादि० आत्मने० ←√भुज्); * राज्यम् (1.32); * समृद्धम् (न० द्वितीया० एक० ←वि० समृद्ध 11.29); * मया (1.22); * एव (1.1); * एते (1.23); * निहता: (पु० प्रथमा० अनेक० ←क्त० वि० निहत ←नि√हन्); * पूर्वम् (क्रि०वि० ←वि० पूर्व 4.15); * एव (1.1); * निमित्तमात्रम् (क्रिवि० निमित्तस्य मात्रम् ←न० निमित्त 1.31 + कैवल्यवाचक वि० मात्र ←√मा); * भव (2.45); * सव्यसाचिन् (पु० संबो० एक० ←बहुव्री० सव्यसाचिन्, सव्येन साचितुम् सामर्थ्यम् यस्य ←वि० सव्य ←√सू + वि० साचिन् ←√सच्)

तस्मात् (म्हणून) त्वम् (तू) उत्तिष्ठ (ऊठ) यश: (यश) लभस्व (संपादन कर) जित्वा (जिंकून) शत्रून् (शत्रूंना) भुङ्क्ष्व (तू उपभोग) राज्यम् (राज्य) समृद्धम् (समृद्ध) मया (माझ्याकडून) एव (च) एते (हे)

निहताः (मृत्यूच्या मुखी धाडले गेलेले) पूर्वम् (आधी) एव (च) निमित्तमात्रम् (फक्त निमित्त) भव (तू हो) सव्यसाचिन् (हे डाव्या हाताने सुद्धा अचुक असलेल्या निष्णात धनुर्धरा!)

* म्हणून तू ऊठ शत्रूंना जिंकून यश संपादन कर (आणि) समृद्ध राज्य उपभोग; हे डाव्या हाताने सुद्धा अचुक असलेल्या निष्णात धनुर्धरा! हे (लोक) आधीच माझ्याकडून मृत्यूच्या मुखी धाडले गेलेले (आहेत), (आता) तू फक्त निमित्तच हो.

।।11.34।। **द्रोणं च भीष्मं च जयद्रथं च कर्णं तथाऽन्यानपि योधवीरान्।**
मया हतांस्त्वं जहि मा व्यथिष्ठा युद्ध्यस्व जेतासि रणे सपत्नान्।।

द्रोणम् (नि॰ 14/1, 24/3) च भीष्मम् (नि॰ 14/1) च जयद्रथम् (नि॰ 14/1) च कर्णम् (नि॰ 14/1) तथा (नि॰ 1/3) अन्यान् (नि॰ 8/11) अपि योधवीरान् (नि॰ 23/1) मया हतान् (नि॰ 13/7) त्वम् (नि॰ 14/1) जहि मा व्यथिष्ठाः (नि॰ 20/14) युद्ध्यस्व जेतासि रणे (नि॰ 24/9) सपत्नान्

द्रोणम् (2.4); * च (1.1); * भीष्मम् (1.11); * च (1.1); * जयद्रथम् (पु॰ द्वितीया॰ एक॰ ←विना॰ जयद्रथ); * च (1.1); * कर्णम् (पु॰ द्वितीया॰ एक॰ ←विना॰ कर्ण 1.8); * तथा (1.8); * अन्यान् (पु॰ द्वितीया॰ अनेक॰ ←वि॰ अन्य 1.9); * अपि (1.26); * योधवीरान् (पु॰ द्वितीया॰ अनेक॰ ←तत्पु॰स॰ योधवीर, योधानाम् वीरः ←पु॰ योध 11.26 + वि॰ वीर 11.28); * मया (1.22); * हतान् (पु॰ द्वितीया॰ अनेक॰ ←वि॰ हत 2.19); * त्वम् (2.11); * जहि (3.43); * मा (2.3); * व्यथिष्ठाः (द्वि॰ पु॰ एक॰ आज्ञार्थक लुङ्-भूत॰ भ्वादि॰ आत्मने॰ विकल्पपक्ष ←√व्यथ्); * युद्ध्यस्व (2.18); * जेतासि (द्वि॰पु॰ एक॰ लुट्-भविष्य॰ भ्वादि॰ परस्मै॰ ←√जि); * रणे (1.46); * सपत्नान् (द्वितीया॰ अनेक॰ ←पु॰ सपत्न 2.8)

द्रोणम् (द्रोण) च (आणि) भीष्मम् (भीष्म) च (आणि) जयद्रथम् (जयद्रथ) च (आणि) कर्णम् (कर्ण) तथा (तसेच) अन्यान् (अन्य) अपि (सुद्धा) योधवीरान् (वीर योद्ध्यांना) मया (माझ्या हातून) हतान् (मारले गेलेल्या) त्वम् (तू) जहि (खतम कर) मा (होऊ नकोस) व्यथिष्ठाः (व्यथित) युद्ध्यस्व (तू युद्ध कर) जेतासि (तू जिंकशील) रणे (रणांगणात) सपत्नान् (शत्रूंना)

* द्रोण आणि भीष्म आणि जयद्रथ आणि कर्ण तसेच अन्य सुद्धा माझ्या हातून मारले गेलेल्या वीर योद्ध्यांना तू खतम कर; तू व्यथित होऊ नकोस, युद्ध कर, तू रणांगणात शत्रूंना जिंकशील.

।।11.35।। सञ्जय उवाच

एतच्छ्रुत्वा वचनं केशवस्य कृताञ्जलिर्वेपमानः किरीटी।
नमस्कृत्वा भूय एवाह कृष्णं सगद्गदं भीतभीतः प्रणम्य।।

सञ्जयः (नि॰ 19/4) उवाच । एतत् (नि॰ 11/4) श्रुत्वा वचनम् (नि॰ 14/1) केशवस्य कृताञ्जलिः (नि॰ 16/6) वेपमानः (नि॰ 22/1) किरीटी नमस्कृत्वा भूयः (नि॰ 19/7) एव (नि॰ 1/2) आह कृष्णम् (नि॰ 14/1, 24/3) सगद्गदम् (नि॰ 14/1) भीतभीतः (नि॰ 22/3) प्रणम्य

सञ्जय: (1.2); * उवाच (1.25) । एतत् (2.3); * श्रुत्वा (2.29); * वचनम् (1.2); * केशवस्य (षष्ठी॰ एक॰ ←पु॰ केशव 1.31); * कृताञ्जलि: (11.14); * वेपमान: (पु॰ प्रथमा॰ एक॰ ←शानच्॰ मान प्रत्ययान्त वि॰ वेपमान ←√वेप्); * किरीटी (पु॰ प्रथमा॰ एक॰ ←बहुव्री॰ किरीटिन्, किरीट: धरति य: ←पु॰ किरीट 11.17); * नमस्कृत्वा (अनियमित ल्यप्॰ अव्य॰ ←नमस्√कृ); * भूय: (2.20); * एव (1.1); * आह (1.21); * कृष्णम् (पु॰ द्वितीया॰ एक॰ ←विना॰ कृष्ण 1.28); * सगद्गदम् (क्रि॰वि॰ अव्य॰ ←स-बहुव्री॰ वि॰ सगद्गद, गद्गदेन सह ←वि॰ सह 1.22 + वि॰ गद्गद ←गद्√गद्); * भीतभीत: (= भीत: भीत: ←पु॰ प्रथमा॰ एक॰ भीत: ←वि॰ भीत 11.21); * प्रणम्य (11.14)

सञ्जय: (संजय) उवाच (म्हणाला–) एतत् (हे) श्रुत्वा (ऐकून) वचनम् (वाच्य) केशवस्य (कृष्णाचे) कृताञ्जलि: (दोन्ही हात जोडलेला तो) वेपमान: (थरथर कापत असलेला) किरीटी (मुकुटधारी अर्जुन) नमस्कृत्वा (नमस्कार करून) भूय: (पुन्हा) एव (ही) आह (म्हणाला) कृष्णम् (कृष्णाला) सगद्गदम् (गदगदून) भीतभीत: (भीतभीत झालेला) प्रणम्य (प्रणाम करून)

* संजय म्हणाला– कृष्णाचे हे वाच्य ऐकून थरथर कापत असलेला, दोन्ही हात जोडलेला (व) भीतभीत झालेला तो मुकुटधारी अर्जुन नमस्कार करून (व) प्रणाम करून पुन्हाही गदगदून कृष्णाला म्हणाला–

।।11.36।। अर्जुन उवाच

स्थाने हृषीकेश तव प्रकीर्त्या जगत्प्रहृष्यत्यनुरज्यते च।
रक्षांसि भीतानि दिशो द्रवन्ति सर्वे नमस्यन्ति च सिद्धसङ्घा:।।

अर्जुन: (नि॰ 19/4) उवाच । स्थाने हृषीकेश तव प्रकीर्त्या जगत् (नि॰ 10/6) प्रहृष्यति (नि॰ 25/6, 4/1) अनुरज्यते च रक्षांसि भीतानि दिश: (नि॰ 15/4) द्रवन्ति सर्वे नमस्यन्ति च सिद्धसङ्घा: (नि॰ 22/8)

अर्जुन: (1.28); * उवाच (1.25) । स्थाने (क्रि॰वि॰ अथवा सप्तमी॰ एक॰ ←न॰ स्थान 5.5); * हृषीकेश (संबो॰ एक॰ ←पु॰ हृषीकेश 1.15); * तव (1.3); * प्रकीर्त्या (तृतीया॰ एक॰ ←स्त्री॰ प्रकीर्ति ←प्र√कृत्); * जगत् (7.5); * प्रहृष्यति (तृ॰पु॰ एक॰ लट्॰-वर्तमान॰ दिवादि॰ परस्मै॰ ←प्र√हृष्); * अनुरज्यते (तृ॰पु॰ एक॰ लट्॰-वर्तमान॰ दिवादि॰ आत्मने॰ ←अनु√रञ्ज्); * च (1.1); * रक्षांसि (प्रथमा॰ अनेक॰ ←न॰ रक्षस् 10.23); * भीतानि (न॰ प्रथमा॰ अनेक॰ ←वि॰ भीत 11.21); * दिश: (6.13); * द्रवन्ति (11.28); * सर्वे (1.6); * नमस्यन्ति (तृ॰पु॰ अनेक॰ लृट्॰–भविष्य॰ भ्वादि॰ परस्मै॰ ←√नम्); * च (1.1); * सिद्धसङ्घा: (पु॰ प्रथमा॰ अनेक॰ ←तत्पु॰स॰ सिद्धसङ्घ, सिद्धानाम् सङ्घ: ←पु॰ सिद्ध 7.3 + पु॰ सङ्घ 11.15)

अर्जुन: (अर्जुन) उवाच– (म्हणाला–) स्थाने (हे ठीक आहे) हृषीकेश (हे हृषीकेशा!) तव (तुझ्या) प्रकीर्त्या (कीर्तिगानाने) जगत् (जग) प्रहृष्यति (आल्हादते) अनुरज्यते (आनंदित होते) च (आणि) रक्षांसि

(राक्षस) भीतानि (भ्यालेले) दिशः (सैरावैरा) द्रवन्ति (धाव घेतात) सर्वे (सर्व) नमस्यन्ति (नमस्कार करतील) च (आणि) सिद्धसङ्घाः (सिद्धांचे मेळे)

* अर्जुन म्हणाला– हे हृषीकेशा! हे ठीक आहे (कि) तुझ्या कीर्तिगानाने जग आल्हादते (आणि) आनंदित होते आणि भ्यालेले राक्षस सैरावैरा धाव घेतात आणि सर्व सिद्धांचे मेळे (तुला) नमस्कार करतील.

।।11.37।। **कस्माच्च ते न नमेरन्महात्मन् गरीयसे ब्रह्मणोऽप्यादिकर्त्रे।**
अनन्त देवेश जगन्निवास त्वमक्षरं सदसत्तत्परं यत्।।

कस्मात् (नि॰ 11/1) च ते न नमेरन् (नि॰ 13/16) महात्मन् (नि॰ 13/10) गरीयसे ब्रह्मणः (नि॰ 15/1) अपि (नि॰ 4/2) आदिकर्त्रे (नि॰ 23/1) अनन्त देवेश जगन्निवास त्वम् (नि॰ 8/16) अक्षरम् (नि॰ 14/1) सत् (नि॰ 8/2) असत् (नि॰ 1/10) तत्परम् (नि॰ 14/1) यत्

कस्मात् (पु॰ अथवा न॰ पंचमी॰ एक॰ ←सना॰ किम् 1.1); * च (1.1); * ते (1.7); * न (1.30); * नमेरन् (तृ॰पु॰ अनेक॰ विधि॰ भ्वादि॰ आत्मने॰ ←√नम्); * महात्मन् (11.20); * गरीयसे (चतुर्थी॰ एक॰ ←वि॰ गरीयस् 2.6); * ब्रह्मणः (4.32); * अपि (1.26); * आदिकर्त्रे (पु॰ चतुर्थी॰ एक॰ ←तत्पु॰स॰ आदिकर्तृ ←वि॰ आदि 2.28 + वि॰ कर्तृ 3.24); * अनन्त (पु॰ संबो॰ एक॰ ←बहुव्री॰ वि॰ अनन्त 2.41); * देवेश (11.25); * जगन्निवास (11.25); * त्वम् (2.11); * अक्षरम् (8.3); * सत् (2.16); * असत् (9.19); * तत्परम् (5.16); * यत् (2.67)

कस्मात् (कां) च (आणि) ते (तुला) न (न) नमेरन् (नमन करावे) महात्मन् (हे परमात्मा!) गरीयसे (श्रेष्ठतर) ब्रह्मणः (ब्रह्मापेक्षा) अपि (सुद्धा) आदिकर्त्रे (आदिकर्त्याला) अनन्त (हे अनंता!) देवेश (हे देवेशा!) जगन्निवास (हे जगन्निवासा!) त्वम् (तू) अक्षरम् (अक्षर) सत् (सत्) असत् (असत्) तत्परम् (च्या पलीकडे) यत् (जे)

* हे परमात्मा! तुला, ब्रह्मापेक्षा सुद्धा श्रेष्ठतर आदिकर्त्याला, (त्यांनी) कां नमन न करावे? आणि हे अनंता, हे देवेशा! हे जगन्निवासा! तू सत् असत् च्या पलीकडे जे अक्षर (ते तत्त्व आहेस).

।।11.38।। **त्वमादिदेवः पुरुषः पुराणस्त्वमस्य विश्वस्य परं निधानम्।**
वेत्तासि वेद्यं च परं च धाम त्वया ततं विश्वमनन्तरूप।।

त्वम् (नि॰ 8/17) आदिदेवः (नि॰ 22/3) पुरुषः (नि॰ 22/3) पुराणः (नि॰ 18/1) त्वम् (नि॰ 8/16) अस्य विश्वस्य परम् (नि॰ 14/1) निधानम् (नि॰ 14/2) वेत्ता (नि॰ 1/3) असि वेद्यम् (नि॰ 14/1) च परम् (नि॰ 14/1) च धाम त्वया ततम् (नि॰ 14/1) विश्वम् (नि॰ 8/16) अनन्तरूप

त्वम् (2.11); * आदिदेवः (पु॰ प्रथमा॰ एक॰ ←तत्पु॰स॰ आदिदेव 10.12); * पुरुषः (2.21); * पुराणः (2.20); * त्वम् (2.11); * अस्य (2.17); * विश्वस्य (11.18); * परम् (4.4); * निधानम् (9.18); * वेत्ता (पु॰ प्रथमा॰ एक॰ ←वि॰ वेत्तृ ←√विद्); * असि (4.3); * वेद्यम् (9.17); * च

(1.1); * परम् (2.12); * च (1.1); * धाम (8.21); * त्वया (6.33); * ततम् (प्रथमा० 2.17); * **विश्वम्** (प्रथमा० एक० ←न० विश्व 11.19); * अनन्तरूप (पु० संबो० एक० ←बहुव्री० अनन्तरूप 11.16)

त्वम् (तू) आदिदेवः (आदिदेव) पुरुषः (परमपुरुष) पुराणः (सनातन) त्वम् (तू) अस्य (या) विश्वस्य (विश्वाचा) परम् (परम) निधानम् (धाता) वेत्ता (सर्वज्ञानी) असि (आहेस) वेद्यम् (ज्ञेय) च (आणि) परम् (परम) च (आणि) धाम (धाम) त्वया (तुझ्यानेच) ततम् (विकसित आहे) विश्वम् (विश्व) अनन्तरूप (हे अनंतरूपा!)

* तू आदिदेव, परमपुरुष आणि सनातन (आहेस); तू या विश्वाचा परम धाता, सर्वज्ञानी, ज्ञेय आणि परम धाम आहेस. हे अनंतरूपा! तुझ्यानेच (हे) विश्व विकसित आहे.

।।11.39।। **वायुर्यमोऽग्निर्वरुणः शशाङ्कः प्रजापतिस्त्वं प्रपितामहश्च।**
नमो नमस्तेऽस्तु सहस्त्रकृत्वः पुनश्च भूयोऽपि नमो नमस्ते।।

वायुः (नि० 16/8) यमः (नि० 15/1) अग्निः (नि० 16/6) वरुणः (नि० 22/5) शशाङ्कः (नि० 22/3) प्रजापतिः (नि० 18/1) त्वम् (नि० 14/1) प्रपितामहः (नि० 17/1) च नमः (नि० 15/6) नमः (नि० 18/1) ते (नि० 6/1) अस्तु सहस्त्रकृत्वः (नि० 22/3) पुनः (नि० 17/1) च भूयः (नि० 15/1) अपि नमः (नि० 15/6) नमः (नि० 18/1) ते

वायुः (2.67); * यमः (1.029); * अग्निः (4.37); * वरुणः (10.29); * **शशाङ्कः** (प्रथमा० एक० ←पु० शशाङ्क ←√शश्); * प्रजापतिः (3.10); * त्वम् (2.11); * प्रपितामहः (प्रथमा० एक० ←पु० प्रपितामह ←पु० पितामह 1.12); * च (1.1); * नमः (11.31); * नमः (11.31); * ते (2.7); * अस्तु (2.47); * सहस्त्रकृत्वः (क्रि०वि० ←संख्या० वि० सहस्त्र 7.3 + वि० कृत् 2.50); * पुनः (4.35); * च (1.1); * भूयः (2.20); * अपि (1.26); * नमः (11.31); * नमः (11.31); * ते (2.7)

वायुः (वायु) यमः (यमदेव) अग्निः (अग्नि) वरुणः (वरुण) शशाङ्कः (सोम) प्रजापतिः (प्रजेचा धाता) त्वम् (तू) प्रपितामहः (महापिता) च (आणि) नमः (नमन) नमः (नमन) ते (तुला) अस्तु (असो) सहस्त्रकृत्वः (सहस्त्र वेळा) पुनः (पुन्हा) च (आणि) भूयः (पुन्हा) अपि (ही) नमः (नमन) नमः (नमन) ते (तुला)

* तू वायु, यमदेव, अग्नि, वरुण, सोम, प्रजेचा धाता आणि महापिता (आहेस), तुला सहस्त्र वेळा आणि पुन्हा नमन नमन असो; तुला पुन्हाही नमन नमन (असोत).

।।11.40।। **नमः पुरस्तादथ पृष्ठतस्ते नमोऽस्तु ते सर्वत एव सर्व।**
अनन्तवीर्यामितविक्रमस्त्वं सर्वं समाप्नोषि ततोऽसि सर्वः।।

नमः (नि० 22/3) पुरस्तात् (नि० 8/2) अथ पृष्ठतः (नि० 18/1) ते नमः (नि० 15/1) अस्तु ते सर्वतः (नि० 19/7) एव सर्व (नि० 23/1) अनन्तवीर्य (नि० 1/1) अमितविक्रमः (नि० 18/1) त्वम् (नि० 14/1) सर्वम् (नि० 14/1) समाप्नोषि (नि० 25/4) ततः (नि० 15/1) असि सर्वः (नि० 22/8)

नमः (11.31); * पुरस्तात् (दिशादर्शक अव्य० ←√पुर्); * अथ (1.20); * पृष्ठतः (दिशा, रोखदर्शक अव्य० पृष्ठतस् ←√पृष्); * ते (1.7); * नमः (11.31); * अस्तु (2.47); * ते (1.7); * सर्वतः (2.46); * एव (1.1); * सर्व (पु० नाम० संबो० एक० ←सन० सर्व 1.6); * अनन्तवीर्यामितविक्रमः (पु० प्रथमा० एक० ←बहुव्री० अनन्तवीर्यामितविक्रम, अनन्तवीर्यः च अमितविक्रमः च यः ←वि० अनन्तवीर्य 11.19 + वि० अमित ←√मा + पु० विक्रम ←वि√क्रम्); * त्वम् (2.11); * सर्वम् (2.17); * समाप्नोषि (द्वि०पु० एक० लट्०-वर्तमान० स्वादि० परस्मै० ←सम्√आप् 2.70); * ततः (1.13); * असि (4.3); * सर्वः (3.5)

नमः (नमन) पुरस्तात् (पुढे) अथ (आणि) पृष्ठतः (मागे) ते (तुला) नमः (नमन) अस्तु (असो) ते (तुला) सर्वतः (सर्व दिशांनी) एव (च) सर्व (सर्व! हे सर्वस्वा! हे सर्वात्मा!) अनन्तवीर्य (हे समर्था!) अमितविक्रमः (अनंत पराक्रमी) त्वम् (तू) सर्वम् (सर्व) समाप्नोषि (तू व्यापतोस) ततः (म्हणून) असि (आहेस) सर्वः (सर्व)

* तुला पुढे आणि मागे नमन; हे सर्वस्वा! तुला सर्व दिशांनी नमन असो; हे समर्था! तू अनंत पराक्रमी (आहेस) तू सर्व व्यापतोस म्हणून सर्वात्मा आहेस.

।।11.41।। **सखेति मत्वा प्रसभं यदुक्तं हे कृष्ण हे यादव हे सखेति।**
अजानता महिमानं तवेदं मया प्रमादात्प्रणयेन वापि।।

सखा (नि० 2/3) इति मत्वा प्रसभम् (नि० 14/1) यत् (नि० 8/6) उक्तम् (नि० 14/1) हे कृष्ण हे यादव हे सखे (नियम 5/2 ला आर्ष अपवाद) इति (नि० 23/1) अजानता महिमानम् (नि० 14/1) तव (नि० 2/1) इदम् (नि० 14/1) मया प्रमादात् (नि० 10/6) प्रणयेन वा (नि० 1/3) अपि

सखा (4.3); * इति (1.25); * मत्वा (3.28); * प्रसभम् (2.60); * यत् (2.67); * उक्तम् (11.1); * **<u>हे</u>** (संबोधदर्शक अव्य० ←√हा); * कृष्ण (1.28); * हे (↑); * यादव (पु० संबो० एक० ←तद्धित शब्द यादव, यदोः गोत्रापत्यम् ←पु० यदु ←√यज्); * हे (↑); * सखे (संबो० एक० ←पु० सखि 1.26); * इति (1.25); * अजानता (तृतीया० एक० ←शतृ० वि० अजानत् 7.24); * महिमानम् (द्वितीया० एक० ←पु० महिमन् ←√मह्); * तव (1.3); * इदम् (1.10); * मया (1.22); * प्रमादात् (पंचमी० एक० ←पु० **<u>प्रमाद</u>** ←प्र√मद्); * प्रणयेन (तृतीया० एक० ←पु० प्रणय ←प्र√नी); * वा (1.32); * अपि (1.26)

सखा (सखा) इति (असे) मत्वा (समजून) प्रसभम् (थट्टेने) यत् (जे) उक्तम् (म्हटले गेले) हे (अरे) कृष्ण (कृष्णा) हे (ए) यादव (यादवा) हे (हे) सखे (सख्या) इति (असे) अजानता (न जाणत असल्याने) महिमानम् (महिमा) तव (तुझा) इदम् (हा) मया (माझ्याकडून) प्रमादात् (असावधानीमुळे) प्रणयेन (प्रेमाने) वा (वा) अपि (सुद्धा)

* तुझा हा महिमा न जाणत असल्याने, सखा असे समजून, (आपणाला) माझ्याकडून थट्टेने, असावधानीमुळे वा प्रेमाने सुद्धा जे अरे कृष्णा, ए यादवा, हे सख्या असे म्हटले गेले;

।।11.42।। **यच्चावहासार्थमसत्कृतोऽसि विहारशय्यासनभोजनेषु।**
एकोऽथवाप्यच्युत तत्समक्षं तत्क्षामये त्वामहमप्रमेयम्।।

यत् (नि० 11/1) च (नि० 1/1) अवहासार्थम् (नि० 8/16) असत्कृत: (नि० 15/1) असि विहारशय्यासनभोजनेषु (नि० 25/5, 23/1) एक: (नि० 15/1) अथवा (नि० 1/3) अपि (नि० 4/1) अच्युत तत्समक्षम् (नि० 14/1) तत् (नि० 10/5) क्षामये त्वाम् (नि० 8/16) अहम् (नि० 8/16) अप्रमेयम् (नि० 14/2)

यत् (2.67); * च (1.1); * अवहासार्थम् (क्रिवि० ←पु० अवहासार्थ, अवहासस्य अर्थ: ←पु० अवहास ←अव√हस् + पु० अर्थ 1.7); * असत्कृत: (पु० प्रथमा० एक० न–तत्पु०स० ←क्त० वि० **सत्कृत** ←वि० सत् 2.16 + वि० कृत 1.35); * असि (4.3); * विहारशय्यासनभोजनेषु (सप्तमी० अनेक० द्वंद्व०स० विहारेषु च शय्यासु च आसनेषु च भोजनेषु च ←पु० विहार 6.17 + स्त्री० शय्या ←√शी + न० आसन 6.11 + न० **भोजन** ←√भुज्); * **एक:** (पु० प्रथमा० एक० ←वि० एक 2.41); * अथवा (6.42); * अपि (1.26); * अच्युत (1.21); * तत्समक्षम् (क्रि०वि० अथवा अव्य० ←सना० तत् 1.10 + अव्य० अथवा वि० समक्ष ←सम्√अक्ष्); * तत् (2.7); * क्षामये (प्रथम०पु० एक० लट्० भ्वादि० आत्मने० प्रयो० ←√क्षम्); * त्वाम् (2.7); * अहम् (1.22); * अप्रमेयम् (11.17)

यत् (जे) च (आणि) अवहासार्थम् (परिहासार्थ) असत्कृत: (अवमानित) असि (झाला आहात) विहारशय्यासनभोजनेषु (विहारासमयी, निजण्यासमयी, उठण्याबसण्यासमयी, खाण्यासमयी) एक: (एकटे) अथवा (अथवा) अपि (सुद्धा) अच्युत (हे अच्युता!) तत् (त्या–) समक्षम् (समक्ष) तत् (ते) क्षामये (क्षमा करण्याची प्रार्थना करतो) त्वाम् (तुम्हाला) अहम् (मी) अप्रमेयम् (अगाध)

* आणि, हे अच्युता! एकटे अथवा त्या (मित्रवृंदाच्या) समक्ष सुद्धा जे विहारासमयी, निजण्यासमयी, उठण्याबसण्यासमयी (किंवा) खाण्यासमयी परिहासार्थ अवमानित झाला आहात ते अगाध (अशा) तुम्हाला मी क्षमा करण्याची प्रार्थना करतो.

।।11.43।। **पितासि लोकस्य चराचरस्य त्वमस्य पूज्यश्च गुरुर्गरीयान्।**
न त्वत्समोऽस्त्यभ्यधिक: कुतोऽन्यो लोकत्रयेऽप्यप्रतिमप्रभाव।।

पिता (नि० 1/3) असि लोकस्य चराचरस्य त्वम् (नि० 8/16) अस्य पूज्य: (नि० 17/1) च गुरु: (नि० 16/8) गरीयान् (नि० 23/1) न त्वत्सम: (नि० 15/1) अस्ति (नि० 4/1) अभ्यधिक: (नि० 22/1) कुत: (नि० 15/1) अन्य: (नि० 15/12) लोकत्रये (नि० 6/1) अपि (नि० 4/1) अप्रतिमप्रभाव

पिता (9.17); * असि (4.3); * लोकस्य (5.14); * चराचरस्य (षष्ठी० एक० ←न० चराचर 10.39); * त्वम् (2.11); * अस्य (2.17); * पूज्य: (पु० प्रथमा० एक० ←कर्मणि० विधि० धातु०सा० वि० पूज्य

←√पूज्); * च (1.1); * गुरु: (प्रथमा० एक० ←पु० गुरु 2.5); * गरीयान् (पु० प्रथमा० एक० तरभाव ←वि० गरीयस् 2.6); * न (1.30); * त्वत्सम: (पु० प्रथमा० एक० ←वि० त्वत्सम, तव सम: ←सना० त्वत् 6.39 + वि० सम 1.4); * अस्ति (2.40); * अभ्यधिक: (पु० प्रथमा० एक० ←वि० प्रा० अभ्यधिक, अभित: अधिक: ←अभि√धा); * कुत: (2.2); * अन्य: (2.29); * लोकत्रये (न० सप्तमी० एक० ←तत्पु०स० लोकत्रय 11.20); * अपि (1.26); * अप्रतिमप्रभाव (पु० संबो० एक० ←बहुव्री० अप्रतिमप्रभाव, अप्रतिम: प्रभाव: यस्य ←वि० अप्रतिम ←अ-प्रति√मा + पु० **प्रभाव** ←प्र√भू)

पिता (जनक) असि (आहेस) लोकस्य (जगताचा) चराचरस्य (चराचर) त्वम् (तू) अस्य (या) पूज्य: (पूज्य) च (आणि) गुरु: (गुरु) गरीयान् (श्रेष्ठतर) न (नाही) त्वत्सम: (तुझ्या समान) अस्ति (आहे) अभ्यधिक: (उच्चतर) कुत: (कसा) अन्य: (अन्य कुणी) लोकत्रये (त्रिभुवनात) अपि (सुद्धा) अप्रतिमप्रभाव (हे अप्रतिम प्रभावी!)

* तू या चराचर जगताचा जनक, पूज्य आणि श्रेष्ठतर गुरु आहेस; हे अप्रतिम प्रभावी! तुझ्या समान अन्य कुणी त्रिभुवनात सुद्धा नाही आहे (तर) उच्चतर कसा (राहील)?

।।11.44।। **तस्मात्प्रणम्य प्रणिधाय कायं प्रसादये त्वामहमीशमीड्यम्।**
पितेव पुत्रस्य सखेव सख्युः प्रिय: प्रियायार्हसि देव सोढुम्।।

तस्मात् (नि० 10/6) प्रणम्य प्रणिधाय कायम् (नि० 14/1) प्रसादये त्वाम् (नि० 8/16) अहम् (नि० 8/19) ईशम् (नि० 8/19) ईड्यम् (नि० 14/2) पिता (नि० 2/3) इव पुत्रस्य सखा (नि० 2/3) इव सख्यु: (नि० 22/3) प्रिय: (नि० 22/3) प्रियाया: (नियम 20.1 ला आर्ष अपवाद) अर्हसि देव सोढुम् (नि० 14/2)

तस्मात् (1.37); * प्रणम्य (11.14); * प्रणिधाय (ल्यप्० अव्य० ←प्र-नि√धा); * कायम् (द्वितीया० एक० ←न० काय 5.11); * प्रसादये (प्रथम०पु० एक० लट्०-वर्तमान० तुदादि० आत्मने० प्रयो० ←प्र√सद्); * त्वाम् (2.7); * अहम् (1.22); * ईशम् (11.15); * ईड्यम् (द्वितीया० एक० ←क्त० वि० ईड्य ←√ईड्); * पिता (9.17); * इव (1.30); * पुत्रस्य (षष्ठी० एक० ←पु० पुत्र 1.3); * सखा (4.3); * इव (1.30); * सख्यु: (षष्ठी० एक० ←पु० सखि 1.26); * प्रिय: (7.17); * प्रियाया: (संधि नियम 20.1 ला आर्ष अपवाद, अथवा इथे प्रियाय असे रूप) प्रियाय (पु० चतुर्थी० एक० ←वि० प्रिय 1.23); * अर्हसि (2.25); * देव (11.5); * सोढुम् (5.23)

तस्मात् (म्हणून) प्रणम्य (प्रणाम करून) प्रणिधाय (चरणांवर ठेवून) कायम् (देहाला) प्रसादये (प्रसन्नतेच्या याचनेने आळवितो) त्वाम् (तुला) अहम् (मी) ईशम् (ईश्वराला) ईड्यम् (स्तुतिपात्र) पिता (पिता) इव

(ज्याप्रत) पुत्रस्य (पुत्राचे) सखा (सखा) इव (जसा) सख्यु: (सख्याचे) प्रिय: (प्रिय) प्रियाय (प्रियाला)[1] अर्हसि (तू योग्य आहेस) देव (हे देवा!) सोढुम् (सहन करावयास)

* म्हणून मी तुला ईश्वराला प्रणाम करून चरणांवर देहाला ठेवून प्रसन्नतेच्या याचनेनी आळवितो. हे स्तुतिपात्र देवा! पिता ज्याप्रत पुत्राचे (व) सखा जसा सख्याचे (तसे) तू प्रिय (मज) प्रियाला सहन करावयास योग्य आहेस.

।।11.45।। **अदृष्टपूर्वं हृषितोऽस्मि दृष्ट्वा भयेन च प्रव्यथितं मनो मे।**
तदेव मे दर्शय देव रूपं प्रसीद देवेश जगन्निवास।।

अदृष्टपूर्वम् (नि० 14/1) हृषित: (नि० 15/1) अस्मि दृष्ट्वा भयेन च प्रव्यथितम् (नि० 14/1) मन: (नि० 15/9) मे तत् (नि० 8/9) एव मे दर्शय देव रूपम् (नि० 14/1) प्रसीद देवेश जगन्निवास

अदृष्टपूर्वम् (न० द्वितीया० एक० न-बहुव्री० ←वि० दृष्टपूर्व 11.6); * हृषित: (पु० प्रथमा० एक० ←क्त० वि० हृषित ←√हृष्); * अस्मि (7.8); * दृष्ट्वा (1.2); * भयेन (तृतीया० एक० ←न० भय 2.35); * च (1.1); * प्रव्यथितम् (11.20); * मन: (प्रथमा० 1.30); * मे (1.21); * तत् (2.7); * एव (1.1); * मे (2.7); * दर्शय (11.4); * देव (11.15); * रूपम् (द्वितीया० 11.3); * प्रसीद (11.25); * देवेश (11.25); * जगन्निवास (11.25)

अदृष्टपूर्वम् (पूर्वी कधी न पाहिलेले) हृषित:-अस्मि (मी हर्षित आहे) दृष्ट्वा (बघून) भयेन (भीतीने) च (आणि) प्रव्यथितम् (अति व्यथित झाले आहे) मन: (मन) मे (माझे) तत् (त्या) एव (च) मे (मला) दर्शय (दाखव) देव (हे देवा!) रूपम् (रूप) प्रसीद (प्रसन्न हो) देवेश (हे देवेशा!) जगन्निवास (हे जगन्निवासा!)

* हे देवा! पूर्वी कधी न पाहिलेले (तुझे रूप) बघून मी हर्षित झालो आहे आणि (तरी) माझे मन भीतीने अति व्यथित झाले आहे. हे देवेशा! मला तेच (दैवी) रूप दाखव. हे जगन्निवासा! प्रसन्न हो.

---

[1] अन्यान्य अनुवादांत प्रियायार्हसि या शब्दाचा संधि-विग्रह प्रियाय अर्हसि अथवा प्रियाया: अर्हसि अशा दोन भिन्न प्रकारे केलेला आढळतो. (1) प्रियाय ←पु० एक० चतुर्थी (प्रियाला) असा अर्थ केला तर संधि नियम 1/1 प्रमाणे- प्रियाय + अर्हसि = प्रियायार्हसि, असा योग्य संधि प्रयोग होतो. पण, (2) कित्येक अनुवादांत प्रियाया: अर्हसि असा विग्रह करून प्रियाया: (प्रिय व्यक्तींशी) असा अर्थ केलेला आढळतो. तरी, व्याकरणीय दृष्टीने प्रियाया: (नि० 20/1) अर्हसि = प्रियाया अर्हसि अशी संधि होऊन मग एक वेळा ती संधि झाली की पुन्हा त्याच दोन पदांत नियम 1/3 लावून प्रियाया + अर्हसि = पियायार्हसि अशी संधि होणार नाही. त्यामुळे, एक तर हा आर्ष अपवाद समजावा; अथवा वर (1) मध्ये दिल्याप्रमाणे व्याकरणबद्ध संधि प्रयोग करणे उचित समजावे.

।।11.46।। किरीटिनं गदिनं चक्रहस्तमिच्छामि त्वां द्रष्टुमहं तथैव।
तेनैव रूपेण चतुर्भुजेन सहस्रबाहो भव विश्वमूर्ते।।

किरीटिनम् (नि॰ 14/1) गदिनम् (नि॰ 14/1) चक्रहस्तम् (नि॰ 8/18) इच्छामि त्वाम् (नि॰ 14/1) द्रष्टुम् (नि॰ 8/16) अहम् (नि॰ 14/1) तथा (नि॰ 3/3) एव तेन (नि॰ 3/1) एव रूपेण (नि॰ 24/1) चतुर्भुजेन सहस्रबाहो भव विश्वमूर्ते

किरीटिनम् (11.7); * गदिनम् (11.7); * चक्रहस्तम् (पु॰ द्वितीया॰ एक॰ ←बहुव्री॰ चक्रहस्त, चक्रम् हस्ते यस्य ←न॰ चक्र 3.16 + पु॰ हस्त 1.30); * इच्छामि (1.35); * त्वाम् (2.7); * द्रष्टुम् (11.3); * अहम् (1.22); * तथा (1.8); * एव (1.1); * तेन (3.38); * एव (1.1); * रूपेण (तृतीया॰ एक॰ ←न॰ रूप 3.39); * चतुर्भुजेन (तृतीया॰ एक॰ ←बहुव्री॰ चतुर्भुज, चत्वार: भुजा: यस्य ←वि॰ चतुर् 7.16 + पु॰ भुज ←√भुज्); * सहस्रबाहो (पु॰ संबो॰ एक॰ ←बहुव्री॰ सहस्रबाहु, सहस्राणि बाहव: यस्य ←संख्या॰ वि॰ सहस्र 7.3 + पु॰ बाहु 1.18); * भव (2.45); * विश्वमूर्ते (पु॰ संबो॰ एक॰ ←बहुव्री॰ विश्वमूर्ति, विश्वम् मूर्ति: यस्य ←न॰ विश्व 11.16 + स्त्री॰ मूर्ति 9.4)

किरीटिनम् (मुकुटधारी) गदिनम् (गदाधारी) चक्रहस्तम् (हातात चक्र धरलेला) इच्छामि (इच्छितो) त्वाम् (तुला) द्रष्टुम् (बघू) अहम् (मी) तथा (तसा) एव (च) तेन (त्या) एव (च) रूपेण (रूपाने) चतुर्भुजेन (चतुर्भुज–) सहस्रबाहो (हे सहस्रबाहो!) भव (प्रगट हो) विश्वमूर्ते (हे विश्वमूर्ति!)

* हे सहस्रबाहो! मी तुला तसाच (पूर्वीप्रमाणे) मुकुटधारी, गदाधारी, हातात चक्र धरलेला बघू इच्छितो, (तरी) हे विश्वमूर्ति! त्याच चतुर्भुज रूपाने प्रगट हो.

।।11.47।। श्रीभगवानुवाच
मया प्रसन्नेन तवार्जुनेदं रूपं परं दर्शितमात्मयोगात्।
तेजोमयं विश्वमनन्तमाद्यं यन्मे त्वदन्येन न दृष्टपूर्वम्।।

श्रीभगवान् (नि॰ 8/14) उवाच । मया प्रसन्नेन तव (नि॰ 1/1) अर्जुन (नि॰ 2/1) इदम् (नि॰ 14/1) रूपम् (नि॰ 14/1) परम् (नि॰ 14/1) दर्शितम् (नि॰ 8/17) आत्मयोगात् (नि॰ 1/10) तेजोमयम् (नि॰ 14/1) विश्वम् (नि॰ 8/16) अनन्तम् (नि॰ 8/17) आद्यम् (नि॰ 14/1) यत् (नि॰ 12/2) मे त्वदन्येन न दृष्टपूर्वम् (नि॰ 14/2)

श्रीभगवान् (2.2); * उवाच (1.25) । मया (1.22); * प्रसन्नेन (पु॰ तृतीया॰ एक॰ ←वि॰ प्रसन्न 2.65); * तव (1.3); * अर्जुन (2.2); * इदम् (1.10); * **रूपम्** (प्रथमा॰ एक॰ ←न॰ रूप 11.3); * परम् (प्रथमा॰ 4.4); * दर्शितम् (न॰ प्रथमा॰ एक॰ ←क्त॰ वि॰ दर्शित ←√दृश्); * आत्मयोगात् (पु॰ पंचमी॰ एक॰ ←तत्पु॰स॰ आत्मयोग, आत्मन: योग: ←पु॰ आत्मन् 2.41 + पु॰ योग 2.39); * तेजोमयम् (न॰ प्रथमा॰ एक॰ ←तद्धित शब्द तेजोमय, तेजसा मयम् ←न॰ तेजस् 7.9 + तद्धित प्रत्यय मय 4.10); * विश्वम् (11.38); * अनन्तम् (11.11); * आद्यम् (8.28); * यत् (2.67); * मे

(1.21); * **त्वदन्येन** (पु॰ तृतीया॰ एक॰ ←वि॰ त्वदन्य 6.39); * न (1.30); * दृष्टपूर्वम् (न॰ प्रथमा॰ एक॰ ←वि॰ दृष्टपूर्व 11.6)

श्रीभगवान् (श्रीभगवान) उवाच (म्हणाले–) श्रीभगवान् (श्रीभगवान) उवाच (म्हणाले–) मया (मजकडून) प्रसन्नेन (प्रसन्नतेने) तव (तुझे) अर्जुन (हे अर्जुना!) इदम् (हे) रूपम् (रूप) परम् (परम) दर्शितम् (दाखविले गेलेले) आत्मयोगात् (योगसामर्थ्यामुळे) तेजोमयम् (तेजस्वी) विश्वम् (विश्व) अनन्तम् (अनंत) आद्यम् (आद्य) यत् (जे) मे (माझे) त्वदन्येन (तुझ्याखेरीज कुणी दुसऱ्याने) न (नाही) दृष्टपूर्वम् (पूर्वी पाहिलेले)

* श्रीभगवान म्हणाले– हे अर्जुना! जे योगसामर्थ्यामुळे मजकडून तुला प्रसन्नतेने दाखविले गेलेले हे माझे आद्य, अनंत, परम तेजस्वी विश्वरूप तुझ्याखेरीज कुणी दुसऱ्याने पूर्वी पाहिलेले नाही.

।।11.48।। **न वेदयज्ञाध्ययनैर्न दानैर्न च क्रियाभिर्न तपोभिरुग्रैः।**
एवंरूपः शक्य अहं नृलोके द्रष्टुं त्वदन्येन कुरुप्रवीर।।

न वेदयज्ञाध्ययनैः (नि॰ 16/11) न दानैः (नि॰ 16/11) न च क्रियाभिः (नि॰ 16/6) न तपोभिः (नि॰ 16/1) उग्रैः (नि॰ 22/8) एवम् (नि॰ 14/1) रूपः (नि॰ 22/5) शक्यः (नियम 15/1 ला आर्ष अपवाद) अहम् (नि॰ 14/1) नृलोके द्रष्टुम् (नि॰ 14/1) त्वदन्येन कुरुप्रवीर

न (1.30); * वेदयज्ञाध्ययनैः (न॰ तृतीया॰ अनेक॰ ←द्वंद्व॰स॰ वेदैः च यज्ञैः च अध्ययनैः च ←पु॰ वेद 2.42 + पु॰ यज्ञ 3.9 + न॰ अध्ययन ←अधि√इ); * न (1.30); * दानैः (तृतीया॰ अनेक॰ ←न॰ दान 8.28); * न (1.30); * च (1.1); * क्रियाभिः (तृतीया॰ अनेक॰ ←स्त्री॰ क्रिया 1.42); * न (1.30); * तपोभिः (तृतीया॰ अनेक॰ ←न॰ तपस् 4.10); * उग्रैः (न॰ तृतीया॰ अनेक॰ ←वि॰ उग्र 11.20); * एवंरूपः (पु॰ प्रथमा॰ एक॰ ←बहुव्री॰ एवंरूप, एवम् रूपम् यस्य ←सना॰ एवम् 1.24 + न॰ रूप 3.39); * शक्यः (6.36); * अहम् (1.22); * नृलोके (पु॰ सप्तमी॰ एक॰ ←तत्पु॰स॰ नृलोक, नृणाम् लोकः ←पु॰ नृ 7.8 + पु॰ लोक 2.5); * द्रष्टुम् (11.3); * त्वदन्येन (11.47); * कुरुप्रवीर (पु॰ संबो॰ एक॰ ←बहुव्री॰ कुरुप्रवीर, कुरुणाम् प्रवीरः यः ←पु॰ कुरु 1.1 + वि॰ प्रवीर ←प्र√वीर्)

न-वेदयज्ञाध्ययनैः (न वेदांच्या न यज्ञांच्या अध्ययनाने) न (न) दानैः (दानांनी) न (न) च (आणि) क्रियाभिः (कर्मांनी) न (न) तपोभिः (तपांनी) उग्रैः (उग्र) एवम्-रूपः (असे रूप असलेला) शक्यः (शक्य आहे) अहम् (मी) नृलोके (मनुष्य लोकात) द्रष्टुम् (पाहिला जाणे) त्वदन्येन (तुझ्याखेरीज कुणी दुसऱ्याने) कुरुप्रवीर (हे कुरुवीरा!)

* हे कुरुवीरा! मनुष्य लोकात तुझ्याखेरीज कुणी दुसऱ्याने न वेदांच्या न यज्ञांच्या अध्ययनाने, न दानांनी, न कर्मांनी आणि न उग्र तपांनी असे रूप असलेला मी पाहिला जाणे शक्य आहे.

।।11.49।। **मा ते व्यथा मा च विमूढभावो दृष्ट्वा रूपं घोरमीदृङ्ममेदम्।**
व्यपेतभीः प्रीतमनाः पुनस्त्वं तदेव मे रूपमिदं प्रपश्य।।

मा ते व्यथा मा च विमूढभावः (नि० 15/4) दृष्ट्वा रूपम् (नि० 14/1) घोरम् (नि० 8/19) ईदृक् (नि० 9/2) मम (नि० 2/1) इदम् (नि० 14/2) व्यपेतभीः (नि० 22/3) प्रीतमनाः (नि० 22/3) पुनः (नि० 18/1) त्वम् (नि० 14/1) तत् (नि० 8/9) एव मे रूपम् (नि० 8/18) इदम् (नि० 14/1) प्रपश्य

मा (2.3); * ते (1.7); * व्यथा (प्रथमा० एक० ←स्त्री० **व्यथा** ←√व्यथ्); * मा (2.3); * च (1.1); * विमूढभावः (प्रथमा० एक० ←तत्पु०स० विमूढभाव, विमूढः भावः ←वि० विमूढ 3.6 + पु० भाव 2.7); * दृष्ट्वा (1.2); * रूपम् (11.3); * **घोरम्** (न० द्वितीया० एक० ←वि० घोर 3.1); * ईदृक् (रीतिदर्शक अव्य० ←वि० ईदृश 2.32); * मम (1.7); * इदम् (1.10); * व्यपेतभीः (पु० प्रथमा० एक० ←बहुव्री० व्यपेतभी, व्यपेता भीः यस्य ←क्त० वि० व्यपेत ←वि–अप√इ + स्त्री० भी 6.14); * प्रीतमनाः (पु० प्रथमा० एक० ←बहुव्री० प्रीतमनस्, प्रीतम् मनः यस्य ←वि० प्रीत ←√प्री + न० मनस् 1.30); * पुनः (4.35); * त्वम् (2.11); * तत् (2.7); * एव (1.1); * मे (1.21); * रूपम् (11.3); * इदम् (1.10); * प्रपश्य (द्वि०पु० एक० उपदेशार्थ लोट् भ्वादि० परस्मै० ←प्र√दृश् 1.3)

मा (न होवो) ते (तुला) व्यथा (व्यथा) मा (न होवो) च (आणि) विमूढभावः (भ्रम) दृष्ट्वा (बघून) रूपम् (रूप) घोरम् (घोर) ईदृक् (अशा प्रकारचे) मम (माझे) इदम् (हे) व्यपेतभीः (निर्भय झालेला) प्रीतमनाः (मनाने संतुष्ट झालेला) पुनः (पुन्हा) त्वम् (तू) तत् (ते) एव (च) मे (माझे) रूपम् (रूप) इदम् (हे) प्रपश्य (पहा)

* अशा प्रकारचे माझे हे घोर रूप बघून तुला व्यथा न होवो आणि भ्रम न होवो; तू मनाने संतुष्ट झालेला (व) निर्भय झालेला (होऊन) तेच माझे हे (चतुर्भुज) रूप पुन्हा पहा.

।।11.50।। सञ्जय उवाच

इत्यर्जुनं वासुदेवस्तथोक्त्वा स्वकं रूपं दर्शयामास भूयः।
आश्वासयामास च भीतमेनं भूत्वा पुनः सौम्यवपुर्महात्मा।।

सञ्जयः (नि० 19/4) उवाच । इति (नि० 4/1) अर्जुनम् (नि० 14/1) वासुदेवः (नि० 18/1) तथा (नि० 2/4) उक्त्वा स्वकम् (नि० 14/1) रूपम् (नि० 14/1) दर्शयामास भूयः (नि० 22/8) आश्वासयामास च भीतम् (नि० 8/22) एनम् (नि० 14/1) भूत्वा पुनः (नि० 22/7) सौम्यवपुः (नि० 16/8) महात्मा

सञ्जयः (1.2); * उवाच (1.25) । इति (1.25); * अर्जुनम् (पु० द्वितीया० एक० ←विना० अर्जुन 1.4); * वासुदेवः (7.19); * तथा (1.8); * उक्त्वा (1.47); * स्वकम् (पु० द्वितीया० एक० ←वि० स्वक ←√स्वन्); * रूपम् (11.3); * दर्शयामास (11.9); * भूयः (2.20); * आश्वासयामास (तृ०पु० एक० परोक्ष भूत० लिट्–भूत० अदा० परस्मै० पर्यायोक्त प्रयो० ←आ√श्वस्); * च (1.1); * भीतम् (पु० द्वितीया० एक० ←वि० भीत 11.21); * एनम् (2.19); * भूत्वा (2.20); * पुनः (4.35); * सौम्यवपुः (न० द्वितीया० एक० ←तत्पु०स० सौम्यवपु, सौम्यम् वपुः ←वि० **सौम्य** ←√सु + न० वपु ←√वप्); * महात्मा (7.19)

सञ्जयः (संजय) उवाच (म्हणाला-) इति (असे) अर्जुनम् (अर्जुनाला) वासुदेवः (वासुदेव) तथा (तसे) उक्त्वा (बोलून) स्वकम् (आपले) रूपम् (रूप) दर्शयामास (दाखविता झाला) भूयः (पुन्हा) आश्वासयामास (धीर देता झाला) च (आणि) भीतम् (भीरु) एनम् (या, अशा) भूत्वा (धारण करून) पुनः (पुन्हा) सौम्यवपुः (सौम्य स्वरूप) महात्मा (महात्मा कृष्ण)

* संजय म्हणाला- अर्जुनाला असे बोलून वासुदेव पुन्हा आपले तसे (चतुर्भुज) रूप दाखविता झाला आणि महात्मा कृष्ण पुन्हा सौम्य स्वरूप धारण करून अशा भीरु (अर्जुनाला) धीर देता झाला.

।।11.51।। अर्जुन उवाच

दृष्ट्वेदं मानुषं रूपं तव सौम्यं जनार्दन।
इदानीमस्मि संवृत्तः सचेताः प्रकृतिं गतः।।

अर्जुनः (नि॰ 19/4) उवाच । दृष्ट्वा (नि॰ 2/3) इदम् (नि॰ 14/1) मानुषम् (नि॰ 14/1) रूपम् (नि॰ 14/1) तव सौम्यम् (नि॰ 14/1) जनार्दन (नि॰ 23/1) इदानीम् (नि॰ 8/16) अस्मि संवृत्तः (नि॰ 22/7) सचेताः (नि॰ 22/3) प्रकृतिम् (नि॰ 14/1) गतः (नि॰ 22/8)

अर्जुनः (1.28); * उवाच (1.25) । दृष्ट्वा (1.2); * इदम् (1.10); * मानुषम् (न॰ द्वितीया॰ एक॰ ←वि॰ मानुष 4.12); * रूपम् (11.3); * तव (1.3); * सौम्यम् (न॰ द्वितीया॰ एक॰ ←वि॰ सौम्य 11.50); * जनार्दन (1.36); * **इदानीम्** (काळवाचक अव्य॰ ←सना॰ इदम् 1.10); * अस्मि (7.8); * संवृत्तः (पु॰ प्रथमा॰ एक॰ ←क्त॰ वि॰ संवृत्त ←सम्√वृत्); * सचेताः (प्रथमा॰ एक॰ ←पु॰ स-बहुव्री॰ सचेतस् ←स√चित्); * प्रकृतिम् (3.33); * गतः (पु॰ प्रथमा॰ एक॰ ←वि॰ गत 2.11)

अर्जुनः (अर्जुन) उवाच- (म्हणाला-) दृष्ट्वा (बघून) इदम् (हे) मानुषम् (मानवी) रूपम् (रूप) तव (तुझे) सौम्यम् (सौम्य) जनार्दन (हे जनार्दना!) इदानीम् (आता) अस्मि (मी आहे) संवृत्तः (झालेला) सचेताः (शांत झालेल्या चित्तासह) प्रकृतिम् (पूर्ववत् भानावर) गतः (आलो आहे)

* अर्जुन म्हणाला- हे जनार्दना! तुझे हे सौम्य मानवी रूप बघून आता मी शांत झालेल्या चित्तासह पूर्ववत् भानावर आलो आहे.

।।11.52।। श्रीभगवानुवाच

सुदुर्दर्शमिदं रूपं दृष्टवानसि यन्मम।
देवा अप्यस्य रूपस्य नित्यं दर्शनकाङ्क्षिणः।।

श्रीभगवान् (नि॰ 8/14) उवाच । सुदुर्दर्शम् (नि॰ 8/18) इदम् (नि॰ 14/1) रूपम् (नि॰ 14/1) दृष्टवान् (नि॰ 8/11) असि यत् (नि॰ 12/2) मम देवाः (नि॰ 20/1) अपि (नि॰ 4/1) अस्य रूपस्य नित्यम् (नि॰ 14/1) दर्शनकाङ्क्षिणः (नि॰ 22/8)

श्रीभगवान् (2.2); * उवाच (1.25) । सुदुर्दर्शम् (न॰ द्वितीया॰ एक॰ ←तत्पु॰स॰ सुदुर्दर्श ←अव्य॰ सु 5.1 + अव्य॰ दुर् 1.2 + न॰ दर्श ←√दृश्); * इदम् (1.10); * रूपम् (11.3); * **दृष्टवान्** (पु॰

प्रथमा॰ एक॰ ←क्तवतु॰ कर्तरि॰ भूत॰ धातु॰सा॰ वि॰ दृष्टवत् ←√दृश्); * असि (4.3); * यत् (3.21); * मम (1.7); * देवा: (3.11); * अपि (1.26); * अस्य (2.17); * रूपस्य (षष्ठी॰ एक॰ ←न॰ रूप 3.39); * नित्यम् (2.21); * दर्शनकाङ्क्षिण: (पु॰ प्रथमा॰ अनेक॰ ←तत्पु॰स॰ दर्शनकाङ्क्षिन्, दर्शनस्य आकाङ्क्षिन् कांक्षी वा ←न॰ दर्शन 11.10 + वि॰ आकाङ्क्षिन् ←आ√कांक्ष्)

श्रीभगवान् (श्रीभगवान) उवाच (म्हणाले-) सुदुर्दर्शम् (दुष्प्राप्य) इदम् (हे) रूपम् (रूप) दृष्टवान् (पाहिलेला) असि (तू-आहेस) यत् (जे) मम (माझे) देवा: (देवतागण) अपि (सुद्धा) अस्य (या) रूपस्य (रूपाच्या) नित्यम् (सदा) दर्शनकाङ्क्षिण: (दर्शनाभिलाषी-)

* श्रीभगवान् म्हणाले- तू हे जे माझे दुष्प्राप्य रूप पाहिलेला आहेस या रूपाच्या दर्शनाला देवतागण सुद्धा दर्शनाभिलाषी असतात.

।।11.53।। **नाहं वेदैर्न तपसा न दानेन न चेज्यया।**
शक्य एवंविधो द्रष्टुं दृष्टवानसि मां यथा।।

न (नि॰ 1/1) अहम् (नि॰ 14/1) वेदै: (नि॰ 16/11) न तपसा न दानेन न च (नि॰ 2/1) इज्यया शक्य: (नि॰ 19/7) एवम् (नि॰ 14/1) विध: (नि॰ 15/4) द्रष्टुम् (नि॰ 14/1) दृष्टवान् (नि॰ 8/11) असि माम् (नि॰ 14/1) यथा

न (1.30); * अहम् (1.22); * **वेदै:** (तृतीया॰ अनेक॰ ←पु॰ वेद 2.42); * न (1.30); * तपसा (तृतीया॰ एक॰ ←न॰ तपस् 4.10); * न (1.30); * दानेन (तृतीया॰ एक॰ ←न॰ दान 8.28); * न (1.30); * च (1.1); * इज्यया (तृतीया॰ एक॰ ←स्त्री॰ इज्या 9.25); * शक्य: (6.36); * **एवंविध:** (पु॰ प्रथमा॰ एक॰ ←बहुव्री॰ एवंविध, एवम् विध: य: ←सना॰ एवम् 1.24 + पु॰ विध 3.3); * द्रष्टुम् (11.3); * दृष्टवान् (वि॰ 11.52); * असि (4.3); * माम् (1.46); * यथा (1.11)

न (नाही) अहम् (मी-आहे) वेदै: (वेदांनी) न (न) तपसा (तपानी) न (न) दानेन (दानानी) न (न) च (आणि) इज्यया (यज्ञाने) शक्य: (शक्य) एवम् (अशा) विध: (प्रकारे) द्रष्टुम् (पाहिलेला जाणे) दृष्टवान् (पाहिले) असि (तू-आहेस) माम् (मला) यथा (जसा)

* तू मला जसा (चतुर्भुज) पाहिलेला आहेस अशा प्रकारे मी पाहिला जाणे न वेदांनी न तपानी न दानानी आणि न यज्ञाने शक्य आहे.

।।11.54।। **भक्त्या त्वनन्यया शक्य अहमेवंविधोऽर्जुन।**
ज्ञातुं द्रष्टुं च तत्त्वेन प्रवेष्टुं च परंतप।।

भक्त्या तु (नि॰ 4/6) अनन्यया शक्य: (नियम 15/1 ला आर्ष अपवाद) अहम् (नि॰ 8/22) एवम् (नि॰ 14/1) विध: (नि॰ 15/1) अर्जुन ज्ञातुम् (नि॰ 14/1) द्रष्टुम् (नि॰ 14/1) च तत्त्वेन प्रवेष्टुम् (नि॰ 14/1) च परन्तप

भक्त्या (8.10); * तु (1.2); * अनन्यया (8.22); * शक्य: (6.36); * अहम् (1.22); * एवंविध: (11.53); * अर्जुन (2.2); * ज्ञातुम् (तुमन्त० अव्य० ←√ज्ञा); * द्रष्टुम् (11.3); * च (1.1); * तत्त्वेन (9.24); * प्रवेष्टुम् (तुमन्त० अव्य० ←प्र√विश्); * च (1.1); * परन्तप (2.3)

भक्त्या (भक्तीने) तु (परंतु) अनन्यया (अनन्य अशा) शक्य: (शक्य आहे) अहम् (मी) एवम् (अशा) विध: (प्रकारे) अर्जुन (हे अर्जुना!) ज्ञातुम् (जाणण्यास) द्रष्टुम् (बघावयास) च (आणि) तत्त्वेन (तत्त्वत:) प्रवेष्टुम् (प्रवेश करावयास) च (आणि) परंतप (हे परंतपा!)

* परंतु, हे अर्जुना! अनन्य अशा भक्तीने मी अशा प्रकारे जाणण्यास आणि बघावयास आणि, हे परंतपा! तत्त्वत: (माझेत) प्रवेश करावयास शक्य आहे.

।।11.55।। **मत्कर्मकृन्मत्परमो मद्भक्त: सङ्गवर्जित:।**
निर्वैर: सर्वभूतेषु य: स मामेति पाण्डव।।

मत्कर्मकृत् (नि० 12/2) मत्परम: (नि० 15/9) मद्भक्त: (नि० 22/7) सङ्गवर्जित: (नि० 22/8) निर्वैर: (नि० 22/7) सर्वभूतेषु (नि० 25/5) य: (नि० 22/7) स: (नि० 21/2) माम् (नि० 8/22) एति पाण्डव

मत्कर्मकृत् (पु० प्रथमा० एक० ←तत्पु०स० मत्कर्मकृत्, मम मदर्थे वा कर्म करोति इति ←सना० मत् 1.9 + न० कर्मन् 1.15 + प्रत्यय कृत् 2.50); * मत्परम: (पु० प्रथमा० एक० ←बहुव्री० **मत्परम**, अहम् परम: यस्य स: । मयि परायण: य: ←सना० मत् 1.9 + वि० परम 1.17); * मद्भक्त: (9.34); * सङ्गवर्जित: (पु० प्रथमा० एक० ←तत्पु०स० सङ्गवर्जित, सङ्गात् वर्जित: ←पु० सङ्ग 2.47 + क्त० वि० वर्जित 4.19); * निर्वैर: (पु० प्रथमा० एक० ←न-बहुव्री० निर्वैर ←अव्य० निर् 2.45 + न० वैर ←√वीर्); * सर्वभूतेषु (3.18); * य: (2.19); * स: (1.13); * माम् (1.46); * एति (4.9); * पाण्डव (4.25)

मत्कर्मकृत् (माझ्या करिता कर्म करणारा) मत्परम: (मला परम ध्येय मानणारा) मद्भक्त: (माझा भक्त) सङ्गवर्जित: (आसक्ति सोडलेला) निर्वैर: (वैरभावरहित झालेला) सर्वभूतेषु (सर्वप्राण्यांविषयी) य: (जो) स: (तो) माम् (मला) एति (प्राप्त होतो) पाण्डव (हे पांडवा!)

* हे पांडवा! माझा जो भक्त माझ्या करिता कर्म करणारा मला परम ध्येय मानणारा, आसक्ति सोडलेला (आणि) सर्वप्राण्यांविषयी वैरभावरहित झालेला (आहे) तो मला प्राप्त होतो.

इति श्रीमद्भगवद्गीतासूपनिषत्सु ब्रह्मविद्यायां योगशास्त्रे श्रीकृष्णार्जुनसंवादे विश्वरूपदर्शनयोगो नामैकादशोऽध्याय:।।11।।

इति श्रीमद्भगवद्गीतासु (नि० 1/8) उपनिषत्सु ब्रह्मविद्यायाम् (नि० 14/1) योगशास्त्रे श्रीकृष्णार्जुनसंवादे विश्वरूपदर्शनयोग: (नि० 15/6) नाम (नि० 3/1) एकादश: (नि० 15/1) अध्याय: (नि० 22/8)

इति (याप्रमाणे) श्रीमद्भगवद्गीतासु उपनिषत्सु (श्रीमद्भगवद्गीतो-पनिषदांतील) ब्रह्मविद्यायाम् (ब्रह्मविद्यांतर्गत) योगशास्त्रे श्रीकृष्णार्जुनसंवादे (श्रीकृष्ण आणि अर्जुन यांच्या योगशास्त्राच्या संवादापैकी) विश्वरूपदर्शनयोग: (विश्वरूपदर्शनयोग) नाम (नामक) एकादश: (अकरावा) अध्याय: (अध्याय)

* श्रीमद्भगवद्गीतोपनिषदांतील श्रीकृष्ण आणि अर्जुन यांच्या योगशास्त्राच्या संवादापैकी ब्रह्मविद्यांतर्गत 'विश्वरूपदर्शनयोग' नावाचा अकरावा अध्याय याप्रमाणे (समाप्त).

*****

धर्मः सत्यं तथा वृत्तं बलं चैव तथाप्यहम्।

शीलमूला महाप्राज्ञ सदा नास्त्य संशयः।।

(महाभारत, शांति 124.62)

धर्म सदाचार सत्य, सामर्थ्य धन संपत्ति।

पाया यांचा 'शील' नित्य, शंका यात नसो रत्ती।।

द्वादशोऽध्यायः।

भक्तियोगः।

।।12.1।। अर्जुन उवाच

एवं सततयुक्ता ये भक्तास्त्वां पर्युपासते।

ये चाप्यक्षरमव्यक्तं तेषां के योगवित्तमाः।।

द्वादशः (नि० 15/1) अध्यायः (नि० 22/8) । भक्तियोगः (नि० 22/8)। अर्जुनः (नि० 19/4) उवाच । एवम् (नि० 14/1) सततयुक्ताः (नि० 20/14) ये भक्ताः (नि० 18/1) त्वाम् (नि० 14/1) पर्युपासते ये च (नि० 1/1) अपि (नि० 4/1) अक्षरम् (नि० 8/16) अव्यक्तम् (नि० 14/1) तेषाम् (नि० 25/3, 14/1) के योगवित्तमाः (नि० 22/8)

द्वादशः (पु० प्रथमा० एक० ←क्रमवाचक संख्या० वि० द्वादश ←वि० द्वि 1.7 + वि० दश 13.6); * अध्यायः (प्रथमा० एक० ←पु० अध्याय ←अधि√इ); * भक्तियोगः (पु० प्रथमा० एक० ←तत्पु०स० भक्तियोग 14.26)

अर्जुनः (1.28); * उवाच (1.25) । एवम् (1.24); * सततयुक्ताः (पु० प्रथमा० अनेक० ←क० सततयुक्त 10.10); * ये (1.7); * भक्ताः (9.33); * त्वाम् (2.7); * पर्युपासते (4.25); * ये (1.7); * च (1.1); * अपि (1.26); * अक्षरम् (8.3); * अव्यक्तम् (7.24); * तेषाम् (5.16); * के (पु० प्रथमा० अनेक० ←सना० किम् 1.1); * योगवित्तमाः (पु० प्रथमा० अनेक० ←बहुव्री० वि० योगवित्तम, योगस्य वित्तमः यः ←पु० योग 2.39 + तमभाव वि० वित्तम ←वि० विद् 3.29 + प्रत्यय तम 1.7)

अर्जुनः (अर्जुन) उवाच– (म्हणाला–) एवम् (असे) सततयुक्ताः (चित्तात निरंतर स्थिर झालेले) ये (जे) भक्ताः (भक्तजन) त्वाम् (तुला) पर्युपासते (उपासना करतात) ये (जे) च (आणि) अपि (सुद्धा) अक्षरम् (अक्षराला) अव्यक्तम् (अव्यक्त) तेषाम् (त्यांत) के (कोणते?) योगवित्तमाः (श्रेष्ठ असलेले योगी)

* अर्जुन म्हणाला- असे निरंतर चित्तात स्थिर झालेले जे भक्तजन तुला उपासना करतात आणि जे अव्यक्त अक्षराला (पूजतात) त्यांत सुद्धा श्रेष्ठ असलेले योगी कोणते?

।।12.2।। श्रीभगवानुवाच

मय्यावेश्य मनो ये मां नित्ययुक्ता उपासते।

श्रद्धया परयोपेतास्ते मे युक्ततमा मताः।।

श्रीभगवान् (नि॰ 8/14) उवाच । मयि (नि॰ 4/2) आवेश्य मनः (नि॰ 15/10) ये माम् (नि॰ 14/1) नित्ययुक्ताः (नि॰ 20/4) उपासते श्रद्धया परया (नि॰ 2/4) उपेताः (नि॰ 18/1) ते मे युक्ततमाः (नि॰ 20/13) मताः (नि॰ 22/8)

श्रीभगवान् (2.2); * उवाच (1.25) । मयि (3.30); * आवेश्य (8.10); * मनः (6.12); * ये (1.7); * माम् (1.46); * नित्ययुक्ताः (9.14); * उपासते (9.14); * श्रद्धया (6.37); * परया (1.27); * उपेताः (पु॰ प्रथमा॰ अनेक॰ ←वि॰ उपेत 6.37); * ते (1.33); * मे (2.7); * युक्ततमाः (पु॰ प्रथमा॰ अनेक॰ ←वि॰ युक्ततम 6.47); * मताः (पु॰ प्रथमा॰ अनेक॰ ←वि॰ मत 6.32)

श्रीभगवान् (श्रीभगवान) उवाच (म्हणाले-) मयि (माझ्यात) आवेश्य (जोडून) मनः (मन) ये (जे) माम् (मला) नित्ययुक्ताः (चित्ताने सतत युक्त झालेले) उपासते (पूजतात) श्रद्धया (श्रद्धेने) परया (अनन्य) उपेताः (युक्त झालेले) ते (ते) मे (मला) युक्ततमाः (श्रेष्ठ योगी) मताः (वाटतात)

* श्रीभगवान म्हणाले- माझ्यात मन जोडून चित्ताने सतत युक्त झालेले जे मला अनन्य श्रद्धेने युक्त झालेले पूजतात ते मला श्रेष्ठ योगी वाटतात.

।।12.3।। **ये त्वक्षरमनिर्देश्यमव्यक्तं पर्युपासते।**

सर्वत्रगमचिन्त्यं च कूटस्थमचलं ध्रुवम्।।

ये तु (नि॰ 4/6) अक्षरम् (नि॰ 8/16) अनिर्देश्यम् (नि॰ 8/16) अव्यक्तम् (नि॰ 14/1) पर्युपासते सर्वत्रगम् (नि॰ 8/16) अचिन्त्यम् (नि॰ 14/1) च कूटस्थम् (नि॰ 8/16) अचलम् (नि॰ 14/1) ध्रुवम् (नि॰ 14/2)

ये (1.7); * तु (1.2); * अक्षरम् (8.3); * अनिर्देश्यम् (पु॰ द्वितीया॰ एक॰ न-बहुव्री॰ ←अव्य॰ अ + अनीय॰ विधि॰ वि॰ निर्देश्य ←निर्√दिश्); * अव्यक्तम् (7.24); * पर्युपासते (4.25); * सर्वत्रगम् (पु॰ द्वितीया॰ एक॰ ←वि॰ सर्वत्रग 9.6); * अचिन्त्यम् (पु॰ द्वितीया॰ एक॰ ←बहुव्री॰ वि॰ अचिन्त्य 2.25); * च (1.1); * कूटस्थम् (पु॰ द्वितीया॰ एक॰ ←बहुव्री॰ वि॰ कूटस्थ 6.8); * अचलम् (6.18); * ध्रुवम् (न॰ द्वितीया॰ एक॰ ←वि॰ धृव 2.27)

ये (जे) तु (परंतु) अक्षरम् (अविनाशी) अनिर्देश्यम् (अवर्णनीय) अव्यक्तम् (अव्यक्त) पर्युपासते (उपासना करतात) सर्वत्रगम् (सर्वगामी) अचिन्त्यम् (मननापार) च (आणि) कूटस्थम् (शिखरासारखे अढळ) अचलम् (अचल) ध्रुवम् (अटळ)

* परंतु जे अविनाशी, अवर्णनीय, अव्यक्त, सर्वगामी, मननापार, शिखरासारखे अढळ, अचल आणि अटळ (अशा तत्त्वाची) उपासना करतात;

।।12.4।। **संनियम्येन्द्रियग्रामं सर्वत्र समबुद्धयः।**

ते प्राप्नुवन्ति मामेव सर्वभूतहिते रताः।।

संनियम्य (नि॰ 2/1) इन्द्रियग्रामम् (नि॰ 14/1) सर्वत्र समबुद्धयः (नि॰ 22/8) ते प्राप्नुवन्ति माम् (नि॰ 8/22) एव सर्वभूतहिते रताः (नि॰ 22/8)

संनियम्य (ल्यप्॰ अव्य॰ ←सम्–नि√यम्); * इन्द्रियग्रामम् (6.24); * सर्वत्र (2.57); * समबुद्धयः (पु॰ प्रथमा॰ अनेक॰ ←बहुव्री॰ समबुद्धि 6.9); * ते (1.33); * प्राप्नुवन्ति (तृ॰पु॰ अनेक॰ लट्॰–वर्तमान॰ स्वादि॰ परस्मै॰ ←प्र√आप्); * माम् (1.46); * एव (1.1); * सर्वभूतहिते (5.25); * रताः (5.25)

संनियम्य (सांभाळून) इन्द्रियग्रामम् (इन्द्रिये) सर्वत्र (सर्व बाबतीत) समबुद्धयः (समबुद्धि झालेले) ते (ते) प्राप्नुवन्ति (प्राप्त होतात) माम् (मला) एव (च) सर्वभूतहिते (सर्व प्राण्यांच्या हितात) रताः (मग्न झालेले)

* (आणि) इन्द्रिये सांभाळून सर्व बाबतीत समबुद्धि झालेले (व) सर्व प्राण्यांच्या हितात मग्न झालेले ते मलाच प्राप्त होतात.

।।12.5।। **क्लेशोऽधिकतरस्तेषामव्यक्तासक्तचेतसाम्।**

अव्यक्ता हि गतिर्दुःखं देहवद्भिरवाप्यते।।

क्लेशः (नि॰ 15/1) अधिकतरः (नि॰ 18/1) तेषाम् (नि॰ 25/3, 8/16) अव्यक्तासक्तचेतसाम् (नि॰ 14/2) अव्यक्ता हि गतिः (नि॰ 16/6) दुःखम् (नि॰ 14/1) देहवद्भिः (नि॰ 16/1) अवाप्यते

क्लेशः (प्रथमा॰ एक॰ ←पु॰ <u>**क्लेश**</u> ←<u>√क्लिश्</u>); * अधिकतरः (तर भाव पु॰ प्रथमा॰ एक॰ ←वि॰ अधिक 6.22 + तद्धित प्रत्यय तर 1.46); * तेषाम् (5.16); * अव्यक्तासक्तचेतसाम् (पु॰ षष्ठी॰ अनेक॰ ←बहुव्री॰ अव्यक्तासक्तचेतस्, अव्यक्ते आसक्तम् चेतः यस्य ←वि॰ अव्यक्त 2.25 + वि॰ आसक्त 7.1 + न॰ चेतस् 1.38); * अव्यक्ता (स्त्री॰ प्रथमा॰ एक॰ ←वि॰ अव्यक्त 2.25); * हि (1.11); * गतिः (4.17); * दुःखम् (क्रि॰वि॰ 5.6); * देहवद्भिः (पु॰ तृतीया॰ अनेक॰ ←वि॰ देहवत् ←पु॰ देह 2.13 + प्रत्यय वत् 2.29); * अवाप्यते (तृ॰पु॰ एक॰ लट्॰–वर्तमान॰ स्वादि॰ आत्मने॰ ←अव्√आप्)

क्लेशः (क्लेश) अधिकतरः (जास्त) तेषाम् (त्यांचे) अव्यक्तासक्तचेतसाम् (अव्यक्तावर मन आसक्त झालेल्या) अव्यक्ता (अव्यक्त) हि (कारण) गतिः (गति) दुःखम् (कष्टाने) देहवद्भिः (देहधारींकडून) अवाप्यते (केली जाते)

* अव्यक्तावर मन आसक्त झालेल्या त्यांचे क्लेश जास्त (असतात), कारण अव्यक्त गति देहधारींकडून कष्टाने प्राप्त केली जाते.

।।12.6।। **ये तु सर्वाणि कर्माणि मयि संन्यस्य मत्पराः।**

अनन्येनैव योगेन मां ध्यायन्त उपासते।।

ये तु सर्वाणि (नि० 24/7) कर्माणि (नि० 24/7) मयि संन्यस्य मत्परा: (नि० 22/8) अनन्येन (नि० 3/1) एव योगेन माम् (नि० 14/1) ध्यायन्त: (नि० 19/4) उपासते

ये (1.7); * तु (1.2); * सर्वाणि (2.30); * कर्माणि (2.48); * मयि (3.30); * संन्यस्य (3.30); * मत्परा: (पु० प्रथमा० अनेक० ←बहुव्री० मत्पर 2.61); * अनन्येन (पु० तृतीया० एक० ←वि० अनन्य 8.14); * एव (1.1); * योगेन (10.7); * माम् (1.46); * ध्यायन्त: (पु० प्रथमा० अनेक० ←वि० ध्यायत् 2.62); * उपासते (9.14)

ये (जे) तु (परंतु) सर्वाणि (सर्व) कर्माणि (कर्मे) मयि (माझ्या ठायी) संन्यस्य (अर्पण करून) मत्परा: (मला परमोच्च ध्येय मानलेले) अनन्येन (अनन्य) एव (च) योगेन (योगाने) माम् (माझे) ध्यायन्त: (ध्यान करीत) उपासते (उपासना करतात)

* परंतु जे माझ्या ठायी सर्व कर्मे अर्पण करून, मला परमोच्च ध्येय मानलेले, अनन्य योगाने माझेच ध्यान करीत उपासना करतात;

।।12.7।। **तेषामहं समुद्धर्ता मृत्युसंसारसागरात्।**
भवामि नचिरात्पार्थ मय्यावेशितचेतसाम्।।

तेषाम् (नि० 25/3, 8/16) अहम् (नि० 14/1) समुद्धर्ता मृत्युसंसारसागरात् (नि० 23/1) भवामि नचिरात् (नि० 10/6) पार्थ मयि (नि० 4/2) आवेशितचेतसाम् (नि० 14/2)

तेषाम् (5.16); * अहम् (1.22); * समुद्धर्ता (पु० प्रथमा० एक० ←बहुव्री० समुद्धर्तृ ←सम्-उद्√धृ); * मृत्युसंसारसागरात् (पु० पंचमी० एक० ←तत्पु०स० मृत्युसंसारसागर, मृत्युमयस्य संसारस्य सागर: ←पु० मृत्यु 2.27 + पु० संसार 9.3 + पु० सागर 10.24); * भवामि (प्रथम०पु० एक० लट्०-वर्तमान० भ्वादि० परस्मै० ←√भू); * नचिरात् (क्रि०वि० अथवा पंचमी० एक० ←वि० नचिर 5.6); * पार्थ (1.25); * मयि (3.30); * आवेशितचेतसाम् (पु० षष्ठी० अनेक० ←बहुव्री० आवेशितचेतस्, आवेशितम् चेत: यस्य ←क्त० वि० आवेशित ←आ√विश् + न० चेतस् 1.38)

तेषाम् (त्यांचा) अहम् (मी) समुद्धर्ता (उद्धार करणारा) मृत्युसंसारसागरात् (मृत्युमय संसारसागरातून) भवामि (मी होतो) नचिरात् (शीघ्रतेने) पार्थ (हे पार्था!) मयि (माझ्या ठायी) आवेशितचेतसाम् (ज्यांचे चित्त स्थिर झाले आहे)

* हे पार्था! ज्यांचे चित्त माझ्या ठायी स्थिर झाले आहे त्यांचा मी मृत्युमय संसारसागरातून शीघ्रतेने उद्धार करणारा होतो.[1]

---

(1) कृष्ण कृष्णेति कृष्णेति यो मां स्मरति नित्यश:।
जलं भित्वा यथा पद्मं नरकादुद्धाराम्यहम्।।

।।12.8।। **मय्येव मन आधत्स्व मयि बुद्धिं निवेशय।**
निवसिष्यसि मय्येव अत ऊर्ध्वं न संशय:।।

मयि (नि० 4/4) एव मन: (नि० 19/1) आधत्स्व मयि बुद्धिम् (नि० 14/1) निवेशय निवसिष्यसि मयि (नि० 4/4) एव (नि० 1/1 ला अपवाद) अत: (नि० 19/5) ऊर्ध्वम् (नि० 14/1) न संशय: (नि० 22/8)

मयि (3.30); * एव (1.1); * मन: (6.12); * आधत्स्व (द्वि०पु० एक० निवेदनार्थ लोट् जुवादि० आत्मने० ←आ√धा); * मयि (3.30); * बुद्धिम् (3.2); * निवेशय (द्वि०पु० एक० उपदेशार्थ लोट् तुदादि० परस्मै० प्रयो० ←नि√विश्); * निवसिष्यसि (द्वि०पु० एक० लृट्०-भविष्य० भ्वादि० परस्मै० ←नि√वस्); * मयि (3.30); * एव (1.1); * अत: (2.12); * **ऊर्ध्वम्** (पु० द्वितीया० एक० ←वि० **ऊर्ध्व** ←उद्√हा); * न (1.30); * संशय: (8.5)

मयि (माझ्या ठायी) एव (च) मन: (मन) आधत्स्व (स्थिर कर) मयि (माझ्या ठायी) बुद्धिम् (बुद्धि) निवेशय (स्थिर कर) निवसिष्यसि (तू स्थावर होशील) मयि (माझ्या ठायी) एव (च) अत: (म्हणजे) ऊर्ध्वम् (त्या नंतर) न संशय: (नि:संदेह)

* माझ्या ठायी मन स्थिर कर (आणि) माझ्या ठायीच बुद्धि स्थिर कर म्हणजे त्या नंतर माझ्या ठायीच तू नि:संदेह स्थावर होशील[1]

।।12.9।। **अथ चित्तं समाधातुं न शक्नोषि मयि स्थिरम्।**
अभ्यासयोगेन ततो मामिच्छाप्तुं धनञ्जय।।

अथ चित्तम् (नि० 14/1) समाधातुम् (नि० 14/1) न शक्नोषि (नि० 25/4) मयि स्थिरम् (नि० 14/2) अभ्यासयोगेन तत: (नि० 15/9) माम् (नि० 8/18) इच्छ (नि० 1/2) आप्तुम् (नि० 14/1) धनञ्जय

अथ (1.7); * चित्तम् (द्वितीया० एक० ←न० चित्त 6.14); * समाधातुम् (तुमन्त० अव्य० ←सम्-आ√धा); * न (1.30); * शक्नोषि (द्वि०पु० एक० लट्०-वर्तमान० स्वादि० परस्मै० ←√शक्); * मयि (3.30); * स्थिरम् (6.11); * अभ्यासयोगेन (पु० तृतीया० एक० ←तत्पु०स० अभ्यासयोग, अभ्यासस्य

(पाण्डवगीता 36)

कृणष! कृष्ण! कृष्ण! इति, जे नितरीती स्मरती।
नरक ते उद्धरती, पद्म जैं पाण्यावरती।।

(1) कृष्णेति मङ्गलं नाम यस्य वाची प्रवर्तते।
भस्मीभवन्ति तस्याशु महापातक कोटय:।।

(पाण्डवगीता : 54)

'कृष्ण' हे नाव मंगल, जिव्हेवरी ज्याचे स्थिर।
जळती त्याची सकल, कोटिश: पातके घोर।।

योगः ←पु॰ अभ्यास 6.35 + पु॰ योग 2.39); * ततः (1.13); * माम् (1.46); * इच्छ (द्वि॰पु॰ एक॰ उपदेशार्थ लोट् तुदादि॰ परस्मै॰ ←√इष् 2.49); * आप्तुम् (5.6); * धनञ्जय (2.48)

अथ (जर) चित्तम् (चित्त) समाधातुम् (ठेवण्यास) न-शक्नोषि (तू समर्थ नाहीस) मयि (माझेत) स्थिरम् (स्थिर) अभ्यासयोगेन (योगाभ्यासाने) ततः (तर) माम् (मला) इच्छ (तू इच्छा कर) आप्तुम् (प्राप्त करण्याकरिता) धनञ्जय (हे धनंजया!)

* हे धनंजया! जर माझेत चित्त स्थिर ठेवण्यास तू समर्थ नाहीस तर योगाभ्यासाने मला प्राप्त करण्याकरिता तू इच्छा कर.

।।12.10।। **अभ्यासेऽप्यसमर्थोऽसि मत्कर्मपरमो भव।**
मदर्थमपि कर्माणि कुर्वन्सिद्धिमवाप्स्यसि।।

अभ्यासे (नि॰ 6/1) अपि (नि॰ 4/1) असमर्थः (नि॰ 15/1) असि मत्कर्मपरमः (नि॰ 15/8) भव मदर्थम् (नि॰ 8/16) अपि कर्माणि (नि॰ 24/7) कुर्वन् (नि॰ 13/20) सिद्धिम् (नि॰ 8/16) अवाप्स्यसि

अभ्यासे (सप्तमी॰ एक॰ ←पु॰ अभ्यास 6.35); * अपि (1.26); * असमर्थः (प्रथमा॰ एक॰ न-तत्पु॰स॰ ←वि॰ समर्थ 2.36); * असि (4.3); * मत्कर्मपरमः (पु॰ प्रथमा॰ एक॰ **←बहुव्री॰** मत्कर्मपरम, मम कर्म परमम् यस्य ←सना॰ मत् 1.9 + न॰ कर्मन् 1.15 + वि॰ परम 1.17); * भव (2.45); * मदर्थम् (पु॰ द्वितीया॰ एक॰ ←पु॰ मदर्थ 1.9); * अपि (1.26); * कर्माणि (2.48); * कुर्वन् (4.21); * सिद्धिम् (3.4); * अवाप्स्यसि (2.33)

अभ्यासे (अभ्यास करण्यात) अपि (सुद्धा) असमर्थः (असमर्थ) असि (तू आहेस) मत्कर्मपरमः (माझ्या प्रीत्यर्थ कर्म करणे ज्याला सर्वोच्च आहे असा) भव (हो) मदर्थम् (माझ्यास्तव) अपि (सुद्धा) कर्माणि (कर्मे) कुर्वन् (करीत) सिद्धिम् (सिद्धि) अवाप्स्यसि (तू प्राप्त करशील)

* (जर) तू अभ्यास करण्यात सुद्धा असमर्थ आहेस (तर) माझ्या प्रीत्यर्थ कर्म करणे ज्याला सर्वोच्च आहे असा हो; माझ्यास्तव कर्मे करीत सुद्धा तू सिद्धि प्राप्त करशील.

।।12.11।। **अथैतदप्यशक्तोऽसि कर्तुं मद्योगमाश्रितः।**
सर्वकर्मफलत्यागं ततः कुरु यतात्मवान्।।

अथ (नि॰ 3/1) एतत् (नि॰ 8/2) अपि (नि॰ 4/1) अशक्तः (नि॰ 15/1) असि कर्तुम् (नि॰ 14/1) मद्योगम् (नि॰ 8/17) आश्रितः (नि॰ 22/8) सर्वकर्मफलत्यागम् (नि॰ 14/1) ततः (नि॰ 22/1) कुरु यतात्मवान्

अथ (1.7); * एतत् (2.7); * अपि (1.26); * अशक्तः (पु॰ प्रथमा॰ एक॰ ←क्त॰ वि॰ अशक्त ←अ√शक्); * असि (4.3); * कर्तुम् (1.45); * मद्योगम् (पु॰ द्वितीया॰ एक॰ ←तत्पु॰स॰ मद्योग, मम योगः ←सना॰ मत् 1.9 + पु॰ योग 2.39); * **आश्रितः** (पु॰ प्रथमा॰ एक॰ ←वि॰ आश्रित 7.15); * **सर्वकर्मफलत्यागम्** (पु॰ द्वितीया॰ एक॰ ←तत्पु॰स॰ सर्वकर्मफलत्याग, सर्वेषाम् कर्मणाम् फलानाम् त्यागः

←सना॰ सर्व 1.6 + न॰ कर्मन् 1.15 + न॰ फल 2.43 + पु॰ **त्याग** ←√त्यज्); * ततः (1.13); * कुरु (2.48); * यतात्मवान् (पु॰ प्रथमा॰ एक॰ ←शतृ॰ वि॰ यतात्मवत् ←अव्य॰ यत् ←√यत् + वि॰ आत्मवत् 2.45)

अथ (जर) एतत् (हे) अपि (सुद्धा) अशक्तः (असमर्थ) असि (तू आहेस) कर्तुम् (करावयास) मद्योगम् (माझ्या योगाला) आश्रितः (आश्रयास घेतलेला) सर्वकर्मफलत्यागम् (सर्व कर्मांच्या फळांचा त्याग) ततः (तर) कुरु (तू कर) यतात्मवान् (आत्मसंयमी)

* जर हे सुद्धा करावयास तू असमर्थ आहेस तर माझ्या योगाला आश्रयास घेतलेला आत्मसंयमी (हो आणि) सर्व कर्मांच्या फळांचा तू त्याग कर.

।।12.12।। **श्रेयो हि ज्ञानमभ्यासाज्ज्ञानाद्ध्यानं विशिष्यते।**
ध्यानात्कर्मफलत्यागस्त्यागाच्छान्तिरनन्तरम्।।

श्रेयः (नि॰ 15/14) हि ज्ञानम् (नि॰ 8/16) अभ्यासात् (नि॰ 11/2) ज्ञानात् (नि॰ 9/6) ध्यानम् (नि॰ 14/1) विशिष्यते (नि॰ 25/8) ध्यानात् (नि॰ 10/5) कर्मफलत्यागः (नि॰ 18/1) त्यागात् (नि॰ 11/4) शान्तिः (नि॰ 16/1) अनन्तरम् (नि॰ 14/2)

श्रेयः (2.5); * हि (1.11); * ज्ञानम् (3.39); * **अभ्यासात्** (पंचमी॰ एक॰ ←पु॰ अभ्यास 6.35); * ज्ञानात् (पंचमी॰ एक॰ ←न॰ ज्ञान 3.3); * ध्यानम् (प्रथमा॰ एक॰ ←न॰ **ध्यान** ←√ध्यै); * विशिष्यते (3.7); * ध्यानात् (पंचमी॰ एक॰ ←न॰ ध्यान↑); * कर्मफलत्यागः (पु॰ प्रथमा॰ एक॰ ←तत्पु॰स॰ कर्मफलत्याग, कर्मफलस्य त्यागः ←न॰ कर्मफल 4.14 + पु॰ त्याग 12.11); * त्यागात् (पंचमी॰ एक॰ ←पु॰ त्याग 12.11); * शान्तिः (2.67); * अनन्तरम् (क्रि॰वि॰ ←1. न–तत्पु॰स॰ न अन्तरम्; 2. न–बहुव्री॰ **अनन्तर** न अन्तरम् यस्मिन्, न खंडः यस्मिन् ←अव्य॰ अन् 3.31 + न॰ अन्तर 2.13)

श्रेयः (श्रेष्ठ) हि (कारण) ज्ञानम् (ज्ञान) अभ्यासात् (अभ्यासापेक्षा) ज्ञानात् (ज्ञानापेक्षा) ध्यानम् (ध्यान) विशिष्यते (अधिक भले असते) ध्यानात् (ध्यानापेक्षा) कर्मफलत्यागः (कर्माच्या फळाचा त्याग करणे) त्यागात् (त्यागापासून) शान्तिः (शांति) अनन्तरम् (अखंड)[1]

---

[1] (1) बहुतेक ठिकाणी 'अनन्तरम्' या शब्दाचा अर्थ न–तत्पु॰स॰ (अन् अन्तरम्, विना विलंब, तत्काळ, तत्क्षणी, शीघ्र, त्याच समयी (at once, without delay) असा आढळतो. याचा आशय हा कि जर भगवंताचे म्हणणे ऐकले तर शांति तत्काळ मिळेल, मग ती क्षणिक का असो ना; नाही तर, न ऐकल्याने, शांति थोड्या उशिरा मिळेल, परंतु मिळेल निृति.

(2) परंतु, 'अनन्तर' चा अर्थ न–बहुव्री॰ (न अन्तरम्, नास्ति अन्तरम् यस्मिन्, खण्ड रहित, अखण्ड, चिर (continuous, everlasting) असा असावा. असा जर केला तर आशय असा होईल की, भगवंताच्या आदेश ऐकल्याने अखंड शांति मिळेल, मग ती थोड्या उशिरा का मिळे ना; नाही तर, न ऐकून, शांति खंडयुक्त मिळेल, किंवा मिळणार सुद्धा नाही.

* अभ्यासापेक्षा श्रेष्ठ ज्ञान, ज्ञानापेक्षा अधिक भले ध्यान (आणि) ध्यानापेक्षा (उच्च) कर्माच्या फळाचा त्याग करणे असते, कारण त्यागापासून अखंड (मिळते).

।।12.13।। **अद्वेष्टा सर्वभूतानां मैत्रः करुण एव च।**
निर्ममो निरहङ्कारः समदुःखसुखः क्षमी।।

अद्वेष्टा सर्वभूतानाम् (नि० 14/1) मैत्रः (नि० 22/1) करुणः (नि० 19/7) एव च निर्ममः (नि० 15/6) निरहङ्कारः (नि० 22/7) समदुःखसुखः (नि० 22/1) क्षमी

अद्वेष्टा (प्रथमा० एक० ←पु० अ-द्वेष्टृ ←√द्विष्); * सर्व (1.6); * भूतानाम् (2.69); * मैत्रः (पु० प्रथमा० एक० ←वि० मैत्र ←पु० मित्र 1.38); * करुणः (पु० प्रथमा० एक० ←वि० करुण ←8√कृ); * एव (1.1); * च (1.1); * निर्ममः (2.71); * निरहङ्कारः (2.71); * **समदुःखसुखः** (पु० प्रथमा० एक० ←बहुव्री० समदुःखसुख 2.15); * क्षमी (पु० प्रथमा० एक० ←वि० क्षमिन् ←√क्षम्)

अद्वेष्टा (द्वेषरहित) सर्वभूतानाम् (सर्व प्राण्यांविषयी) मैत्रः (मैत्र भावाचा) करुणः (दयावंत) एव (तसेच) च (आणि) निर्ममः ('माझे माझे' न करणारा) निरहङ्कारः ('मी'पणा विरहित असा) समदुःखसुखः (सुखदुःखांना समान मानणारा) क्षमी (क्षमाशील)

* सर्व प्राण्यांविषयी द्वेषरहित, मैत्र भावाचा, दयावंत, क्षमाशील, 'माझे माझे' न करणारा आणि 'मी'पणा विरहित असा तसेच सुखदुःखांना समान मानणारा;

।।12.14।। **सन्तुष्टः सततं योगी यतात्मा दृढनिश्चयः।**
मय्यर्पितमनोबुद्धिर्यो मद्भक्तः स मे प्रियः।।

सन्तुष्टः (नि० 22/7) सततम् (नि० 14/1) योगी यतात्मा दृढनिश्चयः (नि० 22/8) मयि (नि० 4/1) अर्पितमनोबुद्धिः (नि० 16/6) यः (नि० 15/9) मद्भक्तः (नि० 22/7) सः (नि० 21/2) मे प्रियः (नि० 22/8)

सन्तुष्टः (3.17); * सततम् (3.19); * योगी (5.24); * यतात्मा (पु० प्रथमा० एक० ←बहुव्री० यतात्मन् 5.25); * दृढनिश्चयः (पु० प्रथमा० एक० ←बहुव्री० दृढनिश्चय, दृढः निश्चयः यस्य ←वि० दृढ 6.34 + पु० निश्चय 2.37); * मयि (3.30); * अर्पितमनोबुद्धिः (8.7); * यः (2.19); * मद्भक्तः (9.34); * सः (1.13); * मे (1.21); * प्रियः (7.17)

सन्तुष्टः (संतुष्ट) सततम् (सदा) योगी (योगी) यतात्मा (निग्रही आत्म्याचा) दृढनिश्चयः (निश्चयाचा पक्का) मयि (माझ्या ठायी) अर्पितमनोबुद्धिः (मन व बुद्धि अर्पण केलेला) यः (जो) मद्भक्तः (माझा भक्त) सः (तो) मे (मला) प्रियः (प्रिय)

* (आणि) जो सदा संतुष्ट (व) निग्रही आत्म्याचा योगी माझ्या ठायी मन व बुद्धि अर्पण केलेला निश्चयाचा पक्का (असतो) तो माझा भक्त मला प्रिय (आहे).

।।12.15।। **यस्मान्नोद्विजते लोको लोकान्नोद्विजते च यः।**
हर्षामर्षभयोद्वेगैर्मुक्तो यः स च मे प्रियः।।

यस्मात् (नि० 12/1) न (नि० 2/2) उद्विजते लोकः (नि० 15/12) लोकात् (नि० 12/1) न (नि० 2/2) उद्विजते च यः (नि० 22/8) हर्षामर्षभयोद्वेगैः (नि० 16/11) मुक्तः (नि० 15/10) यः (नि० 22/7) सः (नि० 21/2) च मे प्रियः (नि० 22/8)

यस्मात् (पु० अथवा न० पंचमी० एक० ←सना० यद् 1.7); * न (1.30); * **उद्विजते** (तृ०पु० एक० लट्०–वर्तमान० तुदादि० आत्मने० ←उद्√विज् 5.20); * लोकः (3.9); * लोकात् (पंचमी० एक० ←पु० लोक 2.5); * न (1.30); * उद्विजते (↑); * च (1.1); * यः (2.19); * हर्षामर्षभयोद्वेगैः (तृतीया० अनेक० ←द्वंद्व०स० हर्षेण च आमर्षेण च भयेन च उद्वेगेन च ←पु० हर्ष 1.12 + पु० आमर्ष ←आ√मृष् + न० भय 2.35 + पु० उद्वेग 2.56); * मुक्तः (5.28); * यः (2.19); * सः (1.13); * च (1.1); * मे (1.21); * प्रियः (7.17)

यस्मात् (ज्याच्यापासून) न–उद्विजते (त्रस्त होत नाही) लोकः (जग) लोकात् (लोकापासून) न–उद्विजते (त्रस्त होत नाही) च (आणि) यः (जो) हर्षामर्षभयोद्वेगैः (हर्ष, द्वेष, भय, शोक, इत्यादींनी) मुक्तः (मुक्त आहे) यः (जो) सः (तो) च (आणि) मे (मला) प्रियः (प्रिय)

* जग ज्याच्यापासून त्रस्त होत नाही आणि जो लोकापासून त्रस्त होत नाही आणि जो हर्ष, द्वेष, भय, शोक, इत्यादींनी मुक्त आहे तो मला प्रिय (आहे).

।।12.16।। **अनपेक्षः शुचिर्दक्ष उदासीनो गतव्यथः।**
सर्वारम्भपरित्यागी यो मद्भक्तः स मे प्रियः।।

अनपेक्षः (नि० 22/5) शुचिः (नि० 16/6) दक्षः (नि० 19/4) उदासीनः (नि० 15/2) गतव्यथः (नि० 22/8) सर्वारम्भपरित्यागी यः (नि० 15/9) मद्भक्तः (नि० 22/7) सः (नि० 21/2) मे प्रियः (नि० 22/8)

अनपेक्षः (पु० प्रथमा० एक० ←न–बहुव्री० अनपेक्ष ←अन्–अप√ईक्ष्); * शुचिः (पु० प्रथमा० एक० ←वि० शुचि 6.11); * दक्षः (पु० प्रथमा० एक० ←वि० दक्ष ←√दक्ष्); * उदासीनः (पु० प्रथमा० एक० ←वि० उदासीन 6.9); * गतव्यथः (पु० प्रथमा० एक० ←बहुव्री० गतव्यथ, गताः व्यथाः यस्य ←वि० गत 2.11 + स्त्री० व्यथा 11.49); * **सर्वारम्भपरित्यागी** (पु० प्रथमा० एक० ←तत्पु०स० सर्वारम्भपरित्यागिन्, सर्वेषाम् आरम्भाणाम् परित्यागी ←सना० सर्व 1.6 + पु० आरम्भ 3.4 + वि० **परित्यागिन्** ←परि√त्यज्); * यः (2.19); * मद्भक्तः (9.34); * सः (1.13); * मे (1.21); * प्रियः (7.17)

अनपेक्षः (निस्पृह) शुचिः (निर्मळ) दक्षः (दक्ष) उदासीनः (निष्पक्षपाती) गतव्यथः (दुःखरहित) सर्वारम्भपरित्यागी (सर्व आग्रहांपासून मुक्त) यः (जो) मद्भक्तः (माझा भक्त) सः (तो) मे (मला) प्रियः (प्रिय आहे)

* जो निस्पृह, निर्मळ, दक्ष, निष्पक्षपाती, दुःखरहित (आणि) सर्व (कर्म संबंधी) आग्रहांपासून मुक्त (आहे) तो माझा भक्त मला प्रिय आहे.

।।12.17।। **यो न हृष्यति न द्वेष्टि न शोचति न काङ्क्षति।**
शुभाशुभपरित्यागी भक्तिमान्यः स मे प्रियः।।

यः (नि० 15/6) न हृष्यति (नि० 25/6) न द्वेष्टि न शोचति न काङ्क्षति शुभाशुभपरित्यागी भक्तिमान् (नि० 13/17) यः (नि० 22/7) सः (नि० 21/2) मे प्रियः (नि० 22/8)

यः (2.19); * न (1.30); * हृष्यति (तृ०पु० एक० लट्०-वर्तमान० भ्वादि० परस्मै० ←√हृष्); * न (1.30); * द्वेष्टि (2.57); * न (1.30); * **शोचति** (तृ०पु० एक० लट्०-वर्तमान० भ्वादि० परस्मै० ←√शुच्); * न (1.30); * काङ्क्षति (5.3); * शुभाशुभपरित्यागी (पु० प्रथमा० एक० ←बहुव्री० शुभाशुभपरित्यागिन्, शुभम् च अशुभम् च परित्यजति यः ←वि० शुभ 2.57 + वि० अशुभ 2.57 + वि० परित्यागिन् (12.16); * **भक्तिमान्** (पु० प्रथमा० एक० ←शतृ० वि० भक्तिमत् ←√भज्); * यः (2.19); * सः (1.13); * मे (1.21); * प्रियः (7.17)

यः (जो) न-हृष्यति (हर्षित होत नाही) न-द्वेष्टि (द्वेष करीत नाही) न-शोचति (शोक करीत नाही) न-काङ्क्षति (आकांक्षा धरीत नाही) शुभाशुभपरित्यागी (शुभ-अशुभाचा पूर्ण त्याग करणारा) भक्तिमान् (भक्तियुक्त) यः (जो) सः (तो) मे (मला) प्रियः (प्रिय)

* जो शुभ-अशुभाचा पूर्ण त्याग करणारा आकांक्षा धरीत नाही (आणि) जो हर्षित होत नाही, द्वेष करीत नाही (व) शोक करीत नाही तो भक्तियुक्त मला प्रिय (आहे).

।।12.18।। **समः शत्रौ च मित्रे च तथा मानापमानयोः।**
शीतोष्णसुखदुःखेषु समः सङ्गविवर्जितः।।

समः (नि० 22/5) शत्रौ च मित्रे च तथा मानापमानयोः (नि० 22/8) शीतोष्णसुखदुःखेषु (नि० 25/5) समः (नि० 22/7) सङ्गविवर्जितः (नि० 22/8)

समः (2.48); * शत्रौ (सप्तमी० एक० ←पु० शत्रु 3.43); * च (1.1); * मित्रे (सप्तमी० एक० ←पु० मित्र 1.38); * च (1.1); * तथा (1.8); * मानापमानयोः (6.7); * शीतोष्णसुखदुःखेषु (6.7); * समः (2.48); * सङ्गविवर्जितः (पु० प्रथमा० एक० ←तत्पु०स० सङ्गविवर्जित, सङ्गात् विवर्जितः ←पु० सङ्ग 2.47 + वि० विवर्जित 7.11)

समः (समान) शत्रौ (शत्रूच्या ठिकाणी) च (आणि) मित्रे (मित्राच्या ठिकाणी) च (आणि) तथा (तसेच) मानापमानयोः (मानात आणि अपमानात) शीतोष्णसुखदुःखेषु (शीत-उष्ण आणि सुख-दुःखात) समः (समान) सङ्गविवर्जितः (आसक्ति सोडलेला)

* आणि शत्रूच्या ठिकाणी आणि मित्राच्या ठिकाणी समान (असतो) तसेच मानात आणि अपमानात, शीत-उष्ण आणि सुख-दुःखात आसक्ति सोडलेला समान (असतो);

।।12.19।। **तुल्यनिन्दास्तुतिर्मौनी संतुष्टो येन केनचित्।**
अनिकेतः स्थिरमतिर्भक्तिमान्मे प्रियो नरः।।

तुल्यनिन्दास्तुतिः (नि॰ 16/6) मौनी सन्तुष्टः (नि॰ 15/10) येन केनचित् (नि॰ 23/1) अनिकेतः (नि॰ 22/7) स्थिरमतिः (नि॰ 16/6) भक्तिमान् (नि॰ 13/16) मे प्रियः (नि॰ 15/6) नरः (नि॰ 22/8)

तुल्यनिन्दास्तुतिः (पु॰ प्रथमा॰ एक॰ ←बहुव्री॰ तुल्यनिन्दास्तुति, तुल्ये निन्दा च स्तुतिः च यस्य ←वि॰ **तुल्य** ←√तुल् + स्त्री॰ **निन्दा** ←√निन्द् + स्त्री॰ स्तुति 11.21); * मौनी (प्रथमा॰ एक॰ ←पु॰ मौनिन् ←√मन्); * सन्तुष्टः (3.17); * येन (2.17); * केनचित् (तृतीया॰ एक॰ ←सना॰ कश्चित् 2.17); * अनिकेतः (पु॰ प्रथमा॰ एक॰ ←बहुव्री॰ अनिकेत, नास्ति निकेते आसक्तिः यस्य ←नञ् प्रत्यय अ 1.10 + पु॰ निकेत ←नि√कित्); * स्थिरमतिः (पु॰ प्रथमा॰ एक॰ ←बहुव्री॰ स्थिरमति, स्थिरा मतिः यस्य ←वि॰ स्थिर 1.16 + स्त्री॰ मति 6.36); * भक्तिमान् (12.17); * मे (1.21); * प्रियः (7.17); * नरः (2.22)

तुल्यनिन्दास्तुतिः (निंदा आणि स्तुति दोन्ही एकसारखे समजणारा) मौनी (मितभाषी) संतुष्टः (समाधानी) येन-केनचित् (सर्वकाहीत) अनिकेतः (घरात आसक्ति नसलेला, निराधार) स्थिरमतिः (स्थिरमतीचा) भक्तिमान् (भक्तियुक्त) मे (मला) प्रियः (प्रिय आहे) नरः (मनुष्य)

* निंदा आणि स्तुति दोन्ही एकसारखे समजणारा, मितभाषी, समाधानी, सर्वकाहीत निराधार (आणि) स्थिरमतीचा भक्तियुक्त मनुष्य मला प्रिय आहे.

।।12.20।। **ये तु धर्म्यामृतमिदं यथोक्तं पर्युपासते।**
श्रद्दधाना मत्परमा भक्तास्तेऽतीव मे प्रियाः।।

ये तु धर्म्यामृतम् (नि॰ 8/18) इदम् (नि॰ 14/1) यथा (नि॰ 2/4) उक्तम् (नि॰ 14/1) पर्युपासते श्रद्दधानाः (नि॰ 20/13) मत्परमाः (नि॰ 20/12) भक्ताः (नि॰ 18/1) ते (नि॰ 6/1) अतीव मे प्रियाः (नि॰ 22/8)

ये (1.7); * तु (1.2); * धर्म्यामृतम् (न॰ द्वितीया॰ एक॰ ←तत्पु॰स॰ धर्म्यामृत, धर्ममयम् अमृतम् ←वि॰ अथवा पु॰ धर्म 1.1 + न॰ अमृत 2.15); * इदम् (1.10); * यथा (1.11); * उक्तम् (द्वितीया॰ एक॰ ←वि॰ उक्त 11.1); * पर्युपासते (4.25); * श्रद्दधानाः (प्रथमा॰ अनेक॰ ←पु॰ श्रद्दधान ←श्रत्√धा); * मत्परमाः (पु॰ प्रथमा॰ अनेक॰ ←वि॰ मत्परम 11.55); * भक्ताः (9.33); * ते (1.33); * अतीव (प्रमाणदर्शक क्रि॰वि॰ अव्य॰ अत्येव ←√अत्); * मे (1.21); * प्रियाः (पु॰ प्रथमा॰ एक॰ ←वि॰ प्रिय 1.23)

ये (जे) तु (आणि) धर्म्यामृतम् (धर्ममय अमृत) इदम् (हे) यथा (असे) उक्तम् (सांगितलेले) पर्युपासते (सेवन करतात) श्रद्दधानाः (श्रद्धाळू) मत्परमाः (मला परमोच्च ध्येय मानणारे) भक्ताः (भक्त) ते (ते) अतीव (अतिशय) मे (मला) प्रियाः (प्रिय आहेत)

* आणि जे (लोक,) हे असे सांगितलेले धर्ममय अमृत सेवन करतात ते मला परमोच्च ध्येय मानणारे श्रद्धाळू भक्त मला अतिशय प्रिय आहेत.

इति श्रीमद्भगवद्गीतासूपनिषत्सु ब्रह्मविद्यायां योगशास्त्रे श्रीकृष्णार्जुनसंवादे भक्तियोगो नाम द्वादशोऽध्याय:।।12।।

इति श्रीमद्भगवद्गीतासु (नि० 1/8) उपनिषत्सु ब्रह्मविद्यायाम् (नि० 14/1) योगशास्त्रे श्रीकृष्णार्जुनसंवादे भक्तियोग: (नि० 15/6) नाम द्वादश: (नि० 15/1) अध्याय: (नी० 22/8)

इति (याप्रमाणे) श्रीमद्भगवद्गीतासु–उपनिषत्सु (श्रीमद्भगवद्गीतो–पनिषदांतील) ब्रह्मविद्यायाम् (ब्रह्मविद्यांतर्गत) योगशास्त्रे श्रीकृष्णार्जुनसंवादे (श्रीकृष्ण आणि अर्जुन यांच्या योगशास्त्राच्या संवादापैकी) भक्तियोग: (भक्तियोग) नाम (नामक) द्वादश: (बारावा) अध्याय: (अध्याय)

* श्रीमद्भगवद्गीतोपनिषदांतील श्रीकृष्ण आणि अर्जुन यांच्या योगशास्त्राच्या संवादापैकी ब्रह्मविद्यांतर्गत 'भक्तियोग' नावाचा बारावा अध्याय याप्रमाणे (समाप्त).

त्रयोदशोऽध्याय: ।
क्षेत्रक्षेत्रज्ञविभागयोग: ।

।।13.1।। अर्जुन उवाच

प्रकृतिं पुरुषं चैव क्षेत्रं क्षेत्रज्ञमेव च।
एतद्वेदितुमिच्छामि ज्ञानं ज्ञेयं च केशव।।

त्रयोदश: (नि० 15/1) अध्याय: (नि० 22/8) । क्षेत्रक्षेत्रज्ञविभागयोग: (नि० 22/8) । अर्जुन (नि० 19/4) उवाच । प्रकृतिम् (नि० 14/1) पुरुषम् (नि० 14/1) च (नि० 3/1) एव क्षेत्रम् (नि० 14/1) क्षेत्रज्ञम् (नि० 8/22) एव च (नि० 23/1) एतत् (नि० 9/11) वेदितुम् (नि० 8/18) इच्छामि ज्ञानम् (नि० 14/1) ज्ञेयम् (नि० 14/1) च केशव

त्रयोदश: (पु० प्रथमा० एक० ←क्रमवाचक संख्या० वि० त्रयोदश ←वि० त्रि 2.45 + वि० दश 13.6); * अध्याय: (प्रथमा० एक० ←पु० अध्याय ←अधि√इ); * क्षेत्रक्षेत्रज्ञविभागयोग: (पु० प्रथमा० एक० ←तत्पु०स० क्षेत्रक्षेत्रज्ञविभागयोग, क्षेत्रस्य च क्षेत्रज्ञस्य च विभागयो: योग: ←न० क्षेत्र 1.1 + पु० क्षेत्रज्ञ 13.1 + पु० विभाग 3.28 + पु० योग 2.39)

अर्जुन: (1.28); * उवाच (1.25) । प्रकृतिम् (3.33); * पुरुषम् (2.15); * च (1.1); * एव (1.1); * **क्षेत्रम्** (द्वितीया० एक० ←न० क्षेत्र 1.1); * क्षेत्रज्ञम् (पु० द्वितीया० एक० ←बहुव्री० वि० अथवा पु० **क्षेत्रज्ञ**, क्षेत्रम् जानाति य: ←न० क्षेत्र 1.1); * एव (1.1); * च (1.1); * एतत् (2.6); * वेदितुम् (18.1); * इच्छामि (1.35); * ज्ञानम् (द्वितीया० 3.40); * ज्ञेयम् (1.39); * च (1.1); * केशव (1.31)

अर्जुनः (अर्जुन) उवाच (म्हणाला-) प्रकृतिम् (प्रकृतीला) पुरुषम् (पुरुषाला) च (आणि) एव (तसेच) क्षेत्रम् (क्षेत्राला) क्षेत्रज्ञम् (क्षेत्रज्ञ) एव (तसेच) च (आणि) एतत् (या) वेदितुम् इच्छामि (मी जाणू इच्छितो) ज्ञानम् (ज्ञानाला) ज्ञेयम् (ज्ञेयाला) च (आणि) केशव (हे केशवा!)

* अर्जुन म्हणाला- हे केशवा! मी या प्रकृतीला आणि पुरुषाला तसेच क्षेत्राला आणि क्षेत्रज्ञाला तसेच ज्ञानाला आणि ज्ञेयाला जाणू इच्छितो

।।13.2।। श्रीभगवानुवाच

इदं शरीरं कौन्तेय क्षेत्रमित्यभिधीयते।

एतद्यो वेत्ति तं प्राहुः क्षेत्रज्ञ इति तद्विदः।।

श्रीभगवान् (नि० 8/14) उवाच । इदम् (नि० 14/1) शरीरम् (नि० 14/1) कौन्तेय क्षेत्रम् (नि० 8/18) इति (नि० 4/1) अभिधीयते (नि० 23/1) एतत् (नि० 9/9) यः (नि० 15/13) वेत्ति तम् (नि० 14/1) प्राहुः (नि० 22/1) क्षेत्रज्ञः (नि० 19/2) इति तद्विदः (नि० 22/8)

श्रीभगवान् (2.2); * उवाच (1.25) । इदम् (1.10); * **शरीरम्** (प्रथमा० एक० ←न० शरीर 1.29); * कौन्तेय (2.14); * **क्षेत्रम्** (प्रथमा० एक० ←न० क्षेत्र 1.1); * इति (1.25); * **अभिधीयते** (तृ०पु० एक० लट्०-वर्तमान० जुवादि० आत्मने० ←अभि√धा); * एतत् (2.7); * यः (2.19); * वेत्ति (2.19); * तम् (2.1); * प्राहुः (6.2); * क्षेत्रज्ञः (पु० प्रथमा० एक० ←वि० क्षेत्रज्ञ 1.0); * इति (1.25); * तद्विदः (पु० प्रथमा० अनेक० ←बहुव्री० तद्विद्, तत् वेत्ति यः ←सना० तत् 1.10 + वि० विद् 3.29)

श्रीभगवान् (श्रीभगवान) उवाच (म्हणाले-) श्रीभगवान् (श्रीभगवान) उवाच (म्हणाले-) इदम् (हे) शरीरम् (शरीर) कौन्तेय (हे अर्जुना!) क्षेत्रम् (क्षेत्र) इति (असे) अभिधीयते (म्हटले जाते) एतत् (हे) यः (जो) वेत्ति (जाणतो) तम् (त्याला) प्राहुः (म्हणतात) क्षेत्रज्ञः (क्षेत्रज्ञ) इति (असे) तद्विदः (त्या विषयाचे ज्ञानी लोक)

* श्रीभगवान म्हणाले- हे अर्जुना! हे शरीर क्षेत्र असे म्हटले जाते (आणि) जो हे (क्षेत्र) जाणतो त्याला त्या विषयाचे ज्ञानी लोक क्षेत्रज्ञ असे म्हणतात.

।।13.3।। **क्षेत्रज्ञं चापि मां विद्धि सर्वक्षेत्रेषु भारत।**

क्षेत्रक्षेत्रज्ञयोर्ज्ञानं यत्तज्ज्ञानं मतं मम।।

क्षेत्रज्ञम् (नि० 14/1) च (नि० 1/1) अपि माम् (नि० 14/1) विद्धि सर्वक्षेत्रेषु (नि० 25/5) भारत क्षेत्रक्षेत्रज्ञयोः (नि० 16/12) ज्ञानम् (नि० 14/1) यत् (नि० 1/10) तत् (नि० 11/2) ज्ञानम् (नि० 14/1) मतम् (नि० 14/1) मम

क्षेत्रज्ञम् (13.1); * च (1.1); * अपि (1.26); * माम् (1.46); * विद्धि (2.17); * सर्वक्षेत्रेषु (सर्वेषु क्षेत्रेषु, न० सप्तमी० अनेक० ←तत्पु०स० ←सना० सर्व 1.6 + न० क्षेत्र 1.1); * भारत (2.14); *

क्षेत्रक्षेत्रज्ञयो: (पु० षष्ठी० द्वि०व० ←द्वंद्व०स० क्षेत्रस्य च क्षेत्रज्ञस्य च ←न० क्षेत्र 1.1 + पु० क्षेत्रज्ञ 13.1); * ज्ञानम् (3.39); * यत् (2.67); * तत् (1.10); * ज्ञानम् (3.39); * मतम् (7.18); * मम (1.7)

क्षेत्रज्ञम् (क्षेत्रज्ञ) च (आणि) अपि (सुद्धा) माम् (मला) विद्धि (जाण) सर्वक्षेत्रेषु (सर्व क्षेत्रांत) भारत (हे भारता!) क्षेत्रक्षेत्रज्ञयो: (क्षेत्र आणि क्षेत्रज्ञाचे) ज्ञानम् (ज्ञान) यत् (जे) तत् (ते) ज्ञानम् (ज्ञान) मतम् (मत) मम (माझे)

* आणि, हे भारता! सर्व क्षेत्रांत क्षेत्रज्ञ सुद्धा मला जाण; क्षेत्र आणि क्षेत्रज्ञाचे जे ज्ञान ते(च) ज्ञान (असे) माझे मत (आहे).

।।13.4।। **तत्क्षेत्रं यच्च यादृक्च यद्विकारि यतश्च यत्।**
स च यो यत्प्रभावश्च तत्समासेन मे शृणु।।

तत् (नि० 10/5) क्षेत्रम् (नि० 14/1) यत् (नि० 11/1) च यादृक् (नि० 10/1) च यद्विकारि यत: (नि० 17/1) च यत् (नि० 23/1) स: (नि० 21/2) च य: (नि० 15/10) यत्प्रभाव: (नि० 17/1) च तत् (नि० 10/7) समासेन मे शृणु

तत् (1.10); * क्षेत्रम् (13.1); * यत् (1.45); * च (1.1); * यादृक् (स्वरूपबोधक अव्य० ←सना० यद् 1.7); * च (1.1); * यद्विकारि (न० प्रथमा० एक० ←बहुव्री० यद्विकारिन्, य: विकार: यस्य तत् ←सना० यत् 1.45 + वि० विकारिन् ←पु० **विकार** ←वि√कृ); * यत: (6.26); * च (1.1); * यत् (1.45); * स: (1.13); * च (1.1); * य: (2.19); * यत्प्रभाव: (पु० प्रथमा० एक० ←तत्पु०स० यत्प्रभाव, यस्य प्रभाव: ←सना० यत् 1.45 + पु० प्रभाव 11.43); * च (1.1); * तत् (1.10); * **समासेन** (क्रि०वि० अथवा तृतीया० एक० ←पु० समास 10.33); * मे (1.21); * शृणु (2.39)

तत् (ते) क्षेत्रम् (क्षेत्र) यत् (जे) च (आणि) यादृक् (ज्या प्रकारचे) च (आणि) यद्विकारि (ज्या विकारांचे) यत: (जे कोठून) च (आणि) यत् (जे) स: (तो) च (आणि) य: (जो) यत्प्रभाव: (याचा प्रभाव) च (आणि) तत् (ते) समासेन (संक्षेपाने) मे (माझ्याकडून) शृणु (तू ऐक)

* ते क्षेत्र जे आणि ज्या प्रकारचे (आहे), आणि ज्या विकारांचे, आणि जे कोठून (आले), आणि तो (क्षेत्रज्ञ) जो (आहे), आणि याचा प्रभाव (काय) ते माझ्याकडून तू संक्षेपाने ऐक-

।।13.5।। **ऋषिभिर्बहुधा गीतं छन्दोभिर्विविधै: पृथक्।**
ब्रह्मसूत्रपदैश्चैव हेतुमद्भिर्विनिश्चितै:।।

ऋषिभि: (नि० 16/6) बहुधा गीतम् (नि० 14/1) छन्दोभि: (नि० 16/6) विविधै: (नि० 22/3) पृथक् (नि० 23/1) ब्रह्मसूत्रपदै: (नि० 17/1) च (नि० 3/1) एव हेतुमद्भि: (नि० 16/6) विनिश्चितै: (नि० 22/8)

ऋषिभि: (तृतीया० अनेक० ←पु० ऋषि 4.2); * बहुधा (9.15); * गीतम् (न० द्वितीया० एक० ←क्त० वि० **गीत** ←√गै); * छन्दोभि: (तृतीया० अनेक० ←न० छन्दस् 10.35); * विविधै: (न० तृतीया० अनेक०

←बहुव्री० वि० **विविध** ←वि–वि√धा); * पृथक् (1.18); * ब्रह्मसूत्रपदैः (न० तृतीया० अनेक० ←तत्पु०स० ब्रह्मसूत्रपद, ब्रह्मणः सूत्रस्य पदम् ←न० ब्रह्मन् 2.72 + न० सूत्र 7.7 + न० पद 2.51); * च (1.1); * एव (1.1); * हेतुमद्भिः (तृतीया० अनेक० ←वि० हेतुमत् ←पु० हेतु 1.35); * विनिश्चितैः (तृतीया० अनेक० ←क्त० वि० विनिश्चित ←अव्य० वि 1.4 + वि० निश्चित 2.7)

ऋषिभिः (ऋषींनी) बहुधा (बहूप्रकारे) गीतम् (गाइले) छन्दोभिः (छंदांनी) विविधैः (विविध) पृथक् (विभागणी करून) ब्रह्मसूत्रपदैः (ब्रह्मसूत्रांनी) च (आणि) एव (ही) हेतुमद्भिः (कारणांसहित) विनिश्चितैः (निश्चित अशा)

* (हे) ऋषींनी विभागणी करून (वेदांच्या) विविध छंदांनी आणि निश्चित अशा ब्रह्मसूत्रांनीही कारणांसहित बहूप्रकारे गाइले (आहे).

।।13.6।। **महाभूतान्यहङ्कारो बुद्धिरव्यक्तमेव च।**
इन्द्रियाणि दशैकं च पञ्च चेन्द्रियगोचराः।।

महाभूतानि (नि० 4/1) अहङ्कारः (नि० 15/7) बुद्धिः (नि० 16/1) अव्यक्तम् (नि० 8/22) एव च (नि० 23/1) इन्द्रियाणि (नि० 24/7) दश (नि० 3/1) एकम् (नि० 14/1) च पञ्च च (नि० 2/1) इन्द्रियगोचराः (नि० 22/8)

महाभूतानि (न० प्रथमा० अनेक० ←तत्पु०स० महाभूत, महान् भूतम् ←वि० महा 1.3 + न० भूत 2.28); * अहङ्कारः (7.4); * बुद्धिः (2.39); * अव्यक्तम् (7.24); * एव (1.1); * च (1.1); * इन्द्रियाणि (2.60); * दश (प्रथमा० एक० ←संख्या० वि० दशन् 11.27); * एकम् (10.25); * च (1.1); * **पञ्च** ((प्रथमा० एक० ←नित्य बहुवचनी संख्या० वि० पञ्चन् ←√पञ्च्); * च (1.1); * इन्द्रियगोचराः (पु० प्रथमा० अनेक० ←वि० इन्द्रियगोचर, इन्द्रियाणाम् गोचरः ←न० इन्द्रिय 2.8 + वि० गोचर ←√गम्)

महाभूतानि (महाभूते) अहङ्कारः (अहंकार) बुद्धिः (बुद्धि) अव्यक्तम् (अव्यक्त) एव (तसेच) च (आणि) इन्द्रियाणि (इन्द्रिये) दश[1] (दहा) एकम् (एक) च (आणि) पञ्च[2] (पाच) च (आणि) इन्द्रियगोचराः (इन्द्रियांचे विषय)

* (पाच) महाभूते[3], अहंकार, बुद्धि आणि अव्यक्त (अशी मूळ प्रकृति) तसेच दहा इन्द्रिये आणि एक (मन) आणि इन्द्रियांचे पाच विषय;

।।13.7।। **इच्छा द्वेषः सुखं दुःखं सङ्घातश्चेतना धृतिः।**

---

[1] श्रवण (कान), नयन (डोळे), त्वचा, घ्राण (नाक), रसन (जिव्हा), वाचा (वाणी), कर (हात), चरण (पाय), अधोद्वार (गुदद्वार) आणि पायु (जननेंद्रिय) ही दहा इंद्रिये ज्ञानेश्वरीत सांगितली आहेत (13: 98–100)

[2] कान, डोळे, त्वचा, नाक आणि जिव्हा या पाच ज्ञानेंद्रियांचे अनुक्रमे शब्द, रूप, स्पर्श, गंध आणि रस हे पाच विषय जाणले जातात.

[3] पृथ्वी, आप, तेज, वायु आणि व्योम ही पंचमहाभूते ज्ञानेश्वरीत सांगितली आहेत (13:76)

एतत्क्षेत्रं समासेन सविकारमुदाहृतम्।।

इच्छा द्वेष: (नि० 22/7) सुखम् (नि० 14/1) दु:खम् (नि० 14/1) सङ्घात: (नि० 17/1) चेतना धृति: (नि० 22/8) एतत् (नि० 10/5) क्षेत्रम् (नि० 14/1) समासेन सविकारम् (नि० 8/20) उदाहृतम् (नि० 14/2)

इच्छा (प्रथमा० एक० ←स्त्री० इच्छा 5.28); * द्वेष: (प्रथमा० एक० ←पु० द्वेष 2.64); * सुखम् (2.66); * दु:खम् (10.4); * सङ्घात: (प्रथमा० एक० ←समुच्चयबोधक पु० सङ्घात ←सम्√हन्); * चेतना (10.22); * धृति: (10.34); * एतत् (2.3); * क्षेत्रम् (13.1); * समासेन (13.4); * सविकारम् (न० प्रथमा० एक० ←स-बहुव्री० सविकार, विकारेण सह ←पु० विकार 13.4 + वि० सह 1.22); * **उदाहृतम्** (न० प्रथमा० एक० ←क्त० वि० **उदाहृत** ←उद्-आ√हृ)

इच्छा (इच्छा) द्वेष: (द्वेष) सुखम् (सुख) दु:खम् (दु:ख) सङ्घात: (संपूर्ण अवयवांचे शरीर) चेतना (चेतना) धृति: (धैर्य) एतत् (हे) क्षेत्रम् ('क्षेत्र') समासेन (संक्षिप्तपणे) सविकारम् (विकारांसह) उदाहृतम् (म्हटले गेले आहे)

* (आणि) इच्छा, द्वेष, सुख, दु:ख, संपूर्ण अवयवांचे शरीर, चेतना (आणि) धैर्य हे (त्यांच्या) विकारांसह संक्षिप्तपणे 'क्षेत्र' म्हटले गेले आहे.

।।13.8।। **अमानित्वमदम्भित्वमहिंसा क्षान्तिरार्जवम्।**
आचार्योपासनं शौचं स्थैर्यमात्मविनिग्रह:।।

अमानित्वम् (नि० 8/16) अदम्भित्वम् (नि० 8/16) अहिंसा क्षान्ति: (नि० 16/1) आर्जवम् (नि० 14/2) आचार्योपासनम् (नि० 14/1) शौचम् (नि० 14/1) स्थैर्यम् (नि० 8/17) आत्मविनिग्रह: (नि० 22/8)

अमानित्वम् (प्रथमा० एक० ←न० अमानित्व ←न-बहुव्री० अमानिन् ←पु० मान 6.7); * अदम्भित्वम् (प्रथमा० एक० ←न० अदम्भित्व ←वि० अदम्भिन् ←अव्य० अ 1.10 + पु० **दम्भ** ←√दम्भ्); * अहिंसा (10.5); * **क्षान्ति:** (प्रथमा० एक० ←स्त्री० क्षान्ति ←वि० क्षान्त ←√क्षम्); * **आर्जवम्** (प्रथमा० एक० ←न० **आर्जव** ←वि० ऋजु ←√ऋज्); * आचार्योपासनम् (न० प्रथमा० एक० ←तत्पु०स० आचार्योपासन, आचार्याणाम् उपासनम् ←पु० आचार्य 1.2 + न० उपासन ←उप√आस्); * **शौचम्** (न० प्रथमा० एक० ←न० **शौच** ←वि० शुचि 6.11); * स्थैर्यम् (न० प्रथमा० एक० ←न० स्थैर्य ←वि० स्थिर 1.16); * **आत्मविनिग्रह:** (पु० प्रथमा० एक० ←तत्पु०स० आत्मविनिग्रह, आत्मन: विनिग्रह: ←पु० आत्मन् 2.41 + पु० विनिग्रह ←वि-नि√ग्रह् 3.33)

अमानित्वम् (अभिमानाचा अभाव) अदम्भित्वम् (दंभत्वाची शून्यता) अहिंसा (अहिंसा) क्षान्ति: (क्षमाशीलता) आर्जवम् (चालण्याबोलण्यात ऋजूपणा) आचार्योपासनम् (गुरुजनांची सेवा) शौचम् (अंतर्बाह्य पवित्रता) स्थैर्यम् (स्थिरता) आत्मविनिग्रह: (मनावर पूर्ण संयम)

* अभिमानाचा अभाव, दंभत्वाची शून्यता, अहिंसा, क्षमाशीलता, चालण्याबोलण्यात ऋजूपणा, गुरुजनांची सेवा, अंतर्बाह्य पवित्रता, स्थिरता (आणि) मनावर पूर्ण संयम;

||13.9|| **इन्द्रियार्थेषु वैराग्यमनहङ्कार एव च।**
जन्ममृत्युजराव्याधिदुःखदोषानुदर्शनम्।।

इन्द्रियार्थेषु (नि॰ 25/5) वैराग्यम् (नि॰ 8/16) अनहङ्कार: (नि॰ 19/7) एव च जन्ममृत्युजराव्याधिदुःखदोषानुदर्शनम् (नि॰ 14/2)

इन्द्रियार्थेषु (5.9); * **वैराग्यम्** (प्रथमा॰ एक॰ ←न॰ वैराग्य 6.35); * अनहङ्कार: (पु॰ प्रथमा॰ एक॰ न-तत्पु॰स॰ ←पु॰ अहङ्कार 2.71); * एव (1.1); * च (1.1); * जन्ममृत्युजराव्याधिदुःखदोषानुदर्शनम् (न॰ प्रथमा॰ एक॰ ←तत्पु॰स॰ जन्ममृत्युजराव्याधिदुःखदोषानुदर्शन ←जन्मस्य च मृत्यो: च जराया: च व्याध्या: च दुःखस्य च दोषस्य च अनुदर्शनम् ←न॰ जन्मन् 2.27 + पु॰ मृत्यु 2.27 + स्त्री॰ जरा 2.13 + स्त्री॰ व्याधि ←वि-आ/धा + न॰ दुःख 2.14 + पु॰ दोष 1.38 + न॰ अनुदर्शन ←अनु√दृश् 11.10)

इन्द्रियार्थेषु (विषयांत) वैराग्यम् (विरक्ति) अनहङ्कार: (अहंवृत्तीची नावड) एव (तसेच) च (आणि) जन्ममृत्युजराव्याधि-दुःखदोषानुदर्शनम् (जन्म, मृत्यु, जरा, व्याधि, दुःख, दोष इत्यादींची अनुभूति)

* (आणि) विषयांत विरक्ति आणि अहंवृत्तीची नावड तसेच जन्म, मृत्यु, जरा, व्याधि, दुःख, दोष इत्यादींची अनुभूति;

||13.10|| **असक्तिरनभिष्वङ्ग: पुत्रदारगृहादिषु।**
नित्यं च समचित्तत्वमिष्टानिष्टोपपत्तिषु।।

असक्ति: (नि॰ 16/1) अनभिष्वङ्ग: (नि॰ 22/3) पुत्रदारगृहादिषु (नि॰ 25/5) नित्यम् (नि॰ 14/1) च समचित्तत्वम् (नि॰ 8/18) इष्टानिष्टोपपत्तिषु

असक्ति: (प्रथमा॰ एक॰ ←स्त्री॰ असक्ति ←अ√सञ्ज्); * अनभिष्वङ्ग: (प्रथमा॰ एक॰ न-तत्पु॰स॰ ←पु॰ अभिष्वङ्ग: ←अभि√स्वञ्ज्); * पुत्रदारगृहादिषु (पु॰ सप्तमी॰ अनेक॰ ←द्वंद्व॰स॰ पुत्रेषु च दारे च गृहे च आदौ च ←पु॰ पुत्र 1.3 + पु॰ दारा ←√दृ + न॰ गृह ←√ग्रह + पु॰ आदि 2.28); * नित्यम् (2.21); * च (1.1); * समचित्तत्वम् (प्रथमा॰ एक॰ ←न॰ समचित्तत्व ←वि॰ समचित्त ←वि॰ सम 1.4 + न॰ चित्त 4.21); * इष्टानिष्टोपपत्तिषु (स्त्री॰ सप्तमी॰ अनेक॰ ←तत्पु॰स॰ इष्टानिष्टोपपत्ति, इष्टानाम् च अनिष्टानाम् च उपपत्ति: ←वि॰ इष्ट 3.10 + वि॰ न-बहुव्री॰ **अनिष्ट** ←अन्√इष् + स्त्री॰ उपपत्ति ←उप√पद्)

असक्ति: (अनासक्ति) अनभिष्वङ्गः (निर्ममता, 'माझे' या वृत्तीचा अभाव) पुत्रदारगृहादिषु (पुत्र, पत्नी, गृह, इत्यादींत) नित्यम् (सदा) च (आणि) समचित्तत्वम् (मनाचा समभाव)[1] इष्टानिष्टोपपत्तिषु (इष्ट व अनिष्ट प्राप्तींत)

* (आणि) पुत्र, पत्नी, गृह, इत्यादींत निर्ममता आणि अनासक्ति (तसेच) इष्ट व अनिष्ट प्राप्तींत मनाचा सदा समभाव;

।।13.11।। **मयि चानन्ययोगेन भक्तिरव्यभिचारिणी।**
विविक्तदेशसेवित्वमरतिर्जनसंसदि।।

मयि च (नि॰ 1/1) अनन्ययोगेन भक्ति: (नि॰ 16/1) अव्यभिचारिणी (नि॰ 24/8) विविक्तदेशसेवित्वम् (नि॰ 8/16) अरति: (नि॰ 16/6) जनसंसदि

मयि (3.30); * च (1.1); * अनन्ययोगेन (पु॰ तृतीया॰ एक॰ ←तत्पु॰स॰ अनन्ययोग, अनन्य: योग: ←वि॰ अनन्य 8.14 + पु॰ योग 2.39); * भक्ति: (प्रथमा॰ एक॰ ←स्त्री॰ भक्ति 7.17); * **अव्यभिचारिणी** (स्त्री॰ प्रथमा॰ एक॰ ←वि॰ अव्यभिचारिन्, अ–वि–अभि√चर्); * विविक्तदेशसेवित्वम् (न॰ प्रथमा॰ एक॰ ←तत्पु॰स॰ विविक्तदेशसेवित्व, विविक्तस्य देशस्य सेवित्वम् ←क्त॰ वि॰ **विविक्त** ←वि√विच् + पु॰ देश 6.11 + न॰ सेवित्व ←√सेव्); * अरति: (प्रथमा॰ एक॰ न–बहुव्री॰ ←स्त्री॰ रति 3.17); * जनसंसदि (स्त्री॰ सप्तमी॰ एक॰ ←तत्पु॰स॰ जनसंसद्, जनानाम् संसद् ←पु॰ जन 1.28 + स्त्री॰ संसद् ←सम्√सद्)

मयि (माझ्या ठायी) च (आणि) अनन्ययोगेन (अनन्य योगाने) भक्ति: (भक्ति) अव्यभिचारिणी (एकनिष्ठ) विविक्तदेशसेवित्वम् (एकांत स्थळी वास) अरति: (आावड नसणे) जनसंसदि (जनजमावात)

* (आणि) माझ्या ठायी अनन्य योगाने एकनिष्ठ भक्ति, एकांत स्थळी वास आणि जनजमावात आवड नसणे;

।।13.12।। **अध्यात्मज्ञाननित्यत्वं तत्त्वज्ञानार्थदर्शनम्।**
एतज्ज्ञानमिति प्रोक्तमज्ञानं यदतोऽन्यथा।।

अध्यात्मज्ञाननित्यत्वम् (नि॰ 14/1) तत्त्वज्ञानार्थदर्शनम् (नि॰ 14/2) एतत् (नि॰ 11/2) ज्ञानम् (नि॰ 8/18) इति प्रोक्तम् (नि॰ 8/16) अज्ञानम् (नि॰ 14/1) यत् (नि॰ 8/2) अत: (नि॰ 15/1) अन्यथा

---

1 *किंचिदेव ममत्वेन यदा भवति कल्पितम्।*
तदेव परितापार्थं नाशे सम्पद्यते पुन:।।
(महाभारत, शान्ति॰ 276.8)
स्नेह कुणाशी जडला, अथवा मनी ममत्व।
विरह जरी वा घडला, नसो दु:खाशी समत्व।।

अध्यात्मज्ञाननित्यत्वम् (न० प्रथमा० एक० ←तत्पु०स० अध्यात्मज्ञाननित्यत्व, अध्यात्मस्य ज्ञाने नित्यत्वम् ←वि० अध्यात्म 3.30 + न० ज्ञान 3.3 + न० नित्यत्व ←वि० नित्य 2.18); * तत्त्वज्ञानार्थदर्शनम् (न० प्रथमा० एक० ←तत्पु०स० तत्त्वज्ञानार्थदर्शन, तत्त्वस्य ज्ञानस्य अर्थस्य दर्शनम् ←न० तत्त्व 2.16 + न० ज्ञान 3.3 + पु० अर्थ 1.7 + न० दर्शन 11.10); * एतत् (प्रथमा० 2.3); * ज्ञानम् (प्रथमा० 3.39); * इति (1.25); * प्रोक्तम् (8.1); * अज्ञानम् (प्रथमा० 5.16); * यत् (2.67); * अत: (2.12); * अन्यथा (विकल्पबोधक अव्य० ←वि० अन्य 1.9)

अध्यात्मज्ञाननित्यत्वम् (अध्यात्मज्ञानात सदा गढणे) तत्त्वज्ञानार्थदर्शनम् (तत्त्वज्ञानार्थ बघणे) एतत् (हे) ज्ञानम् (ज्ञान) इति (असे) प्रोक्तम् (म्हटले जाते) अज्ञानम् (अज्ञान) यत् (जे) अत: (यापेक्षा) अन्यथा (व्यतिरिक्त)

* (आणि) अध्यात्मज्ञानात सदा गढणे (आणि) तत्त्वज्ञानार्थ बघणे हे 'ज्ञान' असे म्हटले जाते; यापेक्षा जे व्यतिरिक्त ते 'अज्ञान' (जाणावे).

।।13.13।। **ज्ञेयं यत्तत्प्रवक्ष्यामि यज्ज्ञात्वामृतमश्नुते।**
अनादिमत्परं ब्रह्म न सत्तन्नासदुच्यते।।

ज्ञेयम् (नि० 14/1) यत् (नि० 1/10) तत् (नि० 10/6) प्रवक्ष्यामि यत् (नि० 11/2) ज्ञात्वा (नि० 1/3) अमृतम् (नि० 8/16) अश्नुते (नि० 23/1) अनादिमत् (नि० 10/6) परम् (नि० 14/1) ब्रह्म न सत् (नि० 1/10) तत् (नि० 12/1) न (नि० 1/1) असत् (नि० 8/6) उच्यते

ज्ञेयम् (द्वितीया० 1.39); * यत् (प्रथमा० 3.21); * तत् (द्वितीया० 2.7); * प्रवक्ष्यामि (4.16); * यत् (द्वितीया० 1.45); * ज्ञात्वा (4.15); * अमृतम् (द्वितीया० 9.19); * अश्नुते (3.4); * अनादिमत् (न० प्रथमा० एक० न-बहुव्री० ←वि० अनादि 10.3 + प्रत्यय मत् 1.9); * परम् (प्रथमा० 4.4); * ब्रह्म (प्रथमा० 4.24); * न (1.30); * सत् (प्रथमा० 2.16); * तत् (प्रथमा० 1.10); * न (1.30); * असत् (प्रथमा० 9.19); * उच्यते (2.25)

ज्ञेयम् ('ज्ञेय') यत् (जे) तत् (ते) प्रवक्ष्यामि (मी स्पष्ट सांगेन) यत् (जे) ज्ञात्वा (जाणून) अमृतम् (अमृतत्व) अश्नुते (साध्य होते) अनादिमत् परम् ब्रह्म (सतातन 'परब्रह्म') न (न) सत् (सत्) तत् (ते) न (न) असत् (असत्) उच्यते (म्हटले जाते)

* ते सनातन 'परब्रह्म' जे न सत्, न असत् म्हटले जाते (असे) ते 'ज्ञेय' मी (तुला) स्पष्ट सांगेन (की) जे जाणून अमृतत्व साध्य होते.

।।13.14।। **सर्वत:पाणिपादं तत्सर्वतोऽक्षिशिरोमुखम्।**
सर्वत:श्रुतिमल्लोके सर्वमावृत्य तिष्ठति।।

सर्वत: (नि० 22/3) पाणिपादम् (नि० 14/1) तत् (नि० 10/7) सर्वत: (नि० 15/1) अक्षिशिरोमुखम् (नि० 14/2) सर्वत: (नि० 22/5) श्रुतिमत् (नि० 11/6) लोके सर्वम् (नि० 8/17) आवृत्य तिष्ठति

सर्वत:पाणिपादम् (न॰ प्रथमा॰ एक॰ ←बहुव्री॰ सर्वत:पाणिपाद, सर्वत: पाणय: च पादा: च यस्य ←अव्य॰ सर्वत: 2.46 + पु॰ पाणि 1.46 + पु॰ पाद 11.23); * तत् (1.10); * सर्वतोऽक्षिशिरोमुखम् (न॰ प्रथमा॰ एक॰ ←बहुव्री॰ सर्वतोऽक्षिशिरोमुख, सर्वत: अक्षिणि च शिरांसि च मुखानि च यस्य ←अव्य॰ सर्वत: 2.46 + न॰ अक्षि 11.2 + न॰ शिरस् 11.14 + न॰ मुख 1.29); * सर्वत:श्रुतिमत् (न॰ प्रथमा॰ एक॰ ←बहुव्री॰ सर्वत:श्रुतिमत्, सर्वत: श्रुति: यस्य ←अव्य॰ सर्वत: 2.46 + स्त्री॰ श्रुति 2.53 + प्रत्यय मतुप् 1.3); * लोके (2.5); * सर्वम् (2.17); * आवृत्य (3.40); * तिष्ठति (3.5)

सर्वत: (सर्वत्र) पाणिपादम् (हात पाय असलेले) तत् (ते) सर्वत: (सर्वत्र) अक्षिशिरोमुखम् (नेत्र, शीरे आणि मुखे असलेले) सर्वत: (सर्वत्र) श्रुतिमत् (कान असलेले) लोके (जगात) सर्वम् (सर्व) आवृत्य (व्याप्त करून) तिष्ठति (स्थित राहते)

* ते सर्वत्र हात पाय असलेले, सर्वत्र नेत्र, शीरे आणि मुखे असलेले (आणि) सर्वत्र कान असलेले जगात सर्व व्याप्त करून स्थित राहते.

।।13.15।। **सर्वेन्द्रियगुणाभासं सर्वेन्द्रियविवर्जितम्।**
असक्तं सर्वभृच्चैव निर्गुणं गुणभोक्तृ च।।

सर्वेन्द्रियगुणाभासम् (नि॰ 14/1) सर्वेन्द्रियविवर्जितम् (नि॰ 14/2) असक्तम् (नि॰ 14/1) सर्वभृत् (नि॰ 11/1) च (नि॰ 3/1) एव निर्गुणम् (नि॰ 14/1, 24/3) गुणभोक्तृ च

सर्वेन्द्रियगुणाभासम् (न॰ प्रथमा॰ एक॰ ←बहुव्री॰ सर्वेन्द्रियगुणाभास, सर्वेषाम् इन्द्रियाणाम् गुणेषु आभास: यस्य तत् ←सना॰ सर्व 1.6 + न॰ इन्द्रिय 2.8 + पु॰ गुण 2.45 + पु॰ आभास ←आ√भास्); * सर्वेन्द्रियविवर्जितम् (न॰ प्रथमा॰ एक॰ ←बहुव्री॰ सर्वेन्द्रियविवर्जित, सर्वै: इन्द्रियै: विवर्जितम् यत् ←सना॰ सर्व 1.6 + न॰ इन्द्रिय 2.8 + वि॰ विवर्जित 7.11); * असक्तम् (9.9); * सर्वभृत् (न॰ प्रथमा॰ एक॰ ←बहुव्री॰ वि॰ सर्वभृत्, सर्वम् विभर्ति यत् ←वि॰ सर्व 1.6 + वि॰ विभ्रत् 10.31); * च (1.1); * एव (1.1); * निर्गुणम् (न॰ प्रथमा॰ एक॰ ←बहुव्री॰ वि॰ **निर्गुण**, नास्ति गुण: यस्मिन् तत् ←अव्य॰ निर् 2.45 + पु॰ गुण 2.45); * गुणभोक्तृ (न॰ प्रथमा॰ एक॰ ←बहुव्री॰ वि॰ गुणभोक्तृ, गुणान् भुनक्ति यत् ←पु॰ गुण 2.45 + वि॰ भोक्तृ 5.29); * च (1.1)

सर्वेन्द्रियगुणाभासम् (सर्व इन्द्रियगुणांचा आभास असलेले) सर्वेन्द्रियविवर्जितम् (सर्व इन्द्रियांच्या विरहित असलेले) असक्तम् (अनासक्त) सर्वभृत् (सर्वांचा कर्ता धाता) च (आणि) एव (ही) निर्गुणम् (निर्गुण) गुणभोक्तृ (गुणांचा भोग घेणारे) च (आणि)

* सर्व इन्द्रियांच्या विरहित असलेले आणि सर्व इन्द्रियगुणांचा आभास असलेले (हे ज्ञेय) अनासक्त, निर्गुण, सर्वांचा कर्ता धाता आणि गुणांचा भोग घेणारेही (आहे).

।।13.16।। **बहिरन्तश्च भूतानामचरं चरमेव च।**
सूक्ष्मत्वात्तदविज्ञेयं दूरस्थं चान्तिके च तत्।।

बहि: (नि० 16/1) अन्त: (नि० 17/1) च भूतानाम् (नि० 8/16) अचरम् (नि० 14/1) चरम् (नि० 8/22) एव च सूक्ष्मत्वात् (नि० 1/10) तत् (नि० 8/2) अविज्ञेयम् (नि० 14/1) दूरस्थम् (नि० 14/1) च (नि० 1/1) अन्तिके च तत्

बहि: (5.27); * अन्त: (2.16); * च (1.1); * भूतानाम् (2.69); * अचरम् (न० प्रथमा० एक० ←न-बहुव्री० वि० अचर 9.10); * चरम् (न० प्रथमा० एक० ←वि० चर 9.10); * एव (1.1); * च (1.1); * सूक्ष्मत्वात् (पंचमी० एक० ←न० सूक्ष्मत्व ←वि० **सूक्ष्म** ←√सूच्); * तत् (1.10); * अविज्ञेयम् (प्रथमा० एक० न-तत्पु०स० ←न० विज्ञेय ←वि√ज्ञा); * दूरस्थम् (न० प्रथमा० एक० ←बहुव्री० दूरस्थ, दूरे स्थियते यत्, वि० दूर 2.49 + वि० स्थ 2.45); * च (1.1); * अन्तिके (न० सप्तमी० अनेक० ←वि० अन्तिक ←√अन्त्); * च (1.1); * तत् (1.10)

बहि: (बाहेर) अन्त: (आत) च (आणि) भूतानाम् (भूतांच्या) अचरम् (अचर) चरम् (चर) एव (ही) च (आणि) सूक्ष्मत्वात् (सूक्ष्मत्वामुळे) तत् (ते) अविज्ञेयम् (ज्ञात न होणारे) दूरस्थम् (दूर स्थित) च (आणि) अन्तिके (समीप) च (तसेच) तत् (ते)

* ते भूतांच्या बाहेर आणि आत, चर आणि अचरही आणि सूक्ष्मत्वामुळे ज्ञात न होणारे ते दूर तसेच समीप स्थित (आहे).

।।13.17।। **अविभक्तं च भूतेषु विभक्तमिव च स्थितम्।**
भूतभर्तृ च तज्ज्ञेयं ग्रसिष्णु प्रभविष्णु च।।

अविभक्तम् (नि० 14/1) च भूतेषु (नि० 25/5) विभक्तम् (नि० 8/18) इव च स्थितम् (नि० 14/2) भूतभर्तृ च तत् (नि० 11/2) ज्ञेयम् (नि० 14/1) ग्रसिष्णु प्रभविष्णु च

अविभक्तम् (न० प्रथमा० एक० न-तत्पु०स० ←क्त० वि० **विभक्त** ←वि√भज्); * च (1.1); * भूतेषु (7.11); * विभक्तम् (न० प्रथमा० एक० न-तत्पु०स० ←वि० विभक्त↑); * इव (1.30); * च (1.1); * स्थितम् (5.19); * भूतभर्तृ (न० प्रथमा० एक० ←बहुव्री० भूतभर्तृ, भूतानाम् भर्ता य: ←पु० भूत 2.28 + पु० भर्तृ 9.18); * च (1.1); * तत् (1.10); * ज्ञेयम् (1.39); * ग्रसिष्णु (न० प्रथमा० एक० ←बहुव्री० वि० ग्रसिष्णु ←न० ग्रसन ←√ग्रस् + कृत् प्रत्यय इष्णु); * प्रभविष्णु (न० प्रथमा० एक० ←बहुव्री० प्रभविष्णु ←पु० प्रभव 6.24); * च (1.1)

अविभक्तम् (अखंड) च (आणि) भूतेषु (भूतांमध्ये) विभक्तम् (वेगवेगळे) इव (असे) च (आणि) स्थितम् (स्थित) भूतभर्तृ (जीवांचा भर्ता) च (आणि) तत् (ते) ज्ञेयम् (ज्ञेय) ग्रसिष्णु (संहारकर्ता) प्रभविष्णु (निर्माणकर्ता) च (आणि)

* ते ज्ञेय भूतांमध्ये अखंड आणि वेगवेगळे असे स्थित आणि जीवांचा भर्ता आणि संहारकर्ता आणि निर्माणकर्ता (आहे).

।।13.18।। **ज्योतिषामपि तज्ज्योतिस्तमस: परमुच्यते।**

ज्ञानं ज्ञेयं ज्ञानगम्यं हृदि सर्वस्य विष्ठितम्।।

ज्योतिषाम् (नि॰ 25/3, 8/16) अपि तत् (नि॰ 11/2) ज्योतिः (नि॰ 18/1) तमसः (नि॰ 22/3) परम् (नि॰ 8/20) उच्यते ज्ञानम् (नि॰ 14/1) ज्ञेयम् (नि॰ 14/1) ज्ञानगम्यम् (नि॰ 14/1) हृदि सर्वस्य विष्ठितम् (नि॰ 14/2)

ज्योतिषाम् (10.21); * अपि (1.26); * तत् (1.10); * ज्योतिः (8.24); * तमसः (8.9); * परम् (2.12); * उच्यते (2.25); * ज्ञानम् (3.39); * ज्ञेयम् (1.39); * ज्ञानगम्यम् (न॰ प्रथमा॰ एक॰ ←बहुव्री॰ वि॰ ज्ञानगम्य, ज्ञानेन गम्यते यत् ←न॰ ज्ञान 3.3 + कर्मणि॰ विधि॰ वि॰ गम्य ←√गम्); * हृदि (8.12); * सर्वस्य (2.30); * विष्ठितम् (न॰ प्रथमा॰ एक॰ ←क्त॰ वि॰ विष्ठित ←वि√स्था)

ज्योतिषाम् (ज्योतींची) अपि (सुद्धा) तत् (ते) ज्योतिः (ज्योति) तमसः परम् (तिमीरापार) उच्यते (म्हटले जाते) ज्ञानम् (ज्ञान) ज्ञेयम् (ज्ञेय) ज्ञानगम्यम् (ज्ञानाने साध्य होणारे) हृदि (हृदयात) सर्वस्य (सर्वांच्या) विष्ठितम् (अधिष्ठित झालेले आहे)

* ते (परब्रह्म) ज्योतींची सुद्धा ज्योति (तसेच) तिमीरापार म्हटले जाते; (ते) ज्ञान, ज्ञेय, ज्ञानाने साध्य होणारे (आणि) सर्वांच्या हृदयात अधिष्ठित झालेले आहे.

।।13.19।। **इति क्षेत्रं तथा ज्ञानं ज्ञेयं चोक्तं समासतः।**
मद्भक्त एतद्विज्ञाय मद्भावायोपपद्यते।।

इति क्षेत्रम् (नि॰ 14/1) तथा ज्ञानम् (नि॰ 14/1) ज्ञेयम् (नि॰ 14/1) च (नि॰ 2/2) उक्तम् (नि॰ 14/1) समासतः (नि॰ 22/8) मद्भक्तः (नि॰ 19/7) एतत् (नि॰ 9/11) विज्ञाय मद्भावाय (नि॰ 2/2) उपपद्यते

इति (1.25); * क्षेत्रम् (13.2); * तथा (1.8); * ज्ञानम् (3.39); * ज्ञेयम् (1.39); * च (1.1); * उक्तम् (11.1); * समासतः (क्रि॰वि॰ अव्य॰ ←पु॰ समास 10.33); * मद्भक्तः (9.34); * एतत् (द्वितीया॰ 2.6); * विज्ञाय (ल्यप्॰ अव्य॰ ←वि√ज्ञा); * मद्भावाय (पु॰ चतुर्थी॰ एक॰ ←तत्पु॰स॰ मद्भाव 4.10); * उपपद्यते (2.3)

इति (असे) क्षेत्रम् (क्षेत्र) तथा (तसेच) ज्ञानम् (ज्ञान) ज्ञेयम् (ज्ञेय) च (आणि) उक्तम् (सांगितले) समासतः (संक्षेपाने) मद्भक्तः (माझा भक्त) एतत् (हे) विज्ञाय (जाणून) मद्भावाय (माझ्या स्वभावाला) उपपद्यते (प्राप्त करतो)

* क्षेत्र तसेच ज्ञान आणि ज्ञेय असे संक्षेपाने सांगितले, हे (सर्व) जाणून माझा भक्त माझ्या स्वभावाला प्राप्त करतो.

।।13.20।। **प्रकृतिं पुरुषं चैव विद्ध्यनादी उभावपि।**
विकारांश्च गुणांश्चैव विद्धि प्रकृतिसम्भवान्।।

प्रकृतिम् (नि० 14/1) पुरुषम् (नि० 14/1) च (नि० 3/1) एव विद्धि (नि० 4/1) अनादी (नि० 7/1) उभौ (नि० 5/5) अपि विकारान् (नि० 13/6) च गुणान् (नि० 13/6) च (नि० 3/1) एव विद्धि प्रकृतिसम्भवान्

प्रकृतिम् (कर्मकारक 3.33); * पुरुषम् (कर्मकारक 2.15); * च (1.1); * एव (1.1); * विद्धि (2.17); * अनादी (पु० द्वितीया० द्वि०व० ←वि० अनादि 10.3); * उभौ (द्वितीया० 2.19); * अपि (1.26); * विकारान् (द्वितीया० अनेक० ←पु० विकार 13.4); * च (1.1); * **<u>गुणान्</u>** (द्वितीया० अनेक० ←पु० गुण 2.45); * च (1.1); * एव (1.1); * विद्धि (2.17); * प्रकृतिसम्भवान् (पु० द्वितीया० अनेक० ←बहुव्री० **<u>प्रकृतिसम्भव</u>**, प्रकृतेः सम्भवः यस्य ←स्त्री० प्रकृति 3.5 + पु० सम्भव 3.14)

प्रकृतिम् (प्रकृति) पुरुषम् (पुरुष) च (आणि) एव (तसेच) विद्धि (समज) अनादी (अनादि असलेले) उभौ (दोघांनाही) अपि (च) विकारान् (विकारांना) च (आणि) गुणान् (गुणांना) च (आणि) एव (ही) विद्धि (तू जाण) प्रकृतिसम्भवान् (प्रकृतीपासून निर्माण झालेले)

* तसेच प्रकृति आणि पुरुष दोघांनाही अनादि असलेले समज[1] आणि तू विकारांना आणि गुणांना प्रकृतीपासूनच निर्माण झालेले जाण.

।।13.21।। **कार्यकरणकर्तृत्वे हेतुः प्रकृतिरुच्यते।**
पुरुषः सुखदुःखानां भोक्तृत्वे हेतुरुच्यते।।

कार्यकरणकर्तृत्वे हेतुः (नि० 22/3) प्रकृतिः (नि० 16/1) उच्यते पुरुषः (नि० 22/7) सुखदुःखानाम् (नि० 14/1) भोक्तृत्वे हेतुः (नि० 16/3) उच्यते

कार्यकरणकर्तृत्वे (न० सप्तमी० एक० ←तत्पु०स० कार्यकरणकर्तृत्व, कार्याणाम् च करणानाम् च कर्तृत्वम् ←न० अथवा वि० कार्य 3.17 + न० **<u>करण</u>** ←8√कृ + न० कर्तृत्व ←वि० कर्तृ 3.24); * **<u>हेतुः</u>** (प्रथमा० एक० ←पु० हेतु 1.35); * प्रकृतिः (7.4); * उच्यते (2.25); * पुरुषः (2.21); * सुखदुःखानाम् (षष्ठी० अनेक० ←द्वंद्व०स० सुखानाम् च दुःखानाम् च ←सुख–दुःख 2.38); * भोक्तृत्वे (सप्तमी० एक० ←न० भोक्तृत्व ←पु० अथवा वि० भोक्तृ 5.29); * हेतुः (↑); * उच्यते (2.25)

कार्यकरणकर्तृत्वे[1] ('कार्य' आणि 'करण' यांच्या उत्पत्तीतील) हेतुः (कारण) प्रकृतिः ('प्रकृति') उच्यते (सांगितली जाते) पुरुषः ('पुरुष') सुखदुःखानाम् (सुखदुःखांच्या) भोक्तृत्वे (भोगासंबंधी) हेतुः (कारण) उच्यते (सांगितला जातो)

---

[1] यथा जलं जले न्यस्तं सलिलं भेदवर्जितम्।
प्रकृतिं पुरुषं तद्वदभिन्नं प्रतिभाति मे।।
(अवधूतगीता : 51)
मिळे जळ जळी जसे, कळे ना कोणते कोण।
प्रकृति पुरुष तसे, अभिन्न वाटती दोन।।

* 'कार्य' आणि 'करण' यांच्या उत्पत्तीतील कारण 'प्रकृति' सांगितली जाते (आणि) 'पुरुष' सुखदु:खांच्या भोगासंबंधी 'कारण' सांगितला जातो.

।।13.22।। **पुरुषः प्रकृतिस्थो हि भुङ्क्ते प्रकृतिजान्गुणान्।**
कारणं गुणसङ्गोऽस्य सदसद्योनिजन्मसु।।

पुरुषः (नि॰ 22/3) प्रकृतिस्थः (नि॰ 15/14) हि भुङ्क्ते प्रकृतिजान् (नि॰ 13/10) गुणान् (नि॰ 23/1) कारणम् (नि॰ 14/1, 24/3) गुणसङ्गः (नि॰ 15/1) अस्य सदसद्योनिजन्मसु

पुरुषः (2.21); * प्रकृतिस्थः (पु॰ प्रथमा॰ एक॰ ←तत्पु॰स॰ वि॰ **प्रकृतिस्थ**, प्रकृतौ तिष्ठति इति ←स्त्री॰ प्रकृति 3.5 + वि॰ स्थित 1.14); * हि (1.11); * भुङ्क्ते (3.12); * प्रकृतिजान् (पु॰ द्वितीया॰ अनेक॰ ←बहुव्री॰ वि॰ प्रकृतिज 3.5); * गुणान् (13.20); * कारणम् (6.3); * गुणसङ्गः (पु॰ प्रथमा॰ एक॰ ←तत्पु॰स॰ गुणसङ्ग, गुणस्य सङ्गः ←पु॰ गुण 2.45 + पु॰ सङ्ग 2.47); * अस्य (2.17); * सदसद्योनिजन्मसु (सप्तमी॰ अनेक॰ ←तत्पु॰स॰ सदसद्योनिजन्मन्, सत् च असत् च योन्योः जन्मनि ←वि॰ सत् 2.16 + वि॰ असत् 2.16 + स्त्री॰ योनि 5.22 + न॰ जन्मन् 2.27)

पुरुषः (पुरुष, आत्मा) प्रकृतिस्थः (प्रकृतीत स्थित असलेला) हि (कारण कि) भुङ्क्ते (उपभोगतो) प्रकृतिजान् (प्रकृतिजन्य) गुणान् (गुणांना) कारणम् (कारण) गुणसङ्गः (गुणांतील आसक्ति) अस्य (याला) सदसद्योनिजन्मसु (जन्म उच्च वा नीच योनीत)

* कारण कि प्रकृतीत स्थित असलेला पुरुष प्रकृतिजन्य गुणांना उपभोगतो, गुणांतील आसक्ति याला उच्च वा नीच योनीत जन्म (येण्यास) कारण (होते).

।।13.23।। **उपद्रष्टानुमन्ता च भर्ता भोक्ता महेश्वरः।**

---

(1) कार्यकरणकर्तृत्व- त्रिगुणी प्रकृतीचे (सगुण ब्रह्माचे) तामसी गुण (कार्य, करण्याची क्रिया), राजसी गुण (करण, करणे किंवा कृति), सात्त्विक गुण (कर्तृत्व, कर्त्याची कार्य शक्ति) मिळून उत्पत्ति होते. तामसी तत्त्वापासून महाभूते (द्रव्य- पृथ्वी, आप्, तेज, वायु, आकाश) व तन्मात्रा (विषय- श्रवण, दृष्टि, स्पर्श, वास, चव) उत्पन्न होतात; राजसी तत्त्वापासून इंद्रिये (ज्ञानेन्द्रिये-कान, डोळे, त्वचा, नाक, जिव्हा; व कर्मेन्द्रिये- वाचा, हात, पाय, गुदद्वार, जननेंद्रिय) होतात; व सात्त्विक तत्त्वापसून मन (अंत:करण, बुद्धि, अहम्, चित्त) होते. अशी सगुण ब्रह्माची, सकर्मक ब्रह्माची अथवा परमेश्वराची एकंदर 24 तत्त्वे. काळ हे 25 वे तत्त्व आहे. त्रिगुणांच्या व्यतिरिक्त अथवा त्रिगुणातीत जे ते निर्गुण ब्रह्म अथवा केवळ ब्रह्म, चिद्रूप, परम ब्रह्म.

कारणं ब्रह्म जीवानां निर्गुणं नेतरद्भवेत्।
अपञ्चीकृतभूतानामपि तज्जगतां न तु।।
जगत्कारणमीशाख्यं सगुणं ब्रह्म यद्भवेत।
तत्पञ्चीकृताभूतानां निमित्तं जगतां खलु।।
(श्रीरामगीता 3.14–15)

परमात्मेति चाप्युक्तो देहेऽस्मिन्पुरुषः परः।।

उपद्रष्टा (नि॰ 1/3) अनुमन्ता च भर्ता भोक्ता महेश्वरः (नि॰ 22/8) परमात्मा (नि॰ 2/3) इति च (नि॰ 1/1) अपि (नि॰ 4/3) उक्तः (नि॰ 15/4) देहे (नि॰ 6/1) अस्मिन् (नि॰ 13/13) पुरुषः (नि॰ 22/3) परः (नि॰ 22/8)

उपद्रष्टा (प्रथमा॰ एक॰ ←पु॰ उपद्रष्टृ ←उप√दृश्); * अनुमन्ता (प्रथमा॰ एक॰ ←पु॰ अनुमन्तृ ←अनु√मन्); * च (1.1); * भर्ता (9.18); * भोक्ता (9.24); * महेश्वरः (पु॰ प्रथमा॰ एक॰ ←बहुव्री॰ महेश्वर, महान् ईश्वरः यः ←वि॰ महत् 1.3 + पु॰ ईश्वर 4.6); * परमात्मा (6.7); * इति (1.25); * च (1.1); * अपि (1.26); * उक्तः (1.24); * देहे (2.13); * अस्मिन् (1.22); * पुरुषः (2.21); * परः (3.11)

उपद्रष्टा (साक्षी) अनुमन्ता (आज्ञा देणारा) च (आणि) भर्ता (धारण करणारा) भोक्ता (उपभोग घेणारा) महेश्वरः (महेश्वर) परमात्मा (परमात्मा) इति (असा) च (आणि) अपि (ही) उक्तः (म्हटला गेला आहे) देहे (देहात) अस्मिन् (या) पुरुषः परः (परम पुरुष)

* आणि (हा) साक्षी, आज्ञा देणारा, धारण करणारा, उपभोग घेणारा, महेश्वर आणि परमात्मा या देहात परम पुरुष असा ही म्हटला गेला आहे.

।।13.24।। **य एवं वेत्ति पुरुषं प्रकृतिं च गुणैः सह।**
सर्वथा वर्तमानोऽपि न स भूयोऽभिजायते।।

यः (नि॰ 19/7) एवम् (नि॰ 14/1) वेत्ति पुरुषम् (नि॰ 14/1) प्रकृतिम् (नि॰ 14/1) च गुणैः (नि॰ 22/7) सह सर्वथा वर्तमानः (नि॰ 15/1) अपि न सः (नि॰ 21/2) भूयः (नि॰ 15/1) अभिजायते

यः (2.19); * एवम् (1.24); * वेत्ति (2.19); * पुरुषम् (2.15); * प्रकृतिम् (3.33); * च (1.1); * गुणैः (3.5); * सह (1.22); * सर्वथा (6.31); * वर्तमानः (6.31); * अपि (1.26); * न (1.30); * सः (1.13); * भूयः (2.20); * अभिजायते (2.62)

यः (जो) एवम् (अशा रीतिने) वेत्ति (जाणतो) पुरुषम् (पुरुषाला) प्रकृतिम् (प्रकृतीला) च (आणि) गुणैः सह (गुणांच्यासह) सर्वथा (कोणत्याही प्रकारे) वर्तमानः (असणारा) अपि (सुद्धा) न (नाही) सः (तो) भूयः (पुन्हा) अभिजायते (जन्म घेत–)

* जो पुरुषाला आणि गुणांच्यासह प्रकृतीला अशा रीतिने जाणतो तो कोणत्याही प्रकारे असणारा सुद्धा पुन्हा जन्म घेत नाही.

।।13.25।। **ध्यानेनात्मनि पश्यन्ति केचिदात्मानमात्मना।**
अन्ये सांख्येन योगेन कर्मयोगेन चापरे।।

ध्यानेन (नि॰ 1/2) आत्मनि पश्यन्ति केचित् (नि॰ 8/3) आत्मानम् (नि॰ 8/17) आत्मना (नि॰ 23/1) अन्ये साङ्ख्येन योगेन कर्मयोगेन च (नि॰ 1/1) अपरे

ध्यानेन (तृतीया० एक० ←न० ध्यान 12.12); * आत्मनि (2.55); * पश्यन्ति (1.38); * केचित् (11.21); * आत्मानम् (3.43); * आत्मना (2.55); * अन्ये (1.9); * साङ्ख्येन (न० तृतीया० एक० ←वि० साङ्ख्य 2.39); * योगेन (10.7); * कर्मयोगेन (3.3); * च (1.1); * अपरे (4.25)

ध्यानेन (ध्यानयोगाने) आत्मनि (स्वत:त) पश्यन्ति (बघतात) केचित् (कुणी) आत्मानम् (आत्म्याला) आत्मना (स्वत:ने) अन्ये (दुसरे कुणी) सांख्येन योगेन (सांख्य योगाने) कर्मयोगेन (कर्मयोगाने) च (आणि) अपरे (अन्य लोक)

* कुणी ध्यानयोगाने, दुसरे कुणी सांख्य योगाने आणि अन्य लोक कर्मयोगाने स्वत:ने स्वत:त आत्म्याला बघतात.

।।13.26।। **अन्ये त्वेवमजानन्त: श्रुत्वान्येभ्य उपासते।**
तेऽपि चातितरन्त्येव मृत्युं श्रुतिपरायणा:।

अन्ये तु (नि० 4/9) एवम् (नि० 8/16) अजानन्त: (नि० 22/5) श्रुत्वा (नि० 1/3) अन्येभ्य: (नि० 19/4) उपासते ते (नि० 6/1) अपि च (नि० 1/1) अतितरन्ति (नि० 4/4) एव मृत्युम् (नि० 14/1) श्रुतिपरायणा: (नि० 24/5, 22/8)

अन्ये (1.9); * तु (1.2); * एवम् (1.24); * अजानन्त: (7.24); * श्रुत्वा (2.29); * अन्येभ्य: (पंचमी० अनेक० ←वि० अन्य 1.9); * उपासते (9.14); * ते (1.33); * अपि (1.26); * च (1.1); * अतितरन्ति (तृ०पु० अनेक० लट्०–वर्तमान० भ्वादि० परस्मै० ←अति√तॄ 7.14); * एव (1.1); * मृत्युम् (द्वितीया० एक० ←पु० मृत्यु 2.27); * श्रुतिपरायणा: (पु० प्रथमा० अनेक० ←बहुव्री० श्रुतिपरायण, श्रुति: परम् अयनम् यस्य ←स्त्री० श्रुति 2.53 + वि० पर 2.3 + न० अयन 1.11)

अन्ये (दुसरे कुणी) तु (परंतु) एवम् (असे) अजानन्त: (न जाणता) श्रुत्वा (ऐकून) अन्येभ्य: (दुसऱ्याकडून) उपासते (उपासना करतात) ते (ते) अपि (सुद्धा) च (आणि) अतितरन्ति (तरून जातात) एव (च) मृत्युम् (मृत्युसागराला) श्रुतिपरायणा: (श्रुतिपरायण असलेले)

* परंतु दुसरे कुणी असे न जाणता दुसऱ्याकडून ऐकूनच उपासना करतात आणि ते श्रुतिपरायण असलेले सुद्धा मृत्युसागराला तरून जातात.

।।13.27।। **यावत्सञ्जायते किञ्चित्सत्त्वं स्थावरजङ्गमम्।**
क्षेत्रक्षेत्रज्ञसंयोगात्तद्विद्धि भरतर्षभ।।

यावत् (नि० 10/7) सञ्जायते किञ्चित् (नि० 10/7) सत्त्वम् (नि० 14/1) स्थावरजङ्गमम् (नि० 14/2) क्षेत्रक्षेत्रज्ञसंयोगात् (नि० 1/10) तत् (नि० 9/11) विद्धि भरतर्षभ

यावत् (1.22); * सञ्जायते (2.62); * किञ्चित् (4.20); * सत्त्वम् (10.36); * स्थावरजङ्गमम् (न० प्रथमा० द्वि०व० ←द्वंद्व०स० स्थावरम् च जङ्गमम् च ←वि० स्थावर 10.25 + वि० जङ्गम ←√गम्); *

क्षेत्रक्षेत्रज्ञसंयोगात् (पु॰ पंचमी॰ एक॰ ←तत्पु॰स॰ क्षेत्रक्षेत्रज्ञसंयोग, क्षेत्रस्य च क्षेत्रज्ञस्य च संयोग: ←न॰ क्षेत्र 1.1 + पु॰ क्षेत्रज्ञ 13.1 + पु॰ संयोग 5.14); * तत् (2.7); * विद्धि (2.17); * भरतर्षभ (3.41)

यावत् (जेवढे काही) सञ्जायते (निर्माण होते) किञ्चित् (जे काही) सत्त्वम् (सत्त्व) स्थावरजङ्गमम् (चल आणि अचल) क्षेत्रक्षेत्रज्ञसंयोगात् (क्षेत्र क्षेत्रज्ञाच्या संयोगापासून) तत् (ते) विद्धि (जाण) भरतर्षभ (हे भरतर्षभा!)

* हे भरतर्षभा! जे काही जेवढे काही चल आणि अचल सत्त्व निर्माण होते ते क्षेत्र क्षेत्रज्ञाच्या संयोगापासून जाण.

।।13.28।। **समं सर्वेषु भूतेषु तिष्ठन्तं परमेश्वरम्।**
विनश्यत्स्वविनश्यन्तं य: पश्यति स पश्यति।।

समम् (नि॰ 14/1) सर्वेषु (नि॰ 25/5) भूतेषु (नि॰ 25/5) तिष्ठन्तम् (नि॰ 14/1) परमेश्वरम् (नि॰ 14/2) विनश्यत्सु (नि॰ 4/6) अविनश्यन्तम् (नि॰ 14/1) य: (नि॰ 22/3) पश्यति स: (नि॰ 21/2) पश्यति

समम् (द्वितीया॰ 5.19); * सर्वेषु (1.11); * भूतेषु (7.11); * तिष्ठन्तम् (पु॰ द्वितीया॰ एक॰ ←शतृ॰ वि॰ तिष्ठत् ←√स्था); * परमेश्वरम् (पु॰ द्वितीया॰ एक॰ ←बहुव्री॰ परमेश्वर 11.3); * विनश्यत्सु (पु॰ सप्तमी॰ अनेक॰ ←शतृ॰ वि॰ **<u>विनश्यत्</u>** ←वि√नश्); * अविनश्यन्तम् (पु॰ द्वितीया॰ एक॰ न-तत्पु॰स॰ ←वि॰ विनश्यत्↑); * य: (2.19); * पश्यति (2.29); * स: (1.13); * पश्यति (2.29)

समम् (समभावाने) सर्वेषु भूतेषु (सर्व भूतांच्या ठिकाणी) तिष्ठन्तम् (स्थित असलेल्या-) परमेश्वरम् (परमेश्वराला) विनश्यत्सु (नश्वर) अविनश्यन्तम् (अक्षर) य: (जो) पश्यति (पाहतो) स: (तो) पश्यति (पाहतो)

* सर्व नश्वर भूतांच्या ठिकाणी समभावाने स्थित असलेल्या अक्षर परमेश्वराला जो पाहतो तो (यथार्थ) पाहतो.

।।13.29।। **समं पश्यन्हि सर्वत्र समवस्थितमीश्वरम्।**
न हिनस्त्यात्मनात्मानं ततो याति परां गतिम्।।

समम् (नि॰ 14/1) पश्यन् (नि॰ 13/21) हि सर्वत्र समवस्थितम् (नि॰ 8/19) ईश्वरम् (नि॰ 14/2) न हिनस्ति (नि॰ 4/2) आत्मना (नि॰ 1/4) आत्मानम् (नि॰ 14/1) तत: (नि॰ 15/10) याति पराम् (नि॰ 14/1) गतिम् (नि॰ 14/2)

समम् (5.19); * पश्यन् (5.8); * हि (1.11); * सर्वत्र (2.57); * समवस्थितम् (पु॰ द्वितीया॰ एक॰ ←क्त॰ वि॰ समवस्थित ←सम्-अव√स्था); * ईश्वरम् (पु॰ द्वितीया॰ एक॰ ←पु॰ ईश्वर 4.6); * न (1.30); * हिनस्ति (तृ॰पु॰ एक॰ लट्॰-वर्तमान॰ रुधादि॰ परस्मै॰ ←√हिंस्); * आत्मना (2.55); * आत्मानम् (3.43); * तत: (1.13); * याति (6.45); * पराम् (4.39); * गतिम् (6.37)

समम् (सम) पश्यन् (पाहणारा) हि (कारण) सर्वत्र (सर्वांच्या ठायी) समवस्थितम् (समस्थित) ईश्वरम् (ईश्वराला) न हिनस्ति (क्षति करीत नाही) आत्मना (स्वत:) आत्मानम् (आपली) तत: (तेव्हा) याति (प्राप्त करतो) पराम् (थोर) गतिम् (गति)

* कारण सर्वांच्या ठायी समस्थित ईश्वराला सम पाहणारा (तो) स्वत: आपली क्षति करीत नाही (व) तेव्हा थोर गति प्राप्त करतो.

।।13.30।। **प्रकृत्यैव च कर्माणि क्रियमाणानि सर्वश:।**
य: पश्यति तथात्मानमकर्तारं स पश्यति।।

प्रकृत्या (नि॰ 3/3) एव च कर्माणि (नि॰ 24/7) क्रियमाणानि सर्वश: (नि॰ 22/8) य: (नि॰ 22/3) पश्यति तथा (नि॰ 1/4) आत्मानम् (नि॰ 8/16) अकर्तारम् (नि॰ 14/1) स: (नि॰ 21.2) पश्यति

प्रकृत्या (7.20); * एव (1.1); * च (1.1); * कर्माणि (3.27); * क्रियमाणानि (3.27); * सर्वश: (1.18); * य: (2.19); * पश्यति (2.29); * तथा (1.8); * आत्मानम् (3.43); * अकर्तारम् (4.13); * स: (1.13); * पश्यति (2.29)

प्रकृत्या (प्रकृतीकडून) एव (च) च (आणि) कर्माणि (कर्मे) क्रियमाणानि (केली जात आहेत) सर्वश: (सर्व रीतीने) य: (जो) पश्यति (पाहतो) तथा (तसेच) आत्मानम् (स्वत:ला) अकर्तारम् (अकर्ता) स: (तो) पश्यति (पाहतो)

* आणि प्रकृतीकडूनच सर्व रीतीने कर्मे केली जात आहेत तसेच स्वत:ला अकर्ता जो पाहतो तो (यथार्थ) पाहतो.

।।13.31।। **यदा भूतपृथग्भावमेकस्थमनुपश्यति।**
तत एव च विस्तारं ब्रह्म सम्पद्यते तदा।।

यदा भूतपृथग्भावम् (नि॰ 8/22) एकस्थम् (नि॰ 8/16) अनुपश्यति तत: (नि॰ 19/7) एव च विस्तारम् (नि॰ 14/1) ब्रह्म सम्पद्यते तदा

यदा (2.52); * भूतपृथग्भावम् (पु॰ द्वितीया॰ एक॰ ←तत्पु॰स॰ भूतपृथग्भाव, भूतानाम् पृथक् भाव: ←न॰ भूत 2.28 + वि॰ पृथक् 1.18 + पु॰ भाव 2.7); * एकस्थम् (11.7); * **अनुपश्यति** (तृ॰पु॰ एक॰ लट्॰-वर्तमान॰ भ्वादि॰ परस्मै॰ ←अनु√दृश् 2.29); * तत: (1.13); * एव (1.1); * च (1.1); * विस्तारम् (पु॰ द्वितीया॰ एक॰ ←पु॰ विस्तार ←वि√स्तृ); * ब्रह्म (3.15); * सम्पद्यते (तृ॰पु॰ एक॰ लट्॰-वर्तमान॰ दिवादि॰ आत्मने॰ ←सम्√पद्); * तदा (1.2)

यदा (जेव्हा) भूतपृथग्भावम् (जीवाजीवांची भिन्नता) एकस्थम् (एका ठिकाणी स्थित असलेली) अनुपश्यति (तो पाहतो) तत: (त्यापासून) एव (च) च (आणि) विस्तारम् (विस्तार) ब्रह्म (ब्रह्म) सम्पद्यते (प्राप्त करतो) तदा (तेव्हा)

* जेव्हा जीवाजीवांची भिन्नता एका (आत्म्याच्या) ठिकाणी स्थित असलेली आणि त्यापासूनच (हा) विस्तार (झाला आहे हे) तो पाहतो तेव्हा (तो) ब्रह्म प्राप्त करतो.

।।13.32।। **अनादित्वान्निर्गुणत्वात्परमात्मायमव्ययः।**
शरीरस्थोऽपि कौन्तेय न करोति न लिप्यते।।

अनादित्वात् (नि० 12/1) निर्गुणत्वात् (नि० 10/6) परमात्मा (नि० 1/3) अयम् (नि० 8/16) अव्ययः (नि० 22/8) शरीरस्थः (नि० 15/1) अपि कौन्तेय न करोति न लिप्यते

अनादित्वात् (पंचमी० एक० ←न० अनादित्व ←वि० अनादि 10.3); * निर्गुणत्वात् (पंचमी० एक० ←न० निर्गुणत्व ←वि० निर्गुण 13.15); * परमात्मा (6.7); * अयम् (2.19); * अव्ययः (11.18); * शरीरस्थः (पु० प्रथमा० एक० ←तत्पु०स० वि० **शरीरस्थ**, शरीरे तिष्ठति इति ←न० शरीर 1.29 + वि० स्थित 1.14); * अपि (1.26); * कौन्तेय (2.14); * न (1.30); * करोति (4.20); * न (1.30); * लिप्यते (5.7)

अनादित्वात् (अनदित्व असल्यामुळे) निर्गुणत्वात् (निर्गुणत्व असल्यामुळे) परमात्मा (परमात्मा) अयम् (हा) अव्ययः (अव्ययी) शरीरस्थः (देहात स्थित असलेला) अपि (असून सुद्धा) कौन्तेय (हे कौन्तेया!) न (नाही) करोति (करीत–) न (नाही) लिप्यते (धरीत–)

* हे कौन्तेया! हा अव्ययी परमात्मा देहात स्थित असलेला असून सुद्धा अनादित्व असल्यामुळे (व) निर्गुणत्व असल्यामुळे (तो काहीही) करीत नाही (वा) धरीत नाही.

।।13.33।। **यथा सर्वगतं सौक्ष्म्यादाकाशं नोपलिप्यते।**
सर्वत्रावस्थितो देहे तथात्मा नोपलिप्यते।।

यथा सर्वगतम् (नि० 14/1) सौक्ष्म्यात् (नि० 8/3) आकाशम् (नि० 14/1) न (नि० 2/2) उपलिप्यते सर्वत्र (नि० 1/1) अवस्थितः (नि० 15/4) देहे तथा (नि० 1/4) आत्मा न (नि० 2/2) उपलिप्यते

यथा (1.11); * सर्वगतम् (3.15); * सौक्ष्म्यात् (पंचमी० एक० ←न० सौक्ष्म्य ←वि० सूक्ष्म 13.16); * आकाशम् (प्रथमा० एक० ←न० आकाश 9.6); * न (1.30); * **उपलिप्यते** (तृ०पु० एक० लट्०–वर्तमान० तुदादि० आत्मने० ←उप√लिप् 5.7); * सर्वत्र (2.57); * अवस्थितः (9.4); * देहे (2.13); * तथा (1.8); * आत्मा (6.5); * न (1.30); * उपलिप्यते (↑)

यथा (जसे) सर्वगतम् (सर्वव्यापी) सौक्ष्म्यात् (सूक्ष्मत्वामुळे) आकाशम् (आकाश) न–उपलिप्यते (अलिप्त असते) सर्वत्र (सर्वत्र) अवस्थितः (स्थित असलेला) देहे (देहात) तथा (तसा) आत्मा (आत्मा) न–उपलिप्यते (अलग असतो)

* जसे सर्वव्यापी आकाश सूक्ष्मत्वामुळे अलिप्त असते तसा देहात सर्वत्र स्थित असलेला आत्मा (हा) अलग असतो.

।।13.34।। **यथा प्रकाशयत्येक: कृत्स्नं लोकमिमं रवि:।**
क्षेत्रं क्षेत्री तथा कृत्स्नं प्रकाशयति भारत।।

यथा प्रकाशयति (नि॰ 4/4) एक: (नि॰ 22/1) कृत्स्नम् (नि॰ 14/1) लोकम् (नि॰ 8/18) इमम् (नि॰ 14/1) रवि: (नि॰ 22/8) क्षेत्रम् (नि॰ 14/1) क्षेत्री तथा कृत्स्नम् (नि॰ 14/1) प्रकाशयति भारत

यथा (1.11); * प्रकाशयति (5.16); * एक: (11.42); * कृत्स्नम् (1.40); * लोकम् (9.33); * इमम् (1.28); * रवि: (10.21); * क्षेत्रम् (13.1); * क्षेत्री (प्रथमा॰ एक॰ ←पु॰ क्षेत्रिन् ←√क्षि); * तथा (1.8); * कृत्स्नम् (1.40); * प्रकाशयति (5.16); * भारत (2.14)

यथा (जसा) प्रकाशयति (उजळतो) एक: (एकटा) कृत्स्नम् (सर्व) लोकम् (ब्रह्मांडाला) इमम् (या–) रवि: (सूर्य) क्षेत्रम् (क्षेत्राला) क्षेत्री (क्षेत्रज्ञ) तथा (तसा) कृत्स्नम् (सर्व) प्रकाशयति (प्रकाशित करतो) भारत (हे भारता!)

* हे भारता! जसा एकटा सूर्य या सर्व ब्रह्मांडाला उजळतो तसा क्षेत्रज्ञ सर्व क्षेत्राला प्रकाशित करतो.

।।13.35।। **क्षेत्रक्षेत्रज्ञयोरेवमन्तरं ज्ञानचक्षुषा।**
भूतप्रकृतिमोक्षं च ये विदुर्यान्ति ते परम्।।

क्षेत्रक्षेत्रज्ञयो: (नि॰ 16/5) एवम् (नि॰ 8/16) अन्तरम् (नि॰ 14/1) ज्ञानचक्षुषा (नि॰ 25/2) भूतप्रकृतिमोक्षम् (नि॰ 14/1) च ये विदु: (नि॰ 16/8) यान्ति ते परम् (नि॰ 14/2)

क्षेत्रक्षेत्रज्ञयो: (13.3); * एवम् (1.24); * अन्तरम् (द्वितीया॰ एक॰ ←न॰ अन्तर 11.20); * ज्ञानचक्षुषा (न॰ तृतीया॰ एक॰ ←तत्पु॰स॰ <u>**ज्ञानचक्षुस्**</u>, ज्ञानस्य चक्षु: ←न॰ ज्ञान 3.3 + न॰ चक्षुस् 5.27); * भूतप्रकृतिमोक्षम् (पु॰ द्वितीया॰ एक॰ ←तत्पु॰स॰ भूतप्रकृतिमोक्ष, भूतानाम् प्रकृते: मोक्ष: ←न॰ भूत 2.28 + स्त्री॰ प्रकृति 3.5 + पु॰ मोक्ष 5.28); * च (1.1); * ये (1.7); * विदु: (4.2); * यान्ति (3.33); * ते (1.33); * परम् (2.59)

क्षेत्रक्षेत्रज्ञयो: (क्षेत्र व ज्ञेत्रज्ञाचा) एवम् (असा) अन्तरम् (भेद) ज्ञानचक्षुषा (ज्ञानचक्षूने) भूतप्रकृतिमोक्षम् (प्रकृतीपासून जीवांना मिळणारा मोक्ष) च (आणि) ये (जे) विदु: (जाणतात) यान्ति (पावतात) ते (ते) परम् (परमात्मा)

* क्षेत्र व ज्ञेत्रज्ञाचा असा भेद आणि प्रकृतीपासून जीवांना मिळणारा मोक्ष ज्ञानचक्षूने जे जाणतात ते परमात्मा पावतात.

इति श्रीमद्भगवद्गीतासूपनिषत्सु ब्रह्मविद्यायां योगशास्त्रे श्रीकृष्णार्जुनसंवादे क्षेत्रक्षेत्रज्ञविभागयोगो नाम त्रयोदशोऽध्याय:।।13।।

इति श्रीमद्भगवद्गीतासु (नि॰ 1/8) उपनिषत्सु ब्रह्मविद्यायाम् (नि॰ 14/1) योगशास्त्रे श्रीकृष्णार्जुनसंवादे क्षेत्रक्षेत्रज्ञविभागयोग: (नि॰ 15/6) नाम त्रयोदाश: (नि॰ 15/1) अध्याय: (नि॰ 22/8)

इति (याप्रमाणे) श्रीमद्भगवद्गीतासु उपनिषत्सु (श्रीमद्भगवद्गी-तोपनिषदांतील) ब्रह्मविद्यायाम् (ब्रह्मविद्यांतर्गत) योगशास्त्रे श्रीकृष्णार्जुनसंवादे (श्रीकृष्ण आणि अर्जुन यांच्या योगशास्त्राच्या संवादापैकी) क्षेत्रक्षेत्रज्ञविभागः (क्षेत्रक्षेत्रज्ञविभाग) नाम (नामक) त्रयोदशः (तेरावा) अध्यायः (अध्याय)

* श्रीमद्भगवद्गीतोपनिषदांतील श्रीकृष्ण आणि अर्जुन यांच्या योगशास्त्राच्या संवादापैकी ब्रह्मविद्यांतर्गत 'क्षेत्रक्षेत्रज्ञविभाग' नावाचा तेरावा अध्याय याप्रमाणे (समाप्त).

*****

अदत्तस्यानुपादानं दानमध्ययनं तपः।
अहिंसा सत्यमक्रोध इज्या धर्मस्य लक्षणम्।।
(महाभारत, शान्ति० 36.10)

मिळे त्यात समाधान, अक्रोध अहिंसा दान।
तप यज्ञ ज्ञान ध्यान, सत्य हाचि 'धर्म' जाण।।

इन्द्रियाण्येव तत्सर्वं यत्स्वर्गनरकावुभौ।
निगृहीतविसृष्टानि स्वर्गाय नरकाय च।।
(महाभारत, वन० 211.19)

जसा इंद्रियांचा भोग, तसा फळांचा फरक।
संयम जोडुनी स्वर्ग, स्वैर सोडुनी नरक।।

अतीतेष्वनपेक्षा ये प्राप्तेष्वर्थेषु निर्ममाः।
शौचमेव परं तेषां येषां नोत्पद्यते स्पृहा।।
(महाभारत, अनु० 108.10)

धनास नसतो बद्ध, जो असूनही समृद्ध।
ते गेले तरी न क्रुद्ध, -तो नर मानावा शुद्ध।।

चतुर्दशोऽध्यायः।
गुणत्रयविभागयोगः।

।।14.1।। श्रीभगवानुवाच

परं भूयः प्रवक्ष्यामि ज्ञानानां ज्ञानमुत्तमम्।
यज्ज्ञात्वा मुनयः सर्वे परां सिद्धिमितो गताः।।

चतुर्दशः (नि० 15/1) अध्यायः (नि० 22/8) । गुणत्रयविभागयोगः (नि० 22/8) । श्रीभगवान् (नि० 8/14) उवाच । परम् (नि० 14/1) भूयः (नि० 22/3) प्रवक्ष्यामि ज्ञानानाम् (नि० 14/1) ज्ञानम् (नि०

8/20) उत्तमम् (नि० 14/2) यत् (नि० 11/2) ज्ञात्वा मुनय: (नि० 22/7) सर्वे पराम् (नि० 14/1) सिद्धिम् (नि० 8/18) इत: (नि० 15/2) गता: (नि० 22/8)

चतुर्दश: (पु० प्रथमा० एक० ←क्रमवाचक संख्या० वि० चतुर्दश ←वि० चतुर् 7.16 + वि० दश 13.6); * अध्याय: (प्रथमा० एक० ←पु० अध्याय ←अधि√इ); * गुणत्रयविभागयोग: (पु० प्रथमा० एक० ←तत्पु०स० गुणत्रयविभागयोग, गुणानाम् त्रयस्य विभागस्य योग: ←पु० गुण 2.45 + न० त्रय 11.20 + पु० विभाग 3.28 + पु० योग 2.39)

श्रीभगवान् (2.2); * उवाच (1.25) । परम् (2.12); * भूय: (2.20); * प्रवक्ष्यामि (4.16); * ज्ञानानाम् (षष्ठी० अनेक० ←न० ज्ञान 3.3); * ज्ञानम् (3.40); * उत्तमम् (द्वितीया० एक० ←वि० उत्तम 1.7); * यत् (3.21); * ज्ञात्वा (4.15); * मुनय: (प्रथमा० अनेक० ←पु० मुनि 2.56); * सर्वे (1.6); * पराम् (4.39); * सिद्धिम् (3.4); * इत: (7.5); * गता: (8.15)

श्रीभगवान् (श्रीभगवान) उवाच (म्हणाले–) परम् (परम) भूय: (पुन्हा) प्रवक्ष्यामि (मी सांगेन) ज्ञानानाम् (ज्ञानांतील) ज्ञानम् (ज्ञान) उत्तमम् (उत्तम) यत् (जे) ज्ञात्वा (जाणून) मुनय: (मुनिजन) सर्वे (सर्व) पराम् (परम) सिद्धिम् (सिद्धीला) इत: (इथून) गता: (पावले)

* श्रीभगवान म्हणाले– सर्व ज्ञानांतील उत्तम परम ज्ञान, जे जाणून मुनिजन इथून परम सिद्धि पावले, (ते) मी पुन्हा सांगेन.

।।14.2।। **इदं ज्ञानमुपाश्रित्य मम साधर्म्यमागता:।**
सर्गेऽपि नोपजायन्ते प्रलये न व्यथन्ति च।।

इदम् (नि० 14/1) ज्ञानम् (नि० 8/20) उपाश्रित्य मम साधर्म्यम् (नि० 8/17) आगता: (नि० 22/8) सर्गे (नि० 6/1) अपि न (नि० 2/2) उपजायन्ते प्रलये न व्यथन्ति च

इदम् (1.10); * ज्ञानम् (3.40); * **उपाश्रित्य** (ल्यप्० अव्य० ←उप–आ√श्रि); * मम (1.7); * साधर्म्यम् (न० द्वितीया० एक० ←तद्धित शब्द साधर्म्य ←वि० सधर्मन्, समान: धर्म: यस्य ←वि० सम 1.4 + पु० धर्म 1.1); * आगता: (4.10); * सर्गे (7.27); * अपि (1.26); * न (1.30); * उपजायन्ते (तृ०पु० अनेक० लट्०–वर्तमान० दिवादि० आत्मने० ←उप√जन् 2.62); * प्रलये (सप्तमी० एक० ←पु० प्रलय 7.6); * न (1.30); * व्यथन्ति (तृ०पु० अनेक० लट्०–वर्तमान० भ्वादि० परस्मै० ←√व्यथ् 2.15); * च (1.1)

इदम् (या–) ज्ञानम् (ज्ञानाला) उपाश्रित्य (आश्रयास घेऊन) मम (माझ्या–) साधर्म्यम् (एकरूपतेला) आगता: (पावलेले लोक) सर्गे (उत्पत्तीच्या वेळी) अपि (सुद्धा) न–उपजायन्ते (जन्मत नाहीत) प्रलये (प्रलयकाळी) न–व्यथन्ति (व्यथित होत नाहीत) च (आणि)

* या ज्ञानाला आश्रयास घेऊन माझ्या एकरूपतेला पावलेले लोक उत्पत्तीच्या वेळी जन्मत नाहीत आणि प्रलयकाळी सुद्धा व्यथित होत नाहीत.

।।14.3।। **मम योनिर्महद्ब्रह्म तस्मिन्गर्भं दधाम्यहम्।**
सम्भवः सर्वभूतानां ततो भवति भारत।।

मम योनिः (नि० 16/6) महत् (नि० 9/7) ब्रह्म तस्मिन् (नि० 13/10) गर्भम् (नि० 14/1) दधामि (नि० 4/1) अहम् (नि० 14/2) सम्भवः (नि० 22/7) सर्वभूतानाम् (नि० 14/1) ततः (नि० 15/8) भवति भारत

मम (1.7); * **<u>योनिः</u>** (प्रथमा० एक० ←स्त्री० योनि 5.22); * महत् (1.3); * ब्रह्म (4.24); * तस्मिन् (पु० सप्तमी० एक० ←सना० तद् 1.2); * गर्भम् (द्वितीया० एक० ←पु० गर्भ 3.38); * दधामि (प्रथम०पु० एक० लट्०-वर्तमान० जुवादि० परस्मै० ←√धा); * अहम् (1.22); * सम्भवः (प्रथमा० एक० ←पु० सम्भव 3.14); * सर्व (1.6); * भूतानाम् (2.69); * ततः (1.13); * भवति (1.44); * भारत (2.14)

मम (माझी) योनिः (योनि) महत्-ब्रह्म (परब्रह्म) तस्मिन् (तीत) गर्भम् (बीज) दधामि (पेरतो) अहम् (मी) सम्भवः (उत्पत्ति) सर्वभूतानाम् (सर्व प्राणिमात्रांची) ततः (त्यापासून) भवति (होते) भारत (हे भारता!)

* हे भारता! परब्रह्म (ही) माझी योनि (आहे) तीत मी बीज पेरतो (आणि) त्यापासून सर्व प्राणिमात्रांची उत्पत्ति होते.

।।14.4।। **सर्वयोनिषु कौन्तेय मूर्तयः सम्भवन्ति याः।**
तासां ब्रह्म महद्योनिरहं बीजप्रदः पिता।।

सर्वयोनिषु (नि० 25/5) कौन्तेय मूर्तयः (नि० 22/7) सम्भवन्ति याः (नि० 22/8) तासाम् (नि० 14/1) ब्रह्म महत् (नि० 9/9) योनिः (नि० 16/1) अहम् (नि० 14/1) बीजप्रदः (नि० 22/3) पिता

सर्वयोनिषु (सर्वासु योनिषु, सप्तमी० अनेक० ←सना० सर्व 1.6 + स्त्री० योनि 5.22); * कौन्तेय (2.14); * मूर्तयः (सप्तमी० अनेक० ←स्त्री० मूर्ति 9.4); * सम्भवन्ति (तृ०पु० अनेक० लट्०-वर्तमान० भ्वादि० परस्मै० ←सम्√भू 4.6); * याः (स्त्री० प्रथमा० अनेक० ←सना० यद् 1.7); * तासाम् (स्त्री० षष्ठी० अनेक० ←सना० तद् 1.2); * ब्रह्म (4.24); * महत् (1.3); * योनिः (14.3); * अहम् (1.22); * बीजप्रदः (पु० प्रथमा० एक० ←उपपद तत्पु०स० बीजप्रद, बीजम् प्रददाति इति ←न० बीज 7.10 + पु० प्रदातृ ←प्र√दा); * पिता (9.17)

सर्वयोनिषु (सर्व योनींमध्ये) कौन्तेय (हे कौन्तेया!) मूर्तयः (मूर्ती) सम्भवन्ति (उद्भवतात) याः (ज्या) तासाम् (त्यांची) ब्रह्म-महत् (परमब्रह्म) योनिः (योनि) अहम् (मी) बीजप्रदः (बीज देणारा) पिता (पिता)

* हे कौन्तेया! सर्व योनींमध्ये ज्या मूर्ती उद्भवतात परमब्रह्म त्यांची योनि (आहे आणि) मी बीज देणारा पिता (आहे).

।।14.5।। **सत्त्वं रजस्तम इति गुणाः प्रकृतिसम्भवाः।**
निबध्नन्ति महाबाहो देहे देहिनमव्ययम्।।

सत्त्वम् (नि० 14/1) रजः (नि० 18/1) तमः (नि० 19/2) इति गुणाः (नि० 24/5, 22/3) प्रकृतिसम्भवाः (नि० 22/8) निबध्नन्ति महाबाहो देहे देहिनम् (नि० 8/16) अव्ययम् (नि० 14/2)

सत्त्वम् (10.36); * **रजः** (प्रथमा० एक० ←न० रजस् 3.37); * **तमः** (प्रथमा० एक० ←न० तमस् 10.11); * इति (1.25); * गुणाः (3.28); * प्रकृतिसम्भवाः (पु० प्रथमा० अनेक० ←बहुव्री० प्रकृतिसम्भव 13.20); * निबध्नन्ति (4.41); * महाबाहो (2.26); * देहे (2.13); * देहिनम् (3.40); * अव्ययम् (2.21)

सत्त्वम् (सत्त्व) रजः (रज) तमः (तम) इति (हे) गुणाः (गुण) प्रकृतिसम्भवाः (प्रकृतीपासून निर्माण झालेले) निबध्नन्ति (बंधित करतात) महाबाहो (हे अर्जुना!) देहे (देहात) देहिनम् (जीवात्म्याला) अव्ययम् (अव्ययी)

* हे अर्जुना! प्रकृतीपासून निर्माण झालेले सत्त्व रज तम हे गुण अव्ययी जीवात्म्याला देहात बंधित करतात.

।।14.6।। **तत्र सत्त्वं निर्मलत्वात्प्रकाशकमनामयम्।**
सुखसङ्गेन बध्नाति ज्ञानसङ्गेन चानघ।।

तत्र सत्त्वम् (नि० 14/1) निर्मलत्वात् (नि० 10/6) प्रकाशकम् (नि० 8/16) अनामयम् (नि० 14/2) सुखसङ्गेन बध्नाति ज्ञानसङ्गेन च (नि० 1/1) अनघ

तत्र (1.26); * सत्त्वम् (10.36); * निर्मलत्वात् (पंचमी० एक० ←न० निर्मलत्व ←वि० **निर्मल** ←अव्य० निर् 2.45 + न० पु० मल 3.38); * प्रकाशकम् (न० प्रथमा० एक० ←वि० प्रकाशक ←प्र√काश्); * अनामयम् (प्रथमा० एक० ←वि० अनामय 2.51); * सुखसङ्गेन (पु० तृतीया० एक० ←तत्पु०स० सुखसङ्ग, सुखस्य सङ्गः ←न० सुख 1.32 + पु० सङ्ग 2.47); * बध्नाति (तृ०पु० एक० लट्०-वर्तमान० क्र्यादि० परस्मै० ←√बन्ध् 4.41); * ज्ञानसङ्गेन (पु० तृतीया० एक० ←तत्पु०स० ज्ञानसङ्ग, ज्ञानस्य सङ्गः ←न० ज्ञान 3.3 + पु० सङ्ग 2.47); * च (1.1); * अनघ (3.3)

तत्र (त्यापैकी) सत्त्वम् (सत्त्वगुण) निर्मलत्वात् (निर्मळतेमुळे) प्रकाशकम् (तेजस्वी) अनामयम् (निर्विकारी) सुखसङ्गेन (सुखाच्या आसक्तीने) बध्नाति (बंधित करतो) ज्ञानसङ्गेन (ज्ञानाच्या आसक्तीने) च (आणि) अनघ (हे निष्पाप अर्जुना!)

* हे निष्पाप अर्जुना! त्यापैकी तेजस्वी निर्विकारी सत्त्वगुण निर्मळतेमुळे सुखाच्या आसक्तीने आणि ज्ञानाच्या आसक्तीने बंधित करतो.

।।14.7।। **रजो रागात्मकं विद्धि तृष्णासङ्गसमुद्भवम्।**
तन्निबध्नाति कौन्तेय कर्मसङ्गेन देहिनम्।।

रजः (नि० 15/11) रागात्मकम् (नि० 14/1) विद्धि तृष्णासङ्गसमुद्भवम् (नि० 14/2) तत् (नि० 12/1) निबध्नाति कौन्तेय कर्मसङ्गेन देहिनम् (नि० 14/2)

रजः (द्वितीया॰ एक॰ ←न॰ रजस् 14.5); * रागात्मकम् (न॰ द्वितीया॰ एक॰ ←बहुव्री॰ वि॰ रागात्मक, रागः आत्मा यस्य तत् ←पु॰ राग 2.56 + वि॰ **आत्मक** ←न॰ आत्मन् 2.41 + संबंध, उद्भव, अथवा गुण सूचक तद्धित प्रत्यय अक्); * विद्धि (2.17); * तृष्णासङ्गसमुद्भवम् (पु॰ द्वितीया॰ एक॰ ←बहुव्री॰ तृष्णासङ्गसमुद्भव, तृष्णायाः च सङ्गात् च समुद्भवः यस्य ←स्त्री॰ तृष्णा ←√तृष् + पु॰ सङ्ग 2.47 + पु॰ समुद्भव 3.14); * तत् (1.10); * **निबध्नाति** (तृ॰पु॰ एक॰ लट्॰–वर्तमान॰ क्र्यादि॰ परस्मै॰ ←नि√बन्ध् 4.41); * कौन्तेय (2.14); * कर्मसङ्गेन (पु॰ तृतीया॰ एक॰ ←तत्पु॰स॰ कर्मसङ्ग, कर्मणः सङ्गः ←न॰ कर्मन् 1.15 + पु॰ सङ्ग 2.47); * देहिनम् (3.40)

रजः (रजोगुण) रागात्मकम् (वासनात्मक) विद्धि (जाण) तृष्णासङ्गसमुद्भवम् (कामना आणि आसक्तीतून उत्पन्न झालेला) तत् (तो) निबध्नाति (बंधित करतो) कौन्तेय (हे कौन्तेया!) कर्मसङ्गेन (कर्माच्या आसक्तीने) देहिनम् (देहधारी जीवात्म्याला)

* हे कौन्तेया! कामना आणि आसक्तीतून उत्पन्न झालेला रजोगुण वासनात्मक जाण, तो देहधारी जीवात्म्याला कर्माच्या आसक्तीने बंधित करतो.

।।14.8।। **तमस्त्वज्ञानजं विद्धि मोहनं सर्वदेहिनाम्।**
प्रमादालस्यनिद्राभिस्तन्निबध्नाति भारत।।

तमः (नि॰ 18/1) तु (नि॰ 4/6) अज्ञानजम् (नि॰ 14/1) विद्धि मोहनम् (नि॰ 14/1) सर्वदेहिनाम् (नि॰ 14/2) प्रमादालस्यनिद्राभिः (नि॰ 18/1) तत् (नि॰ 12/1) निबध्नाति भारत

तमः (10.11); * तु (1.2); * अज्ञानजम् (10.11); * विद्धि (2.17); * **मोहनम्** (न॰ प्रथमा॰ एक॰ ←वि॰ मोहन ←√मुह्); * सर्वदेहिनाम् (सर्वेषाम् देहिनाम्, पु॰ षष्ठी॰ अनेक॰ ←सना॰ सर्व 1.6 + पु॰ देहिन् 2.13); * प्रमादालस्यनिद्राभिः (स्त्री॰ तृतीया॰ अनेक॰ ←द्वंद्व॰स॰ प्रमादेन च आलस्येन च निद्रया च ←पु॰ प्रमाद 11.41 + न॰ **आलस्य** ←आ√लस् + स्त्री॰ **निद्रा** ←√निन्द्); * तत् (1.10); * निबध्नाति (14.7); * भारत (2.14)

तमः (तमोगुण) तु (परंतु) अज्ञानजम् (अज्ञानातून जन्मणारा) विद्धि (जाण) मोहनम् (मोहकारक) सर्वदेहिनाम् (सर्व देहधारींचा) प्रमादालस्यनिद्राभिः (प्रमाद, आलस्य आणि निद्रेने) तत् (तो) निबध्नाति (बंधित करतो) भारत (हे भारता!)

* परंतु, हे भारता! सर्व देहधारींचा मोहकारक तमोगुण (हा) अज्ञानातून जन्मणारा जाण; तो प्रमाद, आलस्य आणि निद्रेने बंधित करतो.

।।14.9।। **सत्त्वं सुखे सञ्जयति रजः कर्मणि भारत।**
ज्ञानमावृत्य तु तमः प्रमादे सञ्जयत्युत।।

सत्त्वम् (नि॰ 14/1) सुखे सञ्जयति रजः (नि॰ 22/1) कर्मणि (नि॰ 24/7) भारत ज्ञानम् (नि॰ 8/17) आवृत्य तु तमः (नि॰ 22/3) प्रमादे सञ्जयति (नि॰ 4/3) उत

सत्त्वम् (10.36); * सुखे (सप्तमी॰ एक॰ ←न॰ सुख 1.32); * <u>**सञ्जयति**</u> (तृ॰पु॰ एक॰ लट्॰-वर्तमान॰ भ्वादि॰ परस्मै॰ प्रयो॰ ←√सञ्ज्); * रजः (14.5); * कर्मणि (2.47); * भारत (2.14); * ज्ञानम् (कर्मकारक 3.40); * आवृत्य (3.40); * तु (1.2); * तमः (14.5); * प्रमादे (सप्तमी॰ एक॰ ←पु॰ प्रमाद 11.41); * सञ्जयति (↑); * उत (1.40)

सत्त्वम् (सत्त्वगुण) सुखे (सुखात) सञ्जयति (जोडतो) रजः (रजोगुण) कर्मणि (कर्मात) भारत (हे भारता!) ज्ञानम् (ज्ञानाला) आवृत्य (आच्छादून) तु (परंतु) तमः (तमोगुण) प्रमादे (प्रमादात) सञ्जयति (संलग्न करतो) उत (च)

* हे भारता! सत्त्वगुण (मनुष्याला) सुखात जोडतो, रजोगुण कर्मात (जोडतो) परंतु तमोगुण ज्ञानाला आच्छादून प्रमादातच संलग्न करतो.

।।14.10।। **रजस्तमश्चाभिभूय सत्त्वं भवति भारत।**
रजः सत्त्वं तमश्चैव तमः सत्त्वं रजस्तथा।।

रजः (नि॰ 18/1) तमः (नि॰ 17/1) च (नि॰ 1/1) अभिभूय सत्त्वम् (नि॰ 14/1) भवति भारत रजः (नि॰ 22/7) सत्त्वम् (नि॰ 14/1) तमः (नि॰ 17/1) च (नि॰ 3/1) एव तमः (नि॰ 22/7) सत्त्वम् (नि॰ 14/1) रजः (नि॰ 18/1) तथा

रजः (कर्मकारक 14.7); * तमः (कर्मकारक 10.11); * च (1.1); * अभिभूय (ल्यप्॰ अव्य॰ ←अभि√भू); * सत्त्वम् (प्रथमा॰ 10.36); * भवति (1.44); * भारत (2.14); * रजः (द्वितीया॰ 14.7); * <u>**सत्त्वम्**</u> (द्वितीया॰ एक॰ ←न॰ सत्त्व 10.36); * तमः (प्रथमा॰ 10.11); * च (1.1); * एव (1.1); * तमः (द्वितीया॰ 14.5); * सत्त्वम् (द्वितीया॰ 10.36); * रजः (प्रथमा॰ 14.5); * तथा (1.8)

रजः (रजोगुणाला) तमः (तमोगुणाला) च (आणि) अभिभूय (पराभूत करून) सत्त्वम् (सत्त्वगुण) भवति (उदय पावतो) भारत (हे भारता!) रजः (रजोगुणाला) सत्त्वम् (सत्त्वगुणाला) तमः (तामोगुण) च (आणि) एव (च) तमः (तमोगुणाला) सत्त्वम् (सत्त्वगुणाला) रजः (रजोगुण) तथा (तसे)

* हे भारता! सत्त्वगुणाला आणि रजोगुणाला पराभूत करून तमोगुण; आणि रजोगुणाला (आणि) सत्त्वगुणाला (पराभूत करून) तमोगुण; तसेच तमोगुणाला (आणि) (पराभूत करून) सत्त्वगुणाला रजोगुण उदय पावतो.

।।14.11।। **सर्वद्वारेषु देहेऽस्मिन्प्रकाश उपजायते।**
ज्ञानं यदा तदा विद्याद्विवृद्धं सत्त्वमित्युत।।

सर्वद्वारेषु (नि॰ 25/5) देहे (नि॰ 6/1) अस्मिन् (नि॰ 13/13) प्रकाशः (नि॰ 19/4) उपजायते ज्ञानम् (नि॰ 14/1) यदा तदा विद्यात् (नि॰ 9/11) विवृद्धम् (नि॰ 14/1) सत्त्वम् (नि॰ 8/18) इति (नि॰ 4/3) उत

सर्वद्वारेषु (सर्वेषु द्वारेषु, सप्तमी॰ अनेक॰ ←सना॰ सर्व 1.6 + न॰ द्वार 2.32); * देहे (2.13); * अस्मिन् (1.22); * प्रकाशः (7.25); * उपजायते (2.62); * ज्ञानम् (3.39); * यदा (2.52); * तदा (12); * विद्यात् (6.23); * विवृद्धम् (न॰ प्रथमा॰ एक॰ ←क्त॰ वि॰ **विवृद्ध** ←वि√वृध्); * सत्त्वम् (प्रथमा॰ 10.36); * इति (1.25); * उत (1.40)

सर्वद्वारेषु (सर्व द्वारांतून) देहे (शरीरात) अस्मिन् (या) प्रकाशः (प्रकाश) उपजायते (निर्मण होतो) ज्ञानम् (ज्ञान) यदा (जेव्हा) तदा (तेव्हा) विद्यात् (जाणावे) विवृद्धम् (भरतीला आला आहे) सत्त्वम् (सत्त्वगुण) इति (असे) उत (च)

* जेव्हा सर्व द्वारांतून या शरीरात ज्ञानप्रकाश निर्माण होतो तेव्हा सत्त्वगुण भरतीला आला आहे असेच जाणावे.

।।14.12।। **लोभः प्रवृत्तिरारम्भः कर्मणामशमः स्पृहा।**
रजस्येतानि जायन्ते विवृद्धे भरतर्षभ।।

लोभः (नि॰ 22/3) प्रवृत्तिः (नि॰ 16/1) आरम्भः (नि॰ 22/1) कर्मणाम् (नि॰ 24/6, 8/16) अशमः (नि॰ 22/7) स्पृहा रजसि (नि॰ 4/4) एतानि जायन्ते विवृद्धे भरतर्षभ

लोभः (प्रथमा॰ एक॰ ←पु॰ लोभ 1.38); * **प्रवृत्तिः** (प्रथमा॰ एक॰ ←स्त्री॰ प्रवृत्ति 11.31); * आरम्भः (प्रथमा॰ एक॰ ←पु॰ आरम्भ 3.4); * कर्मणाम् (3.4); * अशमः (प्रथमा॰ एक॰ ←पु॰ शम 6.3); * स्पृहा (4.14); * **रजसि** (सप्तमी॰ एक॰ ←न॰ रजस् 3.37); * **एतानि** (न॰ प्रथमा॰ अनेक॰ ←सना॰ एतद् 1.3); * **जायन्ते** (तृ॰पु॰ अनेक॰ लट्॰-वर्तमान॰ दिवादि॰ आत्मने॰ ←√जन् 1.29); * **विवृद्धे** (न॰ सप्तमी॰ एक॰ ←क्त॰ वि॰ विवृद्ध 14.11); * भरतर्षभ (3.41)

लोभः (लोभ) प्रवृत्तिः (प्रवृत्ति) आरम्भः (आरंभ) कर्मणाम् (कर्मांची) अशमः (अशांति) स्पृहा (वासना) रजसि (रजोगुणात) एतानि (ही) जायन्ते (उत्पन्न होतात) विवृद्धे (वाढ झाली असताना) भरतर्षभ (हे भारता!)

* हे भारता! रजोगुणात वाढ झाली असताना लोभ, अशांति, वासना (आणि) कर्मांची प्रवृत्ति (आणि) आरंभ ही उत्पन्न होतात.

।।14.13।। **अप्रकाशोऽप्रवृत्तिश्च प्रमादो मोह एव च।**
तमस्येतानि जायन्ते विवृद्धे कुरुनन्दन।।

अप्रकाशः (नि॰ 15/1) अप्रवृत्तिः (नि॰ 17/1) च प्रमादः (नि॰ 15/9) मोहः (नि॰ 19/7) एव च तमसि (नि॰ 4/4) एतानि जायन्ते विवृद्धे कुरुनन्दन

अप्रकाशः (प्रथमा॰ एक॰ न-तत्पु॰स॰ ←पु॰ प्रकाश 7.25); * अप्रवृत्तिः (प्रथमा॰ एक॰ न-तत्पु॰स॰ ←स्त्री॰ प्रवृत्ति 11.31); * च (1.1); * प्रमादः (प्रथमा॰ एक॰ ←पु॰ प्रमाद 11.41); * मोहः (11.1); *

एव (1.1); * च (1.1); * <u>**तमसि**</u> (सप्तमी० एक० ←न० तमस् 7.12); * एतानि (14.12); * जायन्ते (14.12); * विवृद्धे (14.12); * कुरुनन्दन (2.41)

अप्रकाशः (काळोख) अप्रवृत्तिः (सुस्तपणा) च (आणि) प्रमादः (प्रमाद) मोहः (भ्रम) एव (तसेच) च (आणि) तमसि (तमोगुणात) एतानि (ही) जायन्ते (उत्पन्न होतात) विवृद्धे (वाढ झाली असताना) कुरुनन्दन (हे कुरुपुत्रा!)

* हे कुरुपुत्रा! तमोगुणात वाढ झाली असताना काळोख आणि सुस्तपणा तसेच प्रमाद आणि भ्रम ही उत्पन्न होतात.

।।14.14।। **यदा सत्त्वे प्रवृद्धे तु प्रलयं याति देहभृत्।**
तदोत्तमविदां लोकानमलान्प्रतिपद्यते।।

यदा सत्त्वे प्रवृद्धे तु प्रलयम् (नि० 14/1) याति देहभृत् (नि० 23/1) तदा (नि० 2/4) उत्तमविदाम् (नि० 14/1) लोकान् (नि० 8/11) अमलान् (नि० 13/13) प्रतिपद्यते

यदा (2.52); * सत्त्वे (सप्तमी० एक० ←न० सत्त्व 2.45); * प्रवृद्धे (न० सप्तमी० एक० ←वि० प्रवृद्ध 11.32); * तु (1.2); * <u>**प्रलयम्**</u> (द्वितीया० एक० ←पु० प्रलय 7.6); * याति (6.45); * देहभृत् (पु० प्रथमा० एक० ←बहुव्री० <u>**देहभृत्**</u>, देहम् बिभ्रति यत् ←न० देह 2.13 + वि० बिभृत 8.4); * तदा (1.2); * उत्तमविदाम् (पु० षष्ठी० अनेक० ←बहुव्री० उत्तमविद्, उत्तमम् विन्दति यः ←वि० उत्तम 1.7 + क्रिया० विन्दति 4.38); * लोकान् (6.41); * अमलान् (पु० द्वितीया० अनेक० ←वि० अमल ←अ√मल्); * प्रतिपद्यते (तृ०पु० एक० लट्०–वर्तमान० दिवादि० आत्मने० ←प्रति√पद्)

यदा (जेव्हा) सत्त्वे (सत्त्वगुणात) प्रवृद्धे (वाढ झाली असताना) तु (तर) प्रलयम् (मृत्यु) याति (प्राप्त करतो) देहभृत् (देहधारी) तदा (तेव्हा) उत्तमविदाम् (उत्तम कर्मे करणाऱ्या ज्ञानींच्या) लोकान् (लोकांना) अमलान् (निर्मळ–) प्रतिपद्यते (जाऊन मिळतो)

* जेव्हा सत्त्वगुणात वाढ झाली असताना देहधारी मृत्यु प्राप्त करतो, तर तेव्हा (तो) उत्तम कर्मे करणाऱ्या ज्ञानींच्या (स्वर्गातील) निर्मळ लोकांना जाऊन मिळतो.

।।14.15।। **रजसि प्रलयं गत्वा कर्मसङ्गिषु जायते।**
तथा प्रलीनस्तमसि मूढयोनिषु जायते।।

रजसि प्रलयम् (नि० 14/1) गत्वा कर्मसङ्गिषु (नि० 25/5) जायते तथा प्रलीनः (नि० 18/1) तमसि मूढयोनिषु (नि० 25/5) जायते

रजसि (14.12); * प्रलयम् (14.14); * <u>**गत्वा**</u> (त्वान्त० अव्य० ←√गम्); * कर्मसङ्गिषु (पु० सप्तमी० अनेक० ←बहुव्री० कर्मसङ्गिन् 3.26); * जायते (1.29); * तथा (1.8); * प्रलीनः (पु० प्रथमा० एक० ←क्त० वि० प्रलीन ←प्र√ली); * तमसि (14.13); * मूढयोनिषु (सप्तमी० अनेक० ←स्त्री० तत्पु०स० मूढयोनि, मूढा योनिः ←वि० मूढ 7.15 + स्त्री० योनि 5.22); * जायते (1.29)

रजसि (रजोगुणात) प्रलयम् (मृत्यु) गत्वा (प्राप्त करून) कर्मसङ्गिषु (कर्मासक्त लोकांत) जायते (जातो) तथा (तसेच) प्रलीनः (मरण पावलेला) तमसि (तमोगुणात) मूढयोनिषु (मूढ योनींत) जायते (जातो)

* रजोगुणात मृत्यु प्राप्त करून (तो) कर्मासक्त लोकात जातो तसेच तमोगुणात मरण पावलेला मूढ योनींत जातो.

।।14.16।। **कर्मणः सुकृतस्याहुः सात्त्विकं निर्मलं फलम्।**
रजसस्तु फलं दुःखमज्ञानं तमसः फलम्।।

कर्मणः (नि॰ 22/7, 24/2) सुकृतस्य (नि॰ 1/2) आहुः (नि॰ 22/7) सात्त्विकम् (नि॰ 14/1) निर्मलम् (नि॰ 14/1) फलम् (नि॰ 14/2) रजसः (नि॰ 18/1) तु फलम् (नि॰ 14/1) दुःखम् (नि॰ 8/16) अज्ञानम् (नि॰ 14/1) तमसः (नि॰ 22/4) फलम् (नि॰ 14/2)

कर्मणः (3.1); * सुकृतस्य (षष्ठी॰ एक॰ ←न॰ सुकृत 2.50); * आहुः (3.42); * **सात्त्विकम्** (न॰ द्वितीया॰ एक॰ ←वि॰ सात्त्विक 7.12); * निर्मलम् (न॰ द्वितीया॰ एक॰ ←वि॰ निर्मल 14.6); * फलम् (2.51); * **रजसः** (षष्ठी॰ एक॰ ←न॰ रजस् 3.37); * तु (1.2); * फलम् (2.51); * दुःखम् (6.32); * अज्ञानम् (5.16); * तमसः (8.9); * फलम् (2.51)

कर्मणः (कर्माचे) सुकृतस्य (सात्त्विक) आहुः (म्हणतात) सात्त्विकम् (चांगले) निर्मलम् (निर्मळ) फलम् (फळ) रजसः (रजोगुणाचे) तु (परंतु) फलम् (फळ) दुःखम् (दुःख) अज्ञानम् (अज्ञान) तमसः (तमोगुणाचे) फलम् (फळ)

* सात्त्विक कर्माचे फळ निर्मळ (आणि) चांगले, रजोगुणाचे फळ दुःख परंतु तमोगुणाचे फळ अज्ञान म्हणतात.

।।14.17।। **सत्त्वात्सञ्जायते ज्ञानं रजसो लोभ एव च।**
प्रमादमोहौ तमसो भवतोऽज्ञानमेव च।।

सत्त्वात् (नि॰ 10/7) सञ्जायते ज्ञानम् (नि॰ 14/1) रजसः (नि॰ 15/12) लोभः (नि॰ 19/7) एव च प्रमादमोहौ तमसः (नि॰ 15/8) भवतः (नि॰ 15/1) अज्ञानम् (नि॰ 8/22) एव च

सत्त्वात् (पंचमी॰ एक॰ ←न॰ सत्त्व 2.45); * सञ्जायते (2.62); * ज्ञानम् (प्रथमा 3.39); * रजसः (14.16); * लोभः (14.12); * एव (1.1); * च (1.1); * प्रमादमोहौ (पु॰ प्रथमा॰ द्वि॰व॰ ←द्वंद्व॰स॰ प्रमादः च मोहः च ←पु॰ प्रमाद 11.41 + पु॰ मोह 2.52); * तमसः पंचमी॰ एक॰ ←न॰ तमस् (7.12); * भवतः (तृ॰पु॰ द्वि॰व॰ लट्॰–वर्तमान॰ भ्वादि॰ परस्मै॰ ←√भू); * अज्ञानम् (5.16); * एव (1.1); * च (1.1)

सत्त्वात् (सत्त्वगुणापासून) सञ्जायते (प्रसवते) ज्ञानम् (ज्ञान) रजसः (रजोगुणापासून) लोभः (लालसा) एव (तसेच) च (आणि) प्रमादमोहौ (प्रमाद आणि भ्रम) तमसः (तमोगुणापासून) भवतः (दोघे उत्पन्न होतात) अज्ञानम् (अज्ञान) एव (ही) च (आणि)

* सत्त्वगुणापासून ज्ञान प्रसवते तसेच रजोगुणापासून लालसा आणि प्रमाद; आणि तमोगुणापासून भ्रम आणि अज्ञान दोघेही उत्पन्न होतात.

।।14.18।। **ऊर्ध्वं गच्छन्ति सत्त्वस्था मध्ये तिष्ठन्ति राजसाः।**
जघन्यगुणवृत्तिस्था अधो गच्छन्ति तामसाः।।

ऊर्ध्वम् (नि॰ 14/1) गच्छन्ति सत्त्वस्थाः (नि॰ 20/13) मध्ये तिष्ठन्ति राजसाः (नि॰ 22/8) जघन्यगुणवृत्तिस्थाः (नि॰ 20/1) अधः (नि॰ 15/2) गच्छन्ति तामसाः (नि॰ 22/8)

ऊर्ध्वम् (12.8); * गच्छन्ति (2.51); * सत्त्वस्थाः (पु॰ प्रथमा॰ अनेक॰ ←बहुव्री॰ सत्त्वस्थ, सत्त्वे स्थास्यति यः ←न॰ सत्त्व 2.45 + वि॰ स्थ 2.45); * मध्ये (1.21); * तिष्ठन्ति (तृ॰पु॰ अनेक॰ लट्॰-वर्तमान॰ भ्वादि॰ परस्मै॰ ←√स्था); * राजसाः (7.12); * जघन्यगुणवृत्तिस्थाः (पु॰ प्रथमा॰ अनेक॰ ←तत्पु॰स॰ वि॰ जघन्यगुणवृत्तिस्थ, जघन्यस्य गुणस्य वृत्याम् स्थितः ←वि॰ जघन्य ←√हन् + पु॰ गुण 2.45 + स्त्री॰ वृत्ति ←√वृत् + वि॰ स्थित 1.14); * **अधः** (अव्य॰ **अधस्** ←√धृ); * गच्छन्ति (2.51); * तामसाः (7.12)

ऊर्ध्वम् (ऊर्ध्वगतीला) गच्छन्ति (जातात) सत्त्वस्थाः (सत्त्वगुणात स्थित असणारे) मध्ये (मध्यंतरी) तिष्ठन्ति (लटकतात) राजसाः (रजोगुणी लोक) जघन्यगुणवृत्तिस्थाः (निकृष्ट गुणात स्थित असणारे) अधः (अधोगतीला) गच्छन्ति (जातात) तामसाः (तमोगुणी लोक)

* सत्त्वगुणात स्थित असणारे ऊर्ध्वगतीला जातात, रजोगुणी लोक मध्यंतरी लटकतात (आणि) निकृष्ट गुणात स्थित असणारे तमोगुणी लोक अधोगतीला जातात.

।।14.19।। **नान्यं गुणेभ्यः कर्तारं यदा द्रष्टानुपश्यति।**
गुणेभ्यश्च परं वेत्ति मद्भावं सोऽधिगच्छति।।

न (नि॰ 1/1) अन्यम् (नि॰ 14/1) गुणेभ्यः (नि॰ 22/1) कर्तारम् (नि॰ 14/1) यदा द्रष्टा (नि॰ 1/3) अनुपश्यति गुणेभ्यः (नि॰ 17/1) च परम् (नि॰ 14/1) वेत्ति मद्भावम् (नि॰ 14/1) सः (नि॰ 15/1) अधिगच्छति

न (1.30); * अन्यम् (न॰ द्वितीया॰ एक॰ ←वि॰ अन्य 1.9); * **गुणेभ्यः** (पंचमी॰ अनेक॰ ←पु॰ गुण 2.45); * कर्तारम् (4.13); * यदा (2.52); * द्रष्टा (प्रथमा॰ एक॰ ←पु॰ द्रष्टृ ←√दृश्); * अनुपश्यति (13.31); * गुणेभ्यः (↑); * च (1.1); * परम् (2.59); * वेत्ति (2.19); * मद्भावम् (4.10); * सः (1.13); * अधिगच्छति (2.64)

न (नाही) अन्यम् (अन्य) गुणेभ्य: (गुणांशिवाय) कर्तारम् (कर्ता) यदा (जेव्हा) द्रष्टा (पाहणारा) अनुपश्यति (बघत–) गुणेभ्य: (गुणांच्या व्यतिरिक्त) च (आणि) परम् (परब्रह्माला) वेत्ति (जाणतो) मद्भावम् (माझ्या भावाला) स: (तो) अधिगच्छति (प्राप्त करतो)

* पाहणारा जेव्हा (तिन्ही) गुणाशिवाय अन्य कर्ता बघत नाही आणि परब्रह्माला (तिन्ही) गुणांच्या व्यतिरिक्त जाणतो तो माझ्या भावाला प्राप्त करतो.

।।14.20।। **गुणानेतानतीत्य त्रीन्देही देहसमुद्भवान्।**
जन्ममृत्युजरादु:खैर्विमुक्तोऽमृतमश्नुते।।

गुणान् (नि० 8/15) एतान् (नि० 8/11) अतीत्य त्रीन् (नि० 13/11) देही देहसमुद्भवान् (नि० 23/1) जन्ममृत्युजरादु:खै: (नि० 16/11) विमुक्त: (नि० 15/1) अमृतम् (नि० 8/16) अश्नुते

गुणान् (13.20); * एतान् (1.22); * अतीत्य (ल्यप्० अव्य० ←अति√इ); * **त्रीन्** (पु० द्वितीया० एक० ←नित्य बहुवचनी संख्या० वि० त्रि 2.45); * देही (2.22); * देहसमुद्भवान् (पु० द्वितीया० अनेक० ←बहुव्री० देहसमुद्भव, देहात् समुद्भव: यस्य ←पु० देह 2.13 + पु० समुद्भव 3.14); * जन्ममृत्युजरादु:खै: (तृतीया० अनेक० ←द्वंद्व०स० जन्मना च मृत्युना च जरया च दु:खेन च ←पु० जन्मन् 2.27 + पु० मृत्यु 2.27 + स्त्री० जरा 2.13 + न० दु:ख 2.14); * विमुक्त: (9.28); * अमृतम् (9.19); * अश्नुते (3.4)

गुणान् (गुणांना) एतान् (या) अतीत्य (उल्लंघून) त्रीन् (तिन्ही) देही (देहधारी) देहसमुद्भवान् (देहापासून निर्माण झालेल्या) जन्ममृत्युजरादु:खै: (जन्म, मृत्यु, जरा आणि दु:खांनी) विमुक्त: (विरहित झालेला) अमृतम् (अमृत) अश्नुते (आस्वादतो)

* देहापासून निर्माण झालेल्या या तिन्ही गुणांना उल्लंघून जन्म, मृत्यु, जरा आणि दु:खांनी विरहित झालेला देहधारी अमृत आस्वादतो.

।।14.21।। अर्जुन उवाच

कैर्लिङ्गैस्त्रीन्गुणानेतानतीतो भवति प्रभो।
किमाचार: कथं चैतांस्त्रीन्गुणानतिवर्तते।।

अर्जुन: (नि० 19/4) उवाच । कै: (नि० 16/11) लिङ्गै: (नि० 18/1) त्रीन् (नि० 13/10) गुणान् (नि० 8/15) एतान् (नि० 8/11) अतीत: (नि० 15/8) भवति प्रभो किमाचार: (नि० 22/1) कथम् (नि० 14/1) च (नि० 3/1) एतान् (नि० 13/7) त्रीन् (नि० 13/10) गुणान् (नि० 8/11) अतिवर्तते

अर्जुन: (1.28); * उवाच (1.25) । कै: (1.22); * लिङ्गै: (तृतीया० अनेक० ←पु० लिङ्ग ←√लिङ्ग्); * त्रीन् (14.20); * गुणान् (13.20); * एतान् (1.22); * **अतीत:** (पु० प्रथमा० एक० ←वि० अतीत 4.22); * भवति (1.44); * प्रभो (11.4); * किमाचार: (पु० प्रथमा० एक० ←तत्पु०स० किमाचार, किम् आचार: ←अव्य० किम् 1.1 + पु० आचार 3.6); * कथम् (1.37); * च (1.1); * एतान्

(1.22); * त्रीन् (14.20); * गुणान् (13.20); * अतिवर्तते (तृ॰पु॰ एक॰ लट्॰–वर्तमान॰ भ्वादि॰ आत्मने॰ ←अति√वृत् 3.28)

अर्जुन: (अर्जुन) उवाच– (म्हणाला–) कै: (कोणत्या) लिङ्गै: (चिन्हांनी) त्रीन् (तिन्ही) गुणान् (गुणांना) एतान् (या) अतीत: (उल्लंघून गेलेला) भवति (युक्त असतो) प्रभो (हे प्रभु!) किमाचार: (आचरण कसे असते?) कथम् (कसा) च (आणि) एतान् (या) त्रीन् (तिन्ही) गुणान् (गुणांना) अतिवर्तते (पार करून जातो)

* अर्जुन म्हणाला– हे प्रभु! या तिन्ही गुणांना उल्लंघून गेलेला (मनुष्य) कोणत्या चिन्हांनी युक्त असतो? (त्याचे) आचरण कसे असते? आणि या तिन्ही गुणांना (तो) कसा पार करून जातो?

।।14.22।। श्रीभगवानुवाच

प्रकाशं च प्रवृत्तिं च मोहमेव च पाण्डव।
न द्वेष्टि सम्प्रवृत्तानि न निवृत्तानि काङ्क्षति।।

श्रीभगवान् (नि॰ 8/14) उवाच । प्रकाशम् (नि॰ 14/1) च प्रवृत्तिम् (नि॰ 14/1) च मोहम् (नि॰ 8/22) एव च पाण्डव न द्वेष्टि सम्प्रवृत्तानि न निवृत्तानि काङ्क्षति

श्रीभगवान् (2.2); * उवाच (1.25) । प्रकाशम् (द्वितीया॰ एक॰ ←पु॰ प्रकाश 7.25); * च (1.1); * प्रवृत्तिम् (11.31); * च (1.1); * मोहम् (4.35); * एव (1.1); * च (1.1); * पाण्डव (4.35); * न (1.30); * द्वेष्टि (2.57); * सम्प्रवृत्तानि (द्वितीया॰ अनेक॰ ←न॰ सम्प्रवृत्त ←सम्-प्र√वृत्); * न (1.30); * निवृत्तानि (न॰ द्वितीया॰ अनेक॰ ←क्त॰ वि॰ <u>निवृत्त</u> ←नि√वृत्); * काङ्क्षति (5.3)

श्रीभगवान् (श्रीभगवान) उवाच (म्हणाले–) प्रकाशम् (प्रकाश) च (आणि) प्रवृत्तिम् (प्रवृत्ति) च (आणि) मोहम् (मोह) एव (तसेच) च (आणि) पाण्डव (हे पांडवा!) न–द्वेष्टि (घृणा करीत नाही) सम्प्रवृत्तानि (जे प्राप्त झाले आहेत त्यांना) न (नाही) निवृत्तानि (जे निवृत्त झाले आहेत त्यांना) काङ्क्षति (अपेक्षत नाही)

* श्रीभगवान म्हणाले– हे पांडवा! जे प्रकाश (सत्त्वगुण) आणि प्रवृत्ति (रजोगुण) आणि तसेच मोह (तमोगुण) प्राप्त झाले आहेत त्यांना (जो) घृणा करीत नाही आणि जे निवृत्त झाले आहेत त्यांना अपेक्षत नाही;

।।14.23।। **उदासीनवदासीनो गुणैर्यो न विचाल्यते।**
गुणा वर्तन्त इत्येव योऽवतिष्ठति नेङ्गते।।

उदासीनवत् (नि॰ 8/3) आसीन: (नि॰ 15/2) गुणै: (नि॰ 16/11) य: (नि॰ 15/6) न विचाल्यते गुणा: (नि॰ 24/5, 20/17) वर्तन्ते (नि॰ 5/2) इति (नि॰ 4/4) एव य: (नि॰ 15/1) अवतिष्ठति न (नि॰ 2/1) इङ्गते

उदासीनवत् (9.9); * आसीन: (पु॰ प्रथमा॰ एक॰ ←वि॰ आसीन 9.9); * गुणै: (3.5); * य: (2.19); * न (1.30); * विचाल्यते (6.22); * गुणा: (3.28); * वर्तन्ते (3.28); * इति (1.25); *

एव (1.1); * य: (2.19); * अवतिष्ठति (तृ॰पु॰ एक॰ लट्॰-वर्तमान॰ भ्वादि॰ परस्मै॰ ←अव√स्था); * न (1.30); * इङ्गते (6.19)

उदासीनवत् (तटस्थतेने) आसीन: (असलेला) गुणै: (गुणांशी) य: (जो) न-विचाल्यते (विचलीत होत नाही) गुणा: (गुण) वर्तन्ते (कार्य करतात) इति (असे) एव (च) य: (जो) अवतिष्ठति (स्थिर राहतो) न-इङ्गते (डगमगत नाही)

* जो (तिन्ही) गुणांशी तटस्थतेने असलेला गुणच कार्य करतात असे (जाणतो व) जो विचलीत होत नाही, स्थिर राहतो (व) डगमगत नाही;

।।14.24।। **समदु:खसुख: स्वस्थ: समलोष्टाश्मकाञ्चन:।**
तुल्यप्रियाप्रियो धीरस्तुल्यनिन्दात्मसंस्तुति:।।

समदु:खसुख: (नि॰ 22/7) स्वस्थ: (नि॰ 22/7) समलोष्टाश्मकाञ्चन: (नि॰ 22/8) तुल्यप्रियाप्रिय: (नि॰ 15/5) धीर: (नि॰ 18/1) तुल्यनिन्दात्मसंस्तुति: (नि॰ 22/8)

समदु:खसुख: (12.13); * स्वस्थ: (पु॰ प्रथमा॰ एक॰ ←बहुव्री॰ वि॰ स्वस्थ, स्वये स्थित: य: ←सना॰ वि॰ स्व 1.28 + क्त॰ वि॰ स्थित 1.14); * समलोष्टाश्मकाञ्चन: (6.8); * तुल्यप्रियाप्रिय: (पु॰ प्रथमा॰ एक॰ ←बहुव्री॰ तुल्यप्रियाप्रिय, तुल्यौ प्रिय: च अप्रिय: च यस्य ←वि॰ तुल्य 12.19 + वि॰ प्रिय 1.23 + वि॰ अप्रिय 5.20); * धीर: (2.13); * तुल्यनिन्दात्मसंस्तुति: (पु॰ प्रथमा॰ एक॰ ←बहुव्री॰ तुल्यनिन्दात्मसंस्तुति, तुल्ये निन्दा च आत्मन: संस्तुति: च यस्मै ←वि॰ तुल्य 12.19 + स्त्री॰ निन्दा 12.19 + न॰ आत्मन् 2.41 + स्त्री॰ संस्तुति ←सम्√स्तु)

समदु:खसुख: (सुखदु:खास समान मानणारा) स्वस्थ: (आत्मभावात सदा स्थित असलेला) समलोष्टाश्मकाञ्चन: (सोने, माती व गोट्यास समान समजणारा) तुल्यप्रियाप्रिय: (प्रीती आणि अप्रीतीस समतोल मानणारा) धीर: (धीरपुरुष) तुल्यनिन्दात्मसंस्तुति: (निंदा तसेच स्तुति समान जाणणारा)

* (आणि) सुखदु:खास समान मानणारा, आत्मभावात सदा स्थित असलेला, सोने, माती व गोट्यास समान समजणारा, प्रीती आणि अप्रीतीस समतोल मानणारा आणि निंदा तसेच स्तुति समान जाणणारा धीरपुरुष;[1]

।।14.25।। **मानापमानयोस्तुल्यस्तुल्यो मित्रारिपक्षयो:।**
सर्वारम्भपरित्यागी गुणातीत: स उच्यते।।

---

[1] सुखं च दु:खं च भवाभवौ च लाभालाभौ मरणं जीवितं च।
पर्यायश: सर्वमेते स्पृशन्ति तस्माद्धीरो न च हृष्येन्न शोचेत्।।
(महाभारत उद्यो॰ 36.47)
जन्म-मृत्यु खेद-हर्ष, लाभालाभ क्षयोत्कर्ष।
यांचा नित जरी स्पर्श, 'धीर' न धरी आमर्ष।।

मानापमानयो: (नि० 18/1) तुल्य: (नि० 18/1) तुल्य: (नि० 15/9) मित्रारिपक्षयो: (नि० 22/8) सर्वारम्भपरित्यागी गुणातीत: (नि० 22/7) स: (नि० 21/2) उच्यते

मानापमानयो: (6.7); * **तुल्य:** (पु० प्रथमा० एक० ←वि० तुल्य 12.19); * तुल्य: (↑); * मित्रारिपक्षयो: (पु० सप्तमी० द्वि०व० ←द्वंद्व०स० मित्रारिपक्ष, मित्रपक्षे च अरिपक्षे च ←पु० मित्र 1.38 + पु० अरि 2.4 + पु० पक्ष ←√पक्ष्); * सर्वारम्भपरित्यागी (12.16); * गुणातीत: (पु० प्रथमा० एक० ←वि० गुणातीत, गुणान् अतीत: ←पु० गुण 2.45 + वि० अतीत 4.22); * स: (1.13); * उच्यते (2.25)

मानापमानयो: (मान तसेच अपमानात) तुल्य: (समानता राखणारा) तुल्य: (समानता राखणारा) मित्रारिपक्षयो: (मित्र आणि शत्रुपक्षात) सर्वारम्भपरित्यागी (सर्व आरंभांपासून मुक्त असलेला) गुणातीत: ('गुणातीत') स: (तो) उच्यते (म्हटला जातो)

* (आणि) मान तसेच अपमानात समानता राखणारा, मित्र आणि शत्रुपक्षात समानता राखणारा (आणि) सर्व (अनित्य कर्मांच्या) आरंभांपासून मुक्त असलेला तो 'गुणातीत' म्हटला जातो.

।।14.26।। **मां च योऽव्यभिचारेण भक्तियोगेन सेवते।**
स गुणान्समतीत्यैतान्ब्रह्मभूयाय कल्पते।।

माम् (नि० 14/1) च य: (नि० 15/1) अव्यभिचारेण (नि० 24/1) भक्तियोगेन सेवते स: (नि० 21/2) गुणान् (नि० 13/20) समतीत्य (नि० 3/1) एतान् (नि० 13/14) ब्रह्मभूयाय कल्पते

माम् (1.46); * च (1.1); * य: (2.19); * अव्यभिचारेण (तृतीया० एक० न-तत्पु०स० ←पु० व्यभिचार ←वि-अभि√चर् 13.11); * भक्तियोगेन (पु० तृतीया० एक० ←तत्पु०स० **भक्तियोग**, भक्त्या: योग: ←स्त्री० भक्ति 7.17 + पु० योग 2.39); * सेवते (तृ०पु० एक० लट्०-वर्तमान० भ्वादि० आत्मने० ←√सेव्); * स: (1.13); * गुणान् (13.20); * समतीत्य (ल्यप्० अव्य० ←सम्-अति√इ); * एतान् (1.22); * **ब्रह्मभूयाय** (पु० चतुर्थी० एक० ←वि० तत्पु०स० ब्रह्मभूय, ब्रह्मण: भूय: ←न० ब्रह्मण: 4.32 + न० भूय ←√भू); * कल्पते (2.15)

माम् (मला) च (आणि) य: (जो) अव्यभिचारेण (एकनिष्ठतेने) भक्तियोगेन (भक्तियोगाने) सेवते (पूजतो) स: (तो) गुणान् (गुणांना) समतीत्य (उल्लंघून) एतान् (या) ब्रह्मभूयाय (ब्रह्मपदाला) कल्पते (पात्र होतो)

* आणि जो मला एकनिष्ठतेने भक्तियोगाने पूजतो तो या (तिन्ही) गुणांना उल्लंघून ब्रह्मपदाला पात्र होतो.

।।14.27।। **ब्रह्मणो हि प्रतिष्ठाहममृतस्याव्ययस्य च।**
शाश्वतस्य च धर्मस्य सुखस्यैकान्तिकस्य च।।

ब्रह्मण: (नि० 15/14) हि प्रतिष्ठा (नि० 1/3) अहम् (नि० 8/16) अमृतस्य (नि० 1/1) अव्ययस्य च शाश्वतस्य च धर्मस्य सुखस्य (नि० 3/1) ऐकान्तिकस्य च

ब्रह्मण: (4.32); * हि (1.11); * प्रतिष्ठा (प्रथमा॰ एक॰ ←स्त्री॰ प्रतिष्ठा 2.70); * अहम् (1.22); * अमृतस्य (पु॰ षष्ठी॰ एक॰ ←वि॰ अमृत 2.15); * अव्ययस्य (2.17); * च (1.1); * शाश्वतस्य (पु॰ षष्ठी॰ एक॰ ←वि॰ शाश्वत 1.43); * च (1.1); * धर्मस्य (2.40); * सुखस्य (षष्ठी॰ एक॰ ←न॰ सुख 1.32); * ऐकान्तिकस्य (न॰ षष्ठी॰ एक॰ ←तद्धित शब्द वि॰ ऐकान्तिक ←संख्या॰ वि॰ एक 2.41); * च (1.1)

ब्रह्मण: (ब्रह्माचे) हि (च) प्रतिष्ठा (अधिष्ठान) अहम् (मी) अमृतस्य (अमृताचे) अव्ययस्य (अक्षर–) च (आणि) शाश्वतस्य (नित्य–) च (आणि) धर्मस्य (धर्माचे) सुखस्य (सुखाचे) ऐकान्तिकस्य (अद्वितीय–) च (आणि)

* अक्षर ब्रह्माचे आणि अमृताचे आणि नित्य धर्माचे आणि अद्वितीय सुखाचे अधिष्ठान मीच (आहे).

इति श्रीमद्भगवद्गीतासूपनिषत्सु ब्रह्मविद्यायां योगशास्त्रे श्रीकृष्णार्जुनसंवादे गुणत्रयविभागयोगो नाम चतुर्दशोऽध्याय:।।14।।

इति श्रीमद्भगवद्गीतासु (नि॰ 1/8) उपनिषत्सु ब्रह्मविद्यायाम् (नि॰ 14/1) योगशास्त्रे श्रीकृष्णार्जुनसंवादे गुणत्रयविभागयोग: (नी॰ 15/6) नाम चतुर्दश: (नी॰ 15/1) अध्याय: (नी॰ 22/8)

इति (याप्रमाणे) श्रीमद्भगवद्गीतासु उपनिषत्सु (श्रीमद्भगवद्गीतो–पनिषदांतील) ब्रह्मविद्यायाम् (ब्रह्मविद्यांतर्गत) योगशास्त्रे श्रीकृष्णार्जुनसंवादे (श्रीकृष्ण आणि अर्जुन यांच्या योगशास्त्राच्या संवादापैकी) गुणत्रयविभागयोग: (गुणत्रयविभागयोग) नाम (नामक) चतुर्दश: (चौदावा) अध्याय: (अध्याय)

* श्रीमद्भगवद्गीतोपनिषदांतील श्रीकृष्ण आणि अर्जुन यांच्या योगशास्त्राच्या संवादापैकी ब्रह्मविद्यांतर्गत 'गुणत्रयविभागयोग' नावाचा चौदावा अध्याय याप्रमाणे (समाप्त).

पञ्चदशोऽध्याय:।

पुरुषोत्तमयोग:।

।।15.1।। श्रीभगवानुवाच

ऊर्ध्वमूलमध:शाखमश्वत्थं प्राहुरव्ययम्।
छन्दांसि यस्य पर्णानि यस्तं वेद स वेदवित्।।

पञ्चदश: (नि॰ 15/1) अध्याय: (नि॰ 22/8) । पुरुषोत्तमयोग: (नि॰ 22/8) । श्रीभगवान् (नि॰ 8/14) उवाच । ऊर्ध्वमूलम् (नि॰ 8/16) अध:शाखम् (नि॰ 8/16) अश्वत्थम् (नि॰ 14/1) प्राहु: (नि॰ 16/3) अव्ययम् (नि॰ 14/2) छन्दांसि यस्य पर्णानि य: (नि॰ 18/1) तम् (नि॰ 14/1) वेद स: (नि॰ 21/2) वेदवित्

पञ्चदश: (पु० प्रथमा० एक० ←क्रमवाचक संख्या० वि० पञ्चदश ←वि० पंच 13.6 + वि० दश 13.6); * अध्याय: (प्रथमा० एक० ←पु० अध्याय ←अधि√इ); * पुरुषोत्तमयोग: (पु० प्रथमा० एक० ←तत्पु०स० पुरुषोत्तमयोग, पुरुषोत्तमस्य योग: ←पु० पुरुषोत्तम 8.1 + पु० योग 2.39)

श्रीभगवान् (2.2); * उवाच (1.25) । ऊर्ध्वमूलम् (पु० द्वितीया० एक० ←बहुव्री० ऊर्ध्वमूल, ऊर्ध्वानि मूलानि यस्य ←वि० ऊर्ध्व 12.8 + न० **मूल** ←√मूल्); * अध:शाखम् (पु० द्वितीया० एक० ←बहुव्री० अध:शाख, अधा: शाखा: यस्य ←वि० अधस् 14.18 + स्त्री० शाखा 2.41); * **अश्वत्थम्** (द्वितीया० एक० ←पु० अश्वत्थ 10.26); * प्राहु: (6.2); * अव्ययम् (2.21); * छन्दांसि (प्रथमा० अनेक० ←न० छन्दस् 10.35); * यस्य (2.61); * पर्णानि (प्रथमा० अनेक० ←न० पर्ण ←√पृ अथवा √पर्ण्); * य: (2.19); * तम् (2.1); * वेद (2.21); * स: (1.13); * **वेदवित्** (प्रथमा० एक० ←बहुव्री० वेदवित्, वेद: वेत्ति य: ←पु० वेद 2.42 + क्रिया० वेत्ति 2.19)

श्रीभगवान् (श्रीभगवान) उवाच (म्हणाले–) ऊर्ध्वमूलम् (मूळ वर असलेल्या–) अध:शाखम् (शाखा खाली असलेल्या–) अश्वत्थम् (पिंपळवृक्षाला) प्राहु: (म्हणतात) अव्ययम् (अव्ययी) छन्दांसि (वेदांचे छंद) यस्य (ज्याची) पर्णानि (पाने) य: (जो) तम् (त्याला, अशा त्याला) वेद (जाणतो) स: (तो) वेदवित् (वेदवेत्ता)

* श्रीभगवान म्हणाले– मूळ वर असलेल्या (व) शाखा खाली असलेल्या (संसाररूपी) पिंपळवृक्षाला अव्ययी म्हणतात; वेदांचे छंद ज्याची पाने (आहेत) अशा त्याला जो जाणतो तो 'वेदवेत्ता' (होय).

।।15.2।। **अधश्चोर्ध्वं प्रसृतास्तस्य शाखा गुणप्रवृद्धा विषयप्रवाला:।**
अधश्च मूलान्यनुसन्ततानि कर्मानुबन्धीनि मनुष्यलोके।।

अध: (नि० 17/1) च (नि० 2/2) ऊर्ध्वम् (नि० 14/1) प्रसृता: (नि० 18/1) तस्य शाखा: (नि० 20/6) गुणप्रवृद्धा: (नि० 20/17) विषयप्रवाला: (नि० 22/8) अध: (नि० 17/1) च मूलानि (नि० 4/1) अनुसन्ततानि कर्मानुबन्धीनि मनुष्यलोके

अध: (क्रि०वि० 14.18); * च (1.1); * ऊर्ध्वम् (क्रि०वि० 12.8); * प्रसृता: (स्त्री० प्रथमा० अनेक० ←क्त० वि० **प्रसृत** ←प्र√सृ); * तस्य (1.12); * शाखा: (प्रथमा० अनेक० ←स्त्री० शाखा 2.41); * गुणप्रवृद्धा: (स्त्री० प्रथमा० अनेक० ←वि० गुणप्रवृद्ध, गुणै: प्रवृद्ध: ←पु० गुण 2.45 + वि० प्रवृद्ध 11.32); * विषयप्रवाला: (प्रथमा० अनेक० ←बहुव्री० स्त्री० विषयप्रवाला, विषया: प्रवाला: यस्या: ←पु० विषय 2.45 + पु० प्रवाल अथवा प्रबाल ←प्र√बल्); * अध: (14.18); * च (1.1); * मूलानि (प्रथमा० अनेक० ←न० मूल 15.1); * अनुसन्ततानि (न० प्रथमा० अनेक० ←क्त० वि० अनुसन्तत ←अनु–सम्–√तन्); * कर्मानुबन्धीनि (न० प्रथमा० अनेक० ←बहुव्री० कर्मानुबन्धिन्, कर्म अनुबन्ध: यस्य ←न० कर्मन् 1.15 + पु० **अनुबन्ध** ←अनु√बन्ध्); * मनुष्यलोके (पु० सप्तमी० एक० ←तत्पु०स० मनुष्यलोक, मनुष्याणाम् लोक: ←पु० मनुष्य 1.44 + पु० लोक 2.5)

अध: (खाली) च (आणि) ऊर्ध्वम् (वर) प्रसृता: (वाढलेल्या) तस्य (त्याच्या) शाखा: (फांद्या) गुणप्रवृद्धा: (तिन्ही गुणांनी पुष्ट झालेल्या) विषयप्रवाला: (विषयांच्या भोगांची पालवी असलेल्या) अध: (खाली) च (आणि) मूलानि (मुळे) अनुसन्ततानि (पसरलेली) कर्मानुबन्धीनि (कर्माला कारण होणारी) मनुष्यलोके (इहलोकी)

* विषयांच्या भोगांची पालवी असलेल्या (आणि) तिन्ही गुणांनी पुष्ट झालेल्या त्याच्या फांद्या खाली व वर वाढलेल्या (आहेत) आणि कर्माला कारण होणारी मुळे इहलोकी खाली पसरलेली (आहेत).

।।15.3।। **न रूपमस्येह तथोपलभ्यते नान्तो न चादिर्न च सम्प्रतिष्ठा।**
अश्वत्थमेनं सुविरूढमूलमसङ्गशस्त्रेण दृढेन छित्त्वा।।

न रूपम् (नि० 8/16) अस्य (नि० 2/1) इह तथा (नि० 2/4) उपलभ्यते न (नि० 1/1) अन्त: (नि० 15/6) न च (नि० 1/2) आदि: (नि० 16/6) न च सम्प्रतिष्ठा (नि० 23/1) अश्वत्थम् (नि० 8/22) एनम् (नि० 14/1) सुविरूढमूलम् (नि० 8/16) असङ्गशस्त्रेण (नि० 24/1) दृढेन छित्त्वा

न (1.30); * रूपम् (प्रथमा० 11.47); * अस्य (2.17); * इह (2.5); * तथा (1.8); * उपलभ्यते (तृ०पु० एक० लट्०-वर्तमान० भ्वादि० आत्मने० ←उप√लभ्); * न (1.30); * अन्त: (2.16); * न (1.30); * च (1.1); * आदि: (10.2); * न (1.30); * च (1.1); * सम्प्रतिष्ठा (स्त्री० प्रथमा० एक० ←सम्-प्रति√स्था); * अश्वत्थम् (15.1); * एनम् (2.19); * सुविरूढमूलम् (पु० द्वितीया० एक० ←बहुव्री० सुविरूढमूल, सुविरूढानि मूलानि यस्य ←वि० सुविरूढ ←सु-वि√रुह + न० मूल 15.1); * असङ्गशस्त्रेण (न० तृतीया० एक० ←तत्पु०स० असङ्गशस्त्र, असङ्गस्य शस्त्रम् ←न-तत्पु०स० पु० असङ्ग: ←अ√सञ्ज् + न० शस्त्र 1.9); * दृढेन (न० तृतीया० एक० ←वि० दृढ 6.34); * छित्त्वा (4.42)

न (न) रूपम् (रूप) अस्य (याचे) इह (या जगात) तथा (तसे) उपलभ्यते-न (भासत नाही) अन्त: (शेंडा) न (न) च (आणि) आदि: (मूळ) न (न) च (आणि) सम्प्रतिष्ठा (आधार) अश्वत्थम् (पिंपळवृक्षाला) एनम् (या) सुविरूढमूलम् (अति खोल मुळे गेलेल्या-) असङ्गशस्त्रेण-दृढेन (दृढ त्यागास्त्राने) छित्त्वा (छाटून)

* या जगात याचे रूप तसे भासत नाही, न शेंडा आणि न मूळ आणि न आधार (अशा) या अति खोल मुळे गेलेल्या पिंपळवृक्षाला दृढ त्यागास्त्राने छाटून;

।।15.4।। **तत: पदं तत्परिमार्गितव्यं यस्मिन्गता न निवर्तन्ति भूय:।**
तमेव चाद्यं पुरुषं प्रपद्ये यत: प्रवृत्ति: प्रसृता पुराणी।।

तत: (नि० 22/3) पदम् (नि० 14/1) तत् (नि० 10/6) परिमार्गितव्यम् (नि० 14/1) यस्मिन् (नि० 13/10) गता: (नि० 20/10) न निवर्तन्ति भूय: (नि० 22/8) तम् (नि० 8/22) एव च (नि० 1/2) आद्यम् (नि० 14/1) पुरुषम् (नि० 14/1) प्रपद्ये यत: (नि० 22/3) प्रवृत्ति: (नि० 22/3) प्रसृता पुराणी

ततः (1.13); * पदम् (प्रथमा॰ एक॰ ←न॰ पद 2.51); * तत् (प्रथमा॰ 1.10); * परिमार्गितव्यम् (न॰ प्रथमा॰ एक॰ ←कर्मणि॰ विधि॰ धातु॰सा॰ वि॰ परिमार्गितव्य ←परि√मार्ग्); * यस्मिन् (6.22); * गताः (8.15); * न (1.30); * निवर्तन्ति (तृ॰पु॰ अनेक॰ लट्॰–वर्तमान॰ भ्वादि॰ परस्मै॰ ←नि√वृत् 2.59); * भूयः (2.20); * तम् (2.1); * एव (1.1); * च (1.1); * आद्यम् (द्वितीया॰ 8.28); * पुरुषम् (2.15); * प्रपद्ये (प्रथम॰पु॰ एक॰ लट्॰–वर्तमान॰ दिवादि॰ आत्मने॰ ←प्र√पद् 4.11); * यतः (6.26); * प्रवृत्तिः (14.12); * प्रसृता (स्त्री॰ प्रथमा॰ एक॰ ←क्त॰ वि॰ प्रसृत 15.2); * पुराणी (स्त्री॰ प्रथमा॰ एक॰ ←वि॰ पुराण 2.20)

ततः (त्या नंतर) पदम् (पद) तत् (त्या) परिमार्गितव्यम् (सर्व मार्गांनी शोधण्यास उचित आहे) यस्मिन् (जिथे) गताः (गेलेले) न (नाहीत) निवर्तन्ति (वापस येत) भूयः (पुन्हा) तम् (ते) एव (च) च (आणि) आद्यम् (आद्य) पुरुषम् (पुरुषाला) प्रपद्ये (मी शरण जातो) यतः (ज्यातून) प्रवृत्तिः (उत्पत्ति) प्रसृता (प्रसूत झाली) पुराणी (अनादि)

* आणि त्यानंतर, ज्यातून अनादि उत्पत्ति प्रसूत झाली त्याच आद्यपुरुषाला मी शरण जातो (अशा भावनेने) जिथे गेलेले पुन्हा वापस येत नाहीत ते पद सर्व मार्गांनी शोधण्यास उचित आहे.

।।15.5।। **निर्मानमोहा जितसङ्गदोषा अध्यात्मनित्या विनिवृत्तकामाः।**
द्वन्द्वैर्विमुक्ताः सुखदुःखसंज्ञैर्गच्छन्त्यमूढाः पदमव्ययं तत्।।

निर्मानमोहाः (नि॰ 20/7) जितसङ्गदोषाः (नि॰ 20/1) अध्यात्मनित्याः (नि॰ 20/17) विनिवृत्तकामाः (नि॰ 22/8) द्वन्द्वैः (नि॰ 16/11) विमुक्ताः (नि॰ 22/7) सुखदुःखसंज्ञैः (नि॰ 16/11) गच्छन्ति (नि॰ 4/1) अमूढाः (नि॰ 22/3) पदम् (नि॰ 8/16) अव्ययम् (नि॰ 14/1) तत्

निर्मानमोहाः (पु॰ प्रथमा॰ अनेक॰ ←बहुव्री॰ निर्मानमोह, मानः च मोहः च विगतौ यस्य ←अव्य॰ निर् 2.45 + पु॰ मान 6.7 + पु॰ मोह 2.52); * जितसङ्गदोषाः (पु॰ प्रथमा॰ अनेक॰ ←बहुव्री॰ जितसङ्गदोष, जितः सङ्गस्य दोषः यस्य ←वि॰ जित 5.7 + पु॰ सङ्ग 2.47 + पु॰ दोष 1.38); * अध्यात्मनित्याः (पु॰ प्रथमा॰ अनेक॰ ←बहुव्री॰ अध्यात्मनित्य, अध्यात्मनि नित्यः यः ←न॰ अध्यात्म 3.30 + वि॰ नित्य 2.18); * विनिवृत्तकामाः (पु॰ प्रथमा॰ अनेक॰ ←बहुव्री॰ विनिवृत्तकाम, विनिवृत्ताः कामाः यस्य ←क्त॰ वि॰ विनिवृत्त ←वि–नि√वृत् 14.22 + पु॰ काम 1.22); * द्वन्द्वैः (तृतीया॰ अनेक॰ ←न॰ द्वंद्व 2.45); * विमुक्ताः (पु॰ प्रथमा॰ अनेक॰ ←वि॰ विमुक्त 9.28); * सुखदुःखसंज्ञैः (तृतीया॰ अनेक॰ ←बहुव्री॰ सुखदुःखसंज्ञ, सुखम् च दुःखम् च संज्ञे यस्य ←न॰ सुख 1.32 + न॰ दुःख 2.14 + स्त्री॰ संज्ञा 1.7); * गच्छन्ति (2.51); * अमूढाः (प्रथमा॰ अनेक॰ न–तत्पु॰स॰ ←पु॰ मूढ 7.15); * पदम् (2.51); * अव्ययम् (2.21); * तत् (2.7)

निर्मानमोहाः (ज्यांचे भ्रम व स्वाभिमान गेले आहेत) जितसङ्गदोषाः (ज्यांनी आसक्तीचा दोष जिंकला आहे) अध्यात्मनित्याः (जे सदा अध्यात्मात गुंतले असतात) विनिवृत्तकामाः (जे कामनांतून निवृत्तले

आहेत) द्वन्द्वैः (द्वंद्वांपासून) विमुक्ताः (जे मुक्त झाले आहेत) सुखदुःखसंज्ञैः (सुखदुःख नावांनी किंवा म्हणून जाणल्या जाणाऱ्या–) गच्छन्ति (प्राप्त करतात) अमूढाः (जाणते लोक) पदम् (पदाला) अव्ययम् (शाश्वत) तत् (त्या–)

* ज्यांचे भ्रम व स्वाभिमान गेले आहेत, ज्यांनी आसक्तीचा दोष जिंकला आहे, जे सदा अध्यात्मात गुंतले असतात, जे कामनांतून निवृत्तले आहेत (आणि) जे सुखदुःख म्हणून जाणल्या जाणाऱ्या द्वंद्वांपासून मुक्त झाले आहेत (ते) जाणते लोक त्या शाश्वत पदाला प्राप्त करतात.

।।15.6।। **न तद्भासयते सूर्यो न शशाङ्को न पावकः।**
यद्गत्वा न निवर्तन्ते तद्धाम परमं मम।।

न तत् (नि० 9/8) भासयते सूर्यः (नि० 15/6) न शशाङ्कः (नि० 15/6) न पावकः (नि० 22/8) यत् (नि० 9/4) गत्वा न निवर्तन्ते तत् (नि० 9/6) धाम परमम् (नि० 14/1) मम

न (1.30); * तत् (द्वितीया० 1.10); * **भासयते** (तृ०पु० एक० लट्०–वर्तमान० भ्वादि० आत्मने० प्रयो० ←√भास्); * सूर्यः (प्रथमा० एक० ←पु० सूर्य 7.8); * न (1.30); * शशाङ्कः (11.39); * न (1.30); * पावकः (2.23); * यत् (द्वितीया० 3.21); * गत्वा (14.15); * न (1.30); * निवर्तन्ते (8.21); * तत् (2.7); * धाम (प्रथमा० 8.21); * परमम् (प्रथमा० 8.3); * मम (1.7)

न (नाही) तत् (ते) भासयते (प्रकाशित करीत–) सूर्यः (सूर्य) न (नाही) शशाङ्कः (चंद्र) न (नाही) पावकः (अग्नि) यत् (ज्याला) गत्वा (जाऊन) न–निवर्तन्ते (परत येत नाही) तत् (ते) धाम (धाम) परमम् (परम) मम (माझे)

* ते, (ज्याला) सूर्य प्रकाशित करीत नाही, चंद्र (प्रकाशत) नाही (व) अग्नि (प्रकाशत) नाही (आणि) ज्याला जाऊन (गेलेला) परत येत नाही ते परमधाम माझे (आहे).

।।15.7।। **ममैवांशो जीवलोके जीवभूतः सनातनः।**
मनःषष्ठानीन्द्रियाणि प्रकृतिस्थानि कर्षति।।

मम (नि० 3/1) एव (नि० 1/1) अंशः (नि० 15/3) जीवलोके जीवभूतः (नि० 22/7) सनातनः (नि० 22/8) मनःषष्ठानि (नि० 1/5) इन्द्रियाणि (नि० 24/7) प्रकृतिस्थानि कर्षति

मम (1.7); * एव (1.1); * अंशः (प्रथमा० एक० ←पु० अंश 10.41); * जीवलोके (पु० सप्तमी० एक० ←तत्पु०स० जीवलोक, जीवानाम् लोकः ←पु० जीव 7.5 + पु० लोक 2.5); * जीवभूतः (पु० प्रथमा० एक० ←तत्पु०स० जीवभूत 7.5); * सनातनः (2.24); * मनःषष्ठानि (न० द्वितीया० अनेक० ←बहुव्री० मनःषष्ठ, मनः षष्ठम् यस्य ←न० मनस् 1.30 + वि० **षष्ठ** ←√सो); * इन्द्रियाणि (द्वितीया० 2.58); * प्रकृतिस्थानि (न० द्वितीया० अनेक० ←वि० प्रकृतिस्थ 13.22); * कर्षति (तृ०पु० एक० लट्०–वर्तमान० तुदादि० परस्मै० ←8√कृष्)

मम (माझा) एव (च) अंश: (अंश) जीवलोके (प्राण्यांच्या जगात) जीवभूत: (जीवात्मा बनलेला) सनातन: (शाश्वत) मन:षष्ठानि-इन्द्रियाणि (मनादि सहा इन्द्रिये) प्रकृतिस्थानि (प्रकृतीत स्थित असलेल्या-) कर्षति (आपल्यात ओढून घेतो)

* प्राण्यांच्या जगात माझाच (एक) शाश्वत जीवात्मा बनलेला अंश प्रकृतीत स्थित असलेल्या मनादि सहा इन्द्रियांना आपल्यात ओढून घेतो.

।।15.8।। **शरीरं यदवाप्नोति यच्चाप्युत्क्रामतीश्वरः।**
गृहीत्वैतानि संयाति वायुर्गन्धानिवाशयात्।।

शरीरम् (नि॰ 14/1) यत् (नि॰ 8/2) अवाप्नोति यत् (नि॰ 11/1) च (नि॰ 1/1) अपि (नि॰ 4/3) उत्क्रामति (नि॰ 1/6) ईश्वर: (नि॰ 22/8) गृहीत्वा (नि॰ 3/3) एतानि संयाति वायु: (नि॰ 16/8) गन्धान् (नि॰ 8/13) इव (नि॰ 1/2) आशयात्

शरीरम् (द्वितीया॰ एक॰ ←न॰ शरीर 13.2); * यत् (द्वितीया॰ 3.21); * **<u>अवाप्नोति</u>** (तृ॰पु॰ एक॰ लट्॰-वर्तमान॰ स्वादि॰ परस्मै॰ ←अव√आप्); * यत् (↑); * च (1.1); * अपि (1.26); * उत्क्रामति (तृ॰पु॰ एक॰ लट्॰-वर्तमान॰ भ्वादि॰ परस्मै॰ ←उद्√क्रम्); * ईश्वर: (4.6); * **<u>गृहीत्वा</u>** (त्वान्त॰ अव्य॰ ←√ग्रह); * एतानि (न॰ द्वितीया॰ अनेक॰ ←सना॰ एतद् 1.3); * संयाति (2.22); * वायु: (2.67); * गन्धान् (द्वितीया॰ अनेक॰ ←पु॰ गन्ध 7.9); * इव (1.30); * आशयात् (पंचमी॰ एक॰ ←पु॰ आशय 10.20)

शरीरम् (शरीर) यत् (जे) अवाप्नोति (प्राप्त करतो) यत् (जे) च (आणि) अपि (सुद्धा) उत्क्रामति (सोडून जातो) ईश्वर: (ईश्वर, जीवात्मा बनलेला ईश्वराचा अंश, देहाचा स्वामी, आत्मा) गृहीत्वा (ग्रहण करून) एतानि (यांना, मनादि इन्द्रियांना) संयाति (नेतो) वायु: (वायु) गन्धान् (गंधांना) इव (जसा) आशयात् (आशयापासून)

* वायु आशयापासून जसा गंधांना (नेतो), (तसा) आत्मा सुद्धा (जुने) जे शरीर सोडून, आणि यां(मनादि इन्द्रियां)ना ग्रहण करून, जे (नवे शरीर) प्राप्त करतो (त्यात) नेतो;

।।15.9।। **श्रोत्रं चक्षुः स्पर्शनं च रसनं घ्राणमेव च।**
अधिष्ठाय मनश्चायं विषयानुपसेवते।।

श्रोत्रम् (नि॰ 14/1) चक्षु: (नि॰ 22/7) स्पर्शनम् (नि॰ 14/1) च रसनम् (नि॰ 14/1) घ्राणम् (नि॰ 8/22, 24/3) एव च (नि॰ 23/1) अधिष्ठाय मन: (नि॰ 17/1) च (नि॰ 1/1) अयम् (नि॰ 14/1) विषयान् (नि॰ 8/14) उपसेवते

श्रोत्रम् (द्वितीया॰ एक॰ ←न॰ श्रोत्र 4.26); * चक्षु: (5.27); * स्पर्शनम् (न॰ द्वितीया॰ एक॰ ←वि॰ स्पर्शन ←√स्पर्श्); * च (1.1); * रसनम् (न॰ द्वितीया॰ एक॰ ←वि॰ रसन ←√रस्); * घ्राणम् (न॰ द्वितीया॰ एक॰ ←वि॰ घ्राण ←√घ्रा); * एव (1.1); * च (1.1); * अधिष्ठाय (कृदन्त॰ 4.6); * मन:

(6.12); * च (1.1); * अयम् (2.19); * विषयान् (2.62); * उपसेवते (तृ॰पु॰ एक॰ लट्॰–वर्तमान॰ भ्वादि॰ आत्मने॰ ←उप√सेव्)

श्रोत्रम् (कर्ण) चक्षुः (नेत्र) स्पर्शनम् (त्वचा) च (आणि) रसनम् (जिव्हा) घ्राणम् (नाक) एव (तसेच) च (आणि) अधिष्ठाय (आश्रयास घेऊन) मनः (मनाला) च (आणि) अयम् (हा) विषयान् (विषयांना) उपसेवते (उपभोगतो)

* आणि कर्ण, नेत्र, त्वचा आणि जिव्हा तसेच नाक आणि मनाला आश्रयास घेऊन हा (आत्मा) विषयांना उपभोगतो.

।।15.10।। **उत्क्रामन्तं स्थितं वापि भुञ्जानं वा गुणान्वितम्।**
विमूढा नानुपश्यन्ति पश्यन्ति ज्ञानचक्षुषः।।

उत्क्रामन्तम् (नि॰ 14/1) स्थितम् (नि॰ 14/1) वा (नि॰ 1/3) अपि भुञ्जानम् (नि॰ 14/1) वा गुणान्वितम् (नि॰ 14/2) विमूढाः (नि॰ 20/10) न (नि॰ 1/1) अनुपश्यन्ति पश्यन्ति ज्ञानचक्षुषः (नि॰ 25/1, 22/8)

उत्क्रामन्तम् (पु॰ द्वितीया॰ एक॰ ←शतृ॰ वि॰ उत्क्रामत् ←उद√क्रम्); * स्थितम् (पु॰ द्वितीया॰ एक॰ ←वि॰ स्थित 5.19); * वा (1.32); * अपि (1.26); * भुञ्जानम् (पु॰ द्वितीया॰ एक॰ ←शानच्॰ वि॰ भुञ्जात् अथवा भुञ्जान ←√भुज्); * वा (1.32); * गुणान्वितम् (पु॰ द्वितीया॰ एक॰ ←क्त॰ वि॰ गुणान्वित ←गुण–अनु√इ); * विमूढाः (पु॰ प्रथमा॰ अनेक॰ ←वि॰ विमूढ 3.6); * न (1.30); * अनुपश्यन्ति (तृ॰पु॰ अनेक॰ लट्॰–वर्तमान॰ भ्वादि॰ परस्मै॰ ←अनु√दृश् 6.30); * पश्यन्ति (1.38); * ज्ञानचक्षुषः (पु॰ प्रथमा॰ अनेक॰ ←तत्पु॰स॰ ज्ञानचक्षुस् 13.35)

उत्क्रामन्तम् (सोडून जाणारा) स्थितम् (राहणारा) वा (अथवा) अपि (सुद्धा) भुञ्जानम् (उपभोग घेणारा) वा (अथवा) गुणान्वितम् (तिन्ही गुणांनी युक्त होणारा) विमूढाः (अज्ञानी लोक) न–अनुपश्यन्ति (बघत नाहीत) पश्यन्ति (बघतात) ज्ञानचक्षुषः (ज्ञानचक्षु असलेले)

* (देहाला) सोडून जाणारा अथवा (त्यात) राहणारा अथवा तिन्ही गुणांनी युक्त होणारा (व) उपभोग घेणारा (असा आत्म्याला) अज्ञानी लोक बघत नाहीत, ज्ञानचक्षु असलेले (लोक) बघतात.

।।15.11।। **यतन्तो योगिनश्चैनं पश्यन्त्यात्मन्यवस्थितम्।**
यतन्तोऽप्यकृतात्मानो नैनं पश्यन्त्यचेतसः।।

यतन्तः (नि॰ 15/10) योगिनः (नि॰ 17/1) च (नि॰ 3/1) एनम् (नि॰ 14/1) पश्यन्ति (नि॰ 4/2) आत्मनि (नि॰ 4/1) अवस्थितम् (नि॰ 14/2) यतन्तः (नि॰ 15/1) अपि (नि॰ 4/1) अकृतात्मानः (नि॰ 15/6) न (नि॰ 3/1) एनम् (नि॰ 14/1) पश्यन्ति (नि॰ 4/1) अचेतसः (नि॰ 22/8)

यतन्तः (9.14); * योगिनः (4.25); * च (1.1); * एनम् (2.19); * पश्यन्ति (1.38); * आत्मनि (2.55); * अवस्थितम् (पु॰ द्वितीया॰ एक॰ ←वि॰ अवस्थित 1.11); * यतन्तः (9.14); * अपि

(1.26); * अकृतात्मान: (पु॰ प्रथमा॰ अनेक॰ ←बहुव्री॰ अकृतात्मन्, न कृत: आत्मा यस्य ←अव्य॰ न 1.30 + वि॰ कृत 1.35 + पु॰ आत्मन् 2.41); * न (1.30); * एनम् (↑); * पश्यन्ति (1.38); * अचेतस: (3.32)

यतन्त: (यत्न करीत) योगिन: (योगीजन) च (आणि) एनम् (याला) पश्यन्ति (बघतात) आत्मनि (आपल्यात) अवस्थितम् (स्थित असलेल्या) यतन्त: (यत्न करीत) अपि (सुद्धा) अकृतात्मान: (असंस्कृत अंत:करणाचे लोक) न (नाहीत) एनम् (याला) पश्यन्ति (बघत) अचेतस: (अविचारी लोक)

* यत्न करीत योगीजन आपल्यात स्थित असलेल्या या (आत्म्या)ला बघतात आणि असंस्कृत अंत:करणाचे अविचारी लोक यत्न करीत सुद्धा याला बघत नाहीत.

।।15.12।। **यदादित्यगतं तेजो जगद्भासयतेऽखिलम्।**
यच्चन्द्रमसि यच्चाग्नौ तत्तेजो विद्धि मामकम्।।

यत् (नि॰ 8/3) आदित्यगतम् (नि॰ 14/1) तेज: (नि॰ 15/3) जगत् (नि॰ 9/8) भासयते (नि॰ 6/1) अखिलम् (नि॰ 14/2) यत् (नि॰ 11/1) चन्द्रमसि यत् (नि॰ 11/1) च (नि॰ 1/1) अग्नौ तत् (नि॰ 1/10) तेज: (नि॰ 15/13) विद्धि मामकम् (नि॰ 14/2)

यत् (2.67); * आदित्यगतम् (न॰ प्रथमा॰ एक॰ ←वि॰ तत्पु॰स॰ आदित्यगत, आदित्यम् गत: ←पु॰ आदित्य 5.16 + वि॰ गत 2.11); * तेज: (प्रथमा॰ 7.9); * जगत् (द्वितीया॰ 11.7); * भासयते (15.6); * अखिलम् (द्वितीया॰ 4.33); * यत् (प्रथमा॰ 1.45); * चन्द्रमसि (सप्तमी॰ एक॰ ←पु॰ चन्द्रमस् ←√चन्द्); * यत् (प्रथमा॰ 1.45); * च (1.1); * अग्नौ (सप्तमी॰ एक॰ ←पु॰ अग्नि 4.19); * तत् (द्वितीया॰ 2.7); * तेज: (द्वितीया॰ 7.9); * विद्धि (2.17); * मामकम् (द्वितीया॰ एक॰ ←वि॰ मामक 1.1)

यत् (जे) आदित्यगतम् (सूर्यात असलेले) तेज: (तेज) जगत् (जगाला) भासयते (उजळविते) अखिलम् (सर्व) यत् (जे) चन्द्रमसि (चंद्रात) यत् (जे) च (आणि) अग्नौ (अग्नीत) तत् (त्या) तेज: (तेजाला) विद्धि (तू जाण) मामकम् (माझे)

* जे सूर्यात, जे चंद्रात आणि जे अग्नीत असलेले तेज सर्व जगाला उजळविते ते तेज माझे(च) जाण.

।।15.13।। **गामाविश्य च भूतानि धारयाम्यहमोजसा।**
पुष्णामि चौषधी: सर्वा: सोमो भूत्वा रसात्मक:।।

गाम् (नि॰ 8/17) आविश्य च भूतानि धारयामि (नि॰ 4/1) अहम् (नि॰ 8/24) ओजसा पुष्णामि च (नि॰ 3/2) ओषधी: (नि॰ 22/7) सर्वा: (नि॰ 22/7) सोम: (नि॰ 15/8) भूत्वा रसात्मक: (नि॰ 22/8)

गाम् (द्वितीया॰ एक॰ ←स्त्री॰ गा 1.32); * **आविश्य** (ल्यप्॰ अव्य॰ ←आ√विश्); * च (1.1); * भूतानि (द्वितीया॰ 2.28); * धारयामि (प्रथम॰पु॰ एक॰ लट्॰–वर्तमान॰ भ्वादि॰ परस्मै॰ प्रयो॰ ←√धृ); * अहम् (1.22); * ओजसा (तृतीया॰ एक॰ ←न॰ ओजस् ←√उब्ज्); * पुष्णामि (प्रथम॰पु॰ एक॰ लट्॰–

वर्तमान॰ क्र्यादि॰ परस्मै॰ ←√पुष्); * च (1.1); * ओषधी: (द्वितीया॰ अनेक॰ ←स्त्री॰ ओषधि अथवा ओषधी ←ओष√धा 9.16); * सर्वा: (8.18); * सोम: (प्रथमा॰ एक॰ ←पु॰ सोम 9.20); * भूत्वा (2.20); * रसात्मक: (पु॰ प्रथमा॰ एक॰ ←वि॰ रसात्मक ←पु॰ रस 2.59 + वि॰ आत्मक 14.7)

गाम् (पृथ्वीवर) आविश्य (येऊन) च (आणि) भूतानि (भूतांना) धारयामि (धारण करतो) अहम् (मी) ओजसा (कांतीने) पुष्णामि (पुष्टतो) च (आणि) ओषधी: (वनस्पतींना) सर्वा: (सर्व) सोम: (चंद्र) भूत्वा (होऊन) रसात्मक: (रसात्मक)

* आणि मी पृथ्वीवर येऊन कांतीने भूतांना धारण करतो आणि रसात्मक चंद्र होऊन सर्व वनस्पतींना पुष्टतो.

।।15.14।। अहं वैश्वानरो भूत्वा प्राणिनां देहमाश्रित:।
प्राणापानसमायुक्त: पचाम्यन्नं चतुर्विधम्।।

अहम् (नि॰ 14/1) वैश्वानर: (नि॰ 15/8) भूत्वा प्राणिनाम् (नि॰ 14/1) देहम् (नि॰ 8/17) आश्रित: (नि॰ 22/8) प्राणापानसमायुक्त: (नि॰ 22/3) पचामि (नि॰ 4/1) अन्नम् (नि॰ 14/1) चतुर्विधम् (नि॰ 14/2)

अहम् (1.22); * वैश्वानर: (प्रथमा॰ एक॰ ←पु॰ वैश्वानर अथवा विश्वानर); * भूत्वा (2.20); * प्राणिनाम् (षष्ठी॰ अनेक॰ ←पु॰ प्राणिन् ←प्र√अन्); * देहम् (4.9); * आश्रित: (9.11); * प्राणापानसमायुक्त: (पु॰ प्रथमा॰ एक॰ ←तत्पु॰स॰ प्राणापानसमायुक्त, प्राणेन च अपानेन च समायुक्त: ←पु॰ प्राण 1.33 + पु॰ अपान 4.29 + क्त॰ वि॰ समायुक्त ←सम्-आ√युज्); * पचामि (प्रथम॰पु॰ एक॰ लट्॰-वर्तमान॰ भ्वादि॰ परस्मै॰ ←√पच्); * अन्नम् (द्वितीया॰ एक॰ ←न॰ अन्न 3.14); * चतुर्विधम् (न॰ द्वितीया॰ एक॰ ←द्विगु॰स॰ चितुर्विध 7.16)

अहम् (मी) वैश्वानर: (जठराग्नि) भूत्वा (होऊन) प्राणिनाम् (प्राण्यांच्या) देहमाश्रित: (शरीरात स्थित असलेला) प्राणापानसमायुक्त: (श्वासोच्छवासाशी युक्त होत्साता) पचामि (पचवितो) अन्नम् (अन्न) चतुर्विधम् (चार प्रकारे)

* मी प्राण्यांच्या शरीरात स्थित असलेला जठराग्नि होऊन श्वासोच्छवासाशी युक्त होत्साता चार प्रकारे[1] अन्न पचवितो;

---

[1] (1) चावून खाल्ले जाणारे भक्ष्य, (2) पिऊन गिळले जाणारे पेय, (3) चाटून चघळले जाणारे लेह, आणि (4) चोखून चोषले जाणारे चोष्य असे अन्नाचे भोजनाच्या रीतीनुसार चार प्रकार केले जातात. अशा चतुर्विध घट्ट ते पातळ अन्नांना पचविणारा वैश्वानर (जठराग्नि) पचन क्रियेकरिता उदरात स्थित असावा लागतो.

।।15.15।। **सर्वस्य चाहं हृदि सन्निविष्टो मत्तः स्मृतिर्ज्ञानमपोहनं च।**
वेदैश्च सर्वैरहमेव वेद्यो वेदान्तकृद्वेदविदेव चाहम्।।

सर्वस्य च (नि० 1/1) अहम् (नि० 14/1) हृदि सन्निविष्टः (नि० 15/9) मत्तः (नि० 22/7) स्मृतिः (नि० 16/6) ज्ञानम् (नि० 8/16) अपोहनम् (नि० 14/1) च वेदैः (नि० 17/1) च सर्वैः (नि० 16/4) अहम् (नि० 8/22) एव वेद्यः (नि० 15/13) वेदान्तकृत् (नि० 9/11) वेदवित् (नि० 8/9) एव च (नि० 1/1) अहम् (नि० 14/2)

सर्वस्य (2.30); * च (1.1); * अहम् (1.22); * हृदि (8.12); * सन्निविष्टः (पु० प्रथमा० एक० ←क्त० वि० सन्निविष्ट ←सम्–नि√विश्); * मत्तः (7.7); * स्मृतिः (10.34); * ज्ञानम् (प्रथमा० 3.39); * अपोहनम् (प्रथमा० एक० ←न० अपोहन ←अप√ऊह्); * च (1.1); * वेदैः (11.52); * च (1.1); * सर्वैः (तृतीया० अनेक० ←सना० सर्व 1.6); * अहम् (1.22); * एव (1.1); * वेद्यः (प्रथमा० एक० ←धातु०सा० वि० वेद्य 9.17); * वेदान्तकृत् (पु० प्रथमा० एक० ←बहुव्री० वेदान्तकृत्, वेदान्तः करोति यः ←पु० वेदान्त ←√विद् + क्रिया० करोति 4.20); * वेदवित् (15.1); * एव (1.1); * च (1.1); * अहम् (1.22)

सर्वस्य (सर्वांच्या) च (आणि) अहम् (मी) हृदि (हृदयात) सन्निविष्टः (समाविष्ट आहे) मत्तः (माझ्यापासून) स्मृतिः (स्मृति) ज्ञानम् (ज्ञान) अपोहनम् (विस्मृति) च (आणि) वेदैः (वेदांद्वारे) च (आणि) सर्वैः (सर्व) अहम् (मी) एव (च) वेद्यः (ज्ञेयी) वेदान्तकृत् (वेदांतकर्ता) वेदवित् (वेदवेत्ता) एव (तसेच) च (आणि) अहम् (मी)

* आणि मी सर्वांच्या हृदयात समाविष्ट आहे; माझ्यापासून स्मृति, ज्ञान आणि विस्मृति (होतात) आणि मी वेदवेत्ता, वेदांतकर्ता आणि मीच सर्व वेदांद्वारे ज्ञेयी (आहे).

।।15.16।। **द्वाविमौ पुरुषौ लोके क्षरश्चाक्षर एव च।**
क्षरः सर्वाणि भूतानि कूटस्थोऽक्षर उच्यते।।

द्वौ (नि० 5/6) इमौ पुरुषौ लोके क्षरः (नि० 17/1) च (नि० 1/1) अक्षरः (नि० 19/7) एव च क्षरः (नि० 22/7) सर्वाणि (नि० 24/7) भूतानि कूटस्थः (नि० 15/1) अक्षरः (नि० 19/4) उच्यते

द्वौ (प्रथमा० द्वि०व० ←नित्य बहुवचनी संख्या० वि० द्वि 1.7); * इमौ (पु० प्रथमा० द्वि०व० ←सना० इदम् 1.10); * पुरुषौ (प्रथमा० द्वि०व० ←पु० पुरुष 2.15); * लोके (2.5); * क्षरः (8.4); * च (1.1); * अक्षरः (8.21); * एव (1.1); * च (1.1); * क्षरः (8.4); * सर्वाणि (प्रथमा० 2.30); * भूतानि (प्रथमा० 2.30); * कूटस्थः (6.8); * अक्षरः (8.21); * उच्यते (2.25)

द्वौ (दोन) इमौ (हे) पुरुषौ (पुरुष) लोके (जगात) क्षरः (क्षर) च (आणि) अक्षरः (अक्षर) एव (तसेच) च (आणि) क्षरः (क्षर) सर्वाणि (सर्व) भूतानि (भूते) कूटस्थः (स्थिर) अक्षरः (अक्षर) उच्यते (म्हटला जातो)

* आणि, जगात क्षर आणि अक्षर हे दोन पुरुष (असतात), सर्व (विनाशी) भूते क्षर (असा म्हटला जातो) तसेच स्थिर (अविनाशी आत्मा) अक्षर म्हटला जातो.

।।15.17।। **उत्तमः पुरुषस्त्वन्यः परमात्मेत्युदाहृतः।**
यो लोकत्रयमाविश्य बिभर्त्यव्यय ईश्वरः।।

उत्तमः (नि० 22/3) पुरुषः (नि० 18/1) तु (नि० 4/6) अन्यः (नि० 22/3) परमात्मा (नि० 2/3) इति (नि० 4/3) उदाहृतः (नि० 22/8) यः (नि० 15/12) लोकत्रयम् (नि० 8/17) आविश्य बिभर्ति (नि० 4/1) अव्ययः (नि० 19/3) ईश्वरः (नि० 22/8)

उत्तमः (पु० प्रथमा० एक० ←वि० उत्तम 1.7); * पुरुषः (2.21); * तु (1.2); * अन्यः (2.29); * परमात्मा (6.7); * इति (1.25); * उदाहृतः (पु० प्रथमा० एक० ←वि० उदाहृत 13.7); * यः (2.19); * लोकत्रयम् (11.20); * आविश्य (15.13); * बिभर्ति (तृ०पु० एक० लट्०-वर्तमान० जुवादि० परस्मै० ←√भृ 10.31); * अव्ययः (11.18); * ईश्वरः (4.6)

उत्तमः (सर्वश्रेष्ठ) पुरुषः (पुरुष) तु (परंतु) अन्यः (अन्य) परमात्मा (परमात्मा) इति (असे) उदाहृतः (म्हटला जातो) यः (जो) लोकत्रयम् (तिन्ही लोकांत) आविश्य (अवतरून) बिभर्ति (भरण पोषण करतो) अव्ययः (अव्ययी) ईश्वरः (ईश्वर)

* परंतु अन्य सर्वश्रेष्ठ पुरुष, जो परमात्मा असे म्हटला जातो, (तो) अव्ययी ईश्वर तिन्ही लोकांत अवतरून भरण पोषण करतो.

।।15.18।। **यस्मात्क्षरमतीतोऽहमक्षरादपि चोत्तमः।**
अतोऽस्मि लोके वेदे च प्रथितः पुरुषोत्तमः।।

यस्मात् (नि० 10/5) क्षरम् (नि० 8/16) अतीतः (नि० 15/1) अहम् (नि० 8/16) अक्षरात् (नि० 8/2) अपि च (नि० 2/2) उत्तमः (नि० 22/8) अतः (नि० 15/1) अस्मि लोके वेदे च प्रथितः (नि० 22/3) पुरुषोत्तमः (नि० 22/8)

यस्मात् (12.15); * क्षरम् (द्वितीया० एक० ←वि० क्षर 8.4); * अतीतः (14.20); * अहम् (1.22); * अक्षरात् (पंचमी० एक० ←वि० अक्षर 3.15); * अपि (1.26); * च (1.1); * उत्तमः (15.17); * अतः (2.12); * अस्मि (7.8); * लोके (2.5); * वेदे (सप्तमी० एक० ←पु० वेद 2.42); * च (1.1); * प्रथितः (प्रथमा० एक० ←क्त० वि० प्रथित ←√प्रथ्); * पुरुषोत्तमः (प्रथमा० एक० ←बहुव्री० पुरुषोत्तम 8.1)

यस्मात् (ज्यामुळे, कारण कि) क्षरम्-अतीतः (क्षर पुरुषापेक्षा श्रेष्ठ) अहम् (मी) अक्षरात् (अक्षर पुरुषापेक्षा) अपि (सुद्धा) च (आणि) उत्तमः (उत्तम) अतः (म्हणून) अस्मि (मी आहे) लोके (जगात) वेदे (वेदात) च (आणि) प्रथितः (प्रख्यात) पुरुषोत्तमः (पुरुषोत्तम)

* कारण कि, मी क्षर पुरुषापेक्षा श्रेष्ठ आणि अक्षर पुरुषापेक्षासुद्धा उत्तम आहे म्हणून मी जगात आणि वेदात पुरुषोत्तम (म्हणून) प्रख्यात (आहे).

।।15.19।। **यो मामेवमसंमूढो जानाति पुरुषोत्तमम्।**
स सर्वविद्भजति मां सर्वभावेन भारत।।

यः (नि० 15/9) माम् (नि० 8/22) एवम् (नि० 8/16) असम्मूढः (नि० 15/3) जानाति पुरुषोत्तमम् (नि० 14/2) सः (नि० 21/2) सर्वविद् (नि० 9/8) भजति माम् (नि० 14/1) सर्वभावेन भारत

यः (2.19); * माम् (1.46); * एवम् (1.24); * असम्मूढः (5.20); * जानाति (तृ०पु० एक० लट्०-वर्तमान० क्र्यादि० परस्मै० ←√ज्ञा 4.14); * पुरुषोत्तमम् (पु० द्वितीया० एक० ←बहुव्री० पुरुषोत्तम 8.1); * सः (1.13); * सर्वविद् (पु० प्रथमा० एक० ←बहुव्री० सर्ववित्, सर्वम् वेत्ति यः ←सना० सर्व 1.6 + वि० विद् 3.29); * भजति (6.31); * माम् (1.46); * **सर्वभावेन** (सर्वेण भावेन पु० तृतीया० एक० ←सना० सर्व 1.6 + पु० भाव 2.7); * भारत (2.14)

यः (जो) माम् (मज-) एवम् (असे) असंमूढः (ज्ञानी) जानाति (जाणतो) पुरुषोत्तमम् (पुरुषोत्तमाला) सः (तो) सर्ववित् (सर्वज्ञ) भजति (पूजतो) माम् (मला) सर्वभावेन (सर्वभावाने) भारत (हे भारता!)

* हे भारता! जो ज्ञानी मज पुरुषोत्तमाला असे जाणतो तो सर्वज्ञ मला सर्वभावाने पूजतो.

।।15.20।। **इति गुह्यतमं शास्त्रमिदमुक्तं मयानघ।**
एतद्बुद्ध्वा बुद्धिमान्स्यात्कृतकृत्यश्च भारत।।

इति गुह्यतमम् (नि० 14/1) शास्त्रम् (नि० 8/18) इदम् (नि० 8/20) उक्तम् (नि० 14/1) मया (नि० 1/3) अनघ (नि० 23/1) एतत् (नि० 9/7) बुद्ध्वा बुद्धिमान् (नि० 13/20) स्यात् (नि० 10/5) कृतकृत्यः (नि० 17/1) च भारत

इति (1.25); * गुह्यतमम् (9.1); * **शास्त्रम्** (द्वितीया० एक० ←न० **शास्त्र** ←√शास्); * इदम् (1.10); * उक्तम् (11.1); * मया (1.22); * अनघ (3.3); * एतत् (2.6); * बुद्ध्वा (3.43); * बुद्धिमान् (4.18); * स्यात् (1.36) * कृतकृत्यः (पु० प्रथमा० एक० ←बहुव्री० कृतकृत्य, कृतम् कृत्यम् येन ←वि० कृत 1.35 + न० अथवा कर्मणि० विधि० धातु०सा० वि० कृत्य ←8√कृ); * च (1.1); * भारत (2.14)

इति (असे) गुह्यतमम् (गुह्यतम) शास्त्रम् (शास्त्र) इदम् (हे) उक्तम् (सांगितले गेलेले) मया (मजकडून) अनघ (हे निष्पाप अर्जुना!) एतत् (हे) बुद्ध्वा (जाणून) बुद्धिमान् (ज्ञानी) स्यात् (होईल) कृतकृत्यः (धन्य) च (आणि) भारत (हे भारता!)

* हे भारता! असे हे मजकडून सांगितले गेलेले हे गुह्यतम शास्त्र जाणून, हे निष्पाप अर्जुना! (मनुष्य) ज्ञानी आणि धन्य होईल.

इति श्रीमद्भगवद्गीतासूपनिषत्सु ब्रह्मविद्यायां योगशास्त्रे श्रीकृष्णार्जुनसंवादे पुरुषोत्तमयोगो नाम पञ्चदशोऽध्यायः।।15।।

इति श्रीमद्भगवद्गीतासु (नि॰ 1/8) उपनिषत्सु ब्रह्मविद्यायाम् (नि॰ 14/1) योगशास्त्रे श्रीकृष्णार्जुनसंवादे पुरुषोत्तमयोगः (नी॰ 15/6) नाम पञ्चदशः (नी॰ 15/1) अध्यायः (नी॰ 22/8)

इति (याप्रमाणे) श्रीमद्भगवद्गीतासु उपनिषत्सु (श्रीमद्भगवद्गीतो–पनिषदांतील) ब्रह्मविद्यायाम् (ब्रह्मविद्यांतर्गत) योगशास्त्रे श्रीकृष्णार्जुनसंवादे (श्रीकृष्ण आणि अर्जुन यांच्या योगशास्त्राच्या संवादापैकी) पुरुषोत्तमयोगः (पुरुषोत्तमयोग) नाम (नामक) पञ्चदशः (पंधरावा) अध्यायः (अध्याय)

* श्रीमद्भगवद्गीतोपनिषदांतील श्रीकृष्ण आणि अर्जुन यांच्या योगशास्त्राच्या संवादापैकी ब्रह्मविद्यांतर्गत 'पुरुषोत्तमयोग' नावाचा पंधरावा अध्याय याप्रमाणे (समाप्त).

षोडशोऽध्यायः।
दैवासुरसम्पद्विभागयोगः।

।।16.1।। श्रीभगवानुवाच

अभयं सत्त्वसंशुद्धिर्ज्ञानयोगव्यवस्थितिः।
दानं दमश्च यज्ञश्च स्वाध्यायस्तप आर्जवम्।।

षोडशः (नि॰ 15/1) अध्यायः (नि॰ 22/8) । दैवासुरसम्पद्विभागयोगः (नि॰ 22/8) । श्रीभगवान् (नि॰ 8/14) उवाच । अभयम् (नि॰ 14/1) सत्त्वसंशुद्धिः (नि॰ 16/6) ज्ञानयोगव्यवस्थितिः (नि॰ 22/8) दानम् (नि॰ 14/1) दमः (नि॰ 17/1) च यज्ञः (नि॰ 17/1) च स्वाध्यायः (नि॰ 18/1) तपः (नि॰ 19/1) आर्जवम् (नि॰ 14/2)

षोडशः (पु॰ प्रथमा॰ एक॰ ←क्रमवाचक संख्या॰ वि॰ षोडश ←वि॰ षष्ठ 15.7 + वि॰ दश 13.6); * अध्यायः (प्रथमा॰ एक॰ ←पु॰ अध्याय ←अधि√इ); * दैवासुरसम्पद्विभागयोगः (पु॰ प्रथमा॰ एक॰ ←तत्पु॰स॰ दैवासुरसम्पद्विभागयोग, दैवी च आसुरी च सम्पदोः विभागस्य योगः ←वि॰ दैवी 7.14 + वि॰ आसुरी 9.12 + स्त्री॰ सम्पद् 16.3↓ + पु॰ विभाग 3.28 + पु॰ योग 2.39)

श्रीभगवान् (2.2); * उवाच (1.25) । अभयम् (10.4); * सत्त्वसंशुद्धिः (स्त्री॰ प्रथमा॰ एक॰ ←तत्पु॰स॰ सत्त्वसंशुद्धि, सत्त्वस्य संशुद्धिः ←न॰ सत्त्व 2.45 + स्त्री॰ **संशुद्धि** ←सम्√शुध्); * ज्ञानयोगव्यवस्थितिः (स्त्री॰ प्रथमा॰ एक॰ ←तत्पु॰स॰ ज्ञानयोगव्यवस्थिति, ज्ञाने च योगे च व्यवस्थितिः ←न॰ ज्ञान 3.3 + पु॰ योग 2.39 + स्त्री॰ व्यवस्थिति ←वि–अव√स्था); * दानम् (10.5); * दमः (10.4); * च (1.1); * यज्ञः (3.14); * च (1.1); * स्वाध्यायः (प्रथमा॰ एक॰ ←पु॰ स्वाध्याय 4.28); * तपः (7.9); * आर्जवम् (13.8)

श्रीभगवान् (श्रीभगवान) उवाच (म्हणाले–) अभयम् (निर्भयता) सत्त्वसंशुद्धिः (चित्तशुद्धि) ज्ञानयोगव्यवस्थितिः (ज्ञानयोगात मनाची दृढ स्थिति) दानम् (दान) दमः (व्रत) च (आणि) यज्ञः (यज्ञ) च (आणि) स्वाध्यायः (अध्ययन) तपः (तप, समाधि) आर्जवम् (साध्वी वृत्ति)

* श्रीभगवान म्हणाले– निर्भयता, चित्तशुद्धि, ज्ञानयोगात मनाची दृढ स्थिति आणि दान, व्रत, यज्ञ, अध्ययन, समाधि आणि साध्वी वृत्ती;

।।16.2।। **अहिंसा सत्यमक्रोधस्त्यागः शान्तिरपैशुनम्।**
दया भूतेष्वलोलुप्त्वं मार्दवं ह्रीरचापलम्।।

अहिंसा सत्यम् (नि॰ 8/16) अक्रोधः (नि॰ 18/1) त्यागः (नि॰ 22/5) शान्तिः (नि॰ 16/1) अपैशुनम् (नि॰ 14/2) दया भूतेषु (नि॰ 25/5, 4/6) अलोलुप्त्वम् (नि॰ 14/1) मार्दवम् (नि॰ 14/1) ह्रीः (नि॰ 16/2)

अचापलम् (नि॰ 14/2)

अहिंसा (10.5); * सत्यम् (10.4); * अक्रोधः (प्रथमा॰ एक॰ न–बहुव्री॰ ←पु॰ अक्रेध, नास्ति क्रोधः यस्य ←पु॰ क्रोध 2.56); * **त्यागः** (प्रथमा॰ एक॰ ←पु॰ त्याग 12.11); * शान्तिः (2.67); * अपैशुनम् (प्रथमा॰ एक॰ न–तत्पु॰स॰ ←न॰ पैशुन ←√पिश्); * दया (प्रथमा॰ एक॰ ←स्त्री॰ दया ←√दय्); * भूतेषु (7.11); * अलोलुप्त्वम् (प्रथमा॰ एक॰ ←न॰ अलोलुप्त्व ←न–तत्पु॰स॰ अलोलुप्त ←वि॰ लोलुप्त ←√लुप्); * मार्दवम् (प्रथमा॰ एक॰ ←न॰ मार्दव ←√म्रद्); * ह्रीः (प्रथमा॰ एक॰ ←स्त्री॰ ह्री ←√ह्री); * अचापलम् (प्रथमा॰ एक॰ न–तत्पु॰स॰ ←न॰ चापल अथवा चापल्य ←√चुप्)

अहिंसा (अहिंसा) सत्यम् (सत्य) अक्रोधः (अक्रोध) त्यागः (त्याग) शान्तिः (शांति) अपैशुनम् (अनिंदा) दया (दया) भूतेषु (भूतांत) अलोलुप्त्वम् (निर्लोभ) मार्दवम् (मृदुता) ह्रीः (नम्रता) अचापलम् (स्थैर्य)

* (आणि) अहिंसा, सत्य, अक्रोध, त्याग, शांति, अनिंदा, भूतांत दया, निर्लोभ, मृदुता, नम्रता (आणि) स्थैर्य;

।।16.3।। **तेजः क्षमा धृतिः शौचमद्रोहो नातिमानिता।**
भवन्ति सम्पदं दैवीमभिजातस्य भारत।।

तेजः (नि॰ 22/1) क्षमा धृतिः (नि॰ 22/5) शौचम् (नि॰ 8/16) अद्रोहः (नि॰ 15/6) नातिमानिता भवन्ति सम्पदम् (नि॰ 14/1) दैवीम् (नि॰ 8/16) अभिजातस्य भारत

तेजः (7.9); * क्षमा (10.4); * धृतिः (10.34); * शौचम् (13.8); * अद्रोहः (पु॰ प्रथमा॰ एक॰ न–तत्पु॰स॰ ←पु॰ द्रोह 1.38); * नातिमानिता (स्त्री॰ प्रथमा॰ एक॰ ←वि॰ न–अति–मानित ←व्यतिरेकवाचक अव्य॰ न 1.30 + प्रमाणदर्शक अव्य॰ अति 6.11 + वि॰ मानित ←√मान्); * भवन्ति (3.14); * **सम्पदम्** (द्वितीया॰ एक॰ ←स्त्री॰ **सम्पत्** अथवा सम्पद् ←सम्√पद्); * दैवीम् (9.13); * **अभिजातस्य** (न॰ षष्ठी॰ एक॰ ←क्त॰ वि॰ **अभिजात** ←अभि√जन्); * भारत (2.14)

तेजः (तेज) क्षमा (क्षमा) धृतिः (धैर्य) शौचम् (शुद्धि) अद्रोहः (हेवा न करणे) नातिमानिता (गर्व न करणे) भवन्ति (असतात) सम्पदम् (धन) दैवीम् ('दैवी') अभिजातस्य (अवगत असलेल्याचे) भारत (हे भारता!)

* (आणि) हे भारता! तेज, क्षमा, धैर्य, शुद्धि, हेवा न करणे (आणि) गर्व न करणे (हे) 'दैवी' धन अवगत असलेल्याचे (गुण) असतात[1]

।।16.4।। **दम्भो दर्पोऽभिमानश्च क्रोधः पारुष्यमेव च।**
अज्ञानं चाभिजातस्य पार्थ सम्पदमासुरीम्।।

दम्भः (नि॰ 15/4) दर्पः (नि॰ 15/1) अभिमानः (नि॰ 17/1) च क्रोधः (नि॰ 22/3) पारुष्यम् (नि॰ 8/22) एव च (नि॰ 23/1) अज्ञानम् (नि॰ 14/1) च (नि॰ 1/1) अभिजातस्य पार्थ सम्पदम् (नि॰ 8/17) आसुरीम् (नि॰ 14/2)

दम्भः (प्रथमा॰ एक॰ ←पु॰ दम्भ 13.8); * दर्पः (प्रथमा॰ एक॰ ←पु॰ दर्प 10.28); * अभिमानः (प्रथमा॰ एक॰ ←पु॰ अभिमान ←अभि√मन्); * च (1.1); * क्रोधः (2.62); * पारुष्यम् (प्रथमा॰ एक॰ ←न॰ पारुष्य ←√पॄ); * एव (1.1); * च (1.1); * अज्ञानम् (5.16); * च (1.1); * अभिजातस्य (16.3); * पार्थ (1.25); * सम्पदम् (16.3); * आसुरीम् (9.12)

दम्भः (खोटेपणा) दर्पः (घमेंड) अभिमानः (अहंता) च (आणि) क्रोधः (क्रोध) पारुष्यम् (निष्ठुरता) एव (तसेच) च (आणि) अज्ञानम् (अज्ञान) च (आणि) अभिजातस्य (अवगत असलेल्याचे) पार्थ (हे पार्था!) सम्पदम् (संपदा) आसुरीम् ('आसुरी')

* हे पार्था! खोटेपणा, घमेंड आणि अहंता आणि क्रोध तसेच निष्ठुरता आणि अज्ञान (हे गुण) 'आसुरी' संपदा अवगत असलेल्याचे (असतात).

।।16.5।। **दैवी सम्पद्विमोक्षाय निबन्धायासुरी मता।**
मा शुचः सम्पदं दैवीमभिजातोऽसि पाण्डव।।

दैवी सम्पत् (नि॰ 9/11) विमोक्षाय निबन्धाय (नि॰ 1/2) आसुरी मता मा शुचः (नि॰ 22/7) सम्पदम् (नि॰ 14/1) दैवीम् (नि॰ 8/16) अभिजातः (नि॰ 15/1) असि पाण्डव

दैवी (7.14); * सम्पत् (प्रथमा॰ एक॰ ←स्त्री॰ सम्पत् अथवा सम्पद् 16.3); * विमोक्षाय (चतुर्थी॰ एक॰ ←पु॰ विमोक्ष ←वि√मोक्ष्); * निबन्धाय (चतुर्थी॰ एक॰ ←पु॰ निबन्ध ←नि√बन्ध्); * **आसुरी** (स्त्री॰ प्रथमा॰ एक॰ ←वि॰ आसुरी 9.12); * मता (3.1); * मा (2.3); * **शुचः** (द्वि॰पु॰ एक॰ सङ्केतार्थ भ्वादि॰ ←√शुच्); * सम्पदम् (16.3); * दैवीम् (9.13); * अभिजातः (प्रथमा॰ एक॰ ←वि॰ अभिजात 16.3); * असि (4.3); * पाण्डव (4.35)

---

(1) *अष्टौ गुणाः पुरुषं दीपयन्ति प्रज्ञा च कौल्यं च दमः श्रुतं च।*
पराक्रमाबहुभाषिता च दानं यथाशक्ति कृतज्ञता च।।

(महाभारत, उद्योग॰ 33.104)

बुद्धि विद्या श्रद्धा मौन, शौर्य कृतज्ञता दान।
दमादिक आठ गुण, जना करिती महान।।

दैवी (दैवी) सम्पत् (संपदा) विमोक्षाय (मोक्षाकरिता, मोक्षकारक) निबन्धाय (बंधनाकरिता, बंधनकारक) आसुरी (आसुरी) मता (मानली गेली आहे) मा (तू करू नकोस) शुचः (शोक) सम्पदम् (धन) दैवीम् (दैवी) अभिजातः (अवगत असलेला) असि (तू आहेस) पाण्डव (हे पार्था!)

* दैवी संपदा मोक्षकारक (आणि) आसुरी बंधनकारक मानली गेली आहे; हे पार्था! तू शोक करू नकोस, तू दैवी संपत्ति अवगत असलेला आहेस.

।।16.6।। **द्वौ भूतसर्गौ लोकेऽस्मिन्दैव आसुर एव च।**
दैवो विस्तरशः प्रोक्त आसुरं पार्थ मे शृणु।।

द्वौ भूतसर्गौ लोके (नि॰ 6/1) अस्मिन् (नि॰ 13/11) दैवः (नि॰ 19/1) आसुरः (नि॰ 19/7) एव च दैवः (नि॰ 15/13) विस्तरशः (नि॰ 22/3) प्रोक्तः (नि॰ 19/1) आसुरम् (नि॰ 14/1) पार्थ मे शृणु

द्वौ (15.16); * भूतसर्गौ (पु॰ प्रथमा॰ द्वि॰व॰ ←तत्पु॰स॰ भूतसर्ग, भूतानाम् सर्गः ←न॰ भूत 2.28 + पु॰ सर्ग 5.19); * लोके (2.5); * अस्मिन् (1.22); * **दैवः** (प्रथमा॰ एक॰ ←पु॰ दैव 4.25); * आसुरः (पु॰ प्रथमा॰ एक॰ ←वि॰ आसुर 7.15); * एव (1.1); * च (1.1); * दैवः (↑); * विस्तरशः (11.2); * प्रोक्तः (4.3); * आसुरम् (7.15); * पार्थ (1.25); * मे (1.21); * शृणु (2.39)

द्वौ (दोन प्रकारचे) भूतसर्गौ (भूतांचे स्वभाव) लोके (जगात) अस्मिन् (या–) दैवः (दैवी) आसुरः (आसुरी) एव (तसाच) च (आणि) दैवः (दैवी) विस्तरशः (विस्ताराने) प्रोक्तः (सांगितला आहे) आसुरम् (आसुरी) पार्थ (हे पार्था!) मे (माझ्या–) शृणु (ऐक)

* हे पार्था! या जगात भूतांचे स्वभाव दैवी आणि आसुरी (या) दोन प्रकारचे (असतात), दैवी विस्ताराने सांगितला आहे तसाच आसुरी माझ्या(कडून) ऐक.

।।16.7।। **प्रवृत्तिं च निवृत्तिं च जना न विदुरासुराः।**
न शौचं नापि चाचारो न सत्यं तेषु विद्यते।।

प्रवृत्तिम् (नि॰ 14/1) च निवृत्तिम् (नि॰ 14/1) च जनाः (नि॰ 20/10) न विदुः (नि॰ 16/3) आसुराः (नि॰ 22/8) न शौचम् (नि॰ 14/1) न (नि॰ 1/1) अपि च (नि॰ 1/2) आचारः (नि॰ 15/6) न सत्यम् (नि॰ 14/1) तेषु (नि॰ 25/5) विद्यते

प्रवृत्तिम् (11.31); * च (1.1); * **निवृत्तिम्** (द्वितीया॰ एक॰ ←स्त्री॰ निवृत्ति ←नि√वृत्); * च (1.1); * जनाः (7.16); * न (1.30); * विदुः (4.2); * आसुराः (पु॰ प्रथमा॰ अनेक॰ ←वि॰ आसुर 7.15); * न (1.30); * शौचम् (13.8); * न (1.30); * अपि (1.26); * च (1.1); * आचारः (प्रथमा॰ एक॰ ←पु॰ आचार 3.6); * न (1.30); * सत्यम् (10.4); * तेषु (2.62); * विद्यते (2.16)

प्रवृत्तिम् (काय करावे) च (आणि) निवृत्तिम् (काय करू नये) च (आणि) जनाः (लोक) न (नाहीत) विदुः (जाणत-) आसुराः (आसुरी) न (नसते) शौचम् (शुद्धि) न (नसतो) अपि (सुद्धा) च (आणि) आचारः (सद्भाव) न (नाही) सत्यम् (सत्यता) तेषु (त्यांचे ठिकाणी) विद्यते (असत-)

* आसुरी लोक काय करावे आणि काय करू नये जाणत नाहीत आणि त्यांचे ठिकाणी शुद्धि नसते, सद्भाव नसतो आणि सत्यता सुद्धा असत नाही.

।।16.8।। **असत्यमप्रतिष्ठं ते जगदाहुरनीश्वरम्।**
अपरस्परसम्भूतं किमन्यत्कामहैतुकम्।।

असत्यम् (नि॰ 8/16) अप्रतिष्ठम् (नि॰ 14/1) ते जगत् (नि॰ 8/3) आहुः (नि॰ 16/3) अनीश्वरम् (नि॰ 14/2) अपरस्परसम्भूतम् (नि॰ 14/1) किम् (नि॰ 8/16) अन्यत् (नि॰ 10/5) कामहैतुकम् (नि॰ 14/2)

असत्यम् (न॰ द्वितीया॰ एक॰ ←न-तत्पु॰स॰ असत्य ←न॰ सत्य 10.4); * अप्रतिष्ठम् (न॰ द्वितीया॰ एक॰ ←न-तत्पु॰स॰ अप्रतिष्ठ ←वि॰ प्रतिष्ठ 6.38); * ते (1.33); * जगत् (द्वितीया॰ 7.5); * आहुः (3.42); * अनीश्वरम् (द्वितीया॰ एक॰ ←न-तत्पु॰स॰ अनीश्वर ←पु॰ ईश्वर 4.6); * अपरस्परसम्भूतम् (न॰ द्वितीया॰ एक॰ न-तत्पु॰स॰ ←वि॰ परस्परसम्भूत, परस्परेण सम्भूतम् ←वि॰ परस्पर 3.11 + वि॰ सम्भूत ←सम्√भू); * किम् (2.36); * अन्यत् (2.31); * कामहैतुकम् (न॰ द्वितीया॰ एक॰ ←बहुव्री॰ कामहैतुक, कामः हेतुः यस्य ←पु॰ काम 1.22 + तद्धित शब्द हैतुक ←पु॰ हेतु 1.35)

असत्यम् (असत्य) अप्रतिष्ठम् (निराधार) ते (ते) जगत् (जगाला) आहुः (म्हणतात) अनीश्वरम् (निरीश्वर) अपरस्परसम्भूतम् (परस्पर असंबंधित असलेले) किम् (काय) अन्यत् (आणखी दुसरे) कामहैतुकम् (मौजेखातीर)

* ते जगाला असत्य, निराधार, निरीश्वर, परस्पर असंबंधित असलेले, मौजेखातीर, आणखी दुसरे काय (असे) म्हणतात.

।।16.9।। **एतां दृष्टिमवष्टभ्य नष्टात्मानोऽल्पबुद्धयः।**
प्रभवन्त्युग्रकर्माणः क्षयाय जगतोऽहिताः।।

एताम् (नि॰ 14/1) दृष्टिम् (नि॰ 8/16) अवष्टभ्य नष्टात्मानः (नि॰ 15/1) अल्पबुद्धयः (नि॰ 22/8) प्रभवन्ति (नि॰ 4/3) उग्रकर्माणः (नि॰ 22/1, 24/2) क्षयाय जगतः (नि॰ 15/1) अहिताः (नि॰ 22/8)

एताम् (1.3); * दृष्टिम् (द्वितीया॰ एक॰ ←स्त्री॰ दृष्टि ←√दृश्); * अवष्टभ्य (9.8); * नष्टात्मानः (पु॰ प्रथमा॰ अनेक॰ ←बहुव्री॰ नष्टात्मन्, नष्टः आत्माः यस्य ←वि॰ नष्ट 1.40 + पु॰ आत्मन् 2.41); * अल्पबुद्धयः (पु॰ प्रथमा॰ अनेक॰ ←बहुव्री॰ अल्पबुद्धि, अल्पा बुद्धिः यस्य ←वि॰ अल्प 7.23 + स्त्री॰ बुद्धि 1.23); * प्रभवन्ति (8.18); * उग्रकर्माणः (पु॰ प्रथमा॰ अनेक॰ ←बहुव्री॰ उग्रकर्मन्, उग्राणि

कर्माणि यस्य ←वि० उग्र 11.20 + न० कर्मन् 1.15); * क्षयाय (चतुर्थी० एक० ←पु० क्षय 1.38); * जगत: (7.6); * अहिता: (2.36)

एताम् (या) दृष्टिम् (दृष्टीला) अवष्टभ्य (अंगीकारून) नष्टात्मान: (नष्टात्मे) अल्पबुद्धय: (बुद्धिहीन) प्रभवन्ति (येतात) उग्रकर्माण: (क्रूरकर्मी) क्षयाय (विनाशाकरिता) जगत: (जगताच्या) अहिता: (अपायकारक)

* या दृष्टीला अंगीकारून (ते) बुद्धिहीन, क्रूरकर्मी (आणि) अपायकारक नष्टात्मे जगताच्या विनाशाकरिता येतात.

।।16.10।। **काममाश्रित्य दुष्पूरं दम्भमानमदान्विता:।**
मोहाद्गृहीत्वासद्ग्राहान्प्रवर्तन्तेऽशुचिव्रता:।।

कामम् (नि० 8/17) आश्रित्य दुष्पूरम् (नि० 14/1) दम्भमानमदान्विता: (नि० 22/8) मोहात् (नि० 9/4) गृहीत्वा (नि० 1/3) असद्ग्राहान् (नि० 13/13) प्रवर्तन्ते (नि० 6/1) अशुचिव्रता: (नि० 22/8)

कामम् (द्वितीया० एक० ←पु० काम 1.22); * आश्रित्य (7.29); * **दुष्पूरम्** (पु० द्वितीया० एक० ←वि० दुष्पूर 3.39); * दम्भमानमदान्विता: (पु० प्रथमा० अनेक० ←तत्पु०स० दम्भमानमदान्वित, दम्भेन च मानेन च मदेन च अन्वित: ←पु० दम्भ 13.8 + पु० मान 6.7 + पु० **मद** ←√मद् + वि० अन्वित 9.23); * **मोहात्** (पंचमी० एक० ←पु० मोह 2.52); * गृहीत्वा (15.8); * असद्ग्राहान् (पु० द्वितीया० अनेक० ←तत्पु०स० असद्ग्राह, असत: ग्राह: ←वि० असत् 2.16 + पु० **ग्राह** ←√ग्रह); * **प्रवर्तन्ते** (तृ०पु० अनेक० लट्०-वर्तमान० भ्वादि० आत्मने० ←प्र√वृत्); * अशुचिव्रता: (पु० प्रथमा० अनेक० ←बहुव्री० अशुचिव्रत, अशुचीनि व्रतानि यस्य ←वि० **अशुचि** ←अ√शुच् + न० व्रत 4.28)

कामम् (कामनेला) आश्रित्य (आश्रयाला घेऊन) दुष्पूरम् (कधी तृप्त न होणाऱ्या-) दम्भमानमदान्विता: (दंभी, गर्विष्ठ व धुंद झालेले) मोहात् (मोहातून) गृहीत्वा (ग्रहण करून) असद्ग्राहान् (मिथ्या विचारंना) प्रवर्तन्ते (वागतात) अशुचिव्रता: (दुष्ट आचरणाचे लोक)

* कधी तृप्त न होणाऱ्या कामनेला आश्रयाला घेऊन दंभी, गर्विष्ठ व धुंद झालेले दुष्ट आचरणाचे लोक मोहातून (उद्भवलेल्या) मिथ्या विचारंना ग्रहण करून वागतात.

।।16.11।। **चिन्तामपरिमेयां च प्रलयान्तामुपाश्रिता:।**
कामोपभोगपरमा एतावदिति निश्चिता:।।

चिन्ताम् (नि० 8/16) अपरिमेयाम् (नि० 14/1) च प्रलयान्ताम् (नि० 8/20) उपाश्रिता: (नि० 22/8) कामोपभोगपरमा: (नि० 20/5) एतावत् (नि० 8/4) इति निश्चिता: (नि० 22/8)

चिन्ताम् (द्वितीया० एक० ←स्त्री० चिन्ता ←√चिन्त्); * अपरिमेयाम् (स्त्री० द्वितीया० एक० न-तत्पु०स० ←वि० परिमेय ←परि√मा); * च (1.1); * प्रलयान्ताम् (स्त्री० द्वितीया० एक० ←बहुव्री० वि० प्रलयान्त, प्रलय: अन्त: यस्य ←पु० प्रलय 7.6 + पु० अन्त 2.16); * उपाश्रिता: (4.10); * कामोपभोगपरमा:

(पु॰ प्रथमा॰ अनेक॰ ←बहुव्री॰ कामोपभोगपरम, कामानाम् उपभोग: परम: यस्य ←पु॰ काम 1.22 + पु॰ उपभोग ←उप√भुज् + वि॰ परम 1.17); * एतावत् (रीतिदर्शक अव्य॰ ←सना॰ एतद् 1.3); * इति (1.25); * निश्चिता: (पु॰ प्रथमा॰ अनेक॰ ←क्त॰ वि॰ निश्चित 2.7)

चिन्ताम् (चिंतेला) अपरिमेयाम् (अमाप) च (आणि) प्रलयान्ताम् (मरेपर्यंत असलेल्या) उपाश्रिता: (आश्रयाला घेतलेले) कामोपभोगपरमा: (सुखोपभोगात तत्पर असलेले) एतावत् ('हेच एक सर्वस्व आहे') इति (असे) निश्चिता: (गृहीत धरलेले)

* मरेपर्यंत असलेल्या अमाप चिंतेला आश्रयाला घेतलेले आणि सुखोपभोगात तत्पर असलेले 'हेच एक सर्वस्व आहे' असे गृहीत धरलेले;

।।16.12।। **आशापाशशतैर्बद्धा: कामक्रोधपरायणा:।**
ईहन्ते कामभोगार्थमन्यायेनार्थसञ्चयान्।।

आशापाशशतै: (नि॰ 16/11) बद्धा: (नि॰ 22/1) कामक्रोधपरायणा: (नि॰ 24/5, 22/8) ईहन्ते कामभोगार्थम् (नि॰ 8/16) अन्यायेन (नि॰ 1/1) अर्थसञ्चयान्

आशापाशशतै: (पु॰ तृतीया॰ अनेक॰ ←तत्पु॰स॰ आशापाशशत, आशाया: पाशानाम् शत: ←स्त्री॰ आशा 9.12 + पु॰ पाश ←√पशु + संख्या॰ वि॰ शत 11.5); * **बद्धा:** (पु॰ प्रथमा॰ अनेक॰ ←क्त॰ वि॰ **बद्ध** ←√**बन्ध्**); * कामक्रोधपरायणा: (पु॰ प्रथमा॰ अनेक॰ ←बहुव्री॰ कामक्रोधपरायण, काम: च क्रोध: च परम् अयनम् यस्य ←पु॰ काम 1.22 + पु॰ क्रोध 2.56 + अव्य॰ परम् 2.12 + न॰ अयन 1.11); * ईहन्ते (तृ॰पु॰ अनेक॰ लट्॰–वर्तमान॰ भ्वादि॰ आत्मने॰ ←√ईह् 7.22); * कामभोगार्थम् (पु॰ द्वितीया॰ एक॰ ←तत्पु॰स॰ कामभोगार्थ, कामस्य भोगस्य अर्थ: ←पु॰ काम 1.22 + पु॰ भोग 1.32 + पु॰ अर्थ 1.7); * अन्यायेन (पु॰ तृतीया॰ एक॰ ←न-तत्पु॰स॰ अन्याय ←पु॰ **न्याय** ←नि√इ); * अर्थसञ्चयान् (पु॰ द्वितीया॰ अनेक॰ ←तत्पु॰स॰ अर्थसञ्चय, अर्थस्य सञ्चय: ←पु॰ अर्थ 1.7 + पु॰ सञ्चय ←सम्√चि)

आशापाशशतै: (शेकडो आशापाशांनी) **बद्धा:** (**बद्ध** झालेले) कामक्रोधपरायणा: (कामक्रोधपरायण झालेले) ईहन्ते (इच्छितात) कामभोगार्थम् (सुखोपभोगांसाठी) अन्यायेन (अवैध मार्गाने) अर्थसञ्चयान् (द्रव्यांच्या संग्रहांना)

* (आणि) शेकडो आशापाशांनी **बद्ध** झालेले (व) कामक्रोधपरायण झालेले सुखोपभोगांसाठी अवैध मार्गाने द्रव्यांच्या संग्रहांना इच्छितात.

।।16.13।। **इदमद्य मया लब्धमिमं प्राप्स्ये मनोरथम्।**
इदमस्तीदमपि मे भविष्यति पुनर्धनम्।।

इदम् (नि० 8/16) अद्य मया लब्धम् (नि० 8/18) इमम् (नि० 14/1) प्राप्स्ये मनोरथम् (नि० 14/2) इदम् (नि० 8/16) अस्ति (नि० 1/5) इदम् (नि० 8/16) अपि मे भविष्यति (नि० 25/6) पुनर्धनम् (नि० 14/2)

इदम् (प्रथमा० 1.10); * अद्य (4.3); * मया (1.22); * लब्धम् (न० प्रथमा० एक० ←क्त० वि० लब्ध ←√लभ्); * इमम् (द्वितीया० 1.28); * प्राप्स्ये (प्रथम०पु० एक० लृट्०-भविष्य० स्वादि० आत्मने० ←प्र√आप्); * मनोरथम् (न० द्वितीया० एक० ←तत्पु०स० मनोरथ, मनसः रथः इव यत् ←पु० मनस् 1.30 + पु० रथ 1.4); * इदम् (प्रथमा० 1.10); * अस्ति (2.40); * इदम् (प्रथमा० 1.10); * अपि (1.26); * मे (षष्ठी० 1.21); * भविष्यति (तृ०पु० एक० लृट्०-भविष्य० भ्वादि० परस्मै० ←√भू 11.32); * पुनर् (4.9); * धनम् (प्रथमा० एक० ←न० धन 1.15)

इदम् (हे) अद्य (आज) मया (मजकडून) लब्धम् (मिळविले गेले) इमम् (हे) प्राप्स्ये (मिळेल) मनोरथम् (मनोरथ) इदम् (हे) अस्ति (आहे) इदम् (हे) अपि (सुद्धा) मे (माझे) भविष्यति (होईल) पुनर्धनम् (आणखी धन)

* (आणि) "मजकडून हे मनोरथ आज मिळविले गेले, हे(ही) मिळेल, हे धन माझे आहे, आणखी हे सुद्धा होईल;

।।16.14।। **असौ मया हतः शत्रुर्हनिष्ये चापरानपि।**
ईश्वरोऽहमहं भोगी सिद्धोऽहं बलवान्सुखी।।

असौ मया हतः (नि० 22/5) शत्रुः (नि० 16/8) हनिष्ये (नि० 25/10) च (नि० 1/1) अपरान् (नि० 8/11) अपि (नि० 23/1) ईश्वरः (नि० 15/1) अहम् (नि० 8/16) अहम् (नि० 14/1) भोगी सिद्धः (नि० 15/1) अहम् (नि० 14/1) बलवान् (नि० 13/20) सुखी

असौ (प्रथमा० 11.26); * मया (1.22); * हतः (2.37); * शत्रुः (पु० प्रथमा० एक० ←पु० शत्रु 3.43); * हनिष्ये (प्रथम०पु० एक० लृट्०-भविष्य० अदा० आत्मने० ←√हन्); * च (1.1); * अपरान् (पु० द्वितीया० अनेक० ←वि० अपर 2.22); * अपि (1.26); * ईश्वरः (4.6); * अहम् (1.22); * अहम् (1.22); * भोगी (पु० प्रथमा० एक० ←पु० अथवा वि० भोगिन् ←√भुज्); * सिद्धः (पु० प्रथमा० एक० ←पु० सिद्ध 7.3); * अहम् (1.22); * बलवान् (पु० प्रथमा० एक० ←वि० बलवत् 6.34); * सुखी (5.23)

असौ (हा) मया (माझ्याकडून) हतः (मारला गेला) शत्रुः (शत्रु) हनिष्ये (मारीन) च (आणि) अपरान् (इतरांना) अपि (सुद्धा) ईश्वरः (ईश्वर) अहम् (मी) अहम् (मी) भोगी (भोग घेणारा) सिद्धः (सिद्ध) अहम् (मी) बलवान् (बलवान) सुखी (सुखी)

* "हा शत्रु माझ्याकडून मारला गेला आणि इतरांना सुद्धा मारीन; मी ईश्वर, मी भोग घेणारा, मी सिद्ध (मी) बलवान (मी) सुखी (आहे);

।।16.15।। **आढ्योऽभिजनवानस्मि कोऽन्योऽस्ति सदृशो मया।**
यक्ष्ये दास्यामि मोदिष्य इत्यज्ञानविमोहिताः।।

आढ्यः (नि० 15/1) अभिजनवान् (नि० 8/11) अस्मि कः (नि० 15/1) अन्यः (नि० 15/1) अस्ति सदृशः (नि० 15/9) मया यक्ष्ये दास्यामि मोदिष्ये (नि० 5/2, 25/10) इति (नि० 4/1) अज्ञानविमोहिताः (नि० 22/8)

आढ्यः (पु० प्रथमा० एक० ←वि० आढ्य ←आ√ध्यै); * अभिजनवान् (पु० प्रथमा० एक० ←तद्धित वि० अभिजनवत् ←पु० अभिजन ←अभि√जन् + प्रत्यय वतुप् 2.45); * अस्मि (7.8); * कः (8.2); * अन्यः (2.29); * अस्ति (2.40); * सदृशः (पु० प्रथमा० एक० ←वि० सदृश 3.33); * मया (1.22); * यक्ष्ये (प्रथम०पु० एक० लृट्०–भविष्य० भ्वादि० आत्मने० ←√यज्); * दास्यामि (प्रथम०पु० एक० लृट्०–भविष्य० जुवादि० परस्मै० ←√दा); * मोदिष्ये (प्रथम०पु० एक० लृट्०–भविष्य० भ्वादि० आत्मने० ←√मुद्); * इति (1.25); * अज्ञानविमोहिताः (पु० प्रथमा० अनेक० ←तत्पु०स० अज्ञानविमोहित, अज्ञानेन विमोहितः ←न० अज्ञान 4.42 + वि० विमोहित ←वि√मुह्)

आढ्यः (संपन्न) अभिजनवान् (उच्चकुलोत्पन्न) अस्मि (आहे मी) कः (कोण) अन्यः (दुसरा) अस्ति (आहे) सदृशः (समान) मया (माझ्या) यक्ष्ये (मी यज्ञ करीन) दास्यामि (मी दान करीन) मोदिष्ये (मी आनंद करीन) इति (असे) अज्ञानविमोहिताः (अज्ञानाने मूढ झालेले)

* "मी संपन्न (आणि) उच्चकुलोत्पन्न आहे; माझ्या समान दुसरा कोण आहे? मी यज्ञ करीन, मी दान करीन, मी आनंद करीन" असे अज्ञानाने मूढ झालेले (बोलतात).

।।16.16।। **अनेकचित्तविभ्रान्ता मोहजालसमावृताः।**
प्रसक्ताः कामभोगेषु पतन्ति नरकेऽशुचौ।।

अनेकचित्तविभ्रान्ताः (नि० 20/13) मोहजालसमावृताः (नि० 22/8) प्रसक्ताः (नि० 22/1) कामभोगेषु पतन्ति नरके (नि० 6/1) अशुचौ

अनेकचित्तविभ्रान्ताः (पु० प्रथमा० अनेक० ←तत्पु०स० अनेकचित्तविभ्रान्त, अनेकेन चित्तेन विभ्रान्तः ←वि० अनेक 6.45 + न० चित्त 4.21 + क्त० वि० विभ्रान्त ←वि√भ्रम्); * मोहजालसमावृताः (पु० प्रथमा० अनेक० ←तत्पु०स० मोहजालसमावृत, मोहस्य जालेन समावृतः ←पु० मोह 2.52 + न० जाल ←√जल् + वि० समावृत 7.25); * प्रसक्ताः (पु० प्रथमा० अनेक० ←क्त० वि० प्रसक्त 2.44); * कामभोगेषु (पु० सप्तमी० अनेक० ←तत्पु०स० कामभोग, कामस्य भोगः ←पु० काम 1.22 + पु० भोग 1.32); * पतन्ति (1.42); * नरके (पु० 1.44); * अशुचौ (पु० सप्तमी० एक० ←वि० शुचि 6.11)

अनेकचित्तविभ्रान्ताः (अनेक तऱ्हेने चित्त भ्रमात पडलेले) मोहजालसमावृताः (मोहजाळात फसलेले) प्रसक्ताः (अतिशय आसक्त झालेले लोक) कामभोगेषु (कामनांच्या उपभोगांत) पतन्ति (पडतात) नरके (नरकात) अशुचौ (अपवित्र, नीच–)

* अनेक तऱ्हेने चित्त भ्रमात पडलेले, मोहजाळात फसलेले (आणि) कामनांच्या उपभोगांत अतिशय आसक्त झालेले लोक अपवित्र नरकात पडतात.

।।16.17।। **आत्मसम्भाविताः स्तब्धा धनमानमदान्विताः।**
यजन्ते नामयज्ञैस्ते दम्भेनाविधिपूर्वकम्।।

आत्मसम्भाविताः (नि॰ 22/7) स्तब्धाः (नि॰ 20/9) धनमानमदान्विताः (नि॰ 22/8) यजन्ते नामयज्ञैः (नि॰ 18/1) ते दम्भेन (नि॰ 1/1) अविधिपूर्वकम् (नि॰ 14/2)

आत्मसम्भाविताः (पु॰ प्रथमा॰ अनेक॰ ←तत्पु॰स॰ आत्मसम्भावित, आत्मना सम्भावितः ←पु॰ आत्मन् 2.41 + क्त॰ वि॰ सम्भावित 2.34); * स्तब्धाः (पु॰ प्रथमा॰ अनेक॰ ←क्त॰ वि॰ **स्तब्ध** ←√स्तम्भ्); * धनमानमदान्विताः (पु॰ प्रथमा॰ अनेक॰ ←तत्पु॰स॰ धनमानमदान्वित, धनेन च मानेन च मदेन च अन्वितः ←न॰ धन 1.15 + पु॰ मान 6.7 + पु॰ मद 16.10 + वि॰ अन्वित 9.23); * यजन्ते (4.12); * नामयज्ञैः (पु॰ तृतीया॰ अनेक॰ ←तत्पु॰स॰ नामयज्ञ, नाम्नः यज्ञः ←न॰ अथवा वि॰ नामन् ←√म्ना + पु॰ यज्ञ 3.9); * ते (1.33); * **दम्भेन** (तृतीया॰ एक॰ ←पु॰ दम्भ 13.8); * अविधिपूर्वकम् (9.23)

आत्मसम्भाविताः (आत्मप्रौढी) स्तब्धाः (घमेंडी) धनमानमदान्विताः (धन, मान आणि मदाने उन्मत्त झालेले) यजन्ते (यजन करतात) नामयज्ञैः (नावापुरत्या यज्ञांनी) ते (ते) दम्भेन (ढोंगाने) अविधिपूर्वकम् (विधि-विधानांना न पाळता)

* आत्मप्रौढी, घमेंडी (आणि) धन, मान आणि मदाने उन्मत्त झालेले ते विधि-विधानांना न पाळता ढोंगाने नावापुरत्या यज्ञांनी यजन करतात.

।।16.18।। **अहङ्कारं बलं दर्पं कामं क्रोधं च संश्रिताः।**
मामात्मपरदेहेषु प्रद्विषन्तोऽभ्यसूयकाः।।

अहङ्कारम् (नि॰ 14/1) बलम् (नि॰ 14/1) दर्पम् (नि॰ 14/1) कामम् (नि॰ 14/1) क्रोधम् (नि॰ 14/1) च संश्रिताः (नि॰ 22/8) माम् (नि॰ 8/17) आत्मपरदेहेषु (नि॰ 25/5) प्रद्विषन्तः (नि॰ 15/1) अभ्यसूयकाः (नि॰ 22/8)

अहङ्कारम् (द्वितीया॰ एक॰ ←पु॰ अहङ्कार 2.71); * बलम् (1.10); * **दर्पम्** (द्वितीया॰ एक॰ ←पु॰ दर्प 11.28); * कामम् (16.10); * **क्रोधम्** (द्वितीया॰ एक॰ ←पु॰ क्रोध 2.56); * च (1.1); * संश्रिताः (पु॰ प्रथमा॰ अनेक॰ ←क्त॰ वि॰ संश्रित ←सम्√श्रि); * माम् (1.46); * आत्मपरदेहेषु (सप्तमी॰ अनेक॰ ←तत्पु॰स॰ आत्मपरदेहौ ←आत्मनः च परस्य च देहौ ←पु॰ आत्मन् 2.41 + वि॰ पर 2.3 + पु॰ देह 2.13); * प्रद्विषन्तः (प्रथमा॰ अनेक॰ ←शतृ॰ वि॰ प्रद्विषत् ←प्र√द्विष्); * अभ्यसूयकाः (पु॰ प्रथमा॰ अनेक॰ ←वि॰ अभ्यसूयक ←अभि√असू)

अहङ्कारम् (अहंकाराला) बलम् (शक्तीला) दर्पम् (गर्वाला) कामम् (कामाला) क्रोधम् (क्रोधाला) च (आणि) संश्रिता: (आश्रयास घेतलेले लोक) माम् (माझा) आत्मपरदेहेषु (स्वत:च्या व इतरांच्या शरीरांत) प्रद्विषन्त: (द्वेष करीत) अभ्यसूयका: (निंदक)

* अहंकाराला, शक्तला, गर्वाला, कामाला आणि क्रोधाला आश्रयास घेतलेले निंदक लोक स्वत:च्या व इतरांच्या शरीरांत (स्थित अशा) माझा द्वेष करीत (असतात).

।।16.19।। **तानहं द्विषत: क्रूरान्संसारेषु नराधमान्।**
क्षिपाम्यजस्त्रमशुभानासुरीष्वेव योनिषु।।

तान् (नि॰ 8/11) अहम् (नि॰ 14/1) द्विषत: (नि॰ 22/1) क्रूरान् (नि॰ 13/20) संसारेषु (नि॰ 25/5) नराधमान् (नि॰ 23/1) क्षिपामि (नि॰ 4/1) अजस्त्रम् (नि॰ 8/16) अशुभान् (नि॰ 8/12) आसुरीषु (नि॰ 25/5, 4/9) एव योनिषु (नि॰ 25/5)

तान् (1.7); * अहम् (1.22); * द्विषत: (पु॰ द्वितीया॰ अनेक॰ ←शतृ॰ वि॰ द्विषत् ←√द्विष्); * क्रूरान् (पु॰ द्वितीया॰ अनेक॰ ←वि॰ क्रूर ←8√कृत्); * संसारेषु (सप्तमी॰ अनेक॰ ←पु॰ संसार 9.3); * नराधमान् (पु॰ द्वितीया॰ अनेक॰ ←वि॰ नराधम 7.15); * क्षिपामि (प्रथम॰पु॰ एक॰ लट्॰–वर्तमान॰ तुदादि॰ परस्मै॰ ←√क्षिप्); * अजस्त्रम् (क्रि॰वि॰ अव्य॰ ←वि॰ अजस्त्र ←√जस्); * अशुभान् (पु॰ द्वितीया॰ अनेक॰ ←वि॰ अशुभ 2.57); * आसुरीषु (स्त्री॰ सप्तमी॰ अनेक॰ ←वि॰ आसुरी 9.12); * एव (1.1); * योनिषु (सप्तमी॰ अनेक॰ ←स्त्री॰ योनि 5.22)

तान् (त्या–) अहम् (मी) द्विषत: (द्वेष करणारांना) क्रूरान् (दुष्टांना) संसारेषु (संसारांतील) नराधमान् (नराधमांना) क्षिपामि (टाकतो) अजस्त्रम् (पुन:पुन्हा) अशुभान् (पापी) आसुरीषु (आसुरी) एव (च) योनिषु (योनींत)

* त्या द्वेष करणारांना, दुष्टांना, पापी नराधमांना मी पुन:पुन्हा संसारातील आसुरी योनींतच टाकतो.

।।16.20।। **आसुरीं योनिमापन्ना मूढा जन्मनि जन्मनि।**
मामप्राप्यैव कौन्तेय ततो यान्त्यधमां गतिम्।।

आसुरीम् (नि॰ 14/1) योनिम् (नि॰ 8/17) आपन्ना: (नि॰ 20/13) मूढा: (नि॰ 20/7) जन्मनि जन्मनि माम् (नि॰ 8/16) अप्राप्य (नि॰ 3/1) एव कौन्तेय तत: (नि॰ 15/10) यान्ति (नि॰ 4/1) अधमाम् (नि॰ 14/1) गतिम् (नि॰ 14/2)

आसुरीम् (9.12); * योनिम् (द्वितीया॰ एक॰ ←स्त्री॰ योनि 5.22); * आपन्ना: (पु॰ प्रथमा॰ अनेक॰ ←क्त॰ वि॰ आपन्न 7.24); * मूढा: (7.15); * <u>जन्मनि</u> (सप्तमी॰ एक॰ ←न॰ जन्मन् 2.27); * जन्मनि (↑); * माम् (1.46); * अप्राप्य (6.37); * एव (1.1); * कौन्तेय (2.14); * तत: (1.13); * यान्ति (3.33); * अधमाम् (स्त्री॰ द्वितीया॰ एक॰ ←तमभावात्मक वि॰ अधम 7.15); * गतिम् (6.37)

आसुरीम् (आसुरी) योनिम् (योनि) आपन्ना: (प्राप्त झालेले) मूढा: (मूर्ख लोक) जन्मनि- जन्मनि (जन्मोजन्मी) माम् (मला) अप्राप्य (प्राप्त न होऊन) एव (च) कौन्तेय (हे कौन्तेया!) तत: (आणि मग) यान्ति (जातात) अधमाम्-गतिम् (अधोगतीला)

* हे कौन्तेया! (ते) जन्मोजन्मी आसुरी योनि प्राप्त झालेले मूर्ख लोक मला प्राप्त न होऊन आणि मग ते अधोगतीलाच जातात.

।।16.21।। **त्रिविधं नरकस्येदं द्वारं नाशनमात्मन:।**
काम: क्रोधस्तथा लोभस्तस्मादेतत्त्रयं त्यजेत्।।

त्रिविधम् (नि० 14/1) नरकस्य (नि० 2/1) इदम् (नि० 14/1) द्वारम् (नि० 14/1) नाशनम् (नि० 8/17) आत्मन: (नि० 22/8) काम: (नि० 22/1) क्रोध: (नि० 18/1) तथा लोभ: (नि० 18/1) तस्मात् (नि० 8/9) एतत् (नि० 1/10) त्रयम् (नि० 14/1) त्यजेत्

त्रिविधम् (न० प्रथमा० एक० ←वि० द्विगु०स० त्रिविध, त्रयाणाम् विधीनाम् समाहार: ←वि० त्रि 2.45 + पु० विधि 9.23); * नरकस्य (षष्ठी० एक० ←पु० नरक 1.42); * इदम् (1.10); * द्वारम् (प्रथमा० एक० ←न० द्वार 2.32); * नाशनम् (न० प्रथमा० एक० ←वि० नाशन 3.41); * आत्मन: (4.42); * काम: (2.62); * क्रोध: (2.62); * तथा (1.8); * लोभ: (14.12); * तस्मात् (1.37); * एतत् (2.6); * त्रयम् (न० प्रथमा० एक० ←न० त्रय 11.20); * **त्यजेत्** (तृ०पु० एक० विधि० भ्वादि० परस्मै० ←√त्यज्)

त्रिविधम् (त्रिमार्गी) नरकस्य (नरकाचे) इदम् (हे) द्वारम् (द्वार) नाशनम् (विनाशी) आत्मन: (आत्म) काम: (काम) क्रोध: (क्रोध) तथा (तसेच) लोभ: (लोभ) तस्मात् (म्हणून) एतत् (या) त्रयम् (तिन्हीना) त्यजेत् (त्यागावे)

* काम, क्रोध तसेच लोभ(युक्त असे) हे नरकाचे त्रिमार्गी द्वार आत्मविनाशी (असते) म्हणून या तिन्हीना त्यागावे.

।।16.22।। **एतैर्विमुक्त: कौन्तेय तमोद्वारैस्त्रिभिर्नर:।**
आचरत्यात्मन: श्रेयस्ततो याति परां गतिम्।।

एतै: (नि० 16/11) विमुक्त: (नि० 22/1) कौन्तेय तमोद्वारै: (नि० 18/1) त्रिभि: (नि० 16/6) नर: (नि० 22/8) आचरति (नि० 4/2) आत्मन: (नि० 22/5) श्रेय: (नि० 18/1) तत: (नि० 15/10) याति पराम् (नि० 14/1) गतिम् (नि० 14/2)

एतै: (1.43); * विमुक्त: (9.28); * कौन्तेय (2.14); * तमोद्वारै: (न० तृतीया० अनेक० ←तत्पु०स० तमोद्वार, तमस: द्वारम् ←न० तमस् 7.12 + न० द्वार 2.32); * त्रिभि: (7.13); * नर: (2.22); * आचरति (3.21); * आत्मन: (4.42); * श्रेय: (1.31); * तत: (1.13); * याति (6.45); * पराम् (4.39); * गतिम् (6.37)

एतै: (या–) विमुक्त: (मुक्त झालेला) कौन्तेय (हे कौन्तेया!) तमोद्वारै: (नरकाच्या द्वारांपासून) त्रिभि: (तिन्ही–) नर: (मनुष्य) आचरति (आचरण करतो) आत्मन: (स्वत:चे) श्रेय: (कल्याणप्रद) तत: (आणि मग) याति (प्राप्त करतो) पराम् (परम) गतिम् (गतीला)

* हे कौन्तेया! नरकाच्या या तिन्ही द्वारांपासून मुक्त झालेला मनुष्य स्वत:चे आचरण कल्याणप्रद करतो आणि मग परम गतीला प्राप्त करतो.

।।16.23।। **य: शास्त्रविधिमुत्सृज्य वर्तते कामकारत:।**
न स सिद्धिमवाप्नोति न सुखं न परां गतिम्।।

य: (नि० 22/5) शास्त्रविधिम् (नि० 8/20) उत्सृज्य वर्तते कामकारत: (नि० 22/8) न स: (नि० 21/2) सिद्धिम् (नि० 8/16) अवाप्नोति न सुखम् (नि० 14/1) न पराम् (नि० 14/1) गतिम् (नि० 14/2)

य: (2.19); * **शास्त्रविधिम्** (पु० द्वितीया० एक० ←तत्पु०स० शास्त्रविधि, शास्त्राणाम् विधि: ←न० शास्त्र 15.20 + पु० विधि 9.23); * **उत्सृज्य** (ल्यप्० अव्य० ←उद्√सृज्); * वर्तते (5.26); * कामकारत: (पु० पंचमी० एक० ←क्रि०वि० कामकारत् ←काम√कृ); * न (1.30); * स: (1.13); * सिद्धिम् (3.4); * अवाप्नोति (15.8); * न (1.30); * सुखम् (5.13); * न (1.30); * पराम् (4.39); * गतिम् (6.37)

य: (जो) शास्त्रविधिम् (शास्त्रविधीला) उत्सृज्य (सोडून) वर्तते (वागतो) कामकारत: (मनाच्या लहरीप्रमाणे) न (नाही) स: (तो) सिद्धिम् (सिद्धीला) अवाप्नोति (प्राप्त करीत–) न (नाही) सुखम् (सुखाला) न (नाही) पराम् (परम) गतिम् (गतीला)

* जो शास्त्रविधीला सोडून मनाच्या लहरीप्रमाणे वागतो तो सिद्धीला प्राप्त करीत नाही, सुखाला (प्राप्त करीत) नाही (तसेच) परम गतीला (प्राप्त करीत) नाही.

।।16.24।। **तस्माच्छास्त्रं प्रमाणं ते कार्याकार्यव्यवस्थितौ।**
ज्ञात्वा शास्त्रविधानोक्तं कर्म कर्तुमिहार्हसि।।

तस्मात् (नि० 11/4) शास्त्रम् (नि० 14/1) प्रमाणम् (नि० 14/1, 24/3) ते कार्याकार्यव्यवस्थितौ ज्ञात्वा शास्त्रविधानोक्तम् (नि० 14/1) कर्म कर्तुम् (नि० 8/18) इह (नि० 1/1) अर्हसि

तस्मात् (1.37); * शास्त्रम् (15.20); * प्रमाणम् (3.21); * ते (2.7); * कार्याकार्यव्यवस्थितौ (स्त्री० सप्तमी० एक० ←तत्पु०स० कार्यव्यवस्थिति, कार्यस्य च अकार्यस्य च व्यवस्थिति: ←वि० कार्य 3.17 + न–तत्पु०स० कर्मणि० विधि० धातु०सा० वि० **अकार्य** ←अ√कृ + वि० व्यवस्थित 1.20); * ज्ञात्वा (4.15); * शास्त्रविधानोक्तम् (न० द्वितीया० एक० ←तत्पु०स० शास्त्रविधानोक्त, शास्त्रस्य विधानेन उक्तम् ←न० शास्त्र 15.20 + न० **विधान** ←वि√धा + क्त० वि० उक्त 1.24); * कर्म (2.49); * कर्तुम् (1.45); * इह (2.5); * अर्हसि (2.25)

तस्मात् (म्हणून) शास्त्रम् (शास्त्राला) प्रमाणम् (प्रमाण) ते (तुझे) कार्याकार्यव्यवस्थितौ (काय कृत्य आणि अकृत्य आहे यांच्या निर्णयात) ज्ञात्वा (जाणून) शास्त्रविधानोक्तम् (शास्त्रविधीने सांगितलेले) कर्म (कर्म) कर्तुम् (करण्याकरिता) इह (या जगात) अर्हसि (तू उचित आहेस)

* म्हणून काय कृत्य आणि अकृत्य आहे यांच्या निर्णयात शास्त्राला तुझे प्रमाण जाणून या जगात शास्त्रविधीने सांगितलेले कर्म करण्याकरिता तू उचित आहेस.

इति श्रीमद्भगवद्गीतासूपनिषत्सु ब्रह्मविद्यायां योगशास्त्रे श्रीकृष्णार्जुनसंवादे दैवासुरसम्पद्विभागयोगो नाम षोडशोऽध्यायः।।16।।

इति श्रीमद्भगवद्गीतासु (नि० 1/8) उपनिषत्सु ब्रह्मविद्यायाम् (नि० 14/1) योगशास्त्रे श्रीकृष्णार्जुनसंवादे दैवासुरसम्पद्विभागयोगः (नि० 15/6) नाम षोडशः (नि० 15/1) अध्यायः (नि० 22/8)

इति (याप्रमाणे) श्रीमद्भगवद्गीतासु उपनिषत्सु (श्रीमद्भगवद्गीतो-पनिषदांतील) ब्रह्मविद्यायाम् (ब्रह्मविद्यांतर्गत) योगशास्त्रे श्रीकृष्णार्जुनसंवादे (श्रीकृष्ण आणि अर्जुन यांच्या योगशास्त्राच्या संवादापैकी) दैवासुरसम्पद्विभागयोगः (दैवासुरसम्पद्विभागयोग) नाम (नामक) षोडशः (सोळावा) अध्यायः (अध्याय)

* श्रीमद्भगवद्गीतोपनिषदांतील श्रीकृष्ण आणि अर्जुन यांच्या योगशास्त्राच्या संवादापैकी ब्रह्मविद्यांतर्गत 'दैवासुरसम्पद्विभागयोग' नावाचा सोळावा अध्याय याप्रमाणे (समाप्त).

सप्तदशोऽध्यायः।

श्रद्धात्रयविभागयोगः।

।।17.1।। अर्जुन उवाच

ये शास्त्रविधिमुत्सृज्य यजन्ते श्रद्धयान्विताः।
तेषां निष्ठा तु का कृष्ण सत्त्वमाहो रजस्तमः।।

सप्तदशः (नि० 15/1) अध्यायः (नि० 22/8) । श्रद्धात्रयविभागयोगः (नि० 22/8) । अर्जुनः (नि० 19/4) उवाच । ये शास्त्रविधिम् (नि० 8/20) उत्सृज्य यजन्ते श्रद्धया (नि० 1/3) अन्विताः (नि० 22/8) तेषाम् (नि० 25/3, 14/1) निष्ठा तु का कृष्ण सत्त्वम् (नि० 8/17) आहो रजः (नि० 18/1) तमः (नि० 22/8)

सप्तदशः (पु० प्रथमा० एक० ←क्रमवाचक संख्या० वि० सप्तदश ←वि० सप्त 10.6 + वि० दश 13.6); * अध्यायः (प्रथमा० एक० ←पु० अध्याय ←अधि√इ); * श्रद्धात्रयविभागयोगः (पु० प्रथमा० एक० ←तत्पु०स० श्रद्धात्रयविभागयोग, श्रद्धानाम् त्रयस्य विभागस्य योगः ←स्त्री० श्रद्धा 3.31 + न० त्रय 11.20 + पु० विभाग 3.28 + पु० योग 2.39)

अर्जुन: (1.28); * उवाच (1.25) । ये (1.7); * शास्त्रविधिम् (16.23); * उत्सृज्य (16.23); * यजन्ते (4.12); * श्रद्धया (6.37); * अन्विता: (9.23); * तेषाम् (5.16); * निष्ठा (3.3); * तु (1.2); * का (1.36); * कृष्ण (1.28); * सत्त्वम् (10.36); * आहो (प्रश्नार्थक शब्दप्रयोगी उपपद अव्य० ←आ√हन्); * रज: (14.5); * तम: (प्रथमा० 14.5)

अर्जुन: (अर्जुन) उवाच– (म्हणाला–) ये (जे) शास्त्रविधिम् (शास्त्रविधीला) उत्सृज्य (सोडून) यजन्ते (यजन करतात) श्रद्धया (श्रद्धेने) अन्विता: (युक्त असलेले) तेषाम् (त्यांची) निष्ठा (श्रद्धा) तु (तर) का (कोणती) कृष्ण (हे कृष्णा!) सत्त्वम् (सात्त्विक) आहो (असते) रज: (राजसी) तम: (तामसी)

* अर्जुन म्हणाला– हे कृष्णा! श्रद्धेने युक्त असलेले जे शास्त्रविधीला सोडून यजन करतात तर त्यांची श्रद्धा सात्त्विक, राजसी (की) तामसी –कोणती असते?

।।17.2।। श्रीभगवानुवाच

त्रिविधा भवति श्रद्धा देहिनां सा स्वभावजा।
सात्त्विकी राजसी चैव तामसी चेति तां शृणु।।

श्रीभगवान् (नि० 8/14) उवाच । त्रिविधा भवति श्रद्धा देहिनाम् (नि० 14/1) सा स्वभावजा सात्त्विकी राजसी च (नि० 3/1) एव तामसी च (नि० 2/1) इति ताम् (नि० 14/1) शृणु

श्रीभगवान् (2.2); * उवाच (1.25) । **त्रिविधा** (स्त्री० प्रथमा० एक० ←वि० **त्रिविध** ←वि० त्रि 2.45 + पु० विध 3.3); * भवति (1.44); * **श्रद्धा** (प्रथमा० एक० ←स्त्री० श्रद्धा 3.31); * देहिनाम् (षष्ठी० अनेक० ←पु० देहिन् 2.13); * सा (2.69); * स्वभावजा (स्त्री० प्रथमा० एक० ←बहुव्री० **स्वभावजा**, स्वभावे जायते या ←पु० स्वभाव 2.7 + पु० ज 1.7); * **सात्त्विकी** (स्त्री० प्रथमा० एक० ←वि० सात्त्विक 7.12); * **राजसी** (स्त्री० प्रथमा० एक० ←वि० राजस 7.12); * च (1.1); * एव (1.1); * **तामसी** (स्त्री० प्रथमा० एक० ←वि० तामस 7.12); * च (1.1); * इति (1.25); * ताम् (7.21); * शृणु (2.39)

श्रीभगवान् (श्रीभगवान) उवाच (म्हणाले–) त्रिविधा (तीन प्रकारची) भवति (असते) श्रद्धा (श्रद्धा) देहिनाम् (मनुष्यांची) सा (ती) स्वभावजा (स्वभावजन्य) सात्त्विकी (सात्त्विकी) राजसी (राजसी) च (आणि) एव (तसेच) तामसी (तामसी) च (आणि) इति (अशी) ताम् (तिला) शृणु (तू ऐक)

* श्रीभगवान म्हणाले– मनुष्यांची ती स्वभावजन्य श्रद्धा सात्त्विकी आणि राजसी आणि तसेच तामसी अशी (जी) तीन प्रकारची असते तिला तू ऐक–

।।17.3।। **सत्त्वानुरूपा सर्वस्य श्रद्धा भवति भारत।**
श्रद्धामयोऽयं पुरुषो यो यच्छ्रद्धः स एव सः।।

सत्त्वानुरूपा सर्वस्य श्रद्धा भवति भारत श्रद्धामय: (नि० 15/1) अयम् (नि० 14/1) पुरुष: (नि० 15/10) य: (नि० 15/10) यत् (नि० 11/4) श्रद्ध: (नि० 22/7) स: (नि० 21/2) एव स: (नि० 22/8)

सत्त्वानुरूपा (स्त्री॰ प्रथमा॰ एक॰ ←तत्पु॰स॰ सत्त्वानुरूपा, सत्त्वस्य अनुरूपा ←न॰ सत्त्व 2.45 + वि॰ अनुरूप ←अनु√रूप्); * सर्वस्य (2.30); * श्रद्धा (17.2); * भवति (1.44); * भारत (2.14); * श्रद्धामय: (पु॰ प्रथमा॰ एक॰ ←तद्धित शब्द॰ वि॰ श्रद्धामय ←स्त्री॰ श्रद्धा 3.31 + वि॰ मय 4.10); * अयम् (2.19); * पुरुष: (2.21); * य: (2.19); * यत् (1.45); * श्रद्ध: (पु॰ प्रथमा॰ एक॰ ←वि॰ श्रद्ध ←श्रत्√धा); * स: (1.13); * एव (1.1); * स: (1.13)

सत्त्वानुरूपा (स्वभावाला अनुसरून) सर्वस्य (सर्वांची) श्रद्धा (श्रद्धा) भवति (असते) भारत (हे भारता!) श्रद्धामय: (श्रद्धामय) अयम् (हा) पुरुष: (मनुष्य) य: (जो) यत् (ज्या) श्रद्ध: (श्रद्धेने युक्त) स:-एव-स: (तसाच तो)

* हे भारता! मनुष्य हा श्रद्धामय (आहे), सर्वांची श्रद्धा स्वभावाला अनुसरून असते, जो ज्या श्रद्धेने युक्त (असतो) तसाच तो (असतो).

।।17.4।। **यजन्ते सात्त्विका देवान्यक्षरक्षांसि राजसा:।**
प्रेतान्भूतगणांश्चान्ये यजन्ते तामसा जना:।।

यजन्ते सात्त्विका: (नि॰ 20/8) देवान् (नि॰ 13/17) यक्षरक्षांसि राजसा: (नि॰ 22/8) प्रेतान् (नि॰ 13/15) भूतगणान् (नि॰ 13/6) च (नि॰ 1/1) अन्ये यजन्ते तामसा: (नि॰ 20/7) जना: (नि॰ 22/8)

यजन्ते (4.12); * सात्त्विका: (7.12); * देवान् (3.11); * यक्षरक्षांसि (न॰ द्वितीया॰ अनेक॰ ←द्वंद्व॰स॰ यक्षा: च रक्षांसि च ←यक्ष-रक्षस् 10.23); * राजसा: (7.12); * प्रेतान् (द्वितीया॰ अनेक॰ ←पु॰ अथवा क्त॰ वि॰ प्रेत ←प्र√इ); * भूतगणान् (पु॰ द्वितीया॰ अनेक॰ ←तत्पु॰स॰ भूतगण, भूतानाम् गण: ←न॰ भूत 2.28 + पु॰ गण 7.7); * च (1.1); * अन्ये (1.9); * यजन्ते (4.12); * तामसा: (7.12); * जना: (7.16)

यजन्ते (पूजतात) सात्त्विका: (सात्त्विक लोक) देवान् (देवांना) यक्षरक्षांसि (यक्षराक्षसांना) राजसा: (राजसी लोक) प्रेतान् (प्रेतांना) भूतगणान् (भूतगणांना) च (आणि) अन्ये (इतर) यजन्ते (पूजतात) तामसा: (तामसी) जना: (लोक)

* सात्त्विक लोक देवांना पूजतात, राजसी लोक यक्षराक्षसांना (पूजतात) आणि इतर तामसी लोक प्रेतांना (व) भूतगणांना पूजतात.

।।17.5।। **अशास्त्रविहितं घोरं तप्यन्ते ये तपो जना:।**
दम्भाहङ्कारसंयुक्ता: कामरागबलान्विता:।।

अशास्त्रविहितम् (नि॰ 14/1) घोरम् (नि॰ 14/1) तप्यन्ते ये तप: (नि॰ 15/3) जना: (नि॰ 22/8) दम्भाहङ्कारसंयुक्ता: (नि॰ 22/1) कामरागबलान्विता: (नि॰ 22/8)

अशास्त्रविहितम् (न॰ द्वितीया॰ एक॰ ←तत्पु॰स॰ अशास्त्रविहित, न शास्त्रेण विहितम् ←अव्य॰ न 1.30 + न॰ शास्त्र 15.20 + वि॰ विहित 7.22); * घोरम् (11.49); * तप्यन्ते (तृ॰पु॰ अनेक॰ लट्॰-वर्तमान॰

दिवादि॰ आत्मने॰ ←√तप्); * ये (1.7); * तप: (7.9); * जना: (7.16); * दम्भाहङ्कारसंयुक्ता: (पु॰ प्रथमा॰ अनेक॰ ←वि॰ दम्भाहङ्कारसंयुक्त, दम्भेन च अहङ्कारेण च संयुक्त: ←पु॰ दम्भ 13.8 + पु॰ अहङ्कार 2.71 + क्त॰ वि॰ संयुक्त ←सम्√युज्); * कामरागबलान्विता: (पु॰ प्रथमा॰ अनेक॰ ←तत्पु॰स॰ कामरागबलान्वित, कामस्य च रागस्य च बलेन अन्वित: ←पु॰ काम 1.22 + पु॰ राग 2.56 + न॰ बल 1.10 + वि॰ अन्वित 9.23)

अशास्त्रविहितम् (शास्त्राला सोडून) घोरम् (घोर) तप्यन्ते (आचरतात) ये (जे) तप: (तपस्या) जना: (लोक) दम्भाहङ्कारसंयुक्ता: (दंभ तथा अहंकार यांनी युक्त असलेले-) कामरागबलान्विता: (कामना, आसक्ति आणि जोर यांनी युक्त असलेले)

* दंभ तथा अहंकार यांनी युक्त असलेले (व) कामना, आसक्ति आणि जोर यांनी युक्त असलेले जे लोक शास्त्राला सोडून घोर तपस्या आचरतात;

।।17.6।। **कर्षयन्त: शरीरस्थं भूतग्राममचेतस:।**
मां चैवान्त:शरीरस्थं तान्विद्ध्यासुरनिश्चयान्।।

कर्षयन्त: (नि॰ 22/5) शरीरस्थम् (नि॰ 14/1) भूतग्रामम् (नि॰ 8/16) अचेतस: (नि॰ 22/8) माम् (नि॰ 14/1) च (नि॰ 3/1) एव (नि॰ 1/1) अन्त:शरीरस्थम् (नि॰ 14/1) तान् (नि॰ 13/19) विद्धि (नि॰ 4/2) आसुरनिश्चयान्

कर्षयन्त: (प्रथमा॰ अनेक॰ ←शतृ॰ प्रयो॰ वि॰ कर्षयत् ←8√कृष्); * शरीरस्थम् (द्वितीया॰ एक॰ ←बहुव्री॰ वि॰ शरीरस्थ 13.32); * भूतग्रामम् (9.8); * अचेतस: (3.32); * माम् (1.46); * च (1.1); * एव (1.1); * अन्त:शरीरस्थम् (पु॰ द्वितीया॰ एक॰ ←बहुव्री॰ अन्त:शरीरस्थ, अन्ते शरीरस्थ: य: ←अव्य॰ अन्ते 5.24 + वि॰ शरीरस्थ 13.32); * तान् (1.7); * विद्धि (2.17); * आसुरनिश्चयान् (पु॰ द्वितीया॰ अनेक॰ ←बहुव्री॰ आसुरनिश्चय, आसुराणाम् निश्चय: यस्य ←वि॰ आसुर 7.15 + पु॰ निश्चय 2.37)

कर्षयन्त: (यातना देत असणारे) शरीरस्थम् (शरीरात वास करणाऱ्या) भूतग्रामम् (भूतांना) अचेतस: (अज्ञानी लोक) माम् (मला) च (आणि) एव (सुद्धा) अन्त:शरीरस्थम् (देहाच्या आत स्थित असलेल्या) तान् (त्यांना) विद्धि (जाण) आसुरनिश्चयान् (आसुरी स्वभावाचे असलेले)

* (तसेच,) शरीरात वास करणाऱ्या (पंच)भूतांना आणि देहाच्या आत स्थित असलेल्या (अशा) मला यातना देत असणारे सुद्धा (जे) अज्ञानी लोक (आहेत) त्यांना आसुरी स्वभावाचे असलेले जाण.

।।17.7।। **आहारस्त्वपि सर्वस्य त्रिविधो भवति प्रिय:।**
यज्ञस्तपस्तथा दानं तेषां भेदमिमं शृणु।।

आहार: (नि॰ 18/1) तु (नि॰ 4/6) अपि सर्वस्य त्रिविध: (नि॰ 15/8) भवति प्रिय: (नि॰ 22/8) यज्ञ: (नि॰ 18/1) तप: (नि॰ 18/1) तथा दानम् (नि॰ 14/1) तेषाम् (नि॰ 25/3, 14/1) भेदम् (नि॰ 8/18) इमम् (नि॰ 14/1) शृणु

आहार: (प्रथमा॰ एक॰ ←पु॰ आहार 2.59); * तु (1.2); * अपि (1.26); * सर्वस्य (2.30); * **त्रिविध:** (पु॰ प्रथमा॰ एक॰ ←वि॰ त्रिविध 17.2); * भवति (1.44); * प्रिय: (7.17); * यज्ञ: (3.14); * तप: (प्रथमा॰ 7.9); * तथा (1.8); * दानम् (प्रथमा॰ 10.5); * तेषाम् (5.16); * **भेदम्** (द्वितीया॰ एक॰ ←पु॰ भेद 3.26); * इमम् (1.28); * शृणु (2.39)

आहार: (आहार) तु (तसेच) अपि (सुद्धा) सर्वस्य (सर्वांचा) त्रिविध: (तीन प्रकारचा) भवति (असतो) प्रिय: (प्रिय) यज्ञ: (यज्ञ) तप: (तप) तथा (व) दानम् (दान) तेषाम् (त्यांचे) भेदम् (भेदाला) इमम् (या) शृणु (तू ऐक)

* सर्वांचा प्रिय आहार तीन प्रकारचा असतो तसेच यज्ञ, तप व दान सुद्धा. त्यांच्या या (त्रिविध) भेदाला तू ऐक-

।।17.8।। **आयु:सत्त्वबलारोग्यसुखप्रीतिविवर्धना:।**
रस्या: स्निग्धा: स्थिरा हृद्या आहारा: सात्त्विकप्रिया:।।

आयु:सत्त्वबलारोग्यसुखप्रीतिविवर्धना: (नि॰ 22/8) रस्या: (नि॰ 22/7) स्निग्धा: (नि॰ 22/7) स्थिरा: (नि॰ 20/18) हृद्या: (नि॰ 20/2) आहारा: (नि॰ 22/7) सात्त्विकप्रिया: (नि॰ 22/8)

आयु:सत्त्वबलारोग्यसुखप्रीतिविवर्धना: (पु॰ प्रथमा॰ अनेक॰ ←बहुव्री॰ आयु:सत्त्वबलारोग्यसुखप्रीतिविवर्धन, आयुस: वा आयो: च सत्त्वस्य च बलस्य च आरोग्यस्य च सुखस्य च प्रीते: च विवर्धनं करोति य: ←न॰ आयु अथवा आयुस् 3.16 + न॰ सत्त्व 2.45 + न॰ बल 1.10 + न॰ आरोग्य ←पु॰ रोग ←√रुज् + न॰ सुख 1.32 + स्त्री॰ प्रीति 1.36 + न॰ विवर्धन ←वि॰√वृध्); * रस्या: (पु॰ प्रथमा॰ अनेक॰ ←वि॰ रस्य ←पु॰ रस 2.59); * स्निग्धा: (पु॰ प्रथमा॰ अनेक॰ ←क्त॰ वि॰ स्निग्ध ←√स्निह्); * स्थिरा: (पु॰ प्रथमा॰ अनेक॰ ←वि॰ स्थिर 1.16); * हृद्या: (पु॰ प्रथमा॰ अनेक॰ ←शतृ॰ वि॰ हृद्य ←√हृद्); * **आहारा:** (पु॰ प्रथमा॰ अनेक॰ ←पु॰ आहार 2.59); * सात्त्विकप्रिया: (पु॰ प्रथमा॰ अनेक॰ ←तत्पु॰ वि॰ सात्त्विकप्रिय, सात्त्विकानाम् प्रिय: ←वि॰ सात्त्विक 7.12 + वि॰ प्रिय 1.23)

आयु:सत्त्वबलारोग्यसुखप्रीतिविवर्धना: (आयुष्य, सत्त्व, शक्ति, आरोग्य, सुख आणि प्रीति वाढविणारे) रस्या: (रसाळ) स्निग्धा: (स्निग्ध) स्थिरा: (स्थायी) हृद्या: (मधुर) आहारा: (आहार) सात्त्विकप्रिया: (सात्त्विकांना प्रिय असतात)

* आयुष्य, सत्त्व, शक्ति, आरोग्य, सुख आणि प्रीति वाढविणारे रसाळ, स्निग्ध, स्थायी (आणि) मधुर आहार सात्त्विकांना प्रिय असतात.

।।17.9।। **कट्वम्ललवणात्युष्णतीक्ष्णरूक्षविदाहिन:।**

आहारा राजसस्येष्टा दुःखशोकामयप्रदाः।।

कट्वम्ललवणात्युष्णतीक्ष्णरूक्षविदाहिनः (नि० 22/8) आहाराः (नि० 20/15) राजसस्य (नि० 2/1) इष्टाः (नि० 20/8) दुःखशोकामयप्रदाः (नि० 22/8)

कट्वम्ललवणात्युष्णतीक्ष्णरूक्षविदाहिनः (पु० प्रथमा० अनेक० ←द्वंद्व०स० कट्वः च अम्लाः च लवणाः च अत्युष्णाः च तीक्ष्णाः च रूक्षाः च विदाहिनः च ←वि० कटु ←√कट् + वि० अम्ल ←√अम् + वि० लवण ←√लू + वि० अति 6.11 + वि० उष्ण 2.14 + वि० तीक्ष्ण ←√तिज् + वि० रूक्ष ←√रूक्ष् + वि० विदाहिन् ←वि√दह्); * आहाराः (17.8); * राजसस्य (पु० षष्ठी० एक० ←वि० राजस 7.12); * इष्टाः (पु० प्रथमा० अनेक० ←वि० इष्ट 3.10); * दुःखशोकामयप्रदाः (पु० प्रथमा० अनेक० ←तत्पु०स० दुःखशोकामयप्रद, दुःखम् च शोकम् च आमयम् च प्रददाति इति ←न० दुःख 2.14 + पु० शोक 1.47 + पु० आमय 2.51 + विशेषणवाचक प्रत्यय प्रद ←प्र√दा)

कट्वम्ललवणात्युष्णतीक्ष्णरूक्षविदाहिनः (कडू, आम्ल, खारट, अति उष्ण, तीक्ष्ण, कोरडे आणि दाहक) आहाराः (आहार) राजसस्य (राजसीकरिता) इष्टाः (इष्ट) दुःखशोकामयप्रदाः (पीडा, शोक व रोगदायक)

* कडू, आम्ल, खारट, अति उष्ण, तीक्ष्ण, कोरडे, दाहक आणि पीडा, शोक व रोगदायक आहार राजसीकरिता इष्ट (वाटतात).

।।17.10।। **यातयामं गतरसं पूति पर्युषितं च यत्।**
उच्छिष्टमपि चामेध्यं भोजनं तामसप्रियम्।।

यातयामम् (नि० 14/1) गतरसम् (नि० 14/1) पूति पर्युषितम् (नि० 14/1) च यत् (नि० 23/1) उच्छिष्टम् (नि० 8/16) अपि च (नि० 1/1) अमेध्यम् (नि० 14/1) भोजनम् (नि० 14/1) तामसप्रियम् (नि० 14/2)

यातयामम् (न० प्रथमा० एक० ←बहुव्री० यातयाम, यातः यामः यस्य ←क्त० वि० यात ←√या + पु० याम ←√या); * गतरसम् (न० प्रथमा० एक० ←बहुव्री० गतरस, गतः रसः यस्य ←वि० गत 2.11 + पु० रस 2.59); * पूति (न० प्रथमा० एक० ←वि० पूति ←√पूय्); * पर्युषितम् (न० प्रथमा० एक० ←क्त० वि० पर्युषित ←परि√वस्); * च (1.1); * यत् (2.67); * उच्छिष्टम् (न० प्रथमा० एक० ←क्त० वि० उच्छिष्ट ←उद्√शिष्); * अपि (1.26); * च (1.1); * अमेध्यम् (न० प्रथमा० एक० ←क्त० वि० अमेध्य ←अ√मेध्); * भोजनम् (न० प्रथमा० एक० ←न० भोजन 11.42); * तामसप्रियम् (न० प्रथमा० एक० ←तत्पु०स० वि० तामसप्रिय, तामसानाम् प्रियम् ←वि० तामस 7.12 + वि० प्रिय 1.23)

यातयामम् (शिळेसुकले) गतरसम् (निरस) पूति (दुर्गंधीयुक्त, सडके) पर्युषितम् (नासके) च (आणि) यत् (जे) उच्छिष्टम् (उष्टे) अपि (सुद्धा) च (आणि) अमेध्यम् (अशुद्ध) भोजनम् (खाद्य) तामसप्रियम् (तामसांचे प्रीय-)

* शिळेसुकले, निरस, दुर्गंधीयुक्त, सडके, नासके आणि जे उष्टे सुद्धा आणि अशुद्ध खाद्य तामसांचे प्रीय (असते).

।।17.11।। **अफलाकाङ्क्षिभिर्यज्ञो विधिदृष्टो य इज्यते।**
यष्टव्यमेवेति मनः समाधाय स सात्त्विकः।।

अफलाकाङ्क्षिभिः (नि० 16/6) यज्ञः (नि० 15/13) विधिदृष्टः (नि० 15/10) यः (नि० 19/2) इज्यते यष्टव्यम् (नि० 8/22) एव (नि० 2/1) इति मनः (नि० 22/7) समाधाय सः (नि० 21/2) सात्त्विकः (नि० 22/8)

अफलाकाङ्क्षिभिः (कर्ताकारक तृतीया० अनेक० न-तत्पु०स० ←तत्पु०स० पु० **फलाकांक्षिन्**, फलस्य आकांक्षी ←न० फल 2.43 + वि० आकांक्षिन् ←आ√कांक्ष्); * यज्ञः (3.14); * विधिदृष्टः (प्रथमा० एक० ←तत्पु०स० विधिदृष्ट, विध्या दृष्टः ←पु० विधि 9.23 + वि० दृष्ट 2.16); * यः (2.19); * **इज्यते** (तृ०पु० एक० लट्०-वर्तमान० भ्वादि० आत्मने० ←√यज्); * यष्टव्यम् (द्वितीया० एक० ←कर्मणि० विधि० धातु०सा० वि० यष्टव्य ←√यज्); * एव (1.1); * इति (1.25); * मनः (6.12); * समाधाय (ल्यप्० अव्य० ←सम्-आ√धा 5.10); * सः (1.13); * **सात्त्विकः** (पु० प्रथमा० एक० ←वि० सत्त्विक 7.12)

अफलाकाङ्क्षिभिः (फळात आशा न धरणाऱ्यांकडून) यज्ञः (यज्ञ) विधिदृष्टः (शास्त्रविधींनी पाळलेला) यः (जो) इज्यते (केला जातो) यष्टव्यम् (करणे कर्तव्य आहे असे समजून) एव (च) इति (असा) मनः (मन) समाधाय (संतुष्ट करण्यासाठी) सः (तो) सात्त्विकः (सात्त्विक)

* फळात आशा न धरणाऱ्यांकडून, शास्त्रविधींनी पाळलेला, करणे कर्तव्य आहे असे समजून (आणि) मन संतुष्ट करण्यासाठीच असा जो यज्ञ केला जातो तो सात्त्विक(यज्ञ) (होय).

।।17.12।। **अभिसन्धाय तु फलं दम्भार्थमपि चैव यत्।**
इज्यते भरतश्रेष्ठ तं यज्ञं विद्धि राजसम्।।

अभिसन्धाय तु फलम् (नि० 14/1) दम्भार्थम् (नि० 8/16) अपि च (नि० 3/1) एव यत् (नि० 23/1) इज्यते भरतश्रेष्ठ तम् (नि० 14/1) यज्ञम् (नि० 14/1) विद्धि राजसम् (नि० 14/2)

अभिसन्धाय (ल्यप्० अव्य० ←अभि-सम्√धा); * तु (1.2); * फलम् (2.51); * दम्भार्थम् (क्रिवि० ←तत्पु०स० दम्भार्थ, दम्भस्य अर्थः ←पु० दम्भ 13.8 + पु० अर्थ 1.7); * अपि (1.26); * च (1.1); * एव (1.1); * यत् (3.21); * इज्यते (17.11); * भरतश्रेष्ठ (पु० संबो० एक० ←बहुव्री० भरतश्रेष्ठ, भरतेषु श्रेष्ठः यः ←पु० भरत 3.41 + वि० श्रेष्ठ 3.21); * तम् (2.1); * यज्ञम् (4.25); * विद्धि (2.17); * **राजसम्** (पु० द्वितीया० एक० ←वि० राजस 7.12)

अभिसन्धाय (इच्छेत ठेवून) तु (परंतु) फलम् (फळ) दम्भार्थम् (सोंगासाठी) अपि (तसेच) च (आणि) एव (च) यत् (जो) इज्यते (केला जातो) भरतश्रेष्ठ (हे भरतश्रेष्ठा!) तम् (त्या–) यज्ञम् (यज्ञाला) विद्धि (जाण) राजसम् (राजसी)

* परंतु, हे भरतश्रेष्ठा! तसेच फळ इच्छेत ठेवून आणि सोंगासाठीच जो केला जातो त्या यज्ञाला राजसी(यज्ञ) जाण.

।।17.13।। **विधिहीनमसृष्टान्नं मन्त्रहीनमदक्षिणम्।**
श्रद्धाविरहितं यज्ञं तामसं परिचक्षते।।

विधिहीनम् (नि० 8/16) असृष्टान्नम् (नि० 14/1) मन्त्रहीनम् (नि० 8/16) अदक्षिणम् (नि० 14/2, 24/3) श्रद्धाविरहितम् (नि० 14/1) यज्ञम् (नि० 14/1) तामसम् (नि० 14/1) परिचक्षते

विधिहीनम् (पु० द्वितीया० एक० ←वि० बहुव्री० विधिहीन, विधिना हीन: य: ←पु० विधि 9.23 + वि० **हीन** ←√हा); * असृष्टान्नम् (पु० द्वितीया० एक० ←बहुव्री० असृष्टान्न, अन्नम् न सृष्टम् यस्मिन् स: ←अव्य० न 1.30 + वि० सृष्ट 4.13 + न० अन्न 3.14); * मन्त्रहीनम् (पु० द्वितीया० एक० ←बहुव्री० वि० मन्त्रहीन, मन्त्रेण हीन: य: ←पु० मन्त्र 9.16 + वि० हीन↑); * अदक्षिणम् (पु० द्वितीया० एक० ←बहुव्री० अदक्षिण, दक्षिणया विरहित: य: ←स्त्री० दक्षिणा ←√दक्ष्); * श्रद्धाविरहितम् (पु० द्वितीया० एक० ←तत्पु०स० श्रद्धाविरहित, श्रद्धया विरहित: ←स्त्री० श्रद्धा 3.31 + वि० विरहित ←वि√रह); * यज्ञम् (4.25); * **तामसम्** (पु० द्वितीया० एक० ←वि० तामस 7.12); * **परिचक्षते** (तृ०पु० एक० लट्०–वर्तमान० अदा० आत्मने० ←परि√चक्ष्)

विधिहीनम् (शास्त्रविधीशिवाय) असृष्टान्नम् (अन्नदानाशिवाय) मन्त्रहीनम् (मंत्राविना) अदक्षिणम् (दक्षिणेविना) श्रद्धाविरहितम् (श्रद्धारहित केलेल्या–) यज्ञम् (यज्ञाला) तामसम् (तामसी) परिचक्षते (समजले जाते)

* शास्त्रविधीशिवाय, अन्नदानाशिवाय, मंत्राविना, दक्षिणेविना (आणि) श्रद्धारहित केलेल्या यज्ञाला तामसी(यज्ञ) समजले जाते.

।।17.14।। **देवद्विजगुरुप्राज्ञपूजनं शौचमार्जवम्।**
ब्रह्मचर्यमहिंसा च शारीरं तप उच्यते।।

देवद्विजगुरुप्राज्ञपूजनम् (नि० 14/1) शौचम् (नि० 8/17) आर्जवम् (नि० 14/2) ब्रह्मचर्यम् (नि० 8/16) अहिंसा च शारीरम् (नि० 14/1) तप: (नि० 19/4) उच्यते

देवद्विजगुरुप्राज्ञपूजनम् (न० प्रथमा० एक० ←तत्पु०स० देवद्विजगुरुप्राज्ञपूजन, देवानाम् च द्विजानाम् च गुरूणाम् च प्राज्ञानाम् च पूजनम् ←पु० देव 3.11 + पु० द्विज 1.7 + पु० गुरु 2.5 + स्त्री० प्राज्ञा ←प्र√ज्ञा + न० पूजन ←√पूज्); * शौचमार्जवम् (न० प्रथमा० द्वि०व० ←द्वंद्व०स० शौचम् च आर्जवम् च

←न० शौच 13.8 + पु० आर्जव 13.8); * ब्रह्मचर्यम् (प्रथमा० एक० ←न० ब्रह्मचर्य 8.11); * अहिंसा (10.5); * च (1.1); * शारीरम् (4.21); * तप: (7.9); * उच्यते (2.25)

देवद्विजगुरुप्राज्ञपूजनम् (देव, द्विज, गुरु व ज्ञानी यांचे पूजन) शौचम् (शुद्धि) आर्जवम् (सरळपणा) ब्रह्मचर्यम् (ब्रह्मचर्य व्रत) अहिंसा (अहिंसा) च (आणि) शारीरम्–तप: ('कायातप') उच्यते (म्हटले जाते)

* देव, द्विज, गुरु व ज्ञानी यांचे पूजन (व) शुद्धि, सरळपणा, ब्रह्मचर्य व्रत आणि अहिंसा (यांना) 'कायातप' म्हटले जाते[1].

।।17.15।। **अनुद्वेगकरं वाक्यं सत्यं प्रियहितं च यत्।**
स्वाध्यायाभ्यसनं चैव वाङ्मयं तप उच्यते।।

अनुद्वेगकरम् (नि० 14/1) वाक्यम् (नि० 14/1) सत्यम् (नि० 14/1) प्रियहितम् (नि० 14/1) च यत् (नि० 23/1) स्वाध्यायाभ्यसनम् (नि० 14/1) च (नि० 3/1) एव वाङ्मयम् (नि० 14/1) तप: (नि० 19/4) उच्यते

अनुद्वेगकरम् (न० प्रथमा० एक० ←न–तत्पु०स० अनुद्वेगकर ←वि० उद्वेगकर, उद्वेगम् करोति इति ←पु० उद्वेग 2.56 + वि० कर 2.2); * वाक्यम् (1.21); * सत्यम् (10.4); * प्रियहितम् (न० प्रथमा० द्वि०व० ←द्वंद्व०स० प्रियम् च हितम् च ←वि० प्रिय 1.23 + धातु०सा० वि० हित 5.25); * च (1.1); * यत् (2.67); * स्वाध्यायाभ्यसनम् (न० प्रथमा० एक० ←तत्पु०स० स्वाध्यायाभ्यसन, स्वाध्यायस्य अभ्यसनम् ←पु० स्वाध्याय 4.28 + न० अभ्यसन ←अभि√अस्); * च (1.1); * एव (1.1); * वाङ्मयम् (प्रथमा० एक० ←न० वाङ्मय ←स्त्री० वाच् 2.42 + वि० मय 4.10); * तप: (7.9); * उच्यते (2.25)

अनुद्वेगकरम् (क्लेश न उत्पन्न करणारे) वाक्यम् (वचन) सत्यम् (सत्य) प्रियहितम् (प्रिय व हितकारक) च (आणि) यत् (जे) स्वाध्यायाभ्यसनम् (स्वाध्यायाचे नित्य अध्ययन) च (आणि) एव (च) वाङ्मयम्–तप: ('वाङ्मयतप') उच्यते (म्हटले जाते)

---

(1) *यद्दुरापं दुराम्नायं दुराधर्षं दुरन्वयम्।*
तत्सर्वं तपसा साध्यं तपो हि दुरतिक्रमम्।।
(महाभारत, अश्व० 51.17)
घोर अगम्य असाध्य, साधते तपाच्या योगे।
तरी 'तप' असे बाध्य, दुस्तर जरी ते भोगे।।

दुरन्वयं दुष्प्रधर्षं दुरापं दुरतिक्रमम्।
सर्वं वै तपसाभ्येति तपो हि बलवत्तरम्।।
(महाभारत, अनु० 122.8)
जे अजेय दुराराध्य, जे अनातीत अपार।
ते तपाने होते साध्य, 'तप' हे समर्थ फार।।

* आणि जे क्लेश न उत्पन्न करणारे, सत्य, प्रिय व हितकारक वचन[1] आणि स्वाध्यायाचे नित्य अध्ययन (असते त्यांना)च 'वाङ्मयतप' म्हटले जाते.

।।17.16।। **मन:प्रसाद: सौम्यत्वं मौनमात्मविनिग्रह:।**
भावसंशुद्धिरित्येतत्तपो मानसमुच्यते।।

मन:प्रसाद: (नि॰ 22/7) सौम्यत्वम् (नि॰ 14/1) मौनम् (नि॰ 8/17) आत्मविनिग्रह: (नि॰ 22/8) भावसंशुद्धि: (नि॰ 16/1) इति (नि॰ 4/4) एतत् (नि॰ 1/10) तप: (नि॰ 15/9) मानसम् (नि॰ 8/20) उच्यते

मन:प्रसाद: (पु॰ प्रथमा॰ एक॰ ←तत्पु॰स॰ मन:प्रसाद, मनस: प्रसाद: ←न॰ मनस् 1.30 + पु॰ प्रसाद 2.14); * सौम्यत्वम् (प्रथमा॰ एक॰ ←न॰ सौम्यत्व ←वि॰ सौम्य 11.50); * मौनम् (10.38); * आत्मविनिग्रह: (13.8); * भावसंशुद्धि: (स्त्री॰ प्रथमा॰ एक॰ ←तत्पु॰स॰ भावसंशुद्धि, भावस्य संशुद्धि: ←पु॰ भाव 2.7 + स्त्री॰ संशुद्धि 16.1); * इति (1.25); * एतत् (2.3); * तप: (7.9); * मानसम् (प्रथमा॰ एक॰ ←न॰ मानस 1.47); * उच्यते (2.25)

मन:प्रसाद: (मनात प्रसन्नता) सौम्यत्वम् (सौम्यता) मौनम् (मौन) आत्मविनिग्रह: (मनोनिग्रह) भावसंशुद्धि: (भावनेत पवित्रता) इति (असे) एतत् (हे) तप: मानसम् ('मनोतप') उच्यते (म्हटले जाते)

* मनात प्रसन्नता, सौम्यता, मौन, मनोनिग्रह (आणि) भावनेत पवित्रता असे हे 'मनोतप' म्हटले जाते.

।।17.17।। **श्रद्धया परया तप्तं तपस्तत्त्रिविधं नरै:।**
अफलाकाङ्क्षिभिर्युक्तै: सात्त्विकं परिचक्षते।।

श्रद्धया परया तप्तम् (नि॰ 14/1) तप: (नि॰ 18/1) तत् (नि॰ 1/10) त्रिविधम् (नि॰ 14/1) नरै: (नि॰ 22/8) अफलाकाङ्क्षिभि: (नि॰ 16/6) युक्तै: (नि॰ 22/7) सात्त्विकम् (नि॰ 14/1) परिचक्षते

---

(1) असदुच्चैरपि प्रोक्त: शब्द: समुपशाम्यति।
दीप्यते त्वेव लोकेषु शनैरपि सुभाषितम्।।
(महाभारत, शान्ति 287.32)
शब्द जे उच्च अयोग्य, स्वभावे कटु अभोग्य।
शांत रव वाणी योग्य, प्रभावे बहु सुयोग्य।।

अभ्यावहति कल्याणं विविधं सुभाषिता।
सैव दुर्भाषिता राजन् अनर्थायोपपद्यते।।
(महाभारत, उद्योग 34.77)
शब्द इष्ट वाणी मिष्ट, करते साध्य अभीष्ट।
वाचा क्लिष्ट वा अनिष्ट, घडते तिने अरिष्ट।।

श्रद्धया (6.37); * परया (1.27); * **तप्तम्** (न० प्रथमा० एक० ←क्त० वि० तप्त ←√तप्); * तप: (7.9); * तत् (1.10); * त्रिविधम् (16.21); * नरै: (तृतीया० अनेक० ←पु० नर 1.5); * अफलाकाङ्क्षिभि: (17.11); * युक्तै: (पु० तृतीया० अनेक० ←वि० युक्त 1.14); * **सात्त्विकम्** (प्रथमा० एक० ←वि० सात्त्विक 14.16); * परिचक्षते (17.13)

श्रद्धया (श्रद्धेने) परया (परम) तप्तम् (केलेल्या तपाला) तप: (तप) तत् (त्या) त्रिविधम् (तिहेरी) नरै: (मनुष्यांनी) अफलाकाङ्क्षिभि: (फळात आकांक्षा नसलेल्या) युक्तै: (युक्त) सात्त्विकम् (सात्त्विक) परिचक्षते (समजतात)

* फळात आकांक्षा नसलेल्या युक्त मनुष्यांनी परम श्रद्धेने केलेल्या त्या तिहेरी तपाला 'सात्त्विकतप' (असे) समजतात.

।।17.18।। **सत्कारमानपूजार्थं तपो दम्भेन चैव यत्।**
क्रियते तदिह प्रोक्तं राजसं चलमध्रुवम्।।

सत्कारमानपूजार्थम् (नि० 14/1) तप: (नि० 15/4) दम्भेन च (नि० 3/1) एव यत् (नि० 23/1) क्रियते तत् (नि० 8/4) इह प्रोक्तम् (नि० 14/1) राजसम् (नि० 14/1) चलम् (नि० 8/16) अध्रुवम् (नि० 14/2)

सत्कारमानपूजार्थम् (न० प्रथमा० एक० ←वि० बहुव्री० सत्कारमानपूजार्थ, सत्कारस्य च मानस्य च पूजाया: अर्थ: यस्मिन् तत् ←पु० सत्कार ←√अस् + पु० मान 6.7 + स्त्री० पूजा 2.4 + पु० अर्थ 1.7); * तप: (7.9); * दम्भेन (16.17); * च (1.1); * एव (1.1); * यत् (2.67); * **क्रियते** (तृ०पु० एक० लट्०-वर्तमान० तनादि० आत्मने० ←8√कृ); * तत् (1.10); * इह (2.5); * प्रोक्तम् (8.1); * राजसम् (17.12); * चलम् (6.35); * अध्रुवम् (न० प्रथमा० एक० ←न-बहुव्री० अध्रुव, न ध्रुव: य: ←वि० ध्रुव 2.27)

सत्कारमानपूजार्थम् (सत्कार, मान व पूजा होण्याच्या उद्देशाने) तप: (तप) दम्भेन (ढोंगाने) च (आणि) एव (तसेच) यत् (जे) क्रियते (केले जाते) तत् (ते) इह (या जगात) प्रोक्तम् (म्हटले जाते) राजसम् (साजस) चलम् (अस्थिर) अध्रुवम् (क्षणिक)

* सत्कार, मान व पूजा होण्याच्या उद्देशाने आणि ढोंगाने जे अस्थिर तसेच क्षणिक केले जाते ते या जगात साजस तप म्हटले जाते.

।।17.19।। **मूढग्राहेणात्मनो यत्पीडया क्रियते तप:।**
परस्योत्सादनार्थं वा तत्तामसमुदाहृतम्।।

मूढग्राहेण (नि० 24/1, 1/2) आत्मन: (नि० 15/10) यत् (नि० 10/6) पीडया क्रियते तप: (नि० 22/8) परस्य (नि० 2/2) उत्सादनार्थम् (नि० 14/1) वा तत् (नि० 1/10) तामसम् (नि० 8/20) उदाहृतम् (नि० 14/2)

मूढग्राहेण (पु० तृतीया० एक० ←तत्पु०स० मूढग्राह, मूढ: ग्राह: ←वि० मूढ 7.15 + पु० ग्राह 16.10); * आत्मन: (4.42); * यत् (1.45); * पीडया (तृतीया० एक० ←स्त्री० पीडा ←√पीड्); * क्रियते (17.18); * तप: (7.9); * परस्य (षष्ठी० एक० ←वि० पर 2.3); * उत्सादनार्थम् (न० प्रथमा० एक० ←बहुव्री०स० उत्सादनार्थ, उत्सादनस्य अर्थ: यस्मिन् तत् ←न० उत्सादन ←उद्√सद् + पु० अर्थ 1.7); * वा (1.32); * तत् (1.10); * तामसम् (17.13); * उदाहृतम् (13.7)

मूढग्राहेण (मूर्खपणाचा ग्रह करून) आत्मन: (स्वत:चा) यत् (जे) पीडया (देह दुखविण्याच्या उद्देशाने) क्रियते (केले जाते) तप: (तप) परस्य (दुसऱ्याचा) उत्सादनार्थम् (विनाश करण्याच्या उद्देशाला) वा (अथवा) तत् (ते) तामसम् (तामसी) उदाहृतम् (म्हटले गेले आहे)

* जे मूर्खपणाचा ग्रह करून, स्वत:चा देह दुखविण्यच्या उद्देशाने अथवा दुसऱ्याचा विनाश करण्याच्या उद्देशाला (धरून) केले जाते ते तप तामसी म्हटले गेले आहे.

।।17.20।। **दातव्यमिति यद्दानं दीयतेऽनुपकारिणे।**
देशे काले च पात्रे च तद्दानं सात्त्विकं स्मृतम्।।

दातव्यम् (नि० 8/18) इति यत् (नि० 9/5) दानम् (नि० 14/1) दीयते (नि० 6/1) अनुपकारिणे (नि० 24/9) देशे काले च पात्रे च तत् (नि० 9/5) दानम् (नि० 14/1) सात्त्विकम् (नि० 14/1) स्मृतम् (नि० 14/2)

दातव्यम् (न० प्रथमा० एक० ←कर्मणि० विधि० धातु०सा० वि० दातव्य ←√दा); * इति (1.25); * यत् (1.45); * दानम् (प्रथमा० 10.5); * **दीयते** (तृ०पु० एक० लट्०-वर्तमान० भ्वादि० आत्मने० ←√दा); * अनुपकारिणे (पु० चतुर्थी० एक० न-तत्पु०स० ←वि० उपकारिन् ←उप√कृ); * देशे (6.11); * काले (8.23); * च (1.1); * पात्रे (सप्तमी० एक० ←न० **पात्र** ←√पा); * च (1.1); * तत् (1.10); * दानम् (10.5); * सात्त्विकम् (17.17); * **स्मृतम्** (न० प्रथमा० एक० ←वि० स्मृत 6.19)

दातव्यम् (देणे कर्तव्य आहे) इति (असे) यत् (जे) दानम् (दान) दीयते (दिले जाते) अनुपकारिणे (ज्याचे आपल्यावर आभार नाहीत त्याला) देशे (ठिकाणी) काले (काळी) च (आणि) पात्रे (पात्र अशा व्यक्तीस्तव) च (आणि) तत् (ते) दानम् (दान) सात्त्विकम् (सात्त्विक) स्मृतम् (जाणले गेले आहे)

* देणे कर्तव्य आहे असे जे दान ज्याचे आपल्यावर आभार नाहीत त्याला आणि (योग्य) ठिकाणी (योग्य) काळी आणि पात्र अशा व्यक्तीस्तव दिले जाते ते दान सात्त्विक जाणले गेले आहे[1].

---

(1) *अद्रोह: सर्वभूतेषु कर्मणा मनसा गिरा।*
अनुग्रहा दानं च शीलमेतत्प्रशस्यते।।
(महाभारत, शान्ति० 124.66)
कृति मति तथा वाणी, ज्यांनी न दुखती प्राणी।
परोपकारी व दानी, स्वभाव स्त्युत्य हा जाणी।।

।।17.21।। **यत्तु प्रत्युपकारार्थं फलमुद्दिश्य वा पुनः।**
दीयते च परिक्लिष्टं तद्दानं राजसं स्मृतम्।।

यत् (नि॰ 1/10) तु प्रत्युपकारार्थम् (नि॰ 14/1) फलम् (नि॰ 8/20) उद्दिश्य वा पुनः (नि॰ 22/8) दीयते च परिक्लिष्टम् (नि॰ 14/1) तत् (नि॰ 9/5) दानम् (नि॰ 14/1) राजसम् (नि॰ 14/1) स्मृतम् (नि॰ 14/2)

यत् (2.67); * तु (1.2); * प्रत्युपकारार्थम् (न॰ प्रथमा॰ एक॰ ←वि॰ बहुव्री॰स॰ प्रत्युपकारार्थ, प्रत्युपकारस्य अर्थः यस्मिन् तत् ←पु॰ प्रत्युपकार ←प्रति–उप√कृ + पु॰ अर्थ 1.7); * फलम् (2.51); * उद्दिश्य (ल्यप्॰ अव्य॰ ←उद्√दिश्); * वा (1.32); * पुनः (4.35); * दीयते (17.20); * च (1.1); * परिक्लिष्टम् (न॰ प्रथमा॰ एक॰ ←कर्मणि॰ वि॰ परिक्लिष्ट ←परि√क्लिश्); * तत् (1.10); * दानम् (10.5); * राजसम् (17.12); * स्मृतम् (17.20)

यत् (जे) तु (परंतु) प्रत्युपकारार्थम् (प्रत्युपकार करण्याच्या उद्देशाने) फलम् (फळाला) उद्दिश्य (उद्देशून) वा (अथवा) पुनः (नंतर) दीयते (दिले जाते) च (आणि) परिक्लिष्टम् (क्लेशपूर्वक) तत् (ते) दानम् (दान) राजसम् (राजसी) स्मृतम् (जाणले गेले आहे)

* परंतु जे प्रत्युपकार करण्याच्या उद्देशाने अथवा फळाला उद्देशून नंतर आणि क्लेशपूर्वक दिले जाते ते दान राजसी जाणले गेले आहे.

।।17.22।। **अदेशकाले यद्दानमपात्रेभ्यश्च दीयते।**
असत्कृतमवज्ञातं तत्तामसमुदाहृतम्।।

अदेशकाले यत् (नि॰ 9/5) दानम् (नि॰ 8/16) अपात्रेभ्यः (नि॰ 17/1) च दीयते (नि॰ 23/1) असत्कृतम् (नि॰ 8/16) अवज्ञातम् (नि॰ 14/1) तत् (नि॰ 1/10) तामसम् (नि॰ 8/20) उदाहृतम् (नि॰ 14/2)

अदेशकाले (पु॰ सप्तमी॰ द्वि॰व॰ ←द्वंद्व॰स॰ अदेशे च अकाले च ←अव्य॰ अ + पु॰ देश 6.11 + पु॰ काल 2.72); * यत् (1.45); * दानम् (प्रथमा॰ 10.5); * अपात्रेभ्यः (चतुर्थी॰ अनेक॰ ←न–तत्पु॰स॰ अपात्र ←न॰ पात्र 17.20); * च (1.1); * दीयते (17.20); * असत्कृतम् (क्रिवि॰ अथवा न॰ प्रथमा॰

लब्धानामपि वित्तानां बोद्धव्यौ द्वावतिक्रमौ।
अपात्रे प्रतिपत्तिा पात्रे चाप्रतिपादनम्।।
(महाभारत, शान्ति॰ 259.5)
दैवे जे पावले धन, दुष्प्रयोग त्याचे दोन।
अपात्र केला सधन, पात्रास न दिले दान।।

एक॰ न-तत्पु॰स॰ ←वि॰ सत्कृत 11.42); * अवज्ञातम् (क्रि॰वि॰ अथवा न॰ प्रथमा॰ एक॰ ←क्त॰ वि॰ अवज्ञात ←स्त्री॰ अवज्ञा ←अव√ज्ञा); * तत् (1.10); * तामसम् (17.13); * उदाहृतम् (13.7)

अदेशकाले (अनुचित स्थळीकाळी) यत् (जे) दानम् (दान) अपात्रेभ्य: (अपात्र व्यक्तींना) च (आणि) दीयते (दिले जाते) असत्कृतम् (मानहानी करून) अवज्ञातम् (तिरस्कारपूर्वक) तत् (ते) तामसम् (तामसी) उदाहृतम् (म्हटले गेले आहे)

* जे दान अनुचित स्थळीकाळी, अपात्र व्यक्तींना, मानहानी करून आणि तिरस्कारपूर्वक दिले जाते[1] ते तामसी म्हटले गेले आहे.

।।17.23।। **ॐ तत्सदिति निर्देशो ब्रह्मणस्त्रिविध: स्मृत:।**
ब्राह्मणास्तेन वेदाश्च यज्ञाश्च विहिता: पुरा।।

ॐ तत् (नि॰ 10/7) सत् (नि॰ 8/4) इति निर्देश: (नि॰ 15/7) ब्रह्मण: (नि॰ 18/1) त्रिविध: (नि॰ 22/7) स्मृत: (नि॰ 22/8) ब्राह्मणा: (नि॰ 24/5, 18/1) तेन वेदा: (नि॰ 17/1) च यज्ञा: (नि॰ 17/1) च विहिता: (नि॰ 22/3) पुरा

ॐ (8.13); * तत् (1.10) सत् (2.16); * इति (1.25); * निर्देश: (प्रथमा॰ एक॰ ←पु॰ निर्देश ←निर्√दिश्); * ब्रह्मण: (4.32); * त्रिविध: (17.7); * स्मृत: (पु॰ प्रथमा॰ एक॰ ←वि॰ स्मृत 6.19); * ब्राह्मणा: (9.33); * तेन (3.38); * वेदा: (2.45); * च (1.1); * यज्ञा: (4.32); * च (1.1); * विहिता: (प्रथमा॰ अनेक॰ ←वि॰ विहित 7.22); * पुरा (3.3)

ॐ (ॐ) तत्सत् (तत् सत्) इति (असा) निर्देश: (उल्लेख) ब्रह्मण: (ब्रह्माचा) त्रिविध: (तिहेरी) स्मृत: (जाणला आहे) ब्राह्मणा: (ब्राह्मण ग्रंथ) तेन (त्याने) वेदा: (वेद) च (आणि) यज्ञा: (यज्ञ) च (आणि) विहिता: (नियुक्त केले गेले आहेत) पुरा (आदि काळी)

---

[1] *दानमेव हि सर्वत्र सान्त्वनानभिजल्पितम्।*
न प्रीणयति भूतानि निर्व्यञ्जनमिवाशनम्।।
(महाभारत, शान्ति॰ 84.7)
जगी जनांत सर्वत्र, दान वितरते मोद।
अधुरे ते वाटे मात्र, दिले विना गोड शब्द।।

द्वावम्भसि निवेष्टव्यौ गले बद्ध्वा दृढां शिलाम्।
धनवन्तमदातारं दरिद्रं चातपस्विनम्।।
(महाभारत, अश्व॰ 90.94)
धनी जो न देई दान, साधनाहीन जो दीन।
धोंडयास बांधुनि मान, टाकावे जळी ते दोन।।

* ब्रह्माचा ॐ तत् सत् असा तिहेरी उल्लेख जाणला आहे; त्याने(च) आदि काळी वेद आणि ब्राह्मण ग्रंथ आणि यज्ञ नियुक्त केले गेले आहेत.

।।17.24।। **तस्मादोमित्युदाहृत्य यज्ञदानतपःक्रियाः।**
प्रवर्तन्ते विधानोक्ताः सततं ब्रह्मवादिनाम्।।

तस्मात् (नि० 8/10) ओम् (नि० 8/18) इति (नि० 4/3) उदाहृत्य यज्ञदानतपःक्रियाः (नि० 22/8) प्रवर्तन्ते विधानोक्ताः (नि० 22/7) सततम् (नि० 14/1) ब्रह्मवादिनाम् (नि० 14/2)

तस्मात् (1.37); * ओम् (ॐ 8.13); * इति (1.25); * उदाहृत्य (ल्यप्० अव्य० ←उद्-आ√हृ); * यज्ञदानतपःक्रियाः (स्त्री० प्रथमा० अनेक० ←तत्पु०स० यज्ञदानतपःक्रिया, यज्ञस्य च दानस्य च तपसः च क्रिया ←पु० यज्ञ 3.9 + न० दान 8.28 + न० तपस् 4.10 + स्त्री० क्रिया 1.42); * प्रवर्तन्ते (16.10); * विधानोक्ताः (प्रथमा० अनेक० ←तत्पु०स० विधानोक्त, विधानेन उक्तः ←न० विधान 16.24 + वि० उक्त 1.24); * सततम् (3.19); * ब्रह्मवादिनाम् (पु० षष्ठी० अनेक० ←तत्पु०स० ब्रह्मवादिन्, ब्रह्मणः वादी ←न० ब्रह्मन् 2.72 + पु० वादिन् 2.42)

तस्मात् (म्हणून) ॐ (ॐ) इति (असे) उदाहृत्य (उच्चारून) यज्ञदानतपःक्रियाः (यज्ञ, दान व तप या क्रिया) प्रवर्तन्ते (आरंभ करतात) विधानोक्ताः (शास्त्रविधींनी सांगितलेल्या) सततम् (नेहमी) ब्रह्मवादिनाम् (ब्रह्मवेत्त्यांच्या)

* म्हणून ब्रह्मवेत्त्यांच्या यज्ञ, दान व तप या शास्त्रविधींनी सांगितलेल्या क्रिया नेहमी ॐ असे उच्चारून आरंभ करतात.

।।17.25।। **तदित्यनभिसन्धाय फलं यज्ञतपःक्रियाः।**
दानक्रियाश्च विविधाः क्रियन्ते मोक्षकाङ्क्षिभिः।।

तत् (नि० 8/4) इति (नि० 4/1) अनभिसन्धाय फलम् (नि० 14/1) यज्ञतपःक्रियाः (नि० 22/8) दानक्रि याः (नि० 17/1) च विविधाः (नि० 22/1) क्रियन्ते मोक्षकाङ्क्षिभिः (नि० 22/8)

तत् (1.10); * इति (1.25); * अनभिसन्धाय (ल्यप्० अव्य० ←अव्य० अन् 3.36 + अभि-सम्√धा); * फलम् (2.51); * यज्ञतपःक्रियाः (स्त्री० प्रथमा० अनेक० ←तत्पु०स० यज्ञतपःक्रिया, यज्ञस्य च तपसः च क्रिया ←पु० यज्ञ 3.9 + न० तपस् 4.10 + स्त्री० क्रिया 1.42); * दानक्रियाः (स्त्री० प्रथमा० अनेक० ←तत्पु०स० दानक्रिया, दानस्य क्रिया ←न० दान 8.28 + स्त्री० क्रिया 1.42); * च (1.1); * **विविधाः** (स्त्री० प्रथमा० अनेक० ←वि० विविध 13.5); * क्रियन्ते (तृ०पु० अनेक० लट्०-वर्तमान० तनादि० आत्मने० ←8√कृ 17.18); * मोक्षकाङ्क्षिभिः (पु० तृतीया० अनेक० ←तत्पु०स० मोक्षकाङ्क्षिन्, मोक्षस्य कांक्षी ←पु० मोक्ष 5.28 + पु० काङ्क्षिन् ←√कांक्ष्)

तत् ('तत्') इति (असे) अनभिसन्धाय (आसक्त न होता) फलम् (फळाला) यज्ञतप:क्रिया: (यज्ञ व तप क्रिया) दानक्रिया: (दान क्रिया) च (आणि) विविधा: (विविध) क्रियन्ते (केल्या जातात) मोक्षकाङ्क्षिभि: (मोक्षाची आकांक्षा धरणाऱ्यांकडून)

* मोक्षाची आकांक्षा धरणाऱ्यांकडून यज्ञ व तप क्रिया आणि विविध दान क्रिया, फळाला आसक्त न होता, 'तत्' असे (उच्चारून) केल्या जातात.

।।17.26।। **सद्भावे साधुभावे च सदित्येतत्प्रयुज्यते।**
प्रशस्ते कर्मणि तथा सच्छब्द: पार्थ युज्यते।।

सद्भावे साधुभावे च सत् (नि० 8/4) इति (नि० 4/4) एतत् (नि० 10/6) प्रयुज्यते प्रशस्ते कर्मणि (नि० 24/7) तथा सत् (नि० 11/4) शब्द: (नि० 22/3) पार्थ युज्यते

सद्भावे (पु० सप्तमी० एक० ←तत्पु०स० सद्भाव, सत: भाव: ←वि० सत् 2.16 + पु० भाव 2.7); * साधुभावे (पु० सप्तमी० एक० ←तत्पु०स० साधुभाव, साधो: भाव: ←पु० साधु 4.8 + पु० भाव 2.7); * च (1.1); * सत् (2.16); * इति (1.25); * एतत् (2.3); * प्रयुज्यते (तृ०पु० एक० लट्०–वर्तमान० रुधादि० आत्मने० ←प्र√युज् 10.7); * प्रशस्ते (सप्तमी० एक० ←क्त० वि० प्रशस्त ←प्र√शंस्); * कर्मणि (2.47); * तथा (1.8); * सत् (2.16); * शब्द: (1.13); * पार्थ (1.25); * युज्यते (10.7)

सद्भावे (सद्भावात) साधुभावे (साधुभावात) च (आणि) सत् (सत्) इति (असे) एतत् (हे) प्रयुज्यते (योजिले जाते) प्रशस्ते (शुभ) कर्मणि (कर्मात) तथा (तसेच) सत् (सत्) शब्द: (उच्चार) पार्थ (हे पार्था!) युज्यते (योजिला जातो)

* हे पार्था! सद्भावात आणि साधुभावात असे हे 'सत्' योजिले जाते तसेच शुभ कर्मात सत् उच्चार योजिला जातो.

।।17.27।। **यज्ञे तपसि दाने च स्थिति: सदिति चोच्यते।**
कर्म चैव तदर्थीयं सदित्येवाभिधीयते।।

यज्ञे तपसि दाने च स्थिति: (नि० 22/7) सत् (नि० 8/4) इति च (नि० 2/2) उच्यते कर्म च (नि० 3/1) एव तदर्थीयम् (नि० 14/1) सत् (नि० 8/4) इति (नि० 4/4) एव (नि० 1/1) अभिधीयते

यज्ञे (3.15); * तपसि (सप्तमी० एक० ←न० तपस् (4.10); * दाने (सप्तमी० एक० ←न० दान 8.28); * च (1.1); * स्थिति: (2.72); * सत् (2.16); * इति (1.25); * च (1.1); * उच्यते (2.25); * कर्म (2.49); * च (1.1); * एव (1.1); * तदर्थीयम् (न० प्रथमा० एक० ←वि० बहुव्री० तदर्थीय, स: यस्य अर्थ: यस्मिन् तत् ←सना० तत् 1.10 + पु० अर्थ 1.7); * सत् (2.16); * इति (1.25); * एव (1.1); * अभिधीयते (13.2)

यज्ञे (यज्ञात) तपसि (तपात) दाने (दानात) च (आणि) स्थितिः (निष्ठा) सत् (सत्) इति (असे) च (आणि) उच्यते (म्हटले जाते) कर्म (कर्म) च (आणि) एव (तसेच) तदर्थीयम् (जे अशा उद्देशाचे आहे त्याला) सत् (सत्) इति (असे) एव (च) अभिधीयते (नाव दिले जाते)

* यज्ञात आणि तपात आणि दानात (जी) निष्ठा (असते तिला) सत् असे म्हटले जाते आणि तसेच अशा उद्देशाचे जे कर्म आहे त्याला सत् असेच नाव दिले जाते[1].

।।17.28।। **अश्रद्धया हुतं दत्तं तपस्तप्तं कृतं च यत्।**
असदित्युच्यते पार्थ न च तत्प्रेत्य नो इह।।

अश्रद्धया हुतम् (नि० 14/1) दत्तम् (नि० 14/1) तपः (नि० 18/1) तप्तम् (नि० 14/1) कृतम् (नि० 14/1) च यत् (नि० 23/1) असत् (नि० 8/4) इति (नि० 4/3) उच्यते पार्थ न च तत् (नि० 10/6) प्रेत्य नो इह

अश्रद्धया (न–तत्पु०स० ←वि० श्रद्धया 6.37); * हुतम् (4.24); * दत्तम् (प्रथमा० एक० ←वि० दत्त 3.12); * तपः (7.9); * तप्तम् (17.17); * कृतम् (4.15); * च (1.1); * यत् (2.67); * असत् (9.19); * इति (1.25); * उच्यते (2.25); * पार्थ (1.25); * न (1.30); * च (1.1); * तत् (1.10); * **प्रेत्य** (ल्यप्० अव्य० ←प्र√इ); * नो (निषेधार्थक अव्य० ←√नह); * इह (2.5)

अश्रद्धया (विनाश्रद्धेने) हुतम् (हवन केलेले) दत्तम् (दान दिलेले) तपः (तप) तप्तम् (तपस्या केलेले) कृतम् (कर्म) च (आणि) यत् (जे) असत् (असत्) इति (असे) उच्यते (म्हटले जाते) पार्थ (हे पार्था!) न (नाही) च (आणि) तत् (ते) प्रेत्य (मरून परलोकी) नो (नाही) इह (या लोकी)

* हे पार्था! विनाश्रद्धेने केलेले हवन, दिलेले दान, तपस्या केलेले तप आणि कर्म जे असत् असे म्हटले जाते ते या लोकी नाही आणि मरून परलोकी (योग्य) नाही.

इति श्रीमद्भगवद्गीतासूपनिषत्सु ब्रह्मविद्यायां योगशास्त्रे श्रीकृष्णार्जुनसंवादे श्रद्धात्रयविभागयोगो नाम सप्तदशोऽध्यायः।।17।।

---

(1) *सत्यमेकपदं ब्रह्म सत्ये धर्मः प्रतिष्ठितः।*
सत्येमेवाक्षया वेदाः सत्यनावाप्यते परम्।।
(वाल्मिकीरामायण, अयोध्या० 14.7)

सत्यमेवेश्वरो लोके सत्ये धर्मः सदाश्रितः।।
(वाल्मिकीरामायण, अयोध्या० 109.13)

सत्य स्वरूप ॐकार, जेणे वेद निर्विकार।
सत्यचि धर्माचे सार, सत् हेचि ब्रह्माचे द्वार।
सत्य ईश निराकार, इहलोकी सर्वाधार।
सत्य हाचि सदाचार, म्हणुनि ते धर्माधार।।

इति श्रीमद्भगवद्गीतासु (नि॰ 1/8) उपनिषत्सु ब्रह्मविद्यायाम् (नि॰ 14/1) योगशास्त्रे श्रीकृष्णार्जुनसंवादे श्रद्धात्रयविभागयोग: (नी॰ 15/6) नाम सप्तदश: (नी॰ 15/1) अध्याय: (नी॰ 22/8)

इति (याप्रमाणे) श्रीमद्भगवद्गीतासु उपनिषत्सु (श्रीमद्भगवद्गीतो-पनिषदांतील) ब्रह्मविद्यायाम् (ब्रह्मविद्यांतर्गत) योगशास्त्रे श्रीकृष्णार्जुनसंवादे (श्रीकृष्ण आणि अर्जुन यांच्या योगशास्त्राच्या संवादापैकी) श्रद्धात्रयविभागयोग: (श्रद्धात्रयविभागयोग) नाम (नामक) सप्तदश: (सतरावा) अध्याय: (अध्याय)

* श्रीमद्भगवद्गीतोपनिषदांतील श्रीकृष्ण आणि अर्जुन यांच्या योगशास्त्राच्या संवादापैकी ब्रह्मविद्यांतर्गत 'श्रद्धात्रयविभागयोग' नावाचा सतरावा अध्याय याप्रमाणे (समाप्त).

*****

अर्थं महान्तमासाद्य विद्यामैश्वर्यमेव वा।
विचरत्यसमुन्नद्धो य: स पण्डित उच्यते॥
(महाभारत, उद्योग॰ 33.45)

धन विद्या सत्ता युक्त, असूनही अनासक्त।
गर्व अहंभाव रीक्त, जन तो 'पंडित' उक्त॥

दान्तस्य किमरण्येन तथाऽदान्तस्य भारत।
यत्रैव निवसेद्दान्तस्तदरण्यं स चाश्रम॥
(महाभारत, शान्ति॰ 160.36)

इंद्रिये ज्याची स्वैर, वनवास त्याचा व्यर्थ।
मनोनिग्रही जो स्थिर, तो जिथे तिथेच तीर्थ॥

अष्टादशोऽध्याय: ।
मोक्षसंन्यासयोग: ।

॥18.1॥ अर्जुन उवाच

संन्यासस्य महाबाहो तत्त्वमिच्छामि वेदितुम्।
त्यागस्य च हृषीकेश पृथक्केशिनिषूदन॥

अष्टादश: (नि॰ 15/1) अध्याय: (नि॰ 22/8) । मोक्षसंन्यासयोग: (नि॰ 22/8) । अर्जुन: (नि॰ 19/4) उवाच । संन्यासस्य महाबाहो तत्त्वम् (नि॰ 8/18) इच्छामि वेदितुम् (नि॰ 14/2) त्यागस्य च हृषीकेश पृथक् (नि॰ 1/9) केशिनिषूदन

अष्टादश: (पु॰ प्रथमा॰ एक॰ ←क्रमवाचक संख्या॰ वि॰ अष्टादश ←वि॰ अष्टन् 7.4 + वि॰ दश 13.6); * अध्याय: (प्रथमा॰ एक॰ ←पु॰ अध्याय ←अधि√इ); * मोक्षसंन्यासयोग: (पु॰ प्रथमा॰ एक॰

←तत्पु॰स॰ मोक्षसंन्यासयोग, मोक्षस्य च संन्यासस्य च योगः ←पु॰ मोक्ष 5.28 + पु॰ संन्यास 5.1 + पु॰ योग 2.39)

अर्जुनः (1.28); * उवाच (1.25) । संन्यासस्य (षष्ठी॰ एक॰ ←पु॰ संन्यास 5.1); * महाबाहो (2.26); * तत्त्वम् (द्वितीया॰ एक॰ ←न॰ तत्त्व 2.16); * इच्छामि (1.35); * **वेदितुम्** (तुमन्त॰ अव्य॰ ←√विद्); * त्यागस्य (षष्ठी॰ एक॰ ←पु॰ त्याग 12.11); * च (1.1); * हृषीकेश (11.36); * पृथक् (1.18); * केशिनिषूदन (पु॰ संबो॰ एक॰ ←बहुव्री॰ केशिनिषूदन, केशिनः निषूदनः ←पु॰ विना॰ केशिन् + न॰ निषूदन ←नि√सूद्)

अर्जुनः (अर्जुन) उवाच– (म्हणाला–) संन्यासस्य (संन्यासाच्या) महाबाहो (हे महाबाहो श्रीकृष्णा!) तत्त्वम् (तत्त्वाला) इच्छामि (मी इच्छितो) वेदितुम् (जाणू–) त्यागस्य (त्यागाच्या) च (आणि) हृषीकेश (हे हृषीकेशा!) पृथक् (अलग अलग) केशिनिषूदन (हे केशिनिषूदना!)

* अर्जुनः म्हणाला– हे महाबाहो श्रीकृष्णा! मी संन्यासाच्या आणि त्यागाच्या अलग अलग तत्त्वाला जाणू इच्छितो, हे हृषीकेशा! हे केशिनिषूदना!

।।18.2।। श्रीभगवानुवाच

काम्यानां कर्मणां न्यासं संन्यासं कवयो विदुः।
सर्वकर्मफलत्यागं प्राहुस्त्यागं विचक्षणाः।।

श्रीभगवान् (नि॰ 8/14) उवाच । काम्यानाम् (नि॰ 14/1) कर्मणाम् (नि॰ 14/1) न्यासम् (नि॰ 14/1) संन्यासम् (नि॰ 14/1) कवयः (नि॰ 15/13) विदुः (नि॰ 22/8) सर्वकर्मफलत्यागम् (नि॰ 14/1) प्राहुः (नि॰ 18/1) त्यागम् (नि॰ 14/1) विचक्षणाः (नि॰ 24/5, 22/8)

श्रीभगवान् (2.2); * उवाच (1.25) । काम्यानाम् (न॰ षष्ठी॰ अनेक॰ ←वि॰ काम्य 10.1); * कर्मणाम् (3.4); * न्यासम् (द्वितीया॰ एक॰ ←पु॰ न्यास ←नि√अस्); * संन्यासम् (5.1); * कवयः (4.16); * विदुः (4.2); * सर्वकर्मफलत्यागम् (12.11); * प्राहुः (6.2); * **त्यागम्** (द्वितीया॰ एक॰ ←पु॰ त्याग 12.11); * विचक्षणाः (पु॰ प्रथमा॰ अनेक॰ ←वि॰ विचक्षण ←वि√चक्ष्)

श्रीभगवान् (श्रीभगवान) उवाच (म्हणाले–) काम्यानाम् (काम्य अशा) कर्मणाम् (कर्मांच्या) न्यासम् (परित्यागाला) संन्यासम् (संन्यास) कवयः (ज्ञाते) विदुः (जाणतात) सर्वकर्मफलत्यागम् (सर्व कर्मांच्या फलत्यागाला) प्राहुः (म्हणतात) त्यागम् (त्याग) विचक्षणाः (विद्वान)

* श्रीभगवान् म्हणाले– काम्य अशा कर्मांच्या परित्यागाला ज्ञाते संन्यास (म्हणून) जाणतात (आणि) सर्व कर्मांच्या फलत्यागाला विद्वान त्याग (असे) म्हणतात.

।।18.3।। **त्याज्यं दोषवदित्येके कर्म प्राहुर्मनीषिणः।**
यज्ञदानतपःकर्म न त्याज्यमिति चापरे।।

त्याज्यम् (नि॰ 14/1) दोषवत् (नि॰ 8/4) इति (नि॰ 4/4) एके कर्म प्राहु: (नि॰ 16/8) मनीषिण: (नि॰ 22/8) यज्ञदानतप:कर्म न त्याज्यम् (नि॰ 8/18) इति च (नि॰ 1/1) अपरे

त्याज्यम् (न॰ द्वितीया॰ एक॰ ←कर्मणि॰ विधि॰ धातु॰सा॰ वि॰ त्याज्य ←√त्यज्); * दोषवत् (न॰ द्वितीया॰ एक॰ ←वि॰ दोषवत् ←√दुष्); * इति (1.25); * एके (पु॰ प्रथमा॰ अनेक॰ ←सना॰ एक 2.41); * कर्म (द्वितीया॰ 2.49); * प्राहु: (6.2); * मनीषिण: (2.51); * **यज्ञदानतप:कर्म** (न॰ प्रथमा॰ एक॰ ←तत्पु॰स॰ यज्ञदानतप:कर्म, यज्ञस्य च दानस्य च तपस: च कर्म ←पु॰ यज्ञ 3.9 + न॰ दान 8.28 + न॰ तपस् (4.10); * + न॰ कर्मन् 1.15); * न (1.30); * त्याज्यम् (↑); * इति (1.25); * च (1.1); * अपरे (सना॰ प्रथमा॰ अनेक॰ 4.25)

त्याज्यम् (त्यागण्यास योग्य आहे) दोषवत् (सदोष) इति (असे) एके (काही) कर्म (कर्म) प्राहु: (म्हणतात) मनीषिण: (विद्वान लोक) यज्ञदानतप:कर्म (यज्ञ, दान व तपाचे कर्म) न (नाही) त्याज्यम् (त्यागण्यास योग्य–) इति (असे) च (आणि) अपरे (दुसरे)

* कर्म सदोष (असते म्हणून) त्यागण्यास योग्य आहे असे काही विद्वान लोक म्हणतात आणि यज्ञ, दान व तपाचे कर्म त्यागण्यास योग्य नाही असे दुसरे (विद्वान म्हणतात).

।।18.4।। **निश्चयं शृणु मे तत्र त्यागे भरतसत्तम।**
त्यागो हि पुरुषव्याघ्र त्रिविध: सम्प्रकीर्तित:।।

निश्चयम् (नि॰ 14/1) शृणु मे तत्र त्यागे भरतसत्तम त्याग: (नि॰ 15/14) हि पुरुषव्याघ्र त्रिविध: (नि॰ 22/7) सम्प्रकीर्तित: (नि॰ 22/8)

निश्चयम् (द्वितीया॰ एक॰ ←पु॰ निश्चय 2.37); * शृणु (2.39); * मे (1.21); * तत्र (1.26); * त्यागे (सप्तमी॰ एक॰ ←पु॰ त्याग 12..11); * भरतसत्तम (पु॰ संबो॰ एक॰ ←बहुव्री॰ भरतसत्तम, भरतेषु सत्तम: य: ←पु॰ भरत 3.41 + वि॰ सत्तम 4.31); * त्याग: (16.2); * हि (1.11); * पुरुषव्याघ्र (पु॰ संबो॰ एक॰ ←बहुव्री॰ पुरुषव्याघ्र, पुरुषेषु व्याघ्र: य: ←पु॰ पुरुष 2.15 + पु॰ व्याघ्र ←वि–आ√घ्रा); * त्रिविध: (17.7); * सम्प्रकीर्तित: (पु॰ प्रथमा॰ एक॰ ←क्त॰ वि॰ सम्प्रकीर्तित ←सम्–प्र√कृ)

निश्चयम् (निश्चित मत) शृणु (तू ऐक) मे (माझे) तत्र (त्या विषयी) त्यागे (त्यागाच्या बाबतीत) भरतसत्तम (हे भरतश्रेष्ठा!) त्याग: (त्याग) हि (वास्तविक) पुरुषव्याघ्र (हे पुरुषव्याघ्रा!) त्रिविध: (तीन प्रकारचा) सम्प्रकीर्तित: (म्हटला आहे)

* हे भरतश्रेष्ठा! त्यागाच्या बाबतीत त्या विषयी तू माझे निश्चित मत ऐक; हे पुरुषव्याघ्रा! त्याग वास्तविक तीन प्रकारचा म्हटला आहे.

।।18.5।। **यज्ञदानतप:कर्म न त्याज्यं कार्यमेव तत्।**
यज्ञो दानं तपश्चैव पावनानि मनीषिणाम्।।

यज्ञदानतपःकर्म न त्याज्यम् (नि० 14/1) कार्यम् (नि० 8/22) एव तत् (नि० 23/1) यज्ञः (नि० 15/4) दानम् (नि० 14/1) तपः (नि० 17/1) च (नि० 3/1) एव पावनानि मनीषिणाम् (नि० 24/6, 14/2)

यज्ञदानतपःकर्म (18.3); * न (1.30); * त्याज्यम् (18.3); * कार्यम् (3.17); * एव (1.1); * तत् (1.10); * यज्ञः (3.14); * दानम् (10.5); * तपः (7.9); * च (1.1); * एव (1.1); * पावनानि (न० प्रथमा० अनेक० ←वि० पावन ←√पू); * मनीषिणाम् (पु० षष्ठी० अनेक० ←वि० मनीषिन् 2.51)

यज्ञदानतपःकर्म (यज्ञ, दान, तप व कर्म) न (नव्हेत) त्याज्यम् (त्यागण्यास योग्य) कार्यम् (करणे) एव (तसेच) तत् (ते) यज्ञः (यज्ञ) दानम् (दान) तपः (तप) च (आणि) एव (च) पावनानि (पावन करणारे) मनीषिणाम् (विद्वानांचे)

* यज्ञ, दान, तप व कर्म त्यागण्यास योग्य नव्हेत; तसेच ते यज्ञ, दान आणि तप करणेच विद्वानांचे पावन करणारे (आहे).

।।18.6।। **एतान्यपि तु कर्माणि सङ्गं त्यक्त्वा फलानि च।**
कर्तव्यानीति मे पार्थ निश्चितं मतमुत्तमम्।।

एतानि (नि० 4/1) अपि तु कर्माणि (नि० 24/7) सङ्गम् (नि० 14/1) त्यक्त्वा फलानि च कर्तव्यानि (नि० 1/5) इति मे पार्थ निश्चितम् (नि० 14/1) मतम् (नि० 8/20) उत्तमम् (नि० 14/2)

एतानि (प्रथमा० 14.12); * अपि (1.26); * तु (1.2); * कर्माणि (प्रथमा० 2.48); * सङ्गम् (द्वितीया० 2.48); * त्यक्त्वा (1.33); * फलानि (द्वितीया० अनेक० ←न० फल 2.43); * च (1.1); * कर्तव्यानि (न० प्रथमा० अनेक० ←वि० कर्तव्य 3.22); * इति (1.25); * मे (1.21); * पार्थ (1.25); * निश्चितम् (प्रथमा० 2.7); * मतम् (प्रथमा० 7.18); * उत्तमम् (प्रथमा० 4.3)

एतानि (ही) अपि (सुद्धा) तु (परंतु) कर्माणि (कर्मे) सङ्गम् (आसक्ति) त्यक्त्वा (त्यागून) फलानि (फळे) च (आणि) कर्तव्यानि (करणे उचित आहे) इति (असे) मे (माझे) पार्थ (हे पार्था!) निश्चितम् (पक्के) मतम् (मत) उत्तमम् (उच्च)

* परंतु, हे पार्था! ही कर्मेसुद्धा आसक्ति आणि फळे त्यागून करणे उचित आहे असे माझे उच्च (व) पक्के मत (आहे).

।।18.7।। **नियतस्य तु संन्यासः कर्मणो नोपपद्यते।**
मोहात्तस्य परित्यागस्तामसः परिकीर्तितः।।

नियतस्य तु संन्यासः (नि० 22/1) कर्मणः (नि० 15/6, 24/2) न (नि० 2/2) उपपद्यते मोहात् (नि० 1/10) तस्य परित्यागः (नि० 18/1) तामसः (नि० 22/3) परिकीर्तितः (नि० 22/8)

नियतस्य (षष्ठी० एक० ←वि० नियत 1.44); * तु (1.2); * संन्यासः (5.2); * कर्मणः (4.17); * न (1.30); * उपपद्यते (2.3); * मोहात् (16.10); * तस्य (1.12); * परित्यागः (पु० प्रथमा० एक० ←पु०

परित्याग ←परि√त्यज्); * **तामसः** (प्रथमा॰ एक॰ ←वि॰ तामस 7.12); * **परिकीर्तितः** (पु॰ प्रथमा॰ एक॰ ←क्त॰ वि॰ परिकीर्तित ←परि√कीर्त्)

नियतस्य (रोजच्या) तु (परंतु) संन्यासः (त्याग) कर्मणः (कर्माचा) न–उपपद्यते (उचित नसतो) मोहात् (भ्रमामुळे) तस्य (त्याचा) परित्यागः (पूर्ण त्याग) तामसः (तामसी) परिकीर्तितः (म्हटले आहे).

* परंतु रोजच्या कर्माचा त्याग उचित नसतो, भ्रमामुळे त्याचा पूर्ण त्याग करणे तामसी (त्याग) म्हटले आहे.

।।18.8।। **दुःखमित्येव यत्कर्म कायक्लेशभयात्त्यजेत्।**
स कृत्वा राजसं त्यागं नैव त्यागफलं लभेत्।।

दुःखम् (नि॰ 8/18) इति (नि॰ 4/4) एव यत् (नि॰ 10/5) कर्म कायक्लेशभयात् (नि॰ 1/10) त्यजेत् (नि॰ 23/1) सः (नि॰ 21/2) कृत्वा राजसम् (नि॰ 14/1) त्यागम् (नि॰ 14/1) न (नि॰ 3/1) एव त्यागफलम् (नि॰ 14/1) लभेत्

दुःखम् (5.6); * इति (1.25); * एव (1.1); * यत् (3.21); * कर्म (द्वितीया॰ 3.8); * कायक्लेशभयात् (न॰ पंचमी॰ एक॰ ←तत्पु॰स॰ कायक्लेशभय, कायस्य क्लेशस्य भयम् ←न॰ काय 5.11 + पु॰ क्लेश 12.5 + न॰ भय 2.35); * त्यजेत् (16.21); * सः (1.13); * कृत्वा (2.38); * राजसम् (17.12); * त्यागम् (18.2); * न (1.30); * एव (1.1); * त्यागफलम् (न॰ द्वितीया॰ एक॰ ←तत्पु॰स॰ त्यागफल, त्यागस्य फलम् ←पु॰ त्याग 12.11 + न॰ फल 2.43); * लभेत् (तृ॰पु॰ एक॰ विधि॰ भ्वादि॰ परस्मै॰ ←√लभ्)

दुःखम् (क्लेशदायक) इति (असे) एव (च) यत् (जे) कर्म (कर्म) कायक्लेशभयात् (देहाला होणाऱ्या त्रासाच्या भीतीपासून) त्यजेत् (त्यागील) सः (तो) कृत्वा (करून) राजसम् (राजसी) त्यागम् (त्याग) न (नाही) एव (ही) त्यागफलम् (त्यागाचे फळ) लभेत् (मिळविणार–)

* क्लेशदायक असेच जे कर्म देहाला होणाऱ्या त्रासाच्या भीतीपासून (कुणी) त्यागील तो (अशा रीतीने) राजसी त्याग करून त्यागाचे फळही मिळविणार नाही.

।।18.9।। **कार्यमित्येव यत्कर्म नियतं क्रियतेऽर्जुन।**
सङ्गं त्यक्त्वा फलं चैव स त्यागः सात्त्विको मतः।।

कार्यम् (नि॰ 8/18) इति (नि॰ 4/4) एव यत् (नि॰ 10/5) कर्म नियतम् (नि॰ 14/1) क्रियते (नि॰ 6/1) अर्जुन सङ्गम् (नि॰ 14/1) त्यक्त्वा फलम् (नि॰ 14/1) च (नि॰ 3/1) एव सः (नि॰ 21/2) त्यागः (नि॰ 22/7) सात्त्विकः (नि॰ 15/9) मतः (नि॰ 22/8)

कार्यम् (प्रथमा॰ 3.17); * इति (1.25); * एव (1.1); * यत् (प्रथमा॰ 2.67); * कर्म (प्रथमा॰ 2.49); * नियतम् (न॰ प्रथमा॰ एक॰ ←वि॰ नियत 3.8); * क्रियते (17.18); * अर्जुन (2.2); *

सङ्गम् (द्वितीया० 2.48); * त्यक्त्वा (1.33); * फलम् (द्वितीया० 2.51); * च (1.1); * एव (1.1); * सः (1.13); * त्यागः (16.2); * सात्त्विकः (17.11); * मतः (6.32)

कार्यम् (करणे) इति (असे) एव (च) यत् (जे) कर्म (कर्म) नियतम् (नियमाप्रमाणे) क्रियते (केले जाते) अर्जुन (हे अर्जुना!) सङ्गम् (आसक्ति) त्यक्त्वा (सोडून) फलम् (फळ) च (आणि) एव (च) सः (तो) त्यागः (त्याग) सात्त्विकः (सात्त्विक) मतः (मानला आहे)

* हे अर्जुना! करणे (कर्तव्य आहे) असेच (समजून) जे कर्म आसक्ति आणि फळ सोडून नियमाप्रमाणेच केले जाते तो त्याग सात्त्विक मानला आहे.

।।18.10।। **न द्वेष्ट्यकुशलं कर्म कुशले नानुषज्जते।**
त्यागी सत्त्वसमाविष्टो मेधावी छिन्नसंशयः।।

न द्वेष्टि (नि० 4/1) अकुशलम् (नि० 14/1) कर्म कुशले न (नि० 1/1) अनुषज्जते त्यागी सत्त्वसमाविष्टः (नि० 15/9) मेधावी छिन्नसंशयः (नि० 22/8)

न (1.30); * द्वेष्टि (2.57); * अकुशलम् (न० द्वितीया० एक० ←न-बहुव्री० वि० **कुशल** ←√कुश्); * कर्म (द्वितीया० 2.49); * कुशले (न० सप्तमी० एक० ←वि० कुशल↑); * न (1.30); * अनुषज्जते (6.4); * **त्यागी** (पु० प्रथमा० एक० ←पु० **त्यागिन्** ←√त्यज्); * सत्त्वसमाविष्टः (पु० प्रथमा० एक० ←बहुव्री० वि० सत्त्वसमाविष्ट, सत्त्वेन समाविष्टः यः ←न० सत्त्व 2.45 + क्त० वि० समाविष्ट ←सम्-आ√विश्); * मेधावी (पु० प्रथमा० एक० ←वि० मेधाविन् ←√मेध्); * छिन्नसंशयः (पु० प्रथमा० एक० ←बहुव्री० छिन्नसंशय, छिन्नः संशयः यस्य ←वि० छिन्न 5.25 + पु० संशय 4.40)

न-द्वेष्टि (द्वेष करीत नाही) अकुशलम् कर्म (कष्टदायक कर्माला) कुशले (सुखकारक कर्मात) न-अनुषज्जते (आसक्त होत नाही) त्यागी (त्यागी) सत्त्वसमाविष्टः (सत्त्वगुणयुक्त) मेधावी (ज्ञानी, ज्ञानी मनुष्य) छिन्नसंशयः (निःसंशय झालेला)

* कष्टदायक कर्माला (जो) द्वेष करीत नाही (आणि) सुखकारक कर्मात आसक्त होत नाही (तो) निःसंशय झालेला सत्त्वगुणयुक्त ज्ञानी मनुष्य त्यागी (होय).

।।18.11।। **न हि देहभृता शक्यं त्यक्तुं कर्माण्यशेषतः।**
यस्तु कर्मफलत्यागी स त्यागीत्यभिधीयते।।

न हि देहभृता शक्यम् (नि० 14/1) त्यक्तुम् (नि० 14/1) कर्माणि (नि० 24/7, 4/1) अशेषतः (नि० 22/8) यः (नि० 18/1) तु कर्मफलत्यागी सः (नि० 21/2) त्यागी (नि० 1/7) इति (नि० 4/1) अभिधीयते

न (1.30); * हि (1.11); * देहभृता (पु० तृतीया० एक० ←बहुव्री० वि० देहभृत् 14.14); * शक्यम् (11.4); * त्यक्तुम् (तुमन्त० अव्य० ←√त्यज्); * कर्माणि (द्वितीया० 2.48); * अशेषतः (6.24); * यः (2.19); * तु (1.2); * कर्मफलत्यागी (पु० प्रथमा० एक० ←तत्पु०स० कर्मफलत्यागिन्, कर्मणः फलस्य

त्यागी ←न० कर्मन् 1.15 + न० फल 2.43 + पु० अथवा वि० त्यागिन् 18.10); * सः (1.13); * त्यागी (18.10); * इति (1.25); * अभिधीयते (13.2)

न (नाही) हि (कारण) देहभृता (देहधारीकडून) शक्यम् (शक्य) त्यक्तुम् (त्यागणे) कर्माणि (कर्मे) अशेषतः (पूर्णपणे) यः (जो) तु (परंतु) कर्मफलत्यागी (कर्मफळाचा त्याग करणारा) सः (तो) त्यागी ('त्यागी') इति (असा) अभिधीयते (जाणला जातो)

* (आणि) कारण कर्मे पूर्णपणे त्यागणे देहधारीकडून शक्य नाही, परंतु जो कर्मफळाचा त्याग करणारा (आहे) तो 'त्यागी' असा जाणला जातो

।।18.12।। **अनिष्टमिष्टं मिश्रं च त्रिविधं कर्मणः फलम्।**
भवत्यत्यागिनां प्रेत्य न तु संन्यासिनां क्वचित्।।

अनिष्टम् (नि० 8/18) इष्टम् (नि० 14/1) मिश्रम् (नि० 14/1) च त्रिविधम् (नि० 14/1) कर्मणः (नि० 22/4, 24/2) फलम् (नि० 14/2) भवति (नि० 4/1) अत्यागिनाम् (नि० 14/1) प्रेत्य न तु संन्यासिनाम् (नि० 14/1) क्वचित्

अनिष्टम् (न० प्रथमा० एक० ←वि० अनिष्ट 13.10); * इष्टम् (न० प्रथमा० एक० ←वि० इष्ट 3.10); * मिश्रम् (न० प्रथमा० एक० ←क्त० वि० मिश्र ←√मिश्र्); * च (1.1); * त्रिविधम् (16.21); * कर्मणः (4.17); * फलम् (प्रथमा० 7.23); * भवति (1.44); * अत्यागिनाम् (पु० षष्ठी० अनेक० न-तत्पु०स० ←पु० त्यागिन् 18.10); * प्रेत्य (17.28); * न (1.30); * तु (1.2); * संन्यासिनाम् (षष्ठी० अनेक० ←पु० संन्यासिन् 5.3); * क्वचित् (आवृत्तिदर्शक अव्य० ←अव्य० क्व ←सना० किम् 1.1 + अव्ययी प्रत्यय चित्)

अनिष्टम् (अनिष्ट) इष्टम् (इष्ट) मिश्रम् (मिश्र) च (आणि) त्रिविधम् (तीन प्रकारचे) कर्मणः (कर्माचे) फलम् (फळ) भवति (असते) अत्यागिनाम् (त्याग न करणाऱ्यांच्या) प्रेत्य (मृत्यूनंतर परलोकी) न (नाही) तु (परंतु) संन्यासिनाम् (संन्याशांचे) क्वचित् (कधीही)

* त्याग न करणाऱ्यांच्या कर्माचे फळ मृत्यूनंतर परलोकी अनिष्ट, इष्ट आणि मिश्र (या) तीन प्रकारचे असते परंतु संन्यास्यांचे (तसे) कधीही (घडत) नाही.

।।18.13।। **पञ्चैतानि महाबाहो कारणानि निबोध मे।**
सांख्ये कृतान्ते प्रोक्तानि सिद्धये सर्वकर्मणाम्।।

पञ्च (नि० 3/1) एतानि महाबाहो कारणानि निबोध मे साङ्ख्ये कृतान्ते प्रोक्तानि सिद्धये सर्वकर्मणाम् (नि० 24/6, 14/2)

पञ्च (13.6); * एतानि (द्वितीया० 14.12); * महाबाहो (2.26); * कारणानि (द्वितीया० अनेक० ←न० कारण 3.13); * निबोध (1.7); * मे (1.21); * साङ्ख्ये (2.39); * कृतान्ते (सप्तमी० एक०

←तत्पु०स० कृतान्त, कृतस्य अन्त: ←क्त० वि० कृत 1.35 + पु० अन्त 2.16); * प्रोक्तानि (न० द्वितीया० अनेक० ←वि० प्रोक्त 3.3); * सिद्धये (7.3); * सर्व (1.6); * कर्मणाम् (3.4)

पञ्च (पाच) एतानि (या–) महाबाहो (हे महाबाहो अर्जुना!) कारणानि (कारणांना) निबोध (जाणून घे) मे (माझ्याकरवी) सांख्ये-कृतान्ते (कर्माचा परिणाम सिद्ध करणाऱ्या सांख्य पद्धतीत) प्रोक्तानि (संगितलेल्या) सिद्धये (सिद्धीकरिता) सर्वकर्मणाम् (सर्व कर्मांच्या)

* हे महाबाहो अर्जुना! कर्माचा परिणाम सिद्ध करणाऱ्या सांख्य पद्धतीत संगितलेल्या या पाच कारणांना सर्व कर्मांच्या सिद्धीकरिता माझ्याकरवी जाणून घे–

।।18.14।। **अधिष्ठानं तथा कर्ता करणं च पृथग्विधम्।**
विविधाश्च पृथक्चेष्टा दैवं चैवात्र पञ्चमम्।।

अधिष्ठानम् (नि० 14/1) तथा कर्ता करणम् (नि० 14/1, 24/3) च पृथग्विधम् (नि० 14/2) विविधा: (नि० 17/1) च पृथक् (नि० 10/1) चेष्टा: (नि० 20/8) दैवम् (नि० 14/1) च (नि० 3/1) एव (नि० 1/1) अत्र पञ्चमम् (नि० 14/2)

अधिष्ठानम् (3.40); * तथा (1.8); * कर्ता (3.24); * **करणम्** (न० प्रथमा० एक० ←न० करण 13.21); * च (1.1); * पृथग्विधम् (न० प्रथमा० एक० ←वि० पृथग्विध 10.5); * विविधा: (17.5); * च (1.1); * पृथक् (1.18); * चेष्टा: (प्रथमा० अनेक० ←स्त्री० चेष्टा 6.17); * दैवम् (प्रथमा० एक० ←न० दैव 4.25); * च (1.1); * एव (1.1); * अत्र (1.4); * पञ्चमम् (न० प्रथमा० एक० ←क्रम सूचक वि० **पञ्चम** ←संख्या वि० पञ्चन् 13.6)

अधिष्ठानम् (आश्रयस्थान) तथा (आणि) कर्ता (कर्ता) करणम् ('करण') च (आणि) पृथग्विधम् (भिन्नभिन्न) विविधा: (विविध) च (आणि) पृथक् (वेगवेगळे) चेष्टा: (यत्न) दैवम् ('दैव') च (आणि) एव (तसेच) अत्र (या बाबतीत) पञ्चमम् (पाचवे)

* या बाबतीत 'आश्रयस्थान' आणि 'कर्ता' आणि विविध 'करण' आणि भिन्नभिन्न तसेच वेगवेगळे 'यत्न' आणि पाचवे (कारण) 'दैव' (म्हटले आहे).

।।18.15।। **शरीरवाङ्मनोभिर्यत्कर्म प्रारभते नर:।**
न्याय्यं वा विपरीतं वा पञ्चैते तस्य हेतव:।।

शरीरवाङ्मनोभि: (नि० 16/6) यत् (नि० 10/5) कर्म प्रारभते नर: (नि० 22/8) न्याय्यम् (नि० 14/1) वा विपरीतम् (नि० 14/1) वा पञ्च (नि० 3/1) एते तस्य हेतव: (नि० 22/8)

शरीरवाङ्मनोभि: (न० तृतीया० अनेक० ←द्वंद्व०स० शरीरेण च वाचे च मनसा च ←न० शरीर 1.29 + स्त्री० वाच् 2.42 + न० मनस् 1.30); * यत् (3.21); * कर्म (द्वितीया० 3.8); * प्रारभते (तृ०पु० एक० लट्०–वर्तमान० भ्वादि० आत्मने० ←प्र–आ√रभ् 3.7); * नर: (2.22); * न्याय्यम् (न० द्वितीया० एक० ←कर्मणि० विधि० धातु०सा० वि० न्याय्य ←पु० न्याय (16.12); * वा (1.32); * विपरीतम् (न० द्वितीया०

एक० ←वि० विपरीत 1.31); * वा (1.32); * पञ्च (13.6); * एते (1.23); * तस्य (1.12); * हेतव: (प्रथमा० अनेक० ←पु० हेतु 1.35)

शरीरवाङ्मनोभि: (शरीर, वाणी व मनाने) यत् (ज्या) कर्म (कर्माला) प्रारभते (सुरु करतो) नर: (मनुष्य) न्याय्यम् (नीतीला धरून असलेल्या-) वा-विपरीतम्-वा (अथवा तसे नसलेल्या-) पञ्च (पाच) एते (ही) तस्य (त्याची) हेतव: (कारणे)

* नीतीला धरून असलेल्या अथवा तसे नसलेल्या ज्या कर्माला मनुष्य शरीर, वाणी व मनाने सुरु करतो त्याची ही पाच कारणे (आहेत).

।।18.16।। **तत्रैवं सति कर्तारमात्मानं केवलं तु य:।**
पश्यत्यकृतबुद्धित्वान्न स पश्यति दुर्मति:।।

तत्र (नि० 3/1) एवम् (नि० 14/1) सति कर्तारम् (नि० 8/17) आत्मानम् (नि० 14/1) केवलम् (नि० 14/1) तु य: (नि० 22/8) पश्यति (नि० 4/1) अकृतबुद्धित्वात् (नि० 12/1) न स: (नि० 21/2) पश्यति दुर्मति: (नि० 22/8)

तत्र (1.26); * एवम् (प्रथमा० 1.24); * सति (न० सप्तमी० एक० ←वि० सत् 2.16); * कर्तारम् (द्वितीया० 4.13); * आत्मानम् (3.43); * केवलम् (4.21); * तु (1.2); * य: (2.19); * पश्यति (2.29); * अकृतबुद्धित्वात् (न० पंचमी० एक० ←बहुव्री० वि० अथवा न० अकृतबुद्धित्व, न कृता बुद्धि: येन स: भाव: ←वि० अकृत 3.18 + स्त्री० बुद्धि 1.23); * न (1.30); * स: (1.13); * पश्यति (2.29); * दुर्मति: (पु० प्रथमा० एक० ←बहुव्री० वि० दुर्मति, मूढा मति: यस्य स: ←अश्लाघ्य अव्य० दुर् 1.2 + स्त्री० मति 6.36)

तत्र (त्या बाबतीत) एवम् (असे) सति (असूनही, असल्यावरही) कर्तारम् (कर्ता) आत्मानम् (स्वत:ला) केवलम् (केवळ) तु (परंतु) य: (जो) पश्यति (समजतो) अकृतबुद्धित्वात् (चुकीच्या समजुतीमुळे) न (नाही) स: (तो) पश्यति (बघत-) दुर्मति: (मूढ बुद्धि असलेला मनुष्य)

* परंतु त्या बाबतीत असे असूनही चुकीच्या समजुतीमुळे जो केवळ स्वत:ला 'कर्ता' समजतो तो मूढ बुद्धि असलेला मनुष्य (यथार्थ) बघत नाही.

।।18.17।। **यस्य नाहङ्कृतो भावो बुद्धिर्यस्य न लिप्यते।**
हत्वापि स इमाँल्लोकान्न हन्ति न निबध्यते।।

यस्य न (नि० 1/1) अहङ्कृत: (नि० 15/8) भाव: (नि० 15/7) बुद्धि: (नि० 16/6) यस्य न लिप्यते हत्वा (नि० 1/3) अपि स: (नि० 21/2) इमान् (नि० 13/8) लोकान् (नि० 1/11) न हन्ति न निबध्यते

यस्य (2.61); * न (1.30); * अहङ्कृत: (पु० प्रथमा० एक० ←तत्पु०स० वि० अहङ्कृत ←सना० अहम् अथवा अहन् + क्त० वि० कृत 1.35); * भाव: (2.16); * बुद्धि: (2.39); * यस्य (2.61); * न

(1.30); * लिप्यते (5.7); * हत्वा (1.31); * अपि (1.26); * सः (1.13); * इमान् (10.16); * लोकान् (6.41); * न (1.30); * हन्ति (2.19); * न (1.30); * निबध्यते (4.22)

यस्य (ज्याच्या) न (नाही) अहङ्कृतः ('मी केले आहे, मी कर्ता आहे' असा) भावः (भाव) बुद्धिः (बुद्धि) यस्य (ज्याची) न लिप्यते (आसक्त होत नाही) हत्वा (मारून) अपि (सुद्धा) सः (तो) इमान् (या) लोकान् (लोकांना) न (नाही) हन्ति (हत्या करीत) न (नाही) निबध्यते (बद्ध होत-)

* ज्याच्या (ठिकाणी) 'मी कर्ता आहे' असा (अहं)भाव नाही (आणि) ज्याची बुद्धि आसक्त होत नाही, तो या लोकांना मारून सुद्धा हत्या करीत नाही (व पापाने) बद्ध होत नाही.

।।18.18।। **ज्ञानं ज्ञेयं परिज्ञाता त्रिविधा कर्मचोदना।**
करणं कर्म कर्तेति त्रिविधः कर्मसङ्ग्रहः।।

ज्ञानम् (नि० 14/1) ज्ञेयम् (नि० 14/1) परिज्ञाता त्रिविधा कर्मचोदना करणम् (नि० 14/1, 24/3) कर्म कर्ता (नि० 2/3) इति त्रिविधः (नि० 22/1) कर्मसङ्ग्रहः (नि० 22/8)

ज्ञानम् (प्रथमा० 3.39); * ज्ञेयम् (प्रथमा० 1.39); * परिज्ञाता (पु० प्रथमा० एक० ←पु० परिज्ञातृ ←परि√ज्ञा); * त्रिविधा (17.2); * कर्मचोदना (स्त्री० प्रथमा० एक० ←तत्पु०स० कर्मचोदना, कर्मणाम् चोदना ←न० कर्मन् 1.15 + स्त्री० चोदना ←√चुद्); * करणम् (18.14); * कर्म (2.49); * कर्ता (3.24); * इति (1.25); * त्रिविधः (17.7); * कर्मसङ्ग्रहः (पु० प्रथमा० एक० ←तत्पु०स० कर्मसङ्ग्रह, कर्मणः सङ्ग्रहः ←न० कर्मन् 1.15 + पु० सङ्ग्रह 3.20)

ज्ञानम् (ज्ञान) ज्ञेयम् (ज्ञेय) परिज्ञाता (ज्ञाता) त्रिविधा (तीन प्रकारची) कर्मचोदना (कर्माची स्फूर्ति) करणम् (करण) कर्म (क्रिया) कर्ता (कर्ता) इति (असे) त्रिविधः (तीन) कर्मसङ्ग्रहः (मिळून कर्म होते)

* ज्ञान, ज्ञेय, ज्ञाता (ही) तीन प्रकारची कर्माची स्फूर्ति (आहे); करण, क्रिया, कर्ता असे तीन मिळून कर्म होते.

।।18.19।। **ज्ञानं कर्म च कर्ता च त्रिधैव गुणभेदतः।**
प्रोच्यते गुणसंख्याने यथावच्छृणु तान्यपि।।

ज्ञानम् (नि० 14/1) कर्म च कर्ता च त्रिधा (नि० 3/3) एव गुणभेदतः (नि० 22/8) प्रोच्यते गुणसङ्ख्याने यथावत् (नि० 11/4) शृणु तानि (नि० 4/1) अपि

ज्ञानम् (प्रथमा० 3.39); * कर्म (प्रथमा० 2.49); * च (1.1); * कर्ता (3.24); * च (1.1); * त्रिधा (रीतिदर्शक अव्य० ←वि० त्रि 2.45); * एव (1.1); * गुणभेदतः (क्रि०वि० ←तत्पु०स० गुणभेद, गुणानाम् भेदः ←पु० गुण 2.45 + पु० भेद 3.26); * प्रोच्यते (तृ०पु० एक० लट्०-वर्तमान० अदा० आत्मने० ←प्र√वच्); * गुणसङ्ख्याने (न० सप्तमी० एक० ←तत्पु०स० गुणसङ्ख्यान, गुणस्य सङ्ख्यानम् ←पु० गुण 2.45 + न० सङ्ख्यान ←सम्√ख्या); * **यथावत्** (रीतिदर्शक क्रि०वि० अव्य० ←सना० यद् 1.7); * शृणु (2.39); * तानि (2.61); * अपि (1.26)

ज्ञानम् (ज्ञान) कर्म (कर्म) च (आणि) कर्ता (कर्ता) च (आणि) त्रिधा (तीन तऱ्हेने) एव (च) गुणभेदतः (गुणभेदानुसार) प्रोच्यते (सांगितला जातो) गुणसंख्याने (सांख्यशास्त्राच्या गुणतत्त्वात) यथावत् (योग्य प्रकारे) शृणु (तू ऐक) तानि (त्यांना) अपि (सुद्धा)

* सांख्यशास्त्राच्या गुणतत्त्वात ज्ञान आणि कर्म आणि कर्ता गुणभेदानुसार तीन तऱ्हेनेच सांगितला जातो. त्यांना सुद्धा तू योग्य प्रकारे ऐक–

।।18.20।। **सर्वभूतेषु येनैकं भावमव्ययमीक्षते।**
अविभक्तं विभक्तेषु तज्ज्ञानं विद्धि सात्त्विकम्।।

सर्वभूतेषु (नि० 25/5) येन (नि० 3/1) एकम् (नि० 14/1) भावम् (नि० 8/16) अव्ययम् (नि० 8/19) ईक्षते (नि० 23/1) अविभक्तम् (नि० 14/1) विभक्तेषु (नि० 25/5) तत् (नि० 11/2) ज्ञानम् (नि० 14/1) विद्धि सात्त्विकम् (नि० 14/2)

सर्वभूतेषु (3.18); * येन (2.17); * एकम् (3.2); * भावम् (7.15); * अव्ययम् (2.21); * ईक्षते (6.29); * अविभक्तम् (13.17); * विभक्तेषु (पु० सप्तमी० एक० ←वि० विभक्त 13.17); * तत् (2.7); * ज्ञानम् (3.40); * विद्धि (2.17); * सात्त्विकम् (14.16)

सर्वभूतेषु (सर्व प्राणिमात्रांचे ठिकाणी) येन (ज्याच्याद्वारे) एकम् (एक) भावम् (भाव) अव्ययम् (अव्ययी) ईक्षते (दिसतो) अविभक्तम् (अविभक्त) विभक्तेषु (भिन्नभिन्न–) तत् (त्या) ज्ञानम् (ज्ञानाला) विद्धि (तू जाण) सात्त्विकम् (सात्त्विकी)

* ज्याच्याद्वारे सर्व भिन्नभिन्न प्राणिमात्रांचे ठिकाणी एक अव्ययी भाव अविभक्त दिसतो त्या ज्ञानाला तू सात्त्विकी जाण.

।।18.21।। **पृथक्त्वेन तु यज्ज्ञानं नानाभावान्पृथग्विधान्।**
वेत्ति सर्वेषु भूतेषु तज्ज्ञानं विद्धि राजसम्।।

पृथक्त्वेन तु यत् (नि० 11/2) ज्ञानम् (नि० 14/1) नानाभावान् (नि० 13/13) पृथग्विधान् (नि० 23/1) वेत्ति सर्वेषु (नि० 25/5) भूतेषु (नि० 25/5) तत् (नि० 11/2) ज्ञानम् (नि० 14/1) विद्धि राजसम् (नि० 14/2)

पृथक्त्वेन (9.15); * तु (1.2); * यत् (2.67); * ज्ञानम् (प्रथमा० 3.39); * नाना (1.9); * भावान् (द्वितीया० अनेक० ←पु० भाव 2.7); * पृथग्विधान् (पु० द्वितीया० अनेक० ←वि० पृथग्विध 10.5); * वेत्ति (2.19); * सर्वेषु (1.11); * भूतेषु (7.11); * तत् (2.7); * ज्ञानम् (द्वितीया० 3.40); * विद्धि (2.17); * राजसम् (17.12)

पृथक्त्वेन (वेगळेपणाने) तु (परंतु) यत् (जे) ज्ञानम् (ज्ञान) नानाभावान् (निरनिराळ्या भावांना) पृथग्विधान् (भिन्नभिन्न असलेल्या) वेत्ति (जाणते) सर्वेषु-भूतेषु (सर्व प्राणिमात्रांच्या ठिकाणी) तत् (त्या) ज्ञानम् (ज्ञानाला) विद्धि (तू समज) राजसम् (राजसी)

* परंतु जे ज्ञान सर्व प्राणिमात्रांच्या ठिकाणी भिन्नभिन्न असलेल्या निरनिराळ्या भावांना वेगळेपणाने जाण(वि)ते त्या ज्ञानाला तू राजसी समज.

।।18.22।। **यत्तु कृत्स्नवदेकस्मिन्कार्ये सक्तमहैतुकम्।**
अतत्त्वार्थवदल्पं च तत्तामसमुदाहृतम्।।

यत् (नि॰ 1/10) तु कृत्स्नवत् (नि॰ 8/9) एकस्मिन् (नि॰ 13/9) कार्ये सक्तम् (नि॰ 8/16) अहैतुकम् (नि॰ 14/2) अतत्त्वार्थवत् (नि॰ 8/2) अल्पम् (नि॰ 14/1) च तत् (नि॰ 1/10) तामसम् (नि॰ 8/20) उदाहृतम् (नि॰ 14/2)

यत् (प्रथमा॰ 2.67); * तु (1.2); * कृत्स्नवत् (पु॰ प्रथमा॰ एक॰ ←वि॰ कृत्स्नवत् ←वि॰ कृत्स्न 1.40 + अव्य॰ प्रत्यय वत् 2.29); * एकस्मिन् (सप्तमी॰ एक॰ ←वि॰ एक 2.41); * कार्ये (सप्तमी॰ एक॰ ←न॰ कार्य 13.21); * सक्तम् (न॰ प्रथमा॰ एक॰ ←वि॰ सक्त 3.25); * अहैतुकम् (न॰ प्रथमा॰ एक॰ न-तत्पु॰स॰ ←वि॰ हैतुक 16.8); * अतत्त्वार्थवत् (न॰ प्रथमा॰ एक॰ न-तत्पु॰स॰ ←वि॰ तत्त्वार्थवत्, तत्त्वस्य अर्थवत् ←न॰ तत्त्व 2.16 + पु॰ अर्थ 1.7 + प्रत्यय वत् 1.5); * अल्पम् (न॰ प्रथमा॰ एक॰ ←वि॰ अल्प 7.23); * च (1.1); * तत् (प्रथमा॰ 1.10); * तामसम् (प्रथमा॰ 17.13); * उदाहृतम् (13.7)

यत् (जे) तु (परंतु) कृत्स्नवत् (पूर्णपणे) एकस्मिन् (एका) कार्ये (कार्यात, कार्यरूपी शरीरात) सक्तम् (आसक्त झालेले) अहैतुकम् (निरर्थक) अतत्त्वार्थवत् (विनातत्त्वाचे) अल्पम् (अल्प) च (आणि) तत् (ते) तामसम् (तामसी) उदाहृतम् (म्हटले गेले आहे)

* परंतु जे एका कार्यरूपी शरीरात (कार्यात) पूर्णपणे आसक्त झालेले (असते) ते निरर्थक आणि विनातत्त्वाचे अल्प(ज्ञान) तामसी म्हटले गेले आहे.

।।18.23।। **नियतं सङ्गरहितमरागद्वेषतः कृतम्।**
अफलप्रेप्सुना कर्म यत्तत्सात्त्विकमुच्यते।।

नियतम् (नि॰ 14/1) सङ्गरहितम् (नि॰ 8/16) अरागद्वेषतः (नि॰ 22/1) कृतम् (नि॰ 14/2) अफलप्रेप्सुना कर्म यत् (नि॰ 1/10) तत् (नि॰ 10/7) सात्त्विकम् (नि॰ 8/20) उच्यते

नियतम् (प्रथमा॰ 18.9); * सङ्गरहितम् (न॰ प्रथमा॰ एक॰ ←तत्पु॰स॰ वि॰ सङ्गरहित, सङ्गेन रहितम् ←पु॰ सङ्ग 2.47 + क्त॰ वि॰ रहित ←√रह); * अरागद्वेषतः (क्रि॰वि॰ अथवा न॰ पंचमी॰ एक॰ न-तत्पु॰स॰ ←शानच् वि॰ अरागद्वेषत् ←पु॰ राग 2.56 + पु॰ द्वेष 2.64); * कृतम् (प्रथमा॰ 4.15); * अफलप्रेप्सुना (पु॰ तृतीया॰ एक॰ ←तत्पु॰स॰ फलप्रेप्सु, फलस्य प्रेप्सुः ←न॰ फल 2.43 + वि॰ **प्रेप्सु**

←प्र√आप्); * कर्म (2.49); * यत् (प्रथमा॰ 2.67); * तत् (द्वितीया॰ 1.10); * सात्त्विकम् (द्वितीया॰ 17.17); * उच्यते (2.25)

नियतम् (नियमानुसार) सङ्गरहितम् (विनाआसक्ति) अरागद्वेषतः (आवडीनिवडीच्या व्यतिरिक्त) कृतम् (केले गेलेले) अफलप्रेप्सुना (फलाची वासना न ठेवणाऱ्या द्वारे) कर्म (कर्म) यत् (जे) तत् (त्याला) सात्त्विकम् (सात्त्विक) उच्यते (म्हटले जाते)

* जे कर्म फलाची वासना न ठेवणाऱ्या द्वारे नियमानुसार, विनाआसक्ति (आणि) आवडीनिवडीच्या व्यतिरिक्त[1] केले गेले (असते) त्याला सात्त्विक म्हटले जाते.

।।18.24।। **यत्तु कामेप्सुना कर्म साहङ्कारेण वा पुनः।**
क्रियते बहुलायासं तद्राजसमुदाहृतम्।।

यत् (नि॰ 1/10) तु कामेप्सुना कर्म साहङ्कारेण (नि॰ 24/1) वा पुनः (नि॰ 22/8) क्रियते बहुलायासम् (नि॰ 14/1) तत् (नि॰ 9/10) राजसम् (नि॰ 8/20) उदाहृतम् (नि॰ 14/2)

यत् (प्रथमा॰ 1.45); * तु (1.2); * कामेप्सुना (पु॰ तृतीया॰ एक॰ ←तत्पु॰ स॰ कामेप्सु, कामस्य ईप्सुः ←न॰ काम 1.22 + वि॰ ईप्सु ←√आप्); * कर्म (प्रथमा॰ 2.49); * साहङ्कारेण (पु॰ तृतीया॰ एक॰ ←स-बहुव्री॰ साहङ्कार, अस्ति साहङ्कारेण सह सः ←पु॰ वि॰ सह 1.22 + पु॰ अहङ्कार 2.71); * वा (1.32); * पुनः (4.35); * क्रियते (17.18); * बहुलायासम् (न॰ प्रथमा॰ एक॰ ←न॰ बहुव्री॰ बहुलायास, बहुलाः आयासः यस्मिन् तत् ←वि॰ बहुल 2.43 + पु॰ आयास ←आ√यस्); * तत् (प्रथमा॰ 1.10); * राजसम् (प्रथमा॰ 17.12); * उदाहृतम् (13.7)

यत् (जे) तु (परंतु) कामेप्सुना (कामना बाळगणाराकडून) कर्म (कर्म) साहङ्कारेण (अहंकारभावाने) वा पुनः (तसेच) क्रियते (केले जाते) बहुलायासम् (फार परिश्रमपूर्वक) तत् (ते) राजसम् (राजसी) उदाहृतम् (म्हटले गेले आहे)

* परंतु जे कर्म कामना बाळगणाराकडून अहंकारभावाने तसेच फार परिश्रमपूर्वक केले जाते ते राजसी म्हटले गेले आहे.

।।18.25।। **अनुबन्धं क्षयं हिंसामनवेक्ष्य च पौरुषम्।**
मोहादारभ्यते कर्म यत्तत्तामसमुच्यते।।

---

[1] *यस्तु निःश्रेयसं श्रुत्वा प्राक्तदेवाभिपद्यते।*
आत्मनो मतमुत्सृज्य स लोके सुखमेधते।।
(महाभारत, उद्योग॰ 124.24)
काय भले काय बुरे, जाणुनि जो 'कर्म' करे।
स्वमत ठेवुनि दूरे, सुख मिळे त्यास खरे।।

अनुबन्धम् (नि० 14/1) क्षयम् (नि० 14/1) हिंसाम् (नि० 8/16) अनवेक्ष्य च पौरुषम् (नि० 14/2) मोहात् (नि० 8/3) आरभ्यते कर्म यत् (नि० 1/10) तत् (नि० 1/10) तामसम् (नि० 8/20) उच्यते

अनुबन्धम् (द्वितीया० एक० ←पु० अनुबन्ध 15.2); * क्षयम् (द्वितीया० एक० ←पु० क्षय 1.38); * हिंसाम् (द्वितीया० एक० ←स्त्री० हिंसा 10.5); * अनवेक्ष्य (ल्यप्० अव्य० ←अन्–अव√ईक्ष्); * च (1.1); * पौरुषम् (7.8); * मोहात् (16.10); * आरभ्यते (तृ०पु० एक० लट्०–वर्तमान० भ्वादि० आत्मने० ←आ√रभ 3.7); * कर्म (2.49); * यत् (1.45); * तत् (द्वितीया० 1.10); * तामसम् (द्वितीया० 17.13); * उच्यते (2.25)

अनुबन्धम् (परिणामाला) क्षयम् (हानीला) हिंसाम् (यातनेला) अनवेक्ष्य (न जुमानता) च (आणि) पौरुषम् (शक्तीला) मोहात् (भ्रमापासून) आरभ्यते (सुरु केले जाते) कर्म (कर्माला) यत् (ज्या) तत् (त्याला) तामसम् (तामसी) उच्यते (म्हटले जाते)

* परिणामाला, हानीला, यातनेला आणि शक्तीला न जुमानता भ्रमापासून ज्या कर्माला सुरु केले जाते त्याला तामसी म्हटले जाते.

।।18.26।। **मुक्तसङ्गोऽनहंवादी धृत्युत्साहसमन्वितः।**
सिद्ध्यसिद्ध्योर्निर्विकारः कर्ता सात्त्विक उच्यते।।

मुक्तसङ्गः (नि० 15/1) अनहंवादी धृत्युत्साहसमन्वितः (नि० 22/8) सिद्ध्यसिद्ध्योः (नि० 16/12) निर्विकारः (नि० 22/1) कर्ता सात्त्विकः (नि० 19/4) उच्यते

मुक्तसङ्गः (पु० प्रथमा० एक० ←बहुव्री० मुक्तसङ्ग 3.9); * अनहंवादी (पु० प्रथमा० एक० न–तत्पु०स० ←वि० अहंवादिन्, अहम् वदति इति ←सना० अहम् 1.22 + पु० वादिन् 2.42); * धृत्युत्साहसमन्वितः (पु० प्रथमा० एक० ←तत्पु०स० धृत्युत्साहसमन्वित, धृत्या च उत्साहेन च समन्वितः ←स्त्री० धृति 6.25 + पु० उत्साह ←उद्√सह + वि० समन्वित (10.8); * सिद्ध्यसिद्ध्योः (2.48); * निर्विकारः (पु० प्रथमा० एक० ←बहुव्री० निर्विकार, नास्ति विकारः यस्य ←अव्य० निर् 2.45 + पु० विकार 13.4); * कर्ता (3.24); * सात्त्विकः (17.11); * उच्यते (2.25)

मुक्तसङ्गः (अनासक्त) अनहंवादी (मी मी न करणारा) धृत्युत्साहसमन्वितः (धैर्यशाली व दृढ विवेकी) सिद्ध्यसिद्ध्योः (यश अपयशात) निर्विकारः (तटस्थ राहणारा) कर्ता (कर्ता) सात्त्विकः (सात्त्विकी) उच्यते (म्हटला जातो)

* अनासक्त, 'मी मी' न करणारा, यश अपयशात तटस्थ राहणारा, धैर्यशाली व दृढ विवेकी कर्ता सात्त्विकी म्हटला जातो[1].

---

[1] *शक्नोति जीवितुं दक्षो नालसः सुखमेधते।।*
(महाभारत, सौप्तिक० 2.15)

।।18.27।। **रागी कर्मफलप्रेप्सुर्लुब्धो हिंसात्मकोऽशुचिः।**
हर्षशोकान्वितः कर्ता राजसः परिकीर्तितः।।

रागी कर्मफलप्रेप्सुः (नि० 16/8) लुब्धः (नि० 15/14) हिंसात्मकः (नि० 15/1) अशुचिः (नि० 22/8) हर्षशोकान्वितः (नि० 22/1) कर्ता राजसः (नि० 22/3) परिकीर्तितः (नि० 22/8)

रागी (पु० प्रथमा० एक० ←वि० रागिन् ←√रञ्ज्); * कर्मफलप्रेप्सुः (पु० प्रथमा० एक० ←तत्पु०स० वि० कर्मफलप्रेप्सु, कर्मणः फलस्य प्रेप्सुः ←न० कर्मन् 1.15 + न० फल 2.43 + वि० प्रेप्सु 18.23); * लुब्धः (पु० प्रथमा० एक० ←वि० लुब्ध ←√लुभ्); * हिंसात्मकः (पु० प्रथमा० एक० ←तद्धित शब्द वि० हिंसात्मक ←श्री० हिंसा 10.5 + वि० आत्मक 14.7); * अशुचिः (पु० प्रथमा० एक० ←वि० अशुचि 16.10); * हर्षशोकान्वितः (पु० प्रथमा० एक० ←तत्पु०स० वि० हर्षशोकान्वित, हर्षेण च शोकेण च अन्वितः ←पु० हर्ष 1.12 + पु० शोक 1.47 + वि० अन्वित 9.23); * कर्ता (3.24); * राजसः (पु० प्रथमा० एक० ←वि० राजस 7.12); * परिकीर्तितः (18.7)

रागी (आसक्त) कर्मफलप्रेप्सुः (कर्मफलेच्छु) लुब्धः (लोभी) हिंसात्मकः (हिंसक) अशुचिः (दुराचारी) हर्षशोकान्वितः (हर्ष व शोकयुक्त) कर्ता (कर्ता) राजसः (राजसी) परिकीर्तितः (म्हटला जातो)

* आसक्त, कर्मफलेच्छु, लोभी, हिंसक, दुराचारी (आणि) हर्ष व शोकयुक्त कर्ता राजसी म्हटला जातो.

।।18.28।। **अयुक्तः प्राकृतः स्तब्धः शठो नैष्कृतिकोऽलसः।**
विषादी दीर्घसूत्री च कर्ता तामस उच्यते।।

अयुक्तः (नि० 22/3) प्राकृतः (नि० 22/7) स्तब्धः (नि० 22/5) शठः (नि० 15/6) नैष्कृतिकः (नि० 15/1) अलसः (नि० 22/8) विषादी दीर्घसूत्री च कर्ता तामसः (नि० 19/4) उच्यते

अयुक्तः (5.12); * प्राकृतः (पु० प्रथमा० एक० ←क्त० वि० प्राकृत ←प्र√कृ); * स्तब्धः (पु० प्रथमा० एक० ←वि० स्तब्ध 16.17); * शठः (पु० प्रथमा० एक० ←वि० शठ ←√शठ्); * नैष्कृतिकः (पु० प्रथमा० एक० ←वि० नैष्कृतिक ←स्त्री० निष्कृति ←निर्√कृ); * अलसः (पु० प्रथमा० एक० ←वि० न-तत्पु०स० अलस ←अ√लस्); * विषादी (पु० प्रथमा० एक० ←वि० विषादिन् ←वि√सद् 1.27); *

उद्योगात नित दक्ष, जीवनात त्याचे लक्ष।
आळसाने झाला भक्ष, सुख सोडे त्याचा पक्ष।।

श्वःकार्यमद्य कुर्वीत पूर्वाह्णे चापराह्णिकम्।
न हि प्रतिक्षते मृत्युः कृतं वास्य न वा कृतम्।।
(महाभारत, शान्ति० 321.73)

उद्याचे करावे आज, आता नंतरचे काज।
वेळ किती हवा तुज, याची न मृत्यूला लाज।।

दीर्घसूत्री (पु० प्रथमा० एक० ←वि० दीर्घसूत्रिन् ←वि० दीर्घ ←√दॄ + वि० सूत्रिन् ←√सूत्र्); * च (1.1); * कर्ता (3.24); * तामस: (18.7); * उच्यते (2.25)

अयुक्त: (अशिस्त) प्राकृत: (अडाणी) स्तब्ध: (हट्टी) शठ: (धूर्त) नैष्कृतिक: (घातकी) अलस: (आळशी) विषादी (खिन्न) दीर्घसूत्री (दिरंगाई करणारा) च (आणि) कर्ता (कर्ता) तामस: (तामसी) उच्यते (म्हटला जातो)

* अशिस्त, अडाणी, हट्टी, धूर्त, घातकी, आळशी, खिन्न, आणि दिरंगाई करणारा कर्ता तामसी म्हटला जातो[1].

।।18.29।। **बुद्धेर्भेदं धृतेश्चैव गुणतस्त्रिविधं शृणु।**
प्रोच्यमानमशेषेण पृथक्त्वेन धनञ्जय।।

बुद्धे: (नि० 16/10) भेदम् (नि० 14/1) धृते: (नि० 17/1) च (नि० 3/1) एव गुणत: (नि० 18/1) त्रिविधम् (नि० 14/1) शृणु प्रोच्यमानम् (नि० 8/16) अशेषेण (नि० 24/1) पृथक्त्वेन धनञ्जय

बुद्धे: (षष्ठी० एक० ←स्त्री० बुद्धि 1.23); * भेदम् (17.7); * धृते: (षष्ठी० एक० ←स्त्री० धृति 6.5); * च (1.1); * एव (1.1); * गुणत: (अव्य० गुणतस् ←पु० गुण 2.45); * त्रिविधम् (द्वितीया० 16.21); * शृणु (2.39); * प्रोच्यमानम् (द्वितीया० एक० ←शानच्० मान प्रत्ययान्त वि० प्रोच्यमान ←प्र√वच्); * अशेषेण (4.35); * पृथक्त्वेन (9.15); * धनञ्जय (2.48)

बुद्धे: (बुद्धीचा) भेदम् (भेद) धृते: (धैर्याचा) च (आणि) एव (तसेच) गुणत: (गुणानुसार होणारा) त्रिविधम् (तीन प्रकारचा) शृणु (तू ऐक) प्रोच्यमानम् (सांगितला जात असलेला) अशेषेण (नि:शेषतेने) पृथक्त्वेन (वेगवेगळा) धनञ्जय (हे धनंजया!)

* हे धनंजया! तसेच बुद्धीचा आणि धैर्याचा गुणानुसार होणारा तीन प्रकारचा सांगितला जात असलेला भेद तू नि:शेषतेने वेगवेगळा ऐक.

।।18.30।। **प्रवृत्तिं च निवृत्तिं च कार्याकार्ये भयाभये।**
बन्धं मोक्षं च या वेत्ति बुद्धि: सा पार्थ सात्त्विकी।।

प्रवृत्तिम् (नि० 14/1) च निवृत्तिम् (नि० 14/1) च कार्याकार्ये भयाभये बन्धम् (नि० 14/1) मोक्षम् (नि० 14/1) च या वेत्ति बुद्धि: (नि० 22/7) सा पार्थ सात्त्विकी

---

(1) षड्दोषा: पुरुषेणेह हातव्या भूतिमिच्छता।
निद्रा तन्द्री भयं क्रोध आलस्यं दीर्घसूत्रता।।
(महाभारत, सौप्तिक० 2.15)
निद्रा तन्द्री क्रोध भीति, आळस दिरंगाई महा।
वैभवात जर प्रीति, नसावे हे दोष सहा।।

प्रवृत्तिम् (11.31); * च (1.1); * निवृत्तिम् (16.7); * च (1.1); * कार्याकार्ये (न० द्वितीया० द्वि०व० ←द्वंद्व०स० कार्यम् च अकार्यम् च 16.24); * भयाभये (न० द्वितीया० द्वि०व० ←द्वंद्व०स० भयम् च अभयम् च ←न० भय 2.35 + न० न-तत्पु०स० अभय 10.4); * **बन्धम्** (द्वितीया० एक० ←पु० **बन्ध** 1.27); * मोक्षम् (द्वितीया० एक० ←पु० मोक्ष 5.28); * च (1.1); * या (2.69); * वेत्ति (2.19); * बुद्धि: (2.39); * सा (2.69); * पार्थ (1.25); * सात्त्विकी (17.2)

प्रवृत्तिम् (कर्म) च (आणि) निवृत्तिम् (संन्यास) च (आणि) कार्याकार्ये (कृत्य व अकृत्य) भयाभये (भय व निर्भयता) **बन्धम्** (बंधन) मोक्षम् (मुक्तीला) च (आणि) या (जी) वेत्ति (जाणते) बुद्धि: (बुद्धि) सा (ती) पार्थ (हे पार्था!) सात्त्विकी (सात्त्विकी)

* हे पार्था! कर्म आणि संन्यास आणि कृत्य व अकृत्य, भय व निर्भयता, बंधन आणि मुक्तीला जी जाणते ती बुद्धि सात्त्विकी (होय).

।।18.31।। **यया धर्ममधर्मं च कार्यं चाकार्यमेव च।**
अयथावत्प्रजानाति बुद्धिः सा पार्थ राजसी।।

यया धर्मम् (नि० 8/16) अधर्मम् (नि० 14/1) च कार्यम् (नि० 14/1) च (नि० 1/1) अकार्यम् (नि० 8/22) एव च (नि० 23/1) अयथावत् (नि० 10/6) प्रजानाति बुद्धि: (नि० 22/7) सा पार्थ राजसी

यया (2.39); * **धर्मम्** (द्वितीया० एक० ←पु० धर्म 1.1); * **अधर्मम्** (द्वितीया० एक० ←पु० अधर्म 1.40); * च (1.1); * कार्यम् (3.19); * च (1.1); * अकार्यम् (न० द्वितीया० एक० ←वि० अकार्य 16.24); * एव (1.1); * च (1.1); * अयथावत् (रीतिदर्शक अव्य० ←अव्य० अ 1.10 + अव्य० यथावत् 18.19); * प्रजानाति (तृ०पु० एक० लट्०-वर्तमान० क्र्यादि० परस्मै० ←प्र√ज्ञा 11.31); * बुद्धि: (2.39); * सा (2.69); * पार्थ (1.25); * राजसी (17.2)

यया (जिच्याद्वारा) धर्मम् (धर्माला) अधर्मम् (अधर्माला) च (आणि) कार्यम् (कृत्याला) च (आणि) अकार्यम् (अकृत्याला) एव (तसेच) च (आणि) अयथावत्-प्रजानाति (योग्यपणे जाणत नाही) बुद्धि: (बुद्धि) सा (ती) पार्थ (हे पार्था!) राजसी (राजसी)

* आणि, हे पार्था! (मनुष्य) जिच्याद्वारा धर्माला आणि अधर्माला तसेच कृत्याला आणि अकृत्याला योग्यपणे जाणत नाही, ती बुद्धि राजसी (म्हणावी).

।।18.32।। **अधर्मं धर्ममिति या मन्यते तमसावृता।**
सर्वार्थान्विपरीतांश्च बुद्धिः सा पार्थ तामसी।।

अधर्मम् (नि० 14/1) धर्मम् (नि० 8/18) इति या मन्यते तमसा (नि० 1/4) आवृता सर्वार्थान् (नि० 13/19) विपरीतान् (नि० 13/6) च बुद्धि: (नि० 22/7) सा पार्थ तामसी

अधर्मम् (18.31); * धर्मम् (18.31); * इति (1.25); * या (2.69); * मन्यते (2.19); * तमसा (तृतीया० एक० ←न० तमस् 7.12); * आवृता (स्त्री० प्रथमा० एक० ←वि० आवृत 3.38); * सर्वार्थान्

(पु॰ द्वितीया॰ अनेक॰ ←तत्पु॰स॰ सर्वार्थ ←सना॰ सर्व 1.6 + पु॰ अर्थ 1.7); * विपरीतान् (पु॰ द्वितीया॰ अनेक॰ ←वि॰ विपरीत 1.31); * च (1.1); * बुद्धिः (2.39); * सा (2.69); * पार्थ (1.25); * तामसी (17.2)

अधर्मम् (अधर्म) धर्मम् (धर्माला) इति (असे) या (जी) मन्यते (मानते) तमसा (अज्ञानाने) आवृता (आवृत्त झालेली) सर्वार्थान् (सर्व गोष्टींना) विपरीतान् (विपरीत) च (आणि) बुद्धिः (बुद्धि) सा (ती) पार्थ (हे पार्था!) तामसी (तामसी)

* हे पार्था! अज्ञानाने आवृत्त झालेली जी बुद्धि धर्माला अधर्म आणि सर्व गोष्टींना विपरीत असे मानते ती तामसी (जाण).

।।18.33।। **धृत्या यया धारयते मनःप्राणेन्द्रियक्रियाः।**
योगेनाव्यभिचारिण्या धृतिः सा पार्थ सात्त्विकी।।

धृत्या यया धारयते मनःप्राणेन्द्रियक्रियाः (नि॰ 22/8) योगेन (नि॰ 1/1) अव्यभिचारिण्या धृतिः (नि॰ 22/7) सा पार्थ सात्त्विकी

धृत्या (तृतीया॰ एक॰ ←स्त्री॰ धृति 6.25); * यया (2.39); * **धारयते** (तृ॰पु॰ एक॰ लट्॰-वर्तमान॰ भ्वादि॰ आत्मने॰ प्रयो॰ ←√धृ 15.13); * मनःप्राणेन्द्रियक्रियाः (स्त्री॰ द्वितीया॰ अनेक॰ ←तत्पु॰स॰ मनःप्राणेन्द्रियक्रिया, मनसः च प्राणस्य च इन्द्रियाणाम् च क्रियाणाम् समाहारः ←न॰ मनस् 1.3 + पु॰ प्राण 1.33 + न॰ इन्द्रिय 2.8 + स्त्री॰ क्रिया 1.42); * योगेन (10.7); * अव्यभिचारिण्या (तृतीया॰ एक॰ ←स्त्री॰ अव्यभिचारिणी 13.11); * धृतिः (10.34); * सा (2.69); * पार्थ (1.25); * सात्त्विकी (17.2)

धृत्या (धतीने, धैर्य शक्तिने) यया (ज्या) धारयते (धारण करविते) मनःप्राणेन्द्रियक्रियाः (मन, प्राण व इन्द्रियांच्या क्रिया) योगेन (योगाद्वारे) अव्यभिचारिण्या (अविचलित-) धृतिः (धृति) सा (ती) पार्थ (हे पार्था!) सात्त्विकी (सात्त्विकी)

* हे पार्था! ज्या अविचलित धैर्य शक्तिने (मनुष्य) मन, प्राण व इन्द्रियांच्या क्रिया योगाद्वारे धारण करविते ती धृति सात्त्विकी (जाण).

।।18.34।। **यया तु धर्मकामार्थान्धृत्या धारयतेऽर्जुन।**
प्रसङ्गेन फलाकाङ्क्षी धृतिः सा पार्थ राजसी।।

यया तु धर्मकामार्थान् (नि॰ 13/12) धृत्या धारयते (नि॰ 6/1) अर्जुन प्रसङ्गेन फलाकाङ्क्षी धृतिः (नि॰ 22/7) सा पार्थ राजसी

यया (2.39); * तु (1.2); * धर्मकामार्थान् (पु॰ द्वितीया॰ अनेक॰ ←द्वंद्व॰स॰ धर्मम् च कामम् च अर्थम् च ←पु॰ धर्म 1.1 + पु॰ काम 1.22 + पु॰ अर्थ 1.7); * धृत्या (18.33); * धारयते (18.33); * अर्जुन (2.2); * प्रसङ्गेन (तृतीया॰ एक॰ ←पु॰ प्रसङ्ग ←प्र√सञ्ज्); * फलाकाङ्क्षी (पु॰ प्रथमा॰ एक॰

←इच्छार्थ॰ वि॰ फलाकाङ्क्षिन् 17.11); * धृतिः (10.34); * सा (2.69); * पार्थ (1.25); * राजसी (17.2)

यया (ज्या) तु (परंतु) धर्मकामार्थान् (आचरण, कामना व व्यवहार यांना) धृत्या (धैर्याने) धारयते (धारण करवितो) अर्जुन (हे अर्जुना!) प्रसङ्गेन (आसक्तीने) फलाकाङ्क्षी (फलेच्छु) धृतिः (धृति) सा (ती) पार्थ (हे पार्था!) राजसी (राजसी)

* परंतु, हे पार्था! ज्या धैर्याने फलेच्छु (मनुष्य) आचरण, कामना व व्यवहार यांना आसक्तीने धारण करवितो, हे अर्जुना! ती धृति राजसी (जाण).

।।18.35।। **यया स्वप्नं भयं शोकं विषादं मदमेव च।**
न विमुञ्चति दुर्मेधा धृतिः सा पार्थ तामसी।।

यया स्वप्नम् (नि॰ 14/1) भयम् (नि॰ 14/1) शोकम् (नि॰ 14/1) विषादम् (नि॰ 14/1) मदम् (नि॰ 8/22) एव च न विमुञ्चति दुर्मेधाः (नि॰ 20.9) धृतिः (नि॰ 22/7) सा पार्थ तामसी

यया (2.39); * स्वप्नम् (द्वितीया॰ एक॰ ←पु॰ स्वप्न 6.16); * भयम् (10.4); * शोकम् (2.8); * विषादम् (द्वितीया॰ एक॰ ←पु॰ विषाद 1.27); * मदम् (द्वितीया॰ एक॰ ←पु॰ मद 16.10); * एव (1.1); * च (1.1); * न (1.30); * विमुञ्चति (तृ॰पु॰ एक॰ लट्॰-वर्तमान॰ तुदादि॰ परस्मै॰ ←वि√मुच्); * दुर्मेधाः (पु॰ प्रथमा॰ एक॰ ←बहुव्री॰ दुर्मेधस्, दुर् मेधा यस्य सः ←अव्य॰ दुर् 1.2 + स्त्री॰ मेधा 7.23); * धृतिः (10.34); * सा (2.69); * पार्थ (1.25); * तामसी (17.2)

यया (ज्या) स्वप्नम् (निद्रा) भयम् (भीति) शोकम् (शोक) विषादम् (खेद) मदम् (मद) एव (तसेच) च (आणि) न-विमुञ्चति (सोडत नाही) दुर्मेधाः (दुर्मति मनुष्य)[1] धृतिः (धृति) सा (ती) पार्थ (हे पार्था!) तामसी (तामसी)

* हे पार्था! दुर्मति मनुष्य ज्या (धैर्याने) निद्रा, भीति, शोक, खेद आणि तसेच मद सोडत नाही ती धृति तामसी (जाण).

।।18.36।। **सुखं त्विदानीं त्रिविधं शृणु मे भरतर्षभ।**
अभ्यासाद्रमते यत्र दुःखान्तं च निगच्छति।।

---

[1] अन्यान्य अनुवादांत दुर्मेधा हा शब्द 'न विमुञ्चति दुर्मेधाः' आणि 'दुर्मेधा धृतिः सा' अशा दोन भिन्न प्रकारे विग्रहित केलेला आढळतो. (1) (दुर्मेधाः, दुर्मेधसौ, दुर्मेधसः असे चालणारे) दुर्मेधस् हे तामसी धृतीच्या मनुष्याचे पु॰ विशेषण असून, 'न विमुञ्चति दुर्मेधा' असा इथे समन्वय होतो, कारण की नि॰ 20/9 प्रमाणे दुर्मेधाः च्या विसर्गाचा लोप होतो. पण (2) दुर्मेधाः धृति (दुर्बुद्धिपूर्ण धृति) अशा रचनेतील दुर्मेधाः हा अनेकवचनी शब्द धृतिः या एकवचनी शब्दाचे विशेषण होऊ शकत नाही. तसेच, दुर्मेधा धृति (दुर्बुद्धि धृति) या रचनेतील दुर्मेधा हे विशेषण धृतिः शब्दाला जोडल्याने मुञ्चति या क्रियापदाला कर्ता उरत नाही. (3) तसेच, दुर्मेधा हे धृतीचे वि॰ म्हणून योग्य वाटत नाही कारण कि धृतीला मेधा ती कशी काय असणार?

सुखम् (नि॰ 14/1) तु (नि॰ 4/8) इदानीम् (नि॰ 14/1) त्रिविधम् (नि॰ 14/1) शृणु मे भरतर्षभ (नि॰ 23/1) अभ्यासात् (नि॰ 9/10) रमते यत्र दु:खान्तम् (नि॰ 14/1) च निगच्छति

सुखम् (द्वितीया॰ 2.66); * तु (1.2); * इदानीम् (11.51); * त्रिविधम् (क्रिवि॰ 16.21); * शृणु (2.39); * मे (द्वितीया॰ 1.21); * भरतर्षभ (3.41); * अभ्यासात् (12.12); * रमते (5.22); * यत्र (6.20); * दु:खान्तम् (पु॰ द्वितीया॰ एक॰ ←तत्पु॰स॰ दु:खान्त, दु:खस्य अन्त: ←न॰ दु:ख 2.14 + पु॰ अन्त 2.16); * च (1.1); * निगच्छति (9.31)

सुखम् (सुख) तु (तसेच) इदानीम् (आता) त्रिविधम् (तीन प्रकारचे) शृणु (तू ऐक) मे (माझेकडून) भरतर्षभ (हे भारता!) अभ्यासात् (अभ्यासापासून) रमते (रमतो) यत्र (ज्यात) दु:खान्तम् (दु:खाचा अंत) च (आणि) निगच्छति (मिळवितो)

* तसेच आता, हे भारता! (ज्याच्या) अभ्यासापासून (मनुष्य) रमतो आणि ज्यात दु:खाचा अंत मिळवितो (ते) तीन प्रकारचे सुख[1] तू माझेकडून ऐक–

।।18.37।। **यत्तदग्रे विषमिव परिणामेऽमृतोपमम्।**
तत्सुखं सात्त्विकं प्रोक्तमात्मबुद्धिप्रसादजम्।।

यत् (नि॰ 1/10) तत् (नि॰ 8/2) अग्रे विषम् (नि॰ 8/18) इव परिणामे (नि॰ 6/1) अमृतोपमम् (नि॰ 14/2) तत् (नि॰ 10/7) सुखम् (नि॰ 14/1) सात्त्विकम् (नि॰ 14/1) प्रोक्तम् (नि॰ 8/17) आत्मबुद्धिप्रसादजम् (नि॰ 14/2)

यत् (प्रथमा॰ 2.67); * तत् (1.10); * **अग्रे** (सप्तमी॰ एक॰ ←न॰ अग्र 6.12); * **विषम्** (प्रथमा॰ एक॰ ←न॰ विष ←√विष्); * इव (1.30); * **परिणामे** (सप्तमी॰ एक॰ ←पु॰ परिणाम ←परि√नम्); * **अमृतोपमम्** (प्रथमा॰ एक॰ ←बहुव्री॰ अमृतोपम, अमृतम् उपमा यस्य ←न॰ अमृत 2.15 + स्त्री॰ उपमा 6.19); * तत् (प्रथमा॰ 1.10); * सुखम् (2.66); * सात्त्विकम् (17.17); * प्रोक्तम् (8.1); * आत्मबुद्धिप्रसादजम् (प्रथमा॰ एक॰ ←बहुव्री॰ आत्मबुद्धिप्रसादज, आत्मन: बुद्धे: प्रसादात् जातम् यत् ←न॰ आत्मन् 2.41 + स्त्री॰ बुद्धि 1.23 + पु॰ प्रसाद 2.64 + पु॰ ज 1.7)

यत् (जे) तत् (ते) अग्रे (आरंभी) विषम् इव (विषासारखे) परिणामे (परिणामी) अमृतोपमम् (अमृतासारखे) तत् (ते) सुखम् (सुख) सात्त्विकम् (सात्त्विकी) प्रोक्तम् (म्हटले जाते) आत्मबुद्धिप्रसादजम् (आत्मज्ञानाच्या निर्मळतेतून उत्पन्न झालेले)

---

(1) *धन्यानामुत्तमं दाक्ष्यं धनानामुत्तमं श्रुतम्।*
लाभानां श्रेय आरोग्यं सुखानां तुष्टिरुत्तमा।।
(महाभारत, वन॰ 313.74)
दाक्ष्य द्रव्याचे साधन, आरोग्य लाभ प्रधान।
विद्या सर्वोत्तम धन, 'सुख' श्रेष्ठ समाधान।।

* जे आरंभी विषासारखे (पण) परिणामी ते अमृतासारखे (असते) ते आत्मज्ञानाच्या निर्मळतेतून उत्पन्न झालेले सुख सात्त्विकी म्हटले जाते.

।।18.38।। **विषयेन्द्रियसंयोगाद्यत्तदग्रेऽमृतोपमम्।**
परिणामे विषमिव तत्सुखं राजसं स्मृतम्।।

विषयेन्द्रियसंयोगात् (नि॰ 9/9) यत् (नि॰ 1/10) तत् (नि॰ 8/2) अग्रे (नि॰ 6/1) अमृतोपमम् (नि॰ 14/2) परिणामे विषम् (नि॰ 8/18) इव तत् (नि॰ 10/7) सुखम् (नि॰ 14/1) राजसम् (नि॰ 14/1) स्मृतम् (नि॰ 14/2)

विषयेन्द्रियसंयोगात् (पु॰ पंचमी॰ एक॰ ←तत्पु॰स॰ विषयेन्द्रियसंयोग, विषयाणाम् च इन्द्रियाणाम् च संयोग: ←पु॰ विषय 2.45 + न॰ इन्द्रिय 2.8 + पु॰ संयोग 5.14); * यत् (1.45); * तत् (1.10); * अग्रे (18.37); * अमृतोपमम् (18.37); * परिणामे (18.37); * विषम् (18.37); * इव (1.30); * तत् (1.10); * सुखम् (प्रथमा॰ 2.66); * राजसम् (प्रथमा॰ 17.12); * स्मृतम् (17.20)

विषयेन्द्रियसंयोगात् (विषयांच्या आणि इन्द्रियांच्या संयोगापासून) यत् (जे) तत् (ते) अग्रे (सुरवातीला) अमृतोपमम् (अमृतासारसे) परिणामे (परिणामी) विषम् इव (विषासारखे) तत् (ते) सुखम् (सुख) राजसम् (राजसी) स्मृतम् (जाणले जाते)

* जे सुरवातीला अमृतासारखे (पण) ते परिणामी विषासारखे (असते) ते विषयांच्या[1] आणि इन्द्रियांच्या संयोगापासून (उद्भवलेले) सुख राजसी जाणले जाते.

।।18.39।। **यदग्रे चानुबन्धे च सुखं मोहनमात्मन:।**
निद्रालस्यप्रमादोत्थं तत्तामसमुदाहृतम्।।

यत् (नि॰ 8/2) अग्रे च (नि॰ 1/1) अनुबन्धे च सुखम् (नि॰ 14/1) मोहनम् (नि॰ 8/17) आत्मन: (नि॰ 22/8) निद्रालस्यप्रमादोत्थम् (नि॰ 14/1) तत् (नि॰ 1/10) तामसम् (नि॰ 8/20) उदाहृतम् (नि॰ 14/2)

यत् (प्रथमा॰ 2.67); * अग्रे (18.37); * च (1.1); * अनुबन्धे (सप्तमी॰ एक॰ ←पु॰ अनुबन्ध 15.2); * च (1.1); * सुखम् (प्रथमा॰ 2.66); * मोहनम् (प्रथमा॰ 14.8); * आत्मन: (4.42); * निद्रालस्यप्रमादोत्थम् (न॰ प्रथमा॰ एक॰ ←बहुव्री॰ निद्रालस्यप्रमादोत्थ, निद्रया च आलस्येन च प्रमादेन

---

(1) *विषं विषयवैषम्यं न विषं विषमुच्यते।*
जन्मान्तरघ्ना विषया एकदेहहरं विषम्।।
(योगवासिष्ठ, 1:29.13)
विष-विषय विषम, विष न महा विषारी।
विष नाशवी हा जन्म, विषय हा जन्मे सारी।।

च उत्थितम् यत् ←स्त्री० निद्रा 14.8 + न० आलस्य 14.8 + पु० प्रमाद 11.41 + वि० उत्थित 11.12 अथवा वि० उत्थ ←उद्√स्था); * तत् (प्रथमा० 1.10); * तामसम् (प्रथमा० 17.13); * उदाहृतम् (13.7)

यत् (जे) अग्रे (आरंभी) च (आणि) अनुबन्धे (अंति) च (आणि) सुखम् (सुख) मोहनम् (भ्रमविणारे) आत्मनः (आत्म्याचे) निद्रालस्यप्रमादोत्थम् (निद्रा, आलस्य आणि प्रमादातून जन्मलेले) तत् (ते) तामसम् (तामसी) उदाहृतम् (म्हटले गेले आहे)

* जे आरंभी आणि अंति आत्म्याचे भ्रमविणारे (असते) आणि निद्रा, आलस्य आणि प्रमादातून जन्मलेले ते सुख तामसी म्हटले गेले आहे.

।।18.40।। **न तदस्ति पृथिव्यां वा दिवि देवेषु वा पुनः।**
सत्त्वं प्रकृतिजैर्मुक्तं यदेभिः स्यात्त्रिभिर्गुणैः।।

न तत् (नि० 8/2) अस्ति पृथिव्याम् (नि० 14/1) वा दिवि देवेषु (नि० 25/5) वा पुनः (नि० 22/8) सत्त्वम् (नि० 14/1) प्रकृतिजैः (नि० 16/11) मुक्तम् (नि० 14/1) यत् (नि० 8/9) एभिः (नि० 22/7) स्यात् (नि० 1/10) त्रिभिः (नि० 16/6) गुणैः (नि० 22/8)

न (1.30); * तत् (प्रथमा० 1.10); * अस्ति (2.40); * पृथिव्याम् (7.9); * वा (1.32); * दिवि (9.20); * देवेषु (सप्तमी० अनेक० ←पु० देव 3.11); * वा (1.32); * पुनः (4.35); * सत्त्वम् (प्रथमा० 10.36); * प्रकृतिजैः (3.5); * मुक्तम् (न० प्रथमा० एक० ←वि० मुक्त 3.9); * यत् (1.45); * एभिः (7.13); * स्यात् (1.36); * त्रिभिः (7.13); * गुणैः (3.5)

न (नाही) तत् (ते) अस्ति (अस्तित्वात–) पृथिव्याम् (पृथ्वीवर) वा (अथवा) दिवि (स्वर्गात) देवेषु (देवांत) वा (अथवा) पुनः (तसेच) सत्त्वम् (सत्त्व) प्रकृतिजैः (प्रकृतिनिर्मित–) मुक्तम् (विरहित) यत् (जे) एभिः (या) स्यात् (असेल) त्रिभिः (तिन्ही) गुणैः (गुणांनी)

* तसेच, जे या प्रकृतिनिर्मित तिन्ही गुणांनी विरहित असेल ते सत्त्व पृथ्वीवर अथवा स्वर्गात अथवा देवांत (कुठेही) अस्तित्वात नाही.

।।18.41।। **ब्राह्मणक्षत्रियविशां शूद्राणां च परंतप।**
कर्माणि प्रविभक्तानि स्वभावप्रभवैर्गुणैः।।

ब्राह्मणक्षत्रियविशाम् (नि० 14/1) शूद्राणाम् (नि० 24/6, 14/1) च परन्तप कर्माणि (नि० 24/7) प्रविभक्तानि स्वभावप्रभवैः (नि० 16/11) गुणैः (नि० 22/8)

ब्राह्मणक्षत्रियविशाम् (पु० षष्ठी० अनेक० ←द्वंद्व०स० ब्राह्मणानाम् च क्षत्रियाणाम् च विशाम् च ←पु० ब्राह्मण 2.46 + पु० क्षत्रिय 2.31 + पु० विश् ←√विश्); * शूद्राणाम् (षष्ठी० अनेक० ←पु० शूद्र 9.32); * च (1.1); * परन्तप (2.3); * कर्माणि (प्रथमा० 3.27); * प्रविभक्तानि (न० प्रथमा० अनेक० ←वि० प्रविभक्त 11.13); * स्वभावप्रभवैः (पु० तृतीया० अनेक० ←तत्पु०स० स्वभावप्रभव, स्वभावतः प्रभवः यस्य ←पु० स्वभाव 2.7 + पु० प्रभव 6.24); * गुणैः (3.5)

ब्राह्मणक्षत्रियविशाम् (ब्राह्मण, क्षत्रिय व वैश्यांची) शूद्राणाम् (शूद्रांची) च (आणि) परंतप (हे परंतपा!) कर्माणि (कर्मे) प्रविभक्तानि (विभागली आहेत) स्वभावप्रभवैः गुणैः (स्वभावजन्य गुणांनी)

* हे परंतपा! ब्राह्मण, क्षत्रिय व वैश्यांची आणि शूद्रांची कर्मे स्वभावजन्य गुणांनी(1) विभागली आहेत.

।।18.42।। **शमो दमस्तपः शौचं क्षान्तिरार्जवमेव च।**
ज्ञानं विज्ञानमास्तिक्यं ब्रह्मकर्म स्वभावजम्।।

शमः (नि० 15/4) दमः (नि० 18/1) तपः (नि० 22/5) शौचम् (नि० 14/1) क्षान्तिः (नि० 16/1) आर्जवम् (नि० 8/22) एव च ज्ञानम् (नि० 14/1) विज्ञानम् (नि० 8/17) आस्तिक्यम् (नि० 14/1) ब्रह्मकर्म स्वभावजम् (नि० 14/2)

शमः (6.3); * दमः (10.4); * तपः (7.9); * शौचम् (13.8); * क्षान्तिः (13.8); * आर्जवम् (13.8); * एव (1.1); * च (1.1); * ज्ञानम् (3.39); * विज्ञानम् (प्रथमा० एक० ←न० विज्ञान 3.41); * आस्तिक्यम् (प्रथमा० एक० ←न० आस्तिक्य ←वि० आस्तिक ←√अस्); * ब्रह्मकर्मन् (न० प्रथमा० एक० ←तत्पु०स० ब्रह्मकर्म, ब्रह्मणः कर्म 4.24); * **स्वभावजम्** (न० प्रथमा० एक० ←बहुव्री० स्वभावज 17.2)

शमः (अंतर्निग्रह) दमः (बाह्यनिग्रह) तपः (तप) शौचम् (शुद्धि) क्षान्तिः (शांति) आर्जवम् (सरलता) एव (तसेच) च (आणि) ज्ञानम् (ज्ञान) विज्ञानम् (विज्ञान) आस्तिक्यम् (आस्तिकभाव) ब्रह्मकर्म (ब्रह्मकर्म) स्वभावजम् (स्वभावजन्य)

* अंतर्निग्रह, बाह्यनिग्रह, तप, शुद्धि, शांति, सरळता आणि ज्ञान, विज्ञान तसेच आस्तिकभाव (हे) स्वभावजन्य ब्रह्मकर्म (आहे)(1)

---

(1) श्लोक 4.13 आणि 18.41 दर्शवितात की वर्ण रचना ही मनुष्याच्या माता पित्यावर आधारलेली नसून ती स्वतःच्या वैयक्तिक स्वभावाला आणि कर्मांना अनुसरूनच विभागली गेलेली आहे. उदा० द्विजोत्तम द्रोणाचार्याचा क्षत्रिय पुत्र सरसेनापति अश्वत्थामा. अशी अनेक उदाहरणे महाभारतात व ऋग्वेदात आढळतात. अनेक संस्कृत सुभषिते देखील याच मुद्याची ग्वाही देतात,

न जात्या ब्राह्मणात्र क्षत्रियो वैश्य एव च।
न शूद्रो न च वै म्लेञ्च्छो भेदता गुणकर्मभिः।।

ब्रह्म क्षात्र वैश्य शूद्र, भेद न जन्माचे सारे।
विभागणी केली भद्र, गुण कर्म अनुसारे।
उच्च न कोणी अभद्र, जन्मजात सारे क्षुद्र।
कर्मे जो करतो भद्र, त्याचा वर्ण उदग्र।
ब्रह्म क्षात्र असो वा वैश्य, जन्मती सारे शुद्र।
कर्मे ठरविती वर्ण, पार्वतीला सांगे रुद्र।।

।।18.43।। **शौर्यं तेजो धृतिर्दाक्ष्यं युद्धे चाप्यपलायनम्।**
दानमीश्वरभावश्च क्षात्रं कर्म स्वभावजम्।।

शौर्यम् (नि० 14/1) तेज: (नि० 15/5) धृति: (नि० 16/6) दाक्ष्यम् (नि० 14/1) युद्धे च (नि० 1/1) अपि (नि० 4/1) अपलायनम् (नि० 14/2) दानम् (नि० 8/19) ईश्वरभाव: (नि० 17/1) च क्षात्रम् (नि० 14/1) कर्म स्वभावजम् (नि० 14/2)

शौर्यम् (प्रथमा० एक० ←न० शौर्य ←√शुर्); * तेज: (7.9); * धृति: (10.34); * दाक्ष्यम् (प्रथमा० एक० ←न० दाक्ष्य ←√दक्ष्); * युद्धे (1.23); * च (1.1); * अपि (1.26); * अपलायनम् (प्रथमा० एक० न-तत्पु०स० ←न० पलायन ←परा√अय्); * दानम् (10.5); * ईश्वरभाव: (पु० प्रथमा० एक० ←तत्पु०स० ईश्वरभाव, ईश्वर: इव भाव: ←पु० ईश्वर 4.6 + पु० भाव 2.7); * च (1.1); * क्षात्रम् (न० प्रथमा० एक० ←वि० क्षात्र ←√क्षण्); * कर्म (2.49); * स्वभावजम् (18.42)

शौर्यम् (शौर्य) तेज: (तेज) धृति: (धैर्य) दाक्ष्यम् (दाक्षिण्य) युद्धे (युद्धसमयी) च (आणि) अपि (सुद्धा) अपलायनम् (पळून न जाणे) दानम् (दातृत्व) ईश्वरभाव: (आस्तिक्य) च (आणि) क्षात्रम् (क्षात्र) कर्म (कर्म) स्वभावजम् (स्वभावजन्य)

* शौर्य, तेज, धैर्य, दाक्षिण्य, आणि युद्धसमयी सुद्धा पळून न जाणे, दातृत्व आणि आस्तिक्य (हे) स्वभावजन्य क्षात्रकर्म (आहे).

।।18.44।। **कृषिगौरक्ष्यवाणिज्यं वैश्यकर्म स्वभावजम्।**
परिचर्यात्मकं कर्म शूद्रस्यापि स्वभावजम्।।

कृषिगौरक्ष्यवाणिज्यम् (नि० 14/1) वैश्यकर्म स्वभावजम् (नि० 14/2) परिचर्यात्मकम् (नि० 14/1) कर्म शूद्रस्य (नि० 1/1) अपि स्वभावजम् (नि० 14/2)

कृषिगौरक्ष्यवाणिज्यम् (न० प्रथमा० एक० ←द्वंद्व०स० कृषि: च गौरक्ष्यम् च वाणिज्यम् च ←स्त्री० कृषि ←8√कृष् + स्त्री० गो 5.18 + न० रक्ष्य ←√रक्ष् + न० वाणिज्य ←√पण्); * वैश्यकर्म (न० प्रथमा० एक० ←तत्पु०स० वैश्यकर्मन्, वैश्यानाम् कर्म ←पु० वैश्य 9.32 + न० कर्मन् 1.15); * स्वभावजम् (18.42); * परिचर्यात्मकम् (न० प्रथमा० एक० ←वि० परिचर्यात्मक ←स्त्री० परिचर्या ←परि√चर् + वि० आत्मक 14.7); * कर्म (2.49); * शूद्रस्य (षष्ठी० एक० ←पु० शूद्र 9.32); * अपि (1.26); * स्वभावजम् (18.42)

---

(1) सत्यं दानं क्षमा शीलमानृशंस्य तपो घृणा।
दृश्यन्ते यत्र नागेन्द्र स ब्राह्मण इति स्मृत:।।
(नहुषगीता 1.21)
सत्य शील क्षमा दान, अहिंसा तपस्या घृण।
जाणावे त्यासी 'ब्राह्मण,' ज्यात वसती हे गुण।।

कृषिगौरक्ष्यवाणिज्यम् (शेती, गौपालन आणि वाणिज्य) वैश्यकर्म (वैश्यकर्म) स्वभावजम् (स्वभावजन्य) परिचर्यात्मकम् (सेवा करणे) कर्म (कर्म) शूद्रस्य (शूद्राचे) अपि (तसेच) स्वभावजम् (स्वभावजन्य)

* शेती, गौपालन आणि वाणिज्य (हे) स्वभावजन्य वैश्यकर्म (होय); तसेच सेवा करणे (हे) शूद्राचे स्वभावजन्य कर्म (आहे).

।।18.45।। **स्वे स्वे कर्मण्यभिरतः संसिद्धिं लभते नरः।**
स्वकर्मनिरतः सिद्धिं यथा विन्दति तच्छृणु।।

स्वे स्वे कर्मणि (नि० 24/7, 4/1) अभिरतः (नि० 22/7) संसिद्धिम् (नि० 14/1) लभते नरः (नि० 22/8) स्वकर्मनिरतः (नि० 22/7) सिद्धिम् (नि० 14/1) यथा विन्दति तत् (नि० 11/4) शृणु

<u>स्वे</u> (पु० सप्तमी० एक० ←सना० वि० स्व 1.28); * स्वे (↑); * कर्मणि (2.47); * अभिरतः (पु० प्रथमा० एक० ←क्त० वि० अभिरत ←अभि√रम्); * संसिद्धिम् (3.20); * लभते (4.39); * नरः (2.22); * स्वकर्मनिरतः (पु० प्रथमा० एक० ←तत्पु०स० स्वकर्मनिरत, स्वस्य कर्मणि निरतः ←वि० स्व 1.28 + न० कर्मन् 1.15 + क्त० वि० निरत ←नि√रम्); * सिद्धिम् (3.4); * यथा (1.11); * विन्दति (4.38); * तत् (2.7); * शृणु (2.39)

स्वे (आपल्या) स्वे (आपल्या) कर्मणि (कर्मात) अभिरतः (रत असलेला) संसिद्धिम् (परम सिद्धीला) लभते (प्राप्त करतो) नरः (मनुष्य) स्वकर्मनिरतः (निजकर्मात दंग असलेला) सिद्धिम् (सिद्धि) यथा (ज्या रीतीने) विन्दति (प्राप्त करतो) तत् (ते) शृणु (तू ऐक)

* आपल्या आपल्या कर्मात रत असलेला मनुष्य[1] परम सिद्धीला प्राप्त करतो; निजकर्मात दंग असलेला ज्या रीतीने सिद्धि प्राप्त करतो ते तू ऐक–

।।18.46।। **यतः प्रवृत्तिर्भूतानां येन सर्वमिदं ततम्।**
स्वकर्मणा तमभ्यर्च्य सिद्धिं विन्दति मानवः।।

यतः (नि० 22/3) प्रवृत्तिः (नि० 16/6) भूतानाम् (नि० 14/1) येन सर्वम् (नि० 8/18) इदम् (नि० 14/1) ततम् (नि० 14/2) स्वकर्मणा (नि० 24/4) तम् (नि० 8/16) अभ्यर्च्य सिद्धिम् (नि० 14/1) विन्दति मानवः (नि० 22/8)

---

(1) शूद्रे तु यद्भवेल्लक्ष्म द्विजे तच्च न विद्यते।
न वै शूदरो भवेच्छूद्रो ब्राह्मणो न च ब्राह्मणः।।
(नहुषगीता 1.25)
शूद्र विना शूद्र-गुण, वा ब्राह्मण विना गुण।
नव्हे शूद्र तो विगुण, न ब्राह्मण तो ब्राह्मण।
शूद्र सब्राह्मण गुण, जाण शूद्र तो, ब्राह्मण।
ब्राह्मण सशूद्र गुण, जाण शूद्र, तो ब्राह्मण।।

यत: (6.26); * प्रवृत्ति: (14.12); * भूतानाम् (2.69); * येन (2.17); * सर्वम् (2.17); * इदम् (1.10); * ततम् (2.17); * स्वकर्मणा (न० तृतीया० एक० ←तत्पु०स० स्वकर्मन् ←वि० स्व 1.28 + न० कर्मन् 1.15); * तम् (2.1); * अभ्यर्च्य (ल्यप्० अव्य० ←अभि√अर्च्); * सिद्धिम् (3.4); * विन्दति (4.38); * मानव: (3.17)

यत: (ज्यापासून) प्रवृत्ति: (उत्पत्ति) भूतानाम् (प्राणिमात्रांची) येन (ज्यामुळे) सर्वम् (सर्व) इदम् (हे) ततम् (विकसित आहे) स्वकर्मणा (आपल्या कर्माद्वारे) तम् (त्याला) अभ्यर्च्य (पुजून) सिद्धिम् (सिद्धि) विन्दति (प्राप्त करतो) मानव: (मानव)

* ज्यापासून प्राणिमात्रांची उत्पत्ति (झाली आहे), ज्यामुळे हे सर्व विकसित आहे त्याला आपल्या कर्माद्वारे पुजून मानव सिद्धि प्राप्त करतो.

।।18.47।। **श्रेयान्स्वधर्मो विगुण: परधर्मात्स्वनुष्ठितात्।**
स्वभावनियतं कर्म कुर्वन्नाप्नोति किल्बिषम्।।

श्रेयान् (नि० 13/20) स्वधर्म: (नि० 15/13) विगुण: (नि० 22/3) परधर्मात् (नि० 10/7) स्वनुष्ठितात् (नि० 23/1) स्वभावनियतम् (नि० 14/1) कर्म कुर्वन् (नि० 1/11) न (नि० 1/2) आप्नोति किल्बिषम् (नि० 14/2)

श्रेयान् (3.35); * स्वधर्म: (3.35); * विगुण: (3.35); * परधर्मात् (3.35); * स्वनुष्ठितात् (3.35); * स्वभावनियतम् (न० द्वितीया० एक० ←वि० स्वभावनियत, स्वभावेन नियतम् ←पु० स्वभाव 2.7 + क्रि०वि० नियत 1.44); * कर्म (3.8); * कुर्वन् (4.21); * न (1.30); * आप्नोति (2.70); * किल्बिषम् (4.21)

श्रेयान् (अधिक श्रेष्ठ) स्वधर्म: (निजकर्म) विगुण: (उणे असलेले) परधर्मात् (परधर्माहून) स्वनुष्ठितात् (चांगल्या पाळलेल्या) स्वभावनियतम् (स्वाभाविक रीतीने नेमले गेलेले) कर्म (कर्म) कुर्वन् (करीत असताना) न-आप्नोति (प्राप्त करीत नाही) किल्बिषम् (पाप)

* चांगल्या पाळलेल्या परधर्माहून उणे असलेले निजकर्म अधिक श्रेष्ठ (असते); स्वाभाविक रीतीने नेमले गेलेले कर्म करीत असताना पाप प्राप्त करीत नाही.

।।18.48।। **सहजं कर्म कौन्तेय सदोषमपि न त्यजेत्।**
सर्वारम्भा हि दोषेण धूमेनाग्निरिवावृता:।।

सहजम् (नि० 14/1) कर्म कौन्तेय सदोषम् (नि० 8/16) अपि न त्यजेत् (नि० 23/1) सर्वारम्भा: (नि० 20/18) हि दोषेण धूमेन (नि० 1/1) अग्नि: (नि० 16/1) इव (नि० 1/2) आवृता: (नि० 22/8)

सहजम् (न० द्वितीया० एक० ←स-बहुव्री० वि० सहज, सहेन जायते यत् ←अव्य० सह 1.22 + पु० ज 1.7); * कर्म (2.49); * कौन्तेय (2.14); * सदोषम् (न० द्वितीया० एक० ←स-बहुव्री० वि० सदोष, दोषेण सहितम् यत् ←पु० दोष 1.38 + वि० सहित 9.1); * अपि (1.26); * न (1.30); * त्यजेत्

(16.21); * सर्वारम्भा: (पु॰ प्रथमा॰ अनेक॰ ←तत्पु॰स॰ सर्वारम्भ 12.16); * हि (1.11); * दोषेण (तृतीया॰ एक॰ ←पु॰ दोष 1.38); * धूमेन (3.38); * अग्नि: (4.37); * इव (1.30); * आवृता: (पु॰ प्रथमा॰ अनेक॰ ←वि॰ आवृत 3.38)

सहजम् (स्वाभाविक) कर्म (कर्म) कौन्तेय (हे कौन्तेया!) सदोषम् (सदोष) अपि (सुद्धा) न–त्यजेत् (सोडू नये) सर्वारम्भा: (सर्वच आरंभ) हि (कारण) दोषेण (दोषाने) धूमेन (धुराने) अग्नि: (अग्नि) इव (ज्याप्रमाणे) आवृता: (घेरलेले असतात)

* हे कौन्तेया! सदोष सुद्धा स्वाभाविक कर्म सोडू नये, कारण सर्वच (कर्मांचे) आरंभ दोषाने घेरलेले असतात, ज्याप्रमाणे धुराने अग्नि.

।।18.49।। **असक्तबुद्धि: सर्वत्र जितात्मा विगतस्पृह:।**
नैष्कर्म्यसिद्धिं परमां संन्यासेनाधिगच्छति।।

असक्तबुद्धि: (नि॰ 22/7) सर्वत्र जितात्मा विगतस्पृह: (नि॰ 22/8) नैष्कर्म्यसिद्धिम् (नि॰ 14/1) परमाम् (नि॰ 14/1) संन्यासेन (नि॰ 1/1) अधिगच्छति

असक्तबुद्धि: (पु॰ प्रथमा॰ एक॰ ←बहुव्री॰ असक्तबुद्धि, असक्ता बुद्धि: यस्य ←वि॰ असक्त 3.7 + स्त्री॰ बुद्धि 1.23); * सर्वत्र (2.57); * जितात्मा (पु॰ प्रथमा॰ एक॰ ←बहुव्री॰ जितात्मन् 6.7); * विगतस्पृह: (2.56); * नैष्कर्म्यसिद्धिम् (स्त्री॰ द्वितीया॰ एक॰ ←तत्पु॰स॰ नैष्कर्म्यसिद्धि, नैष्कर्म्यस्य सिद्धि: ←न॰ नैष्कर्म्य 3.4 + स्त्री॰ सिद्धि 2.48); * परमाम् (8.13); * संन्यासेन (तृतीया॰ एक॰ ←पु॰ संन्यास 5.1); * अधिगच्छति (2.64)

असक्तबुद्धि: (बुद्धि अनासक्त असलेला) सर्वत्र (पूर्णपणे) जितात्मा (चित्त वश केलेला) विगतस्पृह: (निरिच्छ मनुष्य) नैष्कर्म्यसिद्धिम् (निष्कामसिद्धीला) परमाम् (परम) संन्यासेन (संन्यासाने) अधिगच्छति (प्राप्त करतो)

* बुद्धि अनासक्त असलेला, चित्त पूर्णपणे वश केलेला निरिच्छ मनुष्य परम संन्यासाने निष्कामसिद्धीला प्राप्त करतो[1]

।।18.50।। **सिद्धिं प्राप्तो यथा ब्रह्म तथाप्नोति निबोध मे।**
समासेनैव कौन्तेय निष्ठा ज्ञानस्य या परा।।

---

(1) *यदि संन्यासत: सिद्धिं राजा कृदिवाप्नुयात्।*
पर्वता द्रुमाॗव क्षिप्रं सिद्धिमवाप्नुयु:।।
(महाभारत, शान्ति॰ 10.24)
जर जाउनी विपिनी, राजेही सिद्धि फावती।
तरु–गिरी सुद्धा वनी, सिद्धि निृति पावती।।

सिद्धिम् (नि॰ 14/1) प्राप्तः (नि॰ 15/10) यथा ब्रह्म तथा (नि॰ 1/4) आप्नोति निबोध मे समासेन (नि॰ 3/1) एव कौन्तेय निष्ठा ज्ञानस्य या परा

सिद्धिम् (3.4); * प्राप्तः (पु॰ प्रथमा॰ एक॰ ←वि॰ प्राप्त 4.2); * यथा (1.11); * ब्रह्म (3.15); * तथा (1.8); * आप्नोति (2.70); * निबोध (1.7); * मे (1.21); * समासेन (13.4); * एव (1.1); * कौन्तेय (2.14); * निष्ठा (3.3); * ज्ञानस्य (षष्ठी॰ एक॰ ←न॰ ज्ञान 3.3); * या (2.69); * परा (3.42)

सिद्धिम् (सिद्धि) प्राप्तः (प्राप्त असलेला मनुष्य) यथा (ज्या प्रकारे) ब्रह्म (ब्रह्म) तथा (ही) आप्नोति (प्राप्ति करतो) निबोध (तू जाणून घे) मे (माझ्याकडून) समासेन (संक्षिप्तपणे) एव (च) कौन्तेय (हे कौन्तेया!) निष्ठा (निष्ठा) ज्ञानस्य (ज्ञानाची) या (जी) परा (उच्चावस्था)

* हे कौन्तेया! सिद्धि प्राप्त असलेला मनुष्य ज्या प्रकारे ब्रह्मप्राप्ति करतो, जी ज्ञानाची उच्चावस्था (आहे), (ती) निष्ठाही तू माझ्याकडून संक्षिप्तपणेच जाणून घे.

।।18.51।। **बुद्ध्या विशुद्धया युक्तो धृत्यात्मानं नियम्य च।**
शब्दादीन्विषयांस्त्यक्त्वा रागद्वेषौ व्युदस्य च।।

बुद्ध्या विशुद्धया युक्तः (नि॰ 15/5) धृत्या (नि॰ 1/4) आत्मानम् (नि॰ 14/1) नियम्य च शब्दादीन् (नि॰ 13/19) विषयान् (नि॰ 13/7) त्यक्त्वा रागद्वेषौ व्युदस्य च

बुद्ध्या (2.39); * विशुद्धया (तृतीया॰ एक॰ ←वि॰ विशुद्धा ←स्त्री॰ विशुद्धि 6.12); * युक्तः (2.39); * धृत्या (18.33); * आत्मानम् (3.43); * नियम्य (3.7); * च (1.1); * शब्दादीन् (4.26); * विषयान् (2.62); * त्यक्त्वा (1.33); * रागद्वेषौ (द्वितीया॰ 3.34); * व्युदस्य (ल्यप्॰ अव्य॰ ←वि-उद्√अस्); * च (1.1)

बुद्ध्या (बुद्धीने) विशुद्धया (शुद्ध अशा-) युक्तः (युक्त झालेला मनुष्य) धृत्या (धैर्याने) आत्मानम् (स्वतःला) नियम्य (संयमित करून) च (आणि) शब्दादीन् (शब्दादि) विषयान् (विषयांना) त्यक्त्वा (सोडून) रागद्वेषौ (राग आणि द्वेष) व्युदस्य (जिंकून) च (आणि)

* शुद्ध अशा बुद्धीने युक्त झालेला मनुष्य धैर्याने स्वतःला संयमित करून आणि शब्दादि विषयांना सोडून आणि राग आणि द्वेष जिंकून;

।।18.52।। **विविक्तसेवी लघ्वाशी यतवाक्कायमानसः।**
ध्यानयोगपरो नित्यं वैराग्यं समुपाश्रितः।।

विविक्तसेवी लघ्वाशी यतवाक्कायमानसः (नि॰ 22/8) ध्यानयोगपरः (नि॰ 15/6) नित्यम् (नि॰ 14/1) वैराग्यम् (नि॰ 14/1) समुपाश्रितः (नि॰ 22/8)

विविक्तसेवी (पु० प्रथमा० एक० ←तत्पु०स० विविक्तसेविन्, विविक्तम् सेवते इति ←वि० विविक्त 13.11 + वि० सेविन् ←√सेव्); * लघ्वाशी (पु० प्रथमा० एक० ←तत्पु०स० वि० लघ्वाशिन् ←वि० लघु √लंघ् + पु० आशिन् 3.13); * यतवाक्कायमानस: (पु० प्रथमा० एक० ←बहुव्री० यतवाक्कायमानस, यता वाक् च कायम् च मानसम् च यस्य ←वि० यत् 1.45 + स्त्री० वाच् 2.42 + न० काय 5.11 + न० मानस 1.47); * ध्यानयोगपर: (पु० प्रथमा० एक० ←बहुव्री० ध्यानयोगपर, ध्यानम् च योग: च पर: यस्य ←न० ध्यान 12.12 + पु० योग 2.39 + वि० पर 2.3); * नित्यम् (2.21); * वैराग्यम् (13.9); * समुपाश्रित: (पु० प्रथमा० एक० ←क्त० वि० समुपाश्रित ←सम्–उप–आ√श्रि)

विविक्तसेवी (शांततेत राहणारा) लघ्वाशी (मिताहारी) यतवाक्कायमानस: (काया, मन आणि वाणीचा निग्रह करणारा) ध्यानयोगपर: (ध्यानयोगपरायण असलेला) नित्यम् (सदा) वैराग्यम् (वैराग्याला) समुपाश्रित: (आश्रयास घेतलेला)

* (आणि) शांततेत राहणारा, मिताहारी, काया, मन आणि वाणीचा निग्रह करणारा, सदा ध्यानयोगपरायण असलेला (आणि) वैराग्याला आश्रयास घेतलेला–

।।18.53।। अहङ्कारं बलं दर्पं कामं क्रोधं परिग्रहम्।
विमुच्य निर्मम: शान्तो ब्रह्मभूयाय कल्पते।।

अहङ्कारम् (नि० 14/1) बलम् (नि० 14/1) दर्पम् (नि० 14/1) कामम् (नि० 14/1) क्रोधम् (नि० 14/1) परिग्रहम् (नि० 14/2) विमुच्य निर्मम: (नि० 22/5) शान्त: (नि० 15/7) ब्रह्मभूयाय कल्पते

अहङ्कारम् (16.8); * बलम् (1.10); * दर्पम् (16.18); * कामम् (16.10); * क्रोधम् (16.18); * परिग्रहम् (द्वितीया० एक० ←पु० परिग्रह 4.21); * विमुच्य (ल्यप्० अव्य० ←वि√मुच्); * निर्मम: (2.71); * शान्त: (पु० प्रथमा० एक० ←वि० शान्त 6.27); * ब्रह्मभूयाय (14.26); * कल्पते (2.15)

अहङ्कारम् (अहंकाराला) बलम् (शक्तीला) दर्पम् (गर्वाला) कामम् (कामनेला) क्रोधम् (क्रोधाला) परिग्रहम् (लाभाला) विमुच्य (सोडून) निर्मम: (अहं-भावना सोडलेला) शान्त: (शांत झालेला) ब्रह्मभूयाय (ब्रह्मस्वरूपाला) कल्पते (पात्र होतो)

* अहंकाराला, शक्तीला, गर्वाला, कामनेला, क्रोधाला, (आणि) लाभाला सोडून अहं-भावना सोडलेला (व) शांत झालेला ब्रह्मस्वरूपाला पात्र होतो.

।।18.54।। ब्रह्मभूत: प्रसन्नात्मा न शोचति न काङ्क्षति।
सम: सर्वेषु भूतेषु मद्भक्तिं लभते पराम्।।

ब्रह्मभूत: (नि० 22/3) प्रसन्नात्मा न शोचति न काङ्क्षति सम: (नि० 22/7) सर्वेषु (नि० 25/5) भूतेषु (नि० 25/5) मद्भक्तिम् (नि० 14/1) लभते पराम् (नि० 14/2)

ब्रह्मभूत: (5.24); * प्रसन्नात्मा (पु० प्रथमा० एक० ←बहुव्री० प्रसन्नात्मन्, प्रसन्न: आत्मा यस्य ←वि० प्रसन्न 2.65 + पु० आत्मन् 2.41); * न (1.30); * शोचति (12.17); * न (1.30); * काङ्क्षति (5.3);

* समः (2.48); * सर्वेषु (1.11); * भूतेषु (7.11); * मद्भक्तिम् (स्त्री॰ द्वितीया॰ एक॰ ←तत्पु॰स॰ मद्भक्ति, मयि भक्तिः ←सना॰ मत् 1.9 + स्त्री॰ भक्ति 7.17); * लभते (4.39); * पराम् (4.39)

ब्रह्मभूतः (ब्रह्मस्वरूपाशी एक झालेला) प्रसन्नात्मा (प्रसन्न चित्ताचा मनुष्य) न-शोचति (शोक करीत नाही) न-काङ्क्षति (आकांक्षा धरीत नाही) समः (समान झालेला) सर्वेषु-भूतेषु (सर्व प्राणिमात्रांप्रति) मद्भक्तिम् (माझी भक्ति) लभते (प्राप्त करतो) पराम् (परम)

* ब्रह्मस्वरूपाशी एक झालेला प्रसन्न चित्ताचा मनुष्य शोक करीत नाही (व) आकांक्षा धरीत नाही (असा) सर्व प्राणिमात्रांप्रति समान झालेला माझी परमभक्ति प्राप्त करतो.

।।18.55।। **भक्त्या मामभिजानाति यावान्यश्चास्मि तत्त्वतः।**
ततो मां तत्त्वतो ज्ञात्वा विशते तदनन्तरम्।।

भक्त्या माम् (नि॰ 8/16) अभिजानाति यावान् (नि॰ 13/17) यः (नि॰ 17/1) च (नि॰ 1/1) अस्मि तत्त्वतः (नि॰ 22/8) ततः (नि॰ 15/9) माम् (नि॰ 14/1) तत्त्वतः (नि॰ 15/3) ज्ञात्वा विशते तदनन्तरम् (नि॰ 14/2)

भक्त्या (8.10); * माम् (1.46); * अभिजानाति (4.14); * यावान् (2.46); * यः (2.19); * च (1.1); * अस्मि (7.8); * तत्त्वतः (4.9); * ततः (1.13); * माम् (1.46); * तत्त्वतः (4.9); * ज्ञात्वा (4.15); * विशते (तृ॰पु॰ एक॰ लट्॰-वर्तमान॰ तुदादि॰ आत्मने॰ ←√विश् 2.70); * तदनन्तरम् (क्रि॰वि॰ अव्य॰ ←सना॰ तद् 1.2 + वि॰ अनन्तर 12.12)

भक्त्या (भक्तीच्या द्वारे) माम् (मला) अभिजानाति (तो जाणतो) यावान् (जसा) यः (जो) च (आणि) अस्मि (मी आहे) तत्त्वतः (यथार्थाने) ततः (त्याद्वारे) माम् (मला) तत्त्वतः (यथार्थाने) ज्ञात्वा (जाणून) विशते (तो प्रवेश करतो) तदनन्तरम् (त्यानंतर)

* भक्तीच्या द्वारे मला जो आणि जसा मी आहे (हे) तो यथार्थाने जाणतो; (आणि) मला यथार्थाने जाणून त्यानंतर त्या द्वारे तो (माझ्यात) प्रवेश करतो.

।।18.56।। **सर्वकर्माण्यपि सदा कुर्वाणो मद्व्यपाश्रयः।**
मत्प्रसादादवाप्नोति शाश्वतं पदमव्ययम्।।

सर्वकर्माणि (नि॰ 24/7, 4/1) अपि सदा कुर्वाणः (नि॰ 15/9, 24/2) मद्व्यपाश्रयः (नि॰ 22/8) मत्प्रसादात् (नि॰ 8/2) अवाप्नोति शाश्वतम् (नि॰ 14/1) पदम् (नि॰ 8/16) अव्ययम् (नि॰ 14/2)

सर्वकर्माणि (3.26); * अपि (1.26); * सदा (1.40); * कुर्वाणः (पु॰ प्रथमा॰ एक॰ ←शानच्॰ वि॰ कुर्वाण ←8√कृ); * मद्व्यपाश्रयः (पु॰ प्रथमा॰ एक॰ ←बहुव्री॰ मद्व्यपाश्रय, अहम् व्यपाश्रयः यस्य ←सना॰ मत् 1.9 + पु॰ व्यपाश्रय 3.18); * **मत्प्रसादात्** (पु॰ पंचमी॰ एक॰ ←तत्पु॰स॰ मत्प्रसाद, मम प्रसादः ←सना॰ मत् 1.9 + पु॰ प्रसाद 2.64); * अवाप्नोति (15.8); * शाश्वतम् (10.12); * पदम् (2.51); * अव्ययम् (2.21)

सर्वकर्माणि (सर्व कर्मे) अपि (सुद्धा) सदा (सदा) कुर्वाण: (करणारा) मद्व्यपाश्रय: (माझ्यात आश्रय घेतलेला) मत्प्रसादात् (माझ्या कृपाप्रसादामुळे) अवाप्नोति (प्राप्त करतो) शाश्वतम् (शाश्वत) पदम् (पद) अव्ययम् (अव्ययी)

* माझ्यात आश्रय घेतलेला सर्व (नित्य)कर्मे सदा करणारा सुद्धा माझ्या कृपाप्रसादामुळे अव्ययी शाश्वत पद प्राप्त करतो.

।।18.57।। **चेतसा सर्वकर्माणि मयि संन्यस्य मत्पर:।**
बुद्धियोगमुपाश्रित्य मच्चित्त: सततं भव।।

चेतसा सर्वकर्माणि (नि० 24/7) मयि संन्यस्य मत्पर: (नि० 22/8) बुद्धियोगम् (नि० 8/20) उपाश्रित्य मच्चित्त: (नि० 22/7) सततम् (नि० 14/1) भव

चेतसा (8.8); * सर्वकर्माणि (3.26); * मयि (3.30); * संन्यस्य (3.30); * मत्पर: (2.61); * बुद्धियोगम् (10.10); * उपाश्रित्य (14.2); * मच्चित्त: (6.14); * सततम् (3.19); * भव (2.45)

चेतसा (चित्ताने) सर्वकर्माणि (सर्व कर्मांना) मयि (माझ्यात) संन्यस्य (अर्पण करून) मत्पर: (मत्परायण झालेला) बुद्धियोगम् (बुद्धियोगाला) उपाश्रित्य (आश्रयास घेऊन) मच्चित्त: (माझ्यात मन लावलेला) सततम् (सदा) भव (तू हो)

* चित्ताने सर्व कर्मांना माझ्यात अर्पण करून मत्परायण झालेला (आणि) बुद्धियोगाला आश्रयास घेऊन तू सदा माझ्यात मन लावलेला हो.

।।18.58।। **मच्चित्त: सर्वदुर्गाणि मत्प्रसादात्तरिष्यसि।**
अथ चेत्त्वमहङ्कारान्न श्रोष्यसि विनङ्क्ष्यसि।।

मच्चित्त: (नि० 22/7) सर्वदुर्गाणि (नि० 24/7) मत्प्रसादात् (नि० 1/10) तरिष्यसि (नि० 23/1) अथ चेत् (नि० 1/10) त्वम् (नि० 8/16) अहङ्कारात् (नि० 12/1) न श्रोष्यसि विनङ्क्ष्यसि

मच्चित्त: (6.14); * सर्वदुर्गाणि (सर्वाणि दुर्गाणि, न० द्वितीया० अनेक० ←तत्पु०स० ←सना० सर्व 1.6 + न० दुर्ग ←अव्य० दुर् 1.2 + वि० ग ←√गै); * मत्प्रसादात् (18.56); * तरिष्यसि (द्वि०पु० एक० लृट्०–भविष्य० भ्वादि० परस्मै० ←√तृ 7.14); * अथ (1.20); * चेत् (2.33); * त्वम् (2.11); * अहङ्कारात् (पंचमी० एक० ←पु० अहङ्कार 2.71); * न (1.30); * श्रोष्यसि (द्वि०पु० एक० लृट्०–भविष्य० भ्वादि० परस्मै० ←√श्रु); * विनङ्क्ष्यसि (द्वि०पु० एक० लृट्०–भविष्य० दिवादि० परस्मै० ←वि√नश्)

मच्चित्त: (माझ्यात मन लावलेला) सर्वदुर्गाणि (सर्व संकटांना) मत्प्रसादात् (माझ्या कृपाप्रसादाने) तरिष्यसि (तू तरून जाशील) अथ (आता) चेत् (जर) त्वम् (तू) अहङ्कारात् (अहंकारामुळे) न–श्रोष्यसि (ऐकणार नाहीस) विनङ्क्ष्यसि (नाश पावशील)

* माझ्यात मन लावलेला (होत्साता) तू माझ्या कृपाप्रसादाने सर्व संकटांना तरून जाशील, (परंतु) आता जर तू अहंकारामुळे (माझे) ऐकणार नाहीस (तर) नाश पावशील.

।।18.59।। **यदहङ्कारमाश्रित्य न योत्स्य इति मन्यसे।**

मिथ्यैष व्यवसायस्ते प्रकृतिस्त्वां नियोक्ष्यति।।

यत् (नि० 8/2) अहङ्कारम् (नि० 8/17) आश्रित्य न योत्स्ये (नि० 5/2) इति मन्यसे मिथ्या (नि० 3/3) एषः (नि० 25/1, 21/1) व्यवसायः (नि० 18/1) ते प्रकृतिः (नि० 18/1) त्वाम् (नि० 14/1) नियोक्ष्यति

यत् (1.45); * अहङ्कारम् (16.18); * आश्रित्य (7.29); * न (1.30); * योत्स्ये (2.9); * इति (1.25); * मन्यसे (2.26); * मिथ्या (3.6); * एषः (3.10); * व्यवसायः (10.36); * ते (2.7); * प्रकृतिः (7.4); * त्वाम् (2.7); * नियोक्ष्यति (तृ०पु० एक० लृट्०-भविष्य० रुधादि० परस्मै० ←नि√युज्)

यत् (जे) अहङ्कारम् (अहंकाराला) आश्रित्य (आश्रयी घेऊन) न-योत्स्ये ('मी लढणार नाही') इति (असे) मन्यसे (मानतोस) मिथ्या (मिथ्या) एषः (हा) व्यवसायः (भाव) ते (तुझा) प्रकृतिः (स्वभाव) त्वाम् (तुला) नियोक्ष्यति (भाग पाडील)

* जे अहंकाराला आश्रयी घेऊन 'मी लढणार नाही' असे मानतोस (तर) तुझा हा भाव मिथ्या (आहे), तुला (तुझा) स्वभाव (लढावयास) भाग पाडील.

।।18.60।। **स्वभावजेन कौन्तेय निबद्धः स्वेन कर्मणा।**

कर्तुं नेच्छसि यन्मोहात्करिष्यस्यवशोऽपि तत्।।

स्वभावजेन कौन्तेय निबद्धः (नि० 22/7) स्वेन कर्मणा (नि० 24/4) कर्तुम् (नि० 14/1) न (नि० 2/1) इच्छसि यत् (नि० 12/2) मोहात् (नि० 10/5) करिष्यसि (नि० 4/1) अवशः (नि० 15/1) अपि तत्

स्वभावजेन (न० तृतीया० एक० ←वि० स्वभावज 17.2); * कौन्तेय (2.14); * निबद्धः (पु० प्रथमा० एक० ←क्त० वि० निबद्ध ←नि√बन्ध्); * स्वेन (तृतीया० एक० ←वि० स्व 1.28); * कर्मणा (3.20); * कर्तुम् (1.45); * न (1.30); * इच्छसि (11.7); * यत् (2.31); * मोहात् (16.10); * करिष्यसि (2.33); * अवशः (3.5); * अपि (1.26); * तत् (2.7)

स्वभावजेन (स्वाभाविकपणे, स्वाभाविकपणाने) कौन्तेय (हे कौन्तेया!) निबद्धः (बद्ध असलेला) स्वेन (आपल्या) कर्मणा (कर्माने) कर्तुम् (करावयास) न-इच्छसि (तू इच्छित नाहीस) यत् (जे) मोहात् (भ्रमामुळे) करिष्यसि (तू करशील) अवशः (पराधीनपणे) अपि (सुद्धा) तत् (ते)

* हे कौन्तेया! भ्रमामुळे जे करावयास तू इच्छित नाहीस ते सुद्धा तू आपल्या कर्माने स्वाभाविकपणे बद्ध असलेला पराधीनपणे करशील.

।।18.61।। **ईश्वरः सर्वभूतानां हृद्देशेऽर्जुन तिष्ठति।**

भ्रामयन्सर्वभूतानि यन्त्रारूढानि मायया।।

ईश्वरः (नि॰ 22/7) सर्वभूतानाम् (नि॰ 14/1) हृद्देशे (नि॰ 6/1) अर्जुन तिष्ठति भ्रामयन् (नि॰ 13/20) सर्वभूतानि यन्त्रारूढानि मायया

ईश्वरः (4.6); * सर्व (1.6); * भूतानाम् (2.69); * हृद्देशे (पु॰ सप्तमी॰ एक॰ ←तत्पु॰स॰ हृद्देश, हृदः देशः ←न॰ हृद् 4.40 + पु॰ देश 6.11); * अर्जुन (2.2); * तिष्ठति (3.5); * भ्रामयन् (पु॰ प्रथमा॰ एक॰ ←कर्मणि॰ वर्त॰ धातु॰सा॰ वि॰ प्रयो॰ भ्रामयत् ←√भ्रम्); * सर्वभूतानि (द्वितीया॰ 6.29); * यन्त्रारूढानि (न॰ द्वितीया॰ अनेक॰ ←तत्पु॰स॰ वि॰ यन्त्रारूढ, यन्त्रे आरूढम् ←न॰ यन्त्र ←√यन्त्र् + वि॰ आरूढ 6.3); * मायया (7.15)

ईश्वरः (ईश्वर) सर्वभूतानाम् (सर्व प्राणिमात्रांच्या) हृद्देशे (हृदयात) अर्जुन (हे अर्जुना!) तिष्ठति (स्थित असतो) भ्रामयन् (फिरवीत) सर्वभूतानि (सर्व प्राणिमात्रांना) यन्त्रारूढानि (यंत्रावर आरुढ झालेल्या) मायया (मायेने)

* हे अर्जुना! (शरीर रूपी) यंत्रावर आरुढ झालेल्या सर्व प्राणिमात्रांना ईश्वर (आपल्या) मायेने फिरवीत सर्व प्राणिमात्रांच्या हृदयात स्थित असतो.

।।18.62।। **तमेव शरणं गच्छ सर्वभावेन भारत।**
तत्प्रसादात्परां शान्तिं स्थानं प्राप्स्यसि शाश्वतम्।।

तम् (नि॰ 8/22) एव शरणम् (नि॰ 14/1, 24/3) गच्छ सर्वभावेन भारत तत् (नि॰ 10/6) प्रसादात् (नि॰ 10/6) पराम् (नि॰ 14/1) शान्तिम् (नि॰ 14/1) स्थानम् (नि॰ 14/1) प्राप्स्यसि शाश्वतम् (नि॰ 14/2)

तम् (2.1); * एव (1.1); * शरणम् (2.49); * गच्छ (द्वि॰पु॰ एक॰ उपदेशार्थ लोट् भ्वादि॰ परस्मै॰ ←√गम्); * सर्वभावेन (15.19); * भारत (2.14); * तत्प्रसादात् (पु॰ पंचमी॰ एक॰ ←तत्पु॰स॰ तत्प्रसाद, तस्य प्रसादः ←सना॰ तत् 1.10 + पु॰ प्रसाद 2.64); * पराम् (4.39); * शान्तिम् (2.70); * स्थानम् (8.28); * प्राप्स्यसि (2.37); * शाश्वतम् (10.12)

तम् (त्याला) एव (च) शरणम् (शरण) गच्छ (तू जा) सर्वभावेन (सर्व भावाने) भारत (हे भारता!) तत्प्रसादात् (त्याच्या कृपाप्रसादाने) पराम् (परम) शान्तिम्-स्थानम् (शांतीच्या पदाला) प्राप्स्यसि (तू प्राप्त करशील) शाश्वतम् (शाश्वत)

* हे भारता! तू त्यालाच सर्व भावाने शरण जा, त्याच्या कृपाप्रसादाने तू शाश्वत परम शांतच्या पदाला प्राप्त करशील.

।।18.63।। **इति ते ज्ञानमाख्यातं गुह्याद्गुह्यतरं मया।**
विमृश्यैतदशेषेण यथेच्छसि तथा कुरु।।

इति ते ज्ञानम् (नि॰ 8/17) आख्यातम् (नि॰ 14/1) गुह्यात् (नि॰ 9/4) गुह्यतरम् (नि॰ 14/1) मया विमृश्य (नि॰ 3/1) एतत् (नि॰ 8/2) अशेषेण (नि॰ 24/1) यथा (नि॰ 2/3) इच्छसि तथा कुरु

इति (1.25); * ते (1.7); * ज्ञानम् (प्रथमा० 3.39); * आख्यातम् (न० प्रथमा० एक० ←क्त० वि० आख्यात ←आ√ख्या); * गुह्यात् (पंचमी० एक० ←न० गुह्य 9.1); * गुह्यतरम् (प्रथमा० एक० तद्धित० तरभाव ←न० गुह्य 9.1 + प्रत्यय तर 1.46); * मया (1.22); * विमृश्य (ल्यप्० अव्य० ←वि√मृश्); * एतत् (2.6); * अशेषेण (4.35); * यथा (1.11); * इच्छसि (11.7); * तथा (1.8); * कुरु (2.48)

इति (असे) ते (तुला) ज्ञानम् (ज्ञान) आख्यातम् (सांगितले गेले) गुह्यात् (गुह्यापेक्षा) गुह्यतरम् (अधिक श्रेष्ठ गुह्य) मया (मजकडून) विमृश्य (विचारात घेऊन) एतत् (याला) अशेषेण (नि:शेषतेने) यथा (जसे) इच्छसि (तुला आवडेल) तथा (तसे) कुरु (तू कर)

* असे गुह्यापेक्षा अधिक श्रेष्ठ गुह्य ज्ञान मजकडून तुला सांगितले गेले याला नि:शेषतेने विचारात घेऊन तुला जसे आवडेल तसे तू कर.

।।18.64।। **सर्वगुह्यतमं भूय: शृणु मे परमं वच:।**
इष्टोऽसि मे दृढमिति ततो वक्ष्यामि ते हितम्।।

सर्वगुह्यतमम् (नि० 14/1) भूय: (नि० 22/5) शृणु मे परमम् (नि० 14/1) वच: (नि० 22/8) इष्ट: (नि० 15/1) असि मे दृढम् (नि० 8/18) इति तत: (नि० 15/13) वक्ष्यामि ते हितम् (नि० 14/2)

सर्वगुह्यतमम् (न० द्वितीया० एक० तमभाव ←सना० सर्व 1.6 + न० गुह्य 9.1); * भूय: (2.20); * शृणु (2.39); * मे (1.21); * परमम् (8.8); * वच: (द्वितीया० 2.10); * <u>इष्ट:</u> (पु० प्रथमा० एक० ←वि० इष्ट 3.10); * असि (4.3); * मे (1.21); * दृढम् (क्रिवि० 6.34); * इति (1.25); * तत: (1.13); * वक्ष्यामि (7.2); * ते (2.7); * हितम् (न० द्वितीया० एक० ←वि० हित 5.25)

सर्वगुह्यतमम् (सर्वांत गुह्य) भूय: (पुन्हा) शृणु (तू ऐक) मे (माझे) परमम् (परम) वच: (वचन) इष्ट: (आवडता) असि (तू आहेस) मे (मला) दृढम् (अतिशय) इति (हे) तत: (त्यामुळे) वक्ष्यामि (मी सांगेन) ते (तुझ्या करिता) हितम् (हितकारक)

* तू मला अतिशय आवडता आहेस त्यामुळे मी तुझ्या करिता हे हितकारक सांगेन; माझे सर्वांत गुह्य परम वचन तू पुन्हा ऐक-

।।18.65।। **मन्मना भव मद्भक्तो मद्याजी मां नमस्कुरु।**
मामेवैष्यसि सत्यं ते प्रतिजाने प्रियोऽसि मे।।

मन्मना: (नि० 20/12) भव मद्भक्त: (नि० 15/9) मद्याजी माम् (नि० 14/1) नमस्कुरु माम् (नि० 8/22) एव (नि० 3/1) एष्यसि सत्यम् (नि० 14/1) ते प्रतिजाने प्रिय: (नि० 15/1) असि मे

मन्मना: (9.34); * भव (2.45); * मद्भक्त: (9.34); * मद्याजी (9.34); * माम् (1.46); * नमस्कुरु (9.34); * माम् (1.46); * एव (1.1); * एष्यसि (8.7); * सत्यम् (द्वितीया० एक० ←न० सत्य

10.4); * ते (1.7); * प्रतिजाने (प्रथम०पु० एक० लट्०-वर्तमान० क्र्यादि० आत्मने० ←प्रति√ज्ञा); * प्रिय: (7.17); * असि (4.3); * मे (1.21)

मन्मना: (मन माझ्यात लावलेला) भव (तू हो) मद्भक्त: (माझा भक्त) मद्याजी (माझ्या प्रीत्यर्थ यज्ञ करणारा) माम् (मला) नमस्कुरु (नमन कर) माम् (मला) एव (च) एष्यसि (तू प्राप्त करशील) सत्यम् (सत्य) ते (तुला) प्रतिजाने (प्रतिज्ञेने) प्रिय: (प्रिय) असि (तू आहेस) मे (मला)

* तू माझ्यात मन लावलेला (व) माझ्या प्रीत्यर्थ यज्ञ करणारा माझा भक्त हो, मला नमन कर (जेणे करून) तू मलाच प्राप्त करशील (हे) तुला प्रतिज्ञेने सत्य (सांगतो कारण) तू मला प्रिय आहेस.

।।18.66।। **सर्वधर्मान्परित्यज्य मामेकं शरणं व्रज।**
अहं त्वां सर्वपापेभ्यो मोक्षयिष्यामि मा शुच:।।

सर्वधर्मान् (नि० 13/13) परित्यज्य माम् (नि० 3/1) एकम् (नि० 14/1) शरणम् (नि० 14/1, 24/3) व्रज (नि० 23/1) अहम् (नि० 14/1) त्वाम् (नि० 14/1) सर्वपापेभ्य: (नि० 15/9) मोक्षयिष्यामि (नि० 25/9) मा शुच: (नि० 22/8)

सर्वधर्मान् (सर्वान् धर्मान्, पु० द्वितीया० अनेक० ←सना० सर्व 1.6 + पु० धर्म 1.1); * परित्यज्य (ल्यप्० अव्य० ←परि√त्यज्); * माम् (1.46); * एकम् (द्वितीया० 3.2); * शरणम् (द्वितीया० 2.49); * व्रज (द्वि०पु० एक० उपदेशार्थ लोट् भ्वादि० परस्मै० ←√व्रज्); * अहम् (1.22); * त्वाम् (2.7); * सर्वपापेभ्य: (सर्वेभ्य: पापेभ्य:, पु० पंचमी० अनेक० ←सना० सर्व 1.6 + न० पाप 1.36); * मोक्षयिष्यामि (प्रथम०पु० एक० लृट्०-भविष्य० अदा० परस्मै० प्रयो० ←√मुच्); * मा (2.3); * शुच: (16.5)

सर्वधर्मान् (सर्व कर्तव्यांच्या अश्रयांना) परित्यज्य (अर्पण करून) माम् (मला) एकम् (एक) शरणम् (शरण) व्रज (तू जा) अहम् (मी) त्वाम् (तुला) सर्वपापेभ्य: (सर्व पापांतून) मोक्षयिष्यामि (मुक्त करवीन) मा-शुच: (तू शोक करू नकोस)

* तू सर्व कर्तव्यांच्या आश्रयांना (माझेत) अर्पण करून एक मला शरण जा, मी तुला सर्व पापांतून मुक्त करवीन, तू शोक करू नकोस.

।।18.67।। **इदं ते नातपस्काय नाभक्ताय कदाचन।**
न चाशुश्रूषवे वाच्यं न च मां योऽभ्यसूयति।।

इदम् (नि० 14/1) ते न (नि० 1/1) अतपस्काय न (नि० 1/1) अभक्ताय कदाचन न च (नि० 1/1) अशुश्रूषवे वाच्यम् (नि० 14/1) न च माम् (नि० 14/1) य: (नि० 15/1) अभ्यसूयति

इदम् (प्रथमा० 1.10); * ते (1.7); * न (1.30); * अतपस्काय (चतुर्थी० एक० न-बहुव्री० ←पु० तपस्क, तपस: कायम् यस्य ←न० तपस् 4.10 + न० काय 5.11); * न (1.30); * अभक्ताय (चतुर्थी० एक० न-तत्पु०स० ←पु० भक्त 4.3); * कदाचन (2.47); * न (1.30); * च (1.1); * अशुश्रूषवे (पु०

चतुर्थी॰ एक॰ न-तत्पु॰स॰ ←इच्छार्थ॰ वि॰ शुश्रूषु ←√श्रु); * वाच्यम् (न॰ प्रथमा॰ एक॰ ←कर्मणि॰ विधि॰ धातु॰सा॰ वि॰ वाच्य ←√वच्); * न (1.30); * च (1.1); * माम् (1.46); * य: (2.19); * अभ्यसूयति (तृ॰पु॰ एक॰ लट्॰-वर्तमान॰ जुवादि॰ परस्मै॰ ←√असू)

इदम् (हे) ते (तुला) न (नव्हे) अतपस्काय (तपस्या नसणाराला) न (नव्हे) अभक्ताय (भक्ति नसणाराला) कदाचन (कधीही) न (नव्हे) च (आणि) अशुश्रूषवे (श्रवणाची इच्छा नसणाराला) वाच्यम् (सांगण्यास योग्य-) न (नाही) च (आणि) माम् (माझी) य: (जो) अभ्यसूयति (निंदा करतो)

* तुला (सांगितलेले) हे (रहस्य) तपस्या नसणाराला नव्हे, भक्ति नसणाराला नव्हे आणि श्रवणाची इच्छा नसणाराला नव्हे आणि जो माझी निंदा करतो (त्याला) कधीही सांगण्यास योग्य नाही.

।।18.68।। **य इदं परमं गुह्यं मद्भक्तेष्वभिधास्यति।**
भक्तिं मयि परां कृत्वा मामेवैष्यत्यसंशय:।।

य: (नि॰ 19/2) इदम् (नि॰ 14/1) परमम् (नि॰ 14/1) गुह्यम् (नि॰ 14/1) मद्भक्तेषु (नि॰ 25/5, 4/6) अभिधास्यति भक्तिम् (नि॰ 14/1) मयि पराम् (नि॰ 14/1) कृत्वा माम् (नि॰ 8/22) एव (नि॰ 3/1) एष्यति (नि॰ 25/6, 4/1) असंशय: (नि॰ 22/8)

य: (2.19); * इदम् (द्वितीया॰ 1.10); * परमम् (द्वितीया॰ 8.8); * **गुह्यम्** (द्वितीया॰ एक॰ ←न॰ गुह्य 11.1); * मद्भक्तेषु (पु॰ सप्तमी॰ अनेक॰ ←तत्पु॰स॰ मद्भक्त 7.23); * अभिधास्यति (तृ॰पु॰ एक॰ लृट्॰-भविष्य॰ जुवादि॰ परस्मै॰ ←अभि√धा); * भक्तिम् (द्वितीया॰ एक॰ ←स्त्री॰ भक्ति 7.17); * मयि (3.30); * पराम् (4.39); * कृत्वा (2.38); * माम् (1.46); * एव (1.1); * एष्यति (तृ॰पु॰ एक॰ लृट्॰-भविष्य॰ अदा॰ परस्मै॰ ←√इ 8.7); * असंशय: (प्रथमा॰ एक॰ ←क्रि॰वि॰ असंशय 6.35)

य: (जो) इदम् (हे) परमम् (परम) गुह्यम् (गुह्य) मद्भक्तेषु (माझ्या भक्तांत) अभिधास्यति (सांगेल) भक्तिम् (भक्ति) मयि (माझ्या ठिकाणी) पराम् (परम) कृत्वा (गाठून) माम् (मला) एव (च) एष्यति (प्राप्त होईल) अयसंशय: (खात्रीने)

* हे परम गुह्य माझ्या भक्तांत जो सांगेल (तो) माझ्या ठिकाणी परम भक्ति गाठून खात्रीने मलाच प्राप्त होईल.

।।18.69।। **न च तस्मान्मनुष्येषु कश्चिन्मे प्रियकृत्तम:।**
भविता न च मे तस्मादन्य: प्रियतर: भुवि।।

न च तस्मात् (नि॰ 12/2) मनुष्येषु (नि॰ 25/5) कश्चित् (नि॰ 12/2) मे प्रियकृत्तम: (नि॰ 22/8) भविता न च मे तस्मात् (नि॰ 8/2) अन्य: (नि॰ 22/3) प्रियतर: (नि॰ 15/8) भुवि

न (1.30); * च (1.1); * तस्मात् (पंचमी॰ 1.37); * मनुष्येषु (4.18); * कश्चित् (2.17); * मे (1.21); * प्रियकृत्तम: (पु॰ प्रथमा॰ एक॰ तमभाव ←क्त॰ वि॰ प्रियकृत् ←प्रिय√कृत्); * भविता (2.20);

* न (1.30); * च (1.1); * मे (1.21); * तस्मात् (↑); * अन्य: (2.29); * प्रियतर: (पु॰ प्रथमा॰ एक॰ तरभाव ←वि॰ प्रिय 1.23 + प्रत्यय तर 1.46); * भुवि (सप्तमी॰ एक॰ ←स्त्री॰ भू ←√भू)

न (नाही) च (आणि) तस्मात् (यापेक्षा) मनुष्येषु (मनुष्यांमध्ये) कश्चित् (कुणी) मे (माझे) प्रियकृत्तम: (उत्तम प्रिय कृत्य करणारा) भविता (होणार) न (नाही) च (आणि) मे (मला) तस्मात् (यापेक्षा) अन्य: (दुसरा) प्रियतर: (अधिक प्रिय) भुवि (जगात)

* आणि मनुष्यांमध्ये माझे यापेक्षा उत्तम प्रिय कृत्य करणारा कुणी होणार नाही आणि यापेक्षा अधिक मला प्रिय जगात दुसरा नाही.

।।18.70।। **अध्येष्यते च य इमं धर्म्यं संवादमावयो:।**

ज्ञानयज्ञेन तेनाहमिष्ट: स्यामिति मे मति:।।

अध्येष्यते (नि॰ 25/8) च य: (नि॰ 19/2) इमम् (नि॰ 14/1) धर्म्यम् (नि॰ 14/1) संवादम् (नि॰ 8/17) आवयो: (नि॰ 22/8) ज्ञानयज्ञेन तेन (नि॰ 1/1) अहम् (नि॰ 8/18) इष्ट: (नि॰ 22/7) स्याम् (नि॰ 8/18) इति मे मति: (नि॰ 22/8)

अध्येष्यते (तृ॰पु॰ एक॰ लृट्॰–भविष्य॰ अदा॰ आत्मने॰ ←अधि√इ); * च (1.1); * य: (2.19); * इमम् (1.28); * धर्म्यम् (2.33); * **संवादम्** (द्वितीया॰ एक॰ ←पु॰ **संवाद** ←सम्√वद्); * आवयो: (षष्ठी॰ द्वि॰व॰ ←सना॰ अस्मद् 1.7); * ज्ञानयज्ञेन (9.15); * तेन (3.38); * अहम् (1.22); * इष्ट: (18.64); * स्याम् (3.24); * इति (1.25); * मे (1.21); * मति: (6.36)

अध्येष्यते (अभ्यासील) च (आणि) य: (जो) इमम् (या) धर्म्यम्–संवादम् (धर्म संवादाला) आवयो: (आपल्या दोघांच्या) ज्ञानयज्ञेन (ज्ञानयज्ञाने) तेन (त्याच्याकडून) अहम् (मी) इष्ट: (स्नेहित) स्याम् (होईन) इति (असे) मे (माझे) मति: (मत आहे)

* आणि जो या आपल्या दोघांच्या धर्मसंवादाला अभ्यासील त्याच्याकडून मी ज्ञानयज्ञाने स्नेहित होईन असे माझे मत आहे.

।।18.71।। **श्रद्धावाननसूयश्च शृणुयादपि यो नर:।**

सोऽपि मुक्त: शुभाँल्लोकान्प्राप्नुयात्पुण्यकर्मणाम्।।

श्रद्धावान् (नि॰ 8/11) अनसूय: (नि॰ 17/1) च शृणुयात् (नि॰ 8/2) अपि य: (नि॰ 15/6) नर: (नि॰ 22/8) स: (नि॰ 15/1) अपि मुक्त: (नि॰ 22/5) शुभान् (नि॰ 13/8) लोकान् (नि॰ 13/13) प्राप्नुयात् (नि॰ 10/6) पुण्यकर्मणाम् (नि॰ 24/6, 14/2)

श्रद्धावान् (4.39); * अनसूय: (पु॰ प्रथमा॰ एक॰ ←बहुव्री॰ अनसूय 9.1); * च (1.1); * श्रृणुयात् (तृ॰पु॰ एक॰ विधि॰ भ्वादि॰ परस्मै॰ ←√श्रु); * अपि (1.26); * य: (2.19); * नर: (2.22); * स: (1.13); * अपि (1.26); * मुक्त: (5.28); * शुभान् (पु॰ द्वितीया॰ अनेक॰ ←वि॰ शुभ 2.57); * लोकान् (6.41); * प्राप्नुयात् (तृ॰पु॰ एक॰ विधि॰ स्वादि॰ परस्मै॰ ←प्र√आप्); * पुण्यकर्मणाम् (7.28)

श्रद्धावान् (श्रद्धावंत) अनसूयः (असूयारहित) च (आणि) शृणुयात् (श्रवण करील) अपि (सुद्धा) यः (जो) नरः (मनुष्य) सः (तो) अपि (सुद्धा) मुक्तः (मुक्त झालेला) शुभान् (शुभ) लोकान् (लोकांना) प्राप्नुयात् (प्राप्त होईल) पुण्यकर्मणाम् (पुण्यकर्म करणारांच्या)

* जो श्रद्धावंत आणि असूयारहित मनुष्य श्रवण सुद्धा करील तोसुद्धा मुक्त झालेला पुण्यकर्म करणारांच्या शुभ लोकांना प्राप्त होईल.

।।18.72।। **कच्चिदेतच्छ्रुतं पार्थ त्वयैकाग्रेण चेतसा।**

कच्चिदज्ञानसंमोहः प्रनष्टस्ते धनञ्जय।।

कच्चित् (नि॰ 8/9) एतत् (नि॰ 11/4) श्रुतम् (नि॰ 14/1) पार्थ त्वया (नि॰ 3/3) एकाग्रेण (नि॰ 24/1) चेतसा कच्चित् (नि॰ 8/2) अज्ञानसम्मोहः (नि॰ 22/3) प्रनष्टः (नि॰ 18/1) ते धनञ्जय

कच्चित् (6.38); * एतत् (2.6); * श्रुतम् (न॰ प्रथमा॰ एक॰ ←वि॰ श्रुत 2.52); * पार्थ (1.25); * त्वया (6.3); * एकाग्रेण (न॰ तृतीया॰ एक॰ ←वि॰ एकाग्र 6.12); * चेतसा (8.8); * कच्चित् (6.38); * अज्ञानसम्मोहः (पु॰ प्रथमा॰ एक॰ ←तत्पु॰स॰ अज्ञानसम्मोह, अज्ञानस्य सम्मोहः ←न॰ अज्ञान 4.42 + पु॰ सम्मोह 2.63); * **प्रनष्टः** (पु॰ प्रथमा॰ एक॰ ←क्त॰ वि॰ प्रनष्ट ←प्र√नश्); * ते (2.7); * धनञ्जय (2.48)

कच्चित् (काय?) एतत् (हे) श्रुतम् (ऐकले गेले) पार्थ (हे पार्था!) त्वया (तुझ्याद्वारे) एकाग्रेण-चेतसा (एकाग्र चित्ताने) कच्चित् (काय?) अज्ञानसंमोहः (अज्ञानातून उत्पन्न झालेला भ्रम) प्रनष्टः (नष्ट झाला) ते (तुझा) धनञ्जय (हे धनंजया!)

* हे पार्था! तुझ्याद्वारे हे एकाग्र चित्ताने ऐकले गेले काय? हे धनंजया! अज्ञानातून उत्पन्न झालेला तुझा भ्रम नष्ट झाला काय?

।।18.73।। अर्जुन उवाच

नष्टो मोहः स्मृतिर्लब्धा त्वत्प्रसादान्मयाच्युत।

स्थितोऽस्मि गतसन्देहः करिष्ये वचनं तव।।

अर्जुनः (नि॰ 19/4) उवाच । नष्टः (नि॰ 15/9) मोहः (नि॰ 22/7) स्मृतिः (नि॰ 16/6) लब्धा त्वत्प्रसादात् (नि॰ 12/2) मया (नि॰ 1/3) अच्युत स्थितः (नि॰ 15/1) अस्मि गतसन्देहः (नि॰ 22/1) करिष्ये (नि॰ 25/10) वचनम् (नि॰ 14/1) तव

अर्जुनः (1.47); * उवाच (1.25) । नष्टः (4.2); * मोहः (11.1); * स्मृतिः (10.34); * लब्धा (स्त्री॰ प्रथमा॰ एक॰ ←वि॰ लब्ध 16.13); * प्रनष्टः (18.72); * त्वत्प्रसादात् (पु॰ पंचमी॰ एक॰ ←तत्पु॰स॰ त्वत्प्रसाद, तव प्रसादः ←सना॰ त्वत् 6.39 + पु॰ प्रसाद 2.64); * मया (1.22); * अच्युत (1.21); * स्थितः (5.20); * अस्मि (7.8); * गतसन्देहः (पु॰ प्रथमा॰ एक॰ ←बहुव्री॰ गतसन्देह, गतः सन्देहः

यस्य ←वि० गत 2.11 + पु० संदेह ←सम्√दिह); * करिष्ये (प्रथम०पु० एक० तनादि० लृट्०-भविष्य० आत्मने० ←8√कृ); * वचनम् (1.2); * तव (1.3)

अर्जुनः (अर्जुन) उवाच- (म्हणाला-) नष्टः मोहः (निर्भ्रम) स्मृतिः (बुद्धि) लब्धा (प्राप्त केली गेली) त्वत्प्रसादात् (तुझ्या कृपाप्रसादामुळे) मया (माझ्याकडून) अच्युत (हे अच्युता!) स्थितः (स्थिर झालेला) अस्मि (मी आहे) गतसन्देहः (निःशंक झालेला) करिष्ये (मी पाळीन) वचनम् (शब्दाला) तव (तुझ्या)

* अर्जुन म्हणाला- हे अच्युता! तुझ्या कृपाप्रसादामुळे मझ्याकडून बुद्धि प्राप्त केली गेली (व) मी निर्भ्रम झालेला, स्थिर झालेला (व) निःशंक झालेला आहे; मी तुझ्या शब्दाला पाळीन.

।।18.74।। सञ्जय उवाच

इत्यहं वासुदेवस्य पार्थस्य च महात्मनः।
संवादमिममश्रौषमद्भुतं रोमहर्षणम्।।

सञ्जयः (नि० 19/4) उवाच । इति (नि० 4/1) अहम् (नि० 14/1) वासुदेवस्य पार्थस्य च महात्मनः (नि० 22/8) संवादम् (नि० 8/18) इमम् (नि० 8/16) अश्रौषम् (नि० 8/16) अद्भुतम् (नि० 14/1) रोमहर्षणम् (नि० 14/2, 24/3)

सञ्जयः (1.2); * उवाच (1.25) । इति (1.25); * अहम् (1.22); * वासुदेवस्य (पु० षष्ठी० एक० ←विना० वासुदेव 7.19); * पार्थस्य (पु० षष्ठी० एक० ←पु० पार्थ 1.26); * च (1.1); * महात्मनः (8.15); * संवादम् (18.70); * इमम् (1.28); * अश्रौषम् (प्रथम०पु० एक० भूत० लुङ्-भूत० भ्वादि० परस्मै० ←√श्रु); * अद्भुतम् (द्वितीया० 11.20); * रोमहर्षणम् (द्वितीया० एक० ←न० रोमहर्षण ←न० रोमन् 1.29 + न० हर्षण ←पु० हर्ष 1.29)

सञ्जयः (संजय) उवाच (म्हणाला-) इति (असा) अहम् (मी) वासुदेवस्य (वासुदेवाचा) पार्थस्य (पार्थाचा) च (आणि) महात्मनः (महात्मा) संवादम् (संवाद) इमम् (हा) अश्रौषम् (ऐकला) अद्भुतम् (अद्भुत) रोमहर्षणम् (रोमांचकारी)

* संजय म्हणाला- मी वासुदेवाचा आणि महात्मा पार्थाचा हा असा अद्भुत रोमांचकारी संवाद ऐकला.

।।18.75।। **व्यासप्रसादाच्छ्रुतवानेतद्गुह्यमहं परम्।**
योगं योगेश्वरात्कृष्णात्साक्षात्कथयतः स्वयम्।।

व्यासप्रसादात् (नि० 11/4) श्रुतवान् (नि० 8/15) एतत् (नि० 9/4) गुह्यम् (नि० 8/16) अहम् (नि० 14/1) परम् (नि० 14/2) योगम् (नि० 14/1) योगेश्वरात् (नि० 10/5) कृष्णात् (नि० 10/7) साक्षात् (नि० 10/5) कथयतः (नि० 22/7) स्वयम् (नि० 14/2)

व्यासप्रसादात् (पु० पंचमी० एक० ←तत्पु०स० व्यासप्रसाद, व्यासस्य प्रसादः ←विना० व्यास 10.13 + पु० प्रसाद 2.64); * श्रुतवान् (पु० प्रथमा० एक० ←क्तवतु० श्रुतवत् ←√श्रु); * एतत् (2.6); * गुह्यम् (11.1); * अहम् (1.22); * परम् (2.59); * योगम् (2.53); * योगेश्वरात् (पु० पंचमी० एक०

←बहुव्री॰ योगेश्वर 11.4); * कृष्णात् (पु॰ पंचमी॰ एक॰ ←विना॰ अथवा वि॰ कृष्ण 1.28); * साक्षात् (क्रि॰वि॰ अव्य॰ ←सह√अक्ष्); * कथयतः (पु॰ पंचमी॰ एक॰ ←धातु॰सा॰ वि॰ कथयत् 10.9); * स्वयम् (4.38)

व्यासप्रसादात् (व्यासांच्या कृपाप्रसादामुळे) श्रुतवान् (ऐकला किंवा ऐकता झालो) एतत् (हा) गुह्यम् (गुह्य) अहम् (मी) परम् (परम) योगम् (योग) योगेश्वरात्-कृष्णात्-साक्षात् (साक्षात योगेश्वर श्रीकृष्णापासून) कथयतः (सांगत असताना) स्वयम् (स्वतः)

* हा परम गुह्य योग स्वतः सांगत असताना साक्षात योगेश्वर श्रीकृष्णापासून मी व्यासांच्या कृपाप्रसादामुळे ऐकला.

।।18.76।। **राजन्संस्मृत्य संस्मृत्य संवादमिममद्भुतम्।**
केशवार्जुनयोः पुण्यं हृष्यामि च मुहुर्मुहुः।।

राजन् (नि॰ 13/20) संस्मृत्य संस्मृत्य संवादम् (नि॰ 8/18) इमम् (नि॰ 8/16) अद्भुतम् (नि॰ 14/2) केशवार्जुनयोः (नि॰ 22/3) पुण्यम् (नि॰ 14/1) हृष्यामि (नि॰ 25/9)च मुहुः (नि॰ 16/8) र्मुहुः (नि॰ 22/8)

राजन् (11.9); * **संस्मृत्य** (ल्यप्॰ अव्य॰ ←सम्√स्मृ); * संस्मृत्य (↑); * संवादम् (18.70); * इमम् (1.28); * अद्भुतम् (11.20); * केशवार्जुनयोः (पु॰ षष्ठी॰ द्वि॰व॰ ←द्वंद्व॰स॰ केशवस्य च अर्जुनस्य च ←पु॰ केशव 1.31 + पु॰ विना॰ अर्जुन 1.4); * पुण्यम् (9.20); * **हृष्यामि** (प्रथम॰पु॰ एक॰ लट्॰-वर्तमान॰ भ्वादि॰ परस्मै॰ ←√हृष् 12.17); * च (1.1); * मुहुर्मुहुः (= मुहुः मुहुः ←आवृत्तिदर्शक अव्य॰ मुहुस् ←√मुह्)

राजन् (हे राजन्!) संस्मृत्य (आठवून) संस्मृत्य (आठवून) संवादम् (संवाद) इमम् (हा) अद्भुतम् (अद्भुत) केशवार्जुनयोः (केशव आणि अर्जुनाचा) पुण्यम् (पावन) हृष्यामि (मी हर्षित होत आहे) च (आणि) मुहुर्मुहुः (पुनःपुन्हा)

* हे राजन्! हा केशव अर्जुनाचा अद्भुत आणि पावन संवाद आठवून आठवून मी पुनःपुन्हा हर्षित होत आहे.

।।18.77।। **तच्च संस्मृत्य संस्मृत्य रूपमत्यद्भुतं हरेः।**
विस्मयो मे महान्राजन्हृष्यामि च पुनः पुनः।।

तत् (नि॰ 11/1) च संस्मृत्य संस्मृत्य रूपम् (नि॰ 8/16) अति (नि॰ 4/1) अद्भुतम् (नि॰ 14/1) हरेः (नि॰ 22/8) विस्मयः (नि॰ 15/9) मे महान् (नि॰ 13/18) राजन् (नि॰ 13/21) हृष्यामि (नि॰ 25/9)च पुनः (नि॰ 22/3) पुनः (नि॰ 22/8)

तत् (2.7); * च (1.1); * संस्मृत्य (18.76); * संस्मृत्य (18.76); * रूपम् (11.3); * अति (6.11); * अद्भुतम् (11.20); * हरेः (पु॰ षष्ठी॰ एक॰ ←बहुव्री॰ हरि 11.9); * विस्मयः (पु॰ प्रथमा॰ एक॰

←पु० विस्मय 11.14); * मे (1.21); * महान् (9.6); * राजन् (11.9); * हृष्यामि (18.76); * च (1.1); * पुन: (4.35); * पुन: (4.35)

तत् (ते) च (आणि) संस्मृत्य (आठवून) संस्मृत्य (आठवून) रूपम् (रूप) अति (अतिशय) अद्भुतम् (अद्भुत) हरे: (हरीचे) विस्मय: (विस्मय) मे (मला) महान् (अतिशय) राजन् (हे राजा!) हृष्यामि (मी हर्षित होत आहे) च (आणि) पुन: (पुन्हा) पुन: (पुन्हा)

* आणि, हे राजा! हरीचे ते अतिशय अद्भुत रूप आठवून आठवून मला अतिशय विस्मय (होत आहे) आणि मी पुन:पुन्हा हर्षित होत आहे.

।।18.78।। **यत्र योगेश्वर: कृष्णो यत्र पार्थो धनुर्धर:।**
तत्र श्रीर्विजयो भूतिर्ध्रुवा नीतिर्मतिर्मम।।

यत्र योगेश्वर: (नि० 22/1) कृष्ण: (नि० 15/10) यत्र पार्थ: (नि० 15/5) धनुर्धर: (नि० 22/8) तत्र श्री: (नि० 16/7) विजय: (नि० 15/8) भूति: (नि० 16/6) ध्रुवा नीति: (नि० 16/6) मति: (नि० 16/6) मम

यत्र (6.20); * योगेश्वर: (पु० प्रथमा० एक० ←बहुव्री० योगेश्वर 11.4); * कृष्ण: (8.25); * यत्र (6.20); * पार्थ: (1.26); * धनुर्धर: (पु० प्रथमा० एक० ←बहुव्री० धनुर्धर, धनु: धरति य: ←पु० धनु 1.20 + वि० धर 11.11); * तत्र (1.26); * श्री: (10.34); * विजय: (प्रथमा० एक० ←पु० विजय 1.32); * भूति: (प्रथमा० एक० ←स्त्री० भूति ←√भू); * ध्रुवा (स्त्री० प्रथमा० एक० ←वि० ध्रुव 2.27); * नीति: (10.38); * मति: (6.36); * मम (1.7)

यत्र (जिथे) योगेश्वर: (योगेश्वर) कृष्ण: (कृष्ण) यत्र (जिथे) पार्थ: (पार्थ) धनुर्धर: (धनुर्धर) तत्र (तिथे) श्री: (लक्ष्मी) विजय: (विजय) भूति: (सत्ता) ध्रुवा (अढळ) नीति: (नीति) मति: (मत) मम (माझे)

* जिथे योगेश्वर कृष्ण (आणि) जिथे धनुर्धर पार्थ (आहेत) तिथे लक्ष्मी, विजय, सत्ता (आणि) अढळ नीति (आहेत असे) माझे मत (आहे).

इति श्रीमद्भगवद्गीतासूपनिषत्सु ब्रह्मविद्यायां योगशास्त्रे श्रीकृष्णार्जुनसंवादे मोक्षसंन्यासयोगो नामाष्टादशोऽध्याय:।।18।।

।। इति श्रीमद्भगवद्गीता समाप्यते।।

इति श्रीमद्भगवद्गीतासु (नि० 1/8) उपनिषत्सु ब्रह्मविद्यायाम् (नि० 14/1) योगशास्त्रे श्रीकृष्णार्जुनसंवादे मोक्षसंन्यासयोग: (नि० 15/6) नाम (नि० 1/1) अष्टादश: (नि० 15/1) अध्याय: (नि० 22/8) । इति श्रीमद्भगवद्गीता समाप्यते ।।

इति (1.25); * श्रीमद्भगवद्गीतासु (स्त्री० सप्तमी० अनेक० ←तत्पु०स० श्रीमद्भगवद्गीता ←वि० श्रीमत् 6.41 + वि० भगवत् 10.14 + स्त्री० गीता ←√गै); * उपनिषत्सु (सप्तमी० अनेक० ←स्त्री० उपनिषद् ←उप-नि√सद्); * ब्रह्मविद्यायाम् (स्त्री० सप्तमी० एक० ←तत्पु०स० ब्रह्मविद्या, ब्रह्मण: विद्या ←न० ब्रह्मन्

2.72 + स्त्री॰ विद्या 5.18); * योगशास्त्रे (न॰ सप्तमी॰ एक॰ ←तत्पु॰स॰ योगशास्त्र, योगस्य शास्त्रम् ←पु॰ योग 2.39 + न॰ शास्त्र 15.20); * श्रीकृष्णार्जुनसंवादे (पु॰ सप्तमी॰ एक॰ ←तत्पु॰स॰ श्रीकृष्णार्जुनसंवाद, श्रीकृष्णस्य च अर्जुनस्य च संवाद: ←वि॰ श्री 10.34 + पु॰ विना॰ कृष्ण 1.28 + पु॰ विना॰ अर्जुन 1.4 + पु॰ संवाद 18.70); * मोक्षसंन्यासयोग: (पु॰ प्रथमा॰ एक॰ ←तत्पु॰स॰ मोक्षसंन्यासयोग, मोक्षस्य च संन्यासस्य च योग: ←पु॰ मोक्ष 5.28 + पु॰ संन्यास 5.1 + पु॰ योग 2.39); * नाम (प्रथमा॰ एक॰ ←न॰ नामन् ←√म्ना); * अष्टादश: (पु॰ प्रथमा॰ एक॰ ←संख्या॰ वि॰ अष्टादशन् ←वि॰ अष्टन् 7.4 + वि॰ दश 13.6); * अध्याय: (प्रथमा॰ एक॰ ←पु॰ अध्याय ←अधि√इ) । इति (1.25); * श्रीमद्भगवद्गीता (↑); * समाप्यते (तृ॰पु॰ एक॰ लट्॰-वर्तमान॰ स्वादि॰ आत्मने॰ कर्मणि॰ ←सम्√आप्) ।।

इति (याप्रमाणे) श्रीमद्भगवद्गीतासु उपनिषत्सु (श्रीमद्भगवद्गीतो-पनिषदांतील) ब्रह्मविद्यायाम् (ब्रह्मविद्यांतर्गत) योगशास्त्रे श्रीकृष्णार्जुनसंवादे (श्रीकृष्ण आणि अर्जुन यांच्या योगशास्त्राच्या संवादापैकी) मोक्षसंन्यासयोग: (मोक्षसंन्यासयोग) नाम (नामक) अष्टादश: (अठरावा) अध्याय: (अध्याय)। इति (याप्रमाणे) श्रीमद्भगवद्गीता (श्रीमद्भगवद्गीता) समाप्यते (समाप्त होते)

* श्रीमद्भगवद्गीतोपनिषदांतील श्रीकृष्ण आणि अर्जुन यांच्या योगशास्त्राच्या संवादापैकी ब्रह्मविद्यांतर्गत मोक्षसंन्यासयोग नावाचा अठरावा अध्याय याप्रमाणे (समाप्त).

याप्रमाणे श्रीमद्भगवद्गीता समाप्त होते.

टीप: उपरोक्त *अंकित केलेला व्याकरणबद्ध शब्दश: अर्थ जाणल्यानंतर वाचकांनी गीतेच्या तत्त्वपूर्ण अर्थांकरिता सर्वश्री शंकराचार्य, रामानुज, संत ज्ञानेश्वर, चैतन्य, लोकमान्य टिळक, आर्य मुनि, स्वामी प्रभुपाद, दादा आठवले, विनोबा भावे, डॉ. राधाकृष्णन, स्वामी चिन्मयानंद, स्वामी रजनीश, आदि दैवी महात्म्यांच्या पावन शब्दांचा आधार घ्यावा.

*****

अष्टादश पुराणानि धर्मशास्त्राणि सर्वश:।
वेदा: साङ्गास्तथैकत्र भारतं चैकत: स्थितम्।।

(महाभारत, स्वर्गा॰ 5.46)

पुराण अठरा पर्व, धर्मशास्त्रे लघु ज्येष्ठ।
वा वेद वेदांगे सर्व, –महाभारत हा श्रेष्ठ।।

गायत्री-मंत्र: ।

ॐ भूर्भुवः स्वः ।

तत्सवितुर्वरेण्यं भर्गो देवस्य धीमहि । धियो यो नः प्रचोदयात्।।

(गीता 10.35; ऋक्० मं० 3 सू० 62 मं० 20; यजु० अध्या० 36 मं० 3)

गायत्री मंत्र: (नि० 22/8) ॐ भू: (नि० 16/8) भुव: (नि० 22/7) स्व: (नि० 22/8) तत् (नि० 10/7) सवितु: (नि० 16/8) वरेण्यम् (नि० 14/1) भर्ग: (नि० 15/4) देवस्य धीमहि धिय: (नि० 15/10) य: (नि० 15/6) न: (नि० 22/3) प्रचोदयात् ।

गायत्रीमंत्र: (पु० प्रथमा० एक० ←तत्पु० गायत्रीमंत्र, गायत्र्याम् मंत्र: ←स्त्री० गायत्री 10.35 + ←पु० मंत्र 9.16); * ॐ (8.13); * भू: (प्रथमा० एक० ←वि० भू = जीवनदाता, उत्पन्न कर्ता; विष्णु ←भ्वादि०√भू + क्विप्); * भुव: (=अव्य० भुवस् अथवा भुवर् ←भ्वादि०√भू + असुन्-कित् = अन्तरिक्ष, आकाश, सप्तव्याहृतींतील एक, त्रिलोकातील दुसरा लोक, भू-लोकाच्या वरचा लोक, स्वर्ग, स्वर्लोक); * स्व: (प्रथमा० एक० ←पु० स्व = आनंद, ऐश्वर्य, धन, सुख, संपत्ति -दाता ←भ्वादि०√स्वन्); * तत् (1.10 = ते, त्याला); * सवितु: (षष्ठी० एक० ←पु० सवितृ = सूर्य; अथवा वि० न० उत्पन्न करणारे, उत्पादक, जनक, जन्म देणारे, फळ देणारे ←दिवादि०√सू + तृच् -प्रसव करणे); * वरेण्यम् (द्वितीया० एक० ←कर्मणि० विधि० धातु०सा० वि० वरेण्य = याचना, प्रार्थना, मागणी, वरण, स्तवन -करण्यास योग्य असलेला ←स्वादि०√वृ + ल्युट् -याचना करणे); * भर्ग: (प्रथमा० एक० ←पु० भर्ग = सूर्य प्रकाश, तेज, ज्ञान प्रकाश; ब्रह्मदेव, शिव ←भ्वादि√भृज् + घञ् -भाजणे); * देवस्य (षष्ठी० एक० परम ईश्वराचे ←पु० देव 3.11); * धीमहि (प्रथमा० अनेक० भ्वादि० विधि० आत्मने० आम्ही ध्यान करावे, आपण चिंतन करूया! ←√ध्यै कल्पना, चिंतन, ध्यान, मनन, विचार, विमर्श -करणे); * धिय: (द्वितीया० अनेक० बुद्धींना ←स्त्री० धी = बुद्धि ←भ्वादि०√ध्यै -विचार करणे); * य: (2.19 जो); * न: (1.33, आमचे,च्या); * प्रचोदयात् (तृ०पु० एक० चुरादि० आशी० परस्मै० तो आम्हाला उत्तेजित, उत्साहित, प्रणोदित, प्रवर्तित, प्रवृत्त, प्रेरित, प्रोत्साहित, स्फूर्त -करो! ←प्र√चुद् + ल्युट् -प्रेरणा देणे).

*****

आधार सूचिका

निम्न लिखित कृतींपासून मिळालेल्या महत्वपूर्ण आधाराबद्दल प्रस्तुत लेखक त्या लेखकांचा अत्यंत आभारी आहे।

Apte, Vaman Shivram; *The Practical Sanskrit English Dictionary*; MLBD Pubulishers. Pvt. Ltd, Dehli, 1998.

Kale, M.R.; *A Higher Sanskrit Grammar*; Motilal Banarasidas, Delhi, 1995

Monir-Williams, Sir Monir; *A Sanskrit-English Dictionary*; Motilal Banarasidass Pvt. Ltd, Dehli, 1993.

Monir-Williams, Sir Monir; *A Practical Grammar of Sanskrit Language*; Oriental Books Reprint Co., New Dehli, 1978

Whitney, William Dwight; *The Roots Verb-forms And Primary Derivatives of the Sanskrit Language*; MLBD, Delhi 1997

Wilson, Prof. H.H.; *An Introduction to the Grammar of Sanskrit Language*; Choukhamba Sanskrit Series XI., Varanasi, 1979

आप्टे, वामन शिवराम; संस्कृत हिन्दी कोश, मोतीलाल बनारसीदास पब्लिशर्स, प्रा॰ लि॰, दिल्ली, 1997.

कपूर, श्यामचन्द्र; व्यावहारिक हिन्दी व्याकरण, प्रभात प्रकाशन, दिल्ली, 1999

कपूर, श्यामचन्द्र; संस्कृत व्याकरण सुप्रभातम्, प्रभात प्रकाशन, दिल्ली, 1988

गोयल, डा. प्रीतिप्रभा; संस्कृत व्याकरण, राजस्थानी ग्रंथागार, जोधपुर, 2000

झा, पं. रामचंद्र व्याकरणाचार्य; रूपचन्द्रिका; हरिदास संस्कृत ग्रंथमाला 156; चौखंबा संस्कृत सीरीज, वाराणसी, सं 2051.

द्विवेदी, पद्मश्री डॉ. आचार्य कपिलदेव; संस्कृत-व्याकरण एवं लघुसिद्धान्तकौमुदी; विश्वविद्यालय प्रकाशन, वाराणसी, 1996.

नारळे, डा. रत्नाकर; गीतेचा शब्दकोश, (मराठी), श्रीमंगेश प्रकाशन, नागपुर, 2001.

पाण्डेय, साहित्याचार्य पण्डितरामनरायणदत्त शास्त्री; महाभारत (हिंदी) : 1-4 खण्ड; गीताप्रेस, गोरखपुर, सं. 2051.

भार्गव, पण्डित दिनानाथ "दिनेश;" श्री हरि गीता, मानवधर्म कार्यालय, नई दिल्ली, स॰ 2055

मिश्र, पं. गोमतीप्रसादशास्त्री; श्री वरदाचार्यकृत लघुसिद्धान्तकौमुदी, चौखम्बा सुरभारती प्रकाशन, वाराणसी, 1999

वर्मा, रामचन्द्र (संपादक); मानक हिन्दी कोश (5 खण्ड), हिन्दी साहित्य सम्मेलन, प्रयाग 1991

शर्मा, चतुर्वेदी द्वारकाप्रसाद; **झा,** पण्डित तारिणीश; संस्कृत-शब्दार्थ-कौस्तुभ; रामनारायणलाल बेनीप्रसाद; इलाहाबाद 1928

सातवळेकर, पं. श्रीपाद दामोदर; संस्कृत-पाठ-माला, स्वाध्याय मंडल, पारडी, 1988

सोमयाजी, पं. धन्वाडगोपलकृष्णाचार्य; तिङन्तार्णवतरणि; कृष्णदास संस्कृत सी. 31; कृष्णदास अकादमी, वाराणसी, 1980

www.ingramcontent.com/pod-product-compliance
Lightning Source LLC
Chambersburg PA
CBHW081102080526
44587CB00021B/3422